***ACCESO GRATIS** a la Lectura en la Nube*

Para visualizar el libro electrónico en la nube de lectura envíe junto a su nombre y apellidos una fotografía del código de barras situado en la contraportada del libro y otra del ticket de compra a la dirección:

ebooktirant@tirant.com

En un máximo de 72 horas laborables le enviaremos el código de acceso con sus instrucciones.

DERECHO CONCURSAL BANCARIO

4ª edición

Corregida, ampliada y actualizada a la Ley 16/2022 de reforma del Texto Refundido, al Real Decreto-ley 5/2023 de 28 de junio y a la Ley Orgánica 1/2025, de 2 de enero

más adendas sobre la

EXONERACIÓN DE DEUDAS, PLANES DE REESTRUCTURACIÓN, PLANES DE MICROEMPRESAS Y FORMULARIOS

DERECHO CONCURSAL BANCARIO

4ª edición

Corregida, ampliada y actualizada a la Ley 16/2022 de reforma del Texto Refundido, al Real Decreto-ley 5/2023 de 28 de junio y a la Ley Orgánica 1/2025, de 2 de enero

más adendas sobre la

EXONERACIÓN DE DEUDAS, PLANES DE REESTRUCTURACIÓN, PLANES DE MICROEMPRESAS Y FORMULARIOS

JOSEP GALLEL BOIX

tirant lo blanch

Valencia, 2025

En caso de erratas y actualizaciones, la Editorial Tirant lo Blanch publicará la pertinente corrección en la página web www.tirant.com.

Colección dirigida por:

Enrique Sanjuan y Muñoz
Magistrado

Ana Belén Campuzano
Catedrática de Derecho Mercantil

© TIRANT LO BLANCH
EDITA: TIRANT LO BLANCH
C/ Artes Gráficas, 14 - 46010 - Valencia
TELFS.: 96/361 00 48 - 50
FAX: 96/369 41 51
Email:tlb@tirant.com
www.tirant.com
Librería virtual: www.tirant.es
DEPÓSITO LEGAL: V-1902-2025
ISBN: 978-84-1095-695-7
MAQUETA: Tink Factoría de Color

Si tiene alguna queja o sugerencia, envíenos un mail a: *atencioncliente@tirant.com*. En caso de no ser atendida su sugerencia, por favor, lea en *www.tirant.net/index.php/empresa/politicas-de-empresa* nuestro procedimiento de quejas.

Responsabilidad Social Corporativa: http://www.tirant.net/Docs/RSCTirant.pdf

«Pero en otras ocasiones digo lo que dijo Sócrates cuando le comunicaron una opinión muy docta acerca de una ninfa del Iliso: '*Me basta la opinión común*'...»

William B. YEATS "*El crepúsculo celta*".

«Para nosotros, la cultura ni proviene de energía que se degrada al propagarse, ni es caudal que se aminore al repartirse; su defensa, obra será de actividad generosa que lleva implícitas las dos más hondas paradojas de la ética: solo se pierde lo que se guarda, sólo se gana lo que se da.»

Antonio MACHADO "*Sobre la defensa y la difusión de la cultura*" (Discurso pronunciado en Valencia en la sesión de clausura del Congreso Internacional de Escritores en 1936)

Índice

Reseña 19

Prólogo a la primera edición 21

Prólogo a la segunda edición 25

Justificación de la obra 29

Justificación de la cuarta edición 31

Justificación de la tercera edición 33

Justificación de la segunda edición 35

Primera parte
EL DERECHO CONCURSAL BANCARIO

I. ¿QUÉ ES EL DERECHO CONCURSAL BANCARIO? 39

II. EL CONTRATO, LA OBLIGACIÓN Y EL DÉBITO. CONCEPTOS GENERALES 43

1. OBLIGACIÓN 43
2. DÉBITO 45
3. TIPOLOGÍA DE DÉBITOS 47
   - A) Deudas pecuniarias 47
   - B) Deudas de intereses 47
     - a) Intereses remuneratorios e intereses moratorios 48
     - b) De la imputación de pagos en las deudas que producen interés 50
     - c) Prescripción de la acción de reclamación de intereses 52
     - d) Suspensión del devengo de intereses (art. 59 LC o art. 152 TRLC) 57
     - e) Anatocismo 64
     - f) Cláusula penal 68
   - C) Deudas indemnizatorias 70
   - D) Deudas sin responsabilidad. Las obligaciones naturales 71
4. CONTRATO 72
   - A) Contratos verbales 72
   - B) Contratos de adhesión 74
   - C) Contratos-tipo 78
   - D) Clasificaciones de los contratos 78
     - a) Por la naturaleza de los vínculos que producen 78

b) Por la finalidad o título 83
c) Por los requisitos necesarios para la formación del contrato... 85
d) Por su naturaleza independiente o relacionada 86
e) Por la influencia que en la ejecución del contrato, en el tracto, puede desempeñar el tiempo de realización de la prestación.. 87
f) Por su regulación legal 88
E) Póliza 89
F) Usos bancarios 90
G) La cesión de contrato. La asunción de deuda. Distinción de figuras afines 92
H) Contratación bancaria. La cuenta bancaria 110

III. LOS CONTRATOS BANCARIOS 113
1. LA CUENTA CORRIENTE BANCARIA 113
A) Concepto 113
B) Cuenta de ahorros 119
C) Naturaleza jurídica 120
D) Exigibilidad 121
E) Calificación concursal 123
F) Cláusula “salvo buen fin”. El Contraasiento 124
G) Elementos personales 125
H) Obligaciones de las Partes 127
I) La cuenta corriente del Concurso 128
J) Jurisprudencia concursal 130
K) Carácter necesario del «servicio de Caja» 133
L) Contrato de Datáfono 134
M) Contratos de Tarjeta 136
N) Las criptomonedas o *bit coins* 138
O) Compensación entre saldos 142
2. LA CUENTA DE CRÉDITO 146
A) Concepto 146
B) Naturaleza jurídica 148
C) Elementos personales 149
D) Obligaciones de las Partes 150
E) Exigibilidad 151
F) Calificación concursal 152
G) Cuestiones concursales 156
3. CONTRATO DE PRÉSTAMO DINERARIO 163
A) Elementos personales 164
B) Obligaciones de las partes 165
C) Exigibilidad 165
D) Calificación concursal 166
E) Cuestiones concursales 170
4. EL CONTRATO DE DESCUENTO BANCARIO 171

A) Concepto ... 171
B) Naturaleza jurídica ... 173
C) Elementos personales ... 176
D) Obligaciones de las partes ... 179
E) Póliza de Descuento ... 181
F) Exigibilidad ... 187
G) Calificación concursal ... 187
H) Cuestiones concursales ... 189
5. EL CONTRATO DE ANTICIPO DE DOCUMENTOS MERCANTILES ... 201
A) Concepto y naturaleza jurídica ... 201
B) Elementos personales y sus obligaciones ... 201
C) Póliza de anticipo de documentos mercantiles y su exigibilidad ... 202
E) Calificación concursal ... 202
6. LOS CRÉDITOS DOCUMENTARIOS ... 202
A) Elementos subjetivos ... 204
B) Calificación concursal ... 211
7. EL CONTRATO DE *FACTORING* ... 212
A) Concepto ... 212
B) Sistemas de *factoring* ... 213
a) Con recurso o *impropio* ... *213*
b) Sin recurso o *propio* ... *214*
C) Naturaleza jurídica ... 215
D) Diferencias con el contrato de descuento bancario ... 216
E) Elementos personales ... 218
F) Obligaciones de las partes ... 219
G) Calificación concursal ... 220
H) Cuestiones concursales ... 220
I) Jurisprudencia concursal ... 222
8. EL CONTRATO DE *FORFAITING* ... 226
A) Naturaleza jurídica ... 226
B) Elementos personales ... 227
C) Calificación concursal ... 227
9. EL CONTRATO DE *LEASING* ... 228
A) Elementos personales ... 231
B) Clases ... 231
C) Inscripción del contrato ... 235
D) Calificación concursal ... 236
E) Jurisprudencia concursal ... 239
10. EL CONTRATO DE *RENTING* ... 269
A) Diferencias con el contrato de *leasing* ... 269
B) Elementos personales ... 270
C) Calificación concursal ... 270
D) Cuestiones concursales ... 272
11. EL CONTRATO DE *CONFIRMING* ... 274
A) Naturaleza jurídica ... 275

B) Elementos personales 275
C) Calificación concursal..... 276
12. CONTRATOS DE PROTECCIÓN DE TIPOS DE INTERÉS Y CAMBIO 278
A) La permuta financiera o *swap* 278
B) Naturaleza jurídica..... 280
C) Elementos personales 281
D) Modalidades por razón al límite..... 282
E) Calificación concursal..... 284

IV. LAS GARANTÍAS EN LOS CONTRATOS BANCARIOS 313
1. GARANTÍAS PERSONALES. LA FIANZA. EL AVAL BANCARIO 313
A) La fianza de deuda futura. La póliza de afianzamiento..... 313
B) El aval..... 317
C) Del aval *ex lege*..... 318
D) Elementos subjetivos 325
E) El preaval..... 326
F) Aval «por cuenta de» y «en garantía» de un tercero..... 327
G) La línea de avales o de preavales..... 328
H) La póliza de contragarantía..... 328
I) Extinción del aval..... 331
J) Aval a primer requerimiento o primera demanda 333
K) Calificación concursal..... 338
2. GARANTÍAS REALES 347
A) El pacto comisorio o marciano..... 348
B) Cuestiones concursales..... 351
C) Calificación concursal..... 353
D) Ante el Convenio 358
E) Ante la ejecución 358
F) Suspensión de la ejecución 372
G) Competencia jurisdiccional respecto de la ejecución hipotecaria frente a bienes del concursado y por acción personal frente a sus fiadores solidarios..... 375
H) Atracción de ejecuciones singulares..... 376
I) Liquidación concursal de una parte indivisa de un bien inmueble hipotecado..... 378
J) Inicio de ejecuciones..... 380
K) Participación en Junta de acreedores 381
L) Calificación de los intereses 382
M) Calificación de las costas procesales de la ejecución 383
N) Sobrante..... 385
O) La insuficiencia de Masa Activa y la garantía real 386
P) El emprendedor de responsabilidad limitada..... 406
Q) La exclusión de la vivienda de la masa activa del concurso..... 411
3. LA PRENDA CON DESPLAZAMIENTO DE POSESIÓN 414

A) Naturaleza jurídica 414
B) Elementos personales. La prenda por débito ajeno 415
C) Prenda sobre valores 417
D) Prenda sobre participaciones en Fondos de inversión 417
E) Prenda sobre créditos 421
F) Prenda sobre documento cambiario 421
G) Promesa de prenda 422
H) Ejecución 423
4. LA HIPOTECA MOBILIARIA Y LA PRENDA SIN DESPLAZAMIENTO 425
A) Naturaleza jurídica 426
5. LA HIPOTECA MOBILIARIA 427
A) Bienes susceptibles de Hipoteca mobiliaria 427
B) De la Intervención judicial 427
C) Extinción 429
D) Elementos personales. La hipoteca mobiliaria por débito ajeno 429
E) Extensión de la Hipoteca mobiliaria de establecimiento mercantil .. 431
F) Extensión de la hipoteca mobiliaria sobre aeronaves 433
G) Extensión de la hipoteca mobiliaria sobre propiedad intelectual e industrial 433
6. LA PRENDA SIN DESPLAZAMIENTO DE POSESIÓN 435
A) Bienes susceptibles de Prenda sin desplazamiento de posesión 435
B) Elementos personales 439
C) Extinción 439
D) El crédito garantizado con promesa de prenda futura 440
E) La prenda en garantía de créditos futuros 443
F) Rehabilitación de contratos 452
G) Inscripción registral 455
7. LA HIPOTECA INMOBILIARIA 456
A) No pueden hipotecarse 461
B) Título constitutivo 461
C) Extensión de la Hipoteca inmobiliaria 466
D) Extensión de la Hipoteca naval 467
E) La responsabilidad hipotecaria y los arts. 145, 209 y ss. y 430 TRLC (antiguos arts. 155.4 y 5 LC) 469
F) Elementos personales y sus responsabilidades. Acción de devastación y Administración interina. La hipoteca inmobiliaria por débito ajeno 480
G) Extinción 490
H) El vencimiento anticipado del préstamo hipotecario 491
I) Clases 497
a) La hipoteca voluntaria y la legal 497
b) La hipoteca de tráfico y la de seguridad o en garantía de deuda futura 500
c) La hipoteca unilateral y la bilateral 501

J) El préstamo hipotecario al promotor. La *adiectus solutionis gratia* 502
K) Del *pactum de contrahendo* o precontrato ante el préstamo al Promotor 508
L) Préstamo hipotecario sindicado 512
M) La hipoteca inversa 513
8. LA ANTICRESIS 523
A) Naturaleza jurídica 523
B) Elementos personales 523

V. LA ACCIÓN DE RESCISIÓN 527

1. CONCEPTO, SUPUESTOS, PRESUNCIONES, PRESCRIPCIÓN 527
A) Presunciones que no admiten prueba en contra 529
B) Presunciones que sí admiten prueba en contra 531
C) La rescindibilidad de los acuerdos de reestructuración 536
D) La rescisión de la hipoteca en garantía de deuda futura 540
E) La rescisión de la hipoteca novada 545
F) La rescisión de los acuerdos de refinanciación 548
G) La rescisión de una ampliación de hipoteca otorgada para garantizar obligaciones preexistentes contraídas por una sociedad del grupo de la hipotecante 550
H) La prescripción de la acción rescisoria concursal 552
2. LEGITIMACIÓN ACTIVA Y PASIVA DE LA ACCIÓN RESCISORIA CONCURSAL Y DE LA ACCIÓN PAULIANA 553
A) Legitimación activa 553
B) Legitimación pasiva 558
3. EFECTOS 559
4. PRESUPUESTOS 562
5. EFICACIA 575
6. JURISPRUDENCIA CONCURSAL 580
7. HIPOTECA DE MÁXIMO 582
8. HIPOTECA DE REFINANCIACIÓN O REESTRUCTURACIÓN 588
9. DACIÓN EN PAGO DE DEUDA 597
10. EL ENRIQUECIMIENTO INJUSTO 605
11. LA ACCIÓN DE REINTEGRACIÓN EN LA REAPERTURA DEL CONCURSO 606
12. ACCIONES SIMILARES 608
A) La acción Pauliana 608
B) La fiducia *cum amico suo* 613
C) La Acción de nulidad por simulación 614
a) Simulación absoluta 616
b) Simulación relativa 616
D) Del usufructo con facultad de disposición 617
E) De la prohibición de embargar 617
F) De la donación 618

G) De la cesión por alimentos y de los apoderamientos 619
H) De las hipotecas 621

VI. LA COMPENSACIÓN 625
1. EL DERECHO DE COMPENSACIÓN 625
A) Antecedentes romanos 625
B) Según el Código civil 627
C) La prohibición de compensación de depósitos 628
D) La imposición a Plazo Fijo 629
2. CUESTIONES CONCURSALES 631
A) Prohibición de compensación 631
B) Permisión de compensación 634
C) Real Decreto Ley 5/2005, de 11 de marzo, de reformas urgentes para el impulso a la productividad y para la mejora de la contratación pública 636

Segunda parte
DE LA EXONERACIÓN DE DEUDAS

VII. LOS ACUERDOS DE REFINANCIACIÓN 655
1. SISTEMA DE LA LEY CONCURSAL 656
A) Acuerdos de refinanciación adoptados *ad intra* Concurso. Requisitos 658
B) Acuerdos de refinanciación adoptados antes del Concurso. Requisitos del sistema ordinario 662
C) Acuerdos de refinanciación adoptados antes del Concurso. Requisitos del sistema alternativo 669
D) La impugnación de los acuerdos de refinanciación 679
E) El Experto independiente 679
F) Homologación de los acuerdos de refinanciación 684
2. SISTEMA DEL TEXTO REFUNDIDO DE LA LEY CONCURSAL ANTERIOR A LA LEY 16/2022, DE SU REFORMA 695
A) Acuerdos colectivos de refinanciación 696
B) Acuerdos singulares de refinanciación 699
C) Homologación de los acuerdos de refinanciación 701
D) Impugnación del Auto de homologación del acuerdo 704
E) Extensión del Acuerdo homologado de refinanciación a los créditos sin garantía real 706
F) Extensión del Acuerdo homologado de refinanciación a los créditos con garantía real 707
G) Efectos frente a los afianzadores personales 709
H) Incumplimiento del acuerdo de refinanciación 711

VIII. LOS PLANES DE REESTRUCTURACIÓN 713
1. SISTEMA DEL TEXTO REFUNDIDO DE LA LEY CONCURSAL POSTERIOR A LA LEY 16/2022, DE SU REFORMA 713
A) De la comunicación de la apertura de negociaciones 716
B) Efectos de la comunicación del art. 585 TRLC 719
C) De la prórroga de los efectos de la comunicación 722
D) Concurrencia de la comunicación del art. 583 TRLC con la solicitud de concurso 724
E) Sobre los planes de reestructuración 728
F) Del buen fin de la reestructuración 730
G) Del contenido del plan de reestructuración 732
a) Reglas para la homologación 736
b) Actos no rescindibles por la homologación del plan de reestructuración 738
2. MODIFICACIONES EN QUE PUEDE CONSISTIR EL PLAN DE REESTRUCTURACIÓN 741
A) De los créditos que pueden resultar afectados por la homologación de un plan de reestructuración. El perímetro de afectación 745
B) Créditos que no pueden ser afectados por la homologación de un plan de reestructuración 747
a) Los créditos por alimentos 747
b) Los derivados de la responsabilidad civil extracontractual 749
c) Los créditos de relaciones laborales distintas de las del personal de alta dirección 750
d) Los créditos futuros que nazcan de contratos de derivados que se mantengan en vigor 751
3. ESPECIALIDAD DE LOS CRÉDITOS DE DERECHO PÚBLICO 752
4. DE LOS CONTRATOS CON OBLIGACIONES RECÍPROCAS PENDIENTES DE CUMPLIMIENTO ANTE LOS PLANES DE REESTRUCTURACIÓN 757
A) Liquidación de los créditos afectables 759
B) De las clases de créditos y su formación 768
C) De la confirmación judicial de las clases de acreedores 780
D) De la aprobación del plan de reestructuración 781
E) Del procedimiento para la homologación del plan de reestructuración 787
5. ¿QUIÉNES PUEDEN SOLICITAR LA HOMOLOGACIÓN DE UN PLAN DE REESTRUCTURACIÓN? 791
6. ¿QUIÉNES NO PUEDEN SOLICITAR LA HOMOLOGACIÓN DE UN PLAN DE REESTRUCTURACIÓN? 796
7. REQUISITOS PARA PODER OBTENER LA HOMOLOGACIÓN DEL PLAN DE REESTRUCTURACIÓN 800
A) Aprobación por el deudor persona natural 800

B) Aprobación por los socios legalmente responsables de las deudas de la persona jurídica deudora 801
C) Aprobación por los socios no responsables legalmente de las deudas de la persona jurídica deudora 801
D) Aprobado por todas las clases de acreedores 802
E) No aprobado por todas las clases de acreedores 805
F) Aprobación de los planes conjuntos de reestructuración 806

IX. DEL PROCEDIMIENTO ESPECIAL PARA MICROEMPRESAS Y LA MEDIACIÓN CONCURSAL 809
1. EL PROCEDIMIENTO ESPECIAL PARA MICROEMPRESAS 809
A) Acreedores a los que afecta el procedimiento especial para microempresas 812
B) Situaciones de insolvencia 813
2. INICIO DEL PROCEDIMIENTO ESPECIAL 814
3. DEL PROCEDIMIENTO ESPECIAL DE CONTINUACIÓN 820
A) Del contenido del plan de continuación 821
B) Medidas que pueden solicitarse en el procedimiento especial de continuación 823
a) De la suspensión de la ejecución 823
b) De la Mediación concursal 824
c) De la limitación de las facultades de administración y disposición del deudor 829
d) De la solicitud de nombramiento de un experto en la reestructuración 831
C) De la aprobación del plan de continuación: 835
D) De la homologación judicial del plan de continuación aprobado 840
E) Otras cuestiones, consecuencias y obligaciones derivadas de la homologación del plan especial de continuidad de microempresas 844
F) De la exoneración del pasivo insatisfecho del microempresario 845
4. DEL PROCEDIMIENTO ESPECIAL DE LIQUIDACIÓN DE MICROEMPRESAS 847
A) De la apertura del procedimiento de liquidación 847
B) De los trámites procedimentales: 849
C) De la solicitud de suspensión de las ejecuciones judiciales o extrajudiciales 865
D) Del procedimiento de calificación abreviada 866
E) De la conclusión del procedimiento especial de liquidación 874
5. DE LA CONCLUSIÓN DEL PROCEDIMIENTO ESPECIAL PARA MICROEMPRESAS 876

X. EL BENEFICIO DE EXONERACIÓN DEL PASIVO INSATISFECHO (B.E.P.I.) 881
1. EXONERACIÓN MEDIANTE PLAN DE PAGOS SIN LIQUIDACIÓN 882

A) Requisitos del plan de pagos sin liquidación ... 885
B) Efectos concretos del plan de pagos sin liquidación ... 891
C) Duración del plan de pagos ... 893
D) Modificación del plan de pagos sin liquidación ... 894
E) Impugnación del plan de pagos ... 895
F) De la revocación de la exoneración ... 901
2. DEL CAMBIO DE LA MODALIDAD DE LA EXONERACIÓN Y LA EXONERACIÓN CON LIQUIDACIÓN ... 904
3. EXONERACIÓN DEFINITIVA ... 907
A) Exoneración tras la liquidación de la masa activa ... 909
4. EL B.E.P.I. Y LA PERSONA JURÍDICA ... 910
5. PLAZO PARA SOLICITAR LA EXONERACIÓN ... 920
6. EL SOLICITANTE. CONDICIÓN DE DEUDOR DE BUENA FE ... 921
A) Requisitos ... 923
a) Excepciones a la concesión (art. 487 TRLC) ... 923
b) Prohibiciones a la concesión (art. 488 TRLC) ... 931
c) Extensión de la exoneración ... 932
7. EFECTOS DE LA EXONERACIÓN ... 933

XI. LA DIRECTIVA (UE) 2019/1023 DEL PARLAMENTO EUROPEO Y DEL CONSEJO ... 939
1. NORMAS QUE ESTABLECE LA DIRECTIVA ... 940
2. DEUDORES A LOS QUE NO SE APLICA LA DIRECTIVA ... 940
3. OBJETIVOS O PRINCIPIOS QUE INSPIRAN LA DIRECTIVA ... 941
4. PRINCIPIOS BÁSICOS ... 945
5. LA SENTENCIA DEL TJUE DE 7 DE NOVIEMBRE DE 2024 ... 946

Formulario ... 951

Epílogo ... 997

Bibliografía y bases de datos ... 999

Abreviaturas ... 1001

RESEÑA

El Autor, nacido en València en 1958, es Licenciado en Derecho (especialidad Derecho de la Empresa) por la Universitat de València, Máster en Administración Concursal por la Universidad Politécnica de València, Experto en Derecho Concursal por la Universidad Católica de València, Experto en Mediación y Administración Concursal por el Ilustre Colegio de Abogados de València y Experto en *Compliance Officer*, también por el Ilustre Colegio de Abogados de València. Ejerce su profesión de Abogado desde 1981, actuando, además, como Mediador Civil, Mercantil y Concursal, como Árbitro en la Corte de Arbitraje y Mediación de València y en el Tribunal Arbitral de Valencia y como Administrador Concursal. Desde 1982 lleva dedicándose, no exclusivamente, al Derecho de insolvencia, a través de todas sus facetas, tanto como Letrado de acreedores o deudores, como Mediador Concursal y como Administrador Concursal.

Ha publicado las siguientes obras individuales: la primera edición de «DERECHO CONCURSAL BANCARIO» (Ed. Tirant lo Blanch 2012), la novela «LA TOGA RASGADA» (Ed. Círculo Rojo 2017) y el ensayo «DESDE EL GÉNESIS HASTA EL ALGORITMO» (Ed. Círculo Rojo 2019).

Y, también, ha publicado los siguientes textos jurídicos en obras colectivas «*PRAXIS AD VERSUS ACTIONES IN FRAUDEM CREDITORUM*» («Estudios sobre Derecho Procesal», Ed. Dialnet 1996) y «ARRENDAMIENTOS RÚSTICOS VALENCIANOS» («Derechos civiles de España» Ed. Dialnet 2000).

PRÓLOGO A LA PRIMERA EDICIÓN

Apenas días antes de que este libro viera la luz, Lehman Brothers anunciaba su salida del Capítulo 11 de la Ley de quiebras y el comienzo del goteo que implicará en los próximos años el pago de parte de la deuda a algunos de sus acreedores: a algunos, no a todos, porque la calificación del contrato bancario afectado será sin duda definitiva a la hora de establecer la prelación. Ocioso es recordar a estas alturas que hace alrededor de tres años, ésta más que desagradable noticia —que acabó con los ahorros de toda la vida de muchos miles de españoles— supuso el pistoletazo de salida de la mayor crisis financiera internacional desde 1929. Desde entonces no hay día en el que de un modo u otro no se resquebraje alguno de los iconos de nuestra infancia —Duhl, Clesa, Cacaolat— o no aterricemos ante la interminable cola del mostrador del Spanair de turno en el aeropuerto de turno. Del procedimiento concursal no parecen salvarse ni las empresas participadas hasta el 50% por capital público, como nos acaba de recordar un juzgado de Almería en el asunto Elsur.

Un paseo por las redes sociales permite advertir con crudeza hasta qué punto detrás del continuo goteo de concursos —España "congelada" y los juzgados mercantiles, ya de por sí insuficientes, sobresaturados con más de siete mil nuevos procedimientos en el año 2011— hay una ingente cantidad de familias angustiadas por sus puestos de trabajo, por la suerte de sus pequeñas empresas o por la de aquellos pagarés donde depositaron en mala hora los ahorros de toda la vida... Nunca como ahora los ciudadanos se habían interesado tanto —ni se habían visto tan masivamente afectados, muchas veces sin comerlo ni beberlo— por los procedimientos concursales. Y, dado que en la última década el crédito parecía servido a la carta tanto para uso y disfrute de empresas cuanto de particulares, nunca como ahora los procedimientos concursales habían implicado de forma tan contundente a activos derivados de la contratación bancaria. En definitiva, nunca como ahora las empresas y los ciudadanos habían estado más necesitados de información y de claridad ni los tribunales más requeridos de proporcionar guías de interpretación que incrementaran la coherencia y la seguridad jurídica.

Ante tal avalancha, era evidente que la ley concursal de 2003 se había quedado claramente desfasada. Era urgente actuar con vistas, fundamentalmente, a agilizar los procedimientos y a favorecer la viabilidad del mayor número posible de empresas. Así lo hizo el Congreso hace unos meses y la reforma de la ley acaba de entrar en vigor el 1 de enero de 2012. Prueba de su relevancia es que Universidades y Colegios de abogados pugnan desde hace meses por organizar —en ocasiones, con el buen juicio de unir fuerzas— jornadas y seminarios donde se desmenuza hasta la saciedad la última coma de la reforma concursal, muy especialmente por lo que hace referencia a la calificación como crédito concursal o postconcursal de los contratos bancarios. En definitiva, la contratación bancaria y el concurso de acreedores —es decir, dos piezas básicas de nuestro ordenamiento jurídico que constituyen los pilares del Derecho bancario y del Derecho de la insolvencia— aparecen cada día más íntimamente vinculados y necesitados de un análisis conjunto que aporte algo de luz a la ingente cantidad de problemas con los que se enfrentan cada día los tribunales y, por ende, los juristas cuya tarea es ayudar a los ciudadanos y a las empresas cualesquiera que sean sus circunstancias.

Uno de estos juristas es Josep Gallel. Por eso no es de extrañar que sea él, una persona que lleva casi tanto tiempo enamorado del Derecho como de su familia, un abogado aferrado al terreno y conocedor de todas y cada una de las grandezas y de las miserias de esta maravillosa profesión, quien haya tenido el valor —él diría, la temeridad— de enfrentarse a la práctica de dos institutos reconocidos como los más complejos de todo el ordenamiento jurídico y de hacerlo precisamente ahora, cuando más se necesita y cuando acaba de entrar en vigor una reforma que no resuelve todos los problemas pero que sin duda intenta paliarlos. Y no es de extrañar que, siempre desde una perspectiva radicalmente práctica, haya optado por ofrecernos de manera desmenuzada tanto la aplicación en sede concursal de hasta una docena de contratos bancarios cuanto el análisis de sus garantías personales y reales y de las posibles acciones de rescisión y compensación. A fin de cuentas, no es más que lo que ha hecho toda la vida: servir a las personas a través del Derecho.

He sido durante todo este tiempo —en breve, cuarenta años— testigo de excepción de la trayectoria vital y profesional de Josep Gallel. Por eso puedo dar fe de lo que escribo. Tal es, probablemente, mi única legitimidad a la hora de pergeñar estas líneas, que son breves porque tan breve cuanto contundente debe ser la labor de los prologuistas, es decir, de los que redactan "paratextos" que preceden a las palabras. Es por ello para mí un gran placer dar la bienvenida al fruto de este esfuerzo de tantas horas robadas a las noches y recomendar la lectura y la diaria consulta de este Derecho concursal bancario.

Manuel DESANTES REAL
Catedrático de Derecho internacional privado
Cabo de las Huertas, 7 de marzo de 2012

PRÓLOGO A LA SEGUNDA EDICIÓN

Conocí a Josep Gallel (y a Mabel, su mujer) en el año 1976 cuando ambos comenzábamos nuestros estudios universitarios de Derecho en la ciudad de Valencia. Formábamos parte de una promoción bastante numerosa (cerca de 500 alumnos) que principiábamos, ilusionados, una andadura universitaria que, tras cinco años, concluiría con la licenciatura habilitante para transitar por distintos, y a veces luengos, caminos dentro del ámbito jurídico. El horario, tan solo de tardes o de mañanas y la estructura rígida de aquellos grupos comportaba que los compañeros con los que iniciábamos nuestra carrera nos acompañaran hasta su finalización. Así las cosas, empezábamos siendo sólo compañeros, para, finalmente, ser amigos. A fecha de hoy seguimos siendo amigos.

Josep era entonces y lo es en la actualidad, una persona eminentemente práctica, de aquellos que entienden que el Derecho no se anda por las ramas, sino que se aplica día a día y en las cosas más sencillas y nimias de la vida. Esa característica del autor puede ayudar mucho a entender la naturaleza del libro que nos ocupa dado que su propia personalidad se refleja en la estructura, forma y contenido de su obra. Su forma de entender, interpretar y aplicar el Derecho se constata página a página en el trabajo en el que se va a adentrar el lector.

He de reconocer que, personalmente, me encanta esa forma de exponer el Derecho lejos de naturalezas y causas jurídicas abstractas que los juristas que aplicamos el Derecho a diario desde nuestras oficinas dejamos para otras mentes más pensantes y filosofantes, a veces hasta iluminadas, que, parece, observan y analizan el Derecho desde un laboratorio.

Reconozco en Josep cualidades símiles a las que adornaban a la persona de quien más Derecho he aprendido, de quien aprendí el valor de mi profesión y la forma de aplicarlo: mi padre, también Registrador de la Propiedad y Mercantil, Emiliano CANO FERNÁNDEZ. Recuerdo que siempre me decía que, cuando acudía a un libro para consultar algún asunto jurídico, encontraba páginas y páginas relatando lo que unos autores y otros exponían sobre un tema y muy pocas líneas sobre lo que opinaba el autor. En fin, parafraseándolo, mucho «copias, copiare» y muy poco de contenido original del autor, que era lo que en el fondo él quería saber, porque a los otros ya los leía directamente sin intermediario alguno.

Josep es directo, claro, esquemático en su exposición. Al leer su libro se aprecia que goza de cualidades tan esenciales para un jurista como la sencillez expositiva y la profundidad argumental, el orden analítico y la facilidad de entender el problema subyacente concernido y arriesgarse a la solución del mismo. No necesita ahondar en teorías sobre la causa o la naturaleza de las cosas, sino que prioriza el fondo de la cuestión, las diferentes formas de abordar la misma y la solución más adecuada a su siempre cabal criterio, con lo que asume lo que cualquier jurista más puede temer: se arriesga a equivocarse, a juicio de otros muchos, son potenciales lectores. Por todo ello, el valor no se le presume. Lo demuestra.

Por eso, su profundo conocimiento del Derecho es básico. Josep es uno de los poquísimos juristas humanistas e integrales que conozco y, por eso, lo valoro tanto. Podría decir que sabe mucho Derecho Mercantil, Bancario o Concursal, pero faltaría a la verdad. Sabe mucho Derecho, ni más ni menos. Su especialidad es el Derecho en general, sin especialidad o, mejor dicho, en todas sus especialidades. Tanto sabe de Civil, como de Mercantil, Penal, Procesal, Bancario, Concursal como de cualquier otra especialidad. Esto, hoy en día, es una absoluta excepción. Ese conocimiento íntegro y aplicación práctica del Derecho en todas sus ramas hace que el libro de consulta no sea propiamente su libro, sino él mismo.

La estructura del Libro en tres partes, obligaciones y contratos, tipología de los contratos bancarios y las garantías personales y reales de los mismos permite ir adentrándose, pausadamente, pero en profundidad, en las distintas tipologías tanto del Derecho bancario como del Derecho Concursal, tan íntimamente relacionados. De igual modo, la visión eminentemente pragmática del autor viene acompañada de un examen exhaustivo de la Jurisprudencia más actual en la materia analizada.

Es cosa cierta que la reforma de la Ley Concursal no ha acabado de solucionar todos los problemas que su aplicación diaria sigue planteando, ni desde el punto de vista de la práctica bancaria ni desde el mundo empresarial. Muchos son los problemas que tanto desde los despachos de Abogados como desde los Registros de la Propiedad y Mercantiles se abordan a diario, especialmente en las situaciones de crisis o desaceleración como la que estamos viviendo en estos momentos.

La proliferación de mandamientos de disolución de sociedades cuyo activo es insuficiente para hacer frente al pasivo y consiguiente cancelación de las hojas registrales de las mismas está generando problemas que una futura reforma de la Ley Concursal deberá afrontar, sin duda y decididamente, por lo que todavía queda mucho camino por recorrer.

Pero, no queda aquí la obra, sino que, corrigiendo, ampliando y actualizando el contenido de la primera edición, centrado exclusivamente en el Derecho concursal bancario, en esta segunda edición, además, se adentra profundamente en la Mediación Concursal, segunda oportunidad o, como él mismo denomina, "*un juego de la oca jurídico*", con su doble visión, de Mediador y de jurista del Derecho de insolvencia, incluso una tercera, la de Árbitro, que también lo es, le sirven para desbrozar los intrínsecos caminos que la introducción de esta novedosa institución en la Ley Concursal, le permiten, tratando, no solo de interpretar, sino de dar soluciones a esta tipología de conflictos jurídicos desde una índole, eminentemente, práctica. A todo lo cual hay que añadir sus conocimientos etimológicos, que le permiten transmitir el porqué de las instituciones jurídicas para que, así, podamos conocer el porqué de éstas y los recursos que nos permiten.

También hay que reconocerle el mérito de haber tenido el coraje de analizar el Texto Refundido de la Ley Concursal promulgado súbitamente en momentos de la COVID-19, comparándolo con los de la, hasta entonces, Ley Concursal de 2003 y sus múltiples modificaciones.

Por último, la introducción de un Formulario conteniendo diversa tipología de modelos, tanto de contratos bancarios, como de actuaciones en el procedimiento del acuerdo extrajudicial de pagos, como del concurso consecutivo, ayudarán notablemente a cualquier profesional que se dedique a estas materias tan complejas.

Por cuanto he venido aquí escribiendo animo al lector (profesional del Derecho o no) a disfrutar de este libro eminentemente práctico, muy útil para la labor cotidiana de todos los operadores jurídicos y pertinente y necesario para consulta en materia mercantil, concursal y bancaria.

Laura CANO ZAMORANO
Registradora Mercantil de Valencia
Valencia, 20 de mayo de 2020

JUSTIFICACIÓN DE LA OBRA

Nunca he pretendido realizar una obra doctrinal ni académica, lo cual dejo para los Ilustres Catedráticos, entre cuyas «*cathedræ*» no me encuentro, pues mi cathedra es la ruda banqueta, desde cuya arena jurídica en la que se ubica, provocamos día a día que el Derecho sea algo dinámico, evolutivo, cambiante, yendo contra aquello que la propia Norma en sí misma es, una fotografía estática del «deber ser».

Con los debidos respetos y sin mayor pretensión que la de tratar de conseguir una herramienta de trabajo que me permita resolver a mí mismo -cual mecánico que arregla su vehículo automóvil- aquella cuestión jurídica que el justiciable nos encarga en defensa de su posición jurídica y más aún, que se lo permita también a ese grato y amable lector, tratando, en cualquier caso, de resolver aquellas dudas que en la específica área de una especialidad de otra del Derecho Civil -como así defino al Derecho Bancario en tanto que especialidad del Derecho mercantil- puedan surgir en la sugerente área del Derecho Concursal, en fase de absoluta y excitante explosión, creación y proceso evolutivo como así lo es el Derecho en general, surge esta obra.

Si consigo que este texto pueda convertirse en herramienta de trabajo no solo para quien escribe, sino para la persona que está leyendo estas líneas, siquiera fuere como aquel fulcro que reclamaba Arquímedes para mover la Tierra (dicho sea salvas las distancias), en nuestro caso, nuestro mundo o quehacer jurídico, insisto, podría llegar a alcanzar la pretensión que justifica dedicarle a esta materia, horas y horas, días y días de trabajo y estudio, dejando momentáneamente lo que más valoramos y queremos, la familia, el descanso (*otium*) y el trabajo (*nec otium*), al conseguir transmitir no solo conceptos, sino fundamentos jurídicos y, en definitiva, "puntos de apoyo" listos para mover el razonamiento jurídico, para generar la dialéctica, para, en definitiva, lo que el Derecho en general pretende, adecuarse a la cambiante realidad.

Doy gracias a mi esposa Mabel e hijos, Sílvia y Pau, quienes han sido comprensivos ante esta necesidad divulgativa y que me han impulsado para ello, de igual modo La doy a mis padres *in memoriam* y, por supuesto, gracias igualmente al atrevido lector que pretenda sumergirse en las aguas de esta obra que, tan solo procura ser cristalina como el agua del *Mare Nostrum*.

Bajo el prisma de las relaciones derivadas de la Contratación Bancaria, La obra está estructurada mediante una primera parte general relativa a las obligaciones y contratos, el significado etimológico y relevancia histórica de los diversos conceptos para continuar con una segunda en la que se analiza la diversa tipología de contratos bancarios, fundamentalmente de activo, una tercera, en la que se analizan las garantías personales y reales en dichos contratos, se trata sobre su concepto, naturaleza jurídica, elementos personales, exigibilidad y su tratamiento o incidencia en sede Concursal, así como su calificación como crédito concursal o postconcursal, el que proceda, según corresponda y, por último dos últimos capítulos dedicados a la «acción de reintegración» y a la «compensación» y, todo ello, con especial transcripción de las resoluciones Judiciales que los tratan o fundamentan, tanto del Tribunal Supremo, como de las Audiencias Provinciales o de los diversos Juzgados de lo Mercantil y todo ello, intentando aportar un análisis esquemático, sencillo y con finalidad destinada a la práctica, huyendo, en la medida que se pueda, de teoricismos que, como queda dicho precedentemente, los dejo para quienes a ello se dedican.

Espero que sirva «*come arma da difesa*» dialéctico-jurídica.

València-Xàbia, estiu-tardor de 2011.

JUSTIFICACIÓN DE LA CUARTA EDICIÓN

La promulgación de la Ley de Reforma del Texto refundido de la Ley Concursal en 2022 unida a la posterior entrada en vigor el día 1.º de enero de 2023 del libro Tercero del TRLC que regula el procedimiento especial para microempresas y la posterior promulgación del Real Decreto-ley 5/2023, de 28 de junio, todo ello y su desarrollo jurisprudencial, ha venido a suponer la realización de un importante esfuerzo actualizador, corrector, vertiginoso e interpretativo para todos los operadores jurídico-concursales, máxime, ante un texto legal de suma complejidad estructural que, más que facilitar la solución a la insolvencia, ha supuesto caminar por vericuetos agotadores e innecesarios, el primero de los cuales parte de la buena intención de quitar la carga de trabajo a los Tribunales concursales, haciendo desaparecer, al menos en la intención, los concursos, para derivar todo a esa carga, pero más simplificada, en una fase previa que evite el concurso, el denominado «preconcurso» con sus pilares que son los planes de reestructuración y los procedimientos especiales para microempresas, lo cual, de alguna manera ha venido a suprimir «de un plumazo» la fracasada Mediación concursal y, decimos, «fracasada» por cuanto que no se dotó al Mediador o Mediadora concursales de facultades negociadoras o proactivas, pues nunca debió haberse buscado la figura del Mediador, sino otra similar, como ahora los «expertos», los diversos tipos de expertos, en reestructuración, en valoraciones, etc., lo cual, en definitiva, viene a ser como un eufemismo para evitar denominarlos Administradores concursales cuando nos hallamos en la fase previa al concurso de acreedores.

En igual sentido, la formación de «clases» para la aprobación y homologación de los planes de reestructuración, más que facilitar —en fase preconcursal— la resolución de la insolvencia, ha venido a complicarlo, pues es tal la minuciosidad con la que deben realizarse estas clases y sus subclases que, no quedando debidamente justificada la razón para la división o la subdivisión, se vuelve al puntal básico del Derecho de insolvencia, la *par conditio creditorum* como hecho impeditivo, como no puede ser de otra manera, principio jurídico que planea y debe planear por todo el texto concursal por más que se pretenda diluir en tales clases que, en definitiva, toman su base en el propio procedimiento concursal, pero dicho eufemísticamente, todo para que ni el deudor ni sus acreedores piensen que está aquél en concurso, con la consiguiente pérdida parcial o total de sus facultades de administración y disposición de sus bienes y derechos.

No sucede lo mismo con la microempresa, a la que, en lugar de facilitarle la tarea, se desarrolla un procedimiento preconcursal especial más parecido al concurso aún si cabe, en el que se le pueden limitar las facultades de disposición y administración de la microempresa deudora.

Por lo que respecta a la normativa bancaria y su implicación en el concurso, hemos ido actualizando también las diversas instituciones que exponemos en la primera parte de la obra, acorde con la jurisprudencia actualizada en base al Texto refundido de la Ley Concursal vigente.

Ya lo decíamos en la justificación de la tercera edición y, así cumplimos con nuestro deber de vigilancia y preparación diaria para no dejarnos llevar por una «mar jurídica en calma», sino por el dinamismo jurídico-concursal nos impone, como justificación de la presente edición.

Gracias por su amable lectura y espero que, como siempre, siga siendo de suma utilidad el recurso que le ofrecemos para su práctica diaria.

En València, a la primavera de 2025.

JUSTIFICACIÓN DE LA TERCERA EDICIÓN

Cuando ya, todos los operadores jurídicos, habíamos encontrado un cauce, más o menos, pacífico, por comúnmente aceptado, y habíamos pasado todos los avatares de la COVID-19, con las moratorias concursales, en la «prórroga» de la transposición de la Directiva (UE) 2019/1023 DEL PARLAMENTO EUROPEO Y DEL CONSEJO, volvemos a «cambiar el paso», entrando en una «nave jurídica» que, no sabemos si es la nave de Ulises que, tras ser amarrado a su mástil para evitar oír los cantos de sirenas y, al final, llegar a Ítaca (segunda oportunidad) o a la nave de Jasón quien, tras surcar el Mar Negro y conseguir el vellocino de oro es asesinado por su hermano Pelías (ya no hay segunda oportunidad).

No obstante, este catastrofismo (antropológico), más propio del hartazgo de tanta y tanta reforma legislativa de insolvencia que, desde la publicación en 2003 de la Ley Concursal, hasta hoy, se modifica, como bien podría decirse, «a golpe de titular», nos hace añorar enormemente la legislación anterior que, con pocos artículos, conseguían resolver la salvación del salvable y la condena del condenable. Baste simplificar esta cuestión en cuanto al principal «actor» en cualquier procedimiento de insolvencia. A día de hoy, a pesar de que la Ley Concursal mantenía una sola figura, aunque bicéfala o tricéfala, la Administración concursal, tras la promulgación de la Ley de reforma del Texto refundido de la Ley Concursal, ha desaparecido la policefalia, pero se han creado otras tres figuras más, a saber: el Mediador Concursal (a extinguir), el Administrador Concursal, el Experto independiente y el Experto en reestructuraciones, algunos de ellos, hasta se solapan en sus funciones, mientras que en la legislación precedente estaban la Intervención judicial para todo el procedimiento de Suspensión de Pagos y, en el de Quiebra, el Comisario y el Síndico, cada uno con una función concreta y bien delimitada.

Cada vez más, estamos asistiendo a la redacción de textos jurídicos por asesores de impuestos o similares que, sin fundamentación del porqué establecen una serie de parámetros aritméticos no jurídicos y, en algunos casos, contradictorios, dificultan, aún más si cabe, la carrera de obstáculos jurídica de la que sólo parece salirse del laberinto jurídico siguiendo el hilo de Ariadna que entregó a Teseo tras matar al Minotauro.

Consideramos, pues, que la actualización del presente libro se hace cada vez más necesaria para quienes buscamos la esencia jurídico-práctica de las leyes que regulan la insolvencia, alejados de disquisiciones dogmáticas que, en el día a día, en la práctica, nunca resuelven nuestros problemas como Administradores Concursales, ni los de los acreedores o los de los deudores.

En cualquier caso, el dinamismo legislativo que la materia concursal viene manteniéndose desde 2003 con todas sus múltiples reformas no nos permite estar dejándonos llevar por el balanceo de una mar jurídica en calma, sino que nos obliga a estar más y más preparados día a día, atentos a sus constantes e inesperados cambios, lo cual, motiva esta tercera edición.

Gracias por su amable lectura y espero que, como siempre, siga siendo de suma utilidad el recurso que le ofrecemos para su práctica diaria.

València, a octubre de 2022.

JUSTIFICACIÓN DE LA SEGUNDA EDICIÓN

Han pasado más de ocho años desde que escribí la primera edición de este libro, en un momento en el que surgía una reforma importantísima de la Ley Concursal de 2003, como fue la de la Ley 38/2011, de 10 de octubre y que, consideré, que era digna de acometer, siempre, desde el punto de vista más práctico que teórico, en aras a tratar de responder a las múltiples preguntas que los operadores del Derecho nos formulamos sobre cómo resolver cada caso concreto.

Desde entonces, se han producido hasta veintiocho reformas de la Ley Concursal, las últimas de las cuales, han sido auténticamente vertiginosas, no solo en su sucesión de modificados de su texto, sino, además, por el hecho de haber dado un giro copernicano a lo que fue aquél, especialmente, su Exposición de Motivos, derivando en la paralización de los pasos de Sísifo, algo totalmente increíble en 2003, incluso en la legislación de insolvencia anterior a la Ley Concursal, aderezado por la situación generada por la pandemia de la COVID-19 y las diversas reformas que produjo el Real Decreto 463/2020, de 14 de marzo que declaró el estado de alarma, más el Real Decreto Legislativo 1/2020, de 5 de mayo (B.O.E. de 7 de mayo de 2020; por el que se aprueba el Texto Refundido de la Ley Concursal que, estando latente su promulgación desde 2015, de golpe y repente, con una *vacatio legis* de apenas tres meses, irrumpe, en espera de su trasposición a la Directiva (UE) 2019/1023 del Parlamento Europeo y del Consejo, con lo que pasaremos de las treinta reformas de la Ley Concursal en veinte años, mientras que la «prehistórica» Ley, de 26 de julio de 1922, de Suspensión de Pagos, durante sus ochenta y un años de vigencia, sus escasos veinticuatro artículos, apenas sufrieron dos pares de reformas, hoy, el Texto Refundido alcanza hasta los setecientos cincuenta y dos artículos. Compárese la técnica legislativa, a pesar del correr de los tiempos.

Hemos pasado, igualmente, desde un horizonte de indefensión, a otro de absoluta tutela, sobre todo, en materia de ejecuciones hipotecarias, lo cual, nos parece como muy innovador, pero que, lo único que hace es retroceder al Código civil, decimonónico, en lo que podríamos denominar un «doble salto mortal hacia atrás».

En cierta plataforma de ventas «*on line*» descubrí con especial agrado el comentario que un tal Miguel Ángel realizó en los siguientes términos: «*No es un tratado de la materia, sino una obra de consulta sobre las respuestas jurisprudenciales a un problema puntual. Obras sobre esa materia en el mercado no hay para ese fin. Por eso mismo la elegí. Y el formato digital desde luego es necesario para llevarlo encima»*. Sinceramente, agradezco a tan amable lector su comentario, pues supone el motor que te impulsa a corregir y a aumentar la primera edición, lo cual, unido al hecho de que muchos lectores me han pedido acompañar formularios o tratar cuestiones concretas, incrementa el impulso motivador.

También agradezco a muchos colegas Administradores Concursales su insistencia en publicar una nueva edición, ésta, la que Vd. tiene en sus manos, para su novedosa lectura, así como de las inmerecidas loas que Magistrados y Catedráticos de Derecho hicieron del texto precedente; además, debo manifestar que quedé muy gratamente sorprendido, cuando cierta Licenciada en Derecho, junto a otros textos, se basó en la primera edición de este libro para aprobar una oposición a la C.N.M.V., precisamente, para tratar de conocer, y conocer el intrincado y complejo mundo bancario. Igualmente quedo sumamente confortado al saber que, en algunas Facultades de Derecho, se trabaja sobre esta obra.

Además de cuanto antecede, mientras acababa la corrección, ampliación y actualización de la primera edición, han pasado por todos nosotros la pandemia de la COVID-19 y la legislación que modificó la Ley Concursal durante el estado de alarma, así como la publicación del Texto Refundido de la Ley Concursal, todo lo cual, ha sido tratado en esta segunda edición.

Por supuesto, debo ejercer la autocrítica en todo aquello en lo que deba hacerlo, incluso aunque no proceda, pues sólo actuando de tal modo, puedo alcanzar a conseguir la meta u objetivo autoimpuesto, que sirva como herramienta de defensa jurídica.

València, a 22 de mayo de 2020.

Primera parte
EL DERECHO CONCURSAL BANCARIO

I. ¿QUÉ ES EL DERECHO CONCURSAL BANCARIO?

Alguien dijo o escribió que un día, Miguel de UNAMUNO y JUGO, por excelencia vasco, católico y sentimental, persona llena de amplias contradicciones, al subir al tren que le llevaría a Valladolid en la madrileña estación de Atocha, un periodista le preguntó si creía en Dios. D. Miguel, ni corto ni perezoso, según dicen, le contestó algo así como «*Llegaremos Vd. Y yo a Valladolid y no nos habremos puesto de acuerdo en quién o qué es Dios*». Pues, esto es el Derecho y más, si hablamos de una especialidad de una especialidad de otra especialidad suya, el Derecho Concursal Bancario. Los Abogados, según el lugar que ocupamos, de un mismo hecho podemos ver distintas realidades, tal y como se nos muestra el número «6» que, según se mire, desde arriba o desde abajo, equivaldrá a seis (6) o a nueve (9) unidades. Comencemos, pues, con la dialéctica propia del Derecho.

¿Qué entendemos por «Derecho»?

La palabra «Derecho», que en la antigua Roma se conocía como «*ius*», se convirtió en «*directum*» que, según Álvaro D'ORS[1] «*no procede de la tradición jurídica romana, sino que pertenece al lenguaje vulgar tardo-romano, de inspiración judeo-cristiana: refleja la idea moralizante de que conducta justa es aquella que sigue el camino recto…*», aunque otros sostienen que autores de la antigua Roma ya lo empleaban; en cualquier caso, es nuestra opinión, acorde con la de D'ORS, que la palabra «derecho» la copia el Latín del Hebreo, de la palabra דֶּרֶךְ: (léase «*dérek*»), significando «camino» (también significa derechera en Castellano y «*drecera*» en Catalán) o lugar por el que se podía transitar libremente sin miedo a ser acosado por los miles de peligros que acechaban a quienes no iban por el «(de)recto» camino, por la derechera, como así veremos en todos los libros del Antiguo Testamento, en el que este «camino» estaba compuesto por los decretos e instrucciones que Yavé daba a Moisés para que éste los transmitiese a su pueblo (Éxodo 18:20) «*Y enséñales los decretos y las instrucciones y muéstrales el camino* [*dérek*] *que deben andar en ella y la obra que deben hacer*». Precisamente, el camino debe "andarse" a través de las leyes y los mandamientos, tal y como

---

1 Elementos de derecho privado romano, pág. 28, 2.ª edición 1975.

es de ver en el Levítico 18:4: «*Mis mandamientos haréis y mis leyes cuidaréis para andar en ellos, yo Yavé, vuestro dios*». Esta cuestión no es pacífica, pues hay quien sostiene que SÉNECA (s. 1 a.C. 1 d.C posterior, ¿cómo no? A los textos del Antiguo Testamento) ya utilizaba el término «*directum*», sin duda, pues así lo hemos encontrado en el apartado 20.2 del libro VI «*Terræ motu*» de su obra «*Quæstiones naturales*» diciendo: «*Etiamnunc quomodo de spiritu dicebamus, de aqua quoque dicendum est. Ubi in unum locum congesta est et capere se desiit, aliquo incumbit et primo uiam pondere aperit, deinde impetu; nec enim exire nisi per deuexum potest diu inclusa nec in directum cadere moderate aut sine concussione eorum per quae uel in quae cadit*», donde no parece que hable de «Derecho», como conjunto de normas, sino de «dirección» de caída, en este caso, palabras que, aunque etimológicamente descansan en la misma raíz (d-r-k), su significado ideológico, obviamente, no es el mismo. También se sostiene que CICERÓN (s. II a.C.) empleó el término «derecho», evidentemente, lo hizo, del siguiente modo: «*Flexuosum iter habet, ne quid intrare possit si simples et directum pateret; provisum etiam, ut, si qua mínima bestiola conaretur inrumpere, in sordibus aurium tanquam in visco inhaerescet*»[2]. En igual sentido se pronuncia ISIDORO DE SEVILLA (s. VI) en el Libro V[3] cuando trata «*Acerca de las leyes y los tiempos*», apartado «*3. ¿Qué diferencia hay entre derecho, leyes y costumbres?*», en el que dice «*1. Ius generale nomen est, lex autem iuris est species. Ius autem dictum, quia iustum. Omne autem ius legibus et moribus constat*»[4]. No cabe duda.

Así pues, si nos ponemos de acuerdo antes de acabar la lectura de este libro en qué entendemos por «Derecho», habremos alcanzado un consenso pleno; no obstante, partimos de que, por tal solemos entender el conjunto de normas que regulan una colectividad, en nuestro caso, las normas que regulan el denominado Derecho de insolvencia, el que podríamos definir como el conjunto de normas que regulan el camino a seguir por acreedores y deudores, sin salirse del mismo, pues, saliéndose surgirán consecuencias

---

2 [144] «El conducto de la audición está retorcido para impedir que cualquier cosa pueda penetrar en él estuviera en posición sencilla y recta; además, se ha previsto que aún el más pequeño insecto pudiera intentar introducirse en él, ya que queda cogido en la viscosa cera de las orejas». Marco Tulio CICERÓN "De natura deorum". Ed. Alba Libros. Madrid 1998.

3 ETIMOLOGÍAS, Biblioteca de Autores Cristianos, Madrid 2004.

4 «1. Derecho es un nombre genérico; ley es un aspecto concreto del derecho. Se llama derecho porque es justo. Todo derecho está integrado por leyes y costumbres».

o «sanciones», conceptuadas éstas, acorde con la definición etimológica de Derecho, como «hacer santo», esto es, dicho vulgarmente y bíblicamente, «volver al camino», regresar a la norma, a los mandatos a los decretos, poner en su sitio a aquél que se había salido de la norma, del «camino», del Derecho, pues fuera del *dérek* bíblico están las serpientes y demás animales dañinos y el Derecho, sus equivalentes, las sanciones de cualquier tipo.

¿Qué entendemos por «concursal»?

Si volvemos a las raíces etimológicas, deberemos partir del prefijo o morfema «*con-*», significando «juntar» y el lexema «*cursus*», significando «carrera» con lo que deberíamos entender por «concursar» el hecho de realizar una carrera con alguien más, para lo cual, se precisan, como mínimo, dos personas, pero ¿por dos personas debemos entender un solo acreedor y un solo deudor para que pueda declararse un Concurso? Sin duda, concluiremos el libro y será probable que sigamos sin ponernos de acuerdo, pero, más adelante veremos cómo se está resolviendo esta cuestión.

Por último, ¿Qué entendemos por «bancario»?

Según el Diccionario de la Real Academia Española de la Lengua, la palabra banco nos llega a través del Francés, que la toma del Germánico «*bank*», de construcción medieval y que tiene su equivalente a nuestra «*Taula de canvis*», mesa de madera sobre la que los «cambistas» realizaban sus transacciones dinerarias, la cual, cuando era «rota» (no se sabe en qué términos, si lo era físicamente, en todo o en parte) suponía entrar en «bancarrota» el cambista, el que comerciaba con el dinero y, por ello, ya no podía formar parte de la institución cambiaria, ya no podía cambiar, no tenía banco en el que realizar las transacciones o cambios.

Sebastián de COVARRUBIAS define la palabra «banco» del siguiente modo: «*Sinifica algunas veces el cambiador, tomando nombre del banco material donde está sentado para dar y recebir el dinero, como se llama en la lengua griega* τραπεζιτης, trapezites, *del nombre* τραπεζα, trapeza, *mesa; y de allí trapaça, trapacero, trapacista, trapacete. En Roma ay una calle que llaman bancos, por vivir y asistir en ella los cambios o banqueros... Fiança bancaria, la que haze el banco que cumplido el plaço paga, y luego cambia y recambia el dinero a la parte a quien fió...*». De este modo podemos entender el significado de la «mesa de cambios» o «banco» en el cual los mercaderes del dinero realizaban sus ventas y sus compras del mismo.

Hoy en día, hemos pasado de un sistema denominado «bancario», que comprendía Bancos y las Cajas de Ahorros, a la concentración de aquellos muchos en unos pocos, a la práctica desaparición de éstas y a la proliferación de Fondos de Inversión y de Entidades Financieras, aquéllas, adquirentes de créditos más o menos fallidos de Bancos y Cajas y éstas, prestamistas de consumo, incluso de financiadores virtuales, sin presencia física alguna, que rigen los designios de sus clientes a través de pantallas de Internet y descansan en algoritmos, inteligentes o no. Precisamente, una de las últimas reformas de la Ley Concursal, dio entrada y paso, llamémosle, preferente a estas últimas entidades, donde antes no lo tenían. Lo veremos, sin duda a lo largo del libro.

¿Hemos llegado a un consenso en saber o definir el concepto de «Derecho concursal bancario»? Veámoslo. Subamos a este tren de lectura por el que pretendemos seguir la máxima de MONTESQUIEU cuando decía que «*No se trata de hacer leer, sino de hacer pensar*».

II. EL CONTRATO, LA OBLIGACIÓN Y EL DÉBITO. CONCEPTOS GENERALES

1. OBLIGACIÓN

Para entender el concepto de «contrato» y las diversas variantes que del mismo se van a tratar en el presente estudio, así como su tratamiento en sede concursal, a nuestro entender, se ha de partir del concepto de «obligación», palabra cuyo origen etimológico nos va a hacer descubrir, más que su definición, su sentido propio y último y así por «obligación» debemos entender aquello que se ata alrededor de algo o alguien, una sujeción física o ligadura, pues por «*ob*» hemos de entender su significado por el adverbio «alrededor» y por «*ligare*» hemos de entender la acción de ligar, unir o atar; una traducción menos literal nos llevaría al mismo concepto de «vínculo», procedente éste del término latino «*vinculum*», atadura o cadena con la que sujetar algo. Como se verá, todos estos conceptos del antiguo Derecho romano tienen un componente de unión física que, en nuestros días viene a limitarse a aquella relación que deriva de lo pactado en meros contratos; pensemos, no obstante, que la palabra «estipulación», deriva también de la misma procedencia, definiendo tal concepto el pacto que verbalmente alcanzaban los antiguos romanos rompiendo «*stipulœ*», esto es, las estípulas o pajitas, aquellos apéndices que surgen de las hojas de los ficus o magnolios, las cuales eran rotas en símbolo de concertación solemne del pacto u obligación que habían alcanzado los contratantes. San Isidoro de SEVILLA[5] dice que «*los antiguos, cuando decían una promesa, quebraban entre sus dedos una paja; cuando de nuevo unían las dos mitades, les servía para recordar las promesas efectuadas. [O tal vez, porque, según el jurisperito Paulo,* stipulum, *antiguamente, significaba "firme"]*».

Traspongamos dichos conceptos físicos a la actualidad escrita, en la que hemos sustituido los ritos visuales-físicos, por inexistencia del contrato literal o escrito por los ritos visuales-escritos, digamos, por absoluta desconfianza en la palabra dada (*scripta manent verba volant*[6] se decía entonces,

---

5 "Etimologías", Libro V. Acerca de las leyes y los tiempos. Ed. B.A.C. Madrid 2004, pág. 513.

6 Lo escrito permanece, las palabras vuelan.

mayormente hoy cobra sentido este brocardo que nos lleva a reafirmarnos en que lo escrito permanece ante el vuelo de las palabras). *Nuda pactio obligationem non parit* nos decía el Digesto (2, 14, 7, 4), al considerar que del mero acuerdo de voluntades no surgía la obligación.

Muy interesante es la división de los diversos tipos de obligaciones realizada por Francisco de P. BLASCO GASCÓ[7], a los efectos del objeto del presente trabajo:

1. *Obligaciones positivas y negativas*: definidas según el comportamiento del deudor consista en una conducta tendente a modificar un determinado estado de cosas (*positiva*) o en una abstención que mantiene inalterada la situación anterior (*negativa*).

   a. *Prestación de dar o entregar:* supone el traspaso posesorio, bien traslativo, en tanto que transmite al acreedor un determinado derecho sobre la cosa (compraventa) o restitutorio, en tanto que tan sólo se devuelve la cosa, pero sin transmisión (comodato o depósito).

      i. *Obligaciones genéricas*: entrega una cosa identificada por su pertenencia a un género (suma de dinero).

      ii. *Obligaciones específicas o determinadas*: entrega de una cosa identificada por su individualidad (acciones o participaciones sociales).

   b. *Prestación de hacer:* es aquélla por la que el deudor se obliga a observar una conducta o comportamiento que consiste en la realización de un servicio o actividad. En función de la distribución del riesgo por la falta de realización del resultado, podrá subdividirse en:

      i. *Obligación de medios:* por la que el deudor se obliga a desarrollar una determinada actividad pero sin comprometer el resultado de la misma, por lo que es indiferente que se alcance un determinado resultado. El riesgo es del acreedor.

      ii. *Obligación de resultado:* por la que el deudor se obliga a procurar al acreedor un determinado resultado, independientemente de que deba desplegar o no una concreta actividad, por sí o por tercero. El riesgo es del deudor.

---

7 Derecho de obligaciones y contratos.

c. *Prestación de no hacer:* El deudor se obliga a una pura abstención, a observar una conducta meramente omisiva, bien absteniéndose (*in non faciendo*) o a tolerar (*in patiendo*).

2. *Prestaciones instantáneas, diferidas y duraderas*: según se agote la prestación en un solo y único acto del deudor (tracto único), fraccionada en el tiempo o prolongada en el mismo (tracto sucesivo).
3. *Prestaciones principales y accesorias:* Las primeras son, como su propio nombre indica, las propias obligaciones que deben cumplirse, mientras que las segundas, coadyuvan a conseguir el fin de la principal.
4. *Prestaciones líquidas e ilíquidas:* en las primeras, la cuantía está perfectamente determinada o se puede determinar mediante la realización de una simple operación aritmética (es el caso del préstamo dinerario) y en las segundas, debe determinarse mediante la realización de otro tipo de operaciones más complejas, iliquidez que impide la compensación de la deuda conforme a lo dispuesto en el art. 1.196-4º C.c.
5. *Prestaciones divisibles y no divisibles:* Su diferencia viene en razón a su posibilidad de cumplimiento parcial o no de la prestación.

2. DÉBITO

Otro concepto que entendemos debe ser útil para cuanto seguidamente se expondrá, es el concepto de «débito» y así, José CASTÁN TOBEÑAS[8] sostiene que la obligación «*encierra fundidos dos elementos o nociones que primitivamente actuaron con independencia: el* débito *o* deuda (debitum, Schuld) *y la* garantía *o* responsabilidad (obligatio, Haftung)... *el* débito, *o sea el deber de realizar una determinada prestación, y la* responsabilidad *o perjuicio jurídico que al deudor se le sigue —por ejemplo, la acción ejecutiva sobre sus bienes— si no lo cumple. Hoy, como en el Derecho romano progresivo, ambos elementos se conjugan, formando por ley,* ipso iure, *una unidad...*». De aquí, que quepa concluir el principio conforme al cual, la responsabilidad nace, inicialmente del débito, pero ahonda sus raíces en el principio de reciprocidad o restitutivo, en definitiva «*la persuasión del resul-*

---

[8] Derecho civil español, común y foral.

tado final, igual el del agente que el del paciente, es lo que debe compeler a cumplir con la norma y no salirse del camino recto, «sin apartarse ni a derecha ni a izquierda» *(Josué: 23:6); una especie del* do ut des, facio ut facias, *etc. Del Derecho de obligaciones romano, en consonancia, incluso con el nacimiento del Comercio de mano de los Fenicios, también llamados Cananeos o Púnicos* (φοίνικες *—léase:* «fenikés»*— en Griego), significando los «rojos» o los «púrpuras», los cuales, navegando en sus barcazas repletas del molusco denominado múrex (cañadillas) de las que extraían el tinte conocido como púrpura (fenikés) de Tiro (Fenicia) iban bordeando la costa mediterránea y, allá donde veían signos de la existencia de algún poblado, dejaban un montón de tinte en la playa, partiendo seguidamente al próximo lugar poblado, repitiendo así la misma fórmula sucesivamente, hasta que se acababan las existencias, momento en el que regresaban a Canaán haciendo de vuelta el mismo recorrido a la inversa, acudiendo nuevamente allí donde habían dejado el múrex para ver qué les habían dejado a cambio los moradores de cada playa en la que habían parado, olivas, higos, cereal, miel, etc., esto es, de productos de los que ellos carecían, y en qué cantidad. Tiempo más tarde, cuando habían recogido una suficiente cantidad de múrex, regresaban a realizar las mismas operaciones, tanto a la ida como a la vuelta, calibrando la cantidad de múrex a dejar en cada poblado, así como su precio, calculado éste en razón a lo obtenido a cambio, a lo dejado por los moradores de aquellos poblados; y así, si nada habían dejado los lugareños, los navegantes no regresaban a tal lugar. Es así cómo, además, los fenicios fundaron sus colonias, como asentamientos propios donde almacenar sus productos de intercambio o trueque, para poder realizar viajes más largos y, consecuentemente, ampliar los productos a obtener e intercambiar otros distintos a los del múrex*»[9].

Si, por débito, etimológicamente, entendemos un «haber sin haber» o un «tener sin tener», encontraremos la obligación de cumplir con la devolución de lo recibido, de lo percibido, de aquello que el navegante fenicio nos dejó a la puerta de casa para que, al cabo de un tiempo, le reintegrásemos algo equivalente y que a aquél le prestase la misma utilidad que la que dio, la restitución del equivalente, cuyo devenir jurídico en sede concursal presentará, como presenta, diversas soluciones. Sebastián de COVARRUBIAS cita en su Tesoro el siguiente proverbio: «... '*El deudor no se muera, que en pie*

---

9 Desde el Génesis hasta el algoritmo.

se estará la deuda', por quanto aquel hombre podría volver ad pingiorem fortunam[10]». Parece como si el acervo del saber común, allá por el siglo XVII, hubiese adivinado o definido qué iba a denominarse como la «segunda oportunidad» cuatro siglos después.

3. TIPOLOGÍA DE DÉBITOS

Siendo así pues, que el objeto de este estudio se centrará dentro de lo que es el campo bancario hay que partir de la prestación esencial de este tipo de obligaciones y así, con Castán Tobeñas debemos distinguir la siguiente tipología de deudas:

A) Deudas pecuniarias

Debemos recordar, en primer lugar, que el vocablo «pecuniario» procede del actual «pecunia» o «dinero» los cuales, a su vez, proceden del vocablo latino «*pecus, -oris*», «ganado», en tanto que quien tenía «*pecunia magna*» tenía un gran rebaño o dinero abundante, pues la riqueza se medía por la abundancia de ganado y tierras, incluso se imponían sanciones mediante la entrega de cabezas de ganado). Se trata de una deuda que tiene por objeto la entrega de dinero o «deuda de valor», en tanto que ésta sólo tiene por objeto el valor de la cantidad debida, salvo el supuesto de la entrega de moneda específica propio de la prenda, lo cual se verá más adelante al tratar sobre esta materia concreta.

B) Deudas de intereses

Así tendríamos deudas que deben ser satisfechas mediante el pago, de una parte, del capital y, de otra, de los intereses a los que se refiere MONTESQUIEU[11] diciendo que «*el dinero, que es el precio de las cosas, se alquila y no se compra*». Ya en el CÓDIGO DE HAMMURABI se reconocía la existencia del préstamo con interés en los siguientes términos[12]: «… *Se admite el préstamo con interés (§51 y 66), según la tablilla que recoge el*

10 A mejor fortuna, a pingüe fortuna, a gruesa (pinguis) fortuna.

11 Del espíritu de las leyes.

12 Desde el Génesis hasta el algoritmo.

contrato firmado, tanto de cebada como de dinero (§70 a 72), estando sancionado el anatocismo con la devolución del doble de lo cobrado (§73)... Si un hombre contrae una deuda y pierde el campo por devastación o riada o falta de agua, y no produce la cebada, ésta no se le devolverá en dicho año a su acreedor, deberá "mojar su tablilla" de barro en la que está reflejada la deuda y no pagará interés. (§49)... Las deudas se pagan mediante la entrega de los campos hasta el límite del capital prestado y su interés (§ 49 y 50)... Debemos destacar que, en caso de fuerza mayor, como lo era la pérdida de la cosecha por circunstancias propias de la naturaleza, quedaba extinguida la deuda y el interés convenido pagar, lo que nos recuerda a la extinción del derecho real de garantía hipotecaria por ruina del bien hipotecado, si bien, en este último caso, la deuda y el interés subsiste; también nos recuerda a esa "segunda oportunidad" a la que aluden los artículos 231 y siguientes y concordantes de la Ley Concursal».

En el Antiguo Testamento se regula igualmente el préstamo, con o sin interés, ([8]) «*El préstamo con interés, siendo prestamista y prestatario hebreos, era un delito, sin embargo, nada impedía prestar dinero a los gentiles (Deut. 23:19).* "No exigirás interés a tu hermano, interés de plata [dinerario], de alimento, interés de cualquier cosa que se exige interés. Al extranjero, exigirás interés y a tu hermano no exigirás interés para que te bendiga Yavé tu dios en toda obra de tu mano en la tierra en la que entraste para poseerla". *En efecto, a los extranjeros, gentiles residentes en el territorio, sí se les podía exigir interés (Deut. 23:20). En el Imperio romano, el interés legal estaba fijado en el 8%, considerándose usura al 12%, 24% o el 48%...»*

a) Intereses remuneratorios e intereses moratorios

Llegados a este punto, merece la pena igualmente destacar que nos encontramos ante la necesidad de distinguir entre «intereses remuneratorios» —vocablo procedente del latino «*remunerari*» derivado de «*munus, -eris*» «regalo»[13]— denominados por Castán Tobeñas como «retributivos» e «intereses moratorios» —derivado de «*morari*», significando «detenerse», «entretenerse»— los primeros son aquéllos que derivan de la propia ventaja, precio, interés o contraprestación que percibe el prestamista que «*se establecen como una compensación de la disponibilidad concedida a*

13 Breve diccionario etimológico de la lengua castellana.

otra persona de una suma de dinero y otras cosas fungibles que se supone prestan una utilidad al deudor y privan de ella al acreedor», según Castán y los segundos se imponen como medida disuasoria o auténtica cláusula penal, para el supuesto de que no se atiendan a su vencimiento el capital, los intereses remuneratorios o cualquier otro concepto debido, como las comisiones, los cuales *«se establecen a título de resarcimiento por el retardo en el cumplimiento de la obligación»* según Castán y la Doctrina de las Audiencias, como la **SAP Madrid —10ª— 10.09.2004**, que sostiene que

> «... según reiterada doctrina jurisprudencial, la pena pactada, para que sea viable, requiere que se derive del incumplimiento de una obligación principal (STS de 18 de mayo de 1963), amén de que la cláusula penal es una promesa accesoria y condicionada, que se incorpora a la obligación principal con doble función reparadora y punitiva (STS de 7 de julio de 1963), cuya finalidad es la de evitar la existencia y cuantía de unos perjuicios para los casos previstos de deficiente o total incumplimiento (STS de 20 de mayo de 1986); y corresponde señalar que un importante sector de la doctrina científica sostiene que, debido a la distinta naturaleza de los intereses retributivos y los moratorios, a éstos últimos no se les debe aplicar la Ley de Represión de la Usura, pues cuando se habla de intereses se hace referencia a los retributivos, ya que hay que contar con el carácter bilateral de la obligación y la equitativa equivalencia de las prestaciones de los sujetos de una relación jurídica que es bilateral, onerosa y conmutativa, y cuando los intereses son moratorios no debe olvidarse que su devengo se produce por una previa conducta del deudor jurídicamente censurable, y que su aplicación tanto sirve para reparar, sin la complicación de una prueba exhaustiva y completa, el daño que el acreedor ha recibido, como para constituir un estímulo que impulse al obligado cumplimiento voluntario, ante la gravedad del perjuicio que le produciría el impago o la mora. En definitiva, los intereses de demora no tienen la naturaleza jurídica de intereses reales, sino que se califican como de sanción o pena con el objetivo de indemnizar los perjuicios causados por el retraso del deudor en el cumplimiento de sus obligaciones, lo que hace que no se considere si exceden o no del interés normal del dinero, ni cabe configurarlos como leoninos, ni encuadrarlos en la Ley de 23 de julio de 1908...»

Más recientemente, el Alto Tribunal, por **STS —1ª— n.º 578/2010, de 23 de septiembre** ha dispuesto que no es de aplicación a los intereses moratorios la normativa de las cláusulas penales, por más que éstos impliquen una sanción en caso de mora, incumplimiento parcial o cumplimiento defectuoso por el deudor. Se está refiriendo el Alto Tribunal a la no aplicación de la facultad moderadora que el artículo 1.154 C.c. permite al Juzgador modificar la pena que, en el supuesto que nos ocupa, supondría la reducción del tipo de interés moratorio pactado en el documento obligacional.

b) De la imputación de pagos en las deudas que producen interés

A este respecto, resulta muy interesante destacar el contenido de lo dispuesto en el artículo 1.173 del Código civil[14], el cual supone la excepción a la regla del «*favor debitoris*», en el sentido de que, salvo pacto en contrario, el deudor no podrá elegir pagar antes el capital si no tiene cubiertos íntegramente los intereses.

El artículo 1.173 C.c. dispone el orden de la imputación de pagos a cuenta de una deuda que produce interés. En este sentido, la **SAP Madrid —25ª— n.º 556/2010, de 16 de noviembre** se plantea y resuelve el supuesto de que, cuando una deuda, efectivamente, produce interés y se realiza un pago, siendo así que el pago a cuenta del capital, queda postergado a un segundo plano, dada la prioridad en el pago del "interés", a qué tipo de interés debe entenderse realizado aquél, si a cuenta del remuneratorio o a cuenta del moratorio, resolviéndolo de manera que dicha norma no resulta de aplicación a los intereses moratorios, sino solo a los remuneratorios, pues aquéllos son indemnizatorios y éstos son inherentes a la propia obligación principal, es el precio del préstamo al que aluden los artículos 314 y 315 C.com.; en cualquier caso, si se aplicasen a los moratorios, no estaríamos hablando de aquella deuda que produce interés de la norma precitada, pues el mismo refiere al precio de lo prestado en sí mismo y no a la sanción, la cual viene referida en los artículos 1.100 C.c. y 316 C.com. en relación con el artículo 576 de la Ley de Enjuiciamiento civil.

> «... 2.- Con relación al segundo de los motivos de apelación de la parte actora, entendemos correctamente decidida la cuestión por el Sr. Magistrado de primera instancia, pues los intereses legales devengados por la mora procesal no pueden estar cuantificados en el momento en el que el deudor condenado paga la cantidad fijada en la sentencia, de modo que tampoco en ese momento es posible saber en qué medida resultaría satisfecha la deuda derivada de la aplicación de tales intereses. Además, el pago del importe fijado en la condena produce como efecto el cese de la situación de mora y, consecuentemente, del devengo de los intereses legales, pues éstos tienen su causa en el retraso del condenado en satisfacer el importe declarado judicialmente, pasando a partir de ese momento a una situación procesal diferente donde será preciso cuantificar los intereses devengados hasta el momento de efectuar el pago. Entendemos, por ello, que el artículo 1.173 CC resulta únicamente de aplicación a los intereses remuneratorios, pero no a los mo-

[14] Si la deuda produce interés, no podrá estimarse hecho el pago por cuenta del capital mientras no estén cubiertos los intereses.

ratorios. De ese modo, cuando la norma citada establece que "si la deuda produce interés, no podrá estimarse hecho el pago por cuenta del capital mientras no estén cubiertos los intereses", sólo cabe interpretar que los únicos intereses que produce una deuda son los remuneratorios, esto es, los que se devengan como retribución o rendimiento a la entrega del capital; ya que los intereses moratorios suponen —como precisaron entre otras, las Sentencias de la Sala Primera del Tribunal Supremo de 12 de marzo de 1991, 13 de abril de 1992 y 17 de marzo de 1994— una indemnización por el retraso (mora) en el cumplimiento de una obligación de pago de una cantidad de dinero, que tiene la finalidad de resarcir al acreedor de los daños y perjuicios que le origina, precisamente, la mora del deudor, como cabe inferir de lo establecido por los artículos 1100,1101 y 1108 del Código Civil, y, por tanto, no derivan de la deuda, sino de la mora del deudor...»

CASTÁN cuando interpretaba lo dispuesto en el artículo 1.173 C.c. aludía a una **STS 21.04.1936** —de cuyo texto no se dispone, dada su antigüedad, para poder mostrárselo— conforme a la cual, manifestaba que «*el artículo 1.173 no habla de varias deudas, como el primer inciso del 1.172*[15]*, sino de una sola, en la cual existan capital e intereses y, por consiguiente, no puede entrar en juego dicho artículo si se trata de una cuenta de intereses y de una cuenta de capital que responde a relaciones jurídicas diferentes, cuales son la derivada de unos contratos de seguro por pago de sus primas, y la emanada de un contrato de préstamo celebrado con la garantía de las pólizas, por pago de sus intereses*". A lo que, me permito añadir, que esta dialéctica sólo puede tener cabida cuando la deuda está viva, esto es, mientras no ha sido dada por vencida anticipada o finalmente, en definitiva, en tanto que no se ha producido el cierre y liquidación de la cuenta de préstamo y, capitalizados los intereses devengados y no pagados, según prevé el artículo 317 C.com., pues una vez realizado lo cual, el pago sólo puede tener lugar o imputarse a cuenta del saldo liquidado, al no existir devengo de intereses remuneratorios, dado que sólo los moratorios resultarían de aplicación, girando éstos sobre el saldo liquidado, dado que los intereses moratorios, ni se devengan periódicamente, como sí sucede con los remuneratorios, ni se conoce su importe exacto hasta tanto no se haya pagado íntegramente el saldo liquidado; será a partir de este momento cuando puedan comenzar a pagarse los intereses moratorios.

---

15 El que tuviere varias deudas de una misma especie en favor de un solo acreedor, podrá declarar, al tiempo de hacer el pago, a cuál de ellas debe aplicarse....

Hasta ahora, hemos venido refiriéndonos a la existencia de pacto de interés (remuneratorio), propio de los préstamos y créditos bancarios (recordemos que éste es uno de los objetos de la presente obra); no obstante, resulta destacable ver qué sucede en obligaciones en las que no se haya pactado tipo de interés (remuneratorio). Su incumplimiento, supone la generación, única, de los denominados intereses moratorios, en definitiva, la denominada «mora procesal» regulada por el artículo 576 LEC, en relación con el artículo 1.108 C.c. y el 316 C.com. A este respecto, debemos decir que la aplicación del principio *in illiquidis non fit mora*[16], conforme al cual, no se venía devengando interés moratorio hasta que no se determinase —en Juicio— la cantidad a pagar o debida, ha sido matizado por el Tribunal Supremo, desde que, por Acuerdo de la Sala Primera de 20 de diciembre de 2005, este principio no debe aplicarse de forma absoluta, debiendo estarse a *«contemplar la razonabilidad de la discusión del deudor, si ésta no es razonable, ello implicará la imposición de intereses moratorios al deudor, estándose al canon de razonabilidad»*. En definitiva, si la oposición del deudor al acreedor que le demanda ha guardado cierto grado de razonabilidad, los intereses moratorios, se devengarían desde la Sentencia firme y no desde la intimación extrajudicial y previa, en definitiva, la fijación del *dies a quo*[17] inicial desde el que liquidar los intereses moratorios. Así ha venido reconociéndose en numerosas **Sentencias por el Alto Tribunal**, como la **n.º 274/2010, de 5 de mayo o la n.º 228/2011, de 7 de abril**, entre otras muchas.

c) Prescripción de la acción de reclamación de intereses

Respecto de la prescripción de la acción de reclamación de intereses, esto es, del momento a partir del cual no pueden reclamarse aquéllos, debe quedar diferenciada entre intereses compensatorios o remuneratorios y para los moratorios y así, deberemos distinguir si el plazo de prescripción es del de cinco (5) años dispuesto por el artículo 1.966.3º C.c. o, por el contrario, el de quince (15) años, del artículo 1.964.2 C.c. o general de las obligaciones. Esta diferencia, en razón a la reforma del Código civil operada por la Ley 42/2015, de 5 de octubre ha sido anulada pues, para ambos supuestos el plazo prescriptivo es el de cinco (5) años; no obstante lo cual, queda para la discusión que se suscita por la aplicación de la Disposición Transitoria

---

16 Lo ilíquido no produce mora.

17 El día desde el cual.

Cuarta del Código civil, en tanto en cuanto dispone que «*Las acciones y los derechos nacidos y no ejercitados antes de regir el Código subsistirán con la extensión y en los términos que les reconociera la legislación precedente; pero sujetándose, en cuanto a su ejercicio, duración y procedimientos para hacerlos valer, a lo dispuesto en el Código. Si el ejercicio del derecho o de la acción se hallara pendiente de procedimientos oficiales empezados bajo la legislación anterior, y éstos fuesen diferentes de los establecidos por el Código, podrán optar los interesados por unos o por otros*».

Manteniendo, pues, la dialéctica diferencial del período prescriptivo, debemos decir que la Jurisprudencia, bien estudiada por la resolución que seguidamente transcribiremos, ha seguido diversos criterios respecto de los cuales, para los intereses remuneratorios o compensatorios debe regir el plazo breve, ante lo que debemos manifestar su razón de justicia que me permito, además de lo dicho por la Jurisprudencia, en el sentido de que, como decíamos, precedentemente, cuando la deuda está «viva», esto es, cuando no se ha cerrado ni liquidado la deuda con interés remuneratorio pactado, encuentra su sentido la aplicación del plazo quinquenal, habida cuenta de que la prescripción, en tanto que institución «odiosa» a razones de justicia, encuentra su razón de ser cuando trata de evitar el «injusto», esto es, la denominada «*mora creditoris*»[18], o «retraso desleal» en reclamar, contrario al principio de la buena fe que predica el artículo 7.1 C.c., a las razones de justicia, retraso que supone generar un mayor gravamen del pactado al deudor, pues la acumulación de plazos y plazos impagados durante más de cinco (5) años, generaría un débito muy superior, respecto del cual, los intereses moratorios serían superiores a los reclamables a varias cuotas o plazos impagados. Sin embargo, esta *mora creditoris* choca frontalmente con la reciente **STS —Pleno 1.ª— n.º 463/2019**, de **11 de septiembre**, dictada al amparo de la Ley 5/2019, de 15 de marzo reguladora de los contratos de crédito inmobiliario y la **STJUE de 20 de septiembre de 2018**, en el asunto C-51/2017 (*OTP Bank Nyrt*), pues, sin quitarle razón al Alto Tribunal, y con el bien entendido que el simple retraso no implica incumplimiento resolutorio *ex* artículo 1.124 C.c. (**STS —1ª— n.º 186/2008, de 7 de marzo**), así como la tutela constitucional de la vivienda, *ex* artículo 47 de la Constitución Española, no debemos olvidar que la imposibilidad de la declaración del vencimiento anticipado del préstamo, hasta cumplirse los parámetros que

18 La demora del acreedor.

fija la Sentencia, entre ellos, y por lo que nos ocupa, el transcurso de doce (12) meses desde el primer impago, esta situación generaría el devengo de intereses remuneratorios mayores que si el vencimiento fuese anterior, lo cual queda patente en el momento del cierre de la cuenta de préstamo, un año después del primer impago, durante el cual se van devengando intereses remuneratorios, sobre los que se producirá la capitalización prevista en el artículo 317 C.com. El Derecho siempre tiene esas «perversiones» generando mayores réditos moratorios.

No obstante cuanto antecede, debemos transcribir la doctrina referida:

SAP Murcia —1ª— 23.11.2004

«Al respecto, este Tribunal reitera lo que ya viene manteniendo en resoluciones anteriores (así sentencias de 11 de marzo y 26 de diciembre de 2003 y 8 de julio y 28 de septiembre de 2004), conforme a las cuales el precepto aplicable en cuanto a la prescripción de la acción para reclamar los intereses remuneratorios o compensatorios es el art. 1.966.3º del C.c., esto es, cinco años, siendo ése el supuesto que históricamente determinó la especialidad de ese término prescriptivo que se explica porque, si bien es fácilmente entendible un pago periódico y relativamente pequeño, en cambio puede suponer una seria dificultad para el deudor la acumulación de réditos. Es cierto que la jurisprudencia no es unánime, y que la sentencia del T.S. de 3 de febrero de 1994 optaba por la solución de quince años, pero esa no es la solución mayoritaria en dicho Tribunal, pues por la contraria (prescripción de 5 años para los intereses remuneratorios) se pronuncian sus sentencias de 24-5-1918, 20-2-1925, 3-6-32 (RJ 1932\1089), 14-11-34 (RJ 1934\1809), 13-6-59 (RJ 1959\3031), 14-3-64 (RJ 1964\1594), 17-3-1994 (RJ 1994\1989) y 17 de marzo de 1998 (RJ 1998\1352). Como vemos las dos últimas más recientes que la nombrada de contrario. Esta última nos dice en su fundamento jurídico V que "El motivo cuarto del recurso por infracción del artículo 1.966 del Código civil, debido a que, según manifiesta, la sentencia impugnada olvida la prescripción de parte de los intereses devengados, se desestima porque no es aplicable el precepto invocado, toda vez que en este caso rige la prescripción de quince años establecida en el artículo 1.964 del Código civil, de conformidad con la reiterada doctrina jurisprudencial, de ociosa cita, relativa a que el artículo 1.966.3 es aplicable a los intereses compensatorios, pero no a los moratorios o debidos como indemnizaciones por retraso en el pago...».

La Audiencia Provincial de Alicante va más allá, citando, incluso al Tribunal Supremo y realizando una exégesis de las variaciones y diferentes criterios jurisprudenciales sobre la materia a través de la siguiente resolución:

SAP Alicante —9ª— de 06.11.2013

«TERCERO.- En la forma que ha quedado expuesta en el fundamento primero de la presente resolución, se alega por la demandada recurrente la Prescripción de los intereses remuneratorios en aplicación de lo establecido en el artículo 1.966, 3º del Código Civil.

Resulta procedente la cita de la Sentencia de la A.P. de Murcia de 21 de junio de 2006, que trata del mismo supuesto que ahora contemplamos en este motivo del recurso: «En lo que se refiere al plazo de prescripción de la obligación de abono de los intereses remuneratorios, resulta aplicable el plazo de cinco años contemplado en el artículo 1.966, 3ª del Código Civil, como resulta de la Sentencia del Tribunal Supremo número 259/1994, antes citada, por lo que es claro que, en el supuesto de autos, la reclamación de intereses remuneratorios efectuada no puede prosperar el ser apreciable la prescripción alegada, al haber transcurrido más de cinco años desde que se produjo el devengo de los intereses remuneratorios, por lo que debe revocarse el pronunciamiento de condena al abono de dichos intereses, desde el día 27 de octubre 2003, que la Sentencia apelada contiene, pues habiendo prescrito la obligación de abono de los mismos, ésta no puede revivir por el hecho de que el acreedor procediese a reclamarlos en fecha 27 de octubre de 2003, cuando la prescripción ya se había producido, debiendo destacarse que el devengo de intereses remuneratorios, propiamente dichos, sólo se produjo hasta la fecha final prevista en el contrato para la devolución del principal, esto es, hasta el día 20 de enero de 1994, de tal manera que lo que se devengaba desde esta última fecha no eran los intereses remuneratorios, sino exclusivamente los intereses moratorios, como se desprende de la condición general tercera del contrato, en la que se expresa que las amortizaciones, intereses y comisiones vencidos que no sean ingresados en las fechas de sus vencimientos devengarán a partir de las mismas, el Interés de Demora expresado en las condiciones particulares, equivalente al interés del préstamo (7%) más la comisión de demora (6%), lo que ofrece como resultado el interés moratorio del 13% pactado.

En cambio, el plazo de prescripción aplicable a la obligación de abono de los intereses moratorios ha de ser el de quince años, como se desprende también de la Sentencia número 360/2004 de la Sección Primera de esta Audiencia Provincial, antes citada, en la que se señala que "En cuanto al plazo de prescripción de los intereses remuneratorios, la sentencia apelada invoca la sentencia de esta Sección Primera de 26 de diciembre de 2003.

Al respecto, este Tribunal reitera lo que ya viene manteniendo, además de en la citada sentencia, en otras resoluciones (así sentencias de 11 de marzo y 8 de julio y 28 de septiembre y 22 de noviembre de 2004), conforme a las cuales el precepto aplicable en cuanto a la prescripción de la acción para reclamar los intereses remuneratorios o compensatorios es el art. 1.966.3º del C.c., esto es, cinco años, siendo ese el supuesto que históricamente determinó la especialidad de ese término prescriptivo que se explica porque, si bien es fácilmente entendible un pago periódico y relativamente pequeño, en cambio puede suponer una seria dificultad para el deudor la acumulación de réditos.

Es cierto que la jurisprudencia no es unánime, y que la sentencia del T.S. de 3 de febrero de 1994 optaba por la solución de quince años, pero esa no es la solución mayoritaria en dicho Tribunal, pues por la contraria (prescripción de 5 años para los intereses remuneratorios) se pronuncian sus sentencias de 24-5-1918, 20-2-1925, 3-6-32 (RJ 1932089), 14-11-34 (RJ 1934809), 13-6-59 (RJ 1959031), 14-3-64 (RJ 1964594), 17-3-1994 (RJ 1994989) y 17 de marzo de 1998 (RJ 1998352). Como vemos las dos últimas más recientes que la nombrada de contrario. Esta última nos dice en su fundamento jurídico V: "El motivo cuarto del recurso por infracción del artículo 1966.3 del Código Civil, debido a que, según manifiesta, la sentencia impugnada olvida la prescripción de parte de los intereses devengados, se desestima porque no es aplicable el precepto invocado, toda vez que en este caso rige la prescripción de quince años establecida en el artículo 1964 del Código Civil, de conformidad con la reiterada doctrina jurisprudencial, de ociosa cita, relativa a que el artículo 1966.3 es aplicable a los intereses compensatorios, pero no a los moratorios o debidos como indemnizaciones por retraso en el pago".

Junto a ello, decir que en esta misma Audiencia las sentencias de la Sección Cuarta de 22 de septiembre y 1 y 5 de octubre de 2004 se decantan claramente por la posición mayoritaria que se viene señalando, después de haber sostenido la contraria en sentencia de 29 de enero de 2001"».

Consecuentemente con cuanto se acaba de exponer, debe concluirse, en síntesis, que la prescripción de los intereses remuneratorios, en tanto que forman parte del «precio» del préstamo o del crédito, opera conforme disponga el artículo 1.966.3 C.c. habida cuenta del carácter periódico o recurrente de su pago, en íntima conexión con la obligación principal del pago del capital, mientras que los moratorios o sancionadores entrarían en el supuesto y general del artículo 1.964.2 C.c., dado que, además de lo dicho, el pago no es en plazos, sino que la condición de pago es subsidiaria, pues deriva de un incumplimiento de una obligación principal, sin remisión al supuesto 3º de aquel precepto. Hoy, tras la reforma de 2015 del Código civil, resulta ociosa su discusión, dado que, en ambos casos, es de cinco (5) años, salvo lo dicho respecto de la Disposición Transitoria Cuarta del Código civil.

Con todo y, con ello, el Alto Tribunal por **STS n.º 29/2020, de 20 de enero** ha venido a resolver la cuestión planteada a raíz de la promulgación de la Ley 42/2015, antes citada, fijando los siguientes hitos prescriptivos:

a) Relaciones jurídicas nacidas antes del 7 de octubre de 2000: Estarían prescritas a la entrada en vigor de la Ley.
b) Relaciones jurídicas nacidas desde el 7 de octubre de 2005: Se les aplicaría el plazo de 15 años previsto en el artículo 1.964 C.c.
c) Relaciones jurídicas nacidas entre el 7 de octubre de 2005 y el 7 de octubre de 2015: En aplicación del artículo 1.939 C.c. no prescriben hasta el 7 de octubre de 2020.

d) Relaciones jurídicas nacidas después del 7 de octubre de 2015, plazo de 5 años conforme a la vigente Ley.

Hasta aquí, todo parece estar bastante claro. Sin embargo, no se puede olvidar que el **14 de marzo de 2020 se publicó en el BOE el RD 463/2020, de 14 de marzo** por el que se declaraba el Estado de Alarma debido a la pandemia global por la COVID-19. Este Real Decreto, en su disposición Adicional Cuarta dispuso que «los plazos de prescripción y de caducidad de cualesquiera acciones y derechos quedarán suspendidos durante el plazo de vigencia del estado de alarma y, en su caso, de las prórrogas que se adopten.», lo que supondría la interrupción del plazo para el ejercicio de las acciones personales durante todo el tiempo que duró tal suspensión del plazo de caducidad o de la prórroga de las acciones durante ochenta y tres (83) días naturales.

d) Suspensión del devengo de intereses (art. 59 LC o art. 152 TRLC)

Desde su inicial redacción como art. 59 LC, quedaba suspendido el devengo de los intereses, tanto legales como convencionales a excepción de los salariales y los afianzados con derecho real de garantía, criterio que, redactado de una u otra manera, queda mantenido por el art. 152 TRLC, los primeros, se devengarán al tipo de interés legal del dinero y, por lo que respecta a los segundos, se devengarán al tipo remuneratorio pactado «*hasta donde alcance el valor de la garantía*», lo que implica, por lo que respecta a estos últimos, que los intereses moratorios quedarán suspendidos desde el dictado del Auto de declaración de concurso, lo que no sucedía en la redacción del art. 59 LC, suspensión que provoca que los créditos bancarios o cualesquiera otros en los que se haya convenido el pacto de intereses, se produzca una liquidación y cierre de las cuentas correspondientes al día anterior al de la fecha del precitado Auto. ¿Sucedería lo mismo respecto de los legales, aquéllos que no son convencionales, sino impuestos por la mora del deudor? Esto, a nuestro entender, sólo tendría lugar si se practicase la oportuna liquidación judicial de intereses, lo cual, en la práctica, resultaría prácticamente imposible, dado que la liquidación convencional puede realizarse en unos pocos días desde que se conoce la declaración de Concurso, mientras que la jurisdiccional, podría suponer rebasar el plazo de un mes para la insinuación de créditos del artículo 28.1.4.º TRLC (antes, art. 21.1.5.º LC). No obstante cuanto antecede, el TRLC, en su art. 152.2 ha venido a aclarar esta cuestión, excluyendo los intereses moratorios dela excepción de la suspensión de su devengo, por lo que sólo los intereses remuneratorios quedarán cubiertos, dentro de los límites de la responsabilidad hipotecaria, por su devengo periódico según lo pactado en la Escritura o documento que recoja la garantía real, pues así debe entenderse la expresión «*hasta donde alcance el valor de la garantía*». A estos efectos, debe tenerse bien presente que (art. 275.2 TRLC) «*En ningún caso el valor de la garantía puede ser inferior a cero ni superior al valor del crédito con privilegio especial, así como tampoco al valor de la responsabilidad máxima hipotecaria o pignoraticia que se hubiera pactado*», valor que quedará determinado por el sistema previsto en el art. 273 TRLC, respecto del que trataremos más adelante.

Como decimos, la suspensión del devengo de intereses no tiene lugar para los créditos con «garantía real», tales como hipotecas, prendas, anticresis, incluso las fianzas dinerarias o depósitos arrendaticios, habida cuenta del carácter obligatorio de su constitución de conformidad con lo dispuesto en el art. 36 LAU y su carácter de afecto o sujeto al cumplimiento de las obligaciones arrendaticias, si bien, «*hasta donde alcance la respectiva garantía*» esto es, en los términos y límites previstos para la responsabilidad hipotecaria en los artículos 219 a 221 RH, en relación con el artículo 114 LH y, en caso de realización de la garantía real, deberá tenerse previsto lo dispuesto en el art. 213 TRLC, antiguo art.155.4 LC, esto es, la llamada por el art. 213 TRLC «deuda originaria», «deuda viva» o saldo del capital e intereses remuneratorios (art. 152.2 TRLC a la fecha de la transmisión del bien gravado, dentro del límite de la responsabilidad hipotecaria, pues el resto que exceda de dicho límite, quedará «*reconocido dentro del concurso con la calificación que proceda*» (art. 213.2 TRLC). En el caso de la fianza arrendaticia, debe entenderse por la estructura temporal y conceptual que deriva del propio art. 36 LAU. Sin perjuicio de cuanto se expresa, considero que procede cuestionar si ese «exceso», normalmente, por intereses moratorios debe ser calificado como dispone la norma o no. Si mereciere la calificación, debería serlo como subordinados, *ex* artículo 281.1 3.º TRLC, en relación con los artículos 272 y 273 TRLC. Ésta es la norma. Sin embargo, apreciamos la siguiente contradicción: si la suspensión del devengo de los intereses de deudas con garantía real lo es hasta donde alcance la garantía, si por «garantía» entendemos, ya sea (i) el valor del bien gravado, ora, (ii) límites de la responsabilidad hipotecaria, el importe que excediere de aquél o de éste, nunca podría alcanzar a ser considerado ínsito en la suspensión, precisamente, porque excede de cualquiera de dichos límites y, si así fuere, el exceso en sí mismo considerado, nunca podría devengarse, por lo que, nunca podría calificarse en modo alguno, como subordinado, ni de ninguna otra manera, pues, como reiteramos, habrían sido merecedores de la suspensión y no de la excepción, dado que excedían de la cobertura real; a nuestro entender, sólo puede entenderse la voluntad del Legislador si consideramos que la naturaleza jurídica del exceso, esto es, su calificación como crédito subordinado, lo es por derivación, mutación o transformación del crédito que ostentaba la protección del carácter real del crédito y su calificación inicial como crédito con privilegio especial de los art. 269 y 270 TRLC. No obstante lo analizado respecto del texto de la LC, el actual art. 281.1.3.º TRLC, que es el mismo que el del antiguo art. 92.3.º LC, siendo así que el devengo de los intereses moratorios queda suspendido desde que se declara el concurso, conforme a la redacción del art. 152.2 TRLC que sólo no suspende su devengo a los remuneratorios, debemos entender que la excepción del art. 281.1.3.º TRLC respecto de los moratorios, hace que éstos se computen, dentro de su límite particular de la responsabilidad hipotecaria o pignoraticia como con privilegio especial y, solo, cuando excedan de dicho límite, deberán calificarse como subordinados, pero ya no se devengarán más, como reiteramos, desde el Auto de declaración de concurso.

También son excepcionados de la suspensión de los «*créditos salariales que resulten reconocidos*», respecto de los cuales, el propio art. 152.2 TRLC (antes art. 59.1 LC) nos dice que devengarán el «*interés legal del dinero*». Éstos, igual que el «exceso por intereses» previsto para los créditos hipotecarios, tendrán la condición de «subordinados». Hasta aquí, parece que la dicción deja clara la cuestión, pero, la primera pregunta que debemos formularnos es si el término «*créditos salariales*» incluye a todo tipo de créditos que ostenten los trabajadores, sea cual fuere su naturaleza o, solamente, aquéllos que deriven del salario, lo que excluiría los conceptos indemnizatorios por despido, entre otros, o sólo los créditos salariales del art. 242.1.º TRLC (antes art. 84.2.1º LC), el llamado «superprivilegio» del art. 32.1 ET, esto es «*los créditos por salarios por los últimos treinta días de trabajo efectivo anteriores a la declaración de concurso y en cuantía que no supere el doble del salario mínimo interprofesional*». De una interpretación literal del texto inferimos que se refiere a cualquier tipo de crédito exclusivamente derivado del «salario», sin distinguir si se trata de crédito contra la Masa del art. 242.1.º y 8.º TRLC (antes art. 84.2.1.º y 5.º LC) o del crédito con privilegio especial del art. 270.3.º TRLC (antes art. 90.1.3.º LC) o crédito concursal, pero excluyendo los indemnizatorios, tanto los concursales, por no ostentar la condición salarial, ni los considerados contra la Masa del art. 242.8.º TRLC (antes art. 84.2.5.º LC.). Para esto, hay que acudir a la definición de «salario» que da el art. 26.1 LC, esto es, «*la totalidad de las percepciones económicas de los trabajadores, en dinero o en especie, por la prestación profesional de los servicios laborales por cuenta ajena, ya retribuyan el salario efectivo, cualquiera que sea la forma de remuneración, o los períodos de descanso computables como de trabajo*» y, *a sensu contrario*, «*No tendrán la consideración de salario las cantidades percibidas por el trabajador en concepto de indemnizaciones o suplidos por los gastos realizados como consecuencia de su actividad laboral, las prestaciones e indemnizaciones de la Seguridad Social y las indemnizaciones correspondientes a traslados, suspensiones o despidos*», tal y como dispone el art. 26.2 ET. Queda, pues, claro, a nuestro entender, que el devengo de intereses no depende de la calificación concursal, sino de su inclusión en el apartado 1 ó en el 2 del art. 26 ET.

Aunque expresamente no lo disponga la norma del art. 152.2 TRLC (antes art. 59.1 LC), los créditos contra la Masa tampoco se hallan afectados por la suspensión, por lo que devengan intereses, tal y como lo recoge, entre muchas, la siguiente resolución del Alto Tribunal.

STS —1.ª— n.º 149/2013 de 15 de marzo

«... 4. Doctrina de la Sala sobre el recargo y los intereses devengados por cuotas posteriores a la declaración de concurso Para la resolución del recurso debemos partir de una interpretación conjunta y sistemática de las normas que se refieren al devengo de intereses y la aplicación de recargos por la falta de pago de cuotas de la Seguridad Social posteriores a la declaración de concurso. Los créditos contra la masa devengan intereses, pues no se ven afectados por la regla prevista en el art. 59.1 LC, según el cual, tras la declaración de concurso queda suspendido el devengo de los intereses, legales o convencionales, salvo los correspondientes a los créditos con garantía real, que serán exigibles hasta donde alcance la respectiva garantía. El art. 59 se encuentra ubicado dentro de la sección tercera ("De los efectos sobre los créditos en particular"), del capítulo II ("De los efectos sobre los créditos"), del título III ("De los efectos de la declaración de concurso") de la Ley Concursal. En atención a esta ubicación sistemática, se entiende que la suspensión del devengo de intereses afecta únicamente a los créditos que, conforme al art. 49 LC, con el que comienza el capítulo II, forman parte de la masa pasiva. El art. 84.1 LC especifica que no forman parte de la masa pasiva los créditos contra la masa. Razón por la cual, a los créditos contra la masa no se les aplican los efectos previstos sobre los créditos en la reseñada sección tercera, entre los que se encuentra la suspensión del devengo de intereses. La suspensión del devengo de intereses respecto de los créditos concursales tiene su justificación en que quedan afectados a la solución concursal por la que se opte, el convenio y la liquidación, sin que sean exigibles estos créditos antes de que se alcancen tales soluciones. Además, el cese del devengo de intereses facilita la determinación de los importes de los créditos concursales, y con ello la determinación de los quórums y mayorías exigidos por la Ley para la constitución de la junta y la aceptación de la propuesta de convenio. Lo que no impide que, conforme al art. 59.2 LC, si se aprueba un convenio que no contenga ninguna quita, pueda haberse pactado el pago total o parcial de los intereses cuyo devengo hubiese quedado suspendido. Y en caso de liquidación, también prevé el art. 59.2 LC que, "si resultara remanente después del pago de la totalidad de los créditos concursales, se satisfarán los referidos intereses calculados al tipo convencional". Por contra, los créditos contra la masa, en la medida en que han de ser pagados a sus respectivos vencimientos, son exigibles y devengan intereses, conforme a lo previsto en la Ley Concursal. Así se preveía en la redacción original del art. 154 LC, que con la reforma introducida por la Ley 38/2011, de 10 de octubre, ha pasado al art. 84.3 LC. Y, aunque este mismo precepto legitima a la administración concursal para alterar la regla del vencimiento, "cuando lo considere conveniente para el interés del concurso y siempre que presuma que la masa activa resulta suficiente para la satisfacción de todos los créditos contra la masa", en ningún caso afectara a los créditos de la Seguridad Social. Por lo que, en cualquier caso, tanto antes de la Ley 38/2011, en el art. 154 LC, como después, en el art. 84.3 LC, los créditos contra la masa por cuotas de la Seguridad Social son exigibles a sus respectivos vencimientos y, por aplicación del art. 25 LGSS, su falta de pago genera no sólo el devengo de intereses sino también el correspondiente recargo...»

Respecto de los efectos previstos en el art. 152 TRLC (antiguo art. 59 LC), resulta de obligada cita las siguientes resoluciones:

La suspensión no alcanza a los intereses moratorios preconcursales derivados de arrendamiento financiero o *leasing* y créditos análogos:

SJM Oviedo n.º 32/2005, de 14 de junio

"CUARTO.- En cuanto a los intereses moratorios devengados antes del concurso por el arrendamiento financiero y que la impugnante cifra en 1.031,14 euros, la cuestión a resolver pasa por averiguar si los créditos por arrendamientos financieros caen dentro del régimen previsto para los créditos con garantía real toda vez que estos últimos gozan de un tratamiento diferenciado en lo que hace referencia tanto a los intereses preconcursales como a los postconcursales. Se trata por lo tanto de interpretar si la mención de «créditos con garantía real» utilizada por el art. 59-1 LC para excepcionar la regla general de suspensión del devengo de intereses se ha de extender no solo a las genuinas garantías reales sino también a otros créditos con privilegio especial del art. 90-1 LC como es el caso de los arrendamientos financieros, de donde resultaría que también estos últimos tendrían abierta no solo la facultad de seguir devengando intereses postconcursales que se habrían de computar en la masa pasiva sino también la de incluir los intereses preconcursales, y ambos con aquel privilegio. La clara finalidad a la que atiende la regla de suspensión del devengo de intereses del art. 59 LC es, por un lado, la de inmovilizar en lo posible el pasivo del concurso, evitando que éste siga aumentando durante el transcurso del procedimiento en perjuicio de la perspectiva de cobro del resto de acreedores y entorpeciendo notablemente la consecución de una solución concursal, ya sea la convencional o la liquidativa, y de otro lado equiparar en el trato a los distintos acreedores concursales sin hacer de peor condición a los titulares de créditos que no tuvieran a su favor dicho devengo. Esta regla general encuentra dos excepciones, la del crédito laboral cuyos intereses postconcursales tendrán la calificación de subordinados (art. 59-1 en relación con art. 92-3º LC) y la de los créditos con garantía real en los que se respeta ese devengo y además con la calificación propia del privilegio especial. La interpretación de la excepción referida a los créditos con garantía real y del alcance de tal prerrogativa debe conectarse tanto con los principios inspiradores de la Ley Concursal como el resto de su articulado, todo lo cual conduce a entender que el art. 59-1 LC limita el devengo de intereses postconcursales a los créditos revestidos de genuinas garantías reales, entendidas como derechos constituidos sobre cosa ajena y oponibles erga omnes, y no a otro tipo de créditos como son los derivados de titularidades dominicales con fines de garantía (arrendamiento financiero, compraventa de bienes con precio aplazado y reserva de dominio), por más que el legislador les haya dispensado un tratamiento asimilado a las garantías reales al revestirles también de privilegio especial incluyéndoles en el art. 90 LC. Efectivamente, el legislador aun partiendo de la clara diferencia entre ambas categorías (como lo expresa en el apartado III de la Exposición de Motivos) las equipara en su tratamiento hasta el punto de conceder a ambas una posibilidad de ejecución separada en el art. 56. Ahora bien, del examen del régimen de esta ejecución separada —extensible también para los créditos nacidos de los arrendamientos financieros formalizados en documento que lleve aparejada ejecución— encontramos que se concede a la Administración concursal la facultad de optar, durante el período de paralización de las acciones a que se refiere el art. 56, por atender con cargo a la masa el pago de dichos créditos y sin realización de los bienes y derechos afectos (art. 56-3 en relación art. 155-2 LC), siendo así que ante la eventualidad de este rescate de los bienes la Administración concursal vendría obligada a «satisfacer de inmediato la totalidad de los plazos de amortización e intereses vencidos y asumirá la obligación de atender los sucesivos como créditos contra la masa» (art. 155-2 inciso final L.C). Se contempla por lo tanto en la norma una expresa previsión de que los únicos intereses que se pueden haber devengado y que deberán ser satisfechos son los «vencidos», concepto predicable de los intereses remuneratorios pero no así de los moratorios, esto es, se tratará ordinariamente de créditos de financiación revestidos de garantías reales que son los que propiamente recogen intereses remuneratorios como medio de retribución por el capital que se concede y cuyo devengo postconcursal viene precisamente amparado por la prerrogativa del art. 59 con exclusión de cualquier otro, concretamente de los intereses moratorios por arrendamientos financieros que aquí nos ocupan y que llevan a desestimar la demanda incidental en este extremo y a declarar que los intereses moratorios preconcursales habrán de quedar postergados como crédito subordinado por disposición del art. 92-3º LC…»

Respecto de un crédito con garantía hipotecaria siguen devengándose y son exigibles tanto moratorios como remuneratorios

SJM Bilbao n.º 1 de 13.03.2007 y SJM Oviedo n.º 1 de 14.06.2005, SAP Zaragoza —5ª— de 04.12.2008:

"PRIMERO En el presente incidente concursal se pretende resolver la petición de la Caja Rural, acreedora hipotecaria de la sociedad concursada y sobre una finca de ésta garantizando la devolución de su crédito. Pretende dicha entidad financiera que se tenga en cuenta como crédito privilegiado, no sólo la cuantía reconocida en la lista de acreedores (por un montante de 114.056,16 €), sino la cantidad total de 133.705,33 €. Pues habrá que añadir a la cifra inicial la de 4.955,71 € de intereses remuneratorios y la de 16.501,21 € de intereses de demora. En todo caso, hasta el máximo de la garantía real anotada en el Registro de la Propiedad. SEGUNDO Se oponen a ello tanto la sociedad concursa, como la A.C. Argumentan que el Auto que autorizó la venta de la finca hipotecada a favor de un tercero sólo contemplaba la subrogación hipotecaria del tercer adquirente hasta el montante total de 114.056,16 €. Resolución que no fue recurrida. Pero, fundamentalmente, se oponen porque la Caja no impugnó la lista de acreedores, ni en lo referente a la cuantía ni a la calificación. Subsidiariamente, se pide que los intereses moratorios no sean reconocidos; sólo los convencionales. TERCERO La Sentencia de primera instancia estima la pretensión de Caja Rural, declarando que la deuda hipotecaria reconocida en la lista definitiva de acreedores (114.056,16 €), debe de verse incrementada con los intereses devengados desde la declaración del concurso, hasta el completo pago y con el límite de la garantía real anotada y que a fecha de interposición de la demanda ascendía a 133.707,33 euros... SEXTO Entrando en el fondo de la cuestión litigiosa, quizá sea conveniente recordar la estructura de la eficacia del concurso sobre los intereses de los créditos. El art. 59 L.C. establece una regla general: la declaración del concurso suspende el devengo de intereses. Pero, con la excepción de los correspondientes a los créditos con garantía real, que serán exigibles hasta donde alcance la respectiva garantía. Por lo tanto, la declaración del concurso no afecta a la producción de los intereses garantizados por hipoteca. Pero, en este caso, dicha desafectación no sólo se contrae a los intereses convencionales o remuneratorios, sino también a los moratorios. Este es el claro tenor del art. 92-3º L.C. Los créditos por intereses, incluidos los moratorios son de naturaleza subordinada. Salvo los relativos a créditos con garantía real, hasta donde alcance la respectiva garantía. SEPTIMO Este trato especial encuentra su confirmación en el art. 155-2 L.C. En efecto, adoptada la decisión de no realizar las cargas que pesaran sobre los bienes del concursado, habrá de satisfacerse la totalidad de los plazos e intereses vencidos hasta ese momento y seguir atendiendo los que vencieren, con cargo a la masa. Es decir, el trato económico es el mismo que si no hubiera concurso. Así se desprende del último inciso de ese párrafo: si se incumplieren los respectivos plazos, se realizarían los bienes. Por lo tanto, no hay elemento alguno que permita deducir del crédito privilegiado ningún tipo de intereses pactados. Cómo crédito privilegiado especial (art. 90-1-1º L.C.) sigue, su curso el pacto, sin suspender su evolución la declaración del procedimiento universal. Por lo tanto, una cosa es el crédito existente a la fecha de la solicitud (art. 94 L.C.) y otra el que se va acumulando en el transcurso del proceso, pues los intereses no suspenden su producción, por las razones expuestas…»

e) Anatocismo

De igual modo y en razón a lo acabado de expresar, hay que traer igualmente a colación la figura del anatocismo, procedente del prefijo griego ἀνα —pronúnciese «*ana*»— significando repetición o movimiento hacia arriba y τόκος —pronúnciese «*tokos*»— significando cosa producida, producto o interés; vendría a significar algo similar a «la repetición del devengo del interés» o, más comúnmente conocido como «interés sobre interés». Se trata de una figura recogida por lo dispuesto en el art. 1.109 C.c.[19] que no solo admite la posibilidad del anatocismo legal, sino también la del convencional (conforme recoge la **SAP Madrid —10ª— n.º 859/2004, de 10 de septiembre**), sin embargo, éste nos remite para los asuntos de Comercio a lo dispuesto en el art. 317 C.com.[20] y, en este sentido, el prestamista cuyo crédito produce interés, puede capitalizar los intereses remuneratorios o retributivos y, junto con éste, devengar los intereses moratorios al tipo pactado, si se hubiere pactado, si no, al legal en los términos previstos en el artículo 576 LEC[21]. Así pues, el convenio anatocístico no es sí mismo considerado, ilegal, sino que entrará dentro de la dialéctica relativa a la abusividad o no de cualquier cláusula o pacto que vulnere las normas de consumidores y usuarios o las de condiciones generales de la contratación o por normas especiales, como la de la vigente redacción del art. 114 LH, según la modificación realizada por la LRCCI, dispone lo siguiente: «*En el caso de préstamo o crédito concluido por una persona física que esté garantizado mediante hipoteca sobre bienes inmuebles para uso re-*

---

19 *Art. 1.109 C.c.:* Los intereses vencidos devengan el interés legal desde que son judicialmente reclamados, aunque la obligación haya guardado silencio sobre este punto. En los negocios comerciales se estará a lo que dispone el Código de Comercio. Los Montes de Piedad y Cajas de Ahorro se regirán por sus reglamentos especiales.

20 *Artículo 317 C.com:* Los intereses vencidos y no pagados no devengará intereses. Los contratantes podrán, sin embargo, capitalizar los intereses líquidos y no satisfechos, que como aumento de capital, devengará nuevos réditos.

21 *Artículo 576 LEC.* Intereses de la mora procesal. 1. Desde que fuere dictada en primera instancia, toda sentencia o resolución que condene al pago de una cantidad de dinero líquida determinará, en favor del acreedor, el devengo de un interés anual igual al del interés legal del dinero incrementado en dos puntos o el que corresponda por pacto de las partes o por disposición especial de la ley…

sidencial, el interés de demora será el interés remuneratorio más tres puntos porcentuales a lo largo del período en el que aquel resulte exigible. El interés de demora sólo podrá devengarse sobre el principal vencido y pendiente de pago y no podrá ser capitalizado en ningún caso, salvo en el supuesto previsto en el artículo 579.2.a) de la Ley de Enjuiciamiento Civil. Las reglas relativas al interés de demora contenidas en este párrafo no admitirán pacto en contrario». De tal redacción resultan excluidos (i) los préstamos a las personas jurídicas o los entes sin personalidad, (ii) otras garantías reales como prendas o anticresis, *leasing* inmobiliario, etc. (iii) inmuebles que no sean residenciales, como los locales comerciales o tierras de labor; no parece que se exceptione el uso por el propietario, arrendatario o mero habitacionista. Destaca esta reciente redacción de la norma hipotecaria que el interés moratorio sólo puede aplicarse respecto del capital impagado, pero no sobre los intereses remuneratorios (anatocismo), motivo por el cual, nos encontraremos ante un saldo de la cuenta de préstamo o de crédito hipotecario por (i) la parte de capital pendiente de pago cubierto por su responsabilidad hipotecaria; (ii) por un importe correspondiente a los intereses remuneratorios impagados, los que no devengarán intereses moratorios y, consecuentemente, al haberse cerrado la cuenta del préstamo o del crédito, quedarán determinados sin alteración o devengo posterior, que quedan cubiertos por el límite de su responsabilidad hipotecaria, límite que, normalmente no suele siquiera alcanzarse y, mucho menos, rebasarse; (iii) por un importe, determinado o liquidado a la fecha del Auto de declaración del Concurso y por otro indeterminado o no liquidado a devengar desde dicha fecha, por el concepto de intereses moratorios que sólo deberán girarse sobre el capital pendiente de pago, nunca sobre los intereses remuneratorios, los cuales, según la duración del Concurso, pueden rebasar o exceder la responsabilidad hipotecaria, siendo aquí donde entra en juego el exceso y su «recalificación» concursal; (iv) por último, un importe convenido para costas, gastos y prestaciones accesorias, incierto, contingente e ilíquido *ab initio*, salvo que el Concurso se hubiere declarado después de la tasación de costas, caso poco usual.

¿Cuándo pueden capitalizarse los intereses moratorios?

La excepción que constituye el art. 579.2.a) LEC conforme a la redacción dada por la Ley 1/2013, de 14 de mayo, de medidas para reforzar la protección a los deudores hipotecarios, reestructuración de deuda y alquiler social, se plantea bajo la siguiente regla:

2. Sin perjuicio de lo previsto en el apartado anterior, en el supuesto de adjudicación de la vivienda habitual hipotecada, si el remate aprobado fuera insuficiente pa-

ra lograr la completa satisfacción del derecho del ejecutante, la ejecución, que no se suspenderá, por la cantidad que reste, se ajustará a las siguientes especialidades:

a) El ejecutado quedará liberado si su responsabilidad queda cubierta, en el plazo de cinco años desde la fecha del decreto de aprobación del remate o adjudicación, por el 65 por cien de la cantidad total que entonces quedara pendiente, incrementada exclusivamente en el interés legal del dinero hasta el momento del pago. Quedará liberado en los mismos términos si, no pudiendo satisfacer el 65 por cien dentro del plazo de cinco años, satisficiera el 80 por cien dentro de los diez años. De no concurrir las anteriores circunstancias, podrá el acreedor reclamar la totalidad de lo que se le deba según las estipulaciones contractuales y normas que resulten de aplicación.

Esto es, (i) en el supuesto de que se tratase de vivienda habitual, lo que excluye el genérico uso residencial antes aludido, como serían la segunda residencia o la ocupación por terceros, incluso la vivienda habitual no hipotecada (embargada o adquirida mediante *leasing* inmobiliario), lo que parece «penalizar» la propia vivienda habitual, respecto de la cual sí puede aplicarse el pacto anatocístico; (ii) la aplicación temporal del pacto anatocístico desde el momento en que se dicte el Decreto de adjudicación de la vivienda habitual, siempre que no cubra íntegramente el crédito hipotecario, pero respecto del interés legal, no el convencional hasta los cinco (5) años siguientes al del dictado del Decreto o de diez (10), según los porcentajes de cobertura; (iii) si no se cubriesen, continuará el devengo de los intereses moratorios, pero según los pactos contenidos en la Escritura de préstamo o crédito hipotecario, lo cual implica que el pacto anatocístico es aplicable legalmente para cualquier préstamo o crédito no amparado por las normas precitadas, si bien, constreñido para los que sí están amparados por ellas, en los términos de la vigente redacción del art. 114 LH, esto es, tres (3) puntos porcentuales respecto del interés remuneratorio.

No obstante, el Tribunal Supremo se pronuncia del siguiente modo:

STS —1.ª— n.º 63/2019, de 31 de enero

«SEXTO.- Decisión de la sala. Por la estrecha relación que presentan ambos motivos van a recibir una decisión conjunta, según autoriza la doctrina de la sala.

1.- Esta sala había estudiado desde el año 2015 el control de abusividad de los intereses de demora en los préstamos personales e hipotecarios firmados por consumidores. En las sentencias dictadas a partir de ese año había considerado que, ante la falta de una previsión legal que fijara el criterio aplicable para el control de su abusividad, el interés de demora no podía exceder de dos puntos porcentuales sobre el interés remuneratorio. Si se superaba este porcentaje, la cláusula se consideraba abusiva y la consecuencia era la supresión total del recargo que el interés de demora supone respecto del interés remuneratorio. Sin embargo, este seguía devengándose por el capital pendiente de devolución. Esa doctrina jurisprudencial fue cuestionada por diversas resoluciones en las que se pretendía que el TJUE declarara que no era conforme con el Derecho de la Unión Europea. El TJUE decidió en su sentencia de 7 de agosto de 2018 que la jurisprudencia de la Sala Primera se ajusta al Derecho de la Unión y, en particular, a la Directiva 93/13, sobre las cláusulas abusivas en los contratos celebrados con consumidores,

2.- La sentencia 671/2018, de 28 de noviembre, en un caso similar al presente en el que el interés de demora era del 25%, ha abordado por primera vez la abusividad de los intereses de demora en préstamos concertados con consumidores, después de que el Tribunal de Justicia de la Unión Europea (TJUE) respaldara la doctrina jurisprudencial de la sala sobre esta materia. Con arreglo a la doctrina de la sala, que ha quedado refrendada por el TJUE, por ser conforme con el Derecho de la Unión Europea, no es correcta la solución ofrecida por ninguna de las sentencias de la instancia, ni de la primera instancia ni la de apelación. La primera solución no es correcta. Había sustituido el interés de demora abusivo por el triple del interés legal del dinero. Pero tampoco puede aceptarse la pretensión de que no se abone interés alguno, porque el interés remuneratorio fijado en el contrato sigue cumpliendo su función de retribuir la disposición del dinero por parte del prestatario hasta su devolución, por lo que debe continuar su devengo.

3.- La citada sentencia 671/2018, que hace un exhaustivo planteamiento de la cuestión, afirma, en lo que queremos destacar, lo siguiente: (i) En concreto, cuando se declara abusiva una cláusula que fija el interés de demora en un contrato de préstamo, el TJUE, en su sentencia de 21 de enero de 2015, asuntos acumulados C-482/13, C-484/13, C-485/13 y C-487/13, caso Unicaja y Caixabank, con cita de la sentencia de 30 de mayo de 2013, asunto C-488/11, caso Asbeek Brusse y de Man Garabito, ha declarado improcedente la integración del contrato, pues tal declaración de abusividad no puede acarrear consecuencias negativas para el consumidor, ya que los importes en relación con los cuales se iniciaron los procedimientos de ejecución hipotecaria serán necesariamente menores al no incrementarse con los intereses de demora previstos por dichas cláusulas. El juez nacional, cuando aprecie el carácter abusivo de una cláusula penal en un contrato celebrado entre un profesional y un consumidor, no puede reducir el importe de la pena convencional impuesta al consumidor, pues debe excluir plenamente su aplicación. Por esas razones, la consecuencia de la apreciación de la abusividad de una cláusula que fija el interés de demora es su supresión, sin que el juez pueda aplicar la norma supletoria del Derecho nacional, y sin que pueda integrarse el contrato, pues no se trata de una cláusula necesaria para la subsistencia del contrato en beneficio del consumidor. (ii) Concluimos en aquellas sentencias que lo que procede anular y suprimir completamente, privándola de su carácter vinculante, es esa cláusula abusiva, esto es, la indemnización desproporcionada por el retraso en el pago de las cuotas del préstamo (el recargo sobre el tipo del interés remuneratorio), pero no el interés remuneratorio, que sigue cumpliendo la función de retribuir la disposición del dinero por parte del prestatario hasta su devolución. 6 JURISPRUDENCIA

> Debe recordarse que el recargo que supone el Debe recordarse que el recargo que supone el interés de demora sobre el interés remuneratorio comienza a devengarse cuando el prestatario incurre en mora porque deja de pagar las cuotas del préstamo en las fechas convenidas, sin necesidad de que el banco dé por vencido el préstamo anticipadamente y proceda a "cerrar la cuenta" del préstamo. Y carece de lógica que el interés remuneratorio deje de devengarse cuando, transcurrido un cierto periodo de tiempo durante el que el prestatario se encuentre en mora, el prestamista haya hecho uso de la facultad de vencimiento anticipado, porque el ejercicio de esta facultad no afecta a la función que tiene el interés remuneratorio de retribuir la prestación del prestamista de modo que, anulada la cláusula abusiva, el interés remuneratorio continúa devengándose respecto del capital pendiente de devolución.
> 4.- Por tanto, la solución, conforme a esa doctrina, es que declarada la nulidad de la cláusula que establece el interés de demora, cuando el prestatario incurra en mora el capital pendiente de amortizar sigue devengando el interés remuneratorio fijado en el contrato. De ahí, que la estimación del recurso de casación solo puede ser parcial».

f) Cláusula penal

¿Se podrían reclamar al mismo tiempo los intereses remuneratorios y los moratorios? Aunque la respuesta pueda resultar obvia, hay que pensar en lo dispuesto en los dos primeros párrafos del artículo 114 LH, conforme a la vigente redacción, la posterior a la reforma operada por la LRCCI[22], que regulan la denominada «responsabilidad hipotecaria» en base a la cual, «*en perjuicio de tercero*» se aseguran, además del capital, los intereses por hasta cinco (5) años máximo, dentro de cuyo concepto asegurado se comprenden, tanto los intereses remuneratorios como los moratorios, si bien, en la redacción de las Escrituras hipotecarias y su acceso al Registro de la Propiedad, se suele y puede distinguir la responsabilidad por intereses moratorios de la responsabilidad por remuneratorios y así, dicho lustro presenta un reparto diverso, dando un menor período de responsabilidad a los intereses remuneratorios que a los moratorios, a los que se da mayor período temporal, dado que, usualmente, el cierre de la cuenta hipotecaria se genera en meses o, hasta un (1) año, pero, difícilmente, excede del período anual, de forma y manera que se cubren, por ejemplo, un (1) año para intereses remu-

---

[22] *Artículo 114 LH:* Salvo pacto en contrario, la hipoteca constituida a favor de un crédito que devengue interés no asegurará, con perjuicio de tercero, además del capital, sino los intereses de los dos últimos años transcurridos y la parte vencida de la anualidad corriente. En ningún caso podrá pactarse que la hipoteca asegure intereses por plazo superior a cinco años.

neratorios y cuatro (4) para moratorios, o dos (2) y tres (3), recíprocamente, en definitiva, hasta completar los cinco (5) legalmente previsto. Podría llegar a pensarse con esto que el acreedor hipotecario podría reclamar de forma «paralela» o «encajonada» por responsabilidades, cualquiera de los conceptos, lo cual no es cierto, habida cuenta de que si volvemos a indicar el carácter punitivo o sancionador que tienen los intereses moratorios, éstos actúan como una auténtica cláusula penal y, en este sentido, la cláusula penal/intereses moratorios, solapa o anula los efectos de la retribución o intereses remuneratorios, salvo que se capitalicen, en cuyo caso, se "corta" el devengo de intereses remuneratorios, para todo lo cual, se requiere en sede mercantil, el pacto expreso. Deben invocarse en este sentido, las siguientes resoluciones del Alto Tribunal relativas a las cláusulas penales, acorde con lo dispuesto en el artículo 1.108 C.c.[23].

STS —1.ª— n.º 763/2006, de 13 de julio

«Dicha cláusula es sin duda de las que se denomina cláusula penal, que se puede enclavar dentro de las cláusulas accesorias, o sea de aquellas que se incorporan al negocio constitutivo de la relación obligatoria y con la finalidad de dar una mayor garantía al cumplimiento de la misma. Y así se expresa la sentencia de esta Sala, de 12 de enero de 1999, cuando en ella se afirma que "la cláusula penal fue definida en la clásica sentencia de 8 de enero de 1945: 'como promesa accesoria y condicionada que se incorpora a una obligación principal, con doble función reparadora y punitiva, en cuanto no sólo procura la indemnización en realidad procedente, sino que la vuelve más gravosa para el deudor y establece además un régimen de privilegio a favor del acreedor' y más tarde, la de 16 de abril de 1988 la definió como 'obligación accesoria, generalmente pecuniaria, a cargo del deudor y a favor del acreedor, que sanciona el incumplimiento o cumplimiento irregular de la obligación contractual'. Aplicando los artículos 1.152 y 1.153 del Código civil es preciso destacar que la función esencial de la cláusula penal —aparte de su función general coercitiva— es la función liquidadora de los daños y perjuicios que haya podido producir el incumplimiento o el cumplimiento defectuoso de la obligación principal, sustituyendo a la indemnización sin necesidad de probar tales daños y perjuicios; solo excepcionalmente opera la función cumulativa, cuando se ha pactado expresamente que el acreedor pueda exigir la indemnización de los daños y perjuicios causados y probados, y, además, la pena pactada como cláusula penal».

---

[23] *Art. 1.108 C.c.:* Si la obligación consistiere en el pago de una cantidad de dinero, y el deudor incurriere en mora, la indemnización de daños y perjuicios, no habiendo pacto en contrario, consistirá en el pago de los intereses convenidos, y a falta de convenio, en el interés legal.

STS —1ª— n.º 270/2010, de 2 de julio

«En segundo lugar, la verdadera cláusula penal consiste en "otro tanto en concepto de daños y perjuicios" y tiene la función liquidadora propia de la misma y que expresa el primer párrafo del artículo 1152 del Código civil y, como dicen las sentencias de 26 de marzo de 2009 y 10 de diciembre de 2009, la pena convencional prevista en la cláusula penal tiene la función liquidadora de los daños y perjuicios que haya podido producir el incumplimiento, sin que sea precisa la prueba de los mismos", así como la STS —1ª— 05.10.2010"… 4) Tratándose de la aplicación de una cláusula penal, la pena es debida aunque el incumplimiento no hubiese producido daños, ya que como afirma la sentencia número 1261/1998, de 12 enero de 1999, haciendo suya la de 8 de junio de 1998: "El artículo 1152 del Código Civil autoriza a insertar en las relaciones obligacionales cláusula penal que actúa para reforzar y garantizar su cumplimiento, al estimular al deudor a llevar a cabo las prestaciones o actividades que asumió contractualmente, generando directamente sus efectos cuando se da el incumplimiento previsto, con un plus más oneroso, viniendo a operar como sustitutoria de la indemnización de daños y perjuicios (SS. 28-6-1991, 7-3-1992, 12-4-1993 y 12-12-1996"…»

C) Deudas indemnizatorias

Tratamos ahora sobre la prestación del resarcimiento de daños o prestación del «interés», en Latín, «*id quod interest*»[24]. Debemos remitirnos, en primer lugar, a la teoría del daño definida así por Castán Tobeñas (*op. cit.*): es la «*desventaja que experimenta una persona en sus bienes jurídicos (patrimonio, cuerpo, vida, salud, honor, crédito, bienestar, capacidad de adquisición, etc.) y que ocasiona una diferencia entre el estado del patrimonio actual del perjudicado y el que tendría ese patrimonio en el caso de que el hecho dañoso no se hubiera producido*». Este daño o desventaja, en el escenario bancario se presenta, por ejemplo, en el art. 117 LH, que alude al deterioro de la finca hipotecada, con disminución de valor «*por dolo, culpa o voluntad del dueño*», lo que, en principio, debe hacer cuestionar las causa derivadas de fuerza mayor por acciones de la naturaleza, tales como terre-

24 ***Id quod interest***: Todo aquello que hubiere producido un beneficio en el perjudicado (daños morales, etc.), es decir, «lo que interesa». En Derecho Romano el término «interesse» expresa lo que para una persona vale el encontrarse en una determinada situación jurídica. El resarcimiento in id quod interest, en lo que interesa, consistía en obtener no el valor objetivo sino la apreciación subjetiva del interés que tiene aquel a cuyo favor se había constituido la cláusula. Así, en los casos de reclamación de la propiedad de una cosa si el demandado vencido no quería entregarla, soportaba que el demandante fijara el valor que para él tenía la misma y, a su vez, servía como valor de la condena que en su caso sufriría el anterior vendedor de la misma en caso de evicción.

motos o inundaciones, ante lo que el acreedor hipotecario puede solicitar del Tribunal competente se mande al propietario del bien hipotecado «*hacer o no hacer lo que proceda para evitar o remediar el daño*» o, frente a su negativa, designar un Administrador judicial. Dentro de la generalidad o ambigüedad del precepto, debe entenderse que al Administrador judicial, desde la óptica agrarista que preside la redacción de la LH y su antecedente, la Ley de 30 de diciembre de 1944, se le plantea, como ha sucedido, la explotación de unas fincas rústicas devastadas, que deben ser «reconstruidas» hasta su estado primitivo, lo cual supone una empresa harto difícil y de cuasi imposible realización que, incluso genera más pérdidas que las que la administración usual suele generar, de resultas de lo cual, procedería aplicar el resarcimiento *id quod interest*, reparador de la pérdida de valor del inmueble hipotecado o, en su caso, acudir a lo dispuesto en el art. 121 LH, repitiendo por el quebranto contra, en su caso, «*las demás fincas hipotecadas*».

D) Deudas sin responsabilidad. Las obligaciones naturales

Francisco P. BLASCO GASCÓ[25] las define como aquéllas «*relaciones jurídico obligatorias en las que el lado pasivo se integra por el elemento que llamamos deuda pero no por el denominado responsabilidad, mientras que el lado activo carece de facultad o poder de agresión coactiva del patrimonio del deudor. El acreedor se halla, pues, privado de acción y sólo puede ver satisfecho su crédito mediante el cumplimiento voluntario del deudor. Tales situaciones se denominan obligaciones naturales (como contraposición a la obligación civil)... La característica fundamental... es la* soluti retentio... *efecto jurídico que consiste en la facultad atribuida al acreedor de retener legítimamente el pago voluntario hecho por el deudor... se trata de un efecto puramente defensivo (excepción) del acreedor ante la pretensión restitutoria del deudor... supone que el deudor no puede repetir (reclamar legítimamente la devolución de) lo voluntariamente pagado...*». El ejemplo clásico de este tipo de obligaciones en sede de la materia del presente texto, es el del cumplimiento o pago por el deudor de deuda prescrita o el pago de intereses no pactados en el contrato de préstamo, a modo de *facta concludentia*, derivada de un pacto tácito de intereses, incluso el pago de Honorarios profesionales negados como devengados por el arrendatario de

25 "DERECHO DE OBLIGACIONES Y CONTRATOS". Ed. Tirant lo Blanch. Valencia, 1994.

los servicios, aprovechando la existencia de un contrato verbal, tal y como así se fundamenta la **SAP Ávila —1.ª— n.º 94/2006, de 19 de abril**. Sobre otros supuestos, se pronuncia igualmente, entre muchas, las **SAP Valencia —11.ª— n.º 245/2012 de 10 de abril**.

La denominada *soluti retentio* o retención de lo pagado, de aquello que libera de la deuda (*solvere*), faculta al acreedor a la retención del pago realizado por su deudor, careciendo éste de la posibilidad de ejercitar la *condictio indebiti* o pago de lo indebido, regulado en el C.c. en los arts. 1.895 a 1.901, reservando al deudor su acción frente al verdadero deudor o frente a los fiadores cuya acción se mantuviese viva. Esta situación, en sede concursal, podría tener lugar cuando el Administrador Concursal paga un crédito concursal creyendo que era contra la masa, lo que facultaría al acreedor concursal a hacer suyo lo pagado por aquél, extinguiendo la deuda.

4. CONTRATO

La palabra «contrato» —refiere CASTÁN (*op. cit.*)— (expresión elíptica de *negotium*[26] *contractum* o *contractus negotii*) procede de *cum* y *traho* (*-es, -ere, traxi, tractum*), venir en uno, ligarse, arrastrar, traer, significando, por consiguiente, la relación constituida a base de un acuerdo o convención, si bien, precisa CASTÁN que las legislaciones y la doctrina científica no siempre han aceptado la equivalencia entre la convención y el contrato, sin embargo, su concepción moderna puede entenderse como una «categoría abstracta o genérica» que tiene su base en la convención o pacto, esto es, en el acuerdo de voluntades. Por contrato, no debemos entender el «papel» en el que se documenta el acuerdo de voluntades, sino aquello que constituye dicho acuerdo, con independencia de su forma (*ex* art. 1.278 C.c.), de si es escrito o verbal, pues su eficacia depende de la concurrencia de las condiciones especiales para su validez.

A) Contratos verbales

La existencia y eficacia de los contratos verbales no solo es inveterada, sino que nuestro liberal Código civil así lo recoge en numerosas ocasiones y supuestos; a modo de mero ejemplo baste citar la **STS —1ª— n.º 332/2009,**

---

[26] ***Negotium:*** procedente de nec (ni, no) y otium (ocio, descanso), esto es, aquello que no es descanso, la ocupación, el trabajo, el quehacer, etc.

de 18 de mayo relativa a un contrato verbal de distribución entre dos empresas: "*En consecuencia, incluso entendiendo que existió realmente un contrato de colaboración entre las partes, tratándose de un contrato verbal, de tracto sucesivo y pactado por tiempo indeterminado, es decir, sin límite temporal, correspondía a cada parte la facultad de resolverlo cuando así lo creyera conveniente al no haberse pactado un plazo de preaviso…*").

En orden a la forma del contrato la **STS —1ª— n.º 149/2011, de 3 de marzo** sostiene que "*si bien nuestro derecho no exige ningún requisito solemne para la perfección, validez y eficacia del contrato y así la jurisprudencia ha llegado a contemplar contratos verbales…*"; del mismo modo, así lo entiende igualmente, a modo de ejemplo, la **Audiencia Provincial de Castellón** (Sección 3ª) por su **Sentencia** número 78 de 2007, de fecha **13 de febrero**:

> «Claro es que, no siendo la forma escrita requisito esencial para la existencia de una compraventa sobre inmuebles, es posible acreditar la misma si se prueba la concurrencia de los elementos básicos, significativamente, el consentimiento, por lo que ahora interesa. Pero, careciendo las formas orales de expresión de la voluntad de la fijeza, certeza y fácil verificación que es propia de los documentos, la prueba suficiente de aquéllas es notablemente más difícil… no podemos llegar a la conclusión de que existió el contrato sobre la vivienda… cuando se pretende basar esta afirmación en un documento carente de firmas… y cuando no se nos antoja qué pudo dificultar dicha firma, si es que hubo consentimiento, pues es forzoso pensar que sí… Lo único que puede afirmarse en el caso de autos es que pudo ciertamente haber tratos preliminares tendentes a la venta de la vivienda ahora discutida, pero que no llegaron a culminar en un contrato de compraventa, ya fuera por desacuerdo respecto de los términos del contrato, ya sea porque antes de su perfección se negara a ello la promotora ahora demandada, por haber surgido desavenencias personales entre sus integrantes y el demandante Sr.… Carece de virtualidad en contra y, por lo tanto, para acreditar la perfección siquiera verbal del contrato de compraventa, el que figurase el Sr… como comprador de la vivienda… en una relación que desde la dirección o correspondiente departamento del Banco… recibió el Director de la oficina en… de dicha entidad financiera, para la tramitación de las subrogaciones de los compradores en el préstamo hipotecario, lo que pudo deberse a un error y no es demostrativo del discutido consentimiento contractual de la demandada… Tampoco puede sustentar la pretensión de los recurrentes el que en el recibo del pago de 6.000 euros… figuren reseñadas las dos viviendas… Bien pudo deberse ello a un error sin mayor relevancia, debido a los tratos preliminares no consolidados… En suma, no encontramos elementos probatorios suficientes para tener por acreditada la existencia del contrato verbal de compraventa…»

El paradigma de contrato verbal reconocido expresamente por una norma jurídica, por la Ley, es el contrato mercantil denominado «de cuentas en

participación» que regulan los arts. 239 y ss. C.com. y que, precisamente, el art. 240 C.com. permite que se realice de forma privada y «*de palabra*»; se trata de un contrato asociativo, muy común entre los diversos oficios y profesiones que intervienen en la promoción inmobiliaria, poniendo capital y nombrando un gestor, que será quien liquide al final las cuentas mutuas, las cuentas participadas y, así, determine sus beneficios o pérdidas.

B) Contratos de adhesión

Si bien el concepto de contrato toma su razón de ser en el principio de la autonomía de la voluntad, reflejado en lo dispuesto en el art. 1.255 C.c.[27], para lo que constituye el objeto del presente texto, hay que remitirse a los denominados «contratos de adhesión», esto es, aquellos en que la parte predisponente, ofertante o *proferens*[28] determina o preestablece los pactos a los que el otro contratante o adherente se adhiere mediante la suscripción de los mismos, prestando en este momento adherente el consentimiento de que nos habla el art. 1.262 C.c.[29], confiriéndole en este momento, la verdadera cualidad de contrato, y en los que la autonomía de la voluntad, únicamente hace acto de presencia en determinados aspectos que podríamos considerar como meramente económicos, como lo es, en sede bancaria, el precio del préstamo o crédito, esto es, el tipo de interés, las comisiones, el plazo de su devolución, su vencimiento, etc.; consecuentemente, viene definido el contrato de adhesión como aquél en el cual «*las cláusulas del mismo han sido establecidas previa y unilateralmente por la empresa*» (**SAP Alicante —8ª— n.º 369/2005, de 26 de septiembre**) y así, respecto de la fijación del plazo de duración en un contrato de adhesión, en tanto que pacto válido inserto en un contrato de adhesión, dice la **SAP Orense —1ª— n.º 71/2007, de 30 de mayo** que «*se trata de una cláusula que, por la forma en que aparece en el contrato, al margen de cualquier contenido predeterminado, sí permite una alteración de su contenido y por consiguiente una negociación particular de la duración contractual. El plazo de duración del contrato no es un contenido predeterminado del mismo como si lo son las restantes cláusulas*

---

27 *Art. 1.255 C.c.* Los contratantes pueden establecer los pactos, cláusulas y condiciones que tengan por conveniente, siempre que no sean contrarios a las leyes, a la moral ni al orden público.

28 Proferens: de «pro-», significando, «hacia adelante» y «fero, fers, ferre, tuli, latum», significando «llevar», esto es, aquél que lleva hacia adelante algo, esto es, el proponente.

29 *Art. 1.262. C.c.:* El consentimiento se manifiesta por el concurso de la oferta y de la aceptación sobre la cosa y la causa que han de constituir el contrato…

contractuales y por tanto a pesar de integrarse en un contrato de adhesión, esa concreta particularidad, ciertamente esencial a los fines que nos ocupan, prenda como unilateralmente establecida por la demandante, sin posibilidad alguna de su alteración por parte del consumidor. La sentencia del Tribunal Supremo de 25 de febrero de 1998 indicó que las cláusulas abusivas plasmadas en los contratos celebrados con los consumidores, serán aquéllas que no se hayan negociado individualmente y que causan en detrimento del consumidor un desequilibrio importante entre los derechos y obligaciones de las partes que se deriven del contrato, considerándose que una cláusula no se ha negociado individualmente cuando haya sido redactada previamente y el consumidor no haya podido influir sobre su contenido, transfiriendo a quien afirme que una cláusula tipo ha sido negociada individualmente la asunción plena de la carga de la prueba. En este caso, se repite, sí pudo el consumidor pactar y negociar una duración distinta».

En igual sentido, cabe citar la **SAP Valencia —9ª— n.º 413/2006, de 15 de noviembre** relativa a la validez de los contratos de adhesión y lo pactado en ellos y así, respecto del carácter adherente del contrato sostiene que «*calificación jurídica que de por sí sólo y de forma abstracta no reporta como de forma harto reiterada señala unánimemente la jurisprudencia y es notoriamente conocido, la nulidad o ineficacia del contrato, pues ello dependerá de otras circunstancias propias de cada caso, como son la cualidad profesional de los contratantes, el giro en el que se produce ese contrato, su contenido, el respeto al justo equilibrio de las prestaciones etc...*».

No cabe duda, pues, de que los contratos de adhesión, como la inmensa mayoría de los bancarios —que constituyen el objeto del presente trabajo— son plenamente válidos en sí mismos considerados, siempre y cuando cumplan con todos y cada uno de los requisitos esenciales para su validez, acorde con lo dispuesto en el art. 1.261 C.c.[30], únicamente podrán ser tachadas de nulas, por abusivas por oscuras, pero, en tanto en cuanto no hayan sido negociadas individualmente y que hayan causado un desequilibrio importante en los derechos y obligaciones de las Partes que deriven del contrato, acorde con lo dispuesto en los arts. 80, 82 y 83 de la Ley General para la defensa de los derechos de los Consumidores y Usuarios. En cualquier caso, ante la posible oscuridad de las cláusulas debe aplicarse el principio

---

30 *Art. 1.261 C.c.:* No hay contrato sino cuando concurren los requisitos siguientes: 1º. Consentimiento de los contratantes. 2º. Objeto cierto que sea materia del contrato. 3º. Causa de la obligación que se establezca.

contra proferentem[31], pero únicamente aplicable cuando la hubiere, pues el principio *in claris non fit interpretatio* o principio del acto claro recogido por el art. 1.281 C.c.[32] debe prevalecer en cualquier caso. No obstante, la alternativa que tiene el cliente bancario para el supuesto de que el clausulado predispuesto no le plazca es el de dirigirse a otra entidad que le aporte condiciones más beneficiosas a su pretensión. Una buena labor hermenéutica la contiene la siguiente Sentencia:

SAP Valencia —11.ª— n.º 442/2019, de 2 de octubre

«... Hallándonos en el ámbito de la interpretación de los contratos son de tener en cuenta como principios derivados de la jurisprudencia (Ss. T.S. 18.5.12, 29.1.15, 1.2.16, 30.3.16...), los siguientes:

1./ que el principio rector de la labor interpretativa de los contratos es la averiguación o búsqueda de la voluntad real o efectivamente querida por las partes, de forma que las demás reglas confluyen a su alrededor bien complementándola, bien supliéndola, pero nunca limitándola o alterándola.

2./ que la búsqueda o averiguación de la intención común de las partes se proyecta necesariamente sobre la totalidad del contrato celebrado, considerado como una unidad lógica y no como una mera suma de cláusulas.

3./ que el análisis o la interpretación sistemática constituye un presupuesto lógico-jurídico de todo el proceso interpretativo.

4./ que debe reseñarse el carácter instrumental que presenta la interpretación literal del contrato que se infiere del criterio gramatical del mismo (art. 1281 pf. 1 CC).

5./ que la interpretación gramatical no puede ser valorada como un fin en sí misma considerada, o como un dogma del proceso interpretativo, pues hay que estar a la voluntad realmente querida por las partes contratantes (art. 1281 pf. 2 CC).

6./ que el sentido literal, como criterio hermenéutico, destaca por ser el presupuesto inicial del fenómeno interpretativo, esto es, el punto de partida desde el que se atribuye sentido a las declaraciones realizadas, se indaga la concreta intención de los contratantes y se ajusta o delimita el propósito negocial.

---

31 ***Contra proferentem*** Principio según el cual, en los contratos de adhesión, ha de ser resuelta la duda a favor del adherente, quien no intervino en la redacción de la cláusula oscura. "Verba chartarum fortius accipiuntur contra proferentem": 'Los términos de un escrito se interpretan con más rigor contra quien se vale de éste'. Esta regla tiene su origen en el modo romano de contratar, concretamente en la stipulatio, en la cual la iniciativa de la declaración contractual correspondía a aquella parte en cuyo favor se crea una obligación, mientras que a la contraparte le correspondía solamente asentir. Era, pues, una regla de protección del deudor que rezaba: in ambiguis contra stipulatorem. Véase Alfaro, «La interpretación», cit., pág. 49; Barreira, Empresas, cit., pág. 67.

32 *Art. 1.281 C.c.:* Si los términos de un contrato son claros y no dejan duda sobre la intención de los contratantes se estará al sentido literal de sus cláusulas. Si las palabras parecieren contrarias a la intención evidente de los contratantes, prevalecerá ésta sobre aquéllas.

7./ que partiendo de lo acabado de indicar, cuando los términos son claros y no dejan duda alguna sobre la intención querida por los contratantes, la interpretación literal ha de primar por ser tanto el punto de partida como el punto de llegada del proceso interpretativo, impidiéndose con ello que al socaire de la hermenéutica se modifique una voluntad que realmente resulta clara y precisa.

8./ que las normas contenidas en el párrafo segundo del art. 1281 y en los arts. 1282 a 1289 del C.C., son de aplicación subsidiaria a la norma contenida en el párrafo primero del art. 1281 del C.C. la cual es de aplicación preferente y prioritaria respecto de las demás, como así se infiere de reiterada jurisprudencia (Ss. T.S. 3.7.91, 1.10.92, 26.1.94, 9.7.94, 19.12.97, 22.1.99, 8.7.99, 20.10.01...), y esto porque al ser claros los términos de una cláusula contractual, sin ofrecer duda racional de la intención de las partes, ha de estarse a su sentido literal, sin que sea procedente aplicar otra norma hermenéutica, ni otros argumentos interpretativos que desvirtúen las expresiones claramente reveladoras de la voluntad de quienes contrataron (Ss. T.S. 12.6.90, 20.2.99...).

9./ Que cuando los términos del contrato no son claros, resultando oscuros o confusos, por falta de claridad contractual o por existir contradicciones, vacíos o incoherencias, habrá que averiguar la real voluntad de los contratantes, acudiendo a la interpretación integradora del contrato en que adquieren particular relevancia los arts. 1282 y 1283 del C.C., y demás normas complementarias de interpretación».

No obstante cuanto antecede, debemos indicar que la Directiva 93/13/CEE del Consejo, de 5 de abril de 1993, sobre cláusulas abusivas en los contratos celebrados con consumidores, ha supuesto todo un hito respecto de esta materia, respecto de los contratos de adhesión, entre otras materias, si bien, la misma, a pesar de su trasposición al Ordenamiento Jurídico español a través de la actual normativa de consumidores y usuarios y de condiciones generales de la contratación, ha permanecido latente durante veinte (20) años, hasta que la Sentencia del TJUE de 14 de marzo de 2013, dictada en el asunto C-415/11, denominado «caso Aziz» produjo una auténtica revolución, no solo debida la irrupción del, prácticamente desconocido hasta entonces, Derecho Comunitario Europeo y sus herramientas básicas de la cuestión prejudicial o del efecto directo. Todo ello motivó, en efecto cascada, la modificación de la LH, de la LEC y la promulgación de la LRCCI, entre otros, al amparo del derecho constitucional de una vivienda digna según dispone el art. 47 CE. Se ha pasado, en definitiva, en unos pocos años, de considerar que en cualquier contrato de adhesión todo vale por razón al principio de la autonomía de la voluntad del art. 1.255 C.c., al «nada vale», nada en absoluto vale.

C) Contratos-tipo

Difícil deslinde puede hacerse respecto entre este tipo de contratos y los contratos de adhesión, en tanto en cuanto que ambos tipos se hallan dentro de lo que podemos calificar de «contratos en masa», o listos para ser firmados y útiles para una multiplicidad de personas y supuestos de similar factura, en los que lo determinante es la utilización de las denominadas «*condiciones generales*», prerredactadas por el predisponente (empresa) como formulario *ad hoc*, tales como los contratos de seguros, de construcción, de abanderamiento, de suministros o los bancarios, si bien, la **SAP Illes Balears —3.ª— n.º 293/2006, de 20 de junio** considera a éstos como una forma operativa de contrato de adhesión.

D) Clasificaciones de los contratos

Según CASTÁN (*op. cit.*), y a los efectos a que se contrate el presente texto, esto es, la casuística bancaria cabe fijar las siguientes clasificaciones:

a) Por la naturaleza de los vínculos que producen

i. Unilaterales

Pues originan una o varias obligaciones para una sola de las partes contratantes.

ii. Bilaterales o sinalagmáticos

Derivado del griego συνάλλαγμα (synállagma) significando «contrato», en tanto que «*syn*» significa «con» y «*állos*» «otro» lo que viene a representar ponerse en relación con otro; así pues, estos contratos son aquéllos que crean obligaciones recíprocas para las partes. En este sentido, la **SAP Madrid —10.ª— n.º 484/2011, de 17 de noviembre** resulta ilustrativa de los diversos tipos de contratos sinalagmáticos, en orden a su resolución por incumplimiento y la simultaneidad o anticipación en el cumplimiento de las obligaciones contraídas por ambas partes y su consiguiente exigibilidad:

> **SAP Madrid —10.ª— n.º 484/2011, de 17 de noviembre:**
> *«SEXTO.- El Código Civil no contiene una regulación sistemática de las obligaciones bilaterales; pero, con la denominación de "recíprocas", se ocupa de ellas en precep-*

tos dispersos, al objeto de disciplinar algunas de las peculiares consecuencias que se derivan de la propia reciprocidad y dotan a la categoría de su específica tipicidad. Todas ellas guardan relación con el cumplimiento correlativo de las prestaciones interdependientes. La doctrina suele citar como efectos característicos de esta clase de obligaciones: el especial régimen de constitución en mora regulado en el último párrafo del art. 1.100 del Código Civil, la excepción de incumplimiento contractual o contrato no cumplido, la resolución del contrato por incumplimiento establecida en el art. 1.124 del mismo cuerpo legal y la incidencia en el reparto de los riesgos por pérdida de la cosa o imposibilidad sobrevenida de la prestación. Algunos autores reducen a tres estos efectos, sea considerando la excepción de incumplimiento contractual y la regla sobre iniciación y compensación de la mora simples manifestaciones del principio de simultaneidad en el cumplimiento de las obligaciones recíprocas, sea subsumiendo en el efecto resolutorio de la obligación bilateral, tanto el incumplimiento imputable, como la imposibilidad fortuita de la prestación a cargo de una de las partes. Así, se ha dicho con acierto, tras "rechazar con carácter general la exigencia de que el incumplimiento resolutorio tenga que ser necesariamente imputable al demandado", que "en el Código existe una resolución por imposibilidad sobrevenida", con el argumento de que "la sobrevenida desaparición de la causa, aunque se produzca por razones fortuitas, produce una desaparición de la causa de la obligación recíproca y la resolución queda justificada". También la sentencia de 3 de diciembre de 1955 (Ar. 3604), refiriéndose al contenido de las obligaciones bilaterales o recíprocas, establece que las consecuencias de su interdependencia se recogen en el art. 1.124 del Código Civil, "regulando como efectos propios de estas obligaciones la «exceptio non adimpleti contractus», la «compensatio morae» y la resolución del contrato en caso de incumplimiento por una de las partes". Si la excepción de incumplimiento contractual y el régimen de constitución y compensación de la mora son consecuencia o manifestación de la simultaneidad en el cumplimiento de las obligaciones recíprocas, debe tenerse presente que la resolución de estas obligaciones, tradicionalmente ligada al incumplimiento culpable de uno de los obligados, es susceptible de una más amplia contemplación vinculadora de tal efecto a la quiebra de la reciprocidad producida por la objetiva inejecución de una de las prestaciones, en cuanto priva de causa o razón de ser a la prestación correlativa; quiebra que tiene lugar, tanto si la inejecución es imputable al deudor, como si es debida a circunstancias sobrevenidas de carácter fortuito que imposibilitan su realización, lo que asimismo justifica su conjunta y global consideración; no debiendo por lo demás olvidarse que a la resolución del vínculo obligatorio pueden también conducir la excesiva onerosidad de una de las prestaciones recíprocas, por quiebra de su equivalencia o la pérdida de utilidad de cualquiera de ellas, por frustración del fin que determinó su constitución.

SÉPTIMO.- La simultaneidad en el cumplimiento de las obligaciones bilaterales es consecuencia de la proyección de su interdependencia o mutua condicionalidad a la ejecución del programa prestacional. Como se ha apuntado, "las obligaciones recíprocas son, por su propia naturaleza, obligaciones de cumplimiento simultáneo, porque la satisfacción de las partes se realiza en el mismo momento. Ambas pres-

taciones traen causa de la respectiva, y si una queda incumplida la otra carece de causa". La jurisprudencia ha sancionado esta regla, considerándola manifestación del sinalagma funcional que preside el desarrollo de la relación obligacional. Así ha declarado que el cumplimiento de las obligaciones recíprocas debe llevarse a cabo de modo simultáneo (SS 9 de diciembre de 1988/Ar. 9331, 10 de noviembre de 1993/Ar 8958 y 18 de noviembre de 1994/Ar. 9322), explicando en la sentencia de 18 de noviembre de 1994 (Ar. 9322) que "cada deber de prestación constituye para la otra parte la causa por la cual se obliga, resultando tan íntimamente enlazados ambos deberes, que tienen que cumplirse simultáneamente". La regla del cumplimiento simultáneo determina, entre sus efectos más característicos, de un lado, la inexigibilidad de la prestación debida por uno de los obligados sin que el reclamante haya cumplido la que correlativamente le correspondía (exceptio non adimpleti contractus) y, de otro, la imposibilidad de incurrir en mora uno cualquiera de los obligados mientras el otro no cumpla la prestación recíproca a su cargo (compensatio morae), con la consiguiente constitución en mora por el solo cumplimiento de la obligación correlativa. La simultaneidad en la ejecución de las prestaciones, con ser, sin embargo, un efecto normal o natural de las obligaciones bilaterales, no constituye una exigencia consustancial a su naturaleza, siendo susceptible de derogación por disposición legal o convencional [Nótese que la jurisprudencia se refiere a la simultaneidad en el cumplimiento de las obligaciones recíprocas como "principio" o regla "general" (SS 14 de marzo de 1973/Ar. 981 y 10 de noviembre de 1993/Ar. 8958), dejando siempre a salvo "que la ley o el contrato mismo determine otra cosa" (S 9 de diciembre 1988/Ar. 9331), habiendo declarado, en particular, la sentencia de 21 de noviembre 1988 (Ar. 9039) que el principio general de simultaneidad "tiene la excepción de lo que resulte por ley o por el propio contrato, añadiendo en relación al caso enjuiciado que, como tienen "las obligaciones de una y otra parte distinto momento de cumplimiento, lo serán sucesivas, mas no simultáneas"], así como de exclusión por los usos del tráfico o la propia naturaleza de la relación obligacional, que en determinados casos pueden imponer el cumplimiento anticipado de una de las prestaciones, sin quiebra de su reciprocidad. Tal sucederá en la compraventa con precio aplazado o en el arrendamiento —de cosas, de obra o de servicios— en que se realiza anticipadamente la prestación del arrendador o la del arrendatario. En estos supuestos de cumplimiento anticipado de una de las partes, la excepción de incumplimiento contractual y la especial regulación de la mora en las obligaciones recíprocas, sin llegar a quedar por completo anuladas, ven limitado su ámbito de aplicación, en cuanto el obligado al cumplimiento previo no puede oponer con éxito la excepción a la pretensión del reclamante, ni puede, con la sola ejecución de su prestación, constituir en mora al otro obligado o, por la pendencia de la aplazada, tener por compensada la mora en que eventualmente hubiera llegado a incurrir».

Además, hay que añadir con la **SAP Valencia —7ª— n.º 55/2010, de 3 de febrero** que "*No puede exigir el cumplimiento de un contrato quien no acredita haber cumplido las obligaciones que el mismo le imponía*" lo cual, interpretado en sede concursal, viene a tomar mayor relevancia en cuanto a la exigibilidad de las obligaciones, tanto del concursado, como del acreedor, siendo típica la situación de las promotoras inmobiliarias que no concluyen la obra pero que exigen el cumplimiento del pago íntegro del precio, cuestión ésta que la resolvía la LC con claro perjuicio para el adquirente, pero que, como siempre, tuvo que solucionarlo el TS.

En sede concursal, resulta importante resaltar lo dispuesto en los artículos 157 y 161 TRLC que regulan la vigencia y la resolución de los contratos con obligaciones recíprocas pendientes de cumplimiento, concretando la sistemática y sus efectos, van más allá de lo que hacía el art. 61 LC que regulaba la vigencia de los contratos con obligaciones recíprocas, debiendo resaltar que la declaración de concurso en nada afecta a la vigencia o resolución de los contratos con obligaciones recíprocas ni a su posibilidad de denunciarlos.

Más adelante, al tratar el contrato de *leasing*, analizaremos más detenidamente su especificidad; no obstante lo cual, en este punto debemos de resaltar el especial tratamiento que el TRLC da a este tipo de contratos los cuales considera, de un lado, como vigentes a pesar de la declaración de concurso, la satisfacción de las obligaciones del concursado con cargo a la masa, así como la posibilidad de resolverlo si resultare *«conveniente al interés del concurso»*, término tan ambiguo como genérico que, como más rápida definición, podemos hallarla en la que da la **SAP Álava —1.ª— n.º 425/2010, de 22 de septiembre** *«la mayor satisfacción de los acreedores del concursado»*, término que no deja de ser ambiguo, incluso ambivalente, pues si ponemos en consideración el contrato de *leasing* debemos preguntarnos cómo se satisfarán mejor los intereses de la Masa Pasiva del concurso: ¿dejando de pagar las cuotas del *leasing* del vehículo (camión, por ejemplo) con el que la empresa concursada desarrolla su actividad y quedándoselo la entidad financiera o pagando las cuotas del *leasing* y con ello el uso del vehículo, generando la actividad propia? En caso de liquidación, no cabe duda de que cualquier carga como el pago de las cuotas, está grabando a la Masa, pero en caso de convenio, salvo casos concretos y puntuales —discutibles igualmente— no parece que sea lo que más interese al concurso la resolución contractual. El TRLC tampoco ha definido este concepto de «interés del concurso», a pesar de ser la máxima por la que gira cualquier actuación concursal, por lo que deberemos seguir el criterio del Tribunal Supremo, a través de la Sentencia que, seguidamente, reproduciremos, que dispone que el término «en interés del concurso» no puede amparar un cumplimiento parcial del contrato, expulsando del mismo, «en interés del concurso» aquellas cláusulas que perjudican a una de las partes, más concretamente, a la denominada parte *in bonis*; así se pronuncia el Alto Tribunal

> **STS —1.ª— n.º 68/2013, de 26 de febrero:**
> «**11.** La validez y eficacia de estas cláusulas no se ven afectadas por la declaración de concurso de Llanera y de su filial LLUEI. Aunque para el grupo Llanera el ejercicio del derecho de opción de venta pudiera suponer la resolución del contrato de compraventa y de colaboración, y la restitución a Immochan de las cantidades que hasta ahora hubiera abonado Immochan, el ejercicio de esta facultad no está prohibido por la Ley Concursal, que se limita a dejar sin efecto las cláusulas contractuales que prevean la resolución unilateral del contrato por la mera declaración de concurso de otra de las partes (art. 61.3 LC).
>
> Tampoco cabe, como de hecho pretendían las demandantes, declarar su ineficacia en interés del concurso, para preservar el cumplimiento del contrato, al amparo del art. 62.3 LC. Según este precepto, *"aunque exista causa de resolución, el juez, atendiendo al interés del concurso, podrá acordar el cumplimiento del contrato, siendo a cargo de la masa las prestaciones debidas o que deba realizar el concursado"*. Esta facultad de acordar el cumplimiento del contrato requiere que previamente se haya instado la resolución del contrato por incumplimiento de una de las partes y que concurra la causa de resolución. Y bajo este presupuesto, que no se da en el presente caso, si el juez acuerda la continuación del contrato en interés del concurso, necesariamente debe atender al carácter sinalagmático del contrato y cargar a la masa las prestaciones debidas.
>
> En relación con la vigencia de los contratos tras la declaración de concurso de una de las partes, pendientes de cumplimiento por ambas partes, la Ley Concursal permite invocar el interés del concurso para justificar dos decisiones judiciales extrañas al desenvolvimiento ordinario de los efectos del contrato a la vista de su (in)cumplimiento: i) acordar la resolución del contrato cuando su continuación no resulte de interés para el concurso (art. 61.2 LC); ii) en caso de se haya instado resolución del contrato por incumplimiento del concursado, y exista causa de resolución, acordar la continuación del contrato si ello resulta más beneficioso para los intereses del concurso (art. 62.3 LC).
>
> Pero en ambos casos se respetan los intereses de la parte *in bonis*. En el primero porque se le indemnizarán, con cargo a la masa, los daños y perjuicios que la resolución le haya deparado, sin perjuicio de la facultad del juez de moderar y determinar el alcance de dichos perjuicios (art. 61.2 LC); y en el segundo porque la continuación del contrato conllevará, para la parte *in bonis*, que se le abonen con cargo a la masa todas prestaciones debidas y las que se devenguen, en el caso de contratos de tracto sucesivo, en el futuro como consecuencia de la continuación del contrato (art. 62.3 LC).
>
> El caso que ahora es objeto de enjuiciamiento es distinto, pues ni se pide la resolución del contrato en interés del concurso al amparo del art. 61.2 LC, ni tampoco la continuación del contrato a pesar de que procediera la resolución por incumplimiento de la concursada (art. 62.3 LC). En nuestro caso se invoca el interés del con-

> curso para pedir la ineficacia de una cláusula contractual que prevé un derecho de opción de venta a favor de una de las partes, cumplidas una serie de condiciones, lo que conllevaría en la práctica la resolución del contrato, a la vez que se pide el cumplimiento del contrato sin que pueda operar aquella cláusula. La Ley Concursal no ampara la amputación de las cláusulas contractuales cuyo cumplimiento pudiera ser oneroso para la concursada, bajo la genérica justificación de que con ello se pueden satisfacer mejor los intereses afectados por el concurso. De otro modo estaríamos rompiendo el concreto equilibrio de prestaciones querido por las partes al convenir el contrato, lo que supondría un injustificado quebranto del carácter vinculante de lo convenido al amparo de la autonomía privada de la voluntad.
> Al margen del ejercicio de las acciones de reintegración, la Ley Concursal no prevé esta posibilidad de dejar sin efecto garantías contractuales a favor de la parte *in bonis,* como pudiera ser la pactada en este caso (un derecho de opción de venta) o una condición resolutoria, sin perjuicio de que su ejercicio en algún caso pudiera quedar suspendido si se cumplen los requisitos previstos en el art. 56 LC».

Dentro de la variabilidad de supuestos por los que puede entenderse la existencia del interés del concurso o su justificación, nos ilustra la **STS —1.ª— n.º 650/2018, de 20 de noviembre** cuando considera que, a los efectos del supuesto relativo a la resolución de un contrato de arrendamiento cuyo arrendatario pagaba una renta o merced baja en relación con el «importante valor de mercado» del inmueble arrendado, por lo que el Alto Tribunal centra el interés del concurso en «... *que la concursada siga desarrollando su actividad para generar los recursos que permitan el pago de los acreedores, por lo que resulta razonable la resolución de los contratos que reducen el valor de su patrimonio... es la cuantía de la indemnización correspondiente al arrendatario, que ha de ser abonada como crédito contra la masa...*».

b) Por la finalidad o título

i. Onerosos

Palabra que procede del Latín «*onus, -eris*», significando «carga». Son aquéllos en que cada una de las partes aspira a procurarse una ventaja, una «carga abundante», mediante un equivalente o compensación; ordinariamente, éstos suelen ser bilaterales, en tanto que presuponen un cambio de prestaciones recíprocas; la causa en esta tipología contractual, es la prestación o promesa de una cosa o servicio por la otra parte, acorde con lo dispuesto en el art. 1.274 C.c. Dentro de esta especialidad, debemos destacar la denominada "*asunción de deuda*", acorde con la cual, un tercero ajeno inicialmente al vínculo obligacional hace propia la posición de deudor que otro ocupaba y con ello, todos sus derechos y obligaciones, produciéndose una «novación subjetiva» en el contrato vía art. 1.203.2º C.c.; en este tipo de figura jurídica, la causa, acorde con la Doctrina Jurisprudencial, reside en la «*reciprocidad entre ambas prestaciones*», así lo expresa la siguiente resolución:

SAP Madrid —10ª— n.º 56/2009, de 23 de enero

«Dado el carácter causal de nuestro ordenamiento (art. 1.261-3 CC), la causa de la asunción encaja en el artículo 1.274 CC, cuando al referirse a los contratos onerosos, dice que la causa es «la prestación o promesa de una cosa o servicio por la otra parte»; en consecuencia, el acreedor permite la sustitución del deudor y, en contrapartida, el "asumente" se obliga a realizar la prestación del deudor y viceversa, por tanto, la causa de la asunción de deuda está en la reciprocidad entre ambas prestaciones...»

Una «perversión» de los contratos sinalagmáticos onerosos, podríamos hallarla en los denominados comúnmente «*contratos leoninos*» denominados así, por la alusión a que, una vez es cazada la víctima por parte de la leona, ésta, tras su dentellada al cuello de aquélla, la primera y más suculenta dentellada al venado cazado la ofrece al león, quien así la da, antes de que lo haga la leona, su camada y el resto de animales depredadores que le secundan, así, los contratos de este tipo, son aquellos en los que se produce una «carga desmesurada» a favor de una de las partes; en este sentido, la siguiente resolución trae una ilustrativa definición:

SAP Madrid —12ª— n.º 771/2010, de 30 de noviembre

«...Igualmente la Sentencia del Tribunal Supremo de 14 de febrero de 2000 que define el término "leonino". "Con la expresión "leonino" se alude a aquellos contratos onerosos en que se estipulan todas las ventajas para una de las partes, y los inconvenientes para la otra, y también cuando existe desde el momento inicial de la perfección del sinalagma una exorbitante desproporción o desequilibrio entre las prestaciones de una y las correspectivas contraprestaciones de la otra, de modo que es fácilmente advertible la relevancia que tienen las circunstancias de cada caso y como consecuencia la gran variedad morfológica con que las situaciones se pueden presentar en la realidad práctica, por lo que será preciso que se concreten los particulares que, explícita o implícitamente, dan lugar a la situación de desmesura jurídica, o las circunstancias de necesidad o inexperiencia en una de las partes que dieron lugar a la conducta abusiva o contraria a la buena fe (entendida en el sentido objetivo de conducta honrada y leal) por parte de la contraria. La calificación de un contrato o de una cláusula como leonina puede dar lugar a la declaración de nulidad, o en su caso a la corrección por desorbitada o desproporcionada, o a su moderación, en atención a los preceptos de los artículos 1255, 1275 y 7.1 y 2, 1258 y 1154, todos ellos del Código civil, o, en su caso, a la aplicación de la Ley de represión de la Usura de 23 de julio de 1908...»

ii. Gratuitos o lucrativos

Son aquéllos en los que uno de los contratantes se propone proporcionar al otro una ventaja sin equivalente alguno; ordinariamente, suelen ser unilaterales, lo cual no sucede, por ejemplo, con el contrato de préstamo con interés, pues es oneroso y unilateral al mismo tiempo, en tanto en cuanto la entidad prestamista se procura la ventaja del percibo del interés remuneratorio y sin embargo, sólo genera obligación en el prestatario, quien debe cumplir con la devolución del dinerario prestado y sus intereses, como única obligación derivada de la entrega de la cantidad prestada según dispone el art. 312 C.com.[33]. *A sensu contrario* deberemos entender que el préstamo sin interés del art. 1.740 C.c., siendo gratuito, es, por tanto, lucrativo, en tanto en cuento el prestatario obtiene el lucro al no pagar el precio del préstamo, el interés; no por ello queda exonerado de la devolución del capital prestado *ex* arts. 1.740 C.c. y 312 C.com., pues, de lo contrario, se convertiría en una donación.

La causa en estos contratos reside en la mera liberalidad del bienhechor (art. 1.274 C.c.).

c) Por los requisitos necesarios para la formación del contrato

i. Consensuales

Compuesto semánticamente, del prefijo latino «*con-*», indicando «junto a» y «*sensus*», «sentido, sentimiento», esto es, aquello que debe ser (a)sen-

---

[33] *Artículo 312 C.com.:* Consistiendo el préstamo en dinero, pagará el deudor devolviendo una cantidad igual a la recibida con arreglo al valor legal que tuviere la moneda al tiempo de devolución, salvo si se hubiere pactado la especie de moneda en que había de hacerse el pago, en cuyo caso la alteración que hubiese experimentado su valor será en daño o en beneficio del prestador. En los préstamos de títulos o valores, pagará el deudor devolviendo otros tantos de la misma clase e idénticas condiciones o sus equivalentes si aquéllos se hubiesen extinguido, salvo pacto en contrario. Si los préstamos fueren en especie, deberá el deudor devolver a no mediar pacto en distinto sentido, igual cantidad en la misma especie y calidad, o su equivalente en metálico si se hubiese extinguido la especie debida.

tido por varias personas, en conjunto; son pues, aquellos contratos que se perfeccionan por el mero acuerdo, consenso o conjunción de voluntades; en sede contractual bancaria, un buen ejemplo de contrato no real ni solemne sería el contrato de *swap*, del que, seguidamente hablaremos.

ii. Reales

Aquellos contratos en los que, además del consentimiento, se precisa de la entrega de la cosa (*res, rei*, en Latín) por una de las partes a la otra, tales como, en el objeto que nos ocupa, el contrato de prenda, del que luego se tratará, el mismo contrato de préstamo en el que se entrega el dinero, incluso el de cuenta corriente, depósito irregular donde los haya.

iii. Solemnes

Son aquéllos que exigen una forma especial para su celebración, más concretamente, aquéllos que requieren de la forma notarial, tales como los de préstamo hipotecario o el de préstamo anticrético.

d) Por su naturaleza independiente o relacionada

i. Preparatorios

Son aquéllos que tienen por objeto crear un estado de derecho, como preliminar necesario y aplicable a la celebración de otros contratos posteriores; dentro del objeto del presente trabajo puede incardinarse precisamente, el denominado «Contrato Marco de Operaciones Financieras» o «CMOF» en base al cual se ejecutan «confirmaciones» de *swaps* y similares, no teniendo contenido económico en sí mismo el CMOF hasta tanto no se ejecuta la confirmación citada de la operación concreta o se produce el suceso que produce los intercambios (*swaps*) de flujos dinerarios. También pueden encontrarse en esta categoría los denominados contratos de «promesa de» hipoteca, de prenda, etc.

ii. Principales

Son aquéllos que cumplen por sí mismos un fin contractual propio o subsistente, sin relación necesaria con ningún otro contrato; baste citar el conocido contrato de préstamo personal o hipotecario, el *leasing*, etc.

iii. Accesorios

Son aquéllos que sólo pueden existir por consecuencia o en relación con otro contrato anterior; tales como la fianza, la prenda o la hipoteca, el mismo *swap*, etc., en tanto en cuanto, sólo toman su carta de naturaleza con la preexistencia del contrato principal al que siguen (préstamo, crédito, etc.), si bien, hay que participar, dentro de esta cita, el matiz siguiente, en el sentido de que la hipoteca, la que se produce sus efectos frente a terceros y constituye —art. 1.875 C.c.[34]— mediante su inscripción registral, puede subsistir aun cuando la obligación principal de la que es accesoria se halle cancelada en todo o en parte (arts. 82 y 122 LH); no se producirá, pues, la extinción de la hipoteca hasta el momento en que se practique la inscripción el Mandamiento judicial o de la Escritura pública que ordenen al Registrador de la Propiedad la cancelación de la inscripción registral.

e) Por la influencia que en la ejecución del contrato, en el tracto[35], puede desempeñar el tiempo de realización de la prestación

i. De tracto único

Son aquéllos de ejecución única o instantánea, como la compraventa o la permuta. En uno y otro caso, se entrega la cosa, la *res*, a cambio del precio o de otra similar a la entregada.

ii. De tracto sucesivo o continuo los cuales tienen las siguientes variantes

- Son aquéllos cuya prestación ha de ser realizada de manera repetida o reiterada en el tiempo (venta a plazos, renta vitalicia, préstamos hipotecarios al promotor de edificaciones) o cuando lo solicite una de las partes, el ejemplo más adecuado es el de la apertura de crédito en cuenta corriente, contrato que existe sin que exista la deuda *ab initio*,

---

34 *Art. 1.875 C.c.:* Además de los requisitos exigidos en el artículo 1.857, es indispensable, para que la hipoteca quede válidamente constituida, que el documento en que se constituya sea inscrito en el Registro de la Propiedad.

35 Del Latín «tractus», y éste del verbo «trao, —es—, trahere, traxi tractum», significando «arrastrar, tirar».

contrariamente al de préstamo, en el que la deuda existe desde el momento de la entrega del dinerario; en el contrato de crédito (del Latín «*credere*» significando creer o confiar) la entidad financiera confía o concede credibilidad a su cliente y así le pone a su disposición fondos hasta el límite convenido del contrato o póliza; si el cliente no dispone de los mismos, nada debe, si dispone en parte, sólo hasta lo dispuesto, pero no se debe todo el límite desde el primero, sino conforme vaya disponiendo del saldo a su favor o disponible.

- Aquéllos en que la prestación haya de ser realizada de modo continuado y sin interrupción (arrendamiento, depósito, etc.).
- Contratos de duración indeterminada o sin determinación de tiempo, que son aquéllos en los que no se ha fijado el momento de extinción y pueden, por ello, continuar en vigor hasta que un hecho nuevo (desistimiento, ruptura unilateral, etc.) les ponga fin; dentro del objeto del presente trabajo cabe destacar el contrato de cuenta corriente o de ahorros, de depósito de títulos valores, incluso las denominadas pólizas de descuento o de negociación de efectos de comercio, cuyo cierre viene condicionado a una serie de incumplimientos objetivos, como lo es la cifra de impagados convenida, entre muchos.

f) Por su regulación legal

i. Nominados o típicos

Son aquéllos que tienen individualidad propia y reglas especiales en la Ley; baste señalar dentro de nuestro objeto los contratos de préstamo mercantil (art. 312 C.com.), el depósito mercantil (art. 303 C.com.) o el afianzamiento mercantil (art. 439 C.com.)

ii. Innominados o atípicos

Se trata de contratos faltos de individualidad y reglamentación legal, se rigen por las normas generales de la contratación, baste citar los contratos de *leasing, renting, factoring, confirming*, *swap,* cuenta corriente bancaria y el de alquiler de cajas de seguridad.

E) Póliza

Así pues, la denominación «póliza» deriva del griego «ἀπόδειξις» (*apodixis*) significando «demostración, prueba», derivada a su vez de «ἀποδεικνυμι» (*apodiknimi*) significando «yo muestro, yo demuestro» y así el término póliza, semánticamente hablando no va más allá de la demostración probatoria de la existencia de un contrato y de las obligaciones que del mismo derivan.

Se trata, pues, del instrumento utilizado por las entidades financieras para documentar de forma fehaciente aquellas operaciones denominadas de Activo, tales como préstamos, créditos, *leasing, renting,* descuento de efectos de comercio, pignoraciones, etc., que tan solo pretenden constituir con su firma fehaciente, no un derecho real de garantía hipotecaria, pues la Ley dispone para ello el necesario otorgamiento de Escritura pública —art. 1.280 C.c.[36]—, sino (i) la adveración de los pactos y personas que intervienen en un contrato, (ii) la constitución de simples garantías personales o reales pignoraticias, así como la acreditación de la fecha del documento privado a los efectos de lo dispuesto en el art. 1.227 C.c.

Sin embargo, al hacer una alusión etimológica de la palabra, debemos desterrarla de antiguas interpretaciones carentes de sentido, como las que aludían a que, por razón a la identidad de palabra, el uso de las antiguas «pólizas timbradas»[37] se extendía a aquellos documentos contractuales fehacientes dotados de valor y eficacia ejecutiva, que no fuesen letras de cambio —por la singularidad de éstas— por el hecho de no llevar el timbre (conforme a lo dispuesto en el art. 19 de la Ley del Timbre de 14.04.1955[38]

[36] *Art. 1.280 C.c.* Deberán constar en documento público: 1º. Los actos y contratos que tengan por objeto la creación, transmisión, modificación o extinción de derechos reales sobre bienes inmuebles.

[37] *Timbre*: estampilla o sello que se ponía en ciertos documentos de contenido económico acreditativo del pago del antiguo Impuesto del Timbre del Estado, antecedente del actual Impuesto de Actos Jurídicos documentados.

[38] *Art. 19 Ley del Timbre:* Cuando los documentos sometidos a tributación en este capítulo no estén extendidos en el papel timbrado correspondiente, o reintegrados en forma, si fueren de los que se extienden en papel común, no deberán admitirse por ninguna oficina pública u organismo oficial, ni por los particulares. En el caso de que fuesen aportados ante órganos judiciales de cualquier orden o grado, carecerán de eficacia ejecutiva que a estos documentos atribuyen las leyes mercantiles y procesales, y sólo podrán tener el valor probatorio que, como documentos privados, les asigne la legislación común.

—y su Texto refundido de 1960— que ordenaba a los Tribunales inadmitir el documento correspondiente, como las Demandas, que, estando sujeto a dicho impuesto, no lo portase debidamente reintegrado) y así, con la finalidad de dotar de singularidad al documento financiero que no era una letra de cambio y representaba una obligación de pago (préstamo, crédito) se le denominaría «póliza», por asimilación con el uso de la susodicha póliza timbrada. Usual y erróneamente, se denomina «póliza» a aquélla que, conteniendo el mismo texto de una póliza de préstamo, por ejemplo, se incorpora éste a una Escritura pública, normalmente, para constituir una hipoteca que garantice aquellas obligaciones.

F) Usos bancarios

La falta de regulación legal concreta y específica, así como la dinámica en la contratación hacen traer a colación los denominados «usos bancarios», como fuente reguladora de la contratación bancaria, en sede de lo dispuesto en el art. 1.3 C.c.[39], cuya formación, según GARRIGUES[40] deriva, unas veces, de prácticas profesionales que dominan tácitamente la conclusión de los contratos bancarios, de tal suerte que, ante el silencio de los contratantes, debe entenderse que éstos han querido seguir tales prácticas; funciona el uso en estas ocasiones como medio de interpretación, completando la declaración de voluntad, oscura, insuficiente o defectuosa y, en tal sentido, en cuanto presuponen una voluntad contractual, los usos prevalecen sobre las leyes que tengan carácter dispositivo; otras veces —sigue GARRIGUES— los usos se condensan en las condiciones generales elaboradas unilateralmente por los Bancos, por estar inspirados en los intereses particulares del Banco o grupo de Bancos que las redactaron, sin que ello obste a la validez del uso. Todo esto, a día de hoy, en sede de consumidores y usuarios, ha quedado, prácticamente, fuera de lugar jurídico, por razón a la Directiva comunitaria europea 93/13 y normas internas que la trasponen, así como por las resoluciones, tanto del TS, como del TJUE, guardando relativa validez en la contratación con personas jurídicas, en materias como, por

---

[39] *Art. 1.3 C.c.:* La costumbre sólo regirá en defecto de ley aplicable, siempre que no sea contraria a la moral o al orden público y que resulte probada. Los usos jurídicos que no sean meramente interpretativos de una declaración de voluntad tendrán la consideración de costumbre.

[40] *Joaquín GARRIGUES.* "CONTRATOS BANCARIOS" 2ª edición 1975.

ejemplo, la compra o venta de acciones en Bolsa de valores, o de derechos de adquisición preferentes, con plazos reducidos, o las normas de valoración de ingresos o disposiciones en cuentas.

El art. 2 C.com. dispone que los actos de comercio, como son todos los contratos bancarios que forman el desarrollo del objeto social de las entidades financieras, se deben regir, en primer lugar, por el propio contrato, en su defecto, por los usos del comercio observados generalmente en cada plaza y, a falta de ambas reglas, por las del Derecho común. El art. 281.2 LEC exige la prueba de la costumbre, salvo si las Partes litigantes se muestran conformes sobre su existencia, contenido, siempre y cuando no afecten al denominado orden público. Las **SSAP —8.ª— Alicante n.º 907 y 908/2019, de 16 de julio** se muestra contundente cuando razona que «*En el caso no hay costumbre que ampare la indiscriminada atribución al consumidor prestatario del conjunto de gastos de la operación de préstamo con garantía, que se efectúa cuando menos en el marco del objeto empresarial de la entidad comercializadora y, consecuentemente en interés de ambos contratantes, ni desde luego se prueba la existencia de una costumbre normativa que es la única que constituye —art. 2 C.Com.— fuente de derecho…*».

En sede probatoria no basta una mera declaración testifical para acreditar los usos y costumbres bancarios, pues, éstos, suelen y deben documentarse, tal y como sucede habitualmente o, por testigos que sean absolutamente imparciales; así lo entiende la **SAP Valencia —9ª— n.º 873/2019, de 27 de junio:** «*Dado el tipo de producto en que nos encontramos* [hipoteca multidivisa], *en el ámbito de la contratación bancaria, ha de hacerse una valoración de conjunto de la prueba, sin que sea suficiente la presentación de una prueba testifical* [del antiguo director de la oficina bancaria, jubilado] *para considerar acreditados, por ella sola, hechos y datos que deberían constar en forma documental de acuerdo con los usos y costumbres y que sucedieron 11 años antes*».

Respecto de los usos bancarios, en sede de compensación y traspaso entre cuentas del deudor principal y sus avalistas, se pronuncia el Alto Tribunal del siguiente modo:

> **STS —1ª— n.º 312/2009, de 30 de abril**
>
> «… En el primer motivo se denuncia la violación del principio de la buena fe y de los usos mercantiles y bancarios y la infracción de los artículos 7 y 1258 del Código civil y 57 del Código de comercio. La idea básica del motivo se centra en que la entidad bancaria demandante desdoblaba operaciones concretas, abonando los saldos positivos en otras cuentas de la entidad deudora y los negativos en la cuenta

que contaba con la fianza y, además, liquidando el saldo de otras cuentas de la deudora; lo cual lo detallan en la contestación a la demanda, insiste en la apelación y reproduce en este motivo. Pero el motivo necesariamente tiene que rechazarse. En el contrato de préstamo —escritura de crédito en cuenta corriente con garantía hipotecaria— se incluye una cláusula, la sexta, por la que la sociedad prestataria autoriza a la entidad bancaria prestamista a realizar estas actuaciones que los recurrentes entienden abusivas y quizá lo sean, pero están previstas en el contrato y, a su vez, otra cláusula, la decimoséptima, constituye a los fiadores recurrentes como solidarios respecto a la sociedad prestataria, "conocedoras de todas y cada una de las obligaciones" *(sic)* de ésta...»

Resulta de destacar el hecho de que, acorde con la siguiente resolución, los Tribunales de Justicia carecen de competencia para enjuiciar respecto del cumplimiento o no de los usos y prácticas bancarias, quedando éstos reservados a la competencia del BANCO DE ESPAÑA, según dispone el art. 5 de la LOSSEC o de la CNMV, acorde con las funciones que a ésta le otorga el art. 17 LMV, «*supervisión e inspección de los mercados de valores y de la actividad de cuantas personas físicas y jurídicas se relacionan en el tráfico de los mismos, del ejercicio sobre ellas de la potestad sancionadora...*».

SAP Asturias —5ª— n.º 25/2010, de 27 de enero

«... Y así tenemos que, primero, carecen los tribunales civiles de competencia para declarar la conformidad o no de la conducta de la entidad bancaria con las buenas prácticas y usos bancarios tanto porque la vigente Ley Rituaria proscribe las sentencias mero declarativas (art. 219.1 de la Ley Enjuiciamiento Civil) como porque, en su caso, la supervisión e inspección de tal clase corresponde bien al Banco de España (art. 43 bis Ley 26/1988 de 29 de julio D.I.E.C.) bien a la Comisión del Mercado de Valores (art. 13 L.M.V. de 24 de julio de 1988) otra cosa (y de ello nos ocuparemos más tarde) es si efectivamente la infracción de la normativa relativa al proceder de las entidades bancarias y financieras pudiera justificar el reproche a un actuar no conforme con aquella...»

G) La cesión de contrato. La asunción de deuda. Distinción de figuras afines

La denominada «cesión de contrato» es una práctica que supone, de entrada, la sustitución de cualquiera de las Partes intervinientes inicialmente en el contrato, por otra u otras que las sustituyen en una o ambas posiciones contractuales; todo lo cual viene realizado siguiendo la institución de la denominada «novación subjetiva», regulada en el art. 1.203 C., y que representa uno de los medios de extinción de las obligaciones (*ex.* Art. 1.143 y 1.156 C.c.).

No quiere nuestro Código civil que la novación extintiva sea implícita, pues el artículo 1.204 C.c. exige que conste «*terminantemente*» esta voluntad o que resulte una incompatibilidad absoluta entre la obligación primitiva y la posterior. Ello resulta ciertamente importante en sede concursal, por cuanto que, en primer lugar, la sustitución del deudor primitivo por otro, puede no ser conocido por aquél, pero se requiere inexcusablemente de la aceptación del acreedor (*ex* art. 1.205 C.c.) y así, en el supuesto de que fuere aceptado por el acreedor este cambio subjetivo, produciría el efecto de extinguir el vínculo obligacional con el primitivo deudor y así, caso de que el nuevo deudor hubiere devenido insolvente, digamos, declarado en concurso, la relación obligacional con el primitivo deudor no renacería, salvo que la insolvencia hubiere sido anterior al momento de la novación o cesión contractual y además, pública o conocida por el propio deudor primitivo al delegar su deuda, como así dispone el art. 1.260 C.c. Vemos, pues, que no hay una «rotura» del vínculo absoluta, sino que admitirá la dialéctica o litigiosidad sobre si hubo antes de la transmisión, lo que podríamos denominar «mala fe», incluso de dolo por parte del deudor cedente, pero no necesariamente se produce por dolo o mala fe, pues, recordemos que, conforme acabamos de expresar, el deudor no es necesariamente cedente de su deuda, pues el nuevo deudor puede entrar a vincularse con el acreedor de aquél sin que el deudor primitivo lo conozca, por lo que estaríamos hablando de una situación de insolvencia anterior y pública a la de la cesión, de cuya cesión, el deudor primitivo no participa y, por tanto, ningún mal actuar se le puede imputar.

En este estado jurídico, resulta importante el conocimiento de lo dispuesto por el art. 118 LH, relativo a la venta de la finca hipotecada a un tercero distinto del Banco prestamista y del prestatario, conforme al cual, para que el prestatario quede completamente desligado de su deuda para con el Banco, precisa el consentimiento de éste, consentimiento que, habitualmente suele y debe realizarse en la propia escritura de compraventa, si bien, puede realizarse en otro instrumento privado o público y, en cualquier caso, de forma tácita, como podría suceder en el supuesto del cambio de domiciliación de las cuotas de amortización de la cuenta del prestatario cedente a la del comprador cesionario. El problema, en este punto, estriba ante un supuesto de coprestatarios y copropietarios, cuando uno de ellos, dentro del período sospechoso del 226 TRLC (antiguo art. 71 LC), extingue el proindiviso, asumiendo la deuda íntegra, que ya era suya por ser deuda solidaria, en pago de la cuota indivisa que adquiere del comunero saliente, quien, tiempo después, se declara en concurso mientras el adquirente continúa pagando las cuotas. Pues bien, esta cuestión ha sido resuelta por la **SAP Valencia —9.ª— n.º 778/2019, de 12 de junio** en el sentido de desestimar la rescisión del acto impugnado por la Administración concursal.

La cesión de contratos puede realizarse igualmente vía sustitución de un acreedor por otro (art. 1.203.3º C.c.) lo cual, entre entidades financieras suele ser de giro ordinario, piénsese en fusiones bancarias, absorciones, etc. Y, además, viene a estar, incluso pactado expresamente en los diversos contratos de adhesión que soportan las diversas operaciones contractuales, tanto activas como pasivas. En estos últimos años se ha producido una serie de cesiones de contratos bancarios en masa a favor de entidades financieras no bancarias o a Fondos de Inversión mediante la denominada «venta de carteras» conforme a las cuales, terceros adquieren un número concreto de créditos financieros por un importe determinado, subrogándose en la posición jurídica de la entidad cedente y, con ello, comparecen en el procedimiento concursal y, por ende, sustituyen en la masa pasiva al acreedor primitivo, incluso antecedentes varios, respecto de las cuales, debe tenerse bien presente el derecho preferente del deudor para extinguir su deuda en los términos en que se ha realizado la transmisión, acorde con lo dispuesto en el art. 1.535 C.c., adquisición que ya ha quedado fijada y delimitada para el supuesto de que hubiera habido contienda previa, esto es, que fuese un crédito litigioso, que no basta que haya sido reclamado judicialmente, sino que haya habido oposición a la reclamación para ser considerado como tal, como así lo establece la siguiente resolución del Alto Tribunal:

> **STS n.º 976/2008, de 31 de octubre:**
> *«… aquellos que no pueden tener realidad sin una sentencia firme… y desde la contestación de la demanda (exigiéndose por la doctrina una oposición de fondo, aunque debe admitirse la eventualidad de la oposición tácita de la rebeldía ex art. 496.2 LEC… CUARTO.-… 3.3 Por último, no puede dejar de mencionarse el hecho de que junto con el favor debitoris, un objetivo esencial del art. 1.535 CC en su concepción originaria era la de "cortar pleitos"… QUINTO.-… debemos ratificar el concepto de crédito litigioso que ha venido ofreciendo reiteradamente la jurisprudencia de esta sala… considerar como tal "crédito litigioso" aquél que "habiendo sido reclamada judicialmente la declaración de su existencia y exigibilidad por su titular, es contradicho o negado por el demandado, y precisa de una sentencia firme que lo declare como existente y exigible […]". O dicho en otros términos: son créditos litigiosos "aquellos que no pueden tener realidad sin una sentencia firme… y desde la contestación a la demanda (exigiéndose por la doctrina una oposición de fondo, aunque debe admitirse la eventualidad de la oposición tácita de la rebeldía ex art. 496.2 LEC…».*

Dentro de estas sucesiones no universales, cabe destacar la operada a través de la Ley 11/2015, de 18 de junio, de recuperación y resolución de entidades de crédito y empresas de servicios de inversión que dispone (art. 25) la transmisión de activos y pasivos a una sociedad de gestión de activos, más concretamente, la conocida como SAREB (Sociedad de Gestión de Activos Procedentes de la Reestructuración Bancaria, S.A.), constituida previamente a través de la Disposición adicional séptima de la Ley 9/2012, de 14 de noviembre, de reestructuración y resolución de entidades de crédito, que tiene por «*objeto exclusivo la tenencia, gestión y administración directa o indirecta, adquisición y enajenación de los activos que le transfieran las entidades de crédito*»; esta cesión, como se ve, no es a título universal, sino particular, respecto de activos y pasivos concretos y determinados. El art. 36 de dicha Ley 9/2012 regula la transmisión de activos, en cuyo apartado 1 dispone que dicha transmisión no precisa la obtención del consentimiento de terceros, deberán entenderse los deudores, prestatarios o acreditados, mediante cualquier negocio jurídico. El apartado 4 del precitado artículo establece las siguientes condiciones especiales de las transmisiones:

Art. 36.4 Ley 9/2012

«... a) La transmisión no podrá ser, en ningún caso, objeto de rescisión por aplicación de las acciones de reintegración previstas en la legislación concursal.

b) Para la transmisión de créditos que tengan la consideración de litigiosos, no resultará aplicable lo dispuesto en el artículo 1535 del Código Civil.

c) La sociedad adquirente no quedará obligada a formular una oferta pública de adquisición con arreglo a la normativa sobre mercados de valores.

d) La transmisión de activos no constituirá un supuesto de sucesión o extensión de responsabilidad tributaria ni de Seguridad Social, salvo lo dispuesto en el artículo 44 del Texto Refundido de la Ley del Estatuto de los Trabajadores, aprobado por el Real Decreto Legislativo 1/1995, de 24 de marzo.

e) La sociedad de gestión de activos no será responsable, en el caso de que se produzca la transmisión, de las obligaciones tributarias devengadas con anterioridad a dicha transmisión derivadas de la titularidad, explotación o gestión de los mismos por la entidad transmitente.

f) En caso de que se aporten derechos de crédito a la sociedad de gestión de activos, la entidad de crédito no responderá de la solvencia del correspondiente deudor, y en caso de que la transmisión se lleve a cabo mediante operaciones de escisión o segregación, no resultará aplicable lo dispuesto en el artículo 80 de la Ley 3/2009, de 3 de abril, de modificaciones estructurales de las sociedades mercantiles».

Así pues, la cesión de activos a la SAREB, en tanto que acto administrativo, *ex* art. 35.1 Ley 9/2012, goza de una serie de privilegios o excepciones a los de las restantes transmisiones que afectan, sin duda alguna, a la materia

Concursal Bancaria, en tanto que (i) ni son reintegrables [*ex* art. 226 TRLC (antiguo art. 71 LC)], (ii) ni ostentan los deudores privilegio de pago reducido (art. 1.525 C.c.) que permitiese reducir la Masa Pasiva del Concurso, (iii) ni opera la sucesión de empresa (*ex* art. 146 bis y 44 ET), siendo el Juez del concurso el único competente para declarar ésta y los activos, pasivos y relaciones laborales que la componen, según el art. 221.2 TRLC, redactado conforme la LRTRLC, (iv) ni del saneamiento (art. 1.474 y ss. C.c.).

Respecto de la doctrina relativa a la cesión de contratos, cabe destacar la siguiente resolución judicial la cual analiza extensa exégesis sobre su naturaleza jurídica así como su distinción de figuras afines:

SAP Madrid —16ª— 16.06.2010

"DÉCIMO QUINTO.- A) La «cesión de contrato» se describe por la STS, Sala Primera, de 7 de octubre de 2002 (RC 0818/1997; ROJ: STS 6540/2002; Pte.: Excmo. Sr. González Poveda) con cita de otra precedente de 9 de diciembre de 1999, como: "...figura jurídica no contemplada especialmente en el Código Civil pero que la Jurisprudencia de esta Sala ha declarado que procede, al amparo del art. 1255 del Código Civil, exigiendo para que resulte negocio válido y vinculante que concurra el consentimiento del contratante cedido, [...], ya que por la cesión operada "R., S.A." pasaría a ocupar el lugar de parte compradora, conservando "V., S.A." su posición originaria y quedando fuera de la relación el recurrente, que actúa como efectivo cedente, al quedar liberado de sus obligaciones por traspaso al cesionario, si bien se mantienen las que le ligan a éste respecto a la existencia, validez y virtualidad del contrato trasladado (SS. de 4 de febrero de 1993, 5 de marzo de 1994, 9 de diciembre de 1997 y 19 de septiembre de 1998)..."; en otro pasaje de esta sentencia se dice que "...la cesión del contrato practicada excluye la novación y representa la transmisión del conjunto de una determinada relación contractual a tercero, operando la cesión con carácter unitario que se mantiene, es decir con todo lo comprendido en el contrato que se mantiene, no operando, por tanto, como propia sustitución de un contrato por otro, que sería novación, la que ha de ser entendida como subrogación de derechos y obligaciones, al sustituirse el primitivo deudor, y supone, por lo general, la existencia de otro contrato que reemplaza al precedente, exigiéndose en todo caso para que resulte eficaz no solo el conocimiento del acreedor, sino que, como decreta de forma terminante e imperativa, su consentimiento debe resultar suficientemente expresado, es decir, debe constar de modo cierto y positivo y prestarse con el decidido propósito de liberar de sus obligaciones al primitivo deudor (SS. de 27 de mayo de 1931, 29 de diciembre de 1956, 29 de septiembre de 1983, 4 de febrero de 1993 y 19 de septiembre de 1998)...". Y según la sentencia de 19 de septiembre de 1998, la cesión de contrato" puede definirse como aquel acuerdo de todas las voluntades contractuales, que produce la transmisión del conjunto de los efectos de un determinado contrato a un tercero, pero siempre entendiendo dicha cesión con carácter unitario, o sea, con todo lo explicitado en el primitivo contrato, sin que suponga la sustitución de un contrato por otro posterior, pues en este caso surgiría la figura de la novación. En palabras más simples, hay que tener en cuenta lo que afirma la sentencia de esta Sala de 4 de febrero de 1993, cuando dice que la voluntad negocial en la cesión de contrato queda claramente proyectada en cuanto produce atribución de los efectos de un contrato a persona distinta de la que lo concluyó, pasando la relación bilateral a trilateral y produciendo como efecto característico que le cedente queda desligado del contrato y el cesionario subrogado en su lugar...". La cesión de contrato requiere inexcusablemente para su eficacia, como dice la sentencia de 21 de diciembre de 2000, "además del consentimiento del cedente y del cesionario, la del contratante cedido", según reiterada jurisprudencia, consentimiento que puede ser expreso o tácito (sentencias de 4 de febrero de 1993 y 5 de marzo de 1994)...". A su vez, y de acuerdo con lo precisado, entre otras, por la STS, Sala Primera, de 19 de septiembre de 2002 (RC 1046/1997; ROJ: STS 5966/2002; Pte.: Excmo. Sr. Auger Liñán): «... la cesión de contrato que conocida y consolidada jurisprudencia construye implica la transmisión a un tercero de la relación contractual, en su totalidad unitaria, presumiendo, por ende, la existencia de obligaciones sinalagmáticas que, en su reciprocidad, se mantienen íntegramente vivas para cada una de las partes. La figura jurídica de la cesión del contrato supone un negocio de cesión entre cedente y cesionario de un contrato de prestaciones recíprocas, pues de ser de prestación única se estaría ante una simple cesión de créditos o asunción de deudas. La necesidad de mediar consentimiento es requisito determinante de la eficacia de la referida cesión contractual, y así lo ha declarado el Tribunal Supremo en sentencias de 12 de julio de 1996, 1 de julio de 1949, 26 de febrero y 26 de noviembre de 1982, 23 de octubre de 1984 y 5 de marzo de 1995...». Añade la STS, Sala Primera, de 28 de abril de 2003 (RC 2757/1997; ROJ: STS 2889/2003; Pte.: Excmo. Sr. González Poveda) que: «... Falta de una regulación positiva en nuestro Derecho, la cesión de contrato ha sido admitida por la jurisprudencia de esta Sala (sentencias de 12 de julio de 1927, 1 de julio de 1949, 26 de febrero y 26 de noviembre de 1982, 23 de octubre de 1984, 4 de febrero de 1993 y 5 de marzo de 1994) según la cual la figura jurídica de la cesión del contrato supone un negocio de cesión entre cedente y cesionario, de un contrato de prestaciones recíprocas, pues de ser de prestación única se estaría ante una simple cesión de crédito o asunción de deuda, necesitando en todo caso el concurso del consentimiento por parte del contratante cedido, de tal manera que se produce una conjunción de tres voluntades contractuales, que se produce por la cesión en la titularidad de la relación convencional, conservando siempre el cedido su posición originaria, lo que determina que la situación negocial entre cedido y cedente, al haber aceptado aquél el traspaso del contrato, salvo pacto expreso en contra, queda agotada, con liberación del cedente de sus obligaciones que se traspasan al cesionario, si bien mantiene las que le ligan a éste respecto a la existencia, validez y virtualidad del contrato traspasado. La necesidad de mediar consentimiento es requisito determinante de la eficacia de la referida cesión contractual (sentencia de 9 de diciembre de 1997)...». En la STS, Sala Primera, de 29 de junio de 2006 (RC 3887/1999; ROJ: STS 3928/2006; Pte.: Excmo. Sr. O'Callaghan Muñoz) se sostiene que: «... La cesión del contrato implica la transmisión de la relación contractual en su integridad, admitida en el ordenamiento a través de la doctrina jurisprudencial (S. de 7 de noviembre de 1998), que sin afectar a la vida y virtualidad del contrato que continúa en vigor, mantiene sus derechos y obligaciones con los que son continuadores de los contratantes (S. de 4 de abril de 1990) y la primitiva relación contractual se amplía a un tercero, pasando al cesionario sus efectos (S. de 4 de febrero de 1993). Su esencia es, pues, la sustitución de uno de los sujetos del contrato y la permanencia objetiva de la relación contractual (vid. También las sentencias de 19 de septiembre de 1998 y 27 de noviembre de 1998). Por lo cual, es evidente que requiere el consentimiento del contratante cedido; es, pues, necesaria la conjunción de tres voluntades contractuales (que destaca la sentencia de 5 de marzo de 1994). La imposibilidad sobrevenida de la prestación (que desarrolla con gran detalle la sentencia de 30 de abril de 2002) es la causa de extinción de la obligación por no ser posible realizar la prestación por el deudor, sin que le sea imputable (SS. de 23 de junio de 1997, 1 de febrero de 1999, 4 de noviembre de 1999). Por último, la obligación derivada de un contrato bilateral se refiere al cumplimiento forzoso o a la resolución que, fundada en el artículo 1124 del Código civil, puede exigir el contratante cumplidor de su obligación al contratante incumplidor. Cada parte debe cumplir su obligación voluntariamente o por condena en sentencia firme…». En la STS, Sala Primera, de 6 de noviembre de 2006 (RC 0517/2000; ROJ: STS 6776/2006; Pte.: Excma. Sra. Roca Trías) se precisa que: «… La cesión de contrato consiste "en el traspaso a un tercero, por parte de un contratante, de la posición íntegra que ocupaba en el contrato cedido", de manera que el cesionario adquiere los derechos que ostentaba el cedente en la relación contractual como si hubiese sido el contratante inicial. Esta figura ha sido admitida por la jurisprudencia de esta Sala, al no estar regulada en el del Código civil, aunque sí lo está en el Código italiano (artículo 1406) y en el Fuero Nuevo de Navarra (ley 513.2). La sentencia de 26 noviembre 1982 declara que "puede una de las partes contratantes hacerse sustituir por un tercero en las relaciones derivadas de un contrato con prestaciones sinalagmáticas si éstas no han sido todavía cumplidas y la otra parte prestó consentimiento anterior, coetáneo o posterior al negocio de cesión". Para que la cesión sea efectiva, la jurisprudencia ha exigido que en el negocio jurídico concurran las tres partes, es decir, el contratante cedente de su posición contractual, el nuevo que la adquiere y el cocontratante que va a resultar afectado por el cambio de deudor. (SS. de 9 diciembre 1997, 9 diciembre 1999, 21 diciembre 2000 y 19 septiembre 2002). Sin el consentimiento de éste, no existe cesión, o como afirma la sentencia de 9 diciembre 1997, "la necesidad de mediar consentimiento es requisito determinante de la eficacia de la referida cesión contractual"…».

DÉCIMO SEXTO.- A propósito de la naturaleza jurídica de la figura, la STS, Sala Primera, de 9 de julio de 2003 (RC 3526/1997; ROJ: STS 4876/2003; Pte.: Excmo. Sr. Corbal Fernández) enseña que: «… La cesión de contrato no está regulada en el Código Civil (sí la admiten ordenamientos extranjeros, y en nuestro Derecho la Ley 513 de la Compilación de Navarra) pero ha sido reconocida, en sintonía con la doctrina científica, por una amplia jurisprudencia. Se fundamenta en la libertad de pactos del art. 1.255 en relación con el 1.091, ambos del Código Civil, (Sentencias 26-11-1982; 14-6-1985; 19-5- y 19-9-1998, 5-12-2000), y entraña, según dice la Sentencia de 23 de octubre de 1984, "la transmisión a un tercero de la relación contractual, en su totalidad unitaria, presuponiendo, por ende, la existencia de obligaciones sinalagmáticas, que en su reciprocidad se mantienen íntegramente vivas para cada una de las partes, de aquí que tenga el carácter de un contrato trilateral, en el que necesariamente han de intervenir —aunque en sus efectos tengan distinta proyección—, el cedente, el cesionario y el cedido, cuya presencia es inexcusable, a fin de prestar su aquiescencia o consentimiento a la cesión, de tal manera que si no es así, o sea, si la reciprocidad de obligaciones ha desaparecido, por haber cumplido una de las partes aquello a lo que venía obligada, podrá haber una cesión de crédito, si cede el cumplidor, o una cesión de deuda si cede el que no ha cumplido, sin que en tales supuestos sea exigible el consentimiento del deudor". Se trata por consiguiente de un contrato trilateral, en cuanto en que han de intervenir tres voluntades (S. 9 diciembre 1997) para formar el consentimiento, y mediante el que se sustituye una de las partes de un contrato con prestaciones recíprocas, que todavía no han sido cumplidas y existen al tiempo de realizarse la cesión (Sentencias 26 noviembre 1982, 14 junio 1985, 9 diciembre 1997, 5 diciembre 2000). La estructura consiste en la transmisión de una posición contractual (S. 21 diciembre 2000), la subrogación por el cesionario en la posición contractual íntegra del cedente con todos sus derechos y obligaciones (SS. 14 junio 1985 y 5 diciembre 2000), la transmisión del conjunto de una determinada relación contractual, operando con carácter unitario, es decir, con todo lo comprendido en el contrato que se cede (S. 9 diciembre 1999). No supone la sustitución de un contrato por otro posterior (Sentencias 19 septiembre 1.998 y 9 diciembre 1999) sino la subrogación de una persona —cesionario— en el haz de derechos, obligaciones y demás efectos jurídicos de un contrato que persiste, de tal manera que aquella sustituye a quién actúa como cedente (S. 27 noviembre 1998). Como consecuencia del contrato de cesión, los efectos jurídicos se proyectan en una triple dirección: cedido, —cuyo consentimiento es indispensable a diferencia de lo que ocurre con la cesión de derechos (SS. 9 diciembre 1997, 27 noviembre 1998 y 21 diciembre 2000, entre otras)—, cedente y cesionario. Desde el punto de vista de éste y en cuanto al cumplimiento de las obligaciones pendientes, [...], el efecto característico de la cesión del contrato, como consecuencia de la convergencia de voluntades, es la asunción por el cesionario, en virtud de la subrogación en la posición contractual, de las obligaciones pendientes que incumbían al cedente (Sentencias, entre otras, 26 noviembre 1982, 5 marzo 1994 y 9 diciembre 1997)...». Doctrina en la que abunda la recientísima STS, Sala Primera, de 3 de noviembre de 2008 (RC 2180/2001; ROJ: STS 5686/2008; Pte.: Excma. Sra. Roca Trías) al precisar que: «... Esta exigencia está de acuerdo con el artículo 1406 del *Codice civile* italiano [...], que exige este consentimiento y que la doctrina italiana interpreta en el sentido que requerir el consentimiento del contratante cedido consiste en la aplicación elemental del principio según el cual la esfera jurídica de un sujeto no puede verse alterada sin la voluntad conforme del interesado. Ello configura este tipo de cesión como un contrato trilateral, como ha sostenido la jurisprudencia de esta Sala en diversas sentencias. La de 6 noviembre 2006 dice que "La cesión de contrato consiste "en el traspaso a un tercero, por parte de un contratante, de la posición íntegra que ocupaba en el contrato cedido", de manera que el cesionario adquiere los derechos que ostentaba el cedente en la relación contractual como si hubiese sido el contratante inicial. Esta figura ha sido admitida por la jurisprudencia de esta Sala, al no estar regulada en el del Código civil, [...]. Para que la cesión sea efectiva, la jurisprudencia ha exigido que en el negocio jurídico concurran las tres partes, es decir, el contratante cedente de su posición contractual, el nuevo que la adquiere y el cocontratante que va a resultar afectado por el cambio de deudor. (SS. de 9 diciembre 1997, 9 diciembre 1999, 21 diciembre 2000 y 19 septiembre 2002)". Sin el consentimiento de éste, no existe cesión, o como afirma la sentencia de 9 diciembre 1997, "la necesidad de mediar consentimiento es requisito determinante de la eficacia de la referida cesión contractual". La sentencia de 29 junio 2006, señala que "La cesión del contrato implica la transmisión de la relación contractual en su integridad, admitida en el ordenamiento a través de la doctrina jurisprudencial (sentencia de 7 de noviembre de 1998), que sin afectar a la vida y virtualidad del contrato que continúa en vigor, mantiene sus derechos y obligaciones con los que son continuadores de los contratantes (sentencia de 4 de abril de 1990) y la primitiva relación contractual se amplía a un tercero, pasando al cesionario sus efectos (sentencia de 4 de febrero de 1993). Su esencia es, pues, la sustitución de uno de los sujetos del contrato y la permanencia objetiva de la relación contractual (vid. También las sentencias de 19 de septiembre de 1998 y 27 de noviembre de 1998). Por lo cual, es evidente que requiere el consentimiento del contratante cedido; es, pues, necesaria la conjunción de tres voluntades contractuales (que destaca la sentencia de 5 de marzo de 1994)"...»;

DÉCIMO SÉPTIMO.- Es, pues, requisito esencial de inesquivable observancia el consentimiento del contratante «cedido», como recuerda una prolongada línea interpretativa de la Sala Primera de nuestro Tribunal Supremo, de la que son paradigmático exponente, entre otras, las siguientes: STS, Sala Primera, de 21 de diciembre de 2000 (RC 3232/1995; ROJ: STS 9499/2000; Pte.: Excmo. Sr. Romero Lorenzo): «... La transmisión de una posición contractual del tipo de la mencionada requiere inexcusablemente para su eficacia por constituir la figura conocida como cesión de contrato, además del consentimiento del cedente y el cesionario, la del contratante "cedido", según ha tenido ocasión de declarar esta Sala en Sentencias de 24 de marzo de 2000, 9 de diciembre de 1999, 10 de septiembre de 1998, 9 de diciembre de 1997, 15 de marzo de 1994 y 4 de febrero de 1993, por citar las más recientes...»; o la STS, Sala Primera, de 30 de octubre de 2001 (RC 2053/1996; ROJ: STS 8454/2001; Pte.: Excmo. Sr. Martínez-Calcerrada Gómez): «... aunque la eficacia de la cesión contractual respecto al tercero que se va a incorporar a la misma queda supeditada a su necesario consentimiento, éste puede ser expreso o tácito, añadiendo que una vez que llega a tener conocimiento de la cesión queda vinculado directamente con el cesionario, si bien, sin que su posición obligacional se agrave o se aminore en sus efectos y sin que sea preciso que dicho consentimiento haya de ser recurrente en el contrato de cesión, pues queda al margen del mismo al no ser requisito necesario para su eficacia, pudiendo en consecuencia anteceder a la cesión o ser posterior a la misma...»; la STS, Sala Primera, de 5 de noviembre de 2003 (RC; 4507/1997; ROJ: STS 6896/2003; Pte.: Excmo. Sr. Martínez-Pereda Rodríguez): «... Existe una cesión de contrato que ha sido admitida por la jurisprudencia de esta Sala —sentencias de 4 de abril de 1990, 4 de febrero de 1993, 19 de septiembre y 27 de noviembre de 1998, entre otras muchas—. Como señaló la citada sentencia de 4 de febrero de 1993, de esta manera, la primitiva relación se amplía a un tercero vinculado con cada uno de aquellos contratantes, al que se van a imputar los efectos y consecuencias del contrato que se cede y produce el efecto, que el cedente queda desligado del negocio y el cesionario subrogado en su lugar. Su eficacia con relación a tercero queda supeditada a su consentimiento...»; o la STS, Sala Primera, de 6 de abril de 2006 (RC 2805/1999; ROJ: STS 2004/2006; Pte.: Excmo. Sr. Villagómez Rodil): «... para que tenga lugar la misma, es preciso acuerdo de voluntades mediante el cual el cedente transmite al cesionario la titularidad de un determinado contrato, debiendo concurrir el consentimiento del contratante cedido (originario), con lo que se ocasiona una necesaria conjunción de tres voluntades, produciendo el efecto de que la primitiva relación contractual, que se mantiene, se amplía a un tercero que se incorpora a la misma por la cesión llevada a cabo y el cedente queda desligado del precio y de las obligaciones contraídas, que asume el cesionario, que pasa a relacionarse con el contratante cedido, que conserva siempre su posición originaria (SS. de 6-2-1993, 5-4-1994, 9-12-1997, 19-9-1998, 9-12-1999, 30-8-2001 y 7-10-2002), viniendo a operar la cesión con carácter unitario, es decir que la integra toda la comprendida en el contrato y constituye un objeto y propio contenido negocial (sentencia de 24-11-2003), salvo pacto expreso...» Y en la todavía más reciente STS, Sala Primera, de 8 de junio de 2007 (RC 2511/2000; ROJ: STS 4229/2007; Pte.: Excmo. Sr. Marín Castán) se compendia que: «... el rasgo que más claramente distingue la cesión del contrato de la cesión de créditos [...] es el de versar sobre un contrato de prestaciones recíprocas, razón por la cual se exige la conjunción de tres voluntades contractuales (las de cedente, cesionario y cedido) como determinante de su eficacia (SSTS 28-4-03, 27-11-98 y 5-3-94, con citas a su vez de otras muchas), habiéndose inclinado la jurisprudencia por esta figura más que por la cesión de crédito y la asunción de deuda simultáneas (SSTS 5-12-00 y 9-12-99). En suma, como señala la sentencia de esta Sala de 29 de junio de 2006, la esencia de la cesión del contrato es la sustitución de uno de sus sujetos y la permanencia objetiva de la relación contractual, implicando la transmisión de la relación contractual en su integridad y, por tanto, que al nuevo sujeto pasen no sólo las obligaciones sino también los derechos del primitivo...». A propósito del consentimiento del contratante cedido, vide asimismo SSTS, Sala Primera, de 28 de abril de 1966 (RJA 2907), de 22 de enero de 1980 (RJA 82), de 26 de noviembre de 1982 (RJA 6933), de 23 de octubre de 1984 (RJA 4972), de 4 de febrero de 1993 (RJA 825), de 5 de marzo de 1994 (RJA 1653), de 9 de diciembre de 1997 (RJA 8967), de 16 de febrero de 1998 (ED 740), de 2 de marzo de 1998 (RJA 927), de 27 de noviembre de 1998 (RJA 8781); entre otras.

DÉCIMOCTAVO.- La figura de la novación —meramente modificativa— por cambio de deudor, se encuentra prevista en nuestro Ordenamiento positivo por el art. 1.203.2 CC, en sus dos modalidades de «expromisión» (art. 1.205 CC) y «delegación» (art. 1.206 CC) —vide, también, los arts. 642 y 643 CC y 118 LH—, y asimismo recibe la denominación de «asunción de deuda» en su modalidad «sustitutiva» o «liberatoria» (no la «cumulativa»), instituto expresamente reconocido en la Ley 512 de la Compilación Foral de Navarra: «Asunción de deudas. El tercero que asume una obligación ajena queda obligado para con el deudor o acreedor con quienes haya contraído la asunción de la obligación, en los términos de la misma, y, de no haberse establecido otra cosa, asume también todas las obligaciones accesorias o derivadas de la principal. La asunción no aceptada por el acreedor no libera de responsabilidad al deudor en tanto no quede cumplida la obligación. La aceptación por el acreedor de la sustitución de deudor podrá presentarse expresamente o por actos que impliquen inequívocamente la liberación del primer acreedor. Los terceros que hubieren garantizado el cumplimiento de la obligación quedarán liberados por la asunción, a no ser que hubieren prestado su consentimiento». En este sentido, enseña la STS, Sala Primera, de 21 de mayo de 1997 (RC 1342/1993; ROJ: STS 3558/1997; Pte.: Excmo. Sr. O'Callaghan Muñoz) que «... La asunción de deuda es la sustitución de la persona del deudor por otra, con respecto a la misma relación obligatoria, sin extinción de ésta. No admitida históricamente, se admite en forma restrictiva en la época actual. Así, sentencias de 14 de noviembre de 1990, 22 de mayo de 1991, 27 de junio de 1991, 11 de mayo de 1992, 26 de abril de 1993, 31 de mayo de 1994, 20 de febrero de 1995 y 16 de marzo de 1995. Pero, partiendo de su admisibilidad, sólo se puede dar, tanto en su tipo de expromisión (acuerdo entre el acreedor y el nuevo deudor) como en el de delegación (acuerdo entre el deudor antiguo y el nuevo, con consentimiento del acreedor), si el acreedor lo consiente. Distinto es el caso de la novación (extintiva) subjetiva por cambio de deudor, en que se extingue la obligación primitiva y se constituye una nueva, con la persona del deudor distinta: también requiere el consentimiento del acreedor. Y además, no se presume, debe constar claramente la voluntad expresa de extinción o una incompatibilidad indiscutible: en este sentido sentencias de 16 de julio de 1992, 29 de septiembre de 1992, 12 de noviembre de 1992, 2 de febrero de 1993, 22 de junio de 1993, 4 de enero de 1994, 13 de diciembre de 1994».

DÉCIMO NOVENO.- Según una conocida definición «la obligación es el derecho del acreedor dirigido a conseguir del deudor una prestación de dar, hacer o no hacer alguna cosa, garantizado con todo el activo patrimonial del obligado». De esta noción se desprende la existencia de dos sujetos: el activo o acreedor, que tiene derecho a exigir y recibir la prestación, y el pasivo o deudor, sobre el que pesa el deber de realizarla (arts. 1.088 y 1.911).

El Código Civil establece como principio general que todos los derechos adquiridos en virtud de una obligación son transmisibles, salvo pacto en contrario (art. 1.112); y se entiende por transmisibilidad de las obligaciones la aptitud de las mismas para circular o pasar de una a otra persona, permaneciendo idéntica la obligación y, como la transmisión puede afectar tanto al sujeto activo como al pasivo, se puede hablar de una transmisibilidad activa y de una transmisibilidad pasiva o, en otros términos, de cambio de acreedor o de deudor, sin modificarse la obligación.

A lo largo de los siglos han existido dos grandes sistemas legislativos sobre la transmisibilidad de las obligaciones, el sistema romano y el sistema germánico.

El Derecho Romano configuró la obligación como un vínculo entre dos personas, un determinado acreedor y un determinado deudor (vínculo *intuitu personae*), de ahí que no admitiera ningún cambio de acreedor o deudor fuera del mecanismo de la novación (GAYO, 2, 3, 8, señalaba que las obligaciones no eran susceptibles de transmisión por *mancipatio*, *in iure cesio* y *traditio*). La transmisión de las deudas sólo podía realizarse mediante la novación, en la modalidad de «expromisión»; este resultado práctico también podía conseguirse constituyendo al nuevo deudor en mandatario in rem suam, es decir, en perjuicio propio, pero legitimado pasivamente lo era sólo el deudor antiguo: El acreedor no estaba obligado a aceptar el juicio contra el cesionario de la deuda, ni podía obligarle a tomar parte activa en el proceso. El sistema germánico, por el contrario, objetivó esa relación entre personas, destacando el objeto y contenido de la obligación sobre el aspecto subjetivo, configurándola como un valor patrimonial, como un objeto del Derecho y, por tanto, susceptible de cambio, de transmisión y de comercio; como consecuencia, admitió la cesión de crédito y la asunción de deuda. Se ha señalado por algún autor que una deuda podía ser asumida por un no deudor de forma que éste prometiese solemnemente al acreedor el cumplimiento de la deuda ajena; esta promesa hacía nacer la deuda del nuevo deudor de manera originaria. No se concebía una sucesión en las deudas, pues la deuda se agotaba en el hecho de quedar obligado el deudor de forma personal y tampoco se identificaba la nueva deuda con la antigua en su contenido y efectos; aquélla se regía por sus propias reglas. Posteriormente se introdujeron modificaciones, pues la creciente flexibilidad de los contratos permitió la asunción de deuda, sin embargo, el contrato debía concluirse siempre con el acreedor. Mientras que el nuevo deudor únicamente hubiese prometido el cumplimiento de la deuda al antiguo, no surgía ningún derecho de crédito a favor del acreedor; este derecho no nacía hasta que dicho acreedor hiciese suya la declaración de aceptación del antiguo deudor, con la indicada declaración de aceptación podía ir unida la exoneración del antiguo deudor de la obligación que le vinculaba, conforme a la voluntad de las partes.

VIGÉSIMO.- Desde mediados del S. XIX la codificación alemana estuvo precedida por una intensa polémica doctrinal sobre la posibilidad de transmitir o no las deudas a título singular, fuera del mecanismo de la novación. Una de las principales innovaciones del BGB fue regular la asunción de deudas (§§. 414 a 418): Mediante acuerdo entre acreedor y «asumente» (§. 415), el asumente ratificado por el acreedor (§. 415), el «asumente» se obliga a cumplir la deuda del deudor (relación de valuta) y, por tratarse de la misma obligación, el «asumente» puede oponer al acreedor todas las excepciones que hubiera podido oponer al acreedor todas las excepciones que hubiera podido oponer el primitivo deudor, excepto compensar créditos de éste (§. 417-1); respecto de las excepciones derivadas de la relación entre deudor y «asumente», se excluye su oponibilidad frente al acreedor (§. 417-

2), consagrando la «abstracción» del contrato de asunción de deuda, si bien el Tribunal Federal (Bundesgerichtshof) considera muy relativo este carácter abstracto al admitir la posibilidad de que el «asumente» impugne la asunción de deuda acordada con el deudor (§. 415) por problemas derivados de la cobertura, argumentando que, cuando la asunción de deuda se acuerda por ambos deudores, forma, juntamente con la relación de cobertura, un negocio jurídico unitario, que puede ser impugnado como conjunto, aunque sólo sea impugnable alguna de sus partes integrantes (§.139); en este mismo sentido se pronuncia la doctrina reciente. Respecto de las garantías, sólo permanecen con el consentimiento de los garantes; los privilegios del crédito que el acreedor hubiera podido hacer valer en el concurso de acreedores contra el deudor no pueden hacerse valer en el concurso del asumente (§. 418). El BGB regula por separado la «delegación» («Anweisung», §§. 783-792), en virtud de la cual el delegante entrega al delegatario un documento en el que se encarga al delegado que realice a favor de éste una prestación de dinero, títulos valores u otras cosas fungibles. El delegatario, que presenta el título al delegado, actúa en nombre propio; el delegado que realiza el pago derivado del título («Anweisung») cumple con una obligación propia, aunque por cuenta del delegante y, con la aceptación por parte del delegado, surge para éste una obligación «abstracta», en el sentido de independiente de las relaciones de provisión y valuta, pues éstas no se constituyen entre el delegado y el delegatario, sino entre cada uno de ellos y un tercero. Aunque esta figura tiene escasa importancia práctica, absorbida por los títulos valores mercantiles, el hecho de su regulación en el BGB confirma la independencia de la delegación respecto de la novación y de la asunción de deuda. El *Code* francés regula la «delegación» dentro de la novación por cambio de deudor: «La delegación por la cual el deudor da al acreedor otro deudor que se obliga respecto de éste, no produce novación, salvo que expresamente declare el acreedor que el deudor que ha hecho la delegación quede liberado» (art. 1.275). De aquí deduce la moderna doctrina francesa que la delegación puede o no producir el efecto extintivo o novatorio; si no lo produce se habla de «delegación imperfecta» y, si lo produce, de «delegación perfecta», en la cual la liberación del deudor primitivo está ligada a la novación de la obligación primitiva, de forma que aquélla no es posible sino mediante la extinción de ésta.

VIGÉSIMO PRIMERO.- Algún afamado autor ha señalado que la novación por cambio de deudor sólo puede tener lugar por manifestación expresa del acreedor declarando la liberación de la deuda («dette») del deudor inicial y que, para apreciar la intención de novar, los Tribunales pueden estimar insuficientes una simple firma del acreedor a la vista de una mención del contrato de préstamo, indicando el cambio de deudor. Sobre la aceptación de un nuevo deudor, otro sector de la doctrina señala que la sola aceptación por el acreedor de la sustitución de un nuevo deudor al primero no implica que deba entenderse liberado de la deuda el primitivo deudor a falta de declaración expresa. También se ha destacado que, a falta de compromiso del delegado con el acreedor, no hay delegación, la cual no constituye más que una simple indicación de pago; el consentimiento del delegado a la delegación del crédito («*lettre de créance*») puede ser tácito, debiendo distinguirse del pago. Otros

autores —no sin oposición— señalan que la aceptación por el deudor de una letra de cambio, que no tenga tal valor por falta de algunos requisitos esenciales, no supone delegación del crédito en beneficio del tercer portador, a falta de designar la obligación del deudor. Sobre el pago de la deuda al delegatario, se ha sostenido que, salvo pacto en contrario, el delegado sólo está obligado al pago de la deuda del delegante para con el delegatario y se encuentra liberado de su obligación cuando el crédito de este último se ve afectado por la prescripción. El delegado no podrá oponer al delegatario las excepciones nacidas de sus relaciones con el delegante. Refiriéndose al conflicto entre delegatario y acreedor del delegante, algún autor ha señalado que si el crédito del delegante sobre el delegado se extingue, no por el hecho de la aceptación por el delegatario de la obligación del delegado a su atención, sino solamente por el hecho de ejecución de la delegación, ni el delegante ni sus acreedores pueden exigir el pago ante el incumplimiento del delegado con el delegatario. Si se efectúa un análisis comparativo entre los sistemas alemán y francés, puede apreciarse que no existen grandes diferencias prácticas entre ambos, porque la asunción de deuda no tiene la amplitud de la cesión de créditos y porque está sujeta a diversas limitaciones que afectan no sólo al antiguo y al nuevo deudor, sino también, de una manera directa, al acreedor y a los titulares de obligaciones accesorias de la obligación principal transmitida.
VIGÉSIMO SEGUNDO.- En nuestro sistema jurídico, la Jurisprudencia ha admitido la asunción de deuda de una manera clara y decidida. La sentencia de 5 de noviembre de 1990 (RJ 1990, 8464), recogiendo otras de 24 de abril de 1970 (RJ 1970, 2216), 7 de diciembre de 1971 (RJ 1971, 5154), 25 de abril y 7 de junio de 1975 (RJ 1975, 2095 y 3263), etc., ha sentado la doctrina jurisprudencial de que la transmisibilidad de las obligaciones, en el aspecto pasivo, con excepción de las contraídas *intuitu personae*, procedente en nuestro ordenamiento positivo con arreglo al principio de la autonomía de la voluntad, proclamado en el artículo 1.255 del Código Civil, en defecto de una regulación específica de la asunción de deuda, aunque venga aludida por algún precepto proponiendo su licitud —art. 118 LH— ha sido admitida por una doctrina jurisprudencial reiterada, que, al igual que la de los autores, entiende superada en el Derecho Moderno la añeja concepción del acentuado personalismo del vínculo obligatorio, inseparable de acreedor y deudor, y afirma que aquella figura no se opone a las líneas dogmáticas del Código Civil, acudiendo para construirla al marco de las normas reguladoras del cambio de la persona del deudor en las obligaciones con efectos de novación meramente modificativa, conforme al artículo 1.203-2.a, en relación con los artículos 1.204 y 1.205. La sentencia de 15 de diciembre de 1989 (RJ 1989, 8832), recogiendo la sentencia de 22 de febrero de 1946 (RJ 1946, 254), que por primera vez abordó la asunción de deuda, y otras posteriores [10 de febrero de 1950 (RJ 1950, 194), 9 de junio de 1981 (RJ 1981, 2518), 8 de octubre de 1984 (RJ 1984, 4765)], etc., señaló que no existe en el Código Civil disposición que pueda servir de base a la tesis de que el cambio de la persona del deudor implica necesariamente la extinción de la obligación y la creación de otra nueva y tampoco aparece precepto que prohíba la llamada asunción de deuda.

VIGÉSIMO TERCERO.- En un sentido amplio, asunción de deuda es la sustitución de la persona del deudor, sin extinción de la primitiva obligación. Algún autor la define como «un negocio jurídico unilateral en virtud del cual un tercero acoge como propia una deuda ajena con el efecto indirecto de sustituir al deudor si el acreedor le libera». Así pues, la asunción de deuda, y en esto se diferencia del reconocimiento de deuda ajena, tiene por finalidad típica negocial sustituir al deudor. Por ello, la asunción es más que el reconocimiento como propio de una deuda ajena; reconocimiento que se limita a una falsa confesión extrajudicial de pertenencia al lado positivo de una obligación. Celebrado el negocio de asunción, su eficacia depende de la condición de que lo consienta el acreedor o, como dice el Código Civil italiano «se adhiera» a ella. El del acreedor no es un consentimiento al contrato de asunción, sino su aprobación a éste, por ello, la eficacia de la asunción está condicionada a su adhesión. Al estudiar una figura jurídica hay que analizar los presupuestos o requisitos institucionales que la componen, para que pueda existir y producir efectos; en este sentido, en la asunción de deuda deben concurrir dos requisitos esenciales: 1. La voluntad clara, indudable e inequívoca del nuevo deudor de sustituir y liberar al primitivo deudor. 2. El consentimiento del acreedor. El primer requisito —la voluntad clara y decidida del nuevo deudor de liberar al primitivo deudor— ha sido ampliamente estudiado por la Jurisprudencia, que exige que esta intención se manifieste de modo cierto, positivo e indudable, sin que pueda presumirse o deducirse de actos que no respondan a la intención de las partes. La sentencia de 25 de abril de 1975 señaló que la asunción debe ser expresa, con expresa declaración de voluntad en ese sentido por parte del «asuntor»; las sentencias de 14 de noviembre de 1990 y 23 de diciembre de 1992 confirman esa postura, al señalar que debe aparecer demostrada la incontrovertible realidad de ese negocio atípico con el verdadero significado y alcance de un convenio entre el que asume la deuda y el deudor primitivo. Si el nuevo deudor no tiene la voluntad de liberar al primitivo deudor, se tratará de alguna modalidad de la asunción de deuda, no de la asunción en sentido estricto. El segundo requisito —el consentimiento liberatorio del acreedor— ha sido también ampliamente tratado por la Jurisprudencia, que lo exige para que pueda producirse la liberación del primitivo deudor. Las SSTS de 30 de julio y 25 de noviembre de 1996 (RJ 1996, 6085 y 8283) señalan que el acreedor puede prestar el consentimiento en cualquier forma y momento, pero no se presume: ha de constar expresamente, de modo cierto, positivo, indudable, siendo necesario que conste patente y con evidencia indiscutible. La STS de 16 de marzo de 1995 (RJ 1995, 2659) dijo que el consentimiento del acreedor no cabe en forma tácita o presuntiva, sino expresa y decidida. La STS de 20 de febrero de 1995 (RJ 1995, 887) admite el cambio de deudor primitivo, siempre que conste el consentimiento del acreedor como requisito esencial e ineludible, conforme al artículo 1.205. La STS d señaló que la falta de consentimiento del acreedor impide que se produzca esa liberación, produciendo simples efectos obligacionales entre ambos deudores, no los propios de la asunción de deuda. Las SSTS de 6 y 27 de junio de 1991 (RJ 1991, 4421 y 4632) exigieron que la aceptación del acreedor o «asuntor» ha de constar de un modo claro, preciso, inequívoco y contundente, conforme a los artículos 1.205 y 1.206. La STS de 8 de octubre de 1984 (RJ 1984, 4765) señaló que la asunción de deuda requiere indispensablemente el consentimiento expreso o tácito del acreedor, sin cuya concurrencia no podrá producirse el resultado de liberación del deudor. Analizados los dos requisitos esenciales de la asunción de deuda, ésta puede quedar configurada como «un contrato atípico por el cual un tercero, con consentimiento del acreedor, toma a su cargo la obligación preexistente, constituyéndose en nuevo deudor y liberando al primitivo deudor».

VIGÉSIMO CUARTO.- De la noción ofrecida pueden deducirse las consideraciones siguientes:

l.ª La asunción de deuda es un negocio atípico, carente de regulación en el Código Civil (STS de 20 de febrero de 1995), si bien el artículo 118 de la Ley Hipotecaria le ha dado carta de naturaleza en nuestro Derecho, en relación con el supuesto de compraventa de finca hipotecada, pero que debe tener aplicación analógica general.

2.ª Es un negocio plurilateral, en el que intervienen el acreedor, el deudor primitivo y el nuevo deudor.

3.ª El consentimiento del acreedor puede ser expreso o tácito, nunca presunto, debiendo constar su voluntad de manera cierta e indudable (STS de 9 de abril de 1980).

4.ª El consentimiento del acreedor puede ser prestado en cualquier tiempo y forma (STS de 3 de mayo de 1958), incluso posterior a la asunción de la deuda, siempre que subsista el acuerdo de los deudores (STS de 6 de junio de 1991) y sea debidamente manifestado (STS de 16 de marzo de 1995).

DÉCIMO OCTAVO.- Para algún autor, «la llamada naturaleza jurídica de una institución o figura del Derecho no es un preconcepto, al que se ajusten, por las buenas o por las bravas, sus características, efectos y elementos, sino que, al contrario, viene a ser el resultado conceptual, obtenido por inducción de dichos caracteres, elementos y efectos». Esta aseveración es perfectamente aplicable a la asunción de deuda porque, al no hallarse regulada en el Código Civil, los problemas que suscita no pueden resolverse a priori, equiparándola a otras figuras previstas en el ordenamiento jurídico, las cuales regulan otras situaciones y responden a intereses distintos; por ello, habrá que analizar los conflictos de intereses que se planteen en cada caso concreto, sin intentar encajarlos en un tipo negocial predeterminado de antemano. Cuando se pretende establecer la naturaleza jurídica de una institución, puede pensarse de manera errónea, que se trata de una cuestión puramente teórica y con escasa trascendencia práctica, sin embargo, determina las normas que van a ser aplicables para solucionar los problemas prácticos que se plantean, los cuales pueden verse acentuados al no estar regulada esta figura en el Código Civil. Para explicar la naturaleza jurídica de la asunción de deuda se han formulado diversas posturas doctrinales que, en apretada síntesis pueden enunciarse como sigue:

A) Teoría de la oferta colectiva: Para esta orientación, el acuerdo entre los deudores constituye una «oferta de contrato» para el creedor, siendo perfectamente revocable, mientras no la acepte; el contrato entre los deudores sólo surte efectos internos entre ambos mientras no se haya notificado al acreedor. Esta postura ha sido defendida por un importante sector de la doctrina alemana, pero es rechazada expresamente por el BGB en su Exposición de Motivos. La doctrina española ha criticado esta teoría, porque existiendo dos partes en el contrato sólo queda obligada una de ellas, el «asumente».

B) Teoría de la oferta simple: Según esta postura, se trata de una serie de aceptaciones y ofertas sucesivas, en primer lugar, al delegante —caso de delegación— y de éste al delegatario. Esta teoría ha sido criticada por incurrir en la misma deficiencia que la teoría anterior.

C) Teoría del contrato a favor de tercero: Esta posición parte de presuponer la existencia de una promesa por parte del deudor («promitente») de asumir la deuda y liberar al deudor primitivo, acompañada de una estipulación a favor de tercero («acreedor»). Sin embargo, esta teoría no ha sido aceptada por la doctrina ni por la Jurisprudencia, porque significaría que el deudor primitivo quedaría liberado de la deuda antes de que el acreedor hubiese prestado su consentimiento.

D) Teoría del doble negocio jurídico de disposición y de obligación: Para esta orientación, la asunción de deuda constituye un acto de disposición de un derecho ajeno, el del acreedor, que requiere su ratificación, lo que se producirá cuando el deudor o el «asumente» le haya notificado la asunción; en consecuencia, el acto de disposición puede ser convalidado retroactivamente por la adhesión del acreedor. Esta teoría, inspirada en el §. 415 BGB alemán ha sido defendida por la doctrina alemana, que actualmente admite, de manera casi unánime, que la asunción de deuda liberatoria es un negocio dispositivo sobre el crédito del acreedor, con efecto obligatorio para el «asumente», quien debe la prestación que, hasta entonces, obligaba al deudor, confluyendo en un único negocio jurídico: por una parte, es un negocio de disposición, de cara al acreedor y, de otra, es un negocio de obligación, de cara al «asumente». Esta teoría del doble negocio jurídico de disposición y de obligación responde, lógicamente, a la regulación del BGB, y tiene la ventaja de determinar sus efectos, sin embargo, las partes pueden regular la asunción de deuda por otros procedimientos legales. La doctrina española sigue, en líneas generales, esta teoría, sin embargo debe observarse que, al hallarse desprovista de regulación en el Código Civil, la asunción de deuda no responde a negocio contractual único, fijo y predeterminado, por su naturaleza, sino que admite distintas vías contractuales: el contrato entre acreedor y «asumente» (caso de la «expromisión»); el contrato entre varios deudores a favor del acreedor (asunción de deuda «cumulativa»); el contrato entre ambos deudores, que deberá ser ratificado por el acreedor para tener efectos liberatorios (caso de «delegación»). El artículo 118 LH contempla un contrato de asunción de deuda entre deudor y «asumente», presentado al acreedor para su ratificación.

VIGÉSIMO QUINTO.- La posibilidad de que una deuda sea satisfecha por persona distinta del deudor primitivo no supone ninguna novedad, por ello, conviene diferenciar la asunción de deuda de otras figuras afines.

De la novación por subrogación del deudor

Al tratar el tema de la asunción de deuda, la doctrina ha venido centrando esencialmente el debate en determinar si esta figura era o no una novación, si implica o no la extinción del vínculo primitivo; la opinión mayoritaria defiende la separación de ambas figuras admitiendo la subsistencia del vínculo frente al sector minoritario que habla de una novación modificativa. Sin embargo, esta discusión es más teórica y doctrinal que práctica (STS de 27 de diciembre de 1932), porque conducen a los mismos resultados prácticos, por ello, el enfoque debe de ser diferente. En este sentido, se ha señalado que la doctrina está a menudo obsesionada por el espejismo de las denominaciones, pero lo que realmente interesa es conocer los efectos que esa supuesta extinción pueda producir, más que si la novación extingue necesariamente la obligación primitiva; por esta razón entendía que la pregunta debía formularse en otros términos: si la sustitución del deudor sólo implicaba un cambio subjetivo o si, además, alteraba la obligación y llegaba a la conclusión que la novación por cambio de deudor no difería sustancialmente de la asunción de deuda. Este nuevo enfoque fue seguido posteriormente por otros autores, quienes consideran que lo esencial es analizar los requisitos para ver si el cambio de deudor implica una alteración tan sustancial en la obligación que permita concluir que es otra distinta, o si se mantiene inalterada; lo importante es resolver los problemas prácticos que suscita esta figura, siendo irrelevante que se califique o no como novación y que ésta sea extintiva o modificativa. La Jurisprudencia ha desempeñado un papel muy activo en la construcción dogmática de la asunción de deuda y ha seguido una evolución similar a la doctrinal: primero, sostuvo que se trataba de una novación, posteriormente suavizó esta postura considerándola como novación modificativa, para terminar diferenciando ambas figuras. En efecto, en un principio, la STS de 22 de febrero de 1946 abordó por primera vez la asunción de deuda en nuestro ordenamiento jurídico, acudiendo al mecanismo de la novación: «Aun cuando nuestro Código Civil no hace referencia expresa a la asunción de deuda, únicamente regulada en el Código Civil alemán, un importante sector doctrinal estima la posibilidad de aplicar sus normas fundamentales utilizando las disposiciones referentes a la novación de las obligaciones por cambio en la persona del deudor…». La sentencia de 10 de febrero de 1950 dio un paso decisivo al configurar la asunción de deuda como un supuesto de novación puramente modificativa de la obligación primitiva: «El texto de los artículos 1.203 y 1.207 (a sensu contrario) autoriza a afirmar que este cuerpo legal admite, al lado de la novación extintiva, una novación meramente modificativa, debiendo advertirse igualmente que no existe en dicho Código disposición que pueda servir de base a la tesis de que el cambio de la persona del deudor implica necesariamente la extinción de la obligación y la creación de otra nueva, siendo de advertir ahora, como complemento de la indicada doctrina, que tampoco aparece en el repetido Código precepto que prohíba la llamada asunción de deuda, o sea, el contrato por el cual un tercero, con asentimiento del acreedor, toma a su cargo una obligación preexistente, constituyéndose en deudor y liberando al deudor primitivo». La sentencia de 21 de mayo de 1997 completa esta evolución, diferenciando claramente novación y asunción de deuda: La asunción de deuda es la sustitución de la persona del deudor por otra, con respecto a la misma relación obligatoria, sin extinción de ésta…; partiendo de su admisibilidad, sólo se puede dar, tanto en su tipo de expromisión (acuerdo entre el acreedor y el nuevo deudor) como en el de la delegación (acuerdo entre el deudor antiguo y el nuevo, con consentimiento del acreedor), si el acreedor lo consiente. Distinto es el caso de la novación (extintiva) subjetiva por cambio de deudor, en que se extingue la obligación primitiva y se constituye una nueva, con la persona del deudor distinta: también requiere el consentimiento del acreedor. En definitiva, la polémica doctrinal suscitada sobre si la asunción de deuda conlleva la extinción de la obligación primitiva o si es posible una sustitución de la persona del deudor, permaneciendo intacta la primitiva obligación, puede considerarse como «absolutamente irrelevante y falta de interés», porque la asunción de deuda encaja perfectamente en el principio de autonomía de la voluntad del artículo 1.255 del Código Civil, cuya aplicación práctica más frecuente es el supuesto de compraventa de finca hipotecada (art. 118 LH).

VIGÉSIMO SEXTO.- B) De la estipulación a favor de tercero: Se llama contrato o estipulación a favor de tercero al vínculo que se establece cuando se estipula que una de las partes (promitente) se obliga frente a otra (promisario o estipulante) a realizar una prestación en favor de un tercero (beneficiario), extraño a la conclusión del contrato, que no está en él representado; por tanto, las personas que intervienen son el promitente (obligado a efectuar la prestación), el estipulante o promisario (quien acepta la promesa) y el tercero o beneficiario, produciéndose entre ellos relaciones distintas (relaciones de cobertura y de valuta). Entre estipulación en favor de tercero y asunción de deuda existen, a mi juicio, las diferencias siguientes:

a) En la estipulación surge un crédito en favor de un tercero, crédito que no existía con anterioridad; en la asunción, el crédito era anterior a este contrato.

b) En la estipulación hay un tercero beneficiario del contrato, en la asunción el tercero va a ser quien asuma la deuda.

c) En la estipulación, el consentimiento del tercero es un requisito para que el contrato sea irrevocable (art. 1.257-2); en la asunción es el consentimiento del acreedor, imprescindible para la liberación del primitivo deudor.

d) En la estipulación, el beneficiario es un tercero que podrá ser determinado (si se designa nominativamente en el contrato) o indeterminado (cuando resulta de la designación posterior por el promisario, como en el seguro de vida); en la asunción, el beneficiario es siempre el acreedor, persona perfectamente determinada desde el nacimiento de la obligación…»

H) Contratación bancaria. La cuenta bancaria

La contratación bancaria toma su razón de ser en la existencia de la Contabilidad en sí misma, en la contabilización de todas y cada una de las operaciones que cada entidad realiza a través de sus oficinas centrales o periféricas, principales o sucursales que, por razón a su múltiple clientela, cada cuenta conlleva una numeración concreta y específica que identifica, en primer lugar, dos (2) letras mayúsculas indicando el estado en que está aperturada la cuenta, a las que se añaden dos (2) números aleatorios, seguido del ordinal de la propia entidad, de la identificación de la oficina en que se halla abierta la cuenta u operación concreta, otros dos (2) dígitos denominados de control fruto de fórmulas matemáticas derivadas del conjunto de la numeración y, por último diez dígitos que identifican el tipo de contrato u operación (préstamo, cuenta corriente, etc.) el número ordinal de ese tipo y, por último otro no secuencial, todo ello, en su conjunto, fruto de una formulación matemática. Actualmente, se denomina IBAN (*International Bank Acount Number*) o Código internacional de número de cuenta compuesto por un total de veintitrés (23) signos alfanuméricos, que sustituyó al antiguo Código de Cuenta de Cliente (CCC) desde el 1.º de febrero de 2014; según la página *web* www.iban.es «*El Código Internacional de Cuenta Bancaria (IBAN) es un medio internacionalmente acordado para identificar cuentas bancarias transfronterizas con un riesgo reducido de errores de transcripción. Originalmente fue adoptado por el Comité Europeo de Estándares Bancarios (ECBS), y después como un estándar internacional bajo la norma ISO 13616:1997. La norma actual es ISO 13616:2007, la cual establece a SWIFT como el registrador formal inicialmente desarrollado para facilitar pagos dentro del Unión Europea; ha sido implementada por la mayoría de los países Europeos y por muchos países en vías de desarrollo, especialmente en el Medio Oriente y en el Caribe*». Así pues, cada contrato bancario lleva consigo un soporte documental y contable, del cual pueden nacer efectos ejecutivos (*cif.* Art. 573.1.1º LEC).

En este sentido, cabe definir el contrato bancario acorde con un largo número identificativo, a modo de ADN de la operación bancaria correspondiente, de forma y manera que cada cuenta o contrato, como se le suele denominar en la actualidad, está perfectamente identificada respecto de otra, singularidad que le añade la nota de lo que podríamos denominar «unidad de cuenta» o «unidad de contrato» y, por extensión, «unidad de crédito/débito» en sede concursal.

La división tradicional en el tipo de operativa bancaria ha sido la siguiente:

a. Operaciones de Activo: son aquéllas en las que el acreedor es el Banco y su cliente, el deudor, como sucede en los contratos de préstamo, crédito, descuento, *leasing*, entre otros.
b. Operaciones de Pasivo: son aquéllas en las que se invierte la posición, de forma que el acreedor es el Cliente y el Banco el deudor, como sucede con los depósitos de efectivo, de valores, entre otros.

c. Operaciones neutras: son aquéllas en la que ninguna de las partes concede crédito a la otra, tal y como las de apertura de cajas de seguridad, operaciones de intermediación en la compra de valores, incluso los *swaps*, en tanto en cuanto que hay un intercambio de flujos, *ab initio*, no determinados, sino que dependen de otros factores ajenos a las partes contratantes.

GARRIGUES([23]) define el contrato de cuenta bancaria, como «*todo acuerdo para constituir, regular o extinguir una relación que tenga por objeto una operación bancaria*», esto es, una operación de las antes referidas, en tanto que componen y forman parte del objeto social de la entidad financiera correspondiente, la que, a su vez, debe ser parte en el contrato.

Sobre la cuenta bancaria cuyo patrón es la «cuenta corriente», en tanto que rige el esquema de funcionamiento y relación con el cliente, cabe destacar su esencia, la cual, partiendo de los denominados «usos bancarios» toma su razón de ser en el mandato que representa el denominado «servicio de caja» a través del cual se realizarán ingresos y pagos diversos, centrado en la mutua confianza entre las Partes, y la realización de la correspondiente «provisión de fondos» que el cuenta-correntista bancario debe realizar al Banco para que éste pague por su cuenta aquello que aquél le ordene, pues, caso contrario, si el Banco pagase sin fondos en su poder, generaría un descubierto en cuenta y, consiguientemente, dejaría de ser deudor para pasar a ser acreedor de su cliente; todo ello, acorde con lo expresado en la siguiente resolución:

STS —1ª— n.º 1.015/2007, de 9 de octubre

«... el contrato de cuenta corriente, caracterizado, principalmente, por tratarse de un contrato de gestión, el Banco debe cumplir las órdenes que el cliente pueda darle bien de una manera directa, concreta y específica bien de forma genérica sobre la base de los usos bancarios para la realización de cobros y pagos a terceros a través del servicio de caja. Por otro lado, aunque se trata de un contrato con perfiles autónomos tiene mucha afinidad con el mandato, lo que implica que uno de sus ingredientes normativos sea la confianza entre las partes. Así se deduce de la memoria del servicio de reclamaciones del Banco de España de 1992 en la que destacan, además, los criterios de buena fe, claridad y transparencia como contrapartida a las percepciones del propio banco en concepto de intereses y comisiones...»

Puestas así las cosas procede, pues, ahora, entrar a analizar los diversos contratos bancarios y su implicación en sede concursal.

III. LOS CONTRATOS BANCARIOS

1. LA CUENTA CORRIENTE BANCARIA

A) Concepto

Comenzamos por el contrato base o paradigma de contrato bancario, sobre el que se asientan los restantes contratos en mayor o menor medida y sin el cual, resultaría casi imposible la existencia de los demás contratos, pues en la cuenta corriente se asientan, como decimos, los pagos y cobros que hace el cliente bancario, procedan de donde procedan, del pago de suministros o de cuotas de préstamos, pagos realizados con tarjetas o abonos de intereses o de dividendos, pero que, en cualquier caso, se trata del espejo jurídico de los restantes. Nos estamos refiriendo, sin duda, al denominado contrato de «cuenta corriente bancaria».

En primer lugar, hay que definir el concepto de cuenta corriente bancaria como una modalidad de la cuenta corriente entre Comerciantes —incluso entre particulares cabría decir—. La cuenta[41] toma su esencia siempre que dos o más personas o partes contratantes están vinculadas por una relación negocial, prestándose recíprocamente crédito y débito, saldando al final de las operaciones realizadas los cómputos a favor de una u otra parte, generando con ello saldo favorable a una, a la otra, o nulo por haber realizado el pago quien debía, o haber realizado quita quien acreditaba. Este tipo de contratación, tanto el de la cuenta de comerciantes como la bancaria, requieren la concurrencia de reiteración de las operaciones, no son operaciones ocasionales, pues no tendría sentido la realización de una operación ocasional para que «corriesen» los apuntes contables; no obstante, en la práctica sí se da la realización de una operación concreta bancaria para lo cual, siempre se precisa de la apertura de una cuenta corriente, como soporte, antes documental, hoy informático-documental, del reflejo de las operaciones y obligaciones derivadas del contrato de cuenta corriente.

---

41 Cuenta: procede del Latín «*computo, -as, -are, -avi, -atum*», compuesto del prefijo consignificando «junto a» y el verbo «*puto, -as, áre...*» significando «calcular, podar, valorar», esto es, calcular conjuntamente.

Se le llama «corriente», en tanto que «corren» sus operaciones, sus asientos, de forma, incesante; y «a la vista», como contraria a «a plazo», por cuanto que se trata de obligaciones sin plazo, pues los pagos o cobros se realizan en el momento en que se «ve» el saldo, momento, pues, en el que vence la obligación, si hay efectuada la provisión de fondos previa; «vista» que, hasta hace unas décadas, se realizaba mostrando una enorme cartulina que figuraba los diversos asientos columnados al Debe y al Haber, con el consiguiente saldo resultante, «visto» todo ello, el cuentacorrentista podía exigir disponer de sus fondos si el saldo fuese acreedor o superior al del dinerario que precisaba, en tanto que se trata de una obligación vencida y líquida, dependiendo su exigibilidad del saldo que fuere a su favor.

GARRIGUES[23] define, pues, el contrato de cuenta corriente como el "*pacto por el que dos partes estipulan que los créditos que puedan nacer de sus relaciones de negocios perderán al entrar en la cuenta su individualidad propia, para convertirse en simples partidas del Debe o el Haber, de tal modo que el saldo en que se fundan sea el único exigible en la época convenida (BOISTEL)*".

Respecto de la definición del contrato de cuenta corriente bancario y sus diferencias con el de cuenta corriente mercantil viene expresado por la siguiente resolución

STS —1ª— n.º 200/1999, de 11 de marzo

«Primera: Que es doctrina de esta Sala la de que ha podido definir la doctrina el contrato de cuenta corriente como un contrato mercantil por el cual dos personas, por lo general comerciantes, en relación de negocios continuados, acuerdan temporalmente concederse crédito recíproco en el sentido de quedar obligadas ambas partes a ir sentando en cuenta sus remesas mutuas, como partidas de cargo y abono, sin exigirse el pago inmediato, sino el saldo, a favor de la una o de la otra, resultante de una liquidación por diferencia, al ser aquella cerrada en la fecha convenida, lo que tiene esenciales diferencias con la cuenta corriente bancaria, de liquidaciones periódicas cualquiera que sea su estado, y que se caracteriza más por ser un contrato complejo, de depósito irregular con devengo de intereses y liquidaciones periódicas por el Banco (STS 23 mayo 1946 y 7 de marzo 1974); y que ya la doctrina científica viene distinguiendo, entre los variados tipos de depósitos bancarios, aquél que comporta para el Banco la obligación de devolver la suma depositada a petición del depositante y en el momento mismo en que este lo exija, operación ésta que ha venido en denominarse en la técnica mercantil y bancaria, "depósito en cuenta corriente", dado que las relaciones del Banco con sus clientes se instrumentan y contabilizan en la forma expresada, dándose la circunstancia de que, cuando ese depósito es de cosas fungibles, se le autoriza para disponer del objeto del depósito, con obligación de devolver otro tanto de la misma especie y calidad, generando entonces la figura del depósito irregular, caracterizado por el hecho de que el depositario adquiere, desde el momento de la constitución de aquél, la propiedad de las cosas depositadas, y, por eso, en esta clase de depósito de cuenta corriente, la concesión de crédito no es del Banco hacía el cliente, como ocurre en la simple "cuenta de crédito", sino del cliente hacía el Banco (S. 4 diciembre 1975)...»

Definiendo en sí mismo considerado el contrato de cuenta corriente bancaria debe tener lugar a través de la siguiente resolución judicial:

SAP Valencia —9ª— n.º 71/2020, de 2 de marzo

«El contrato bancario objeto de enjuiciamiento es de cuenta corriente sobre el cual la sentencia del Tribunal Supremo de 9-marzo-2006 dice "Sobre el contrato de cuenta corriente es interesante recordar la jurisprudencia de esta Sala. Dice la sentencia de 19 de diciembre de 1995: "...es en el Derecho español una figura atípica que encuentra su singularidad o elemento causal, desde el punto de vista de los titulares de la cuenta, en el llamado "Servicio de Caja", encuadrable en nuestro Derecho dentro del marco general del contrato de comisión; el Banco en cuanto mandatario ejecuta las instrucciones del cliente (abonos, cargos...) y como contraprestación recibe unas determinadas comisiones, asumiendo la responsabilidad propia de un comisionista". Es un contrato caracterizado por el sistema de caja en donde el Banco ejecuta las instrucciones del cliente bien efectuando pagos bien recibiendo cobros, pero tales obligaciones se enmarcan dentro de los usos bancarios cobrando importancia la normativa que disciplina tal actividad y en concreto la normativa que regula la relación banco cliente...»

Respecto del contrato de cuenta corriente y lo que representa la cotitularidad indistinta de la misma en relación con la propiedad de los fondos depositados en ella o posible condominio, la compensación y los usos bancarios, como norma reguladora del mismo, reflejados éstos en el propio texto impreso del contrato adhesivo, y la posibilidad de generar «descubiertos en cuenta», esto es, saldos deudores de la cuenta bancaria o créditos del Banco sobre su cliente, es de destacar la siguiente resolución:

SAP Madrid —13ª— n.º 482/2007, de 7 de septiembre

«CUARTO.- El contrato de cuenta corriente bancaria, que como la mayoría de estos carece en nuestro derecho de regulación positiva, pero que resulta plenamente admisible al amparo de la libertad contractual que proclama el artículo 1.255 del C.C., según la doctrina puede definirse, como un contrato por el cual se efectúa un soporte contable que registra las diversas operaciones que se realizan entre una entidad de crédito y sus clientes por tiempo indeterminado y que genera obligaciones entre las partes contratantes. Se rige por lo expresamente convenido por las partes, en su defecto por lo preceptuado para los contratos tipificados que le sean afines, y en último término por las normas generales de las obligaciones y contratos. Sus principales características son: 1) La prestación determinante de la cuenta corriente bancaria es el servicio de caja; 2) Las obligaciones derivadas del ejercicio de este servicio se concretan en la información periódica que debe suministrar al cliente y en el secreto bancario; 3) La compensación de créditos y deudas se realiza de forma automática, y 4) El cuentacorrentista dispone en cualquier momento de las sumas a su favor que se desprende de los saldos que se efectúan después de cada anotación contable. Como destaca la Sentencia de 18 de enero de la A.P. de Las Palmas la cuenta corriente bancaria va adquiriendo cada vez más autonomía, contractual, despegándose del depósito bancario que le servía de base y que sólo actúa como soporte contable; en todo caso, la cuenta corriente bancaria expresa siempre una disponibilidad de fondos a favor de los titulares de la misma contra el Banco que los retiene, y que encuentra causa tanto en operaciones activas como pasivas, es decir, que responde tanto a operaciones efectivas en dinero, como a créditos que concede el banco a sus clientes (STS 15 de julio de 1993). Adquiere así cierta autonomía esa cuenta al servir de medio para hacer frente a otras operaciones bancarias como la prestación de servicios financieros de crédito o débito mediante la suscripción del contrato de tarjeta bancaria, entre otras operaciones. Para concluir debe decirse que una copiosa, uniforme, constante y pacífica doctrina jurisprudencial, de la que son claro exponente las SSTS de 24 marzo 71, 19 octubre 88, 8 febrero 91, 23 mayo 92, 15 julio 93, 21 noviembre 94, 19 diciembre 95, 7 junio 96, 29 septiembre 97, 5 julio 99 y 29 mayo 2000, ha mantenido "que la cuenta corriente bancaria expresa una disponibilidad de fondos a favor de los titulares de la misma contra el Banco que las retiene, no pudiendo aceptarse el criterio de que el dinero depositado en tales cuentas indistintas pase a ser propiedad de la recurrente, por el solo hecho de figurar como titular indistinta, porque en el contrato de depósito, la relación jurídica se establece entre el depositante (dueño de la cosa depositada) y el depositario que la recibe, no modificándose la situación legal de aquél, en cuanto a lo depositado, por la designación de persona o personas que la puedan retirar. Tales depósitos indistintos no suponen por ello comunidad de dominio sobre los objetos depositados, debiendo estarse a cuanto dispongan los tribunales sobre su propiedad. Por ello, el mero hecho de apertura de una cuenta corriente bancaria, en forma indistinta, a nombre de dos o más personas, lo único que significa «prima facie», es que cualquiera de los titulares tendrá frente al Banco depositario, facultades dispositivas del saldo que arroje la cuenta, pero no determina por sí solo la existencia de un condominio que vendrá determinado únicamente por las relaciones internas y, más concretamente, por la propiedad originaria de los fondos o numerario de que se nutre dicha cuenta" (STS 7 de noviembre de 2000)... al amparo de la libertad de contratación del artículo 1.255, el contrato de cuenta corriente pactado es perfectamente válido y legal, y de conformidad con el artículo 1.258 del mismo Código obliga a los contratantes en primer término a lo expresamente pactado, y entre las obligaciones pactadas figura en la cláusula 11ª del mismo la autorización al Banco para cargar en la cuenta los pagos y cargos derivados del uso y utilización de las tarjetas 4B y/o Visa sin precisar que las mismas lo fueran de crédito o débito. Pero es que además en este contrato, como en la mayoría de los bancarios, adquieren especialísima importancia como fuente los usos bancarios, muchos de los cuales se condensan en las condiciones generales elaboradas por los propios bancos; que a su vez, cuando adquieren un muy amplio grado de difusión y objetivación, se asimilan al uso mercantil normativo, uno de los cuales es, que aunque el límite cuantitativo de las órdenes de pago viene dado por "la cifra del haber del cliente en el momento de la orden (STS de 25 noviembre 89), la práctica bancaria admite los llamados "descubiertos en cuenta corriente", lo cual entraña una concesión de crédito encubierta de acuerdo con la Orden de 17 de enero de 1981, que para su validez legal y plena eficacia jurídica debe provenir en principio o derivar de una orden de pago del cliente y consentida tácitamente por la Entidad bancaria…»

El TRLC, en su art. 197 ha venido a regular esta cuestión considerando que el saldo existente en una cuenta bancaria de disposición indistinta ostenta la presunción *iuris tantum*, esto es, que cabe prueba en contra apreciable por el Administrador Concursal, de que el saldo acreedor que presenta la misma pertenece íntegramente al concursado y, en consecuencia, debe integrarse en la masa activa del concurso, lo cual es impugnable por los trámites del incidente concursal. Sin embargo, nada nos dice este precepto, ni otro en el TRLC cómo debe considerarse si la cuenta es de disposición mancomunada. Una primera consideración apuntaría respecto de que el saldo que debe integrar la masa activa es el proporcional al porcentaje de disposición que tuviere el concursado, lo cual generaría una integración sucesivamente temporal e indeterminada de saldos, nada práctica y que, comoquiera que el precitado artículo no lo regula, habría que aplicar, en este supuesto de cuentas mancomunadas, la doctrina del Tribunal Supremo precitada, pero, en índole práctico, lo más conveniente es liquidarla, determinar el saldo acreedor que corresponda al concursado, cambiar las domiciliaciones de cobros y pagos periódicos a otra cuenta y cancelarla, pues lo que suele ocurrir en la práctica es que la entidad bancaria bloquea la cuenta y el cotitular que no está declarado en concurso, ni puede ingresar, ni puede pagar libremente, sin la anuencia del Administrador Concursal. Recordemos que nos hallamos ante un contrato de comunidad de bienes regulado por el art. 392 y ss. C.c., pues los cuentacorrentistas, entre ellos, el concursado, son los acreedores frente a la entidad bancaria, debiendo repartirse el saldo y las operaciones conforme a lo dispuesto en el art. 393 C.c.; pero no nos encontramos ante un supuesto del art. 1.137 C.c., pues, reiteramos, el deudor, el obligado a entregar el saldo es la entidad bancaria, que es una.

La LRTRLC ha modificado el texto del art. 197.1 disponiendo con total rotundidad que, de entrada «*la totalidad del saldo acreedor de la cuenta es propiedad del deudor*», salvo prueba en contrario, ordenando a la Administración Concursal que, con independencia de las facultades que le han sido conferidas, transfiera de inmediato el saldo a la cuenta intervenida del concurso o «*la modificación pertinente en el régimen*». En cuanto a la transferencia inmediata, habrá que tomarla con cautela y observando previamente los movimientos de ingresos y adeudos de la cuenta indistinta, pues pueden darse supuestos de cotitularidad entre un progenitor jubilado que percibe su pensión por dicha cuenta y su hijo o hija, concursado (cotitularidad ficticia o pseudoautorización que se realiza comúnmente para personas muy ancianas o de reducida movilidad), lo que daría lugar a que el progenitor no concursado no pudiese disponer de su pensión ni pagar los gastos de suministros y alimentación propios; de otro lado, por la expresión de la modificación pertinente del régimen de disposición de la cuenta, pues en el supuesto que expresamos supondría que el progenitor, que tiene su dificultad de acceso a la entidad bancaria para disponer de los fondos podría disponer únicamente de forma telemática, pero su descendiente quedaría sustituido por el Administrador Concursal, lo cual implicaría un bloqueo de la cuenta corriente, pues ésta es la situación informática no resuelta en la mayoría de entidades bancarias en cuanto que dan de alta a un titular como concursado.

Uno de los elementos esenciales del contrato de cuenta corriente bancaria es el denominado «fecha valor», que viene a representar la fecha desde la que el asiento, al Debe o al Haber, produce sus efectos, no solo de la consideración de cuándo se realizó la provisión de fondos o ingreso para atender los pagos, sino la fecha desde la que se deben computar y liquidar los intereses, tanto al Debe como al Haber. Hoy en día, las cuentas corrientes bancarias no devengan intereses al Haber, respecto de los intereses al Debe, sí que se devengan, habida cuenta de que la cuenta se transforma en un crédito a favor del Banco. Piénsese, como decíamos precedentemente, que la esencia de la cuenta corriente bancaria reside en la provisión de fondos que el cuentacorrentista o mandante debe hacer al Banco para que éste, en tanto que mandatario, pueda atender los pagos que aquél le ordene, sin haber efectuado la cual, el Banco no queda obligado a atenderlos *ex* arts. 1.714 C.c. y 250 C.com.; además, en caso de concurso de acreedores, aun habiéndose realizado la provisión de fondos, queda exonerado de atender dichos pagos, *ex* artículo 251 C.com. No hay que confundir, no obstante, la columna que recoge la fecha-valor, con la columna que recoge la fecha del asiento, de forma y manera que la columna de la fecha del asiento («*fecha*») representa la de la data concreta en la que se produce el asiento contable al

Debe o al Haber, mientras que la columna de la fecha-valor («*valor*») representa, como decimos, la fecha a partir de la cual se liquidan los intereses acreedores o deudores; evidentemente, pueden no coincidir ambas fechas, por lo que el saldo que presenta la cuenta bancaria variará de tal discordancia, reflejando, normalmente, el «saldo disponible», esto es, el que rige por la fecha-valor, a los efectos de evitar posibles intereses deudores a cargo del cliente por disponer del dinero ingresado antes de que el abono sea efectivo, usualmente, a los tres días de haber realizado el ingreso.

B) Cuenta de ahorros

Debemos considerar sinónimas la cuenta corriente y la cuenta de ahorros, pues si bien desde antiguo la finalidad era distinta, pues la cuenta corriente tenía por objeto trabajar con ella de forma corriente o habitual para realizar cobros y pagos, la de ahorros tenía por objeto la de no disponer de su dinerario depositado, ni realizar pagos domiciliados por cuenta del cliente, salvo necesidad y descansando su finalidad en la de ingresar dinerario para ahorrar y subvenir necesidades futuras, cuyo estatismo generaba un devengo de intereses superior que el que remuneraba las cuentas corrientes, tipo de interés al Haber, en la actualidad, nulo a favor del cuentacorrentista. Había, incluso una antigua prohibición de generar saldo deudor contra la cuenta de ahorros, pues desnaturalizaba la misma, pero desde hace bastantes años ya, quedó obsoleta esta prohibición, pudiéndose generar débito en una cuenta de ahorros, lo cual es un contrasentido, pues no se entiende el «ahorro negativo», dado que éste se transforma en un débito del titular de la cuenta, crédito a favor de la entidad bancaria y, por tanto, generador de intereses negativos a cargo del titular.

Otra nota que diferenciaba la cuenta de ahorros de la corriente era la del soporte documental; el de la cuenta corriente venía representado por la remisión de extractos periódicos al cliente y en la de ahorros, precisamente por su menor cantidad de apuntes, disponía la emisión de una libreta o lámina denominada igualmente de ahorros que conservaba el Titular de la cuenta en su poder, actualizándola por su llevanza física a la oficina bancaria, la que contrastaba con los apuntes que el Banco tenía en sus procesos informáticos y que, insisto, hace ya muchos años, se conciliaban los saldos periódicamente sobre la libreta o lámina, mediante la firma conjunta del apoderado del Banco, o Caja de Ahorros, y el titular de la cuenta de ahorros. Antes que este sistema, las Cajas de Ahorros tenían una hucha (cajita) metálica por la que se podían introducir los billetes y las monedas, pero solo podían sacarse unos y otros abriéndose la hucha con la llave que tenía la entidad y en presencia del titular; se trataba de fomentar el ahorro.

Antiguamente los tipos de interés acreedores y deudores eran distintos, pero en la actualidad, son los mismos, o nulos, salvo el caso del descubierto en cuenta. No obstante cuanto antecede, damos por reproducidos los comentarios realizados respecto de la cuenta corriente, por cuanto la de ahorros goza de las mismas características jurídicas y económicas que las de la cuenta corriente, a excepción de la emisión de la libreta o lámina.

C) Naturaleza jurídica

GARRIGUES ([23]) parte, para determinar su naturaleza jurídica, del contrato de depósito y de la apertura de crédito, definidos ambos conceptos en razón a quien, como queda dicho, sea el que ingrese dinerario o el que permita la retirada del mismo sin haber dinerario bastante, que tiene por finalidad la prestación del servicio de Caja al cliente, abarcando los pagos y cobros del mismo que el Banco realiza por su cuenta, de ahí su asimilación al contrato que la doctrina alemana denomina «de giro» (*Girovertrage*). Así pues, se trata de un contrato atípico o innominado pues, a pesar de ser citado en los arts. 175, 177 y 180 C.com. no lo regula norma alguna, así como también es un contrato *mixto*, pues comprende elementos de otros contratos: depósito, mandato, crédito, gestión de negocios ajenos, entre otros. En definitiva, se trata de un depósito irregular. La mejor definición es la que da la siguiente resolución.

SAP Valencia —9ª— n.º 348/2008, de 1 de diciembre

«Como ya dijéramos en sentencia de 8 de junio de 2007 (R.A 194/07), "...debe tenerse en cuenta que, como señala la SAP de Madrid, de fecha 20 de septiembre de 1999 (EDJ 1999/50874), "El contrato de cuenta corriente bancaria viene siendo configurado por la doctrina y la jurisprudencia como un contrato atípico, de carácter mixto, en el que prevalecen los elementos del mandato, ya que el Banco se obliga a prestar un servicio de caja, realizando cobros y pagos por cuenta del cliente, pero que igualmente participa de los elementos propios del contrato de cuenta corriente mercantil en cuanto que el resultado de aquellas operaciones se contabiliza en forma de cuenta corriente, si bien diferenciándose de este último en cuanto que la cuenta corriente bancaria nace de un depósito irregular de dinero con devengo de intereses y liquidaciones periódicas por el Banco, sin que exista mutua concesión de crédito entre los contratantes, y el cliente puede disponer en cualquier momento, sin esperar al cierre de la cuenta, de las sumas en que consista su crédito, que se compensan automáticamente con las deudas anotadas en la cuenta, pero bien entendido que el saldo resultante de la compensación entre esos activos y pasivos constituirá un crédito líquido y exigible, en cada momento, tanto a favor del cuentacorrentista como, en su caso, a favor del Banco, pues cabrá la posibilidad de que este último realice pagos con cargo a la cuenta en cuantía superior al saldo acreedor en su momento existente, siempre que el mandante autorice el descubierto"».

El Tribunal Supremo, por **STS —1ª— 19.11.1928** dispuso que «*el contrato de cuenta corriente no está regulado con la precisión posible en nuestro Código de comercio y que, en defecto de preceptos legislativos hay que aplicar los reglamentos de las entidades bancarias y, muy especialmente, por su fiscalización, el del Banco de España... no se puede dar prioridad a los derechos de los cuentacorrentistas ni a los de los Bancos, porque todos son dignos del mayor respeto, razón que obliga a interpretarlos gramatical, lógica y sistemáticamente...*»

También es definido por la Doctrina de los Tribunales como contrato sinalagmático (**SAP Madrid —28ª— n.º 183/2010 de 13 de julio**) en tanto que «...*conlleva la prestación del denominado servicio de caja, en el que el banco efectúa pagos y recibe cobros, actuando como mero intermediario (mandatario o comisionista) por cuenta de su cliente, a cambio del percibo de las correspondientes comisiones a cargo de éste, que de ser preciso debe aportar los fondos que pudieran resultar necesarios para que puedan cumplirse sus instrucciones...)*».

D) Exigibilidad

De este modo, debe considerarse que cuando el cliente bancario realiza un ingreso en su cuenta corriente bancaria, los billetes que portaba físicamente y depositaba por la sección de Caja, a través de su ventanilla, dejan de ser suyos para reflejar un asiento contable, en cuenta, en la que se titula a su nombre y así tener un crédito contra el Banco quien, como depositario, tendrá la obligación de restituir, siempre y cuando la compensación de las sumas del Debe con las del Haber le den saldo favorable, esto es, saldo acreedor, pues de lo contrario, y para el supuesto de que el cliente hubiere dispuesto de más de su saldo favorable, sería el Banco el acreedor y el cliente «depositante», el deudor o acreditado, en todo lo cual subyace la principal característica de este tipo de contrato, la recíproca concesión de crédito y con ello, la determinación de la exigibilidad de un saldo u otro, exigibilidad que, precisamente, por la denominación usuaria de contrato «a la vista» viene determinada por la posibilidad para el cliente, de exigir su crédito, su dinerario depositado, en cualquier momento visto, directamente exigible (**SAP Valladolid —3ª— n.º 301/2010, de 28 de octubre**), vista la cuenta, siempre y cuando, evidentemente, sea éste acreedor del Banco, esto es, tenga saldo a su favor en la cuenta; por contra, nada podrá exigir, salvo que el Banco, crea en el cliente y le conceda el *credere,* crédito, también denominado «descubierto en cuenta», disposición que el Banco permite tácita o expresamente pero que, en cualquier caso, y por inversión de la posición de las partes, también le permite al Banco exigir la reposición de sus fondos, «a la vista» también, hecho éste que, normalmente se produce a partir del transcurso de un lapso temporal similar al mensual, si bien, el Banco, precisa efectuar un «cierre» de la cuenta o fijación del saldo, para lo cual deberá recabar la conformidad expresa o tácita del cuentacorrentista respecto del saldo debitado, lo que requiere, necesariamente, bien de un documento en el que éste exprese tal conformidad, ora de un requerimiento fehaciente en cuanto a contenido y recepción, valga el sistema del burofax, requiriendo de pago, previamente a la reclamación judicial, lo cual no implica necesariamente, certeza en los asientos y liquidación, pues cabe prueba en contra.

Como corolario de cuanto antecede, hay que citar una vez más a GARRIGUES[23] cuando diferencia las cuentas corrientes de comerciantes y las bancarias, por la operativa de cierre de las cuentas y así, en la mercantil la compensación de las masa crediticia con la deudora sólo se produce en el momento del cierre de la cuenta, para dar lugar a un saldo exigible; en cambio, en la cuenta bancaria, la compensación es automática, debiendo entenderse que se cumplen los requisitos del art. 1.195 C.c.[42], pues no de otro modo podría entenderse el significado de «a la vista» o exigibilidad inmediata.

En definitiva, pues, la exigibilidad del saldo deudor de la cuenta corriente o la de ahorros vendrá determinada (**STS —1ª— 21.05.1990**) por la certificación de movimientos de la misma, debidamente intervenida por Fedatario, frente a cuyo extracto final, evidentemente, cabe prueba en contra. La exigibilidad es, pues, acorde con la **STS —1ª— 11.03.1992**, inmediata, al

---

42 *Art. 1.195 C.c.* Tendrá lugar la compensación cuando dos personas por derecho propio, sean recíprocamente acreedoras y deudoras la una de la otra.

contrario de lo que sucede con la cuenta corriente entre comerciantes, como decíamos precedentemente.

E) Calificación concursal

Consecuencia de cuanto acabamos de expresar y, habida cuenta de que el contrato de cuenta corriente, y por extensión el de ahorros, son contratos sinalagmáticos y con prestaciones perfectamente divisibles, mayormente con su cualidad de vencible «a la vista», al encontrarnos ante un saldo deudor en la cuenta bancaria del Concursado, debemos distinguir a la hora de su encuadramiento en el art. 251 TRLC (antiguo 84 LC) dos momentos, que vendrán delimitados por la fecha del dictado del Auto de declaración concursal y así, al día inmediatamente anterior a dicha fecha, nos encontraremos con un «crédito concursal ordinario» del art. 251.1 TRLC (antes 84.1 LC) en relación con el art. 269.3 TRLC (antiguo art. 89.3, ambos de la LC) por resultar exigible a la precedente fecha y, por los movimientos que, con la debida autorización del Administrador Concursal se generen con posterioridad a la fecha del Auto, con un «crédito contra la Masa» del art. 242.11.º TRLC (antiguo art. 84.2.5º), en tanto en cuanto que se haya generado como consecuencia de la actividad empresarial o profesional del deudor con posterioridad a dicha declaración concursal. La mejor definición que del concepto de «crédito contra la masa» puede hallarse, o al menos, una de ellas, es la que realiza la **SAP Pontevedra 04.12.2008:** «*los requisitos que la doctrina exige debe reunir el crédito contra la masa, a saber, el requisito teleológico en el sentido de que los créditos contra la masa surgen para hacer posible el procedimiento, y un elemento temporal, en el sentido de que deben nacer con posterioridad a la declaración del concurso…*», no obstante lo cual, esta definición ha quedado superada por la reforma operada por la Ley 16/2022, de 5 de septiembre de reforma del TRLC 2020, en tanto en cuanto que el art. 242 TRLC incluye créditos devengados con anterioridad a la declaración de concurso como, por ejemplo, lo son los relativos a la responsabilidad civil extracontractual por muerte o daños personales o indemnizaciones derivadas de accidente de trabajo o enfermedad profesional, en tanto en cuanto que el bien jurídico tutelable es la vida y salud humanas por actos del concursado, pues, caso de no reconocerse como créditos contra la masa, estarían sometidos a su exoneración o falencia.

A propósito de los créditos contra la masa, bien cabe recordar y conocer sus antecedentes jurídico-históricos, los cuales surgen dentro del escenario o vigencia de la legislación decimonónica que regulaba la Quiebra (libro IV del Código de comercio de 1829 y el de 1885). Hablamos de la **SAP Zaragoza de 9 de noviembre de 1993** que, si no nos falla la memoria o el conocimiento, fue la primera en distinguir lo que hoy conocemos por «créditos concursales» y «créditos contra la masa». Leámosla:

> *«FUNDAMENTOS DE DERECHO PRIMERO: De las cuotas de la Seguridad Social recogidas en el documento de fecha de 30 de mayo de 1991 unas son créditos contra la masa (deudas de la masa) y otras deudas de la masa; la distinción entre unas y otras es de gran importancia práctica, por cuanto las deudas en la masa quedan sometidas al procedimiento de quiebra y sufren la reducción consiguiente (ley del dividendo), mientras que las deudas de la masa no quedan sujetas al pronunciamiento de quiebra ni están sometidas a la ley del dividendo».*

Por tanto, «deudas EN la masa» equivaldría a los créditos concursales del actual art. 269 TRLC, a los (las) que afecta el concurso (quiebra), mientras que «deudas DE la masa» equivaldría a los créditos contra la masa del actual art. 242 TRLC, con sus correspondientes salvedades a los (las) que no afecta el concurso (la quiebra). Nótese que la visión jurisprudencial de 10 años antes de la Ley Concursal de 2003 partía desde el punto de mira del quebrado, mientras que, para la LC, se parte desde el del acreedor, cada era tutelaba a una parte concreta.

Sin perjuicio de cuanto antecede, debemos dar por reproducidos aquí, los fundamentos jurídicos de la **SAP Madrid —28.ª— n.º 189/2010 de 16.07.2010** relativos a la fecha valor, en el sentido de que esta fecha determinará la «retención de la provisión de fondos» y la fecha en que la devolución por impago de un recibo previamente descontado al cliente-concursado debe considerarse, para entenderlo con cargo a la Masa o como crédito concursal. También debemos aludir nuevamente al devengo de intereses que generaría la generación de un descubierto en la cuenta bancaria del Concurso, acorde a cuanto expresamos precedentemente en relación con lo dispuesto en el art. 152 TRLC (antiguo art. 59 LC).

F) Cláusula "salvo buen fin". El Contraasiento

La cuenta corriente y, por extensión, la de ahorros, lleva consigo la cláusula implícita denominada «salvo buen fin» representativa del hecho de que el Banco negocia los documentos sin asumir el riesgo del posible impago del documento de giro y cambio que se haya negociado a través de la cuenta, entrando en juego del deber de provisión de fondos a cargo del cuentacorrentista quien, en definitiva, faculta al Banco para, a pesar de tener saldo acreedor (disponible) en la cuenta, no permita disponer de dichos fondos acreedores hasta que no se conozca el buen fin del documento de giro negociado y hasta el límite del propio valor facial del documento, más los gastos de descuento o comisiones por impago; esto es, una retención del saldo acreedor hasta que no se produce el cobro definitivo del documento negociado, lo cual tiene lugar siguiendo las reglas de compensación que al efecto establecen las entidades bancarias. Todo ello encuentra su fundamento en lo dispuesto en el segundo párrafo del art. 1.170 C.c.

Se trata, pues, de la práctica del denominado «contraasiento» o modalidad del ejercicio extrajudicial de un derecho a obtener el reembolso del título descontado, tanto en la letra de cambio, como en el cheque o pagaré, con cargo al saldo del numerario abonado en la cuenta corriente del cliente que ingresó dichos documentos de giro (**STS —1ª— 01.02.1989**), sin que precise el Banco la propiedad de los títulos descontados (**STS —1ª— 21.03.1988**).

G) Elementos personales

No cabe duda de que los elementos personales que configuran esta tipología contractual son, de un lado, (i) la entidad Bancaria o aperturante de la cuenta, quien crea la cuenta en su contabilidad y, de otro, (ii) el cuentacorrentista, también denominado «titular». La Entidad bancaria sólo puede ser una, pues cada entidad tiene que abrir en su propia contabilidad la cuenta correspondiente, siguiendo las normas del Plan General de Contabilidad, mientras que el Titular puede ser una o más personas, respecto de cuya concurrencia habrá que convenir la forma de disposición o dación de las órdenes o mandatos de pago, si es de forma indistinta, de forma conjunta y cuántas de esas personas pueden disponer y quién con quién.

Se puede llegar a pensar y cuestionar que diversas entidades bancarias pueden aperturar una cuenta a tercero, lo cual sólo tiene sentido en sede de sindicación de préstamos o créditos, pero esto no es así, sino que lo que sucede es que una sola entidad abre cuenta como clientes o cuentacorrentistas a las restantes entidades coacreedoras a fin de que el deudor común, prestatario o acreditado, pueda efectuar los pagos en cuenta única y luego, con su saldo, redistribuirlo mancomunadamente para cada entidad.

Dentro de los titulares, éstos presentan varias modalidades, a saber: la más normal es la de disposición de fondos de forma «indistinta» y, dentro de ésta, solidaria o limitada a cierta cantidad o actos, conforme a la cual, cada titular puede disponer libremente del saldo con su sola firma, limitada o ilimitadamente sin concurrencia de cualquier otro titular; menos común es la de disposición de fondos de forma «conjunta» que puede permitir múltiples variantes, dos de tres personas, por cuotas o porcentajes, etc. Si pudiere llegar a pensarse que estos tipos de disposición son lo mismo que la mancomunidad (disposición conjunta) o la solidaridad (disposición indistinta), hay que entender que es justo todo lo contrario, pues quien dispone es acreedor de otro (el Banco) y quien resulta responsable es justo quien debe a otro (el Banco). Con todo, el Tribunal Supremo, desde muy antiguo viene reconociendo que la titularidad de una cuenta corriente bancaria no determina *per se* la propiedad de los fondos depositados, ni la responsabilidad por el saldo deudor. Véase, pues, la siguiente resolución del Alto Tribunal:

STS —1ª— 21.11.1994

«… a través de la interpretación de los contratos suscritos entre los dos cotitulares de la cuenta corriente entre sí y con el Banco, atribuir la propiedad del dinero figurado en la cuenta en forma diferente a la que se sostiene en la resolución recurrida, cuando ésta, partiendo de la indicada fundamentación fáctica de la falta de prueba de que el dinero era de la propiedad exclusiva de ninguno de ellos, pese a que frente al Banco pudieran uno y otro retirar cuantas cantidades no supusieran el cierre de la cuenta y aplicando correctamente el precepto del artículo 1.138 del Código civil, atribuyó el saldo existente en el momento del fallecimiento de uno de los cotitulares de la cuenta, por mitad a cada uno de ellos…»

Esta misma doctrina ha sido reiterada, entre otras, por la **STS —1.ª— n.º 1.390/2024, de 23 de octubre**.

Una tercera figura surge en el contrato de cuenta corriente, es la del «autorizado», persona que tiene facultades tan limitadas como quiera el Titular de la cuenta, lo cual se venía reflejando en la correspondiente cartulina de firmas en la que figuran impresas las facultades junto a un recuadro que marca aquéllas que el Titular desea y así, firma éste nuevamente. En la actualidad la firma se recoge en la llamada «tableta electrónica», que es un instrumento electrónico sobre el que se estampa la firma del cliente pasándose directamente a un fichero informático que sustituye la vieja cartulina. Se trata pues, de un apoderamiento singular que no sirve para más actos que los que dicha cuenta pueda permitir.

El autorizado no es la persona a la que alude el art. 197 TRLC sobre el que acabamos de tratar en párrafos precedentes, pues este precepto alude a los titulares de cuentas indistintas, pero no a los autorizados, sobre lo cual debería operar una investigación previa de los fondos y pagos a los efectos de determinar la propiedad de unos y otros, si lo son del concursado autorizado o de los titulares (formales) de la cuenta para determinar si deben transferirse unos u otros a la nueva cuenta del concurso o si, por el contrario, por suspensión de facultades del concursado-autorizado, instar de la entidad bancaria a darle de baja como tal, salvo que fuesen facultades de intervención, en cuyo caso, fracasaría el sistema de autorizar al autorizante de fondos de terceros, lo cual, ni la entidad bancaria lo consentiría, no el Administrador Concursal debería gestionar negocios ajenos como lo son la intervención del autorizado a disponer de patrimonios ajenos, lo cual, en la práctica diaria se da, piénsese, a modo de mero ejemplo, en que el concursado es el autorizado a disponer de la cuenta de sus progenitores, en situación de discapacidad y dependencia.

H) Obligaciones de las Partes

Debe quedar claro, por lo dicho precedentemente, que, fundamentalmente, las obligaciones son imputables, aunque parezca paradójico, al Banco, habida cuenta de que éste debe prestar el denominado servicio de Caja, el cual va, desde la obligación de recibir dinerario para ser depositado en la cuenta, incluso con saldo deudor, la de entregar talonarios de cheques u otros instrumentos de pago (tarjetas de débito, crédito, claves de acceso por Internet, domiciliación de recibos, cobro de dividendos, etc.) a fin de poder disponer o realizar transferencias de fondos, la de soportar domiciliaciones o giros de recibos y otros elementos de pago a cargo del cuentacorrentista, todo ello, limitado por el saldo acreedor disponible que presente en cada momento concreto la cuenta corriente y otras sin vinculación con el saldo disponible, como lo es la de remisión periódica de extractos de la cuenta al titular o permitir que éste los obtenga telemáticamente. El Banco tiene incluso la obligación de soportar la cancelación de la cuenta corriente en cualquier momento en que se lo exija su cliente, recuperando éste su dinero, su saldo acreedor, o ingresando el importe del saldo deudor, esto es, cancelando su débito, de esta forma, la cuenta quedaría saldada sin haber acreedor ni deudor.

Las obligaciones que se configuran a cargo del Titular de la cuenta, son precisamente, la de efectuar la provisión de fondos necesaria o bastante al Banco para que éste pueda gestionar los negocios de su Titular, así como a pagar el saldo deudor a la vista y sus intereses, esto es, tan pronto sea requerido por el Banco; si bien, GARRIGUES ([23]) entiende que no precisa de requerimiento, nosotros somos de la opinión contraria, precisamente, para (i) que el cuentacorrentista conozca su deuda y, para que, en consecuencia, (ii) pueda cancelarla, todo ello, salvo que el contrato de cuenta corriente, disponga de diferente manera, incluso el Banco se suele reservar el derecho de cancelación unilateral de la cuenta por causas tasadas en el contrato suscrito en su día por ambas partes, pagando el saldo acreedor al Titular, esto es, cancelando el Banco su débito con su cliente.

l) La cuenta corriente del Concurso

La denominada cuenta corriente del Concurso o cuenta intervenida es aquella a través de la cual los Administradores Concursales realizamos los pagos de los créditos contra la masa, o los concursales, en su momento y percibimos los ingresos para realizar dichos pagos. Su funcionamiento no dista del de la cuenta corriente ordinaria, si bien, la peculiaridad estriba en que, según las facultades del concursado o del Administrador social o representante legal de la sociedad concursada se hayan visto mermadas y, así, si las facultades de la Administración Concursal son de intervención, se habrá de mantener a los titulares, uno o varios, sus representantes, uno o varios, con su firma indistinta o mancomunada, añadiéndole la firma del Administrador Concursal; caso de ser facultades de suspensión, obviamente, la firma será única la del Administrador Concursal, quedando las restantes suspendidas.

En principio, la apertura de la cuenta del Concurso no requiere de la firma de un nuevo contrato, tan solo del registro de la firma del Administrador Concursal y el cambio de las facultades de disposición, previo bastanteo de los Servicios Jurídicos de la entidad bancaria donde se haya aperturado aquélla. Como consejo, (i) deberá evitarse utilizar una cuenta con saldo deudor a la fecha del Auto de declaración del Concurso, dado que se trata de crédito concursal, salvando cuanto antecede, (ii) deberá intentar mantenerse las domiciliaciones, en tanto que se trata, en su mayoría, del pago de créditos contra la Masa (suministros, alquileres, etc.), (iii) excluyendo los pagos periódicos de créditos ordinarios (préstamos, créditos, etc.), no obstante lo cual, (iv) siempre resulta más conveniente la apertura de una cuenta nueva en la que se discriminen los conceptos que deben ser asentados y los que no. En los concursos de persona jurídica no suele haber problemática respecto de la operativa *on line*, pues el sistema de claves con una o más personas simultáneamente, está admitido por las entidades bancarias. Algo bien distinta sucede en los concursos de persona física, desconocidos por muchas asesorías jurídicas bancarias o, más que por éstas, por sus sistemas informáticos que, directamente, producen un bloqueo operativo que no permite trabajar *on line*, salvo para visualizar el extracto de la cuenta intervenida, teniendo que recurrir al sistema presencial en la oficina bancaria concreta, lo cual, no es operativo en modo alguno; se pensará que podría hacerse mediante correo electrónico, lo cual, en el supuesto en el que se admita por la entidad bancaria y se asigne un gestor de la cuenta, el cambio del mismo a otra oficina viene a devenir en inoperativo, salvo que esa entidad bancaria tenga una dirección electrónica propia de la oficina bancaria y, aún así, resulta inoperativa la no permisión de la utilización de la banca electrónica en un concurso por parte del Administrador Concursal.

Pero, lo más importante de todo, es la dejación o dación de constancia de que la cuenta intervenida es tal, a los efectos de evitar embargos en papel o embargos telemáticos de la cuenta por ejecuciones de acreedores, lo que conlleva, no solo la privación a la Masa del dinerario correspondiente en clara contravención del principio de la *par conditio creditorum*, sino la inviabilidad de la empresa concursada o de la privación alimenticia de la persona física concursada. A este respecto debemos manifestar que es obligación de la Administración Concursal de asegurarse de la clara dejación de constancia de que se trata de la cuenta de Concurso ante el Banco, de forma expresa (*cfr.* **Formulario, mod. N.º 1**), activa y diligente, que no descansa únicamente en la mera comunicación al Banco, sino, además, en la paralización de las ejecuciones de las que pueda derivar el embargo de la cuenta, pues, de lo contrario, la entidad bancaria quedará exonerada de cualquier responsabilidad, tal y como se dispuso por la siguiente resolución:

SAP —9ª— Valencia n.º 439/2016 de 5 de abril

«**TERCERO**.- Expuesto cuanto antecedente, y examinados los presupuestos que han de concurrir para la estimación de la acción de responsabilidad ejercitada al amparo del artículo 1902 del C. Civil, este Tribunal discrepa de las conclusiones alcanzadas por el magistrado "a quo" pues no apreciamos acción u omisión culposa en la entidad demandada desencadenante del deber de resarcimiento del perjuicio.

El Tribunal Supremo, en Sentencia de 11 de junio de 2004, declara que *"si de la prueba practicada, con inversión o sin ella, aparece plenamente acreditado que en la producción del resultado dañoso, por muy lamentable que sea, no intervino ninguna culpa por parte del demandado o demandados, ha de excluirse la responsabilidad de los mismos"*, y en la de 12 de junio de 2009 señala que *"para responsabilizar una conducta, no sólo ha de atenderse a esa diligencia exigible según las circunstancias personales, de tiempo y lugar, sino, además, al sector de tráfico o entorno físico y social donde se proyecta la conducta, para determinar si el agente obró con el cuidado, atención y perseverancia apropiados y con la reflexión necesaria para el perjuicio"*.

No consta acreditada en autos la incidencia de fecha 24 de febrero de 2014 a que se refiere la administración concursal en su escrito de 14 de julio de 2014 (folio12) y se admite por la misma que el cargo se produce de forma automática en la cuenta. Por otra parte, la traba —declarada nula por el Juzgado de Primera Instancia de Paterna— se acuerda en el marco de un proceso de ejecución instado tras la declaración del concurso con infracción de lo establecido en el artículo 55 de la Ley Concursal, siendo dicha traba y su inmediata ejecución ordenada y practicada simultáneamente por el Juzgado que indebidamente la acordó, y automáticamente procesada en la cuenta a la que la solicitud judicial se dirige por razón del convenio aportado y suscrito con el CGPJ.

No puede trasladarse a la entidad demandada las consecuencias de la actuación contraria a la buena fe del acreedor de la concursada (a la que se refiere el magistrado "a quo" en el Fundamento segundo de la resolución apelada), ni de un proceso judicial de ejecución tramitado en contra de lo establecido en el artículo 55 de la LC, máxime cuando se ha venido a reconocer por las partes el automatismo entre la orden de embargo cursada por el órgano judicial y la transferencia simultáneamente operada como consecuencia de aquel mandato judicial, en el marco de un sistema convenido entre el CGPJ y la Asociación de entidades bancarias, precisamente para dar efectividad a las actuaciones judiciales...»

J) Jurisprudencia concursal

Respecto del significado del denominado «servicio de Caja», de la cláusula «salvo buen fin», la denominada «fecha-valor» y de la negociación de recibos en soporte magnético (el denominado Cuaderno o Folleto n.º 19 de la Asociación Española de Banca —A.E.B.—[43] esto es, sin circulación

[43] Los denominados «Cuadernos», «Folletos» o «Normas AEB» representan una serie de protocolos comunes a las entidades bancarias relativas al modus operandi con los ficheros informáticos que remiten o reciben entre sí las distintas entidades financieras, precisamente, con la finalidad de supresión de la circulación física de recibos, letras de cambio, cheques, pagarés y cualquier otro instrumento de giro y tráfico. Todo

o giro de recibo físico, resulta muy ilustrativa la **SAP Madrid —28º— n.º 189/2010, de 16 de julio** (Concurso de FORUM FILATÉLICO) en cuya Sentencia, revocando otra del JM Madrid 7, desestima la demanda de reintegración a la Masa Activa de cierto importante saldo acreedor de la cuenta corriente de la Concursada

SAP Madrid —28ª— n.º 189/2010, de 16 de julio

«SEGUNDO.- Para enfocar correctamente la resolución de la contienda debe comprenderse adecuadamente cómo funcionaba la relación contractual entre FORUM FILATÉLICO y el BBVA. El contrato de cuenta corriente bancaria que les vinculaba conllevaba la prestación del denominado servicio de caja, en el que el banco efectuaba pagos y recibía cobros, actuando como mero intermediario (mandatario o comisionista) por cuenta de su cliente, a cambio del percibo de las correspondientes comisiones a cargo de éste, que de ser preciso debía aportar los fondos que pudieran resultar necesarios para que pudieran cumplirse sus instrucciones. El resultado de tales gestiones se instrumentaba en la cuenta corriente bancaria, en la que se realizaban los apuntes que determinaban bien la existencia de un activo para el cliente, en el momento en el que el saldo deviniese positivo, o bien la de un pasivo, si se produjese un descubierto en la cuenta. En este último caso se generaría un derecho de crédito a favor del banco que éste podría, en principio, y salvo circunstancias que impusieran lo contrario, al tratarse de una cuenta a la vista, exigir que se pagase de inmediato.

Además, el sistema de banca electrónica contribuye a agilizar la prestación de ese servicio de caja, pues las entidades crediticias han creado mecanismos ágiles para liquidar las operaciones en las que participan como intermediarias. En ese ámbito opera el "Sistema Nacional de Compensación Electrónica" (regulado por RD 1369/87, por OM de 29 de febrero de 1988, por las correspondientes Circulares del Banco de España y por Ley 41/1999 sobre sistemas de pagos y de liquidación de valores, con la que el legislador pretende preservar, incluso ante situaciones concursales, la eficacia del sistema), que aprovecha las ventajas de las técnicas informáticas para posibilitar la compensación de todas las operaciones de intermediación de pagos.

TERCERO.- Como ya expusimos en la precedente sentencia de esta sección 28ª de la AP de Madrid de 13 de julio de 2010, correspondiente a otro incidente suscitado en el proceso concursal de FORUM FILATÉLICO en relación con la dinámica de la gestión informatizada del cobro de recibos instrumentada mediante una cuenta corriente bancaria y a través de un sistema electrónico de compensación, hay que tener presente que, con arreglo a la operativa habitual del tráfico mercantil (artículos 2 y 50 del Código de Comercio) y a lo previsto en la normativa sectorial bancaria (en concreto, la norma 19 de la Asociación Española de la Banca referida

ello, al amparo de la Directiva (UE) 2015/2366 del Parlamento Europeo del Consejo de 25.11.2015, sobre servicios de pago en el mercado interior.

a los adeudos por domiciliaciones en soporte magnético, que integraría la reglamentación contractual —artículos 1089, 1019, 1254, 1255 y 1258 del C. Civil), el giro de los recibos por parte de FORUM FILATÉLICO contra sus clientes suponía que el banco gestor realizaba, tras recibir el soporte informático con las domiciliaciones, los correspondientes asientos contables en la cuenta de dicha entidad y merced a la operativa del sistema bancario de compensación se producían simultáneos apuntes de adeudo en las cuentas de sus correspondientes clientes; para el caso de devolución de recibos, de efectuarse dentro del plazo previsto al efecto, debía operar un automático apunte de adeudo en la cuenta del ordenante (en este caso FORUM FILATÉLICO), con la misma fecha valor en la que se aplicó el abono de la facturación. Ya que las remesas de recibos de las que aquí se trata fueron presentadas al cobro y abonadas en la cuenta n.° 0182 4572 42 0200069377 de FORUM FILATÉLICO en los días previos al 9 de mayo de 2006 y su devolución por parte de los clientes destinatarios de los mismos se fue produciendo sucesivamente a lo largo de dicho mes y de los primeros días del siguiente mes de junio (con anterioridad, en todo caso, a la declaración de concurso, que data de 22 de junio de 2006), la operativa establecida conllevaba que en la cuenta de dicha entidad filatélica se produjesen los apuntes por devolución de recibos con fecha valor de su abono inicial. Así venía produciéndose con normalidad en los meses precedentes en los que el volumen de las devoluciones era siempre muy inferior al de los recibos que resultaban abonados y se operaba con un saldo claramente favorable a FORUM FILATÉLICO en su cuenta corriente (en concreto, a primeros del mes de mayo superaba los dos millones de euros).

CUARTO.- La peculiaridad del caso radica en que la intervención sobre FORUM FILATÉLICO acordada por el Juzgado Central de Instrucción n.° 5 de la Audiencia Nacional, fechada a 9 de mayo de 2006, motivó que se disparasen, sobre lo que venía siendo normal, las instrucciones de devolución de los clientes (pues incluso se llegó a decretar la liberación cautelar de obligaciones a cargo de éstos por ulterior auto de 12 de mayo). Sin embargo, la orden de la Audiencia Nacional, al ser posterior a la "fecha valor" con la que los recibos entraron en la operativa del sistema, no bastaría para negar eficacia a la procedencia de los cargos por devolución de recibos girados con anterioridad a ella, en la medida en que tenían efectos a esa fecha previa y su vocación sólo era reflejar el resultado final del giro de aquéllos, pues solo su buen fin consolidaría cobros a favor de FORUM FILATÉLICO. Lo que suponía la procedencia de que se deshiciesen los apuntes contables en la cuenta original favorables a FORUM FILATÉLICO por recibos girados a los clientes de esta entidad a medida que no estaban siendo aceptados por ellos y que, por lo tanto, no deberían consolidar la entrada de caudales a favor de la misma.

Consideramos que siendo la vocación del sistema de domiciliación de recibos en cuenta corriente que el cargo de los que fuesen devueltos se produjera con cierto automatismo con efecto desde la misma fecha en que fueron girados, no debería impedirlo una orden de bloqueo de cuentas cuya finalidad no podía ser transmutar la condición de mero gestor de cobro del banco en relación a operaciones cursadas electrónicamente con anterioridad a ella y, por supuesto, también previas a la ulterior declaración de concurso. En realidad, dichos apuntes de devolución suponían la simple traslación contable de la ausencia de buen fin de los recibos girados por FORUM FILATÉLICO, fracaso éste que impedía que se consolidase la entrada de su importe en la cuenta de aquélla. En consecuencia, debemos reconocer que al banco, como mero gestor de cobro, le asistía el derecho a consolidar los apuntes de devolución a medida que los clientes de la ulteriormente concursada fueron rechazando los recibos.

QUINTO.- A la misma solución llegaríamos aplicando el artículo 58 de la LC, que permite invocar los efectos inherentes a la compensación, según puntualiza el citado precepto legal, cuando los requisitos precisos para poder compensar ya estuviesen concurriendo con anterioridad a la declaración de concurso. Porque habría sido anterior a esta última, e incluso a la orden de bloqueo del Juzgado Central de Instrucción de la Audiencia Nacional, la concurrencia de las premisas para que operase la compensación (aunque, en este caso, en realidad, como consecuencia inherente a la aplicación de un sistema de gestión de cobros anudado a un sistema automatizado de pagos y a una operativa en cuenta corriente bancaria)…»

K) Carácter necesario del «servicio de Caja»

Respecto de la aplicación de lo dispuesto en el artículo 142 TRLC, antiguo art. 55.1 LC, y el carácter necesario o no del servicio de Caja que presta la cuenta corriente bancaria, caben destacar las siguientes resoluciones:

AJM-1 Santander 06.09.2008:

«TERCERO Con relación a la interpretación del artículo 55 LC, el propio precepto alude a que los bienes no resulten necesarios para la continuidad de la actividad profesional o empresarial del deudor. Por lo tanto, ha de analizarse la concreta actividad desarrollada por la concursada y la efectiva necesidad del bien trabado, en este caso saldo de una cuenta corriente, para poder continuar aquella, lo cual dependerá del flujo de caja, volumen de gastos necesarios y posibilidad de acudir a fuentes de financiación, entre otros extremos. Todos ellos se encuentran suficientemente razonados en el auto recurrido cuyos argumentos se dan aquí por reproducidos, que tras el examen de los datos obrantes en el concurso concluye que dicho resulta necesario para la continuación de la actividad empresarial. En este sentido, por principio no puede sostenerse que el metálico resulte un bien necesario en todo caso, sino que dependerá de las circunstancias concretas. Las concurrentes en el supuesto que nos ocupa determinan que la concursada se encuentra en una situación crítica derivada de la reducida actividad que ha mantenido en meses anteriores que le impide obtener activo circulante de un modo inmediato y del despido de 70 trabajadores con las consecuencias que ello implica. Esto conlleva la necesidad de financiar el ciclo productivo hasta que éste concluya y se obtengan los cobros correspondientes, en aras de la continuidad empresarial que constituye un objetivo principal que el legislador marcó para el procedimiento concursal. Por otro lado, la imposibilidad de acudir a fuentes de financiación ajena se extrae de lo manifestado por la propia administración concursal, cuyas alegaciones se presumen veraces en atención a la especial posición que ocupa, por lo que puede concluirse y reiterarse lo ya resuelto, relativo a la necesidad del saldo embargado para la continuación de la actividad empresarial de la concursada».

AJM-1 Alicante 09.09.2009

«TERCERO.- Aunque se discute qué se entiende por «necesario» a los efectos del art. 55.1 párrafo 2°, existiendo resoluciones que lo ligan al concepto de «inmovilizado» (AJM núm. 1 de Bilbao, de 22 de mayo de 2008 [AC 2008, 1152]) no parece que en todo caso pueda excluirse tal condición a los derecho de cobro o al numerario, (AJM núm. 2 de Bilbao de 14 de febrero de 2008, AJM San Sebastián, de 17/12/2008 y AJM núm. 1 de La Coruña, de 19 mayo 2006 [AC 2006, 2104]), pues: i) la Ley no distingue; ii) para una empresa en funcionamiento, los saldos bancarios y derechos de cobro son imprescindibles para seguir atendiendo compromisos y poder mantenerse activa; iii) la tesis excluyente conduce al estrangulamiento financiero de la concursada, y por ende, aboca al cese de actividad, que la LC no desea (art. 44 LC) y se contempla como excepción, al resultar contraproducente con la finalidad conservativa de la empresa, aparejando la extinción de relaciones laborales, no deseadas por el legislador...»

AAP Barcelona —1.ª— n.° 56/2007, de 26 de febrero

«En una concepción amplia es evidente que todo bien, incluido el metálico, va a resultar necesario para la continuidad de la actividad empresarial o profesional cuando esté directamente relacionado al sistema de producción o de comercialización. Sin embargo, hemos de tener en cuenta las diferentes connotaciones de las expresiones utilizadas por el legislador en los artículos 55 y 56 LC. En el primero se refiere a "bienes objeto de embargo que no resulten necesarios para la continuidad de la actividad profesional o empresarial del deudor", mientras que el segundo habla de "bienes afectos a la actividad profesional". El primero comprendería entonces todos los bienes que estén destinados al servicio de la actividad profesional o empresarial del concursado y por tanto también el metálico, siempre que no resulte de excedente (que en proceso concursal es difícil) y cuyo flujo sea utilizado para su reinversión o actividad ordinaria de la empresa. El segundo quedaría limitado a los bienes indispensables para mantener en funcionamiento los establecimientos del deudor».

L) Contrato de Datáfono

Llegados a este punto, hay que destacar la existencia de un Contrato denominado de «datafono», el cual forma parte, a nuestro entender, del propio servicio de Caja, pues a través del mismo, un tercero, al realizar un pago a través de su tarjeta bancaria, realiza un ingreso en la cuenta corriente que el comerciante o empresario mantiene con el Banco, si bien, es propiamente dicho, una operación de descuento, habida cuenta de que, el mejor hecho de que la tarjeta que el tercero adquirente del bien o servicio disponga de saldo bastante para debitarse el pago que realiza en su cuenta, ello está sujeto al buen fin de la operación, esto es, que haya sido utilizada por su real titular y no se trate de una clonación de la misma o utilización ilegítima de la tarjeta. Se utiliza este servicio instrumental a través de la suscripción de un contrato de adhesión y no convierte al Banco en garante respecto de las operaciones que un tercero haya podido realizar (**STS —1ª— n.º 396/2009, de 9 de junio**), como se acaba de expresar precedentemente.

Resulta muy duro, en la práctica usual concursal, tomar en consideración hechos tales como el derivado de cierto bastanteo de ciertos servicios jurídicos de una concreta entidad financiera, conforme al cual y al sistema informático de la misma, que «no conocen» lo que es el Concurso de persona física, han llegado a inutilizar el sistema de datáfono que cierto empresario venía utilizando, como todos; en el caso concreto, se trataba de un empresario que se dedicaba a la venta ambulante, yendo de pueblo en pueblo vendiendo sus productos de artesanía; la inutilización del datáfono suponía que todos los cobros derivados de la venta de dichos productos sólo podía realizarlos en efectivo y no a través de la tarjeta del comprador, lo que le suponía una clara reducción de las ventas, teniendo que recurrir al ingenio para que otro vendedor le facilitase su aparato de datáfono y luego compensarse los cobros y pagos, lo que conllevaba problemas fiscales para ambos, amén de que tenía que ir cargado todo el día con la recaudación en efectivo y, siendo así, que solía dormir en la furgoneta, representaba una problemática adicional. El razonamiento de la entidad financiera fue la de que no conocían que en fase de liquidación se pudiere contratar un datáfono y, decimos «contratar», de nuevo, pues la otra entidad con la que venía trabajando con el datáfono, le había cancelado éste; actitudes, las de ambas entidades, contrarias a la propia Exposición de Motivos de la LC, más concretamente, al principio de «conservación de la empresa»; el TRLC, en el último párrafo de su preámbulo ha concretado que «*El Derecho concursal se reivindica como una herramienta fundamental para la conservación del tejido empresarial y empleo*», mejorando, en algunos aspectos, no solo la primera redacción de la LC, sino otras posteriores, debiendo estar a su desarrollo práctico; y, no hablemos, de la «segunda oportunidad», pues tales actuaciones, de entrada, ya están impidiendo a dicha persona física a acceder a aquélla, pues están consiguiendo acabar con la actividad, lo cual va contra la motivación de la norma.

M) Contratos de Tarjeta

En primer lugar, hay que destacar los dos tipos de tarjetas que existen, dentro del denominado servicio de Caja, las cuales, en algunos textos vienen confundidas como «operaciones neutras», o confunden como dos especies distintas, las de «débito» de las de «cargo», todo lo cual, son absolutos errores conceptuales, si bien, hemos de añadir que, dados los avances informáticos, una misma tarjeta (identificable por su compleja numeración) puede tener una finalidad dual, esto es, ser de cargo y de débito al mismo tiempo, pudiendo elegir su titular la forma del pago, o en el acto, dentro de lo cual se entiende dentro del mes en que se realiza la disposición, o aplazado en el tiempo, mensual, trimestral, semestral o anualmente, aplazamiento que conlleva la concesión de crédito y el devengo de intereses remuneratorios; consecuentemente, la deuda o el crédito bancario, según desde donde se mire, dependerá de la existencia de saldo bastante (provisión de fondos) en la cuenta bancaria al momento del vencimiento, actual o aplazado, pues la tarjeta, no es más que un instrumento telemático de disposición o ingreso de fondos dinerarios.

La tarjeta denominada de «débito» o «cargo», que es lo mismo que «adeudo», esto es, asentamiento de los apuntes al Debe, los cuales se realizan por medio del uso de una tarjeta cuyo pago es inmediato al uso de la misma, tanto por pago por datafono como por extracción de fondos en los denominados «cajeros automáticos»; se trata del equivalente al talonario de cheques y no tiene mayor valor o uso real y jurídico, salvo que del mismo —evidentemente— no surge acción cambiaria. Para la seguridad del usuario de la tarjeta, se le entregan unas claves secretas, que puede modificar el propio usuario, si bien, a día de hoy, se pueden utilizar sin claves, a través del mero contacto directo entre la tarjeta y el datáfono, mediante la visualización del iris («*Face Id*») o, sencillamente, a través del teléfono móvil («*smartphone*» o similar), descargándose una aplicación informática («*App*»), con límites de disposición o sin límites.

De otro lado, nos encontramos ante la tarjeta denominada «de crédito», que no es en modo alguno una operación «neutra», esto es, que no es ni de activo ni de pasivo. En absoluto. La tarjeta de crédito, como su propio nombre expresa, es una operación de activo tal como lo es un crédito en cuenta corriente amparado en póliza, o un descubierto en cuenta corriente, la diferencia entre uno y otro radica en el soporte documental, en documento privado, en póliza intervenida fehacientemente, en tarjeta o en teléfono móvil; el funcionamiento en uno u otro es similar, si bien la tarjeta se renueva por períodos anuales salvo renuncia expresa del titular de la misma o desestimación por parte del Banco al no reponer los fondos. Si bien en la cuenta de crédito los pagos deben realizarse al vencimiento pactado, los pagos de las tarjetas de crédito se realizan de forma mensual o mediante el fraccionamiento especialmente convenido con el Banco.

La proliferación de las nuevas tecnologías, de un lado y, de otro, el camino dirigido hacia un mercado europeo integrado de pagos mediante tarjeta, por Internet o por móviles, amén del desarrollo del concepto de libre concurrencia en el Mercado financiero, han permitido la emisión de tarjetas de crédito o de débito por diversas grandes empresas, tales como supermercados como «Carrefour», incluso por la tecnológica «Google», lo cual se ha llevado a cabo a través de la Directiva (UE) 2015/2366 del Parlamento Europeo y del Consejo de 25 de noviembre de 2015 sobre servicios de pago en el mercado interior y por la que se modifican las Directivas 2002/65/CE, 2009/110/CE y 2013/36/UE y el Reglamento (UE) n o 1093/2010 y se deroga la Directiva 2007/64/CE, conocida como «PSD2» o «*Payement service directive 2*», por ser una revisión de la Directiva de 2013; además de lo dicho, esta Directiva europea tiene por objeto disponer de servicios de pago fiables y seguros para el buen funcionamiento del mercado de servicios de pago y así, proteger a sus usuarios de los riesgos inherentes a la utilización de tales medios de pago. Éstas son las normas de exclusión e inclusión de la aplicación de la Directiva:

> «... (23) La presente Directiva no debe aplicarse ni a las operaciones de pago efectuadas en efectivo, dado que existe ya un mercado único para los servicios de pago en efectivo. La presente Directiva tampoco debe aplicarse a las operaciones efectuadas por medio de cheques en papel, toda vez que dichas operaciones, por su propia naturaleza, no pueden procesarse tan eficientemente como otros medios de pago. Sería conveniente, no obstante, que las buenas prácticas en la materia se inspiraran en los principios enunciados en la presente Directiva.
>
> (24) Es preciso especificar las categorías de proveedores de servicios de pago que pueden legítimamente prestar servicios de pago en toda la Unión, a saber, las entidades de crédito que captan depósitos de los usuarios que pueden utilizarse para financiar operaciones de pago, las cuales deben seguir sometidas a los requisitos prudenciales establecidos en la Directiva 2013/36/UE del Parlamento Europeo y del Consejo (10), las entidades de dinero electrónico que emiten dinero electrónico que

puede utilizarse para financiar operaciones de pago, las cuales deben seguir sometidas a los requisitos prudenciales establecidos en la Directiva 2009/110/CE, las entidades de pago y las instituciones de giro postal habilitadas para prestar servicios de pago conforme a la legislación nacional. La aplicación de dicho marco jurídico debe quedar limitada a los proveedores de servicios que presten servicios de pago como ocupación o actividad empresarial habitual conforme a la presente Directiva. (25) La presente Directiva debe establecer las normas de ejecución de las operaciones de pago cuando los fondos adopten la forma de dinero electrónico, tal como se define en la Directiva 2009/110/CE. La presente Directiva no debe, sin embargo, regular la emisión de dinero electrónico establecida mediante la Directiva 2009/110/CE. Por consiguiente, las entidades de pago no deben estar autorizadas a emitir dinero electrónico…»

N) Las criptomonedas o bit coins

Acorde con la rapidez en la evolución de los tiempos, que siguen cambiando, como cantaba y sigue cantando Bob DYLAN, han aparecido en el mercado financiero, aunque con renuencias en el bancario, las llamadas «criptomonedas», «monedas virtuales» o, por su versión en Inglés «*bit coins*». Criptomoneda es una palabra compuesta de «kryptós» —κρυπτός en Griego—, significando «escondido» y de la palabra latina «*moneta*», calificativo del templo de la diosa Juno Moneta (la avisadora —del verbo moneo, *-es-, -ere*, advertir, avisar, advertir, de donde viene también proceso monitorio-), que designaba el lugar donde se acuñaba la moneda. Así pues, tendríamos que «criptomoneda» podría definirse, de manera próxima, como «moneda oculta» y, de manera remota como «advertencia oculta», lo cual, viene a ser una especie de oxímoron, en tanto en cuanto que lo que se oculta, no se puede advertir (verter o hacer girar), salvo que la pretendida ocultación, lo sea respecto de las autoridades financieras.

El día 8 de febrero de 2018, la CNMV y el BANCO DE ESPAÑA emitieron un comunicado conjuntamente advirtiendo de sus diferencias con el dinero de curso legal, las que se centraban en los siguientes puntos:

- No es obligatorio aceptarlas como medio de pago de deudas u otras obligaciones.
- Su circulación es muy limitada.
- Su valor oscila fuertemente, por lo que no pueden considerarse un buen depósito de valor ni una unidad de cuenta estable.
- Se negocian en plataformas no reguladas.

Con tales productos, siempre, según el comunicado precitado, se producen actuaciones de captación de fondos de inversores para financiar proyectos a través de las denominadas «ofertas iniciales de criptomonedas» o ICOs (*Initial Coin Offering*), denominación que puede referirse, tanto a la (i) emisión propiamente dicha de criptomonedas, como a la (ii) emisión de derechos denominados «*tokens*» o «vales», los que se ponen a la venta a cambio de aquéllas. Los *tokens* pueden ser:

- *Security tokens*: que otorgan participaciones en futuros ingresos o el aumento del valor de la entidad emisora o de un negocio.
- *Utility tokens*: dan derecho a acceder a un servicio o recibir un producto, sin perjuicio de lo cual, con ocasión de la oferta, se suele hacer mención a expectativas de revalorización y de liquidez o a la posibilidad de negociarlos en mercados específicos.

Advierten ambos reguladores en su comunicado conjunto que ninguna ICO ha sido registrada, autorizada o verificada por ningún organismo supervisor en Espala, lo que implica que no existen criptomonedas ni *tokens* emitidos en ICOs cuya adquisición o tenencia en España pueda beneficiarse de ninguna de las garantías o protecciones previstas en la normativa relativa a productos bancarios o de inversión y así, la Autoridad Europea de Valores y Mercados (ESMA) ha advertido de la existencia de (i) elevados riesgos para los inversores de perder el capital invertido al tratarse generalmente de inversiones muy especulativas sobre las que se proporciona una información, en muchos casos, inadecuada y (ii) recomendaciones y reglas dirigidas a las entidades que consideren participar en ellas. El precio del *token* podría ser muy volátil y los inversores pueden no tener la posibilidad de recuperar su inversión en un período prolongado, incluso, dependiendo de cómo se estructuren (estructura subyacente), las ICOs podrían no enmarcarse en la regulación de la UE, en cuyo caso, los inversores no podrían beneficiarse de la protección que la legislación europea ofrece, incluso podrían entrañar riesgo de fraude y de blanqueo de capitales.

Conforme el comunicado de la CNMV de 14 de noviembre de 2017, «las denominadas ICOs se presentan como una nueva vía de captar fondos del público utilizando «criptomonedas» o *tokens* (pueden llamarse también «initial token offering» o «venta de tokens») y utilizando la tecnología de registro descentralizado «blockchain». En una ICO, una compañía o una persona emite *monedas* o *tokens* y las pone a la venta a cambio de moneda tradicional (por ejemplo, euros) o, más habitualmente, de monedas virtuales como *bitcoin* o *ether*» Sus características son las siguientes:

- Algunas de estas monedas o tokens sirven para acceder o comprar un servicio o producto desarrollado por el emisor utilizando los beneficios de la ICO;
- Otras otorgan derechos de voto o participación en futuros ingresos de la entidad emisora;
- Algunas no tienen un valor tangible;
- Algunas «monedas» o tokens se negocian y/o pueden ser intercambiadas por monedas tradicionales o virtuales en plataformas especializadas de monedas, después de su emisión.

En muchas ocasiones los distintos actores implicados en la emisión, custodia y comercialización de «criptomonedas» (plataformas de intercambio, emisores de ICOs, proveedores de carteras digitales, etc.) no se encuentran localizados en España, de modo que la resolución de cualquier conflicto podría quedar fuera del ámbito competencial de las autoridades españolas y estaría sujeto al marco normativo del país en cuestión.

Así pues y, desde el punto de vista concursal bancario, nos hallamos ante lo que podríamos denominar un contrato de depósito, más que irregular, como lo sería la cuenta corriente bancaria, innominado, en tanto en cuanto que no hay un derecho de rescate, ni de unas monedas numeradas (regularidad del depósito), ni de una cantidad concreta de dinerario (IPFs), sino de un mero valor especulativo, similar al de las acciones cotizadas en Bolsa. El Tribunal Supremo los considera como los instrumentos informáticos a través de los cuales se realizan Negociaciones de Alta Frecuencia (NAF ó *HFT*) y los *bitcoins* no son susceptibles de retorno, dado su (i) carácter no material (ii) ni consideración legal de dinero, sino una unidad de cuenta de la red informática homónima:

STS —2.ª— n.º 326/2019, de 20.06.2019

«La negociación de alta frecuencia, también conocida en el ámbito financiero por su nombre en inglés *high-frequency trading* (HFT, por sus siglas en inglés), es un tipo de negociación que se lleva a cabo en los mercados financieros utilizando herramientas tecnológicas para obtener información del mercado, ejecutando, mediante algoritmos informáticos, múltiples y numerosas órdenes de compraventa en fracciones cortas de tiempo...

... Aun cuando la jurisprudencia de esta Sala ha expresado la obligación de restituir cualquier bien objeto del delito, incluso el dinero, los acusados no fueron despojados de *bitcoins* que deban serles retornados, sino que el acto de disposición patrimonial que debe resarcirse se materializó sobre el dinero en euros que, por el engaño inherente a la estafa, entregaron al acusado para invertir en activos de este tipo. Por otro lado, tampoco el denominado *bitcoin* es algo susceptible de retorno, puesto que no se trata de un objeto material, ni tiene la consideración legal de dinero.

El *bitcoin* no es sino una unidad de cuenta de la red del mismo nombre. A partir de un libro de cuentas público y distribuido, donde se almacenan todas las transacciones de manera permanente en una base de datos denominada *Blockchain*, se crearon 21 millones de estas unidades, que se comercializan de manera divisible a través de una red informática verificada. De este modo, el bitcoin no es sino un activo patrimonial inmaterial, en forma de unidad de cuenta definida mediante la tecnología informática y criptográfica denominada bitcoin, cuyo valor es el que cada unidad de cuenta o su porción alcance por el concierto de la oferta y la demanda en la venta que de estas unidades se realiza a través de las plataformas de *trading Bitcoin.*

Aun cuando el precio de cada *bitcoin* se fija al costo del intercambio realizado, y no existe por tanto un precio mundial o único del *bitcoin*, el importe de cada unidad en las diferentes operaciones de compra (por las mismas reglas de la oferta y de la demanda), tiende a equipararse en cada momento. Este coste semejante de las unidades de cuenta en cada momento permite utilizar al *bitcoin* como un activo inmaterial» de contraprestación o de intercambio en cualquier transacción bilateral en la que los contratantes lo acepten, pero en modo alguno es dinero, o puede tener tal consideración legal, dado que la Ley 21/2011, de 26 de julio, de dinero electrónico, indica en su artículo 1.2 que por dinero electrónico se entiende solo el "valor monetario almacenado por medios electrónicos o magnéticos que represente un crédito sobre el emisor, que se emita al recibo de fondos con el propósito de efectuar operaciones de pago según se definen en el artículo 2.5 de la Ley 16/2009, de 13 de noviembre, de servicios de pago, y que sea aceptado por una persona física o jurídica distinta del emisor de dinero electrónico"...

... el Tribunal de instancia no puede acordar la restitución de los *bitcoins*, siendo lo adecuado reparar el daño e indemnizar los perjuicios en la forma que se indicó en la sentencia de instancia, esto es, retornado a los perjudicados el importe de la aportación dineraria realizada (daño), con un incremento como perjuicio que concreta en la rentabilidad que hubiera ofrecido el precio de las unidades *bitcoin* entre el momento de la inversión y la fecha del vencimiento de sus respectivos contratos»

Así pues, nos hallamos con una *restitutio ad integrum id quod interest*, esto es, no la devolución concreta de lo que se «depositó», sino su contravalor específico en el momento de la inversión, en aquello que interesa, importe que deberá ser tratado concursalmente por la vía de la reparación de daños y perjuicios causados que, en razón al momento de su producción, deberán calificarse como ordinarios o con cargo a la Masa, pero no deben considerarse como subordinados, *ex* art. 281.1.4.º TRLC (antiguo art. 92.4.º

LC), pues no son sanciones pecuniarias, ni mucho menos, multas, dado que se trata de reintegrar el contenido económico de un derecho de crédito vulnerado y, por tanto, debe seguir la calificación común.

O) Compensación entre saldos

La prohibición de compensación de saldos recíprocos del art. 153 TRLC (antiguo art. 58 LC) declarado el concurso, no es absoluta y admite sus excepciones. Veamos qué sucede en las cuentas bancarias a través de las siguientes resoluciones que aluden a la compensación de saldos en cuenta corriente antes del concurso y sobre los contratos de permuta financiera también denominados «*swap*»:

SAP Barcelona —15ª— n.º 287/2007, de 21 de mayo

«No cabe comprender en la prohibición del art. 58 LC la compensación que tiene lugar por el tracto sucesivo de una relación contractual que sigue en vigor tras la declaración del concurso y cuya operativa técnica se asienta precisamente en el sistema de compensación automática por acuerdo de las partes y por la naturaleza propia de la dinámica contractual, como es el caso de la cuenta corriente de crédito en la que se reflejan las disposiciones e ingresos del acreditado. En tal supuesto, como es el presente, la compensación propia del sistema de cuenta corriente de crédito queda sustraída de la prohibición legal, porque el efecto inherente al sinalagma contractual determina que los ingresos efectuados en la cuenta compensan automáticamente el saldo deudor generado por el crédito dispuesto...". Si a este régimen hubieran quedado afectados los ingresos posteriores a la declaración de concurso, que se compensaban automáticamente con el saldo deudor de una póliza de crédito instrumentada en la cuenta corriente en que se practicaron los ingresos, con mayor motivo y, como un efecto reflejo del art. 58 LC, hemos de considerar que la compensación automática realizada antes de la declaración de concurso, cumpliendo con todos los requisitos de validez, no puede ser objeto de una rescisión concursal aduciendo la posible vulneración de la *par conditio creditorum*».

SJM-2 Madrid 01.03.2006

«Y debe tenerse en cuenta al respecto que, aun cuando —como es sabido— la mecánica propia de la cuenta corriente se funda en el principio de compensación, y, a pesar de que el art. 58 de la Ley Concursal es contrario en términos generales a la operatividad de dicho principio en el seno del concurso, lo cierto es que la doctrina se ha encargado de poner de relieve, acudiendo al Derecho comparado, cómo las legislaciones que cuentan con una norma equivalente al aludido art. 58 reconocen no obstante, como excepción a dicha regla general, la operatividad de la compensación en el seno del concurso en el caso de «operaciones conexas» o créditos «ex eadem causa», y, en especial, cuando se trata —como en el caso— de contratos de cuenta corriente mercantil («Comentario de la Ley Concursal», Angel Rojo y otros, pág. 1088, Edit. Thomson). Precisión ésta que se efectúa porque, aun cuando se trata de una cuestión exclusivamente concerniente a los créditos concursales, no obstante pudiera plantear problemas interpretativos la aplicabilidad del art. 58 LC a aquellos créditos que, no obstante aparecer calificados como créditos contra la masa, no lo sean por naturaleza y deban dicha calificación, exclusivamente, al ejercicio de la opción prevista en el art. 155-2 LC».

SAP Palencia —1ª— n.º 87/2014 de 2 de junio (relativa al *swap*)
«TERCERO.- Comoquiera que ambas partes procesales están de acuerdo en que la relación jurídica que les vincula es un **contrato de permuta financiera** de tipos de interés, celebrado al amparo de un contrato marco de compensación, no está de más señalar que tal figura jurídica no deja de ser más que un contrato atípico y aleatorio, en el que las partes quedan obligadas a intercambiar los pagos que resulten por aplicación de los tipos de interés pactados al nominal de referencia, y mediante la fórmula de la compensación, durante los períodos que se establezcan hasta el vencimiento del contrato. En su modalidad de tipos de interés, el acuerdo consiste en intercambiar sobre un capital nominal de referencia y no real (nocional) los importes resultantes de aplicar un coeficiente distinto para cada contratante denominados tipos de interés (aunque no son tales, en sentido estricto, pues no hay, en realidad, acuerdo de préstamo de capital) limitándose las partes contratantes, de acuerdo con los respectivos plazos y tipos pactados, a intercambiar pagos parciales durante la vigencia del contrato o, sólo y más simplemente, a liquidar periódicamente, mediante compensación, tales intercambios resultando a favor de uno u otro contratante un saldo deudor o, viceversa, acreedor. De otro lado, interesa destacar que el **contrato de permuta** de intereses, en cuanto suele ser que un contratante se somete al pago resultante de un referencial fijo de interés mientras el otro lo hace a uno variable, se tiñe de cierto carácter aleatorio o especulativo, si bien la doctrina rechaza la aplicación del art. 1799 Código Civil atendiendo a que la finalidad del contrato no es en sí la especulación, sino la mejora de la estructura financiera de la deuda asumida por una persona y su cobertura frente a las fluctuaciones de los mercados financieros. Así pues estamos ante un contrato en virtud del cual las partes acuerdan intercambiarse entre sí pagos de cantidades resultantes de aplicar un determinado tipo de interés (fijo contra variable o variable contra variable) calculado sobre un determinado importe de capital...
... Sin duda alguna, la cuestión más relevante invocada con el escrito inicial es la que se refiere a la existencia de **obligaciones recíprocas** entre la concursada y la demandante en este incidente concursal. En efecto, para la entidad bancaria actora del contrato suscrito por la ahora concursada surgen **obligaciones recíprocas**, en cuyo caso sería de aplicación el contenido del art. 84.2.6 de la LC, ya antes relatado, en cuyo caso nosotros citamos también el art. 61.2 de esa misma norma, en la que se señala que la declaración de concurso, por sí sola, no afectará a la vigencia de los contratos con **obligaciones recíprocas** pendientes de cumplimiento tanto a cargo del concursado como de la otra parte y que las prestaciones a que esté obligado el concursado se realizarán con cargo a la masa.

Se trata por lo tanto de definir si las obligaciones nacidas del referido contrato de permuta financiera tienen o no la consideración de recíprocas. No se define en la norma lo que hemos de entender por tales obligaciones, si bien la jurisprudencia del Tribunal Supremo sí lo ha hecho de forma reiterada, por ejemplo en la sentencia de 5 de julio de 2007 se indica que las obligaciones bilaterales y recíprocas tienen por contenido un sinalagma doble, el genérico en cuanto una atribución obligacional debe su origen a la otra, y el funcional significativo de la interdependencia que las dos relaciones obligacionales tienen entre sí en cuanto a su cumplimiento, de tal forma que cada deber de prestación constituye para la otra parte la causa por la cual se obliga, resultando tan íntimamente enlazados ambos deberes, que tienen que cumplirse simultáneamente. Del mismo modo, de las sentencias de 9 de diciembre de 2004 y de 30 de marzo de 2011 se deduce que las obligaciones recíprocas tienen unos efectos específicos debidos a su interconexión o interdependencia, el primero es la necesidad de cumplimiento simultáneo, en el sentido de que el acreedor de una obligación recíproca no puede exigir a su deudor que cumpla, si a su vez no ha cumplido o cumple al tiempo u ofrece cumplir la otra obligación recíproca de la que es deudor.

Pues bien, de acuerdo con tal doctrina bien puede concluirse que las obligaciones derivadas del contrato de permuta financiera de intereses objeto de estas actuaciones, no tienen la consideración jurídica de reciprocidad y, en consecuencia, no cabe aplicar ni el art. 84.2.6 de la LC ni tampoco el art. 61.2 de esa misma norma sobre los créditos contra la masa. La Sala comparte la doctrina sentada por numerosas resoluciones de tribunales que han resuelto sobre la misma materia que ahora nos ocupa, por ejemplo la sentencia de la Audiencia Provincial de Barcelona de 9 de febrero de 2011 donde se dice "aunque se hable de permuta financiera y de intercambio de los flujos derivados de la aplicación de un tipo de interés u otro, lo cierto es que del contrato no nacen obligaciones compensables, ni siquiera automáticamente, sino que el referido intercambio de flujos forma parte del mecanismo de cálculo o determinación, al tiempo de realizar la preceptiva liquidación, de una única obligación, para una de las partes. En concreto, y a los efectos que ahora nos interesan, de este contrato, con cada liquidación, no nacen obligaciones para ambas partes que automáticamente se compensan, sino que tan sólo cabe identificar una única obligación, tras la correspondiente liquidación, que puede ser a cargo de una o de otra parte".

En conclusión, no estamos aquí hablando de obligaciones recíprocas porque no existen relaciones vinculadas y simultáneas para las dos partes contractuales, es decir, que la prestación de una de las partes sea causa de la contraprestación de la otra. No olvidemos que para que podamos hablar de obligaciones recíprocas hace falta no sólo que exista un mismo contrato donde se establezcan obligaciones recíprocas o bilaterales con cargo a ambas partes, sino que la obligación de cada una de ellas haya sido querida como equivalente de la otra y que no se conciban unas obligaciones sin las otras. En el contrato de permuta financiera las obligaciones que deben cumplir las partes no están relacionadas entre sí en relación con los efectos antes indicados, es decir, que la obligación de una de las partes esté vinculada funcionalmente con la obligación de la otra y que el incumplimiento de una de las partes impida exigir el cumplimiento de la otra. En este caso, las obligaciones entre las partes no guardan esa relación causal porque de cada liquidación periódica de los intereses surge una sólo obligación para la parte deudora, al margen de las futuras liquidaciones que se realicen conforme a lo pactado. Esto significa que tales obligaciones son claramente autónomas en el sentido de que no dependen las unas de las otras, sino que van a depender de algo tan aleatorio como son las variaciones de los tipos de interés y que sólo se va a conocer con el paso del tiempo y cuando se haga cada liquidación. En definitiva, no podemos hablar de obligaciones recíprocas pendientes de cumplimiento por ambas partes, pues cada liquidación sólo determina la obligación de pago para una de ellas…»

Consecuentemente, habrá que analizar, en primer lugar, ante qué tipo de contrato nos hallamos y, en segundo lugar, si los requisitos para que opere la compensación, acorde con lo dispuesto en los arts. 1.195 y 1.196 C.c., para lo que no habrá que olvidar que las cuentas corrientes bancarias, o las cuentas de ahorro son, como decíamos precedentemente, «a la vista», esto es, vencidas, líquidas y exigibles en el acto.

También suscita cierta problemática el pago instrumental realizado por un tercero, fiador del concursado, en la cuenta que la concursada mantenía con la entidad financiera acreedora, cuenta en la que se recogían los pagos periódicos de las cuotas del préstamo o ya fuese la cuenta de crédito. Véase cómo lo soluciona la Jurisprudencia ante el ejercicio de una acción de reintegración del art. 226 y ss. TRLC (antiguo art. 71 LC):

SAP Sevilla —5.ª— n.º 511/2012, de 24 de octubre

«Primero.- El incidente concursal del que deriva el presente rollo tiene su origen en una demanda presentada por el Administrador Concursal contra el concursado y contra la CAJA DE AHORROS Y PENSIONES DE BARCELONA. Se trataba de una acción de reintegración de la masa ejercida al amparo de los artículos 71 y siguientes de la Ley Concursal. En esencia la citada Caja era acreedora del concursado en virtud de un préstamo concertado y vencido antes de la declaración del concurso, por lo que reclamó de la entidad avalista, AGENCIA DE INNOVACIÓN Y DESARROLLO DE ANDALUCÍA, el pago de la cantidad garantizada por la misma. Dicha avalista, una vez declarado ya el concurso, en lugar de ingresar directamente la cantidad a la acreedora, lo hizo en la cuenta que tenía la entidad concursada con la acreedora, de donde la misma retiró la cantidad de 299.980 €, cuyo reintegro es el que se pretende. De los hechos relatados, admitidos por todas las partes, resulta con claridad que la avalista a quien tenía la obligación de pagar y pretendía pagar era a la Caja y que, por tanto, el ingreso en la cuenta corriente de la entidad concursada no puede considerarse sino como un mero depósito a favor de un tercero que tenía pleno derecho a retirar un dinero que era de su propiedad. No ha habido por tanto ni compensación, ni afectación de la masa activa o pasiva del concurso, ya que el dinero no fue en ningún momento propiedad de la entidad concursada…»

2. LA CUENTA DE CRÉDITO

A) Concepto

El contrato de cuenta de crédito tiene por objeto la concesión de confianza o *credere* por parte del Banco a su cliente, poniendo a su disposición una suma limitada, esto es, sujeta a un límite pactado de numerario, a través de una cuenta bancaria, denominada «de crédito». La nota de la ajenidad de los fondos es la diferencia fundamental con el contrato de cuenta corriente, pues, a diferencia en ésta, no es preciso que el acreditado realice la provisión de fondos requerida por la cuenta corriente, dado que, con cargo al límite confiado, el acreditado puede disponer de fondos, no propios, sino ajenos, del Banco, que previamente no ha tenido que depositar; la duración del *credere* es por un tiempo limitado, a una fecha concreta llamada vencimiento, que puede ser prorrogada o no, según los términos que hayan concertado en el contrato llamado «póliza», al contrario de lo que sucede en la cuenta corriente, en el que no existe más límite de disposición que el de los fondos proveídos por el cliente al Banco y tampoco existe límite temporal, salvo el de la propia cancelación anticipada de la misma. De igual modo, en la cuenta corriente se puede domiciliar cualquier pago o realizar cualquier operación de adeudo o abono, mientras que en la cuenta de crédito sólo pueden hacerse las disposiciones, domiciliaciones o pagos, incluso los abonos o giros de efectos de Comercio que expresamente hayan sido convenidos y, así, la cuenta de crédito, amparada en su correspondiente póliza, puede permitir, a modo de mero ejemplo, realizar descuentos de efectos de giro y recoger sus impagados, lo cual sería una «póliza de cobertura de operaciones de riesgo», incluso a destinarla a realizar operaciones de comercio exterior, amparando o cubriendo créditos documentarios, sin permitir las anteriores. La concreción del objeto del crédito y la fecha en la que expira la posibilidad de realizarlo son, pues, las principales características convencionales que distinguen la cuenta de crédito de la cuenta corriente, pues, formalmente, la primera se concierta a través de una póliza intervenida por Fedatario público, mientras que la segunda se concierta en un documento privado sin precisar de dicha intervención.

En dicha cuenta de crédito se asientan y compensan, al igual que en la cuenta corriente, las diversas partidas al Debe y al Haber, sin diferenciación alguna, pues en definitiva, la cuenta de crédito no deja de ser una especie de la cuenta corriente, salvo el acotamiento expreso de las partidas que puedan asentarse en ella. No hay regulación legal de la misma, a excepción de la mención del art. 175.7ª C.com. («*abrir créditos en cuenta corriente*»), por lo que GARRIGUES[23] la define como «*aquel contrato por el cual el Banco se obliga, dentro del límite pactado y mediante una comisión que percibe del cliente, a poner a disposición de éste, y a medida de sus requerimientos, sumas de dinero o a realizar otras prestaciones que le permitan obtenerlo al cliente... es un contrato de concesión de crédito en el sentido, no de aplazamiento de una prestación, sino en el sentido del derecho a obtener del Banco dinero, otros medios de pago u otras prestaciones que permitan al cliente obtener dinero...*» Disponibilidad que, como decíamos precedentemente, no procede de la previa entrega de fondos, sino de la propia concesión de crédito y así aquélla no conduce a la restitución del dinerario, sino a la entrega del dinerario por el Banco al cliente, siendo, el Banco, inicialmente deudor de su acreditado, en tanto que obligado a la entrega del dinerario a su cliente para, a seguido y durante la vida del crédito, ser deudor y a su vez acreedor del acreditado, deudor, en tanto en cuanto debe poner a disposición del titular el saldo convenido disponible o no dispuesto por el cliente, lo que GARRIGUES denomina «promesa de conceder crédito» y acreedor, en la parte no dispuesta.

Por lo que respecta al devengo de intereses, se diferencia de la cuenta corriente en que en ésta, los intereses deudores se devengan caso de no haberse realizado por el cuentacorrentista la provisión de fondos necesaria y disponer o haber realizado pagos «en descubierto» o sin saldo acreedor, generándose, como reiteramos, un crédito, mientras que en la cuenta de crédito, se devengan, de un lado, intereses remuneratorios desde el primer euro que se disponga y, de otro, intereses moratorios, por haber dispuesto en exceso del límite contractual; por lo que hace a los intereses acreedores, en la cuenta corriente se devengan, en la actualidad, cuando son cuentas que conllevan una serie de condiciones, como la domiciliación de nóminas, pago de determinado número de recibos, expedición de tarjetas y otros, mientras que en la cuenta de crédito, no se pactan intereses acreedores, a favor del cliente, precisamente, por no tratarse de una cuenta de depósito, sin perjuicio de que técnicamente sí que admiten saldo acreedor, bien por haber realizado el acreditado ingresos que superan lo dispuesto o lo impagado por terceros.

B) Naturaleza jurídica

Destaca GARRIGUES la existencia de tres teorías al respecto: (i) la del contrato de préstamo, (ii) la del contrato preparatorio del préstamo y (iii) la del contrato consensual y definitivo de concesión de crédito. Coincido con el autor en el sentido de que únicamente tiene sentido esta última naturaleza, habida cuenta de que el préstamo se perfecciona en el momento de la entrega del dinero (art. 312 C.com.) y es a partir de este momento (el inicial de la firma de la póliza de préstamo) en el que se produce la exigibilidad y liquidez del mismo, mientras que el crédito nace en el momento en que se promete entregar dinerario y no será exigible y líquido hasta su vencimiento, pero siempre y cuando se produzca la disposición de dinerario, conociéndose el *quantum* en el préstamo desde su perfeccionamiento, mientras que en el crédito no se conoce hasta la realización de la operación última de liquidación y saldo de la cuenta de crédito, como consecuencia de todas las partidas al Debe y al Haber realizadas, mientras que en el préstamo, sólo se recogen abonos por los pagos a cuenta, que aminoran mediante una simple operación aritmética de resta, el débito inicial.

Podría llegar a pensarse, acorde con las dos primeras teorías que cada disposición representa un «préstamo», en tanto que procede devolverse la cantidad dispuesta o «prestada», nada más lejos de la realidad, pues las disposiciones se amalgaman, confunden o compensan con los ingresos que, en tanto que no tienen por qué coincidir con las disposiciones, no suponen un pacto imputado concreto, sino una aminoración del saldo deudor y no un pago del importe concreto de un asiento determinado, esto supondría la consideración de que cada disposición es un préstamo a pesar de lo cual, a nuestro entender, no queda desvirtuado el carácter condecente del crédito.

También debe ser considerado como un contrato bilateral, pues en el momento de perfección del contrato, firma de la póliza, se devenga y genera la obligación del acreditado de satisfacer una comisión al Banco, hágase uso o no del crédito, total o parcialmente, lo cual puede suponer el precio del crédito que GARRIGUES asimila al contrato de arrendamiento, siendo el crédito la cosa incorporal que se arrienda. En sede concursal debe entenderse que en la parte del límite no dispuesto del crédito sigue siendo una obligación a cargo del Banco acreedor a quien puede exigírsele por parte de la Administración Concursal la disposición de dicho límite no dispuesto, pero, siempre y cuando no agrave la Masa, lo cual parte de que se trata de una disposición concursalmente justa, como podría ser la de pagar créditos contra la Masa, tales como los salarios de los Trabajadores, los suministros, alquileres y demás, en consonancia con la continuación de la actividad del concursado y posibilidad de reintegrar a su vencimiento el saldo dispuesto pero, siempre y cuando así se hubiesen convenido las disposiciones en la Póliza de Crédito, pues de lo contrario, el Banco no estaría obligado a pagar lo no pactado, a conceder crédito dinerario de pagos ajenos al contrato.

El Alto Tribunal, por **STS de 27.06.1989** definió el contrato de cuenta de apertura de cuenta de crédito del siguiente modo:

> «... nos encontramos ante un contrato apertura de crédito en cuenta corriente, contrato que, como dice la sentencia de 12 de junio de 1976, "aunque aludido en el número 7.° del artículo 175 del Código de Comercio, no adquirió carta de naturaleza en nuestro ordenamiento positivo, hasta que lo introdujeron en él las sentencias de esta Sala que se citan en la de 1 de marzo de 1969 y las Resoluciones de la Dirección General de los Registros de 25 de febrero de 1933 y 16 de junio de 1936", y que se define por la doctrina como "contrato por el cual el Banco se obliga, dentro del límite pactado y mediante una comisión que percibe del cliente, a poner a disposición de éste, y a medida de sus requerimientos, sumas de dinero o a realizar otras prestaciones que le permitan obtenerlo al cliente", concepto sustancialmente coincidente con el acogido en la sentencia de 1 de marzo de 1969, al transcribir el artículo 439 del antiguo Código de Comercio para Marruecos; tal contrato, de carácter consensual y bilateral, no puede ser confundido con el contrato de préstamo regulado en los artículos 1.753 a 1.757 del Código Civil y 311 y siguientes del Código de Comercio, de naturaleza real, que se perfecciona por la entrega de la cosa prestada, y unilateral por cuanto de él sólo surgen obligaciones para uno de los contratantes, el prestatario. En consecuencia, falta el primero de los requisitos exigidos por el artículo 1.211 del Código Civil para la subrogación que en él se regula, precepto de interpretación restrictiva dada su excepcionalidad, no siendo idóneo para sustentar esa sustitución del sujeto activo de la relación obligatoria al amparo del citado artículo 1.211, el contrato de apertura de crédito entre el "Banco Hispano Americano, S. A." y la "Industria Laviada, S. A.", ya que no se produjo el hecho de haberse "tomado prestado el dinero" como exige el texto legal con indudable referencia al contrato de préstamo, sino la concesión de crédito por el Banco en la cuantía pactada, sin que la disponibilidad característica de la apertura de crédito pueda equipararse a la entrega del dinero en el préstamo...».

C) Elementos personales

De un lado, hemos de encontrar a la entidad financiera, en tanto que aperturante de un crédito o cuenta de crédito, la que será denominada como «acreedor», si bien y dada la generalidad de esta denominación mejor resulta denominarle como «acreditante» que tendrá como función esencial en el contrato de poder a disposición del otro elemento personal, denominado el «acreditado» una suma de dinero concreta y determinada, durante un tiempo limitado, a diferencia de la cuenta corriente a la vista, cuyo crédito queda indefinido, tanto en el tiempo como en el importe y al buen criterio del acreditante.

Normalmente y, máxime, tratándose de créditos concedidos a personas jurídicas, suelen intervenir, igualmente, los fiadores, solidarios o mancomunados, sus Administradores o sus socios, los cuales, inicialmente, ni pueden disponer de los fondos, no son acreditados, no deben, pasando a ser, directamente, deudores del saldo líquido dispuesto por el acreditado, a la llegada de su vencimiento y, de forma subsidiaria, esto es, si el acreditado no pagase dicho saldo.

D) Obligaciones de las Partes

GARRIGUES ([23]) define dos fases en la contratación; una primera que denomina de (i) «pura disponibilidad», en la que todavía no se ha hecho uso por parte del acreditado del crédito que la acreditante le ha realizado, comenzando, pues, en el momento de la firma de la póliza ante el fedatario público; y la otra, denominada de (ii) «disposición efectiva», que se caracteriza por el hecho de haber dispuesto el acreditado del crédito concedido. Puestas así las cosas, parece que se trata de fases o departamentos estancos, que no lo son, por cuanto que se hallan superpuestos, si bien pueden llegar a anular la una a la otra, en tanto que se hallen cumplidas las obligaciones de uno o del otro, esto es así, por cuanto que, tan pronto el acreditado haya dispuesto íntegramente del denominado «saldo disponible» el Banco acreditante cesará en su obligación de poner a disposición de aquél más dinerario; del mismo modo, la obligación esencial del acreditado que es la de reponer los fondos dispuestos —a su vencimiento— dejará de existir, tanto si no ha dispuesto, como si ya ha repuesto los fondos durante o al final del crédito.

La obligación del acreditante es única, la puesta a disposición del dinerario convenido por hasta el límite pactado, si bien, como reiteramos, las prestaciones pueden ser varias, tales como el pago de cheques, soportar la domiciliación de recibos o letras de cambio o descontarlos, con giros a cargo de terceros y soportar sus impagos correspondientes, tantas como el acreditado haya convenido con el acreditante en la póliza.

La obligación del acreditado consiste, esencialmente, en pagar el saldo debitado, así como la comisión o comisiones pactadas (apertura, estudio, disponibilidad de saldo, de renovación, etc.), comisiones que se calculan por aplicación de un porcentaje, bien sobre el límite pactado, bien sobre el saldo no dispuesto (a modo de penalización por no disponer). Sobre estas comisiones, la Jurisprudencia se ha manifestado en múltiples resoluciones, que deben responder a servicios efectivamente prestados por el Banco acreditante que, en el supuesto de que el acreditado fuere un consumidor o un usuario, hecho bastante inusual, quedaría amparado por lo dispuesto en el art. 62 TRLGDCU.

En cuanto al pago del saldo debitado, se estará, esencialmente, al tiempo del vencimiento del crédito o su prórroga o, al producirse alguna causa de las pactadas en la póliza que genere el vencimiento anticipado de la obligación, fundamentalmente la derivada del sobregiro mayor saldo deudor que el del límite o impago de intereses periódicos, esto es, mediando justa causa, bajo la que se encuentra la denominada «dignidad del crédito del cliente», esto es cuando el *credere* sufre demérito por razón a una disminución de solvencia del acreditado, impagos, ejecuciones en curso o, el simple «engaño» realizado por el acreditado al acreditante, destinando el dinerario a finalidad distinta de la pactada. Queda claro que, aunque lo digan los textos usuales de las entidades financieras que por causa de declararse en Concurso, o antes de 2003, en Suspensión de Pagos o Quiebra, no es causa para declarar el vencimiento anticipado del crédito, *ex* art. 158 TRLC (antiguo 61.2 LC), incluso puede ser objeto de rehabilitación el crédito por potestad del Administrador Concursal *ex* art. 166 TRLC (antiguo 68.1 LC), caso de que hubiere sido cancelado anticipadamente el crédito; no olvidemos, a estos efectos, que las cuentas de crédito suponen el denominado «capital circulante», que es la auténtica válvula económica de escape para poder hacer frente a sus necesidades de liquidez, como resulta, por ejemplo, del descuento de efectos de comercio a plazo, disposición de dinerario inmediato para hacer frente a obligaciones de pago de salarios o de créditos de Derecho público, en tanto en cuanto se trate de créditos contra la Masa.

E) Exigibilidad

La exigibilidad, contrariamente a la cuenta corriente a la vista, vendrá determinada contractualmente por la llegada del vencimiento convenido, salvo que se produzca una causa de vencimiento anticipado del mismo por causa justificada o indignidad del crédito, tal como resulta de un exceso de disposiciones sobre el límite o sobregiro.

No obstante el vencimiento pactado la Entidad financiera y el acreditado o, en su caso, la Administración Concursal pueden dejar sin efecto tal pacto conclusivo del crédito, de forma expresa, mediante el empleo de uno (1) de dos (2) sistemas, a saber y con GARRIGUES, la «prórroga del crédito» de la «renovación del crédito», operando la primera cuando se modifica simplemente el plazo o vencimiento, sin novación de las obligaciones esenciales del contrato, mientras que, si se alterasen éstas, por ejemplo, reduciendo el límite del crédito, los tipos de interés o las operaciones que ampara, tendría lugar la denominada «renovación del crédito», estando ante la presencia de un nuevo contrato que extinguió el contrato primitivo al vencimiento, pudiendo seguirse la misma cuenta de crédito o mismo IBAN, o aperturando otra cuenta con distinto IBAN; en el primero de los casos, resultaría imprescindible que en la póliza de crédito de renovación se recogiese expresamente la posibilidad de adeudar el saldo deudor amparado en la Póliza de crédito extinguida, o también de forma genérica, como sería la de permitir el adeudo de saldos deudores de cuentas bancarias, pues de lo contrario, no podría arrastrarse o adeudarse el saldo deudor de la Póliza extinguida en la cuenta de la nueva.

La exigibilidad requiere, no solo la realización de un extracto y un certificado como el del cierre de la cuenta corriente, sino además, para darle eficacia ejecutiva, que un Notario acredite que la liquidación que figura en el extracto contable se ha realizado en la forma pactada por acreditante y acreditado en la póliza, dando fe de la práctica liquidatoria, *ex* art. 573.1.2.º LEC, pero no de la legitimidad de los apuntes concretos, sino de su asiento contable, pues éstos pueden ser objeto de impugnación subjetiva o individualizada, por parte del acreditado, corriendo con ello, las reglas procesales de la carga probatoria.

F) Calificación concursal

Al igual que la cuenta corriente bancaria nos encontramos con un contrato sinalagmático y con prestaciones perfectamente divisibles, recíprocas pendientes de cumplimiento, como son, fundamentalmente, la obligación del Banco de puesta a disposición del acreditado de dinerario hasta el límite convenido, lo cual puede ser incesante, en tanto en cuanto que se reciban abonos en la cuenta de crédito, así como por parte del acreditado, el pago de los intereses y capital dispuesto en los términos convenidos. Funciona como la cuenta corriente con su cualidad de vencible a la vista, si bien, diferirá de aquélla, como queda dicho precedentemente, en la llegada del vencimiento, pacto temporal inexistente en la cuenta corriente. Dicho vencimiento no puede anticiparse por razón a lo dispuesto en el art. 158 TRLC (antiguo 61.2 LC), esto es, por la sola declaración de Concurso.

Se trata, en primer lugar y dado que vienen amparados en documento con fuerza ejecutiva que es la Póliza de Crédito debidamente intervenida por Fedatario público, debe ser tratado como un supuesto de reconocimiento necesario del art. 260 TRLC (antiguo art. 86.2 LC), en tanto en cuanto que dicho fedatario haya expedido la certificación a que alude el art. 573.1.2.º LEC y se hayan facilitado a la Administración Concursal los documentos a que alude el art. 573.1 LEC.

Dado que nos encontrarnos ante un saldo deudor en la cuenta de crédito del Concursado, debemos distinguir a la hora de su encuadramiento en el art. 269 TRLC (antiguo 84 LC) dos momentos, que vendrán delimitados por la fecha del dictado del Auto de declaración concursal y así:

a) Al día inmediatamente anterior al Auto de declaración del Concurso, nos encontraremos con un crédito concursal ordinario del art. 269.1 TRLC (antiguo art. 84.1 LC) en relación con el art. 269.3 TRLC (antiguo art. 89.3 LC), por resultar exigible a la precedente fecha y por el saldo deudor que presente la cuenta de crédito a la misma. Este supuesto parte del hecho conforme al cual el Crédito fue declarado vencido por la entidad financiera con anterioridad a la declaración del concurso, lo cual, suele ser la situación habitual.

b) Así, dentro de este supuesto, podría darse una doble situación, a saber: (i) que el Crédito se hallare vencido por la llegada de su vencimiento natural, en cuyo caso, la calificación no ofrecería dudas de ser calificado como crédito ordinario y (ii) que hubiere sido declarado el vencimiento anticipado del Crédito, por causa distinta a la del vencimiento, como por ejemplo, existencia de sobregiro, exceso de impagados y otras; en este segundo caso, podríamos encontrarnos ante un supuesto de posible rehabilitación del contrato *ex* art. 166.1 TRLC (antiguo art. 33.1.b).7.º LC) «*los contratos de crédito, préstamo y demás de financiación cuyo vencimiento anticipado por impago de cuotas de amortización o de intereses devengados se haya producido dentro de los tres meses precedentes a la declaración de concurso*». En la primera edición de este libro, por alusión al art.

33.2.b).7.º LC manifestábamos que «*debemos volver a criticar una vez más al Legislador, en tanto que confunde Préstamo y Crédito, pues exige que, para que se dé la rehabilitación del Crédito declarado vencido anticipadamente, lo sea por causa de impago de "cuotas de amortización" inexistentes en el Crédito, salvo que, en algunas Pólizas de renovación, refinanciación o reestructuración de deuda, se fijan "bajas" periódicas del límite, trimestrales, anuales, etc., pero una baja no puede considerarse nunca como una parte alícuota del capital prestado, entendida ésta como un divisor exacto del capital, pues los límites no precisan ser divisibles, como usualmente no lo son; no obstante lo cual, por mera analogía, debemos defender el error legislativo, pues, de lo contrario, resultaría incongruente el texto del precepto respecto de los créditos*». El art. 166.1 TRLC ha sabido distinguir entre (i) crédito, (ii) préstamo y demás (iii) contratos de financiación, pero sigue manteniendo por igual el concepto de «*impago de cuotas de amortización*», por lo que mantenemos la crítica en la parte no modificada. Por lo que hace al requisito del «*impago... de intereses devengados*», en el Crédito, resulta harto difícil, pues, los mismos se adeudan, si hay saldo disponible, en la cuenta de crédito, incrementando el débito. ¿Qué ha querido decir el Legislador, o cómo debemos interpretarlo?

A nuestro entender, se puede rehabilitar un crédito (i) no vencido por no haber llegado la fecha de su vencimiento natural o pactado, pues, como dice GARRIGUES, «*el crédito que ha muerto no puede revivir*», lo cual cobra especial relevancia en las cuentas de crédito con garantía real, como son las «hipotecas de máximo» o de simple apertura de crédito, respecto de las cuales la DGRN se pronunció mediante Resolución de 27 de noviembre de 1999 con la siguiente fundamentación jurídica:

«... *3. En este caso se trata de una hipoteca que garantiza, no una obligación de cuantía ya determinada, sino [d]el saldo resultante de la liquidación de la cuenta de crédito correspondiente a un contrato de apertura de crédito, de suerte que el plazo que es objeto de modificación se fija para la determinación del saldo exigible y no solo para el cumplimento de la obligación garantizada, ni mucho menos para la duración del mismo derecho de hipoteca (al vencimiento del plazo inicialmente pactado o, en su caso, de la prórroga puede el acreedor no reintegrado de su crédito utilizar la acción hipotecaria para hacer valer su derecho). Ciertamente, acreedor y deudor pueden, "inter partes", acordar la modificación del plazo de duración de la relación crediticia garantizada con hipoteca, pero, en el presente caso, al tratarse de una novación verificada una vez que ha vencido el plazo de duración inicialmente pactado, y al constituir el objeto de la garantía el saldo que arroje la cuenta corriente el día inicialmente determinado, es indudable que la modificación de éste que, por ende, puede implicar la de la cuantía exigible —constituye una alteración esencial de la obligación garantizada—; por ello, y habida cuenta que: a) Dada la accesoriedad de la hipoteca respecto de la obligación garantizada, la modificación de ésta comporta la alteración correlativa de tal derecho de garantía, y b) el principio de prioridad registral determina que, entre derechos reales que no sean incompatibles, el que primero acceda al Registro prevalecerá íntegramente sobre el posteriormente inscrito (cfr. artículo 17 de la Ley Hipotecaria), en tanto no medie la rectificación del asiento anterior (lo que precisará el consentimiento del titular respectivo o la oportuna resolución judicial —cfr. artículo 1 de la Ley Hipotecaria—; debe concluirse en el rechazo de la pretendida extensión temporal del alcance la hipoteca originaria en el reflejo registral de la modificación realizada, con la prioridad de rango de la inscripción de tal hipoteca, sin consentimiento de los titulares de cargas posteriores a ésta (cfr. artículos 115 y 144 de la Ley Hipotecaria)…».*

(ii) declarado vencido anticipadamente por incumplimiento de obligaciones, llamémosles, «objetivas» o «justas», como el sobregiro, exceso de devoluciones por impagos y otras más; además, (iii) sólo en el caso en que se haya producido la declaración de vencimiento anticipado del Crédito «*1… dentro de los tres meses precedentes a la declaración de concurso, … 2… La notificación del ejercicio de la facultad de rehabilitación a la otra parte del contrato* [la entidad financiera] *deberá realizarse por la administración concursal, antes de que finalice el plazo para presentar la comunicación de créditos*» esto es, del plazo de un (1) mes al que alude el art. 28.2.5.º TRLC (antiguo art. 21.1.5.º LC), lo cual es un auténtico ejercicio de malabarismo práctico, pues se le exige al Administrador Concursal una celeridad racional-contable superior a la que el Empresario o sus Asesores fiscales han podido tener y conocer respecto de la conveniencia o no del Crédito; ahora bien, no acaban aquí las exigencias para rehabilitar el Crédito, pues (iv) el precitado art. 166 TRLC (antiguo art. 68 LC) *o simultánea satisfacción o consignación de las cantidades debidas al momento de la rehabilitación y con asunción de los pagos futuros con cargo a la masa*», lo cual supone un acto de magia dineraria a realizar por el Administrador Concursal, pues, en dicho plazo, recién conocida a la Empresa concursada, con insolvencia actual notoria, debe sacar «de la chistera jurídico-económica» dinero suficiente como para pagar el saldo deudor del crédito, íntegro, incluidos intereses. Se mantiene, no obstante, la facultad de oposición del acreedor financiador, del derogado art. 68.2 LC, en el supuesto de que antes de la declaración de concurso hubiere iniciado su acción de reclamación de cantidad, no solo contra el deudor, sino contra sus codeudores solidarios (no contra los mancomunadOs) o contra cualquier garante sin distinción de si la garantía es real, personal, o ambas.

c) Así pues, en el supuesto que se acaba de expresar, procedente de la rehabilitación del Crédito, por los movimientos que, con la debida autorización del Administrador Concursal se generen con posterioridad a la fecha del Auto, de deberán calificar como crédito contra la a Masa del art. 242.10.º TRLC (antiguo art. 84.2.5.º LC), en relación con el art. 166.1 TRLC (antiguo art. 68.1 LC), en tanto que se haya generado como consecuencia de la actividad empresarial o profesional del deudor con posterioridad a dicha declaración concursal.

d) No obstante lo dicho, puede darse igualmente la calificación de subordinado de la totalidad del crédito o saldo deudor, tanto por el supuesto del apartado «a)» como por el del apartado «b)» si nos encontrásemos ante una obstaculización de forma reiterada por parte de la entidad financiera del cumplimiento del contrato en perjuicio del interés del concurso, acorde con lo dispuesto en el art. 281.1.6.º TRLC (antiguo art. 92.7º LC), esto es, en el supuesto de que, habiendo saldo disponible o no dispuesto en la cuenta de crédito, la entidad financiera se negase en la forma antedicha a permitir que se efectuasen disposiciones, debidamente justificadas y necesarias para la buena marcha empresarial del Concursado, esto es, incumpliese sus propias obligaciones.

G) Cuestiones concursales

Sobre la admisibilidad de la compensación saldos en la cuenta de crédito hay que destacar la **SAP Barcelona —15ª— 30.09.2008**, acorde con la de **21.05.2007** del mismo Tribunal y Sección.

SAP Barcelona —15ª— 30.09.2008

«Se cita a continuación la Sentencia de esta Sala de 21 de mayo de 2007 para que sirva de antecedente que debe guiar la solución al presente conflicto. Pero el supuesto allí contemplado no es similar a este. En aquel litigio, decíamos en aquella Sentencia, el Banco no hizo uso de una cláusula de compensación convencional como la que ahora examinamos (aplicando saldos dinerarios obrantes en otras cuentas o en general depósitos, créditos o derechos, líquidos o no, de la concursada obrantes o depositados en la entidad de crédito), sino que, reproducimos textualmente, "estando la póliza de crédito operativa tras la declaración del concurso, fueron efectuados ingresos en la propia cuenta corriente de crédito vinculada, por mérito de la gestión de cobro de efectos comerciales y otras operaciones, de tal modo que, al tiempo que minoraban el saldo deudor a cargo del acreditado por compensación automática, se incrementaba el saldo crediticio disponible", explicando seguidamente que "lo que ha tenido lugar no es una compensación prohibida por el art. 58 LC, sino la reducción del saldo deudor existente a la fecha del concurso a consecuencia de la operativa consustancial a la póliza de crédito de acuerdo con el sistema de cuenta corriente vinculada, que produjo sus naturales efectos tras ser declarado el concurso, ya que el contrato continuó vigente". Por eso se razonaba en aquella Sentencia que "No cabe comprender en la prohibición del art. 58 LC la compensación que tiene lugar por el tracto sucesivo de una relación contractual que sigue en vigor tras la declaración del concurso y cuya operativa técnica se asienta precisamente en el sistema de compensación automática por acuerdo de las partes y por la naturaleza propia de la dinámica contractual, como es el caso de la cuenta corriente de crédito en la que se reflejan las disposiciones e ingresos del acreditado. En tal supuesto, como es el presente, la compensación propia del sistema de cuenta corriente de crédito queda sustraída de la prohibición legal, porque el efecto inherente al sinalagma contractual determina que los ingresos efectuados en la cuenta compensan automáticamente el saldo deudor generado por el crédito dispuesto, quedando sometida la relación, como concluye el Sr. Magistrado, al régimen de los contratos pendientes de ejecución (art. 61 LC), ya que la Administración Concursal y la concursada optaron por la vigencia de la relación crediticia tras ser declarado el concurso, sin que el Banco anticipara el vencimiento". Esta operativa no es la que ha dado origen a la demanda de reintegración. En este caso no se han efectuado ingresos por la acreditada-concursada en la cuenta de crédito abierta por virtud de la póliza de referencia, siguiendo la dinámica pactada para disminuir el saldo deudor, en particular los obtenidos por el pago de las facturas descontadas, sino que la entidad de crédito, con pretendido amparo en una cláusula que le faculta para compensar cualesquiera bienes, saldos o derechos que pudiera ostentar frente a ella la acreditada por cualquier título, ha rescatado unas participaciones en un fondo de inversión y ha aplicado el producto al saldo deudor de la cuenta de crédito».

En igual sentido que la resolución precedente, de la misma Sala cabe citar la resolución que, seguidamente, reproducimos que se fundamenta, en sede de cuenta de crédito analiza la compensación y la rescisión de los pagos realizados antes de la declaración de Concurso, dentro del período denominado sospechoso y, en igual sentido que la que, seguidamente transcribimos, se pronuncia la de **SAP León —1ª— n.º 449/2010, de 12 de noviembre**:

SAP Barcelona —15ª— 30.03.2009

«SEGUNDO: El art. 71.1 LC declara rescindibles los actos perjudiciales para la masa activa, realizados por el deudor dentro de los dos años anteriores a la declaración de concurso. El acto de disposición que ha sido objeto de rescisión es un pago de un crédito que la concursada tenía con el Banco Popular, por un importe de 279.356'20 euros. La controversia en esta alzada gira en torno a dos cuestiones: la primera, si el pago de esta deuda lo hizo HERGAR, esto es si el acto impugnado era un acto de disposición del deudor o, si, por el contrario, se trata del pago hecho por un tercero. Esta primera cuestión no es irrelevante, pues el objeto de la acción rescisoria concursal recae sobre los actos de disposición de la concursada, no de terceros. La segunda cuestión versa sobre la valoración del perjuicio, teniendo en cuenta que el acto de disposición es un pago de una deuda debida. Ambas cuestiones las resolveremos mejor si tenemos presente los hechos relevantes que han resultado acreditados. En primer lugar, HERGAR había concertado con el Banco Popular una póliza de cuenta de crédito por un límite de 85.000 euros, que se instrumentó en la c/c 0075-1455-9105 0000 1960 (ff. 12 y ss.). Esta póliza tenía un vencimiento de fecha 28 de febrero de 2007. En el extracto de la referida cuenta queda constancia de que entre los días 11 de noviembre y 1 de diciembre de 2006, se hicieron seis ingresos en dicha cuenta por un importe total de 278.356,20 euros (ff. 16 y 17). Si examinamos con detalle esa cuenta, se advierte que con ella operaba la sociedad, y que estos ingresos sirvieron para reducir el saldo deudor dentro del límite de disposición, pues con frecuencia se había traspasado este límite, y de hecho, tras el último ingreso el saldo se situó en -84.994,08 euros, y cuando se cerró la cuenta, tras su vencimiento, el 5 de marzo de 2007, el saldo era de -83.755,48 euros. La administración concursal aporta un extracto del Libro Mayor de la compañía, de la cuenta de socios 5530000, en la que aparecen las mismas cantidades que fueron objeto de ingreso en la cuenta de crédito del Banco Popular como aportaciones a la sociedad del socio Calixto (f. 18). Por su parte, el Banco Popular acredita documentalmente que los seis ingresos realizados en la cuenta de crédito antes indicada de HERGAR provenían de seis transferencias o ingresos... Conviene no perder de vista que los actos impugnados son los pagos de estas cantidades, que ascienden a un total de 278.356,20 euros, a favor del Banco Popular, realizados dentro del periodo sospechoso. Podría discutirse, como hacen las partes, si a la vista de la reseñada documentación, hubo primero una aportación dineraria por Calixto a favor de la sociedad, ingresando estas cantidades en la cuenta que tenía en el Banco, o si se trató de un pago realizado por tercero de la deuda que HERGAR tenía con el Banco, pero esta cuestión deviene al final irrelevante, pues la materialidad del pago, aunque conviniéramos que fue realizada por la propia concursada, no constituye un perjuicio para la masa activa del concurso. Aunque los pagos hechos con anterioridad a la declaración de concurso constituyen lógicamente una disminución del haber del deudor, y reducen la garantía patrimonial de los acreedores, no por ello podremos considerar todos ellos perjudiciales para la masa. Por supuesto que los pagos indebidos, o que no pueda justificarse la obligación vencida y exigible a que se imputan, son por si mismos perjudiciales, porque conllevan un sacrificio patrimonial injustificado. Si no se demuestra la concurrencia de otra causa, habría que concluir que es la mera liberalidad, propia de los negocios gratuitos. Por su parte, los pagos anticipados por su propia naturaleza resultan injustificados, cuando existen otros créditos vencidos y exigibles, razón por la cual el legislador presume el perjuicio sin prueba en contrario (art. 71.2 LC). Fuera de estos casos, para que pueda rescindirse un pago debido, vencido y exigible, será preciso que suponga al mismo tiempo una alteración de la *par conditio creditorum*. Es en atención a que suponen el favorecimiento de uno o varios acreedores que, en detrimento de las perspectivas de cobrar del resto, se verán libres de tener que concurrir al concurso y de sujetarse al orden de preferencias legalmente establecido para cobrar sus créditos, por lo que se pueden llegar a considerar perjudiciales. Pero para que constituyan una vulneración de la *par conditio creditorum* será necesario que, al tiempo de ser realizados, el deudor ya esté en estado de insolvencia, y por lo tanto obligado a presentar el concurso (arts. 5 y 2.2 LC), y que el pago no pueda considerarse "acto ordinario de la actividad profesional o empresarial del deudor realizado en condiciones ordinarias", en la medida en que está excluido expresamente por el art. 71.5 LC. Antes de entrar a analizar estas circunstancias, en el presente caso concurre otra que condiciona la rescindibilidad del acto de disposición, cual es que el pago se hizo por compensación, como puede verse del propio extracto de la cuenta en que se ingresaron esas cantidades. En realidad, al margen de la causa por la que Calixto y la sociedad PRO RUCAST, S.L. hicieran esos ingresos en la cuenta de HERGAR, que podría ser la propia de las aportaciones del primero, socio de HERGAR, a la sociedad, lo verdaderamente relevante es que al ingresarse en la cuenta corriente de crédito que dicha sociedad tiene abierta en el BANCO POPULAR, por virtud del contrato de apertura de crédito, dichas cantidades se compensaron automáticamente con el saldo deudor. El juicio sobre el perjuicio que pueda entrañar la satisfacción de un crédito por medio de la compensación no coincide con el realizado para el caso del pago, pues aunque no deja de ser una forma de extinción de una obligación de pago —a costa de un crédito a favor de la concursada (arts. 1195, 1196 y 1202 C.C), tiene un tratamiento concursal especifico. Dentro del concurso, el tratamiento de estos dos modos de satisfacción de un crédito concursal no es idéntico: mientras que no cabe el pago del crédito concursal, sino es de acuerdo con las soluciones concursales (en el convenio o en la liquidación y pago) y de acuerdo con la *par conditio creditorum*, la prohibición de compensación no es absoluta. El art. 58 LC admite la compensación practicada con posterioridad a la declaración de concurso siempre que sus requisitos hubieren existido con anterioridad a la declaración. Por lo que, para no hacer de peor condición la compensación realizada antes del concurso, que la posterior, el juicio sobre el perjuicio debe quedar reducido en principio a la concurrencia de los requisitos de la compensación. Esto es el pago por compensación realizado durante el periodo sospechoso estará justificado, y por lo tanto no cabra apreciar perjuicio, siempre que para entonces se cumplieran los requisitos exigidos para su validez. En nuestro caso, la compensación practicada por el Banco Popular con el ingreso de aquellas seis cantidades en la cuenta de crédito abierta a nombre de la sociedad concursada no fue legal sino convencional, y se practicó al amparo del acuerdo de compensación automática contenido en la propia póliza de crédito, de forma que al tiempo que minoraban el saldo deudor del acreditado, se incrementaba el saldo crediticio disponible. En un caso muy similar al presente, en que los ingresos y la compensación se practicaron una vez declarado el concurso, como consecuencia de ingresos en la cuenta de crédito y, en concreto, de la gestión de cobro de efectos comerciales y otras operaciones, concluimos que no estaba afectada por la prohibición del art. 58 LC [sentencia de 21 de mayo de 2007 (RA 54/2007)]. Vale la pena traer a colación lo que entonces argumentábamos al respecto: "No cabe comprender en la prohibición del art. 58 LC la compensación que tiene lugar por el tracto sucesivo de una relación contractual que sigue en vigor tras la declaración del concurso y cuya operativa técnica se asienta precisamente en el sistema de compensación automática por acuerdo de las partes y por la naturaleza propia de la dinámica contractual, como es el caso de la cuenta corriente de crédito en la que se reflejan las disposiciones e ingresos del acreditado. El tal supuesto, como es el presente, la compensación propia del sistema de cuenta corriente de crédito queda sustraída de la prohibición legal, porque el efecto inherente al sinalagma contractual determina que los ingresos efectuados en la cuenta compensan automáticamente el saldo deudor generado por el crédito dispuesto...". Si a este régimen hubieran quedado afectados los ingresos posteriores a la declaración de concurso, que se compensaban automáticamente con el saldo deudor de una póliza de crédito instrumentada en la cuenta corriente en que se practicaron los ingresos, con mayor motivo y, como un efecto reflejo del art. 58 LC, hemos de considerar que la compensación automática realizada antes de la declaración de concurso, cumpliendo con todos los requisitos de validez, no puede ser objeto de una rescisión concursal aduciendo la posible vulneración de la *par conditio creditorum*.

TERCERO: Pero, además, este acto puede considerarse que está excluido de la rescisión concursal por virtud del art. 71.5 LC, por tratarse de "acto ordinario de la actividad profesional o empresarial del deudor realizado en condiciones ordinarias". El contrato de apertura de crédito en cuenta corriente concertado por HERGAR con BANCO POPULAR servía no sólo para requerir crédito hasta el límite pactado, 85.000 euros, cuando lo necesitara HERGAR, sino también para realizar reembolsos totales o parciales sobre las cantidades recibidas, con la finalidad de poder ser nuevamente utilizado en la medida en que era reintegrado, lo que tiene gran importancia si, como es el caso, HERGAR utilizaba también los servicios de caja, como se desprende del extracto de la cuenta. Los reintegros practicados como consecuencia de estos seis ingresos fueron encaminados a reducir la deuda a los límites del crédito concedido, y así se desprende del propio extracto de la cuenta, donde se aprecia que cada ingreso vino precedido y, por ello, motivado por una situación de exceso en la disposición del crédito por encima de lo pactado, y la consecuencia de tales ingresos fue reducir el crédito dispuesto a una cifra muy poco inferior al límite pactado (84.994,08 euros), y así cuando se canceló la póliza el saldo deudor era de -83.755,48 euros. Se trata de un acto ordinario, si se dispone de una póliza de crédito en cuenta corriente a través de la que se realizan cobros y pagos, derivados de su actividad mercantil, pues va encaminada a mantener la póliza dentro del límite pactado y evitar la resolución anticipada por el Banco, lo que redundaría en el vencimiento anticipado de la deuda y su inmediata exigibilidad; y fue realizado en condiciones ordinarias, pues se hizo a través de ingresos de terceros y no pretendió la amortización anticipada del crédito, sino tan sólo conservar el mismo reduciendo el saldo deudor por debajo del límite de disposición pactado...»

Respecto de la calificación de la cuenta de crédito como concursal o contra la Masa se pronuncia la siguiente resolución:

SAP Asturias —1ª— 19.10.2009

«PRIMERO.- La Sentencia de fecha 5 marzo 2007 dictada por el Juzgado de lo Mercantil nº 1 de Oviedo resuelve la demanda incidental planteada por el "Banco Santander Central Hispano, S.A." en la que se reclama que el saldo deudor por importe de 74.940,23 euros derivado de la póliza de crédito concertada con la concursada "Construcciones Obras y Montajes del Principado, S.L." sea considerada como crédito con cargo a la masa. La Sentencia recurrida, partiendo de que nos hallamos ante un contrato bilateral que genera obligaciones para ambas partes contratantes, que en consecuencia y tras la declaración de concurso no perdió su vigencia por aplicación de lo dispuesto en el art. 61 L.C., pues no consta que la Administración concursal hubiera solicitado la resolución del contrato ni que la cuenta de crédito se hubiera cerrado, concluye que el crédito que el Banco mantiene por la liquidación de la operación realizada tras la fecha de la declaración tiene la naturaleza de crédito contra la masa. Frente a tal pronunciamiento se alza en apelación la Administración concursal alegando en su recurso primeramente el error en la valoración de la prueba en que dice haber incurrido la juzgadora de primera instancia, puesto que la Administración concursal no dispuso de la cuenta de crédito post concurso, a lo que añade que el Banco demandante no ha aportado al incidente ni el original ni la copia del contrato de crédito, por lo que no ha quedado demostrada la existencia del pacto de compensación convencional que invoca. En cuanto a la demanda reconvencional la apelante insiste en la diferencia existente entre los cobros postconcursales de 108.362,95 euros y los pagos postconcursales de 66.148,20 euros, todo lo cual arroja una diferencia a favor de la masa por importe de 42.214 euros a cuya entrega solicita sea condenada la entidad bancaria.

SEGUNDO.- Los datos de los que partimos para la solución del presente recurso vienen dados en su mayor parte por las propios hechos afirmados o reconocidos como ciertos por una y otra parte litigante en sus respectivos escritos rectores, y ello ante la sorprendente parquedad probatoria que aqueja a este procedimiento de incidente concursal. Así encontramos primeramente que la ahora "Construcciones Obras y Montajes del Principado, S.L." —OMP— tenía concertada con el Banco Santander Central Hispano una póliza de crédito a interés fijo por un límite de 120.000 euros y con una fecha de vencimiento, tras la última de las renovaciones, el día 22 enero 2006, viniendo identificada la cuenta en la que se abrió el crédito en el escrito de demanda como la nº 00490861850108602490001. La primera de las anomalías probatorias viene dada por la falta de aportación a las actuaciones la repetida póliza, si bien tanto la realidad de su existencia como los datos referidos al límite de disponibilidad y a la fecha de vencimiento son admitidos como ciertos por la Administración concursal. Consta asimismo que la concursada OMP también tenía abierta en la entidad bancaria una cuenta corriente, la nº 00490861802110849377, que aun cuando tampoco es aportada documentalmente a las actuaciones es reconocida como cierta por el BSCH en la contestación a la reconvención. A partir de aquí expone la Administración concursal en su demanda reconvencional, insistiendo en tales alegaciones en el recurso que ahora nos ocupa, que con posterioridad a la declaración judicial de concurso, acontecida el 12 diciembre 2005, el banco recibió una serie de ingresos correspondientes a otros tantos pagos llevados a cabo por deudores de OMP, como fueron.... Sostiene la apelante que dichos cobros fueron destinados unilateralmente por la entidad bancaria a la cuenta de crédito con la intención de minorar el saldo deudor existente a la fecha del concurso en lugar a abonarlos a la cuenta corriente que tenía abierta la concursada, siendo esta última opción la que era procedente por cuanto no cabe que el Banco llevara a cabo una imputación unilateral de tales ingresos sin consentimiento expreso o tácito de la Administración concursal, máxime cuando esas fueron la instrucciones verbales dadas a la entidad bancaria. Para resolver este extremo habremos de tener presente una vez más la absoluta orfandad probatoria que rodea a semejante alegación al no aparecer en los autos ninguno de los soportes documentales relativo a tales ingresos, disponiendo únicamente del dato relativo a la imputación de tales pagos en la cuenta de crédito tal y como se refleja en la liquidación de dicha operación acompañada como doc. nº 1 de la demanda. Es cierto también que la propia Administración concursal admite expresamente en su escrito de reconvención que los repetidos pagos se encontraban en realidad domiciliados con anterioridad al concurso en la entidad bancaria, sin que aquélla hubiera dispuesto de tiempo material después de la declaración de concurso para redomiciliar expresamente su cobro en la cuenta corriente. Ahora bien lo relevante a los fines que nos ocupan es que, con independencia de que la actuación del Banco fuera o no unilateral o que mediara la antedicha domiciliación, lo bien cierto es que una vez declarado judicialmente el concurso la entidad bancaria no puede imputar los pagos recibidos a la cuenta de crédito con la finalidad de minorar el saldo deudor. No se trata de que con ello se esté llevando a cabo una compensación que vulnere lo dispuesto por el art. 58 L.C., pues la práctica que esta norma prohíbe es la aplicación de la función solutoria que dicha compensación conlleva al margen de los específicos mecanismos de pago previstos en la Ley para los créditos de naturaleza concursal. Por el contrario, en el caso presente nos hallamos ante el saldo deudor que arroja una cuenta de crédito cuya fecha de vencimiento prevista lo será con posterioridad a la declaración misma del concurso por lo que, como más adelante se razonará, se trata de un crédito contra la masa. La norma que por lo tanto regula tales pagos será la contenida en el art. 154 L.C. y más concretamente las reglas generales contenidas en su apartado 1 a cuyo tenor "Antes de proceder al pago de los créditos concursales, la administración concursal deducirá de la masa activa los bienes y derechos necesarios para satisfacer los créditos contra ésta", y en su apartado 2 que reza "Los créditos contra la masa, cualquiera que sea su naturaleza, habrán de satisfacerse a sus respectivos vencimientos, cualquiera que sea el estado del concurso". De lo anterior se deriva que el pago de tales créditos contra la masa únicamente podrá ser llevado a cabo por la Administración concursal y siguiendo el orden ya citado, por lo que en modo alguno será lícito que la entidad bancaria aplique los cobros recibidos al saldo deudor, pues ello sería tanto como satisfacer un crédito contra la masa con vulneración de las normas que regulan su régimen de pagos, encontrándose por lo tanto el Banco Santander Central Hispano en adeudar a la masa del concurso la suma de... CUARTO.- Queda por resolver finalmente la naturaleza que ha de revestir el repetido saldo deudor a cuyo propósito habremos de considerar en primer lugar que el contrato se mantuvo en efecto vigente tras la declaración del concurso pues, con independencia de la circunstancia de que se hubiera dispuesto o no del saldo postconcurso por su titular, lo cierto es que tratándose de un contrato con obligaciones recíprocas pendientes de cumplimiento por una y otra parte, su vigencia opera por virtud de lo dispuesto en el art. 61.2 L.C. en tanto no se declare judicialmente su resolución por alguna de las vías contempladas en el art. 61-2 párrafo segundo o en el art. 62 L.C., nada de lo cual tuvo sin embargo lugar. Debe añadirse a ello que la fuente de las obligaciones aparecen señaladas en el art. 1.089 C.C. por lo que tratándose la presente de una obligación contractual su fecha de nacimiento no puede ser otra que la prevista en el propio contrato del que deriva. En tal situación, teniendo presente que el vencimiento pactado en la póliza lo era con fecha 22 enero 2006, con posterioridad por lo tanto a la declaración de concurso, la conclusión habrá de ser forzosamente la de declarar dicho saldo como un crédito con cargo a la masa de conformidad con lo dispuesto en el ordinal 6º del art. 84-2 L.C...»

3. CONTRATO DE PRÉSTAMO DINERARIO

Préstamo procede, etimológicamente, del verbo latino «*præsto, -as, -are, -stiti, -stitum*», significando «ser fiador de, responder de» y otros significados similares, procedentes de la conjunción del adverbio «*præ*», significando «delante, frente a» y el verbo «*sto, -as, -are, steti, statum*», significando «estar de pie»; la acción de prestar, la define COVARRUBIAS (*op. cit.*) como «*dar alguna cosa en uso, para que se buelva*», podríamos decir, entregar algo que debe ser retornado a la situación previa (*præ*), al *statu quo* (misma raíz etimológica «*st-*») o momento previo a aquél en el que se le dio la cosa entregada.

Se trata, pues, del ejemplo más recurrente para ejemplificar el contrato *real* y *unilateral* en el sentido de que el contrato de préstamo, en los términos dispuestos por el art. 312 C.com. ([16]), en tanto que el préstamo, dado su carácter real, se perfecciona con la sola entrega de la *res*, de la cosa prestada, por parte del Banco del dinerario convenido y es a partir de este momento, en el cual surge la obligación del receptor del dinerario, de devolverla en los términos y condiciones pactados, conjuntamente con el interés remuneratorio o precio, y, en su caso, el moratorio o sanción, que constituyen la verdadera causa del contrato, contrariamente al contrato de Crédito que, como decíamos previamente, no se produce una entrega de dinerario, sino una puesta de éste a disposición del acreditado. Respecto de la consideración de los intereses como el precio o alquiler del préstamo, ya referimos a MONTESQUIEU[44] diciendo que «*el dinero, que es el precio de las cosas, se alquila y no se compra*».

Este tipo de contratos, al igual que los de apertura de crédito, vienen documentados en pólizas, en las que se fijan los términos y condiciones para su cumplimiento, incluso el vencimiento anticipado del mismo y, en su caso, garantías reales y personales, pólizas que suelen ser intervenidas por Fedatario público a los efectos de dotarles de efectos ejecutivos, así como veracidad de la intervención de las Partes, el juicio sobre las capacidades respectivas de los intervinientes, así como de la fecha del documento *ex* art. 1.227 C.c. y la inclusión de los pactos.

A) Elementos personales

Quedan determinados por la propia definición, siendo, de un lado, el Prestamista o entidad financiera que hace entrega del dinerario, de otro, el Prestatario o cliente de dicha entidad, quien lo recibe y debe devolverlo en los términos y condiciones pactados, a los cuales, normal, aunque, no necesariamente, suelen adicionarse los Fiadores o Garantes, que, a su vez, pueden ser personales, reales, solidarios o mancomunados.

Llegados a este punto, debemos destacar que, si, mental o tradicionalmente, pensamos en un Banco o Caja de Ahorros como clásicos prestamistas, esta situación ha cambiado con el tiempo, pues, no solo han entrado en el Mercado de préstamos las denominadas Entidades financieras no bancarias, de mejor facilidad de acceso, sino, dentro de éstas, una serie de operaciones de préstamo de ostentosa denominación, como son los contratos denominados *crowdfunding* (fondos masivos) y *crowdlending* (préstamos masivos), esto es, en el primero de los casos, destinados a prestar (*peer to*

44 Del espíritu de las leyes.

peer ó P2P) dinero varias personas a una para la adquisición de bienes de consumo, incluidos vehículos y también hipotecarios y, en el segundo, también varias personas (*peer to business* ó P2B), conceden el préstamo para la inversión en un proyecto empresarial, incluso descontando documentos cambiarios, *factoring* o de promoción inmobiliaria, que una persona o incluso varias personas conjuntamente pretenden llevar a cabo.

La utilización masiva de los métodos que Internet nos facilita, la sencillez y rapidez, hacen de estos productos, como muy atractivos, especialmente, para gente joven, que empieza sus proyectos personales o empresariales. Sin embargo, no se trata de una operativa nueva, salvo la meramente tecnológica, pues, sin pensamos en las rentabilidades que las plataformas ofrecen a los prestamistas, entre el 5% y el 22%, podríamos hallarnos ante intereses usuarios, lo cual es una tipología que, parece haber sido erradicada, pero que, por la fuerza de la Tecnología, rebrota con fuerza; de hecho, en los concursos de persona física, especialmente, los procedentes de los Acuerdos extrajudiciales de pagos, estas plataformas de prestamistas, son las que están proliferando como acreedores, en algunos casos, más que los Bancos o entidades financieras reguladas.

B) Obligaciones de las partes

Como queda dicho, la única obligación que queda pendiente de cumplimiento, superado el momento del contrato preparatorio de préstamo (*pactum de mutuo dando*) o promesa de préstamo, en el que el futuro prestamista se obliga a entregar al otro la suma convenida, entregada ésta que ha sido, es la que reside en el propio Prestatario, de restituir la *rem*, la cosa percibida, el dinerario que la entidad financiera le ha ingresado en su cuenta corriente, de libre disposición por el Prestatario o sujeta a la condición de atender un pago o unas obligaciones concretas que el Prestatario tenga con terceros y, a veces, con la propia Entidad financiera, obligación que, como queda dicho, está definida por lo dispuesto en el artículo 312 C.com. ([16]), junto con sus intereses o causa del contrato de préstamo.

C) Exigibilidad

Así como, tanto la cuenta corriente, como la apertura de crédito pueden no fijar un vencimiento concreto; en el primero de los contratos, nunca lo llevan y en el segundo, (casi) nunca lo dejan de llevar; en algunos contratos de Crédito suele o puede ser por tiempo indefinido, como sucede con los Créditos de Descuento o negociación de efectos de comercio, que acostumbran a ser por tiempo indefinido, salvo que por parte del Acreditado se incurra en algún tipo de incumplimiento, por ejemplo un elevado porcentaje de impagados, incumplimiento que, en este caso se entiende que lo ha producido el Acreditado que ha girado efectos, o no comerciales, con carencia de causa, o los productos que ha vendido a sus clientes son defectuosos o no entregados, lo cual implica un riesgo evidente para la Entidad financiera. En el contrato de préstamo es esencialísima la fijación de un vencimiento límite en el que deba ser devuelto, tanto el capital prestado, como los intereses, incluso fijando vencimientos intermedios periódicos (mensuales, trimestrales, etc.), denominados «cuotas» y, mal llamados «letras», término erróneo que alude a los pagos con letras de cambio de los contratos de compra venta de viviendas.

Sin embargo, la nota esencial que distinguirá al contrato de Préstamo de aquéllos, es la de su exigibilidad, pues si bien, tanto la cuenta corriente como la de crédito requieren de la realización de una serie de operaciones contables (compensación de partidas, liquidaciones de intereses en función de las disposiciones e ingresos, etc.) que deben ser supervisadas por fedatario mercantil para dotarles de eficacia ejecutiva, en el contrato de préstamo, la exigibilidad o, mejor dicho, la liquidez surge desde el mismo momento en que se entrega el capital prestado, con la firma de la póliza ante el fedatario, en tanto en cuanto que el importe prestado es cierto y líquido *ab initio*, lo cual revela especial trascendencia en sede de las denominadas tercerías de mejor derecho (*ex* art. 614 LEC), pues la Jurisprudencia es unánime al considerar que la fecha que debe considerarse para la comparación de títulos es, en el caso del préstamo, la de la entrega del dinerario en la cuenta del prestatario, que viene a ser coincidente con la de la firma de la póliza de préstamo y, en el caso de la cuenta de crédito, la fecha del cierre fehaciente, lejos, pues, de la fecha de firma de la póliza de crédito.

D) Calificación concursal

Por las razones de exigibilidad antedichas y perfeccionamiento del contrato de préstamo que se consuma con la entrega por parte del Banco del préstamo dinerario, el supuesto más común será aquél que suponga una entrega de la totalidad del dinerario antes de la declaración del Concurso y así, en este supuesto, nos encontraremos con un crédito concursal ordinario del art. 269.3 TRLC (antiguo art. 84.1 LC en relación con el art. 89.3, ambos de la LC) por resultar exigible a la precedente fecha y por el saldo deudor que presente la cuenta de préstamo, esto es, por las cantidades pendientes de amortizar; consecuencia de lo cual, es la de que no nos hallamos ante un crédito con prestaciones recíprocas pendientes de cumplimiento del art. 157 TRLC (antiguo art. 61 LC), habida cuenta de que el Banco cumple con la entrega del dinerario en el mismo momento de la firma de la póliza o escritura por lo que la declaración de concurso sí le afectará, dado que la única obligación que deriva del contrato de préstamo es la del prestatario, el concursado en nuestro caso, de devolver el importe prestado y no pagado, con sus intereses pactados correspondientes, por razón a lo dispuesto en el art. 157 TRLC.

No obstante cuanto antecede, sí que le resulta de aplicación cuanto dispone el art. 166 TRLC (antiguo art. 68 LC) por lo que respecta a la posibilidad de ser rehabilitado el contrato. Como ya dijimos al referir esta cuestión respecto del contrato de Crédito, los requisitos para que tenga lugar la rehabilitación consisten en (i) que se haya producido el vencimiento anticipado del préstamo por impago de cuotas de amortización, añadimos, en función de si las cuotas comprenden capital, intereses remuneratorios o ambos conceptos juntos; (ii) que tal vencimiento anticipado se haya producido dentro de los tres (3) meses precedentes a la declaración de Concurso y (iii) que se comunique al Prestamista la intención de rehabilitarlo antes de que finalice el plazo para la insinuación de créditos, así como que (iv) se satisfaga o consigne la totalidad de lo debido al tiempo de la rehabilitación (v) o que se paguen los futuros con cargo a la masa; todo ello, con los límites del art. 166.3 TRLC (antiguo art. 68.2 LC). La pregunta que debemos hacernos es la de qué utilidad presta al Concurso la rehabilitación de un Préstamo vencido por impago. Quedó claro, a nuestro entender, que la rehabilitación de un Crédito sí guarda coherencia, por cuanto que permite disponer hasta el límite convenido o prorrogar el plazo final, en definitiva, para realizar operaciones de Capital circulante, lo mismo que sucede con los contratos de arrendamiento de locales, viviendas o vehículos, por ejemplo, que permiten el mantenimiento de la actividad, en definitiva, hay un claro interés del Concurso. Sin embargo, rehabilitar un contrato de Préstamo, con solo garantías personales, no parece que tenga interés alguno para la Masa, pues el hecho de pagar las cuotas impagadas puede llegar a suponer una conculcación del principio de la *par conditio creditorum* en tanto en cuanto que se paga un crédito ordinario con cargo a la Masa, sin reportarle a esta utilidad o beneficio alguno.

Podríamos hablar de la rehabilitación de un préstamo hipotecario en el que se diesen las condiciones temporales del art. 166 TRLC (antiguo art. 68 LC), pero, a día de hoy, chocaría, en el supuesto de vivienda, con la LRCCI, en relación con el art. 114 LH, según lo dicho precedentemente.

También podríamos encontrarnos con el supuesto de que el préstamo hubiese previsto la entrega del dinerario en diversas fases, momentos o hitos, en cuyo caso la calificación sería doble, concursal ordinario por el saldo de los importes entregados antes de la declaración del Concurso y contra la Masa por el saldo entregado con posterioridad. Aquí sí que podríamos encontrar sentido la rehabilitación del contrato de Préstamo, pues el capital se ha diferido en varios momentos desde la firma de la Póliza, en cuyo caso, la segunda entrega del capital convenido podría destinarse, en primer lugar, a la finalidad objeto del préstamo (compra de mercaderías, construcción de una fase de la edificación, por ejemplo) y otra parte al pago de las cuotas vencidas, lo cual, sí que reportaría un interés a la Masa del concurso, la continuidad de la actividad empresarial, en definitiva, que es la verdadera *ratio*, a nuestro entender, para poder comprender la institución de la rehabilitación en sí misma. En cualquier caso y, sin necesidad de acudir a un préstamo al promotor con garantía real hipotecaria, como decimos, el préstamo por hitos puede utilizarse, por ejemplo, para importación de bienes, esto es, condicionar las entregas a la recepción de determinadas mercaderías en determinadas fechas o por determinados importadores, a modo de los denominados «créditos documentarios», la diferencia entre los cuales estribaría en que en los préstamos, los importes fijados o acotados se entregan al prestatario y en los créditos documentarios, se entregarían al importador, un tercero en la relación obligacional.

En este supuesto, caso de que la Entidad financiera se negase, podría darse la situación indicada en último lugar respecto de la cuenta de crédito de subordinación del préstamo por razón a la obstaculización reiterada a que alude el art. 281.7.º TRLC (antiguo art. 92.7º LC), para el supuesto de que la Entidad financiera se negase injustificadamente a la entrega de los restantes hitos convenidos.

Llegados a este punto, hay que traer a colación la siguiente resolución en cuanto a la no consideración de crédito contra la masa del importe satisfecho por el fiador de un préstamo cuyo impago de cuotas es anterior al momento de declaración del Concurso y respecto de las cuotas que hayan vencido con posterioridad a esta fecha señera:

SAP Pontevedra 04.12.2008

«CUARTO.- A efectos meramente dialécticos, aún aceptado la distinción, tampoco podrían tener la consideración de créditos contra la masa, como acertadamente se recoge en la sentencia del Juzgado de lo Mercantil 1 de Bilbao de 24 de febrero de 2006, cuando en su fundamento jurídico tercero señala que: "El debate se centra en lo que ocurre con los vencimientos de un préstamo que se contrajo antes de la declaración de concurso, que se dejan de atender antes del concurso y después de ser declarado. No hay debate sobre la consideración de créditos concursales de los vencidos con anterioridad, pero sí discuten las partes lo que sucede con los posteriores, pues si la concursada no los abona, la sociedad de garantía recíproca hoy demandante debe hacerlo al banco, y en consecuencia dispone de un crédito frente a la concursada. El fiador que paga por el deudor dispone de dos acciones para resarcirse. El art. 1.838 del Código Civil permite una acción de reembolso que comprende el principal, intereses, gastos y daños y perjuicios, y el art. 1.839 la acción de subrogación que le coloca en el lugar, y con las garantías, del acreedor al que ha satisfecho. En el primer caso si el pago del fiador se produce con posterioridad al concurso nace una obligación nueva. El fiador que pretende el reembolso dispone del crédito desde el momento en que abona, y al ser éste ulterior a la declaración de concurso, se sostiene por el demandante que, eventualmente, tendría la consideración de crédito contra la masa. El concepto de crédito contra la masa lo establece el art. 84.2 LC, que desgrana hasta once supuesto que merecen tal calificación. Todos ellos tienen en común que se refieren a gastos u obligaciones que surgen con posterioridad a la declaración de concurso (1°, 3°, 4°, 5°, 6°, 7°, 8°, 9° y 10°) o que, siendo anteriores se devenguen con posterioridad y sean precisos para que el propio concurso se tramite (2°). Es decir, los créditos concursales provocan el concurso, mientras que los créditos contra la masa son provocados por éste. El crédito del fiador que paga por el deudor concursado a su acreedor y que pretende el reembolso, y no la subrogación, sólo podría incluirse en la previsión 5ª del art. 84.2, es decir, créditos generados por el ejercicio de la actividad profesional o empresarial del deudor tras la declaración de concurso. Sin embargo aunque el devengo de vencimientos del préstamo se produzca después de la declaración de concurso, no puede considerarse como un gasto generado para el ejercicio de la actividad empresarial, porque no nace como consecuencia de la misma, o para asegurar su continuidad, sino como concreción de una obligación adquirida con anterioridad a la declaración de concurso. Tampoco sería de aplicación el art. 84.2.6° LC, ya que el préstamo no tiene obligaciones recíprocas pendientes de cumplimiento en vigor tras la declaración de concurso. El Banco que hizo el préstamo no tiene obligación pendiente, aunque el concursado sí que haya de reintegrar, por medio de los respectivos plazos, la cantidad prestada y sus intereses. En este caso nos hallamos ante uno de los supuestos que describe el art. 61.1 LC, es decir, una de las partes ha cumplido íntegramente sus obligaciones, en este caso la entidad crediticia, y la otra tiene pendiente el cumplimiento.

En consecuencia, si el fiador pretende el reembolso de las cantidades abonadas al fiador, su crédito no puede calificarse de crédito contra la masa, porque no se puede incluir en ninguno de los supuestos del art. 84.2, de interpretación restrictiva porque suponen un privilegio". Téngase en cuenta que lo que se discute en ese proceso no es la calificación de los vencimientos del préstamo anteriores a la declaración, sino los posteriores a la misma, lo que puede resultar incluso algo más discutible. No es nuestro caso en que se reclama por vencimientos anteriores a la declaración del concurso. Y la citada sentencia continúa en su fundamento jurídico cuarto estableciendo que, las demás que venzan y se satisfagan por el impugnante, hasta la totalidad del préstamo, tienen carácter de crédito contingente, pues está sometido a condición suspensiva de las previstas en el art. 87.3 LC. En sintonía con lo aquí resuelto».

De otro lado, aunque éste en realidad es menos común, sería el supuesto por el cual el préstamo hubiese sido concedido con posterioridad a la declaración de concurso, debidamente justificado e intervenido por la Administración Concursal, en cuyo caso, nos encontraríamos ante un crédito contra la Masa del art. 242.1.º TRLC (antiguo art. 84.2.5º LC).

En cualquier caso y, dado que vienen amparados en documento con fuerza ejecutiva o Póliza intervenida por Fedatario público, debe considerarse como un supuesto de reconocimiento necesario del art. 260.1 TRLC (antiguo art. 86.2 LC).

E) Cuestiones concursales

Respecto de la calificación que merece el préstamo dinerario ante la pretensión de que las cuotas vencidas antes de la declaración de concurso fuesen consideradas como crédito concursal ordinario y las que venciesen con posterioridad fuesen calificadas como crédito contra la Masa, hay que traer a colación la siguiente resolución:

SAP Barcelona —15ª— 01.06.2006

«TERCERO: El crédito del Ministerio de Ciencia y Tecnología

El crédito que ostentaba el Ministerio de Ciencia y Tecnología frente a TRACOINSA ASTURIAS, S.L. deriva de un contrato de préstamo de dinero, según ha sido reconocido por las partes. El contrato de préstamo o mutuo, se configura en el Código civil, como un contrato real, por el cual una de las partes —prestamista— entrega a la otra —prestataria— una determinada cantidad de dinero, asumiendo con ello la obligación de devolverlo en la fecha pactada (art. 1740 C.C.). Llegado el vencimiento de la obligación, el prestatario tendrá obligación de satisfacer al prestamista el dinero recibido y los intereses pactados —si así se hubiera acordado— que se hubieran devengado (art. 1753 y 1755 C.C.).

Por lo tanto, la obligación de devolución del préstamo que recaía sobre la prestataria había nacido con la propia formalización del contrato y la entrega por parte de la prestamista de la suma objeto del préstamo, antes de la declaración de concurso. La doctrina entiende que se trata de un contrato real porque se perfecciona con la entrega de la suma de dinero al prestatario, quien a partir de entonces asume la obligación de devolver esta cantidad con los intereses expresamente pactados y, en este caso, de acuerdo con el fraccionamiento de pago y los términos convenidos. Es además un contrato de tracto único y unilateral, pues una vez perfeccionado con la entrega del dinero objeto del préstamo, tan sólo nacen obligaciones para el prestatario, sobre todo la de devolución del préstamo de acuerdo con el fraccionamiento y los plazos convenidos. Consiguientemente, al tiempo de declararse el concurso de la prestataria, en que ya había vencido el primer plazo y restaban el resto, quedaba pendiente únicamente el cumplimiento de esta obligación de devolución del préstamo, que conforme al art. 61.1 LC debía incluirse en la masa pasiva, y por lo tanto considerarse crédito concursal, tal y como fue clasificado por el Magistrado mercantil. No resulta de aplicación el art. 62 LC, porque este precepto que regula la posibilidad de resolver el contrato con obligaciones recíprocas, presupone el carácter bilateral del contrato, lo que no concurre en el préstamo que, como reconoce la doctrina y la jurisprudencia, es unilateral [SSTS 22 de mayo de 2001 (RJ 2001/6466) y 7 de abril de 2004 (RJ 2005/3845)]. Por lo que de la misma manera que la jurisprudencia niega la aplicación del art. 1124 CC al contrato de préstamo —por estar referido dicho precepto a las obligaciones recíprocas— [10 de julio de 1990 (RJ 1990/5791) y SSTS 22 de diciembre de 1997 (RJ 1997/9113)], tampoco procede aplicar el art. 62 LC en caso de concurso…»

4. EL CONTRATO DE DESCUENTO BANCARIO

A) Concepto

Descontar es, según COVARRUBIAS «*Baxar algo de la cuenta. Descuento, la baxa*» y «contar» viene del Latín «*computo, -as, -are, -avi, -atum*», calcular y éste, del verbo «*puto…*», significando, tanto «podar o cortar» como «contar»; así pues, descontar vendrá a representar la acción de realizar una reducción de una cantidad que, en el supuesto que nos ocupa, supone que el Banco o entidad financiera, resta, «poda o corta» del nominal de un efecto de comercio una cantidad o porcentaje bajo un concepto mercantil, como intereses o comisiones, los primeros, por el pago que el Banco realiza anticipadamente su cliente del nominal del efecto y, las segundas, como consecuencia del mandato o comisión mercantil consistente en realizar el giro del efecto, *ex* art. 244 C.com.

GARRIGUES ([23]) lo define como el hecho de abonar un Banco al cliente en dinero el importe de un título de crédito no vencido, descontando los intereses correspondientes al tiempo que media entre el anticipo y el vencimiento del crédito. No obstante lo dicho por el Maestro Garrigues, en ocasiones se abonan al cliente créditos ya vencidos, como son las antiguas «segundas o terceras de cambio», que eran regiros por haber sido impagadas las «primeras» de cambio. En la actualidad pueden hacerse con pagarés vencidos, los cuales, giran como meros cheques, a la vista. En cualquier caso, nos encontramos con que estos regiros se realizan atendiendo la cualidad del librado o aceptante de la letra de cambio, del firmante del pagaré o del librador del cheque.

Los elementos integrantes de todo descuento son, pues: la existencia de un crédito contra tercero, del que es acreedor el cliente del Banco, y aún no vencido, salvo lo dicho precedentemente; en segundo lugar, el anticipo de dinerario del importe del nominal del crédito que realiza el Banco a su cliente, previa deducción o «*baxa*» del tipo de descuento y, por último, la cesión *pro solvendo* o salvo buen fin del crédito frente a tercero, realizada por su titular al Banco; operativa que es mencionada en el artículo 177 C.com.

El descuento suele ser de documentos mercantiles en general, si bien, el más común ha venido siendo el descuento cambiario, a día de hoy, el desuso progresivo de la letra de cambio, que debo situar, paradójicamente, con la misma promulgación de la Ley Cambiaria y del cheque (Ley 19/1985) y la entrada de otros instrumentos de giro y tráfico, como son el pagaré, respecto del cual era calificado por la Exposición de Motivos del Código de comercio vigente como un «*medio deficiente y arriesgado*», precisamente regulados por dicha norma legal (LCCh), incluso el descuento de documentos en soporte informático y no en soporte papel, a través de los denominados «cuadernos» o «folletos» de la Asociación Española de Banca (los n.º 32, 58 y 19) que lo regulan y evitan la circulación de papel físico, tanto por el coste de su traslado, como por el riesgo de su pérdida física, lo cual, antes de la entrada en vigor de la LJV (*ex* arts. 132 y ss.), venía regulado por los arts. 84 y ss. C.com.

El descuento representa para el cliente bancario la realización o cobro anticipado de un crédito que ostenta frente a un tercero, dotándole de liquidez inmediata, como si se tratase de una venta al contado, incluso puede girarlo frente a sí mismo, pero, en distinta plaza o ciudad; mientras que para el Banco supone la inversión de capital a corto o medio plazo por lo que percibe su rédito o comisión correspondiente. Por tanto, el comerciante moviliza el crédito concedido a sus clientes a través de la entrega de los documentos al Banco, mientras que el Banco moviliza el crédito concedido a sus clientes mediante operaciones denominadas de redescuento en el Banco de España.

B) Naturaleza jurídica

Se trata pues, de una nueva modalidad de contrato atípico o innominado, antes vista, por razón a su no regulación expresa por norma legal alguna, salvo la referencia hecha por el C.com. en su artículo 177 y a su vez, unitario y autónomo, vacilante, nos dice GARRIGUES, entre la compraventa y el préstamo. En todo descuento hay una cesión de crédito, normalmente, no vencido que el art. 1.528 C.c.[45] asimila a la venta y así el Banco, mediante el descuento del interés o de la comisión, adquiere un crédito frente a tercero, pagado a su valor facial o nominal, menos, como queda dicho, el interés o la comisión, lo que representa una auténtica contraprestación a la transferencia del derecho de crédito, si bien, se diferencia de la compraventa en que el mismo se realiza salvo buen fin, esto es, para pago o *pro solvendo*, de forma y manera que si el crédito transmitido resultase impagado, el Banco conservaría su acción de retorno frente a su cliente, en tanto que cedente del crédito; en cualquier caso, se trata de una operación de crédito real, similar al contrato de préstamo, en tanto en cuanto que el Banco hace una única entrega de capital, el nominal descontado, si bien, debe diferenciarse del préstamo por cuanto que quien paga al vencimiento del crédito cedido o descontado, no es el pseudo-prestatario, el cedente, sino el tercero y así, la obligación de devolución del pseudo-préstamo *ex* art. 312 C.com. sólo nace frente al cedente o pseudo-prestatario en el supuesto de que el cedido, el cliente de éste, impague al vencimiento el crédito cedido o descontado.

A pesar de cuanto antecede, también existe la negociación de efectos de comercio al Banco, sin riesgo, sin cesión *pro solvendo*, la cual se denomina usualmente, negociación tomada «al cobro», de forma y manera que el Banco no anticipa importe alguno del nominal, sino que realiza una mera gestión de cobro o de comisión de cobranza, sin transmisión del efecto, de forma y manera que sólo pagará a su cliente si el Banco negociador cobra, si no, el cliente no cobrará, gestión que, usualmente, no genera el devengo de comisión, interés o *baxa* alguna, salvo cuando se cobra, digamos que es un «cobro por éxito» o «a resultado».

No obstante cuanto antecede, el Tribunal Supremo, por Sentencia de 01.03.1930 y otras posteriores (07.03.1974) ya definía el descuento como un auténtico préstamo mercantil, conforme al cual el librado se obli-

---

45 *Art. 1.528 C.c.* La venta o cesión de un crédito comprende la de todos los derechos accesorios, como la fianza, hipoteca, prenda o privilegio.

ga a responder de los créditos que de su negociación resultasen a favor del Banco, sin embargo, su evolución doctrinal, llegó a la definición de la STS 21.06.1963 en el sentido de que el descuento es un «*negocio jurídico por virtud del cual el poseedor de un crédito ordinario o de un título valor, lo transfiere, por cualquiera de los modos que el Derecho permite, a una persona natural o jurídica —generalmente un Banco— para que le anticipe su importe con ciertas deducciones o descuentos —de ahí su nombre—, cediéndole los derechos derivados de su transmisión, a fin de que al llegar la fecha de su vencimiento lo cobre del deudor obligado, con la reserva de que, si por cualquier evento ajeno a su voluntad no se efectuase ese pago, podrá repetir contra el descontado, por el importe de lo que le anticipó… la operación de descuento se concierta siempre salvo buen fin… la naturaleza de la operación no varía en función de que se trate de un endoso perfecto o de un endoso en comisión de cobranza, pudiendo el Banco ejercitar las acciones cambiarias y en su caso las de enriquecimiento injusto que deriven del descuento efectuado… por ello, la entidad bancaria que lo realiza resulta completamente ajena y desconectada del contrato subyacente que pudo dar origen a tal letra…*».

Más recientemente se ha pronunciado el Alto Tribunal mediante la **STS n.º 0859/1993, de 24 de septiembre**, distinguiendo entre el contrato de descuento propio o cambiario y el contrato de cesión de crédito, no cambiario, realizado, por ejemplo, a través de facturas. Así se pronuncia la citada resolución:

> «… y al respecto han de destacarse las siguientes líneas conceptuales del llamado contrato de descuento, en la idea de que es sabido que esta operación relativa al descuento bancario de creación jurisprudencial, si bien aludida entre otros en el art. 178-2º del C. de C., consiste en que el banco descontante, previa deducción de los intereses correspondiente anticipe a su cliente o descontatario el importe de un crédito no vencido contra tercero, generalmente instrumentado en letras de cambio mediante la cesión "salvo buen fin" del crédito mismo; pero, se subraya, cesión "pro solvendo" y no "pro soluto", o sea, para cobrar del deudor o en gestión de cobro y con el correspondiente derecho de reintegro frente al descontatario; de hábito este descuento se efectua mediante el endoso de las cambiales aceptadas por el deudor, descuento cambiario, aunque pueda permanecer al margen, como es el caso de autos, de su incorporación a las letras, que sólo si existen operan como instrumento de pago y cabe hablar entonces de simple descuento bancario, no cambiario, que en la práctica es equivalente a una cesión de créditos; y resulta obvio que ese "salvo buen fin" puede entenderlo el banco descontante tras el impago de la reclamación extrajudicial en vez de realizar el contraasiento compensatorio, proseguir esa reclamación judicialmente pues sigue bajo el principio de la "ce-

sión pro solvendo" y, como en autos, quedar pendiente del resultado de su acción contenciosa declarativa, o sea, elegir entre compensarse o instar acción ya contra el deudor causal, y apareciendo en el proceso así entablado como un auténtico cesionario del crédito reclamado. QUINTO: Como se expuso en Sentencia de 22 de diciembre de 1992, siguiendo la de 5 de febrero de 1991, el derecho al reintegro del Banco descontante frente a quien obtuvo el descuento, debe seguir las vías que se especifican en dicha Sentencia: "en función de las obligaciones que, con base en el existente contrato de descuento bancario, el Banco, descontante ha de cumplir como presupuesto ineludible para poder cargar en la cuenta del descontatario el importe de las letras descontadas, una vez producido el impago de las mismas por el librado-aceptante, teniendo en cuenta que las referidas letras las recibe el banco descontante como mera cesión "pro solvendo, no pro soluto" y condicionada, por tanto, al buen fin de las mismas ("salvo buen fin"). La obligación fundamental que compete a los Bancos descontantes, una vez producido el impago de las cambiales descontadas, es devolver estas al librador descontatario con la misma eficacia jurídica que tenían cuando le fueron entregadas a virtud del contrato de descuento (S. 18-3-87) lo que presupone al haber cumplido las obligaciones previas de su oportuna presentación al cobro y de levantamiento, en forma, del correspondiente protesto, pero sin que pueda considerarse incluida en el círculo de tales obligaciones la previsibilidad de la posible situación de insolvencia en que pueda caer el librado aceptante de las mencionadas cambiales. Por otra parte como reconoce la S. de 5 de febrero de 1991, 'es evidente el derecho del Banco descontante a que quien obtuvo el descuento le reintegre el importe de las mismas, pues la esencia de toda operación de descuento bancario, al entrañar una mera cesión "pro solvendo (no pro soluto)" del crédito que incorpora la letra descontada, consistente precisamente en que si dicho crédito no llega a hacerse efectivo por el obligado a su pago, el Banco descontante puede reclamar su importe de aquél que obtuvo el descuento de las mismas', doctrina reiterada en S. de 27 de enero y 3 de abril de 1992. Ese derecho de reintegro puede hacerse efectivo bien extrajudicialmente mediante la práctica de un contraasiento en la cual del cliente descontatario, haciéndose así el pago por vía de compensación de acuerdo con el art. 61, párr. 2° del reglamento del Banco de España (SS. 21-3-88 y 1-2-89), bien por la vía judicial mediante el ejercicio de la acción cambiaria de regreso contra el librador o de la acción causal nacida del contrato de descuento, quedando condicionado el uso de este último medio a la restitución del título como requisito necesario para que el deudor pueda volver a disponer del mismo a efectos de ejercitar las acciones de regreso que le asisten, como reconoce máxime la doctrina científica)"; y es que no ha de olvidarse que reiterando la transcrita "esencia" del descuento bancario (Ss. 27.1, 3-4 y 22-12-1992, y la última 25-3-1993, entre otras), el Banco descontante adquiere el crédito en su cualidad de gestión de cobro, o, técnicamente "cesión pro solvendo", o sea, solo para cobrar su importe del deudor, lo que provoca esta doble consecuencia: 1°.- su obligación de hacer todo lo necesario para ese cobro, presentación tempestiva del instrumento de pago, protesto, etc..., que le permitirá o bien la percepción de su importe de ese deudor, con lo que compensa así el anticipo efectuado a favor del descontatario o cliente de la entidad; o, 2°.- si se produce el impago, poder reclamar a éste descontatario ese importe, utilizando o la vía de regreso cuando ha existido el endoso de la cambial, o bien ejercitando la acción cambiaria ejecutiva frente al deudor que hubiese aceptado aquella, endoso bancario/cambiario, o la acción ordinaria o declarativa, si no se utilizan las dos vias anteriores, o no ha existido endoso y se trata de un negocio de descuento bancario coincidente con la cesión de créditos…»

En la negociación del efecto cambiario «al cobro» o sin descuento no opera la denominada «*exceptio doli*» cambiaria, que impide oponer o excepcionar las relaciones extracambiarias al tenedor del efecto, pues el título valor no circula, no hay transmisión del título por el librador del efecto al Banco ni a tercero por vía de endoso. Así lo razona, entre muchas, la **S.A.P. La Coruña —3.ª— n.º 301/2022 de 20 de julio**:

> «2.º) En virtud de la remisión contenida en el artículo 96 Ley Cambiaria y del Cheque, resultan de aplicación al pagaré las excepciones cambiarias previstas en el artículo 67 Ley Cambiaria y del Cheque, y en concreto la posibilidad que se reconoce al deudor cambiario de oponer las excepciones basadas en las relaciones personales con el tenedor, así como las que tuviera frente a los tenedores anteriores si al adquirir el pagaré el tenedor hubiera procedido a sabiendas en perjuicio del deudor. Pero para ello es preciso que el título valor, en este caso, el pagaré, hubiese circulado, que se hubiese endosado a un tercero, y fuese este tercero quién, habiéndolo adquirido de mala fe, lo presentase al cobro y lo ejecutase. El efecto es que puede oponerse como si el endoso no existiese. Pero para ello es preciso que exista un endosatario [SSTS 25 de julio de 2014 (Roj: STS 4078/2014, recurso 3213/2012), 2 de julio de 2012 (Roj: STS 5168/2012, recurso 85/2010) y 23 de marzo de 2010 (Roj: STS 1360/2010, recurso 2601/2005)].
>
> 3.º) En este caso, el pagaré no circuló, no hay ningún endosatario. Lo presenta al cobro a quien le fue expedido, al ordenante: "DMI Desarrollos y Maquinaria Industrial, S.L.". No se lo transmitió "Industrias Multicolor, Equipos y Herramientas, S.L.". Luego no es aplicable la *exceptio doli*. Y por esa razón, la sentencia no la aplica.»

C) Elementos personales

Como estamos viendo, forman parte del contrato de descuento, de un lado el Banco, quien ocupa la posición o denominación de «descontante» o «cesionario», su cliente, que es el «descontatario» o «cedente» o persona que solicita del Banco que le anticipe el dinerario del crédito que ostenta frente a tercero y, por último, el cliente de éste, o «cedido», quien debe pagar al Banco contra presentación del documento mercantil cedido, en tanto que es la persona que posee el crédito, *ex* art. 1.164 C.c.[46] y así sólo tendrá la eficacia liberatoria del pago en el supuesto de que así se realice y no cuando el deudor cedido pague a su proveedor, el cedente, dado que éste transmitió al Banco descontante el crédito que ostentaba frente al deudor.

El descontatario o cedente, en la letra de cambio se llamará librador, en el pagaré y en el cheque se le llamará el beneficiario. Al cedido, se le llamará, por el mismo orden, al de la letra, librado o aceptante, según el caso, al del pagaré, firmante y al del cheque, librador.

Además de dichas tres (3) figuras clásicas en la relación cambiaria, dado el hecho de que el descuento, desde siempre se ha realizado a través de la letra de cambio, tomada ésta como paradigma, hay que centrarse en los elementos personales que de la misma surgen y así,

1. El librador, que equivaldría al descontatario, en tanto que es la persona que emite la letra de cambio quien, a su vez la entrega al tomador o tenedor o descontante por vía del endoso, quien firma «al dorso» de la cambial, mediante el empleo de la fórmula «*páguese a la orden de*» o similar, convirtiéndose así en el «endosante».
2. En la primera redacción del vigente C.com., *ex* art. 468, se atribuía al denominado «*comisionista de letras de cambio ó pagarés endosables*» la condición de garante o fiador de los efectos «*que adquiera ó negocie por cuenta ajena*», pero sólo «*si en ellos pusiere su endoso*», quien podría excusarse de tal responsabilidad, empleando la cláusula de «*sin mi responsabilidad*», previo pacto expreso de dispensa con su comitente.
3. El endosatario, el cual, en razón a que transmita o no nuevamente la letra de cambio, puede ocupar la misma posición de descontante de su endosante, pudiendo generar la denominada «cadena de endosos», o sucesivas transmisiones del título, hasta llegar
4. al librado o cesionario final de la cadena de endosos y real obligado al pago, el cual podrá ser
5. aceptante, en tanto que estampa su firma en el lugar impreso para ello, denominado el «acepto», a cualquier legítimo tenedor de la cambial,

---

46 *Art. 1.164 C.c.* El pago hecho de buena fe al que estuviere en posesión del crédito, liberará al deudor.

6. o el mero librado al no haber estampado su firma, quien pagará en los mismos términos que el aceptante, pero sin aceptar, lo cual implica, de entrada, la no responsabilidad cambiaria de su obligación, descansando en la mera obligación extra-cambial, lo que posicional al Banco descontante como un mero Acreedor, sin acción extracambiaria contra el librado, salvo cesión expresa de la provisión de fondos o relación negocial extracartular.
7. Al presentador al pago de la cambial se le denomina «tercero de buena fe», esto es, a cualquier persona que porte legítimamente la cambial y le presente la misma para ser pagada por el librado por una cadena de endosos, salvo prohibición o interrupción expresa de la misma, lo cual se lleva a cabo por el empleo de la fórmula «*páguese no a la orden*»; a este respecto, hay que recordar, como mera referencia, lo dispuesto en el art. 96 LCch, en el sentido de que, para la validez de esta cláusula puesta en el pagaré, debe venir firmada expresamente por persona autorizada, lo cual, a pesar de su evidencia, cobra plena relevancia cuando nos hallamos ante la simple negociación del documento, sin cumplimiento de funciones de giro y con ello, la pretensión de la exclusión del pago del impuesto de actos jurídicos documentados.
8. Otra figura es el «avalista» o persona que firma la letra «*avall*»[47], esto es, en la parte inferior o baja de la letra de cambio; se trata de un auténtico contrato de fianza mediante el cual, un tercero ajeno a las relaciones comerciales entre los intervinientes en la letra, la llamada relación causal, afianza a alguno de los obligados al pago, tanto al librado como a algún o algunos de los endosantes o endosatarios. El derogado Código de comercio de 1829 lo definía como una «*obligación particular independiente de la que contraen el aceptante y endosante*», independencia que refiere únicamente el hecho de ser distinta de la del aceptante y de la del endosante, tal y como matizó el derogado art. 486 del vigente C.com.
9. Figura similar, si es que así puede ser considerada, es la de los denominados «indicados», en absoluto desuso, salvo su posible asi-

[47] ***Avall***: en castellano "abajo".

milación a la de los avalistas, pues están citados en el art. 516[48] del derogado Código de Comercio de 1829, como personas puestas por librador o endosantes, con objeto de dar mayores garantías de que su letra no sería devuelta, aunque no fuese atendida por el librado o aceptante a su vencimiento, aunque, siendo así que no constan sus efectos, más que los de la mera recepción del acta notarial de protesto, tal parece que se trate de personas de «moralidad» que, de alguna manera, al comunicárseles el impago, pudieren compeler al obligado a realizar el pago de la cambial.

10. Por último, mencionamos a los «interventores» o personas que aceptan o pagan «por intervención» o «por honor», para dejar a cubierto el buen nombre del librado y sin que ellos figuren para nada en la letra, lo que les diferencia de los anteriores, tratándose de un auténtico pago por tercero.

Seguidamente ilustramos el texto con una letra de cambio librada en 1918.

D 473843 N.º 150 Madrid 5 de Noviembre de 1918
BANCO HISPANO AMERICANO 100074 MADRID
Por Ptas 171.00
A ocho días vista se servirá V. pagar por esta primera de cambio, no habiéndolo hecho por la segunda á la orden del S. D. José García y García la cantidad de ciento setenta y una pesetas
valor ... que sentará V. en cuenta según aviso de S. S.
A la Sra. Viuda de Ramón Díaz Zapatería Albacete
Sin gastos
Fran.co G.a Cuenca

D) Obligaciones de las partes

El descuento surge en la antigua Roma a través de los *campsores* o *cambiatori,* que darían lugar más tarde a los banqueros, que eran quienes «cambiaban» manualmente, unas monedas por otras, el denominado *mi-*

48 Art. 516 del Código de comercio de 1829: «Despues de evacuado el protesto con el pagador directo de la letra, se acudirá á los que vengan indicados en ella subsidiariamente, si hubiere indicaciones».

nutum[49] o *cambium purum*[50], *sine litteris*[51] que más adelante y, en evitación de los riesgos que suponía el traslado de dinerario por los caminos medievales, a expensas de salteadores, el «cambio» tendría lugar a través de letras, de cartas, remitidas o transportadas de un lugar a otro más lejano, sin necesidad de que acreedor y deudor se hallasen en el mismo lugar al mismo tiempo; se trata del denominado *cambium impurum*[52] o *per litteras*[53], conteniendo una «promesa de pago» en el propio documento o carta, en la propia letra, naciendo con ello el denominado «contrato de cambio» mediante el cual se cambia dinero presente por dinero ausente o trayecticio. Se trata de un auténtico instrumento de crédito que permitía la sustitución del acreedor por otra persona, por otro «obligado cambiario», incluso la de transmisión a cuartas personas procediere, lo que permitía pagar diversas deudas entre diversas personas, incluso aunque no fueren acreedores y deudores recíprocos, tan solo requería la transmisión del derecho de crédito cartular, el que se expresaba en la carta o letra, lo cual se hacía por vía de la figura denominada del endoso, en tanto que las letras que realizaban esta nueva transmisión se expresaban al dorso del documento, dejando de ser, pues, un mero instrumento de pago a un documento de giro o tráfico, pues circulaba la letra o carta entre diversas personas y de cambio, de cambio de crédito por dinero, en lugar de dinero por dinero, en definitiva, en tanto que circula libremente, salvo que se prohíba la transmisión o endoso.

El mandato de pago quedaba concretado entre el tomador y el librador a través de la denominada «cláusula valor» o «recibí», y así, el valor de la letra de cambio debía ser satisfecho «en cuenta», en la cuenta corriente entre comerciantes, entre los sujetos unidos por un eslabón en la cadena sucesiva de endosos (endosante y endosatario), asentándolo en la cuenta que uno y otro tenían por más operaciones mercantiles, similar al «valor entendido», debiéndose pagar en la forma y lugar convenidos con el librador, conforme al derogado art. 445 C.com.; o el valor «recibido», representando que el librador ha recibido una cantidad de bienes, mercaderías, dinero o servicios del tenedor y a aquél se le deberá declarar responsable de la cantidad recibida, conforme al derogado art. 516 C.com. Como decimos, estos preceptos

---

49 Minutum: pequeño, corto.

50 Cambium purum: cambio puro.

51 Sine litteris: sin letra, sin carta.

52 Cambium impurum: cambio impuro.

53 Per litteras: por letras o cartas.

quedaron derogados por razón a la entrada en vigor de la Ley Cambiaria y del cheque y su desuso, de forma casi absoluta.

E) Póliza de Descuento

Si el descuento antiguamente se realizaba físicamente, a través del documento denominado letra de cambio, en la actualidad, dada la proliferación de documentos similares a la misma, como son los pagarés (vueltos a regular desde la promulgación de la LCCh), los recibos normalizados[54], los cheques, las facturas y los créditos representados por meras relaciones o apuntes en soporte magnético y no de papel, vienen siendo regulados actualmente mediante el uso de Pólizas de descuento, también denominadas Pólizas de negociación de efectos de comercio o denominaciones similares, las cuales dotan de eficacia ejecutiva a la totalidad de documentos negociados o descontados a través de este tipo de contrato, de configuración o naturaleza jurídica acorde con la del contrato de apertura de crédito, con una excepción, la de que, así como el crédito viene fijado una fecha de vencimiento, en el contrato de descuento amparado en póliza, no existe esta fecha, se realiza por tiempo indefinido y sólo operará su conclusión y consiguiente exigibilidad, en el momento en que se produzca alguna de las causas tasadas que figuran pactadas en la dicha póliza, como puede serlo el impago de determinado porcentaje de efectos en cuyo caso, declarado y notificado por el Banco a su cliente descontante el vencimiento anticipado, alegando el incumplimiento de la causa concreta por la que se declara, la Póliza contiene la apertura por parte del Banco de una cuenta denominada especial de descuento, o denominación similar, en sus cuentas de morosidad, a nombre del descontante, cuyo funcionamiento es igual al de la cuenta de crédito, que se liquidará al tipo convenido de interés, moratorio en este caso, pues la apertura de la cuenta especial tiene el efecto sancionador propio del incumplimiento o mora ante la producción del impago de los efectos de comercio descontados o negociados y se cerrará prácticamente al mismo tiempo, salvo que haya efectos negociados en curso, esto es, pendientes de vencimiento, lo que en la práctica viene a representar efectuar el asiento al Debe de la totalidad de efectos impagados y, respecto de los efectos en curso o

[54] Recibos normalizados son aquéllos que guardan la forma y redacción impresa establecida por las normas de la A.E.B. a fin de poder tratarlos informáticamente por igual en los sistemas de cualquier entidad bancaria.

pendientes de vencimiento, pueden asentarse en la misma cuenta (i) bien mediante su reapertura una vez vayan venciendo o al vencimiento del último efecto en curso, (ii) bien, mediante la retrocesión del descuento, lo que conlleva la devolución de las comisiones o descuentos realizados en su día por el Banco, asentando estas retrocesiones por partidas al Haber, aminorando saldo; en cualquier caso, ambos sistemas deben estar expresamente previstos en la Póliza correspondiente, así como notificados al descontante, no solo para su conocimiento, sino, especialmente, para que pueda atender de pago el saldo deudor, evitando con ello, la ejecución del título no judicial que representa la póliza.

Si bien la letra de cambio se superponía o trascendía a lo que era el denominado contrato causal, relación causal subyacente o relación extracambiaria o extracartular, de forma y manera que, *ex* art. 20 LCch, el librado no podía excepcionar sus relaciones mercantiles extracambiarias con el librador, esto es, la causa del contrato, frente al tomador, ya sea el Banco o el endosante, la Póliza de Descuento se aleja más aún si cabe de estas relaciones, pues transforma un documento formal como lo es la letra de cambio, documento sin efecto ejecutivo directo, en un auténtico Crédito, con efecto ejecutivo directo, salvo en el supuesto en el que se pacte en la Póliza la denominada «cesión de la provisión de fondos» al Banco, la cual representa una auténtica cesión de crédito extracartular para pago, mediante la cual el Banco puede accionar frente al librado no aceptante, respecto del que carecía de acción cambiaria, pero en este caso, el Banco descontante y cesionario del crédito causal debe soportar todas las cuestiones que el librado no aceptante pueda excepcionarle y plantearle en base a la acción comercial subyacente a la letra de cambio o extracambiaria, incluso excepcionar la prescripción que, según la acción que ejercite, será de cinco (5) años si ejercita la acción personal, *ex* art. 1.964.2 C.c., o de tres (3), *ex* art. 88 LCCh, si ejercita la cambiaria.

Este tipo de cesión que, si bien en sede de Quiebra ya había sido objeto de discusión por la retroacción, en sede Concursal, mayormente puede quedar sujeta a las acciones de reintegración del art. 226 TRLC (antiguo art. 71 LC), habida cuenta de que se trata de la cesión de un crédito del Concursado, de un componente de la Masa Activa del Concurso que, aparentemente, podría vulnerar la *par conditio creditorum*, sin embargo, hay que pensar que el Banco, por el mero hecho del descuento y, además, por razón al pacto expreso en la póliza de la cesión del crédito, ya es acreedor del librado no aceptante, pues, (i) por el descuento está obligado a pagar al Banco y no a su librador-proveedor y (ii) por la cesión de la provisión, también, pues lo único que cambiaría sería la facultad del librado de excepcionar, por tanto, la cesión de la provisión nace con la propia financiación y no causa un perjuicio patrimonial a la Masa, máxime, por cuanto que, a nuestro entender, se da el supuesto del art. 230.1.º TRLC (antiguo art. 71.5.1.º LC), por tratarse de un acto ordinario de la actividad empresarial del concursado, realizado en condiciones normales, en tanto que se utilicen los documentos habituales en la contratación bancaria; en cualquier caso, el supuesto de haberse realizado la cesión de la provisión de fondos al Banco, descarga a la Masa de ejercitar acciones frente al librado, pues las lleva a cabo el Banco cesionario de su cuenta y riesgo, cuyo crédito en la Masa Pasiva no sufre variación, no se incrementa, pero sí puede verse disminuido, caso de cobro del nominal, lo que representaría un pago por tercero ajeno a la Masa Pasiva, perfectamente válido, a tenor de las Sentencias transcritas en apartados anteriores.

La **SAP Zaragoza —5ª— de 15.01.2008**, basándose en el criterio de la **STS n.º 73/2006, de 10 de febrero** sostiene que «*el derecho de crédito nace para el banco descontante cuando no se produce el "buen fin" de los efectos mercantiles. A partir de ahí tiene abierta la posibilidad de cobrarse del descontatario empleando los medios legales y contractuales a su alcance. Entre ellos reclamar judicialmente el saldo deudor de la póliza mercantil de descuento o bien, como se deduce de ella, compensándose el crédito contra la descontataria con los saldos positivos que ésta posea en el banco descontante…*». Veamos qué dijo el TS:

STS —1.ª— n.º 73/2006 de 10 de febrero

«SEGUNDO.- El único motivo del recurso, por el cauce del ordinal 4° del artículo 1692 LEC 1881, denuncia la infracción del artículo 1170, segundo párrafo, del Código Civil por cuanto la Caja de Ahorros demandada y ahora recurrida habría incumplido la obligación de devolver al cliente descontante los efectos descontados e impagados con la misma eficacia jurídica con la que le fueron entregados, devolución —sigue diciendo el recurrente— que "solamente opera en el caso de que la entidad bancaria inicie actuaciones judiciales contra el cliente descontante tomando como soporte para ello la acción causal nacida del contrato de descuento". A cuyo efecto —sigue diciendo— "hay que tener en cuenta que los pagarés no le eran necesarios a la Caja de Castilla La Mancha para el inicio del procedimiento ejecutivo 313/95, puesto que se llevó a efecto sobre la base del negocio causal nacido de la póliza de descuento suscrita en 26 de octubre de 1993, pero los efectos descontados fueron aportados a dicho juicio ejecutivo, y no devueltos, así como que las acciones cambiarias de los dos pagarés, que corresponden a los recurrentes, han prescrito".

Y en cuanto a las razones aducidas por la Sala de instancia para desestimar el recurso de apelación, señala la parte recurrente que la manifestación de la Caja a que alude la sentencia de apelación respecto de hallarse los pagarés a disposición de los hoy recurrentes no podría nunca ser operativo ya que, aportados los pagarés por la otra parte litigante, sólo ésta podría retirarlos (artículo 1662 LEC 1881).

Al examinar el motivo, cobra especial significación el dato suscitado por la Sentencia de Apelación en punto a la posibilidad de disposición de los pagarés por parte de los hoy recurrentes, toda vez que, en efecto, como ha dicho tantas veces esta Sala, en el contrato de descuento es obligación del descontante actuar con diligencia para que los efectos descontados conserven la misma eficacia jurídica que tenían cuando le fueron entregados y restituirlos en tales condiciones al descontatario cuando proceda a la reintegración o reingreso de las cantidades abonadas por la vía de la acción causal, pues de otro modo, si se produce el perjuicio de los efectos, por pérdida de las acciones cambiarias, la cesión "pro solvendo" que es propia del contrato de descuento se convierte en "cesión pro soluto" y la entidad descontante pierde el derecho de reintegro. Así, ha dicho la Sentencia de 28 de junio de 2001 que el descuento bancario se caracteriza porque el Banco (descontante) anticipa al cliente (cedente o descontado) el importe del crédito que éste tiene con un tercero, previa deducción de los intereses correspondientes por el tiempo que falta para su vencimiento, mediante la adquisición por el descontante de la titularidad del crédito cedido, y en el que la cesión tiene lugar *pro solvendo* y con la cláusula salvo buen fin, tal como viene declarando una profusa jurisprudencia. Y que precisamente ese doble mecanismo del anticipo y el derecho de reintegro en caso de fracaso del cobro del crédito constituye el aspecto más característico de la operación de descuento. El anticipo `puede tener lugar de diversas formas, y entre ellas el ingreso en una cuenta de crédito o en una cuenta corriente; y el derecho de reingreso puede ejercitarse judicialmente a través de diversas acciones o hacerse efectivo extrajudicialmente mediante el contraasiento, operación que consiste en cargar al librador los efectos que resultaren impagados.

Es doctrina establecida y desde antes de la Sentencia de 14 de abril de 1980, y sucesivamente reiterada, que el descontante tiene la obligación fundamental, una vez que se ha producido el impago de los efectos descontados, de devolverlos al librador-descontatario con la misma eficacia jurídica que tenían cuando le fueron entregados a virtud del contrato de descuento, lo que presupone haber cumplido las obligaciones previas de su oportuna presentación al cobro y de levantamiento, en forma (y en su caso) del correspondiente protesto, aunque no cabe considerar incluida entre tales obligaciones la previsibilidad de la posible situación de insolvencia en que pueda caer o situarse el librado-aceptante (o emisor del pagaré), como se reitera en las Sentencias de 18 de marzo de 1987 y de 16 de abril de 1991. A lo que añade la Sentencia de 27 de enero de 1992que el derecho de reintegro, que, como se ha dicho, puede ejercitarse extrajudicialmente o bien por vía judicial, mediante el ejercicio de la acción cambiaria de regreso contra el librador o de la acción causal nacida del contrato de descuento, "queda condicionado en este último caso a la restitución del título como requisito necesario para que el deudor pueda volver a disponer del mismo a efectos de ejercitar las acciones de regreso que le asisten" y, abundando en esta misma tesis, la Sentencia de 22 de diciembre de 1992 (con antecedente en la de 28 de noviembre de 1988) señalaba como supuesto de aplicación del artículo 1170 II CC que el librador de unas letras de cambio no hubiera podido disponer de las cambiales, precisamente por su incorporación a los autos realizada por el Banco descontante, dentro del plazo hábil para el ejercicio de las acciones cambiarias contra el librado aceptante. Doctrina confirmada por la Sentencia de 1 de abril de 1996 en un caso en el que cuando las letras fueron puestas a disposición del deudor ya habían prescrito las acciones cambiarias. Esta solución, para un supuesto semejante, se contiene en la Sentencia de 21 de marzo de 1997 y la Sentencia de 11 de octubre de 1999 la proyecta a un caso de descuento de pagarés con endoso en blanco y orden de protesto, que fueron objeto de devolución extemporánea, sin haberse realizado protesto ni declaración sustitutiva ni comunicación de haberse impagado, cuando la entidad firmante había caído en quiebra, no obstante no poder hablarse de perjuicio de los pagarés por falta de protesto, puesto que por aplicación de los artículos 49 y 97 de la Ley Cambiaria y del Cheque las acciones cambiarias se conservan sin necesidad del protesto. Esta obligación de restitución de los efectos descontados al cliente descontatario ha sido perfilada, por Sentencias como las de 30 de abril de 2003, 2 de marzo de 2004 y 25 de noviembre de 2004. La primera de las citadas destacaba que el incumplimiento del deber de restitución constituye una notoria y abusiva mala práctica bancaria, ya que —dice— "la mayoría de las veces, como aquí ocurre, se produce el perjuicio de (los efectos) por prescripción de las acciones cambiarias por el transcurso de tres años (artículo 88 LCCh)" y declara que resulta inexcusable el deber que incumbe a la entidad financiera de reponer los efectos al cedente en el estado en que fueron recibidos, es decir, con la misma eficacia jurídica que tenían cuando fueron depositados en virtud del contrato de descuento y evitar que se produzca el perjuicio de los efectos por la retención injustificada llevada a cabo, puesto que el derecho de reintegro faculta a reclamar los importes y la obligación de devolver los efectos una vez fracasada la operación, ya que no se admite que el cliente pierda por omisión, falta de la diligencia debida por la entidad o aplicación de una mala práctica bancaria, cualquier derecho que le corresponda como titular del crédito. La Sentencia de 2 de marzo de 2004 fija la atención en la condición de documentos básicos para el ejercicio de la acción causal que tienen los efectos descontados (artículo 504 LEC 1881) y parte del derecho al reintegro que tiene el descontante respecto de los importes descontados cuando no se abonan a la fecha de sus vencimientos por quien resulte obligado y deudor de los mismos, ya que se trata de cesión "pro solvendo", a cuyo efecto resulta procedente la acción declarativa ordinaria (ejercitada en el caso). Y señala que así como se impone a la entidad descontante la diligencia de haber llevado a cabo la oportuna presentación al cobro de los efectos descontados o el levantamiento del protesto, aunque tratándose de pagarés no resulte necesario para ejercitar la acción directa contra el firmante (Sentencia de 11 de octubre de 1999), no es exigible el deber de entregar los títulos una vez que queda demostrada la existencia del crédito surgido del descuento mientras no se pronuncie una decisión judicial que conceda el derecho a la entidad bancaria que no hubiera podido ser dictada sin los propios pagarés, y —sigue diciendo— de esta manera los deudores sólo contarán con facultades para recobrar los mismos (los pagarés descontados) cuando previamente liquiden su importe (Sentencias de 17 de junio de 1991, de 6 de noviembre de 1996, de 24 de junio de 2002 y de 30 de abril de 2003). Por tal razón, subraya la citada sentencia "no cabe atribuir al demandante en aquel caso (descontante) actuación negligente o maliciosa, ya que al tiempo de la presentación de la demanda no habían transcurrido los tres años para la prescripción de las acciones cambiarias, sin perjuicio de las causales ordinarias con sustantividad propia, sujetas al plazo de prescripción de 15 años, para lo que la recurrente, a fin de conservar las acciones cambiarias, constándole efectivamente que era deudora de los anticipos recibidos por descuento, obrando en defensa de sus derechos y en el ámbito de la buena fe mercantil debió proceder al reintegro de los títulos descontados y recuperar los mismos e incluso con posterioridad a la sentencia dictada en primera instancia". La Sentencia de 25 de noviembre de 2004 establece la conversión de la cesión "pro solvendo" en cesión "pro soluto", en los términos del artículo 1170 II CC en un caso en que una Caja de Ahorros había retenido en su poder las letras de cambio descontadas, incorporándolas al juicio ejecutivo, sin que conste haberlas puesto a disposición de la cedente, negligencia que ha impedido que el librador dispusiera de plazo hábil para el ejercicio de la acción cambiaria. La aplicación de esta doctrina al caso que nos ocupa conduce a la desestimación del motivo. Los pagarés tenían vencimiento en 26 y 29 de diciembre de 1993. La Caja descontante inició acción ejecutiva en diciembre de 1995, obteniendo sentencia de primera instancia en dicho ejecutivo en 30 de julio de 1996, tiempo todavía hábil para el ejercicio de la acción cambiaria, que en los términos del artículo 88 LCCh vencía, para cada uno de los pagarés, en 26 y en 29 de diciembre de 1996. De los datos obrantes en autos se deduce que los pagarés no fueron cargados en cuenta, que estaba en descubierto (Folio 159), así como que los hoy recurrente fueron requeridos de pago en 26 de enero de 1996 (Folio 67) con presentación de copias de los pagarés e indicación de que se hallaban impagados. Se hace constar en el "escrito resumen" del juicio ejecutivo (Folio 162 y 163) que los pagarés están a disposición de los entonces demandados y hoy recurrentes. La Sentencia de Primera Instancia en el juicio ejecutivo se dictó en 30 de julio de 1996, cuando la acción cambiaria estaba vigente. Finalmente, hay que recordar que según el artículo 60 de la Ley cambiaria y del cheque, que es aplicable a los pagarés por indicación del artículo 96, cabe que "toda persona obligada contra la cual, pueda ejercitarse una acción cambiaria", se ejerza o pueda exigir del efecto, mediante el pago correspondiente. De modo que los efectos estaban a disposición de los descontatarios, quienes nada hicieron para recuperarlos, y se limitaron a levantar recurso de apelación contra la expresada sentencia, no obstante ser conscientes de la existencia del crédito derivado del contrato de descuento a favor de la Caja de Ahorros ahora recurrida...»

F) Exigibilidad

La exigibilidad del saldo deudor que presente la cuenta de descuento, surgirá desde el momento en que la entidad financiera o descontante, tan pronto se produzca cualquiera de las causas pactadas en la póliza, previa notificación a su cliente, el descontatario de la apertura de la cuenta, proceda a efectuar del cierre de la misma fijando el saldo debitado, lo cual, unido a la intervención del Fedatario público, le dará el carácter ejecutivo y consiguiente fecha cierta que determine su exigibilidad ante los Tribunales en los términos previstos en el art. 573 LEC.

G) Calificación concursal

Se trata, en primer lugar y dado que vienen amparados en documento con fuerza ejecutiva o Póliza intervenida por Fedatario público, de un supuesto de reconocimiento necesario del art. 260.1 TRLC (antiguo art. 86.2 LC), en relación con el art. 573 LEC; de forma y manera que cuando la entidad bancaria notifica a la Administración concursal el saldo que quiere que se le reconozca en la Lista de Acreedores que componen la Masa Pasiva del Concurso, debe acompañar todos los documentos que exige el precepto adjetivo, pues dicha suma documental es la que le dota de la fuerza ejecutiva, la que, en el momento de insinuación del crédito no puede negarse a reconocerlo el Administrador Concursal, el que, caso de disconformidad, se ve obligado a promover «*en juicio ordinario y dentro del plazo para emitir su informe* [del art. 292 TRLC (antiguo art. 75 LC)]», pero, por la impugnación de «*la existencia y validez de los créditos asegurados con garantía real o que consten en documento con fuerza ejecutiva...*», según dispone el art. 260.2 TRLC (antiguo art. 86.2 LC), lo que no le resulta permitido combatir los asientos contables realizados por el Banco, sino solamente cuestionar su (i) existencia, cuestionamiento ciertamente difícil de realizar, salvo falsedad de las firmas intervenidas por Notario o la de su propia intervención, lo que nos llevaría a una acción penal o (ii) su validez, en tanto la posible existencia de fraude o incursión en las causas de anulabilidad previstas en el art. 1.300 C.c.

Hay que partir del hecho de que los supuestos a los que aludiremos a continuación ante un descuento amparado en póliza al efecto, no funciona como una cuenta de crédito hasta que (i) se produce el impago de aquéllos y (ii) no se dispone de saldo acreedor bastante para atender sus importes correspondientes, lo que provocará la apertura de la cuenta especial de descuento y, con ella, el funcionamiento de esta cuenta como la de una de crédito, tal y como decíamos precedentemente, en base a dichas premisas nos encontraremos, pues, ante las siguientes posibilidades de calificación, a saber:

a) Respecto de los efectos descontados e impagados antes de la declaración de Concurso, nos hallamos ante un crédito concursal ordinario del art. 84.1 en relación con el art. 269.1 y 3 TRLC (antiguo art. 84.1 en relación con el art. 89.3, ambos de la LC).
b) Respecto del denominado riesgo en curso, esto es, de los efectos comerciales descontados o negociados con anterioridad a la declaración de Concurso, pero que a la fecha del Auto que lo declara aún no estén vencidos, procede su calificación como contingente sin cuantía propia, según dispone el art. 261.3 TRLC (antiguo art. 87.3 LC), habida cuenta dado que se trata de un crédito sujeto a condición suspensiva, precisamente, la que determina la cláusula denominada salvo buen fin, en los términos antes indicados y en tanto que su exigibilidad surge, precisamente con el no buen fin, mal fin o impago del efecto, lo cual sólo tiene lugar, efectivamente, cuando se cumple la condición aplazada al vencimiento; calificación que se mantendrá, con la calificación de concursal ordinario, hasta su confirmación, la que tiene lugar, con el vencimiento.
c) Los efectos descontados o negociados con posterioridad al Auto del Concurso, con el debido consentimiento de la Administración Concursal, y que hayan resultado impagados a la fecha de sus respectivos vencimientos, deberán ser calificados contra la Masa según dispone el art. 242.11.º TRLC (antiguo art. 84.2.5º LC).
d) ¿Qué sucedería con los efectos respecto de los cuales se hubiere cedido la provisión de fondos? Habida cuenta de que se trata de una cesión del crédito extracambiario, efectuada para pago del crédito derivado del descuento bancario, aún en el supuesto de que este efecto se hubiese adeudado en la cuenta especial de descuento, su calificación concursal correría la misma suerte que la de los apartados precedentes, pues dicha cesión viene a ser como un «refuerzo» de solvencia que, sin ser o constituir un afianzamiento pleno, es un instrumento de los previstos en el art. 1.170 C.c. Obviamente, si el efecto cuya provisión de fondos fue cedida, resultase cobrado, debería abonarse en la cuenta especial de descuento y, consecuentemen-

te, reducido el crédito reconocido en el Listado de Acreedores que constituye la Masa Pasiva del Concurso.

e) Por último, hay que plantearse ¿qué sucedería con los efectos cuyo descuento ha sido retrocedido dado el pacto relativo al volumen de impagos? La operativa a este respecto, ya la hemos referido, suponiendo la retrocesión, el adeudo en la cuenta especial de descuento, por defecto de saldo acreedor en la cuenta corriente ordinaria y el abono de los intereses y comisiones que constituyen el descuento del nominal, la *baxa* de Covarrubias. Por lo que respecta a la parte del adeudo en la cuenta especial de descuento se actuaría en la forma precisada en los párrafos anteriores, siendo el crédito ordinario o contra la masa, nunca contingente, pues el Banco al retroceder el nominal descontado recupera con causa y antes del vencimiento el capital que entregó anticipadamente al cliente, lo cual supone deshacer la contingencia de los efectos en curso o pendientes de vencimiento, permitiendo al Concursado gestionar el crédito frente a su cliente o librado del efecto. Por lo que respecta al abono de los intereses y comisiones cobradas por el Banco, debemos manifestar que no se trata en sí mismo de una compensación de créditos susceptible de ser impugnada, sino que se trata de un pago que el Banco hace al concursado, devolviéndole lo pagado por éste al realizarse el descuento, sin vulneración del principio de la *par conditio creditorum* y sin perjuicio alguno a la Masa.

H) Cuestiones concursales

Sin perjuicio de las resoluciones citadas en apartados precedentes, la posibilidad o consideración de la compensación de créditos es analizada extensamente por la Audiencia de Alicante, conforme a la siguiente resolución:

SAP Alicante —8ª— 12.02.2009

«PRIMERO.- Por el Juzgado de lo Mercantil número uno de los de Alicante, en los referidos autos tramitados con el núm. 10/08, se dictó sentencia con fecha 10 de marzo de 2008, cuya parte dispositiva es del tenor literal siguiente: "Que estimando parcialmente la demanda interpuesta por la entidad Caja de Ahorros de Valencia, Castellón y Alicante, Bancaja, contra la concursada Lanatin S.A.L., y la administración concursal, se reconoce válida la compensación realizada en la cuenta núm. 2077.0417.14.1100469214 en concepto de pago de los efectos núm. 5631004746, 5631301523, 5631401382 y 0631714163 por importe de 16.500 €

y procede reintegrar a favor de la actora la cantidad de 16.500 € de la suma consignada por esta. No se efectúa expresa imposición de costas"…

Fundamentos de Derecho

PRIMERO.- La cuestión que tenemos que dilucidar en este incidente es el relativo al carácter liquido o ilíquido de los cuatro efectos cuyo descuento y compensación pretende con su demanda la entidad Bancaja por importe de 16.631,22 euros, pretensión a la que hizo oposición en su momento la administración concursal alegando no sólo la aplicación de la excepción a dicha compensación de lo prevenido en el artículo 1200 del Código Civil, sino el carácter ilíquido de la deuda concurrente con anterioridad a la declaración del concurso —art. 1196 CC y 58 LC—.

La Sentencia de instancia, tras señalar que la entidad concursada tenía concertada una póliza de garantía para operaciones de anticipo de créditos con la actora y que fueron anticipados a la concursada cuatro efectos con vencimientos todos anteriores a la declaración del concurso, por importe de 16.500 euros, concluye que con anterioridad a la declaración del concurso Bancaja tenía la condición de acreedor de Lanatín por el importe anticipado que por tanto, era deuda en dinero, vencida, líquida y exigible conforme a la previsión contenida en la cláusula 6ª del contrato, sin que a tal conclusión se oponga el hecho de que los apuntes y cargos se hicieran con posterioridad a la declaración de concurso. Rechaza la aplicación de la excepción del artículo 1200 del Código Civil en la consideración de que el dinero depositado en cuenta bancaria no constituye un depósito propiamente dicho.

SEGUNDO.- El recurso de apelación que formula la administración concursal concentra la batería de su argumentación en la concurrencia de la liquidez de la deuda que se niega con origen, como pretende la Sentencia de instancia, en el impago de los efectos objeto del contrato de garantía de descuento. Afirma la administración concursal que la deuda nace con el vencimiento del efecto impagado, pero no determina, dice el recurrente, que sea líquida ya que por aplicación del contrato son necesarias operaciones para aplicar gastos, comisiones e intereses, operación que en el caso tuvo lugar en fecha 27 de marzo de 2007 y, por tanto, con posterioridad al concurso.

El recurso se desestima.

Cabe recordar que el contrato de descuento bancario es un contrato de crédito. De ahí el acierto de la asimilación que hace el Juez de lo Mercantil, y que además, resulta explícita en la cláusula sexta del contrato que nos ocupa. Pero este contrato también es, como ha destacado reiteradamente la jurisprudencia, un contrato de concesión de liquidez porque supone el intercambio de un activo financiero —títulos valores— por un activo monetario, efectuado con carácter pleno y poseyendo, por consiguiente, virtualidad traslativa, criterio éste que se encuentra referido en la Sentencia del Tribunal Supremo de 21 marzo 1988 y en nuestro caso, en la cláusula primera del contrato que nos ocupa, relativa al objeto.

Pues bien, en este contrato, el descontatario, hoy la concursada, asumía la obligación de restitución de los efectos impagados. En este sentido, la cláusula 8ª señalaba que resultaba exigible el cumplimiento de esta obligación en cuando al crédito descontado para el caso de que no llegara a buen fin. Se trata además de una obligación que expresamente reconoce la Sentencia del Tribunal Supremo de 5 febrero 1991, según la cual es evidente el derecho del banco descontante a que quien obtuvo el descuento le reintegre el importe de las mismas, pues la esencia de toda operación de descuento cambiario, al entrañar la mera cesión "pro solvendo" (no "pro soluto") del crédito que incorpora la letra descontada, consiste precisamente en que, si dicho crédito no llega a hacerse efectivo por el obligado a su pago, el banco descontante puede reclamar su importe de aquel que obtuvo el descuento de las mismas, doctrina que lo que lleva a considerar es que la obligación de restituir el crédito no satisfecho y, por tanto, la posibilidad del Banco descontante de reclamarlo, nace desde el momento mismo en que los créditos, cuyo importe ha anticipado este último al descontarlo, vencen y no son abonados por el tercero obligado al pago. Ello encuentra además su expresión contractual en la póliza, en la cláusula 8ª cuando señala que en el supuesto de que los créditos resulten total o parcialmente impagados a su vencimiento… Bancaja lo comunicará al cliente que deberá reintegrar de inmediato a Bancaja las cantidades no satisfechas, por sus importes íntegros, lo que implica, desde la perspectiva del instituto de la compensación, la existencia de liquidez respecto del principal, que no es otro que el importe del efecto, sin perjuicio de las obligaciones de pago de comisiones, gastos e intereses.

Insistir que solo con la previa liquidación de estos accesorios cabe hablar de liquidez de la deuda, supone reducir el beneficio que el derecho de crédito confiere, en un perjuicio para el acreedor, sin advertir que las prestaciones por gastos e intereses son accesorias, subordinadas, pero distintas y autónomas, de las que integran el principal, criterio que además es tenido en cuenta por la Ley Concursal cuando califica separadamente el crédito por intereses —art. 93-3° LC—. Cabe por tanto hablar de liquidez del principal y liquidez de los intereses, estos como frutos de aquella lo que por cierto implica, abundando esta argumentación, que sólo es dable liquidar intereses, hablar de liquidez de los frutos civiles, cuando previamente hay liquidez del principal. Aceptado tal aserto, es evidente que desde un punto de vista temporal, la situación liquidatoria es diversa y, por tanto, no puede negarse en este caso, el carácter líquido del principal de la deuda, hecho que producido con anterioridad a la declaración del concurso permite, por mor del artículo 58 de la Ley Concursal, compensar los créditos por concurrencia de los presupuestos de la compensación con anterioridad al hecho delimitador de la prohibición concursal…»

Del mismo modo, la Audiencia de Barcelona analiza la Póliza de Descuento con cláusula de compensación, ante un supuesto de adeudo en cuenta con saldo acreedor de efectos comerciales impagados vencidos con posterioridad a la declaración de Concurso, créditos concursales y no contra la Masa, así como la vigencia del contrato en tanto no haya sido resuelto el mismo, todo ello del siguiente modo:

SAP Barcelona —15ª— de 23.09.2008

«SEGUNDO: La demandada, aquí parte apelante, fundamenta la validez de los cargos realizados, correspondientes a efectos comerciales impagados con vencimiento posterior a la declaración de concurso, en la cláusula contractual de compensación contenida en la póliza de descuento, en relación con los artículos 58 y 61.2 de la LC y con el Real Decreto-Ley 5/2005. El BSCH cargó, con posterioridad a la declaración de concurso, en la cuenta de la concursada los efectos comerciales descontados por resultar impagados a la fecha de su vencimiento —posterior a la declaración del concurso—, compensando el crédito del BSCH con el saldo positivo de la cuenta bancaria titular de la concursada. La apelante aduce la validez de la compensación realizada por ajustarse a la cláusula contractual de compensación pactada en el contrato de descuento que, de conformidad con el artículo 61.2 de la LC, continúa en vigor tras la declaración del concurso. La vigencia del contrato que rige el descuento bancario de los efectos comerciales y la compensación pactada legitima, a juicio de la demandada, la compensación efectuada con posterioridad a la declaración de concurso.

Lo relevante para la resolución del presente recurso es examinar dos cuestiones: primera si el Real Decreto-Ley invocado es de aplicación a la compensación de créditos efectuada por la demandada; segunda, y en caso negativo, si esa compensación está prohibida por el artículo 58 de la LC.

TERCERO: La compensación de autos no cae en el ámbito de aplicación del Real Decreto-Ley 5/2005, de 11 de marzo, de reformas urgentes para el impulso de la productividad, que transpone la Directiva 2002/47/CE, de 6 de junio, sobre acuerdos de garantía financiera. El citado Real Decreto-Ley es una norma especial que disciplina la normativa aplicable a los acuerdos de compensación contractual y establece los efectos de los procedimientos concursales sobre los mismos. Así, los acuerdos de compensación contractual definidos en el artículo 5 del citado texto legal (acuerdos de *netting*) se exceptúan de la prohibición de compensación del artículo 58 LC. El referido Real Decreto-Ley, conforme a su dicción literal, es de aplicación a acuerdos de compensación contractual, también, cuando la contraparte no sea una entidad de crédito, sino otra persona jurídica e incluso una persona física (arts. 4.2 y 4.3) y, además, aplicándose la especialidad concursal prevista en el mismo, también, cuando se declare el concurso de los clientes y no sólo el de las entidades de crédito. El artículo 5 define los acuerdos de compensación contractual a los que resulta de aplicación la norma especial: "1.- Este capítulo se aplicará a las operaciones financieras que se realicen en el marco de un acuerdo de compensación contractual o en relación con él, siempre que el acuerdo prevea la creación de una única obligación jurídica que abarque todas las operaciones incluidas en dicho acuerdo y en virtud de la cual, en caso de vencimiento anticipado, las partes sólo tendrán derecho a exigirse el saldo neto del producto de la liquidación de dichas operaciones. El saldo neto deberá ser calculado conforme a lo establecido en el acuerdo de compensación contractual o en los acuerdos que guarden relación con éste". Los acuerdos de compensación contractual a los que resulta de aplicación del Real Decreto-Ley se caracterizan por prever la sustitución, en caso de vencimiento anticipado, de los créditos y deudas que derivan de las operaciones financieras objeto del acuerdo de compensación en una sola obligación. El vencimiento anticipado del acuerdo de compensación o de las obligaciones aplazadas es un elemento definitorio para la aplicación de la norma especial. El vencimiento anticipado puede dimanar de la resolución anticipada de las operaciones objeto de la compensación pactada debido a la declaración de concurso, constituyendo una excepción a la norma general del artículo 61.3 LC. En el supuesto de *litis* el pacto de compensación no prevé la creación de una obligación única en caso de vencimiento anticipado y, además, no se produce, y ni tan siquiera se invoca por la parte, el vencimiento anticipado de las obligaciones aplazadas o del contrato ante la verificación de la declaración de concurso, sino, al contrario, la demandada fundamenta la validez de la compensación en el impago de los efectos de comercio a su vencimiento y en la vigencia del pacto de compensación del contrato de descuento, con base en el artículo 61.2 de la LC.

CUARTO.- El artículo 58 de la LC establece que "Sin perjuicio de lo previsto en el artículo 205, declarado el concurso, no procederá la compensación de los créditos y deudas del concursado, pero producirá sus efectos la compensación cuyos requisitos hubieran existido con anterioridad a la declaración". Con carácter previo es preciso determinar si el crédito que se pretende compensar es un crédito concursal o un crédito contra la masa, pues la regla del artículo 58 LC se proyecta sólo sobre los créditos concursales en atención a que se trata de un efecto de la declaración de concurso sobre los créditos afectados por el mismo, tal y como se desprende de su ubicación sistemática del precepto. El artículo 58 LC se encuadra dentro del Título III y en particular en el Capítulo II que lleva por rúbrica De los efectos sobre los acreedores. Este Capítulo II comienza con el artículo 49, que integra dentro de la masa pasiva a los acreedores concursales (Art. 49. Integración de la masa pasiva. Declarado el concurso, todos los acreedores del deudor, ordinarios o no, cualesquiera que sean su nacionalidad y domicilio, quedarán de derecho integrados en la masa pasiva del concurso, sin más excepciones que las establecidas en las leyes"). Y sobre estos acreedores se aplican los efectos sobre los créditos en particular previstos en la sección 3ª del capítulo II, siendo el primero de ellos la prohibición de compensación. El vigente artículo 58 de la LC permite la compensación de créditos y deudas tan sólo en los casos en los que concurren los requisitos de compensación de créditos ex artículo 1.196 del Código Civil con anterioridad a la declaración del concurso, siendo, por ello, necesario que el crédito concursal sea exigible antes de la declaración de concurso. La cláusula de compensación, contenida en la póliza de descuento de autos, autoriza al BSCH para compensar el crédito impagado con otros saldos que el descontante pueda tener en dicha entidad descontataria. Pero ello no excluye que para la validez de la compensación deban cumplirse los requisitos legales ex art. 1.196 CC, entre los que se encuentra la exigibilidad del crédito que se pretende compensar. De ahí que sea menester considerar si, conforme al art. 58 LC, ese crédito era concursal por haber nacido antes de la declaración de concurso y, además, si era o no exigible antes de declararse el concurso. La consideración de crédito concursal es determinante para la aplicación del artículo 58

LC que prohíbe la compensación salvo que se hubieran cumplido los presupuestos legales con anterioridad a la declaración de concurso, por lo que debemos examinar si era exigible o no antes de dicha declaración. En el supuesto de autos, los presupuestos para la validez de la compensación no se cumplen, por cuanto el crédito del BSCH vencía con posterioridad a la declaración de concurso. El crédito de la demandada trae su causa del contrato de descuento de efectos comerciales que, conforme a la doctrina del Tribunal Supremo —Sentencias de 21 de abril de 1997, 14 de abril de 1980 y 10 de diciembre de 2007 entre otras—, constituye un supuesto de dación en pago, al cederse el crédito descontado "pro solvendo" y no "pro soluto", surgiendo el deber del descontatario de devolver las sumas anticipadas cuando se produce el impago de los efectos de comercio a su vencimiento; es decir, la exigibilidad del crédito de la demandada, que nace en el contrato de descuento, está sujeta a un término (la fecha de vencimiento de los efectos descontados) y a una condición (el impago del efecto comercial). Los efectos comerciales cargados en la cuenta del concursado tienen fecha de vencimiento posterior a la declaración del concurso, de lo que resulta que antes de la declaración del concurso el crédito de la demandada no era exigible. Por todo ello, procede declarar que la compensación efectuada está prohibida por el artículo 58 de la LC y, por ende, desestimar el recurso de apelación.

QUINTO: No debe confundirse lo anterior, esto es, la operatividad del artículo 58 LC, con la vigencia de la póliza de descuento y, por consiguiente, del pacto de compensación. Pues, mientras no se resuelva el contrato de descuento el BSCH deberá seguir descontando los efectos que se le presenten con posterioridad a la declaración de concurso hasta el límite pactado y respecto de estos efectos descontados operará el pacto de compensación. Ello es así porque el crédito surgido a favor del BSCH como consecuencia del descuento de los efectos, con independencia del momento en que resulte exigible (al vencimiento del efecto y resultando impagado) habría nacido con posterioridad a la declaración del concurso y, por ello, tendría la consideración de crédito contra la masa; y los créditos contra la masa no se ven afectados por la prohibición de compensación ex artículo 58 LC, que sólo opera para los créditos concursales…»

Cuestión discutida en todos los foros concursales es la que plantea esta interesante resolución judicial, que gira en torno al concepto de rehabilitación o continuación de la póliza de descuento una vez declarado el concurso y la calificación de los descuentos posteriores al Auto que lo declara que resultan impagados. A este respecto, hay que recordar, como decíamos precedentemente, que el contrato amparado en Póliza de Descuento, usualmente, carece de vencimiento, esto es, está convenido por tiempo indefinido, que es el supuesto del que parte la resolución, lo que nos hará entender que el contrato así pactado más que rehabilitarse, deberíamos hablar de continuarse, cumpliéndose en todos sus extremos pactados (recuérdese la subordinación prevista en el art. 281.7.º TRLC —antiguo art. 92.7.º LC—).

La rehabilitación a que alude el art. 166.3 TRLC (antiguo art. 68.2 LC) debe entenderse posible si (i) consideramos que el descuento es un crédito, que, efectivamente, lo es, dado que existe el derecho de crédito al reembolso del dinero que el Banco anticipó descontando al Concursado; (ii) la declaración de vencimiento, en este caso, no debe entenderse como anticipado, pues el contrato lo es por tiempo indefinido, por lo que habrá que entender que es una declaración de vencimiento sin más; (iii) el impago debe entenderse, no a las «*cuotas de amortización*» a que alude el precepto, pues, salvo raras y contadas excepciones, no se devuelve el saldo de la cuenta especial de descuento por cuotas y los impagos de los efectos se adeudan, bien en cuenta corriente con saldo bastante para atenderlos, ora en la cuenta especial de descuento, deberá entenderse que se declara el vencimiento por razón a haberse producido una causa de las pactadas en la póliza, por la que permita al Banco cesar en la obligación de descontar, haya saldo insuficiente en la cuenta corriente ordinaria para atender los impagos y se haya abierto, por ello, la cuenta especial de descuento.

Ahora bien, deberá tenerse presente que los impagos de una póliza de descuento rehabilitada son y deben ser calificados con cargo a la Masa, pues ésta es la que, en definitiva, se beneficia de que la entidad bancaria asuma un riesgo al descontar al Concursado los efectos que deriven de su actividad empresarial, en tanto en cuanto que supone un flujo dinerario que permite financiar al propio concursado y, por tanto, la posibilidad de recobrar los Acreedores concursales, en todo o en parte, sus créditos, incluso los acreedores con cargo a la Masa, por ejemplo, los créditos salariales posteriores a la declaración de concurso, en tanto que garantiza la actividad ordinaria de la concursada.

SAP Barcelona —15ª— 18.02.2008

«TERCERO: De todas las autorizaciones otorgadas por el Juzgado tan sólo se discute en este incidente la que afecta al Banco Santander, y en concreto a la rehabilitación de la póliza de descuento de efectos que dicha entidad tenía concertada con la ahora concursada.

El descuento, que es un contrato por el que el Banco previa deducción del interés anticipa al cliente el importe de un crédito contra un tercero, todavía no vencido, mediante la cesión, salvo buen fin, del crédito mismo, puede concertarse de forma aislada, esto es, crédito a crédito, o bien en forma general, a través de un "crédito de descuento". La póliza de descuento objeto de "rehabilitación" es propiamente un "crédito de descuento", según la cual el Banco se obliga a descontar al acreditado, en las condiciones pactadas, los efectos que le entregue el cliente hasta una cifra máxima. Este crédito de descuento, como es el caso, suele instrumentarse en una cuenta corriente que recoge los movimientos de fondos a que da lugar la ejecución del contrato, como son las cantidades anticipadas, los gastos realizados por el Banco, la devolución de efectos impagados..., de forma que a medida que se cobran los efectos descontados por el Banco se libera el tope máximo del descuento y el cliente puede seguir presentando documentos para el descuento.

Cuando se declaró el concurso de INDUSTRIAS KORES, el plazo pactado en la reseñada póliza de descuento no había vencido y no consta que, como consecuencia del impago de efectos descontados, se hubiera sobrepasado el límite máximo del crédito concedido, lo que también hubiera justificado la resolución del contrato.

Conforme a la dicción del art. 68 LC, la rehabilitación de créditos, que abarca no sólo al contrato de préstamo sino también a los de crédito en general, presupone que se haya producido su vencimiento anticipado dentro de los tres meses precedentes a la declaración de concurso, por impago de cuotas de amortización o de intereses devengados. Si bien el caso prototípico es el impago de cuotas de amortización de un contrato de préstamo, cabe extender la rehabilitación a otros contratos de crédito en los que se prevean durante su vigencia obligaciones dinerarias para el cliente, cuyo incumplimiento motiva la resolución anticipada. Si antes de la declaración de concurso no consta tal incumplimiento ni por consiguiente la resolución del contrato, resulta improcedente la rehabilitación, por ser innecesaria: no cabe rehabilitar un contrato de crédito que previamente no ha sido resuelto por impago de obligaciones del cliente.

En el presente caso, en que el crédito que se pretende rehabilitar es el que concedió el Banco Santander en la referida póliza de descuento para articular el descuento comercial de efectos de la ahora concursada, no consta que existiera ninguna causa de incumplimiento que motivara la resolución anticipada del contrato, razón por la cual no era necesaria la rehabilitación.

CUARTO: En realidad, la controversia que subyace al presente caso es otra, la que la propia parte apelante aflora en su recurso de apelación: el cumplimiento por el banco de la "supuesta" obligación de descuento de todos los efectos que la concursada le presente, una vez declarado el concurso. No nos hallamos pues ante un caso de rehabilitación de un contrato de crédito resuelto sino ante la pretensión, de la administración concursal, de cumplimiento del referido contrato, imponiendo al banco la obligación de seguir descontando todos los efectos presentados al descuento, por lo tanto no resulta de aplicación el art. 68 LC sino el art. 61 LC.

Partimos de la consideración previa de que el contrato de crédito de descuento no se resuelve por la mera declaración concurso del cliente, siendo ineficaz la cláusula contractual que habilitaba en tales casos al banco a resolver el contrato (art. 61.1 y 3 LC). Se trata pues de un contrato que no estaba resuelto antes de la declaración de concurso y que ésta no ha provocado tampoco su resolución o extinción. Tampoco consta que con posterioridad a la declaración de concurso se hubiera producido un incumplimiento por parte de la concursada que justificara la resolución, sino en su caso el incumplimiento por el banco de la obligación de descontar efectos. La Administración Concursal confunde este "supuesto" incumplimiento, representado por el rechazo de los efectos presentados a descuento, con una resolución contractual por vencimiento anticipado que no consta. El incumplimiento de una prestación asumida por una de las partes en un contrato bilateral, sin perjuicio de las acciones de cumplimiento y de resolución de contrato que reconoce a la contraparte el art. 1124 CC, no significa que previamente se hubiera producido un vencimiento anticipado del contrato. Pudiera ser que el banco hubiera dejado de descontar efectos aduciendo un vencimiento anticipado por un previo incumplimiento del cliente, pero ello no consta. No consta que el aducido vencimiento anticipado, producido según la Administración Concursal "de facto", venga motivado por un incumplimiento de INDUSTRIAS KORES, que de haber existido se hubiera mencionado cuando menos por alguna de las partes. Estamos, en su caso, ante un simple incumplimiento contractual por parte del banco, que no presupone que previamente se hubiera resuelto anticipadamente el contrato por incumplimiento de las obligaciones de INDUSTRIAS KORES, sino que se ampara en la "supuesta" facultad contractual del banco de denegar efectos presentados al descuento.

Esta es la cuestión sustantiva que plantea el presente caso: en qué medida el banco está obligado a descontar todos los efectos presentados por el cliente, y si puede rechazarlos sin incumplir, por ello, la póliza de descuento.

Aunque respecto del contrato de descuento realizado de forma aislada cabría cuestionarse su naturaleza real, pues según algunos autores para su perfección requiere, además del consentimiento de las partes, la transmisión del crédito del descontatario al descontante así como la entrega de la suma de éste a aquél, el contrato de crédito de descuento es propiamente consensual. Ello es así porque se perfecciona por el mero consentimiento, naciendo a partir de entonces para cada una de las partes las obligaciones que constituyen su objeto, y en concreto para el banco la de descontar al acreditado todos los efectos que le presente, dentro de ciertos límites.

La sentencia ahora recurrida presupone que el banco se obligaba en la póliza a descontar todos los efectos y recibos enviados por INDUSTRIAS KORES, pues le impone seguir haciéndolo.

No le falta razón a la parte apelante cuando argumenta que el concurso no puede suponer para el banco ninguna obligación suplementaria, con respecto a las derivadas del contrato de crédito de descuento, por lo que si antes del concurso gozaba de facultades para rechazar o, mejor dicho, discriminar "el papel" o los efectos y recibos presentados al descuento, no existe ninguna razón para que una vez declarado el concurso tenga que descontarlos todos. En realidad, está sometido a las mismas obligaciones que antes, esto es, debe aceptar los efectos y recibos presentados a descuento dentro de los mismos límites que antes.

QUINTO: Lo importante ahora es, partiendo de la consideración de que estos límites que conforman el alcance de la facultad de rechazar los efectos y recibos presentados a descuento no cambian con la declaración de concurso, interpretar el alcance de la obligación de descontar asumida por el banco en el contrato de crédito de descuento.

En la póliza de descuento concertada por el Banco Santander con la concursada, la estipulación segunda, apartado 4 reservaba al banco la facultad de analizar libremente y a su criterio los créditos, pudiendo admitirlos o rechazarlos. Pero esta facultad no puede entenderse como que se concede al banco una discrecionalidad absoluta para rechazar los efectos presentados al descuento, pues ello vaciaría de contenido el contrato. El crédito de descuento no es sólo un contrato marco que establece las condiciones a las que se someterán los concretos y aislados descuentos de efectos que se perfeccionen más adelante, sino que impone al banco una obligación clara de aceptar los efectos y recibos que el cliente le presente en el futuro, dentro de un límite. Este límite viene determinado por dos parámetros: primero, la cifra máxima de crédito que se confiere al cliente; y segundo la solvencia del deudor del efecto presentado, esto es, lo que la doctrina clásica entiende como "idoneidad moral y económica" de dicho deudor, que es lo que determina el mayor o menor grado de riesgo de que el crédito presentado a descuento resulte impagado.

De este modo la facultad del banco de rechazar los efectos presentados a descuento no puede ser absoluta, sino que ha de responder a un estudio real de la bondad del "papel" que se presenta, justificando de forma objetiva los motivos que en cada caso le llevan a rechazar el descuento. Por lo que no es admisible un rechazo sistemático de los efectos presentados por el concursado, sin dar justificación alguna, porque ello pone en evidencia que la razón de dejar de descontar es el cambio de circunstancias que supone que el cliente se encuentre en concurso de acreedores. Y esto último es precisamente lo que ha tratado de impedir la Ley concursal en el art. 61 LC, al declarar que el concurso no determina por sí la resolución de los contratos y sancionar con nulidad las cláusulas que facultan a resolver el contrato en caso de concurso de una de las partes.

El banco no debe perder de vista que el crédito de descuento opera como un tipo de contrato de apertura de crédito, en el que hasta la cifra máxima se concede disponibilidad al acreditado, aunque la disponibilidad venga determinada por la presentación de efectos y su impago, y se conceda al banco la facultad de estudiar el riesgo del papel presentado. Traemos a colación la anterior consideración para advertir que la situación del banco, una vez declarado el concurso, al seguir admitiendo el descuento dentro del límite de la cifra máxima de crédito, viene amparada por lo previsto en los arts. 62 y 84 LC, según los cuales al tiempo de resolverse el contrato, el crédito del banco respecto del saldo deudor de la póliza sería crédito contra la masa. Sólo si la Administración concursal hubiera resuelto el contrato conforme al art. 61 LC, y por lo tanto sin que se hubiera producido disposiciones post concursales, el posible saldo deudor sí tendría la calificación de crédito concursal.

En estas condiciones, tiene sentido que pueda exigirse del Banco que continúe descontando, dentro de los límites razonables antes expuestos —cifra máxima de crédito y bondad del papel—, pues el riesgo frente al deudor concursado queda paliado con la consideración de su crédito como contra la masa.

Del mismo modo que el Banco no puede rechazar arbitrariamente todos los efectos presentados tampoco cabe imponerle que necesariamente los acepte todos. Debe admitirse que pueda rechazar aquellos que, en atención al deudor, exista un claro riesgo de que no llegue a cobrarse. En este sentido, no estaría justificado que el

Banco con anterioridad a la declaración de concurso viniera admitiendo los efectos o recibos girados contra un determinado cliente del concursado, y que después de la declaración de concurso dejara de hacerlo, a no ser que constaran efectos impagados que pusieran en evidencia el riesgo de impago. Si tuviéramos que formular el alcance de esta obligación de descontar por parte del banco, partiríamos de la regla general, cual es el deber de aceptar todos los efectos y/o recibos presentados al descuento, estando justificado su rechazo en los casos en que concurran circunstancias que hagan evidente el riesgo de impago del efecto, y siempre dentro del importe límite del crédito.

De la misma manera que cabe esperar del Banco una actitud responsable a la hora de no conceder crédito más allá de los riesgos razonables, una vez concedido debería ser responsable de las consecuencias del incumplimiento contractual que supone un rechazo injustificado de "papel bueno" —efectos con escaso riesgo de impago—, que en las circunstancias de un acreditado concursado podría determinar su "asfixia financiera".

SEXTO: En consecuencia, procede dejar sin efecto la rehabilitación del contrato de crédito de descuento concertado entre INDUSTRIAS KORES y BANCO SANTANDER, porque no había existido la previa resolución, sin perjuicio de la obligación del banco de seguir descontando los efectos y recibos que le presente la administración concursal, dentro de los límites pactados, que deben ser interpretados conforme a lo expuesto en el fundamento jurídico anterior, y en concreto en el sentido de que el rechazo de efectos y recibos debe ser excepcional, y responder únicamente a un claro riesgo de impago de tales efectos. Por lo que lo lógico sería que en caso de concurso, y siempre que no se resuelva el contrato, el banco justificara el rechazo del papel en causas objetivas».

La siguiente resolución judicial analiza la distinción en sede de acción de reintegración de la diferencia entre (i) la cesión de crédito propia del descuento o anticipo de facturas de (ii) la cesión de crédito en garantía, viniendo a radicar la diferencia de una y la otra, no en la circunstancia de cuál es el documento en que se ampara (Póliza o Escritura), sino en la función que una u otra cumple y así, cuando se realiza por la entidad bancaria una operación de anticipo de factura como reforzamiento de las operaciones de anticipo o de descuento de efectos, ya sea por la vía de la mera cesión de crédito para pago o mediante la pignoración del derecho de crédito al reembolso nos encontraremos ante una cesión de crédito en garantía y, por tanto, susceptible de ser rescindida *ex* art. 226 TRLC (antiguo art. 71 LC) por perjuicio a la Masa Activa; cosa bien distinta es que la segunda factura a la que alude la siguiente resolución es que hubiese formado parte del descuento de forma natural, lo cual hubiese supuesto un incremento de la cifra de riesgo asumida, un incremento, en definitiva del importe descontado o anticipado por el Banco en contra de una operación sin riesgo, digamos, tomada al cobro,

sin descuento, en comisión de cobranza, pero cuyo montante, una vez se percibe por el Banco, va destinado a la cancelación, hasta donde alcance, el descuento previamente efectuado.

SAP Guipúzcoa —2ª— 08.03.2010

«Y con fecha 15 de mayo se otorga la escritura de cesión de crédito, en la que se hace constar que la cedente es titular de un crédito frente a la mercantil polaca Gamet, derivado del contrato de compraventa de maquinaria suscrito el 11 de marzo de 2008 por importe de 346.000 euros, ac como del pedido previo de 6 de marzo de 2008, figurando unidos al contrato de cesión, el de compraventa con las especificaciones de la máquina, y el correspondiente pedido.

Pues bien, aunque en el contrato de cesión de crédito se hace constar que a solicitud de la cedente el banco le había anticipado parcialmente el citado crédito, con fecha 22 de febrero, por importe de 130.000 euros, resulta patente, a la vista de los datos señalados, que el crédito objeto del contrato de cesión era distinto del que sirvió de base a la operación de descuento de 22 de febrero, puesto que entonces la factura cedida a cargo de Gamet tenía diferente importe y correspondía a la venta de una máquina realizada con anterioridad al pedido de 6 de marzo y al contrato de 11 de marzo, aunque ambas máquinas fueran del mismo modelo Urpe CC 125 fabricado por Urpemak. Por ello el banco apelante no puede sostener que la escritura de cesión no fue más que la elevación a escritura pública del crédito que Urpemak ya tenía por el contrato de descuento, por cuanto dichos créditos derivaban de operaciones distintas, resultando que el crédito cedido al banco en la operación de descuento resultó impagado llegado el vencimiento de la factura el día 30 de junio de 2008.

Por lo tanto, con la cesión del crédito formalizada por escritura, con remisión a un crédito que el banco ostentaba en base al anticipo de la operación de descuento, se constituía una garantía a favor de una obligación preexistente mediante una prenda de derecho de crédito para asegurar la devolución del anticipo concedido varios meses antes. En consecuencia, la cesión de crédito instrumentada el día 15 de mayo no permitía al banco, una vez declarado el concurso, detraer de la cuenta de Upermak la cantidad de 133.488,33 euros, con cargo a las sumas de 74.900 y de 70.346 euros, ingresadas el día 24 de septiembre y el día 9 de diciembre, correspondientes a pagos hechos por Gamet, que ni siquiera se corresponden con los importes de ninguna de las facturas cedidas en la operación de descuento de 22 de febrero de 2008 y en el contrato de cesión de crédito de 15 de mayo.

Debe mantenerse la decisión del juzgador al entender que concurren los presupuestos exigidos para que opere la presunción del art. 71.3.2º de la L. Concursal, cuya consecuencia es la rescisión del contrato de cesión de crédito, en el que el banco apelante ha amparado los movimientos de salidas en la cuenta de la quebrada, y sin que ello suponga una enriquecimiento injusto de la concursada puesto el crédito del banco y la consecuente obligación de su pago subsiste, pero con la calificación que le corresponde con arreglo al principio de la "par conditio creditorum" y no en base a un privilegio que no tenía y que de admitirse iría en perjuicio de la correcta liquidación de la masa activa...»

5. EL CONTRATO DE ANTICIPO DE DOCUMENTOS MERCANTILES

A) Concepto y naturaleza jurídica

Se trata de un contrato bancario de similar funcionamiento y, casi, función que la del contrato de Descuento, la diferencia estriba en que, de un lado, (i) el Banco no descuenta el documento mercantil, sino que concede a su cliente, el cedente del documento, un anticipo, un cobro anticipado al de su vencimiento, esencia de ello, es la no transmisión del documento al Banco, el que, tras anticipar el importe nominal del documento, procede a realizar una mera gestión de cobro ante el obligado al pago y así, cuando cobra de este último, cancela la cantidad anticipada; de otro lado, se distingue por (ii) los documentos mercantiles, que son aquellos que no producen el efecto de giro y cambio, esto es, la transmisión del título al Banco, tales como las facturas, los pagarés no a la orden, recibos o documentos en soporte magnético, por ejemplo.

Su regulación normativa se centra, exclusivamente en la alusión del art. 177 C.com. al aludir a que las entidades bancarias pueden realizar operaciones de cobranzas, entre otras, distinguiéndolas de las de giros y distinguiéndolas de las operaciones de descuento reservadas, según el segundo párrafo del art. 178 C.com. para las letras, pagarés u otros valores de comercio.

B) Elementos personales y sus obligaciones

El Banco anticipante y el cliente anticipatario podríamos denominar a las dos figuras contractuales o suscribientes de la Póliza correspondiente. El primero, en tanto que se obliga a realizar la gestión de cobro contractualmente, por razón a lo dispuesto en el art. 273 C.com. será el responsable en el caso de no realizar la cobranza a su vencimiento, a no ser que acredite que obró diligente y oportunamente, quien, reiteramos, no adquiere la propiedad de los documentos mercantiles anticipados, careciendo de acción alguna frente al obligado al pago de dichos documentos, ni la cartular, ni la causal. El segundo, quien ha percibido anticipadamente su crédito frente a un tercero, su cliente, está obligado a pagar al Banco las comisiones o réditos convenidos por ello y, caso de impago, soportar con cargo a su cuenta bancaria la devolución o retorno de aquello que le fue anticipado.

C) Póliza de anticipo de documentos mercantiles y su exigibilidad

Su funcionamiento es el mismo que el de la Póliza de Descuento, por lo que nos remitimos a los apartados correspondientes

E) Calificación concursal

Por la misma razón, también debemos remitirnos a la casuística de la Póliza de Descuento.

6. LOS CRÉDITOS DOCUMENTARIOS

Este tipo de créditos ha sido utilizado comúnmente como medio de pago de operaciones de compraventa internaciones, codificados por las «Reglas y Usos Uniformes relativos a los Créditos Documentarios», elaborados por la Cámara de Comercio internacional y que tienen el carácter de condiciones generales de la contratación, siempre que así se disponga en el contrato y así, conforme a estas reglas uniformes, previa provisión de fondos o mediante préstamo al efecto, el Banco se obliga a pagar a un tercero, denominado «beneficiario» o a pagar a la orden del mismo, o bien a aceptar y pagar letras de cambio y otros instrumentos de giro librados por dicho beneficiario; igualmente puede autorizar a otro Banco para que efectúe el pago o para que acepte y pague instrumentos de giro o para que negocie contra la entrega de los documentos exigidos, siempre y cuando se cumplan los términos y condiciones contractuales.

Fundamentalmente, son dos los tipos de créditos documentarios; de un lado, los denominados (i) «revocables», que son aquéllos en los que el Banco se reserva el derecho a cancelar o modificar en cualquier momento su compromiso frente al beneficiario en base a los pactos y por las causas convenidas en la póliza; y los (ii) «irrevocables», todo lo contrario a los anteriores y que dan más seguridad, pues producen el efecto de pago desde el momento de su emisión y, por tanto, indisponible para el acreditado o solicitante del Crédito Documentario, quien no puede revocar el pago ordenado al Banco mientras persista la deuda entre los contratantes, pues la relación contractual derivada de la concesión del Crédito Documentario, en el supuesto de la irrevocabilidad, es entre el Banco y el beneficiario del mismo, quien está esperando cobrar del Banco, por razón a la operación comercial realizada con su cliente de cuyo contrato se halla desvinculado el Banco acreedor, convirtiéndose en mero garante o confirmador del pago.

En este sentido, se ha pronunciado el Tribunal Supremo mediante la siguiente Sentencia:

STS —1.ª— N.º 148/2014 de 13 de marzo:

«… La jurisprudencia de esta Sala, resumida en la Sentencia de 12 de julio de 2007, señala que "la operación de crédito documentario, que se integra en una pluralidad negocial, constituye una figura atípica en nuestro ordenamiento jurídico (Ss. entre otras, de 30 de marzo de 1976, 14 de marzo de 1989, 11 de marzo de 1991), pero que, sin embargo, se manifiesta con frecuencia en la práctica comercial, singularmente internacional, y ha sido objeto de alusión, e incluso amplia aplicación, en numerosas Sentencias de esta Sala (8 de abril de 1932; 5 de enero de 1942; 8 de junio de 1957; 14 de abril de 1975; 30 de marzo de 1976; 27 de octubre de 1984; 14 de marzo y 6 de abril de 1989; 11 de marzo, 3 y 8 de mayo de 1991; 6 de abril y 25 de noviembre de 1992; 25 de marzo de 1993; 17 de junio de 1994; 20 de julio de 1995; 16 de mayo y 23 de diciembre de 1996; 9 de octubre de 1997; 10 de noviembre de 1999; 24 de enero y 7 de abril de 2000; 5 de junio y 24 de octubre de 2001, 30 de abril y 13 de diciembre de 2002; 11 de noviembre de 2005; 13 de diciembre de 2006 y 10 de julio de 2007. Se caracteriza por ser un convenio por virtud del cual el banco emisor, obrando por la solicitud de su cliente, como ordenante del crédito, se obliga a hacer un pago a un tercero beneficiario, o a autorizar otro banco para que efectúe tal pago, pero siempre contra la entrega de los documentos exigidos, y cumpliendo rigurosamente los términos y condiciones de crédito (S. 16 de mayo de 1996). Se rige por lo pactado, que no contradiga normativa imperativa, (arts. 1.091 y 1.255 CC), pudiéndose estipular la aplicación de las Reglas y Usos Uniformes aprobados por la Cámara de Comercio Internacional (STS 20-5-2008, rec. 1233/2001). A la vista de la mencionada doctrina y analizando el crédito documentario, a la luz de lo que del mismo se expresa en el contrato de obra, hemos de expresar que el crédito documentario es una garantía que crea el comprador (Bionex) para asegurar el pago ante el beneficiario (CMB), pago que solo efectuará el banco, si el beneficiario entrega los documentos convenidos. El art. 2 de las reglas y usos uniformes relativos a los créditos documentarios de la Cámara de Comercio Internacional lo define como el acuerdo por el que un banco, a petición de un cliente (ordenante) o en su propio nombre se obliga a hacer un pago a un tercero (beneficiario). El art. 3 de las mencionadas reglas pone énfasis en la abstracción del crédito documentario, en cuanto desvinculado causalmente del contrato de venta, o del contrato a cuya financiación sirve. De ello se deduce la esencial importancia del crédito documentario como medio de garantía y financiación del pago en el comercio internacional, al que dota de una esencial seguridad jurídica, contribuyendo a la confianza entre empresas al asegurarse el cobro de las prestaciones efectuadas, mediante la intervención de una entidad bancaria ajena al contrato, a la que se confiere una orden de pago, estrictamente definida en cuanto al modo, tiempo y liquidación…

... Mediante el crédito documentario no se extingue la obligación cual si pago fuese (art. 1156 del C. Civil), salvo que se pacte, sino que se garantiza el exacto cumplimiento del pago del precio, el cual se efectúa por el banco, cuando se presenten los documentos que acrediten que la prestación se ha efectuado correctamente por el beneficiario. De todo ello se deduce que el crédito documentario, al no acreditarse lo contrario se entregó "pro solvendo", es decir para asegurar el pago, pues una cosa es que el ordenante no pueda revocar el crédito y otra que el precio estuviese totalmente satisfecho, pues ello dependía de que el contratista terminase la obra conforme a lo pactado y en el tiempo convenido, y que presentase la documentación que lo justificaba en la forma acordada en el contrato de obra, por lo que no se infringen los arts. 1170 y 1597 del C. Civil. Los compromisos de garantía de pago que Bionex tenía con CMB no pueden oponerse a MANCOBRA, sin perjuicio de las acciones que entre comitente y contratista puedan ejercitarse, al margen del presente procedimiento. Es doctrina de esta Sala, conforme al art. 1170 del C. Civil que: ...debe sentarse el criterio de que en tales casos la cantidad adeudada por el comitente al contratista comprende no sólo la representada por los pagarés aún no vencidos en poder del contratista sino también la representada por los que este último hubiera entregado a entidades de crédito pero quedando latente la posibilidad de retorno al contratista para que éste reclame el pago de su importe al comitente. En definitiva, será la naturaleza del contrato entre contratista y entidades de crédito lo que determine la solución aplicable en cada caso (STS 20-1-2009, RC. 2363 de 2004)...»

A) Elementos subjetivos

Nos encontramos, en primer lugar, con el comprador de ciertas mercaderías, denominado (i) «ordenante, en segundo lugar, con el vendedor, denominado «beneficiario» y, por último, con la entidad bancaria que, como (iii) mandatario o gestor de los negocios de su ordenante, debe cumplir el pago en los términos y condiciones expresamente requeridos por éste, pues de lo contrario, incurriría en responsabilidad *ex* art. 1.889 C.c.[55] y así, el Banco deberá entregar a su ordenante determinados documentos que demuestran que el beneficiario ha cumplido con el contrato de compraventa, mientras que al beneficiario entregará la carta de crédito, en la que se obliga, abstrayéndose de la obligación mercantil subyacente y sus posibles anomalías, a pagar contra entrega de la documentación requerida por el ordenante.

---

[55] *Art. 1.889.* El gestor oficioso debe desempeñar su encargo con toda la diligencia de un buen padre de familia, e indemnizar los perjuicios que por su culpa o negligencia se irroguen al dueño de los bienes o negocios que gestione. Los Tribunales, sin embargo, podrán moderar la importancia de la indemnización según las circunstancias del caso.

Además de las tres figuras personales antes descritas, debemos diferenciar la tipología bancaria y así, nos encontraremos al (iv) Banco emisor, esto es, aquél que emite la carta de crédito por cuenta y orden de su cliente, digamos, el del domicilio del vendedor de las mercaderías o ejecutor de determinada obra y con el cual usualmente trabaja. El (v) Banco avisador, esto es, el que comunica al beneficiario que ha sido abierta la carta de crédito y recoge la documentación del beneficiario; este Banco avisador no asume ningún compromiso frente al beneficiario. El Banco pagador, que es el que examina por cuenta del Banco emisor los documentos que el beneficiario le entregue y paga el importe del crédito, lo que viene a ser como un comisionista actuando por cuenta y orden del emisor. Y, por último, el (vi) Banco confirmante, que es el que asume frente al beneficiario una segunda promesa abstracta de pago que actúa en nombre propio pero por cuenta y orden del emisor, en tanto que éste está obligado a devolverle las cantidades que haya satisfecho al beneficiario.

Una buena definición de lo que son y representan los Créditos Documentarios, la traen consigo las siguientes resoluciones

STS —1.ª— n.º 378/2008, de 20 de mayo

«La jurisprudencia de esta Sala, resumida en la Sentencia de 12 de julio de 2007, señala que "la operación de crédito documentario, que se integra en una pluralidad negocial, constituye una figura atípica en nuestro ordenamiento jurídico (Ss. entre otras, de 30 de marzo de 1976, 14 de marzo de 1989, 11 de marzo de 1991), pero que, sin embargo, se manifiesta con frecuencia en la práctica comercial, singularmente internacional, y ha sido objeto de alusión, e incluso amplia aplicación, en numerosas Sentencias de esta Sala (8 de abril de 1932; 5 de enero de 1942; 8 de junio de 1957; 14 de abril de 1975; 30 de marzo de 1976; 27 de octubre de 1984; 14 de marzo y 6 de abril de 1989; 11 de marzo, 3 y 8 de mayo de 1991; 6 de abril y 25 de noviembre de 1992; 25 de marzo de 1993; 17 de junio de 1994; 20 de julio de 1995; 16 de mayo y 23 de diciembre de 1996; 9 de octubre de 1997; 10 de noviembre de 1999; 24 de enero y 7 de abril de 2000; 5 de junio y 24 de octubre de 2001, 30 de abril y 13 de diciembre de 2002; 11 de noviembre de 2005; 13 de diciembre de 2006 y 10 de julio de 2007. Se caracteriza por ser un convenio por virtud del cual el banco emisor, obrando por la solicitud de su cliente, como ordenante del crédito, se obliga a hacer un pago a un tercero beneficiario, o a autorizar otro banco para que efectúe tal pago, pero siempre contra la entrega de los documentos exigidos, y cumpliendo rigurosamente los términos y condiciones de crédito (S. 16 de mayo de 1996). Se rige por lo pactado, que no contradiga normativa imperativa, (arts. 1.091 y 1.255 CC), pudiéndose estipular la aplicación de las Reglas y Usos Uniformes aprobados por la Cámara de Comercio Internacional.

Antes de entrar en el examen del fondo del motivo procede señalar que el régimen de RRUU pactado en el caso que se enjuicia es el correspondiente al texto revisado de 14 de octubre de 1974, aprobado por el Comité Ejecutivo de la Cámara de Comercio Internacional (CCI) el 3 de diciembre siguiente que entró en vigor el 1 de octubre de 1975, (y no el revisado en 1983 al que se refieren en sus citas las sentencias de instancia y la parte recurrida), habiéndose manejado por este Tribunal las traducciones al castellano correspondientes al Anuario de la Comisión de las Naciones Unidas para el Derecho Mercantil Internacional (CNUDMI), Vol. VI, 1975, pg. 50 y ss., y la preparada por el Comité Nacional de la C.C.I., de la versión original inglesa, publicada en la Revista de Derecho Mercantil (pg. 361 y ss.).

De las circunstancias concurrentes en el caso se deduce que el Banco Central Hispano asumió la obligación de recibir los documentos necesarios, examinarlos y contrastarlos en adecuación a las órdenes efectuadas por el ordenante respecto a la documentación prevista, y la de efectuar el pago si ésta se ajustaba la exigida para la operación crediticia, y a tal orden de cosas ajustó su actuación. Por consiguiente, dicho Banco no actuó como un mero banco emisario, avisador o notificador, sino como banco confirmador o pagador de un crédito confirmado irrevocable. El art. 3 b) de las RRUU de 1974 (en su redacción Anuario de la CNUDMI) establece que "un crédito irrevocable puede ser avisado al beneficiario a través de otro banco (banco avisador), sin compromiso de este otro banco, pero cuando un banco emisor autoriza o solicita a otro banco la confirmación de su crédito irrevocable y este último lo hace así, tal confirmación constituye, por parte del banco confirmador, un compromiso en firme, adicional al asumido por el banco emisor, siempre y cuando los términos y condiciones del crédito se hayan cumplido: i) De pagar (...)"; y el art. 3 c) dispone que "estos compromisos no pueden ser modificados ni anulados sin la conformidad de todas las partes interesadas".

El banco confirmador queda incorporado a la pluralidad negocial de la operación de crédito documentario, y sujeto al entrecruce de respectivas prestaciones y contraprestaciones de las partes, y por ello, en el aspecto en que incumpla sus obligaciones y resulte un daño para el ordenante debe responder ante el mismo, y tal responsabilidad deriva de la órbita de las obligaciones asumidas, por lo que tiene carácter contractual y no extracontractual, sin que nada diga en otro sentido la jurisprudencia que se indica en el escrito de impugnación de la parte recurrida porque en los casos a que se refieren las Sentencias que cita sólo había banco emisor, o el segundo banco era mero avisador o notificador. Por ello, en tal aspecto le asiste la razón a la recurrente, empero ello resulta insuficiente en la perspectiva del recurso pues la argumentación de la sentencia recurrida, como se dijo, fue alternativa, en el sentido de entender que la pretensión del actor frente al Banco debía rechazarse tanto se estimara su acción como extracontractual, y por tanto afecta de prescripción extintiva, como contractual.

Por ello, el éxito del recurso queda subordinado al del segundo motivo.

TERCERO.- En el motivo segundo se alega infracción de los arts. 259 del Código de Comercio, 1.162 y 1.171 del Código Civil y 5 de la Ley 40/1979, de 10 de diciembre sobre Régimen Jurídico de Control de Cambios. En el cuerpo del motivo se hace referencia también a la Orden del Ministerio de Economía y Comercio de fecha 23 de enero de 1981 y Circulares 21/1981 de la Dirección General de Transacciones Exteriores y 22/1981 del Banco de España.

Se trata de rebatir la apreciación de la Sentencia recurrida de que el Banco Hispano Americano no fue negligente en su obligación de pago, puesto que la irregularidad de la operación triangular y el cambio del lugar de pago no infringían las cláusulas del crédito irrevocable.

En el cuerpo del motivo se efectúan una serie de alegaciones genéricas sentando diversas premisas para concluir que el Banco obvió las instrucciones dadas por el Banco emisor: a) Porque modificó unilateralmente el lugar de pago, sin ponerlo en conocimiento del banco-emisor ni del ordenante, antes de que naciera el derecho al cobro por parte de Cipquisa, puesto que ésta da instrucciones para que procedan a la modificación (14 de octubre de 1981) antes de presentar los documentos en el Banco (15 de octubre de 1981). Evidentemente la orden afectaba al crédito y, a diferencia de lo manifestado por la Sala Quince de la Audiencia Provincial de Barcelona, el derecho de Cipquisa aún no había nacido; b) Porque le fue presentada la documentación relativa a una operación triangular, respecto a la cual no se le había dado ningún tipo de instrucciones en la carta de crédito, porque la misma no estaba prevista. A pesar de ello no informó de esta vicisitud al banco-emisor ni al ordenante, estando obligado a ello según el tenor literal de la carta de crédito. Además con su actuación contravino la normativa existente en el ordenamiento jurídico español, relativa a las operaciones triangulares, y que le obligaba a extremar su diligencia como entidad delegada del Banco de España, posibilitando finalmente la consumación de la estafa. Asimismo el art. 259 del Código de Comercio señala que el comisionista deberá observar lo establecido en las Leyes y Reglamentos respecto a la negociación que se le hubiere confiado, y será responsable de los resultados de su contravención u omisión. Finalmente añade el motivo que "respecto al perjuicio del recurrente, está fuera de toda duda, reconociendo como hecho probado la sentencia penal haber satisfecho al Sr. Federico el precio total de la compra y venta y no haber recibido, a cambio, las mercancías".

En el motivo se plantean con evidente falta de precisión, que redunda en falta de claridad, y enturbia la comprensión, dos cuestiones que son diferentes y no cabía acumular.

La primera de ellas se refiere a un cambio del lugar del pago al beneficiario en virtud de solicitud de éste con anterioridad a la fecha del pago, solicitud que en el cuerpo del motivo se data [correctamente] en el 14 de septiembre de 1981 y en sus conclusiones en el 14 de octubre. El planteamiento resulta absolutamente inconsistente en orden a la prosperabilidad del recurso porque: a) el pago se hizo al beneficiario, o persona por él designada, lo que excluye la conculcación del art. 1.162 CC; b) se hizo en el lugar por el mismo designado, por lo que no hay ninguna queja que se pueda fundamentar en el art. 1.171 CC, al estar conformes acreedor y deudor; y, c) si bien es cierto que el art. 3.c) de las RRUU de 1974 requiere el acuerdo de todas las partes interesadas para la modificación de los compromisos asumidos, en cualquier caso, estimado procedente el pago resulta irrelevante que el mismo se haga efectivo en uno u otro lugar, si existe conformidad entre quien tiene el deber de pagar (banco pagador) y el que tiene derecho a cobrar (beneficiario); como indiferente es que la "solicitud" del cambio del lugar del pago se haya efectuado antes de haberse estimado su procedencia. Cualquier hipotética responsabilidad civil que pudiera derivar de tal cambio queda fuera de la órbita contractual del crédito documentario.

La segunda cuestión que se suscita, relativa a una supuesta irregularidad en la operación en relación con el régimen de transacciones exteriores, no debe merecer mejor suerte porque, con independencia de que no cabe fundar el recurso de casación en preceptos reglamentarios, o que no tienen naturaleza civil, en cualquier caso no cabe resucitar con base en la norma sustantiva del art. 259 del Código de Comercio el tema de índole probatorio respecto de la hipotética falta de diligencia del empleado del Banco demandado en el examen de la documentación, porque la apreciación de la resolución recurrida (que es la de la Audiencia Provincial) de haberse observado la diligencia exigible se extiende a toda la documentación correspondiente a la operación de crédito, a la "pauta del razonable cuidado" (art. 7 RRUU) y a la ponderación sobre la "apariencia de conformidad con los términos y condiciones del crédito". Por consiguiente, el tema, en tal perspectiva, queda fuera del ámbito de la "cognitio" de este Tribunal por pertenecer al campo de la valoración probatoria. A ello debe añadirse que el contraste documental exigible no se extiende a las circunstancias regulares o irregulares de la operación comercial —contrato subyacente—, sino sólo a la documentación relativa al crédito documentario, sin que los bancos asuman ninguna responsabilidad en cuanto a la autenticidad, falsificación o valor legal de documento alguno (art. 9 RRUU 1974), y sin que exista base alguna para estimar en el tema que se dilucida que el Banco demandado ha dejado de observar alguna instrucción del banco emisor, o del ordenante.

Por todo ello, y porque en absoluto cabe derivar el daño sufrido por el actor de una actuación negligente del banco demandado, al no existir una relación directa entre aquél y una conducta imputable al segundo, el motivo decae...»

SAP Madrid —10ª— 16.02.2002

«... Siguiendo a la mejor doctrina, podemos señalar que los llamados "créditos documentarios» integran, junto con la transferencia y el giro bancarios, las denominadas "operaciones de mediación en los pagos». Pese a su denominación, ni implican ineludiblemente la concesión de crédito en sentido estricto —operaciones de activo—, ni debe confundirse con otras figuras en las que la intervención de las entidades bancarias persigue una finalidad de garantía y no, incidiendo en el desarrollo concreto de un contrato (ordinariamente de compraventa), de mediación en el pago. Por lo común, el comprador no quiere pagar sin tener cierta seguridad o garantía sobre la entrega de las mercancías; y el vendedor no querrá desprenderse de las mismas sin asegurarse el cobro del precio. A tal efecto pactan la mediación de un Banco que por cuenta del comprador pagará el precio al vendedor contra entrega, entre otros, de los denominados "documentos representativos de las mercaderías» (v gr., el conocimiento de embarque), desligándose de esta forma el Banco del estado, cuantía, etc., de las mercancías y operando sólo sobre la base de los documentos. El vendedor asegura así al comprador, por medio del Banco, el cobro del precio y, a su vez, el comprador se asegura también por la mediación del Banco la posesión mediata y la disponibilidad de las mercancías a través de los documentos representativos de las mismas. De esta forma el crédito documentario surge ligado a la llamada "compraventa sobre documentos», que supone un supuesto típico de "traditio" simbólica, en el sentido de que la entrega (o "traditio") se opera, no por medio de la entrega material de las mercancías, sino través de la entrega de los títulos representativos de las mismas, de modo que recibidos éstos por el Banco por cuenta del comprador, será a su vez exigible el pago del precio, manteniéndose por tanto la bilateralidad y sinalagma propio de la compraventa (art. 339 C.com.). No obstante, la abstracción que representan los títulos representativos de las mercaderías es limitada, pues la recepción material efectiva de las mismas por el comprador seguirá siendo el momento relevante en cuanto a la denuncia de vicios o defectos (arts. 336 y 342 C.com.) y, de otro lado, la pérdida de posesión de las mismas por el vendedor al entregarlas al porteador será el momento relevante en orden a la transmisión de los riesgos (arts. 331 y 333 C.com.), uniéndose así a las notas de la compraventa sobre documentos, las que a su vez son propias de las "ventas de plaza a plaza», supuesto éste común al tráfico internacional y que es el que subyace en su origen a la operación llamada de crédito documentario. Esta conexión en cuanto a su origen de la operación de crédito documentario con la compraventa internacional, se pone de manifiesto además en las de Reglas y Usos uniformes relativos a los créditos documentarios», cuya revisión de 1983 resulta de específica aplicación al caso de autos, y en las que se contemplan con particular detalle los documentos característicos de las ventas "CIF"[56] —documento de expedición, póliza de seguro y factura— reconociéndose así la vinculación en la praxis del crédito documentario a dicha modalidad de compraventa internacional...»

Respecto de las diferencias entre Banco avisador, Banco confirmador y Banco pagador se pronuncia la siguiente resolución del Alto Tribunal:

STS —1ª— n.º 394/2011, de 15 de junio

«SEXTO.- En el motivo primero del recurso se denuncia la infracción de los artículos 1255 y 1258 del Código Civil, en relación con las Reglas y Usos Uniformes de la Cámara de Comercio Internacional relativos a los Créditos Documentarios, versión de 1993 y, en concreto, las reglas 7, 9, 10, 48 y 49.

---

[56] *Ventas "C.I.F."* (iniciales de Cost, Insurance, Freight —Coste, Seguro, Flete—). Se trata del "INCOTERM" o término de comercio internacional que designa el contrato de compraventa que se lleva a cabo mediante el transporte de navegación, conforme al cual, el Vendedor se hace cargo de todos los costes, incluido el propio transporte y el seguro hasta llegada al puerto de destino.

Uno de los pilares básicos en que se sustenta la negativa del Banco Santander S.A. para pagar al Banco de Andalucía S.A. consiste en que éste no tenía que haber pagado al beneficiario (Seacrest) porque era un Banco "avisador" (art. 7.a), RRUU) y "no confirmador" (art. 9 b) RRUU). Esta postura es la que expresa en la contestación al requerimiento de pago el 24 de febrero de 2006 y constituye el eje básico del recurso. Sin embargo, tal tesis resulta carente de consistencia. Los laboriosos esfuerzos desplegados por la parte recurrente para desvalorizar la expresión "les cubriremos según sus instrucciones", que difícilmente son entendibles, pues no cabe soslayar lo oscuro considerándolo ambiguo (con el propósito de sustituir el art. 1288 CC por el 1287 CC), ni es comprensible que en un sistema de transmisión de mensajes interbancarios rápido, seguro y efectivo como el *acio* (con un manual muy reducido) se empleen términos de cortesía de tal naturaleza, en cualquier caso la realidad de que se autorizó al Banco de Andalucía como confirmador, o cuando menos como pagador, resulta de modo incuestionable: de la contestación por *SWIFT*[57] de 5 de julio de 2005; de la comunicación dirigida al Juzgado de 1ª Instancia número 1 de Sevilla el 25 de octubre de 2005; e incluso del *acio* remitido por Banco Santander a Banco de Andalucía en la misma fecha. Por lo que atañe a la primera apreciación (comunicaciones de finales de junio y primeros de julio del año 2005) cabe entender que la recurrente rechace la pretensión de la otra parte (en la que insiste repetidamente en la oposición del recurso) de que se le autorizó la negociación del "descuento sin recurso", pero no cabe duda de que se le reconoce cuando menos como pagador. En lo que se refiere a la comunicación al Juzgado, como contestación a la interdicción de pago acordada en la medida cautelar, los términos empleados son diáfanos pues no solo se hace referencia al Banco de Andalucía como "confirmador" (lo que acaso podría explicar un error) sino que del contenido del escrito se desprende de modo incuestionable la asunción de las consecuencias jurídicas de tal condición, de ahí que la sentencia recurrida hable de "reconocimiento jurídico" de la deuda asumida. Y, finalmente, en cuanto a la tercera apreciación debe señalarse que no se explica que se suspenda el reembolso, cuando por otro lado se sostiene que no podía pagar, pues el Banco avisador, a diferencia del confirmador y el pagador, no puede hacer efectivo el crédito documentario, y si lo hace sin petición o autorización (confirmación posterior a la emisión) del Banco emisor es por su cuenta y riesgo.

Por todo ello decae el motivo, así como también el segundo en el que se denuncia la infracción de los arts. 2 del Código de Comercio y 1.3 del Código Civil, en relación con las Reglas y Usos Uniformes de la Cámara de Comercio Internacional relativos a los créditos documentarios, versión 1993, y, en concreto, las reglas 7, 9, 10, 48 y 49. Simplemente cabe añadir que la aplicación de la RRUU sobre CD de la CCI se produce, como reglamentación contractual genérica (es decir, en defecto

---

57 ***SWIFT***: Society for Worldwide Interbank Financial Telecommunication-Sociedad para las telecomunicaciones financieras interbancarias mundiales.

de otra específica) por la estipulación concreta (como en el caso) sin perjuicio de su valor interpretativo en todo caso por la autoridad de que dimanan…»

B) Calificación concursal

Los Créditos documentarios, en principio, no suelen estar amparados por una Póliza de Descuento o negociación de efectos de comercio, por lo que, con carácter general y, salvo esta excepción, no nos encontraremos con un supuesto de necesario reconocimiento del art. 260.1 TRLC (antiguo art. 86.2 LC), dado que, salvo excepciones, no cumple con los requisitos previstos en el art. 572 y 573 LEC. Estamos refiriéndonos exclusivamente al crédito que el Banco pudiere ostentar respecto de su cliente-concursado, esto es, del ordenante del pago, comprador de las mercaderías o encargante de la obra o de efectos de comercio. Los Créditos documentarios, en sí mismos, resultan ser una operación mercantil que, bien llevada a término y siguiendo las instrucciones que el mandato del ordenante haya dado al Banco de pagar contra entrega de documentos, no generan ningún tipo de riesgo o crédito del Banco frente a su principal, queda aparte el posible préstamo que el Banco haya podido realizar a su ordenante para realizar el pago, lo cual es una obligación autónoma a la del Crédito Documentario. Únicamente se generaría responsabilidad del Banco por incumplimiento de las instrucciones dadas por el ordenante, en cuyo caso, nos hallaríamos en sede de las normas que regulan el contrato de comisión mercantil, especialmente, por la responsabilidad por incumplimiento del mandato recogida en el art. 252 C.com. o responsabilidad por daños, pues el comisionista (Banco) debe sujetarse siempre, bien y fielmente a las instrucciones dadas por su comitente para poder quedar exonerado frente a éste (art. 254 C.com.).

Por tanto, no procede realizar calificación alguna a lo que resulta del cumplimiento de un mero mandato o comisión mercantil, insistimos, quedando al margen del hipotético préstamo dinerario que el Banco haya concertado con su cliente para atender el pago o de la responsabilidad del Banco por no cumplir con el pago.

7. EL CONTRATO DE *FACTORING*

A) Concepto

Parece que la denominación en lengua inglesa[58] de este tipo de contrato, nos haya de llevar más allá de otra tipología jurídica con denominación en lengua castellana, o sugerir la atipicidad del mismo; nada más lejos de la realidad, pues por *factoring* debemos entender una mera cesión, en firme, de un crédito comercial, normalmente representado por facturas a cargo de clientes, antes de que dicho crédito venza y con la finalidad de que la entidad financiera, asumiendo el riesgo de insolvencia del deudor, se encarga de la gestión de cobro, a cambio de una comisión e intereses y transformando las ventas a corto plazo en ventas al contado.

Este contrato viene definido del siguiente modo:

SAP Madrid —14ª— n.º 215/2020, de 23 de abril

«En el contrato de *factoring* en sentido propio el factor realiza el *factoring* adquiriendo los créditos de su cliente (contra un tercero previamente aceptado y reconocida su solvencia por el factor) sin derecho de repetición contra dicho cliente en caso de impago, prestando un servicio al cliente adherente, que consiste fundamentalmente en liberarle de las operaciones de cobro de créditos y del riesgo del impago de éstos; como contraprestación del servicio recibido, el adherente debe al factor, y así se pacta, una retribución, que corresponde a la diferencia entre el valor nominal de los créditos que aquél ha cedido al factor y el importe que éste le abona como pago de los créditos (por lo general, cobro por el factor de una comisión de *factoring* y/o prima de garantía porcentual sobre el valor nominal de los créditos cedidos o comprados); en este caso, las retribuciones de los servicios están fijadas en el pacto sexto del contrato…"

Esta cesión puede realizarse mediante anticipo o como una mera gestión de cobro, todo ello, sin entrar en cuestiones anexas a la prestación de servicios adicionales.

Desde este punto de vista, si hubiere anticipo del importe del crédito supondría que la entidad financiera lo habría comprado, adquirido y, en consecuencia, por vía de la institución de la novación, pasaría ésta a ocupar todos los derechos y obligaciones del empresario cedente frente a su cliente obligado al pago; en consecuencia, la posible traba del crédito que ostentase

---

58 ***Factoring****:* Contrato de "venta de deudas" a un factor (factor o agente comisionado que negocia el cobro de deudas, el cual se diferencia en Derecho anglosajón del agent en que el primero guarda en depósito las mercancías que vende como intermediario).

el empresario, devendría nula, por carecer del mismo, dado que fue transmitido a la entidad financiera y ésta correría con el riesgo de impago. Equivaldría o mantendría los mismos efectos, en otros términos, a una cesión en pago de deuda previa y, por tanto con efectos solutorios o cancelatorios de aquélla. Dentro de este tipo de operativa, puede efectuarse el anticipo o la cesión del crédito conforme a uno de los dos siguientes sistemas:

B) Sistemas de factoring

a) *Con recurso*[59] o *impropio*

Es la situación conforme a la cual el empresario cedente asume el riesgo de insolvencia del deudor y no el factor (Banco), quien puede recurrir o accionar en vía de retorno frente a su cedente si no cobra del cliente de éste.

Debe pactarse expresamente en la póliza que el empresario cedente sí responde de la solvencia del deudor, por razón a lo dispuesto en el art. 348 del C.com., pues, de lo contrario, nos hallaríamos ante un *factoring* sin recurso, sin retorno.

Sí le afectaba la declaración de nulidad del derogado art. 878.2 C.com. que consideraba nulos «*todos los actos de dominio y administración posteriores a la época a que se retrotraigan los efectos de la quiebra*», dada la imperatividad categórica de la normativa previa a la entrada en vigor de Ley Concursal.

El Tribunal Supremo por **SSTS —1.ª— de fechas 02.02.2001** y **11.02.2003** lo define como aquel contrato «*en que los servicios prestados por el factor consisten en la administración y gestión de los créditos cedidos por el cliente, al que puede ir unido o no un servicio de financiación, modalidad ésta en que la cesión de los créditos cumple la misma función económica que el contrato de descuento, configurándose la cesión como una gestión de cobro*».

Efectivamente, si se define como un acto de «*administración y gestión*», la propiedad del crédito no resulta transmitida al *factor*, conservándola el propio *cedente*, si bien éste no puede cobrar el crédito, dado que esta fun-

59 Recurso: según la acepción 3 del Diccionario de la RAEL se define como «Vuelta o retorno de algo al lugar de donde salió»

ción la ha transmitido a su gestor. Viene a ser, según dicha Sentencia, semejante a una operación bancaria de descuento.

b) Sin recurso o *propio*

El cedente no asume el riesgo de insolvencia del deudor, pero sí lo asume el *factor* (Banco), quien no podrá recurrir o accionar frente a su cedente por impago del cliente de éste. Las precitadas Sentencias del TS lo definen como «... factoring *propio en que, a los servicios que caracterizan al* factoring *con recurso, incluido el de financiación al cliente se añade un servicio de garantía por el que se produce un traspaso del riesgo de insolvencia del deudor cedido, del empresario al factor, de forma que producida la insolvencia, en los términos pactados en el contrato de* factoring, *ésta no recae sobre el cliente cedente sino sobre el factor cesionario, sin que éste pueda reclamar del cliente el importe de los créditos impagados. Es decir, en el* factoring *propio o sin recurso se produce una transmisión plena del crédito al cesionario, cesión que tiene una causa onerosa como es el pago al cedente del importe del crédito cedido, con las deducciones pactadas y en el plazo contractualmente previsto".*

Viene a ser, pues, como una cesión por precio asimilada a una compraventa, a sus efectos transmisorios plenos y no como una mera operación de descuento ordinario.

Se produce automáticamente caso de que en la póliza no se haya pactado al respecto, por razón de lo dispuesto en el precitado artículo.

Veamos qué sucede en sede concursal ante la cesión del crédito comercial a la entidad financiera mediante el sistema de *factoring*, conforme a la siguiente resolución del Alto Tribunal:

> **STS —1.ª— n.º 62/2014 de 25.02.2014**
>
> «... Entre los hechos acreditados consta que, antes de que se declarara el concurso de acreedores de Mazotti (17 de septiembre de 2007), ésta había cedido en *factoring* los créditos que tenía frente a SAGULPA, a quien se le comunicó esta cesión el 15 de noviembre de 2006. Recientemente, hemos tenido oportunidad de ratificar que la eficacia traslativa de la cesión de créditos opera no sólo cuando haya sido realizada *pro soluto*, sino también cuando lo es *pro solvendo,* de tal forma que incluso en el caso de cesión de créditos en *factoring* con recurso hemos declarado que el cesionario adquiere plenamente el crédito cedido, pues la distribución del riesgo de insolvencia no tiene por qué afectar al efecto traslativo (Sentencia núm. 650/2013, de 6 de noviembre, que cita las anteriores Sentencias núms. 80/2003, de 11 de febrero; 957/2004, de 6 de octubre y 1086/2006, de 6 de noviembre). En

el presente caso en que la cesión de créditos se hizo en un *factoring* sin recurso, es más clara todavía la transmisión plena de la titularidad del crédito. Además, concurre la circunstancia acreditada en la instancia de que esta cesión fue comunicada al dueño de la obra, por lo tanto al deudor del contratista, diez meses antes de que fuera declarado en concurso y antes de que Ferrosol se dirigiera frente al dueño de la obra reclamándole el crédito en virtud del art. 1597 CC. Como ya declaramos en la citada Sentencia núm. 650/2013, de 6 de noviembre, el efecto de la cesión de créditos antes del concurso de la cedente es que estos créditos cedidos no deben formar parte de la masa activa del concurso y, si se hubieran incluido, el cesionario estaría legitimado para reclamar su separación (art. 80 LC)...»

C) Naturaleza jurídica

Aun cuando el contrato de *factoring*, por su carácter atípico, complejo y mixto, no admite fácilmente una caracterización o descripción única, pudiendo conceptuarse en torno a lo dispuesto en el art. 281, ss. y cc. C.Com., esto es, al contrato de mandato mercantil, realizado a través de un Factor singular que actúe, más que en su nombre, por su cuenta, pero en parte, respecto de unos créditos concretos, eludiendo el carácter del apoderamiento general, no solo por no tratarse de un apoderamiento, sino de una transmisión del derecho de crédito y, en lo que pudiere asimilarse al apoderamiento, tampoco lo sería con carácter general, respecto de cualquier negocio, salvo que conviniesen expresamente el Cedente y la Entidad financiera una exclusividad para gestionar cualquier tipo de crédito tan pronto se emita por el Cedente, excluyendo a cualquier otra entidad financiera, lo cual, no es habitual y puede vulnerar las normas de libertad de contratación y competencia; no obstante lo cual, sí que cabe esquematizar las principales funciones que se realizan en el desarrollo de este contrato como sigue:

A) Una función de gestión, en desarrollo de la cual la sociedad de *factoring* se encarga de todas las actividades empresariales que implica la gestión del cobro de los créditos cedidos por el empresario cedente.

B) Una función de garantía, consistente en la asunción del riesgo de insolvencia del deudor cuyo crédito es cedido, caso de pactarse que sea sin recurso.

C) Y una función de financiación, que permite al empresario cedente el anticipo de los fondos correspondientes a los fondos cedidos, a cambio de una comisión pactada.

La primera de estas funciones se suele presentar en la mayor parte de los contratos de *factoring*; no ocurre lo mismo con la segunda y la tercera, que variarán según las necesidades y conveniencias de Cedente y Entidad financiera y sus respectivos pactos.

Cuanto se acaba de señalar encuentra su apoyo en la Sentencia del Alto Tribunal, cuyo Fundamento de derecho segundo concreta que:

> **STS —1.ª— n.º 80/2003, de 11 de febrero**
>
> «El contrato de "factoring", que se califica como atípico, mixto y complejo, está destinado a cumplir diversas finalidades económicas y jurídicas del empresario mediante una sociedad especializada, que se integran en variadas funciones de ésta, como son principalmente la administrativa o de gestión —la sociedad se encarga de cobrar el crédito y posibilita que el cliente prescinda de los medios y gastos burocráticos que tal actividad lleva consigo—, la de garantía —la sociedad, siempre que se cumplan determinadas condiciones delimitadas en el contrato, asume el riesgo de insolvencia del deudor cedido— y de financiación —entre las prestaciones ofrecidas por la sociedad se encuentra con frecuencia la de anticipar el importe de los créditos transmitidos al empresario para procurarle una situación de liquidez—, a las que, a veces, se unen otros servicios complementarios, como la contabilidad de ventas, la realización de estudios de mercado, la investigación y selección de clientela, etcétera...»

Otra clasificación doctrinal del contrato de *factoring* distingue entre (i) el configurado por las partes como contrato marco o preliminar de futuras cesiones de créditos a realizar en ejecución de aquél, y (ii) el relativo a la cesión global y anticipada de créditos futuros. Conviene explicar que, dada la atipicidad indicada y la diversidad de las funciones que cabe integrar en la relación de *factoring*, no es posible establecer un contenido uniforme de este contrato, por lo que se precisa el análisis de las concretas estipulaciones de cada supuesto particular para conocer exactamente cuáles son las prestaciones a que se obligan los interesados.

D) Diferencias con el contrato de descuento bancario

De notorio interés resulta la cita de la siguiente resolución del Alto Tribunal que, de forma resumida podemos centrar en el sentido de que el contrato de *factoring* supone una auténtica transmisión de dominio del crédito negociado a través del Banco como tal cesión de crédito que es, lo que no sucede, como hemos visto precedentemente, con el contrato de descuento bancario, en el que rige el principio o cláusula salvo buen fin, que no implica la cesión del título. Puede pensarse que el *factoring* con recurso vendría a representar ese mismo efecto salvo buen fin, pero ello no es así, pues en el contrato de Descuento, el obligado al pago no puede oponer excepciones de pago causales, mientras que en el de *factoring*, con o sin recurso, sí puede hacerlo, pues se trata de una cesión de crédito plena y, por tanto, excepcionar en cuanto al fondo del negocio que representa la factura en gestión; el recurso, como reiteramos, obedece a la posibilidad de recobro, digamos, doble, que ostenta el Banco en las cesiones con recurso, de forma y manera que cobrará el importe que anticipó a su Cedente, bien del obligado al pago, ora del propio Cedente, por impago de aquél. Así se expresa el Tribunal Supremo:

STS —1.ª— n.º 957/2004, de 6 de octubre

«SEGUNDO.- Antes de entrar en el examen propio de los motivos propuestos por el recurrente, y ya que lo que se discute en el pleito propiamente es si el contrato existente entre la tercerista y el demandado de tercería-ejecutado, es o no, de "factoring", procede estudiar este contrato, según los perfiles con que la jurisprudencia de esta Sala lo ha definido; y así, tratan de ello, principalmente, las ss. de 18.01.2001, 24.01.2003 y 18.05.2004 (la de 18.02.2003, también lo hace, pero muy tangencialmente), y por ellas, en general, se viene a decir que la doctrina admite dos modalidades, "el *factoring* con recurso, en que los servicios prestados por el factor consisten en la administración y gestión de los créditos cedidos por el cliente al que puede ir unido o no un servicio de financiación, modalidad ésta en que la cesión de los créditos cumple la misma función económica que el contrato de descuento, considerándose la cesión como una gestión de cobro; y el *factoring* sin recurso o *factoring* propio en que, a los servicios que caracterizan al *factoring* con recurso, incluido el de financiación al cliente, se añade un servicio de garantía por el que se produce un traspaso del riesgo de insolvencia del deudor cedido, del empresario al factor, de forma que, producida la insolvencia, en los términos pactados en el contrato de *factoring*, ésta no recae sobre el cliente cedente, sino sobre el factor cesionario, sin que éste pueda reclamar del cliente el importe de los créditos impagados; es decir, en el *factoring* propio o sin recurso, se produce una transmisión plena del crédito al cesionario, cesión que tiene una causa onerosa, como es el pago al cedente del importe del crédito cedido, con las deducciones prestadas y en el plazo contractualmente previsto". La segunda de las Sentencias indicadas, además, añade a esa doctrina, por un lado, que la subrogación en el cobro y la colaboración, "no son significativas de una mera 'cesión de cobro' "... pues tal sustitución no es sino una consecuencia natural de la transmisión de la titularidad, en tanto que la colaboración es lógica al resultar en realidad el deudor cliente del cedente; por último, que el riesgo sea a cargo del cedente en absoluto desnaturaliza la cesión al ser materia disponible por las partes; ... (y) tanto si se admite que el *factoring* con recurso y con financiación constituye una modalidad del descuento, o se considera como un préstamo o una compraventa de créditos, procede aceptar que las cesiones de crédito realizadas en el espacio de este contrato transmiten de forma plena la propiedad de los créditos objeto de las mismas al factor"... (por lo que) las cesiones de crédito efectuadas en virtud del contrato de *factoring* se estiman como plenas en atención a los arts. 1529 C.c. y 348 C.Com., que caracterizan la asunción del riesgo de insolvencia por el cesionario como materia dispositiva, y por consiguiente, entregada a la autonomía de voluntad, y sin influencia sobre la naturaleza jurídica de la operación; en definitiva, excepto si la cesión de un determinado crédito se realiza a los exclusivos efectos de su cobro, todas las cesiones de crédito que provienen de un contrato de *factoring*, originan plenos efectos traslativos de la titularidad de los créditos cedidos"... TERCERO.- Siguiendo con lo tratado anteriormente, asimismo existen unos antecedentes legislativos de este contrato, como son la Ley de 14 de abril de 1994, sobre Adaptación de la legislación española en materia de Entidades de Crédito a la 2ª Directiva Comunitaria de Coordinación Bancaria, el R.D. de 26 de abril de 1996, sobre Régimen jurídico de los Establecimientos Financieros de Crédito, y de forma más detallada (como ya anticipa la señalada Sentencia de esta Sala, de 18-V-04), la Ley de 5 de enero de 1999, de Entidades de Capital-Riesgo y de sus Sociedades Gestoras, en su Disp. Adicional 3ª. Ateniéndonos a esta última regulación, ya en la Exposición de Motivos de la misma, se anticipa que "la ley incorpora una Disposición Adicional que, sin estar estrictamente relacionada con el capital-riesgo (propio de su regulación), "persigue potenciar y favorecer la actividad financiera conocida como *factoring*: con la presente disposición se refuerza especialmente la protección de determinadas cesiones de crédito frente a la insolvencia del cedente", y atendiendo ya a dicha Disposición Adicional 3ª, que se rotula como "régimen de determinadas cesiones de crédito", se dice en su texto que "1. Esta disposición se aplicará a las cesiones de crédito que se efectúen al amparo de un contrato de cesión que cumpla las siguientes disposiciones: 1) Que el cedente sea un empresario y los créditos cedidos procedan de su actividad empresarial; 2) Que el cesionario sea una entidad de crédito; 3) Que los créditos objeto de cesión al amparo del contrato no tengan por deudor a una Administración Pública; 4) Que los créditos objeto de cesión, al amparo del contrato, existan ya en la fecha del contrato de cesión, o nazcan de la actividad empresarial que el cedente lleve a cabo en el plazo máximo de un año a contar desde dicha fecha, o que conste en el contrato de cesión la identidad de los futuros deudores; 5) Que el cesionario pague al cedente al contado o a plazo, el importe de los créditos cedidos con la deducción del servicio prestado; 6) Que en el caso de que no se pacte que el cesionario responda de la solvencia del deudor cedido, se acredite que dicho cesionario ha abonado al cedente, en todo o en parte, el importe del crédito cedido antes de su vencimiento"...»

E) Elementos personales

Así pues, como elementos personales, nos encontramos, en primer lugar, con el (i) Cedente, quien mantiene un vínculo obligacional previo con su cliente o (ii) Deudor cedido y, al propio tiempo, el (iii) Factor, Cesionario o Entidad financiera quien, por vía de asunción o compra del crédito, desvinculará al Cedente de su cliente al subrogarse el Factor en los derechos que aquél ostentaba frente al Deudor cedido, encargándose, por tanto, de la gestión de cobro de aquél crédito que compró de su cliente y asumiendo también las obligaciones o acciones que el Deudor ostentaba frente al Cedente, lo que le diferencia del Factor del art. 284 C.com., pues el Banco actúa como adquirente de un crédito, en su propio nombre y no en nombre de su principal, asumiendo dichas obligaciones *a contrario sensu* de lo dispuesto en el art. 285 C.com., quien no puede esgrimir la excusa que este precepto permite al Factor común, no al del *factoring*.

F) Obligaciones de las partes

El Factor o Cesionario, siempre atendiendo a lo pactado en el contrato, puede rechazar aquellas operaciones que no le ofrezcan las garantías suficientes, pero una vez aceptadas, debe realizar la gestión de cobro como un ordenado comerciante, respetando las fechas de vencimiento de las facturas, asumiendo el riesgo de insolvencia, para lo cual, la cesión del crédito conlleva la cesión de la provisión a que aludíamos al tratar sobre el contrato de Descuento bancario.

El Cedente o cliente del Factor, debe ceder todos los créditos que generen sus ventas, notificando la cesión de la provisión a su cliente o Deudor cedido y su consiguiente obligación de pago al Banco, produciéndose el efecto previsto en el art. 1.162 C.c. *in fine*[60] y en evitación del dispuesto en el art. 1.164 C.c.[61]; debe, igualmente, hacer entrega al factor de la totalidad de facturas, contratos, pedidos y demás documentación que éste precise, caso de que el cliente del cedente, el deudor en definitiva, oponga cualquier excepción al pago, absteniéndose de intervenir en la operación de recobro o realizar alguna traba que impida al *factor* actuar en la forma convenida. Además, el cedente deberá satisfacer al factor, como queda dicho, la comisión y los intereses convenidos, a más de responder del incumplimiento de las obligaciones contraídas con sus clientes, caso tratarse de un *factoring* con recurso.

---

60 *Art. 1.162 C.c.* El pago deberá hacerse a la persona en cuyo favor estuviese constituida la obligación, o a otra autorizada en su nombre.

61 *Art. 1.164 C.c.* El pago hecho de buena fe al que estuviere en posesión del crédito, liberará al deudor.

G) Calificación concursal

Al igual que sucede con el contrato de préstamo, el de crédito y el de descuento, anteriormente referidos, los contratos de *factoring* también vienen amparados en documento con fuerza ejecutiva o Póliza intervenida por Fedatario público, por lo que nos encontramos igualmente ante un supuesto de reconocimiento necesario del art. 260.1 TRLC (antiguo art. 86.2 LC).

El contrato de *factoring* se trata, inicialmente, de uno de los supuestos previstos en el art. 261.3 TRLC (antiguo art. 87.3 LC), esto es, de los sujetos a condición suspensiva, si bien, deberemos distinguir dos supuestos diferenciados:

a. El *factoring* denominado con recurso, antes definido, respecto del riesgo en curso, esto es, que los efectos pendientes de vencimiento, serán calificados como contingentes siguiendo la precitada norma [art. 261.3 TRLC (antiguo art. 87.3 LC)], habida cuenta de que, hasta que no venzan los efectos cedidos y se conozca su resultado o buen fin, no se conocerá ni cuáles han resultado impagados, ni sus importes respectivos, a los efectos de solicitar su reembolso frente al Cedente en concurso, a los efectos de ejercitar el recurso frente a éste.
b. Respecto del *factoring* denominado sin recurso, dada la asunción por parte de la entidad financiera o factor del impago y su imposibilidad de retorno o resarcimiento frente al cedente, carece de calificación alguna, dado que el factor, como queda dicho, carece de crédito, recurso o retorno frente a su cedente concursado, siempre y cuando los créditos sean ciertos y no generados ficticiamente, por lo que nos encontraríamos ante supuestos dignos de sanción penal.

H) Cuestiones concursales

Este contrato vino regulado inicialmente por razón a lo dispuesto en la Disposición Adicional Tercera de la derogada Ley 1/1999 que regula las Entidades de Capital-Riesgo y sus Sociedades Gestoras, Disposición Adicional que, a pesar de la derogación de la precitada Ley, continuó vigente hasta 2014 por razón a la Disposición Derogatoria de la Ley 25/2005, de 24 de noviembre, reguladora de las entidades de capital-riesgo y sus sociedades gestoras, ley, ésta, que fue derogada por la Ley 22/2014, de 12 de noviembre, por la que se regulan las entidades de capital-riesgo, otras entidades de inversión colectiva de tipo cerrado y las sociedades gestoras de entidades de inversión colectiva de tipo cerrado, y por la que se modifica la Ley 35/2003, de 4 de noviembre, de Instituciones de Inversión Colectiva. En nota al pie[62] reproducimos el texto de la Disposición Adicional Tercera por su notorio interés a los efectos que nos ocupan.

Acorde con la precitada Disposición Adicional, hoy derogada, y más concretamente, su apartado 3, en el supuesto de Concurso del Cedente pueden rescindirse las cesiones por la vía del art. 226 TRLC (antiguo art. 71 LC), esto es, en la forma ordinaria, para lo cual, salvo contratos patológicos, entendemos que en una contratación ordinaria no prosperaría la acción de

---

[62] *LEY 1/1999. DISPOSICIÓN ADICIONAL TERCERA. Régimen de determinadas cesiones de crédito* 1. Esta disposición se aplicará a las cesiones de créditos que se efectúen al amparo de un contrato de cesión que cumpla las siguientes condiciones y con independencia de que los créditos objeto de cesión al amparo del contrato tengan o no por deudor a una Administración Pública:

1.ª Que el cedente sea un empresario y los créditos cedidos procedan de su actividad empresarial.

2.ª Que el cesionario sea una entidad de crédito o un Fondo de titulización.

3.ª Que los créditos objeto de cesión al amparo del contrato existan ya en la fecha del contrato de cesión, o nazcan de la actividad empresarial que el cedente lleve a cabo en el plazo máximo de un año a contar desde dicha fecha, o que conste en el contrato de cesión la identidad de los futuros deudores.

4.ª Que el cesionario pague al cedente, al contado o a plazo, el importe de los créditos cedidos con la deducción del coste del servicio prestado.

5.ª Que en el caso de que no se pacte que el cesionario responda frente al cedente de la solvencia del deudor cedido, se acredite que dicho cesionario ha abonado al cedente, en todo o en parte, el importe del crédito cedido antes de su vencimiento.

2. Las cesiones de créditos empresariales a que se refiere la presente disposición tendrán eficacia frente a terceros desde la fecha de celebración del contrato de cesión a que se refiere el número anterior siempre que se justifique la certeza de la fecha por alguno de los medios establecidos en los artículos 1.218 y 1.227 del Código Civil o por cualquier otro medio admitido en derecho.

3. En caso de concurso del cedente, las cesiones reguladas en esta disposición serán rescindibles de conformidad con lo dispuesto en el artículo 71 de la Ley 22/2003, de 9 de julio, Concursal.

4. Los pagos realizados por el deudor cedido al cesionario no estarán sujetos a la rescisión prevista en el artículo 71.1 de la Ley 22/2003, de 9 de julio, en el caso de declaración de concurso del deudor de los créditos cedidos. Sin embargo, podrá ejercitarse la acción rescisoria cuando se hayan efectuado pagos cuyo vencimiento fuera posterior al concurso o cuando quien la ejercite pruebe que el cedente o cesionario conocían el estado de insolvencia del deudor cedido en la fecha de pago por el cesionario al cedente. Dicha revocación no afectará al cesionario sino cuando se haya pactado así expresamente.

reintegración del crédito cedido, pues no habría perjuicio patrimonial, dado que (i) el concursado Cedente ya percibió anticipadamente el importe del crédito cedido (ii) no se trata de una disposición a título gratuito, sino onerosa, en la que el Banco asume el riesgo de la cesión del crédito, representando el *onus,* carga o gravamen, cobrando a cambio su comisión o intereses, (iii) no se da ninguno de los supuestos del art. 228 TRLC (antiguo art. 71.3 LC) y, por último, debe considerarse incluido en las excepciones del art. 230 TRLC (antiguo art. 71.5 LC), habida cuenta que el *factoring,* en tanto que acto ordinario de una Entidad financiera con sus clientes, debe ser considerado habitualmente realizado, en tanto en cuanto, se haga en condiciones normales.

Sin embargo, en el supuesto del Concurso del Deudor cedido, los pagos realizados por éste al Factor, acorde con su apartado 4 no son rescindibles por pagos cuyo vencimiento fuera anterior al Auto de declaración de Concurso o que *cedente* y *factor* conocían el estado de insolvencia del deudor cedido «*en la fecha de pago por el cesionario al cedente*», esto es, al tiempo de producirse la cesión o descuento por el Banco, sin embargo, dicha revocación, no afectará al *factor* «*sino cuando se haya pactado así expresamente*».

El contrato tiene eficacia frente a terceros aun cuando pudiese haber sido realizado en documento privado, pero debe éste haber sido incorporado o inscrito en un registro público, conforme a lo dispuesto en el art. 1.227 C.c. Sin embargo, si hubiere mera gestión de cobro sucedería lo contrario, esto es, que la cesión no tendría mayor alcance que el de un contrato de comisión, donde el comisionista no corre con el riesgo de impago y el crédito continúa estando titulado a favor del empresario y, por ende, sería susceptible de embargo por deudas el empresario-comitente o cedente.

I) Jurisprudencia concursal

En sede de la acción de rescisión del art. 226 TRLC (antiguo art. 71 LC) cabe destacar la siguiente resolución:

SJM Oviedo-1 de 26.06.2006

«PRIMERO: Ejercitada por los demandantes Don Bernardo, Don Jaime y la mercantil "Alberto Fernández Cabo, S.L." la acción de reintegración concursal al amparo del art. 71 L.C. contra los demandados "Banco Bilbao Vizcaya Argentaria, S.A." y la concursada "Comercial de Servicios y Transportes, S.L." —Seytra— en la que se pretende la ineficacia de la cesión de créditos derivados de pagarés y correspondientes a la facturación del mes precedente llevada a cabo supuestamente con fecha 19 mayo 2004 por la concursada Seytra en favor del BBVA, encontramos de las alegaciones vertidas por las partes enfrentadas y de lo actuado en el juicio que primeramente la sociedad ahora concursada Seytra suscribió con el BBVA y con fecha 19 marzo 2002 una póliza de cobertura para negociación de documentos y créditos comerciales y/o comunicados telemáticamente o en soporte magnético (doc. nº 1 contestación BBVA). En el ejercicio de las facultades convenidas en la citada póliza Seytra procedió con fecha 14 mayo 2004 a ceder, entre otros y limitándonos a la facturación del mes de abril a que se concreta el escrito de demanda, una serie de créditos que ostentaba frente a "Aceralia Corp. Siderúrgica, S.A." y que se correspondían con tres facturas por importes de 45.927,13 euros, 12.978,12 euros y 3.141,88 euros, expedidas todas ellas con fecha 30 abril 2004, instrumentándose la repetida cesión de créditos mediante documento intervenido por Notario en el que expresamente se estipulaba además que la cedente respondía de la legitimidad de los créditos y de la solvencia de los deudores (doc. nº 10 contestación BBVA). Por su parte el BBVA procedió ese mismo día 14 mayo 2004 a anticipar el importe de las referidas facturas mediante el abono de sus importes en la cuenta que Seytra tenía abierta en esa entidad (doc. nº 2 a 9 contestación BBVA).

SEGUNDO: El examen del ejercicio de las acciones de reintegración concursal frente a las operaciones de cesión de créditos pasa por detenernos ante la Disposición adicional tercera de la Ley 1/1999, de 5 enero, reguladora de las Entidades de Capital-Riesgo y de sus sociedades gestoras que bajo la rúbrica de "Régimen de determinadas cesiones de créditos", dispone:

"1. Esta disposición se aplicará a las cesiones de créditos que se efectúen al amparo de un contrato de cesión que cumpla las siguientes condiciones:

Que el cedente sea un empresario y los créditos cedidos procedan de su actividad empresarial.

Que el cesionario sea una entidad de crédito.

Que los créditos objeto de cesión al amparo del contrato no tengan por deudor a una Administración Pública.

Que los créditos objeto de cesión al amparo del contrato existan ya en la fecha del contrato de cesión, o nazcan de la actividad empresarial que el cedente lleve a cabo en el plazo máximo de un año a contar desde dicha fecha, o que conste en el contrato de cesión la identidad de los futuros deudores.

Que el cesionario pague al cedente, al contado o a plazo, el importe de los créditos cedidos con la deducción del coste del servicio prestado.

Que en el caso de que no se pacte que el cesionario responda frente al cedente de la solvencia del deudor cedido, se acredite que dicho cesionario ha abonado al cedente, en todo o en parte, el importe del crédito cedido antes de su vencimiento.

2. Las cesiones de créditos empresariales a que se refiere la presente disposición tendrán eficacia frente a terceros desde la fecha de celebración del contrato de cesión a que se refiere el número anterior siempre que se justifique la certeza de la fecha por alguno de los medios establecidos en los arts. 1218 y 1227 del Código Civil o por cualquier otro medio admitido en derecho.

3. En caso de quiebra del cedente, no se declarará la nulidad a que se refiere el art. 878, párrafo 2°, del Código de Comercio, respecto a las cesiones reguladas en esta disposición, si se cumplen los requisitos establecidos en la misma y consta la certeza de la fecha de la cesión por cualquiera de los medios de prueba a que se refiere el apartado anterior.

4. Los pagos realizados por el deudor cedido al cesionario no estarán sujetos a la revocación prevista en el art. 878, párrafo 2°, del Código de Comercio en el caso de quiebra del deudor de los créditos cedidos.

Sin embargo, la sindicatura de la quiebra podrá ejercitar la acción de revocación frente al cedente y/o cesionario cuando pruebe que aquél, o en su caso este último, conocían el estado de insolvencia del deudor cedido en la fecha de pago por el cesionario al cedente. Dicha revocación no afectará al cesionario sino cuando se hubiere pactado así expresamente".

Teniendo presente que las operaciones de cesiones de créditos que habitualmente realizan los empresarios en el ámbito de su actividad profesional en favor de una entidad bancaria, ya se articule o no como contrato de factoring, lejos de causar necesariamente un perjuicio patrimonial a la masa en la eventualidad de la declaración de situación concursal del cedente, cumplen ordinariamente una función ventajosa desde el momento en que el empresario obtiene por esta vía una financiación que de otro modo le privaría de los recursos necesarios para su habitual ejercicio, a lo que se puede añadir la ventaja reforzada en el caso de tratarse del llamado factoring propio o sin recurso pues en tal supuesto será el profesional del factoring quien asume el riesgo de insolvencia del deudor, liberando así al cedente del sometimiento a la ley del dividendo en caso de concurso de dicho deudor, es por lo que el legislador introdujo en nuestro sistema la citada Disposición con la finalidad de exonerar a tales operaciones del riguroso régimen de la retroacción de la quiebra que llevaría a la consecuencia de la nulidad absoluta prevista en el art. 878 C.Com. para todas los negocios celebrados por el fallido en dicho período, y en este sentido la Exposición de Motivos de la Ley 1/1999, de 5 de enero viene a señalar que con dicha norma "se refuerza especialmente la protección de determinadas cesiones de crédito frente a la insolvencia del cedente". Las razones expuestas llevaron igualmente al legislador a conservar la vigencia de la repetida Disposición tras la reforma concursal operada por la Ley 22/2003, de 9 julio, Concursal al recogerla en el apartado f) del apartado 2° Disposición adicional segunda (tras la redacción dada por la Ley 25/2005, de 24 noviembre, reguladora de las entidades de capital-riesgo y sus sociedades gestoras), apareciendo en la Ley Concursal como una de las especialidades que escapando al régimen concursal general se habrán de someter a la regulación prevista en cada una de las legislaciones específicas que se enumeran.

Es cierto que una interpretación literal de la Disposición adicional segunda L.C. no permitiría el desarrollo que exponemos toda vez que su apartado 1° parece limitar su presupuesto de aplicación a los concursos de entidades de crédito o entidades legalmente asimiladas a ellas, empresas de servicios de inversión y entidades aseguradoras así como entidades miembros de mercados oficiales de valores y entidades participantes en los sistemas de compensación y liquidación de valores. Ahora bien, tal interpretación debe quedar superada habida cuenta que la Disposición adicional 3ª Ley 1/1999 trata precisamente de la situación concursal del cedente o de la del deudor cedido, no de la entidad cesionaria, resultando en otro caso una norma de imposible inteligencia, a lo que cabe añadir el apartado 3º introducido en la Disposición adicional segunda L.C. por la Ley 36/2003, de 11 noviembre, de medidas de reforma económica, precisamente para salvar la interpretación de que tratamos.

TERCERO: Partiendo por lo tanto de la plena vigencia de la Disposición adicional tercera de la Ley 1/1999, de 5 enero y de su alcance como medida de excepción al régimen concursal en lo que se refiere a las operaciones en ella contempladas, encontramos que la operación de cesión de créditos sometida aquí a enjuiciamiento se encuentra bajo su amparo, pues así queda comprendida dentro del ámbito subjetivo y objetivo previsto en la norma al tratarse la cedente Seytra de un empresario y la cesionaria BBVA de una entidad de crédito; la procedencia de los créditos objeto de cesión de la actividad empresarial de la primera y con existencia cierta en la fecha en que se conviene dicha cesión; al haber procedido la cesionaria a anticipar su importe abonándolo en la cuenta de Seytra y al haberse pactado además por parte del cedente la garantía de la bonitas nominis, consideraciones todas ellas que conducen a tener la descrita operación como inmune frente al régimen de reintegración concursal ex art. 71 L.C. y con ello a la desestimación de la demanda…»

Respecto de la eficacia liberatoria y la importancia que la notificación de la cesión del crédito realizada al Deudor cedido genera nos habla el Alto Tribunal mediante la siguiente fundamentación jurídica:

STS —1.ª— n.º 158/2017 de 8 de marzo

«… Esta Sala ya se ha pronunciado, en varias ocasiones, acerca de la plena eficacia traslativa de la cesión de créditos que opera el contrato de factoring sin recurso. En este sentido, en la sentencia 62/2014, de 25 de febrero, declaramos lo siguiente: «[…] Recientemente, hemos tenido oportunidad de ratificar que la eficacia traslativa de la cesión de créditos opera no sólo cuando haya sido realizada pro soluto, sino también cuando lo es pro solvendo, de tal forma que incluso en el caso de cesión de créditos en factoring con recurso hemos declarado que el cesionario adquiere plenamente el crédito cedido, pues la distribución del riesgo de insolvencia no tiene por qué afectar al efecto traslativo (Sentencia núm. 650/2013, de 6 de noviembre, que cita las anteriores Sentencias núms. 80/2003, de 11 de febrero; 957/2004, de 6 de octubre y 1086/2006, de 6 de noviembre). En el presente caso en que la cesión de créditos se hizo en un factoring sin recurso, es más clara todavía la transmisión plena de la titularidad del crédito. Además, concurre la circunstancia acreditada en la instancia de que esta cesión fue comunicada al dueño de la obra, por lo tanto al deudor del contratista, diez meses antes de que fuera declarado en concurso y antes de que Ferrosol se dirigiera frente al dueño de la obra reclamándole el crédito en virtud del art. 1597 CC». En el presente caso, tal y como declara la sentencia de primera instancia, y confirma la sentencia de la Audiencia, los contratos de factoring sin recurso suscritos contemplaban la plena determinación de los elementos esenciales del crédito, así como su régimen de cesión. Por lo que los créditos se cedieron de forma automática con la emisión de las facturas por los servicios prestados a Correos, tal y como constaba en la leyenda de todas y cada una de las facturas emitidas y se corroboraba con el pago habitual de las mismas. A su vez tampoco hay duda de que dichos contratos de factoring sin recurso y, con ellos, la cesión de los créditos, fue comunicada a Correos con anterioridad a la notificación de las diligencias de embargo por la Tesorería de la Seguridad Social, con lo que los pagos realizados en favor de esta última carecían de efectos liberatorios frente al titular de la cesión operada, esto es, Banesto (ahora Banco de Santander)...»

8. EL CONTRATO DE *FORFAITING*

Bajo dicha denominación anglosajona[63] debe entenderse el contrato de financiación de exportaciones sin recurso, conforme al cual, la entidad bancaria adquiere los derechos de cobro de cierta operación de exportación, soportando el riesgo de impago por parte del deudor, esto es, sin posibilidad de recurso o reclamación frente a su cliente o Acreedor, de quien adquirió aquellos derechos de cobro.

A) Naturaleza jurídica

Se trata de un contrato atípico y, realmente, de un contrato de descuento de efectos de comercio, si bien, se diferencia de éste en que, al ser sin recurso, la entidad financiera debe asumir el riesgo de impago. Habitualmente se emplean para la financiación de la exportación de bienes de equipo.

En principio, se trata de un contrato similar jurídicamente al de *factoring,* según acabamos de explicar, la diferencia esencial estriba, fundamentalmente, en que el de *factoring* viene constituir el objeto de cesión el de facturas o derechos de cobro genéricos, mientras que el de *forfaiting*, la cesión se realiza sobre efectos de comercio (letra de cambio, cheque y pagaré) firmados por empresas o empresarios radicados en Estados donde el riesgo-país es notorio, de forma y manera que la Entidad financiera, en tanto que cesionaria del efecto de comercio y de su provisión de fondos, esto es, cesionaria tanto del crédito cartular como del extracambiario, es la que se ocupará de

63 ***Forfaiting***: procede del Francés «forfeit», significando renunciar al título o derecho sobre algo, un derecho de crédito, como en nuestro caso.

reclamar en el Estado del firmante del pagaré o deudor, su importe, sin posibilidad de recurso o reclamación por impago frente a su cedente o transmitente y con la comodidad de éste de evitar ese oneroso litigio en Estados con inseguridad jurídica o riesgo-país.

Otra de las diferencias entre ambos contratos estriba en el vencimiento de la obligación de pago, pues en el *factoring* suele oscilar entre los tres (3) y cuatro (4) meses, mientras que en el *forfaiting*, puede durar años, de aquí a que se prefiera por los Cedentes una operación de *factoring*, pues la excesiva duración del plazo de pago conlleva que, normalmente, las Entidades financieras carguen mayores costos o réditos a sus Cedentes.

B) Elementos personales

Nos encontramos, en primer lugar, con (i) el Acreedor propiamente dicho, también denominado librador o cedente, o persona que realiza una operación de exportación, y cede sus derechos de cobro plenos, tanto el cartular como el extracambiario (relación comercial subyacente al título) al Banco, normalmente representados por la emisión de una letra de cambio (también un cheque o un pagaré) aceptada por el deudor-importador, siendo denominada la entidad financiera como (ii) el tenedor o *forfaiter*—segundo elemento subjetivo—, quien los adquiere sin recurso, sin posibilidad de repetir contra su principal o cedente y que gestiona su cobro frente al Deudor, al comprador de la mercadería exportada y asume el riesgo de impago, de insolvencia del deudor, riesgos políticos (riesgo-país), de fluctuación de los tipos de cambio, etc.

La tercera figura, queda dicho ya, es (iii) el Deudor o importador, también denominado librado, quien se desvincula en su obligación de pago frente a su principal Acreedor, el exportador y debe hacer el pago al Banco financiador.

C) Calificación concursal

Respecto del contrato de *forfaiting,* habida cuenta de que el mismo supone una asunción del riesgo por parte de la entidad financiera, siendo considerado como «sin recurso», dada la asunción por parte de la entidad financiera o tenedor o *forfaiter* del impago y su imposibilidad de retorno o resarcimiento frente al librador o cedente, carece de calificación alguna, dado que el Banco, como queda dicho, carece de acción de retorno frente a su principal, frente a su cliente, siendo así que, como consecuencia de la cesión, el cedente ya habría cobrado su crédito del Banco anteriormente al vencimiento pactado para el cobro con su cliente (fecha de vencimiento del pagaré o de la letra de cambio) y, en ningún caso, podría ser un supuesto de los previstos en el art. 226 TRLC, pues el cobro anticipado no es un acto perjudicial para la masa activa, sino todo lo contrario, que es beneficioso, en tanto en cuanto que se incrementa el dinerario disponible por el deudor concursado o preconcursal y, con éste puede pagar a sus restantes acreedores.

En cualquier caso, debemos dar por reproducidas aquí las consideraciones que a este respecto hicimos respecto del contrato de *factoring*, dada su práctica identidad.

9. EL CONTRATO DE *LEASING*

Seguimos con las denominaciones foráneas[64] las cuales, hay que reconocerlo así, se imponen por razón a su brevedad y singularidad identificativa. Corresponde, pues, hablar del contrato denominado de *leasing*, mejor conocido como contrato de arrendamiento financiero, llamado así por cuanto que se trata de operaciones realizadas por entidades financieras o, más singularmente, entidades de arrendamiento financiero, en tanto que financian la adquisición de bienes de carácter mueble o inmueble, en tanto que aportan el dinero preciso para llevar a cabo tal adquisición.

Vienen definidos estos contratos según resulta de lo dispuesto en los arts. 19 y 20 del Real Decreto-Ley 15/1977, de 25 de febrero, sobre medidas fiscales, financieras y de inversión pública, del siguiente modo; son «(*art. 19*)*... aquellas operaciones que, cualquiera que sea su denominación, consistan en el arrendamiento de bienes de equipo, capital productivo y vehículos adquiridos exclusivamente para dicha finalidad por empresas constituidas en la forma prevista en el artículo veintidós y según las especificaciones señaladas por el futuro usuario... deberán incluir una opción de compra a favor del usuario al término del arrendamiento...* (*art. 20*) *los bienes objeto de las operaciones de arrendamiento financiero han de quedar afectados*

64 ***Leasing:*** propiamente dicho, se trata de un alquiler con opción a compra, del verbo «to lease», arrendar.

por el usuario exclusivamente a fines agrarios, industriales, comerciales, de servicios o profesionales»[65].

La Disposición Adicional Séptima de la Ley 26/1988, de 29 de julio, sobre disciplina e intervención de las entidades de crédito (i) introdujo un nuevo concepto, el de la cesión de uso, y (ii) excluyó los bienes de equipo, sustituyéndola por la de «*bienes muebles o inmuebles*», definiéndolo del siguiente modo «*aquellos contratos que tengan por objeto exclusivo la cesión del uso de bienes muebles o inmuebles, adquiridos para dicha finalidad según las especificaciones del futuro usuario, a cambio de una contraprestación consistente en el abono periódico de las cuotas a que se refiere el número 2 de esta disposición. Los bienes objeto de cesión habrán de quedar afectados por el usuario únicamente a sus explotaciones agrícolas, pesqueras, industriales, comerciales, artesanales, de servicios o profesionales. El contrato de arrendamiento financiero incluirá necesariamente una opción de compra, a su término, en favor del usuario*». No obstante lo cual, esta norma fue derogada por la Ley 10/2014, de 26 de junio, de ordenación, supervisión y solvencia de entidades de crédito, manteniendo la misma definición en su Disposición adicional tercera.

Es de suma importancia el hecho de que el contrato de arrendamiento financiero no concluye indefectible y necesariamente con la adquisición del bien arrendado por el arrendatario financiero, pues a éste le cabe la posibilidad de, bien pagar la última cuota del leasing ejercitando la opción de compra, en cuyo caso adquiriría el bien arrendado, ora no hacerlo, en cuyo caso la entidad arrendadora financiera podría cederlo a un nuevo usuario distinto de su arrendatario inicial, tal y como disponen, tanto la Ley vigente como la, por ésta derogada.

La jurisprudencia del Tribunal Supremo conceptúa el *leasing* como un «*contrato complejo y atípico y de contenido no uniforme y que carece de regulación en nuestro ordenamiento jurídico*» (vid. Sentencias de 10 de abril de 1981, 18 de noviembre de 1983, 26 de junio de 1989 y 28 de mayo de 1990).

Por tanto, sus notas más características son las siguientes:

a. La cesión de uso de bienes de carácter mueble o inmueble.

---

65 El *Real Decreto 1.669/1980*, de 31 de julio, extendió el objeto del arrendamiento financiero a los bienes inmuebles.

b. Que adquiere la entidad arrendadora financiera, no para sí, sino para su cliente, el arrendatario financiero.
c. Con la finalidad de que el arrendatario financiero, al vencimiento convenido, adquiera para sí el bien arrendado.
d. Para lo cual debe satisfacer unas cuotas periódicas a la arrendadora financiera.
e. El bien debe estar afecto a una actividad empresarial o profesional, por lo que debería excluirse la misma operativa para finalidad o uso personal.
f. La inclusión de una opción de compra que podrá ejercitar el arrendatario financiero mediante el pago del importe convenido o cuota final, que suele ser de importe superior al de las periódicas; si bien las precitadas normas reguladoras tampoco especifican que esta opción deba ser realizada mediante el pago de un importe concreto. Esta opción de compra, como tal opción, no solo es susceptible de embargo, sino que cabe su anotación registral, como derecho real que es (*cfr.* **Resolución DGRN 26.10.1998**); su hipotecabilidad no puede ser negada tampoco y por ello, también es susceptible de inscripción registral, como decimos, en tanto que derecho del que es titular el arrendatario financiero, derecho conceptuado como complejo y unitario, que comprende, tanto el uso del bien derivado del arrendamiento, como el derecho de opción de compra, relaciones, ambas, que van indisolublemente unidas, de forma que si se ejecutase el embargo de solo la opción, se desconfiguraría el arrendamiento financiero, dando cabida a un tercero que ostentaría un derecho independiente del cumplimiento de las obligaciones, las del arrendamiento, que lo justifican y permiten su ejecución, aparte de que pudiendo ser el valor residual ínfimo, se produciría un más que probable enriquecimiento injusto del adjudicatario, ya que el importe de las cuotas constituye parte del valor final del bien que se amortiza conforme se van satisfaciendo. De este modo es como se ha pronunciado la **DGRN por Resolución de 18.03.2014**.
g. En caso de resolución contractual, el arrendatario financiero debe renunciar a su derecho de opción de compra y el uso del bien pasa nuevamente al arrendador, a la entidad arrendadora financiera, pudiendo, entonces, cederlo a tercero.

A) Elementos personales

Se deduce de cuanto precede y así, nos encontraremos con (i) el Arrendador financiero, o persona jurídica que reúne las características de lo dispuesto en el art. 22 del Real Decreto-Ley 15/1997, de 25 de febrero, esto es las de «*revestir la forma de sociedad anónima, domiciliada en territorio nacional… contar con un capital desembolsado de, al menos, cien millones de pesetas. El desembolso de dicho capital se efectuara precisamente en dinero, sin que sean permitidas aportaciones no dinerarias… su objeto se ha de circunscribir exclusivamente al ejercicio de operaciones de arrendamiento financiero… figurar inscritas en el registro que a tal efecto se llevara por el ministerio de haciend*». A lo que hay que añadir la habitualidad como nota destacable a las dichas, según el mismo precepto. Esta sociedad adquiere en nombre propio, pero por cuenta ajena, la propiedad del bien que constituye el objeto del *leasing* siguiendo las instrucciones que le dé su cliente, sin poder apartarse de las mismas, pagando al vendedor el precio de adquisición, conservando la propiedad hasta el momento en que el Arrendatario financiero ejercite su derecho de opción, derecho que tiene la obligación de respetar y, a su vez, a mantener a su Arrendatario en la posesión pacífica del bien, quedando esta última nota como definitoria de la obligación sinalagmática a cargo de la Entidad Arrendadora.

De otro lado, nos encontramos con (ii) el Arrendatario financiero o cliente del Arrendador, quien ordena a éste la adquisición del bien concreto y se obliga a pagar las cuotas en los períodos pactados y tiene la facultad de optar a adquirir la plena propiedad del bien que venía usando gracias a la financiación, pagando el denominado valor residual del bien; mientras tanto, sólo tiene el uso del bien.

Por último, nos encontramos con el (iii) suministrador o vendedor del bien, persona física o jurídica que vende al Arrendador financiero el bien concreto, emitiendo la correspondiente factura y percibiendo el importe del precio de la compraventa directamente de éste y por cuenta del Arrendatario financiero.

B) Clases

Pueden considerarse los siguientes tipos de contratos de *leasing*:

a. *De mediación:* En los que las Arrendatarias financieras son simples mediadores o intermediarios entre el suministrador y el Arrendatario financiero, percibiendo a cambio una comisión por la mediación, además de la merced arrendaticia pactada.

b. *Leasing* propiamente dicho: En los que la Arrendadora financiera compra directamente el bien y lo arrienda a su cliente, el Arrendatario financiero.

c. *Leasing financiero:* En el que la Arrendadora financiera sólo arrienda con opción de compra.

d. *Leasing de asistencia:* En el que la Arrendadora financiera además, tiene la obligación a su cargo de la manutención y el seguro del bien cedido al Arrendatario financiero, figura que se asimila al *Renting*.

e. *Cross border leasing* o *Arrendamiento financiero cruzando fronteras*, denominado así en razón a la distinta o lejana residencia de Arrendador y Arrendatario.

f. *Lease-back:* en este tipo de contrato de *leasing*, figura recogido en el Real Decreto Ley 15/1977, de 25 febrero, sobre medidas fiscales, financieras y de inversión pública, a los fines de determinar su fiscalidad. Se trata de un contrato en el que la figura del suministrador y la del Arrendatario financiero coinciden en la persona, pero difieren en el tiempo, pues éste es quien vende a la Arrendadora financiera para que a su vez, ésta le arriende el uso y conceda la opción de compra. Esta tipología de contrato viene a asemejarse jurídicamente al pacto comisorio, del que trataremos más adelante, en el capítulo relativo a las garantías reales, cuya prohibición legal está establecida en el Código civil, si bien, el Tribunal Supremo establece sus diferencias y adecuación a la legalidad, conforme es de ver en las **SSTS —1.ª— n.º 485/2000, de 16 de mayo, n.º 10/2006, de 2 de febrero y n.º 216/2010, de 15 de abril**, pueden observarse en los fundamentos de esta última resolución que, seguidamente, reproducimos:

STS —1.ª— n.º 216/2010, de 15 de abril:

«En relación con la posibilidad de que en el fondo de la operación pueda alojarse el pacto comisorio, que se considera prohibido en nuestro derecho en virtud de lo dispuesto por los artículos 1859 y 1884 del Código Civil, afirma la sentencia que *«En general, se ha considerado que la interpretación del contrato puede conducir a entender que el lease-back, aun faltándole el requisito de la intervención de un tercero como propietario del bien suministrado por el arrendatario financiero, mantiene las características y la finalidad económico-social propia del contrato de arrendamiento financiero o leasing, con su peculiar estructura causal y su autonomía contractual frente al préstamo puro, en el caso de que se mantengan los rasgos teleológicos fundamentales que caracterizan a esta figura "en el mismo sentido, frente a las posiciones iniciales, la jurisprudencia italiana:* sentencia de la Corte de Casación de 16 de octubre de 1995"*, para lo cual es menester tener en cuenta determinados elementos, cuya concurrencia o no determinan que pueda sostenerse la existencia de un contrato de leasing o, por el contrario, conducir a la conclusión de que se trata de un negocio de fiducia en que la transmisión de la titularidad de la propiedad tiene lugar a los meros efectos de garantía de un préstamo, con las consiguientes consecuencias en relación con la falta de legitimación del arrendador para formular tercería de dominio, con la posible aplicación de la LRU o con la vulneración de la prohibición del pacto comisorio.*

Entre dichos elementos, cabe señalar los siguientes:

1) La naturaleza del arrendador financiero, como empresa dedicada habitualmente a la concertación de contratos de esta naturaleza con las debidas autorizaciones impuestas por el ordenamiento jurídico fiscal y mercantil.

2) La naturaleza del arrendatario financiero como persona física o jurídica dedicada a la realización de actividades mercantiles comprendidas en el ámbito del objeto del contrato.

3) La naturaleza y características del bien objeto del contrato, en cuanto apto instrumentalmente para la realización de actividades agrícolas, industriales, profesionales o de servicios(disposición adicional séptima de la Ley de Disciplina e *Intervención de las Entidades de Crédito), teniendo en cuenta su carácter de bien mueble o inmueble, y su dedicación a finalidades de esta naturaleza según el contenido de lo pactado, frente a su posible utilización para fines privados, como vivienda (*STS de 13 de marzo de 1995*) o garaje. En este elemento insisten particularmente las sentencias más recientes, como las SSTS 16 de mayo de 2000 y 10 de febrero de 2005.*

4) La existencia de una compraventa previa ligada al arrendamiento financiero como presupuesto necesario que comporte una efectiva transmisión de la propiedad en favor del arrendador financiero y de los derechos y obligaciones inherentes a la misma, en relación con la finalidad perseguida por la empresa arrendataria de movilizar su activo mobiliario o inmobiliario para obtener liquidez mediante el abandono provisional de un inmueble o bienes de equipo.

5) Las circunstancias del contrato reveladoras de la voluntad de las partes de procurar al arrendatario financiero la continuación en el uso del bien o bienes objeto del contrato, inicialmente de su propiedad, en condiciones favorables desde el punto de vista fiscal o mercantil y compatibles con la obtención de liquidez para la realización de sus operaciones, de tal manera que esta finalidad presente un papel preponderante en la base del contrato sin perjuicio de la finalidad subyacente de garantía de una operación financiera.

6) Entre dichas circunstancias debe tenerse especialmente en cuenta la existencia de una razonable duración del contrato en atención a su finalidad, que puede ponerse en relación con los plazos fijados por la legislación que contempla la figura desde el punto de vista de sus consecuencias tributarias(artículo. 115.2 TR Ley del Impuesto sobre Sociedades*).*

7) El equilibrio entre el precio de la compraventa y el precio fijado en el arrendamiento financiero como valor del bien objeto del mismo "requisito subrayado por las SSTS de 16 de mayo de 2005 y 10 de febrero de 2005", *y la sustancial equivalencia de las sumas establecidas con el valor real de bien "cuya falta es especialmente significativa cuando existe una situación de dificultad económica de la empresa arrendataria", unido al carácter homogéneo o progresivo de la amortización*(art. 115.44 TR Ley del Impuesto sobre Sociedades*) como elemento especialmente demostrativo del mantenimiento de la finalidad económico-social propia del arrendamiento financiero de facilitar mediante un especial régimen de uso de determinado bien o bienes de carácter instrumental, del que éste ha querido desprenderse con anterioridad, las actividades productivas del arrendatario.*

8) El equilibrio de las prestaciones establecidas en función de la amortización del bien y de la carga financiera, teniendo en cuenta la naturaleza del contrato, las circunstancias económicas concurrentes, los tipos de interés habituales en operaciones de arrendamiento financiero similares, la posible situación de dificultad de la empresa concesionaria y, según algunas posiciones doctrinales, el equilibrio, en caso de incumplimiento, entre las prestaciones de ambas partes, en proporción a los perjuicios de carácter financiero que supone para el concedente la frustración del contrato por incumplimiento y, una vez más, en consideración al carácter de bienes muebles e inmuebles del objeto del contrato y la peculiar naturaleza de cada uno de ellos en cuanto a su posible depreciación.

9) El reconocimiento de una opción de compra en favor del arrendatario financiero(Disposición adicional séptima, número 1, Ley de Disciplina *e Intervención de las Entidades de Crédito), susceptible de ser ejercitada al término del contrato, por un precio equivalente a su valor residual, en condiciones adecuadas a la situación respecto al grado de amortización del bien o bienes objeto del mismo, por lo que nada impide que el precio fijado para el ejercicio del derecho de opción de compra sea muy inferior a su valor inicial* (art. 115.3 TR LIS *y* STS de 2 de diciembre de 1999*)...».*

También pueden definirse por razón al objeto arrendado y así, la diferencia más esencial, es la del (i) *leasing mobiliario* si se trata de bienes de carácter mueble y el (ii) *leasing inmobiliario*, si se trata de bienes inmuebles. Por lo que respecta a este último, se subraya la idea de que constituye un contrato mixto o *sui generis* resultante de la unión de varios esquemas contractuales que no se identifican con ellos y que tiene una naturaleza atípica e independiente y se insiste en que la cesión de usos que deriva del contrato de *leasing* no es la propia de un uso arrendaticio. Veamos la siguiente resolución de la DGRN al respecto.

Resolución de 26.10.1998 de la DGRN

«Que se afirma por la doctrina, que el contrato de leasing inmobiliario crea un derecho específico de carácter real, y se sostiene la inscripción del derecho del usuario, no ya por la vía conjugada de los artículos 2-5 o de la Ley Hipotecaria y 14 del Reglamento Hipotecario, sino al amparo de la inscribilidad general de los derechos de naturaleza real que prevén los artículos 1 y 2 de la Ley Hipotecaria y 7 de su Reglamento. 2. Que poniendo en relación los artículos 106-2 o, 107 y 108 de la Ley Hipotecaria y teniendo en cuenta que el último artículo citado, como excepcional ha de ser objeto de una interpretación estricta, hay que concluir que los derechos reales mencionados en dicho precepto son los únicos que no pueden ser hipotecados y, en consecuencia, cualquier otro derecho de carácter real, es hipotecable. De ahí que el derecho derivado del leasing inmobiliario pueda ser objeto de hipoteca. Que la enajenabilidad del derecho del usuario no plantea duda alguna. Que la posibilidad de cesión del contrato de leasing, no sólo se justifica en el principio general del artículo 1.255 del Código Civil, sino que en ocasiones se contempla específicamente en alguna de sus cláusulas. Que presupuesta la transmisibilidad del derecho del usuario, nada se opone a la posibilidad de constituir una hipoteca sobre el mismo, máxime, si como ocurre en este caso, concurre el consentimiento de la entidad financiera, a cuyo favor se constituye la hipoteca. Que el conjunto de derechos inscritos en el Registro de la Propiedad y que por recaer directa e indirectamente sobre la cosa y tener eficacia erga omnes tiene carácter real e inscrito es también embargable, en garantía del incumplimiento de una hipotética sentencia judicial, y, por tanto, carecería de sentido que no fuera hipotecable…»

C) Inscripción del contrato

Acorde con la Disposición Adicional Primera de la Ley 28/1998, de 13 de julio de venta a plazos de bienes muebles, los contratos de arrendamiento financiero cuyo objeto gire en torno a bienes muebles, a pesar de la exclusión de su regulación por dicha Ley de los citados contratos, éstos podrán ser inscritos en el Registro de Venta a Plazos de Bienes Muebles «*a fin de que sean oponibles frente a terceros las reservas de dominio o las prohibiciones de disponer que se inserten en los contratos*» (art. 15 LVPBM).

Por lo que respecta a la inscripción contratos de *leasing* sobre bienes inmuebles, éstos se inscribirán en el Registro de la Propiedad, acorde con lo dispuesto en el art. 2.2 LH, en tanto que afecta al derecho de uso sobre el bien inmueble y, por lo que respecta a la hipoteca sobre el mismo, resulta igualmente inscribible por el mismo precepto.

El Alto Tribunal, mediante **STS —1ª— n.º 559/2011, de 28 de julio** ha venido a resolver la discusión en torno a si se precisa de la inscripción registral como requisito *sine qua non* para su consideración privilegiada en sede concursal, inscripción que viene entendida por la Sala como una mera "opción" de la entidad financiera y no como una necesidad a los efectos requeridos de su calificación en Concurso, ni siquiera para el ejercicio de la acción de recuperación del bien. En el siguiente sentido se ha pronunciado:

«QUINTO.- En cuanto a las formalidades precisas para que los créditos mencionados en los ordinales primero a quinto de su apartado 1 merezcan la calificación de especialmente privilegiados —entre ellos, los del tipo a que pertenece el de la recurrente—, se remite la norma que en el motivo se dice infringida a lo establecido en la legislación específica en orden a su oponibilidad a terceros. El artículo 15 de la Ley 28/1988, de 13 de julio, de venta a plazos de bienes muebles, exige, para que las reservas de dominio o las prohibiciones de disponer sean oponibles a terceros, la inscripción en el Registro correspondiente.

Sin embargo, la misma Ley, tratándose de contratos de arrendamiento financiero —regulados en la disposición adicional séptima de la Ley 26/1988, de 29 de julio, sobre disciplina e intervención de las entidades de crédito— que se refieran a bienes muebles que reúnan las características señaladas en el artículo 1, contempla la inscripción como una mera posibilidad no revestida del carácter de esencialidad —apartado 1 de la disposición adicional primera—. A la vez, dicha disposición adicional —apartado 2— faculta al arrendador financiero para reclamar el cumplimiento de las obligaciones derivadas del contrato, mediante el ejercicio, entre otras, de la acción ejecutiva sobre el patrimonio del deudor, si es que aquel consta en alguno de los documentos a que se refieren los ordinales cuarto y quinto del apartado 2 del artículo 517 de la Ley de Enjuiciamiento Civil.

Finalmente, la misma norma —apartado 3— permite al arrendador, en caso de incumplimiento del contrato, la recuperación del bien, con tal de que aquel conste en documento del tipo dicho o inscrito en el Registro de venta a plazos de bienes muebles.

De otro lado, el artículo 56 de la Ley 22/2003, al referirse a la ejecución de garantías reales, tampoco exige como requisito necesario esencial la inscripción del contrato de arrendamiento financiero en el referido registro. Antes bien, admite como alternativa para el ejercicio de la acción de recuperación del bien arrendado, la formalización de aquel en documento que lleve aparejada ejecución.

En definitiva, no cabe negar que el contrato fuente del crédito de la recurrente, dado el documento en que se formalizó, era oponible a terceros, conforme a su legislación específica...»

D) Calificación concursal

Se trata, en primer lugar y dado que suelen venir amparados en documento con fuerza ejecutiva o Póliza intervenida por Fedatario público, de un supuesto de reconocimiento necesario del art. 260.1 TRLC (antiguo art. 86.2 LC), pero no vayamos a confundir este tipo de contratos con los que se están utilizando en masa por concesionarios de vehículos, denominados «contrato de arrendamiento de vehículo» que vienen a ser un leasing pero sin intervenir fehacientemente ni inscribir en el Registro de Bienes Muebles, contrato que abarata costos a cambio de que, a su vencimiento, quinquenal normalmente, el arrendatario del vehículo proceda a arrendar otro distinto y nuevo de la misma marca constituyendo, así, un encadenamiento de contratos, pues es la intervención del fedatario público la que le imprime el carácter de reconocimiento forzoso del crédito.

El art. 270.4.º TRLC (antiguo art. 90.4.º LC) reconoce como crédito con privilegio especial «*4.º Los créditos por contratos de arrendamiento financiero de compraventa con precio aplazado de bienes muebles o inmuebles, a favor de los arrendadores o vendedores y, en su caso, de los financiadores, sobre los bienes arrendados o vendidos con reserva de dominio, con prohibición de disponer o con condición resolutoria en caso de falta de pago*», texto aún vigente desde la redacción dada por la Ley 38/2011 de 10 de octubre, de reforma de la Ley Concursal, que únicamente modificó la anterior redacción, al incluir el término «*o vendidos*» entre «*bienes arrendados*» y «*con reserva de dominio*».

A continuación, debemos distinguir, dado que se trata de otro contrato «divisible», entre cuotas vencidas antes del Auto de declaración del Concurso y cuotas vencidas con posterioridad y así:

a) En el primero de los supuestos, siempre y cuando la Póliza estuviese intervenida por fedatario público e inscrita en el Registro correspondiente, las cuotas impagadas serán crédito concursal con privilegio especial del art. 269.2 TRLC en relación con el art. 270.4.º TRLC (antiguo art. 89.2 en relación con el art. 90.1.4º y 90.2, ambos, de la LC).

b) Caso de que no se hallare constituida la garantía «*con los requisitos y formalidades previstos en su legislación específica para su oponibilidad a terceros*», tal y como prevé el art. 271 TRLC (antiguo art. 90.2 LC), nos hallaríamos con un crédito concursal ordinario del art. 269.1 y 3 TRLC (antiguo art. 84.1 en relación con el art. 89.3, ambos de la LC).

c) Las vencidas con posterioridad a dicha declaración que resultaren impagadas serán con cargo a la Masa, en tanto en cuanto haya prestaciones pendientes de cumplimiento para ambas partes, configurando así el carácter de "tracto sucesivo" del contrato (**SAP Alicante —8ª— 15.01.2007, SJM-1 Valencia 15.04.2010** y **SJM-2 Valencia 29.11.2006**); si, por contra, y como sucedió en el supuesto de la **SAP Barcelona —15ª— de 09.11.2010**, en el que primó el principio de autonomía de la voluntad *ex* art. 1.255 C.c. en el que la propia entidad financiera expresó en el texto del contrato de adhesión por ella prerredactado, la inexistencia de obligaciones a su cargo, la propia Arrendadora financiera quebró este carácter de tracto sucesivo y con ello, perdió la calificación de parte de su crédito con cargo a la Masa. A este respecto, hay que añadir que la opción de compra que va inserta al pago de la última cuota, es considerado doctrinalmente como una prestación accesoria y no como una obligación pendiente a cargo de una de las Partes, la cual es facultativa para el optante o Arrendatario financiero y no una obligación en sí misma, dado que si éste no ejercita tal facultad, nada le sucederá más allá de la no adquisición para sí del bien objeto del *leasing* y así, su Arrendador financiero no podrá exigirle el ejercicio de lo que realmente es, un derecho de opción de compra y no una obligación, lo cual es ciertamente relevante a los efectos de su no consideración como obligación pendiente de cumplimiento por parte de la entidad financiera.

Dentro de la Jurisprudencia concursal que seguidamente se citará se encuentra la diversa polémica que ha suscitado este tipo de contrato, máxime, en su relación y calificación dentro de los efectos del art. 158 TRLC (antiguo art. 61 LC), si se trata de un contrato con obligaciones recíprocas o no. La Ley 38/2011, de 10 de octubre, de reforma de la Ley Concursal introdujo la siguiente frase al párrafo segundo del apartado 2 de dicho precepto: «*Cuando se trate de la resolución de contratos de arrendamiento financiero...*» lo que parece que, en un principio, y digo en un principio, pues siempre nos encontraremos con el principio de la autonomía de la voluntad y consiguiente libertad de pactos acorde con lo dispuesto en el art. 1.255 C.c., el contrato de *leasing* o arrendamiento financiero sí es un contrato con obligaciones recíprocas pendientes de cumplimiento por ambas partes, salvo pacto en contrario, pues una de ellas, el Arrendatario financiero está obligado (i) al pago de las cuotas periódicas de alquiler, mientras que la Entidad financiera está obligada (ii) a mantener a aquél en el goce pacífico del bien, así como (iii) a transmitir la propiedad cuando aquél ejercite su derecho de opción de compra, lo cual supone, como bien acabamos de expresar, que esta última obligación no es una obligación principal, sino accesoria al contrato, estando sujeta a condición, a la voluntad del Arrendatario financiero, así pues, es potestativa de éste y sólo obliga, como decimos, al Arrendador financiero, caso de que se ejercite dicha manifestación de voluntad. Cosa bien distinta es que lo que en el contrato se pacte, no contenga dicho tipo de obligaciones a cargo de la Entidad financiera, en cuyo caso deje de serlo, se titule como se quiera, pues «*las cosas son lo que son y no lo que las partes quieren que sea*».

Siguiendo con el texto de la reforma, la novedad en este punto radicó en que cuando se persiga la resolución del contrato de arrendamiento financiero y la entidad financiera y el concursado no se pongan de acuerdo, con la demanda incidental que tenga por objeto dicha resolución, se debe acompañar una tasación pericial independiente del bien cedido en arriendo financiero, a los efectos de fijación de la indemnización correspondiente.

¿Qué debe entenderse por tasación pericial independiente? ¿En el supuesto de un *leasing* inmobiliario sería la que realizase una sociedad de tasación inscrita en el BANCO DE ESPAÑA, habitualmente vinculada a la entidad financiera? Parece que no se deduce de ello la independencia del tasador, pero únicamente caso de que se trate de la Sociedad de Tasación del propio Grupo Bancario o Financiero si bien, nada obstaría a que lo hiciese la vinculada a otro Grupo, así como tampoco un perito tasador designado judicialmente. En el supuesto de *leasing* sobre vehículos, sin perjuicio de que las Sociedades de Tasación citadas no pueden tasar más que bienes inmuebles o determinados derechos reales, valdría la que un Ingeniero Industrial realizase respecto del vehículo en cuestión.

E) Jurisprudencia concursal

De obligada cita resulta traer a colación la siguiente resolución, en tanto que la misma supone un giro copernicano en torno a la consideración o no de obligaciones pendientes de cumplimiento por la entidad financiera; en este supuesto, que hay que analizarlo a la luz de la libertad contractual (art. 1.255 C.c.), el propio texto del contrato adhesivo de *leasing* supone una merma a la entidad financiera en cuanto a la consideración de su crédito al amparo de lo dispuesto en el art. 158 TRLC (antiguo art. 61 LC).

SAP Barcelona —15ª— 09.11.2010

«TERCERO: Aunque se insista en muchos pronunciamientos acerca del carácter atípico de este contrato, en la práctica no lo es tanto, pues goza de cierto tratamiento legal en la disposición adicional 7ª de la Ley de Disciplina e Intervención de las Entidades de Crédito (LDIEC), en el art. 1.1.c) RD 692/1996 sobre Régimen Jurídico de los Establecimientos Financieros de Crédito, y en la disposición adicional 1ª de la ley de Venta a Plazos de Bienes Muebles (LVPBM). La jurisprudencia, apoyada en esta normativa y teniendo en cuenta el principio de autonomía de la voluntad aplicado a los contratos (art. 1255 CC), lo concibe como un contrato "por el que una empresa especializada cede el uso de un producto —que ella no ha producido sino que ha sido adquirido de un tercero— en arrendamiento al usuario, con la opción de compra, finalizado el arrendamiento, por un precio, normalmente muy bajo" [SSTS (1ª) 14-XII-2004 (RJ 2004\8038) y 4-XII-2007 (RJ 2008\42)]. El principal interés de la jurisprudencia ha sido diferenciar el leasing de los contratos de venta a plazos de bienes muebles y de préstamo de financiación al comprador, para justificar que no resulta de aplicación directa su peculiar régimen jurídico al *leasing*. Para ello, insiste en que "la finalidad del *leasing*, es decir, su función económica que constituye su causa no es otra que permitir a los empresarios que no tienen liquidez o medios financieros para adquirir, desde un principio, la posesión de bienes muebles o inmuebles, disfrutar de ellos obteniendo la cesión de uso de los mismos, una vez han sido adquiridos para dicha finalidad, según las especificaciones del futuro usuario, por una entidad financiera, la cual, al margen de los beneficios fiscales que se les reconocieron desde la Ley 26/1988, 29-VII, de Disciplina e Intervención de las Entidades de Crédito, en su acio. Adic. 7ª, se constituye a cambio en acreedora de una contraprestación a pagar por el arrendatario financiero, consistente en el abono periódico de cuotas —calculadas en función de la amortización del precio y remuneración por el demérito que el uso acarreará a los bienes—, incluyéndose necesariamente una opción de compra a su término, en favor del usuario, con un valor fijo que suele corresponder al resto de precio pendiente de amortizar, y que no impide calificar el contrato como de arrendamiento financiero con independencia de que su montante no se corresponda con el importe de cada cuota [SSTS (1ª) 4-VI-2001 (RJ 2001\6665), 21-XII-2001 (RJ 2002\250) y 4-XII-2007 (RJ 2008\42)].

CUARTO: A los efectos de la presente apelación, nos interesa advertir si un contrato de *leasing* pendiente de cumplimiento al tiempo de declararse el concurso de acreedores, lo está respecto de las prestaciones de una sola de las partes o si lo está respecto de las dos. Está claro que el arrendatario financiero, en relación con las cuotas no vencidas, tiene pendiente su cumplimiento, aunque no le fueran todavía exigibles por no estar vencidas. La cuestión es si, a los efectos del art. 61 LC, cabe que se encuentran pendiente de cumplimiento obligaciones por parte de la entidad de leasing. Esta cuestión había sido resuelta por este mismo tribunal en su Sentencia de 19 de junio de 2009 (RA 753/2008), en el sentido de considerar que el contrato de leasing era de tracto sucesivo y que, durante la pendencia del mismo, el arrendador financiero tenía la obligación de mantener en la posesión del bien al arrendatario financiero. Razón por la cual entendíamos que al tiempo de declararse el concurso estaban pendientes de cumplimiento obligaciones por ambas partes, siendo de aplicación el art. 61.2 LC. Pero esta postura vamos a reconsiderarla, a la vista del presente recurso y de las consideraciones afloradas por las partes y por el juez mercantil. Es muy significativo que los bienes objeto de leasing, en este caso bienes muebles (maquinaria industrial), son adquiridas por la entidad financiera con la única finalidad de cederlas en leasing a la arrendataria financiera, quien previamente ha seleccionado dichos bienes a su propio interés; los bienes cuya cesión de uso se transmite con el contrato son adquiridos del fabricante o distribuidor; la compañía de leasing se exime de responsabilidad respecto de cualquier acción derivada de los vicios o defectos de dichos bienes, llegando incluso, como en este caso, a incorporar una cláusula en el contrato en tal sentido. En efecto, la cláusula VI del contrato, que lleva por rúbrica "INCUMPLIMIENTO DE LAS OBLIACIONES DEL ARRENDADOR FINANCIERO Y DEL/LOS ARRENDATARIO/S FINANCIERO/S, se supone que prevé los posibles incumplimientos que pudieran darse en este contrato, durante su vigencia, y llama la atención que tan sólo los prevé respecto del arrendatario, pero no respecto del arrendador. Al respecto, se afirma en el apartado 6.1: "Las partes reiteran que el ARRENDADOR FINANCIERO ya ha dado íntegro cumplimiento de sus obligaciones en el presente Contrato, por lo que no es posible prever incumplimiento alguno por su parte, al haberse agotado la ejecución de cuantas prestaciones venía obligado a satisfacer, salvo la de transferir el dominio en el supuesto de ejercicio de la opción de compra". Lo anterior contrasta con el apartado siguiente, el 6.2, que especifica en qué casos puede el arrendatario incumplir sus obligaciones: "Si no satisface, a su vencimiento, la cuota periódica convenida, el impuesto indirecto correspondiente a la misma y, en su caso, el mayor importe o los nuevos impuestos que puedan gravarla". "Si fuera declarado en estado de suspensión de pagos, quiebra o cualquier otra de las obligaciones establecidas en este contrato". De lo anterior, cabe concluir que las partes convinieron que la entidad financiera ya había cumplido todas sus obligaciones, salvo la de entrega de la titularidad del bien en caso de ejercicio de la opción de compra por el arrendatario, de forma que, una vez perfeccionado el contrato mediante la puesta a disposición del bien a favor del arrendatario por el pago del arrendador del precio de compra al fabricante o distribuidor del bien, tan sólo estaban pendientes de cumplimiento las obligaciones de pago del arrendatario, esencialmente de las cuotas en las que se convino el fraccionamiento de pago. **QUINTO:** La propia composición de estas cuotas periódicas muestra que se calculan en atención al tiempo pactado, la recuperación del coste del bien por la entidad financiera y el lucro representado por la carga financiera. Según la disposición adicional 7ª LDIEC, "las cuotas deberán aparecer expresadas en los respectivos contratos diferenciando la parte que corresponda a la recuperación del coste del bien por la entidad arrendadora, excluido el valor de la opción de compra, y la carga financiera exigida por la misma, todo ello sin perjuicio de aplicación del gravamen indirecto que corresponda". Aunque lo que se transmita es una cesión de uso, la cuota pactada no responde tanto al concepto de renta que compensa la privación temporal del bien por parte del propietario, como a permitir a la entidad financiera recuperar el precio satisfecho para la adquisición del bien, además de una carga financiera que constituye propiamente el beneficio de la arrendadora financiera. Ello justifica la previsión legal que, para caso de incumplimiento, no sólo legitima la resolución con una cláusula penal que, cuando menos, es resarcitoria de la inversión llevada a cabo por el arrendador para la adquisición del bien, sino también la posibilidad de exigir el íntegro cumplimiento del contrato y cobrarse el crédito, con carácter preferente a cualquier otro acreedor, con la ejecución del propio bien. Lo que se traduce en el ámbito concursal en el reconocimiento al acreedor arrendador financiero de un crédito con privilegio especial sobre la totalidad de las cuotas, sin que el art. 90.1.4° LC distinga entre las vencidas y las pendientes de vencimiento. **SEXTO:** No obsta lo anterior que, en caso de ejercitarse la opción de compra, la entidad arrendadora tenga que cumplir con la obligación de entregar la titularidad del bien, pues se trata de una facultad que se confiere al arrendatario, de tal forma que la obligación de la arrendadora tan sólo nace en caso de que el arrendatario, después de haber pagado todas las cuotas, decida hacer ejercicio de ella. Esta compraventa no es un mero acto de ejecución del contrato de leasing, sino un negocio jurídico que exige nuevas declaraciones de voluntad, en este caso del arrendatario al hacer uso de la opción de compra. Además, en un caso como el presente, en que el leasing versa sobre bienes muebles, la entrega del bien, necesaria para la transmisión de la voluntad, se lleva a cabo a través de la denominada *traditio brevi manu*, bastando el mero acuerdo de voluntades para que se perfeccione la transmisión del domino, ya que el bien está en posesión del adquirente. **SÉPTIMO:** Todo lo anterior nos lleva a concluir que, al tiempo de declararse el concurso, el contrato estaba únicamente pendiente de cumplimiento por una de las partes, por el arrendatario financiero, pues tenía pendientes, cuando menos, las cuotas aún no vencidas. Estas obligaciones habían ya nacido con la firma del contrato, sin perjuicio de que no fueran exigibles hasta el vencimiento de cada uno de los plazos pactados. En consecuencia, y conforme a lo previsto en el art. 61.1 LC, el crédito que adeuda la concursada a la financiera deberá incluirse en la masa pasiva prevista en el art. 49 LC, sin perjuicio de su clasificación. Esta interpretación es conforme con la previsión contenida en el art. 155.2 LC relativa al pago de los créditos con privilegio especial afectados por la paralización o suspensión de las acciones de recuperación del bien gravado del art. 56 LC, pues expresamente prevé que, en esos casos, que por tratarse de créditos concursales en principio no sería posible atender a su pago, la administración concursal puede optar por pagarlos con cargo a la masa, sin realizar los bienes y derechos afectos. De este modo, queda claro que son créditos concursales, clasificados con privilegio especial conforme al art. 90.1.4° LC que, no obstante lo cual y sin perder esta condición, excepcionalmente pueden ser satisfechos por la administración concursal con cargo a la masa para evitar la realización del bien. Por esta razón, y sin perjuicio de que la administración concursal decida hacer uso de esta facultad más adelante, los créditos de FINANZIA derivados de los dos contratos de leasing, tanto respecto de las cuotas vencidas e impagadas, como de las pendientes de vencimiento, merecen ser clasificados como créditos concursales con privilegio especial del art. 90.1.4° LC...»

Del mismo modo hay que traer a colación la **SJM-4 Barcelona 28.09.2009** respecto de la calificación de los contratos de leasing, estén o no inscritos, pues no es la inscripción lo que le da el valor de crédito contra la masa, dado que no tiene carácter constitutivo la inscripción registral, sino la existencia de obligaciones recíprocas pendientes de cumplimiento.

SJM-4 Barcelona 28.09.2009

«La clasificación de los contratos de arrendamientos financieros inscritos y no inscritos

18. La entidad actora tiene suscrito con la concursada un contrato de arrendamiento financiero y pretende que las cuotas de dicho crédito devengadas con posterioridad a la declaración del concurso se clasifiquen como crédito contra la masa, pretensión a la que se opone la administración concursal.

19. En la solución del problema planteado juegan varios preceptos, el primero, el art. 84.2.6° LC en el que se dice que: "Tienen la consideración de créditos contra la masa: (...) Los que, conforme a esta Ley, resulten de prestaciones a cargo del concursado en los contratos con obligaciones recíprocas pendientes de cumplimiento que continúen en vigor tras la declaración de concurso, y de obligaciones de restitución e indemnización en caso de resolución voluntaria o por incumplimiento del concursado". El segundo, el apartado séptimo de dicho art. 84 LC que dice que "Los que, en los casos de pago de créditos con privilegio especial sin realización de los bienes o derechos afectos, en los de rehabilitación de contratos o de enervación de desahucio y en los demás previstos en esta Ley, correspondan por las cantidades debidas y las de vencimiento futuro a cargo del concursado". El tercero de los preceptos en liza, es el art. 90.1.4 LC según el cual: "Son créditos con privilegio especial: (...) Los créditos por cuotas de arrendamiento financiero o plazos de compraventa con precio aplazado de bienes muebles o inmuebles, a favor de los arrendadores o vendedores y, en su caso, de los financiadores, sobre los bienes arrendados con reserva de dominio, con prohibición de disponer o con condición resolutoria en caso de falta de pago". El cuarto, el apartado segundo del art. 155 LC que dispone que "No obstante lo dispuesto en el apartado anterior (pago de créditos con privilegio especial con cargo a los bienes afectos), en tanto no transcurran los plazos señalados en el apartado 1 del art. 56 o subsista la suspensión de la ejecución iniciada antes de la declaración de concurso, conforme al apartado 2 del mismo artículo, la administración concursal podrá comunicar a los titulares de estos créditos con privilegio especial que opta por atender su pago con cargo a la masa y sin realización de los bienes y derechos afectos. Comunicada esta opción, la administración concursal habrá de satisfacer de inmediato la totalidad de los plazos de amortización e intereses vencidos y asumirá la obligación de atender los sucesivos como créditos contra la masa. En caso de incumplimiento, se realizarán los bienes y derechos afectos para satisfacer los créditos con privilegio especial".

20. El primero de estos preceptos tiene un carácter general, aplicable a los contratos de obligaciones reciprocas a cargo del concursado, y resulta indudable que los contratos de arrendamiento financiero son contratos que imponen a las partes obligaciones recíprocas, pero lo esencial es que se trata de contratos de prestaciones recíprocas, en el que una de las partes, el arrendador financiero ha cumplido íntegramente sus obligaciones.

21. En estos casos, conforme lo establecido en el art. 61.1 LC, hay que incluir el crédito íntegramente en la lista de acreedores. Así dicho precepto dice que: "En los contratos celebrados por el deudor, cuando al momento de la declaración del concurso una de las partes hubiera cumplido íntegramente sus obligaciones y la otra tuviese pendiente el cumplimiento total o parcial de las recíprocas a su cargo,

el crédito o la deuda que corresponda al deudor se incluirá, según proceda, en la masa activa o en la pasiva del concurso".

22. Eso supone que estamos ante un crédito concursal, es decir, que las cuotas que vayan vencido a lo largo del concurso no son créditos contra la masa, ya que a éstas no les es aplicable el apartado 6º del número segundo del art. 84 LC, que se refiere únicamente a los supuestos previstos en el apartado segundo del art. 61 LC, es decir, a los contratos bilaterales en las que, después de la declaración de concurso, existan prestaciones reciprocas pendientes de cumplimiento por ambas partes. Este último apartado precepto nos dice que "La declaración de concurso, por sí sola, no afectará a la vigencia de los contratos con obligaciones recíprocas pendientes de cumplimiento tanto a cargo del concursado como de la otra parte. Las prestaciones a que esté obligado el concursado se realizarán con cargo a la masa".

23. La Ley Concursal distingue, pues, claramente el régimen de clasificación de los créditos procedentes de contratos de prestaciones recíprocas, en función de su situación a la fecha de declaración de concurso. Si a esa fecha una de las partes ha cumplido íntegramente su prestación, el crédito es concursal, por el contrario, si a esa fecha las obligaciones que constituyan la contraprestación principal de la otra, estén pendientes de cumplimiento por ambas partes, las prestaciones pudientes a cargo del concursado son créditos contra la masa. Solo a estos últimos, les es aplicable a la clasificación de créditos precita en el 84.2.6 tan citado.

24. Como he dicho los contratos de arrendamiento financiero son aquellos en los que el arrendador se compromete a adquirir de un tercero (vendedor) un bien, para después ceder su uso al arrendatario financiero a cambio de una cuota, que incluye, una parte del coste de adquisición de bien, los gastos de financiación (intereses) y el impuesto indirecto correspondiente a esta operación (IVA). Se trata indudablemente de un contrato cuya finalidad es financiar la adquisición o el uso de un bien necesario para la actividad empresarial del deudor, al finalizar el contrato, el arrendador habrá recuperado el precio de la compraventa (total o parcialmente), invertido en la adquisición del bien, más los intereses (gastos financieros) correspondientes a esa operación, y el arrendatario podrá optar por adquirir el bien, pagando el precio residual (habitualmente coincidente con una última cuota) o devolver el bien si lo considera obsoleto para sus actividades empresariales. Se trata de un contrato bancario que solo puede ser estipulado por una entidad de crédito.

25. Así viene definido el contrato en la DA séptima de la Ley 26/1988, de 29 de julio, sobre Disciplina e Intervención de las Entidades de Crédito, en cuyo apartado primero se dice que "Tendrán la consideración de operaciones de arrendamiento financiero aquellos contratos que tengan por objeto exclusivo la cesión del uso de bienes muebles o inmuebles, adquiridos para dicha finalidad según las especificaciones del futuro usuario, a cambio de una contraprestación consistente en el abono periódico de las cuotas a que se refiere el núm. 2 de esta disposición. Los bienes objeto de cesión habrán de quedar afectados por el usuario únicamente a sus explotaciones agrícolas, pesqueras, industriales, comerciales, artesanales, de servicios o profesionales. El contrato de arrendamiento financiero incluirá necesariamente una opción de compra, a su término, en favor del usuario".

26. En la cuota hay que diferenciar la partes que corresponde a la recuperación del coste del bien por la entidad arrendadora (precio del bien), excluido el valor de la opción de compra, y la carga financiera exigida por la misma (intereses), y el gravamen indirecto que corresponda (art. 115 Real Decreto Legislativo 4/2004, de 5 de marzo, por el que se aprueba el texto refundido de la Ley del Impuesto sobre Sociedades), lo que evidencia que no estamos ante un mero arrendamiento de un bien, sino a un contrato en el que se pretende financiar la adquisición onerosa de un bien necesario para desarrollar dicha actividad empresarial.

27. La sociedad de leasing cumple sus obligaciones contractuales cediendo el bien adquirido por encargo del arrendador, situación que así se declara en muchos contratos tipo de arrendamiento financiero, y al mismo tiempo cede sus acciones contra terceros que pueda perturbar al cesionario y contra el vendedor por saneamiento. En definitiva, trata de desentenderse de todo lo que se refiera a las relaciones entre el vendedor y el cesionario del uso de la máquina, limitándose a financiar su adquisición o su uso temporal por parte del cesionario. Por eso sus obligaciones se agotan en la adquisición del bien señalado por el cesionario y la cesión de sus al éste, si esta obligación ha sido cumplida antes de la declaración del concurso, las únicas obligaciones pendientes de cumplimiento son las que están a cargo del deudor.

28. La Ley Concursal tiene una norma especial para calificar los créditos de arrendamiento financiero, esa norma, es el art. 90.1.4° LC, en el que se dice que "Son créditos con privilegio especial (...): Los créditos por cuotas de arrendamiento financiero (...), a favor de los arrendadores (...), sobre los bienes arrendados con reserva de dominio, con prohibición de disponer o con condición resolutoria en caso de falta de pago". Dicho precepto no distingue entre las cuotas anteriores o posteriores a la declaración de concurso, sino que somete a todas ellas a la misma clasificación de créditos con privilegio especial sobre los bienes arrendados. Eso exige que los bienes arrendados, aun no siendo propiedad del deudor, figuren en el inventario como tales, ya que sobre ellos ha de hacerse efectivo el privilegio. Es curioso destacar que como la ley habla de garantía sobre "bienes arrendados con reserva de dominio o prohibición de disponer", expresión absolutamente contradictoria, ya que el arrendamiento en ningún caso trasmite la propiedad o la factual de disposición del bien arrendado, por lo que una reserva de dominio o el pacto de disponer serían, en principio jurídicamente absurdos. El arrendador financiero solo cede el uso o goce del bien, nunca su propiedad, art. 1543 CC, por lo que no hay que reservarse los que no se transmite con ese tipo de contratos.

29. Lo que es imprescindible para reconocer ese privilegio es que el contrato haya tenido acceso el Registro de Bienes Muebles, art. 90.2 LC y art. 15 y DA 1ª de la Ley 28/1998, de 13 de julio de Venta a Plazos de Bienes Muebles, no basta que el contrato se haya formalizado en documento público o en el modelo oficial, sino que el mismo ha de tener acceso al registro para que sea oponible a terceros. El contrato de arrendamiento financiero que formalizado en documento público goza de fuerza ejecutiva contra el arrendatario, pero para que sea oponible a terceros es necesarios que conste inscrito en el Registro, como se desprende del art. 15 de la citada Ley, si no lo está el crédito ha de ser clasificado de ordinario.

30. En principio, el importe por el que se ha de incluir el crédito es el total adeudado, lo que comprende cuotas devengadas y las pendientes, sin perjuicio, de la modificación que se pueda derivar del ejercicio de la acción de recuperación del bien…»

Respecto de la doble consideración de la calificación del crédito derivado del *leasing* acorde con la data de vencimiento de las cuotas anterior o posterior a la declaración del Concurso, son de destacar las siguientes

SJM-1 Valencia 15.04.2010

«SEGUNDO.- Es el contrato de leasing un contrato de tracto sucesivo, y no un contrato de tracto único con fraccionamiento de la prestación dineraria de una de las partes, en el que se desenvuelven durante el *iter* de la relación negocial obligaciones reciprocas para ambas partes, y ello aun cuando se mantenga una u otra tesis —hasta llegar a la tesis ecléctica que lo considera un negocio oneroso sui generis— en punto a su naturaleza jurídica. No es desconocido para el Juzgador el pronunciamiento dictado por la Audiencia Provincial de Alicante en Sentencia de 15 de enero de 2007, pero parece más plausible la tesis que abona por la consideración de que tratándose de un contrato de tracto sucesivo, debe hacerse distingo radical entre créditos concursales y créditos contra la masa para el caso de que las cantidades debidas se contraigan a amortizaciones inatendidas vencidas con anterioridad o posterioridad a la fecha del auto de declaración de concurso, y solo aquéllas deben considerarse en la lista de acreedores (concursales) aneja al informe de la administración concursal (y con la clasificación correspondiente ex artículo 90.4' de la Ley Concursal) en tanto que los posteriores son créditos contra la masa. Esta tesis ha venido sostenida con anterioridad por la Sentencia del Juzgado de lo Mercantil núm. 3 de Barcelona de 27 de febrero de 2006, la Sentencia del Juzgado de lo Mercantil núm. 1 de Bilbao de 29 de diciembre de 2006 y las Sentencias del Juzgado de lo Mercantil núm. 1 de Alicante de 9 de junio y 19 de junio de 2006, así como en reiterados pronunciamientos de este Juzgado, y recientemente en el ámbito de la jurisprudencia menor es de destacar en este sentido los considerandos contenidos en la Sentencia de la Audiencia Provincial de Barcelona, Sección 15", de 19 de junio de 2009…»

SJM-2 Valencia 29.11.2006

«Precisamente, es sobre el crédito que ahora se reclama, como si fuera todo él un crédito concursal, sobre el que hay que hacer serias objeciones, y todas ellas pasan por echar en falta algo que es fundamental según resulta de la propia reclamación, y es que la demanda se justificaría sobre la base de una supuesta resolución del contrato de financiación, resolución que ni se ha pedido previamente, ni por supuesto ha sido declarada por el Juzgado, lo que es de esencia para reclamar lo que ahora se pretende. Según el artículo 61 de la Ley Concursal, cualquiera que sea el motivo que se sostenga, la resolución tiene que ser declarada por el Juez del Concurso. No cabe una resolución meramente convencional, ni por supuesto unilateral, sino que el eventual acuerdo de las partes tiene que ser homologado por el Juzgado. Si este acuerdo no existiera, cualquiera de las partes queda libre para pedir la resolución a través del incidente concursal, formulando la correspondiente demanda, que de ser estimada se declarará la resolución del contrato en la misma sentencia que ponga fin al incidente concursal. Por ello, en las presentes actuaciones no cabe que se reclame la cantidad total del arrendamiento, como si hubiera habido una previa resolución del contrato, cuando esa resolución ni siquiera ha sido pedida por quien se hubiera beneficiado de ella, el ahora demandante. Y si no se ha pedido previamente la resolución, no se puede declarar en este incidente de impugnación, que versa exclusivamente sobre el informe de la administración concursal. Lo cual no es óbice para que se puedan reclamar, eso sí, las mensualidades que tengan la condición de créditos contra la masa, esto es, las devengadas y no satisfechas después del informe de la administración concursal…»

Ahora bien, en el caso del contrato de *leasing*, no hemos de caer en un automatismo a la hora de calificar el crédito concursal y el postconcursal, de forma y manera que, girando la calificación en torno a lo dispuesto en el art. 158 TRLC (antiguo art. 61 LC), esto es, a la reciprocidad de obligaciones que se hallen pendientes de cumplimiento, hay que analizar siempre el texto concreto del contrato, pues, aunque parezca salir de la *ratio* o naturaleza jurídica contractual, por pacto expreso en el contrato, insistimos, normalmente, de adhesión, puede quedar la Entidad financiera sin obligación alguna a su cargo, acorde con el principio de libertad en la contratación del art. 1.255 C.c., de lo que derivaría la no consideración de crédito contra la Masa de los vencimientos posteriores a la declaración de concurso. Así lo establece el Alto Tribunal:

STS —1.ª— n.º 140/2014, de 24.03.2014 (en igual sentido, la **n.º 145/2014, de 25.03.2014**, en la que no se llegó a aportar el contrato por ninguno de los litigantes):

«**TERCERO.- La estimación del motivo único.**

Cuando se formuló el recurso de casación por parte de FRAGMENTADORA DE METALES, S.L. el 20 de febrero de 2012, esta Sala no había dictado las SSTS 34/2013 de 12 de febrero, 44/2013 de 19 de febrero, 492/2013 de 27 de junio, 523/2013 de 5 de septiembre y 33/2014 de 11 de febrero.

Por esta razón, ya existe doctrina sobre esta materia en el sentido que mantiene la recurrente en casación. Por lo que, seguidamente, se expondrán, en necesaria síntesis, las razones que fundaron las sentencias invocadas de esta Sala, y que debemos repetir en el presente supuesto planteado en el recurso.

Para que las prestaciones debidas por el concursado puedan ser consideradas como créditos contra la masa, a partir de la declaración de concurso, ex art. 61.2, es necesario que el deber de prestación del deudor sea *recíproco* del asumido por el acreedor, y que ambos se hallen *pendientes de cumplimiento.*

La *reciprocidad* dependerá del contenido del vínculo, que ambas obligaciones sean causa de un solo negocio, que exista una interdependencia o mutua condicionalidad, conectadas por un nexo causal. La reciprocidad no requiere equivalencia de valores, ni objetiva ni subjetiva entre ambas prestaciones, pero sí requieren que ambas sean *principales*.

Es fácil advertir la reciprocidad en la *fase genética* de la relación: se crea el vínculo, la *lex privata*, en el momento de la perfección del contrato. Pero, a efectos del art. 61.2, la reciprocidad debe existir en la *fase posterior*, lo que propiamente se ha venido en llamar la *fase funcional*. La reciprocidad se pierde si una de las partes hubiera cumplido enteramente con su prestación antes de la declaración de concurso, lo que determina que el crédito de la parte *in bonis* sea considerado concursal, pues no existe reciprocidad funcional, siendo de aplicación el art. 61.1 LC.

En principio debemos concluir que el arrendamiento financiero, es un contrato que impone a las partes obligaciones de carácter recíproco. Siguiendo la STS 523/2013 de 10 de julio para configurar el contrato de arrendamiento financiero *"puede servir de modelo el arrendamiento de cosas, por su completa regulación. Pero, en general y como regla, cabe decir que el obligado onerosamente a mantener a otro en el uso de su cosa debe abstenerse de actuar en contra de lo pactado —garantía por hecho propio—; debe defender al cesionario frente a las perturbaciones de los terceros —excepto de las de hecho:* artículo 1560 del Código Civil*—; y debe efectuar las reparaciones necesarias para mantener la cosa en estado de servir al uso para el que fue destinada —artículo 1554, ordinal tercero—"*.

La STS núm. 44/2013 de 23 de enero, señala: *"no obstante para identificar el contenido de ese derecho del arrendatario financiero y del correlativo deber de prestación de la entidad de leasing, es necesario estar a lo válidamente pactado y en defecto de pacto al contenido natural del contrato...*

Para lo primero se impone examinar la validez de las reglas contractuales y precisar el recto sentido de las mismas. Como regla, en nuestro sistema es la reglamentación negocial válida la que marca el contenido de la relación jurídica...

En efecto, no hay que olvidar que nuestro sistema de contratos reconoce a los interesados una potencialidad normativa creadora —autonomía de la voluntad: artículos 1091 *y* 1255 del Código Civil*—, no solo para contratar, sino también para determinar el contenido de la reglamentación contractual respecto de las obligaciones exigibles a cada parte, siempre con respeto de los límites previamente establecidos.*

De ello deriva que, para poder conocer si la relación jurídica nacida del contrato de leasing financiero mobiliario sigue funcionando como sinalagmática después de declarado el concurso, en el sentido antes indicado —por estar pendientes de cumplimiento obligaciones recíprocas a cargo de las dos partes—, habrá que atender a las cláusulas válidamente convenidas, en cada caso, por los contratantes".

En el caso particular, las pólizas de leasing de MADRID LEASING CORPORACIÓN EFC, SAU tienen una condición general del siguiente tenor:

"2. Objeto del contrato.- Los bienes objeto de este contrato han sido adquiridos por el arrendador financiero, con el exclusivo fin de ceder su uso al cliente (arren-

datario financiero) y siguiendo las especificaciones y la elección efectuada por éste, que ha determinado la clase, marca, modelo, características técnicas y demás condiciones de dichos bienes, así como el proveedor de los mismos.

*Por ello, **el arrendador financiero no asume ninguna responsabilidad** respecto de la idoneidad, funcionamiento o rendimiento de los bienes objeto del contrato y **subroga al cliente en todos sus derechos frente al proveedor o fabricante** en orden al saneamiento por evicción o vicios ocultos de dichos bienes y en orden a la exigencia de cumplimiento de las garantías de toda índole ofertadas por el proveedor o fabricante. Sin perjuicio de ello, si el cliente se propusiese ejercitar fehacientemente al arrendador financiero con una antelación mínima de quince días".* (énfasis añadido)

No es difícil colegir que se trata de una estipulación por la que, primero, la entidad arrendadora no asume ninguna responsabilidad respecto del bien cedido (idoneidad, funcionamiento o rendimiento) y, en segundo lugar, subroga al cliente arrendatario todos los derechos, acciones y garantías frente al proveedor o fabricante.

Por ello, cabe concluir que el arrendador financiero ha cumplido íntegramente su prestación y, por tanto, desde este punto de vista, las obligaciones de las partes *han perdido su reciprocidad funcional*, pues si bien es cierto que el arrendatario está obligado a seguir satisfaciendo las cuotas pactadas y la arrendadora está obligada a abstenerse de perturbar, con sus propios actos, la posesión del bien al arrendatario, tal obligación, a los efectos del art. 61 LC, no constituye más que un deber de conducta general implícito en el *"pacta sunt servanda"*, insuficiente, por sí sola, para atribuir al crédito de la arrendadora por las cuotas debidas y las que se devenguen con posterioridad a la declaración del concurso, como créditos contra la masa...»

En igual sentido que las anteriores resoluciones, pero analizando la repercusión que la reforma de la LC que introdujo la Ley 38/2011, de 10 de octubre al respecto, se pronunció la siguiente resolución del Alto Tribunal:

STS —1.ª— N.º 652/2014, de 12 de noviembre

«3.- La sentencia de la Audiencia Provincial ha declarado que el contrato de *leasing* que sirve de fundamento a la demanda de Banco Santander no establece obligaciones a cargo de la misma que se encuentren pendientes de cumplimiento en el momento de declaración del concurso, y que el recurso de apelación solo se refiere a la obligación genérica de mantener al arrendatario en el uso de los objetos financiados, así como que el contrato tan sólo prevé la resolución de contrato por incumplimiento del cliente que contrata con el banco, sin que se admita la posibilidad de incumplimiento por el banco. La recurrente no ha combatido adecuadamente este extremo, fundamental para la conclusión a que llega la Audiencia Provincial de que cuando tuvo lugar la declaración del concurso solo quedaban obligaciones pendientes de cumplimiento por parte de la concursada.

Se alega en el recurso que tras la declaración de concurso el arrendador estaba obligado a permitir el goce pacífico de la cosa arrendada, a no impedir el uso de la cosa por el arrendatario. Tal obligación solo constituye, a efectos del artículo 61

Ley Concursal, un deber de conducta general, implícito en el principio "pacta sunt servanda" [los pactos deben ser cumplidos], en su contenido sustancial ya cumplido con la propia entrega y, en todo caso, insuficiente, por sí solo, para atribuir al crédito de la arrendadora el tratamiento de crédito contra la masa en el concurso que la recurrente pretende.

También es insuficiente a tales efectos la obligación de transferir la titularidad del bien al arrendatario una vez que este ejercite la opción de compra y pague la cuota correspondiente al valor residual. Es una obligación de la arrendadora que tan sólo nace en caso de que el arrendatario, después de haber pagado todas las cuotas, decida hacer ejercicio de ella. Esta compraventa no es un mero acto de ejecución del contrato de *leasing,* sino un negocio jurídico que exige nuevas declaraciones de voluntad, en este caso del arrendatario al hacer uso de la opción de compra.

4.- Las modificaciones introducidas por la Ley 38/2011, de 10 de octubre no suponen una innovación que modifique el régimen jurídico expuesto en los anteriores párrafos.

Las consideraciones que hace la Audiencia sobre este particular son correctas. La interpretación que ha de darse a la nueva redacción del art. 61.2 de la Ley Concursal y, en concreto, al último inciso en el que hace mención a los contratos de arrendamiento financiero, es que si del análisis del concreto contrato de *leasing* concertado por la concursada resultan obligaciones pendientes de cumplimiento también para el arrendador financiero tras la declaración de concurso, será aplicable el régimen previsto en dicho precepto para la resolución en interés del concurso del contrato de *leasing* pendiente de cumplimiento por ambas partes. Pero no puede entenderse, como pretende la recurrente, que dicha modificación legal tiene por consecuencia atribuir en todo caso al contrato de *leasing* la naturaleza de contrato de tracto sucesivo en el que las obligaciones a cargo de ambas partes subsisten a lo largo de la vigencia del contrato, sea cual sea la regulación convencional que resulte de las cláusulas del contrato suscrito por las partes...»

Consolidando la doctrina del Alto Tribunal y realizando una pormenorizada exégesis de la misma, incluso respecto del *modus operandi* que debe seguirse en el Concurso respecto de la vigencia o resolución del contrato de *leasing* y su calificación concursal, aportamos la siguiente resolución:

STS —1.ª— n.º 647/2016, de 2 de noviembre

«SEGUNDO. Recurso de casación

1. Formulación del motivo. El motivo se funda en la infracción de la jurisprudencia relativa a la calificación de los créditos surgidos de un contrato de leasing con posterioridad a la declaración de concurso como créditos concursales, fijada en las Sentencias de la Sala Primera del Tribunal Supremo de 12 de febrero de 2013, 19 de febrero de 2013 y 11 de julio de 2013. Procede estimar el motivo por las razones que exponemos a continuación. 2. Jurisprudencia sobre el tratamiento concursal de los créditos surgidos de un contrato de leasing. La jurisprudencia que interpreta el primer párrafo del art. 61.2 LC se contiene, principalmente, en la sentencia

44/2013, de 19 de febrero, y de forma complementaria en la sentencia 34/2013, de 12 de febrero. Esta doctrina ha sido reiterada en otras sentencias posteriores de la sala. Así, en la Sentencia 44/2013, de 19 de febrero, expusimos qué debía interpretarse, con carácter general, por obligaciones recíprocas pendientes de cumplimiento: «(p)ara que, conforme al artículo 61, apartado 2, de la Ley 22/2003, de 9 de julio, puedan ser considerados con cargo a la masa los créditos contractuales contra el concursado es necesario que el deber de prestación de éste sea recíproco del asumido en el mismo contrato por el acreedor y que ambos estén pendientes de cumplimiento al declararse el concurso. [...]» La reciprocidad no requiere equivalencia de valores, objetiva ni subjetiva, entre las dos prestaciones, pero sí que ambas tengan la condición de principales en el funcionamiento de la relación contractual de que se trate. Difícilmente cabrá advertir la condicionalidad entre una obligación principal y otra accesoria o secundaria. «La reciprocidad de los deberes de prestación puede ser advertida en la fase genética de la relación, esto es, en el momento de su nacimiento, con la perfección del contrato y la consiguiente creación de la regulación negocial o "lex privata". Pero, a los efectos del artículo 61, cuando la reciprocidad debe existir es con posterioridad, propiamente, en la se ha venido en llamar fase funcional del vínculo y, además, por expresa exigencia, después de declarado el concurso. Se entiende que las obligaciones que tuvieron inicialmente aquella condición la pierden si una de las partes hubiera cumplido su prestación antes de aquella declaración, lo que determina que el crédito contra el concursado incumplidor sea considerado concursal. La razón de ello es que, durante la tramitación del concurso, la relación funciona, de hecho, igual que las que por su estructura original no eran recíprocas». Y, en relación con el contrato de leasing, advertíamos que para identificar el contenido del «derecho del arrendatario financiero y del correlativo deber de prestación de la entidad de leasing, es necesario estar a lo válidamente pactado y en defecto de pacto al contenido natural del contrato»: «Para lo último, puede servir de modelo el arrendamiento de cosas, por su completa regulación. Pero, en general y como regla, cabe decir que el obligado onerosamente a mantener a otro en el uso de su cosa debe abstenerse de actuar en contra de lo pactado —garantía por hecho propio—; debe defender al cesionario frente a las perturbaciones de los terceros —excepto de las de hecho: artículo 1560 del Código Civil—; y debe efectuar las reparaciones necesarias para mantener la cosa en estado de servir al uso para el que fue destinada —artículo 1554, ordinal tercero—». Para lo primero se impone examinar la validez de las reglas contractuales y precisar el recto sentido de las mismas. Como regla, en nuestro sistema es la reglamentación negocial válida la que marca el contenido de la relación jurídica». De este modo, concluíamos que «para poder conocer si la relación jurídica nacida del contrato de leasing financiero mobiliario sigue funcionando como sinalagmática después de declarado el concurso, en el sentido antes indicado —por estar pendientes de cumplimiento obligaciones recíprocas a cargo de las dos partes—, habrá que atender a las cláusulas válidamente convenidas, en cada caso, por los contratantes». A la misma conclusión llegamos en la Sentencia 34/2013, de 12 de febrero, en la que argumentamos: «(Si bien) del arrendamiento financiero en abstracto derivan obligaciones recíprocas para arrendadora y arrendataria, la realidad demuestra que en numerosos casos la finalidad práctica perseguida por la arrendataria se centra en los aspectos financieros y en las ventajas tributarias que para la arrendataria supone acudir al mismo como fórmula para optar a la adquisición de los bienes arrendados. Al primar el interés de la arrendataria en la adquisición del bien mediante el ejercicio del derecho de opción por un precio residual, sobre el de la utilización por el tiempo pactado, permite que la arrendadora, en ocasiones, se desvincule de las obligaciones clásicas que a la misma impone el Código Civil. (...) para decidir sobre la reciprocidad de las obligaciones derivadas del arrendamiento financiero en concreto, no cabe acudir a las obligaciones que por definición impone el contrato de arrendamiento. Desde la perspectiva civil —dejando al margen sus repercusiones tributarias—, cabe que las partes, en el ejercicio de su libertad autonormativa, modulen o eliminen válidamente alguno de los elementos característicos del contrato típico. Al extremo de que, con los únicos límites fijados en el art. 1255 CC, bajo la denominación de arrendamiento financiero pueden estipularse pactos que desnaturalicen los aspectos arrendaticios». 3. En los casos que fueron objeto de enjuiciamiento en estas sentencias, el art. 61.2 LC tenía la redacción originaria de la Ley 22/2003, de 9 de junio. Esta redacción quedó ligeramente alterada por la Ley 38/2011, de 10 de octubre, que introdujo un último inciso en el párrafo segundo del art. 61.2 LC. El párrafo segundo del art. 61.2 LC regulaba y, después de la Ley 38/2011, sigue regulando la facultad que la administración concursal o, en su caso, el concursado tiene de pedir la resolución del contrato en interés del concurso. La reseñada reforma añadió el siguiente inciso: «Cuando se trate de la resolución de contratos de arrendamiento financiero, y a falta de acuerdo entre las partes, con la demanda incidental se acompañará tasación pericial independiente de los bienes cedidos que el juez podrá tener en cuenta al fijar la indemnización». La sentencia recurrida, que no desconoce la jurisprudencia sentada por las sentencias 44/2013, de 19 de febrero, y 34/2013, de 12 de febrero, entiende que la Ley 38/2011 ha optado por una interpretación en sentido contrario, y ha considerado que, en todo caso, el contrato de leasing, a los efectos del párrafo primero del art. 61.2 LC, contiene obligaciones recíprocas que estarán pendientes de cumplimiento para ambas partes si la declaración de concurso ocurre durante la vigencia del contrato. 4. Esta sala ha tenido oportunidad de pronunciarse sobre la aplicación de la jurisprudencia contenida en las sentencias 44/2013, de 19 de febrero, y 34/2013, de 12 de febrero, a supuestos en que resultaba de aplicación el art. 61.2 LC tras la reforma de la Ley 38/2011. En efecto, en la sentencia 652/2014, de 12 de noviembre, expresamente declaramos que las modificaciones introducidas por la Ley 38/2011, de 10 de octubre, no suponen una innovación que modifique el régimen jurídico del art. 61.2 LC expuesto en la reseñada jurisprudencia: «La interpretación que ha de darse a la nueva redacción del art. 61.2 de la Ley Concursal, y en concreto al último inciso en el que hace mención a los contratos de arrendamiento financiero, es que si del análisis del concreto contrato de leasing concertado por la concursada resultan obligaciones pendientes de cumplimiento también para el arrendador financiero tras la declaración de concurso, será aplicable el régimen previsto en dicho precepto para la resolución en interés del concurso del contrato de leasing pendiente de cumplimiento por ambas partes. Pero no puede entenderse (...) que dicha modificación legal tiene por consecuencia atribuir en todo caso al contrato de leasing la naturaleza de contrato de tracto sucesivo en el que las obligaciones a cargo de ambas partes subsisten a lo largo de la vigencia del contrato, sea cual sea la regulación convencional que resulte de las cláusulas del contrato suscrito por las partes...».

Relativo a la resolución del contrato de *leasing* al amparo de lo dispuesto en el art. 158 TRLC (antiguo art. 61.2 LC), caso de considerarse dicha resolución en interés del concurso se pronuncia la siguiente resolución, la definición del término «en interés del concurso», la irrelevancia o no del incumplimiento del contrato, así como la calificación del crédito derivado de las cuotas del *leasing*. En igual sentido, las **SSTS de n.º 34/2013, de 12 de febrero, n.º 68/2013, de 26 de febrero, n.º 469/2013, de 15 de julio y n.º 523/2013, de 05 de septiembre.**

SAP Álava —1ª— 22.09.2010

«... El principio general que la Ley Concursal ha dispuesto al regular los efectos de la declaración de concurso sobre los contratos es que éstos siguen surtiendo efecto cuando existan obligaciones recíprocas pendientes de cumplimiento, como es el caso. El art. 61.2 LC establece nítidamente que la declaración de concurso, por sí sola, no afecta a la vigencia de los contratos con obligaciones recíprocas pendientes de cumplimiento por el concursado y la parte "in bonis".

Hay que afirmar, en primer lugar, que el "leasing" es un contrato con obligaciones recíprocas pendientes de cumplimiento por ambas partes. El financiador asegura la posesión del bien financiado al concursado, y éste tiene que abonar las cuotas.

Es posible entonces la resolución conforme a las reglas generales previstas en los arts. 1.124 y ss. Código Civil. A ellas se añade, no obstante, la posibilidad especial de solicitar la resolución del contrato si se estima "conveniente al interés del concurso" (art. 61.2 LC). Hay que insistir, que desde que se declara el concurso se añade una previsión a las disposiciones generales de la contratación en materia de resolución. Además de las generales, la Ley Concursal habilita la citada causa de resolución, en interés del concurso.

Es irrelevante, al respecto, que se haya producido el incumplimiento del contrato. El demandante no actúa alegando tal incumplimiento. La causa de resolución es ajena al mismo y opera al margen, aunque podrían acumularse ambas acciones, pues actúa por disposición de la ley en situaciones de concurso. Cabe, por lo tanto, la resolución en interés del concurso.

Cierto que la norma no ha concretado qué deba entenderse por "interés del concurso". Ese concepto se menciona en el apartado III de la Exposición de Motivos y en los arts. 43.1, 61.2, 62.3 y de forma general en los arts. 54.2 y 165.2º LC. De los arts. 61 y 62 se deduce que ese mismo "interés del concurso" sirve tanto para resolver el contrato, como para mantener su vigencia, pese a la causa de resolución (art. 62.3 LC).

En todo caso, y sin necesidad de recoger aquí las diferentes tesis que sugiere la doctrina, lo que la norma decanta como tal interés es la mayor satisfacción de los acreedores del concursado. Si este interés, que es primordial del concurso, se atiende, se podrá acordar la resolución.

Pues bien, en el caso de autos la concursada hace tiempo que ha solicitado la liquidación, pues lo reclamó en la propia solicitud de concurso. El 20 de febrero pasado se acordó mediante auto el cese de la actividad, de modo que el deudor no utiliza, desde entonces, la maquinaria que se financiaba con el leasing. El gasto que supone atender sus cuotas disminuye, sin contrapartida alguna, pues ha cesado la actividad, la masa activa. En consecuencia, el interés del concurso es, sin duda, la resolución del contrato, con el fin de evitar la paulatina disminución de la masa activa. Debe por ello accederse a la resolución instada.

Resuelto el contrato la administración concursal pide que no se abonen las cuotas debidas desde la fecha de la fallida comparecencia, el 30 de marzo pasado. La demanda incidental consecuente se ha presentado el 19 de junio siguiente. Pero al margen de ello, la resolución contractual obliga, conforme al art. 61.2 LC, a que el juez acuerde sobre las restituciones que procedan y la indemnización que haya de satisfacerse con cargo a la masa.

El art. 84.2.6º LC establece que son créditos contra la masa los que resulten de obligaciones de restitución e indemnización en caso de resolución voluntaria o por incumplimiento del concursado. El primer concepto, resolución voluntaria, es incompatible con la que judicialmente se ha decretado en esta sentencia. El segundo, por incumplimiento del concursado, no concurre, pues se ha resuelto por "interés del concurso".

En consecuencia la norma no dispone calificación como crédito contra la masa de estos casos en que se resuelve en interés del concurso, o al menos no lo hace expresamente. Como el segundo párrafo del art. 61.2 dispone que el juez ha de decidir qué restituciones procedan, y cual sea la indemnización que proceda con cargo a la masa, parece que existe algún margen para que, ponderando las circunstancias, se resuelva lo procedente.

Lo procedente, en este caso, es la restitución de los objetos de leasing y la consideración de las cuotas impagadas antes de la declaración de concurso como crédito concursal. En cuanto a las posteriores, su calificación natural sería la de crédito contra la masa y así debe entenderse desde la declaración de concurso hasta el 30 de marzo pasado, fecha en que se celebró la infructuosa comparecencia para la resolución.

A partir de ahí la renuencia del banco, pese a conocer que se producía el cese de la actividad y la solicitud de liquidación, a conceder la resolución pactada, en términos que le hubieran supuesto ventajas, justifican la subordinación de los mismos, optando por una solución análoga a la prevista en el art. 73.3 LC para las consecuencias de las reintegraciones. Todos los créditos posteriores al 30 de marzo hasta hoy, tendrán tal calificación, pues la oposición a la resolución del contrato, a sabiendas de su inutilidad para el concursado y los demás acreedores, aprovechándose de la dilación que todo incidente procesal ocasiona, que le reporta el beneficio de la percepción de las cuotas como créditos contra la masa que podrían haberse evitado, justifican la apreciación de una conducta abusiva, que no merece amparo. Se opta entonces, también en interés del concurso, por esta calificación.

TERCERO.- Y, en base a tales argumentos de la sentencia reseñada, sustancialmente aplicables al presente caso, dado que con anterioridad a la fecha de la comparecencia que tuvo lugar el día 1 de octubre de 2008, se dictó, en concreto, con fecha 23 de julio de 2008, Auto acordando el cese total de la actividad empresarial de la entidad concursada, Echemaderas S.L., y consecuente cierre de la totalidad de sus oficinas, establecimientos e instalaciones de que fuere titular, procede calificar como créditos contra la masa las cuotas pendientes de pago de los contratos de leasing en cuestión desde la declaración de concurso hasta el 1 de octubre de 2008, fecha en la que tuvo lugar la fallida comparecencia, y calificar como créditos subordinados las cuotas derivadas de dichos contratos desde dicha fecha hasta el dictado de la sentencia recurrida, pues si bien la entidad BBVA manifestó en tal comparecencia que estaba de acuerdo con la resolución de los contratos de leasing siempre que se reconozcan como crédito contra la masa las cuotas vencidas desde la declaración del concurso hasta entonces siendo la Administración concursal y la concursada quienes, y en relación con el reconocimiento como crédito contra la masa de las cuotas vencidas hasta entonces, se opusieron al reconocimiento de las devengadas desde la fecha de solicitud de resolución de dichos contratos presentada el 4 de junio de 2008, también sostuvo la entidad BBVA que los bienes quedasen depositados en las instalaciones de la concursada hasta su venta, respondiendo la Administración concursal y la concursada que ponían a disposición de los legítimos propietarios todos los bienes objeto de resolución, exigencia ésta segunda que no se presenta amparable pues como se argumenta en la sentencia recurrida: y consecuentemente, al no poder exigir el pago de las cuotas futuras, el arrendador recupera la posesión de la maquinaria, que debe serle devuelta (como propone la propia concursada y administración), sin que pueda prosperar (como tampoco entonces) la petición de alguno de los arrendadores sobre que se mantengan en depósito por la concursada ya que no hay vínculo contractual alguno (ni lo hubiera habido con la resolución resultante de la comparecencia) que le obligue a ello.

Respecto de la figura del *lease-back* o arrendamiento de retorno, anteriormente comentada, hemos de destacar, en sede de la acción de reintegración el análisis que realiza la siguiente resolución:

JPI-9 Córdoba 25.07.2005:

«La propia "Nanta, S.A." reconoce implícitamente el carácter fiduciario de la operación al calificarla en su contestación a la demanda como "lease-back" (hecho cuarto, parágrafo ii), pues no hay duda que el "lease-back" o leasing de retorno es un negocio fiduciario, en cuanto que instrumento de financiación y garantía que posibilita al empresario obtener liquidez de forma inmediata, mediante el abandono provisional de la propiedad de un inmueble o bien de equipo. Precisamente, la doctrina ha advertido del riesgo de este tipo de operaciones, por cuanto pueden ser instrumentos para eludir la prohibición de pacto comisorio que proclama el artículo 1.859 del Código Civil, pues el "lease-back" es una operación susceptible de encubrir un préstamo con transmisión fiduciaria de la propiedad como garantía, incluso de un crédito anterior concedido por un banco o entidad financiera del mismo grupo que la sociedad arrendadora, con lo que podría utilizarse para frustrar las expectativas de los terceros acreedores y alterar la *par conditio creditorum*, especialmente en previsión de futuras situaciones concursales —que es lo que ha sucedido en este caso— (estos problemas quedan esbozados, aunque no resueltos, en la Sentencia del Tribunal Supremo de 13 de marzo de 1995, y se estudia con más detenimiento la figura del "lease-back" y su carácter fiduciario en las Sentencias del mismo Alto Tribunal de 22 de junio y 17 de julio de 2001 y 10 de febrero de 2005)...

... 8.- Sin embargo, como ha quedado expuesto en fundamentos anteriores, no se trata de negocios o contratos autónomos, sino de dos fases de una misma operación: primero dación en pago y después arrendamiento de los mismos bienes (llámesele negocio fiduciario de dación en pago y arrendamiento o "lease-back"). Y desde esta perspectiva, lo que procede no es la rescisión y consiguiente ineficacia de la primera fase (la dación en pago) y el mantenimiento de la segunda (los arrendamientos), pues ello sería plenamente incongruente con el sentido y finalidad de lo pactado y acontecido; sino la rescisión de la operación completa o en su conjunto. De donde, en aplicación de lo dispuesto en el artículo 73.1 de la Ley Concursal (restitución de las prestaciones con sus frutos e intereses), resulta la obligación de "Nanta, S.A." de devolver las rentas percibidas entre julio de 2003 y mayo de 2005, más las que se hayan abonado hasta la presente sentencia...»

Debemos traer a colación la siguiente resolución judicial que, en sede concursal analiza muy pormenorizadamente este tipo de contrato.

SJM-1 Las Palmas de Gran Canaria 01.02.2011

«Por otra parte, reiteramos, sobre la clasificación de los créditos por leasing, la doctrina expuesta en nuestras Sentencias 28/2010, 1 de febrero, Transportes y Contratas Torusan; 111/2010, 12-4, Madigla; 112/2010, 12-4, Vive la Noche; 133/2010, 26-4, Imprenta San Nicolás; 199/2010, 1-9, Palcanarias y 251/2010, 2-11, Carpintería Metálica San Mateo.

A) Concepto.- El leasing es un contrato por el que se cede el uso de bienes muebles o inmuebles, adquiridos por la sociedad de leasing para dicha finalidad según las especificaciones del futuro usuario, a cambio de una contraprestación consistente en el abono periódico de cuotas, y que incluirá necesariamente una opción de compra, a su término, en favor del usuario [arg. Disp. Ad. Séptima L. 26/1988, de 29 de julio, sobre Disciplina e Intervención de las Entidades de Crédito; si bien el Convenio UNIDROIT de Ottawa sobre leasing financiero internacional de 20 de mayo de 1988 (no ratificado por España), aplicable cuando la sociedad de leasing y el usuario están en Estados diferentes, no exige en su artículo 1.3 como elemento esencial la opción de compra]. En la definición legal "tendrán la consideración de operaciones de arrendamiento financiero aquellos contratos que tengan por objeto exclusivo la cesión del uso de bienes muebles o inmuebles, adquiridos para dicha finalidad según las especificaciones del futuro usuario, a cambio de una contraprestación consistente en el abono periódico de las cuotas a que se refiere el número 2 de esta disposición. Los bienes objeto de cesión habrán de quedar afectados por el usuario únicamente a sus explotaciones agrícolas, pesqueras, industriales, comerciales, artesanales, de servicios o profesionales. El contrato de arrendamiento financiero incluirá necesariamente una opción de compra, a su término, en favor del usuario" (acio. Ad. Séptima.1 I L. 26/1988).

B) Articulación.- Las operaciones de leasing se inician normalmente por la decisión del futuro usuario de adquirir (en sentido económico) la cosa (normalmente bienes de equipo). Para ello, entra en contacto con el proveedor del bien y pacta las condiciones de compra. A continuación, se dirige a la sociedad de leasing con la cual celebrará el contrato de leasing. Entonces, esta adquiere el bien en las condiciones seleccionadas por el usuario. Por lo tanto, el llamado leasing o arrendamiento financiero no se configura como un solo negocio jurídico con intervención de tres partes contratantes, sino que se articula a través de dos contratos, netamente diferenciados aunque conexos y dependientes entre sí: un contrato de compraventa en nombre propio pero por cuenta ajena y un arrendamiento financiero. Así, SSTS 1ª 120/1996, 26-2; 437/1997, 24-5, 1108/1999, 23-12 y 632/2001, 22-6; contra, con la tesis del contrato trilateral, SSTS 1ª 30-4-1991; 56/1995, 7-2; 569/1997, 25-6; 88/2000, 3-2 y 893/2000, 5-10.

De este modo, la sociedad de *leasing* financia la inversión concreta que el usuario desea realizar. Consecuentemente, el interés de la sociedad de leasing en la cosa es puramente financiero. Le interesa la cosa como objeto valioso, porque le sirve de garantía y porque al final del contrato cubrirá con ella el resto de su inversión. Cuando la sociedad de leasing adquiere el bien, lo hace no sólo "en interés" del usuario (puesto que es éste el que elige el proveedor y el bien que se comprará) sino también en interés propio. Interés propio que justifica la afirmación de que la propiedad que se reserva la sociedad de leasing sea propiedad en sentido estricto y no únicamente prenda o cualquier otra forma de garantía.

C) Naturaleza jurídica y causa.- Desde luego, no se discute su carácter mercantil (art. 2 Ccom/acio. Ad. 7ª LDIEC). En cuanto a su calificación, en la primera doctrina la tesis predominante calificaba el leasing como arrendamiento, compraventa a plazos, préstamo de financiación o fiducia, para luego decantarse por la calificación compleja y unitaria en función económica de financiación del uso y adquisición del bien y no de la pura cesión del uso por renta (v. últimamente, Cámara, El arrendamiento de bienes muebles, 2008, pág. 140). Por su parte, la jurisprudencia se ha esforzado en distinguir el leasing de la venta a plazos (por todas, SSTS 1ª 10-4-1981; 18-11-1983; 1062/1997, 28-11; 1009/1999, 2-12; 1061/2000, 21-11; 1202/2001, 21-12; 6/2002, 21-1; 310/2002, 4-4; 832/2002, 16-9; 11/2004, 23-1; 309/2004, 21-4; 1232/2004, 14-12; 370/2005, 18-5; 820/2005, 31-10; 191/2006, 22-2; 765/2006, 13-7; 996/2006, 11-10 y 50/2010, 11-2; v. no obstante, por tener unos efectos económicos parecidos, la apreciación de una compraventa en las SSTS 1ª 28-3-1978, 28-5-1990; 1063/1998, 21-11; 1049/2002, 7-11 y 206/2004, 16-3); del arrendamiento (STS 1ª 74/2000, 7-2; contra, destacando su "componente arrendaticio", SSTS 1ª 18-11-1983; 437/1997, 24-5; 1116/1998, 2-12 y 800/2002, 22-7); y del préstamo de dinero (entre otras, SSTS 1ª 207/1998, 17-3; 1017/1998, 9-11; 1116/1998, 2-12; 660/1999, 19-7; 485/2000, 16-5; 1272/2004, 22-12; 39/2005, 10-2 y 10/2006, 2-2). Entre los monografistas actuales, la doctrina más autorizada y la jurisprudencia mejor trabada, predomina la tesis que distingue entre la operación económica de leasing y el contrato de leasing en sentido estricto. Se reconoce la finalidad económica unitaria de la operación de leasing de financiación empresarial (SSTS 1ª 10-4-1981; 1063/1998, 21-11; 74/2000, 7-2; 10/2006, 2-2 y 1308/2007, 4-12); y se rechaza la configuración del leasing como un contrato trilateral (RRDGRN 12-5 y 21-6-1994), siguiendo la teoría de la articulación de la operación económica en dos contratos coligados, combinados, o funcionalmente conexos (así, SSTS 1ª 120/1996, 26-2; 437/1997, 24-5; 451/1999, 24-5; 1108/1999, 23-12; 577/2000, 4-6 y 632/2001, 22-6) en cuanto las partes yuxtaponen varios contratos típicos en un negocio único, para tratar de alcanzar con la unión de todos ellos la finalidad empírica que persiguen, siendo estos dos contratos uno típico de compraventa y otro atípico nominado como "arrendamiento financiero". La disciplina normativa de esta situación debe seguir la teoría de la combinación pues en todos los contratos coligados la yuxtaposición o conexión no hace perder a cada contrato yuxtapuesto o conexo su peculiar naturaleza jurídica. Respecto a este segundo contrato llamado arrendamiento financiero, no podemos dejarnos arrastrar por las palabras y pensar que estamos ante un simple arrendamiento a su vez coligado con una opción de compra. En realidad, el arrendamiento financiero es un contrato atípico y complejo (SSTS 1ª 10-4-1981; 18-11-1983; 26-6-1989; 1062/1997, 28-11; 779/1998, 30-7; 1116/1998, 2-12; 660/1999, 19-7; 88/2000, 3-2; 801/2000, 20-7; 11/2004, 23-1; 1232/2004, 14-12; 765/2006, 13-7; 1308/2007, 4-12 y 50/2010, 11-2) en el que las prestaciones de cada parte, aisladamente considerados (encargo de la compraventa a la sociedad de leasing, cesión del uso, conservación de la cosa, restitución del capital financiado, compromiso de vender a voluntad del optante), pertenecen a un tipo contractual preexistente (comisión, arrendamiento, depósito, préstamo, opción de compra) del cual parcialmente se aíslan para integrarse en el negocio. No hay pura yuxtaposición de contratos sino fusión de prestaciones, obligaciones o contratos típicos. "El fenómeno jurídico constituye una auténtica unidad económica, puesto que obedece a una unidad de interés y de función que exige que el fenómeno sea considerado como una unidad jurídica y que, por consiguiente, se entienda que existe un solo contrato" (Díez-Picazo, Fundamentos del Derecho civil patrimonial, 6ª ed., 2007, I, págs. 490-491). En el contrato complejo de arrendamiento financiero, deberá buscarse el elemento preponderante de algún contrato típico y aplicar al conjunto la disciplina normativa de este contrato típico (teoría de la absorción). A nuestro juicio, el elemento preponderante es la financiación, luego la disciplina que debe prevalecer es la del préstamo. Ciertamente, en muchos países europeos se considera que estamos ante arrendamientos atípicos o con significativas especialidades; y en las propuestas normativas internacionales se aplica supletoriamente la normativa del arrendamiento, como en la mencionada Convención de Otawa y en IV.B.-1:101(4) del Borrador del Marco Común de Referencia de 2009, de los Principios, Definiciones y Normas Modelo de Derecho Privado Europeo; si bien, reconociendo que este grupo de contratos de financial leasing contienen elementos de crédito y de garantía, se establecen reglas especiales y, en lo que nos interesa, el arrendador no garantiza la conformidad de los bienes durante el arrendamiento (IV.B.-3:104) y remite al arrendatario a que reclame al proveedor por las vicisitudes del contrato (IV.B.-4:104). Diversamente, por ejemplo, en la ley inglesa y en Francia prepondera la naturaleza financiera y se asimila la posición del usuario —llamada *bailment*— al de un poseedor con obligación de restituir una vez cumplida la finalidad de la cesión, contemplándose el *crédit-bail* en el artículo L 313-7 del Código Monetario y Financiero francés. En España, la mejor doctrina científica y la registral apuntan la inidoneidad de la expresión "arrendamiento financiero" (RRDGRN 26-10-1998 y 29-1-2005), para terminar sosteniendo que el leasing "no es verdadero arrendamiento" (RRDGRN 12-5 y 21-6-1994) y que es un contrato de financiación. La función de la sociedad de leasing no es la distribución de bienes sino la financiación. En el leasing, no es el vendedor el que retiene la propiedad del bien hasta el pago total, sino el financiador. En efecto, la figura se comprende mejor si se descarta la naturaleza puramente locativa. Conviene recordar:

a) La diferenciación por la causa.- La función económica (causa) del arrendamiento es la explotación indirecta de un bien mediante la cesión temporal del mismo —cesión del uso de una cosa durante un período de tiempo, a cambio del pago de un precio cierto—. El arrendador garantiza al arrendatario que podrá extraer los beneficios de la explotación de la cosa arrendada (art. 1554-2º CC); en otro caso, el arrendatario no tiene que pagar la renta. El riesgo de pérdida o destrucción de la cosa corre a cargo del arrendador (no así en el leasing, donde el llamado arrendatario suele contratar un seguro). Por tanto, está en la base de la regulación del arrendamiento la preexistencia de la cosa en el patrimonio del arrendador. Diversamente, en el leasing, la sociedad de leasing carece de interés en la cosa en sí, según hemos visto. Adquiere la que el usuario desea y a quien el usuario ha dicho: financia una decisión de inversión del usuario. Por ello, no asume ninguna obligación de garantizar el uso de la cosa durante la duración del contrato. Estamos ante un arrendamiento financiero (no un "arrendamiento operativo") "cuando de las condiciones económicas de un acuerdo de arrendamiento, se deduzca que se transfieren sustancialmente todos los riesgos y beneficios inherentes a la propiedad del activo objeto del contrato" (Norma 8ª 1.1 de Registro y valoración del Real Decreto 1514/2007, de 16 de noviembre, por el que se aprueba el Plan General de Contabilidad; también NIC nº 17.4).

"Con relación a su naturaleza jurídica, el contrato de arrendamiento financiero o leasing, como ha declarado reiteradamente el Tribunal Supremo (Vid. Sentencias de 26 de junio de 1989 y 28 de noviembre de 1997), es un contrato complejo, de contenido no uniforme, regido por sus específicas disposiciones, donde la finalidad práctica perseguida por las partes no es una mera cesión de uso por tiempo determinado y precio cierto, con posibilidad añadida de devenir propietario al vencimiento de aquel la finalidad práctica perseguida por las partes no es una mera cesión de uso por tiempo determinado y precio cierto, con posibilidad añadida de devenir propietario al vencimiento de aquel plazo, sino la de producir una transmisión gradual y fraccionada de las facultades y obligaciones inherentes al dominio, transmisión que no se consumará hasta la completa realización por el denominado arrendatario financiero de la contraprestación asumida.

La causa del *leasing* no es otra que la financiación empresarial; en ello —intermediación financiera— radica la función económico-social del arrendamiento financiero o leasing financiero, en el cual se retribuye no solamente la cesión del uso del bien, sino también la financiación de su futura adquisición cuando se ejercite la opción de compra, frente a otras figuras como el leasing operativo y el arrendamiento empresarial o renting, estos últimos puros contratos de arrendamiento de cosas donde lo que se retribuye es la mera cesión de uso y el servicio de mantenimiento (Cfr. Sentencia del Tribunal Supremo de 10 de abril de 1981.

[...] contemplada como actividad genérica integrante del objeto social el arrendamiento de bienes inmuebles, no cabe subsumir como especie de la misma la actividad externa de financiación, causa del contrato de leasing o arrendamiento financiero, que legitima su inclusión en la categoría de los contratos de financiación, distintos de aquellos con causa de cambio o de goce" (RDGRN 29-1-2005).

Esta causa de financiación se comprueba en que, además, en la práctica del leasing muchas veces se configura como una alternativa al préstamo de dinero o a otros contratos de financiación, frente a los que proporciona para el financiador la garantía adicional de la reserva de dominio sobre el bien financiado. A ello se añade, como consideración de sentido común, que el objeto social de las entidades que practican el leasing es de carácter financiero y no locativo, y que el leasing es una actividad reservada a entidades financieras.

En la misma línea, la Norma Internacional de Contabilidad nº 17, apartado 37 dispone que "en una operación de arrendamiento financiero, sustancialmente todos los riesgos y beneficios inherentes a la propiedad son transferidos por el arrendador, y por ello, las sucesivas cuotas a cobrar por el mismo se consideran como reembolsos del principal y remuneración financiera del arrendador por su inversión y servicios". Debe recordarse que estas normas son vinculantes, por el Reglamento (CE) nº 1126/2008 de la Comisión, de 3 de noviembre de 2008, por el que se adoptan determinadas normas internacionales de contabilidad de conformidad con el Reglamento (CE) nº 1606/2002 del Parlamento Europeo y del Consejo.

Finalmente, la causa de los negocios es el resultado que las partes quieren conseguir o el propósito práctico buscado y la práctica contractual del tráfico evidencia que, casi siempre, cuando las partes celebran este contrato lo que tienen claro es que pretenden un goce adquisitivo, luego no quieren un arrendamiento sino una adquisición financiada.

b) Por el precio del contrato.- El canon periódico resulta desproporcionado con el precio del arriendo si este fuera ordinario. En el arrendamiento, la renta retribuye primordialmente la cesión del uso, mientras que en el leasing las cuotas no sólo remuneran ese concepto sino la recuperación del coste del bien por la entidad arrendadora, excluido el valor de la opción de compra y la carga financiera exigida por ella, todo ello sin perjuicio de la aplicación del gravamen indirecto que corresponda (art. 115.3 RD Leg. 4/2004, de 5 de marzo, por el que se aprueba el texto refundido de la Ley del Impuesto sobre Sociedades). Por esto, en el arrendamiento no hay relación entre el plazo de duración del contrato y el de la vida útil del objeto: lo normal es que la cosa conserve gran parte de su valor al término del contrato (se alquila un coche durante unas pocas semanas cuando la vida útil es de, al menos, cinco años). En el leasing, la relación entre duración del contrato y vida útil del objeto es querida por las partes: se pacta una duración que coincide sensiblemente con la vida útil del bien. De manera que, cuando termina el contrato, el objeto sólo tiene un valor residual. En consecuencia, en el leasing, los pagos que debe el usuario se calculan según el coste de adquisición del objeto porque la sociedad de leasing ha de poder amortizar completamente su inversión. Las cuotas pagadas por el usuario a la sociedad de leasing constituyen la restitución de la inversión, de ahí que no se paguen pro usu rei sino pro re.

D) Tratamiento concursal de las cuotas del leasing.- El art. 90.1 LC dispone: "Son créditos con privilegio especial: [...] 4° Los créditos por cuotas de arrendamiento financiero [...]". Las cuotas constituyen la contraprestación que el arrendatario financiero viene obligado a pagar al arrendador por la cesión de los bienes objeto del leasing y se encuentra privilegiada la cuota bruta, incluyendo la carga financiera y el impuesto.

"Según la disposición adicional 7ª de la Ley 26/1988, de 29 de julio, sobre Disciplina e Intervención de Entidades de Crédito, "las cuotas deberán aparecer expresadas en los respectivos contratos diferenciando la parte que corresponda a la recuperación del coste del bien por la entidad arrendadora, excluido el valor de la opción de compra, y la carga financiera exigida por la misma, todo ello sin perjuicio de aplicación del gravamen indirecto que corresponda". Esta distinción no legitima a diferenciar entre la cuota neta, la parte que corresponda a la recuperación del coste del bien por la entidad arrendadora, y cuota bruta, que incluiría la carga financiera y los impuestos, a los efectos de extender el privilegio especial únicamente a la primera, porque propiamente la ley se refiere a un solo tipo de "cuotas" de arrendamiento financiero, sin perjuicio de que dentro de ellas puedan diferenciarse varios conceptos. Todos ellos, debidamente incorporados a cada cuota, forman parte de ella, y por lo tanto gozan de la misma consideración de crédito con privilegio especial. De este modo no es posible distinguir y, junto a la parte que corresponda a la recuperación del coste del bien por la entidad arrendadora, también tendrán esta clasificación el interés remuneratorio pactado y el IVA correspondiente" (SAP Barcelona 15ª 15-5-2009, Jordi Pi; obiter, SJM Bilbao nº 1 89/2006, 7-11, Talleres Hocier). Apartamos de aquí el caso distinto de los contratos resueltos antes de la declaración del concurso (v. SAP Alicante 8ª 406/2007, 7-11, Crema Marfil), o de los incumplidos y vencidos antes de la declaración de concurso, pero no resueltos antes de la declaración, en cuyo caso no se discute la calificación con privilegio especial (art. 90.1-4º LC) para las cuotas anteriores y posteriores (SAP Barcelona 15ª 15-5-2009, Jordi Pi). Abordamos el supuesto de un contrato vigente al declararse el concurso, que no recibe un tratamiento uniforme (da cuenta de esta diversidad de pareceres el Seminario de Jueces de lo Mercantil, Valencia, 7-8 abr. 2008).

Una parte de la doctrina y algunas resoluciones asume que el leasing presenta la naturaleza de un arrendamiento, luego sería un contrato sinalagmático de tracto sucesivo, "puesto que aunque el arrendador haya entregado el bien al arrendatario seguirá obligado a mantener a éste en el uso y disfrute de la cosa durante todo el tiempo de vigencia del contrato" (Martínez Flórez, en Rojo/Beltrán, Comentario de la Ley Concursal, 2004, pág. 1127, citada por SSJM Madrid nº 5 239/2009, 14-12, Urbycon y nº 6 27-1-2010, Gestión 2000, Control Inmobiliario; también, SSAP Barcelona 15ª 19-6-2009, Construcciones Río Lozano (si bien el criterio ha sido variado posteriormente) y Álava 1ª 425/2010, 22-9, Echemaderas; y SSJM Bilbao nº 1 720/2009, 26-10, Angio y 773/2009, 12-11, Leohico Biotz; y Valencia nº 1 119/2010, 15-4); con el argumento añadido de que el arrendador se obliga a transferir "la propiedad si al término del contrato se ejercita la opción de compra mediante el pago de la cuota residual, cancelando registralmente las reservas de dominio o prohibiciones de disponer que pesaran sobre el bien arrendado" (SJM Oviedo nº 1 110/2009, 3-2; también, SJM Alicante nº 1 130/2006, 19-6, Metrotex). El corolario es propugnar el distinto tratamiento concursal de las cuotas anteriores al concurso respecto de las posteriores, siendo estas deudas de la masa o incluso, se dice, "deudas de la masa con privilegio especial" (Carrasco, Los derechos de garantía en la Ley Concursal, 2ª ed., 2008, pág. 205).

Para esta línea, las cuotas no vencidas serían un crédito contra la masa, que no se harían constar en la lista de acreedores y "sólo si se produce el vencimiento antes de la fecha del informe previsto en el art. 75 LC y no se abonan, habrán de incluirse en la relación separada del art. 94.4 LC" (SJM Bilbao 1º 467/2006, 29-12, Productos y Componentes Informáticos). "En los leasings, las cuotas debidas con anterioridad a la declaración de concurso son deuda concursal, considerada como crédito con privilegio especial sobre los bienes arrendados, y las cuotas vencidas con posterioridad se considerarán deuda contra la masa a medida que vayan venciendo" (SJM Barcelona nº 3 27-2-2006, Red Élite de Electrodomésticos; también, SJM Madrid nº 5 239/2009, 14-12, Urbycon).

A nuestro juicio, atendiendo a la literalidad de la norma y a la verdadera causa del leasing, el crédito por todas las cuotas es concursal.

a) Literalmente, la Ley Concursal tiene un norma especial para calificar los créditos de arrendamiento financiero, esa norma, es el art. 90.1.4º LC, en el que se dice que "Son créditos con privilegio especial (...): Los créditos por cuotas de arrendamiento financiero (...), a favor de los arrendadores (...), sobre los bienes arrendados con reserva de dominio, con prohibición de disponer o con condición resolutoria en caso de falta de pago". Dicho precepto no distingue entre las cuotas anteriores o posteriores a la declaración de concurso, sino que somete todas ellas a la misma clasificación de créditos con privilegio especial sobre los bienes arrendados" (SJM Barcelona nº 4 28-9-2009, BCN Comercial Ferrica).

b) Atendiendo a la naturaleza del contrato, por lo expuesto en las letras precedentes de este Fundamento, el leasing no es un verdadero arrendamiento sino que prepondera la prestación de financiación y debe aplicársele el régimen jurídico del contrato de préstamo, lo que determina la aplicación del artículo 61.1 LC: "En los contratos celebrados por el deudor, cuando al momento de la declaración del concurso una de las partes hubiera cumplido íntegramente sus obligaciones y la otra tuviese pendiente el cumplimiento total o parcial de las recíprocas a su cargo, el crédito o la deuda que corresponda al deudor se incluirá, según proceda, en la masa activa o en la pasiva del concurso". Igualmente, incardinan en este apartado y no en el 61.2 LC el contrato analizado, las SSAP Alicante 8ª 475/2006, 21-12, Metrotex y 13/2007, 15-1, Metrotex; Barcelona 15ª 364/2010, 9-11, Juan Romaní Esteve, S.A. y las SSJM Málaga nº 1 9-3-2006, Murcia nº1 2-5-2007 y Barcelona nº 4 28-9-2009, BCN Comercial Ferrica, 12/2010, 13-1 y 42/2010, 12-2 y nº 8 6-5-2010. Esto supone que "estamos ante un crédito concursal, es decir, que las cuotas que vayan venciendo a lo largo del concurso no son créditos contra la masa, ya que a éstas no les es aplicable el apartado 6º del número segundo del art. 84 LC, que se refiere únicamente a los supuestos previstos en el apartado segundo del art. 61 LC, es decir, a los contratos bilaterales en las que, después de la declaración de concurso, existan prestaciones recíprocas pendientes de cumplimiento por ambas partes" (SJM Barcelona nº 4 28-9-2009, BCN Comercial Ferrica).

La tesis locativista, para la que existen todavía prestaciones pendientes por la entidad financiera, no creemos que esté correctamente sustentada en el Derecho civil general, por las siguientes razones:

a) En verdad, el contrato que debe clasificarse no es un verdadero arrendamiento.

b) Se considere o no un arrendamiento, el contrato no es sinalagmático sino unilateral —crea obligaciones sólo a cargo del usuario—. La sociedad de leasing no cede el uso por mensualidades, sino que hay una cesión del uso inicial hasta la finalización del contrato, sin que la sociedad de leasing asuma la obligación posterior de reparar o de mantener al usuario en el goce pacífico (art. 1554-2º y 3º CC; v. SSTS 1ª 120/1996, 26-2; 1121/1997, 4-12 y 451/1999, 24-5; y RDGRN 26-10-1998). El usuario, por ser el contrato con prestación (remanente) a cargo de una sola parte, queda en la "posición exclusiva de deudor" [Messineo, Doctrina general del contrato, 1948, VIII.2 b)]. En sede concursal, SAP Barcelona 15ª 364/2010, 9-11, Juan Romaní Esteve, S.A.

c) La tesis locativista da por hecho que el usuario ejercitará la opción de compra, lo que contradice la esencia de la facultad de configuración del optante.

d) La tesis locativista afirma que el "arrendador" tiene pendiente el otorgamiento de la escritura y la entrega de la cosa. Ciertamente, "la transmisión no se operará hasta que se formalice la venta y no se podrá inscribir en el Registro hasta el otorgamiento de la correspondiente escritura pública bilateralmente entre ambas partes, a no ser que se haya pactado en el contrato inicial el otorgamiento unilateral por el adquirente cumpliendo los requisitos exigibles" (RRDGRN 12-5 y 21-6-1994). Ahora bien, la prestación de entrega de la cosa no es recíproca del contrato de leasing. Nacerá, en su caso, cuando se ejercite la opción de compra y como prestación recíproca en el contrato de compraventa proyectado, subsiguiente al pago del precio. La tesis locativista confunde el contrato preparatorio con el contrato prefigurado por la opción.

"del ejercicio potestativo del derecho de la adquisición que realiza el usuario adquirente surge un nuevo negocio jurídico con causa onerosa que, aunque genéticamente conectado con el propio contrato de «leasing», es jurídicamente independiente de él y su causa también independiente de la propia causa «leasing». La compraventa en que se concreta la transmisión final no es un mero acto de ejecución de alguna de las prestaciones de un negocio anterior, sino un verdadero negocio jurídico que exige nuevas declaraciones de voluntad" (RRDGRN 12-5 y 21-6-1994).

e) Es posible la cancelación automática de la reserva de dominio sin actividad del acreedor cuando resulte así del mismo título (véase el art. 82 II de la Ley Hipotecaria).

f) Finalmente, esta interpretación es conforme con el artículo 155.2 de la Ley Concursal en relación con el artículo 56.1 II de la misma Ley, que asume su naturaleza concursal y clasifica con privilegio especial. Este argumento, en SAP Barcelona 15ª 364/2010, 9-11, Juan Romaní Esteve, S.A.

E) Crédito sin privilegio especial por falta de inscripción.- Por la falta de inscripción de los contratos de arrendamiento financiero, las cuotas pierden el privilegio especial del artículo 90.1-4° LC, según el cual "son créditos con privilegio especial (...): Los créditos por cuotas de arrendamiento financiero (...), a favor de los arrendadores (...), sobre los bienes arrendados con reserva de dominio, con prohibición de disponer o con condición resolutoria en caso de falta de pago".

En el *leasing* de amortización total, la sociedad de leasing es, sobre todo, un prestamista (el vendedor es un tercero) y, además, se reserva una "garantía" (arg. Art. 4.3 LVPBM) sobre el bien financiado en restitución de la suma adelantada, sea esta garantía un dominio limitado por los derechos del usuario, un dominio fiduciario o cedido en garantía o, de no admitirse la posibilidad de una propiedad sólo en garantía, una reserva de dominio, bien porque se es dueño en interés financiero propio (según la teoría de la reserva del auténtico dominio) o asumiendo la naturaleza de la reserva como garantía real. Desde luego, el Legislador concursal (arts. 56.1 II y 90 LC) equipara el derecho del arrendador financiero a una garantía real y, además, aunque pueda deberse a la supresión del término "vendidos" en la tramitación parlamentaria, es lo cierto que el texto aprobado dice "bienes arrendados con reserva de dominio". Finalmente, el Registro de Bienes Muebles en el que se permite la inscripción del leasing es un registro de gravámenes y no de titularidades.

Así, en cuanto a la inscripción, la disposición adicional Primera.1 de la Ley de Venta a Plazos declara: "Los contratos de arrendamiento financiero, regulados en la disposición adicional séptima de la Ley 26/1988, de 29 de julio, sobre Disciplina e Intervención de las Entidades de Crédito, que se refieran a bienes muebles que reúnan las características señaladas en el artículo 1, podrán ser inscritos en el Registro establecido en el artículo 15 de esta Ley".

La Ley anuda determinadas consecuencias a los arrendamientos financieros formalizados en documento que lleve aparejada ejecución o haya sido inscrito en el referido Registro. Quien inscriba se aprovechará de las ventajas de la publicidad registral, de procedimientos especiales para la resolución del contrato y recuperación del bien (acio. Ad. Primera.3 LVPBM) o se equiparará a las garantías reales en el concurso del usuario (art. 56.1 II LC).

Ciertamente, en ningún precepto se condiciona expresamente el privilegio a la inscripción en todo caso en el Registro de Bienes muebles, y el artículo 85 LC, al tratar de la comunicación del crédito respecto del que se invoca un privilegio, pide la indicación de los datos registrales "en su caso". Sin embargo, sí se impone que para gozar del privilegio "la respectiva garantía deberá estar constituida con los requisitos y formalidades previstos en su legislación específica para su oponibilidad a terceros" (art. 90.2 LC). Por tanto, la cuestión es determinar cuáles sean tales "requisitos y formalidades" para la oponibilidad del arrendamiento financiero, en lo que la doctrina y las decisiones judiciales se dividen.

Una postura niega que la inscripción sea requisito de oponibilidad (SSJM Madrid nº 3 24-6-2005; Bilbao nº 2 89/2006, 7-11, Talleres Hocier y Alicante nº 3 1-9-2010; en la doctrina, entre otros, Martínez Rosado, El leasing financiero mobiliario en la Ley 22/2003, de 9 de julio, concursal, RCP 2/2005 y Parra Lucán, La función de garantía del leasing financiero mobiliario, Ar. Civ. 18/2005). Esta postura, con matices, entiende que la entidad financiera es verdadero dueño, considera inaplicable el artículo 15 LVPBM y suficiente que el leasing se formalice en documento con fuerza ejecutiva. Incluso hay opiniones que prescinden de que el arrendamiento conste en título ejecutivo para su oponibilidad (Carrasco, Los derechos de garantía en la Ley Concursal, 2ª ed., 2008, pág. 337; y Marín López, en Carrasco/Cordero/Marín, Tratado de los derechos de garantía, 2ª ed., 2008, pág. 593).

Los antecedentes legislativos no son concluyentes. El artículo 124.2 de la Propuesta de anteproyecto de Ley Concursal de 1995, precedente del actual artículo 90, de una parte, no mencionaba entre los créditos con privilegio especial a las cuotas de arrendamiento financiero y, de otra, requería la publicidad registral para todos los privilegios especiales. Para que el privilegio pudiera reconocerse, la inscripción venía exigida "a la fecha de la declaración judicial del concurso". Mediante enmienda núm. 307 del Grupo Parlamentario Socialista, se intentó introducir una regla semejante durante la tramitación parlamentaria en el Congreso de la Ley concursal, motivada con el argumento de que "en modo alguno puede admitirse que gocen de preferencia créditos que no figuren inscritos en un Registro público. Los terceros que contratan con cualquier persona deben tener la posibilidad —al menos, en teoría— de conocer si sobre determinados bienes o derechos que integren el patrimonio de ese deudor se ha establecido o no una garantía específica. De lo contrario, se estará dando carta de naturaleza a un sistema de «garantías ocultas» por cuanto que esos futuros acreedores, como regla general, no pueden acceder al conocimiento de las estructuras públicas correspondientes". Sin embargo, esta enmienda no fue aceptada, lo cual no permite extraer conclusiones firmes para el arrendamiento financiero porque la enmienda se refería a todos los créditos privilegiados (salvo los laborales) y, desde luego, algunas de las garantías privilegiadas en el propio artículo (anticresis, hipoteca legal tácita, créditos refaccionarios) no siguen un sistema de publicidad registral constitutiva y, en cualquier caso, la votación que rechazó las enmiendas fue indiscriminada y no por cada una de las enmiendas.

La tesis contraria es que no basta que el contrato se haya formalizado en documento público o en el modelo oficial, sino que el leasing ha de tener acceso al registro para que sea oponible a terceros. Esta tesis se ha fundamentado, directamente, en el artículo 15 LVPBM (SSJM Barcelona nº 4 28-9-2009, BCN Comercial Ferrica, *obiter* y 12/2010, 13-1).

Además, posiblemente es la única respuesta permitida por la interpretación sistemática del artículo 90 LC, pues, en otro caso, como observa la SJM Alicante nº 1 20-3-2007, quedaría vacía la remisión del apartado segundo, de la que, a menudo, la doctrina antagonista se olvida completamente. "Para que los créditos mencionados en los números 1.º a 5.º del apartado anterior puedan ser clasificados con privilegio especial, la respectiva garantía deberá estar constituida con los requisitos y formalidades previstos en su legislación específica para su oponibilidad a terceros, salvo que se trate de hipoteca legal tácita o de los refaccionarios de los trabajadores" (art. 90.2 LC). El Legislador incluye y no salva el número 4º.

En efecto, la formalidad para que el derecho del financiador sea oponible a terceros es su inscripción registral (así, Cordero, en Bercovitz (acio.), Comentarios a la Ley Concursal, 2004, pág. 1075; y Garrido, en Rojo/Beltrán, Comentario de la Ley Concursal, 2004, págs. 1624-1625), siendo la oponibilidad un principio típicamente registral por virtud de la publicidad registral (arts. 606 CC y 32 LH) y distinto de la fuerza ejecutiva del documento (esta diferenciación, en SJM Alicante nº 1 20-3-2007). La categoría de la oponibilidad —posibilidad de fundar eficazmente en el negocio o en el derecho propio una pretensión contra tercero— no sólo implica fehaciencia sino también publicidad. Así lo expresa el artículo 28 de la Orden de 19 de julio de 1999 por la que se aprueba la Ordenanza para el Registro de Venta a Plazos de Bienes Muebles: "Se presume que el contenido de los derechos inscritos es conocido por todos y no podrá invocarse su ignorancia./Los actos y contratos inscribibles no inscritos no perjudicarán a tercero".

Ciertamente, hay grados menores o más imperfectos de oponibilidad, como la oponibilidad de la fecha del documento privado acompañada de la inscripción (art. 1227 CC), o la oponibilidad por documento notarial del hecho que motiva su otorgamiento —que se realizaron unas manifestaciones ante notario, no su veracidad— y de su fecha (art. 1218 CC). Pero el precepto concursal sólo parece contentarse con la fehaciencia para el derecho real de prenda (art. 90.1-6º LC) y, en todo caso, el privilegio se asienta sobre la veracidad del crédito y de sus cuotas, no exclusivamente sobre la fecha del documento. En una póliza o escritura pública "el funcionario no hace otra cosa que autenticar el otorgamiento del documento y garantizar su archivo, de modo que la publicidad real es inexistente" (Díez-Picazo, Fundamentos de Derecho Civil Patrimonial, 5ª ed., 2008, pág. 327). Decididamente, el Ordenamiento español se orienta en las últimas reformas por la inscripción para la eficaz constitución de garantías reales (así, acio. Final 3ª L. 41/2007).

Finalmente, esta tesis viene respaldada teleológicamente. La publicidad registral es el plus de formalidad para que los restantes acreedores queden informados del privilegio sobre el bien arrendado que deviene excluido de la garantía global en la que se asienta el principio de la *par conditio creditorum* (SAP Alicante 8ª 406/2007, 7-11, Crema Marfil, *obiter*; frente a la que ha sido admitido el recurso de casación por ATS 1ª 23-6-2009). En general, el privilegio escriturario ha desaparecido de la Ley Concursal, lo que es consistente con la orientación de "poda de privilegios". Salvo excepción legal, no deben existir privilegios sin una publicidad suficiente que permita a los futuros acreedores conocer la existencia de aquéllos. Pensamos que el documento público no es suficiente a estos efectos y debe exigirse la publicidad registral.

En el caso enjuiciado, habiendo sido negado por la concursada y la administración concursal, no se acredita la inscripción registral (art. 217.2 LEC); luego las cuotas deben reputarse crédito concursal ordinario (art. 89.3 LC).

F) Precio de ejercicio de la opción.- En caso de ejercicio de la opción, se generará un crédito contra la masa (art. 84.2-5º LC). Como antes se ha puesto de manifiesto, este crédito a la entrega del precio no es un crédito derivado del leasing sino del ejercicio de la opción y, por ende, del contrato de compraventa proyectado.

G) Tratamiento concursal de los intereses del leasing.- No tienen la consideración de cuota, luego no se comprenden en el privilegio (en caso de estar inscrito el contrato), "los intereses de demora devengados por las cuotas vencidas e impagadas, porque no forman parte de la cuota, y por lo tanto, además de estar sujetos a la regla del cese en su devengo desde la declaración de concurso, los devengados hasta entonces deben ser clasificados como créditos subordinados conforme a lo prescrito en el art. 92.3º LC" (SAP Barcelona 15ª 15-5-2009, Jordi Pi; también, SJM Bilbao nº 189/2006, 7-11, Talleres Hocier).

H) Gastos de devolución hasta la declaración del concurso.- Deben reputarse crédito ordinario ex art. 89.3 de la Ley Concursal…»

Por último y, en lo relativo al *lease-back*, debemos aportar la siguiente resolución de la Audiencia de Girona que, analizando la resolución del contrato en interés del concurso de dicha tipología contractual, coincide en su consideración con la doctrina general del *leasing*:

SAP Girona —1.ª— n.º 78/2012 de 24.02.2012

«En el presente supuesto nos encontramos ante un contrato de *lease back*, modalidad del contrato de *leasing* en la que el bien objeto del arrendamiento financiero ha sido fabricado por la propia arrendataria que lo vende a la entidad de *leasing*, con la que a la vez concluye el contrato de arrendamiento, en virtud del cual ésta le cede el uso por tiempo determinado a cambio del pago de unas cuotas, estableciendo a favor del arrendatario una **opción de compra** del bien al término del contrato. A ello hay que añadir que en el presente supuesto los contratos contemplan la posibilidad de que el arrendatario subarriende el bien a un tercero, así como

que sea éste el que ejercite la **opción de compra**, ya al término del contrato, ya mediante la cancelación anticipada de éste con satisfacción del capital pendiente.
Es claro que al tiempo de declararse el concurso el arrendatario financiero tiene pendiente la obligación de pagar las cuotas del *leasing*, la cuestión se centra en determinar si también existen obligaciones pendientes de cumplimiento a cargo de la compañía de *leasing* o si por el contrario ésta cumplió con sus obligaciones al adquirir el bien y ponerlo posteriormente a disposición de la arrendataria.
Para resolver la cuestión es preciso tener en cuenta las siguientes consideraciones:
1.- La actividad principal de la entidad apelante no es la tenencia de bienes para arrendarlos, sino la realización de operaciones de *leasing* como la que aquí se describe, por otra parte el arrendamiento del bien aparece vinculado a la existencia de una **opción de compra**, lo que resulta coherente con el hecho de que la entidad apelante no arrienda un bien de su propiedad, sino que lo adquiere previamente a la propia arrendataria, con la única finalidad de arrendárselo posteriormente.
2.- Los contratos aportados contienen todos ellos una cláusula de exención de responsabilidad de la arrendadora financiera respecto de los vicios o defectos que pudieran presentar tales bienes, así como de los gastos o perjuicios que puedan derivarse por el mantenimiento y reparación de los mismos. Ello supone que la arrendataria asume todos los riesgos del bien arrendado.
3.- Los contratos no contienen previsión alguna para el caso de incumplimiento por parte de la entidad arrendadora, lo que debe interpretarse en el sentido de que ésta ha cumplido ya con todas sus obligaciones al adquirir el bien y ponerlo a disposición de la arrendataria.
4.- La arrendataria está autorizada a subarrendar los bienes arrendados a terceros, quienes podrán ejercitar la **opción de compra** al finalizar el contrato o, si resulta más conveniente, hacerlo constante éste y antes de llegado el plazo final, mediante el pago, en este supuesto, del capital adeudado.
Todo ello permite afirmar que el contrato que ahora analizamos no es en esencia otra cosa que un contrato de contenido financiero en el que la entidad arrendadora proporciona a la entidad arrendataria los fondos suficientes para que ésta pueda obtener la liquidez que precisa para su funcionamiento, a la vez que, al permitir que el subarriendo a terceros, facilita la financiación a los clientes de la arrendataria para la compra de la maquinaria que ésta fábrica. Sólo desde esa perspectiva es posible entender la operativa que se ha expuesto, así como el hecho de que sea la arrendataria la que asuma la totalidad de los riesgos que afectan al bien objeto del contrato, lo que sin duda ha de distanciar el contrato que nos ocupa del arrendamiento y permite calificarlo, a los efectos que aquí interesan, como un contrato con obligaciones pendientes únicamente a cargo de la arrendataria financiera.
Sentado lo anterior es obligado concluir, de conformidad con lo resuelto por el juez a quo, que no cabe la resolución instada por la apelante al encuadrarse los contratos en el apartado 1 del artículo 61 de la LC, lo que ha de conllevar la desestimación del motivo de recurso…»

10. EL CONTRATO DE *RENTING*

A vueltas, de nuevo, con otra denominación anglicista, derivada del concepto inglés de «*rent*», el cual va asociado al del propio y común de alquiler o rentas que se satisfacen por razón a lo convenido en el contrato y puede ser traducido como «arrendamiento empresarial», en tanto que el mismo consiste en la puesta a disposición del arrendatario por parte de la empresa arrendadora, de bienes de equipo, por vía de su alquiler, puro y simple, sin adquisición de la propiedad para su posterior transmisión. El contrato de *renting* también es conocido o denominado como «*leasing* operativo» o «arrendamiento operativo».

Carece de regulación legal, por lo que habrá que estar en primer lugar al principio de la autonomía de la voluntad, en su defecto, al Código de comercio, en los términos previstos en su art. 2 (usos del Comercio de cada plaza) y demás normas que los completen, *ex* art. 1.542 y ss. y cc. C.c., que regulan el contrato de arrendamiento.

A) Diferencias con el contrato de leasing

Una primera diferencia podemos encontrarla en (i) la duración de su financiación; mientras que el *leasing,* también denominado como "arrendamiento financiero" o "*leasing* financiero", es una operación a medio o largo plazo, el *renting* lo es a corto. En el *leasing* (ii) existe una opción de compra expresa a favor del arrendatario al finalizar el contrato, contrariamente al *renting*, en el que la propiedad del bien la conserva la Entidad financiera; (iii) a diferencia del *leasing*, el *renting* que lleva consigo la realización de diversas prestaciones de servicios, tales como reparaciones, pago de impuestos y otras más, según pactos, contrariamente al *leasing* que no las lleva.

Usualmente, (iv) la empresa financiera del *renting* tiene un *stock* de bienes propios (flota de vehículos, por ejemplo) para constituir el objeto a arrendar financieramente, incluso dispuestos para la venta y reventa de los mismos, mientras que la empresa financiera del *leasing*, carente de dicho *stock*, cumple un mandato de compra de un tercero un bien concreto por orden y cuenta de su cliente y de acuerdo con sus especificaciones. A este respecto, cabe fundar las precedentes consideraciones con la doctrina expuesta por la siguiente resolución judicial:

SAP Madrid —11ª— n.º 341/2010, de 12 de mayo

«QUINTO.- Concretada la naturaleza jurídica de las relaciones contractuales habidas como contrato de leasing operativo o renting con mantenimiento siguiendo la jurisprudencia y doctrina recogida por la mencionada sentencia de la Sección 4ª de la Audiencia Provincial de La Coruña de 12 de diciembre de 2005 que diferencia el leasing operativo del renting. Así, en el primero de esos contratos, el arrendador sería el propio dueño o fabricante del bien, que cede su uso a cambio de una cuota fija, por un periodo de tiempo contractualmente determinado, calculado en función de su amortización, costes y gastos; mientras que, en el segundo, el arrendador sería una entidad no fabricante, que adquirió previamente los bienes a un proveedor, y cuyo uso cede a cambio de un precio cierto, por una necesidad circunstancial del arrendatario, que haría poco rentable la adquisición del bien. Una jurisprudencia menor atribuye en los contratos de renting la conservación y mantenimiento del bien al arrendador, siendo manifestación de la misma, de la que son ejemplo las sentencias de las Audiencias Provinciales de Navarra de 28 de septiembre de 2000, Orense de 18 de diciembre de 2002, Cádiz de 17 de marzo de 2003 y otras citadas en aquélla...»

B) Elementos personales

Arrendador y Arrendatario son las mejores denominaciones que pueden darse a los intervinientes en este contrato y así, aquél deberá prestar el servicio de gestión y mantenimiento del bien arrendado, así como poner a su disposición el bien de su propiedad en perfectas condiciones de uso y disfrute, garantizándolo durante todo el tiempo de duración del contrato, atendiendo el pago de los servicios a que se contrajo su obligación contractual, tales como las reparaciones del vehículo y demás.

El Arrendatario debe satisfacer, fundamentalmente, la obligación de pago del canon arrendaticio, pero no tiene derecho alguno respecto de la adquisición del bien arrendado.

C) Calificación concursal

El contrato de *renting* engloba con causa propia prestaciones que son propias de otros tipos contractuales, tales como son las del contrato de arrendamiento de bienes muebles y las del contrato de arrendamiento de obras o servicios en razón a que el mantenimiento, conservación y seguro de los bienes muebles en *renting* corren a cargo de la entidad financiera; por tanto, la calificación del crédito irá acorde o paralela a lo que de ordinario se califican estos contratos causantes o antecedentes.

Se trata, por tanto, de un contrato con obligaciones recíprocas para ambas partes y su calificación será acorde a lo dispuesto en el párrafo primero del art. 158 TRLC (antiguo art. 61.2 LC), en relación con el art. 242.9.º TRLC (antiguo art. 84.6º LC); esto es, los pagos arrendaticios posteriores a la declaración del Concurso serán con cargo a la Masa. Así lo entiende, entre otras, la siguiente resolución judicial, dictada en sede de resolución contractual en interés del Concurso *ex* párrafo segundo del art. 157 TRLC (antiguo art. 61.2 LC):

SAP Barcelona —15ª— n.º 263/2010, de 09 de septiembre

«... 3. Conformes todos los intervinientes con la resolución del contrato y con la consideración de crédito concursal de la cuota del arrendamiento correspondiente a abril de 2008, anterior a la declaración de concurso, la controversia en esta segunda instancia queda reducida, como se ha dicho, a determinar si el crédito constituido por las cuotas posteriores a la declaración de concurso debe ser reconocido como crédito concursal, según establece la sentencia, o como crédito contra la masa, según defiende la parte apelante —y solicitaba la propia demandante incidental y la intervención de la administración concursal, que, tras la sentencia del Juzgado, cambian de criterio.

La sentencia impugnada fundamenta la conceptuación del crédito como concursal y no contra la masa, argumentando que, transcurrido un tiempo de vigencia de la Ley concursal, se ha constatado en la práctica totalidad de los procesos concursales cierta inercia que ha supuesto, no sólo la demora en la resolución de los contratos vigentes, pese a detectarse incumplimientos reiterados y no tener ningún uso el bien arrendado, para la masa, sino también un incremento de los créditos contra la masa derivados de dicha inercia. Inercia que se habría agravado por el cúmulo de asuntos en los juzgados y la progresiva afectación de la pendencia que ha demorado la resolución judicial de esos contratos.

El juez estima paradójica y carente de sentido la disgregación de los incumplimientos de un mismo contrato en preconcursales y postconcursales, lo que no ocurre fuera del ámbito concursal. Esas consideraciones le llevan a aplicar el artículo 62.4 de la Ley concursal, en el sentido de que lo que se convierte en un crédito contra la masa no es la renta vencida y no satisfecha, sino la indemnización de daños y perjuicios, indemnización que, por otra parte, deniega en el caso de autos, por la insuficiencia de las alegaciones y pruebas al respecto —y el pronunciamiento al respecto no es objeto de apelación.

4. Este tribunal considera que las cuotas del arrendamiento posteriores a la declaración de concurso constituyen un crédito contra la masa, en aplicación de lo dispuesto en el citado artículo 61.2 de la Ley concursal (que, tras establecer la vigencia de los contratos con obligaciones recíprocas pendientes de cumplimiento tanto a cargo del concursado como de la otra parte, añade que "las prestaciones a que esté obligado el concursado se realizarán con cargo a la masa") y en su artículo 84.2.6º ("Tienen la consideración de créditos contra la masa, y serán satisfechos conforme a lo dispuesto en el artículo 154: [...] 6º Los que, conforme a esta ley,

resulten de prestaciones a cargo del concursado en los contratos con obligaciones recíprocas pendientes de cumplimiento que continúen en vigor tras la declaración de concurso [...]").

Esa interpretación no queda desvirtuada por lo dispuesto en el artículo 62.4 LC, dentro del artículo encabezado por la rúbrica de "resolución por incumplimiento", cuando establece que, acordada la resolución del contrato, en cuanto a las obligaciones vencidas, el crédito será concursal si el incumplimiento del concursado fuera anterior a la declaración de concurso y contra la masa si fuera posterior.

En el caso objeto de examen, en que el contrato se resuelve, a instancia del concursado, no por incumplimiento, sino por interés del concurso, los artículos 61.2 y 84.2.6º de la LC obligan a conceptuar como créditos contra la masa las cuotas posteriores a la declaración de concurso. Entender lo contrario significaría que, además de la resolución del contrato, a la parte cumplidora, ALD, se le impone la conversión en créditos concursales de las cuotas pendientes a cargo del concursado que, de no mediar la resolución y seguir vigente el contrato, serían, sin duda, créditos contra la masa...»

D) Cuestiones concursales

La Audiencia Provincial de Valencia, por la siguiente resolución, analiza las obligaciones que contrae la arrendadora de un servicio de *renting*, a pesar de que su clausulado adhesivo disponga su auto-exoneración de cumplimiento de las propias, dado que se trata de una obligación esencial del contrato, frustrando con ello su cumplimiento en perjuicio de la arrendataria del servicio; obviamente, tal situación desvirtuaría la naturaleza jurídica del *renting*, incluso de cualquier otro contrato arrendaticio, pues forman parte de la obligación del arrendador de mantener al arrendatario en el goce pacífico de la cosa arrendada acorde con lo dispuesto en los arts. 1.543 y 1.554 C.c., fundamentalmente, para la obligación del apartado 1º. Del art. 1.554 C.c., esto es «*A hacer en ella durante el arrendamiento todas las reparaciones necesarias a fin de conservarla en estado de servir para el uso a que ha sido destinada*»; en este sentido, sin embargo, entendemos que no entraría el pago de las multas o las derivadas del mal uso del bien arrendado, salvo que se pacten expresamente.

SAP Valencia —7.ª— n.º 55/2010, de 3 de febrero

«... La cuestión que aquí se analiza ha sido objeto de enjuiciamiento en otras secciones y tribunales, siendo el criterio dominante que la demandante estaba obligada a prestar el servicio de asistencia técnica y que desde la declaración en concurso voluntario de AGFA Photo Spain en noviembre de 2005 dejó de prestarse, por lo que la arrendadora incumplió una obligación esencial del contrato pues sin ese servicio técnico los equipos no podían funcionar, por lo que la renta que debía pagarse no respondía al concepto de cesión de un equipo para su explotación comercial. No puede exigir el cumplimiento de un contrato quien no acredita haber cumplido las obligaciones que el mismo le imponía. Distintas secciones de la A.P. de Valencia se han pronunciado sobre idéntica cuestión (Sección 8, rollo 446/2008 de 15 de julio; Sección 11, rollo 227/2008 de 9 de abril y Sección 6ª, rollo 170/08 de 10 de marzo) y han llegado a la misma conclusión, tanto en lo referente a la vinculación empresarial con el grupo AGFA como a la obligación de prestar el servicio de asistencia técnica; insertamos parcialmente el fundamento de la sentencia de la acion 11 que analiza el incumplimiento de la obligación esencial de prestar la asistencia técnica: "En segundo lugar, se ha de significar que si bien es cierto que el contrato de "renting", ante la falta de regulación legal, se rige por lo pactado por las partes (art. 1089, 1091, 1255 y 1258 del C.c.) y por la doctrina jurisprudencial (art. 1.6 del C.C.), y que en la cláusula séptima del contrato litigioso la arrendadora se exime de la obligación de reparar y de mantener, librándose de las obligaciones que impone el art. 1554 del C.C., también lo es, de un lado, que una cosa es que la arrendataria se haga cargo del coste de la conservación y mantenimiento de la maquinaría objeto de "renting", que es lo que se infiere que se había pactado, y otra bien distinta que la arrendadora pretenda desligarse de una obligación esencial al contrato de que se trata; y de otro lado, que el inciso segundo de dicha cláusula contractual viene a imponer al arrendatario un contrato de mantenimiento vinculado a un servicio técnico ligado a la propia arrendadora, como así vino a concertarse primero con "Agfa Gevaert" y luego con "AgfaPhoto Spain", empresas relacionadas respectivamente con la primitivamente contratante "Agfa Finance" y con su cesionaria "AgfaPhoto Finance", la hoy demandante. Y así viene a confirmarlo que todas ellas tengan un mismo domicilio en España en la c/ Provenza nº 392 de Barcelona, y que los partes de asistencia técnica que acompaña la parte demandada (f. 115 a 131) por reparaciones y mantenimiento vengan realizados en impresos de "Agfa" y de "AgfaPhoto". Pero es que, además, tal vinculación empresarial entre las mercantiles arrendadoras y las mercantiles encargadas del servicio técnico viene implícitamente reconocida por "Agfa Finance" y por "AgfaPhoto Finance" en los documentos nº 20 y 21 de la demanda, que son sendas cartas que dichas empresas remitieron a la demandada exponiendo y tratando de justificar las dificultades en la prestación del servicio técnico por parte de "AgfaPhoto Spain", que fueron, en definitiva, las que provocaron que la demandada se quedara sin servicio técnico, sin poder reparar el equipo arrendado y, en consecuencia, sin poder utilizarlo con la finalidad para la que había sido arrendado, circunstancia ésta que justifica la desestimación de la demanda por lo que bien razona al respecto la Juez *a quo*...»

Cuando el Arrendador reclama como crédito contra la masa derivado de su contrato de *renting* suscrito con el concursado, liquidado después de la declaración del concurso, sin perjuicio de que así lo es, procede actuar por el acreedor arrendador, en primer lugar, a través del Administrador Concursal, en lugar de emplear la vía del art. 242 TRLC (antiguo art. 84 LC), sino que

debe acreditar los daños y perjuicios vía art. 163 según la redacción de la LRTRLC (antiguo art. 62.4 LC). Así se pronuncia el Juzgado de lo Mercantil número 2 de los de Bilbao por Sentencia 23.07.2019 (**SJM Bilbao-2 n.º 339/2019, de 23.07.2019**).

11. EL CONTRATO DE *CONFIRMING*

El contrato así denominado debe ser traducido como «contrato de confirmación», consistente en la confirmación o ratificación que un Banco realiza a un acreedor del cliente de aquél de que la factura concreta que, emitida por el acreedor, el Banco le detalla por los datos que la caracterizan y distinguen de otra (número, fecha, concepto e importe) que va a ser atendida de pago, que el Banco la va a pagar por cuenta y orden del cliente de ambos, lo cual, nos remite al contrato de mandato o de gestión o más simplemente, contrato de comisión mercantil, *ex* art. 244, ss. y cc. C.com., como figura más afín y acorde con tal operativa, al que se añaden las características de un pacto o contrato de financiación, similar al del descuento de efectos de comercio, documentado mediante Póliza, no necesariamente intervenida por fedatario público, salvo que quiera dotársele del carácter ejecutivo, en la que el Banco regula la provisión de fondos que previamente le ha debido realizar su cliente (cobro de comisiones, etc.). Debe considerarse, pues, como un sistema de pago adelantado mediante contrato de gestión de pagos a proveedores. A este respecto, resulta ilustrativa la siguiente resolución judicial:

> **SAP Zaragoza —5ª— n.º 524/2010, de 14 de septiembre**
>
> «SEGUNDO.- En la mecánica del instrumento llamado *confirming* es necesario distinguir dos relaciones jurídicas radicalmente diferentes, la primera es la que vincula al empresario librado, también llamado cliente, con la entidad confirmante, en virtud de la cual aquélla encomienda a ésta la gestión de sus pagos en los términos convenidos en el contrato de *confirming*, la segunda, la que vincula al librador de la factura y acreedor de la misma con la confirmante para el caso de que aquél acepte el anticipo que les es ofrecida por ésta, que es configurada como una cesión de créditos, en virtud de la cual la acreedora cede a la entidad de crédito el que ostente frente al deudor a cambio del pago de su importe menos las comisiones e intereses convenidos.
>
> Esta última relación se rige por las condiciones pactadas por entre descontante y descontatario conforme a la libertad que establece el art. 1.255 C.c., quienes son libres de configurarla como una cesión con recurso, en cuyo caso el Banco no asume responsabilidad por la solvencia del deudor y por tanto puede reclamar el pago de lo anticipado al acreedor en caso de insolvencia del deudor, o sin él, opción que

según se desprende la prueba aportada por la demandada, y destaca la doctrina, es la más usual, en la práctica, en cuyo caso no es factible esta última posibilidad...»

A) Naturaleza jurídica

Se trata de un contrato atípico que se nutre de otras figuras jurídicas, como queda dicho, como el (i) de comisión mercantil, en tanto que el Banco debe cumplir una obligación de pago de su cliente, por orden por éste; (ii) del contrato de descuento, en tanto que el banco descuenta una cantidad o comisión porcentual respecto del importe negociado o (iii) del de financiación, en tanto que el Banco debe ser provisto de fondos previamente por su cliente, provisión que suele realizarse por los medios económicos del Banco, anticipándole el dinerario preciso para atender los pagos a sus proveedores, para lo cual, suele o puede abrirse una cuenta específica, al modo de una cuenta de crédito que recoja, como partida al Debe, la disposición de fondos que el Banco pagará, cuyo reembolso se efectuará en los términos firmados de consuno en la póliza.

B) Elementos personales

En primer lugar, el Deudor, Confirmado o cliente del Banco, esto es, la persona contra la que terceros, sus proveedores, han emitido facturas y que desea que el Banco gestione su pago en los términos y condiciones pactados con aquéllos, a cuyos efectos, debe entregar al Banco las facturas originales, a través de la figura de la transmisión de la obligación de pago a cargo del Banco, obligación que deberá hacerse en los términos del art. 1.157 C.c., pues el pago de la prestación debe realizarse en conforme se convino, para lo cual, se requerirá disponer de la factura original, en la que consta cómo ejecutar dicha obligación (abono en cuenta bancaria, efectivo, a la vista, vencimiento, etc.) y, por supuesto, el Banco queda legitimado para realizar el pago por cuenta de su cliente, no solo por la cesión realizada vía *confirming*, sino, además, por lo dispuesto en el art. 1.158 C.c., que regula el pago por tercero, lo que requerirá, en cualquier caso, la notificación que el Banco confirmante realice al Acreedor.

El segundo elemento personal es el propio Banco, en tanto que Confirmante y obligado a realizar la gestión de pago que su cliente o deudor confirmado le ha realizado de las concretas facturas que le ha identificado y hecho entrega. El Banco asume está gestión o comisión, previa provisión de fondos, como hemos dicho anteriormente, debiendo actuar de forma diligente, siendo responsable, tanto ante el Deudor confirmado por no haber pagado a tiempo la deuda de éste, así como frente al Acreedor, por no haber cobrado aquello que el Banco confirmó que le iba a ser satisfecho.

Por último, nos encontramos con el Acreedor o persona que recibe un aviso concreto del Banco de que éste le va a pagar por cuenta y orden del Deudor de aquél, quien ve asegurado de pago su crédito, lo que le hace generar más confianza en su cliente confirmado y puede proveerle de más bienes y servicios por el pago puntual confirmado por el Banco confirmante.

C) Calificación concursal

El contrato de *confirming* al contrario que en los contratos de préstamo, crédito, descuento, etc. No suelen venir amparados en documento con fuerza ejecutiva o Póliza intervenida por Fedatario público, habida cuenta de que el supuesto general es el denominado *confirming* sin recurso, o sin retorno frente al cliente bancario o deudor, dada la provisión de fondos que previamente ha debido realizarse por éste al Banco, bien por sus medios propios, bien, vía financiación bancaria, por lo que, siendo la entidad financiera la que debe pagar, previa la provisión de fondos antedicha, ante el concurso del Confirmado hay que considerar que no nos encontramos ante un supuesto de reconocimiento necesario del art. 260.1 TRLC (antiguo art. 86.2 LC), ni ante ningún otro, salvo el derivado de la financiación autónoma, por su impago.

El contrato de *confirming* tampoco se trata de uno de los supuestos previstos en el art. 261.3 TRLC (antiguo art. 87.3 LC), esto es, de los sujetos a condición suspensiva, pues la entidad financiera «compra» la deuda de su cliente, del Confirmado y paga el crédito de su Acreedor en cualquier caso, pues no de otra forma puede entenderse el término confirmar, esto es, revalidar lo hecho o dicho por el cliente, su orden de pago de su deuda, pues cuando el Banco envía un aviso al Acreedor indicándole expresa y documentadamente que su crédito se le confirma que va a ser pagado por la entidad financiera en la fecha, términos y condiciones determinados en la factura; no cabe duda alguna de que no existe condición de suspensión del pago, pues se produce la figura de la asunción de deuda por parte del Banco, a modo de la que tiene lugar en la letra de cambio, por ejemplo, a modo de aval o garantía igualmente; no obstante lo cual procede entender los dos sistemas que, más doctrinalmente que en la práctica habitual, pueden darse, únicamente en el supuesto de que el Banco no haya recibido la previa provisión de fondos o las garantías bastantes de su confirmado cliente, tales supuestos son:

a) El *confirming* denominado «con recurso», esto es, el contrato de *confirming* por el cual el Banco puede reclamar de su cedente o cliente, del Deudor, aquellos importes cuyo pago anticipó al Acreedor de aquél, pero no asumiendo el riesgo de insolvencia del cliente confirmado respecto del riesgo en curso, esto es, de los efectos pendientes de vencimiento, en cuyo caso serán calificados como «contingentes» siguiendo lo dispuesto en el art. 261.3 TRLC (antiguo art. 87.3 LC). Es una modalidad de *confirming* un tanto inusual, por contraria a la propia naturaleza jurídica del contrato de *confirming*, habida cuenta de que el Banco confirmante debe disponer de la provisión de fondos hecha, antes del pago, salvo en el supuesto que nos ocupa, el cual tiene lugar cuando existe un pacto de presentación recurrente por el Cedente-cliente, sucesiva en el tiempo y no única o esporádica, a lo que se obliga el Banco a gestionar, lo cual presenta, en algunos supuestos, situaciones en las que no se ha proveído de fondos al Banco, ni se ha financiado el riesgo, a medio o largo plazo; baste pensar que las facturas no se presentan a confirmar «a la vista», sino, mayormente, a meses y la presentación de facturas puede ser recurrente en períodos breves, días y en masa, lo cual viene a asimilarlo al crédito de descuento o al puro crédito en cuenta, donde el análisis del riesgo del cliente se hace de forma global, por hasta un límite concreto y determinado y no concreta para una operación esporádica.

b) El contrato tipo de *confirming* es el denominado «sin recurso», dada la asunción por parte de la entidad financiera o Confirmante del pago y su imposibilidad de retorno o resarcimiento frente al Confirmado, crédito que carece de calificación alguna, dado que el factor, cesionario o entidad bancaria, como queda dicho, carece de crédito, de acción frente a su cliente concursado, salvo la que pudiere derivar de una financiación autónoma al *confirming* por carencia de fondos del Cedente.

12. CONTRATOS DE PROTECCIÓN DE TIPOS DE INTERÉS Y CAMBIO

A) La permuta financiera o swap

Puede definirse como el contrato por el cual dos personas intercambian (*swap*) flujos de dinerario según sus oscilaciones a futuro, bien (i) en diversas divisas opciones sobre divisas (FX), al contado (*spot*) o a plazo (*forward*), bien (ii) sobre créditos en la misma moneda a distintos tipos de interés, también denominados «F.R.A.» o *Forward Rate Agreement* (tipos de interés a plazo) o (iii) sobre índices de evolución de precios (IPC) o de materias primas (*commodities*), como puede ser el caso de la evolución del petróleo o diferencias de cambio de divisas o de acciones de sociedades cotizadas en Bolsa. Sin perjuicio de cualesquiera otras, las permutas financieras (*swaps*) suelen consistir en el siguiente tipo de operaciones:

- De tipos de interés: *interest rate swaps.*
- De tipos de interés variables: *basis swaps.*
- De divisa: *currency swaps.*
- Mixto, de divisa y tipos de interés: *cross-currency rate swaps.*
- De materias primas: *commodity swaps.*
- De acciones o sobre índices de acciones: *equity swaps* o *equity index swaps.*

Se trata, en principio, de conseguir un intercambio (*swap*) recíproco de las cargas de una operación crediticia por la variación del tipo de interés o de los costos recurrentes de una empresa sujetos a la evolución del IPC o de otros índices, de forma y manera que, en atención a los límites pactados, si los índices del producto superan cierta barrera o límite la entidad financiera deberá abonar a su cliente el porcentaje correspondiente según los parámetros del denominado Contrato Marco de Operaciones Financieras (CMOF) y si descienden del otro límite o barrera, es el cliente quien debe intercambiar su flujo dinerario abonándolo al Banco.

Se trata, además, de un contrato completamente atípico, por su no regulación en nuestro ordenamiento positivo, si bien resulta más acorde con los conceptos de (i) *alea*[66], ínsito en lo dispuesto por el art. 1.790 C.c. y de (ii) intercambio o trueque y por tanto, próximo a los contratos de permuta

---

66 ***Alea***: azar, suerte, en Latín.

regulados en el artículo 1.538 C.c.[67], ss. y cc., conforme a los cuales, los contratantes se obligan a dar una cosa para recibir otra, intercambiando flujos dinerarios concretamente, generando obligaciones a cargo de ambas partes y ventajas para ambas, actuando cada prestación como contravalor de la otra, lugar éste, en el que debe existir la denominada simetría en las prestaciones.

Por lo no regulado en estos preceptos, habrá de remitirse al contrato de compraventa, acorde con lo dispuesto en el artículo 1.541 C.c. Esta operativa tiene lugar durante el transcurso de un tiempo que puede estar o no vinculado a otras operaciones crediticias, pero no necesariamente ha de haberlas, pues los intercambios pueden realizarse en razón a simples índices públicos sin soporte crediticio y así, valga de ejemplo, una empresa transportista que desea aminorar sus costos por las subidas del crudo, puede concertar un *swap* referido al índice de su evolución y al propio tiempo, no tener operaciones crediticias con el Banco, lo mismo puede suceder en los casos de los *swap* de inflación que vienen referidos a empresas que concurren a licitaciones con Administraciones públicas o la evolución de los gastos del personal acordes con el IPC, en definitiva aminorar el impacto directo de la evolución del IPC sobre su cuenta de resultados.

No se trata de un contrato de obtención de fondos en sí mismo o de concesión recíproca de crédito, contrariamente al préstamo o al crédito; tampoco se trata de un contrato de obtención de circulante, sino de pura permuta de medios de pago, lo cual, acorde con cuanto acabamos de expresar, el intercambio de pagos representa un pago por «compra» de flujos dinerarios, alterando sus posiciones respectivas Comprador y Vendedor en razón a los índices de referencia y límites convenidos contractualmente, pudiéndose compensarse ambos flujos. Así pues, los pagos intercambiados no se realizan mediante cuotas prefijadas, como es el supuesto de los contratos de préstamo, sino, mediante la aplicación de fórmulas complejas que giran en torno a varias incógnitas, nunca mejor dicho.

Tal y como reconoce la **SAP Asturias —5ª— n.º 25/2020, de 27 de enero** históricamente, «... *en el origen de este tipo de contratos, su celebración era entre dos interesados, normalmente grandes empresas, que el Banco ponía en contacto interponiéndose, a veces, entre las partes, en el sentido de que cada empresario suscribía con el Banco un contrato* swap *que*

---

67 *Art. 1.538 C.c.* La permuta es un contrato por el cual cada uno de los contratantes se obliga a dar una cosa para recibir otra.

eran espejos en el sentido de que las obligaciones asumidas por el Banco en cada uno de ellos eran exactamente inversas pero en la actualidad los Bancos contratan por iniciativa propia, sin que existan clientes recíprocamente interesados, sino en razón a su propio y peculiar interés, asumiendo el riesgo de la operación en base a sus propios cálculos financieros, lo que da idea de que su interés no se confunde con el del cliente...» Así pues, en los últimos años nos hemos encontrado ante lo que podríamos denominar, una extensión en masa de este tipo de contrataciones que, acorde con unas expectativas que luego truncaron por razón a los avatares de la crisis económica global, han devenido en productos contrapuestos a los intereses de la mayoría de los clientes de las entidades financieras.

B) Naturaleza jurídica

Como ya hemos indicado precedentemente, su primera característica es la de ser un contrato atípico, por no encontrar regulación en nuestro Derecho positivo, debiendo recurrir a figuras afines, tales como la de la permuta y, por ésta, a la del contrato de compraventa. Se trata de contratos (i) consensuales en tanto que se perfeccionan por el consentimiento expreso de las Partes; (ii) de tracto sucesivo, «*de suerte que los importes de las liquidaciones inatendidas de vencimiento anterior a la declaración del Concurso conforman créditos concursales en tanto que las posteriores son créditos contra la masa...*» (**SAP Valencia —9ª— n.º 180/2010, de 17 de junio**), (iii) bilaterales o sinalagmáticos, en tanto que generan obligaciones para ambas partes, más concretamente, el intercambio de flujos dinerarios de uno al otro, de forma y manera que, como queda dicho también, se alternan las posiciones pagadora o cobradora en razón a la evolución de los límites de referencia convenidos; son, igualmente, (iv) onerosos en razón al pago del dinerario; (v) aleatorios, dado que la determinación del *quantum* se hace en razón a índices que no dependen de la voluntad de las partes, sino públicos y variables; y (vi) principales, en tanto en cuanto no dependen de un contrato principal, no son accesorios de otros antecedentes, si bien no dejan de guardar influencia inversa sobre los mismos, habida cuenta de que si, valga el ejemplo, nos encontramos con un *swap* ligado a inflación, no tiene por qué existir un vínculo obligacional previo entre el Vendedor y el Comprador, sino que éste, tendrá otros contratos con terceras personas (Trabajadores, Empresas públicas, etc.) cuyos contratos experimenten evoluciones en razón al I.P.C., de forma y manera que el Comprador obtiene una cobertura si el I.P.C. aplicable sobre los Convenios colectivos o las condiciones de licitación pública o los pagos de los precios públicos que conlleven éstas, rebasa el límite convenido; no obstante lo cual, debemos puntualizar que lo que usualmente se conoce como *swap* es el documento de confirmación de la operación que está vinculada al denominado CMOF o Contrato Marco de Operaciones Financieras, en el que se contiene un vocabulario de términos financieros y unos anexos que regulan todo tipo de operativas que pueden realizarse a su amparo, exigiéndose en dicho anexo, la confirmación de la operación concreta de las amparadas en el CMOF, pues es en el documento de confirmación aquél en el que se especifican los parámetros contractuales, tipo de permuta, vencimientos y, un importe denominado «nocional» que no responde a un capital ni prestado ni acreditado, sino sobre el que girarán los cálculos.

El precio a pagar girará, pues, sobre el denominado importe nocional, en tanto en cuanto que el mismo no gira necesariamente sobre un contrato preexistente entre Vendedor y Comprador, sino en torno a un volumen de negocio que el Comprador prevé que va a verse afectado por las evoluciones de los índices objetivos; por ejemplo, el volumen de adquisiciones de petróleo en un período determinado, el importe de las nóminas a satisfacer en el período estimado, o el capital o parte de éste de cierto préstamo hipotecario durante los primeros años del mismo.

Suelen ser contratos sujetos a plazo, con una fecha de inicio y otra de fin, entre las cuales hay otras intermedias en las cuales se practican liquidaciones entre los tipos y límites acordados (*caps* o *floor*) y el de referencia (EURIBOR), girando sobre el nocional, de resultas de lo cual, en razón a que el de referencia supere uno u otro límite, una de las partes resultará, indistintamente, compradora o vendedora, esto es, que pagará o cobrará aquella parte que haya rebasado el límite del tipo acordado.

C) Elementos personales

Tenemos, en primer lugar, a la entidad financiera, denominada Vendedor, en tanto que profesional que interviene en la contratación económica inicialmente se trataba de intermediarios financieros y, en la actualidad, se ha extendido su comercialización a las entidades bancarias y, en segundo, el usuario final, denominado Comprador, quien usualmente será una empresa, si bien, se han contratado *swaps* referenciados a tipos de interés en operaciones de préstamos hipotecarios concedidos a particulares.

Hay que destacar la peculiaridad que representa el denominado «*equity swap*» o permuta financiera sobre acciones que viene definido por la **STS —3ª— n.º 768/2024, de 7 de mayo** del siguiente modo:

> «F.D. CUARTO.- ... En cuanto a la primera cuestión sobre el concepto de swap o equity swap, en nuestra sentencia 1232/2022, de 3 de octubre, expusimos lo siguiente (FD 3º): "Aunque no está definido legalmente, el swap o equity swap es un producto habitual en el tráfico mercantil y puede definirse como un acuerdo de intercambio financiero en el que una de las partes se compromete a pagar con una cierta periodicidad una serie de flujos monetarios a cambio de recibir otra serie de flujos de la otra parte, caracterizándose porque el contenido de las prestaciones de las partes aparece vinculado al valor de un activo subyacente que puede consistir en acciones (en nuestro caso, acciones de Telepizza) pero también puede recaer sobre materias primas, bonos, conjuntos de valores cotizados, índices de valores, tipos de cambio...».

Este tipo de contratos de permuta financiera tiene el activo subyacente de las acciones de cierta compañía, conforme al cual, la entidad contratante —distinta del Banco— asume el riesgo y ventura de la disminución del valor razonable de aquéllas, pero no es la titular de las acciones, sino la entidad bancaria, produciéndose un estado jurídico similar al de la enfiteusis, conforme al cual, el dominio directo de las acciones lo ostenta la entidad bancaria y, con éste, el ejercicio de los derechos políticos de las acciones, mientras que el dominio útil, lo detenta la otra parte contratante, la inversora, la que asume el riesgo de las utilidades (pérdidas o ganancias) de los valores subyacentes.

D) Modalidades por razón al límite

a) Caps[68]*:*

Se trata de la modalidad mediante la cual, el usuario consigue evitar el coste patrimonial que supondría el incremento de los tipos de interés en una operación de financiación referenciada a interés variable, para el supuesto de que los intereses superen el techo (*cap, ceilling*) o límite superior, no se verá en la obligación de pagar lo que exceda, soportando ese exceso la otra parte en el contrato, el Banco, normalmente, asentando en su cuenta corriente el abono del importe líquido

68 ***Cap:*** gorra, tope.

correspondiente acorde con las fórmulas matemáticas expresadas en el contrato. Suele venir definido contractualmente como «*Es aquélla opción de tipo de interés por la cual, una de las Partes (Comprador) se obliga a pagar a la otra (Vendedor) una Prima y la contraparte se obliga frente a ella a que, en el supuesto de que en una fecha futura, previamente pactada por las Partes, los Tipos de Referencia excedieran el tipo* cap, *el Vendedor pagará al Comprador una cantidad* Cap *que se calculará de acuerdo a lo establecido en este mismo Anexo, sobre un importe Nominal acordado por las Partes*».

b) Floor[69]:

Es justo el supuesto contrario al del *cap* y así, si el índice rebasa el límite inferior o suelo convenido, será el usuario quien deberá correr con el costo del defecto, soportando el débito en su cuenta corriente del importe líquido correspondiente acorde con las fórmulas matemáticas expresadas en el contrato. Es definido contractualmente como «*Aquella opción de tipo de interés por la cual una de las Partes (Comprador) se obliga a pagar a la otra (Vendedor) una prima y la contraparte se obliga frente a ella a que, en el supuesto de que en una fecha futura previamente pactada por las Partes, los Tipos de referencia cayesen por debajo del tipo* Floor, *el Vendedor pagará al Comprador una cantidad* Floor *que se calculará de acuerdo con lo establecido en este mismo Anexo, sobre un importe Nominal acordado por las Partes*».

c) Collar[70]:

Se trata de una combinación de ambas coberturas *cap* y *floor*. Es definido contractualmente como «*Aquella operación que incorpora a la vez un* Cap *y un* Floor *de tal modo que si el Tipo de Referencia excediese el tipo* Cap *fijado por las Partes, una de las partes deberá pagar a la otra una cantidad* Cap *calculada sobre el importe Nominal y si el tipo de referencia cayese por debajo del tipo* Floor, *la Parte que recibió la cantidad* Cap, *deberá ahora pagar una cantidad* Floor, *calculada sobre el mismo importe Nominal a la otra Parte. Si el tipo de Referencia oscilara siempre entre el tipo* Floor *y el tipo* Cap, *ninguna de las Partes hará pago alguno a la otra*».

---

69 ***Floor***: suelo.
70 ***Collar***: cuello.

d) Opciones con barrera (*barrier option*):

Son aquellos productos financieros denominados «derivados», cuya valoración se fundamenta en el precio de otro activo, subyacente, como puede serlo el valor del precio del petróleo, el del oro, acciones, índices bursátiles, tipos de interés, materias primas, etc.; este tipo de opciones forman parte de las denominadas exóticas, llamadas así, por razón al dificultoso sistema de cálculo, pues se emplean números aleatorios en base a un método estadístico, denominado «método de Monte Carlo», denominado así, por referencia al Casino de dicha Ciudad y el carácter aleatorio de las fórmulas matemáticas probabilísticas que del juego derivan. Dentro de este tipo de derivados nos encontramos la situación denominada «*knock-in*» (golpe hacia adentro o entrada) que es la que se da cuando la opción comienza a existir (dentro de ésta, se producen los sistemas denominados «*up-and-in*» (hacia arriba y hacia adentro) o «*down-and-in*» (hacia abajo y hacia dentro), según el valor subyacente fluctúe por debajo o por encima del «*barrier level*» (nivel de la barrera), o «*knock-out*» (golpe hacia afuera o salida), cuando deja de existir; dentro de ésta, se producen los sistemas denominados «*up-and-out*» (hacia arriba y hacia afuera) o «*down-and-out*» (hacia abajo y hacia afuera) según el valor subyacente se halle por debajo o por encima del «*barrier level*» o, por último, «*barrier option*» (opción de o con barrera) supuesto en el que el subyacente alcanza o se cruza con un determinado valor prefijado o «*barrier level*» (nivel de la barrera).

E) Calificación concursal

Sobre esta materia se ha resuelto por los distintos Tribunales y sus grados, de forma absolutamente dispar y cambiante. No obstante lo cual, a nuestro entender, hay que partir de una premisa, acorde con cuanto acabamos de exponer, cual es la de que los *swap* no intercambian intereses, sino flujos monetarios acordes con ciertos pactos referidos a índices objetivos y calculados en base a un importe nocional que no tiene por qué coincidir con la existencia o no de operaciones de riesgo que son las que generan el devengo de los hipotéticos e intercambiables intereses. Lo bien cierto es que la costumbre o la generalización del producto denominado *swap* ha venido a centrar el mismo en torno a los intereses remuneratorios variables, en tanto que cobertura de las oscilaciones que el EURIBOR, o referencias semejantes, de ahí que parte de las resoluciones judiciales consideren los devengos periódicos, los *swaps*, como intereses. Nada más lejos de la realidad, ni aún en el supuesto de *swaps* sobre intereses.

Hay que volver a la traducción de *swap* para entender que la misma sólo significa intercambio o permuta. Si pensamos en una operación crediticia al uso (préstamo con tipo de interés variable referido al EURIBOR), el devengo del interés remuneratorio es a cargo del prestatario, nunca del Banco, pues no es una operación de pasivo y sí de activo; si el Banco paga como consecuencia de que el EURIBOR rebasa al alza el límite convenido (*caps*), el Banco no está pagando intereses, cubrirá o bonificará esta elevación, pero no paga intereses, pues, como queda dicho, esto sólo sucede en las operaciones de pasivo (I.P.F.) y, si no paga intereses, difícilmente puede intercambiarse aquello a lo que no se está obligado. A mayor abundamiento, si nos encontramos con un *swap* de inflación, que no precisa de una operación crediticia preexistente, sino que pretende la cobertura de las oscilaciones del I.P.C. para el cliente del Banco, ni éste está obligado a pagar interés, ni el Banco menos. También existen *swaps* referidos a evoluciones de la cotización de determinadas acciones o en razón a la evolución del precio del crudo; en ambos casos, no existe operación alguna ni de pasivo ni de activo, por lo que no pueden devengarse intereses en ninguno de ambos casos, por lo que difícilmente puede intercambiarse lo que no se devenga. Baste cualquiera de dichos ejemplos simples, para tratar de desvirtuar los argumentos que consideran los *swaps* como intercambios de interés.

Se ha llegado a decir (**SJM-4 Barcelona 28.08.2009**) que el *swap* merece la calificación del contrato del que es accesorio, criterio que no compartimos en modo alguno, por las siguientes razones: en primer lugar, por cuanto que, siguiendo la misma dialéctica, cuál sería la calificación que habría que dar a un *swap* ligado a inflación ¿la de su inexistente contrato de préstamo? ¿la de los contratos que la concursada tuviese suscritos con las Administraciones Públicas o con los Trabajadores, en tanto que sujetos a las oscilaciones del IPC? ¿Podría llegar así a ser un crédito contra la Masa del art. 242.1.º TRLC (antiguo art. 84.2.1º LC) o con privilegio general del art. 280.1.º TRLC (antiguo art. 91.1º LC)? Llegando más lejos a través del mismo argumento judicial ¿cuál sería el contrato "espejo" ante el que habría que calificar el *swap* ligado a las oscilaciones del precio del crudo o al ligado a la evolución de acciones cotizadas en bolsa? ¿El contrato de depósito de valores que sólo regula la tenencia o administración de los mismos? Difícil respuesta tiene, a nuestro entender.

Una segunda razón que encontramos frente a tal criterio podemos encontrarla en el hecho de que el principio de accesoriedad, normalmente conlleva un vínculo obligacional o contractual distinto entre el contrato principal y el accesorio, tal como viene a ser el tipo de accesoriedad que representa el préstamo (obligación personal) hipotecario (derecho real de garantía), siguiendo el criterio de la SJM aludida, la hipoteca (en esta dialéctica, el *swap*) habría de seguir la calificación de su préstamo principal, con lo que quedaría absolutamente desvirtuado el derecho real de garantía al resultar calificable en sede concursal igual que si se tratase de un simple préstamo sin dicho derecho real o, si el intercambio de dinerario relativo al tipo de interés variable de cierto préstamo hipotecario tuviese que seguir la suerte de éste ¿debería considerarse como crédito con privilegio especial un dinerario que no está amparado por la responsabilidad hipotecaria? No parece ser justo.

Por último, hay que concretar que, aún en el supuesto de que las precedentes razones no fueren convincentes para el amable lector o la amable lectora de estas líneas, debe saber que, ni aún en el supuesto de *swap* ligado a un préstamo o a un crédito, más conocido erróneamente como «*swap* de intereses» deben vincularse ambos contratos, por cuanto que nocional no tiene por qué coincidir con el capital prestado o acreditado, el nocional puede ser superior o puede ser inferior a dicho capital crediticio, sin necesaria identidad o igualdad.

Lo que se intercambia en realidad, lo que se permuta son, ni más ni menos, que meros flujos de dinerario que surgen en razón a la apuesta que ambas Partes han fijado en la confirmación del *swap*, amparado en los términos que recoge su auténtico contrato principal, el CMOF. La denominada confirmación de *swap*, comúnmente conocido como *swap*, goza de autonomía contractual propia, pero, amparada en su contrato marco, el CMOF que es el que establece las normas de liquidación.

Puestas así las cosas, si el cliente de la entidad financiera (la contratación en masa de este tipo de operaciones de permuta nos lleva a analizarlo desde el punto de vista propio de la Banca Minorista, alejándonos de la fundamental esencia del *swap* que radicó históricamente en los intercambios de flujos dinerarios habidos entre dos entidades financieras, por eso nos referiremos al Cliente y a la Entidad financiera como supuesto más acorde con la realidad actual, haciéndolo en sede concursal) impaga los vencimientos que el Banco le gira antes de la declaración del concurso, no cabe duda de que se tratará de un crédito concursal ordinario del art. 269.1 y 3 TRLC (antiguo art. 84.1 en relación con el art. 89.3, ambos de la LC).

La discrepancia dialéctica en sede concursal surgirá, en cualquier caso, con las liquidaciones giradas por el Banco a cargo del cliente con posterioridad al Auto de declaración del Concurso, en este sentido, debemos traer a colación un muy buen análisis de la calificación de los *swaps* que al amparo del RDL 5/2005 realiza la Magistrada D.ª Purificación MARTORELL ZULUETA como ponente en la siguiente resolución de su Sala que, en definitiva, los considera como créditos contra la Masa del art. 242.9.º TRLC (antiguo art. 84.2.6º LC), habida cuenta de que existen obligaciones recíprocas pendientes de cumplimiento para ambas partes, tanto para el Banco como para el cliente, pues, recordemos, que objetiva y contractualmente ambas partes siguen obligadas a intercambiar, a permutar sus flujos dinerarios acordes con la apuesta por ambos convenida:

SAP Valencia —9ª— n.º 28/2011, de 20 de enero

«PRIMERO.-La representación de la entidad BANCO GUIPUZCOANO SA instó demanda de incidente concursal ante el Juzgado de lo Mercantil número 2 de Valencia frente a la administración concursal y la entidad MIDASCON SL con la finalidad de que el crédito que decía ostentar frente a la concursada por importe de 141.566,60 euros (correspondiente a tres liquidaciones operadas con posterioridad a la declaración del concurso), consecuencia del contrato marco para cobertura de operaciones financieras 04.202522.85, fuera calificado como crédito contra la masa por tratarse de un contrato que comprende obligaciones recíprocas, al que son de aplicación los artículos 61.2 y 84.2.6º de la Ley Concursal. E interesaba, además, la condena en costas a la parte demandada. Acompañó a la demanda una certificación de saldo deudor (folio 5), el contrato marco suscrito entre las partes en fecha 27 de junio de 2007 (folio 7 de las actuaciones) y las tres liquidaciones en que sustentaba su reclamación (folios 12 a 14)...

... SEGUNDO.- La problemática que se somete a la consideración de este Tribunal no es ciertamente sencilla, ni por razón de la normativa aplicable, ni como consecuencia de los diversos criterios que han venido a seguir los Juzgados de lo Mercantil, con anterioridad y posterioridad a la reforma operada en el Real Decreto Ley 5/2005 Ley del Mercado de Valores, por la Ley 16/2009 de 13 de noviembre de servicios de pago. Antes de producirse la indicada reforma era de ver la existencia de diferentes criterios respecto de la calificación que merecían los créditos derivados de las liquidaciones verificadas en los contratos de permuta financiera de intereses en función de ser anteriores o posteriores a la declaración del concurso, así como de las indemnizaciones por resolución anticipada. Así, en la Sentencia del Juzgado Mercantil nº 2 de Barcelona de 19 de noviembre de 2008 se concluía que "*siempre que el contrato haya vencido o haya sido resuelto con motivo de la declaración del concurso y no se cierren nuevas operaciones, el saldo resultante del "close-out netting" tendrá la consideración de crédito ordinario"*. Las Sentencias del Juzgado Mercantil nº 1 de Málaga de 4 de junio de 2008, la del Juzgado Mercantil nº 2 de Pontevedra de 19 de junio de 2009 ó la Sentencia del Juzgado Mercantil nº 3 de Barcelona de 3 de abril de 2009 consideraban que al tratarse de un contrato con obligaciones reciprocas pendiente de cumplimiento por ambas partes, las liquidaciones posteriores a la declaración de concurso serían créditos contra la masa en aplicación del art. 84.2.6º de la Ley Concursal. A su vez la Sentencia del Juzgado Mercantil nº 4 de Barcelona de 28 de septiembre de 2009 consideraba el crédito como subordinado al entender que lo que se reclama no son sino intereses ya que el *swap* es un contrato vinculado a una operación de pasivo que el concursado tiene con la misma entidad Bancaria por lo que aboga por la resolución automática del contrato al tiempo de la declaración de concurso en aplicación del artículo 59 de la Ley Concursal, tesis que ha mantenido, asimismo el Juzgado de lo Mercantil número 3 de los de Valencia de 15 de noviembre de 2010. Finalmente, la Sentencia de 1 de diciembre de 2009 del Juzgado Mercantil nº 7 de Barcelona calificaba el crédito como contingente. Tras la entrada en vigor de la Ley 16/2009 de 13 de noviembre de servicios de pago ha operado la modificación del 2º párrafo del punto 2 del artículo 16 del Real decreto Ley 5/2005 (norma que tiene la consideración de Ley especial respecto de la Ley Concursal, con las consecuencias que de ello se derivan) en virtud del cual en tanto se mantenga vigente el acuerdo o compensación contractual, en sede concursal, se aplicará lo dispuesto en el artículo 61.2; y si el acuerdo fuere resuelto con posterioridad a la declaración del concurso se estará a lo prevenido en el artículo 62.4, lo que implica la satisfacción con cargo a la masa. La Sentencia de la Audiencia Provincial de Zaragoza de 26 de octubre de 2010 señala que la posición mayoritaria de las Audiencias Provinciales es favorable a la calificación de las liquidaciones individuales de la permuta financiera producidas constante el concurso, como crédito contra la masa, y tras definir los contornos del contrato litigioso y establecer la distinción entre "contratos de *swap*" y "operaciones de *swap*" a los efectos del artículo 61 de la LC, insiste en que *"si asistimos a una liquidación u "operación de* swap*" durante el concurso, estaríamos ante el cumplimiento de una obligación recíproca del concursado —en su caso—, lo que podría situar a ese crédito del tercero en la calificación de "crédito contra la masa" como se colige del citado art. 85-5º y 6º de la LC, en tanto no se resuelva el contrato"*. La Audiencia Provincial de Pontevedra, en Sentencias de 27 de mayo y 13 de octubre de 2010 sostiene la tesis de que los saldos resultantes de las liquidaciones posteriores a la declaración del concurso tienen la condición de crédito contra la masa. Las Sentencias de la Audiencia Provincial de Jaén de 18 y 19 de febrero de 2010 —con cita de la de la Audiencia Provincial de Ciudad Real en Sentencia de 18 de junio de 2009— inciden en el dato relevante de que ni el objeto ni la causa del contrato que se viene analizando consiste en el establecimiento de una obligación de intereses aunque sus condiciones se refieran a la subida o bajada de unos determinados tipos que se pactan previamente en relación a períodos igualmente pactados. Indica igualmente que la liquidación periódica a favor o en contra del cliente se realiza sobre un nominal convenido y no sobre la deuda que pueda existir entre las partes a consecuencia de relaciones crediticias, por lo que difícilmente la cantidad resultante de dicha liquidación puede tener la consideración de intereses o réditos, ni de indemnización de daños y perjuicios por el retraso en el pago, por lo que concluye que, técnicamente, los saldos de las operaciones posteriores a la declaración del concurso negativos para el concursado deberían considerarse créditos con cargo a la masa por aplicación del artículo 61.2 de la Ley Concursal.

TERCERO.- Corresponde ahora al Tribunal abordar las cuestiones suscitadas con ocasión de la apelación deducida por la representación de la concursada y la concreta calificación del crédito invocado por la entidad BANCO GUIPUZCOANO S.A. como consecuencia de la discrepancia manifestada por la recurrente respecto de la calificación efectuada por el Juez de lo Mercantil número 2 de los de Valencia, lo que determina la necesidad de analizar la cuestión en referencia al concreto contrato suscrito entre las partes, no sólo por razón de la complejidad de la figura sino por razón de la variadas relaciones jurídicas dispares que puede regular en función de los pactos complementarios del "contrato marco". En el supuesto que nos ocupa es de destacar que:

1.- El contrato marco para cobertura de operaciones financieras fue suscrito entre las partes el 27 de junio de 2007. En el expresado documento se hace constar que el cliente (MIDASCON SL) por razón de su actividad mercantil se ve expuesto a una serie de riesgos financieros cuya gestión pretende optimizar, lo que justifica la suscripción del documento bajo el amparo del RDL 5/2005 de 11 de marzo, y en el que se pacta expresamente que "*todos los derivados formalizados al amparo del presente contrato crearán una obligación jurídica única que abarcará todas las obligaciones y derechos derivados de los mismos. En consecuencia, en caso de vencimiento anticipado, las partes sólo tendrán derecho a exigirse el saldo neto de todas las operaciones vencidas, una vez calculado el importe de cada una de ellas con arreglo a lo pactado*". La liquidación por saldos se contempla en la cláusula segunda y se pacta una duración de un año (cláusula tercera) a contar desde su fecha de firma salvo prórroga tácita que se entiende otorgada tácitamente por períodos anuales sucesivos de no mediar preaviso al menos con un mes de antelación. La estipulación cuarta prevé la cancelación anticipada de derivados contratados y la quinta regula las causas de resolución contractual y consiguientemente de todos los derivados vigentes contratados al amparo del mismo, resultando de la estipulación sexta los efectos de la resolución y de la séptima el pacto de devengo de intereses moratorios derivado de cualquier retraso en los pagos consecuencia del contrato, cuyo devengo se verifica diariamente al tipo convenido del "Euribor a 3 meses más un diferencia de 10 enteros por ciento" a calcular sobre la cantidad debida en base al año de 360 días.

2.- Del documento de confirmación (folio 10) resultan los datos del titular y las condiciones de la operación, de las que se destaca ahora el nominal de la misma (2.000.000 de euros), la fecha de inicio (el 4 de julio de 2007) y la fecha de vencimiento (4 de julio de 2011). La periodicidad de las liquidaciones se fija trimestralmente y se establecen en el indicado documento las fórmulas de cálculo del tipo de interés.

3.- El importe del crédito objeto de calificación resulta de las liquidaciones practicadas en fechas 25 de abril de 2009 (folio 12), 8 de mayo de 2009 (folio 13) y 6 de abril de 2009 (folio 14), fechas en las que la entidad demandada ya había sido declarada en situación de concurso, al ser éste de fecha 8 de enero de 2009.

Teniendo presente lo anteriormente expuesto y las alegaciones oportunamente deducidas por las partes, hemos de concluir en el supuesto que se somete a nuestra consideración en los términos que seguidamente pasamos a exponer, en cumplimiento de lo establecido en los artículos 465.5 y 218 de la LEC: No podemos compartir la afirmación que resulta del recurso de apelación en orden a la alegación de inexistencia del crédito pretendido por el Banco por ausencia de prueba del mismo y de su cuantificación. Resulta de las propias manifestaciones de la concursada apelante el reconocimiento de la existencia de un vínculo contractual, vínculo que ha quedado descrito en el Fundamento precedente como consecuencia de la aportación del contrato marco, del documento de financiación, de las liquidaciones practicadas y de la correspondiente certificación de saldo deudor, lo que se reputa suficiente a los efectos de probar la existencia del crédito, máxime cuando la propia recurrente —con ocasión de su oposición— calificó su naturaleza y alcance para rebatir la pretensión deducida de adverso.

Los *swap* de tipos de interés —conforme al artículo 2 de la Ley 24/1988 de 28 de julio del Mercado de Valores— quedan incluidos en el ámbito de lo que se denomina genéricamente «instrumentos financieros», y es de aplicación a los mismos el Real Decreto Ley 5/2005. Y ello tiene su importancia por cuanto que, conforme resulta de la Disposición adicional 2.2 de la Ley Concursal —el citado Real Decreto Ley tiene consideración de Ley especial respecto de la Ley Concursal y ello significa, entre otros aspectos, la inmunidad al régimen del artículo 58 de la Ley Concursal y a las acciones de reintegración, y para el caso de declaración de concurso de alguna de las partes del acuerdo marco la aplicación de lo dispuesto en el artículo 61.2 de la Ley Concursal. Ello implica que no pueda ser acogida la tesis expuesta por la recurrente en orden a que el contrato debe considerarse extinguido, debiendo estarse a cuanto resulta del documento de confirmación, pues no consta que se haya instado la resolución contractual y la declaración del concurso no afecta, por si sola a la vigencia del contrato. Sin embargo, es de ver, como sostiene la parte recurrente, que no es de aplicación al caso la Ley 16/2009 de 13 de noviembre de servicios de pagos) que introduce el apartado 2º del artículo 16.2 del RDL 5/2005, en la que se sustenta la decisión judicial (Fundamento Primero) para calificar el saldo deudor devengado con posterioridad al concurso como crédito contra la masa. Ello implica la acogida de uno de los motivos en los que se sustenta la apelación (punto 8 del argumento segundo al folio 58). Sin perjuicio de lo anterior, la conclusión a que llega el tribunal en orden a la calificación del crédito resultante de las liquidaciones practicadas con posterioridad a la declaración del concurso es la misma que se contiene en la sentencia apelada, si bien por aplicación de lo establecido en el artículo 61.2 en relación con el artículo 84.2.6º de la Ley Concursal, dada la naturaleza del contrato que se examina, pues consideramos, en los términos que resultan de las resoluciones precedentemente citadas y en los términos apuntados por la entidad demandante apelada que no es de aplicación lo establecido en el artículo 59 de la Ley Concursal. No cabe desconocer, por otra parte, que aún no siendo de aplicación al caso la norma reseñada en el apartado anterior —por razones temporales— este es el deseo expresado por el legislador en referencia a este tipo de operaciones, que se plasma en la actual redacción del artículo 16.2 RDL 5/2005...»

Acorde con la precedente, se pronuncia la Audiencia Provincial de Jaén del siguiente modo:

SAP Jaén —1ª— n.º 41/2010, de 18 de febrero

«PRIMERO La Sentencia objeto de recurso de apelación, desestima la demanda incidental presentada en representación de Bankinter S.L. en la que se impugna el informe de la administración concursal en lo relativo a la lista de acreedores, y se solicita la inclusión de un tercio del crédito, 9.782,50 euros, como crédito contingente debiendo calificarse como crédito contra la masa, por aplicación del artículo 84.2.6 de la Ley Concursal.

Se presenta recurso de apelación por la empresa concursada, no obstante la desestimación de la petición, referido al contenido del fundamento segundo de la sentencia que rechaza la tesis de su contestación a la demanda incidental sustentada en la consideración de que el crédito cuya inclusión se solicita tiene como único y exclusivo objeto determinados pactos sobre intereses, cuyo devengo por imperativo de lo dispuesto en el artículo 59.1 de la L. Concursal, queda suspendido desde la declaración del concurso. En el fundamento de la sentencia que se impugna se analiza el contrato en el que se sustenta el crédito cuya inclusión se solicita, denominado coloquialmente clip de intereses o más técnicamente contrato marco de gestión de riesgos financieros estimando que se trata de un producto de inversión, de riesgo y especulativo en el que las dos partes intercambian prestaciones (dinero), en base a una proyección de futuro basada en un tipo de interés, pudiendo ser positiva para el cliente o negativa y favorable al banco. No se trata, dice la Sentencia, de una obligación de pago de intereses remuneratorios o moratorios a consecuencia de un capital recibido, sino de un acuerdo con obligaciones recíprocas que dependiendo de un hecho imprevisto (subidas o bajadas del tipo de interés) una u otra parte vendrá obligada a pagar una determinada cantidad de dinero (contrato aleatorio conforme al artículo 1790 CC) pero no en concepto de intereses. Frente a dicha argumentación, tanto la empresa concursada como la Administración Concursal se alzan mediante el recurso de apelación que formula la primera y al que en una terminología hoy ya desfasada, se adhiere la segunda solicitando que se declare haber lugar a la aplicación de la suspensión de intereses ordenada por el artículo 59.1 al Contrato Marco de Gestión de Riesgos Financieros, suscrito con Bankinter S.A.; mientras que el promotor del incidente, Bankinter S.A., que ve rechazada su demanda incidental defiende las consideraciones de la sentencia, oponiéndose al recurso.

SEGUNDO Este Tribunal de apelación, teniendo en cuenta que los únicos datos con los que cuenta para el dictado de la presente resolución son los escritos de las partes, y un escueto documento, el nº 1 aportado con la demanda en el que se dice se contiene el histórico de liquidaciones realizadas de dicho contrato de cobertura, no puede sino mantener el análisis y consideraciones que el Juez a quo realiza sobre el citado contrato, también conocido como Swap de intereses, que traducido al español significa canje, trueque o cambalache (coloquialmente) y que de forma igualmente clara y comprensible para los no especialistas es objeto de análisis en la Sentencia de la Audiencia Provincial de Ciudad Real, Secc. 1ª de 18 de junio de 2009 (AC 2009, 1762) en la que se dice: "pudiendo definirse como un contrato por el que normalmente un banco y una empresa acuerdan intercambiar sobre un capital nominal de referencia los importes resultantes de aplicar un coeficiente diferente (en nuestro caso, tipos de interés fijos y variables) para cada uno de ellos, a un plazo determinado…La finalidad que se pretende con estos contratos es la mejora de la financiación de las empresas, sobre la base de intentar aminorar los perjuicios derivados de las fluctuaciones, lógicamente a la alza, de los tipos de interés variables. Pero sobre la base de esta finalidad lo cierto es que estamos ante un contrato de carácter aleatorio con tintes especulativos, en el que se juega con el diferencial de los intereses que se intercambian…"

El objeto del contrato no recae, como dice la representación de la concursada exclusivamente en pactos de intereses. El objeto, como expresa la sentencia impugnada es un intercambio (swap) de dinero, que en caso de ser positivo para el cliente por darse las condiciones pactadas normalmente irá destinado a pagar parte de las liquidaciones de los intereses de los productos financieros a los que se vincula el contrato marco, y en caso de ser negativo para el cliente, genera una deuda, pero no por intereses sino como principal adeudado. Ni el objeto ni la causa del contrato, en consecuencia, consisten en el establecimiento de una obligación de intereses, aunque sus condiciones se refieran a la subida o bajada de unos determinados tipos que se pactan previamente y con relación a los determinados períodos que también se fijan y estipulan dentro del de duración y vigencia del contrato, y su resultado sirva para ajustar al máximo los riesgos financieros derivados de aquellos otros productos pactados por las mismas partes. A tal efecto y como fundamento de tal interpretación es francamente significativo que la liquidación periódica a favor o en contra del cliente se realiza sobre un nominal convenido, y no sobre la deuda que pueda existir entre las partes a consecuencia de las relaciones crediticias que también les vinculan, por lo que difícilmente la cantidad que resulte de dicha liquidación puede tener la consideración de intereses, que por definición son o réditos producidos en contraprestación a la entrega de dinero (intereses remuneratorios) o indemnización de daños y perjuicios por el retraso en el pago de una deuda dineraria, (intereses moratorios). Todo ello lleva a desestimar el recurso de apelación formulado por la empresa concursada pues sus alegaciones, discrepando de tales razonamientos e interpretación, y manteniendo el propio que no hace sino reiterar que se trata de un pacto de ajuste de los tipos de interés convenidos en los otros productos y por tanto intereses sobre los que resulta aplicable el artículo 59.1 de la Ley, y con cita de doctrina sobre dicho precepto que en nada se opone a lo expresado en la sentencia recurrida y en esta misma sentencia, en opinión de la Sala no consiguen desvirtuar lo hasta aquí dicho. TERCERO La Administración

Concursal, además de apoyar la tesis del recurso principal que se acaba de rechazar, realiza otras alegaciones en su escrito solicitando de forma subsidiaria para el caso de que se rechazara su pretensión principal de que el crédito se calificara como subordinado, sea calificado como crédito ordinario y no contra la masa, como se solicitaba en la demanda incidental.

La Sentencia de instancia efectivamente en su fundamento primero en el que argumenta los motivos por los que se desestima la petición de inclusión del crédito como contingente, termina concluyendo que pendiendo el cumplimiento del transcurso de un plazo, hasta que no transcurra el mismo la obligación no es contingente sino inexigible, y que cumplido el plazo, si no se cumple lo pactado, ciertamente nacerá un crédito contra la masa.

En el motivo del recurso se argumenta, en apoyo de su pretensión de que se califique como crédito ordinario, la naturaleza de los créditos contra la masa, que define como aquellos que nacen tras la declaración del concurso, precisando de dos requisitos, el temporal y el teleológico, pues no todo crédito que aparece después de declarado el concurso tiene su causa en la necesidad de que el procedimiento concursal pueda desarrollarse y en la continuidad de la actividad del concursado, pudiendo existir créditos que pese a haberse originado otras la declaración del concurso, no tengan ese carácter de créditos contra la masa por tener su raíz última en contratos u operaciones preconcursales, que, se alega, es lo que ocurre en el caso de autos en el que lo que se hace es liquidar un contrato que existía antes del concurso y cuyo vencimiento —anticipado o no— se ha producido tras la declaración del mismo, de lo que deduce que tal liquidación no tendrá carácter de crédito contra la masa sino de crédito ordinario, citando en apoyo de tal tesis la sentencia dictada por el Juzgado de lo Mercantil de Barcelona de 19 de noviembre de 2008, con reproducción de sus diez fundamentos de derecho. La Sala se encuentra con la dificultad de que tales cuestiones no son tratadas ni desarrolladas en la sentencia que se recurre, pero no obstante habrá que tratarla por cuanto era una petición de la demanda incidental la de que llegado el vencimiento de la liquidación contractual se incluyera como crédito contra la masa y así parece que la sentencia lo considera aunque no lo desarrolle en su fundamentación. Pues bien, se considera que la pretensión de la Administración Concursal, no puede ser estimada. Este Tribunal sin perjuicio de aceptar y asumir los acertados razonamientos de la referida sentencia del Juzgado de lo Mercantil de Barcelona, que son seguidos por otras resoluciones de Juzgados Mercantiles como la del Juzgado de Palma de Mallorca de 11 de noviembre de 2009 (JUR 2010, 27101), no puede sino destacar que los mismos giran sobre un dato relevante y fundamental que en el caso presente no consta se haya producido, pues ni siquiera las partes en sus respectivos escritos lo refieren, cual es que estemos ante un contrato vencido o que haya sido vencido con motivo de la declaración del concurso y que no se cierren nuevas operaciones. Precisamente en el fundamento de derecho noveno de la resolución que se cita se dice: "Podemos admitir a lo sumo que, en aquellos casos en que la declaración de concurso se produzca durante la vigencia de un contrato de swap y la Administración concursal o el concursado (en función de si hay sustitución o intervención) confirmen nuevas operaciones en supuestos de continuidad de la actividad empresarial, técnicamente los saldos de las operaciones posteriores a la declaración de concurso negativos para el concursado deberían considerarse créditos con cargo a la masa, por aplicación del art. 61.2 de la LC. Sin embargo, siempre que el contrato haya vencido o haya sido resuelto con motivo de la declaración del concurso y no se cierren nuevas operaciones, el saldo resultante del «close-out netting» tendrá la consideración de crédito ordinario, aunque dicha liquidación se produzca con posterioridad a la apertura del procedimiento concursal, e incluso aunque la forma de cálculo del saldo neto incluya variables de cálculo referidas a los pagos pendientes que hubieran debido efectuarse tras dicha apertura". Esta Sentencia hace un detallado estudio de los contratos swap, como el objeto de nuestro caso, distinguiendo entre el propio contrato marco y las operaciones concretas de intercambio para cuya conclusión se pacta una comunicación entre los contratantes de una confirmación de dichas operaciones; y basa sus conclusiones que llevan a considerar en el caso que examina que el crédito es ordinario, precisamente en esa distinción, y fundada tal conclusión en la consideración del vencimiento anticipado del contrato basado en la declaración del concurso, que obliga a una liquidación, aún basada en cálculos posteriores a tal declaración, que en definitiva se ha devengado como cualquier otro crédito concursal, con anterioridad a tal declaración y todo ello para salvar la aplicación del artículo 61.2 de la Ley Concursal, que en definitiva es el que sirve para calificar el crédito como contra la masa, al derivar de un contrato vigente no resuelto por la simple declaración del concurso al contener obligaciones recíprocas pendientes de cumplimiento y en el que se establece que las prestaciones a cargo del concursado se realizarán con cargo a la masa. Es claro que en el caso, como ya hemos dicho, no puede extrapolarse la solución pues ningún dato autoriza a concluir que el contrato de autos esté vencido ni de forma anticipada por el Banco ni aún a instancia de la administración concursal, y según el documento aportado con la demanda, el vencimiento del contrato marco no se producirá hasta el 19 de octubre de 2010. Por ello, deberá desestimarse también el recurso formulado por la Administración Concursal».

Contrariamente a tales criterios se pronuncia en el siguiente sentido la Audiencia de Barcelona, pero considerando serias dudas de Derecho:

SAP Barcelona —5ª— n.º 51/2011, de 9 de febrero

«PRIMERO: Frente a la pretensión del Banco Santander, S.A. de que se califique su crédito derivado de un contrato de *swap* de tipos de interés, concertado con la concursada y pendiente de liquidación, como crédito contra la masa en virtud de lo previsto en el art. 16 del RDL 5/2005, la sentencia dictada en primera instancia entiende que la invocada disposición legal no afecta a la consideración del crédito como contra la masa o concursal, y que de conformidad con el art. 61 LC, como no se trata de un contrato con obligaciones recíprocas pendientes de cumplimiento por ambas partes, por la entidad financiera y por la concursada, el crédito del Banco Santander debe ser reconocido como crédito concursal ordinario, aunque contingente respecto de las liquidaciones pendientes.

En su recurso de apelación, el Banco Santander argumenta que la actual redacción del art. 16 RDL 5/2005, como consecuencia de su modificación por la Ley de Servicios de Pagos de 13 de noviembre de 2009, confirma la interpretación que de la originaria redacción hacía la demanda, esto es: que, en tanto se mantenga vigente el acuerdo de compensación contractual, resulta de aplicación el primer párrafo del art. 61.2 LC, razón por la cual la obligación pendiente de cumplimiento por la concursada debe considerarse como crédito contra la masa.

SEGUNDO: No se discute por las partes que el crédito invocado por Banco Santander es el resultante de las liquidaciones pendientes de un *swap* sobre intereses concertado con la concursada. A través de este contrato las partes se comprometen a intercambiar flujos de efectivo a intervalos temporales regulares durante un cierto periodo, estando los intercambios futuros de dinero referenciados a tipos de interés. Se trata de una permuta financiera sobre tipo de interés, por la cual las partes acuerdan intercambiarse entre sí el pago de cantidades resultantes de aplicar un tipo fijo y un tipo variable sobre un importe nominal y durante un período de duración acordado. Pero aunque se hable de "permuta financiera y de intercambio de los flujos derivados de la aplicación de un tipo de interés u otro", lo cierto es que del contrato no nacen obligaciones compensables, ni siquiera automáticamente, sino que el referido intercambio de flujos forma parte del mecanismo de cálculo o determinación, al tiempo de realizar la preceptiva liquidación, de una única obligación, para una de las partes. En concreto, y a los efectos que ahora nos interesan, de este contrato, con cada liquidación, no nacen obligaciones para ambas partes que automáticamente se compensan, sino que tan sólo cabe identificar una única obligación, tras la correspondiente liquidación, que puede ser a cargo de una o de otra parte.

El Banco sostiene que, por haberse convenido estas operaciones de *swap* en el marco de un acuerdo de compensación contractual, resulta de aplicación el RDL 5/2005, de 11 de marzo, y en concreto su art. 16. Según la redacción vigente de este precepto al tiempo de formularse la demanda, en concreto su apartado 1, "*La declaración del vencimiento anticipado, resolución, terminación, ejecución o efecto equivalente de las operaciones financieras realizadas en el marco de un acuerdo de compensación contractual o en relación con éste no podrá verse limitada, restringida o afectada en cualquier forma por la apertura de un procedimiento concursal o de liquidación administrativa*". El Banco, ahora apelante, entiende que esta dicción literal del precepto presupone el reconocimiento de que el crédito resultante de la liquidación debe ser crédito contra la masa. Y para reforzar este razonamiento de su demanda, en el escrito de apelación añade que la posterior reforma del art. 16 RDL 5/2005, operada por la Ley 16/2009, de 13 de noviembre, de Servicios de Pago, ha incorporado un segundo párrafo al apartado 2, que no da lugar a dudas acerca de la correcta consideración de aquellos créditos como créditos contra la masa: "*En caso de concurso, en tanto se mantenga vigente el acuerdo de compensación contractual, será de aplicación lo dispuesto en el primer párrafo del artículo 61.2 de la Ley Concursal. Si el acuerdo fuese resuelto con posterioridad a la declaración de concurso, será de aplicación lo establecido en el artículo 62.4 de la Ley Concursal*".

Frente a esta pretensión y argumentación, hemos de hacer varias consideraciones previas. La primera de ellas tiene que ver con la aplicabilidad de esta normativa al presente *swap* sobre intereses. La aplicación del art. 16 RDL 5/2005 presupone la existencia de un acuerdo de compensación contractual del art. 5 RDL 5/2005, y este acuerdo requiere una pluralidad de operaciones financieras incluidas o afectadas por este acuerdo de compensación contractual. El art. 5.1 RDL 5/2005, cuando se refiere al contenido de los acuerdos de compensación contractual, expresamente dispone que lo regulado en ese capítulo "*se aplicará a las operaciones financieras que se realicen en el marco de un acuerdo de compensación contractual o en relación con él, siempre que el acuerdo prevea la creación de una única obligación jurídica que abarque todas las operaciones incluidas en dicho acuerdo y en virtud de la cual, en caso de vencimiento anticipado, las partes sólo tendrán derecho a exigirse el saldo neto del producto de la liquidación de dichas operaciones. El saldo neto deberá ser calculado conforme a lo establecido en el acuerdo de compensación contractual o en los acuerdos que guarden relación con este*". De este modo, la existencia de una pluralidad de operaciones financieras es un requisito esencial y estructural para la aplicación de las normas relativas al acuerdo de compensación contractual. En nuestro caso, aparte del *swap* de intereses, no se ha mencionado ni justificado la existencia de otras operaciones financieras incluidas o afectadas por el acuerdo de compensación contractual. El *swap* sobre intereses es una única operación financiera, sin perjuicio de que se vayan produciendo las liquidaciones periódicas y sucesivas en el tiempo. Por esta razón, si en el marco de un acuerdo de compensación o en relación con él tan sólo se ha realizado una operación financiera, el *swap* sobre tipos de interés, no cabe hablar de compensación alguna a los efectos del art. 5 RDL 5/2005 y por ende no resulta de aplicación el art. 16.1 RDL 5/2005.

TERCERO: Pero, aunque entendiéramos de aplicación el art. 16 RDL 5/2005, de este precepto tampoco se deriva la calificación del crédito pretendida por el Banco. Así se deduce de la consideración de lo que dice el precepto y de lo que no dice.

Si volvemos sobre la transcripción del precepto, especialmente del apartado 1 ("*La declaración del vencimiento anticipado, resolución, terminación, ejecución o efecto equivalente de las operaciones financieras realizadas en el marco de un acuerdo de compensación contractual o en relación con éste no podrá verse limitada, restringida o afectada en cualquier forma por la apertura de un procedimiento concursal o de liquidación administrativa*"), advertiremos que se limita a proclamar un efecto inmunizador del acuerdo de compensación y de las operaciones financieras incluidas o afectadas por él, respecto del concurso de una de las partes. En concreto se refiere a que no se verá afectado por la previsión contenida en art. 61.3 LC, que deja sin efecto las cláusulas que establezcan la facultad de resolución o la extinción del contrato por la sola causa de la declaración de concurso de cualquiera de las partes.

La previsión anterior se complementa con el apartado 2 del art. 16 RDL 5/2005, cuando dispone que "*(E)n los supuestos en que una de las partes del acuerdo de compensación contractual se halle en una de las situaciones previstas en el apartado anterior, se incluirá como crédito o deuda de la parte incursa en dichas situaciones exclusivamente el importe neto de las operaciones financieras amparadas en el acuerdo, calculado conforme a las reglas establecidas en él*". Esta norma se preocupa de que el acuerdo de compensación produzca efectos dentro del concurso, sin que se vea afectado por la prohibición de compensación del art. 58 LC, de tal forma que dentro del concurso se reconozca el importe resultante de la compensación, conforme a lo previsto en el art. 5 RDL 5/2005. Al no establecer nada en contra, la norma presupone que el saldo resultante de la compensación de los créditos y deudas derivados de las operaciones financieras afectadas por el acuerdo de compensación, una vez liquidadas, tendrá la consideración que merezca de conformidad con la Ley Concursal.

En este sentido es muy significativo que en la normativa anterior, derogada por el RDL 5/2005, bajo la vigencia de los anteriores procedimientos concursales, existía una regla similar que, sin embargo, expresamente atribuía a este crédito la consideración de crédito o deuda contra la masa (en terminología antigua). Así lo introdujo la acio. Adic. 41ª Ley 66/1997 que, al añadir el punto 4 a la acio. Adic. 7ª Ley 3/1994, introdujo un párrafo cuarto con el siguiente tenor: "*En los supuestos en que una de las partes del acuerdo de compensación contractual se halle en una de las situaciones concursales previstas en el apartado anterior, se incluirá como crédito o deuda de la masa exclusivamente el importe dentro de las operaciones financieras amparadas en el acuerdo, calculado conforme a las reglas establecidas en el mismo*". Con posterioridad, la acio. Adic. 10ª.3.II Ley 37/1998 mantuvo la misma redacción, aunque corrigió la errata de "importe dentro" por "importe neto". Bajo está normativa no existía duda de que el saldo resultado de los acuerdos de compensación debía considerarse dentro del concurso como crédito contra la masa. Pero, como ha advertido recientemente algún autor, esta previsión cambió con el art. 16.1º Ley 44/2002 que modificó la acio. Adic. 10ª Ley 37/1998 en los siguientes términos: "*En los supuestos en que una de las partes del acuerdo de compensación contractual se halle en una de las situaciones concursales previstas en el párrafo anterior, se incluirá como crédito o deuda de la parte incursa en dichas situaciones exclusivamente el importe neto de las operaciones financieras amparadas en el acuerdo, calculado conforme a las reglas establecidas en el mismo...*". Con la promulgación del RDL 5/2005, esta disposición quedó derogada y esta referencia en cuestión pasó directamente al art. 16.2, con la misma redacción. No existe duda de que clara y conscientemente se suprime la referencia a la consideración de deuda de la masa, con lo que ello comporta, que es dejar en cada caso la consideración a lo que resulte de la aplicación de la normativa concursal. Entonces era, básicamente, la normativa de la quiebra y de la suspensión de pagos y, tras la entrada en vigor de la Ley Concursal, el 1 de septiembre de 2004, pasó a ser la regulación del concurso de acreedores contenida en esta última norma.

Es cierto que la posterior Ley 16/2009, de 13 de noviembre, de Servicios de Pago ha incorporado un nuevo párrafo segundo al art. 16.2 RDL 5/2005, pero sin suprimir el anterior. Según este nuevo párrafo: "*En caso de concurso, en tanto se mantenga vigente el acuerdo de compensación contractual, será de aplicación lo dispuesto en el primer párrafo del artículo 61.2 de la Ley Concursal. Si el acuerdo fuese resuelto con posterioridad a la declaración de concurso, será de aplicación lo establecido en el artículo 62.4 de la Ley Concursal*". De todas formas, al margen de la interpretación que merezca este nuevo precepto, esta norma no altera la anterior conclusión porque no resulta de aplicación a nuestro caso, ya que es posterior a la formulación de la demanda, ni tampoco sirve para interpretar la regulación anterior, pues no cumple esta función, amén de que su redacción plantea numerosas dudas interpretativas, que quedarán para futuras controversias.

CUARTO: Después de lo argumentado hasta ahora, la consideración del crédito que resulte de la liquidación del *swap* sobre tipos de interés objeto de este incidente concursal deberá quedar al albur de la aplicación que hagamos de las reglas contenidas en el art. 61 LC, y más en concreto de si consideramos que el contrato es de obligaciones recíprocas y, además, está pendiente de cumplimiento por ambas partes, o, por el contrario carece de esta naturaleza.

El contrato con obligaciones recíprocas es algo más que un contrato bilateral, obra común de dos personas o partes, que de común acuerdo configuran su contenido. La reciprocidad de prestaciones guarda relación con la categoría de contratos sinalagmáticos, en que existen obligaciones para ambas partes que, además, están vinculadas, en la medida en que la prestación asumida por una de las partes es causa de la contraprestación de la otra. Este vínculo o nexo se denomina técnicamente sinalagma y opera tanto en el nacimiento de la relación obligatoria (sinalagma genético) como en el cumplimiento de la obligación (sinalagma funcional). De este último se deriva la regla de la prestación simultánea, pues, como se ha puesto de relieve por la doctrina, la reciprocidad de las obligaciones se proyecta sobre la exigibilidad de las prestaciones, y así —por virtud de esta recíproca condicionalidad o interdependencia funcional— ninguno de los contratantes está facultado para compeler al otro a que cumpla su prestación antes de que él lo haga con la correlativa. El art. 61.2 LC, cuando se refiere al carácter recíproco de las obligaciones y a que estén pendientes de cumplimiento por ambas partes, se está refiriendo a que las obligaciones contractuales pendientes de cumplimiento están interrelacionadas, en la medida en que las de una parte tienen esta vinculación funcional con las de la otra, de modo que resulta injusto exigir el cumplimiento de la parte *in bonis* y que la del concursado pase a ser crédito concursal. Estas razones de justicia no se dan cuando el contrato carece de esta interdependencia funcional, pues las prestaciones pendientes de cumplimiento para una de las partes, en este caso para la concursada, no guardan relación causal con las que pudieran derivarse en el futuro para la otra.

De hecho, en el contrato de *swap* de cada liquidación periódica aflora una única obligación para una sola de las partes, sin perjuicio de que en futuras liquidaciones, por el cambio de las circunstancias, pudiera surgir alguna otra obligación para la otra parte. Pero se trata de obligaciones que, si bien nacen del mismo contrato, no traen causa unas de otras, son desde esta perspectiva autónomas.

Prueba de ello es que el *swap* sobre tipos de interés reúne los requisitos con que la doctrina caracteriza los contratos aleatorios: la indeterminación inicial del resultado; la dependencia definitiva del mismo de circunstancias aleatorias que lo hacen incierto; y la voluntariedad de las partes al asumir ese riesgo. A diferencia de los contratos conmutativos, en los que cada parte sabe desde su perfección el contenido de cada prestación, en los contratos aleatorios las partes quedan expuestas desde su perfección a unos resultados (positivos o negativos) que sólo son verificables cuando se produce el evento previsto, en nuestro caso: el tipo aplicable a la fecha convenida de cada liquidación periódica. Por eso, como se ha afirmado en la doctrina, el *swap* sobre tipos de interés encierra una apuesta bilateral, ya que las dos partes quedan obligadas desde que se confirma la operación de *swap*, pero sólo una de ellas ejecutará su prestación en cada liquidación periódica según el resultado del cálculo que corresponda a dicha liquidación.

En consecuencia, no cabe hablar de obligaciones recíprocas pendientes de cumplimiento por ambas partes, pues en cada una de las liquidaciones lo será por alguna de las partes. Por ese motivo, no entran dentro del presupuesto previsto en el art. 61.2 LC, que afecta tan sólo a los "*contratos con obligaciones recíprocas pendientes de cumplimiento tanto a cargo del concursado como de la otra parte*". El *swap* podría dar lugar a obligaciones para ambas partes, pero no serían recíprocas, sino autónomas, razón por la cual no merecen el tratamiento previsto en el art. 61.2 LC.

Por ello, debemos confirmar la calificación de crédito concursal que el juzgado mercantil hace del crédito a favor del Banco Santander, S.A. surgido o que pueda surgir, tras futuras liquidaciones, del contrato de *swap* concertado con la concursada.

QUINTO: A pesar de lo argumentado y concluido, el tribunal no deja de tener serias dudas de derecho, que justifican la no imposición de costas en esta alzada, aun cuando la apelación haya sido desestimada...»

Interesante es del mismo modo destacar al respecto de la calificación del *swap*, la siguiente Jurisprudencia menor:

SJM-4 Barcelona 28.09.2009

«Las permutas financieras de intereses (swap de intereses)

2. La segunda cuestión planteada por el Banco de Santander se refiere a la clasificación de los créditos derivados de las permutas financieras de intereses. Ante todo me gustaría precisar la cuestión que aquí se suscita se limita a determinar el tratamiento y clasificación en el procedimiento concursal de este tipo de contratos.

3. Según Sergio Zamorano Roldan el swap es "un contrato bilateral en virtud del cual cada una de las partes se obliga a entregar a la otra, en los términos pactados, sumas de dinero determinadas o determinables según parámetros objetivos, y calculadas sobre un capital de referencia invariable".

4. De los diferentes tipos posibles de swap, el que ahora nos interesa el llamado swap de intereses. Este tipo viene definido en el modelo de contrato marco de operaciones financieras, redactado por la Asociación Española de Banca Privada

(Pág. 10) como "aquella operación (léase contrato) por la que las partes acuerdan intercambiarse ente si pagos de cantidades resultantes de aplicar un tipo fijo y un tipo variable sobre un importe nominal y durante un periodo de duración acordada".
5. En nuestro caso simplificado, para tratar de hacer comprensible algo realmente difícil de entender, se trata de un contrato suscrito entre el banco y su cliente (el concursado), por el que ambas partes se obligan recíprocamente pagar la suma de dinero, resultante de aplicar un determinado tipo de interés diferente (fijo contra variable, variable contra variable) calculado sobre un determinado importe de capital. Este contrato es objeto de liquidaciones periódicas en función de las cuales el Banco o el cliente resultan acreedores o deudores.
6. En general este tipo de acuerdos (swaps) pueden nacer como contratos autónomos, pero también pueden configurarse como contratos vinculados a otras operaciones de pasivo. Concretamente lo habitual en los swap de intereses es que el importe nominal sobre el que se aplican los diferentes tipos de interés pactados, venga determinado por el importe del capital prestado por el banco al cliente en otra u otras operaciones de pasivo. De esta manera el swap de intereses no se suele configurar como un contrato autónomo, sino un contrato vinculado a otro principal que es el contrato de préstamo o crédito, mediante el cual se modifica el pacto de intereses.
7. La causa concreta de este tipo de swaps es reducir los riesgos de las oscilaciones de los tipos de intereses y con ellos reducir los costes financieros de las operaciones crediticias, no es sencillamente la especulación. Por ello, han de vincularse esas operaciones, la operación de préstamo o crédito y la permuta financiera, cuya suerte han de seguir, y clasificarse conjuntamente con ellas.
8. Desde este punto de vista, el swap es un contrato que modifica el pacto de intereses de un préstamo, mediante una apuesta o, si queremos, una previsión, relacionada con la oscilación anual de los tipos de interés, de tal manera que si el prestatario gana, el banco tiene que devolver parte de los intereses recibidos por ese préstamo, si es el banco quien gana el prestatario ha de pagar un interés superior al que estaba pactado en el préstamo.
9. Por ello entiendo que, desde el punto de vista concursal, el contrato de swap de intereses ha de seguir la clasificación que corresponde al contrato al que está vinculado. Los pagos que el concursado ha de hacer como consecuencia de la liquidación son intereses, por lo que han de ser clasificados como subordinados (art. 92.3 LC).
10. Si por casualidad fuera el concursado el que hubiera que recibir pagos del banco, estos irían a disminuir el crédito del banco por intereses, pero el banco tampoco tendría que pagar al concursado, manteniendo conforme el art. 16 RDL 5/2005 la validez del acuerdo de compensación contractual. Se trata de liquidar los intereses que el concursado tiene que pagar y clasificarlos oportunamente como subordinados.
11. Excepcionalmente, cuando el contrato swap venga vinculado a un contrato de crédito vigente en el momento de declaración de concurso, que no haya sido resuelto unilateralmente por la entidad financiera como consecuencia de dicha de-

claración, en coherencia con aquella postura, el crédito derivado de la liquidación del contrato de crédito, incluidos sus intereses, ha de ser considerado como un crédito contra la masa, art. 61.2 LC, por tratarse de un contrato de prestaciones reciprocas pendientes de cumplimiento por ambas partes a la fecha de la declaración de concurso.

12. En la hipótesis que la permuta financiera o swap de interese fuese un contrato autónomo, no vinculado a otras operaciones financieras, hay dos opciones, la primera, consiste en considerar el contrato como un contrato bilateral, con obligaciones pendientes de cumplimiento por ambas partes después de la declaración de concurso, y, la segunda, considerar que se trata de un contrato sobre el pago de intereses de un importe nominal.

13. La primera opción obligaría a clasificar el crédito derivado de la liquidación como una crédito contra la masa, art. 61.2 LC, y por tanto prededucible de la masa, art. 154 LC. El resultado de esa valoración es absolutamente irracional desde principio concursal, ya que a un contrato meramente especulativo, en el que no hay trasferencia de capital, pero en el que los pagos son el resultado del cálculo de unos intereses, se le daría un tratamiento mucho más beneficioso que a un préstamo, en que ha habido transferencia de capital, cuyos intereses, retributivos o moratorios, se subordinaban.

14. En la segunda opción chocamos con un problema respecto de la naturaleza de los pagos, ya que no son estrictamente hablando intereses. El importe nominal, sobre el que se aplican los tipos pactados, no responde a una transmisión de capital, por lo que los pagos no son técnicamente a intereses, entendido éstos como la retribución o producto de un capital. Ahora bien, no cabe la menor duda que todos lo cálculos se hace como si de intereses se trataran sobre un capital ficticio (nominal), pero lo que creo que deben de tener el mismo tratamiento concursal como si se tratara de intereses en sentido estricto, solución que es la que creo que debo de seguir al ser más acorde con las reglas generales del concurso.

15. Declarado el concurso el art. 59 LC impone la suspensión del devengo de intereses, por ello declarado el contrato deben de extinguirse los contratos de permuta financiera de intereses por efecto de la ley. Esas operaciones deben de ser liquidadas por el banco a la fecha de declaración de concurso, art. 16 del RDL 5/2005, ya que la declaración de concurso no debe afectar a esas operaciones, y su resultado debe ser considerado como un crédito concursal y subordinado, conforme lo previsto en el art. 92.2 LC, al tratarse de un crédito de intereses anterior a la declaración de concurso.

16. Resumiendo, la administración concursal debe:

A) Determinar si el contrato de swap está vinculado a algún otro contrato de préstamo o crédito.

A.1. Si se trata de un contrato de préstamo o un contrato de crédito resuelto a la fecha de la declaración de concurso, la operación de permuta financiera de intereses debe ser liquidada a esa misma fecha, su resultado sumado o restado de la deuda de intereses que la póliza principal haya generado, reconocer el resultado y clasificarlo como un crédito subordinado.

A.2. En el supuesto que se tratara de un contrato vinculado a un contrato de crédito vigente después de la declaración del concurso, deberá, o bien, procederse a su resolución conforme a lo previsto en el art. 61 LC, o bien, caso de no instarse su resolución por ser de interés para el concurso, deberá de ser considerado como un crédito contra la masa como lo sería el crédito derivado de la póliza de crédito vigente, art. 61.2 LC.

B) Si la administración concursal no puede vincular el contrato de permuta financiera a ninguna operación de pasivo, de tal manera que se tratara de un contrato autónomo, deberá considerarse extinguido el contrato a la fecha de declaración del concurso, el banco debe de proceder a su liquidación a esa fecha y la administración concursal debe de reconocer el resultado y clasificar como un crédito subordinado...»

17. En definitiva se trata de clasificar las obligaciones derivadas de los swaps de intereses, como lo que realmente son, intereses de un importe nominal, normalmente vinculado a determinadas operaciones de pasivo concertadas entre el Banco y la concursada, pero en cualquier caso intereses...»

SJM-2 Barcelona 19.11.2008

"PRIMERO El artículo 96 de la Ley Concursal permite a cualquier interesado impugnar el inventario de bienes y la lista de acreedores dentro del plazo de diez días a contar desde la comunicación a que se refiere el apartado segundo del artículo 95. En el presente caso, están contestes las partes con la existencia del crédito de la impugnante derivado del Contrato Marco de Operaciones financieras de fecha 27 de mayo de 2007, así como en cuanto a su carácter contingente al hallarse vigente y pendiente de liquidar. Discrepan únicamente la Administración concursal y la entidad bancaria impugnante en el carácter ordinario que la lista de acreedores atribuye al citado contrato de permuta financiera de intereses (swap). La representación procesal de Banco Santander, SA se opone a la misma por entender que dicho crédito debiera haberse calificado como crédito contra la masa, a cuyo efecto se invocan los arts. 62, 63 y 84 de la LC, así como los arts. 2, 16 y Disp. Adic. 1ª del RDL 5/2005, de 11 de marzo.

SEGUNDO No existiendo tampoco disputa respecto a la vigencia de esta última norma, así como a su aplicabilidad al supuesto de autos, hemos de ceñirnos a la interpretación de su art. 16, que básicamente es el punto que enfrenta a los litigantes. Señala este precepto que la declaración del vencimiento anticipado, resolución, terminación, ejecución o efecto equivalente de las operaciones financieras realizadas en el marco de un acuerdo de compensación contractual o en relación con este no podrá verse limitada, restringida o afectada en cualquier forma por la apertura de un procedimiento concursal o de liquidación administrativa; añadiéndose a renglón seguido que cuando una de las partes en el referido acuerdo se halle en una de las situaciones previstas en el apartado anterior, se incluirá como crédito o de deuda de la parte incursa en dichas situaciones exclusivamente el importe neto de las operaciones financieras amparadas en el acuerdo conforme a las reglas establecidas en él. La parte impugnante deduce de la norma transcrita el carácter de crédito contra la masa, invocando una interpretación teleológica del precepto, cuyo objeto y fin sería separar las vicisitudes de este tipo de acuerdos de los procedimientos de insolvencia, lo que redundaría en una mayor confianza respecto a este tipo de contratos y sus posibilidades de negociación en un mercado globalizado. Dicha confianza exigiría la inmediata satisfacción del crédito derivado del mismo tan pronto se produzca su vencimiento y sea líquido, lo que únicamente sería compatible con una calificación del mismo como crédito contra la masa. TERCERO Dicha interpretación no es compartida por la Administración concursal, para la cual la exigencia de que el crédito «se incluya» que el precepto recoge no conlleva en modo alguno su calificación como crédito contra la masa, poniendo el acento en aras de una interpretación literal en el hecho de que las alusiones que hace la LC a la «inclusión» de créditos siempre tienen por objeto créditos distintos de los existentes contra la masa, que deben figurar forzosamente en relación separada (art. 94 LC *in fine*). Alega además la Administración concursal que la expresión «créditos» para referirse a las deudas contra la masa es inexacta (pese al tenor de numerosos preceptos de la Ley Concursal), siendo lícito entender que el Legislador (*rectius* el Gobierno), consciente de tales críticas, pudo querer emplear con mayor propiedad el término en la norma citada, lo que abonaría la calificación como crédito ordinario. Se recurre por último a una interpretación dogmática y sistemática del precepto, apelando a la definición jurisprudencial del concepto de «créditos contra la masa» como «aquellos créditos que surgen con posterioridad a la declaración del concurso y hacen posible el procedimiento» de la que la que quedaría claramente excluida la liquidación de un contrato de *swap*. CUARTO Como primera aproximación, conviene recordar que la actual normativa concursal se inspira reconocidamente en un principio que en términos coloquiales ha dado en llamarse de «poda de privilegios», lo que supone que toda alteración del principio *par conditio* en beneficio de acreedores singulares (ya sea por su calificación como acreedores privilegiados o por la inclusión de su crédito en la categoría de «créditos contra la masa») debe ser objeto de interpretación estricta, sin posibilidad de ampliación o extensión analógica respecto a los supuestos claramente delimitados en el texto de la Ley. Sentada esta premisa, es obvio que la parte impugnante extrae del art. 16 del RDL 5/2005 una consecuencia que el precepto ciertamente no menciona. Asimismo, el objeto y fin de la citada norma (interpretación teleológica) no parece que sea rectificar la exhaustiva enumeración de supuestos que la LC considera (impropiamente o no en cuanto a la expresión) «créditos contra la masa», sino dar respuesta a la específica problemática planteada por los contratos de swap en el ámbito concursal. El examen de dicha problemática nos obliga a describir en primer lugar de forma sucinta la naturaleza jurídica y dinámica de esta figura contractual, para aclarar después el significado de la previsión recogida en el art. 16 del RDL 5/2005, prestando atención a sus antecedentes y equivalentes en Derecho comparado.

QUINTO Comenzando por el primero de los citados puntos, sin ánimo alguno de exhaustividad, nos basta con señalar que las operaciones de permuta financiera o swaps constituyen contratos en los que dos agentes económicos acuerdan intercambiar flujos monetarios, expresados en una o varias divisas, calculados sobre diferentes tipos o índices de referencia que pueden ser fijos o variables, durante un cierto período de tiempo. Dichos contratos pueden revestir diversas modalidades en función del objeto de la permuta, pudiéndose distinguir entre *swaps* de tipos de interés, de divisas, de *commodities* o de materias primas y de acciones. En el *swap* de tipos de interés como el que aquí nos ocupa, las dos partes acuerdan, durante un período de tiempo establecido, un intercambio mutuo de pagos periódicos de intereses nominados en la misma moneda y calculados sobre un mismo principal pero con tipos de referencia distintos. En esta modalidad de swaps, no hay flujos de pagos en concepto de principal (que es un importe meramente nocional), liquidándose normalmente por diferencias los saldos respectivos entre las partes contratantes recurriendo a la compensación. Así, en el supuesto más habitual, una de las partes acostumbra a pagar intereses a tipo variable en función del EURIBOR o LIBOR, mientras que la otra lo hace a un tipo fijo (lo que se conoce como *swap* de fijo contra variable o «coupon swaps»); aunque también cabe el intercambio de flujos de intereses variables (swaps de variable contra variable o «basis swaps»), ya sea con distinta periodificación (EURIBOR a tres meses contra EURIBOR a seis meses) o con distinta indexación (EURIBOR a tres meses contra LIBOR a tres meses, etc.). Se trata en definitiva de operaciones de cobertura del riesgo de tipo interés, que permiten a los operadores económicos con endeudamiento a tipos de interés variable protegerse de la fluctuación en los tipos de intereses, convirtiendo deudas con intereses fijos en variables, o con intereses variables en fijos o variables con distinta indexación.

SEXTO Una importante distinción que nos introduce directamente en la problemática que plantean los *swaps* en los casos de insolvencia es la diferencia existente entre «contratos de *swap*» y «operaciones de *swap*». En el supuesto más frecuente en el mercado (que es el que por cierto aquí también se produce) las partes suscriben un contrato marco (también llamado «contrato único») en el que se determinan las definiciones, pactos y condiciones propios del swap. El contrato marco establece el régimen general al que quedarán sujetas las operaciones concretas de intercambio entre las partes, para cuya conclusión basta la comunicación entre los contratantes de una confirmación, habitualmente en formulario tipo acompañado como Anexo al contrato. En este escenario, cada confirmación no supone la celebración de un nuevo contrato, integrándose todas las operaciones en un mismo y único contrato de tracto sucesivo. Llegada la finalización del «contrato marco», todas las obligaciones pendientes de ser cumplidas se liquidan mediante un procedimiento que en términos bancarios acostumbra a denominarse de «close-out netting». Esta liquidación no supone sino una compensación de los saldos positivos y negativos resultantes las operaciones de *swap* ya concluidas, así como las pendientes de conclusión.

SÉPTIMO Es en este punto de la liquidación, mediante compensación de saldos, en que los *swaps* comienzan, en Derecho comparado, a chocar con la regulación que en el marco de los procedimientos de insolvencia se impone para los contratos sinalagmáticos: tomando como marco de referencia el art. 61 de nuestra LC, la declaración de concurso no afecta a la vigencia de los contratos con obligaciones recíprocas pendientes de cumplimiento, si bien la administración concursal (en caso de suspensión) o el propio concursado (en caso de intervención) pueden solicitar la resolución judicial del contrato si lo estiman conveniente al interés del concurso. La posibilidad de que la Administración Concursal pueda resolver «operaciones puntuales de *swap*» desfavorables y mantener otras beneficiosas (lo que la doctrina anglosajona denomina con expresión «cherrypicking», gráficamente traducible por «elección de las mejores cerezas»), llevó a la introducción en numerosas legislaciones nacionales (se cita a título de ejemplo como primer precedente en Derecho norteamericano, la *Financial Institution Reform, Recovery and Enforcement Act* de 9 de agosto de 1989), de cláusulas de excepción en el ámbito concursal para los contratos de swap. Dichas cláusulas permiten, cuando una de las partes en el contrato sea una entidad financiera, anticipar la finalización del contrato y compensar los créditos de la institución bancaria con los del concursado que deriven del mismo contrato, partiendo de la premisa que todas las operaciones de swap integran un único contrato. Obsérvese que dicho régimen especial podría chocar en nuestro Derecho concursal por lo menos con dos previsiones genéricas de la Ley 8/2003, a saber: a) con el art. 61.3 de la LC, que declara ineficaces las cláusulas que establecen la facultad de resolución del contrato por la sola causa de declaración del concurso y b) con el art. 58 de la LC, en cuya virtud declarado el concurso no procede la compensación de los créditos y deudas del concursado, produciendo sus efectos la compensación únicamente cuando sus requisitos hubieran existido con anterioridad a la declaración del concurso.

OCTAVO Justamente la resolución de la problemática expuesta es lo que persigue el art. 16 del RDL 5/2005, que ciertamente no es novedosa pues en esencia viene a recoger la regulación que anteriormente ya venía plasmada en la Disp. Adic. 10ª de la LNMV. El precepto resumidamente establece: a) una autorización para la inclusión de cláusulas de resolución o vencimiento anticipado de los contratos de swap en caso de declaración de concurso; b) la consideración unitaria de todas las operaciones de permuta financiera incluidas en un mismo contrato marco, debiendo incluirse como crédito únicamente el saldo neto de todas las operaciones comprendidas; c) la autorización para la realización de las operaciones de compensación que sean necesarias, ya sean posteriores o anteriores a la declaración del concurso, quedando en este último caso a salvo de posibles acciones de reintegración. Se trata en definitiva de una regulación que aclara y simplifica el reflejo de las operaciones de swap en la determinación de la masa pasiva y al mismo tiempo excepciona diversas restricciones o prohibiciones que la normativa concursal impone para el resto de contratos sinalagmáticos, en particular en lo concerniente a la compensación y a la prohibición de cláusulas de vencimiento anticipado por insolvencia.

NOVENO Pues bien, ninguno de los mencionados fines u objetivos prejuzgan una calificación del crédito nacido de la permuta financiera como crédito contra la masa. Podemos admitir a lo sumo que, en aquellos casos en que la declaración de concurso se produzca durante la vigencia de un contrato de *swap* y la Administración concursal o el concursado (en función de si hay sustitución o intervención) confirmen nuevas operaciones en supuestos de continuidad de la actividad empresarial, técnicamente los saldos de las operaciones posteriores a la declaración de concurso negativos para el concursado deberían considerarse créditos con cargo a la masa, por aplicación del art. 61.2 de la LC. Sin embargo, siempre que el contrato haya vencido o haya sido resuelto con motivo de la declaración del concurso y no se cierren nuevas operaciones, el saldo resultante del «*close-out netting*» tendrá la consideración de crédito ordinario, aunque dicha liquidación se produzca con posterioridad a la apertura del procedimiento concursal, e incluso aunque la forma de cálculo del saldo neto incluya variables de cálculo referidas a los pagos pendientes que hubieran debido efectuarse tras dicha apertura. Fuera de los créditos salariales de los por los últimos treinta días de trabajo anteriores a la declaración del concurso, el artículo 84 de la Ley Concursal atribuye la consideración de créditos contra la masa a los gastos que sostienen el concurso como procedimiento o a los generados por la actividad empresarial del deudor tras la declaración del concurso. El hecho de que el contrato bancario se liquide una vez declarado el concurso no justifica la calificación de crédito contra la masa a un saldo deudor que se ha devengado, como cualquier otro crédito concursal, con anterioridad a la declaración y que se ha contraído sin la intervención de la administración concursal.

DÉCIMO Las partes están conformes con que el contrato de swap, en el presente caso, no ha sido liquidado. De ahí su carácter contingente, de acuerdo con el artículo 84.3º, carácter que este tribunal no puede revisar por no haber sido objeto de impugnación y por mostrarse las partes de acuerdo con dicha calificación. Ahora bien no se alega ni acredita que tras la declaración de concurso el contrato haya mantenido una vigencia real, mediante la confirmación de nuevas operaciones swaps, por lo que, al entender de este tribunal, no puede atribuirse la calificación de crédito contra la masa al saldo neto del contrato como se pretende mediante esta impugnación. La extinción de un contrato con obligaciones recíprocas tras la declaración de concurso no implica, en todo caso, que el saldo a favor del tercero tenga la consideración de crédito contra la masa. Es necesario que así se disponga expresamente, como acontece con las resoluciones por incumplimientos posteriores a la declaración del artículo 62, último párrafo. En el caso de la demandante no existe norma alguna que justifique la calificación pretendida, por lo que procede desestimar la demanda incidental…»

Pero, la Jurisprudencia va cambiando, conforme se va apreciando el conocimiento de este producto bancario y así, la propia Audiencia Provincial de Barcelona, entre otros Tribunales, va cambiando su criterio en el sentido de considerar que a las permutas de tipos de interés no le son de aplicación las disposiciones del RDL 5/2005, de 11 de marzo y, por tanto, las liquidaciones posteriores a la declaración de concurso tienen naturaleza de crédito concursal y no contra la Masa:

SAP Barcelona —15.ª— n.º 160/2012, de 26.04.2012:

«...Tal como expone el Sr. Magistrado, estimamos que a la permuta financiera de tipos de interés objeto de este incidente no le es aplicable el régimen especial previsto en el RDL 5/2005. Entendemos que la existencia de una pluralidad de operaciones financieras es un requisito esencial y estructural para la aplicación de las normas relativas al acuerdo de compensación contractual. Como señala el Sr. Magistrado, en el caso de autos, si bien se suscribieron dos confirmaciones de permutas financieras al amparo del mismo contrato marco, las dos han funcionado a modo de operaciones aisladas o contratos individuales que no han sido objeto de compensación con otras operaciones financieras, sino que han dado lugar a liquidaciones distintas. Como el juez mercantil, estimamos que la compensación a que alude el artículo 5 del RDL 5/2005 no es la compensación entre saldos o interna dentro de una misma operación de swap, sino la compensación entre operaciones distintas.

En la sentencia de esta misma Sección, de 10 de febrero de 2012, decíamos que "si al amparo del CMOF se hubieran convenido una pluralidad de operaciones financieras, aquel contrato sí podría tener la consideración de acuerdo de compensación y respecto de él cabría invocar la aplicación del artículo 16 RDL 5/2005. Pero, entiéndase bien, este precepto se aplica respecto de la posibilidad de llevar a cabo la resolución de las operaciones financieras afectadas por el convenio, al margen de lo previsto en el artículo 61.3 y de practicar la compensación de todas las operaciones financieras afectadas". Con ello, queríamos resaltar "que si el banco no hace valer un posible acuerdo de compensación aplicable a varias operaciones financieras, a los efectos de resolverlas y, mediante la compensación, obtener el saldo, no resulta de aplicación el artículo 16.2 RDL. Esto es, aunque se hubieran concertado varios swaps al amparo de un mismo CMOF y éste contuviera un acuerdo de compensación de los previstos en el artículo 5 RDL 5/2005, el artículo 16 se aplicaría respecto del acuerdo de compensación del CMOF, pero no cuando no se haga valer esta compensación sino la que se pretende incluida en cada uno de los swaps. Al respecto, es muy significativo que estos contratos siguen en vigor, no se han resuelto. Consiguientemente, por mucho que varios dependan del mismo CMOF, mientras no se haga valer el acuerdo de compensación que afecta a varias de las operaciones financieras, sino que se mantengan vigentes dichas operaciones y lo que se interese sea la clasificación de los créditos que a favor del banco pueden derivarse de la vigencia durante el concurso de dichos swaps, no se cumple el presupuesto legal para la aplicación del artículo 16 RDL 5/2005".

4. Descartada, por las razones expuestas, la aplicabilidad del RDL invocado, se debe estar a las reglas generales del artículo 61 LC y determinar si se trata o no de un contrato con obligaciones recíprocas, pendiente de cumplimiento por ambas partes.

En la sentencia de 16 de mayo de 2011 exponíamos que el contrato con obligaciones recíprocas es algo más que un contrato bilateral. "La reciprocidad de prestaciones guarda relación con la categoría de contratos sinalagmáticos, en que existen obligaciones para ambas partes que, además, están vinculadas, en la medida en que la prestación asumida por una de las partes es causa de la contraprestación de la otra. Este vínculo o nexo se denomina técnicamente sinalagma y opera tanto en el nacimiento de la relación obligatoria (sinalagma genético) como en el cumplimiento de la obligación (sinalagma funcional). De este último se deriva la regla de la prestación simultánea, pues, como ha puesto de relieve la doctrina, la reciprocidad de las obligaciones se proyecta sobre la exigibilidad de las prestaciones, y así —por virtud de esta recíproca condicionalidad o interdependencia funcional— ninguno de los contratantes está facultado para compeler al otro a que cumpla su prestación antes de que él lo haga con la correlativa. El artículo 61.2 LC, cuando se refiere al carácter recíproco de las obligaciones y a que estén pendientes de cumplimiento por ambas partes, se está refiriendo a que las obligaciones contractuales pendientes de cumplimiento están interrelacionadas, en la medida en que las de una parte tienen esta vinculación funcional con las de la otra, de modo que resulta injusto exigir el cumplimiento de la parte *in bonis* y que la del concursado pase a ser crédito concursal. Estas razones de justicia no se dan cuando el contrato carece de esta interdependencia funcional, pues las prestaciones pendientes de cumplimiento para una de las partes, en este caso para la concursada, no guardan relación causal con las que pudieran derivarse en el futuro para la otra".

"De hecho, en el contrato de *swap* de cada liquidación periódica aflora una única obligación para una sola de las partes, sin perjuicio de que en futuras liquidaciones, por el cambio de las circunstancias, pudiera surgir alguna otra obligación para la otra parte. Pero se trata de obligaciones que, si bien nacen del mismo contrato, no traen causa unas de otras, son desde esta perspectiva autónomas".

"Prueba de ello es que el *swap* sobre tipos de interés reúne los requisitos con que la doctrina caracteriza los contratos aleatorios: la indeterminación inicial del resultado; la dependencia definitiva del mismo de circunstancias aleatorias que lo hacen incierto; y la voluntariedad de las partes al asumir ese riesgo. A diferencia de los contratos conmutativos, en los que cada parte sabe desde su perfección el contenido de cada prestación, en los contratos aleatorios las partes quedan expuestas desde su perfección a unos resultados (positivos o negativos) que sólo son verificables cuando se produce el evento previsto, en nuestro caso: el tipo aplicable a la fecha convenida de cada liquidación periódica. Por eso, como se ha afirmado en la doctrina, el *swap* sobre tipos de interés encierra una apuesta bilateral, ya que las dos partes quedan obligadas desde que se confirma la operación de swap, pero sólo una de ellas ejecutará su prestación en cada liquidación periódica según el resultado del cálculo que corresponda a dicha liquidación".

"En consecuencia, no cabe hablar de obligaciones recíprocas pendientes de cumplimiento por ambas partes, pues en cada una de las liquidaciones lo será por alguna de las partes. Por ese motivo, no entran dentro del presupuesto previsto en el artículo 61.2 LC, que afecta tan sólo a los "contratos con obligaciones recíprocas pendientes de cumplimiento tanto a cargo del concursado como de la otra parte". El *swap* podría dar lugar a obligaciones para ambas partes, pero no serían recíprocas, sino autónomas, razón por la cual no merecen el tratamiento previsto en el artículo 61.2 LC".

Por ello, debemos rechazar la calificación pretendida por la parte apelante, de crédito contra la masa, y debemos confirmar íntegramente la sentencia del juzgado mercantil que considera el crédito derivado de los contratos de permuta financiera de tipo de interés, como crédito concursal ordinario…»

Por último, el Tribunal Supremo, mediante sendas Sentencias, dictadas los días 8 y 9 de enero de 2013 ha fijado la siguiente doctrina, conforme a la cual considera que los *swaps* que no están vinculados a operación crediticia alguna (crédito, préstamo, etc.), que son autónomos de cualquier operación bancaria, en tanto que tales, como los *swaps* ligados a inflación deben ser calificados como de créditos concursales con el carácter de ordinarios.

STS —1ª— n.º 811/2012, de 8 de enero

«Los términos y condiciones de la Operación, a la que esta Confirmación hace referencia son los siguientes:

Operación:

Permuta Financiera de Tipos de Interés.

Santander Central Hispano paga trimestralmente un Tipo de Interés Variable EURIBOR fijado al inicio de cada período trimestral/el Cliente paga trimestralmente i) tipo de interés fijo (si Tipo Variable de Referencia es igual o inferior al Tipo Barrera *Knock-In*) o u) tipo de interés variable fijado al inicio del período (si Tipo Variable de Referencia es superior al Tipo Barrera *Knock-In*).

Los flujos de la presente Operación son equivalentes a la contratación de una permuta financiera de tipos de interés más la venta de un *Cap* con *Knock* por parte del Cliente, *Cap* que se activa en el caso de que el Tipo Variable de Referencia supere el Tipo Barrera *Knock-In*. El importe de la prima de la opción *Cap* vendida por el cliente se aplica a reducir el tipo fijo de la operación.

[…] No se ha acreditado que el contrato referido estuviera vinculado con algún otro

2. Valoración de la Sala

2.1. Las prestaciones en contratos con obligaciones recíprocas pendientes de cumplimiento.

28. El artículo 61.2 de la Ley Concursal dispone que "[l]a declaración de concurso, por sí sola, no afectará a la vigencia de los contratos con obligaciones recíprocas pendientes de cumplimiento tanto a cargo del concursado como de la otra parte" y añade "[l]as prestaciones a que esté obligado el concursado se realizarán con cargo a la masa".

29. De forma paralela el artículo 84.2 dispone que "[t]endrán la consideración de créditos contra la masa los siguientes: (…) 6° Los que, conforme a esta Ley, resulten de prestaciones a cargo del concursado en los contratos con obligaciones recíprocas pendientes de cumplimiento que continúen en vigor tras la declaración de concurso…".

30. Ahora bien, ni la Ley Concursal ni el Código Civil definen qué debe entenderse por "obligaciones recíprocas", limitándose este a mencionar las "prestaciones recíprocas" en el artículo 1120, las "obligaciones recíprocas" en el 1100 y el 1124 y la reciprocidad de intereses" en el 1289, lo que ha dado lugar a que en ocasiones

con frecuencia se identifiquen las reciprocas con las que dimanan de contratos "onerosos", de los que derivan prestaciones a cargo de ambas partes.

31. La jurisprudencia, sin embargo, ha diferenciado entre el "sinalagma genético", referido al momento en el que se perfecciona la relación obligatoria en el que la prestación de cada una de las partes constituye para la otra la causa de la propia, de tal forma que funcionan como contravalor o contraprestación y el "sinalagma funcional" en el que ambas prestaciones deben cumplirse simultáneamente, sin perjuicio de las excepciones que imponen los usos del tráfico o el pacto (en este sentido, la sentencia de 15 de marzo de 1979 se refiere "al sinalagma funcional o interdependencia que es su característica (de las obligaciones recíprocas)", la de 14 de mayo de 1982 al "contrato sinalagmático (con sinalagma genético y funcional) en el que se pactaron obligaciones recíprocas ligadas por un nexo de interdependencia", la 1033/1994 de 18 de noviembre, reiterada en la 814/2007, de 5 de julio afirma que "las obligaciones bilaterales y recíprocas tienen por contenido un sinalagma doble, el genérico en cuanto una atribución obligacional debe su origen a la otra, y el funcional significativo de la interdependencia que las dos relaciones obligacionales tienen entre sí en cuanto a su cumplimiento; de tal forma que cada deber de prestación constituye para la otra parte la causa por la cual se obliga, resultando tan íntimamente enlazados ambos deberes, que tienen que cumplirse simultáneamente", la 458/1996, de 8 de junio, al "sinalagma funcional", la 1194, de 9 de diciembre de 2004, reiterada en las sentencias 168/2010, de 30 de marzo, 108/2011, de 10 de marzo y 132/2011, de 11 de marzo, sostiene que "las obligaciones recíprocas tienen unos efectos específicos debidos a su interconexión o interdependencia. El primero es la necesidad de cumplimiento simultáneo, en el sentido de que el acreedor de una obligación recíproca no puede exigir a su deudor que cumpla, si a su vez no ha cumplido o cumple al tiempo u ofrece cumplir la otra obligación recíproca de la que es deudor".

2.2. La inexistencia de reciprocidad funcional en el swap desvinculado.

32. En el presente litigio, bajo la denominación de "confirmación de permuta financiera de tipos de interés (Swap Bonificado 3X3 con Barrera *Knock-In*)", la partes suscribieron un contrato desvinculado de cualquier otra operación, por el que una de ellas debería pagar el saldo resultante de la diferencia entre "un Tipo de Interés Variable EURIBOR3M" y "un tipo de interés fijo o variable determinado en función del Tipo Barrera *Knock-In)*".

33. No se trata, en consecuencia, de obligaciones funcionalmente recíprocas ya que nada más surgen obligaciones para una de las partes. En este sentido la sentencia de la Audiencia declara que "las prestaciones pendientes de cumplimiento para una de las partes, en este caso para la concursada, no guardan relación causal con las que pudieran derivarse en el futuro para la otra", sin que la falta de reciprocidad quede desvirtuada por la afirmación formal, que aparece contraria al propio comportamiento de la recurrente, de que banco y cliente se pagan mutuamente a fin de "permutar flujos financieros", probablemente dirigida a eludir la eventual aplicación de las reglas concursales…»

Esta doctrina ha venido siendo seguida por las Audiencias Provinciales, entre otras, por la **SAP Madrid —28.ª— n.º 150/2015, de 25.05.2015** y, por fin, el Alto Tribunal estableció la siguiente doctrina al respecto:

> **STS —1.ª— n.º 629/2015 de 17 de noviembre**
>
> «4.- Conclusión y establecimiento de doctrina jurisprudencial.
>
> Conforme a todo lo expuesto y de acuerdo con lo previsto en el art. 487.3 LEC, procede la casación de la sentencia recurrida y la confirmación de la de primera instancia. Fijamos como doctrina jurisprudencial que: "Los créditos derivados de contratos de permuta financiera en que el deudor se encuentre en concurso son créditos concursales y no contra la masa, con independencia de que se hayan devengando antes o después de la declaración de concurso"».

IV. LAS GARANTÍAS EN LOS CONTRATOS BANCARIOS

1. GARANTÍAS PERSONALES. LA FIANZA. EL AVAL BANCARIO

El significado etimológico de «fianza» hunde su razón en el término «*fidus, -a, -um*», que descansa en el concepto de seguridad y sinceridad, tener opinión de que no le van a engañar a alguien. Covarrubias (*op. cit*) refiere el siguiente proverbio: «*Ni fíes ni porfíes, ni apuestes ni prestes y vivirás entre las gentes*».

Por la fianza, a tenor de lo dispuesto en el art. 1.822 C.c. se obliga uno a pagar o cumplir por un tercero en el caso de no hacerlo éste; se trata, pues, del carácter accesorio de la fianza, la cual no puede existir sin una obligación válida (art. 1.824 C.c.), de forma y manera que va anexa a la obligación principal, transmitiéndose con ella (art. 1.528 C.c.). Tiene carácter mercantil habida cuenta de la intervención de la entidad bancaria (*ex* art. 2 C.com.) en el contrato, a pesar de que el fiador no sea comerciante (*ex* art. 439 C.com.), de lo cual se deducen dos de sus notas más características, de un lado, (i) su carácter escrito, documentado y expreso, sin lo cual carece el afianzamiento de valor alguno y, de otro, (ii) su carácter gratuito (*ex* art. 441 C.com.), salvo pacto en contrario.

A) La fianza de deuda futura. La póliza de afianzamiento

Las entidades bancarias, además de los afianzamientos prestados en las pólizas que regulan cada operación financiera, de préstamo, de crédito, etc., acostumbran a hacer firmar las denominadas Pólizas de Afianzamiento, en las cuales, los suscribientes son, de un lado, la entidad bancaria y, de otro, los afianzadores, fiadores o garantes, pero no interviene el obligado principal, prestamista o acreditado, precisamente, no solo al título de la misma, variable según entidad, sino a su objeto, el afianzamiento de múltiples deudas, créditos, préstamos que todavía no han sido suscritos por el solicitante de la financiación, se trata, pues, de un afianzamiento de deuda futura, deuda que, en la práctica es reflejada genéricamente en la póliza a través de todo el abanico de productos de Activo, financiación y riesgo que tiene cada entidad financiera. Debe estar intervenida por Fedatario público, a los efectos de dotarle del carácter ejecutivo pretendido; sin embargo, a los efectos de determinar la liquidez ejecutiva, requerirá de un pacto liquidatorio expreso, para lo cual es conveniente la apertura de una cuenta especial en la que se adeuden los líquidos de los débitos correspondientes, si bien, no es necesaria en los supuestos de realización de una simple operación matemática que acompañe a la aportación de los documentos que la componen, como lo son las letras, pagarés o cheques impagados y sus gastos de protesto y demás conceptos pactados y afianzados.

La fianza por deuda futura toma su carta de naturaleza en el art. 1.825 C.c. y fue objeto de confirmación por la Jurisprudencia, si son determinables al tiempo de constituirse la fianza (*cfr.* **STS —1.ª— n.º 257/2002, de 18 de marzo**), sin embargo, aquélla queda limitada en el supuesto del fallecimiento del fiador, siguiendo la pauta del art. 1.257 C.c., pues no es transmisible a sus causahabientes «*si la obligación surgió tras haber fallecido el fiador solidario*» (*cfr.* **STS —1.ª— n.º 442/1992, de 29 de abril**).

El afianzamiento en póliza no puede ser ilimitado, debe concretar una suma o importe máximo afianzable, pues el fiador puede obligarse a menos, pero no a más que el deudor principal, tanto en la cantidad como en lo oneroso de las condiciones, acorde con lo dispuesto en el art. 1.826 C.c., debiendo reducirse su obligación a los límites de los del deudor, si se hubiere obligado a más.

Esta Póliza de afianzamiento, sustituyó en el tiempo a la llamada Carta de garantía, la que era, precisamente una carta comercial que el afianzador dirigía al Banco manifestándole su voluntad de afianzar «cualquier» débito de su afianzado hasta cierto límite. Esta carta, prácticamente, hasta 1984, con la reforma de la LEC, permitía el despacho ejecutorio por el solo hecho de haber sido intervenida por Agente de Cambio y Bolsa o Corredor de Comercio colegiado, en tanto que fedatarios mercantiles, acompañándose los documentos acreditativos del impago (*e.g.* letras de cambio) y la certificación de aquéllos de que la carta había sido intervenida por los fedatarios en su día. Con el paso de los tiempos y los razonamientos jurídicos de los Tribunales, dejó de ostentar tal carácter ejecutivo desde el momento en el que la entidad financiera no firmaba el documento mercantil de afianzamiento, dada la unilateralidad de la manifestación realizada de forma expresa por el afianzador, lo cual le excluía del carácter bilateral de todo contrato y, aun así, en el supuesto de que estuviera firmada por la entidad financiera con un escueto «*conforme*», fecha y firma del apoderado de la entidad, para darle tal «bilateralidad», lo cual, también sucumbió ejecutivamente, dado que carecía de pactos expresos propios de cualquier contrato, amén de la discusión semántica de si una «carta» era una «póliza» y qué debía entenderse por «póliza»[71], por lo que la Carta de garantía se metamorfoseó en la actual Póliza de Afianzamiento.

Veamos la siguiente resolución, confirmatoria de cuanto acabamos de expresar:

STS —1.ª— n.º 148/2000, de 23 de febrero

«PRIMERO.- El Banco AAAAAAAA, S.A., que hoy se ha transformado en Banco de BBBBBBBB S.A. formuló demanda en que reclamó el cumplimiento de la obligación derivada de fianza, contrato consentido, aceptado y firmado por los tres fiadores y por el Banco demandante, acreedor de la obligación (futura principal) con intervención de Corredor de Comercio, cuyo texto literal es: Por la presente cada uno de nosotros garantizamos solidariamente a ese Banco, con renuncia expresa de los beneficios de excusión y de división, las cantidades que les adeude o llegue a adeudarles CCCCCCCC, S.A. cualquiera que sea el concepto de que procedan, hasta la suma de 25.000.000 (veinticinco millones de pesetas) más intereses y gastos. Esta garantía permanecerá subsistente, sin limitación de tiempo, mientras no haya sido cancelada, y el pago de las responsabilidades resultantes por efecto de la misma habrán de verificarse en esa plaza.

TERCERO.-… El motivo cuarto tiene importancia pues se refiere a la verdadera cuestión problemática que, por cierto, no se ha planteado en el proceso ni en casación en toda la profundidad que merece. Se alega infracción del artículo 1824 del código civil cuyo primer párrafo dispone: la fianza no puede existir sin una obligación válida lo que excluye una obligación inexistente, pero no impide la fianza de una obligación inexistente hoy pero que existirá mañana, ya que la obligación futura la permite afianzar el artículo siguiente, 1825: puede también prestarse fianza en garantía de deudas futuras, cuyo importe no sea aún conocido; pero no se podrá reclamar contra el fiador hasta que la deuda sea líquida: se trata de obligación no nacida pero sí determinable sin necesidad de nuevo convenio (que sería un nuevo **contrato de fianza**), que no infringe el principio de accesoriedad de la fianza, ya que para su efectividad será preciso que la obligación haya nacido y sea líquida.

En dicho motivo se mantiene que la sentencia de instancia infringe el artículo 1824 porque no hay obligación válida que haya sido objeto de la fianza, ya que un préstamo que concedió el mismo prestamista (Banco) a la misma sociedad fiada —entre otros muchos concedidos por aquél a ésta— es de la misma fecha que la fianza (25 de mayo de 1981) y no se reclama el cumplimiento del préstamo de 1981 sino del de 1983. Pero el texto del contrato de fianza comprende la obligación futura y es una garantía fideusoria global.

---

[71] En cuanto al significado de «póliza» nos remitimos al epígrafe correspondiente de esta obra.

El texto del contrato de fianza que ha sido transcrito (en forma de carta-declaración de los fiadores aceptada por el acreedor) plantea un tema más trascendente, no formulado como tal en este motivo de casación que se limita a alegar infracción del artículo 1824 del Código civil por pensar que no existía obligación. Es la cuestión de la validez de las garantías fideusorias globales. El texto transcrito alcanza a las obligaciones presentes (las cantidades que les adeude) y futuras (o llegue a adeudarles) y concreta el límite máximo (hasta la suma de pesetas 25.000.000) y las relaciones de partes (entre el Banco y la Sociedad Anónima fiada).

Partiendo del principio de autonomía de la voluntad que proclama el artículo 1255 del Código civil y del concepto del contrato de fianza, artículo 1822, y de su regulación relativa a la obligación garantizada como objeto del mismo, se debe admitir, en principio, su validez, ya que no hay norma que la impida y restrinja la autonomía de la voluntad, siempre que:

primero: no se atente a la normativa sobre condiciones generales de la contratación o cláusulas abusivas, tal como aparecen reguladas en las leyes 7/1998, de 13 de abril y 26/1984, de 19 de julio, modificada por aquélla, no aplicables al caso presente, por ser anteriores a su entrada en vigor; segundo: la obligación garantizada sea determinada o determinable, lo que significa, no sólo que exista la obligación y se desconozca su importe, sino también que no haya nacido la obligación y pueda nacer en el futuro, quedando determinada o determinable por fijarse —es el caso más frecuente, como el presente— las partes cuyas relaciones jurídicas hagan nacer las obligaciones que se garantizan y el importe máximo de las mismas; tercero: se armonice la indeterminación de la obligación garantizada con la fianza con el carácter expreso de ésta, que contempla el artículo 1827 del Código civil de tal manera que sólo se admite la obligación que sea determinable —no la absolutamente indeterminada— por —como mínimo— la concreción subjetiva de las partes entre quienes nacerá la obligación y por la concreción objetiva de la cuantía, aunque sólo sea como máximo.

CUARTO.- Esta ha sido la doctrina que reiteradamente ha mantenido esta Sala, manteniendo la validez de las obligación futuras: la sentencia de 20 de febrero de 1987 considera válida la fianza por deudas futuras, de cuantía desconocida e incierta, si bien no cabe reclamar contra el fiador hasta que la deuda sea líquida; la de 10 de febrero de 1989 contempla y declara válida la fianza de las obligaciones que deriven de un contrato de arrendamiento de servicios; la de 20 de mayo de 1989 reitera que el fiador sólo viene obligado al pago cuando la deuda es líquida y exigible, partiendo de la validez de la fianza de la obligación futura; la de 29 de abril de 1992 destaca la posibilidad de constituir válidamente fianza por obligaciones futuras e inciertas y de cuantía desconocida y en el caso de autos no admite que tal validez alcance a obligaciones nacidas después de la muerte del fiador; la sentencia de 10 de julio de 1995 declara la validez de una fianza encubierta en un préstamo y dice, literalmente, que la fianza puede llevarse a cabo por cualquiera de las formas que admite el Código civil, lo que no impide que se desarrolle con autonomía cuando las partes así lo convinieren, difuminándose la nota de accesoriedad respecto al contrato principal. En todo caso, son constantes las sentencias que contemplan

> fianzas de obligaciones futuras sin plantearse siquiera el tema de su validez, que se considera indiscutible y que es práctica habitual en el tráfico mercantil.
> En definitiva, no hay que olvidar que la amplitud del objeto del contrato no equivale a su indeterminación, ni hay que prescindir del último inciso del artículo 1825 que exige que para la reclamación al fiador, la obligación garantizada esté perfectamente determinada y sea líquida. Este es el caso presente, lo que conlleva la desestimación del motivo cuarto…»

B) El aval

Dentro de la fianza debemos hacer alusión y remisión a lo dicho respecto del aval, o afianzamiento que encuentra su razón de ser en su constancia en la letra de cambio. Sobre el significado de «aval» no hay un acuerdo expreso entre los Filólogos; en principio el Diccionario de la RAEL centra su origen en la palabra francesa «*aval*», con el significado de garantía; de un lado, sostienen su origen del Latín «*vallis*», valle o llanura entre montes, en tanto en cuanto que el «aval» se manifestaba al final del documento obligacional, letra de cambio o similar, al «*valle*»; en Catalán será la palabra «*avall*» (compuesta por «*a*» —indicando en un lugar— más «*vall*» —indicando el lugar concreto—)», equivalente en Castellano a «abajo»; otros, sin contradicción con lo anterior, sostienen que procede del Francés «*à valider*», significando «a validar», procedente, a su vez, del Latín «*valeo*», significando ser fuerte, robusto, tener eficacia, en definitiva, confirmar el cumplimiento de una obligación. Así pues, por aval debemos entender la confirmación por un tercero de que la obligación se va a cumplir, estampando su firma al final del documento, abajo del mismo.

El aval es una figura contractual autónoma, pero con igual significado jurídico, nos encontramos la correspondiente al aval, denominado bancario, en tanto en cuento es el Banco el que se obliga a pagar por un cliente suyo, obligación que, normalmente se documenta mediante la emisión por parte de la entidad financiera de un texto firmado únicamente por la misma, sin intervención signada alguna en él de las restantes figuras obligacionales, esto son, el (i) beneficiario del aval o persona que representa comúnmente la figura del acreedor, incluso del endosante y (ii) el avalado o persona que representa comúnmente la figura del deudor y a su vez cliente del Banco, subsistiendo entre ambos, inicialmente, la figura del mandato, como figura autónoma a sus previas relaciones mercantiles, figura mediante la cual el Avalado o deudor principal ordena al Banco la emisión del aval y condiciona los términos de cumplimiento del mismo a lo convenido previamente con el beneficiario del mismo, de cuyos términos no puede separarse el Banco en modo alguno[72], de ahí, la importancia del mandato y la responsabilidad de la entidad financiera frente a su mandante, a su principal, al avalado en definitiva, so pena de pechar con las consecuencias del incumplimiento del mandato[73].

Se trata de un contrato oneroso y de carácter mercantil, como dijimos precedentemente; la primera de las características, la onerosidad, la ostenta el vínculo contractual entre el Banco avalista y su cliente, el Avalado, en tanto en cuanto el este último, previo pacto (recordemos lo dispuesto en el art. 441 C.com.) debe satisfacer una comisión periódica al Banco, hasta el momento del pago por éste al Beneficiario del aval de la cantidad asegurada. Es mercantil, en razón a ser la entidad avalista comerciante, como queda dicho.

Las obligaciones que se garantizan por el aval, pueden ser de cualquier modo, de hacer, de no hacer, de pagar o de no pagar pero, en definitiva, la obligación del Banco, en tanto que avalista es la de pagar en dinerario caso de que no se cumpla la obligación principal.

C) Del aval ex lege

Sin perjuicio de lo dicho precedentemente las obligaciones derivadas del aval, no solo pueden venir por los pactos entre el avalado y el beneficiario, sino incluso por disposición legal o judicial; en el primer supuesto, deberíamos citar los previstos en la Ley 57/1968, de 27 de julio, reguladora de las percepciones de cantidades anticipadas en la construcción y venta de viviendas, cuyos efectos son desplegados por su artículo 3 fuere cual fuere su redacción, incluso adquieren valor ejecutorio incluso no estando intervenidos por fedatario público; en orden a la determinación judicial, cabe citar la caución impuesta por el segundo párrafo del artículo 64.2, o la del art. 569, ambos de la LEC. Sobre la problemática que surge en los concursos con las

72 **Art. 1.719 C.c.** En la ejecución del mandato ha de arreglarse el mandatario a las instrucciones del mandante. A falta de ellas, hará todo lo que, según la naturaleza del negocio, haría un buen padre de familia.

73 **Art. 1.718 C.c.** El mandatario queda obligado por la aceptación a cumplir el mandato, y responde de los daños y perjuicios que, de no ejecutarlo, se ocasionen al mandante. Debe también acabar el negocio que ya estuviese comenzado al morir el mandante, si hubiere peligro en la tardanza.

cantidades avaladas al amparo de la precitada norma legal, se ha pronunciado el Alto Tribunal en los siguientes términos:

STS —1.ª— n.º 459/2019, de 22 de julio

«TERCERO. Recurso de casación 1. Formulación del motivo primero. El motivo se funda en la infracción del art. 1.1 de la Ley 57/1968, de 27 de julio, y la jurisprudencia que lo interpreta, en lo que se refiere a "la extinción de la responsabilidad de la avalista o aseguradora de cantidades anticipadas por compradores de viviendas". En el desarrollo del motivo la demandada recurrente recuerda que "su responsabilidad como avalista de la promotora por las cantidades anticipadas por los compradores, se extinguió una vez finalizada y entregada la vivienda a los demandantes, que la adquirieron firmando un segundo contrato con la administración concursal en un precio muy inferior al inicialmente pactado". Y añade que "no existe prueba que acredite la resolución de ese primer contrato, su causa y sus condiciones, esto es, si se trató de un mutuo disenso o renuncia de los demandantes o de una resolución causal basada en el incumplimiento imputable al promotor, hechos de extraordinaria relevancia en la medida en que conforman el presupuesto fáctico de la acción ejercitada en la demanda, cuya prueba incumbe a los demandantes de acuerdo con lo establecido en el art. 217.7 de la Ley de Enjuiciamiento Civil". De tal forma que, a su juicio, o existió desistimiento de los compradores o simplemente consintieron con la prórroga del plazo convenido con la promotora, y en cualquiera de ambos casos no existiría derecho a reclamar frente al avalista. Procede desestimar el motivo por las razones que exponemos a continuación. 2. Desestimación del motivo. Partimos de la existencia del contrato de compraventa, en el que la vivienda debía ser entregada a los compradores a finales de 2006; también de que llegada esa fecha no se entregó la vivienda, ni tampoco estaba terminada cuando en el 2009 se declaró el concurso de la promotora, ni en el 2010 cuando se abrió la liquidación. La vivienda fue objeto de realización dentro de la fase de liquidación y los demandantes la adquirieron en el marco de dicha liquidación concursal, aunque fuera mediante una adjudicación directa. En ese contexto, la referencia a que la administración concursal, tras la declaración de concurso, resolvió el contrato de compraventa, después de que hubieran pasado más de tres años desde el incumplimiento del plazo de entrega de la vivienda y sin que en ese momento estuviera concluido y en condiciones de ser entregada, no puede equipararse como pretende el recurrente a un desistimiento de los compradores. La propia resolución del contrato de 2005 y la posterior liquidación de este activo (el inmueble que había sido objeto de la compraventa y que estaba sin acabar de construir) junto con otros por el trámite de realización previsto en la liquidación concursal, aunque hubiera ido a parar a los demandantes (quienes en su día habían firmado el contrato de compraventa sobre plano), por un precio que no guarda relación con el de la compraventa originaria y sí con la valoración concursal del activo, muestra que esta adquisición no es la culminación o perfeccionamiento del inicial contrato de compraventa de 2005. Es muy relevante en este caso que el contrato de compraventa de 2005, en el marco del cual los demandantes habían realizado los pagos anticipados, fue incumplido por la promotora vendedora, que dejó transcurrir el plazo convenido para la terminación de la vivienda y su entrega a los compradores (finales de 2006) sin llevarlo a cabo, y fue tres años más tarde, después de la declaración de concurso de la demandada, cuando sus administradores concursales resolvieron el contrato. Con estos antecedentes, al margen de que la resolución del contrato diera lugar al reconocimiento de un crédito contra la masa a favor de los compradores por el precio adelantado (36.655,72 euros), mientras no conste que fuera cobrado, los compradores tienen derecho a reclamar estas cantidades de quien al amparo de la Ley 57/68 había avalado la restitución de las cantidades entregadas a cuenta en caso de incumplimiento por la promotora vendedora de la obligación de entrega de la vivienda en el tiempo convenido. Y ello sin perjuicio del derecho de la avalista a subrogarse en la posición de los compradores para la reclamación del reseñado crédito contra la masa, una vez satisfecha la obligación de devolución de esas cantidades, como consecuencia del derecho de subrogación previsto en el art. 1839 CC...»

El Tribunal Supremo se ha pronunciado en sede concursal respecto del posible «enriquecimiento sin causa» de la entidad avalista *ex* Ley 57/1968, de 27 de julio, sobre percibo de cantidades anticipadas en la construcción y venta de viviendas que, requerida de pago protesta por el posible ahorro que los compradores de una vivienda no concluida y pagada en parte, deciden terminarla ellos mismos por sus medios. Así se pronuncia el Alto Tribunal:

STS —1.ª— n.º 459/2019 de 22 de julio

«TERCERO. Recurso de casación 1. Formulación del motivo primero. El motivo se funda en la infracción del art. 1.1 de la Ley 57/1968, de 27 de julio, y la jurisprudencia que lo interpreta, en lo que se refiere a "la extinción de la responsabilidad de la avalista o aseguradora de cantidades anticipadas por compradores de viviendas". En el desarrollo del motivo la demandada recurrente recuerda que "su responsabilidad como avalista de la promotora por las cantidades anticipadas por los compradores, se extinguió una vez finalizada y entregada la vivienda a los demandantes, que la adquirieron firmando un segundo contrato con la administración concursal en un precio muy inferior al inicialmente pactado". Y añade que "no existe prueba que acredite la resolución de ese primer contrato, su causa y sus condiciones, esto es, si se trató de un mutuo disenso o renuncia de los demandantes o de una resolución causal basada en el incumplimiento imputable al promotor, hechos de extraordinaria relevancia en la medida en que conforman el presupuesto fáctico de la acción ejercitada en la demanda, cuya prueba incumbe a los demandantes de acuerdo con lo establecido en el art. 217.7 de la Ley de Enjuiciamiento Civil". De tal forma que, a su juicio, o existió desistimiento de los compradores o simplemente consintieron con la prórroga del plazo convenido con la promotora, y en cualquiera de ambos casos no existiría derecho a reclamar frente al avalista. Procede desestimar el motivo por las razones que exponemos a continuación. 2. Desestimación del motivo. Partimos de la existencia del contrato de compraventa, en el que la vivienda debía ser entregada a los compradores a finales de 2006;

también de que llegada esa fecha no se entregó la vivienda, ni tampoco estaba terminada cuando en el 2009 se declaró el concurso de la promotora, ni en el 2010 cuando se abrió la liquidación. La vivienda fue objeto de realización dentro de la fase de liquidación y los demandantes la adquirieron en el marco de dicha liquidación concursal, aunque fuera mediante una adjudicación directa. En ese contexto, la referencia a que la administración concursal, tras la declaración de concurso, resolvió el contrato de compraventa, después de que hubieran pasado más de tres años desde el incumplimiento del plazo de entrega de la vivienda y sin que en ese momento estuviera concluido y en condiciones de ser entregada, no puede equipararse como pretende el recurrente a un desistimiento de los compradores. La propia resolución del contrato de 2005 y la posterior liquidación de este activo (el inmueble que había sido objeto de la compraventa y que estaba sin acabar de construir) junto con otros por el trámite de realización previsto en la liquidación concursal, aunque hubiera ido a parar a los demandantes (quienes en su día habían firmado el contrato de compraventa sobre plano), por un precio que no guarda relación con el de la compraventa originaria y sí con la valoración concursal del activo, muestra que esta adquisición no es la culminación o perfeccionamiento del inicial contrato de compraventa de 2005. Es muy relevante en este caso que el contrato de compraventa de 2005, en el marco del cual los demandantes habían realizado los pagos anticipados, fue incumplido por la promotora vendedora, que dejó transcurrir el plazo convenido para la terminación de la vivienda y su entrega a los compradores (finales de 2006) sin llevarlo a cabo, y fue tres años más tarde, después de la declaración de concurso de la demandada, cuando sus administradores concursales resolvieron el contrato. Con estos antecedentes, al margen de que la resolución del contrato diera lugar al reconocimiento de un crédito contra la masa a favor de los compradores por el precio adelantado (36.655,72 euros), mientras no conste que fuera cobrado, los compradores tienen derecho a reclamar estas cantidades de quien al amparo de la Ley 57/68 había avalado la restitución de las cantidades entregadas a cuenta en caso de incumplimiento por la promotora vendedora de la obligación de entrega de la vivienda en el tiempo convenido. Y ello sin perjuicio del derecho de la avalista a subrogarse en la posición de los compradores para la reclamación del reseñado crédito contra la masa, una vez satisfecha la obligación de devolución de esas cantidades, como consecuencia del derecho de subrogación previsto en el art. 1839 CC. 3. Formulación del motivo segundo. El motivo denuncia la infracción de la jurisprudencia sobre el enriquecimiento injusto. En el desarrollo del motivo se explica en qué consistiría este enriquecimiento injusto: "resulta evidente que los demandantes han obtenido un incremento patrimonial al adquirir una vivienda en un precio muy inferior al inicialmente estipulado, incluso teniendo en cuenta las cantidades que ingresaron inicialmente antes de que la promotora fuese declarada en concurso, el valor de las obras que estaban pendientes de ejecutar en el momento de firmarse el segundo contrato y la factura abonada al arquitecto. En concreto el incremento patrimonial que experimentarían de estimarse la demanda sería de 52.677,46 euros, es decir, la suma de las cantidades que se reclaman (36.655,72 euros) y la diferencia a su favor entre las cantidades que han satisfecho finalmente para adquirir su vivienda (16.021,74 euros: precio final, más anticipos, más coste de obras pendientes y factura del arquitecto). Ese incremento patrimonial sería correlativo al empobrecimiento de mi representada en el importe que se reclama, que, obviamente, no se incorporó a su patrimonio". Procede desestimar el motivo por las razones que exponemos a continuación. 4. Desestimación del motivo segundo. Al analizar este motivo, hemos de partir de la jurisprudencia sobre el enriquecimiento injusto, que lo conceptúa como un enriquecimiento sin causa, según recuerda la sentencia 768/2015, de 13 de enero, con una referencia a la anterior sentencia 128/2006, de 16 de febrero: "Bajo esta concepción, como se afirma en la doctrina, "por justa causa de una atribución patrimonial debe entenderse aquella situación jurídica que autoriza, de conformidad con el ordenamiento jurídico, al beneficiario de la atribución para recibir ésta y conservarla, lo cual puede ocurrir porque existe un negocio jurídico válido y eficaz o porque existe una expresa disposición legal que autoriza aquella consecuencia" (...). "En realidad, como hemos recordado en otras ocasiones, el enriquecimiento injusto "tiene en nuestro ordenamiento no sólo la significación de un principio de Derecho aplicable como fuente de carácter subsidiario, sino muy acusadamente la de una institución jurídica recogida en numerosos preceptos legales aunque de forma inconexa" (Sentencia de 1 de diciembre de 1980, con cita de la anterior de 12 de enero de 1943). "Como principio general del derecho, cuya formulación sería "nadie debe enriquecerse injustamente o sin causa a costa de otro", se aplica de forma subsidiaria, en defecto de ley y de costumbre, y también informa el Derecho patrimonial, para evitar que puedan producirse enriquecimientos injustos, y contribuye a su interpretación en tal sentido. Como institución jurídica autónoma (enriquecimiento sin causa), y sin perjuicio de las eventuales previsiones legales, su aplicación descansa sobre la concurrencia de un elemento económico (la ganancia de uno, correlativa al empobrecimiento de otro, mediando un nexo de causalidad entre ambas), y una condición jurídica (la ausencia de causa justificativa). "El principio de interdicción del enriquecimiento injusto que informa estas acciones restitutorias de enriquecimiento sin causa, cuando ya se ha consumado el enriquecimiento, podría también inspirar, en algún caso, una excepción, para evitarlo". 5. El empobrecimiento que supone para la demandada tener que atender al aval que garantizaba la devolución del precio adelantado por los demandantes en la compraventa del año 2005 tiene un origen legal, que es el cumplimiento de la previsión contenida en el art. 1 de la Ley 57/68, como consecuencia del incumplimiento por la promotora vendedora de su obligación de entrega de la vivienda objeto de compraventa. La vendedora no cumplió ni a tiempo ni a destiempo. Lo que hizo, por medio de la administración concursal, fue resolver el contrato. Esa situación constituye el presupuesto legal que justifica el nacimiento de la obligación de pago del avalista, frente a los beneficiarios de la garantía que son los compradores. La circunstancia de que un tiempo después de esta resolución, una vez abierta la fase de liquidación del concurso de la promotora, fueran realizados todos los activos de la concursada, entre los que se encontraba aquella vivienda, que no estaba finalizada, y que, habiendo podido concurrir otros postores, fuera adquirida finalmente por los compradores, quienes se encargaron de la finalización de las obras pendientes, y que a resultas de todo esto el precio final invertido por los compradores fuera inferior el precio inicialmente pactado en el contrato del año 2005, está desvinculado de lo anterior. La causa del posible ahorro en la adquisición de la vivienda se encuentra en haber concurrido a la compra de esta vivienda en la fase de liquidación concursal, y no guarda relación causal con el reseñado empobrecimiento de la avalista. Dicho de otro modo, existe una clara diferenciación temporal y jurídica entre, por una parte, el contrato inicial de 2005, el incumplimiento de la obligación de entrega de la vivienda, la resolución del contrato y el nacimiento del derecho a reclamar de la avalista las cantidades pagadas a cuenta por los compradores; y, por otra parte, la adquisición de esa misma vivienda en la fase de liquidación concursal y por los mecanismos legales de realización de activos de la promotora concursada. El denunciado "empobrecimiento" de la avalista que supone hacer frente a la devolución de las cantidades garantizadas con el aval tiene su causa en el afianzamiento constituido de acuerdo con la Ley 57/68. No guarda relación causal con el posible ahorro que la compradora haya podido tener al adquirir en liquidación más tarde la vivienda, después de haber asumido también el coste de la terminación de las obras y la obtención de las autorizaciones administrativas necesarias para su habitabilidad…»

Esta norma fue derogada por la Ley 38/1999, de 5 de noviembre, de Ordenación de la Edificación, que salvó la sistemática de la prestación del aval que nos ocupa por razón a la Disposición Adicional Primera, si bien, el tipo de interés ya no era el del 6 %, sino el legal del dinero, variable al alza o a la baja, pero, no fijo, a más de ampliar la responsabilidad, los requisitos de las garantías, la limitación de la excepción de pago, el tiempo en que debe realizarse éste, el derecho de repetición del fiador solidario frente al promotor y la caducidad bienal del aval, a contar del momento del incumplimiento por el promotor., información contractual y ejecución y cancelación de la garantía, entre otras cuestiones, esto es, mejoraba, sin lugar a dudas, la norma de 1968.

La Jurisprudencia, desde 1999 hasta nuestros días ha ido variando, fundamentalmente, por la casuística operada durante los años de la denominada «burbuja inmobiliaria». Desde el rigor de la existencia física del aval o del contrato de seguro para efectuar el pago o la condena al fiador, hasta la inexistencia física del aval o del contrato de seguro a tales efectos, bastante el contrato de compraventa en documento privado; de la exclusión de las segundas residencias, hasta la inclusión de éstas; desde que el simple retraso no implica incumplimiento, hasta considerar lo contrario y otras cuestiones más.

Acorde con la evolución jurisprudencial, el Alto Tribunal por **STS —1ª— n.º 535/2016, de 14 de septiembre,** reiterando la doctrina contenida en las propias resoluciones de 16.02.2015 y 09.09.2015, se ha pronunciado sobre las siguientes cuestiones, en síntesis:

- Irrelevancia de la discusión respecto de si el plazo de entrega de la vivienda es esencial o no, cuando se acuerda en el contrato la prestación de garantías de devolución de las cantidades entregadas a cuenta.
- Se extiende tal consideración, por igual, a consumidores o no (en el litigio la compradora era una Sociedad Limitada).
- Se puede obtener simultáneamente la resolución del contrato frente a la Promotora y exigir la devolución de las cantidades entregadas a cuenta, solidariamente, frente al fiador (Banco o Compañía de Seguros).

A más de lo dicho, la Audiencia Provincial de Valencia se ha pronunciado en contra de la validez del pacto de caducidad, considerándolo nulo, n los siguientes términos:

AAP Valencia —7.ª— n.º 141 de 26.06.2009

«TERCERO.- Atendiendo a lo expuesto, podemos afirmar:

En primer lugar, que el Aval cuya ejecución se pretende viene impuesto por Ley, que lo regula, y tiene carácter solidario (artículo 1).

Segundo, que nos hallamos ante una garantía impuesta por la Ley e irrenunciable para los cesionarios (artículo 7), al que no le pueden afectar los pactos suscritos entre avalista y promotora.

Tercero, que la cláusula de caducidad del aval, al amparo de la Ley para la Defensa de los Consumidores y Usuarios, vigente al tiempo de su suscripción, Ley 26/1984, ha de estimarse nula ex oficio y, por tanto, por no puesta, pronunciamiento que, como razonaremos, se ha de extender a la limitación de la suma garantizada.

En cuarto lugar, que en el texto del aval expresamente se indica que «AVALA en cumplimiento de lo dispuesto en la Ley 57/1986», por tanto, la entidad bancaria, cuando lo concedió conocía que no se trataba de un aval ordinario regulado por las normas del Código Civil sino del aval especial que exige la citada Ley y a la que expresamente se sometió el avalista, sin que ahora, ante la reclamación, pueda hacer valer que el aval prestado era de los ordinarios regulados en el Código Civil.

En quinto lugar, que el primer requerimiento efectuado por el demandante, el de fecha 23 de mayo de 2008, fue rechazado por el Banco alegando que aún no había llegado la fecha máxima concedida a la promotora para entregar la vivienda, 30 de junio de 2008, sin hacer ninguna alusión a la caducidad del aval, pese a que, de ser válida dicha cláusula, ya se habría superado con creces. Por tanto, en la contesta-

> ción de fecha 3 de junio de 2008, el Banco admitió la validez y subsistencia de la garantía prestada, y negarlo ahora implica ir contra sus propios actos.
> Partiendo de las consideraciones expuestas hemos de concluir, estimando el presente recurso y rechazando la caducidad del aval dado que tal limitación temporal de la garantía es contraria a la Ley 57/1986».

En definitiva, pues, nos hallamos ante un tipo de aval que no queda regulado por la autonomía de la voluntad, sino en virtud de la diversa legislación que lo regula, dado el carácter tuitivo de su finalidad, el acceso a una vivienda, configurado hoy en día como un derecho constitucional *ex* art. 47 CE.

D) Elementos subjetivos

En primer lugar, nos encontramos con (i) el Avalista, denominación que viene representada por el propio Banco, en tanto que el mismo ha recibido el encargo o mandato de su cliente, denominado (ii) Avalado quien le manda u ordena al Banco que le emita el denominado Aval bancario por unos términos y condiciones concretos y previamente pactados con el proveedor de este último, a quien se denomina (iii) Beneficiario del aval.

Así, el Avalista deberá cumplir el mandato del Avalado pagando al Beneficiario en los términos y condiciones que constan en el texto del propio aval. Una vez satisfecho su importe, si se ajusta a aquellos pactos o mandato, tiene el derecho de repetición frente al Avalado, derecho que, normalmente viene representado por la ejecución de garantía prendaria de metálico o de valores constituida previa o simultáneamente a la emisión del Aval que, en cualquier caso, viene amparado en una Póliza bancaria denominada de contragarantía, intervenida fehacientemente.

El Avalado, en tanto que mandante o comitente, es quien redacta e impone los términos del aval al Banco avalista en base a la relación contractual subyacente, en la que no interviene el Banco y cuyo contenido puede llegar a no conocer o conocer en parte. El Avalado debe proveer de fondos al Avalista, bien mediante la constitución de depósitos en garantía, bien manteniendo saldo acreedor bastante en su cuenta bancaria con éste y soportar, una vez cumplido por el Avalista los términos del texto del aval, el adeudo en cuenta o la ejecución de la prenda, salvo pago voluntario.

Cuando el Beneficiario del aval requiere al Banco avalista, éste debe comunicarlo a su Avalado para que confirme la certeza o no del crédito que aquél reclama, cuya ejecución se requiere, pero sólo en el supuesto de que fuese un aval ordinario o «no a primer requerimiento», pues en el aval «a primera demanda» o «a primer requerimiento», el Banco avalista debe pagar en cualquier caso aunque el avalado efectuase protesta; salvo lo que seguidamente se dirá a este respecto, pues el llamado aval a primer requerimiento constituye una garantía abstracta y autónoma de la obligación causal y, así, al primer requerimiento que el Beneficiario la haga al Banco avalista, éste debe pagar sin más.

Por último, el Beneficiario del aval, en tanto que proveedor o acreedor del Avalado, también debe sujetarse a los términos del texto del aval y cumplir con los mismos, tanto con respeto al momento en que debe esperar a requerir al Avalista, así como en la forma pactada y aportando o acreditando al Banco, según los casos, la documentación que, según conste en el aval, el avalista debe revisar para poder entender que se han cumplido los términos y efectuar el pago.

E) El preaval

La propia denominación ya sugiere, de entrada, un acto previo al de la emisión del aval y, por tanto, entra dentro de la figura del precontrato. En este tipo de contrato el Banco se obliga a prestar a futuro un aval por cuenta de su cliente, o futuro Avalado, condición ésta que todavía no ha llegado el momento de su cumplimiento y, por tanto, las obligaciones de pago ante el Beneficiario, futuro también, todavía no han surgido. Suele emplearse mayoritariamente ante las Administraciones públicas, como resulta de la garantía provisional en la contratación con la Administración (*ex* art. 106 LCSP y art. 56 del Real Decreto 1.098/2001, de 12 de octubre, por el que se aprueba el Reglamento general de la Ley de contratos de las Administraciones Públicas). Se trata pues, de un mero compromiso por parte del Banco de avalar a futuro, siempre y cuando se cumplan ciertas condiciones entre éste y su cliente, por lo que la obligación de prestar o constituir el aval vendrá determinada por el cumplimiento por el Avalado de los condicionados que el Banco exija, como son la constitución de un depósito en garantía prendaria o similar. El preaval permitirá, pues, al cliente ante su proveedor o futuro Beneficiario dotar de cierta apariencia de solvencia y seriedad a sus compromisos comerciales y así, éste comenzará a confiar en su cliente, comenzando a elaborar los productos a vender al futuro Avalado o permitiéndole participar en una licitación pública a los efectos de alcanzar el perfeccionamiento del contrato que descansará en la posterior prestación del aval.

A través del **mod. N.º 2** del **Formulario,** que representa el modelo de un preaval, se comprobará, que el empleo reiterado del tiempo condicional verbal supone, nada más que la no obligación por parte del Banco preavalista o precontratante de asumir ningún tipo de riesgo o confirmación del cumplimiento de las obligaciones de su cliente, quedando, pues, la única obligación del Banco, en el compromiso del simple estudio de la operación a avalar y de la solvencia de su cliente, lo cual, deja en manos de la Entidad financiera el hecho de la viabilidad de la operación económica subyacente.

F) Aval «por cuenta de» y «en garantía» de un tercero

En la práctica bancaria, éstas son una modalidad de aval en las que interviene un cuarto sujeto distinto de avalista, avalado y beneficiario, interpuesto en la contratación del aval. El ejemplo válido surge en el momento en el que se entiende que el mandante es, por ejemplo, el Administrador social de cierta compañía mercantil, que es la avalada por el Banco produciéndose, pues, la disociación entre el contrato de mandato y el de aval, pues la mercantil nada ordena al Banco, no existe relación de mandato entre ambas, pero sí por parte de su Administrador social, que es, precisamente, quien, en su calidad de persona solvente, suscribirá la Póliza de contra-garantía y asumirá el devenir de las obligaciones que la sociedad que administra contrae con el beneficiario del aval y la entidad avalista, así pues, un tercero (Administrador social) que no está obligado comercial o contractualmente con el Beneficiario del Aval (proveedor o Administración Pública) ordena al Banco que preste su aval ante alguien (Beneficiario) y a favor de alguien (Avalado) sobre el que tiene un cierto interés o vinculación económicos.

En este supuesto sí que sería perfectamente válida la aplicación estricta de lo dispuesto en el art. 1.843 C.c., pues por causa del concurso de la mercantil avalada, sí que permitiría al Banco, aún antes de haber pagado al beneficiario del aval, solicitar la relevación de la fianza al cuarto en discordia al Administrador de la social concursada, en tanto que mandante u ordenante de la prestación del aval, en definitiva, el suscribiente de la Póliza de Contragarantía, habiéndose obligado a ello en ésta, pues debemos considerar a este tercero como el «deudor principal», dado que es quien, en definitiva, asume la obligación de pago ante el Banco. Nada parece impedirlo, en tanto en cuanto dicho precepto continúa vigente, a pesar de las diversas reformas de la LC.

G) La línea de avales o de preavales

Se trata de un «contrato-marco» en base al cual el Banco se obliga ante su cliente a emitir una serie de avales, incluso de preavales, por tiempo determinado o indefinido, en garantía de cierto contrato o contratos u obligaciones contraídas por el cliente y por un límite concreto y máximo, a modo del límite de una cuenta de crédito o de un contrato de descuento. Esto puede verse de forma muy clara ante la emisión de avales a los diversos compradores de viviendas en una promoción inmobiliaria al amparo de la Ley 57/1968 o para empresas que concurran a la contratación pública asiduamente.

La ventaja fundamental es recíproca para las Partes, pues el Banco y su cliente no deben firmar una póliza de contragarantía cada vez que se expide un aval, sino que, con la firma de una sola póliza resulta bastante; en este sentido, cabe añadir que suele no intervenirse por Fedatario público cada uno de los avales, con el consiguiente ahorro de costos de los Honorarios arancelarios lo cual, evidentemente, impide la ejecutividad directa de cada aval, para lo cual, los Bancos redactan la Póliza o contrato-marco de forma y manera que el impago por el cliente de la obligación garantizada y su posterior pago por el Banco avalista, genere la apertura de una cuenta especial de avales que, amparada, como decimos, por la Póliza correspondiente, permita el adeudo de los importes pagados por el Banco a los beneficiarios de cada aval, generando, al final de todos los impagos garantizados, un cierre de cuenta que debe seguir las formalidades de los arts. 573 y 574 LEC.

H) La póliza de contragarantía

Una vez emitido el aval bancario, éste es amparado habitualmente por la denominada Póliza de contragarantía, nombre que así recibe por cuanto que es la entidad bancaria la que, ante una posible ejecución del aval por su beneficiario, precisa «contragarantizarse», esto es, garantizarse, asegurarse o cubrirse, a su vez, de la garantía que prestó a tercero, garantizándose el recobro o retorno de su pago, frente a su cliente, a cubrir dicho riesgo de aval, a cuyo efecto, lo documenta como si se tratase de una Póliza de Descuento —antes analizada— abriendo una «cuenta especial de avales» en la que debitará el importe de los que haya satisfecho al beneficiario o beneficiarios de los avales, junto con las comisiones impagadas por el avalado, más los intereses que devengue este adeudo o impago desde el momento de su adeudo en la cuenta, según casos, superiores al propio del interés legal y semejantes al interés moratorio, pues, en definitiva, el adeudo en la cuenta especial de avales supone una demora en el pago del nominal satisfecho por el Banco. Esta cuenta, se abrirá (i) caso de que el Avalado carezca de fondos bastantes para atender el pago o el repago del importe del aval en su cuenta ordinaria con el Banco avalista, (ii) previa notificación al Avalado comunicándole el número de IBAN de la cuenta especial, así como su saldo deudor, a los efectos de que pague, y (iii) se cerrará de la misma manera que la de la póliza de descuento y ejecutará en los propios y similares términos, evidentemente, si está, como suele estarlo, intervenida por fedatario público.

La razón de ser de esta póliza deviene de la denominada «relevación de la fianza», regulada por lo dispuesto en el art. 1.843 C.c.[74], conforme a la cual, el fiador —Banco— «*aún antes de haber pagado*» puede requerir a su afianzado o avalado que le releve de la fianza prestada, (i) bien mediante la constitución de un depósito de efectivo o de valores que le cubra del eventual pago al beneficiario, constituyendo al efecto una auténtica pignoración, ora, (ii) mediante la devolución del aval original; así pues, el Banco, usualmente, con esta Póliza de Contragarantía, ya va por delante constituyendo un depósito pignoraticio, con lo que la cobertura surge al tiempo de la suscripción de la Póliza, salvo que ya hubiese constituido el depósito, pignorándolo, al tiempo de firmar la Póliza de Contragarantía, en cuyo caso, no se precisaría de la relevación de la fianza.

Llegados a este punto, cabe destacar el precitado art. 1.843 C.c. que dispone que «*El fiador, aún antes de haber pagado, puede proceder contra el deudor principal... 2º en caso de quiebra, concurso o insolvencia...*». La Ley Concursal, cuando fue promulgada y a pesar de las sucesivas reformas que está operando tras su entrada en vigor, no ha mirado más al Código civil que para añadir un párrafo a lo dispuesto en el art. 1.921, que alude a la «clasificación de créditos». Dentro de su Título XVII, de cuyo Capítulo Primero sólo pervive el denostado (en sede de Concurso de persona física) art. 1.911, pero nada ha alterado el artículo 1.843 C.c. que, no solo parece ir contra lo dispuesto en el art. 156 TRLC (antiguo art. 62 LC), sino que, «*antes de haber pagado*», esto es, antes de que nazca su crédito el Código civil le

---

74 **Art. 1.843 C.c**.... En todos estos casos la acción del fiador tiende a obtener relevación de la fianza o una garantía que lo ponga a cubierto de los procedimientos del acreedor y del peligro de insolvencia en el deudor.

permite a la entidad financiera actuar judicialmente. En cualquier caso, la virtualidad real del supuesto 2º era, prácticamente, nula, fundamentalmente, por la imposibilidad de iniciarlos *ex* art. 136 TRLC (antiguo art. 50 y 55 LC); únicamente tendría la posibilidad de insinuar su crédito *ex* arts. 28.1.5.º y 255 TRLC (antiguos arts. 21.1.5º y 85 LC «*aún antes de haber pagado*» la deuda de su avalado, lo cual con la LC (antiguo art. 87 LC) llevaba a reconocer el crédito como contingente sin embargo, el art. 263.2 TRLC dispone que se reconozca por su importe y sin perjuicio de la sustitución del crédito, lo que, de alguna manera y tácitamente, hace desaparecer la dialéctica del art. 1.843 C.c. que antes planteábamos, pues deriva al fiador a no plantear un juicio ordinario y, simplemente, insinuar su crédito a la Administración Concursal acorde con el art. 258 TRLC, tanto al haber pagado como no pagado; otro planteamiento se centrará en su calificación, pues el pago es subrogatorio en la posición del acreedor del concursado y, por tanto, será calificado como si del acreedor se tratase, ordinario o con privilegio especial, o el que corresponda.

En cualquier caso, lo que primero puede entenderse es que esta norma de la LC suponía una excepción a la regla general, pues el precepto civil está plenamente vigente. Para responder a esta cuestión, hay que acudir al último párrafo del precepto([30]), a fin de conocer qué tipo de acción se permite ejercitar. ¿De reclamación de cantidad? ¿De una cantidad no pagada por el avalista? ¿La acción de repetición de algo no satisfecho? Evidentemente, no. Lo que permite el Código civil es la propia relevación de la fianza, esto es, como decíamos precedentemente, bien la devolución del original del aval físico en poder del beneficiario del mismo, ora la constitución de fianza o depósito en efectivo o valores que le resguarde de la reclamación que el beneficiario pudiere hacerlo. Todo esto en sede concursal supondría, de un lado, (i) por el sistema de devolución del aval entrar en conflicto con el beneficiario del aval; pensemos en el comprador de una vivienda que tuviese que devolver al Banco el aval, cuando no le ha entregado la vivienda, evidentemente no se lo devolvería, salvo cumplimiento del contrato de compraventa con entregas avaladas y, de otro, comoquiera que no se lo devuelve el beneficiario, (ii) el Concursado debería de constituir una prenda con sus bienes que bien podría ir en contra de la *par conditio creditorum,* máxime, por cuanto que se está primando a un acreedor que todavía no lo ha llegado a ser y, comoquiera que la prenda aún debe de constituirse, no ha llegado a tener siquiera un privilegio especial sobre el bien sustraído de la Masa Activa; por tanto ¿dónde nos llevaría este precepto? Tomado al pie de la letra y sin entrar en más conflicto con la LC, nos llevaría a iniciar un incidente concursal que conllevase a una condena de hacer a cargo del concursado, al parecer, de imposible o contradictorio cumplimiento y que, por su imposibilidad, derivaría en una imposible ejecución con embargo de los bienes que componen la Masa Activa del Concurso. Parece, pues, que el Legislativo de 2003 y de las siguientes y sucesivas reform no reparó en esta cuestión, centrándose más en el nuevo sistema de ordenación de pagos en el Concurso.

Podría, sin embargo, llegar a pensarse en utilizar la figura del art. 270.6.º TRLC (antiguo art. 90.1.6º LC), esto es, de los créditos garantizados con prenda constituida sobre créditos futuros, sobre la que trataremos más adelante, tampoco resultaría factible la relevación de la fianza en sede concursal pues, como decíamos precedentemente pues, si la causa de la relevación de la fianza se pretendiera que fuere realizada a través de la constitución de una garantía real que pusiese a buen recaudo el crédito del avalista, (i) comoquiera que la causa de su ejercicio era la de la declaración de concurso, parece que se trataría de una obligación de hacer generada después de dicha declaración, por tanto y, en su caso, con cargo a la Masa, mientras que el precepto del art. 270.6.º TRLC (antiguo art. 90.1.6º LC) alude a la prenda debidamente constituida con anterioridad a la declaración concursal, lo que evidencia que no sería calificado como crédito con privilegio especial. (ii) ¿Se trataría de un contrato con obligaciones recíprocas del art. 158 y ss. TRLC (antiguo art. 61 LC)? El contrato de contragarantía fue suscrito antes de la declaración de concurso y, con él, la obligación de relevación de la fianza, entiendo que no se encuadra en tal precepto esta obligación concreta, dado que no es principal del contrato de aval, que sólo contiene la obligación de pago por el avalista y el de contragarantía es subsidiario de aquél, sin obligaciones de tracto sucesivo por las partes. Por tanto, (iii) entiendo que nos encontraríamos ante un supuesto del art. 242.9.º TRLC (antiguo art. 84.1.6º *in fine* LC), esto es, «*obligaciones de restitución e indemnización… por incumplimiento del concursado*», pues el concursado se obligó contractualmente a mantener indemne a su avalista, relevándole de la fianza, caso de declararse en concurso.

l) Extinción del aval

Como contrato accesorio que es se extingue al mismo tiempo que el contrato principal que garantiza y por las mismas causas fijadas por el C.c., a excepción de lo dispuesto en los arts. 1.851 y 1.852 C.c. esto es, por la prórroga concedida por el beneficiario del aval al avalado, sin el consentimiento del avalista o por hechos del beneficiario del aval que no le permita al avalista subrogarse en sus derechos, hipotecas o privilegios que ostentase frente al avalado.

El aval es un documento que se cancela por su devolución voluntaria realizada mediante la entrega física de su original al Banco por parte del beneficiario del aval, acorde con lo dispuesto en el art. 1.188 C.c. el cual, por este acto físico, renuncia a sus acciones frente al avalista, aun cuando no hubiese cobrado o visto satisfecho su crédito o la obligación garantizada. Es en este momento, el de la recepción por el Banco del documento original del aval, aquél por el que cesará la obligación de pago por el avalado de las comisiones que periódicamente le gira la entidad financiera.

La cancelación del aval se puede realizar, no obstante, de diversas formas, todas ellas documentadas, pero no hay que olvidar nunca lo dispuesto en el art. 1.188 C.c. que no requiere de la firma de documento alguno al efecto, bastando la mera entrega voluntaria del documento original del Aval por el Beneficiario del mismo (acreedor) al Avalista (Banco deudor) para que se considere legalmente que el Beneficiario ha renunciado a la acción derivada del Aval frente al Banco, no frente a su cliente Avalado, sino frente al Avalista, su acción cartular. La pérdida, para que produzca el efecto de la renuncia, debe ser hecha mediante acto voluntario del Beneficiario del aval, lo cual es imposible, pues no se pierden las cosas voluntariamente y, por tanto, nunca puede ser por pérdida o extravío, actos que son realizados de forma fortuita y no voluntaria, pues en éstos no opera la voluntad del Beneficiario, sino el azar; tampoco cabe la pérdida o la entrega de forma violenta porque, obviamente, la voluntad del Beneficiario del aval ha sido violentada y, por tanto, nos hallaríamos ante un supuesto del art. 1.265 C.c. de nulidad del consentimiento.

El párrafo primero del art. 1.188 C.c. admite tanto la renuncia de la acción por pago del Avalista, por cumplimiento por el Avalado de la obligación avalada, como por la mera liberalidad del Beneficiario del aval, sin embargo, esta renuncia puede perjudicar a la herencia del Beneficiario y, tanto por sus herederos, como por el Avalista, pueden sostener el carácter inoficioso de la renuncia, por lo que, cualquiera de ellos que lo sostenga así, correrán con la carga probatoria de que fue pagada la deuda y que no hubo liberalidad alguna, a cuyo efecto, como decíamos precedentemente, siempre es mucho más que conveniente, documentar la devolución del Aval por el Beneficiario a la Avalista.

El aval también quedará cancelado por caducidad, al término del vencimiento que se hubiere fijado en el mismo, sin que se haya realizado previo requerimiento de cumplimiento por parte del beneficiario, dentro del período temporal pactado al efecto. Normalmente, a la fecha de vencimiento, suele establecerse un período de un mes o, a veces, menos, para efectuar el requerimiento de cumplimiento, transcurrido el cual, si así figura expresamente recogido en el texto del aval, queda caducado de pleno derecho el aval y, por tanto, la posible acción del beneficiario, pues hablamos de término de caducidad, no de prescripción, pues ésta surgirá tras el requerimiento, pero no, sin éste.

J) Aval a primer requerimiento o primera demanda

GARRIGUES (*op. cit.*) cuando habla de la fianza bancaria sostiene que va implícita en el pacto de *receptum*, del Latín «*recipio*» significando «recuperarse» y, ésta, de «*re-*», indicando «volver a hacer algo» y «*capio*», significando «*coger*». Así pues, encontramos «*officium recipio*», significando «asumir una obligación o hacer (*acio*) una obra (*opus*)»; «*aliquid recipio pro aliquo*», significando «comprometerse a algo en favor de uno». Los banqueros romanos se constituían en fiadores de sus clientes mediante el *pactum de receptum*, por el cual el banquero se comprometía a pagar una deuda ajena *receptum argentarii* (recuperando su dinero) cuya característica era la de ser independiente de su causa subyacente, su abstracción; el banquero respondía incluso cuando no había recibido nada de su cliente y aunque la deuda no existiese o aunque el banquero hubiese sufrido error. Ésta es, a nuestro entender, la mejor definición que puede darse del aval «a primera garantía», «a primer requerimiento» o «a primera demanda», expresiones todas ellas que nos llevan a entender la abstracción que se hace del negocio causal cuando en este tipo de avales, la entidad financiera se obliga a pagar en el mismo instante en que el beneficiario se lo exija. Si en un aval, llamémosle, «ordinario» el Banco tiene la obligación de preguntar a su cliente, al avalado, antes de pagar al beneficiario, es decir, recabar una especie de autorización confirmatoria de que la causa subyacente se ha cumplido convenientemente, en un aval a primer requerimiento sucede, justo, todo lo contrario, esto es, que el Banco, sin obligación de preguntar, salvo pacto expreso, primero pagará y luego repetirá frente a su avalado. Obtendremos una buena definición a través de la siguiente resolución:

SAP Valencia —7ª— n.º 105/2008, de 20 de febrero:

«... En efecto, la STS de 27.10.1992 señala"... entre las nuevas modalidades de garantías personales nacidas para satisfacer las necesidades del tráfico mercantil al resultar insuficiente o inadecuada la regulación legal de la fianza, se encuentra el aval a primera solicitud, o a primer requerimiento, también denominado por la doctrina como garantía a primera demanda o a simple demanda o garantía independiente, contrato atípico, producto de la autonomía de la voluntad sancionada por el art. 1.255 del Código Civil [así S. 14-11-1989 (RJ 1989\7878)], en el cual el fiador viene obligado a realizar el pago al beneficiario cuando éste se lo reclame, ya que la obligación de pago asumida por el garante se constituye como una obligación distinta, autónoma e independiente, de las que nacen del contrato cuyo cumplimiento se garantiza; es nota característica de esta forma de garantía personal, que la diferencia de la fianza regulada en el Código Civil, su no accesoriedad, nota a lo que se alude en la Sentencia de esta Sala 11-7-1983 (RJ 1983\4209) al incidir «las garantías denominadas de primera solicitud en el comercio internacional» entre las «nuevas figuras que tendiendo a superar la rigidez de la accesoriedad, es decir la absoluta dependencia de la obligación garantizada para la existencia y la misma supervivencia ...», así como en la STS 14.11.1989 en la que se afirma que «toda interpretación que trate de dar a la palabra garantía el sentido de la obligación accesoria de fianza o de aplicar la excusión que le es característica desvirtúa la naturaleza de la relación compleja a la que venimos haciendo mérito», de ahí que el garante no pueda oponer al beneficiario que reclama el pago otras excepciones que las que deriven de la garantía misma, siendo suficiente la reclamación del beneficiario frente al garante para entender que el obligado principal no ha cumplido, si bien en aras del principio de la buena fe contractual (art. 1258 del Código Civil) se permita al garante, caso de contienda judicial, probar que el deudor principal ha pagado o cumplido su obligación con la consiguiente liberación de aquél, produciéndose así una inversión en la carga de la prueba ya que no puede exigirse al beneficiario que acredite el incumplimiento del obligado principal, siendo suficiente, como se dice, la reclamación de aquel beneficiario para que nazca la obligación de pago del avalista, y así dice la Sentencia de 1989 citada que la beneficiaria «una vez que ha cumplido con los requisitos que le comunicó la «Compañía de Seguros de Crédito y Caución SA» tiene un indiscutible derecho a exigirle el pago de la cantidad señalada, siendo la obligación de la «Compañía de Crédito y Caución» de carácter abstracto en el sentido de ser independiente del contrato inicial», sin perjuicio de las acciones que puedan surgir a consecuencia del pago de la garantía (de regreso, del garante frente al ordenante y las propias entre los interesados en la relación subyacente); no habiéndose acreditado en autos por el recurrente que el obligado principal cumplió con su obligación de garantía respecto de los materiales suministrados a la actora y habida cuenta del carácter no accesorio de la garantía prestada, son inaplicables al caso los preceptos que se invocan en el motivo ni el principio de accesoriedad de la fianza que los informa por lo que ha de rechazarse este primer motivo..."».

Dicho así, resulta evidente que la situación de riesgo, tanto para le entidad financiera avalista, como para el avalado, es ciertamente elevada, pues el beneficiario del aval ostenta un poder omnímodo e indiscutible frente a las otras partes contractuales. Esta cuestión ha sido matizada por la Jurisprudencia, en tanto que viene admitiéndose la denominada *exceptio doli* o excepción de abuso, con carácter excepcional y con la finalidad de eludir el abuso de derecho. Tal es como así dispone, entre muchas, la siguiente resolución judicial:

SAP Madrid —9ª— 12.06.2000

«...la reclamación de las beneficiarias resulta fraudulenta o, cuando menos, abusiva, debiendo en consecuencia mantenerse la resolución de primera instancia que así lo entendió y desestimó la demanda, ya que como tiene declarado la sentencia del Tribunal Supremo de 2 de octubre de 1990 a propósito de aval prestado por entidad bancaria a "primera demanda" o a "primer requerimiento" la pretensión del recurrente "no solo violenta los preceptos legales que acabamos de citar, (arts. 1.822 y 1.826 C.C.), sino que incluso desnaturaliza el contrato de fianza, convirtiéndolo en un simple reconocimiento de deuda, al pretender que el avalista venga obligado a pagar siempre y en todo caso, cualquiera que fuesen las obligaciones afianzadas", pues, como continua diciendo, "por mucha amplitud o sentido interesado que quiera dársele a las expresiones "Aval a primera demanda" o "Primer requerimiento", los términos demanda y requerimiento hay que ponerlos necesariamente en relación con la frase anterior "obligaciones derivadas del contrato", y solo cuando estas obligaciones válidamente existan, vendrá obligado el fiador, según entiende la mayoría de las doctrinas", interpretación por tanto de la cláusula discutida a la que también se refiere el propio Alto Tribunal en sentencia de 15 de abril de 1991, donde se habla de la necesidad de "que venga reconocido el incumplimiento, generante de responsabilidad, que el aval garantizaba, en ortodoxa aplicación del esencial principio de derecho de que no producido el antecedente, no puede darse el consiguiente, ya que faltando la causa no puede darse el efecto", sin que los términos en que se expresa posteriormente la sentencia de 27 de octubre de 1992 autoricen a llegar a conclusión contraria, desde el momento en que se permite al garante, "caso de contienda judicial, probar que el deudor principal ha pagado o cumplido su obligación con la consiguiente liberación de aquél, produciéndose así una inversión de la carga de la prueba", sin olvidar que lo que aquí se discute no es el cumplimiento o incumplimiento del deudor, sino que la obligación por la que se reclama sea precisamente la especificada en la garantía, excepción propia del contrato de garantía...»

Es tan autónomo el contrato de aval a primera demanda que, ni siquiera la obligación garantizada lo extingue *ex* art. 1.851 C.c., pues así lo considera el Alto Tribunal:

STS —1.ª— n.º 77/2014, de 3 de febero

«**12.** A continuación, debemos tener presente el régimen legal de los efectos de la novación del contenido de la obligación garantizada, respecto de la fianza. La modificación de los términos de la obligación principal, en principio, no extingue la fianza, sin perjuicio de que al fiador sólo le sea exigible el cumplimiento en los términos inicialmente convenidos. Sin embargo, si la modificación afecta al plazo de cumplimiento y resulta de aplicación el art. 1851 CC, la fianza sí que se extingue como consecuencia de la prórroga.

Es cierto que "la característica del aval a primer requerimiento, según reiterada jurisprudencia de esta Sala, es la de dar nacimiento a una obligación de garantía inmediata que pierde su carácter accesorio de la obligación principal (a diferencia de la fianza), en el que obligación del garante es independiente de la obligación del garantizado y del contrato inicial" (Sentencia 671/2010, de 26 de octubre, con cita de las anteriores Sentencias 735/2005, de 27 de septiembre y 979/2007, de 1 de octubre), "de modo que el garante no puede oponer al beneficiario, que reclama el pago, otras excepciones que las que derivan de la garantía misma" (Sentencia 783/2009, de 4 de diciembre). Pero lo anterior no es óbice para que, como se explica en la doctrina, siempre que no se trate de causas de extinción que provengan de la relación de valuta, el garante a primer requerimiento pueda oponerse al pago por las causas de los arts. 1851 y 1852 CC. Para que no fuera oponible la causa prevista en el art. 1851 CC, sería necesario que en el aval a primer requerimiento se hubiera hecho una renuncia expresa a ella, de lo que no queda constancia en este caso.

No obstante lo anterior, es preciso determinar si el señalamiento de un nuevo término para la conclusión de las obras, en este caso concreto, constituye el presupuesto previsto en el art. 1851 CC, que conlleva ineludiblemente la extinción de la fianza (en este caso, el aval a primer requerimiento).

En principio, una interpretación literal del precepto llevaría a entender que la ampliación del plazo para dar cumplimiento a la obligación de entrega de la obra, inicialmente prevista el 14 de abril de 2008, mediante la fijación de un nuevo término (1 de diciembre de 2008), constituye una prórroga que se concede por el acreedor al deudor, que, si no ha sido consentida por el fiador, liberaría a éste de la fianza. Pero esta interpretación, como se sostiene por una parte de la doctrina, debe atemperarse en atención a la *ratio* del precepto, que puede hallarse en la protección del fiador frente al perjuicio que le puede deparar la concesión de la prórroga al deudor. Este perjuicio afloraría cuando la prórroga alargara la incertidumbre y con ello empeorara la situación económica del deudor, e hiciera ilusoria la vía de regreso. Por eso, en esos casos, el fiador podría liberarse de la fianza porque, aun no siéndole oponible la prórroga, le impide una vez pagada la fianza utilizar la subrogación en el derecho del acreedor para ejercer el regreso inmediato contra el deudor. De este modo, como se ha concluido en la doctrina, "el art. 1851 CC sólo tiene sentido en cuanto protege la vía subrogatoria, y siempre que ésta sea procedente en beneficio del fiador".

13. A la vista de lo expuesto hasta ahora, podemos concluir que en nuestro caso no se cumple el presupuesto que justifica la regla contenida en el art. 1851 CC. La concesión de un nuevo término para la entrega de las obras, cuando la fianza cubre la obligación de pago de la penalidad pactada por cada día de retraso, no perjudica la eventual vía subrogatoria del fiador *solvens*, que en última instancia estaría supeditada al cumplimiento definitivo, sino que, como trata de argumentar la Audiencia, en este caso la prórroga beneficia al fiador pues, aunque no le vincule la novación, esta aminora el riesgo de tener que pagar la fianza al dejar de aplicarse la pena pactada al periodo comprendido entre el 14 de abril de 2008 y el 1 de diciembre de 2008. Sería un contrasentido que la ampliación del plazo para la entrega de la obra que beneficia no sólo al deudor sino también al fiador, en cuanto que reduce el riesgo de aparición de la obligación garantizada y no merma la eficacia de una eventual acción subrogatoria en caso de pago de la fianza, una vez constatada la duración del retraso, pueda legitimar al fiador para liberarse de la fianza…»

Siguiendo el principio conforme al cual, las cosas son lo que son y no lo que las partes quieren que sean, hay que manifestar que, no es el hecho de titular el documento de aval como de primer requerimiento o demanda lo que le dota del carácter abstracto y autónomo de la obligación principal, sino que es el texto del cuerpo del documento de aval, la manifestación expresa de la voluntad de la entidad avalista, el que determina tales características, de forma y manera que si causaliza el pago, desnaturaliza las mismas. Así se expresa el Tribunal Supremo:

STS —1.ª— n.º 217/2019, de 5 de abril:

«1.- La denominada garantía o aval a primera demanda o primer requerimiento es un contrato autónomo de garantía que, según la sentencia 937/1999, de 10 de noviembre, "cumple una función garantizadora tendente a conseguir la indemnidad del acreedor beneficiario frente al incumplimiento de su obligación contractual por el deudor ordenante". En esta modalidad contractual, el garante asume una obligación abstracta e independiente de pagar la obligación del sujeto garantizado, desde el mismo momento en que sea requerido por el acreedor y sin oponer excepciones de ningún tipo, ni siquiera la nulidad de la obligación garantizada (véanse, al efecto, la Convención de las Naciones Unidas sobre Garantías Independientes y Cartas de crédito contingentes, de 11 de diciembre de 1995; y las Reglas Uniformes de la Cámara de Comercio Internacional para las Garantías a Primera Demanda, de 1992). 2.- A diferencia de lo que sucede con la fianza ordinaria (según la sentencia 81/2014, de 4 de marzo, el aval a primer requerimiento es una fianza con determinadas especialidades), no se requiere el incumplimiento de la obligación principal, ya que estas garantías pueden ser hechas efectivas a simple requerimiento. En las sentencias 81/2014, de 4 de marzo, 330/2016, de 19 de mayo, y 679/2016, de 21 de noviembre, hemos resaltado que una de las notas características que diferencian el aval a primer requerimiento de la fianza regulada en el Código Civil es su no accesoriedad, por lo que para la efectividad de la garantía no es preciso demostrar el incumplimiento de la obligación garantizada, sino que para hacer efectivo el cumplimiento de esta bastará con la reclamación del deudor. Así como que el garante no puede oponer al beneficiario que reclama el pago otras excepciones que las que se deriven de la garantía misma, pues lo contrario supondría desvirtuar la naturaleza de esta obligación. La característica del aval a primer requerimiento es la de dar nacimiento a una obligación de garantía inmediata, que pierde su carácter accesorio de la obligación principal, en el que la obligación del garante es independiente de la obligación del garantizado y del contrato inicial (sentencias 735/205, de 27 de septiembre; 979/2007, de 1 de octubre; y 671/2010, de 26 de octubre). Pero sin que impida el ejercicio de las acciones que puedan surgir a consecuencia del pago de la garantía (sentencias 1057/2001, de 14 de noviembre; y 697/2002, de 5 de julio) o para determinar el grado de cumplimiento de la obligación principal garantizada. 3.- En consecuencia, los términos en que esté redactado este tipo de aval son de capital importancia, dada su autonomía, por lo que la interpretación conforme al art. 1281.1 CC se revela prácticamente imprescindible. Como recuerda la sentencia 438/2012, de 13 de julio, con cita de otras muchas, la regla de interpretación literal es prevalente y solo cuando resulte insuficiente para averiguar la voluntad de las partes contratantes, entra en juego el llamado canon de la totalidad, es decir, el conjunto de reglas complementario y subordinado previsto en los arts. 1281.2 a 1289 CC. 4.- La sentencia recurrida ni infringe el art. 1281.1 CC ni desnaturaliza el aval a primer requerimiento. Al contrario, el problema estriba, en su caso, en que es el propio tenor literal de los documentos de aval objeto de litigio el que se aparta de las características del aval a primer requerimiento que antes hemos expuesto, hasta el punto de que impiden que puedan ser calificados como tales. En efecto, los avales prestados por Caja Duero no se limitan a establecer la exigibilidad abstracta y autónoma propia de un aval a primer requerimiento, sino que "causalizan" la garantía, al vincularla expresamente al contrato de 29 de diciembre de 2010, que se incorpora mediante copia a los avales. De esta manera, nos encontramos ante una garantía accesoria a un contrato principal, que se asemeja más a una fianza ordinaria que a un aval a primer requerimiento. Fueron los propios términos de los avales los que excluyeron la independencia de la relación fideiusoria respecto de la relación contractual garantizada. Como consecuencia de ello, la interpretación que hace la Audiencia Provincial sobre la efectividad de los avales, en relación con las previsiones contractuales subyacentes, son acordes con el propio tenor de los contratos de garantía y no infringen el precepto invocado…»

K) Calificación concursal

Debemos partir de la consideración dada por el Tribunal Supremo, en el sentido de que el crédito del fiador surge en el momento en el que presta su fianza y, así, según la acción derivada de dicha prestación, así será su calificación concursal, bajo los siguientes razonamientos:

STS —1.ª— n.º 61/2020, de 3 de febrero

«El recurso argumenta que la acción ejercitada era la de reembolso y no la subrogatoria, y que el crédito reclamado con la primera se entiende que nace con el pago por el fiador de la deuda afianzada. Pero, como veremos a continuación, a efectos concursales, esto no es así, pues no cabe dar distinto tratamiento concursal al crédito del fiador frente al deudor afianzado, en función de si es ejercitada una u otra acción, cuando se reclama el importe de la deuda satisfecha y los intereses.

4. Como recuerda la sentencia 761/2015, de 30 de diciembre, el fiador que paga la obligación garantizada dispone de dos acciones para hacer efectiva la vía de regreso frente al deudor principal: un derecho de reembolso (art. 1838 CC) y una facultad de subrogarse en los derechos del acreedor (art. 1839 CC): "el Código Civil reconoce al fiador que paga una doble facultad, derivada de su condición de acreedor del deudor principal que adquiere al pagar la deuda garantizada, con una misma finalidad (que el cumplimiento de la obligación de fianza no le suponga un quebranto patrimonial) pero de contenido diverso, entre las que el fiador puede elegir. "(...) tanto la acción de reembolso o regreso como la acción subrogatoria son mecanismos previstos por el ordenamiento jurídico para la efectividad de un principio básico de la regulación de las garantías otorgadas por terceros, como es que el tercero que paga, y se convierte por ello en acreedor del deudor principal, no sufra, en lo posible, un quebranto patrimonial y pueda resarcirse con cargo al deudor principal, que no pagó". Aunque el fiador asuma la condición de acreedor frente a la sociedad deudora principal, respecto de lo pagado al acreedor principal como consecuencia de la fianza, a los efectos previstos en el art. 87.6 LC no cabe hablar del nacimiento de una nueva deuda social, sino más bien de que la existente persiste, sin perjuicio de que ahora sean los fiadores quienes estén legitimados para reclamarla. Cuando menos por lo que respecta al importe de la deuda satisfecha y sus intereses. Cuestión distinta podría ser en lo que respecta al eventual crédito de indemnización de daños y perjuicios, al que legitima también la acción de reembolso, que en este caso no consta se haya ejercitado.

En el mismo sentido nos pronunciamos en la sentencia 20/2020, de 16 de enero, en un supuesto que, si bien no es idéntico, sí guarda cierta relación de analogía, pues, con ocasión de una acción de responsabilidad ex art. 367 LSC, interesaba determinar en qué momento se podía entender que había nacido el derecho de crédito del fiador, una vez pagado el crédito afianzado, frente a la sociedad deudora, para determinar si era anterior o posterior a la aparición de la causa de disolución. En esa sentencia declaramos lo siguiente: "El derecho del fiador a reclamar de la sociedad deudora lo pagado no es propiamente una nueva deuda social, sino una modificación subjetiva de la obligación originaria, un cambio de acreedor. Esto que resulta muy claro en el caso de la acción subrogatoria del art. 1839 CC, también lo sería cuando en la acción de reembolso se reclama la deuda satisfecha por el fiador y los intereses (ordinales 1° y 2° del art. 1838 CC)". De este modo, en un caso como el presente, para clasificar el crédito de reembolso de la deuda social satisfecha por

> el fiador, y, en concreto, para comprobar si el fiador era persona especialmente relacionada con la sociedad concursada, por ser socio de la concursada con una participación superior al 10% de capital social, el momento relevante es aquel en que se afianzó el crédito. Se entiende, a estos efectos, que el crédito cuya clasificación es objeto de impugnación nació con el afianzamiento y no más tarde con el pago del crédito afianzado. Lo relevante es que los fiadores demandantes, cuando asumieron la fianza, se hallaban en esa situación descrita por el art. 93.2.1° LC: Humberto era socio con una participación en el capital social superior al 10% y Fátima era su cónyuge.»

Sin embargo, la **STS —1.ª— 557/2025, de 8 de abril** requiere que, para que pueda no calificarse el aval como contingente, esto es, para que se reconozca con su calificación pertinente, debe haberse ejecutado el aval, pero hay que tomarlo en base a la consideración del litigio concreto que dio lugar a la misma, incidente concursal en el que resultaba pacífico por las partes la calificación de contingente del aval, incluso por la entidad financiera afianzadora. Éste es el razonamiento: «*Pero un supuesto como el presente en que el crédito de un fiador de la concursada se ha reconocido inicialmente como crédito contingente, su clasificación no procede hasta que se llegue a ejecutar el afianzamiento y se subrogue en la posición del acreedor principal. Es entonces cuando habrá que clasificarlo, de acuerdo con las reglas legales, entre las que destaca la del art. 87.6 LC, según la interpretación jurisprudencial*». Todo ello, no deja clara la cuestión, a nuestro entender, pues el término que emplea el Alto Tribunal parte del acto de la «ejecución del afianzamiento», cuyo término no define y queda ciertamente ambiguo en el tiempo o momento concreto de la relación de afianzamiento, (i) entre la reclamación del acreedor al afianzador (verdadera ejecución, extrajudicial o judicial del aval), (ii) el momento del pago por el fiador al acreedor de la deuda del afianzado en concurso, antes o después de la reclamación del acreedor y (iii) el de reclamación judicial (ejecución procesal) iniciada por el afianzador una vez pagada la deuda afianzada al acreedor. Pensemos, como queda dicho, que la entidad financiera afianzadora acostumbra a disponer de una póliza de contragarantía intervenida por Fedatario público, con las condiciones que le dotan de ejecutabilidad y que, en la mayoría de los casos, conlleva la apertura de una cuenta de avales en la que, a modo de cuenta de crédito bancaria, van siendo debitadas las diversas partidas impagadas por el deudor principal (concursado), tanto las comisiones (como el supuesto de la STS precitada) como los intereses o los pagos a los acreedores afianzados, parciales o por hitos (fases de la construcción, por ejemplo), por vencimientos fijos o por un solo vencimiento, lo que puede suponer que unos pagos se hayan realizado por el afianzador antes del concurso (supuesto de la STS) y otros, dentro del concurso, por lo que, reiteramos, a nuestro entender, la consideración de «ejecutar» el aval, no queda definida en modo alguno y, menos, ante la consideración pacífica de las partes en cuanto a su calificación.

Por el aval prestado por entidad bancaria, podemos encontrarnos con los siguientes supuestos:

a) Que la entidad bancaria no haya efectuado el pago al beneficiario del aval:

Aun cuando, no se haya cumplido la condición ni el pago y, por ende, la acción de reembolso y subrogación en la posición del acreedor beneficiario del aval, nos hallamos ante un supuesto del art. 263.2 TRLC (antiguo art. 87.6 LC), que considera el contrato de aval como uno de los supuestos de especial reconocimiento y así, «*se reconocerán por su importe sin limitación alguna y sin perjuicio de la sustitución del titular del crédito en caso de pago por el fiador…*», de forma y manera que el propio Legislador rechaza su consideración de contingente, háyase pagado o no el aval por la entidad fiadora.

Deberá calificarse con la categoría que corresponda, concursal ordinario o privilegiado si tuviere una garantía real, incluso podría considerarse contra la masa, caso que se tratase de una obligación avalada fuere de vencimiento posterior a la declaración de concurso, en cuyo caso, la obligación de pago, el crédito del avalista nacería en este momento post concursal y, así, pagando un crédito contra la masa, el avalista o tercero que éste paga (art. 1.158 C.c.), se subroga en la posición acreedora contra la masa que aquél ostentaba, pues así lo establece *a sensu contrario* el art. 1.159 C.c., en tanto en cuanto que el concursado avalado conozca que el Banco avalista ha realizado el pago, lo cual, en la práctica habitual no representa objeción alguna; en este sentido, léase la siguiente resolución:

SAP Álava —1.ª— n.º 364/2008, de 30 de septiembre

«En el supuesto estudiado y conforme a lo antes expresado los créditos cuya consideración como contingentes pretenden los recurrentes nominar en la relación pasiva del concurso no existen en tanto el fiador no responda, pues hasta ese momento carece de la acción de reembolso del art. 1.838 del Código Civil, cuya cita es argumento de la impugnación. Es por ello que la calificación pretendida sobre la consideración de que esos potenciales créditos (acción de reembolso) estén sometidos a condición no puede sostenerse, pues para que exista una condición propia, como afirma la doctrina, es necesario que sea la voluntad de las partes la que hace depender la eficacia o ineficacia de la obligación del hecho condicionante. Si la eficacia de la obligación está supeditada o suspendida, no por la voluntad de las partes sino por precepto legal o por la propia naturaleza de la obligación de que se trate, no hay verdadera condición, pudiendo hablarse a lo más en tales casos de condiciones impropias. Es indudable que la naturaleza de la obligación básica de pago se hizo bajo el fraccionamiento y pago aplazado en cuotas a fecha fija de las amortizaciones e intereses, lo que no puede considerarse condición suspensiva en relación con cada una de las cuotas aplazadas, pues no es sino efecto de la propia naturaleza de la obligación. La LC, como se ha dicho, dedica singular atención a estos contratos vigentes en el momento de la declaración del concurso y no pueden eludirse las siguientes citas: art. 61.2 LC: "la declaración de concurso, por sí sola, no afectará a la vigencia de los contratos con obligaciones recíprocas pendientes de cumplimiento tanto a cargo del concursado como de la otra parte. Las prestaciones a que esté obligado el concursado se realizarán con cargo a la masa". Art. 62 LC, en el que se ponen a cargo de la masa las obligaciones subsiguientes a la resolución del contrato si su vencimiento es posterior al concurso. Y el art. 86.2.6°, conforme al cual tienen la consideración de créditos contra la masa, y serán satisfechos conforme a lo dispuesto en el art. 154: "los que, conforme a esta Ley, resulten de prestaciones a cargo del concursado en los contratos con obligaciones recíprocas pendientes de cumplimiento que continúen en vigor tras la declaración de concurso, y de obligaciones de restitución e indemnización en caso de resolución voluntaria o por incumplimiento del concursado Citas que revelan con absoluta claridad la procedencia de considerar a cargo de la masa, aunque lo sea en su caso con el privilegio singular correspondiente, las obligaciones consecuentes a vencimientos posteriores a la declaración del concurso, por tratarse de créditos postconcursales y no concursales sometidos a condición suspensiva, cual pretenden las recurrentes.»

La siguiente resolución, viene a resumir las calificaciones temporales de los contratos de aval bancarios:

SJM-1 Álava 23.09.2005

«Por consiguiente, el crédito concursal del asunto es el derivado de la póliza de aval hasta la declaración de concurso, y los pagos hasta ésta en cumplimiento del aval, mientras que los posteriores son créditos contra la masa de art. 84.2.6° LECO, en tanto que derivados de contrato con obligaciones recíprocas pendientes de cumplimiento y en vigor tras la declaración de concurso. En este supuesto, no sólo opera el criterio mero-temporal, sino que elementalmente son los pagos de los avalistas precisos para la continuidad de la actividad de la concursada, ya sea para poder transmitirla, o para conservarla en orden a su liquidación ordenada. Salvo que el préstamo avalado se hubiera resuelto anticipadamente antes de la declaración de concurso, con pago de la amortización definitiva por el avalista, su crédito por pagos ulteriores será contra la masa, cuya producción reducirá paralelamente el crédito ordinario del prestamista…»

b) Si se efectúa el pago anteriormente a la declaración de concurso de forma parcial:

La situación se resuelve en los arts. 264 y 437 TRLC (antiguos arts. 87.7 y 160 LC) que coordinan la reclamación tanto del acreedor por el resto del crédito aún no pagado y la del fiador o avalista por el crédito de reembolso por la parte satisfecha del crédito. Así lo refleja la siguiente resolución:

SAP Pontevedra —1.ª— n.º 673/2008, de 4 de diciembre

«No podemos estar de acuerdo con la calificación interesada. A pesar de que la LC regula alguna situación, precisamente no se refiere expresamente al supuesto que nos ocupa, es decir, al supuesto en que el concurso del deudor principal es declarado antes de que el fiador hubiera pagado al acreedor. Pero sí existen elementos suficientes, como ocurre en el supuesto del art. 87.5 LC, para entender que el crédito de regreso del fiador antes del pago es un mero crédito contingente del art. 87.3 LC, lo que, contradictoriamente, viene a reconocer expresamente la propia parte apelante cuando en el apartado c) de su primer motivo de recurso señala que, con anterioridad al pago, el crédito del fiador estaría sometida a condición suspensiva de su efectivo pago.

Por lo tanto, estos créditos que debieran ser reconocidos en el concurso como créditos contingentes, sin cuantía propia y con la calificación que corresponda (art. 87.3 LC), su confirmación o su reconocimiento en sentencia, otorgará a su titular la totalidad de los derechos concursales que correspondan a su cuantía y calificación. En cualquier caso, el supuesto del art. 87.3 LC y la subrogación del art. 87.6 LC se refieren a créditos de regreso en los que el pago parcial o total del fiador ha tenido lugar después de la declaración del concurso. Si el pago anterior al concurso es parcial, como en el presente supuesto, la situación se resuelve en los arts. 87.7 y 160 LC que coordinan la reclamación tanto del acreedor por el resto del crédito aún no pagado, y la del fiador o avalista por el crédito de reembolso por la parte satisfecha del crédito.

Como señala algún autor, prescindiendo de si el crédito de regreso del art. 1838 CC es o no un crédito condicional, el legislador concursal ha dado por resuelta esta cuestión, y prescindiendo de si se trata de un crédito condicional, lo cierto es que sí se adecúa al carácter más flexible de crédito contingente, del que el condicional es sólo una especie. Es seguro que el crédito contingente comprende los créditos condicionales en sentido estricto y los créditos sometidos a una *conditio iuris*. Este crédito de regreso del fiador se reconoce "con la calificación que le corresponda" (art. 87.3 LC), privilegiado, ordinario o subordinado en función de la relación de cobertura que exista entre deudor y fiador. En el presente caso un crédito privilegiado especial al estar garantizado con hipoteca (art. 90.1.1° LC). Desde la perspectiva de la Ley concursal puede decirse que está condenada al fracaso la pretendida distinción entre la acción de reembolso del art. 1838 CC como diferenciada de la acción de subrogación del art. 1839 CC, pues de los preceptos concursales citados cabe deducir que no existen dos acciones de regreso sino sólo una, la de reembolso con subrogación.

De esa distinción se hacía eco la AP Pontevedra, sec. 6ª, S 2-1-2006, "...La sentencia del Tribunal Supremo de 15 diciembre 1997 expone "se ejercita la acción de reembolso que establece el artículo 1.838 a favor del fiador que paga por el deudor, como también le corresponde, frente al deudor, la acción de subrogación que se regula en el artículo siguiente, aunque en este caso al parecer se opta por la primera. En cualquier caso ninguna de estas acciones derivan del negocio celebrado entre el deudor y el acreedor ya pagado. La relación obligatoria cuyo pago fue garantizado con fianza quedó extinguida mediante el pago hecho por el fiador o parte de los fiadores solidarios, y como el pago de la obligación fideiusoria produce la extinción de ésta, por disposición de la ley surge a favor del fiador el derecho de reembolso (artículo 1.838 del Código Civil EDL1889/1), así como el derecho a subrogarse en todos los derechos que el acreedor tenía frente al deudor (artículo 1839 del Código Civil). Efectuado el pago por el fiador, la doctrina, incluida la jurisprudencial, debate acerca de si nacen «ex novo» dos acciones, las de reembolso y de subrogación, o una sola, cuestión en la que no entramos, porque lo que resulta desde luego incuestionable es que los fiadores que pagaron por el deudor ejercitan en la demanda una acción de reembolso contra el deudor, que no atendió el pago de la obligación contraída..." La STS de 28 de diciembre de 2006 parece que aboga por la existencia de una sola acción de reembolso con subrogación al señalar que: El referido precepto 1.838 efectivamente autoriza al fiador que paga por el deudor a ser indemnizado por éste, pues se produce subrogación en todos los derechos que el acreedor tuviera contra el deudor liberado (artículo 1.839), con lo que surge una acción de regreso a favor del fiador. Dudas sobre la dualidad que propugna la apelante también cuestionada por la mejor doctrina (así Diez Picazo en su obra los Fundamentos del Derecho Civil Patrimonial)...»

c) Que la Entidad bancaria avalista carezca de Póliza de Contragarantía: Tanto si se carece de Póliza al efecto o ampare en ella el aval o avales que haya podido prestar al concursado, jurisprudencialmente viene a resultar irrelevante, por cuanto que la entidad bancaria actúa por vía de regreso (*actio de in rem verso*) de *receptum* frente al Concursado, lo cual es de apreciar en la siguiente resolución judicial:

SJM-1 La Coruña 18.05.2006

"PRIMERO.-... La prenda se constituyó en virtud de una póliza de contragarantía de fecha 10 de julio de 2003, como cobertura de los avales que BSCH prestó ante terceros, concretamente ante la Dirección General de Política Tecnológica del Ministerio de Ciencia y Tecnología, hasta un límite de 250.000 € en garantía de obligaciones de Unicen. No consta que de momento el banco se haya visto compelido a atender a los avales prestados, de modo que no tiene ningún crédito actual y exigible frente a Unicen por este concepto. En consecuencia, la calificación correcta del crédito de 249.297 € es la de contingente y privilegiado. Es un crédito contingente (artículo 87. 3) porque su nacimiento y exigibilidad depende de un acontecimiento futuro e incierto, aunque ciertamente probable a la vista del estado patrimonial de Unicen, que es la eventualidad de que el Banco sea compelido por la Dirección General de Política Tecnológica a atender a los compromisos que comprenden los avales prestados. La calificación que le corresponde es la de crédito privilegiado, una vez acreditado, y eso sólo por vía de la demanda incidental de impugnación, que la prenda ha sido constituida con los requisitos y formalidades que exige la Ley para su oponibilidad frente a terceros...»

d) En los supuestos en los que el Banco avalista haya realizado el pago del crédito que cierto acreedor ostente frente al concursado:
El avalista se subrogará, conforme a lo dispuesto en el art. 1.159 C.c. en relación con el art. 263.2 TRLC (antiguo art. 87.6 LC), por vía de sustitución o novación subjetiva, pero por la calificación "*menos gravosa para el concurso de las que correspondan al acreedor o fiador*". Para entender esta expresión, debemos remitirnos a la siguiente resolución, si bien, debemos puntualizar que nos hallamos trabajando en sede de Aval prestado por Banco, entidad, inicialmente y salvo excepciones, que no está relacionada especialmente con el concursado, estamos refiriéndonos, pues, a éste como el de un cliente ordinario del Banco y en los términos definidos por los arts. 282 y ss. TRLC (antiguo art. 93 LC) en relación con el art. 281 apartados 1.5.º y 2 TRLC (antiguo art. 92.5º LC), por lo que, a nuestro entender, cuando se trata de un Banco que ha pagado un aval prestado a su cliente-concursado, no es de aplicación la consideración de calificación «menos gravosa para el concurso», sino que dicho crédito debe ser calificado en sus justos términos y encuadre correspondiente, sin merma ni reducción de su emplazamiento legal natural. No de otra manera podría entenderse la subrogación en todos los derechos del acreedor, *ex* art. 1.159 C.c., máxime, por cuanto que la igualdad de calificación del crédito para el avalista pagador respecto de la que ostentaba el acreedor beneficiario del aval no implica, ni puede implicar agravamiento, pues no se hace más grave o molesto de lo que era su calificación, en definitiva, no perjudicaba a la Masa del concurso más de lo que lo hacía la del acreedor saliente. Veamos, pues, la siguiente resolución.

SJM-1 Bilbao 24.10.2007

«La cuestión se centra, en consecuencia, en la extensión de la expresión contenida en el art. 87.6 LC, en cuanto indica que "en la calificación de estos créditos se optará, en todo caso, por la que resulte menos gravosa para el concurso entre las que correspondan al acreedor y fiador". Como es sabido, la expresión "estos créditos" y las extravagantes consecuencias de la aplicación literal del precepto en casos para los que no estaba previsto, es decir, cuando el fiador fuera persona especialmente relacionada con el deudor concursado de las definidas en el art. 93, ha dado lugar a la polémica que recogen resoluciones como la Sentencia del Juzgado de lo Mercantil nº 5 de Madrid de 22 de marzo de 2005, AC 2005\741, del Juzgado de lo Mercantil de Vitoria de 23 de septiembre de 2005, AC 2005\2288y 28 de noviembre 2005, AC 2005\262, o del Juzgado de lo Mercantil nº 3 de Barcelona de 27 de junio de 2005, AC 2006\266. La administración concursal y la concursada se amparan en la primera de ellas, dictada por el Juzgado de Madrid, que concluye así: "la opción por la calificación menos gravosa para el concurso entre las que corresponden al acreedor o al fiador sólo opera en caso de que el fiador haya sustituido por el pago al acreedor y sin que sea aplicable al crédito del acreedor garantizado cuando éste sigue teniendo tal condición… Merece destacarse, aunque no se cite por las partes, la sentencia del Juzgado de lo Mercantil nº 3 de Barcelona de 27 de junio de 2005, AC 2006\266, porque apoya una interpretación correctora de la norma, y sobre todo, porque ha dado lugar a un pronunciamiento de rango superior, el de la SAP Barcelona de 29 de junio de 2006, AC 2007\775, que ratifica el criterio allí expuesto que en síntesis supone que "el pago por el fiador que es persona especialmente relacionada con el concursado, no podrá variar la calificación de su crédito determinada por esta circunstancia, y convertirlo en ordinario o incluso privilegiado. Esto es lo que repugna al sistema y, con criterio lógico, el resultado que evita el precepto".

En efecto, coincidiendo con este grupo de resoluciones, parece que la Ley Concursal lo que ha pretendido es que por la vía de la subrogación que propicia el abono por el fiador al acreedor de la concursada, dicho acreedor especialmente relacionado con el concursado no pueda mejorar la calificación de su crédito. Esa posibilidad es la que pretende atajar el art. 87.6 evitando que se coloque en mejor situación, por la objetiva circunstancia del abono de la deuda de la que es fiador, cuando su condición subjetiva le conduciría a la consideración, por su especial relación con el concursado, de crédito subordinado…»

e) No obstante lo cual, en este punto, merece realizar mención especial al supuesto conforme al cual el Banco se hubiese constituido como avalista de un tercero, su cliente, en un contrato de los denominados por el TRLC «*con obligaciones recíprocas pendientes de cumplimiento*»:

A este respecto, hay que indicar que el supuesto típico ante el que nos podemos encontrar es ante un contrato de arrendamiento de bien inmueble, al que se aporta la garantía adicional a la personal del arrendatario, la propia de la prestación de una fianza o aval bancario en garantía de, por ejemplo, las rentas de un año. Se plantea pues, el supuesto conforme al cual el arrendatario-concursado incumple el pago de las rentas convenidas y el Banco avalista las satisface, ejercitando la entidad Bancaria la acción de reembolso frente a su avalado-concursado insinuando su derecho de crédito ante la Administración Concursal. ¿Deberá pretender el Avalista el pago de las cantidades satisfechas *con cargo a la masa* en razón a lo dispuesto en el art. 158 TRLC (antiguo art. 61.2 LC) en relación con el art. 242.9.º TRLC (antiguo art. 84.2.6ª LC)? La Sala Primera del Alto Tribunal, por **STS —1.ª— n.º 181/2012, de 26 de marzo**, considera que no, en base al siguiente razonamiento jurídico

«*TERCERO.– La reciprocidad, convertida en determinante del ámbito de aplicación de los artículos que se dicen infringidos, no es calidad atribuible al derecho de la fiadora al reintegro de lo que pagó a los acreedores de la concursada, pues no tiene correspondencia con contraprestación alguna a favor de la obligada al reembolso y a cargo de la fiadora*».

El Alto Tribunal está centrando la obligación de prestación *intuitu personæ*[75] y sin que ésta pueda derivarse a aquella parte del contrato cuya obligación no sea la propia de hacer (la prestación), sino la de pagar de forma subsidiaria; esto encontrará, evidentemente, su excepción, en el supuesto de que el aval no solo fuere económico, sino que, además, el Banco se hubiere obligado a realizar la prestación de hacer, lo cual recae más en un mero supuesto teórico, que en uno real.

2. GARANTÍAS REALES

Las garantías reales (del latín *res, rei*, «cosa»[76]) vienen configuradas no solo en torno a la «cosa» objeto de garantía y así, serán mobiliarias o inmobiliarias en razón a si se trata de garantías extensivas a bienes de naturaleza mueble o inmueble, sino que, más bien, lo serían en torno a la entrega de la posesión al acreedor de tal modo que la prenda (regulada por los arts. 1.863 C.c. y ss.) y la hipoteca (regulada por los arts. 1,874 C.c. y ss. y la Ley Hi-

---

75 Por razón a la persona.

76 Isidoro de Sevilla (*op. cit.*) decía que «*2. Se dice* res *a lo que están en nuestro derecho.* Iura *son las cosas que poseemos justamente y no son de otra persona. 3. El término* res *deriva de "recta tenencia";* ius *de "justa posesión"*...».

potecaria y su Reglamento), especialmente ésta, pueden existir sin la necesaria entrega de la posesión, pues lo determinante es la sujeción jurídica del bien al resultado de una deuda, que, como carga, como gravamen que es, bloquea o cercena la libre disposición del bien, aunque no la impide, pues la garantía real no es un derecho limitativo del dominio, pues valga a modo de ejemplo que la hipoteca no sólo sujeta bienes inmuebles a su garantía, sino también derechos reales enajenables, maquinaria o navíos, entre otras *rei*.

Se trata, pues, de derechos reales limitados, en tanto en cuanto recaen sobre cosa ajena y otorgan a su titular un derecho a realizar su valor; son accesorios de la obligación principal que garantizan, cuyo destino siguen por su estrecha dependencia conforme al principio «*accesorium sequitur principale*»[77], de forma y manera que, extinguida la obligación principal, también extingue la obligación accesoria (art. 1.190 C.c.), pero no al revés, pues la cancelación del derecho real de garantía no extingue la obligación principal, salvo que así se declare expresamente en el documento cancelatorio; no obstante lo cual, podría subsistir el derecho real de garantía cuando, extinguida la obligación principal por virtud de la institución de la novación, «*en cuanto aprovechen a terceros que no hubiesen prestado su consentimiento*», según dispone el art. 1.207 C.c.; por último la transmisión del crédito conlleva la de sus accesorios tal y como dispone el art. 1.528 C.c., entre otros, los derechos reales de garantía, incluso las fianzas personales y cualquier otro privilegio. En definitiva, pues, la garantía real de hipoteca se constituye por su inscripción registral y se extingue por su cancelación registral.

Del mismo modo, los derechos reales de garantía son indivisibles, en tanto que recaen sobre la cosa en su totalidad, en garantía de toda la obligación, salvo las excepciones del art. 1.860 C.c.

A) El pacto comisorio o marciano

Está prohibido el denominado «pacto comisorio» o «pacto marciano» (*ex* arts. 1.859 y 1.884 C.c.), denominado así por cuanto que se trata de un pacto entre acreedor y deudor, conforme al cual, el incumplimiento por este último de su obligación de pago, faculta al acreedor con derecho real a practicar el «comiso», confiscación (*cum fisco* —para el Fisco—) o apro-

77 Lo accesorio debe seguir a lo principal.

piación directa e inmediata del bien afecto. Una de las razones que motivan esta prohibición radica en la denominada «*fiducia cum amico suo*», de la que hablaremos más adelante, en tanto que dicho pacto pueda generar una simulación tendente perjudicar a los acreedores del prestatario hipotecante, a la *par conditio creditorum*. Véase la siguiente resolución:

STS —1.ª— n.º 77/2020, de 4 de febrero

«Un caso típico, incluso históricamente, es la llamada "venta a carta de gracia": es una compraventa simulada (que disimula el préstamo) en que una persona (el supuesto vendedor, realmente el prestatario) vende la cosa al comprador (realmente, el prestamista) con el pacto de retro: si en tal plazo no ejercita el retracto (realmente, no devuelve el dinero, que se fijó como precio) el comprador (prestamista) adquiere la propiedad de la cosa. Estructura negocial que integra un clásico pacto comisorio: el prestamista, que aparece como comprador, adquiere la cosa si no se le devuelve, mediante el retracto, la cantidad prestada. Tal pacto comisorio es nulo: el vendedor (prestatario) está obligado a devolver el dinero, pero el comprador (prestamista) no adquirirá la cosa por el sólo incumplimiento de aquella obligación. Mencionan la nulidad del pacto comisario la sentencia de 25 de septiembre de 1986 ("tal acuerdo para quedarse el acreedor pignoraticio con la cosa dada en prenda,... sería nulo porque el artículo 1859 del Código civil declara..."), y la de 29 de enero de 1996 ("... la prohibición del pacto comisorio que establece el artículo 1859..."). Desarrolla la prohibición del mismo, la de 18 de febrero de 1997, al decir: "entraña un pacto comisorio (arts. 1858 y 1859 C.C.), porque a través de la instrumentación de una compraventa en la que el objeto es el inmueble gravado y el precio es el importe de la deuda insatisfecha, el acreedor hipotecario persigue el mismo fin prohibido legalmente; que se apropie de la cosa dada en garantía en satisfacción de su crédito. Se comete un fraude de ley, porque, al amparo del texto de una norma que lo permite (art. 1445 C.C.), resulta vulnerada la norma prohibitiva del pacto comisorio, por lo que, descubierto el fraude, hay que aplicar ésta por ordenarlo el art. 6º.4 del Código civil". Asimismo, la sentencia de 15 de junio de 1999 declara la nulidad del pacto comisorio en contrato de compraventa simulado, en un caso claro de simulación relativa y en sendos casos de contratos simulados de leasing. Las sentencias de 16 de mayo de 2000 ("... la transmisión de dominio con el fin de responder del incumplimiento de la deuda convierten la simulación relativa en radicalmente nula por vulnerar la prohibición del pacto comisorio") y 10 de febrero de 2005 declaran también la nulidad del pacto comisorio. Las de 26 de abril de 2001 ("también ha de declararse la nulidad absoluta del pacto de retroventa...") y 5 de diciembre de 2001 ("... siguen siendo propietarios reales de los bienes que enajenaron a... de forma simulada para garantizar el préstamo que les concedió y, a su vencimiento, no puede quedarse como propietario de los bienes; si no pagan, ha de ejecutarlos como cualquier acreedor; de lo contrario se vulneraría la prohibición del pacto comisorio")».

No obstante cuanto antecede, la prohibición del pacto comisorio no es absoluta, así como su inscribibilidad registral, pues, según establece la doctrina de la DGSJFP, por resoluciones de 26 de diciembre de 2018, 28 de enero de 2020, 18 de julio y 2 de agosto de 2022 y otras más, así como la jurisprudencia del Tribunal Supremo que citan éstas, «*admite excepciones si esa valoración objetiva se ha producido;... que la apropiación del bien esté sujeta a un procedimiento objetivable de valoración de la adquisición debe determinarse si quedan garantizados adecuadamente los derechos de terceros (por ejemplo, los derechos de compradores y acreedores... en relación con el sobrante... En definitiva, se admite el pacto por el que pueda adjudicarse al acreedor o venderse a un tercero el bien objeto de la garantía siempre que se establezca un procedimiento de valoración del mismo que excluya la situación de abuso para el deudor. En apoyo de esta tesis se cita el denominado pacto marciano recogido en el Digesto [20,1,16,9 «puede constituirse la prenda y la hipoteca de modo que si no se paga la cantidad dentro de determinado plazo, el acreedor pueda poseer la cosa por derecho de compra, mediante pago de la estimación que se haga conforme al justo precio. En este caso, parece ser en cierto modo una venta bajo condición, y así lo dispusieron por rescripto los emperadores Septimio Severo, de consagrada memoria, y Antonino Caracalla (Marcian, ad form, hypoth)*»]». Así es como lo considera dicha Dirección General por **Resolución de 15 de marzo de 2021** (B.O.E. n.º 101, de 28 de abril, págs. 50248 a 50258).

En el capítulo dedicado al contrato de *leasing*, más concretamente, en el apartado relativo al contrato de *lease-back* ya fijamos la doctrina jurisprudencial relativa a la similitud de este contrato financiero con el del pacto comisorio a través de la **STS —1.ª— n.º 216/2010, de 15.04.2010** que resume las anteriores del Alto Tribunal, por lo que nos remitimos a tal apartado. Hemos de añadir, no obstante, la **STS —1.ª— n.º 1.685/2023, de 29 de noviembre** que, en igual sentido que la anterior, establece y confirma la jurisprudencia respecto de las diferencias entre el contrato de lease back o arrendamiento financiero de retorno y el pacto comisorio y, así, el primero viene a quedar circunscrito a una «*finalidad económico-financiera causalmente autónoma... cuya validez ha sido admitida por el Tribunal Supremo siempre que se cumplan los requisitos recogidos en las STS 107/2005, de 2 de febrero (ROJ STS 409/2006, y que son reiterados por la posterior STS 2016/2010, de 15 de abril (ROJ STS 2159/2010)...*», mientras que el segundo se transmite el inmueble en garantía de la devolución del importe prestado.

B) Cuestiones concursales

En principio, no todos los derechos reales de garantía ostentan el privilegio de reconocimiento que deriva de lo dispuesto en el art. 260 TRLC (antiguo art. 86.2 LC), únicamente se incluirán los que se hallen inscritos en un Registro público, como lo son los derechos reales de garantía hipotecaria, mobiliaria, por su inscripción en el Registro de Bienes Muebles, o inmobiliaria, por su inscripción en el Registro de la Propiedad, el derecho real de garantía anticrética, por su inscripción en este último Registro o el derecho real de garantía hipotecaria sobre derechos, como el de una concesión administrativa, cuya inscripción dependerá de dónde se halle o pueda inscribirse el derecho, si bien, normalmente, lo será en el de la Propiedad.

Por el contrario, carecerán de tal reconocimiento los contratos que formalicen un derecho real de garantía pignoraticia, pues, en ésta, lo esencial es la posesión, acto físico o jurídico que no requiere de una especial inscripción, salvo, como sucede con la prenda sobre acciones cotizadas en Bolsa, su anotación en los Libros contables del Banco depositario o, si no cotizasen, en el libro de socios correspondiente, registros éstos que no tienen la consideración de públicos.

Sin perjuicio de cuanto antecede, hay que formularse la pregunta relativa a si, en la Fase de liquidación concursal puede constituirse una garantía real. La respuesta debe incardinarse en razón a la **Resolución de la D.G.R.N. de fecha 2 de diciembre de 2019** (B.O.E. 21 de enero de 2020), que resuelve afirmativamente, pero, teniendo en cuenta (i) que el hipotecante es persona física, (ii) que el préstamo hipotecario fue otorgado entre una entidad financiera (prestamista y acreedora concursal) y la Administración Concursal (en sustitución del Concursado), (iii) debidamente autorizado por el Juez del Concurso, así como que (iv) y su finalidad era la de satisfacer el crédito que la entidad financiera (una espera, novación modificativa, en definitiva), derivando (v) en el dictado del Auto de conclusión del concurso al amparo de lo dispuesto en el art. 465.6.º TRLC (antiguo art. 176.1.4.º LC), esto es, el pago de «*la totalidad de los créditos reconocidos o la íntegra satisfacción de los acreedores por cualquier otro medio o que ya no existe la situación de insolvencia*», lo que hace pensar que, quizás el Banco pagó con el importe del préstamo, además de novar su crédito, el de otros acreedores concursales y, quizás, contra la masa. Ésta fue la decisión de la D.G.R.N.:

«En consecuencia, se trata de un negocio jurídico celebrado con capacidad y consentimiento de ambas partes otorgantes, y en beneficio de las mismas. Así, en cuanto al consentimiento, concurre la voluntad tanto del acreedor concursal como del administrador concursal en su condición de sustituto del deudor en el ejercicio de las facultades de disposición sobre sus bienes (artículo 145.1 en relación con el 40.2 de la Ley Concursal). A este respecto, no cabe entrar a valorar, por no haber sido señalada por el registrador, la cuestión relativa a si para la constitución de la hipoteca en esta fase del procedimiento concursal habría sido preciso contar con autorización judicial al amparo de lo previsto por el artículo 43.2 de la Ley Concursal. Baste decir en este punto que este último artículo establece la necesidad de obtener autorización judicial para enajenar o gravar los bienes y derechos que integran la masa activa «hasta la aprobación judicial del convenio o la apertura de la liquidación»; que el mismo artículo 43 contempla la posibilidad de realizar actos dispositivos «que la administración concursal considere indispensables para garantizar la viabilidad de la empresa o las necesidades de tesorería que exija la continuidad del concurso» (artículo 43.3.1.º), o «inherentes a la continuación de la actividad profesional o empresarial del deudor» (artículos 43.3.4.º y 44); que durante la fase de liquidación del concurso cobra especial protagonismo la administración concursal, siendo así que la intervención judicial parece estar circunscrita a la aprobación del plan de liquidación y la autorización de ciertas formas de realización de los bienes y derechos para proceder al pago de los créditos (artículos 148 y 155 y siguientes); y, por fin, que en todo caso, la conclusión del concurso por la causa prevista en el artículo 176.1.4.º de la Ley Concursal, aquí concurrente, «se acordará por auto y previo informe de la administración concursales, que se pondrá de manifiesto por quince días a todas las partes personadas» (artículo 176.2).

En relación con el carácter beneficioso de la hipoteca al que se refiere el recurrente, resulta en efecto que, por un lado, el acreedor obtiene la satisfacción del crédito concursal, y, por otro, al deudor la refinanciación obtenida le posibilita concluir el concurso en la forma prevista por el artículo 176.1.4.º de la Ley Concursal, que, al contrario de lo que ocurre en los casos de conclusión del concurso por liquidación o insuficiencia de masa activa, no conlleva ulteriores efectos sobre el deudor (cfr. artículos 176 bis, 178, 178 bis y 179 de la Ley Concursal). De igual modo, tampoco ha resultado perjuicio alguno a otros eventuales acreedores concursales, pues de lo contrario no se habría dictado la conclusión del concurso por el pago o la consignación de la totalidad de los créditos reconocidos o la íntegra satisfacción de los acreedores por cualquier otro medio.

Por último, no debe obviarse tampoco la circunstancia de que, si bien la escritura de constitución de hipoteca se otorga durante la fase de liquidación del concurso, no es hasta después de la conclusión del mismo cuando se presenta a inscripción en el Registro, momento en el que el deudor ha recuperado íntegras sus facultades de administración y disposición sobre sus bienes y en el que la hipoteca habrá quedado plena y perfectamente constituida.

En consecuencia, la calificación no puede ser mantenida respecto del único defecto impugnado.

Esta Dirección General ha acordado estimar el recurso y revocar la calificación respecto del defecto impugnado.»

C) Calificación concursal

La Ley Concursal establece un reconocimiento especial para los derechos reales de garantía, a nuestro entender, un tanto caprichoso, en tanto que lo estructura por distintos criterios, según dispone el art. 270 TRLC (antiguo art. 90.1 LC):

Dentro del supuesto 1.º de dicho precepto se encuentran:

i. La hipoteca voluntaria:

Dentro de la hipoteca voluntaria debemos entender, con independencia del bien gravable, tanto aquélla que se formaliza de consuno entre acreedor hipotecario y el propietario hipotecante por deuda propia o ajena, como la realizada por éste por acto unilateral al amparo de lo dispuesto en el art. 141 LH.

ii. La hipoteca legal:

Como la del art. 78 LGT que regula la preferencia al cobro frente a acreedores o adquirentes, respecto de los tributos periódicos, respecto del año natural en que se exija el pago y el inmediato anterior.

iii. La hipoteca inmobiliaria:

Regulada por el art. 104 y ss. LH, constituida únicamente, al parecer y, según dicha denominación, sobre bienes inmuebles, por lo que hay que entender que el privilegio no se extiende a (i) la hipoteca sobre derechos reales enajenables del art. 106 LH, (ii) ni sobre el derecho de usufructo, (iii) ni sobre el derecho de hipoteca voluntaria, (iv) ni sobre el derecho de superficie, ni el de pastos, ni el de aguas, ni el de leñas ni otros semejantes de naturaleza real, (v) ni sobre las concesiones administrativas[78], (vi) ni sobre la cantidad a recibir por resolución de la venta con pacto de retro, (vii) ni sobre el derecho de retracto convencional, (viii) ni sobre el derecho del rematante sobre

[78] A este respecto hay que tener bien presente lo dispuesto en la Ley 13/2003, de 23 de mayo, reguladora del contrato de concesión de obra pública (arts. 255 y ss.).

los bienes inmuebles subastados en procedimiento judicial (*cfr.* art. 107 LH).

Respecto de la hipoteca sobre concesiones administrativas, hay que manifestar que el art. 254.2 de la Ley 13/2003, de 23 de mayo, reguladora del contrato de concesión de obra pública dispone que, en el supuesto de que la empresa concesionaria o concursada, hubiere emitido obligaciones o títulos negociables para financiarse, incorporándoles los derechos de crédito del concesionario frente a la Administración pública, consistentes en el derecho al cobro de las tarifas tienen el carácter de separables caso de concurso del concesionario y sus tenedores (obligacionistas) ocupan el mismo lugar de prelación que el acreedor hipotecario con respecto a los créditos incorporados.

Sin embargo, el artículo 109 LH establece la extensión de la hipoteca, la misma hipoteca, no otra distinta y, por tanto, merece la misma calificación concursal, extensión al aseguramiento del crédito a bienes o derechos inherentes al bien hipotecado, como son las accesiones naturales del art. 353 y ss. C.c., a saber, los frutos o productos del bien (naturales, industriales o civiles) o lo que se incorpora natural o artificialmente. Además de ello y, también como una extensión más del mismo derecho real de garantía hipotecaria se encuentran las indemnizaciones concedidas o debidas al propietario de los inmuebles hipotecados por razón del aseguramiento de éstos, acorde con lo dispuesto en el art. 110.2.º) LH, en relación con el art. 40 LCS que establece el derecho del acreedor hipotecario, pignoraticio o privilegiado sobre los bienes especialmente afectos, de forma y manera que, habiendo un seguro sobre el inmueble, nos hallamos ante un derecho de cobro que gira en torno a la producción del siniestro garantizado por compañía aseguradora, la que deberá pagar al acreedor hipotecario y no a los acreedores, encontrando su razón teleológica en el menoscabo o pérdida de valor del bien hipotecado por razón a la producción del siniestro, protección del crédito asegurado que se encuentra también en el art. 117, 140 y 156 LH, entre otros.

Por último, debemos indicar que la cancelación registral de la hipoteca sobre una concesión administrativa debe observar, fundamentalmente, los siguientes requisitos a aportar al Registro el Decreto firme de (i) extinción de la concesión y (ii) que acredite la indemnización a los titulares de cargas vigentes inscritas sobre la concesión, pues así lo dispuso la Resolución de la D.G.S.J.F.P. de 22 de mayo de 2023 (B.O.E. de 16 de junio de 2023); caso de no hacerse, obviamente, no se cancelaría la inscripción que constituyó el derecho real de garantía.

iv. La hipoteca mobiliaria:

Que tendrá por objetos gravables (i) los establecimientos mercantiles, (ii) los automóviles y otros vehículos de motor, incluidos los vagones privados, (iii) las aeronaves, (iv) la maquinaria industrial y (v) la propiedad intelectual y la industrial, según dispone el art. 12 LHMPSD.

v. Y la prenda sin desplazamiento de posesión:

Que tendrá por objeto gravable (*cfr.* art. 52 a 54 LHMPSD): (i) las explotaciones agrícolas, forestales y las pecuarias, sobre sus frutos, cosechas, animales, maquinaria y aperos, (ii) máquinas y bienes muebles identificables por características propias, como la marca y número de fabricación, modelo y análogas que concurran a satisfacer las necesidades de explotación de una industria, la que deberá constar anotada en el censo correspondiente a nombre del hipotecante (*cfr.* art. 42 LHMPSD), (iii) las mercaderías y materias primas almacenadas, (iv) los objetos de valor artístico e histórico (cuadros, esculturas, porcelanas o libros[79], (v) derechos derivados de contratos, licencias (como la de taxi y VTC o venta de tabaco en estancos), concesiones administrativas (como las de puestos de mercados municipales, explotaciones mineras, de autopistas) y subvenciones administrativas, previa posibilidad de la Ley que las regule, los (vi) derechos de crédito, incluso de créditos futuros, no representados por valores y no sean instrumentos financieros a los efectos de lo dispuesto en el Real Decreto Ley 5/2005, de 11 de marzo. La posible transmisión de los derechos concesionables, en sede concursal, exige la correspondiente autorización administrativa, pues así lo exigen dos (2) Resoluciones de la DGSJFP de 14 de julio de 2022.

---

79 La enajenación de bienes de interés cultural deberá tener bien presente lo dispuesto en los arts. 28 y 38 de la Ley 16/1985, de 25 de junio, del Patrimonio Histórico Español, en cuanto al derecho de adquisición preferente del Estado, entidades de Derecho público o instituciones eclesiásticas.

Debemos manifestar que, así como un bien es hipotecable varias veces, el art. 55 LHMPSD impide que (i) se constituya prenda sin desplazamiento sobre los bienes susceptibles de ser objeto de hipoteca mobiliaria (los del art. 12 LHMPSD), (ii) o que, por pacto expreso hubieren sido hipotecados con el inmueble, como son los bienes muebles colocados permanentemente en la finca hipotecada, los frutos o las rentas vencidas y no satisfechas (*cfr.* art. 111 LH); (iii) tampoco puede constituirse una «segunda» o ulterior prenda. Sin embargo, el art. 695.1.3.ª LEC parece ser que sí que permite el hecho jurídico de «*que se haya constituido prenda sin desplazamiento, la sujeción de dichos bienes a otra prenda*», lo cual ya era factible en el Derecho Clásico justinianeo (), pues así lo estimaba Marciano: «*Al admitirse que una cosa pignorada puede recibirse en prenda, la prenda del segundo acreedor es válida... Pero si el dueño pignorante pagó el adeudo, también se extingue la prenda*». Puede verse en el Formulario el **modelo n.º 8** a este respecto.

El privilegio se extiende respecto de los bienes o derechos, según añadió la Ley 38/2011, de 10 de octubre de reforma de la Ley Concursal, hipotecados o pignorados.

Dentro del supuesto 2.º de dicha norma, se hallan los créditos garantizados con anticresis, sobre los frutos del bien inmueble gravado. Para mayor conocimiento del contrato anticrético, reproducimos los pactos esenciales del mismo a través del **modelo n.º 3** del Formulario.

Dentro del 5.º supuesto se incluyen los créditos con garantía de valores representados mediante anotaciones en cuenta, extendiéndose el privilegio sobre los valores gravados. Nótese que el Legislador, cuando quiere hablar de prenda o hipoteca, así lo hace, mientras que en el presente supuesto no habla de prenda, sino de una mera «garantía de valores». ¿Deberíamos entender por tal una prenda sobre valores anotados en cuenta? O ¿bastaría una mera afección en garantía de un crédito? La diferencia práctico-jurídica entre la prenda y la afección reside, no solo en el texto, sino en el aseguramiento de la indisponibilidad de los títulos, realizado a través de la notificación al depositario, lo que sucede en el caso de la prenda, mientras que la afección no precisa de tal aseguramiento, descansando en la mera declaración de voluntad entre acreedor afectatario y deudor afectante, en la confianza mutua entre ambos; si, a ello, añadimos, que este supuesto no requiere de la intervención de fedatario público, nos hace decantar, aún más, por esta interpretación, pues nos remite a una simple afección, dado que la prenda no precisa de tal intervención, *ex* art. 1.863 C.c., pues su constitución no viene dada, ni por la inscripción en Registro Público, ni por la intervención de Fedatario, sino por la posesión (*ex* art. 1.863 C.c.), pues el Fedatario, únicamente produce el efecto temporal del art. 1.865 c.c., esto es, del momento de su formalización. A modo de orientación, exponemos en el Formulario el **modelo n.º 4.**

Sin embargo, en estos tres supuestos, el art. 271 TRLC (antiguo art. 90.2 LC) exige que el privilegio debe concederse a aquellos créditos cuya garantía «*esté constituida con los requisitos y formalidades previstos en su legislación específica para su oponibilidad a terceros*», lo cual nos lleva a interpretarlo a la luz de lo dispuesto en el art. 1.227 C.c. y, en este sentido, la oponibilidad de la inscripción del derecho real de garantía en el Registro de la Propiedad, en el de Bienes Muebles, en el de la Administración concedente, según cada caso, pero, no parece inferirse que pueda entenderse la anotación en los libros contables del Banco depositario de los títulos-valor, pues adolece del carácter registral o del funcionarial públicos. Esta prenda será considerada como un mero crédito sin privilegio concursal alguno, dado que dichos títulos-valor sí se han desplazado, esto es, han salido de la posesión de su titular, recalando en la del Banco depositario y, en su caso, acreedor pignoraticio y, decimos, «en su caso», en tanto que la posesión de los títulos puede estar asentados contablemente en un Banco y el acreedor pignoraticio ser otro, en cuyo caso, el primero debe ser notificado por pignorante y pignoratario de la formalización de la prenda a fin de que tome nota en sus libros contables, hoy telemáticos, de su existencia e indisponiblidad de los títulos pignorados.

Ello es así cuando recurrimos al supuesto 6.º del precepto y observamos que nos habla de los créditos garantizados con prenda «*constituida*», mejor sería haber dicho «formalizada», en documento público, atendido el desplazamiento de la posesión hacia el acreedor o hacia un tercero. Sin embargo, a la prenda sobre créditos se le dota de tal privilegio especial por su constancia «*en documento con fecha fehaciente*», no en documento intervenido por Fedatario, sino en documento presentado en una oficina pública, como podría ser la oficina liquidadora del Impuesto sobre transmisiones patrimoniales y actos jurídicos documentados, en razón al préstamo realizado entre particulares y, al propio tiempo, conviniendo una prenda, exclusivamente, sobre derechos de crédito. Sobre los créditos garantizados con prenda sobre créditos futuros, hablaremos más adelante.

La **STS —1.ª— n.º 193/2025, de 7 de febrero** resuelve un supuesto de impugnación de la lista de acreedores en atención a la Demanda incidental planteada por cierta Administración pública a la que se le había garantizado con hipoteca una responsabilidad por sanción e intereses y que la Administración concursal había calificado de subordinado el crédito en razón a lo dispuesto en los arts. 92.3.º y 4.º LC, a pesar de la garantía real constituida por el aplazamiento de la deuda, para resolver el Alto Tribunal que «... *"la cualidad de privilegio especial solapa cualquier otra clasificación que, con arreglo a lo previsto en los arts. 89 y 91 a 93 LC, pudiera corresponderle a ese mismo crédito. Sin perjuicio, claro está, de la regla especial del art. 97.2 LC sobre extinción de garantías del acreedor especialmente relacionado con el deudor"...*».

El concepto o significado de privilegio especial nos viene dado por las siguientes notas características:

D) Ante el Convenio

El convenio que pudiere resultar aprobado en la fase concursal correspondiente, únicamente afectará a los titulares de dicho privilegio si éstos firman la propuesta de convenio, votando o adhiriéndose a la misma o al convenio aprobado (Exposición de Motivos III LC). En este sentido se pronuncia la siguiente resolución judicial:

> **SJM-1 A Coruña 11.03.2011**
> «... Con todo, lo decisivo es que en cuanto que se trate de acreedores con privilegio especial que no se hayan adherido al convenio, éste no les vincula en modo alguno. La garantía real constituida sobre ciertos activos para la seguridad del crédito de los acreedores con garantía real subsistirá necesariamente sobre los activos afectos en tanto no sea ejecutada o consienta el acreedor su cancelación...»

E) Ante la ejecución

Los titulares del privilegio cobrarán con cargo a los bienes y derechos sobre los que recaiga la garantía acorde con lo dispuesto en el art. 430 y ss. TRLC (antiguo art. 155 LC).

a. El cobro del crédito puede tener lugar vía ejecución separada, cuando cumpla los requisitos de los arts. 145 y ss. TRLC (antiguo art. 56 LC), estos son

i. La consideración de bienes necesarios para la continuidad de su actividad profesional o empresarial; a este respecto, debemos indicar que el Legislador, especialmente el que reguló la llamada «segunda oportunidad», se olvidó de incluir en tal consideración moratoria la vivienda del concursado persona física, especialmente, la del concursado trabajador por cuenta ajena, pues, si bien, en la actual redacción del art. 145.1 TRLC (antiguo art. 56.1 LC) se está pensando en la tutela de la actividad de la empresa o del Despacho profesional, que en muchas ocasiones se desarrollan en la propia vivienda del empresario o del profesional, para éstos y, especialmente, para el trabajador por cuenta ajena, son esenciales sus viviendas por su amparo constitucional y generación de los recursos propios con los que atender sus débitos.

ii. En segundo lugar, hasta el momento en que se apruebe el convenio, pero cuyo contenido no afecte al ejercicio del derecho de ejecución separada; a este respecto. En este sentido, debemos añadir que, en los supuestos que derivaban de la denominada Mediación Concursal, con la primera redacción dada por la Ley 14/2013, de 27 de septiembre, de apoyo a los emprendedores y su internalización y, hasta la redacción dada por la el Real Decreto-ley 1/2015, de 27 de febrero y la Ley 25/2015, de 28 de julio, de mecanismo de segunda oportunidad, reducción de la carga financiera y otras medidas de orden social, los arts. 707 y ss. TRLC 2020 (antiguo art. 242.2 LC) llevaba al solicitante de un acuerdo extrajudicial de pagos que no había conseguido alcanzar un convenio extrajudicial con sus acreedores, con unos *quorum* superiores a los exigibles en la Fase de Convenio concursal, a la declaración de concurso consecutivo, directamente a la Fase de Liquidación, sin posibilidad de presentar nuevo Convenio, lo cual fue introducido por estas dos últimas normas de 2015, que salvaba tal escollo, permitiendo la presentación de una propuesta anticipada de convenio o de un plan de liquidación, de forma y manera que, en la práctica, a pesar de los pesares, no ha servido para nada, pues, salvo honrosas excepciones, de la no consecución del acuerdo extrajudicial de pagos, directamente se aboca en la Fase de Liquidación, sin que nadie, ni el Mediador Concursal, por realismo, ni el Deudor, por ganar tiempo o por evitar su declaración de culpabilidad *ex* art. 456.4 TRLC (antiguo art. 167.2 LC), ni siquiera se lo cuestionaban, dado que todos ellos sólo piensan en obtener la exoneración en el menor tiempo procesal posible.

iii. Por último, por el transcurso de un año desde la declaración de concurso sin que se hubiera producido la apertura de la liquidación. Esta situación, como decimos, únicamente se plantea en la práctica para los concursos que no derivan de una Mediación Concursal, pues, en éstos, como reiteramos, la apertura de la Fase de Liquidación va ínsita al Auto de declaración de Concurso consecutivo.

b. En cualquier caso, deberá efectuarse esta ejecución separada por los procedimientos judiciales (Ejecución hipotecaria) o extrajudiciales (Notarial) propios del ejercicio de la acción real de garantía, pero no a través de los procedimientos ordinarios de reclamación de cantidad (Monitorio, Ordinario, Ejecución dineraria de título no judicial) aun cuando se actuase con la Escritura de hipoteca o prenda, por cuanto que de estos procedimientos de ejercicio de la acción personal se deriva una anotación preventiva de embargo, impropia del ejercicio de una acción real de garantía que deviene de su propia constitución plasmada en la inscripción de la misma en el Registro correspondiente. Si el privilegio se concede en razón a la constitución de la garantía real, ésta sólo puede ejercitarse a través de los procedimientos especiales y sumarios que regulan este tipo de ejecuciones, pues de lo contrario, se estaría ejercitando una acción personal que permitiría al acreedor hipotecario o pignoraticio embargar bienes distintos de los que garantizan su derecho de crédito y, por tanto, el privilegio del art. 270.1.º TRLC (antiguo art. 90.1.1.º LC) lo es, únicamente, «*sobre los bienes o derechos hipotecados o pignorados*» y no sobre los restantes, además de que la anotación o inscripción registral del Auto de declaración de concurso impediría la anotación del hipotético embargo que se pretendiese sobre cualquier bien, hipotecado o no.

1. La ejecución de la hipotecaria inmobiliaria sólo puede tener lugar bien por los cauces previstos en el art. 681 LEC o procedimiento judicial de ejecución hipotecaria ora por el previsto en el art. 129 LH o procedimiento extrajudicial de ejecución hipotecaria, a través de Notario.
2. Por lo que respecta a la ejecución de la hipoteca naval, ésta únicamente podrá ejecutarse por la vía judicial del art. 681 LEC, confor-

me disponía la, hoy derogada LHN en su art. 39, una vez vencido el plazo estipulado para la devolución del capital o el de los intereses. El art. 140 LNM va más allá, estableciendo cuatro (4) supuestos para el ejercicio de la acción real de garantía hipotecaria, entre los que se encuentra el del apartado «*b) Cuando el deudor fuere declarado en concurso*». La Ley 38/2011, de 10 de octubre de reforma de la Ley Concursal, introdujo un segundo párrafo al art. 76.3 LC, que queda ínsito dentro de lo que son las ejecuciones de buques y aeronaves por su ubicación, aunque parezca aludir a la paralización del año prevista en el art. 148.1.2.º TRLC (antiguo art. 56.1 LC) y así, dispone que si no se hubiese instado la ejecución separada dentro del año desde la declaración de concurso, no es que quede en suspenso la misma, sino que ya no podrá ejercitarse. Sin embargo, el TRLC en su art. 241 permite que los acreedores con privilegio especial sobre los buques y las aeronaves puedan separar éstos de la masa activa del concurso, mediante el ejercicio de las acciones ejecutivas propias de su título, ejecución que, dado que se excluye de la masa activa el bien hipotecado, permitiría ejercitarse sin necesidad de esperar al transcurso del plazo de un (1) año desde la fecha del Auto de declaración de concurso, como excepción al principio de universalidad del art. 192 TRLC, dado que, si se puede separar de la masa activa, no formaría parte de ésta.

3. La ejecución de la hipoteca mobiliaria puede seguir uno de los dos cauces, el judicial del art. 681.1 LEC o el extrajudicial ante Notario, cumpliendo las normas del art. 86 LHMPSD, a saber: la designación en la escritura constitutiva de la prenda o de la hipoteca del (i) deudor, del (ii) hipotecante no deudor, en su caso, (iii) del mandatario para la venta de los bienes pignorados o hipotecados, pudiendo ser el propio acreedor; (iv) la constancia del precio de tasación y venta, (v) la fijación de domicilios para la práctica de requerimientos y notificaciones, incluso una dirección electrónica.
4. Por lo que respecta a la ejecución de la hipoteca mobiliaria sobre establecimiento mercantil, la misma puede seguirse por los mismos cauces previstos para la hipoteca mobiliaria, más las particularidades o reglas que con carácter especial establece el art. 89 LHMPSD, a lo que hay que añadir que si se constituyere por el mismo propietario del local sobre el que se halla el establecimien-

to mercantil supone que al adjudicatario en subasta, no adquirirá el inmueble, sino que ocupará la posición de arrendatario del local (art. 28 LHMPSD), igualmente, el art. 90 LHMPSD regula el derecho de retorno del arrendatario caso de reedificación del local para el supuesto de que la causa de vencimiento anticipado del préstamo hipotecario haya sido la orden administrativa de demolición del inmueble.

5. Respecto de la ejecución de la prenda sin desplazamiento, debe seguirse el cauce previsto en el art. 681 LEC, más el extrajudicial del art. 94 LHMPSD, ante Notario.
6. La realización de la prenda con desplazamiento tendrá lugar por los mismos cauces de ejecución judicial precitados, especialmente el del art. 694 LEC, o, extrajudicialmente, en la forma que se expresa para cada uno de los diversos tipos de prenda.

c. O bien, mientras subsista la paralización de la ejecución —a la que seguidamente nos referiremos—, mediante acuerdo de la Administración Concursal, con cargo a la masa, lo cual derivará en la no realización del bien afecto (art. 430.2 TRLC —antiguo art. 155.2 LC—); caso de imposibilidad de cumplir con dicho pago íntegro, procederá su realización.
d. Mediante el sistema de venta directa del bien afecto o garantía real, debidamente autorizada por el Juez del concurso, a través de la aprobación del Plan de Liquidación. Llegados a este punto, hay que matizar que este sistema debe llevarse a cabo a través de unos precios de mercado coetáneos al momento de la venta, precios que, en el estado económico global en el que nos hallamos, con unos precios inferiores en su mitad, aproximada y teóricamente, a los de los momentos álgidos en los que fue constituida la hipoteca, suponen la existencia de un «faltante» o cantidad que la entidad financiera que ostenta el privilegio pueda verse afecta por la imposibilidad de recuperar la totalidad de la deuda pendiente de pago o que constituye su privilegio, en este caso, la práctica diaria lleva a considerar la producción de la figura de la dación en pago, habida cuenta de que el razonamiento que subsiste por el mecanismo de venta directa es el mismo que el de la ejecución singular, que, por razón a lo dispuesto por la LRTRLC, modificando el art. 209 TRLC —antiguo 155.4 LC— que preveía la subasta, judicial o extrajudicial, incluida la electrónica u otros sin de-

terminar, dicha reforma dispone como único medio de realización de los bienes afectos a créditos con privilegio especial (hipoteca o prenda) debe ser por medio de la «*subasta electrónica*», salvo que el juez del concurso autorice otro medio, lo cual no deja claro si la subasta debe ser vía la oficina judicial de subastas o mediante entidad especializada, en cualquier caso, a nuestro entender, dada la redacción, entrarían ambas, si bien, merece especial opción la extrajudicial, dada su mayor celeridad; no obstante lo cual para realizarse de este último modo, así como la LRTRLC modifica el art. 216 TRLC disponiendo la necesidad de autorización judicial para la enajenación a través de persona o entidad especializada, así como la directa, cesando en la necesaria subsidiariedad de estas formas, tras la celebración de subasta (judicial) directa.

La realización o celebración de la subasta electrónica ha venido regulada a través de la **Ley Orgánica 1/2025, de 2 de enero**, de medidas en materia de eficiencia del servicio Público de Justicia, mediante la modificación del art. 647 LEC en el que se fijan (i) los requisitos para ser licitador, (ii) la declaración expresa de conocer las condiciones generales y particulares de la subasta, (iii) estar en posesión de la correspondiente acreditación para tener consignado el 10 por ciento el valor de los bienes o un mínimo de mil euros (1.000,00 €), esto es, aportar el certificado de cuenta bancaria, (iv) el ejecutante puede tomar parte en la subasta, sin estar obligado a consignar, no pudiendo mejorar la licitación mejor, pero, ante una subasta desierta, no puede adjudicarse los bienes, lo que obliga al ejecutante que tenga interés en la adjudicación del bien, a concurrir como cualquier otro licitador, licitando como cualquier otro licitador y tratar de conseguir la puja más alta (v) tanto el ejecutante como los acreedores posteriores pueden ceder el remate a tercero, sin necesidad de manifestación expresa, la que deberá hacerse en el plazo de cinco (5) días desde que se cerró el período de la subasta y proclamó su mejor puja; (vi) si no se hiciese la cesión en el plazo de diez (10) días, se declarará en quiebra la subasta, el ejecutante perderá el depósito exigido a los demás postores y pagando los cargos de la nueva subasta en quiebra.

El nuevo art. 649 LEC regula el inicio, desarrollo y conclusión de la subasta, destacándose (i) carácter secreto de las pujas, reserva o sigilo que no se indica hasta dónde alcanza, si a los datos personales de cada licitador, comprensible por protección de datos o al importe de la puja, relativo, pero, el Legislador lo que pretende es evitar pujas sucesivas de euro en euro, incluso esperar al último minuto para hacerla, lo cual, en la práctica, suele producir bloqueos de los sistemas telemáticos y hay que volver a reiniciar la subasta; en definitiva pues, entendemos que lo pretende el Legislador es que cada licitador haga una sola puja y se la lleve el de mayor puja, sin perjuicio de que pueda hacer varias, pero «a ciegas», sin saber cómo van las licitaciones; (ii) la duración improrrogable por veinte (20) días naturales, (iii) no puede concluir en fechas festivas concretas, lo que debe entenderse que, para el inicio de la subasta debe hacerse un cómputo desde el final (que no sea día impeditivo) hacia el principio, lo cual implica, entre otras fechas que el día 12 de julio es el último en el que empezará a contar (día 1.º) el período de celebración de la subasta o, por el contrario, sí que podrán concluirse subastas el día 26 de diciembre, aún siendo día inhábil.

El o la L.A.J., si tienen conocimiento de la existencia de concurso del deudor titular del bien, el ejecutado, deberá suspender la celebración de la subasta, dejándola sin efecto., lo que se comunicará en el Portal de Subastas. La norma no obliga al o la L.A.J. a comprobar el estado concursal del deudor, lo que queda a disposición de su buen hacer, tanto por la constatación electrónica, como por la certificación de cargas y gravámenes previa a la subasta, como por cualquier acreditación de, ejecutado, de sus acreedores o de terceros que ostenten algún derecho sobre el inmueble en ejecución, como puede ser un arrendatario, un tercerista, u otros.

La nueva regulación del art. 650 LEC (subasta de bienes muebles) viene a establecer un límite del 50 por ciento del precio de la subasta, superando el mismo o licitando por debajo, abre una serie de posibilidades, tanto para el ejecutante como para el ejecutado, quien podrá presentar a un tercero que mejore la postura inferior al 50 por ciento, incluso, en este caso, para cancelar su deuda íntegramente, cancelación que puede realizar el deudor antes de la aprobación del remate. En el supuesto de ser el bien ejecutado la vivienda del deudor, se mantiene la puja mínima del 70 por ciento del valor de subasta, salvo que se haga por la totalidad de la deuda (principal, intereses y costas), en cuyo caso, sería el mínimo de aprobación del remate por el 60 por ciento, conforme a la nueva redacción del art. 670 LEC (subasta de bienes inmuebles).

La subasta sin postores queda regulada por el nuevo art. 651 LEC, regulador de la subasta de bienes muebles, conlleva el levantamiento del embargo, a instancias del ejecutado, novedad ésta, pues, antes venía a ser realizada de oficio, mientras que en el supuesto de la subasta sin postores del art. 671 LEC, para bienes inmuebles , sí se alza de oficio.

Esta norma especial (art. 209 TRLC) contrasta con la norma subsidiaria del art. 423 TRLC modificado por la LRTRLC cuando dispone que, en la fase de liquidación, no en la fase común, la liquidación de «*cualquier bien o derecho o conjunto de bienes o derechos*», sin excluir los bienes afectos, que tenga un valor superior al cinco (5 %) por ciento del valor total del inventario de bienes y derechos definitivo presentado por el Administrador Concursal, se realizará conforme al método de la precitada subasta electrónica, pero ¿Qué sucede con los que no alcanzan dicho porcentaje de valor? Debemos remitirnos al art. 421 TRLC, modificado conforme a la LRTRLC, en el sentido de que el Administrador Concursal lo realizará «*del modo más conveniente para el interés del concurso*», si bien, con las limitaciones del capítulo III del título IV del libro Primero, artículos 205 y siguientes TRLC, a saber: (i) recabar la autorización judicial antes de la aprobación del plan de liquidación, (ii) prohibición de adquirir bienes y derechos de la masa activa por parte de los Administradores Concursales (iii) recabar autorización judicial para la venta directa de los bienes y derechos afectos a créditos con privilegio especial, así como para (iv) la dación en pago o para pago de bienes afectos y para (v) la enajenación de bienes y derechos afectos con subsistencia de gravamen, así como (vi) seguir las reglas para la venta de establecimientos mercantiles o unidades productivas.

Así pues, se está considerando que por venta o realización directa se está obteniendo el mismo importe que el que se obtendría por venta en subasta y, consecuentemente, los efectos que tendría la venta directa serían los mismos que los que tendría la venta en subasta, esto es, el cobro parcial por parte del Banco de su crédito, el reconocimiento de lo no cobrado como crédito concursal ordinario (parte de capital pendiente de cobro) o subordinado (intereses y costas —indemnización—) y, de otro lado, la purga o cancelación de cargas posteriores a la inscripción de la hipoteca en ejecución o venta directa, pues no de otro modo podría entenderse el paralelismo entre uno y otro sistema, dado que la transmisión en pública subasta se verifica libre de cargas posteriores.

La LRTRCL introduce el art. 423 bis que nos dice cómo ha de realizarse la adjudicación de bienes hipotecados o pignorados subastados «*en caso de falta de postores*», tanto si la subasta la promueve la Administración Concursal, como el acreedor hipotecario o pignoraticio. En este caso de subasta desierta, la precitada norma nos remite de forma genérica a las normas de la L.E.C., más concretamente, su artículo 651 conforme al cual el acreedor real podrá adjudicarse los bienes por el treinta (30 %) por ciento del «*valor de tasación*» —pacto escriturario—, para pago parcial de su crédito o en pago total de lo que se le deba por todos conceptos (principal, intereses y costas). Pero, añade el art. 423 bis.2 TRLC «*si el valor de los bienes subastados, según el inventario de la masa activa*», rompiendo la norma de ejecución por el tipo de tasación según escritura, le será adjudicado al acreedor real por dicho valor inventariado o, podrá ceder su crédito, que no el remate, pues no ha rematado en subasta, dado que ésta quedó desierta, a la persona que designare, no necesariamente filiales de la entidad financiera acreedora, sino, incluso a terceros no vinculados orgánicamente con la misma, pues la ley no distingue. Por último «*Si el valor del bien o del derecho fuera superior, ordenará la celebración de nueva subasta sin postura mínima*», lo que evita la adjudicación para el acreedor, quien debería consignar el hipotético «sobrante», esto es, el importe que resultaría de la diferencia entre un crédito menor por todos conceptos y el valor mínimo de adjudicación, lo que, según las reglas de ejecución no concursal, conllevaría la entrega de tal diferencia a los acreedores que le siguiesen registralmente en rango o, en su defecto, al deudor. Consecuentemente, en este caso, lo más interesante para el acreedor hipotecario o pignoraticio, es no adjudicarse el bien ni en pago ni para pago, sino celebrar una segunda subasta, pues el límite de la postura mínima ha quedado sin efecto, siendo libre el mismo.

El Alto Tribunal, no obstante, ha considerado por **STS —1ª— n.º 1.185/2007, de 6 de noviembre** que «*la realización de la garantía en pública subasta es el modo en que generalmente se ha de obtener el mejor precio por los bienes sobre los que recae la prenda, consecuencia natural del principio de libre concurrencia, lo que sin duda beneficia a todos los acreedores concursales...*»

Acorde con cuanto antecede se expresa la siguiente resolución judicial:

SJM-1 A Coruña 11.03.2011

«Las conclusiones de la Mesa Redonda del Congreso de Jueces de lo Mercantil (Barcelona 2007) que extractan las demandantes —al margen, por supuesto, del valor que se les quiera atribuir— no sirven de apoyo a su tesis; el apartado 8. 4 de las referidas conclusiones alude al supuesto de acreedores con privilegio especial que queden vinculados al convenio por haberlo votado a favor o por haberse adherido, pues sólo en este caso tiene algún sentido que se diga "que el convenio deba recogerlos y pagar sus respectivos créditos en la forma de quita y espera pactados (sic)"; que a continuación se afirme que, en opinión de los redactores de las conclusiones, deberá observarse "(los señalado para) el artículo 155. 3 LC" parece aludir a lo que en el apartado 6. 3 de las mismas conclusiones se dice a propósito de la necesidad de evitar que con la venta de un activo pueda surgir una nueva deuda (fiscal) con cargo a la masa. El apartado 11.4.c) de las conclusiones se refiere a los mecanismos de cancelación de cargas y recuerda que, como es obvio, en aplicación del artículo 155. 3 de la LC —en fase común, o en fase de convenio o liquidación, pero lógicamente con el límite de la aprobación judicial del convenio— cuando se autoriza la venta con subsistencia del gravamen en consideración al cual se ha reconocido al acreedor un crédito con privilegio especial, las cargas —anteriores y posteriores, en cuanto aseguran créditos incluidos en la masa pasiva del concurso— deben cancelarse; de otro modo el adquirente adquiría el bien no sólo con el gravamen sino también, *v.gr.* con las anotaciones de embargo hechas en su momento a solicitud de un acreedor ordinario. Esa misma cancelación debe hacerse respecto de los bienes que se pretenda enajenar en cumplimiento del convenio (apartado 11. 4 d), puesto que afecta a todos los acreedores ordinarios y subordinados, pero, naturalmente —aunque no lo digan las conclusiones— sin afectar a la carga real que es garantía de la satisfacción del crédito del acreedor privilegiado...»

e. En esta cuestión, debemos remarcar la existencia de lo que podemos considerar un límite, digamos, mínimo del valor de adjudicación o dación, que es el determinado por el segundo párrafo del art. 670.4 LEC, según la redacción vigente desde el día 07.07.2011 efectuada mediante el Real Decreto-ley 8/2011, de 1 de julio, de medidas de apoyo a los deudores hipotecarios, de control del gasto público y cancelación de deudas con empresas y autónomos contraídas por las entidades locales, de fomento de la actividad empresarial e impulso de la rehabilitación y de simplificación administrativa, conforme a la cual la adjudicación o dación del inmueble deberá efectuarse «*por el 70 % de dicho valor* —por el que el bien hubiere salido a subasta— *o por la cantidad que se le deba por todos los conceptos, siempre que esta cantidad sea superior al sesenta por ciento de su valor de tasación y a la mejor postura...*», siendo aquí cuando se incorpora al negocio jurídico de la dación solutoria un tercero, acreedor o no que, conociendo la posibilidad de transmisión del inmueble por unos precios concretos, haya estimado un precio de oferta, precio que hará que el acreedor hipotecario deba superar los dos límites mínimos, tanto el sesenta por ciento del valor de tasación como a esta mejor postura, definida como aquella que sea igual o superior al 70% del tipo de subasta.

f. A igual consideración y porcentaje llega la D.A. 6ª de la Ley 37/2011, de 10 de octubre, de medidas de agilización procesal, si bien, para los bienes inmuebles «*diferentes de la vivienda habitual del deudor*», para supuestos en que la mejor postura ofrecida fuere inferior al 70% del valor por el que el bien hubiere salido a subasta y el ejecutado no hubiere presentado postor, podrá pedir el acreedor ejecutante la adjudicación del inmueble por dicho 70% «*o por la cantidad que se le deba por todos los conceptos, siempre que esta cantidad sea superior a la mejor postura*». En fin, se trata de una cuestión matemática, a determinar caso por caso y que habrá que ver, por la interpretación jurisdiccional que pueda realizarse en sede concursal de si este criterio de «*dación en pago*» jurisdiccional civil aplicable en una ejecución singular o especial, es aplicable al orden jurisdiccional mercantil en la ejecución universal que representa el propio Concurso.

g. La **RDGRN 08.10.2012** se plantea si puede tener acceso al Registro de la Propiedad sin intervención del Juez de lo Mercantil un decreto de adjudicación y un mandamiento de cancelación de cargas derivado de un procedimiento de ejecución hipotecaria cuando se produce la circunstancia de que el deudor se encuentra en situación de concurso y el decreto de adjudicación es posterior a la fecha de declaración del concurso si bien la subasta se celebró con anterioridad, pronunciándose del siguiente modo:

> «3. Entrando en la cuestión de fondo esta Dirección General de los Registros y del Notariado ha tenido ocasión de referirse en distintas Resoluciones (*vide* Vistos) a los problemas que suscita la aplicación del artículo 56 de la Ley Concursal en relación con la inscripción de títulos derivados de ejecución hipotecaria en el Registro de la Propiedad. Es preciso recordar la continua doctrina de este Centro relativa a la obligatoriedad para todos los funcionarios y autoridades de cumplir las resoluciones judiciales que hayan ganado firmeza o sean ejecutables de acuerdo con las leyes, sin perjuicio de que el principio constitucional de protección jurisdiccional de los derechos y de interdicción de la indefensión procesal, que limita los efectos

de la cosa juzgada a quienes hayan sido parte en el procedimiento, garantizando así el tracto sucesivo entre los asientos del Registro, que no es sino un trasunto de la proscripción de la indefensión, impide dar cabida en el Registro a una extralimitación del Juez que entrañe una indefensión procesal patente, razón por la cual, el artículo 100 del Reglamento Hipotecario (en consonancia con el artículo 18 de la propia Ley), extiende la calificación registral frente a actuaciones judiciales a la competencia del Juez o Tribunal, la adecuación o congruencia de su resolución con el procedimiento seguido y los obstáculos que surjan del Registro, así como a las formalidades extrínsecas del documento presentado, todo ello limitado a los exclusivos efectos de la inscripción.

El defecto señalado, lo que cuestiona, es la competencia judicial para conocer de la ejecución, dando a entender que, si no se acredita que el bien ejecutado no está afecto y no es necesario para la continuidad de la actividad profesional o empresarial del deudor, la competencia para la ejecución correspondería exclusivamente al Juez del concurso (artículos 8, 56 y 57 de la Ley Concursal), cuestión que no sólo tiene una gran trascendencia desde el punto de vista de la regularidad procedimental sino que, como ha tenido ocasión de poner de manifiesto nuestro Tribunal Constitucional (Sentencia de 12 de diciembre de 2011), puede afectar a derechos fundamentales como son el derecho a la tutela judicial efectiva y el derecho al Juez predeterminado por la Ley.

La ejecución de garantías reales sobre bienes afectos o necesarios para la continuidad de la actividad profesional o empresarial del deudor concursado encuentra las restricciones previstas en el artículo 56 de la Ley Concursal y el inicio o reanudación de tales ejecuciones tras la declaración del concurso corresponde al Juez del concurso, como expresamente lo declara el artículo 57 de la misma Ley.

Por otro lado, la jurisprudencia (Sentencias de la Sala de Conflictos de Jurisdicción del Tribunal Supremo citadas en el «Vistos») y este Centro Directivo (por todas, la Resolución de 12 de junio de 2012) tienen sentado que también corresponde al Juez del concurso la competencia para declarar si el bien está afecto o su carácter necesario o no para la actividad empresarial o profesional del deudor. Así lo declara el artículo 56 de la Ley Concursal tras su última modificación por la Ley 38/2011, de 10 de octubre que no hace sino consagrar con carácter de Ley lo que la jurisprudencia ya había sentado como criterio jurisprudencial (como reconoció la Resolución de 20 de febrero de 2012). Esta continuidad de criterio hace indiferente, en este concreto aspecto, cuál haya de ser la versión de la norma aplicable (la anterior o la posterior a la Ley 38/2011) pues en cualquier caso la conclusión es la misma.

No es aceptable en consecuencia la afirmación del recurrente de que ni hay suspensión ni por tanto posibilidad de reanudación. La suspensión es un efecto inmediato derivado de la jurisdicción universal del Juez de lo Mercantil (artículos 8 y 55 de la Ley Concursal) y por ello, con independencia del momento concreto en que el Juzgado de Primera Instancia tenga conocimiento y de la Resolución que el secretario adopte al respecto (artículo 568 de la Ley de Enjuiciamiento Civil), desde el punto de vista sustantivo la suspensión opera salvo que concurran los supuestos de excepción previstos en la Ley. En el supuesto de hecho se ha acreditado la concurrencia de uno de los dos requisitos exigidos por el artículo 56 (en su redacción anterior) pero no el segundo. Por eso desde la perspectiva del Registro de la Propiedad no puede darse acceso a una Resolución que no ha sido adoptada por aquél a quien el ordenamiento atribuye la jurisdicción o con su intervención en los términos legalmente previstos habida cuenta de las graves consecuencias señaladas más arriba de orden procedimental que pueden incluso implicar lesión de derechos fundamentales.

.../...

Este orden de razonamientos encuentra mayor apoyo en la redacción del segundo párrafo del artículo 56 de la Ley Concursal tras su reforma por la Ley 38/2011 pues ahora la norma declara la suspensión del procedimiento de ejecución de forma incondicional aun cuando se hubiera anunciado la subasta y sólo se «alzará la suspensión de la ejecución y se ordenará que continúe cuando se incorpore al procedimiento testimonio de la Resolución del Juez del concurso que declare que los bienes o derechos no están afectos o no son necesarios para la continuidad de la actividad profesional o empresarial del deudor» de modo que producida la suspensión en cualquier supuesto corresponde al Juez de lo Mercantil decidir sobre su reanudación o no.

5. Por último, y aunque el escrito de recurso no se refiere estrictamente a la cuestión de cuándo haya de considerarse finalizado el procedimiento de ejecución a fin de entenderlo como actuación anterior a la declaración del concurso, sí que hace referencia a que la celebración de la subasta es anterior a la declaración de concurso lo que a juicio del recurrente excluye toda interferencia de ésta.

La celebración de la subasta en el procedimiento de ejecución no implica todavía la finalización del procedimiento. Como se deduce de una simple lectura del artículo 650 de la Ley de Enjuiciamiento Civil, una vez realizada la subasta pueden llevarse a cabo distintas actuaciones procesales que incluso pueden llevar a la no aprobación del remate y al cierre del procedimiento o a la celebración de una nueva subasta (artículo 653). De aquí que sólo cuando se apruebe el remate y se consigne, en su caso, el precio total, se dicta el decreto de adjudicación que, aunque puede ir seguido de algunas operaciones complementarias, pone fin al procedimiento de ejecución (artículo 650.6 de la Ley de Enjuiciamiento Civil). La mera celebración de la subasta no pone fin al procedimiento de ejecución y, en consecuencia, y tal como afirmó este Centro en su Resolución de 4 de mayo de 2012 sólo cuando quede acreditado debidamente que el decreto de adjudicación se llevó a cabo en fecha anterior al auto de declaración del concurso puede afirmarse que el testimonio correspondiente puede acceder a los libros del Registro como acto anterior al concurso aunque conste inscrita o anotada su declaración.

En consecuencia, esta Dirección General ha acordado desestimar el recurso y confirmar la nota de calificación del registrador...»

Otra suerte debe merecer la consideración del, digamos, «máximo» de la puja, para lo cual, debe observarse, no únicamente los límites de la responsabilidad hipotecaria, sino, y fundamentalmente, el importe por el que figura reconocido el crédito hipotecario y su calificación, esto es, que la licitación máxima deberá venir determinada por el importe que haya sido calificado como con privilegio especial, tal y como ha sido reconocido por el Decreto de 08.02.2013 dictado por el Juzgado de lo Mercantil número Uno de los de Valencia (Concurso Abreviado 153/2010), por cuanto que pujar por más de dicho límite (el reconocido con privilegio especial en los Textos Definitivos, produce "*un exceso que debía de consignarse y ponerse a disposición de los Acreedores, puesto que de lo contrario, estaba burlando la* par conditio creditorum, *cobrándose en mayor cantidad de lo que,* ex lege, *le permite su privilegio...*". Este «exceso» es el denominado habitualmente «sobrante» el cual debe ponerse, en sede concursal, a disposición de la Masa Pasiva, como incremento que es de la Masa Activa.

Como decimos, la calificación del crédito con privilegio especial, comprende y debe comprender dos conceptos perfectamente diferenciados, a saber: de un lado, (i) la parte vencida que comprende el capital y los intereses capitalizados, que es la que suele reconocerse como tal privilegio especial, respecto de la cual debe solicitarse del Administrador Concursal y, así, reconocerse por éste con tal privilegio y (ii) la parte no vencida, comprendida por los intereses moratorios, más las costas procesales, caso de ejecución, en tanto en cuanto que están pactadas en la Escritura de hipoteca como parte de la responsabilidad hipotecaria, parte ésta que debe ser reconocida como contingente con la calificación de privilegio especial, habida cuenta de que la liquidación de los intereses, dado que, como dijimos precedentemente, no se suspende su devengo, no se puede realizar hasta tanto no se produzca la adjudicación en ejecución separada o en ejecución universal o por el procedimiento de venta directa, con el consentimiento del acreedor hipotecario, *ex* art. 209 y ss. TRLC (antiguo art. 155.4 LC), en pago del crédito con privilegio especial y, por lo que respecta a las costas, hasta tanto no se devenguen y liquiden mediante resolución del Tribunal ante el que se siguió la ejecución separada, pues en la universal se acciona por la Administración concursal, sin precisar de la intervención de Letrado y Procurador del Concursado, por lo que, en la realidad, este concepto asegurado no se tiene presente. Sólo en el supuesto de que en los Textos Definitivos se mantuviese la calificación que indicamos, esto es, la parte vencida con privilegio especial y la parte no vencida como contingente con privilegio especial, la adjudicación que superase la parte vencida (no contingente) nos encontraríamos con que no existe sobrante y no se vulneraría la *par conditio creditorum,* con lo que el acreedor hipotecario no debería consignar importe alguno, aunque sí debería hacerlo provisionalmente y hasta que se liquiden los intereses moratorios y tasen las costas procesales, esto es, hasta que quede líquida la contingencia.

F) *Suspensión de la ejecución*

No obstante cuanto antecede, para el supuesto de ejecución anterior a la declaración de Concurso, sobre bienes del concursado, no de tercero, «*afectos a su actividad profesional o empresarial o a una unidad productiva*», *ex* art. 145 TRLC (antiguo art. 56.2, en relación con el 56.1 LC), quedará en suspenso la misma desde el momento en que conste en el expediente concursal los datos relativos a su ejecución hasta el transcurso de un (1) año desde la declaración de concurso, sin que se hubiera producido la apertura de la liquidación, conforme dispone el art. 148.1.2.º TRLC. Esta suspensión no operaba hasta la entrada en vigor de la Ley 38/2011, de 10 de octubre, de reforma de la Ley Concursal, cuando se cumplían los siguientes requisitos:

a. que antes del dictado del Auto de declaración de Concurso, estuvieren publicados los Edictos anunciadores de las subastas
b. que los bienes o derechos en ejecución no sean «*necesarios para la continuidad de la actividad profesional o empresarial del deudor*».

En primer lugar, hay que plantearse, pues, cuál es el órgano judicial competente para determinar si el bien inmueble objeto de ejecución se halla «*afecto a su actividad profesional o empresarial o a una unidad productiva*», esto es, si puede decidirlo el Juez de la ejecución singular (Primera Instancia) o, por contra, debe serlo el que sigue la ejecución general (Mercantil). Esta cuestión ha quedado resuelta en los términos que recoge el **AAP Valencia —9ª— de 18.10.2011**, por remisión a su propio **AAP —9ª— 30.10.2008** del que entresacamos el texto preciso:

> «... la primera cuestión a dilucidar es la competencia objetiva para determinar si tal reclamación de ejecución sobre bienes inmuebles debe ser examinada por el Juzgado de Primera Instancia y entendemos que al caso presente la respuesta ha de ser negativa, pues estando presentado el concurso de la entidad ejecutada(amen de su declaración, pocos días después del auto ahora recurrido), la decisión sobre si los bienes patrimoniales objeto de garantía están afectos o no a su actividad es cuestión que debe dilucidar el Juzgado de lo Mercantil en atención a un correcto entendimiento del principio de universalidad del concurso cuya manifestación clara viene recogida en la exposición de motivos de la LO 8/2003 al decir: "El carácter universal del concurso justifica la concentración en un solo órgano judicial de las

materias que se consideren de especial trascendencia para el patrimonio del deudor, lo que lleva atribuir al juez del concurso jurisdicción exclusiva y excluyente en materias como todas las ejecuciones y medidas cautelares para que puedan adoptarse en relación con el patrimonio del concursado por cualquiera de los órganos jurisdiccionales o administrativos..." Así el art. 86 ter.1.3° de la Ley Orgánica del Poder Judicial atribuye tal competencia exclusiva y excluyente en: "Toda ejecución frente a los bienes y derechos de contenido patrimonial del concursado, cualquiera que sea el órgano que la hubiera ordenado".

Una de las excepciones a dicho principio de universalidad viene recogida en el artículo 56, pues dichos casos son susceptibles de ejecución separada respecto del concurso siempre que concurran unas circunstancias regladas en el precepto y estas circunstancias, declarado el concurso, como ya acontece en el caso presente, resulta deben ser apreciadas y valoradas por el Juzgado de lo Mercantil, dada su excepcionalidad, no por el Juzgado Primera Instancia. Precisamente todas las resoluciones indicadas por la parte recurrente sobre dicha calificación vienen dictadas por órganos judiciales de lo mercantil. Y es que significando tales supuestos de ejecución separada, excepciones a la regla general de la universalidad del concurso es causa justificada que sea el propio Juez del concurso quien tiene la competencia para decidir si el inmueble sometido a garantía real está afecto a la actividad profesional o empresarial; cuando además es el único competente para resolver todas la cuestiones que versen sobre la formación de la masa activa y por tanto los bienes que han de ser excluidos de la misma, criterio por otro lado de competencia sentado por el Tribunal de Conflictos de Jurisdicción en sentencia de 22 diciembre de 2006 al decidir a favor del Juzgado de lo Mercantil en conflicto ante la administración tributaria en la que se seguía un proceso de ejecución administrativa estableciendo que "producida la declaración concursal la administración debió dirigirse al Juez del Concurso a fin de que este decidiese sobre si los bienes integrantes del 'patrimonio' del deudor, sujetos a procedimiento de apremio en curso, eran o no necesarios para la continuidad de la actividad del deudor".

Frente a las resoluciones invocadas por la parte apelante, todas ellas de Juzgados de lo Mercantil, es necesario traer aquí las resoluciones de las secciones de Audiencias Provinciales, especializadas en materia mercantil, que sustentan precisamente que corresponde a los órganos judiciales mercantiles la decisión en la calificación de si los bienes objeto de garantía real que se ejecuta están afectos o no a la actividad empresarial o profesional del concursado; Así Autos A. Provincial Madrid (sección 28) 20 septiembre y 11 Octubre 2007(ROJ: AAP M.12942/2007) y A. Provincial Barcelona, sección 15ª, 28 junio 2007.(EDJ 2007/146381), resolución esta última que además en interpretación del artículo 57 de la Ley concursal fija que aún con tal falta de afección es el juzgado mercantil quien por vía de pieza separada debe dar cauce a tal ejecución.

En consecuencia en la tesitura expuesta, resulta procedente estimar que el Juzgado Primera Instancia carece de competencia para resolver ante la declaración del concurso de Mohepa SL con fundamento en el artículo 56 de la Ley Concursal, la decisión sobre si los bienes inmuebles objeto de garantía real cuya ejecución se postula están afectos o no a su actividad empresarial, siendo tal cuestión propia del Juzgado de lo Mercantil que tramita el concurso de dicha sociedad ante el cual deberá presentarse la demanda de ejecución hipotecaria... Si bien en aquel supuesto la cuestión se ventilaba en el ámbito de la admisión a trámite, lo cierto es que, no hallándose anunciada la subasta, en este caso, la solución a adoptar no ha diferir de la de la allí recogida. Es el Juez de lo Mercantil el que habrá de valorar, en su caso, lo que plantea la parte recurrente y el Juzgado "a quo" actuó correctamente al suspender el curso de las actuaciones. No cabe oponer a ello el tenor del artículo 568.3 LEC, pues tal norma es de carácter general, y no cabe su aplicación en este supuesto al versar la ejecución hipotecaria sobre un solo bien inmueble, lo que nos lleva, nuevamente a la valoración efectuada con anterioridad...»

En definitiva, pues, el orden de actuación del Juez de Primera Instancia que lleva la ejecución de la garantía real es la de suspender el curso del procedimiento, siquiera sea cautelarmente y, bien de oficio, bien a instancia de Parte, recabar del Juez Mercantil que sigue el Concurso, la consideración de bien afecto o no y, en su caso, la reanudación de la ejecución singular o su paralización durante el tiempo normado. Así se infiere de lo dispuesto en la nueva redacción dada por la Ley 38/2011, de 10 de octubre, al art. 568.2 LEC, conforme a la cual el Secretario judicial, hoy denominado Letrado de la Administración de Justicia, tan pronto conozca de la existencia del concurso, decretará la suspensión del procedimiento de ejecución, debiendo sujetarse a las normas del TRLC.

No obstante lo cual, esta situación varió con la entrada en vigor de la Ley 38/2011, de 10 de octubre, de reforma de la Ley Concursal, a tenor de la cual, las actuaciones ya iniciadas, se suspenderán «*desde que la declaración del concurso, sea o no firme, conste en el correspondiente procedimiento*», lo cual implica acudir al Juez civil o al Notario ante el que se sigue la ejecución de la garantía real y acreditarle la constancia expresa de la declaración de Concurso y, aunque la Norma concursal no lo dice, solicitarle la suspensión de las actuaciones procedimentales «*aunque ya estuvieran publicados los anuncios de subasta del bien o derecho*», radicando aquí el principal cambio legislativo; suspensión del curso procesal que únicamente podrá tener lugar, cuando se aporte al procedimiento de ejecución un testimonio expedido por el Secretario del Tribunal que conoce del Concurso del Auto judicial o resolución que acuerde, de un lado el alzamiento de la suspensión de la ejecución, ordenando la continuación procesal, cuando dicha resolución declare «*que los bienes o derechos no están afectos o no son necesarios para la continuidad de la actividad profesional o empresarial del deudor*»; si bien, el carácter de bien o derecho afecto o necesario viene determinado por la serie de hechos que se revelen de la utilización de los mismos por el Concursado, esto es, se trata de una mera cuestión fáctica, lo que resulta evidente es que, en el supuesto de que el concursado se halle en liquidación no podrán considerarse en ningún caso los beneficios de afección o necesidad, pues la liquidación empresarial o profesional es la antítesis de la continuación de dichas actividades.

G) Competencia jurisdiccional respecto de la ejecución hipotecaria frente a bienes del concursado y por acción personal frente a sus fiadores solidarios

Aunque pueda parecer obvio, no por ello resulta menos necesario de diferenciar. Nos estamos refiriendo a la diferencia entre las acciones personales y las reales, así como las acciones frente al concursado o frente a sus fiadores. En efecto, únicamente, cuando se ejercite la ejecución de un derecho real de garantía, como lo son el de hipoteca, prenda y demás anteriormente referidos, estaremos ejercitando una acción real, la de garantía; pero, no solo por el hecho de tener un crédito garantizado hipotecariamente estaremos siempre y en todo caso, ejercitando tal acción real, recabando la tutela judicial suplicando la venta en pública subasta del bien que constituye la garantía, pues podemos ejercitar la mera acción personal de reclamación de cantidad, sin ejecución de la garantía, solicitando en la súplica de la Demanda un pronunciamiento de condena al pago de cierta cantidad, siendo la ejecución de la Sentencia declarativa de condena la que permita acceder al embargo de bienes acorde con el principio de responsabilidad universal del deudor, del que podría derivar, incluso, (i) el embargo del bien ya hipotecado, continuando con la acción personal declarativa de condena o (ii) a través de la toma de nota marginal registral junto a la inscripción del derecho real, en cuyo caso, el ejercicio de la acción, inicialmente personal, la transformaríamos en real. La razón o distinción de una y otra, viene dada por razones de oportunidad ante una hipotética pérdida o reducción del valor de la garantía real.

Sea como fuere, las reglas competenciales vienen dadas acorde con el siguiente razonamiento jurídico:

AJM-2 Valencia, de 20.06.2012

«Las competencias atribuidas al Juzgado de lo Mercantil vienen definidas en el art. 86 ter de la Ley Orgánica del Poder Judicial, en cuyo precepto se menciona como competencia de los Juzgados de lo Mercantil, con carácter exclusivo y excluyente, el conocimiento de toda ejecución frente a bienes y derechos de contenido económico patrimonial del concursado y en el art. 56 y 57 de la Ley Concursal, igualmente atribuye la competencia al Juez del Concurso para conocer de ejecuciones hipotecarias seguidas contra bienes de la deudora concursada exclusivamente, por lo que la competencia para el conocimiento de las acciones que pueda ejercitar la parte ejecutante contra los fiadores solidarios, corresponderá, en todo caso, a los Juzgados de 1ª Instancia…».

Sin embargo, la entrada en vigor de la Ley 7/2022, de 27 de julio, de modificación de la Ley Orgánica 6/1085, de julio, del Poder Judicial, en materia de juzgados de lo Mercantil deja incuestionable la competencia de las acciones civiles en materia de concurso de acreedores, pues el art. 86 *ter* establece su competencia objetiva a los Juzgados de lo Mercantil, de forma exclusiva y excluyente para las acciones civiles con trascendencia patrimonial, como lo son la acción hipotecaria, la pignoraticia y la anticrética, que pierden su competencia por razón al lugar en el que se encuentra la finca gravada con sus respectivos derechos reales de garantía. Lo mismo hay que decir respecto de las acciones contra los fiadores personales solidarios, pues, no de otra manera puede entenderse la vis attractiva de los Juzgados concursales, en evitación de resoluciones contradictorias y disminuciones de las masas activa y pasiva del concurso.

H) Atracción de ejecuciones singulares

El art. 145 TRLC (antiguo art. 57 LC), acorde con lo dispuesto en los arts. 98 y 568 LEC, siguiendo el principio de universalidad en la formación de la masa activa somete a la *vis attractiva* del Juez del Concurso aquellas ejecuciones singulares que, iniciadas antes de la declaración de Concurso, hayan quedado suspendidas por razón de éste, y según lo dicho precedentemente, por lo que el Juez de Primera Instancia que conocía de las mismas quedará obligado a la remisión de los Autos ejecutorios al Juez de lo Mercantil, quien abrirá la correspondiente pieza separada (expediente distinto del Concurso, pero vinculado al mismo) que se formará con los Autos seguidos ante el Juzgado Civil.

La cuestión que debe plantearse, llegado este punto, es si la acumulación de la ejecución debe darse por razones subjetivas o por razones adjetivas; esto es, debemos partir del hecho de que la ejecución se sigue, tanto frente al concursado, como frente a fiadores personales; en este sentido considero que, acorde con lo dispuesto en el art. 568.3 LEC[80] la ejecución no puede ser única, sino que debe producirse una división de los Autos, mediante la remisión parcial de éstos al Juez que conoce del Concurso, debiendo continuar el Juez Civil con los Autos correspondientes a los restantes obligados, esto es, frente a los fiadores personales del concursado, pues, recordemos que estamos hablando de que el bien objeto de ejecución es propiedad del Concursado y se halla afecto a su actividad, según queda dicho.

Cosa bien distinta es el supuesto conforme al cual, el Juez de Primera Instancia hubiese remitido íntegramente al Juez de lo Mercantil, las actuaciones completas de ejecución, seguidas contra la concursada hipotecante, como contra sus afianzadores personales. La pregunta que cabe hacerse en este supuesto es si resultaría competente el Juez del Concurso o, por contra, sería éste el que debería hacer la división de procedimientos, remitiendo pieza separada de ejecución frente a los afianzadores solidarios, por devolución parcial de los Autos. Mi consideración es que, habiendo asumido el Juez concursal estos Autos íntegros, no cabe retorno al Juez de Primera Instancia, y debe continuar la ejecución contra los afianzadores solidarios, *ex* art. 568.3 LEC, precisamente, por las mismas razones, porque la suspensión frente a los fiadores queda vetada por este precepto. Podrían argumentarse razones de inconveniencia subjetiva, esto es, que dado que los fiadores personales no están en Concurso, su patrimonio, su masa activa no debe ser tratada dentro de la ejecución universal que es el Concurso (y la hipotecaria, la singular concreta); opinión que no comparto, salvo que el fiador o fiadores estén, a su vez, en Concurso, en cuyo caso hablaríamos de acumulación de Concursos, pues de la ejecución de los bienes de los fiadores depende sobremanera la masa pasiva del Concurso del hipotecante, pues si la entidad ejecutante, además de haber realizado el bien hipotecado en subasta, persigue (vía embargo) los bienes de los fiadores, la recuperación del resto del crédito no cubierto en la subasta de dicho bien, reducirá el crédito con privilegio especial de la ejecutante, cabiendo, pues aquí, la posibilidad de que otros acreedores puedan cobrar sus créditos por aquello que resultare del exceso del límite del crédito privilegiado ejecutado.

80 Art. 586.3 LEC: "Si existieran varios demandados, y sólo alguno o algunos de ellos se encontraran en el supuesto al que se refieren los dos párrafos anteriores, la ejecución no se suspenderá respecto de los demás".

En apoyo de este razonamiento, debe atenderse lo dispuesto en el art. 52 TRLC (antiguo art. 8.3 LC), en el sentido de que, siendo exclusiva y excluyente la jurisdicción del Juez del Concurso «*2.ª Las ejecuciones relativas a créditos concursales o contra la masa sobre los bienes y derechos del concursado integrados o que se integren en la masa activa, cualquiera que sea el tribunal o la autoridad administrativa que la hubiera ordenado, sin más excepciones que las previstas en esta ley*». Pues, por «patrimonio» debe entenderse, tanto la Masa Activa, que se ve en riesgo de disminución por su ejecución singular o universal, así como por la Masa Pasiva, que se puede ver reducida por el recobro ejecutorio de los bienes de los fiadores de la Concursada, según queda dicho. Debemos recordar, no obstante que el art. 241 TRLC permite la separación de los buques y aeronaves de la Masa activa del concurso y, por tanto su ejecución separada, de lo que se infiere que, en este caso, el Juez del Concurso no será competente, pues dejan de integrar estos bienes la Masa activa.

l) Liquidación concursal de una parte indivisa de un bien inmueble hipotecado

Es bien sabido que un bien inmueble que pertenece en proindivisión a varias personas puede hipotecarse sin distribuir la carga hipotecaria por cada porción, debido a la aplicación del principio de especialidad previsto en el art. 9 LH que requiere concretar minuciosamente la finca, o parte de la misma, sobre el que va a recaer el derecho real de garantía y, precisamente, por ello, puede quedar, como consecuencia de una ejecución parcial del crédito hipotecario, en una parte hipotecada y la otra libre. En la resolución que seguidamente citaremos, se plantea el supuesto de varios inmuebles que pertenecen en proindivisión, en este caso, a dos personas por mitades, una de las cuales se halla en concurso de acreedores y la otra no, no se plantea en dicha resolución si se trata de hipoteca por débito ajeno o los hipotecantes son ambos deudores personales; en cualquier caso, solo se liquida, en ejecución del plan de liquidación del concursado, la parte indivisa de éste, quedando la otra parte incólume de ejecución y, como veremos, con subsistencia del gravamen real sobre esta porción. Veamos los fundamentos esenciales de la resolución referida:

A.A.P. Valencia —9.ª— n.º 57/2024, de 23 de abril:

«… 17.- Estas relaciones de interferencia entre los principios generales del Derecho Hipotecario y las especialidades concursales ha sido admitida por la Sala Primera en otras ocasiones. Así, se ha reconocido sin dificultades que, con carácter general, el artículo 217 RH permite la hipoteca conjunta de las participaciones proindiviso de una finca, sin que sea necesaria la previa distribución de responsabilidad. Pero también que no se altera el principio de indivisibilidad si el derecho de hipoteca, por razón del mandato judicial y para ajustarse a la especificidad concursal —en ese caso el efecto de una acción rescisoria—, queda limitado a los propios derechos de los que dispone el hipotecante y siendo que la garantía hipotecaria de una sola parte de la obligación tampoco obsta al carácter unitario de esta última (STS, 1ª, núm. 791/2010, de 13 de diciembre de 2010, ponente Jesús Corbal Fernández). Partiendo de este razonamiento, es entonces posible que el derecho real de hipoteca quede limitado a la cuota indivisa que corresponda al hipotecante no concursado y para la cobertura de la obligación originaria, devenida unipersonal en el aspecto pasivo por razón del desenlace de las operaciones de liquidación en el concurso del titular de la cuota indivisa complementaria —el concursado y con minoración en la cantidad correspondiente al remate—. 18.- Y esta clase de relaciones también han sido advertidas por la propia doctrina registral disponible. En primer lugar, si se ha señalado que no es contrario al principio de especialidad previsto en los artículos 12 y 19 LH que una hipoteca pueda quedar limitada en su momento constitutivo a una parte indivisa de una finca (RDGRN de 3 de noviembre de 2011), una reducción sobrevenida del perímetro de la hipoteca constituida sobre la totalidad de una finca, por razón del desarrollo de las operaciones de liquidación concursal, no sería contraria a ese mismo principio mientras se siga reflejando con claridad el objeto del derecho real y sus menciones. Pero, extremo de gran relevancia para la solución del caso, la misma doctrina ha señalado que debe ser posible la purga de la hipoteca respecto de la mitad indivisa que ostente el concursado como consecuencia de su enajenación libre de cargas en el concurso, siendo que eso debe implicar que la garantía hipotecaria pase a recaer sobre la otra mitad indivisa de la finca, con minoración de la obligación garantizada en la cantidad correspondiente al remate obtenido (RDGSJFP, de 30 de noviembre de 2020, que reproducimos extensamente): ...»

A este respecto, destacamos la **RDGRN de 30 de octubre de 2001** que, respecto del principio de indivisibilidad de la hipoteca se manifiesta en el siguiente sentido:

«Implica su íntegra subsistencia de la hipoteca aún en el supuesto de que se reduzca la obligación garantizada en tanto no se cancele, no es necesario la previa cancelación parcial de aquélla como consecuencia del reconocimiento de la amortización parcial del préstamo que garantizaba para poder inscribir la modificación novatoria del mismo en cuanto a intereses y plazo de amortización.»

Los escenarios que pueden surgir girarán en torno al resultado de la subasta concursal o de la venta directa de la parte indivisa del concursado, cuyo precio de venta o remate irá directamente al acreedor hipotecario, que cancelará, según las reglas del plan de liquidación aprobado, la carga real hipotecaria de la parte indivisa del concursado, mientras que la parte indivisa del no concursado se mantendrá vigente en tanto en cuanto el precio de transmisión no cubra la responsabilidad hipotecaria, incluso, podría darse el supuesto meramente dialéctico o teórico conforme al cual el acreedor hipotecario hubiese percibido importe que pusiese al corriente el pago de las cuotas vencidas, quedando resto de vencimientos a futuro, lo cual se podría resolver en torno a una posible rehabilitación del contrato de financiación (art. 166 TRLC) pero, teniendo presente que, aperturada la fase de liquidación, como es el caso, nos hallaríamos con los efectos propios del vencimiento anticipado del crédito ejecutado en los términos del art. 694 ter TRLC.

J) Inicio de ejecuciones

Dictado el Auto de declaración de concurso, no puede iniciarse la ejecución hasta la aprobación del convenio cuyo contenido no afecte al ejercicio del derecho de ejecución separada o transcurra un año desde el Auto referido (*ex* art. 143 TRLC —antiguo art. 56.1 LC—), sin que se hubiera producido la apertura de la liquidación.

El art. 148.1.2.º TRLC, cambia la sanción del art. 57.3 LC al acreedor que tarda en pedir la ejecución de su garantía real, cuando dispone que la posibilidad de iniciar o de continuar los procedimientos que hubieren quedado suspendidos por la declaración de concurso, desde (i) que hubiera transcurrido un (1) año a contar de la fecha de declaración de concurso, (ii) sin que hubiera tenido lugar la apertura de laliquidación, pero, transcurrido este plazo del año, vuelve a la situación de la LC, ya no puede ejecutar su garantía real; ello no quiere decir, por supuesto, que su crédito pierda su calificación de privilegiado, sino sólo el «privilegio de ejecución separada», esto es, la propia esencia del «privilegio», quedándole, pues, el orden de cobro previsto en el art. 430.1 TRLC (antiguo art. 155.1 LC), esto es, con cargo a dicho bien, pero mediante ejecución colectiva a través de la subasta, o a través del sistema de "venta o realización directa", dación en pago o para pago, según lo dicho precedentemente "*siempre que con ello quede completamente satisfecho el privilegio especial, o, en su caso, quede el resto del crédito reconocido dentro del concurso con la calificación que corresponda*" (arts. 210 y ss. y 272 TRLC —antiguo art. 155.4 LC—).

Del mismo modo y, acorde a lo dispuesto en el art. 430.2 TRLC (antiguo art. 155.2 LC), la Administración Concursal puede atender el pago del crédito privilegiado con cargo a la masa y sin realización del bien o derecho afecto al privilegio.

K) Participación en Junta de acreedores

La redacción del art. 123.1 LC, en su vigencia hasta la Ley 9/2015, de 25 de mayo, de medidas urgentes en material concursal, disponía que los acreedores con privilegio especial podían participar en la Junta sin computar su asistencia al quórum de constitución, ni afectarles el convenio que resultare aprobado, si votare al convenio, únicamente le afectaría el mismo en aquello que refiriere al propio crédito con privilegio especial; si tuviere crédito privilegiado y crédito ordinario, su voto en Junta, únicamente afectará al segundo, salvo que hubiere expresado en el acto de la votación que también afecta al privilegiado.

Esto cambió, como decimos, por la Ley 9/2015, que suprimió el comentado apartado 1. Con la entrada en vigor del TRLC, su art. 397 modifica los arts. 123 y 124 LC, refundiéndolos, de forma que los «*acreedores privilegiados*», entre los que hay que incluir a aquéllos con privilegio especial, quedan vinculados al convenio aprobado (i) si hubiesen sido autores de la propuesta, novedad legislativa, dado que, anteriormente, sólo el concursado proponía el convenio; (ii) si se hubieren adherido a la propuesta de convenio, salvo (iii) que hubieran revocado la adhesión, lo que no resulta coherente ni acorde con la doctrina de los actos propios, máxime, ante una situación económicamente tan complicada como lo es el estado concursal, máxime, por cuanto que no se establecen las causas por las cuales pueda revocarse tal adhesión previa a la votación del convenio; (iv) o no hubieran votado a favor de la misma o (iv) «*se adhieren en forma al convenio ya aceptado por los acreedores o aprobado por el Juez antes de la declaración judicial de su cumplimiento*», lo que supone que el acreedor privilegiado puede haber cumplido íntegramente y, entonces, adherirse al mismo, cuando ya ha transcurrido la espera y, en su caso, pagado el resto no quitado ¿para qué?, ¿para que, mientras el Juzgador redacta la resolución que declare el cumplimiento el concursado le pague en los mismos términos que a los demás acreedores? Y, todo ello, conservando la garantía real.

Los acreedores privilegiados, incluidos los que ostentan el privilegio especial quedan igualmente vinculados al convenio cumpliendo ciertas mayorías, no entre la totalidad de acreedores concursales, sino, entre los de su propia clasificación, de su propio género, de entre los privilegiados especiales, mayoría que se computará «*en función de la proporción de las garantías aceptantes sobre el valor total de las garantías otorgadas dentro de cada clase*». Compleja redacción del precepto, pues ¿debemos entender por «garantía» el bien sobre el que se constituye el derecho real de garantía? Lo más sensato es que así sea. ¿Por «*garantías aceptantes*» debemos entender «acreedores que hayan aceptado la propuesta de convenio»? Complejo camino interpretativo. Pero, ¿qué podemos entender por «*el valor total de las garantías otorgadas*»? ¿Los bienes? ¿Los acreedores? ¿El valor de tasación? ¿El tipo de subasta? ¿No será más sensato, por costumbre o habitualidad que por «*valor*» debamos entender el importe por el que resulta reconocido el acreedor privilegiado especial en los textos definitivos o, alternativamente, el saldo vivo a la fecha de proposición del convenio? Ahora bien, cuando culmina el penúltimo párrafo del art. 397 TRLC con la mención «*dentro de cada clase*», en nuestra opinión, debemos entender, por cada clase, ¿la clase de bien que constituye la garantía real, bien mueble, inmueble, derechos, marcas, concesiones administrativas, etc.? o, ¿por el tipo de derecho real de garantía, a saber, prenda, con o sin desplazamiento, constituyen uno o dos grupos, e hipoteca mobiliaria o inmobiliaria, constituyen uno o dos grupos? ¿Es así como debe interpretarse? Sinceramente, el Castellano tiene otras palabras jurídicamente más claras para entender el texto.

L) Calificación de los intereses

La parte del crédito correspondiente a los intereses, tanto remuneratorios como moratorios, debe ser reconocida, dentro de la denominada responsabilidad hipotecaria o pignoraticia (en relación con el art. 152 TRLC —antiguo art. 59.1 LC—), esto es, dentro del límite pactado frente a terceros, deberá ser reconocida como una excepción de los créditos subordinados, acorde con lo dispuesto en el art. 281.1.3.º TRLC —antiguo art. 92.3º LC— y así su calificación correrá acorde con el propio privilegio especial que para el capital prestado o acreditado se fija, si bien, con el carácter de contingente sin cuantía propia, sin cuantía dada la iliquidez de los intereses moratorios hasta que no se cobre el capital íntegro, pues siguen devengándose en tanto que quede parte de capital pendiente de pago o no cubierto por el remate del bien afecto y todo ello, hasta el propio límite de la responsabilidad pactada, pues el resto, lo que pudiere exceder, deberá calificarse, precisamente por lo dispuesto en dicha norma, como crédito subordinado.

SAP Córdoba —3ª— 16.02.2009

«SEGUNDO.- La cuestión planteada en el incidente concursal promovido por "Cajasol" y que ahora se revisa en esta alzada es si procedía el reconocimiento de tres créditos contingentes sin cuantía propia, en los términos del artículo 87.3 de la Ley Concursal, con el carácter de privilegiados especiales del artículo 90.1.1º de la misma Ley, por los intereses de los préstamos hipotecarios devengados con posterioridad a la emisión de las certificaciones de deuda emitidas por la entidad prestamista para realizar la comunicación de créditos. En relación con lo cual, el artículo 59.1 de la Ley Concursal establece que "desde la declaración de concurso quedará suspendido el devengo de los intereses, legales o convencionales, salvo los correspondientes a los créditos con garantía real, que serán exigibles hasta donde alcance la respectiva garantía". Es decir, el precepto establece, como excepción a la regla general de suspensión del devengo de intereses como efecto del concurso sobre los créditos, que los créditos asegurados con garantía real sí siguen devengando intereses con arreglo a lo pactado en la relación contractual (en este caso, contrato de préstamo mercantil con garantía hipotecaria) que dio lugar a su nacimiento. Por lo tanto, el acreedor con garantía real podrá exigir el pago de intereses con cargo al bien gravado como garantía y hasta donde alcance la misma; coordinándose así la Ley Concursal con las previsiones del artículo 114 de la Ley Hipotecaria. A su vez, conforme a los artículos 90.1.1º y 92.3º de la Ley Concursal, los intereses asegurados con hipoteca no tienen el carácter de subordinados (como es la regla general de los intereses), sino el de créditos con privilegio especial. Debiendo realizarse su reconocimiento en los términos del artículo 87.3 de la misma Ley, como créditos contingentes sin cuantía propia...»

M) Calificación de las costas procesales de la ejecución

Igual suerte debe correr la parte de la responsabilidad hipotecaria que cubre las costas y gastos procesales devengados o a devengar por la ejecución del privilegio especial, remitiéndonos a lo dicho respecto de los intereses precedentemente, tal y como razonan las siguientes resoluciones judiciales:

SAP Barcelona —15º— 22.06.2007

«V. En lo que respecta a los créditos por las costas de ejecución, en la cuantía cubierta por las hipotecas, no vemos razón para su exclusión, máxime cuando, por principio, los créditos asegurados con garantía real inscrita en un registro público se incluirán necesariamente en la lista de acreedores, conforme dispone el art. 86.2 de la LC. No obstante, puesto que no se han devengado (pues las hipotecas no han sido ejecutadas), deberán ser reconocidos como contingentes, de acuerdo con el art. 87.3, con la calificación que corresponda. A este respecto, no se plantea su calificación como crédito contra la masa (lo que pretende el apelante es su inclusión en la lista de acreedores), lo que determina que deban, en este caso, ser encajados en alguna de las categorías previstas para los créditos concursales. En tal ámbito, ha de quedar excluida la condición de créditos subordinados (no se mencionan en el art. 92), y la calificación residual, como ordinarios, colisiona con el privilegio especial que sobre ellos proyecta la garantía real, por lo que merecen esta última calificación…»

SAP Girona 27.11.2007

«*Tercer. Pel que fa les costes emparades en la garantia real (288.348 euros) i que no consta que hagin estat taxades considerem que estan sota la consideració de contingents per aquest motiu però que també gaudeixen del caràcter de crèdit especial en tant que venen emparades de manera expressa i per aquella suma concreta, en la hipoteca mobiliària. I el mateix cal dir dels interessos fins la suma de 245.095 euros i amb el que es superi la dita suma tindrà la consideració de crèdit subordinat perquè així ho preveu l'article 92.3 de la LC…*»

[TRADUCCIÓN: «Tercero. Por lo que respecta a las costas amparadas en la garantía real (288.348 euros) y que no consta que hayan sido tasadas, consideramos que están bajo la consideración de contingentes por este motivo, pero que también disfrutan del carácter de crédito especial en tanto que vienen amparadas de manera expresa y por aquella suma concreta en la hipoteca mobiliaria. Y lo mismo hay que decir de los intereses, hasta la suma de 245.095 euros y con el que se supere dicha suma tendrá la consideración de crédito subordinado, porque así lo prevé el artículo 92.3 de la LC…»]

En la realidad no suele darse esta situación, el reconocimiento del crédito por costas de la ejecución de una garantía real únicamente puede darse (i) en un procedimiento de ejecución singular, (ii) en el que ya se ha producido la subasta y (iii) el precio del remate ha sido superior al del capital reclamado, lo que conllevaría (iv) la práctica de la tasación de costas y, por último, (v) que el Decreto que las aprobase fuese firme y, por último, que (v) el Auto de declaración de Concurso fuera posterior a todos dichos actos procesales, que paralizaría los trámites posteriores o en curso.

Sin embargo, el art. 242.1.5.º TRLC considera como créditos contra la masa «*Los créditos que, en los casos de pago de créditos con privilegio especial sin realización de bienes o derechos afectos… correspondan por las cantidades debidas y las de vencimiento futuro a cargo del concursado*». Se trata de una novedad introducida por la LRTRLC conforme a la cual los créditos afianzados con garantía real pasan a ser con cargo a la masa, tanto por las cantidades debidas, entendiéndose por tales las vencidas, así como las que venzan en un futuro, lo cual supone una elevación de grado en el cobro por parte de los acreedores con garantía real, pero, únicamente, en el supuesto de presentar un plan de pagos sin realización de bienes del art. 495 TRLC, que le permitirá la solicitud de concesión del B.E.P.I.

N) Sobrante

Por lo que respecta al destino del posible sobrante que pudiere haber en la subasta de realización del bien, el mismo deberá entregarse, no al concursado y Masa Pasiva del Concurso, sino a aquellos acreedores que tuvieren anotado o inscrito sus respectivos créditos en el Registro correspondiente, siguiéndose las normas ordinarias de ejecución:

SAP Barcelona —4ª— 10.06.2008

«Por su parte, el demandado se cierra en el carácter de norma especial del artículo 692 LEC (y concordantes), que dice: "El precio del remate se destinará, sin dilación, a pagar al actor el principal de su crédito, los intereses devengados y las costas causadas, sin que lo entregado al acreedor por cada uno de estos conceptos exceda del límite de la respectiva cobertura hipotecaria; el exceso, si lo hubiere, se depositará a disposición de los titulares de derechos posteriores inscritos o anotados sobre el bien hipotecado. Satisfechos, en su caso, los acreedores posteriores, se entregará el remanente al propietario del bien hipotecado. No obstante lo dispuesto en el párrafo anterior, cuando el propietario del bien hipotecado fuera el propio deudor, el precio del remate, en la cuantía que exceda del límite de la cobertura hipotecaria, se destinará al pago de la totalidad de lo que se deba al ejecutante por el crédito que sea objeto de la ejecución, una vez satisfechos, en su caso, los créditos inscritos o anotados posteriores a la hipoteca y siempre que el deudor no se encuentre en situación de suspensión de pagos, concurso o quiebra". Y, como consecuencia de ese carácter de norma especial, entiende que debe aplicarse con preferencia sobre el artículo 1.924.3 C.C.

TERCERO.- Expuesto lo que antecede, la Sala debe pronunciarse sobre la cuestión planteada. Lo primero que debemos resaltar es que no nos encontramos ante un problema de colisión de normas jurídicas. Los artículos básicos citados en apoyo de cada posición por las respectivas partes no son incompatibles, sino simplemente complementarios. Para empezar, se mueven en ámbitos diferentes, no pudiendo, por otra parte, la norma civil, establecer cómo se va a organizar procesalmente la concurrencia de diversos créditos en el curso de una ejecución, ni la norma procesal establecer unas prioridades entre los diversos créditos, que son propias de la norma civil. Entendemos, así, que están plenamente vigentes ambos grupos de normas, que no son contradictorias ni incompatibles entre sí, y que lo que hay que hacer es integrarlas en una interpretación armónica del Ordenamiento. Cuando, en línea con lo anterior, el artículo 692 LEC nos dice que el exceso, si lo hubiere, se depositará a disposición de los titulares de derechos posteriores inscritos o anotados sobre el bien hipotecado y que satisfechos, en su caso, los acreedores posteriores, se entregará el remanente al propietario del bien hipotecado, no nos está diciendo quiénes son esos acreedores. Lo único que sí concreta es que se trate de titulares de derechos que tengan constancia registral (atendido el tipo de proceso que se está regulando), sin que por ello nos esté indicando que los titulares de derechos sin reflejo registral pierden la posición o rango que puedan ostentar. ¿Quién nos va a decir qué acreedores tienen derecho sobre ese exceso? Pues el CC al regular el concurso y prelación de créditos.

Esto es lo que viene a decir la SAP Barcelona (Sección 16) que cita el apelante, de fecha 14.11.2001. Lo que hemos de comparar son los derechos respectivos de cada parte, sin que el hecho de que uno de ellos haya conseguido trabar embargo sobre una finca, modifique o altere su derecho. La anotación sólo opera frente a créditos posteriores, pero no frente a los que ya estaban consolidados con anterioridad. En definitiva, el hecho de que el derecho de BBVA tenga un embargo a su favor, no mejora su posición frente al crédito del actor y apelante. Sobre la irrelevancia del embargo en este sentido, ninguna cuestión se ha planteado, por lo que no hace falta explayarse sobre el particular, bastando con remarcar el carácter pacífico del tema en este proceso. Así lo han destacado, entre otras muchas, las STS 14.11.1992 ó 12.5.1999.

El propio Tribunal Supremo, en su sentencia de 22.09.2006, recogida por el apelante, nos dice que la prelación entre créditos ha de resolverse de acuerdo con el artículo 1924.3 CC. En este caso, lo que resalta el TS es que ejecutada la primera hipoteca, de acuerdo con la legislación hipotecaria, las cargas posteriores desaparecen, si bien conservan la prioridad que resulta del registro para realizar el sobrante de la ejecución de la primera hipoteca. Lo que ocurre en nuestro caso es que los dos derechos en colisión no están garantizados por hipotecas (el de préstamo, en la parte garantizada por hipoteca ya se ha ejecutado). Conforme a la sentencia apelada el derecho civilmente de inferior rango (el de BBVA, de fecha posterior) es preferente gracias al embargo que en relación con el mismo consta anotado en el Registro, por aplicación exclusiva, como hemos visto, del artículo 692 LEC. La sentencia que acabamos de reseñar del TS, en cambio, nos dice que la prelación entre créditos hay que efectuarla de acuerdo con el 1924 CC. Y por eso decíamos antes, que es la conjunción de ambas normas la que nos da el resultado o conclusión correcta a criterio de este tribunal…»

O) La insuficiencia de Masa Activa y la garantía real

Hasta la entrada en vigor del TRLC (arts. 470 y ss.), nos hallábamos ante el sistema del art. 176 bis LC, incorporado a la Ley Concursal por razón a la reforma introducida por la Ley 38/2011, de 10 de octubre, precepto que, siguiendo la tónica dominante de la propia Ley Concursal, fue objeto de reforma a través del RDL 1/2015 y la Ley 25/2015, que regulan el mecanismo denominado de la «segunda oportunidad». Esta norma, dispone una serie de supuestos, conforme a los cuales, cuando se deduzca en el proceso concursal, incluso a través de la propia solicitud de concurso la «insuficiencia de masa activa» junto a otros requisitos, esto es, cuando tenga lugar la situación conforme a la cual «*el patrimonio del concursado no sea presumiblemente suficiente para la satisfacción de los créditos contra la masa*», el Concurso deberá concluir en los términos que expresa la norma.

Esta expresión tan radical eliminó, no obstante, del procedimiento concursal aquello que, en la práctica forense, venía a denominarse como «concurso *express*», cuyo único trámite consistía en el dictado de Auto de archivo, conclusión de concurso y extinción de la personalidad jurídica de la sociedad, sin más trámites en base a la sola intervención y percepción del Juez del Concurso de las meras declaraciones y manifestaciones que el Concursado realizaba con su solicitud y así, la introducción del precepto supuso la intervención del Administrador Concursal quien, a través de su visión de experiencia y análisis de sus investigaciones acerca del concursado y su historia jurídica y económica, ha producido la emisión de diversos informes por su parte, cuanto menos, el del art. 75 LC a través del cual pueda apreciar el Juzgador mercantil qué pueden decir los Acreedores respecto de la suficiencia o insuficiencia de la Masa Activa y de actos perturbadores de la misma, tras la llamada del art. 21.1.5º LC, elementos, todos ellos, de indudable necesidad, sobre todo, en evitación de supuestos fraudes.

Para determinar la suficiencia o insuficiencia del patrimonio del concursado hay que acudir previamente a lo dispuesto art. 192 y ss. TRLC (antiguo art. 76.2 y ss. LC), en el sentido de que no componen la Masa Activa del Concurso, a más de los del art. 605 LEC, los bienes que, aun siendo patrimoniales, son inembargables, esto es, aquéllos que expresa el art. 606 LEC, a saber:

1.º Mobiliario y menaje de la vivienda habitual, ropas del concursado y su familia, salvo lo superfluo, alimentos, combustible y demás imprescindibles propios y de sus dependientes por razones de dignidad, como podría ser el propio vehículo con el que se desplaza a su centro de trabajo, empresa o profesión.
2.º Libros e instrumentos profesionales, arte u oficio de valor desproporcionado a la Masa Pasiva.
3.º Bienes sacros y de culto de las diversas religiones registradas o reconocidos por tratados internacionales.
4.º La parte legal inembargable del salario, sueldo, pensión, retribución o equivalente *ex* art. 607 LEC.

La entrada en vigor de la LRTRLC ha introducido el artículo 37 bis definiendo el concurso sin masa con la concurrencia de cuatro supuestos, «*por este orden*», expresión ésta por la que debemos entender que si el primer requisito no se cumple, ya no hay alternativa alguna para los restantes y, así, sucesivamente, por lo que hay que entender que deben cumplirse todos y cada uno de los siguientes requisitos: **(i)** la carencia de bienes y derechos legalmente embargables, lo que da por supuesto, implícitamente, que la existencia de bienes y derechos inembargables también debe ser considerado como requisito de insuficiencia; **(ii)** el coste de realización de aquéllos sea *manifiestamente desproporcionado* respecto del previsible valor venal, lo que da a entender que pueden hallarse en este supuesto aquellos préstamos hipotecarios que fueron concedidos en la época de la denominada «burbuja inmobiliaria» (1986 a 1992), en los que los bienes inmuebles se valoraban por cifras muy superiores a su valor real, lo que llevaba a la situación de que el préstamo se concedía por tal valor, pero que, «explotada la burbuja», el valor de los bienes cayó en picado, pero la deuda se mantuvo, superando el valor actual del bien y así habría que ver esa desproporción manifiesta a que alude la precitada norma; **(iii)** que la masa activa, la que se halle libre de cargas, tenga un valor inferior al «*previsible coste del procedimiento*», ante lo que cabe preguntarse ¿cuál es el coste del procedimiento? ¿la retribución del Administrador Concursal más la de la Defensa letrada y la representación procesal del concursado? ¿los costes de la subasta?; realmente, si nos centramos en un concurso «normal y corriente» en el que los costes del mismo quedan reducidos a la retribución del Administrador Concursal y ésta se fija en base a dos (2) parámetros como son su Activo y su Pasivo, el porcentaje sobre el Activo sería siempre inferior a éste, pero, para que se diese esta situación, el Pasivo tendría que ser notoria y notablemente superior al Activo, para derivar la retribución del Administrador Concursal hacia un coste sencillamente superior al de los activos realizables; por último, la norma exige **(iv)** que las cargas y los gravámenes que pesan sobre la masa activa sean superiores a su valor de mercado, con lo que no estamos hablando ahora del valor venal, sino, solo de un valor actual, real y de venta libre, no forzada. Como decíamos precedentemente, el carácter ordenado de la norma llega a una incongruencia literal, pues ¿qué sucedería si no hubiere bienes libres del apartado c) de aquélla? Por la sucesión ordenada de los requisitos, al no darse éste, debería considerarse como un concurso con masa normal y corriente, sin embargo, la lógica jurídica impone la necesidad de considerar que no habiendo bienes libres, éste requisito no debe cumplirse.

La LRTRLC ha modificado el art. 194.3 TRLC que valora la vivienda habitual del «*matrimonio*», pasando de ser el «*precio de adquisición actualizado conforme al índice específico de precios al consumo, sin que en ningún caso pueda superar el del valor de mercado*», a ser «*el mayor entre el valor de tasación que tuviera establecido o el de mercado*». El Legislador parte de una premisa falsa, pues da a entender que toda vivienda de unos cónyuges concursados está hipotecada, cuando, bien puede estar, tanto libre, como embargada, pero no apremiada, con lo que la tasación sería inexistente y, siendo así, sólo operaría el valor de mercado; de otro lado, y si la vivienda citada hubiere sido hipotecada en tiempos de la «burbuja inmobiliaria», nos podríamos encontrar en situaciones en las que el valor hipotecario de hace unos treinta (30) años es superior al actual de mercado, lo cual generaría una irrealidad o espejismo liquidatorio, máxime, considerando que en la realidad del día a día, la ejecución universal concursal conlleva la liquidación del bien por cantidades muy inferiores al valor actual de mercado.

Dada la relatividad de todos los parámetros que se consideran en este precepto, no habría costado nada considerar uno, determinado por precios medios u objetivos a bienes de similares características, como puede ser el denominado «valor de referencia» fijado por la Ley 11/2021, de 9 de julio de medidas de prevención y lucha contra el fraude fiscal, de transposición de la Directiva (UE) 2016/1164, del Consejo, de 12 de julio (B.O.E. n.º 164, de 10 de julio —págs. 82564 a 82676—, que establece que la estimación por referencia a valores catastrales multiplicados por índices o coeficientes no es idóneo, considerándose que el valor de referencia viene referido por la normativa reguladora del catastro inmobiliario en razón a módulos —asignados por zonas del territorio en que se halla el bien inmueble— de valor medio basados en los precios de todas las compraventas de inmuebles realizadas ante Notario o inscritas en el Registro de la Propiedad, obtenidos en el marco de los informes anuales del Mercado Inmobiliario que elabora la Dirección General del Catastro y, si no existiese el mismo, será el mayor de (i) el valor declarado por los interesados o (ii) el valor de mercado. Al fin y a la postre, éste es sencillo de obtener y conocer, acudiendo a la página web del Catastro https://www.sedecatastro.gob.es.

Siguiendo con la norma, hay que decir que, aunque el deudor sin masa se halla en concurso de acreedores, con carácter general, no actúa ningún Administrador Concursal en este trámite de declaración y conclusión del concurso, salvo que se diese alguno de los supuestos previstos en el art. 37 ter TRLC, a saber: (i) indicios suficientes de realización de actos perjudiciales para la masa, rescindibles según disponen los arts. 226 y ss. y cc. TRLC, (ii) indicios suficientes para ejercitar la acción social de responsabilidad contra los administradores o liquidadores, de derecho o de hecho de la persona jurídica concursada o la persona con facultades de más alta dirección de la sociedad, cuando no exista delegación permanente de facultades del consejo en uno o varios consejeros delegados; véase que el Legislador solo alude a la «acción social de responsabilidad» esto es, la del art. 238 LSC, pero no alude al ejercicio de la «acción individual» del art. 241 LSC, pues ésta tiene el carácter indemnizatorio por lesión a los socios y a terceros, como son los acreedores, pero no necesariamente todos; (iii) por último, la existencia de indicios suficientes de que el concurso pueda declararse culpable, por entender que se dan los supuestos de los arts. 442 y ss. y cc. TRLC.

En definitiva, algo debe quedar bien claro y, es que el interesado, en tanto en cuanto cumpla los requisitos del art. 37 ter.1 TRLC, esto es, que represente «*al menos, el cinco por ciento del pasivo*», con independencia de su condición o calificación concursal debe acreditar al Juez del concurso la existencia de «indicios suficientes», ni siquiera «racionales», sino, bastantes, lo cual implica la presentación al Juez del concurso de una serie de documentos, en base a los cuales, al menos, indiciariamente, puedan dar a entender que, como tales indicios, no necesariamente como prueba plena, puedan ser suficientes para hallarse incardinado en alguno de los tres supuestos precitados; en tal caso, deberá solicitar el interesado el nombramiento de Administrador Concursal en los términos del art. 37 quater TRLC, para que éste emita un informe respecto de los indicios expuestos; ello conlleva la fijación de una retribución al Administrador Concursal, a modo de como se realiza respecto de los Peritos en el art. 342 LEC, retribución que fija el Juez del concurso mediante Auto y, si ésta no se proveyese por el interesado instante, el Administrador Concursal quedará eximido de emitir el informe.

Si, realizada la provisión de fondos, el Administrador Concursal emite el informe si éste fuere negativo o contrario a las pretensiones del interesado, contra el mismo no cabe oposición o alegación alguna, así como tampoco cabe recurso a tenor de lo dispuesto en el art. 481.1 TRLC.

La insuficiencia de masa activa permite acceder, a través del art. 486.2.º TRLC a la solicitud y, en su caso, obtención del B.E.P.I. así como la declaración de conclusión del procedimiento especial de liquidación en los términos del art. 720.1.3.º TRLC y viene regulado por los arts. 249 y 250 TRLC que obligan a la Administración Concursal a comunicarlo al Juez del concurso, cuando no pueda atenderse el pago de los créditos contra la masa, en cuyo caso, conforme al art. 86.2 TRLC queda «garantizado» a la Administración Concursal el pago de un mínimo retributivo mediante la cuenta de garantía arancelaria, inexistente a día de hoy su regulación desde que, por la Ley 25/2015, de 28 de julio, de mecanismo de segunda oportunidad, reducción de la carga financiera y otras medidas de orden social, se creó el art. 34 bis, derogado que ha sido por la LRTRLC.

La persona jurídica

En primer lugar, y para analizar qué sucede con la garantía real y su ejecución singular, debemos partir de las resoluciones que están dictándose sobre la materia relativa al propio precepto que nos ocupa. En el siguiente sentido, se van pronunciando los Jueces de lo Mercantil, citándose, en primer lugar, en qué situación queda la persona jurídica ante la insuficiencia patrimonial y así, la resolución que seguidamente se reproduce llega a la conclusión de que, extinta la persona jurídica concursada (*ex* art. 485 TRLC 2020 —antiguo art. 178.3 LC—), puede iniciarse (art. 484 TRLC 2020 —antiguo art. 178.2 LC—) o reanudarse la ejecución singular de la garantía real, manteniéndose el proceso, a través del principio *perpetuatio legitimationis*, con la propia concursada, como si de una persona física fallecida se tratase, hecho con el que estamos plenamente de acuerdo, si bien, diferimos en la consideración que se dirá de que, comoquiera que la conclusión del Concurso por insuficiencia de masa activa *ad limine litis*, esto es, al tiempo del dictado del Auto de declaración del Concurso no conlleva el nombramiento de Administrador Concursal y, si se designase, éste debería cesar en sus facultades (*ex* art. 483 TRLC —antiguo 178.1 LC—), nos hallaríamos ante una «exconcursada despersonalizada» lo cual, supone un vacío legal, como así lo supone, sin embargo, somos de la opinión de que frente a tal «descabezamiento» resultaría de aplicación el mecanismo dispuesto en el art. 376 LSC, nombrándose liquidador societario por la Junta general de socios en la persona que se designe o, en su defecto, en el Administrador social:

SJM Pontevedra-3 16.04.2012

«**TERCERO.-** Muchos son los problemas que plantea la conclusión inicial del concurso cuando se verifica simultáneamente con la declaración, que en todo caso no desnaturalizan la esencia de lo que pretende el legislador, a saber, el impedir la existencia y tramitación de procesos concursales donde ni siquiera esté garantizado el pago de los gastos derivados del propio concurso. A dichos problemas han de darse, obviamente, soluciones legislativas, sin perjuicio de las que este pronunciamiento judicial deba contemplar de forma ineludible.

El artículo 178.3 LC dispone, para el caso de conclusión del concurso por liquidación o por insuficiencia de masa activa del deudor persona jurídica la extinción de ésta, y la cancelación de su inscripción en los registros públicos que corresponda, a cuyo efecto se expedirá mandamiento conteniendo testimonio de la resolución firme.

A. SOBRE LA NECESARIA DISOLUCIÓN PREVIA.

La primera duda que puede plantearse es si, en los supuestos de conclusión inicial por insuficiencia de masa activa de persona jurídica, resulta necesaria la disolución previa de la sociedad, para evitar la ruptura del principio de tracto sucesivo —artículo 11 RRM—; a mi juicio, dicha disolución previa no es necesaria, por varias razones; la principal de ellas es que en el proceso concursal —y no se olvide que la resolución que se dicta llega a declarar el concurso, aunque simultáneamente lo concluya—, la disolución de la persona jurídica es consecuencia *ope legis* de la apertura de la sección de liquidación —artículo 145.3—, y en este proceso no se ha producido la apertura de dicha sección; esgrimir, como ficción legal, que dicha liquidación se ha producido sin haberse podido afrontar la totalidad de los créditos contra la masa, al menos con el carácter previsible y probable del artículo 176 bis, no deja de ser una solución imaginativa, pero la realidad es que se produce una extinción "*per saltum*", sin afrontar el proceso liquidatorio; por otra parte, aunque en derecho de sociedades el tracto es evidente entre las operaciones de constitución-disolución-liquidación-extinción, esa evidencia se desdibuja en el proceso concursal; de hecho el artículo 320.1 RRM contempla múltiples situaciones que pueden darse, en algunos casos, de modo simultáneo y otras de modo sucesivo, aunque la declaración de concurso sea presupuesto para la inscripción de todas ellas.

B. SOBRE LA EXTINCIÓN DE LA SOCIEDAD COMO CONSECUENCIA MERAMENTE POTESTATIVA DE LA RESOLUCIÓN QUE CONCLUYE EL CONCURSO.

El AJM nº1 de Palma de 22.02.2012 repara en uno de los principales inconvenientes del artículo 176 bis 4: *"Estamos de acuerdo en que si la conclusión se produce por inexistencia de bienes y derechos, hay que acordar la extinción y cancelación de la sociedad. Pero nos cuestionamos dicha medida cuando se trata de personas jurídicas en las que la conclusión del concurso,* ad limine litis, *se produce porque los activos existentes no "dan" para atender a los gastos normales de la tramitación del expediente concursal, porque son insuficientes, implicando la existencia de los mismos. Y ello porque, en aplicación del art. 176 bis.4 LC, el legislador, a diferencia de los casos del art. 176 bis. 2 y 3, no ha previsto un cauce previo en que se deban realizar los bienes y derechos existentes, y posteriormente atender a los créditos que se hubiesen devengado.*

Esto es, al Juez, a la hora de aplicar lo que en la doctrina se denomina como "archivo express", sólo se le ordena que haga un juicio de probabilidad en relación con lo que existe en la sociedad a concursar y los gastos que deberá afrontar por razón del expediente concursal. Y en función de ese análisis, una vez comprobada la situación de insolvencia, una vez declarado el concurso, concluir el mismo en la misma resolución. Pero en modo algún se le impone, ni está previsto, un trámite previo en el que proceder a la realización de los bienes y derechos que pudieran integrar la masa activa del concurso

Como tampoco se ha previsto dar una solución a las relaciones bilaterales vigentes a la hora de declarar el concurso, que en aplicación del art. 61 LC debieran seguir cumpliéndose con cargo a la masa. No existe norma alguna que nos diga qué hacer con estos negocios en los que es parte el concursado del que derivan derechos y obligaciones con terceros. A modo de ejemplo, acudiendo a la experiencia acumulada a lo largo de estos años, encontramos relaciones laborales, relaciones financieras, arrendamientos, etc... Todas ellas, sin resolución previa, quedarían afectadas por una conclusión que extingue la personalidad de una de las partes.

Y de la misma forma, no existe previsión sobre los procedimientos judiciales en trámite, en los que sea parte la concursada, creando una situación para la que el legislador no ha dado la debida cobertura. Especialmente cuando se trate de procedimientos de ejecución, y en concreto los hipotecarios en los que el deudor sea el ejecutado.

Derivado de lo expuesto anteriormente, nos cuestionamos que sucedería con esos activos (dinero, bienes muebles, equipos informáticos, mobiliario, etc...) que subsisten, que son propiedad de la concursada y que, por la conclusión del concurso, por la aplicación estricta del art. 178 LC, pasan a tener la condición de res nullius.

Y más grave aún, cuando la titularidad de dichos bienes está en discusión en sede jurisdiccional (vg. Una ejecución hipotecaria en que la responsabilidad hipotecaria sea muy superior al valor del inmueble), en que se añadiría el problema procesal de la legitimación de la concursada extinguida. Y también nos planteamos en qué situación quedan las relaciones contractuales, máxime cuando existen derechos a favor de la concursada".

En efecto, la norma no repara en la existencia de bienes y relaciones contractuales vivas que, sin ser liquidadas dentro del concurso, han de afrontar la desaparición en el tráfico económico de su titular; no se comparte, sin embargo, la solución ofrecida por dicha resolución, que partiendo de cuestionarse la obligatoria extinción de la personalidad jurídica por los inconvenientes denunciados, postula que sean los órganos sociales —que además habrían cumplido con su obligación de solicitar el concurso— los que acometan la liquidación del patrimonio empresarial, y sólo verificada ésta, se produciría la extinción de la personalidad jurídica.

A mi modo de ver, los términos del artículo 178.3 no sólo son claros, imperativos y terminantes —"*acordará* la extinción y *dispondrá* la cancelación"— sino que incluyen expresamente los supuestos de insuficiencia de la masa activa, que es concepto regulado *ex novo* por la ley 38/11, sin distinción de aquellos en los que se ha producido esta situación inicialmente o tras un periodo de liquidación del patrimonio empresarial.

Por otra parte, la resolución superpone las liquidaciones societaria y concursal, asumiendo que resulta absurdo el nombramiento de administrador concursal dadas las circunstancias, pero preservando al órgano de administración sus facultades intactas para liquidar sin intervención del juez del concurso dicho patrimonio.

Sin embargo, tampoco se comparte dicha afirmación: el artículo 145.3 *in fine*, hoy derogado por ley 38/11, establecía un párrafo sumamente ilustrativo de la aplicación de las normas de liquidación concursal, en detrimento de las societarias, "para proceder de conformidad con lo establecido en esta ley", que fue acogido por algunas resoluciones tempranas —singularmente el AJM-2 de Pontevedra de 02.11.2008— para justificar la falta de obligación de presentación de cuentas anuales, así como su auditoría, en sede de liquidación concursal. La supresión de dicho párrafo no supone, en mi opinión, la posibilidad de acomodar sucesiva o indistintamente la liquidación a normas concursales o societarias, sino que obedece, por razones estilísticas, a la precisión introducida por la ley 38/11 de la autonomía de representación del concursado en los procedimientos e incidentes en que sea parte. Por otra parte, de adoptarse dicha tesis, se concederían facultades liquidatorias a los administradores sin haber sido nombrados liquidadores, ni haberse acordado previamente la disolución de la sociedad a través de resolución judicial, lo que nos podría llevar, en un supuesto de inactividad voluntaria de ésta, a que las previsiones judiciales de que la sociedad *motu proprio* se disuelva y nombre liquidadores directamente se incumplan.

C. SOLUCIONES POSIBLES A LA PERVIVENCIA DE RELACIONES TRAS LA EXTINCIÓN.

Asumiendo los problemas que representa la conclusión inicial, la solución a los mismos pasa, en mi opinión, por lo dispuesto en el artículo 178.2 LC: "En los casos de conclusión del concurso por liquidación o insuficiencia de masa activa, el deudor quedará responsable del pago de los créditos restantes. Los acreedores podrán iniciar ejecuciones singulares, en tanto no se acuerde la reapertura del concurso o no se declare nuevo concurso"; es decir, descartada la sumisión de los acreedores a un proceso concursal insuficiente para afrontar sus propios gastos y por tanto, la sumisión a la regla del dividendo, comunidad de sacrificios, o *par conditio creditorum*, se producen varias consecuencias de importancia:

C.1 Vuelve la ley de la ejecución singular y sus preferencias. Resurge la prelación de créditos del código civil, pendiente de reforma por DF 33ª LC. Obviamente, los acreedores no sólo podrán iniciar ejecuciones singulares, sino también —como es el caso— continuarlas hasta agotar el patrimonio empresarial. Aun así, no podemos, a su vez, descartar la constante generación de nuevos problemas, que enumeraremos a continuación.

1. Para poder ser demandado o ejecutado, por tanto para poder tener capacidad procesal pasiva, las entidades mercantiles necesitan tener personalidad jurídica, a salvo los supuestos excepcionales del artículo 6.2 LEC que no son de aplicación a sociedades extintas; los acreedores se encontrarán con un problema grave de capacidad para ser parte en los demandados, personas jurídicas que han sido extinguidas, apreciable de oficio por el juez de instancia —artículo 9 LEC— en cualquier momento del proceso; el problema, sin embargo, se antoja menos grave en los procesos ya iniciados —como constan en la solicitud—, pues sobre la base del principio de *perpetuatio legitimationis* —artículos 410 y siguientes LEC—, la jurisprudencia ha reconocido una pervivencia de dicha personalidad hasta la finalización del proceso AAP Barcelona, sección 11ª, 13-10-11, con cita del AAP Barcelona, sección 16ª, 20-10-10.

2. Transmisibilidad de los bienes. Cuando el proceso concluye por liquidación, el efecto natural del artículo 178.1 LC es el cese de la administración concursal, que es concorde con el cese de las limitaciones y facultades de administración y disposición acordadas sobre el deudor; dicho cese de la limitación a las facultades de administración puede acordarse, también, en los supuestos de cumplimiento del convenio, si éste previó medidas limitativas o prohibitivas ex artículo 137 LC.

Sin embargo, en la conclusión inicial por insuficiencia de masa activa no se da, por innecesario, tal nombramiento de administración concursal, por lo que en rigor tampoco se da nunca un cese de facultades del órgano de administración; antes ya se ha defendido que es impropia la disolución y el nombramiento de liquidadores, por lo que nos encontramos con la paradoja de que una sociedad extinta cuenta con un órgano de administración no cesado *ex lege* —como ocurre con la apertura de la liquidación concursal—, ni por el órgano competente para acordar dicho cese —la junta general— ni por resolución judicial; la paradoja no es tal si tenemos en cuenta la RDGRN de 29.04.2011, aun referida a un supuesto distinto: "*La cancelación de los asientos registrales de una sociedad no es sino una fórmula de mecánica registral para consignar una vicisitud de la sociedad, que en el caso de la disolución, es que se considere terminada la liquidación. Por ello, no impedirá la ulterior responsabilidad de la sociedad si después de formalizarse e inscribirse la escritura pública de extinción de la sociedad aparecieren bienes sociales no tenidos en cuenta en la liquidación (cfr. artículo 398 de la Ley de Sociedades de Capital)*".

Por la misma razón, la cancelación de la sociedad en el registro mercantil —efecto formal de la conclusión del concurso— no puede impedir las eventuales transmisiones de bienes que pueda realizar un órgano de administración con plenitud de facultades —ex artículo 178.1—, sin perjuicio, claro está, de las responsabilidades en que dicho órgano de administración incurra para con socios y terceros. La propia LSC permite, en su artículo 400, fórmulas para la formalización de actos jurídicos tras la extinción de la sociedad, referidas en primer lugar a los antiguos liquidadores —que no existen en nuestro supuesto—, y que pasan en última instancia por la formalización por el juez del domicilio social, siendo así que es inscribible la resolución judicial en que conste la persona designada por éste —artículo 248 RRM— a pesar de la extinción; aunque dichos preceptos piensen en el supuesto de activo sobrevenido —ya veremos después que no es el caso—, no se observa, a la luz de dichas previsiones, inconveniente registral de capacidad a las transmisiones realizadas por el administrador de un concurso concluido inicialmente por insuficiencia de masa activa.

C. 2. Vuelve a surgir la posibilidad de ejercitar acciones de responsabilidad frente a los administradores.

En efecto, el artículo 50.2 LC, introducido por Ley 38/11 como fórmula tendente a coordinar la responsabilidad concursal y extraconcursal de los administradores sociales, prohíbe el ejercicio de las acciones de responsabilidad por deuda, las previstas por el artículo 367 LSC en caso de incumplimiento de deberes al concurrir causa de disolución, desde la declaración del concurso *hasta su conclusión*; de igual modo, el artículo 60.3 en relación con el 60.1 LSC, establece que queda interrumpida la prescripción de acciones de acciones contra socios, administradores, liquidadores y auditores desde la conclusión del concurso *hasta su conclusión*. Ello supone incentivar la persecución de conductas del órgano de administración si ha incumplido sus deberes en situaciones claras previas —o simultáneas— a la insolvencia, particularmente el de capitalización de la misma en caso de pérdidas cualificadas.

C.3. No son de aplicación los supuestos de reapertura del concurso, porque la misma está prevista, en caso de persona jurídica, para los supuestos de aparición con *posterioridad* de nuevos bienes —artículo 179.2 LC—, y no para el supuesto de bienes que constan como propios del deudor pero que no permiten afrontar los pagos generados por la propia existencia del concurso.

C.4. Resulta de plena aplicación, sin embargo, lo dispuesto en el nuevo 179.3, introducido por la ley 38/11 para supuestos como el presente: "En el año siguiente a la fecha de la resolución de conclusión de concurso por insuficiencia de masa activa, los acreedores podrán solicitar la reapertura del concurso con la finalidad de que se ejerciten acciones de reintegración, indicando las concretas acciones que deben iniciarse o aportando por escrito hechos relevantes que pudieran conducir a la calificación de concurso como culpable, salvo que se hubiera dictado sentencia sobre calificación en el concurso concluido"; esa previsión parte de la plena conciencia del legislador de que el alcance de la resolución de conclusión parte del conocimiento de datos muy limitados, que se agudizan en un supuesto como el presente, donde ni siquiera se cuenta con la información proporcionada por el propio deudor; se completa así el círculo, permitiendo un trámite a posteriori donde los acreedores pueden verse tutelados siempre que, claro está, tengan algo que aportar para que el concurso tenga alguna finalidad; aunque dicho precepto no lo diga expresamente, parece limitarse a una facultad de los acreedores de solicitar dicha reapertura, sin que el juez del concurso se vea vinculado por dicha petición

Vistos los preceptos citados y los demás de legal y pertinente aplicación

PARTE DISPOSITIVA

Que estimando la solicitud del procurador Sra. Nogueira en la representación acreditada de Piszolla SL, debo DECLARAR el concurso necesario de Galicia de Importación y Exportación SL, con CIF B36638096, y simultáneamente CONCLUIRLO por insuficiencia de masa activa.»

El Legislador se ha apercibido de esta situación «límbica», de forma y manera que la LRTRLC ha modificado el art. 485 TRLC, conforme al cual, la conclusión del concurso por finalización de la liquidación o por insuficiencia de masa activa del concursado persona jurídica, ya no produce el efecto de extinguir su personalidad, sino que determina que el Juez del concurso ordene el cierre registral provisionalmente, quedando en tal limbo jurídico hasta un año más desde el cierre sin que se haya producido la reapertura del concurso, en cuyo momento *ad quem*, tendrá lugar la cancelación de la inscripción registral con el cierre definitivo de la hoja correspondiente; si se reaperturase el concurso (art. 506 TRLC), se reaperturará a su vez la hoja registral de la sociedad concursada, acorde con el Reglamento del Registro Mercantil (art. 320.1.a) RRM) el cual, en su art. 327 deja abierta a la inscripción de la persona natural o jurídica que haya de ejercer las funciones de representación de la sociedad, como (i) interventor, lo que implicaría la preexistencia de un administrador social cuya actividad fuese intervenida o supervisada por aquél, no siendo así su actuación coetánea a la del administrador concursal, cuyas facultades le vienen dadas por el TRLC y no pueden ser objeto de intervención alguna; (ii) administrador provisional, esto es, interino, no definitivo, cuyas facultades persistirán hasta cuando lo disponga el Juez del concurso, probablemente, hasta la conclusión de la reapertura o extinción de la personalidad jurídica de la sociedad, (iii) liquidador o liquidador delegado, lo que implica la sola función de realizar (vender y cobrar) los activos y pagar los pasivos, hasta donde alcance. También se determinará la forma de actuar, si individual (solidaria) o conjunta (mancomunada) y, en su caso, las facultades propias del ejercicio, acorde todo ello con cuanto disponga el Auto de reapertura del concurso.

En este sentido, resultaría de aplicación la doctrina emanada del Alto Tribunal plasmada en la siguiente resolución que va más allá del carácter constitutivo de la inscripción registral de la sociedad, tanto de su nacimiento, como de su extinción, considerando que esta última se produce sólo cuando se trate de una extinción real, esto es, cuando carezca absolutamente de patrimonio, «*cuando la cancelación responda a la situación real; o sea, cuando la sociedad haya sido liquidada en forma y no haya dejado acreedores insatisfechos, socios sin pagar ni patrimonio sin repartir*», lo cual plantea una situación de «limbo» jurídico, dado que nos encontraríamos con una sociedad declarada extinta por razón al Auto de conclusión del concurso *ex* art. 465.5.º TRLC (antiguo art. 176 bis LC), inscrito el mismo en el Registro Mercantil, cancelando su asiento, pero la cual sigue siendo propietaria de un bien gravado con una hipoteca, que deberá ser ejecutada y que, incluso, podría suponer que el Administrador, todavía no designado Liquidador, pudiere vender el bien, con la carga real, por supuesto.

STS —1.ª— n.º 503/2012 de 25 de julio

«TERCERO.- La disolución y la liquidación de la sociedad anónima tienen como finalidad fundamental la desaparición de la persona jurídica social por medio de un proceso en el cual, a la disolución, sucede el período de liquidación y a éste la extinción formal de la sociedad. El artículo 278 del TR de la Ley de Sociedades Anónimas, vigente en aquella fecha, disponía que «aprobado el balance final, los liquidadores deberán solicitar del Registrador mercantil la cancelación de los asientos referentes a la sociedad extinguida y depositar en dicho Registro los libros de comercio y documentos relativos a su tráfico» El precepto regula la formalización de la extinción de la sociedad, operada a todo lo largo del proceso liquidatorio; esto es, cuando la liquidación, en sentido amplio, ha terminado, de modo que han sido satisfechos los acreedores, determinada la cuota del activo social correspondiente a cada acción y realizado el reparto a los accionistas. A partir de ese momento —el de la cancelación— la sociedad carece ya de representantes y de patrimonio, por lo que incluso resultaría inútil iniciar cualquier ejecución contra la misma. La cancelación de los asientos registrales señala el momento de extinción de la personalidad social. Si la sociedad anónima adquiere su personalidad jurídica en el momento en que se inscribe en el Registro (art. 7 TRLSA), correlativamente la cancelación de las inscripciones referentes a la entidad debe reputarse como el modo de poner fin a la personalidad que la Ley le confiere. Una sociedad liquidada y que haya repartido entre los socios el patrimonio social, es una sociedad vacía y desprovista de contenido, aunque resulta necesaria la cancelación para determinar de modo claro, en relación con todos los interesados, el momento en que se extingue la sociedad. Éste es el sentido de la exigencia de que los liquidadores se manifiesten sobre la liquidación realizada (artículo 247.2 RRM), manifestación que será objeto de la oportuna calificación del Registrador (artículo 18.2 Código de Comercio), cerrándose así el proceso de extinción. Sin embargo, como resulta obvio, la cancelación no tiene carácter sanatorio de los posibles defectos de la liquidación. La definitiva desaparición de la sociedad sólo se producirá cuando la cancelación responda a la situación real; o sea, cuando la sociedad haya sido liquidada en forma y no haya dejado acreedores insatisfechos, socios sin pagar ni patrimonio sin repartir. En otro caso, los socios y los acreedores podrán lógicamente, conforme a las normas generales, pedir la nulidad de la cancelación y la reapertura de la liquidación, para interesar al tiempo la satisfacción de su crédito, demandando en todo caso a aquellos que hubieren propiciado una indebida cancelación de la inscripción de la sociedad. Lo que no resulta conforme a lo ya razonado es que se demande, sin más, a una sociedad que carece de personalidad jurídica sin pretender al mismo tiempo que la recobre. Apoyan tales conclusiones tanto el anterior TR de la Ley de Sociedades Anónimas como la nueva Ley de Sociedades de Capital (TR aprobado por RDLeg. 1/2010, de 2 de julio). Esta última, tras referirse a la cancelación, dispone en su artículo 397 que «los liquidadores serán responsables ante los socios y los acreedores de cualquier perjuicio que les hubiesen causado con dolo o culpa en el desempeño de su cargo»; y en su artículo 399 que «los antiguos socios responderán solidariamente de las deudas sociales no satisfechas hasta el límite de lo que hubieran recibido como cuota de liquidación», a lo que añade que «la responsabilidad de los socios se entiende sin perjuicio de la responsabilidad de los liquidadores», sin que en ningún momento se haga referencia a responsabilidad alguna atribuible a la sociedad extinguida y cancelada. En igual sentido, la Disposición Transitoria Sexta.2 del anterior TR de la Ley de Sociedades Anónimas, tras disponer la extinción y cancelación de las sociedades anónimas que no cumplieran determinados requisitos antes del 31 de diciembre de 1995 decía que «no obstante la cancelación, subsistirá la responsabilidad personal y solidaria de administradores, gerentes, directores generales y liquidadores por las deudas contraídas o que se contraigan en nombre de la sociedad». En consecuencia, procede la estimación del recurso por infracción procesal y la anulación de la sentencia impugnada, sin necesidad de examinar el resto de los motivos ni el recurso de casación.»

En igual sentido se pronunció el Alto Tribunal por la siguiente resolución, calificando tal situación como de «*personalidad controlada*» en base a los siguientes razonamientos jurídicos:

STS —1.ª— n.º 220/2013, de 20 de marzo

«... De la referida redacción se deduce que, en algunos casos, la personalidad jurídica de las sociedades mercantiles no concluye con la formalización de las operaciones liquidatorias, sino cuando se agotan todas sus relaciones jurídicas, debiendo, mientras, responder de las obligaciones antiguas no extinguidas y de las obligaciones sobrevenidas (Dirección General de los Registros y del Notariado, Resolución de 13 May. 1992). Como reiteradamente ha venido declarando el referido Centro, la cancelación de los asientos registrales de una sociedad es una mera fórmula de mecánica registral que tiene por objetivo consignar una determinada vicisitud de la sociedad (en el caso debatido, que ésta se haya disuelto de pleno derecho), pero que no implica la efectiva extinción de su personalidad jurídica, la cual no se produce hasta el agotamiento de todas las relaciones jurídicas que la sociedad entablara (Cfr. arts. 121 y 123 LSRL, 228 CC y 274.1, 277.2 y 280 a y disp. trans. 6ª 2 LSA). Dirección General de los Registros y del Notariado, Resolución de 27 Dic. 1999. En este mismo sentido, esta Sala viene refiriéndose a esta situación como de "personalidad controlada" en sentencias de 4-6-2000 y 10-3-2001... Como establece la doctrina más autorizada al no haberse concluido el proceso liquidatorio en sentido sustancial, aunque sí formal, los liquidadores continuarán como tales y deberán seguir representando a la sociedad mientras surjan obligaciones pendientes o sobrevenidas, máxime cuando la inscripción de cancelación en el Registro Mercantil, no tiene efecto constitutivo, sino meramente declarativo... lo que da como resultado la pervivencia de la personalidad jurídica de la sociedad liquidada, solo para atender a las relaciones pendientes (STS 27-12-2011, REC. 1736 de 2008).»

Recogiendo la precedente doctrina, se ha pronunciado la **DGSJFP por Resolución de 2 de octubre de 2024** (B.O.E. 12.11.2024) en el supuesto de un concurso por insuficiencia de masa activa, tramitado por el art. 37 bis TRLC,

«3. Como ha señalado la doctrina y la jurisprudencia, la conclusión del concurso por insuficiencia de masa activa no significa que se produzca una extinción, vía condonación, de las deudas de la sociedad, ni que los bienes que permanezcan a nombre de la sociedad pasen a ser «res nullius». Esta postura ha sido así mismo seguida por este Centro Directivo (vid. Resoluciones citadas en los «Vistos») manteniendo que incluso después de la cancelación persiste todavía la personalidad jurídica de la sociedad extinguida como centro residual de imputación en tanto

> no se agoten totalmente las relaciones jurídicas de que la sociedad es titular, de forma que la cancelación de sus asientos no perjudica al acreedor, toda vez que se mantiene la aptitud de la sociedad para ser titular de derechos y obligaciones, mientras no se hayan agotado todas las relaciones jurídicas de la misma. La cancelación de los asientos registrales de una sociedad no es sino una fórmula de mecánica registral para consignar una vicisitud de la sociedad, que en el caso de liquidación es que se considere terminada la liquidación. Por ello, no impedirá la ulterior responsabilidad de la sociedad si después de formalizarse e inscribirse la escritura pública de extinción de la sociedad aparecieren bienes sociales no tenidos en cuenta en la liquidación (cfr. artículo 398 de la Ley de Sociedades de Capital). En cuanto al Tribunal Supremo, ha venido manifestando que en estos supuestos hay una situación de personalidad controlada, así Sentencias de 4 de junio de 2000 y 27 de diciembre de 2011, que señalan, como establece la doctrina más autorizada, que al no haberse concluido la liquidación en sentido sustancial, aunque sí formal, los liquidadores continuarán como tales y deberán seguir representando a la sociedad mientras surjan obligaciones pendientes o sobrevenidas, máxime cuando la inscripción de cancelación en el Registro Mercantil, no tiene efecto constitutivo, sino meramente declarativo. La Sentencia de 25 de julio de 2012 parece mantener una tesis contraria al señalar que, si bien la cancelación no tiene carácter sanatorio de los posibles defectos de la liquidación y que la definitiva desaparición de la sociedad sólo se producirá cuando la sociedad haya sido liquidada en forma y no haya dejado acreedores insatisfechos, socios sin pagar ni patrimonio sin repartir, dispone a continuación que los socios podrán pedir la nulidad de la cancelación y la reapertura de la liquidación. Y ello por cuanto la cancelación de los asientos registrales determina la extinción de la personalidad social. Sin embargo, la Sentencia de 20 de marzo de 2013, con cita de la anterior, declara que la cancelación registral no determina la desaparición de la sociedad.»

Parece ser que la solución pasaría, concluido el concurso, por aplicar las normas de la LSC, más concretamente por lo dispuesto en lo dispuesto en su art. 371, por hallarse la sociedad con su concurso concluido en liquidación, sin que el Administrador social, cuyas facultades fueron suspendidas por razón a la apertura de la Fase de liquidación del Concurso y sustituidas por la Administración concursal (art. 413.2 TRLC), por la propia conclusión, no las podrá recuperar, dado que, su cese, *ex* art. 374 LSC conlleva la asunción de la cabeza de la sociedad por los Liquidadores, *ex* art. 375 LSC, a cuyo efecto deberá nombrarse mediante la Junta general de socios, *ex* art. 160.b) LSC, pero, parece ser que, atendiendo a lo dispuesto en el art. 166 LSC, todo indica a entender que deberá tratarse de Junta Universal de socios la que permita nombrarlo, pues, el Administrador social carece de facultades, suspendidas y no recuperadas y el Liquidador es inexistente *ex* art. 376.2 LSC.

Una vez producido el nombramiento del Liquidador, éste debería seguir las normas propias de la liquidación dispuestas en los arts. 383, ss. y cc. LSC y, con su resultado final liquidatorio atender de pago los créditos que se hallen pendientes en el Concurso y, si hubiere sobrante, atender la cuota de liquidación de los socios.

Persona física

En primer lugar, analizando la cuestión que nos ocupa relativa a la insuficiencia de bienes *ex* art. 465.5.º TRLC 2020 (antiguo art. 176 bis LC), en lo referido a la persona física debemos acudir a lo dispuesto en el art. 192.2 TRLC (antiguo art. 76.2 LC) en relación con los arts. 605 a 607 LEC los bienes y derechos que componen la Masa Activa del Concurso se centrarán, inicialmente, sobre bienes inmuebles, vehículos de mero recreo, merced arrendaticia a su favor sobre sus bienes inmuebles o la fianza depositada como arrendatario para responder de los daños sobre la vivienda que ocupa, la parte que pueda exceder de la cantidad inembargable de sus emolumentos, depósitos bancarios, acciones cotizadas o la cuota de liquidación que le corresponde como socio y poco más.

La personalidad de la persona natural o física, valga la redundancia, a pesar de la conclusión del Concurso, no se extingue como sí sucede con la persona jurídica, lo cual representa una asimetría de efectos entre ambos tipos de personalidades, sin embargo, contrariamente a lo dispuesto para la persona jurídica por el art. 470 TRLC 2020 (antiguo art. 176 bis.4 LC), el Legislador de 2015, el de la «segunda oportunidad» introdujo un segundo párrafo a este apartado, que recoge el art. 472 TRLC el que dispone que para la persona física cuya insuficiencia de masa fuere declarada, se nombrará un «*Administrador concursal que deberá liquidar los bienes existentes y pagar los créditos contra la masa...*» a fin de que aquél pueda solicitar el BEPI. Se entiende, por supuesto, la redacción de este segundo párrafo, pero no se entiende que el Legislador no lo haya previsto para la persona jurídica, a pesar de que ésta, también puede solicitar un Acuerdo extrajudicial de pagos conforme dispone el art. 633 TRLC, que es el sucesor del apartado 2 del art. 231 LC, introducido por la Ley 14/2013, de 27 de septiembre, de apoyo a los emprendedores y su internalización, acuerdo que no le sirve para nada a la persona jurídica, pues el art. 487 TRLC 2020 (antiguo art. 178 bis LC) sólo permite a la persona natural alcanzar el BEPI, salvo la vía que expresaremos más adelante.

Quienes trabajábamos el Derecho de Insolvencia a través de las herramientas que los restos del Código de comercio de 1829, el Libro IV del Código de Comercio de 1885, los derogados artículos 1.912 a 1.920 del Código civil y los veinticuatro (24) más dos (2) artículos de Ley de Suspensión de Pagos de 1922[81] facilitaban, esto es, los materiales propios de la legislación «preconcursal», veníamos en solucionar situaciones como la que referíamos precedentemente como de «limbo» jurídico, mediante la creación de una denominada «Comisión liquidadora» compuesta por representantes de los acreedores y del deudor designados y regulados en el Convenio aprobado en el expediente de Suspensión de Pagos, la cual realizaba las operaciones propias de la liquidación extrajudicialmente, tras cuya conclusión se pagaba a los acreedores y la sociedad concursada fenecía real y absolutamente y luego extinción que era inscrita después en el Registro Mercantil; sin embargo, tanto la LC como su Texto Refundido, extinguen la sociedad sin liquidar y sin nombrar un Liquidador distinto del propio Administrador social, como sí hace con la persona física.

A este respecto, se ha pronunciado la siguiente resolución que transcribimos que, acorde con la precedente, deja la vía abierta a las ejecuciones singulares frente al insuficiente patrimonio de la persona física, entre ellas, la ejecución hipotecaria, lo cual hace devenir en la consideración de inutilidad de solicitud del Concurso de persona física cuyo principal activo es el bien inmueble hipotecado. Ya decíamos en la primera (1.ª) edición que esta situación precisaba de la urgente necesidad de la regulación de este tipo de Concurso, el de la persona física, haciéndonos eco, entonces, de la previsión legislativa dada por la Disposición Adicional única de la Ley 38/2011, edición en la que seguíamos manteniendo que el Legislador debería tener «*presente la cualidad in bonis o de buena fe de la persona física sobreendeudada, para lo cual, resultaría muy útil la aplicación de la figura de la Mediación, entrada en nuestro Derecho a través del RDL 5/2012, de 5 de marzo, de Mediación en asuntos civiles y mercantiles, donde el Mediador cumpliría una función muy importante en un Concurso con insuficiencia de masa Activa, convirtiéndose, no en un mero Administrador Concursal, sino en alguien independiente que trataría de conseguir la reducción de las pretensiones de los acreedores, incluso los hipotecarios, a cambio de una posibilidad real de*

---

81 Precisamente, el artículo adicional segundo de la LSP disponía una vigència facultativa de cuatro (4) años para esta norma, calificable por ello de «provisionalísima», sin embargo, tuvo una vigència de ochent ay un (81) años, hasta la entrada de la LC.

pago que les permitiese atender puntualmente los pagos, evitando ejecuciones singulares, centrándolo en las reales posibilidades económicas del deudor con Masa insuficiente, propuesta que venimos realizando en tantos foros jurídicos como intervenimos». Así ha sucedido, más o menos, pues, en efecto, el Legislador lanzó un primer y tímido intento a través de la Ley 14/2013, de 27 de septiembre, de apoyo a emprendedores y su internalización, cuando en su exposición de motivos aludía remotamente, como de pasada, a una «*medida adicional destinada a facilitar una segunda oportunidad a los autónomos afectados por un procedimiento administrativo de ejecución de deudas...*», lo cual, no fue más que un espejismo, hasta que, dos (2) años más tarde, fueron publicadas la Ley 15/2015, de 28 de julio y el RDL 1/2015, de 27 de febrero, que introdujeron la figura del Mediador Concursal, pero sin las facultades que en otros Estados ostentan.

SJM Alicante-1 de 03.01.2012

«Cuarto.- Conclusión por insuficiencia de masa activa

La existencia de activo como requisito de la admisión de la solicitud de concurso ha sido objeto de polémica doctrinal y judicial. Han sido reacios a configurarlo como requisito los Autos de la Sección 15ª de la AP de Barcelona, de 22 de febrero, y 14 de junio de 2007 o de 10 de diciembre de 2008; AAAP de Castellón de 27 de abril de 2009 y 15 de julio de 2009; AAP Las Palmas, de 10 noviembre de 2009, AAP. Alicante, Secc. 8ª de 21 de enero de 2009; AAP de Valencia, Secc. 9ª de 2 de octubre de 2009 y AAP Asturias de 12 de marzo de 2010. En cambio, otras Audiencias se han pronunciado en sentido divergente, como la AP de Pontevedra, Secc. 1ª, de 12 de julio de 2007, en el caso de persona física

Con la reforma de 2011 se introduce como nueva causa de conclusión de concurso en el art. 176.1.3 la insuficiencia de la masa activa que se completa con la previsión de la declaración y conclusión simultáneo en el art. 176.bis 4 según el cual "*También podrá acordarse la conclusión por insuficiencia de masa en el mismo auto de declaración de concurso cuando el Juez aprecie de manera evidente que el patrimonio del concursado no será presumiblemente suficiente para la satisfacción de los previsibles créditos contra la masa del procedimiento ni es previsible el ejercicio de acción de reintegración, de impugnación o de responsabilidad de terceros*".

Por tanto, si bien la insuficiencia de activo no está contemplada como causa de inadmisión del concurso voluntario, sí lo está como causa de conclusión "*ad limine litis*", sin precisar para su determinación informe de la administración concursal, por lo que tales óbices argumentados por la línea jurisprudencial mayoritaria ya no concurren con la nueva legislación

En el caso presente de los datos disponibles en la solicitud, únicos al que el juzgador puede acudir al no existir previsión legal alguna de fase de averiguación o alegación por terceros, se desprenden los requisitos para la conclusión

En primer lugar, los bienes/derechos patrimoniales antes apuntados aparecen como insuficientes para cubrir los créditos contra la masa como son los gastos mínimos del procedimiento (honorarios de admón. concursal, alimentos tanto de los solicitantes como de los dos hijos a su cargo, gastos de publicaciones registrales no amparados en la justicia gratuita) si atendemos a las siguientes consideraciones:

i) en el caso de activo/s inmobiliario/s, el importe a obtener por su realización se debe destinar a atender al acreedor hipotecario, por principal e intereses hasta la cobertura hipotecaria, en aplicación del art. 90 y 155 LC, de manera que solo el sobrante (si lo hubiera, que atendidas las circunstancias del mercado actual no se puede suponer cuando la carga hipotecaria es elevada) es lo único computable, en su caso, para satisfacer los créditos contra la masa.

Además, choca contra la esencia colectiva de este proceso que su principal objeto sea llevar a cabo en su seno, en su caso, la ejecución de un bien afecto a privilegio especial, sin expectativa cierta de obtener sobrante para repartir de forma ordenada al resto acreedores. Dicho de otra manera, no puede tener el procedimiento universal como único fin la satisfacción, total o parcial, de un sólo acreedor (AJM núm. 1 de Alicante de 11 de septiembre de 2009)

ii) respecto del resto de activos, la insuficiencia de bienes y derechos no puede interpretarse en sentido absoluto sino finalista o funcional, es decir, si el activo es insignificante o irrelevante es equiparable a insuficiencia. Lo contrario conduce a resultados absurdos, al implicar la continuación del proceso concursal con generación de gastos contra la masa para cuyo pago se destinarían los escasísimos recursos embargables del deudor, con la consecuencia de que los acreedores concursales verían frustrados doblemente sus derechos: no solamente no cobrarían sino que verían como terceros posteriores se benefician de las mínimas sumas en un proceso que, no olvidemos, tiene como finalidad buscar la satisfacción ordenada y colectiva de los acreedores del deudor. No se trata, pues de una decisión inocua, sino que claramente se limitan sus expectativas de cobro del crédito en una ejecución singular, que por efecto del concurso se ven sin posibilidades de iniciar, así como de los correspondientes intereses que en compensación de la falta de cobro prevé el ordenamiento jurídico.

Este sentido es el consagrado en la reforma operada por la Ley 38/2011 al decir que *"No impedirá la declaración de insuficiencia de masa activa que el deudor mantenga la propiedad de bienes legalmente inembargables o desprovistos de valor de mercado o cuyo coste de realización sería manifiestamente desproporcionado respecto de su previsible valor venal"*.

En segundo lugar, de los datos disponibles, no se aprecia de manera evidente la previsibilidad de acciones de reintegración (arts. 71 y ss. LC), ni otras acciones de impugnación de actos a ejercitar ante el Juez del concurso (art. 71.6 LC) ni de responsabilidad de terceros, sin que atendida la naturaleza del deudor (persona física) resulten aplicables la mayoría de los supuestos previstos en la Ley concursal para completar el patrimonio del deudor, o añadir otros patrimonios ajenos al deudor que también tengan que responder para completar el pago a los acreedores, pues: i) ni cabe reclamar desembolsos de aportaciones o de prestaciones accesorias pendientes de cumplimiento (art. 48.bis), ni acudir a la responsabilidad patrimonial personal subsidiaria de los socios (art. 48.bis), ni a la responsabilidad en que puedan incurrir administradores de hecho o de derecho, o liquidadores en determinados supuestos al calificarse el concurso (art. 172.bis LC), o terceros que puedan ser considerados cómplices (art. 166 LC).

En definitiva, si no hay suficiente masa activa presente ni de previsible integración, lo que procede es la inmediata conclusión de este "Concurso Express" consagrado a partir del 1 de enero de 2012, cuyo campo de aplicación pueda ser precisamente el de las solicitudes de concurso de personas físicas en las que se presenta difícil completar la masa activa con los mecanismos concursales establecidos al efecto, y que parece que deberán esperar a la anunciada reforma legal (Disposición adicional única Ley 38/2011) para encauzar jurídicamente su sobreendeudamiento.

Quinto. Publicidad

Dado que se acuerda la simultánea conclusión del concurso y en consecuencia, el cese de las limitaciones de las facultades de administración y disposición, resulta superfluo e innecesario tanto el nombramiento de la administración concursal como la publicación registral, limitándose la publicidad a los edictos en el Boletín Oficial del Estado, en el tablón de anuncios de este Juzgado y en el Registro Público Concursal de la declaración de concurso y su conclusión para conocimiento de tercero interesados a efectos de recurso.

Vistos los preceptos citados y los demás de legal y pertinente aplicación

DISPONGO

1º) Se declara el estado de concurso voluntario ABREVIADO de don Hermelando y de doña Florentina, con DNI.... y domicilio en C/... ....

2º) Se declara concluso el concurso.

3º) Los deudores don Hermelando y doña Florentina quedan responsables del pago de sus créditos, pudiendo los acreedores iniciar ejecuciones singulares.»

Sin embargo, todo esto ha cambiado con la entrada en vigor el día 26 de septiembre de 2022 de la LRTRLC a través de los arts. 484 y 485 que regulan, respectivamente, los efectos de la liquidación o la insuficiencia de masa para las personas natural y jurídica. La persona natural seguirá siendo responsable de los créditos insatisfechos, salvo que pueda obtener el B.E.P.I., pudiendo iniciar los acreedores sus ejecuciones singulares, para embargar no se sabe qué bienes, dada la liquidación o su insuficiencia, lo que, en cualquier caso, habrá invalidado la solicitud de concurso. Para paralizar dichas ejecuciones singulares, habrá que solicitar la reapertura del concurso por los cauces del art. 504 TRLC para la persona física. Respecto de la persona jurídica, en lugar de ordenar su extinción y consiguiente baja registral, tan solo supone el cierre provisional de la hoja abierta en el Registro Mercantil o en el que figure inscrita (Registro de Cooperativas, de S.A.T., etc.); si, transcurrido un año no se ha solicitado la reapertura del concurso por los cauces del art. 505 TRLC, entonces, sí que se procederá a la cancelación de la inscripción registral y cierre definitivo consiguiente.

P) El emprendedor de responsabilidad limitada

El mito del castigado Sísifo planeaba sobre el Juzgado de lo Mercantil número Tres de los de Barcelona, convirtiéndose en salvador de dos personas físicas pensionistas a las que el Legislador concursal de 2003 no les había dado solución alguna a su situación de insolvencia cuando, mediante Auto de fecha 23 de octubre de 2010 (Concurso 671/2007) ordenó «*la conclusión del procedimiento concursal por inexistencia de bienes o derechos realizables de los concursados, debiendo tener por extinguidas las deudas concursales que no hayan podido ser satisfechas con cargo a la masa activa del concurso. Sin perjuicio de las posibilidades de reapertura del concurso o una nueva declaración si aparecieran nuevos bienes o los deudores vinieran a mejor fortuna. Ordenando el levantamiento de los efectos de la declaración de concurso en las personas declaradas en tal situación y ordenando el cese del administrador concursal*», creando la figura del «deudor de buena fe» a fin de que éste «*pueda recomponer su vida económica en términos similares a los que permiten otras legislaciones del entorno socio-económico español*». De este modo, Sísifo pudo dejar rodar su pesada piedra montaña abajo sin morir y descansando, por fin de tan ardua tarea.

Tres (3) años le costó al Legislador entender la puerta que esta pionera resolución abría y, así, muy tímidamente, en un rinconcito oscuro de la norma, más concretamente en el antepenúltimo párrafo del apartado II del Preámbulo de una Ley que lo mismo servía para coser un roto (lucha contra la morosidad), como un descosido (segunda oportunidad), aderezado con música de fanfarria (internacionalización de la maltrecha economía española) dictó la Ley 14/2013, de 27 de septiembre, de apoyo a los emprendedores y su internacionalización. En ella, tuvo la ocasión de crear la figura jurídica denominada Emprendedor de Responsabilidad Limitada (E.R.L.), la que se decía que, como salida a la situación de insolvencia de la persona física, empresario, podría «*evitar que la responsabilidad derivada de sus deudas empresariales afecte a su vivienda habitual bajo de determinadas condiciones*»; también produjo la reforma de la Ley Concursal introduciendo el Acuerdo extrajudicial de pagos, sobre el que nos pronunciaremos en la segunda parte de esta obra y, con éste, la figura del Mediador Concursal, pero se olvidó completamente de los personajes (pensionistas) que promovieron el AJM Barcelona-3 de 23.10.2010, de los Trabajadores por cuenta ajena y pensionistas sobreendeudados, incluso de los Emprendedores por deudas de consumo, lo que se ha venido a considerar como el sobreendeudamiento de los Consumidores; de ahí que aludiésemos a la timidez del Legislador.

Puestas así las cosas, parecía la panacea para limitar los efectos del art. 1.911 C.c., o responsabilidad patrimonial universal, pues la vivienda habitual del Empresario o del Profesional, considerados ambos como Emprendedores *ex* art. 3 de la Ley 14/2013, que no del resto de personas físicas (trabajadores por cuenta ajena, pensionistas) se salvaría de aquellos efectos. Obviamente, al ERL se le iba a exigir el cumplimiento de una serie requisitos que le diesen «*las oportunas garantías para los acreedores y para la seguridad jurídica en el tráfico mercantil… condicionada a la inscripción y publicidad a través del Registro Mercantil y el Registro de la Propiedad*». Pero, a tal protección no le afectaba (i) la responsabilidad de las deudas de Derecho Público, precisamente, las que más comunes resultan a los Empresarios, (ii) ni aquéllas deudas meramente personales, ajenas a la actividad empresarial o profesional, como pueden ser los créditos al consumo, hoy en día son los que más afectan a las personas físicas, fundamentalmente créditos no bancarios, de financieras o de grandes superficies, (iii) tampoco le afectaría a la hipoteca sobre su vivienda, el préstamo fue concedido para su adquisición y, en ella no se realiza actividad empresarial o profesional, lo que haría cuestionar el porcentaje de deuda que protegería y el que no, algo harto espeso de establecer dialécticamente, (iv) ni protegerá a las viviendas habituales cuyo valor supere los 300.000 Euros valor acorde a las normas impositivas en el momento de la inscripción en el Registro Mercantil, valor que, en principio, en plena crisis económica podía no alcanzarlo cualquier Emprendedor medio y quedar protegido; también quedaban fuera de protección (v) quienes hubiere actuado con fraude o negligencia grave «*en el cumplimiento de sus obligaciones con terceros, siempre que así constare acreditado por sentencia firme o en concurso declarado culpable*»; ciertamente es una situación un tanto excepcional y escasamente vista, salvo la de la declaración de culpabilidad del concurso.

Pero ¡hete aquí! (vi) Que la norma nos conduce al art. 9.3 en el que deshace el nudo gordiano y, donde dijo «digo», ahora, dice «Diego»; en efecto, la protección o tutela no alcanza a las deudas contraídas antes de la inscripción registral, respecto de las que sigue rigiendo el principio de responsabilidad patrimonial universal, lo cual, unido a que (vii) el ERL debe hacer constar esta condición en toda su correspondencia comercial (facturas, contratos, cartas, letras de cambio, etc.) lo que «asusta» a sus Proveedores y que (viii) debe someter sus cuentas anuales a Auditoría (los Profesionales, que no están obligados a formularlas, se ven obligados a hacerlo).

Visto todo cuanto antecede, unido a que, desde el punto de vista bancario, pues ésta es la piedra angular del presente tratado, las Entidades financieras son plenamente reacias a conceder créditos a quienes carezcan de solvencia, más lo será a Emprendedores cuya única o casi única solvencia sea su vivienda habitual, han hecho de esta figura un absoluto fracaso, pues su mera creación, insuficiente para el Emprendedor y no garantista para los Proveedores y Financiadores, caso de haberse extendido o proliferado, habría generado el efecto de secar la, al tiempo de la promulgación de la norma, maltrecha Economía española, en plena crisis, impidiendo el necesario flujo de dinerario más de lo que dejó de fluir.

Según la información facilitada por la Estadística Mercantil que publican Registradores de España, éstos son los datos relativos a la inscripción de los ERL: En 2013, se inscribieron 13 Emprendedores; en 2014, 51; en 2015, 27; en 2016, 12; en 2017, 15; en 2018, 10; en 2019, 10 y en 2020, 13, en 2021, 6, en 2022, 20 y en 2023, 39; y en 2024, tan solo 10; en total fueron 213 Empresarios y Profesionales los que decidieron inscribirse como ERL hasta 2024, unos 19,36; en total fueron 216 Empresarios y Profesionales los que decidieron inscribirse como ERL hasta 2023, unos 19,64 cada año de media; la comparativa con la formación de Sociedades de Responsabilidad Limitada o de Sociedades Profesionales, que no gozan de los beneficios de los ERL, dejan muy atrás la practicidad de esta, ya no tan novedosa, figura.

Nº	Año	Ingresos
1	2013	13
2	2014	51
3	2015	27
4	2016	12
5	2017	15
6	2018	10
7	2019	10
8	2020	13
9	2021	6
10	2022	20
11	2023	39
12	2024	9

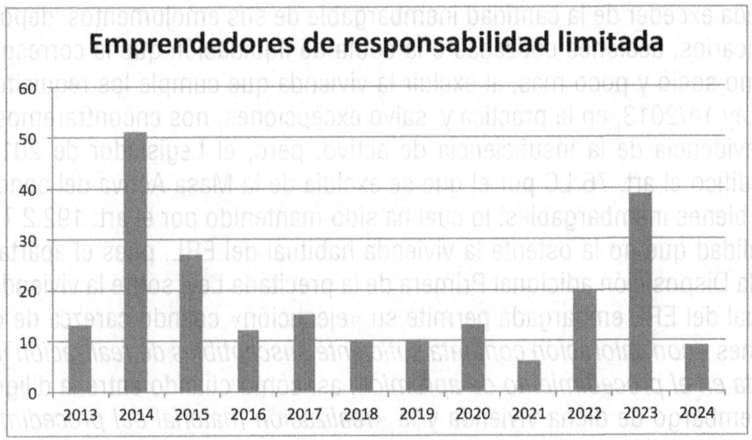

Fuente: www.registradores.org

La Ley 18/2022, de 28 de septiembre, de creación y crecimiento de empresas, que entró en vigor el día 29 de octubre de 2022, cuando alude al ERL, introduce las siguientes modificaciones a la Ley 14/2013 que creó esta figura:

a) El cambio de la inscripción del «activo» no afecto, a los «activos» no afectos.
b) El art. 10.1 incluye como activo no afecto, además de la vivienda habitual «*los bienes de equipo*» propios del tráfico empresarial o empresarial, inscribiéndose, aquélla, en el Registro de la Propiedad y éstos en el Registro de Bienes Muebles.
c) Se establecen los denominados «Puntos de Atención al Emprendedor» o P.A.E., que se hallan en las Notarías y en los Registros Mercantiles, sin perjuicio de puntos virtuales de información y tramitación telemática.

Llegados a este punto debemos preguntarnos si el ERL declarado en concurso, que tuviese su vivienda habitual como único patrimonio debería considerarse la aplicación de lo dispuesto en los arts. 473 y ss. TRLC (antiguo art. 176 bis LC). Si tenemos en cuenta que, como decíamos precedentemente, la Masa Activa de la persona física está compuesta, fundamentalmente, por bienes inmuebles, vehículos de mero recreo, merced arrendaticia a su favor sobre sus bienes inmuebles o la fianza depositada como arrendatario para responder de los daños sobre la vivienda que ocupa, la parte que pueda exceder de la cantidad inembargable de sus emolumentos, depósitos bancarios, acciones cotizadas o la cuota de liquidación que le corresponde como socio y poco más, al excluir la vivienda que cumple los requisitos de la Ley 14/2013, en la práctica y, salvo excepciones, nos encontraremos con la evidencia de la insuficiencia de activo, pero, el Legislador de 2013 no modificó el art. 76 LC por el que se excluía de la Masa Activa del concurso los bienes inembargables, lo cual ha sido mantenido por el art. 192.2 TRLC, cualidad que no la ostenta la vivienda habitual del ERL, pues el apartado 3 de la Disposición adicional Primera de la precitada Ley, sobre la vivienda habitual del ERL embargada permite su «ejecución» cuando carezca de otros bienes «*con valoración conjunta suficiente susceptibles de realización inmediata en el procedimiento de apremio*», así como cuando entre la diligencia de embargo de dicha vivienda y la «*realización material del procedimiento de enajenación del mismo medie un plazo mínimo de dos años*». Véase que el Legislador de 2013 permite el embargo, pero pone «frenos» jurídicos o excepciones a su ejecución, esto es, a la venta en pública subasta de la vivienda habitual del ERL.

Así pues, la vivienda habitual del ERL sí es embargable, por lo que sí compone la Masa Activa del concurso, pero sólo se anotará preventivamente su embargo en los Registros de la Propiedad o de Bienes Muebles para el supuesto de que se trate de deudas no empresariales o profesionales, esto es, por deudas por compra de artículos de consumo o por suministros personales o que, aún siendo deudas empresariales o profesionales hubieren sido contraídas con anterioridad a la inscripción como ERL, o se tratase de deudas tributarias o con la Seguridad Social, sin distinción del período de su contracción; cosa bien distinta será su ejecución o no, para lo cual, deberá expresarse claramente en el inventario de la masa activa el razón de su afección o no por el carácter de las deudas según se expresan en el listado de la masa pasiva.

En cualquier caso, tal inclusión o, mejor dicho, no exclusión de la Masa Activa de la vivienda habitual del ERL entra en contradicción con la inaplicación del principio de responsabilidad universal del art. 1.911 C.c. y del art. 6 C.com. por la protección dada por el art. 8 de la Ley 14/2013, máxime, en sede concursal, como procedimiento de ejecución universal sobre todo el patrimonio del concursado, reiteramos, salvo el inembargable, pero, comoquiera que dicha vivienda sí es embargable, de forma y manera que el Administrador Concursal, al realizar el Inventario de bienes y derechos a que alude el art. 292 TRLC (antiguo art. 75 LC) deberá incluir la vivienda habitual del ERL en la Masa Activa del concursado persona física Emprendedor (Empresario o Profesional), haciendo las salvedades correspondientes de (i) identificación con la cualidad del art. 8.2 de la Ley 14/2013, así como que (ii) si hay otros bienes suficientes de realización inmediata de la Disposición adicional Primera de dicha norma y (iii) si transcurrió el plazo de dos años entre la diligencia de embargo —entiéndase el Auto de declaración de Concurso— y la realización material de la ejecución —entiéndase el Auto de apertura de la Fase de liquidación—. Realmente, una cuestión meramente teorética y de escasa trascendencia práctica, de un lado, por los escasos ERL existentes, menos en concurso y con unos requisitos ciertamente y, como siempre que el Legislador quiere beneficiar a alguien, como sucedió con la Ley 1/2013, de 14 de mayo, de medidas para reforzar la protección a los deudores hipotecarios, reestructuración de deuda y alquiler social, resultan prácticamente inalcanzables.

Q) La exclusión de la vivienda de la masa activa del concurso

Decía Antonio MACHADO que «*en esta España de los pantalones lleva la voz el macho; mas si un negocio importa lo resuelven las faldas a escobazos*». Que nadie se lleve a engaño ni se sienta molesto por la comparación que procede realizar respecto del Legislador y la Judicatura, en el sentido de que lo que no establece el primero, lo resuelve la segunda. En efecto, baste comprobar cómo el Legislador que estableció la denominada «segunda oportunidad» generó una ilusión entre los deudores personas físicas, tanto empresarios como profesionales o trabajadores por cuenta ajena o propia, incluso jubilados o parados, para comprobar que, para que les exoneren de sus deudas deben perder su vivienda habitual, la que, con todo su esfuerzo habían conseguido comprar pagando un préstamo hipotecario a muy largo plazo, quedándose completamente defraudados de aquella Constitución que en su artículo 47 consagraba el derecho a tener una vivienda digna. No resolvió esta cuestión el voz portante legislador, por lo que la lógica de la razón del Derecho está acabando por imponerse poco a poco.

A nivel de Juzgados de Instancia, civiles, más garantistas con los consumidores, se ha comenzado con la tendencia de excluir de la masa activa del concurso la vivienda carente de valor en su relación deuda hipotecaria valor de mercado que, además, el concursado se halla al corriente en el pago de las cuotas del préstamo hipotecario por el que adquirió aquélla. Cosa bien distinta es de si se tratase de un préstamo de refinanciación o reestructuración de deudas, que genera un incremento de gravamen sobre el bien ya adquirido y que, en consecuencia, no nace la garantía con la (re)financiación.

Poco a poco, los Juzgados mercantiles han ido recogiendo este criterio paulatinamente, hasta que las Audiencias Provinciales están complementando la ley concursal, resolviendo o tratando de resolver esta cuestión y, así, hemos de citar la **S.A.P. La Coruña —4.ª— n.º 333/2022, de 4 de mayo**, en tanto en cuanto fija una serie de requisitos lógicos y evidentes que se deben cumplir en la liquidación para conseguir la exclusión de la vivienda de la misma y declarar la conclusión del concurso con subsistencia de la vivienda y su gravamen, lo que no obsta para la cancelación de los gravámenes que aseguren registralmente los créditos exonerados. Éstos son los fundamentos jurídicos de la Sentencia precitada:

> «7. Como es lógico, para que pueda autorizarse la conclusión del concurso con subsistencia en la masa de un bien hipotecado o pignorado fuera del caso expresamente contemplado en el artículo 430.2 del TRLC, es imprescindible que la administración concursal facilite todos los datos (naturaleza del bien, valor de la garantía, condiciones particulares del mercado que puedan influir en el valor de realización, importe del crédito garantizado y cualquier otra circunstancia relevante) y se dé audiencia a todos los acreedores, así como al deudor, sobre esta concreta propuesta. No se trata, en puridad, de modificar el plan de liquidación, sino de proponer a los acreedores la conclusión del concurso con subsistencia de un bien realizable y de explicar concretamente por qué razón la venta del bien hipotecado no servirá a los intereses de otros acreedores distintos del acreedor con privilegio especial (al que, incluso, podría perjudicar), de modo que se pueda decidir al respecto con garantías de contradicción y mediante la ponderación de todos los intereses que deban ser tutelados.»

En definitiva, pues, se trata de imponer la lógica jurídica civilista-registral, para comprobar que lo que la ejecución singular de la Ley de Enjuiciamiento Civil no da, difícilmente, puede darlo la Ley Concursal, pues, **(i)** si está el préstamo hipotecario al corriente en el pago de sus cuotas, el acreedor hipotecario nunca ejecutará su préstamo y, **(ii)** si el valor del bien es muy inferior al importe del saldo del préstamo garantizado, si se ejecutase la hipoteca, difícilmente podrían percibir algún sobrante en la teórica subasta del acreedor hipotecario. Entonces, pues, qué sentido tiene liquidar mediante ejecución universal la vivienda del deudor, si con una ejecución singular no puede liquidarse.

En este sentido, tal y como avanzábamos en la tercera edición, la doctrina jurisprudencial va imponiendo este criterio, muestra de lo cual es el siguiente **AAP València —9.ª— n.º 43/2024, de 25 de marzo** que resume las tres situaciones posibles ante la exclusión o no de la masa activa y, por extensión, del plan de liquidación, de una vivienda habitual gravada con una hipoteca;

repitamos: la posible exclusión de una «vivienda habitual», que no de otros bienes inmuebles distintos de aquélla:

«7. En tercer lugar, es cierto que esta Sala ha permitido, en supuestos excepcionales, la no realización de la vivienda habitual en la liquidación concursal, pero siempre atendidas las circunstancias concretas del supuesto de hecho planteado en cada momento. 8. Así, en el Auto de 6 de mayo de 2020, Rollo de apelación 34/2020, si bien se acordó que no se excluyera del plan de liquidación la vivienda habitual, sí se decidió que no se llevara a cabo la realización de ésta mientras se siguiesen satisfaciendo los vencimientos sucesivos y no resultara ejecutada la hipoteca como consecuencia de la resolución del contrato por incumplimiento de las obligaciones hipotecarias. Se reconocía la complejidad de la cuestión planteada a la vista de que la vivienda habitual supone un bien imprescindible para la propia existencia digna de las personas, lo que debe favorecer la búsqueda de alternativas sin que se restrinja el derecho de los terceros. El auto traía a colación la doctrina emanada del Auto de la AP de Barcelona, sección 15, de 18 de mayo de 2018, y entró a analizar las circunstancias particulares que concurrían en el supuesto contemplado, en concreto: la masa activa la formaba exclusivamente el 50% de la vivienda habitual, el otro 50% pertenecía a persona distinta al concursado; las cuotas del préstamo hipotecario que gravaban la vivienda estaban siendo atendidas, lo que se consideró un elemento esencial, y existía una previsión de que podían ser atendidas, también, en el futuro, dado que podían atenderse por el otro copropietario y la parte del salario inembargable del concursado que no formaba parte de la masa activa; no se perjudicaba a nadie, pues el concursado podía seguir usando su vivienda y el acreedor hipotecario seguía cobrando su crédito, sin que pudiese asegurarse que si se realizaba el bien, alcanzase el precio obtenido para la satisfacción íntegra del crédito privilegiado. 9. En el Auto de esta Sala de fecha 10 de noviembre de 2020, dictado en el Rollo de Apelación 562/2020 , de nuevo se tuvo la oportunidad de pronunciarse sobre esta cuestión, partiendo del criterio establecido en el Auto anterior y examinando las circunstancias concretas del caso sometido a consideración, se concluyó que, a pesar de la ejecución del plan de liquidación, que la vivienda habitual no fuera objeto de realización. En esa ocasión se indicaba que el total de la deuda garantizada con hipoteca superaba el valor estimado de realización del bien hipotecado, el concursado estaba al corriente del pago de las cuotas hipotecarias, y con la parte de su pensión de jubilación no embargable (que no forma parte de la masa activa) podía seguir haciendo frente a las mismas. 10. En sentido contrario a lo acordado en dichos autos, pero no por apartarse del criterio establecido sino por las circunstancias concurrentes al caso, esta Sala en su Auto n.° 165/2021, de 21 de diciembre de 2021, Rollo de Apelación 1249/2021 , ponente Ilmo. Sr. Don Jorge de la Rúa Navarro, consideró que en el caso que examinaba no concurrían las circunstancias que en los supuestos anteriores se tuvieron en cuenta para determinar que la vivienda habitual no fuera objeto de realización. Tales circunstancias eran las siguientes: no había constancia de que la concursada estuviera al corriente del pago de las cuotas del préstamo hipotecario y el valor de tasación del bien inmueble no se discute que era superior al importe del crédito pendiente de pago; lo que bastó para desestimar el recurso planteado y mantener la realización de la finca registral dentro del plan de liquidación. En este mismo sentido nos pronunciamos en el Auto n.º 169/2022, de 25 de octubre de 2022, dictado en el Rollo de Apelación 624/2022, desestimando el recurso de los concursados y confirmando la posibilidad de realización de la vivienda habitual. 11. En todo caso, lo que se concluye en todas estas resoluciones judiciales es que tanto en el inventario de la masa activa como en el plan de liquidación debe estar incluida la vivienda habitual, no puede quedar excluida dado que forma parte de la masa activa, cuestión distinta es que puedan concurrir razones que puedan determinar la realización o no de la misma, lo que debe valorarse en cada supuesto concreto y atendidas las circunstancias concurrentes al caso. En este mismo sentido se pronuncia la sección 15 de la Audiencia Provincial de Barcelona, en sus autos de 20 de junio y 12 de noviembre de 2018.»

3. LA PRENDA CON DESPLAZAMIENTO DE POSESIÓN

Etimológicamente, la palabra «prenda» procede de la latina «*pignus, -oris*» —fianza—, singular de «*pignora*» y ésta, trae su origen en «*prendo, -es, -ere*» que significa asir, coger, agarrar. De forma y manera que el *pignus* era la ropa que el deudor dejaba al usurero en garantía de que iba a cumplir su obligación de pago, conservando aquél su derecho a recuperar la ropa dada en garantía. ISIDORO DE SEVILLA (*op. cit.*) manifestaba lo siguiente: «*20. Cuando hablamos, debemos diferenciar entre garantía* (pignus) *y señal* (arra). *Garantía es lo que se entrega a cambio de un crédito, y se recupera tan pronto como el crédito es devuelto. En cambio, arra es la señal que, como gesto de buena fe, se entrega al formalizar el contrato de compra, es una parte del total, que más tarde se completa… 22. Garantía es lo que compromete en relación con un crédito; el acreedor detenta la posesión de esa garantía sólo temporalmente. Po lo demás, su propiedad pertenece por entero al deudor*».

A) *Naturaleza jurídica*

Contrariamente a como sucede con la hipoteca sobre bien inmueble, dado el carácter de bien raíz del mismo, en tanto que radica (del *Latín radix, ícis* —raíz—) fijado al suelo y, por tanto, es inamovible, es requisito esencial para la existencia de la prenda, a distinción, como queda dicho, de la hipoteca, la entrega de la posesión por parte del cliente al Banco (art. 1.863 C.c.), lo cual le dota del carácter constitutivo de la misma, viniendo aderezado, además, por la necesidad de su constancia en documento fehaciente (art. 1.865 C.c.), que le dotará de eficacia ejecutiva y oponibilidad frente a terceros, más la imperiosa obligación de que la *res* pignorada sea propiedad del que la empeña (art. 1.857.2º C.c.), adquiriendo el Banco o acreedor pignoraticio los derechos del propietario de la cosa, tales como el de su retención hasta el momento del pago del crédito (art. 1.866 C.c.), el de enajenación de la prenda por impago (art. 1.872 C.c.) en pública subasta, en principio, si bien, dada la situación del tráfico mercantil-bancario, la prenda se extiende sobre dinerario, bien fungible por excelencia, por dicho carácter de inidentificable o carencia de singularidad del bien pignorado, la prenda se extiende sobre el «derecho de crédito al reembolso» del dinerario depositado en cierta cuenta bancaria (imposición a plazo fijo, cuenta de ahorros, participaciones en fondos de inversión, etc.) y, a tenor del clausulado preimpreso en las Pólizas de pignoración o similares. La venta o realización del bien pignorado se realiza y debe realizar mediante requerimiento al deudor, sea o no pignorante y al pignorante, sea o no deudor (prenda por débito ajeno), dado el carácter accesorio de la garantía, lo que precisa del requerimiento de pago previo al deudor, en todo caso; todo ello conllevará la aplicación del saldo deudor del préstamo o crédito garantizado con el saldo acreedor del depósito pignorado.

El artículo 1.864 C.c. dispone que sólo pueden darse en prenda las cosas muebles que están en el comercio y sean susceptibles de posesión, salvo los animales de compañía. E el Derecho Clásico se disponía que podía ser objeto de prenda lo que puede ser objeto de compraventa[82], así como que se permitía pignorar incluso los bienes que se adquieran después (*postea quæsitorum recepta est*), incluso la prenda sobre cosa ajena, pero, para ejercitar la acción útil sobre esta cosa, debía retenerse su posesión[83].

B) Elementos personales. La prenda por débito ajeno

Justiniano, citando a Marciano[84] decía que cualquiera puede otorgar hipoteca por obligación propia o ajena (*Dare autem quis hypothecam potest sive pro sua obligatione sive pro aliena*), siendo en esta responsa o aforismo donde hallamos la posibilidad de garantizar deudas ajenas, lo que supone

---

82 DIGESTO XX.I.9.§1, citando a Gayo.

83 DIGESTO XX.I.1 citando a Papiniano.

84 DIGESTO XX.I.5.§2.

una aportación de garantías a las personales o reales con las que cuenta el propio deudor.

De un lado, el pignorante, quien debe ser necesariamente el propietario del *pignus* (art. 1.857.2º C.c.), en quien concurre la obligación de poner a disposición de su acreedor el bien objeto de garantía real, sin poder reclamarlo hasta tanto no haya satisfecho íntegramente la obligación principal. El pignorante puede ser deudor o no, en cuyo caso, sería pignorante por débito ajeno (art. 1.857 *in fine* C.c.) y quedaría a las resultas del cumplimiento de la obligación por el tercero por el que presta la garantía sobre su bien concreto; además, únicamente podrá constituir la prenda, si tiene la libre disposición del bien a pignorar o, cuanto menos, autorización (art. 1.857.3º C.c.). El pignorante dispone de todos los derechos inherentes a la propiedad (art. 1.869 C.c.), salvo el de la posesión; podrá transmitirla a tercero, si bien con la carga prendaria, cuyo débito deberá satisfacer al acreedor pignoraticio si desea recuperar aquello que compró.

De otro, tenemos al acreedor pignoraticio, en nuestro caso, el Banco o entidad financiera que le ha prestado al pignorante o al tercero, cierta cantidad de dinerario o puesta a su disposición el mismo y que recibe la posesión del *pignus* con obligación de restituirla a su propietario una vez extinguida la obligación principal, de la cual, la prenda es accesoria. Este acreedor pignoraticio tiene la obligación, por razón a la prohibición del pacto comisorio, precedentemente explicado, de vender el bien en pública subasta o en mercado primario, en cualquier caso, mediante su realización por medios de actos de enajenación (art. 1.858 C.c.), nunca apropiándose el bien pignorado, ni disponiendo del mismo (art. 1.859 C.c.). Su principal derecho es del de retención del *pignus* hasta el total cumplimiento de la obligación que éste garantiza y, además, se le adiciona la facultad de reivindicado o defender el bien pignorado (art. 1.869 C.c.) frente a tercero.

Acorde con este derecho de retención, el C.c. (art. 1.866) regula lo que podríamos denominar el derecho de extensión de la prenda a un crédito futuro, de forma y manera que si el deudor contrajese nueva deuda con el acreedor pignoraticio, exigible antes de haberse pagado la primera, éste tendrá la facultad de prorrogar la retención hasta que se le satisfagan ambos créditos, aún en el supuesto de que no se hubiere pactado la extensión de la prenda a la seguridad de la segunda deuda.

C) Prenda sobre valores

Por regla general, la prenda se constituye mediante la entrega del *pignus* al acreedor, si bien, en el supuesto de prenda sobre valores cotizables en Mercados secundarios, la inscripción o anotación de este derecho real equivale al desplazamiento posesorio, según disponía el art. 12 de la LMV y dispone el mismo numeral de la LMVSI y, con ello, su constitución, así como su oponibilidad frente a terceros.

Tratándose de prenda sobre acciones nominativas o participaciones sociales, es la notificación a la sociedad Anónima o Limitada a fin de que inscriba la prenda en el Libro de Socios (accionistas o partícipes) la que supone este acto constitutivo, mientras que las de las anotaciones en cuenta, deben realizarse mediante la inscripción en la cuenta correspondiente, a cuyo titular se presume *iuris tantum* como único legítimo para ejercitar los derechos inherentes al socio, lo cual se acredita por medio de los correspondientes certificados expedidos por las entidades encargadas de los registros contables, documento que equivale al *pignus*. Su ejecución o realización de la prenda viene determinada por lo dispuesto en el art. 681 LEC, en relación con el art. 635 LEC y, así, si cotizan en Mercados secundarios, su liquidación se atendrá a las normas que los regulan y, si no cotizaren, la norma de ejecución se atendrá a los estatutos de las sociedades de los que sean partes alícuotas.

En caso de Concurso de la entidad encargada de la llevanza del registro de valores representados por anotaciones en cuenta o de una entidad participante en el sistema de registro, los titulares de los valores anotados gozan del derecho de separación de los títulos inscritos a su favor, pudiendo solicitar su traslado a otra entidad depositaria, conforme disponía el art. 15 LMV y hoy dispone el mismo numeral de la LMVSI.

D) Prenda sobre participaciones en Fondos de inversión

La disposición transitoria cuarta de la Ley 61/1978, de 27 de diciembre, del Impuesto de sociedades conllevó a promulgar la Ley 46/1984, de 28 de diciembre reguladora de las Instituciones de Inversión Colectiva —en adelante se denominará como «IIC»—, definidas como aquéllas que captan públicamente fondos, bienes o derechos para gestionarlos, «*siempre que el rendimiento del inversor se establezca en función de los resultados colectivos mediante fórmulas jurídicas distintas del contrato de sociedad*». Estas

IIC podían ser de (i) carácter financiero, en tanto que su actividad principal es la inversión o la gestión de activos financieros (dinero, valores mobiliarios, pagarés, letras de cambio, certificados de depósito y cualesquiera otros valores mercantiles) o (ii) carácter no financiero, que operan sobre activos de otra naturaleza. Esta norma fue modificada por la Ley 19/1992, de 7 de julio, sobre régimen de sociedades y fondos de inversión inmobiliaria y sobre fondos de titulización hipotecaria.

La Ley 46/1984 establecía tres (3) tipos de IIC de carácter financiero como son las (i) Sociedades de Inversión Mobiliaria (SIM) que adoptan la forma de la Sociedad Anónima y cuyo objeto exclusivo es la adquisición, tenencia, disfrute, administración en general y la enajenación de valores mobiliarios y otros activos financieros, (ii) los Fondos de Inversión Mobiliaria (FIM), patrimonios pertenecientes a una pluralidad de inversores, cuyo derecho de propiedad se representa mediante un certificado de participación, que están administrados por una Sociedad Gestora, a quien se atribuyen las facultades dominicales, sin ser propietaria del Fondo, (iii) los Fondos de Inversión en activos del mercado monetario (FIAMM) que se diferencian de las FIM en que éstos tienen como finalidad de las SIM sin participación mayoritaria económica o política en ninguna Sociedad, mientras que los FIAMM, su objeto exclusivo radica en la adquisición, tenencia, disfrute, administración en general y enajenación de activos financieros a corto plazo del mercado monetario, para compensar, por una adecuada composición de sus activos, los riesgos y tipos de rendimiento.

La Ley 19/1992, de 7 de julio, entre otras modificaciones realizadas a la Ley 46/1984 y a la 2/1981, de 25 de marzo, de Regulación del Mercado Hipotecario, introdujo los denominados Fondos de titulización hipotecaria (FTH) concebidos como agrupaciones de participaciones hipotecarias correspondientes a préstamos que reúnan ciertos requisitos (LRMH) y con el mismo vencimiento que éstos, o patrimonios separados y cerrados, carentes de personalidad jurídica, contrariamente a las IIC, cuyo Activo está integrado por dichas participaciones y su Pasivo, por valores cuyo valor patrimonial neto del Fondo sea nulo. Estos FTH son administrados y representados por las Sociedades gestoras que los creen.

La Ley 46/1984 fue derogada por la Ley 35/2003, de 4 de noviembre, de Instituciones de Inversión Colectiva, que define en su art. 1 las IIC de la misma manera que lo realizaba la Ley 61/1978, mientras que los Fondos de Inversión se definen por su art. 3 como «*patrimonios separados sin personalidad jurídica, pertenecientes a una pluralidad de inversores, incluidos entre ellos otras IIC, cuya gestión y representación corresponde a una sociedad gestora que ejerce las facultades de dominio sin ser propietarias del fondo, con el concurso de un depositario y cuyo objeto es la captación de fondos, bienes o derechos del público para gestionarlos e invertirlos en bienes, derechos, valores u otros instrumentos, financieros o no, siempre que el rendimiento del inversor se establezca en función de los resultados colectivos.*»

Las IIC pueden adoptar la forma de sociedades de inversión o de Fondo de Inversión (F.I.) que, en cualquier caso, deberán ser necesariamente sociedades anónimas. Además, las IIC podrán tener carácter financiero o no financiero, siendo las primeras, conforme al art. 29 de la Ley, aquéllas que «*tengan por objeto la inversión en activos e instrumentos financieros*» y las segundas, aquéllas que su objeto social sea la inversión en cualquier tipo de bien inmueble de naturaleza urbana, para su arrendamiento (viviendas, residencias de estudiantes o de tercera edad.

Nos hallamos, pues, con carácter regulatorio general, dentro de la denominada «gestión de negocios ajenos» regulada por el art. 1.888 C.c. y ss. cc. que, por su carácter mercantil nos remite al contrato de Agencia regulado por la Ley 12/1992, de 27 de mayo.

Así pues, nos encontramos ante auténticos títulos-valor y, como tales, deben ser considerados a la hora de constituir una pignoración de participaciones en Fondos de Inversión, distintas de las acciones de las SIM y están representados documentalmente con los certificados nominativos, sin valor nominal, que le atribuyen al titular un derecho de propiedad sobre una parte alícuota del Fondo, resultante de dividir el valor del patrimonio del Fondo, resultante de la deducción de la suma de sus activos de las cuentas acreedoras, a los cambios bursátiles, por el número de participantes en circulación.

Además de los FIM, aparecen dos (2) figuras esenciales a la hora de constituir el derecho real de garantía pignoraticia, como son los Gestores (Sociedades Anónimas y Sociedades instrumentales de Agentes mediadores colegiados inscritas registralmente) y los Depositarios (Bancos, Cajas de Ahorro, Cooperativas de Crédito, Colegios de Agentes Mediadores y Sociedades instrumentales de Agentes mediadores colegiados inscritas en el Registro Mercantil). Son incompatibles ambos cargos y cada IIC sólo puede tener un solo Depositario.

Consecuentemente, a los efectos de constituir el derecho pignoraticio intervendrán el deudor pignorante de las participaciones, el acreedor pignoraticio, el FIM y el Depositario, a quienes habrá que notificar el gravamen para que lo anoten en sus respectivos registros. Véase en el Formulario el **Modelo n.º 5** un ejemplo de prenda de este tipo de títulos.

Por último y, por lo que respecta a los FTH, hay que destacar la doctrina emanada del Alto Tribunal conforme a la siguiente Sentencia (**STS —1.ª— n.º 576/2024, de 30 de abril**) que define la naturaleza jurídica de la titulización de préstamos o créditos hipotecarios mediante la emisión de participaciones hipotecarias por sus funciones económicas de «*refinanciar el crédito hipotecario (a ello se hace mención en el art. LMH y en el preámbulo del RMH) y reducir el activo de riesgo del banco (art. 15.IV LMH y art. 27.3 RMH)... se articula mediante una regulación jurídica, de difícil encaje en las categorías de negocios jurídicos existentes con anterioridad en nuestro Derecho, que configura una cesión no ordinaria de cuotas de los créditos derivados de esos préstamos o créditos hipotecarios, de naturaleza sui generis y con un claro componente fiduciario... no altera la relación preexistente entre el banco emisor y el deudor hipotecario, sin perjuicio de la limitación de facultades del emisor que deriva de los derechos correlativos de los partícipes (arts. 4.3.º y 4.º RMH). La entidad financiera... no desaparece del préstamo o crédito respecto del que emite las participaciones, sino que permanece como titular, lo que determina que sobre el crédito o préstamo hipotecario participado exista, desde el lado activo, una cotitularidad, que no está sujeta al régimen ordinario de las obligaciones mancomunadas o parciarias, sino al régimen especial que resulta de la Ley y, en su caso, de lo pactado en la escritura de emisión... Por tanto, con la emisión de las participaciones hipotecarias se produce una concatenación de nexos jurídicos entre los distintos sujetos: el deudor del préstamo o crédito hipo9tario titulizado en participaciones hipotecarias continúa obligado frente a la entidad emisora, que sigue siendo su acreedora; ésta, al emitir las participaciones hipotecarias, se obliga frente al partícipe en los términos previstos en la emisión de las participaciones*». Así pues, en sede concursal habrá que reconocer como acreedor único a la entidad financiera, sin ningún crédito para el titular de las participaciones frente al deudor concursado.

E) *Prenda sobre créditos*

Del mismo modo, puede constituirse el derecho real de garantía prendaria sobre el derecho de crédito al reembolso del saldo de una cuenta a la vista o a plazo.

En el supuesto de prenda sobre el saldo de la cuenta corriente a la vista, la materialización concreta de la entrega del *pignus* suele realizarse mediante la entrega física del talonario de cheques, lo cual, a día de hoy, dados los avances informáticos, se aprecia como un método obsoleto, que suele salvarse mediante el (i) bloqueo de la cuenta hasta (ii) el límite fijado respecto del saldo pignorado, más allá del cual, el saldo es perfectamente disponible, sin perjuicio (iii) de la *traditio ficta* que resulta de la redacción del propio documento de garantía.

Por lo que respecta a las cuentas de ahorros y a plazo fijo, sin perjuicio de su escaso uso hoy en día, es la entrega al Banco por parte del pignorante de la correspondiente libreta, de ahorros o a plazo, también denominada en algunas entidades como «lámina», debidamente intervenida por Fedatario público lo que equivale a la entrega del *pignus* y, por ende, a la constitución del derecho real de garantía. Como peculiaridad de la prenda sobre imposiciones a plazo, hay que destacar que lo que se pignora no es la cuenta en sí misma, sino cada una de las imposiciones que, debidamente numeradas, forman el mayor saldo de aquélla; la numeración es lo que identifica el *pignus*. Véase en el Formulario el **Modelo n.º 6** un ejemplo de prenda de este tipo de cuentas.

Dentro del concepto de crédito pignorable, podemos encontrar cualquier otro tipo de crédito, tales como devoluciones impositivas, renta o merced arrendaticia, participaciones en fondos de inversión, opciones de compra, precio aplazado, derechos de traspaso, indemnizaciones de seguros (arts. 40 y 99 LCS) y tantas cuantas representen un derecho de crédito. Véase en el Formulario el **Modelo n.º 7** un ejemplo de prenda sobre la merced arrendaticia.

F) *Prenda sobre documento cambiario*

Debemos enmarcarla dentro de la prenda sobre créditos si bien, dada su peculiaridad, documentada en letra de cambio, cheque o pagaré, hacen merecer un comentario aparte, aludiendo a lo dispuesto en el art. 22 LCch en el sentido de que la constitución del derecho de prenda sobre cierto crédito en la cadena de endosos de cualquier documento cambiario se lleva a cabo mediante endoso y a través de la cláusula valor «en garantía», «en prenda» o cualquier otra que indique garantía; consecuentemente, su ejecución implicará que el acreedor pignoraticio podrá ejercer todos los derechos de su pignorante, quedando indemne de las relaciones extracambiarias, salvo que se demostrare que había procedido en perjuicio del deudor frente al que reclama.

Habida cuenta de que se trata de una prenda sobre un documento de giro y cambio, no hay entrega física del propio documento, por lo que la constitución tendrá lugar por la mera expresión en el documento cambiario de la cláusula valor, según acabamos de indicar, de forma y manera que el obligado al pago en el momento del pago que éste debe hacerlo a la persona designada cartularmente como acreedor pignoraticio, quien, si bien, en principio no tiene por qué ser adquirente del giro, ni mantener una relación cambiaria, sino un tercero, en tanto que resulte ser acreedor de uno de los acreedores cambiarios del aceptante, firmante o librado, incluso de uno de los endosantes o endosatarios, cuya operativa es similar a la del embargo judicial o administrativo. Ello quiere decir que este acreedor de cualquier sujeto cambiario debe firmar en documento aparte, póliza o contrato correspondiente, la existencia y regulación de la prenda cambiaria.

G) Promesa de prenda

Como antesala jurídica de la prenda, nos encontramos con la figura denominada «promesa de prenda», esto es, aquella obligación que contrae el dueño de un bien ante su acreedor para el supuesto de que se produzca una eventualidad pactada, *incertus an certus quando*[85] esto es, no se sabe si se pagará una deuda a su vencimiento, no se sabe si habrá una disminución de solvencia, a modo de ejemplo, dentro de los pactos de un contrato principal. Evidentemente, no se trata de un derecho real en sí mismo, sino de una promesa, de una mera obligación de hacer que, prevista en el art, 1.862 C.c., no deja de estar exenta de cierta polémica en orden a su incumplimiento por parte del obligado, obligación personalísima que llevaría a acudir a la Jurisdicción ordinaria en los términos previstos en el art. 709 LEC que produciría

85 Incierto de verdad, cierto cuándo: incierto que vaya a suceder, pero se conoce el momento en que deba suceder, su vencimiento.

la insatisfacción de la constitución de la prenda, incluso en el supuesto de que el promitente hubiere apoderado a su acreedor para ello, salvo que hubiere quedado previamente redactado el texto de la garantía prometida, pues el Juzgador no queda facultado por Ley para suplir la voluntad del promitente en orden a la confección de un texto pignoraticio cuya redacción, ni es estándar ni previamente estuviese pactada, como decimos por promitente y su acreedor. Se trataría, pues, de una reclamación o ejecución *id quod interest*[86].

H) Ejecución

El art. 1.872 C.c. regula la forma de ejecutar la prenda y así, la venta en pública subasta ante Notario, o el art. 322 C.com. en cuanto a la venta a través de la Bolsa de los valores cotizados en Mercados secundarios, incluso por vía de la compensación lo cual tiene lugar cuando el *pignus* es un derecho de crédito al reembolso del saldo que presenta una cuenta corriente, de ahorros, a plazo, incluso la parte disponible de un crédito, esto es, respecto de bienes fungibles, para lo cual deben darse las condiciones previstas en los arts. 1.195 y 1.196 C.c. Así lo ha venido a confirmar la **STS —1.ª— n.º 1.544/2024, de 19 de noviembre**. También puede ser enajenada por tercero, tal y como previene el art. 196 C.com. para el supuesto de los *warrants* o resguardos de depósito de mercaderías.

En el supuesto de prenda sobre efectivo, nos hallamos ante lo que podríamos denominar la inexistencia del derecho real (sólo ostentaría la cualidad prendaria en el supuesto de extenderla sobre billetes numerados, normalmente, de coleccionistas), pues el acreedor sí incorpora a su patrimonio el dinerario (bien fungible) percibido del pignorante y la obligación de restituirlo por el acreedor pignoraticio devendría ineficaz, caso de insolvencia de éste.

La ejecución de la prenda, en cualquier caso, debe seguir lo que podemos denominar el «conocimiento externo», no solo de su ejecución, sino de la declaración de vencimiento anticipado de la obligación principal, a cuyo efecto, venimos en citar la siguiente resolución judicial:

86 «*Id quod interest*» En aquello que interesa al acreedor, aquello que resulte útil o principio de reparación por equivalencia.

STS —1ª— n.º 990/2005, de 20 de diciembre

«B) RECURSO DE CASACIÓN DE BANCO PASTOR, S.A.

PRIMERO.- En el único motivo del recurso, al amparo del artículo 1.692.4º de la Ley de Enjuiciamiento Civil, acusa infracción de los artículos 1.253, 1.281, 1.282 y 1.285, todos del Código civil, y del artículo 968 del Código de comercio. Su fundamentación es la de que BANCO PASTOR podía, en virtud de la cláusula octava de la póliza de préstamo, dar por vencido el contrato, sin previo requerimiento de pago ni obligación de notificar nada al prestatario por haber sido declarado en estado de suspensión de pagos, y, en virtud de la garantía prendaria sobre los pagarés, cobrarse la totalidad de la deuda mediante la imputación de lo percibido, y poner el sobrante a disposición de la intervención; ésta es la conducta que siguió BANCO PASTOR.

Para juzgar este motivo hay que partir necesariamente de los siguientes presupuestos: 1º. No se ha impugnado en casación la calificación de validez que la sentencia recurrida, confirmando la apelada, da a la cláusula octava de la póliza de crédito; 2º. Tampoco se ha impugnado el cobro de los pagarés dados en garantía y la imputación de lo obtenido a la amortización del crédito, como forma de ejecución de la misma.

La sentencia recurrida entiende que el vencimiento anticipado del préstamo, aunque facultad unilateral de BANCO PASTOR, ha de manifestarse al exterior para que tenga efectos jurídicos, y en el caso litigioso ello no se produjo, tras el análisis de los actos de las partes e interpretación de los documentos obrantes en autos cruzados entre actora y demandada y la Intervención Judicial de la Suspensión de Pagos de aquélla. Debido a ello, la instancia entiende que no se produjo el vencimiento anticipado del préstamo, que el mismo siguió vigente hasta la finalización del plazo fijado en la póliza, lo que impide que el prestamista pueda cargar los intereses y comisiones moratorios desde el 20 de noviembre de 1991, en que se admitió por el Juzgado la solicitud de suspensión de pagos de la prestataria ECOFINANCE, S.A.

Es doctrina reiteradísima de esta Sala la de que la interpretación contractual, y, en general, la de actos u omisiones con trascendencia jurídica, es tarea que incumbe al juzgador de instancia, cuyos resultados han de ser mantenidos en casación mientras no se demuestre que es ilógica o arbitraria o que infringe preceptos legales. Aquí la entidad recurrente califica la interpretación de la sentencia recurrida de contradictoria con la validez y eficacia que otorga a la cláusula octava.

La sentencia recurrida ha afirmado la validez de la cláusula, pero también que el vencimiento anticipado de la obligación no era automático, sino que dependía exclusivamente de la voluntad del prestamista, aunque debe tener trascendencia exterior. Ello es lógico, pues así puede ser conocida por el deudor, porque una cosa es que la repetida cláusula no obligue a aquél a notificarle el ejercicio de su facultad, y otra que el deudor no deba enterarse objetivamente de su situación para evitar caer en la morosidad.

BANCO PASTOR, conociendo la admisión a trámite de la solicitud de suspensión de pagos de ECOFINANCE, comunicó el 20 de diciembre de 1991 a la Intervención Judicial de la misma la situación del crédito, indicando que tenía como fecha de

vencimiento el 4 de mayo de 1993, que era el pactado en la póliza. No hay en la comunicación ninguna alusión de que estaba vencido anticipadamente porque se hacía uso de la facultad que le otorgaba la estipulación octava, y aquél era el momento apropiado para hacerlo dada la vicisitud económica de ECOFINANCE. Luego es lógico entender que no dio por vencido el crédito.
Además, BANCO PASTOR siguió actuando como antes de la suspensión de pagos; cobraba los pagarés dados en prenda, e imputando su resultado a la amortización del crédito tal y como había obrado con anterioridad. Es evidente que esta conducta no es una manifestación de voluntad de que había dado por vencido el crédito en 1991. BANCO PASTOR la justifica en que era procedimiento de ejecutar la prenda como se había convenido, pero externamente, no conociendo el vencimiento anticipado, lo mismo se puede interpretar en el sentido de que el crédito seguía vigente…»

La compensación se da por cualidades, esto es, los intereses que pueda producir la prenda se compensarán con los que pueda producir el crédito (art. 1.868 C.c.) y si no se le deben o por lo que excediere, se aplicarán al capital.

Se extingue por extinción de la obligación principal de la que es accesoria, por ejecución de la prenda por incumplimiento y por las restantes causas de extinción de las obligaciones (condonación, confusión, novación, renuncia, etc.), además, por su propia naturaleza de derecho real, por pérdida o destrucción de la cosa.

Por último, debemos remitirnos a lo dispuesto en el Real Decreto Ley 5/2005, sobre el que nos referiremos en el apartado relativo a la «*Compensación*».

4. LA HIPOTECA MOBILIARIA Y LA PRENDA SIN DESPLAZAMIENTO

Etimológicamente el término hipoteca (del Griego: υποθήκη —léase *hypothéke*—) viene a representar el compromiso o sujeción de un bien en garantía de una obligación o, literalmente, poner (*títhemi*) por debajo (*hypó*) de algo. ISIDORO DE SEVILLA (*op. cit.*) decía al respecto lo siguiente: «*24. Hay hipoteca cuando se realiza un préstamo sin que se deposite una garantía, sino mediante un simple pacto o recibo*». Así pues, veremos un elemento distintivo esencial entre la Prenda, antes analizada, y la Hipoteca, como es la posesión del bien gravado, traslaticia, en el caso de la prenda y no traslaticia, en el de la hipoteca; no obstante lo cual, la excepción será la de la Prenda sin desplazamiento de posesión. Justiniano, citando a Marciano[87] manifestaba

---

[87] DIGESTO XX.I.5.§1.

que la prenda y la hipoteca sólo se diferencian por la palabra (*Inter pignus autemet hypothecam tantum nominis sonus differt*), pues, en definitiva, vienen a ser lo mismo, la sujeción de un bien, de una *res*, mueble o inmueble, a las resultas o en garantía del pago de una deuda dineraria.

A) Naturaleza jurídica

Los términos que titulan el presente capítulo, vienen a estar referidos en Derecho actual a la sujeción de bienes muebles en cualquier caso, si bien en el supuesto de la hipoteca mobiliaria, los bienes muebles pueden definirse, (i) bien por su sujeción a un bien inmueble y, por tanto, no susceptible de desplazamiento salvo desmerecimiento de su función económica, tal y como viene a ser la hipoteca mobiliaria sobre maquinaria industrial o (ii) bienes muebles que, dado su tamaño, incluso su habitabilidad, sobreexceden su cualidad de carácter mueble, tales como las aeronaves, automóviles y demás que luego se dirán u otros, que por propia inclusión, a pesar de su carácter inmaterial, deben estar dotados de una especial protección, como lo son los derechos de propiedad intelectual.

En ambos casos, como queda dicho, tanto la hipoteca como la prenda, en definitiva, la sujeción en garantía recae sobre bienes de carácter mueble. En el primero de los casos se formaliza mediante Escritura pública, que se inscribirá en el Registro de Bienes Muebles, para quedar constituida la misma, mientras que la prenda sin desplazamiento de posesión, podrá constituirse mediante Póliza fehaciente e inscribirse en el mismo Registro. Por diferencia, la prenda «con desplazamiento», si bien requiere de su formalización en Póliza fehaciente, no requiere de inscripción, pues se perfecciona, como queda dicho precedentemente, mediante el desplazamiento posesorio del bien mueble afecto del propietario al acreedor. Por contra, la hipoteca inmobiliaria al igual que la mobiliaria, ambas requieren del otorgamiento de Escritura pública y de inscripción registral para su constitución, si bien, diferirán, como queda dicho, en el objeto o bien afecto, ya sea inmueble o mueble.

Reiteramos pues, que, tanto en la Hipoteca Mobiliaria como en la Prenda Sin Desplazamiento no se produce el desplazamiento posesorio, es su inscripción la que lo sustituye para darle su carácter constitutivo. Del mismo modo que la prenda con desplazamiento y con la hipoteca inmobiliaria, todos ellos comparten la naturaleza jurídica de derechos reales de garantía, accesorios de la obligación principal y de realización de valor, pues si el deudor principal incumple sus obligaciones pecuniarias, el acreedor ejecuta las garantías para recobrar su crédito.

5. LA HIPOTECA MOBILIARIA

A) Bienes susceptibles de Hipoteca mobiliaria

Son aquellos bienes enajenables, denominación acorde con la definición del art. 1 LHMPSD, que, con carácter exclusivo y excluyente, enumera el artículo 12 LHMPSD y son los siguientes:

1ª) Los establecimientos mercantiles.

2ª) Los automóviles y otros vehículos de motor, así como los tranvías y vagones de ferrocarril, de propiedad particular.

3ª) Las aeronaves.

4ª) La maquinaria industrial.

5ª) La propiedad intelectual y la industrial.

No podrán hipotecarse el derecho real de hipoteca mobiliaria ni los bienes comprendidos en los arts. 52, 53 y 54 LHMPSD, esto es, los bienes susceptibles de prenda sin desplazamiento de posesión, que enumeraremos más adelante, al tratar de este derecho real de garantía.

B) De la Intervención judicial

En principio, parece que con una simple garantía hipotecaria o, en su caso, prendaria, se disponga de bastante cobertura como para resarcirse del impago o incumplimiento de la obligación garantizada, nada más lejos de la realidad, pues, para el supuesto de que se produjere depreciación o menoscabo del bien mueble hipotecado, debidamente acreditado y, salvo para el supuesto de caso fortuito, el Acreedor hipotecario puede solicitar del Juez la denominada Administración judicial en los términos sumarios que dispone el art. 18 LHMPSD, designándose a tal efecto un Interventor que actuará en la forma dispuesta por el art. 631 LEC, administración que, al igual que en una Medida cautelar, es más, como tal medida cautelar que es, puede ser levantada, contra prestación de caución bastante a criterio del Juzgador.

Llegados a este punto, procede plantearse que el nombramiento de Interventor o Administrador judicial al amparo de la facultad prevista en el art. 18 LHMPSD, en sede Concursal choca con el cargo de Administrador social con facultades intervenidas o no suspendidas, apartándolo de sus funciones, como también lo hace y, mayormente, con el de Administrador Concursal, en cualquier caso. Considero, no obstante, que, dado el carácter de ejecución universal del Concurso y la especialidad de su legislación, supera el dictado de la precitada norma hipotecaria y así, para el supuesto de que el Acreedor hipotecario, acreedor del art. 270.1º TRLC (antiguo 90.1.1º LC), apreciase la depreciación del bien hipotecado, esta facultad —insisto, una vez declarado el Concurso del hipotecante, deudor o no— quedaría sin efecto la Administración judicial, pues (i) el bien pasa a integrar la Masa Activa del concurso, (ii) los rendimientos del bien lo son a favor de la Masa, (iii) los pagos a realizar, son con cargo a la Masa, (iv) la intervención formaría parte de una ejecución singular de la garantía real hipotecaria y, por tanto, debería quedar en suspenso y, por último, (v) la intervención del Administrador Concursal, con sus facultades, puede y debe llevarla a efecto mediante la sustitución de facultades del Administrador social, acorde con lo dispuesto en el art. 108 TRLC (antiguo art. 40.4 LC). Todo lo cual puede verse más claramente aún, si acudimos a la figura de la Hipoteca sobre establecimiento mercantil (arts. 19 ss. y cc. LHMPSD) acorde con las medidas de los arts. 25 y 27 LHMPSD las cuales, en sede concursal, debo entender que únicamente puede asumirlas el Administrador Concursal, pues la Administración judicial del bien hipotecado está prevista en situación no concursal, digamos, en situación de normalidad obligacional, así como que el privilegio especial alcanza únicamente el derecho de ejecución separada, si bien no el de conservación del patrimonio y derechos del concursado, patrimonio del Administrador Concursal según dispone el art. 204 TRLC, por lo que el Interventor judicial debería cesar en su cargo tan pronto acepte el Administrador Concursal su cargo en los términos previstos en el art. 66 TRLC.

Si consideramos la Intervención judicial como una Medida cautelar, el art. 54 TRLC (antiguo art. 8.4 LC) dispone su inmediata suspensión desde el momento de la declaración de concurso, salvo las relativas a la capacidad, filiación, matrimonio y menores, las arbitrales y, respecto de estas últimas, salvo las que causaren un perjuicio a la Masa.

No obstante cuanto antecede, hay que acudir, pues a lo dispuesto en el art. 145 y ss. TRLC (antiguo art. 56 LC) para distinguir si el bien sobre el que se ha constituido la hipoteca mobiliaria resulta necesario para la continuidad de la actividad profesional o empresarial del concursado, para determinar si se puede iniciar su ejecución o, si ya iniciada la ejecución y, con ella la Intervención judicial, debe quedar en suspenso, respecto de lo cual, el apartado 2 de dicho precepto dispone el alzamiento de la suspensión y su continuación, para el solo supuesto de la incorporación al procedimiento de ejecución singular hipotecario de testimonio de la resolución del Juez del Concurso que declare que el bien sobre el que se decretó la Intervención judicial, no es necesario para la continuidad de la actividad de la concursada.

Así pues, parece ser que, en principio, procesalmente, pueden coexistir la figura de la Intervención judicial y la de la Administración concursal, si bien, únicamente, en el supuesto de la no necesidad del bien para la continuidad de la actividad de la concursada; obviamente, para lo cual habrá que atender a los bienes que el art. 12 LHMPSD, según la relación que precedentemente hemos transcrito, para comprobar que, salvo que se solicite del Juez del Concurso el cese de la actividad, todos los bienes hipotecables son necesarios para la actividad, salvo caso de tener una pluralidad de unos u otros, alguno de ellos no resulte concreta y específicamente, necesario.

En cualquier caso, el art. 690.5 LEC deja en manos del Juez del Concurso su continuidad o cesación de la Intervención o Administración interina del bien gravado.

C) Extinción

Como toda garantía accesoria, se extingue por (i) los mismos términos y condiciones que las obligaciones, así como (ii) por el transcurso de tres (3) años desde que pudo ser ejercitada en virtud de la prescripción *ex* art. 11 LHMPSD, precepto que no se ha visto modificado por la reforma del Código civil operada en 2015, (iii) si bien las inscripciones registrales caducan y se deben cancelar de oficio o a instancia de parte por el transcurso de seis (6) años contados desde la fecha del vencimiento de la obligación garantizada (art. 79 LHMPSD).

D) Elementos personales. La hipoteca mobiliaria por débito ajeno

De un lado, nos encontramos con el Hipotecante, deudor o tercero (hipoteca por débito ajeno), quien, en cualquier caso, debe ser propietario del bien hipotecado. En este sentido, si el hipotecante tercero, fuese una persona jurídica, para la formalización de la Escritura de Hipoteca mobiliaria, requeriría de la adopción previa de un acuerdo de la Junta de la Sociedad de la que, por ejemplo, es Administrador, pues la prestación de garantías por otro no es una facultad inherente al Administrador, dado que no forma parte del giro y tráfico de la sociedad que representa, acuerdo que, debidamente certificado, debe incorporarse a la Escritura, amén de que, caso de que se trate de un activo esencial de la sociedad, deberá requerir del acuerdo de la Junta para su gravamen, acorde con lo dispuesto en el art. 166.f) LSC. El hipotecante está obligado, en cualquier caso a conservar el bien hipotecado, realizando cuantas reparaciones fueren precisas para evitar el menoscabo del mismo, menoscabo que, como decíamos precedentemente, facultaría al acreedor hipotecario a solicitar del Juez de la ejecución hipotecaria, la Intervención judicial, precedentemente analizada, pero, lo que, a diferencia del hipotecante deudor, no podrá exigir el acreedor del hipotecante no deudor es la ampliación de la hipoteca para asegurar los intereses vencidos y no satisfechos que no estuvieren garantizados por las reglas del art. 114 LH (capital e intereses hasta cinco años), pues así lo dispone el tercer párrafo del art. 115 LH, aplicable por la Disposición adicional Tercera de la LHMPSDP, lo cual encuentra su razón civil en el art. 1.826 C.c. que faculta al fiador (hipotecante no deudor) a obligarse a menos que su afianzado (deudor) pero no a más que éste lo hizo, «tanto en la cantidad como en lo oneroso de las condiciones», pues, en nuestro supuesto, la obligación como tal, en la cantidad, está asegurada, pero en lo oneroso (extensión de la garantía hipotecaria) no puede resultar obligado a más de lo que se obligó en su día, no tiene obligación de ampliar la garantía real sobre el mismo bien, constituyendo segunda o ulterior hipoteca, ni sobre otros propios respecto de aquellos intereses impagados no asegurados o, incluso, excedidos del límite temporal.

Contrariamente a la hipoteca inmobiliaria, en la que el hipotecante, deudor o no, no encuentra límite a sus facultades dominicales, pues tiene la garantía que le ofrece el art. 118 LH, de subrogación del adquirente, el hipotecante mobiliario no puede vender el bien hipotecado sin el consentimiento del acreedor (art. 4 LHMPSD), lo cual no hace devenir en nula la venta, sino que genera, de un lado, la *rei*-perseguibilidad del bien hipotecado (acciones de reintegración concursal del art. 238 TRLC) frente al adquirente quien, deberá, en cualquier caso, soportar la enajenación pública del bien, entendemos, por tanto, que se trata de un requisito de inscripción del título dominical del adquirente, quien, si el acreedor hipotecario no acepta la transmisión, aquél no verá inscrito su título de dominio, perdiendo con ello la protección registral *erga omnes* y, por supuesto soportar la enajenación del bien por el acreedor.

De otro, el acreedor hipotecario quien, como en todos los supuestos ostenta una obligación válida en Derecho frente a su deudor, la que resulta garantizada por la constitución del derecho real de garantía mobiliaria; al propio tiempo, goza de la facultad de solicitar la administración del bien hipotecado (art. 64 LHMPSDP), incluso la de ejercer el comercio, industria o actividad, en lugar de su hipotecante.

E) Extensión de la Hipoteca mobiliaria de establecimiento mercantil

Esta hipoteca tiene la peculiaridad de que, para que pueda ser hipotecado un establecimiento mercantil, el mismo tiene que estar instalado en un local de negocio, bien propiedad del hipotecante, bien que éste sea el arrendatario, pero con facultad de traspasar, esto es, que haya sido pactado, habida cuenta de que lo que la LAU considera un derecho, no es más que una mera facultad que las partes en un contrato de arrendamiento puedan convenir al amparo de la libertad de pactos contenida en el art. 1.255 C.c. a tenor de lo dispuesto en el art. 4.3 LAU.

Habida cuenta de la evolución de los tiempos, hoy día nos encontramos con empresas que carecen de lugar físico en el que desarrollan su actividad, pues actúan a través de los sistemas telemáticos que facilita Internet. A este respecto habría que cuestionarse si tales actividades son susceptibles de ser hipotecadas como establecimientos mercantiles. En primer lugar, deberíamos partir por la definición de «establecimiento mercantil», la cual, por remisión etimológica, alude al concepto de «estar» (del Latín «*sto, stas, stare*», significando permanecer de pie), como concepto físico o visible; la LHMPSDP, en su exposición de motivos, debate sobre la definición de establecimiento mercantil, considerándolo como «base física de la empresa» por lo que, en principio, ya habría que desterrar las actividades telemáticas sin establecimiento físico, como susceptibles de hipotecar como establecimiento mercantil, distinguiéndose por dicha norma entre la hipoteca inmobiliaria, extensiva sobre el bien inmueble (propiedad del arrendador del local en el que se desarrolla la actividad por un arrendatario) y la mobiliaria, sobre el propio establecimiento físico (propiedad del titular del bien inmueble o del arrendatario del local). En efecto, el art. 19 LHMPSDP ya exige que la hipoteca se extiende al establecimiento mercantil y exige que esté instalado (de la misma raíz etimológica que estar) en el local de negocio.

La reiterada norma no permite la inscripción registral de esta hipoteca, sin embargo, su aseguramiento viene dado por la notificación prevista por el art. 24 LHMPSDP, hecha mediante acta notarial al arrendador o propietario del local en que se hallare el establecimiento mercantil objeto de hipoteca, a instancias, bien del acreedor, ora del deudor titular del establecimiento hipotecado.

En este aspecto, hay que puntualizar, interpretando lo dispuesto en los arts. 19 LHMPSD y el derogado art. 56.1 LC, que por el término «*bienes del concursado*» o el actual del art. 192 TRLC «*bienes y derechos integrados en el patrimonio del concursado*», debe entenderse comprendido el concepto de establecimiento mercantil y no de bien inmueble o local de negocio, por lo que en el supuesto de que el concursado fuese arrendatario del local comercial sobre el que se desarrolla su actividad o establecimiento mercantil, quedaría igualmente afecto a la paralización de la ejecución de la hipoteca mobiliaria de tal establecimiento está hipotecado mediante hipoteca mobiliaria. El TRLC ha modificado este concepto en su art. 145 y ss. aludiendo a los «*bienes y derechos de la masa activa*», por el que, de alguna manera, acoge la precedente crítica.

A este respecto, hay que traer a colación lo dispuesto en los arts. 5 y 20 a 23 LHMPSD y con ello, la extensión de la hipoteca mobiliaria

a) A toda clase de indemnizaciones que correspondan al hipotecante concedidas o debidas por razón de los bienes hipotecados o pignorados, si el siniestro o hecho que los motiva acaeciere después de la constitución de la hipoteca o prenda, entre ellas, las indemnizaciones que debe satisfacer el arrendador del inmueble al arrendatario con arreglo a la Ley de Arrendamientos Urbanos, esto es, la prevista en el art. 34 LAU o indemnización por clientela.
b) «*necesariamente*» al «*derecho de arrendamiento sobre el local, si lo tuviere el hipotecante*»,
c) A las instalaciones fijas o permanentes (aire acondicionado, mostradores) siempre que pertenezcan al titular del establecimiento mercantil hipotecado.
d) Al nombre comercial (registrado o no), rótulo del establecimiento, marcas distintivas y demás derechos de propiedad industrial e intelectual, siempre que sean de la propiedad del titular del establecimiento; que el precio de adquisición esté pagado, y que se hallen destinados de modo permanente a satisfacer las necesidades de la explotación mercantil o industrial.

e) A las máquinas, mobiliario, utensilios y demás instrumentos de producción y trabajo, siempre que sean de la propiedad del titular del establecimiento; que el precio de adquisición esté pagado, y que se hallen destinados de modo permanente a satisfacer las necesidades de la explotación mercantil o industrial.

f) Mediante pacto, a las mercaderías y materias primas destinadas a la explotación propia del establecimiento siempre que sean de la propiedad del titular del establecimiento y que el precio de adquisición esté pagado.

F) *Extensión de la hipoteca mobiliaria sobre aeronaves*

Contrariamente a la hipoteca sobre establecimiento mercantil, la hipoteca mobiliaria sobre aeronaves sí es inscribible en la sección correspondiente a éstas del Registro Mercantil de la provincia donde se hallen matriculadas, conforme dispone el art. 38 LHMPSDP.

En el supuesto de aeronaves, salvo pacto en contrario, se extiende el derecho real de garantía a los siguientes bienes, acorde con lo dispuesto en el art. 39 LHM:

a) La cédula, motores, hélices, aparatos de radio y navegación, herramientas, accesorios, mobiliarios y, en general, pertrechos y enseres destinados al servicio de la aeronave, aunque sean separables de ésta.

b) Los repuestos de almacén quedarán hipotecados con la aeronave, siempre que consten inventariados en la escritura de hipoteca.

No parece necesario indicar la necesidad que, dado que todos estos objetos carecen de numeración identificativa, más allá de la mera marca y según casos, que no todos, aunque no sea un requisito constitutivo, sino que se hipotecan por extensión del derecho real, se hace preciso inventariar en la escritura, no solo por su valor intrínseco a cada uno, sino porque si quitásemos cualquiera de ellos bien podría dejar inservible la aeronave y, por tanto, carente de valor la garantía real.

G) *Extensión de la hipoteca mobiliaria sobre propiedad intelectual e industrial*

La hipoteca sobre este tipo de derechos se extiende, además y acorde con cuanto dispone el art. 46 LHM, sobre lo siguiente:

a) La adaptación, refundición, traducción, reimpresión, nueva edición o adición de la obra hipotecada.

b) La adición, modificación o perfeccionamiento de la misma patente, marca, modelo y demás derechos de propiedad industrial.

El primer litigio que se planteó en los Estados Unidos de América sobre la propiedad intelectual respecto de un personaje cinematográfico fue respecto del personaje de «Charlot» que otro actor, llamado Charles Amador, se había hecho llamar artísticamente como «Charlie Aplin» imitó los gestos de aquél en sus películas, lo cual provocó la presentación de la correspondiente demanda por Charles Chaplin, concluyendo mediante Sentencia de 27 de septiembre de 1928 dictada por la Corte Suprema consolidando la victoria jurídica de Chaplin frente a Amador. Sesenta años después la cantante y actriz Bette Midler demandó a Ford Motor Company por el uso de su voz por un imitador en los anuncios de la compañía mercantil, fallando el tribunal a favor de la cantante por ser una parte distintiva y reconocible de su imagen, siendo ilegal la imitación de la voz sin consentimiento

Se podría hipotecar el personaje y la voz, jurídicamente, pero la cuestión estaría en la atención a la liquidez que la actuación o el canto generen, evitar la cesación de las representaciones o actuaciones y mantenerlas en la más alta evaluación social o comercial para que constituyesen una auténtica garantía.

Debemos ir más allá de lo que, normalmente, se entiende por derechos de propiedad intelectual, considerando lo dispuesto por la siguiente resolución, en que se trata de la copia de los fundamentos de derecho de una contestación a una Demanda sin autorización de su redactor, para utilizarlos de la misma manera por un tercero en igual posición procesal.

S.A.P. Valencia —9.ª— n.º 3/2024, de 9 de enero

«... 23.- Sentado lo anterior, creemos que el escrito de contestación a la demanda en el que se basa la pretensión de doña Lourdes merece ser protegido como obra, por tres razones. 24.- Por un lado, porque la naturaleza del objeto examinado es perfectamente subsumible entre las previsiones del artículo 10.1.a) TRLPI, por asimilación a un "informe forense". Pues, aunque un escrito de contestación a la demanda constituye un acto procesal y su elaboración persigue la finalidad de su presentación en un proceso civil y para la atención de sus fines, también constituye un documento que incorpora el dictamen profesional del Letrado que lo suscribe, resuelto en la descripción de los hechos relevantes para la solución del caso y el análisis del Derecho que les resulte aplicable. 25.- Por otro lado, porque ese objeto es uno identificable con suficiente precisión, en cuanto expresado de forma objetiva y bien delimitada, que puede ser percibido de la misma manera. 26.- Por

> fin, porque, aunque el objeto examinado se ajusta a las previsiones legales y usos que imprimen una forma y ciertos contenidos exigido son habituales en la práctica forense (arts. 399 y 405 LEC), su elaboración es el resultado de un proceso de toma de decisiones sucesivas y complejas, desde el punto de vista sistemático y de expresión de contenidos, donde es perceptible el carácter del profesional que lo suscribe. Por eso se trata de una obra original…».

Así pues, se trata de la protección de un texto «original», aunque no inscrito. En sede de marca, más concretamente, marca comunitaria europea, hay que destacar, a estos efectos el agotamiento (art. 36 de la Ley 17/2001, de 7 de diciembre, de Marcas, cuando hay fraccionamiento de la misma debe plantearse que la hipoteca que se constituya sobre dicha marca, se extienda a su fracción en el título constitutivo, así como la notificación al nuevo usuario de la misma, para que conlleve los efectos propios del derecho real de garantía así como en el Registro de Marcas correspondiente.

6. LA PRENDA SIN DESPLAZAMIENTO DE POSESIÓN

Bien decíamos precedentemente que «*Es requisito esencial para la existencia de la prenda, a distinción, como queda dicho, de la hipoteca, la entrega de la posesión por parte del cliente al Banco (art. 1.863 C.c.)*», sin embargo, ya desde el Derecho Romano no se requería necesariamente para la constitución de la prenda la mera entrega del *pignus*, pues bastaba el simple pacto, como así lo entendía Justiniano (Dig. XIII.VII.1) al citar a Ulpiano: «*Pignus contrahitur non sola traditione, sed etiam nuda conventione, etsi non traditum est*»[88].

A) Bienes susceptibles de Prenda sin desplazamiento de posesión

Primer grupo:

Este primer grupo, viene enumerado en el art. 52 de la LHMPSD, salvo el señalado con el ordinal 4º) que lo establece el siguiente art. 53 de la misma norma y viene a determinar aquellos bienes que deben considerarse como perecederos, propios de la agricultura y la ganadería.

---

88 La prenda no solo se celebra con la entrega, sino también por simple pacto, aunque no se haya hecho la entrega del bien.

1º) Los frutos pendientes y las cosechas esperadas dentro del año agrícola en que se celebre el contrato. Así se consideraba en el Derecho clásico justinianeo, citándose a Gayo en el libro único de la fórmula hipotecaria: «*También pueden darse en hipoteca cosas que todavía no existen pero que existirán, como los frutos pendientes, los partos de las esclavas o las crías del ganado, de modo que queden hipotecados en cuanto nazcan*»[89].

2º) Los frutos separados o productos de dichas explotaciones. Si no estuvieren almacenados, se determinará el lugar en que hubieren de depositarse.

3º) Los animales, así como sus crías y productos. Recordemos, a este respecto, que el art. 1.864 C.c. excluye del objeto de la prenda a los animales de compañía, por lo que estaríamos hablando de los animales que son objeto de explotaciones agrarias o ganaderas.

4º) Las mercaderías y materias primas almacenadas.

Hasta aquí, debemos indicar que la efectividad de la prenda conlleva una actuación adicional para el acreedor pignoraticio, quien, se ve obligado a realizar recuentos periódicos o inventarios de frutos, productos y animales, acorde con la facultad que le confiere el art. 63 LHMPSD pues, caso de pérdidas de unos y otros conllevarían la extinción del derecho prendario y el nacimiento de la reparación de los daños y perjuicios causados, conforme dispone el art. 62 LHMPSD; salvo el ordenamiento de cobros y pagos que el acreedor pignoraticio, como tal, no está facultado, nos encontraríamos ante actuaciones propias de una administración judicial regulada por el artículo 630 y siguientes de la LEC.

Segundo grupo:

Este segundo grupo viene regulado por el art. 52.4º LHMPSD, por lo que respecta al señalado con el ordinal 5º) y por el siguiente art. 53.1º de la precitada norma, por lo que respecta al del ordinal 6º) y está compuesto por aquellos bienes que, no siendo perecederos, pueden deteriorarse, tanto por su uso, como por su no uso, sirviendo para explotar los negocios ganaderos, agrícolas o industriales.

---

89 DIGESTO XX.I.15 y, también en XX.IV.11.§3.

5º) Las máquinas y aperos de las referidas explotaciones; esto son, los no identificables.

6º) Las máquinas y demás bienes muebles identificables por características propias, como marca y número de fabricación, modelo y otras análogas, que no reúnan los requisitos exigidos en el art. 42[90], lo cual implica que, para que sean bienes susceptibles de prenda sin desplazamiento de posesión (i) no se hallen instalados, esto es, fijos, anclados al local, sin posibilidad de movimiento o desplazamiento, (ii) no destinados a la explotación de la industria, (iii) que no concurra directamente a satisfacer las necesidades de la explotación, (iv) que la industria no figure anotada en el censo industrial o minero a nombre del hipotecante; se pretende, pues, que el propietario de dichos bienes continúe con su posesión y ejercicio propio de su actividad, sin perturbación alguna.

Si bien este segundo grupo de bienes, no ostentan el carácter de perecederos y el deber de conservación es menor que en los del primer grupo, el deterioro que su uso o su no uso conlleva, hace que la revisión correspondiente sea más dilatada en el tiempo.

Tercer grupo:

Aquí nos encontramos con productos en sí mismo considerados, ajenos a una actividad propia del denominado Sector Primario, de carácter artístico en sus múltiples facetas, determinados por el artículo 54 LHMPSD:

7º) Las colecciones de objetos de valor artístico e histórico, como cuadros, esculturas, porcelanas o libros, bien en su totalidad o en parte; también podrán serlo dichos objetos, aunque no formen parte de una colección.

---

90 **Artículo 42 LHMPSD**. Podrán ser hipotecadas las máquinas, instrumentos o utensilios instalados y destinados por su propietario a la explotación de una industria y que directamente concurran a satisfacer las necesidades de la explotación misma.
Dicha industria deberá figurar anotada en el censo industrial o minero a nombre del hipotecante. A los efectos de esta hipoteca, se considerarán también como máquinas las calderas de vapor, los hornos que no forman parte del inmueble, las instalaciones químicas y los demás elementos materiales fijos afectos a la explotación de la industria.

Dentro de este grupo, hay que tener bien presente la posible colisión de derechos entre el Autor de la obra pignorante y el Acreedor pignoraticio a la luz de lo dispuesto en el art. 428 C.c. que confiere al primero el derecho de explotación y disposición de la obra libremente.

Cuarto grupo:

Por último, nos encontramos ante intangibles como son los derechos de crédito, enumerados en el art. 54 LHMPSD del siguiente modo:

8º) Los créditos y demás derechos que correspondan a los titulares de contratos, licencias, concesiones o subvenciones administrativas siempre que la Ley o el correspondiente título de constitución autoricen su enajenación a un tercero.

9º) Los derechos de crédito, incluso los créditos futuros, siempre que no estén representados por valores y no tengan la consideración de instrumentos financieros a los efectos de lo previsto en el Real Decreto Ley 5/2005, de 11 de marzo, de reformas urgentes para el impulso a la productividad y para la mejora de la contratación pública, podrán igualmente sujetarse a prenda sin desplazamiento.

Para su eficaz constitución deberán inscribirse en el Registro de Bienes Muebles. Por último, a tenor de lo dispuesto en el art. 55 LHMPSD, no podrá constituirse prenda sin desplazamiento sobre los bienes expresados en el art. 12 —antes referidos, por ser los susceptibles de Hipoteca mobiliaria—, ni por los que se halle pignorados con arreglo a lo dispuesto en el art. 55 LHMPSD, cuya razón se encuentra en el hecho de la posesión, esencia de la prenda, que no puede estar en dos personas al mismo tiempo, conforme dispone el art. 445 C.c., consecuentemente, no podrá haber dos acreedores pignoraticios, en tanto que poseedores de la prenda, o que, por pacto hubieren sido hipotecados con arreglo al art. 111 LH, siendo éstos los siguientes:

1. Los objetos muebles que se hallen colocados permanentemente en la finca hipotecada, bien para su adorno, comodidad o explotación, o bien para el servicio de alguna industria, a no ser que no puedan separarse sin quebranto de la materia o deterioro del objeto.
2. Los frutos, cualquiera que sea la situación en que se encuentren.
3. Las rentas vencidas y no satisfechas al tiempo de exigirse el cumplimiento de la obligación garantizada.

B) Elementos personales

Al igual que en la hipoteca mobiliaria, aquí nos hallamos ante el pignorante, deudor o no (pignorante por débito ajeno) y el acreedor pignoraticio.

El pignorante conserva tanto la propiedad como la posesión del bien pignorado, si bien no puede trasladar los bienes del lugar en que consta pactado en la póliza, siendo el auténtico depositario del mismo; como corolario, el Acreedor pignoraticio conserva el derecho de comprobación e inspección del estado de los bienes sujetos, según dispone el art. 57 LHMPSD.

El pignorante puede vender el bien hipotecado, si bien, deberá seguir las reglas dispuestas en el art. 65 LHMPSD y así, deberá recabar el consentimiento del acreedor hipotecario, quien tiene derecho de adquisición preferente o retracto para adquirirlo mediante la figura de la dación en pago —*sic*— esto es, según el texto legal, extintiva de la totalidad del crédito, pero siempre y cuando el precio convenido fuese inferior al del importe del crédito y quedara subsistente por la diferencia. Se verá que el texto legal es contradictorio, pues está denominando dación en pago a aquello que realmente es una dación en pago parcial, pues lo que previó el Legislador de 1954 fue un cobro parcial y hasta donde alcanzase el precio de la venta al mayor importe posible del crédito y, en ningún caso de forma extintiva de la totalidad de la obligación garantizada.

El Acreedor pignoraticio, a más de lo dicho, puede enajenar el crédito garantizado a un tercero, notificando al deudor y al pignorante tal cesión o transmisión, según dispone el art. 8 LHMPSD.

C) Extinción

Como toda garantía accesoria, se extingue por los (i) mismos términos y condiciones que las obligaciones (*cfr.* art. 1.156 C.c.), por (ii) destrucción de la cosa, así como por (iii) el transcurso de tres (3) años desde que pudo ser ejercitada la acción, en virtud de la prescripción (art. 11 LHMPSD), si bien las inscripciones registrales caducan y se deben cancelar de oficio o a instancia de parte por el transcurso de tres (3) años contados desde la fecha del vencimiento de la obligación garantizada (art. 79 LHMPSD). Aunque parezca obvio decirlo, no está de más reiterar que lo que se extingue es el derecho real de garantía, no la deuda, la que subsistirá en razón a la cantidad pendiente de pago.

D) El crédito garantizado con promesa de prenda futura

Por vía de aclaración, debemos manifestar que no nos estamos refiriendo al «crédito futuro» pignorable según el art. 54 LHMPSP conforme acabamos de exponer, sino de que el bien gravable existe, el crédito, pero lo que se realizará a futuro será la formalización del derecho de garantía prendaria (certus an certus quando)[91], por lo que no estam,os tratando de lo dispuesto en el art. 271 apartados 3 y 4 TRLC (créditos futuros); así pues, damos cuenta en el presente apartado de la incidencia concursal derivada de la suscripción de una póliza de crédito, en la que, como *pactum de contrahendo* u obligación irrevocable, la acreditada se obligaba a constituir un derecho real de garantía prendaria sobre ciertas acciones y participaciones en fondos de inversión que, al tiempo de la financiación o firma de la póliza, no existían, sino que debían adquirirse *a posteriori*, como así fueron adquiridas, precisamente, con parte del dinerario del crédito concedido, si bien, en fechas posteriores, por causa de la acreditada adquirente. La Administración Concursal de la acreditada promovió el correspondiente incidente concursal al amparo de lo dispuesto en el art. 226 y ss. TRLC (rescindibilidad) (antiguo art. 71 LC), al considerar que la prenda no había nacido con la financiación, sino, en momento posterior a la misma y, con ello, se producía un perjuicio para la Masa del concurso y, por tanto, debía ser anulada la garantía prendaria, recalificando el crédito de la Entidad financiera. Así, pues, nos hallamos ante un crédito cierto y una prenda que nace como consecuencia de los pactos de garantía formalizados en la póliza de financiación.

El Juez del Concurso estimó la Demanda de la Administración Concursal, si bien, la Audiencia Provincial de Valencia estimó íntegramente el Recurso de la entidad bancaria, bajo los siguientes razonamientos jurídicos:

> **SAP Valencia —9.ª— n.° 146/2013, de 08.05.2013**
>
> «TERCERO.- Discrepa la Sala, en tal aspecto, de la argumentación de la sentencia recurrida, que viene a acoger la tesis de la administración concursal.
>
> Nos hallamos, en el presente supuesto, ante un contrato de crédito nacido y suscrito el 16 de marzo de 2010, con la modificación, en documento público de la misma fecha, de las condiciones de contratación en cuanto, ya en ese momento, se preveía, sin concretarla, la constitución de una garantía prendaria, sobre determinados elementos patrimoniales que, en cuanto aquí es objeto de litigio —las acciones de TELEFONICA— se concretaría, también en instrumento público, el 7 de mayo siguiente.

---

91 Es cierto lo que se va a realizar y cierto el momento en que se va a llevar a cabo.

Teniendo en cuenta que el concurso se declaró el 16 de junio de 2011 y que sobre tales fechas, que resultan también documentalmente acreditadas, no hay discusión, tratándose de hechos admitidos por ambas partes, resulta obvio, desde el punto de vista temporal, que los actos anteriormente aludidos entran en el período de retroacción del artículo 71 LC.

Ahora bien, lo que consideramos no acreditado es el acto perjudicial para la masa, por las siguientes razones: Contrariamente a lo que se afirma por la administración concursal y se acoge en la sentencia, no se ha constituido una garantía posterior para garantizar el cumplimiento de las obligaciones derivadas de la póliza de crédito, sino que el crédito, precisamente en la misma fecha en que se suscribió la póliza, se hizo depender de la constitución de un derecho real de prenda, sin concreción en ese momento, que después —el 7/5/10— se concretó en determinadas acciones de Telefónica que son objeto de litigio.

– No se privilegia, en forma determinada a un acreedor perjudicando al resto de la masa pasiva. Las acciones se adquieren con cargo, precisamente, al crédito de la demandada, y sirven para garantizar el cumplimiento de sus obligaciones.

– La administración concursal ha admitido la calificación como crédito con privilegio especial de la demandada, sin discusión sobre la prenda constituida.

– La póliza suscrita es de crédito, por lo que, no habiendo finalizado —al tiempo de constituir la prenda— el período contractualmente convenido, y no constando su incumplimiento, no existía deuda en sentido propio, sino que el contrato —cfr. Movimientos obrantes folio 99 de las actuaciones— se hallaba en período de cumplimiento ordinario.

En tal sentido, traemos a colación lo resuelto en la sentencia, citada supra, de esta Sala de 10/4/12, en que, entre otros extremos se argumentaba lo que sigue: "La cuestión relativa a la existencia o no del privilegio se suscita en el ámbito del concurso de acreedores, y al respecto no cabe olvidar que la Ley Concursal es Ley especial cuya aplicación prevalece sobre la norma general, de manera que el artículo 90.1.6 en su redacción vigente al tiempo de promoverse la cuestión no exigía para el reconocimiento del privilegio que la prenda sobre créditos (sin distinción entre ordinario o sin desplazamiento) estuviese inscrita en Registro alguno, siendo suficiente para gozar del privilegio su constancia en documento con fecha fehaciente; lo que se cumple en el supuesto enjuiciado.

S in perjuicio de la problemática que ha supuesto la interpretación del artículo 54.3 de la LHMyPSD a los distintos operadores jurídicos y las entidades bancarias en orden al carácter o no constitutivo del requisito del registro de las prendas sobre créditos futuros y su calificación como prenda sin desplazamiento, lo cierto es que a los efectos del concurso de acreedores el legislador ha seguido manteniendo la especialidad para reconocer el privilegio a la prenda sobre créditos futuros con la mera constancia en documento fehaciente. Ello se concluye de la actual redacción del precepto, pues si la prenda sobre créditos futuros se constituye antes de la declaración del concurso no requiere para surtir el efecto de su reconocimiento como privilegio especial el de la inscripción en el Registro, sino que sólo se exige esta inscripción para el supuesto en que el nacimiento del crédito garantizado sea posterior a la declaración del concurso, lo que constituye una excepción a la regla general y refuerza la tesis sostenida por esta sección en orden a que la falta de inscripción en el Registro de Bienes Muebles —per se— no priva de eficacia a la garantía objeto de controversia pues no tiene carácter constitutivo sino de mera noticia o publicidad.

No obstante, la norma aplicable al caso que se somete a nuestra consideración no es la resultante de la Ley 38/2011 —criticada por su confusa redacción—, de manera que en la redacción vigente al tiempo de suscitarse la controversia no se exigía el requisito de la inscripción en ningún caso, esto es, con referencia al momento del nacimiento del crédito garantizado —ex ante o ex post al concurso—. Y puesto que el precepto no hacía referencia alguna al momento del nacimiento del crédito, no cabe establecer ahora la distinción, pues donde la norma no distingue no puede distinguir el intérprete.

Dice la Sentencia del Tribunal Supremo de 20 de junio de 2007 que "La cuestión de si los créditos pueden ser objeto de prenda ha sido estudiada y resuelta por la jurisprudencia de esta Sala en un sentido positivo. [...]. Ha de resaltarse, además, que esta jurisprudencia ha encontrado su respaldo en la Ley Concursal de 9 de julio de 2003, que reconoce la aptitud de los créditos para ser objeto de derecho real de prenda, con el consiguiente privilegio especial del acreedor pignoraticio sobre ellos (art. 91.1.6º) [...]"...El art. 1.861 CC dice que la hipoteca o la prenda pueden asegurar toda clase de obligaciones, ya sean puras, ya estén sujetas a condición suspensiva o resolutoria. El crédito futuro puede ser considerado jurídicamente como sometido a la condición suspensiva de que llegue a existir, y la garantía quedará entonces condicionada de la misma forma. Además, si la ley admite la hipoteca en garantía de créditos futuros (art. 142 Ley Hipotecaria) y la fianza por deudas futuras (art. 1.825 CC), no hay obstáculo que impida la constitución de una prenda en garantía de tales obligaciones".

La prenda es accesoria a la obligación principal (Art. 1857.1 del C. Civil) de manera que cuando nace el crédito a favor del pignorante, los efectos se retrotraen a la fecha de su constitución, a tenor del contenido del artículo 142 de la Ley Hipotecaria en relación con la regulación de la condición suspensiva del artículo 1120 del C. Civil, de aplicación analógica (la Sentencia del Tribunal Supremo de 20 de junio de 2007 afirma, como se ha indicado anteriormente, que el crédito futuro puede ser considerado jurídicamente como sometido a la condición suspensiva de que llegue a existir). En relación a este precepto, el Tribunal Supremo, en Sentencias de 12 de marzo de 1993 y 18 de julio de 2005 declara que "si la condición es suspensiva, una vez cumplida, los efectos de la obligación condicional se retrotraen al día de su constitución (art. 1120), pues desde la perfección son queridos y el cumplimiento de la condición confirma el derecho que existía en estado latente o expectante desde la celebración del contrato, lo cual implica que la consolidación de los efectos se produce en quien era titular, al momento de la perfección del contrato sometido a condición suspensiva"; y todo ello sin perjuicio de los efectos de la aplicación, en su caso, de lo dispuesto en el artículo 18 de la Ley 58/2003, de 17 de diciembre, General Tributaria en relación con la

Ley 37/1992, de 28 de diciembre, del Impuesto sobre el Valor añadido, tras la reforma del artículo 90.1.6º de la Ley Concursal.

Consecuencia de lo que precede, será la estimación, en tal aspecto del recurso planteado. El crédito se constituyó en el momento acreditado, sujeto a la modificación de su garantía ulterior, en la misma fecha. De modo que, no constando incumplido al tiempo de la concreción de la garantía prendaria, ni vencido anticipadamente, no se produce la alteración, por esta vía, de la condición de aquel crédito, que se afirma, por pasar a ser privilegiado uno que no lo era, pues, como se ha dicho, ya se concedió con esa condición, no había crédito o relación precedente con la recurrente, y no había sido liquidado, propiamente, sino que se hallaba en curso de cumplimiento de las obligaciones derivadas del mismo.

Procede, por lo expuesto, considerar que no se ha cumplido tal presupuesto, y, en consecuencia, desestimar la demanda, manteniendo la calificación anterior del crédito reconocida y recogida anteriormente en los textos definitivos por la administración concursal. Se estima el recurso y se revoca la sentencia dictada en primera instancia...»

E) La prenda en garantía de créditos futuros

La Ley 38/2011 de reforma de la Ley Concursal, a más de lo dicho en precedentes apartados, modificó el apartado 6º del artículo 90.1 de la misma, en el sentido de incluir la denominada «*prenda en garantía de créditos futuros*», concepto que deviene de lo dispuesto en el artículo 1.825 C.c.[92], en relación con el art. 54 LHMPSD y, en este sentido, a este tipo de derecho real de garantía pignoraticia sólo se le atribuye el privilegio especial propio a los créditos que hubieren nacido antes de la declaración de Concurso y, por excepción, a los nacidos después de dicha declaración, únicamente cuando se proceda a su rehabilitación o cuando la prenda estuviera inscrita en un registro público con anterioridad a la declaración del Concurso.

El texto de la norma, «*prenda en garantía de créditos futuros*», debe entenderse nacido de aquella situación jurídica mediante la cual un acreedor retiene en prenda, cualquier tipo de prenda, tanto con desplazamiento posesorio como sin él, cualquier tipo de bien o derecho susceptible de ser objeto de pignoración, que le garantice futuras operaciones mercantiles que todavía no han nacido o tenido lugar; esto es, nos encontramos con dos (2) momentos jurídicos, perfectamente diferenciados, a saber: en primer lugar,

---

92 **Art. 1.825 C.c.** Puede también prestarse fianza en garantía de deudas futuras, cuyo importe no sea aún conocido; pero no se podrá reclamar contra el fiador hasta que la deuda sea líquida.

(i) el denominado *«obligatio existit»*, esto es, aquella situación jurídica en la que la obligación principal garantizada con la prenda ya existe, como sucede con el préstamo de presente (*ex* art. 312 C.com.), en tanto en cuanto que con la formalización del contrato se conoce el *quantum* líquido que se ha de devolver por el prestatario, existe desde el momento de su firma; en segundo, (ii) el denominado *«obligatio pendens»*, esto es, aquél en el que la obligación todavía no ha existido, como es el caso de la concesión de crédito, conforme al cual, se conoce el límite de la obligación del acreditante de entregar dinerario, a futuro, pero no se conoce, hasta la llegada de su vencimiento, el importe del que llegará a disponer el acreditado, quedando, pues, pendiente su liquidez.

No debe confundirse, pues el bien objeto de prenda, entre los que pueden incluirse derechos de crédito, con la obligación principal que se garantiza que, en cualquier caso, serán derechos de crédito, ciertamente futuros, esto es, que no han nacido aún; por tanto, no cabe duda de que pueden pignorarse derechos de crédito que el deudor ostente frente a terceros en garantía de derechos de crédito futuros que el deudor vaya a contraer con su acreedor pignoraticio.

Puestas así las cosas, este tipo de prenda sobre futuribles, únicamente atribuye el privilegio especial a los créditos ciertos y existentes al tiempo de la declaración concursal, lo cual viene a representar tres momentos en el *iter* negocial: el primero, (i) el de la formalización de la prenda sobre algo que aún no ha nacido, el crédito futuro; un segundo momento, sucesivo en el tiempo al anterior, (ii) el del nacimiento del crédito del acreedor pignoraticio frente al deudor pignorante (*e.g.* venta de las mercaderías, concesión del préstamo, de una línea de descuento, etc.) y, por último, sucesivo a los anteriores, (iii) el momento de la declaración de Concurso.

La calificación que merece este tipo de prenda y su resistencia en el concurso es la que resulta de la **STS —1.ª— n.º 180/2017, de 13 de marzo** y que, seguidamente facilitamos:

> «8.- De lo expuesto resulta que, con independencia de que en la ejecución de las garantías pignoraticias se precise el ámbito de su objeto y hasta qué cantidad queda cubierto el crédito, a efectos de la calificación de los créditos, la calificación de crédito con privilegio especial realizada por la administración concursal es correcta, pues consta que al menos varias de las prendas constituidas son resistentes a la declaración de concurso, por cuanto que los créditos pignorados han nacido de contratos o relaciones jurídicas preexistentes a la declaración de concurso... 10.- Respecto del primero de los fundamentos de la demanda, los negocios jurídicos de

constitución de las prendas, documentados en las primeras escrituras otorgadas y en las que posteriormente las subsanaron y completaron, determinan con suficiente precisión los caracteres de identificación de los créditos pignorados, de modo que pueden identificarse las relaciones jurídicas y contratos de los que nacerán los créditos futuros pignorados, sin necesidad de realizar ningún acto complementario por parte del pignorante ni del acreedor pignoraticio. Esto es, el objeto de la pignoración puede ser determinado «sin necesidad de nuevo convenio entre los contratantes» (art. 1273 del Código Civil). Las prendas constituidas cumplen incluso los requisitos exigidos por el art. 54 de la Ley de hipoteca mobiliaria y prenda sin desplazamiento, fueron notificadas a los posibles deudores de los créditos pignorados u organismos que debían intervenir en la relación jurídica de la que se derivaba el crédito pignorado, y fueron también inscritas en el Registro de Bienes Muebles. No es que la notificación al deudor o la inscripción en el Registro de Bienes Muebles constituyan, en todo caso, requisitos para que, conforme al art. 90.1.6° de la Ley Concursal, las prendas de créditos futuros sean resistentes al concurso. Pero sí coadyuva a que se considere que los créditos pignorados están suficientemente identificados. 11.- Respecto de la extinción de la prenda por cumplimiento de la condición resolutoria, la alegación no puede ser estimada porque no existe tal condición. Que la prenda se constituyera para garantizar una deuda tributaria aplazada no supone que la extinción del aplazamiento extinga la prenda. Por el contrario, la exigibilidad de la deuda por la extinción del aplazamiento justificaría, en todo caso, la posibilidad de ejecutar la prenda. Que la AEAT haya optado en algunos casos por embargar algunos de estos créditos en procedimientos de apremio no supone que la prenda esté extinguida ni le impide sostener el carácter especialmente privilegiado de su crédito, porque no supone una renuncia al derecho de prenda»

Respecto de la naturaleza jurídica de la prenda sobre créditos futuros, debemos traer a colación la exégesis que realiza Audiencia Provincial de Valencia en la siguiente resolución:

SAP Valencia —9.ª— n.º 132/2012 de 10.04.2012

«... 5.5. Sobre los efectos de la falta de inscripción en el Registro Bienes Muebles y la reforma operada por la Ley 41/2007 en relación a la obligación de inscripción de la prenda sin desplazamiento.

5.5.1. El marco jurisprudencial y normativo.

No es objeto de discusión la posibilidad legal de constitución de prenda sobre créditos (Sentencias de la Sala Primera del TS de 25 de junio de 2001, 26 de septiembre de 2002,10 de marzo de 2004 ó 20 de junio de 2007), ni tampoco la posibilidad de constitución de un derecho de prenda sobre créditos futuros, como declara la Sentencia de 20 de junio de 2007 (Roj: STS 4294/2007; Pte. Sr. Gullón Ballesteros) que afirma que "... *si la ley admite la hipoteca en garantía de créditos futuros (*art. 142 Ley Hipotecaria) *y la fianza por deudas futuras (*art. 1.825 Cód. civ.*), no hay obstáculo que impida la constitución de una prenda en garantía de tales obligaciones"*. En la misma Sentencia se indicaba que no era de aplicación a la prenda de créditos futuros "la Ley de Hipoteca Mobiliaria y Prenda Sin Desplazamiento de 16 de diciembre de 1954, la cual sólo es aplicable a determinados bienes muebles taxativamente contemplados en ella, y entre los cuales no figuran los créditos arts. 1 y 52)".

Con posterioridad a la sentencia citada, el artículo 54 de la Ley de Hipoteca Mobiliaria y Prenda Sin Desplazamiento de 16 de diciembre de 1954 fue modificado por Ley 41/2007 de 7 de diciembre, estableciendo en el párrafo tercero de su actual redacción que: "*Los derechos de crédito*, incluso los créditos futuros, siempre que no estén representados por valores y no tengan la consideración de instrumentos financieros a los efectos de lo previsto en el Real Decreto-ley 5/2005, de 11 de marzo, de reformas urgentes para el impulso a la productividad y para la mejora de la contratación pública, podrán igualmente sujetarse a prenda sin desplazamiento. *Para su eficaz constitución deberán inscribirse en el Registro de Bienes Muebles"*.

La coexistencia de dicha norma con el artículo 90.1.6º de la Ley Concursal, relativo a los créditos con privilegio especial, en su redacción vigente al tiempo de dictar la Sentencia de primera instancia (modificado actualmente por Ley 38/2011, como se explicará más adelante), ha sido objeto de debate, pues la norma atribuía el privilegio especial a *"los créditos garantizados con prenda constituida en documento público, sobre los bienes o derechos pignorados que estén en posesión del acreedor o de un tercero. Si se trataré de prenda de créditos, bastará con que conste en documento con fecha fehaciente para gozar del privilegio sobre los créditos pignorados"*.

La Asociación Española de la Banca y la Confederación Española de las Cajas de Ahorro elevó consulta a la Dirección General de los Registros y del Notariado en referencia al apartado tercero del citado artículo 54 de la LHMyPSD, lo que fue resuelto por Resolución de la Dirección General de los Registros y del Notariado de 18 de marzo de 2008. De la expresada resolución resulta, a modo de síntesis, que tras la reforma del artículo 54, la garantía puede constituirse como prenda ordinaria (posesoria o con desplazamiento) o como prenda no posesoria o sin desplazamiento. Y en cuanto a los efectos que se derivan del requisito de inscripción registral respecto de la prenda de créditos declara: "*... para constituir una prenda sin desplazamiento se requiere, además, de la condición del bien pignorado en los términos del artículo 1 de la LHMPSD, una forma pública (artículo 3 de la LHMPSD), pues es inexcusable que se documente en escritura pública o en póliza, lo que a su vez conlleva consecuencias fiscales diversas [...] Obviamente, dicho instrumento público habrá de inscribirse en el Registro de Bienes Muebles competente, siendo éste un requisito de eficacia, que no de constitución* (artículo 3 de la LHMPSD), pues al contrario de lo que sucede con la hipoteca inmobiliaria *(*artículo 1875.1 C. Cv.*), en el que la inscripción es un requisito de validez, en la prenda sin desplazamiento es un requisito de eficacia, ya que la ausencia de inscripción 'privará al acreedor... pignoraticio de los derechos que, respectivamente, les concede esta Ley' [...] Esta contundente afirmación de la LHMPSD no se ve alterada por el inciso final del párrafo tercero del artículo 54 de la LHMPSD, según la redacción dada por la Ley 41/2007..."*

Finalmente, el Artículo 90 de la Ley Concursal en su actual redacción dispone en el párrafo 6º del apartado 1 que: "6º *Los créditos garantizados con prenda constituida en documento público, sobre los bienes o derechos pignorados que estén en posesión del acreedor o de un tercero. Si se tratare de prenda de créditos, bastará con que conste en documento con fecha fehaciente para gozar de privilegio sobre los créditos pignorados. La prenda en garantía de créditos futuros sólo atribuirá privilegio especial a los créditos nacidos antes de la declaración de concurso, así como a los créditos nacidos después de la misma, cuando en virtud del artículo 68 se proceda a su rehabilitación o cuando la prenda estuviera inscrita en un registro público con anterioridad a la declaración del concurso*".

Las sentencias de la Audiencia Provincial de Burgos de 19 de diciembre de 2011 (Roj: SAP BU 1125/2011, Pte. Sr. Barcala Fernández de Palencia) y de 18 de enero de 2012 (Roj: SAP BU 59/2012. Idéntico ponente) abordan el examen de los efectos de la prenda de créditos futuros en el concurso. Dice la última de las resoluciones citadas: "*... el derecho de prenda sobre créditos futuros ha planteado siempre problemas en sede concursal, que solo se han intentado resolver en la reciente reforma llevada a cabo por la Ley 38/2011 [...] la prenda sin desplazamiento, [...], ha venido a admitirse en su modalidad de prenda sobre créditos futuros en la nueva redacción del artículo 54.3 de la Ley de 16 de diciembre de 1954, llevado a cabo por la disposición final 3ª de la Ley 41/2007 de 7 de diciembre de reforma del mercado hipotecario...*"

Y tras referirse a las Sentencias del TS de 27 de junio de 2003 y de 22 de febrero de 2008, así como a la nueva redacción del artículo 90.1.6º de la LC dada por Ley 38/2011 (aunque por error cita el artículo 92, relativo a los créditos subordinados) concluye considerando como ordinario el crédito del Banco, al no poder calificarse como crédito privilegiado por no haber nacido el derecho real de prenda en la fecha de declaración del concurso. La sala, en interpretación de la nueva norma —que no es de aplicación al caso por razones temporales— indica que recoge una excepción a la regla general sobre el carácter privilegiado del derecho de prenda que conste en un documento de fecha fehaciente y que la prenda en garantía de créditos futuros (más bien prenda sobre créditos futuros) sólo atribuirá privilegio especial a los créditos nacidos antes de la declaración del concurso. Añade que si los créditos dados en prenda nacen después de la declaración de concurso, no hay preferencia; y que la excepción a la excepción son los supuestos de rehabilitación de contratos del artículo 68 y cuando la prenda estuviese inscrita en un registro público antes de la declaración del concurso. Y termina diciendo "*el primero parece que se refiere a los contratos de financiación celebrados antes del concurso en los que se hayan pactado estas garantías, y respecto de los cuales la administración concursal acuerde su rehabilitación, lo que supondrá el mantenimiento de las garantías pactadas aunque los créditos dados en prenda aún no hayan nacido. El segundo supuesto parece equiparar la prenda ordinaria o común con la prenda sin desplazamiento cuya preferencia, en el caso de prenda sobre créditos futuros, se condiciona a la inscripción en el Registro*"...»

La segunda de las situaciones, es la que tiene lugar mediante la siguiente secuencia temporal: En primer lugar, se constituye la prenda, sucesivamente en el tiempo y en un segundo momento se declara el Concurso; en un tercero sucesivo, nace el crédito que se garantiza con la prenda pero cumpliéndose los requisitos siguientes: que en virtud del artículo 68 se proceda a su rehabilitación o cuando la prenda estuviera inscrita en un registro público con anterioridad a la declaración del Concurso.

Aunque el Tribunal Supremo ha tratado la cuestión de la preferencia del crédito en un procedimiento no concursal, sino de Tercería de mejor derecho, resulta conveniente conocer su fundamentación jurídica a los efectos de considerar la posible liquidez o no del crédito futuro garantizado con prenda, frente a otros créditos y, por extensión, respecto de la calificación del mismo y de su contingencia.

STS —1.ª— n.º 502/2019, de 30 de septiembre

«Estimación del motivo. En la sentencia 609/2016, de 7 de octubre, reiterada por otras posteriores (por ejemplo, la sentencia 168/2019, de 20 de marzo), analizamos la procedencia de la tercería de mejor derecho interesada por la acreedora prendaria, frente a un posterior embargo dictado en un procedimiento de apremio administrativo, cuando su crédito garantizado con la prenda no es líquido, vencido y exigible.

Hemos entendido que, aunque al tiempo de ejercitarse la tercería el crédito garantizado con la prenda no sea cierto, líquido, vencido y exigible, dicho crédito goza de preferencia frente al crédito que motivó el embargo y el apremio, y por ello la tercería debe prosperar. De este modo, para que pueda prosperar la tercería de mejor derecho hay que atender a la existencia del crédito garantizado y a la preferencia de la garantía real del acreedor pignoraticio, como únicas exigencias ineludibles a la luz del art. 614 LEC. Sin perjuicio de que los efectos de la tercería en un caso como este serían: si prospera la tercería, lo obtenido por la realización de los derechos embargados por la AEAT, sobre los que el tercerista tiene un derecho de prenda, estaría pendiente de que el crédito garantizado pasara a ser cierto, líquido, vencido y exigible, para satisfacer entonces ese crédito hasta el alcance de la garantía, y después el sobrante, en su caso, podría destinarse a satisfacer el crédito de la AEAT. Y si, durante la pendencia de la tercería, el crédito del acreedor pignoraticio se convirtiera en cierto, líquido y exigible, la estimación de la tercería daría lugar a que, en las condiciones previstas en el art. 616.1 LEC, se pagara este crédito con lo obtenido por la realización.

3. Como una variante, a los supuestos que motivaron la citada jurisprudencia, se suscitó con posterioridad, si esta doctrina resulta aplicable cuando la prenda garantiza obligaciones futuras, que no han nacido cuando se pretende hacer valer frente a quien embargó los derechos pignorados. Esta cuestión ha sido resuelta recientemente por dos sentencias del pleno de la sala 466/2019 y 467/2019, de 17 de septiembre. En estas sentencias, después de recordar que la "prenda en

garantía de obligaciones futuras es válida porque son obligaciones determinables, se circunscriben a las que eventualmente pudieran surgir de una determinada relación jurídica, la fianza prestada por el banco", concluimos: "La preferencia de cobro de la prenda constituida en garantía de una obligación futura puede hacerse valer frente a un tercero que embarga con posterioridad el depósito pignorado, aunque la obligación garantizada no haya nacido todavía. El nacimiento de la obligación (*obligatio existit*) permite que pueda haber incumplimiento, presupuesto necesario para ejecutar la garantía. Pero también antes de que nazca la obligación garantizada como futura, esto es en el periodo entre la constitución de la garantía y el nacimiento de la obligación (*obligatio pendens*), la prenda asegura la preferencia de cobro frente a cualquier garantía o embargo constituido sobre el depósito pignorado con posterioridad". Por ello también en un caso como el presente, el acreedor pignoraticio tiene derecho a hacer valer su preferencia de cobro en una tercería de mejor derecho frente al tercero que embargó el depósito pignorado».

El TRLC regula la prenda sobre créditos futuros en su art. 271.3 y 4, conforme a los cuales para el reconocimiento como crédito con privilegio especial se precisa que, antes de la declaración de concurso (i) los créditos futuros hubieran nacido de contratos perfeccionados o de relaciones jurídicas constituidas antes de dicha declaración, lo que, en el supuesto bancario, surge con la firma de la póliza de descuento, la de crédito, pues, en la primera, se ha conferido el *credere* de realizar operaciones de descuento bancario, pero las letras de cambio, cheques, pagarés o facturas a descontar o negociar, no se han emitido todavía, sino que se emitirán conforme la deudora crediticia vaya recibiendo unos y otras de sus clientes; lo mismo sucede respecto del crédito puro, en el que las partidas de asiento, que suelen ser el pago de gastos corrientes, todavía no se han devengado ni vencido. (ii) La prenda requiere del elemento formalista de estar documentada públicamente, mediante póliza o escritura, según los casos, (iii) en el caso de prenda sin desplazamiento posesorio, requerirá, además, el elemento constitutivo de su inscripción registral. (iv) por lo que respecta a los créditos derivados de la resolución de contratos de concesión de obras o servicios, además, se precisa que, antes de la declaración de concurso, la garantía deberá extenderse a créditos relacionados con la concesión o contrato administrativos que se garantizan y, además, de la correspondiente autorización por el órgano de contratación según la Ley 9/2017, de 8 de noviembre, de Contratos del Sector Público y normativa pública conexa o derivada.

Seguidamente vamos a transcribir el texto de cierto pacto en el que se pretenden garantizar diversas obligaciones pecuniarias mediante una pretendida formalización de lo que denominan «prenda», lo que realizamos a los efectos de considerar qué NO es una prenda sobre crédito futuro:

> Se constituye en este acto prenda con privilegio especial y preferencia respecto a cualquier otro crédito, sobre (i) todas las cuentas a cobrar de la Sociedad y cualquiera de sus filiales que integran el grupo en España con sus clientes, así como (ii) cualesquiera saldos que existan en cuentas bancarias titularidad de las citadas sociedades al tiempo de que cualquier incumplimiento de las obligaciones pago garantizadas tengan lugar.
>
> La Prenda estará vigente mientras los pagos debidos a no hayan sido íntegramente satisfechos, y, en su caso, mientras existan cualesquiera responsabilidades u obligaciones subsistentes de la Sociedad en concepto de la i obligación de pago referida en la cláusula 2.1.
>
> Hasta que la repetida obligación de pago no haya sido íntegramente satisfecha, la Sociedad y las filiales que integran el grupo en España deberán mantener como garantía con carácter privilegiado al de cualquier otro acreedor, cuentas a cobrar libres de ninguna carga o gravamen, no descontados ni factorizados, en cuantía de, al menos, un 125% de la cantidad pendiente de pago en cada momento a
>
> La Sociedad cede en este acto la totalidad de sus derechos, presentes o futuros, como máximo un 125% de la cantidad pendiente de pago en cada momento a sobre las cuentas a cobrar de clientes que existen y aquellas que existan en el futuro tanto en la Sociedad como en las filiales que integran el grupo en España, en favor de autorizando a esta última para que, en el caso de incumplimiento de cualquiera de sus obligaciones, puedan reclamar y cobrar directamente las mismas del deudor o cliente de la Sociedad o de cualquiera de las filiales que integran el grupo en España, notificando a dichos deudores o clientes de la existencia de dicha cesión del crédito a favor de siendo desde dicha fecha cualquier pago hecho a la Sociedad o a cualquiera de las sociedades que integran el grupo en España indebido y no liberatorio para el deudor o cliente respecto a su obligación de pago. La Sociedad y las filiales que integran el grupo en España también se obligan expresamente, en garantía del íntegro pago de los pagos garantizados, a extender la presente prenda a cualquier cantidad en efectivo obtenida a consecuencia del cobro de cualquier otro saldo a cobrar (incluyendo cualesquiera compensaciones o cantidades recibidas de compañías aseguradoras o crediticias).

Las razones por las cuales consideramos que no se está constituyendo la prenda que se indica en el texto, en síntesis, son las siguientes:

a) El objeto de la «prenda» se dice extender sobre «*todas las cuentas a cobrar de la Sociedad y cualquiera de sus filiales que integran el grupo... con sus clientes...*». En efecto, si bien es cierto que el derecho real de garantía prendaria lleva consigo el traslado posesorio (*cfr.* art. 1.863 C.c.) y tratándose de derechos de crédito, la entrega de la posesión, en tanto que elemento constitutivo de la prenda, sólo puede tener lugar, mediante la entrega al acreedor pignoraticio de las facturas, pedidos, fichas del Libro Mayor y demás documentos mercantiles que acrediten la existencia de presente o de futuro del derecho que se pretende gravar, lo que en este caso no se da y, por lo tanto, el objeto cierto que requiere el art. 1.261.2.º C.c. para la validez del contrato, queda huérfano, pero, no solo para su válida constitución, sino, y, fundamentalmente, para su ejecución.

b) Lo mismo hay que decir respecto de los «*saldos que existan en cuentas bancarias...*», las cuales, no solo no están relacionadas, por lo que nos remitimos al párrafo anterior, sino que, como dijimos al respecto, lo que se pretende pignorar es el «*derecho de crédito al reembolso*», pero no los «saldos» que, además de inciertos, pueden ser hasta deudores, lo cual, ya cae en la incongruencia.

c) La concesión del «*privilegio especial*», ante una situación concursal es completamente irrelevante el texto, dado que depende de la calificación que al respecto resulte de los textos definitivos, en suma, de cuanto dispone el art. 270 TRLC (antiguo 90 LC), remarcable a través de lo dispuesto por los arts. 282 y 283 TRLC (antiguo art. 93 LC), en tanto que el acreedor pignoraticio pueda considerarse como una persona relacionada con el concursado pignorante.

d) La concesión de la «*preferencia*» tan solo podrá venir dada por lo dispuesto en el art. 1.922 C.c. en sede de tercería de mejor derecho y no por pacto expreso.

e) No entramos en analizar quién firmó el documento en nombre del Grupo de sociedades y sus facultades, ni sobre la posible descapitalización del Grupo societario, lo que ya es esencial de por sí, pues entramos únicamente al fondo de lo pactado.

f) Pero, lo que resulta un contrasentido es cuanto se expresa en el apartado 2.3.4., en el sentido de que se dice ceder «*en este acto la totalidad de los derechos, presentes o futuros... sobre las cuentas a cobrar de clientes...*», esto es, que, primero se pretende constituir una prenda sobre hipotéticos e inconcretos derechos de crédito, para luego ceder estos mismos derechos crediticios, pues, si se cede algo (no se dice si se hace en pago o para pago) después de pignorarlo, se produce una transmisión de la propiedad y, por tanto, al producirse una confusión entre el acreedor pignoraticio de los derechos de crédito, en tanto que pasa a ser el nuevo propietario de dichos derechos, extingue el derecho real de garantía prendaria.

Aunque el Tribunal Supremo (**STS. —1.ª— n.º 1191/2002, de 12 de diciembre**) considera (prácticamente) que este tipo de prenda y la cesión vienen a ser lo mismo, esto es, producen el mismo efecto finalista, *ad limine*, cual es que el acreedor se cobre de las cantidades cedidas o pignoradas, lo bien cierto es que, en la práctica no sucede así, pues, (i) las cantidades que se perciben a través de la prenda se van asentando en una cuenta bancaria especial, dejadas en garantía, para que, cuando se produce el vencimiento de la obligación principal garantizada, la entidad bancaria se cobre su crédito con el saldo de esta cuenta de garantía pignoraticia, previa ejecución de la prenda (notificaciones al deudor y al pignorante) de forma y manera que si el acreedor percibe el crédito por pago voluntario del acreditado, las cantidades asentadas en prenda se le devolverán a éste hasta la parte pagada, (ii) mientras que en la cesión de los créditos, conforme se pagan los créditos cedidos por el deudor del deudor, la entidad financiera los va asentando en la misma cuenta de crédito que se garantiza, aminorando el saldo deudor con los cobros, como si de una cuenta corriente se tratase, sin necesidad de esperar el vencimiento final del crédito concedido, contrariamente a la prenda.

F) Rehabilitación de contratos

A lo largo de los apartados precedentes ya hemos venido hablando de la rehabilitación de diversos contratos en sede concursal suscritos antes de la declaración de concurso, a iniciativa de la Administración Concursal o del propio concursado, a la que puede oponerse la otra parte contractual, lo cual viene siendo regulado por los arts. 166 y ss. TRLC. Sin precisar el Legislador de exponer qué debe entenderse por tal «rehabilitación», hay que recurrir a su base etimológica en el sentido de que, lo que quedó no apto o inhábil por razón del concurso, puede volverse a considerar habilitado o apto y desplegar todos los efectos convenidos, habilitación que se extiende a los contratos de financiación, tanto de crédito como de préstamo y demás de financiación, cuyo vencimiento anticipado por impago, no por razón de la situación de concurso, se haya producido «*dentro de los tres meses precedentes a la declaración de concurso*», lo cual supone una enervación (dejar sin efecto) de las acciones de desahucio o de vencimiento anticipado de la obligación.

Sobre este particular, debemos señalar que el contrato de crédito, en tanto en cuanto que suele financiar el capital circulante de la empresa tiene su sentido rehabilitarlo para seguir con la continuidad de la marcha de la empresa o profesión del concursado, pero no tendría sentido para un trabajador por cuenta ajena, pues generaría mayor débito totalmente innecesario, pues su fuente de vida, el sueldo solo se habría limitado a la cantidad no embargable y la reducción de gastos le vendría dada o forzada por razón a los efectos del concurso, amén de que las deudas podrían quedar exoneradas.

Por lo que respecta al contrato de préstamo, salvo que conllevase una garantía real o adicional, tampoco tendría sentido, sí que lo tendría, no obstante, para el coprestatario o el fiador personal, en tanto en cuanto que no se les reclamaría judicialmente por la entidad prestamista, pero esta rehabilitación solo trae causa de la declaración de concurso y a beneficio del concurso, por lo que tal beneficio solo podrían entenderse para el supuesto de que coprestatarios o fiadores solidarios estuvieren pagando el préstamo al corriente y reduciendo deuda, consecuentemente.

El art. 167 TRLC regula la rehabilitación de los contratos de adquisición de bienes con precio aplazado, lo cual, salvo los motivos de oposición del vendedor, centrada en el ejercicio de su acción resolutoria previa al concurso, siempre resultará positiva en interés del concurso, pues la consolidación de la propiedad en el concursado pasaría a incrementar la masa activa del concurso y, con ello, las posibilidades de recobro de los acreedores.

Por último, nos encontramos con la rehabilitación de los contratos de arrendamientos urbanos, no rústicos, que regula el art. 168 TRLC, que tiene por finalidad la evitación del desahucio, lo cual es siempre interesante en orden a la continuidad de la actividad empresarial o profesional, incluso del concursado trabajador por cuenta ajena y arrendatario de su vivienda, cuya posesión arrendaticia mantendría. No se entiende la razón por la cual el Legislador no ha hecho extensiva esta rehabilitación contractual a los arrendamientos rústicos, impidiendo a los deudores arrendatarios rústicos la continuación en el terreno arrendado a terceros, impidiendo, con ello, no solo recoger la cosecha, vender y pagar a los acreedores, sino continuar con la actividad agrícola.

La situación propia para que pueda producirse la rehabilitación de un crédito ha sido dada por el Tribunal Supremo mediante su **STS —1ª— n.º 749/2011, de 31 de octubre** que considera que «*el art. 68 LC es aplicable a la rehabilitación de contratos de crédito en los que se prevean durante su vigencia obligaciones dinerarias para el cliente cuyo incumplimiento motiva la resolución anticipada...*» pero, además, y aunque pueda parecer obvio, que se haya producido alguna causa de incumplimiento contractual que hubiere motivado la resolución anticipada del contrato, que no sea la de la propia declaración de Concurso, por razón a la ineficacia que fijan los artículos 157 y ss. TRLC (antiguo art. 61.1 LC) y art. 166 TRLC (antiguo 33 LC), en cuyo caso, no sería necesaria la rehabilitación, sino la exigencia de su propio cumplimiento; consecuentemente, si el contrato se halla vigente, no puede ser rehabilitado y así, si no puede ser rehabilitado por estar vigente, la virtualidad de esta situación y requisito se daría la secuencia que seguidamente se dirá. Trataba en este asunto el Alto Tribunal la pretensión de la Administración Concursal de la rehabilitación o puesta en funcionamiento nuevamente de una póliza de Descuento suscrita por la Concursada con cierta entidad bancaria, con la finalidad, efectivamente, de que pudiesen realizarse nuevas operaciones de descuento a su amparo. Así pues, en sede de la prenda en garantía de créditos futuros, para que se diese el primero de los requisitos de la que denominamos «segunda de las situaciones», tendríamos que encontrarnos, en sede bancaria, ante una Póliza de Descuento, que tuviese el siguiente *iter*:

1º) Constitución de la prenda.

2º) Declaración de Concurso.

3º) Suscripción de la Póliza de Descuento.

4º) Incumplimiento de la Póliza de Descuento y declaración de vencimiento anticipado (crédito contra la Masa).

5º) La Administración Concursal solicita y obtiene la rehabilitación del crédito (arts. 166 y ss. TRLC —antiguo art. 68 LC—).

6º) Consecuencia de todo ello sería la consecución de la calificación como privilegio especial de la prenda constituida (en garantía de créditos futuros) antes de la declaración de Concurso. Realmente, considero que se trata de una sistemática un tanto complicada para conseguir un derecho de ejecución separada sobre un bien que sólo se daría caso de que no se pagase el crédito contra la Masa a su vencimiento.

G) Inscripción registral

Dentro de esta segunda de las situaciones figura otra variante alternativa a la de la rehabilitación, conforme a la cual se daría la consideración como privilegio especial para el supuesto de que la póliza mercantil de prenda estuviere inscrita en un registro público antes de la declaración de Concurso. Este supuesto parece más claro que la variante anterior, sin embargo, a mi entender, choca con lo dispuesto por la **STS —1ª— n.º 559/2011, de 28 de julio** citada en párrafos anteriores que determinaba la inexigibilidad de la inscripción registral de la prenda para su calificación como privilegio especial.

En este sentido, a partir del día 1º de enero de 2012 nos hallamos con el siguiente panorama:

Obligaciones	Crédito nacido	Inscripción registral	Otros requisitos	Calificación	Norma
De presente	Antes del Concurso	Sí		Privilegio especial	Art. 270.1.º TRLC (art. 90.1.1º LC)
De presente	Antes del Concurso	No		Privilegio especial	Art. 270.1.º LC (art. 90.1.1º LC y STS 28.07.2011)
Futuras	Antes del Concurso	Sí		Privilegio especial	Art. 270.6.º TRLC (art. 90.1.6º LC)
Futuras	Antes del Concurso	No		Privilegio especial	Art. 270.6.º TRLC (art. 90.1.6º LC)
Obligaciones	**Crédito nacido**	**Inscripción registral**	**Otros requisitos**	**Calificación**	**Norma**
Futuras	Después del Concurso	No	Crédito rehabilitado (art. 68 LC)	Privilegio especial	Art. 270.6.º TRLC (art. 90.1.6º LC)

Obligaciones	Crédito nacido	Inscripción registral	Otros requisitos	Calificación	Norma
Futuras	Después del Concurso	No	Crédito no rehabilitado	Crédito contra la Masa	Art. 242.10.° TRLC (art. 84.2.7º LC)
Futuras	Después del Concurso	Sí	Inscripción anterior al Concurso	Privilegio especial	Art. 270.6.° TRLC (art. 90.1.6º LC)
Futuras	Después del Concurso	Sí	Inscripción posterior al Concurso	Crédito contra la Masa	Art. 242.10.° y 12.° TRLC (art. 84.2.7º y 9º LC)

Llegados a este punto, debemos preguntarnos si un crédito, futuro, que nace con posterioridad a la declaración de Concurso, *ex* artículo 242 TRLC (antiguo art. 84.2 LC), debe considerarse como contra la Masa; si así se considera, teóricamente debería cobrarse a su vencimiento (art. 244 y ss. TRLC —antiguo 154.2 LC—), lo que llevaría a la innecesariedad de la prenda y su liberación en el supuesto de que sólo hubiese un crédito futuro, si existiesen varios en curso, entraría en funcionamiento el sistema previsto en el segundo párrafo del artículo 1.866 C.c.[93] que regula el derecho de retención que asiste al acreedor sobre el *pignus* si contrajere el deudor nueva deuda con aquél antes de haber pagado la primera, retención que se prorroga hasta la satisfacción de ambos créditos, aún sin haberse pactado, por disposición legal.

7. LA HIPOTECA INMOBILIARIA

Se trata de otro derecho real de garantía, quizás, el más conocido generalmente, que sujeta directa e inmediatamente los bienes sobre que se impone, cualquiera que sea su poseedor, al cumplimiento de la obligación para cuya seguridad fue constituida (art. 104 LH) y no alterará la responsabilidad personal ilimitada del deudor que establece el artículo 1.911 del C.c.

---

93 **Art. 1866 C.c.:** … Si mientras el acreedor retiene la prenda, el deudor contrajese con él otra deuda exigible antes de haberse pagado la primera, podrá aquél prorrogar la retención hasta que se le satisfagan ambos créditos, aunque no se hubiese estipulado la sujeción de la prenda a la seguridad de la segunda deuda.

(art. 105 LH); se diferencia de los anteriores derechos reales de garantía y, más concretamente, del de Hipoteca Mobiliaria, en tanto que la inmobiliaria puede extenderse sobre los siguientes bienes y derechos:

1. Los bienes inmuebles susceptibles de inscripción. Dentro de esta clase de bienes deben comprenderse incluidos los buques, en cuyo caso, hablaríamos de la hipoteca naval, en tanto que son considerados por lo dispuesto en el art. 1 LHM como bienes inmuebles.

2. Los derechos reales, entendidos como la relación inmediata entre la persona y la cosa o *res,* sin intermediación alguna de tercero y, por tanto, oponibles frente a cualquiera, permitiéndole una utilidad económica, pero únicamente los enajenables con arreglo a las leyes, impuestos sobre bienes de aquella clase, dentro de los cuales nos encontramos, además de la propiedad dominical, los derechos de adquisición preferente y, entre muchos, con el embargo de un bien inmueble, cuya anotación preventiva registral (art. 629 LEC y 84 LH) nos permitiría la posibilidad de constituir una hipoteca sobre este derecho real, este *ius in rem* o *ad rem,* en tanto que, a través de la enajenación en pública subasta del bien embargado, el acreedor hipotecario puede llegar a adquirir la propiedad, *ad rem,* digamos, indirectamente, pues no se trata de un derecho real directo sobre la cosa, como puede suceder con el dominio útil y el directo. También se encuentra en esta categoría la opción de compra, derivada o no de un contrato arrendaticio y el derecho de redimir o comprar nuevamente lo vendido.

3. El derecho de usufructo, definido clásicamente como el *ius utendi, fruendi et abutendi* o derecho de usar, disfrutar y abusar o disponer de cierto bien. Parece que el Legislador hipotecario no ha querido separar el derecho de usar del de obtener los frutos de la cosa, por lo que, parece que, en principio, no podría ser susceptible de hipotecar el derecho de uso, como resulta ser el del habitacionista, o persona que ocupa con título una habitación en cierta vivienda o la propia vivienda, lo que nos haría excluir el uso de este supuesto tercero de bienes hipotecables, debiendo remitirnos al apartado precedente, en tanto que el derecho de uso es un derecho real, no obstante lo cual, habría que considerar si se trata de un derecho enajenable o no, para responder que, en tanto en cuanto este derecho se constituye *intiuitu personæ*, esto es, por razón a la cualidad de la persona, al usuario, al habitacionista, no sería susceptible de hipotecar por ninguno de los dos apartados; si a ello le añadimos el nulo valor económico del uso separado del *ius fruendi* y del *abutendi*, en índole práctica, que no es otra que la que

persigue el derecho real de garantía, haría devenir en inútil su constitución sólo sobre el *ius utendi.*

4. La nuda propiedad. Desgajada del derecho de usufructo, que minusvaloraría la garantía hipotecaria al no extenderse la hipoteca sobre éste último, habida cuenta de la imposibilidad de tomar la posesión del bien inmueble, incluso percibir las rentas, hasta tanto no se produzca la extinción del derecho de usufructo; la nuda propiedad en sí misma considerada, obviamente, tiene un valor económico indudable, en tanto que confiere a su nudo propietario la posibilidad de transmitirla a terceros a cambio de precio, cuya cobertura hipotecaria permitiría atender de pago, hasta donde alcanzase, el importe prestado o asegurado, pero, en sede concursal, siempre, atendiendo la norma del art. 272 TRLC que limita el privilegio especial y, con ello, el *quantum* a percibir por el acreedor titular del privilegio.

5. Los bienes anteriormente hipotecados, lo que se conoce como segunda o ulterior hipoteca, aunque lo estén con el pacto de no volverlos a hipotecar; también nos encontraríamos dentro de este apartado, las hipotecas con igualdad de rango, esto es, aquéllas que se formalizan de forma simultánea en una misma escritura o de forma sucesiva en varias, a favor de un mismo acreedor o de varios, pero que, por pacto expreso en todas las escrituras aludidas, debe hacerse constar que todas ellas ocupan el mismo lugar registral o rango, de forma y manera que, cuando se produzca la purga de las anotaciones e inscripciones posteriores a las de la ejecución de dicha hipoteca, (art. 692.3 LEC y 131 LH), no se cancelen las de los acreedores hipotecarios diversos, lo cual, exige de una ejecución conjunta de todos ellos, pues, el que ejecuta primero su derecho hipotecario, se subroga en el pago de las otras de igual rango (segundo párrafo del art. 692.1 LEC). Justiniano, refiriendo a Marciano dice lo siguiente: «*... si se pactó al mismo tiempo una hipoteca con dos ¿cuánto tendrá obligada cada uno la hipoteca: por el total o por la mitad de la deuda? Y es más acertado que tengan la prenda por el importe de la deuda. Ahora bien, si cada uno ejerce acción contra el poseedor ¿cómo lo harán: por la parte correspondiente o por el total, como si la cosa estuviese obligada solidariamente? Esto se dirá si la prenda se dio por separado a ambos en el mismo día, pero si se dio simultáneamente a ambos, cada uno ejercerá la acción por el total; si no, cada uno por la parte respectiva*»[94].

---

94 DIGESTO XX.I.16.§8.

6. El derecho de hipoteca voluntaria, pero quedando pendiente la que se constituya sobre él, de la resolución del mismo derecho. Aquí puede hablarse en los mismos términos que hacíamos en apartados precedentes respecto del crédito garantizado con promesa de prenda futura y así, estaríamos hablando de constituir una hipoteca sobre la promesa de hipoteca futura, pendiendo aquélla de la formalización y posterior constitución de ésta, sin lo cual, no gozaría de efectividad alguna la primera, pues no llegaría a inscribirse.

7. Los derechos de superficie, conforme a lo cual, la hipoteca sobre el derecho de superficie se extenderá a la obra nueva que se vaya a realizar cuando aquél se ejercite. (i) Los pastos: la denominada «comunidad de pastos» viene regulada por los arts. 600 y ss. C.c., implica realmente un derecho de servidumbre de paso sobre predios ajenos, privados o públicos que son los sirvientes para el aprovechamiento del ganado y debe constar su determinación de forma expresa, mediante contrato o mediante última voluntad. Una de las formas de la extinción de este derecho de superficie sería la prevista en el art. 602 C.c., consistente en el cercado de la finca por la que discurre el azagador, lo cual, a nivel hipotecario vendría a suponer los mismos efectos que la destrucción del inmueble, esto es, la extinción de la hipoteca con su cancelación registral, pero el mantenimiento de la deuda. (ii) Aguas: las «aguas vivas o estancadas» son consideradas bienes inmuebles acordes con lo dispuesto en el art. 334.1.8.º C.c. y, como tal, susceptibles de ser hipotecadas; no hay que confundir la hipoteca sobre las aguas, sean de dominio privado o público (RDL 1/2001, de 20 de julio por el que se aprueba el Texto refundido de la Ley de Aguas) con las acciones que emiten las Comunidades de Regantes, reguladas por la Ley de Aguas, pues éstas son títulos valor y no bienes inmuebles. (iii) Leñas: aludida esta servidumbre en el art. 604 C.c, en tanto que se trata de uno derecho de aprovechamiento de la leña, similar a cuanto dijimos al hablar de la servidumbre de pastos. (iv) Otros semejantes de naturaleza real, como puede ser el aprovechamiento de montes.

8. Las concesiones administrativas de minas, ferrocarriles, canales, puentes y otras obras destinadas al servicio público, y los edificios o terrenos que, no estando directa y exclusivamente destinados al referido servicio, pertenezcan al dominio particular, si bien se hallen agregados a aquellas obras, quedando pendiente la hipoteca, en el primer caso, de la resolución del derecho del concesionario, derecho que debe constar inscrito registralmente; al propio tiempo, deberá tenerse bien presente el contenido de los

arts. 579 y ss. TRLC, acorde con la derogada Disposición adicional segunda ter LC introducida por el RDL 11/2014, de 5 de septiembre y la posterior Ley 9/2015, de 25 de mayo, ambas, de medidas urgentes en materia concursal, que se remiten a la legislación de contratos del sector público y su legislación específica por cada tipo de contrato administrativo y sujeto a autorización administrativa previa del órgano concedente. En igual sentido, regula este tipo de garantía lo dispuesto en los arts. 273 y siguientes de la LCSP, del que debemos destacar la inadmisión de la hipoteca sobre concesiones de obras en garantía de deudas que «*no guarden relación con la concesión correspondiente*», esto es, hipotecas denominadas de refinanciación de débitos ajenos a la concesión o reestructuración de deudas.

9. Los bienes vendidos con pacto de retro o a carta de gracia[95] si el comprador o su causahabiente limita la hipoteca a la cantidad que deba recibir en caso de resolverse la venta, dándose conocimiento del contrato al vendedor, a fin de que, si se retrajeren los bienes antes de cancelarse la hipoteca, no devuelva el precio sin conocimiento del acreedor, a no mediar para ello precepto judicial.

10. El derecho de retracto convencional del art. 1.507 y ss. C.c., si bien el acreedor no podrá repetir contra los bienes hipotecados sin retraerlos previamente en nombre del deudor, en el tiempo de gracia y anticipando el pago de la cantidad precisa.

11. Los bienes litigiosos, si la demanda origen del pleito se ha anotado preventivamente, o si se hace constar en la inscripción que el acreedor tenía conocimiento del litigio, pero en cualquiera de los dos casos la hipoteca quedará pendiente de la resolución del pleito.

12. Los bienes sujetos a condiciones resolutorias expresas, extinguiéndose la hipoteca al mismo tiempo que la resolución del derecho del hipotecante.

13. Los pisos o locales de un edificio en régimen de propiedad horizontal inscritos conforme a lo que determina el artículo 8.

---

[95] **Carta de gracia**: Según el Diccionario del español jurídico de la RAEL se denominaba «de gracia» porque la duración de los efectos de la venta pende precisamente de la gracia que hace el vendedor en no redimir la cosa que vendió, denominándose *pacto de retrovendendo el Aragón* y *empenyament* en Cataluña.

14. El derecho del rematante sobre los inmuebles subastados en un procedimiento judicial, en atención a lo dispuesto en el art. 670.6 LEC, en relación con el art. 107.12.º LH.

15. La servidumbre de aguas, como excepción al resto de servidumbres (art. 108 LH); esta servidumbre, sin perjuicio de la utilidad pública que tiene y debe tener, tiene un valor económico y están reguladas por los artículos 47 a 49 del RD-Leg 1/2001, de 20 de julio, por el que se aprueba el Texto Refundido de la Ley de Aguas, del que debemos destacar que la titularidad de los elementos por los que transcurre el agua, no ésta, son considerados como propiedad de la heredad o edificio (molino) al que vayan destinadas, cuyos propietarios deben satisfacer los cánones correspondientes por su pertenencia a las Agrupaciones de Regantes, cuyo capital está representado por acciones, transmisibles *ob rem* y previa autorización administrativa previa y susceptibles de ser pignorados estos títulos.

A) No pueden hipotecarse

En razón a lo dispuesto en el art. 108 LH no son susceptibles de ser hipotecados los siguientes derechos reales:

1. Las servidumbres, a menos que se hipotequen juntamente con el predio dominante, y exceptuándose, en todo caso, la de aguas, la cual sí podrá ser hipotecada.
2. Los usufructos legales, excepto el concedido al cónyuge viudo por el Código Civil (art. 834).
3. El uso y la habitación, precisamente, por las razones que explicamos en el apartado precedente.

B) Título constitutivo

Las hipotecas voluntarias requieren para su constitución, necesariamente, el otorgamiento de Escritura pública y su posterior inscripción en el Registro de la Propiedad (art. 145 LH). Sin embargo, en Derecho Clásico[96] se admitía la hipoteca sin escritura, pero, causaba sus efectos siempre y cuando pudiese probarse, pues las escrituras hipotecarias se realizaban «*ut*

---

[96] DIGESTO XX.I.4 Cita de Gayo.

quod actum est per eas facilius probari poterit», es decir, para probarse más fácilmente lo pactado, pero, sin ellas, también valía lo acordado, si puede probarse de otro modo, lo que equiparaban a las nupcias, que subsisten aunque no conste por escrito el acto. Hoy en día es la protección del tercero y el sistema de publicidad registral lo que exige el otorgamiento de la escritura, pública, además.

Por excepción, la hipoteca naval, puede constituirse (según el derogado art. 3 LHN) bien en Escritura pública, ora en Póliza intervenida por Notario o Corredor intérprete de buques, ya en documento privado firmado por las Partes y presentado por ambas ante la oficina del Registro ante el funcionario correspondiente. Ésta debe inscribirse en el registro especial que existe en el Registro Mercantil de la provincia en que esté inmatriculado el buque según el derogado art. 14 LHN o en el de construcción, respecto de buques no matriculados. El art. 128 LNM modifica la dicción requiriendo, para la constitución del derecho real de garantía, su otorgamiento mediante una de estas tres (3) formas: Escritura pública, mediante Póliza intervenida por Notario o en documento privado, pero, en cualquier caso, inscribible en el Registro de Bienes Muebles, sin mayor concreción.

La hipoteca mobiliaria y la prenda sin desplazamiento también requieren de su constitución a través de Escritura pública (art. 3 LHMPSD), sin embargo, la prenda sin desplazamiento admite su constitución a través de Póliza intervenida por Fedatario público, si bien cuando se trate de operaciones bancarias. Deben inscribirse ambas instituciones en el Registro especial correspondiente para producir sus efectos.

Especial mención merece el supuesto que analiza la **STS n.º 592/2017, de 7 de noviembre** en razón a la Demanda de Juicio Ordinario interpuesta por la Administración Concursal impetrando la impugnación de la garantía real hipotecaria frente a la acreedora hipotecaria y la concursada y, así que se declare ineficaz la misma, en base a los antecedentes fácticos que se resumen del siguiente modo: antes de la solicitud de declaración de concurso voluntario de acreedores, se otorga la escritura de préstamo con garantía hipotecaria, no se habla de reconocimiento de deuda o refinanciación, sino de préstamo de presente, sin embargo, la escritura no se inscribió hasta meses después de que se dictase el Auto de declaración de concurso; tanto el Juzgado de Instancia como la Audiencia Provincial estiman la Demanda al considerar que después de la declaración de concurso no pueden constituirse garantías reales, lo cual es reconsiderado por el Alto Tribunal en base

a los siguientes razonamientos, distinguiendo la acción ejercitada de nulidad de la constitución del derecho real de garantía, de la acción de rescisión concursal:

«SEGUNDO.-... 3... La declaración de concurso conlleva unos efectos sobre las facultades patrimoniales del deudor concursado, ya sea porque se suspenden y se hace cargo de su ejercicio la administración concursal, ya sea porque se someten a la intervención de la administración concursal mediante su autorización o conformidad (art. 40.1 y 2 LC). Consiguientemente, todos los actos de disposición o gravamen que infrinjan estas limitaciones patrimoniales son susceptibles de anulación a instancia de la administración concursal, sin perjuicio de su convalidación (art. 40.7 LC). Estas limitaciones patrimoniales, y los efectos derivados de su infracción, afectan a los actos de disposición y gravamen realizados por el deudor concursado después de la declaración de concurso, no a los anteriores. En el caso de la concesión de una garantía hipotecaria, lo relevante a estos efectos es si la escritura fue otorgada antes o después de la declaración de concurso, pues el acto de disposición se lleva a cabo con la escritura, sin perjuicio de que no produzca efectos hasta la inscripción registral. Si, como es el caso, la escritura fue otorgada cinco meses antes de la declaración de concurso, cuando el deudor hipotecante gozaba de plenas facultades de disposición para conceder la garantía, aunque la inscripción se realice después de la declaración, la hipoteca no es susceptible de anulación porque no se hubiera autorizado o ratificado por la administración concursal... 6. Como la sentencia de instancia es confusa, pues hace referencia al art. 71 LC, resulta necesario distinguir la ineficacia derivada de la infracción de las limitaciones a las facultades de disposición patrimonial tras la declaración de concurso (arts. 40 y 43 L), de la ineficacia perseguida con la acción rescisoria concursal (art. 71 LC). La primera afecta a los actos de disposición o gravamen realizados por el deudor concursado después de la declaración de concurso, mientras que la segunda, la acción rescisoria concursal, afecta a los actos de disposición del deudor concursado realizados dentro de los dos años previos a la declaración de concurso. El fundamento de la ineficacia en el primer caso radica en la infracción de las restricciones o prohibiciones de disponer (en sentido amplio), mientras que el fundamento de la ineficacia en la rescisión concursal es distinto, se encuentra en el perjuicio que para la masa activa genera el acto de disposición objeto de rescisión. Aunque la demanda fundaba claramente su pretensión de ineficacia en la infracción de las prohibiciones de disponer previstas en el art. 43.2 LC, pues no constaba la autorización judicial previa a la inscripción de la hipoteca, la sentencia de primera instancia contiene una reseña del art. 71 LC, que se transcribe sin mayo aclaración, con el subrayado del apartado 3.2°. Esto es lo que llevó a la Audiencia a entender que también se había aplicado el art. 71.3.2° LC. En ninguna de las instancias se ha justificado por qué procedía la rescisión concursal. Lo único que existe es una cita del art. 71.3.2° LC. Este precepto está mal aplicado al presente caso, no sólo porque no consta que se hubiera ejercitado la acción rescisoria concursal, sino porque no se ha acreditado por el tribunal de instancia el cumplimiento de los presupuestos de la presunción de perjuicio del art. 71.2.3° LC, en concreto que la hipoteca se hubiera constituido a favor de una obligación preexistente o de otra nueva contraída en sustitución de aquélla. 7. La previsión contenida en el art. 94.1 LC, de que la lista de acreedores debe ir referida a la fecha de la declaración de concurso, tampoco justifica la ineficacia de la hipoteca otorgada antes del concurso e inscrita después. En primer lugar, porque el crédito invocado por el banco es concursal, al haber surgido antes de la declaración de concurso, sin perjuicio de que los efectos constitutivos de la hipoteca que permitía clasificar la parte del crédito garantizado se produjeran después de la apertura del concurso, pero antes de que precluyera el plazo para su inclusión en la lista de acreedores. A estos efectos lo relevante es que el crédito es anterior, por ello es concursal y debe ser incluido en la lista de acreedores, y que se encuentra garantizado en una parte por un derecho de hipoteca. Esta norma no debe impedir reconocer el crédito del acreedor hipotecario con la clasificación que corresponde a su derecho de garantía, ni mucho menos permite anular una hipoteca.»

Esta resolución fue dictada hallándose vigente el art. 90.2 LC que exigía que «*Para que los créditos mencionados en los números 1.º a 5.º del apartado anterior puedan ser clasificados con privilegio especial, la respectiva garantía deberá estar constituida con los requisitos y formalidades previstos en su legislación específica para su oponibilidad a terceros, salvo que se trate de hipoteca legal tácita o de los refaccionarios de los trabajadores*», esto es, que, para el reconocimiento del privilegio especial sólo se requería la constitución del derecho real de garantía, sin tomar en consideración el momento en el que nacía éste, si antes o después del Auto de declaración de concurso; sin embargo, el TRLC modificó este precepto a través de su art. 271.1 que exige que «*Los créditos a que se refieren los números 1.º a 5.º del artículo anterior deberán tener constituida la respectiva garantía antes de la declaración de concurso con los requisitos y formalidades establecidos por la legislación específica para que sea oponible a terceros, salvo que se trate de los créditos con hipoteca legal tácita o de los refaccionarios de los trabajadores*» y, así, al requerirse la constitución de la garantía antes de la declaración de concurso, no solo contradice la doctrina del Alto Tribunal antes expuesta, que gira en torno al concepto civilista o contractualista del momento en que se produce el acto dispositivo, pasando a vetar la entrada el Registro de la Propiedad del derecho real de garantía, pues, el Auto de declaración registral, debidamente anotado en el Registro, provocará el cierre registral o, caso de haber entrado en el libro Diario la escritura de constitución de la hipoteca antes del Auto de declaración de concurso, conllevará la solicitud de nuevo Mandamiento al Juzgado del Concurso a fin de que el Registrador cancele la carga inscrita; sin perjuicio de cuanto antecede, desde el punto de vista de la entidad financiera prestamista, impondrá la necesidad de ésta de convenir en la escritura una condición suspensiva respecto de la efectividad de la entrega del importe prestado, postergándolo al momento de la efectiva constitución del derecho real de garantía y comprobación de no haberse dictado el Auto de declaración de concurso.

Recuérdese que los créditos refaccionarios son considerados como hipotecarios respecto a lo que exceda el valor de la finca al de las cargas o derechos reales y, en todo caso, respecto de la diferencia entre el precio dado a la misma finca de las obras y el que alcanzare en su enajenación judicial, según dispone el párrafo segundo del art. 64 LH, pero, para su reconocimiento con tal carácter, primero deberá figurar anotado registralmente el crédito y, posteriormente, pedir la conversión de su anotación preventiva en inscripción de hipoteca conforme al art. 93 LH, debidamente liquidado su importe y elevado a público mediante el otorgamiento de la escritura pública (art. 94 LH), lo que deberán hacer antes de que transcurran sesenta (60) días desde la conclusión de la obra objeto de refacción, pues su anotación caducaría transcurrido dicho plazo (art. 92 LH).

De otro lado, nada tiene que ver esta cuestión con el orden de preferencia o prioridad que concede el artículo 249 LH respecto de la presentación en el Libro Diario registral, pues sus asientos determinan el orden de anotación o inscripción de los diversos documentos registrables, pero, la constitución del derecho real de garantía no la determinan, no retrotrae sus efectos a aquel momento de presentación al Diario, sino que su posición registral vendrá determinada por el orden de inscripción o anotación que dimana de la presentación al Libro Diario de los diversos documentos jurídicos, de forma y manera que si, por ejemplo, caducase el asiento de presentación de la escritura que pretenda la inscripción de la garantía real en el plazo de los diez (10) días hábiles a que alude el último párrafo del art. 248 LC, sencillamente, perdería el rango registral la futura hipoteca. Sólo la inscripción del derecho real de garantía es la que hace nacer el mismo al mundo jurídico, dado su carácter constitutivo entre las partes contratantes y frente a terceros —publicidad registral— (véase la STS precitada) y, por ende y, en consecuencia, podrá estarse a su consideración o calificación en sede concursal como crédito con privilegio especial o como crédito ordinario.

C) Extensión de la Hipoteca inmobiliaria

La hipoteca y, por ende, el privilegio especial que el TRLC le confiere, no solo se extiende sobre el bien inmueble afecto, sino que la garantía real alcanza, a todos aquellos bienes y derechos referidos en los arts. 109 y 110 LH que son los siguientes:

1. Las accesiones naturales. Las cuales se reconocían en el Derecho Clásico por el jurisconsulto Marciano»[97] cuando sostenía que «*Si se dio en hipoteca un fundo y luego aumentó debido a un aluvión, queda obligado todo el fundo*».
2. Las mejoras que consistan en nuevas plantaciones, obras de riego o desagüe, obras de reparación, seguridad, transformación, comodidad, adorno o elevación de los edificios y cualesquiera otras semejantes que no consistan en agregación de terrenos, excepto por accesión natural, o en nueva construcción de edificios donde antes no los hubiere. Así lo entendía el jurisconsulto Neracio, citado por Ulpiano[98] cuando manifestaba que «*Si se arrendó un almacén, un albergue o un solar, también procede en estos casos la tácita hipoteca sobre cosas introducidas, lo cual es correcto*». Véanse los arts. 353 y ss. C.c. que regulan el derecho de accesión extensible a cuanto producen los bienes, se les une o incorpora natural o artificialmente, incluso lo sembrado, edificado o plantado por tercero en aquéllos, los bienes hipotecados.
3. El importe de las indemnizaciones concedidas o debidas al propietario por razón de los bienes hipotecados; en este último supuesto, debemos incluir las indemnizaciones que perciba el propietario por razón al seguro que garantice el continente, entendiendo por el mismo, no solo el bien inmueble en sí mismo, sino todos aquellos bienes y derechos que expresan los arts. 110 y 111 LH, esto son, por lo que expresa el primero de estos dos últimos preceptos, siempre que el siniestro o hecho que las motivare haya tenido lugar después de la constitución de la hipoteca y, asimismo, las procedentes de la expropiación de los inmuebles por causa de utilidad pública. Si cualquiera de estas indemnizaciones debiera hacerse efectiva antes del

---

97 DIGESTO XX.I.16.

98 DIGESTO XX.II.3.

vencimiento de la obligación asegurada y quien haya de satisfacerlas hubiere sido notificado previamente de la existencia de la hipoteca, se depositará su importe en la forma que convengan los interesados o, en defecto de convenio, en la establecida en los artículos 1176 y siguientes del Código Civil.

También puede extenderse la hipoteca, pero solo siempre que haya pacto expreso en la Escritura, a tenor de lo dispuesto en el art. 111 LH:

1. Los objetos muebles que se hallen colocados permanentemente en la finca hipotecada, bien para su adorno, comodidad o explotación, o bien para el servicio de alguna industria, a no ser que no puedan separarse sin quebranto de la materia o deterioro del objeto.
2. Los frutos, cualquiera que sea la situación en que se encuentren. Sobre lo cual se pronunciaba Pomponio[99] del siguiente modo: «*Se entiende que los frutos nacidos en predios rústicos, tácitamente los tiene hipotecados el dueño del fundo arrendado, aunque ello no se haya acordado expresamente*».
3. Las rentas vencidas y no satisfechas al tiempo de exigirse el cumplimiento de la obligación garantizada.

D) Extensión de la Hipoteca naval

El artículo 134 de la LNM dispone la extensión de la hipoteca naval a «*las partes integrantes del buque como sus pertenencias, pero no sus accesorios*», así como «*salvo pacto expreso en contrario, a las indemnizaciones por daños materiales ocasionados al buque y no reparados por abordaje u otros accedentes, así como a la contribución a la avería gruesa y a la del seguro, tanto por averías no reparadas sufridas por el buque, como por pérdida total del mismo*», incluso «*podrá pactarse la extensión a licencias vinculadas al buque en la medida y condiciones que lo permitan las disposiciones que regulan su concesión*».

La, hoy derogada LHN era más explícita o concreta en esta cuestión, pues la extensión de la hipoteca no solo llegaba al casco del buque en sí mismo sino, además:

---

99 DIGESTO XX.II.7.

1. El aparejo, respetos, pertrechos y máquinas, si fuere de vapor, que se hallen, a la sazón del dominio del dueño o dueños de la nave hipotecada.
2. Los fletes devengados y no percibidos por el viaje que estuviera haciendo, o el último que hubiere rendido al hacerse efectivo el crédito hipotecario.
3. Las indemnizaciones que al buque correspondan por abordaje u otros accidentes que den lugar a aquéllas y por la del seguro, caso de siniestro.

Dos cuestiones merecen ser destacadas, de un lado, el plazo de ejercicio de la acción hipotecaria, regulada por el art. 141 LNM que dispone del plazo de tres (3) años, contados «*desde que pueda ejercitarse*», lo que nos remite el precedente art. 140 LNM (vencimiento, concurso, deterioro que inutilice el buque para navegar, concurrencia de buques afectos a la misma obligación, o cumplimiento de las condiciones resolutorias) y, de otro, el de la caducidad de la inscripción de la hipoteca, lo cual tendrá lugar «*transcurridos seis años desde el vencimiento, si no consta que ha sido novada, interrumpida la prescripción o ejercitada la acción hipotecaria*». A este último respecto, cabe traer a colación la Resolución de la DGSJFP de 9 de septiembre de 2021 (B.O.E. 21.10.2021) que confirma la calificación del Registrador en los siguientes términos:

> «... Respecto de esta cuestión, es evidente que según el artículo 142.2 de la Ley de Navegación Marítima debe negarse legitimación para solicitar la cancelación a dicho acreedor, pues no es el "titular registral del buque" al que se refiere exclusivamente dicho precepto legal. Pero es que aun cuando se aplicaran las normas en que apoya su pretensión el recurrente tampoco podría ser ésta acogida, pues la caducidad regulada en el artículo 82 de la Ley Hipotecaria, al que se remite el artículo 77 de la citada Ley de 16 de diciembre de 1954 sobre hipoteca mobiliaria y prenda sin desplazamiento de posesión, tampoco puede ser solicitada por el acreedor cuyo derecho haya sido objeto de anotación preventiva. Así lo ha puesto de relieve esta Dirección General en Resolución de 21 de febrero de 2020, según la cual los supuestos de cancelación por caducidad legal o convencional deben ser objeto de interpretación estricta, ajustada a lo dispuesto en la ley; y en el artículo 82 de la Ley Hipotecaria ésta es clara al legitimar sólo al titular registral de cualquier derecho sobre la finca para cancelar por prescripción legal las hipotecas en garantía de cualquier clase de obligación, de modo que si se tiene en cuenta que por titular registral debe considerarse a quien tiene inscrito algún derecho sobre la finca (véase artículo 38 Ley Hipotecaria), y no a quien tiene meramente a su favor una anotación preventiva —asiento provisional y temporal—, la conclusión es que el anotante de un embargo no dispone a su favor de la facultad excepcional de acudir

a la cancelación de la hipoteca por prescripción de la acción hipotecaria. La posición jurídica del titular registral es bien distinta que el mero anotante, quien solo goza del efecto de enervar la fe pública frente a terceros, pero no de los demás efectos del sistema registral, como la fe pública, la prioridad o la legitimación registral.

3. En relación con el segundo defecto (existencia de una novación de la hipoteca que impide la cancelación por caducidad), es cierto que como afirma el registrador el artículo 142.2 de la Ley de Navegación Marítima no procede la cancelación por caducidad de la inscripción de hipoteca, transcurridos seis años desde el vencimiento, si consta «que ha sido novada, interrumpida la prescripción o ejercitada la acción hipotecaria». Y del artículo 82 de la Ley Hipotecaria al que se refiere el recurrente se desprende que es presupuesto de la cancelación por caducidad que no resulte del mismo Registro que las obligaciones garantizadas hayan sido renovadas, interrumpida la prescripción o ejecutada debidamente la hipoteca (cfr., entre otras, las Resoluciones de este Centro Directivo de 29 de septiembre de 2009, 10 de enero de 2014, 2 de octubre de 2019 y 19 de abril de 2021).

En el presente caso consta en el Registro —en inscripción de 9 de mayo de 2019— que el crédito garantizado con la hipoteca se transmitió mediante escrituras otorgadas los días 25 de febrero de 2013 y 3 de mayo de 2018, lo que comporta una novación subjetiva que denota que la acción hipotecaria está viva…».

E) La responsabilidad hipotecaria y los arts. 145, 209 y ss. y 430 TRLC (antiguos arts. 155.4 y 5 LC)

La responsabilidad hipotecaria es aquel límite más allá del cual el acreedor hipotecario no puede cobrar de resultas de la ejecución de la hipoteca, de resultas de la subasta y sin perjuicio del valor mayor o menor del bien hipotecado; en sede concursal podríamos considerarlo como el límite hasta el que se extiende el privilegio especial que el TRLC le confiere y, siguiendo los criterios del art. 430 TRLC, distintos de los de la mera acción hipotecaria, es distinto en cada caso y así:

a) En la Hipoteca Inmobiliaria: se garantiza el capital y si éste produce interés, por los intereses por plazo no superior a cinco años (art. 114 LH) y costas procesales (art. 132.3 LH).

b) En la Hipoteca Naval así como en la Hipoteca Mobiliaria y en la Prenda sin desplazamiento de posesión, a diferencia de la inmobiliaria, salvo pacto expreso, además del capital y costas procesales, quedan garantizados los intereses de los dos últimos años transcurridos y la parte vencida del a anualidad corriente (art. 132.2 LNM, antes regulado por el art. 10 LHN y el art. 9 LHMPSD).

La responsabilidad hipotecaria cobra especial importancia en el concurso a raíz de la modificación del, hoy, derogado artículo 155.4 LC por la Ley 38/2011, de 10 de octubre y, tras ésta, la nueva reforma dada por la Ley 9/2015, de 25 de mayo, de medidas urgentes en materia concursal, que regula un sistema complejo de satisfacción del crédito con privilegio especial, no solo el hipotecario, al permitir el Juez del concurso la venta directa del bien gravado o la cesión en pago o para pago al acreedor hipotecario o pignoraticio, o su transmisión a la persona designada por éste (el Legislador está pensando inicialmente en las sociedades inmobiliarias de las entidades bancarias, si bien, la redacción del precepto, en nada empece que pueda cederse, lo que en la subasta pública se denominaría como el remate), (i) «*siempre que con ello quede completamente satisfecho el privilegio especial*», esto es, quede cubierta la total responsabilidad hipotecaria o límites de la garantía frente a tercero, (ii) «*o, en su caso, quede el resto del crédito reconocido dentro del concurso con la calificación que corresponda*», debiendo entenderse el condicional como que la transmisión no cubre el crédito que figura reconocido en los textos definitivos de la Masa Pasiva del Concurso, en cuyo caso y, siendo así que la garantía o bien hipotecado o, en su caso, pignorado, ha sido transmitido por un valor inferior al importe del crédito, desaparecida aquélla de la Masa Activa del Concurso, desaparece el derecho real de garantía hipotecaria o pignoraticia y, con ello, el privilegio especial, por lo que, fuere el importe no cubierto del crédito inferior y, por supuesto, superior al de la responsabilidad hipotecaria; recuérdese la no suspensión del devengo de intereses, en los términos que razonamos en el apartado correspondiente.

La complejidad del sistema de pago al acreedor pignoraticio que determinaba el art. 155.4 LC se patentiza en su segundo párrafo, cuando alude a la realización «*fuera del convenio*», por lo que no puede entenderse cosa distinta a la realización en la Fase de Liquidación, en cuyo caso, el oferente de adjudicación debe «*satisfacer un precio superior al mínimo que se hubiere pactado*», el decir, el precio al que alude el art. 129.2.a) LH, esto es, al «*valor en que los interesados tasen la finca para que sirva de tipo en la subasta*» el cual debe coincidir con el del tipo de subasta judicial, que no es otro que el dispuesto en el art. 682.2.1.º LEC, tipo que nunca podría ser, «*en ningún caso*», según dice este último precepto, inferior al «*75 por cien del valor señalado en la tasación que, en su caso, se hubiere realizado en virtud de lo previsto en la Ley 2/1981, de 25 de marzo de Regulación del Mercado Hipotecario*» que, en su art. 26 dispone que «*Uno. El préstamo garantizado no podrá exceder del 70 por 10 del valor de tasación del bien hipotecado, salvo para la financiación de la construcción, rehabilitación o adquisición de vivienda, en las que podrá alcanzar el 80 por 100 de aquel valor*». La tasación, según dispone el art. 28 de la LRMH, debe realizarse por entidades especializadas en tasaciones, debidamente inscritas en el Registro al efecto creado en el BANCO DE ESPAÑA en los términos dispuestos por el Real Decreto 775/1997, de 30 de mayo, sobre el régimen jurídico de homologación de los servicios y sociedades de tasación. Sin perjuicio de cuanto acabamos de exponer, la **D.G.R.N., por Resolución de 18 de diciembre de 2019** (B.O.E. 12 de marzo de 2020) ha dispuesto la posibilidad de que la tasación de los bienes y derechos de propiedad industrial, como las marcas, a efectos de la ejecución hipotecaria, pueda ser realizada por personas distintas de las sociedades no inscritas en el registro del Banco de España, dada su naturaleza de activos intangibles o inmateriales, pues «*no parece que encaje bien con la normativa de la tasación ECO realizada por entidad homologada e inscrita en el Registro especial de Banco de España a que se refiere la Orden ECO/805/2003, de 27 de marzo, sobre normas de valoración de bienes inmuebles y de determinados derechos para ciertas finalidades financieras; ya que, por un lado, esta norma regula exclusivamente la tasación de los bienes inmuebles y de determinados derechos reales o personales y limitaciones de dominio que recaigan sobre tal tipo de bienes y, por otro lado, las entidades tasadoras a que se refiere suelen estar especializadas solamente en este tipo de tasación inmobiliaria o de otros bienes de naturaleza tangible*».

Si, a cuanto antecede, le añadimos lo dispuesto en el art. 579.2 LEC, cuya aplicación debe ser considerada como subsidiaria de las normas del Plan de Liquidación y del propio art. 155.4 LC, a nuestro entender, ello no obstaría a la norma procesal general, en el siguiente sentido dispuesto previsto para la insuficiencia del remate, tras la adjudicación de la vivienda habitual —sólo de ésta— hipotecada, para conseguir la completa satisfacción del derecho del ejecutante lo que, concursalmente, supondría que ese importe no cubierto pasaría a ser reconocido como concursal y, por tanto, debido:

a) «*El ejecutado quedará liberado si su responsabilidad queda cubierta, en el plazo de cinco años desde la fecha del decreto de aprobación del remate o adjudicación, por el 65 por cien de la cantidad total que entonces quedara pendiente, incrementada exclusivamente en el interés legal del dinero hasta el momento del pago…*». Es decir, estaríamos realizando el cálculo de exoneración del débito no cubierto, si éste fuese pagado por hasta el 65% del mismo, incrementado con el interés legal al día del pago. En sede concursal este sistema resultaría innecesario en el supuesto de haber obtenido el BEPI¸ *ergo*, está pensado más para deudores con un solo acreedor hipotecario o, sencillamente, no declarados en concurso.

b) «*... si, no pudiendo satisfacer el 65 por cien dentro del plazo de cinco años, satisficiera el 80 por cien dentro de los diez años...*». Este segundo supuesto alarga el plazo, así como el porcentaje de pago, pero, en sede concursal, no varía respecto de lo dicho en el precedente párrafo.

c) Caso de no conseguir ninguno de estos requisitos queda incólume el crédito y, por tanto, no se produce exoneración alguna y, por tanto, vigente el principio de responsabilidad patrimonial universal del art. 1.911 C.c.

No obstante cuanto antecede, el mismo art. 579.2 LEC establece el supuesto de que, caso de ser transmitido el inmueble adjudicado durante el período de diez (10) años a contar desde el momento de la aprobación del remate o su cesión, la deuda no satisfecha con la adjudicación, quedará «*reducida en un 50 por cien de la plusvalía obtenida en tal venta, para cuyo cálculo se deducirán todos los costes que debidamente acredite el ejecutante*». Esta medida es más teórica que real, pues la reducción no es de la mitad de la deuda no cubierta, sino en la cantidad que resulte de la mitad del beneficio líquido obtenido en la venta, liquidez que produce la resta de «*todos los costes*», dentro de cuyo concepto deberán entenderse, no solo los impuestos y derechos arancelarios registrales y notariales, sino, incluso los honorarios de gestión de la venta, como son los de los servicios o agentes inmobiliarios. En sede concursal, también resultaría de aplicación, sin perjuicio de lo dicho precedentemente, en índole de modificación de los textos definitivos, lo cual, sigue siendo más teórico que práctico, pues el exceso no cubierto tras la adjudicación, normalmente quedará compuesto por intereses moratorios, por lo que el pretendido beneficio establecido por la Ley 1/2013, de 14 de mayo, de medidas para reforzar la protección a los deudores hipotecarios, reestructuración de deuda y alquiler social, que modificó el art. 579 LEC e introdujo este apartado 2, es propiamente dudoso.

Por último, debemos aludir al apartado 5 del art. 155 LC que regula el denominado en la práctica como «*sobrante*», aquí definido como «*el resto*» del importe de adjudicación que «*exceda de la deuda originaria*», el cual pasará a formar parte de la Masa activa del concurso. ¿Qué debemos entender por «*deuda originaria*»? La respuesta no parece ser otra que la cantidad reconocida en los textos definitivos de Lista de acreedores al acreedor con privilegio especial; consecuentemente, parece lógico que el sobrante o remanente pase a constituir un mayor importe a distribuir entre todos los acreedores, pues, tanto los arts. 611, 672 y 592 LEC, como el art. 132.3.º LH, así lo establecen, si bien, la diferencia estriba en que la LC casa o pretende casar temporalmente, tendiendo un puente temporal entre el momento inicial del concurso, el de insinuación de créditos y aprobación de los textos definitivos, con el de la adjudicación o cesión del remate, mientras que la LEC lo fija en el mismo momento de adjudicación o cesión del remate, computando intereses y costas procesales, dentro de la responsabilidad hipotecaria, como incremento del capital y, por tanto, generador de menor sobrante o exceso, mientras que la LC ante una misma situación, objetivamente, producirá mayor sobrante, exceso o resto. El TRLC ha venido a zanjar esta cuestión a través de su art. 144.2, conforme al cual, el sobrante obtenido de la realización del bien, se integrará en la masa activa del concurso, para su reparto entre el resto de acreedores, por su orden concursal, lo cual se excepciona en el supuesto de que el Administrador Concursal inste una tercería de mejor derecho para determinar «*la existencia de créditos concursales con preferencia de cobro*», lo cual, entendemos como una regulación muy forzada la de que la Administración concursal, que es la que ordena los pagos a través de sus textos definitivos, se vea obligada a reordenarlos a través de la interposición de una tercería, cuando lo más sencillo hubiere sido modificar aquéllos por sus trámites ordinarios.

Así lo define el Alto Tribunal:

STS —1.ª— n.º 227/2019, de 11 de abril

«**4.** Para determinar lo que entonces podía considerarse crédito con privilegio especial, en un supuesto como este, resulta de aplicación la doctrina contenida en la reciente sentencia 112/2019, de 20 de febrero, con alguna matización.

En esta sentencia declaramos que el privilegio especial en un crédito con garantía real abarca no sólo al principal, sino también a los intereses remuneratorios o moratorios, ya se hubieran devengado antes o después de la declaración de concurso, siempre que estén cubiertos por el valor de realización de la garantía:

"Los arts. 59 y 92.3º LC permiten el devengo, sin postergación, de los intereses generados por los créditos con garantía real "hasta donde alcance la respectiva garantía"; lo que supone la afección de la garantía al pago de tales intereses con el límite indicado. El art. 90 LC no establece expresamente que esos intereses tengan el carácter de crédito con privilegio especial, pero porque es innecesario, una vez que el privilegio abarca la totalidad del crédito garantizado, conforme a lo expresado en el título.

"Además, conforme a esta regulación, los intereses devengados por el crédito hipotecario serán privilegiados con privilegio especial, con independencia de su fecha de devengo —anterior o posterior a la declaración del concurso— si están cubiertos por el valor de realización del bien que sirve de garantía. Si el valor de realización no cubre los intereses, debe entenderse que los devengados con anterioridad a la declaración de concurso son subordinados (art. 92.3º LC), mientras que los posteriores no pueden ser reclamados, por exceder de la garantía".

Y, más adelante, advertíamos que el privilegio que le confiere al acreedor la garantía real, no le dispensa, en caso de concurso de acreedores de su deudor, del deber de comunicar su crédito, conforme a lo previsto en el art. 85.3 LC. Con la siguiente advertencia:

"Si (...), cuando se realizó la comunicación de créditos todavía no se había alcanzado el límite garantizado, debería haberse comunicado la cantidad devengada hasta esa fecha como crédito con privilegio especial y la parte todavía no devengada como crédito contingente sin cuantía propia (hasta que se cumpliera la contingencia) y con la calificación de privilegio especial".

Cumplidos estos presupuestos, en principio, el acreedor hipotecario tiene derecho a que lo obtenido con la realización de las dos fincas afectadas al cobro de su crédito, se destine a su satisfacción hasta el importe cubierto con la garantía. Por lo tanto, también alcanza a los intereses cubiertos por la garantía que se hubieran devengado con posterioridad a la declaración de concurso.

5. La matización que introducimos se refiere a la clase de intereses que pueden devengarse con posterioridad a la declaración de concurso.

La garantía hipotecaria cubre tanto los intereses remuneratorios, como los moratorios, dentro el límite previsto en el art. 114 LH. En el caso de los remuneratorios, son no sólo los devengados antes de la declaración de concurso, sino también los devengados después, en aplicación del art. 59 LC. Pero en el caso de los intereses moratorios, tan sólo serán los anteriores a la declaración de concurso, pues la previsión del art. 59 LC debe entenderse referida sólo a los remuneratorios, por la siguiente razón.

El art. 59.1 LC, cuando prevé que, por regla general, desde la declaración de concurso se suspende el devengo de los intereses, se refiere sólo a los remuneratorios, pero no los que se devengan por la mora del deudor. En principio, declarado el concurso, los créditos concursales que forman parte de la masa pasiva, conforme al art. 49 LC, quedan afectados a la solución concursal por la que se opte, el convenio y la liquidación, sin que sean exigibles antes de que se alcancen tales soluciones. Por esta razón, como existe una imposibilidad legal de pago, no tiene sentido que durante el concurso operen instituciones como los intereses y recargos de demora, que incentivan el pago puntual de las obligaciones.

Es lógico que la excepción que el art. 59.1 LC prevé respecto de los intereses "correspondientes a los créditos con garantía real, que serán exigibles hasta donde alcance la respectiva garantía", se refiera también al mismo tipo de interés, el remuneratorio. También el crédito concursal garantizado con hipoteca está sujeto a las mismas restricciones de pago, sin perjuicio de la salvedad contenida en el art. 155.2 LC, que legitima a la administración concursal a pagar las amortizaciones e intereses vencidos con cargo a la masa. Es una facultad que tiene la administración concursal, en el caso en que le interese mantener la vigencia del préstamo. Y también en ese caso, los únicos intereses de demora que debería pagar serían los que se hubieran devengado por las cuotas vencidas e impagadas antes del concurso y hasta su declaración, pero no los posteriores.

Esta interpretación se acomoda a la ratio del actual art. 155.5 LC, cuando prevé que "en los supuestos de realización de bienes y derechos afectos a créditos con privilegio especial (...), el acreedor privilegiado hará suyo el montante resultante de la realización en cantidad que no exceda de la deuda originaria". La deuda originaria es la cubierta por la garantía, teniendo en cuenta que no incluye los intereses moratorios posteriores a la declaración de concurso, porque no se habrían devengado.

6. En consecuencia, en el presente caso, el crédito cubierto por la garantía sería aquel respecto del que se aquietó la administración concursal en apelación, que, de la liquidación presentada por el acreedor hipotecario, descontó los intereses de demora posteriores a la declaración de concurso (117.174,82 euros)...»

A partir del día 1.º de septiembre de 2020, fecha en la que entró en vigor el TRLC, los apartados 4 y 5 del art. 155 LC, quedan «refundidos» en los arts. 209 y ss. y 430 TRLC que, al menos, *a priori*, parece que simplifican el sistema anterior de la LC que acabamos de exponer, si bien, se establece como modo, llamémosle «ordinario» la venta en pública subasta, que en la redacción inicial del art. 209 se especificaba como «*judicial o extrajudicial*» a partir de la entrada en vigor de la LRTRLC, se han excluido estas tres palabras, pero, manteniendo la realización por medios electrónicos y, todo ello, salvo que el juez autorice otro medio de realización, como resulta del denominado de «venta directa» que sigue los siguientes parámetros procesales:

a) El que, con la LC conocíamos como sistema de «venta directa», actualmente es denominado como de «realización directa», sistema válido para la transmisión de los «*bienes y derechos afectos a créditos con privilegio especial*».
b) Puede realizarse en cualquier fase o estado del concurso.
c) Debe solicitarse, bien por (i) la Administración Concursal, ya por (ii) el acreedor con privilegio especial, en ningún caso por el Concursado, cuyas facultades de administración o disposición están suspendidas o intervenidas, ni tampoco por el resto de acreedores concursales, aún cuando pudieren tener algún interés ante la hipotética expectativa

de existencia de algún posible sobrante en la realización del bien u otra razón o motivo.

d) Deberá seguir los trámites del art. 518 TRLC para la debida autorización judicial: (i) solicitud, (ii) concesión de plazo de tres (3) a quince (15) días a todas las partes para ser oídas y (iii) resolución en cinco (5) días autorizando o denegando, frente a la que sólo cabe Recurso de Reposición.

e) La autorización está condicionada al hecho de que la oferta lo fuere por:

    (i) importe «*superior al mínimo que se hubiese pactado al constituir la garantía*», esto es, cuanto menos, de un (1) euro superior al tipo de subasta fijado en la Escritura de constitución de la garantía real, tipo que suele, aunque no necesariamente, coincidir con el de la total responsabilidad (hipotecaria), pero, insistimos, no siempre. En cualquier caso, no entendemos qué quiere decirse con el «*mínimo*», pues el tipo pactado para las subastas extrajudiciales o judiciales es único, sin máximos ni mínimos;

    (ii) excepcionalmente, puede autorizarse un precio inferior si el concursado y el acreedor o acreedores con privilegio especial lo aceptasen expresamente (veremos que no se pide la opinión de la Administración Concursal, la que, debe velar por el interés del concurso y éste es el de la Masa Activa con independencia de la calificación del crédito, por lo que, sin precisar de ser oídos por el resto de acreedores concursales, éste bien podría llevar dar la opinión objetiva colectiva), pero «*siempre que se efectúe a valor de mercado según tasación oficial actualizada por entidad homologada para el caso de bienes inmuebles y valoración por entidad especializada para bienes muebles*», lo que nos da a entender, que todo se reduce a una cuestión de números. Por «entidad homologada» deberemos entender a aquélla inscrita en el registro correspondiente del Banco de España y por «entidad especializada» deberemos entender aquélla que incorpore un titulado universitario experto en la valoración de bienes muebles, aunque la norma no exige esta titulación, por lo que bien podría entenderse a la entidad que incorpore o se dedique a la venta de bienes muebles, incluyendo a los Anticuarios; en cualquier caso, la especialización no solo debe ser en bienes muebles en su conjunto, sino, en el bien mueble concreto, como puede ser, por ejemplo, en piedras preciosas (Gemólogos), objetos de Arte (Catedráticos de Bellas Artes), etc. La norma ha olvidado la tasación de derechos, los cuales pueden ser valorados o tasados por Juristas y, de entre dichos derechos, los de marcas, para las cuales, bien podrían realizarlas los Economistas o Peritos Mercantiles.

f) El no puede aplazarse, sino que debe ser «*al contado*», esto es, sin aplazamiento o condición algunos.

g) Debe anunciarse la realización directa de la misma manera que si se tratase de una subasta; a estos efectos, el inicial art. 215 TRLC distinguía tres tipos de subasta, (i) la judicial, (ii) la extrajudicial y la (iii) electrónica, ante lo que resultaría muy oportuno conocer de cuál de estos tres deben seguirse el método de publicación, máxime, cuando, a día de hoy, en tiempos de la denominada «inteligencia artificial» el sistema electrónico a realizar por la Oficina judicial de subastas se ha revelado como obsoleto, siendo más rápidos, los arcaicos de publicación en el B.O.E. o en un diario local; sin perjuicio de lo dicho, deberemos entender que la publicidad de la subasta deberá efectuarse según los pactos al respecto, contenidos en la Escritura o en el documento de formalización o constitución de la garantía real, pues, no de otro modo podemos encontrar la coherencia al precepto. Todo ello, como decíamos precedentemente, ha variado con la entrada en vigor el 26 de septiembre de 2022 de la LRTRLC, quedando únicamente la subasta electrónica, sin más aditamento, lo que deberá entenderse, tanto judicialmente, como extrajudicialmente y, dentro de este último sistema a través de portales electrónicos notariales o de personas especializadas.

h) El plazo de la realización directa es el que se fije en los anuncios, acorde, entendemos, con el del título formalizador de la garantía real, si bien se concede lo que, antes de la vigente LEC, conocíamos como «subastilla», esto es, un plazo de diez (10) días para que los oferentes liciten, dice la norma, lo cual implica, a nuestro entender, que es una licitación abierta al alza o puja[100], en la que las ofertas que

100 Pujar (licitar): del Latín *podium* o gradas del anfiteatro y, ésta, a su vez, de *pes, pedis,* pie y, por tanto, por el podio sería el lugar en el que ponemos el pie para ascender a los asientos del anfiteatro

se hayan realizado quedarían sin efecto, siendo el adjudicatario o rematante aquél que hubiere hecho la mejor postura o mayor importe, sin perjuicio de cuál hubiere sido su oferta antes de la subastilla. Deberá entenderse que las ofertas deben realizarse a la Administración Concursal, aunque nada impide que se realicen en la Oficina judicial, máxime, por cuanto que la realización directa puede efectuarse en cualquier fase del procedimiento y no necesariamente a través del Plan de liquidación.

La dación en pago o para pago respecto de los bienes afectos a la garantía real viene regulada a través del art. 211 TRLC (art. 155.4 LC) del siguiente modo:

a) Al igual que la realización directa, puede solicitarse en cualquier fase concursal.
b) Puede realizarse a favor del acreedor garantizado con el derecho real o a la persona que éste pudiere designar, normalmente, suelen ser las compañías gestoras de los inmuebles de las entidades financieras, aunque nada impide que sea cualquiera otra persona física o jurídica.
c) Debe solicitarse, al igual que la realización directa, (i) por el acreedor con privilegio especial o (ii) por la Administración Concursal con el previo (tampoco empecería el hecho de presentarlo simultáneamente en escrito conjunto) consentimiento expreso del acreedor, lo cual elimina la posibilidad de incluirlo en el Plan de Liquidación unilateralmente, con lo que se pretendía vincular al acreedor con privilegio especial, por razón al Auto de aprobación del Plan, a aceptar la dación *manu militari*.
d) El trámite de la solicitud es el mismo que el de la realización directa.
e) «*Cualquier interesado*» puede realizar alegaciones sobre la pertinencia de la dación «*o sobre las condiciones en las que se haya propuesto su realización*». Cuando el Legislador habla de «interesado», parece que está yendo *ultra vires*, esto es, más allá de lo que son las «partes» en el concurso, o de lo que son los «acreedores concursales», pues puede tener interés en la dación o en la no dación, por ejemplo, el colindante de la finca hipotecada (retracto de colindantes del art. 1.523 C.c.), bien porque pretenda adquirirla él con preferencia a la entidad financiera acreedora o a su cedido, incluso no tener a éstos por vecinos en su finca rústica previendo algún desarrollo inmobiliario o cultivo que pueda malbaratarle su campo.

f) La dación en pago extingue el crédito con privilegio especial, pero, como olvido del Legislador, también la garantía real, pues se ha olvidado de la persona designada por el acreedor con privilegio especial, quien paga a éste y adquiere el bien objeto de la garantía extinguiendo el crédito de un tercero, lo que, produce el doble efecto del pago por tercero y de la compraventa. Advirtamos, a estos efectos, lo dispuesto en el art. 212 TRLC conforme al cual se faculta a la Administración Concursal a solicitar autorización del Juez del Concurso, previa audiencia a *«los interesados»* a enajenar los bienes afectos a un privilegio especial con subsistencia de gravamen y subrogación del adquirente en la obligación del deudor, por lo que recomendamos que en la solicitud de dación en o para pago en favor de la persona designada por el acreedor privilegiado, se incluya expresamente la autorización de la subsistencia o extinción del gravamen.

g) En cuanto al valor de la dación, por distinción con la realización directa, sólo permite que el valor no sea inferior al de mercado, según las tasaciones para aquél indicadas, pudiendo ser, en consecuencia, igual al de la tasación, de lo que puede resultar remanente o sobrante, destinado a la Masa Activa, para atender otros créditos por su orden concursal, como no puede ser de otro modo, del mismo modo que el «faltante», en cuyo caso, al igual que el sistema de la LC, se reclasificaría esta parte del crédito como correspondiese sin la garantía real.

En el **AAP Valencia —9.ª— n.º 57/2024 de 23 de abril** se plantea lo que sucede cuando un concursado es propietario de una parte indivisa que es objeto de liquidación concursal sobre varias fincas registrales hipotecadas constituida en favor de determinada entidad bancaria sin distribución de responsabilidad para cada una de las fincas ni de sus partes indivisas si, adjudicada en venta concursal la parte indivisa del ejecutado, procede o no la cancelación de la hipoteca (toda) y así, conforme al principio de indivisibilidad hipotecaria de los arts. 1.860 C.c., 122 y 125 LH y 217 de su Reglamento, procede la cancelación de la hipoteca únicamente sobre la parte indivisa del concursado adjudicada en subasta, pero el mantenimiento sobre las restantes, tanto si son del copropietario no concursado, como si son del concursado respecto de los bienes no adjudicados en liquidación concursal; criterio que compartimos absolutamente.

F) Elementos personales y sus responsabilidades. Acción de devastación y Administración interina. La hipoteca inmobiliaria por débito ajeno

Volvemos a la clásica división, y así, encontraremos al hipotecante, deudor o no y al Acreedor hipotecario, en cualquier caso, si bien éste debe ser conocido en cualquier caso, puede llegar a no serlo, piénsese en las hipotecas en garantía de «títulos al portador» o a favor de «endosatarios futuros» de documentos cambiarios.

Si bien el deudor responde en todo caso, no solo con el bien, caso de ser propio, sino con todos sus bienes y sin limitación alguna, puede no ser así, pero solo en el supuesto de que se hubiere pactado en los términos previstos en el art. 140 LH, que es cuando nos encontramos con que el hipotecante no deudor, sólo responderá con el bien que hipoteca y hasta los límites que fije la responsabilidad hipotecaria, acorde con lo dispuesto en el art. 146 LH. El hipotecante conserva la propiedad y la posesión del bien inmueble y corre con la obligación de conservarlo diligentemente, so pena de que el Acreedor inste (*ex* art. 117 LH) la denominada Acción de Deterioro o Devastación, de la que resulta una obligación de hacer o no hacer a cargo del hipotecante para evitar o remediar el daño acción que, a nuestro entender y en sede Concursal, debe correr a cargo de la Masa, dentro del principio de conservación de la Masa Activa, tal y como expresamos al inicio de la presente obra.

Como queda dicho, el Acreedor hipotecario no solo dispone de la acción real sobre el bien inmueble hipotecado sino que, además, conserva las acciones personales frente a su deudor (hipotecante o no).

Del mismo modo, el acreedor hipotecario dispone de la posibilidad de solicitar la administración o posesión interina del bien, la cual surge o puede tener lugar en dos (2) momentos perfectamente diferenciados, en un primero, (i) como consecuencia del no cumplimiento por parte del hipotecante de la obligación de hacer o de no hacer derivada del ejercicio de la Acción de Devastación del art. 117 LH y, de otro (ii) de forma directa, acorde con los momentos que marca el art. 690 LEC, pudiendo el acreedor solicitar el percibo de las rentas vencidas y no satisfechas para pago de su crédito y dentro de los dos (2) años previstos para la hipoteca Inmobiliaria y del año para la Mobiliaria. En sede concursal, dispone el art. 690.5 LEC que se estará a lo que disponga el Juez del Concurso con carácter general, lo que supondría dejar sin efecto la institución de la Administración o Posesión interina del bien hipotecario, sustrayendo del privilegio especial uno de los efectos derivados de la acción real de garantía, en razón a que tal institución es una administración *stricto sensu* y no puede sustraerse la misma del radio de acción o competencias de la Administración concursal o norma general.

Mención especial merece la denominada «hipoteca por débito ajeno», a la que nos hemos referido precedentemente al tratar de la Prenda y la Hipoteca Mobiliaria, cuyos comentarios damos por reproducidos; no obstante lo cual, hay que tratar significar las siguientes situaciones:

a) Que el hipotecante o propietario del bien inmueble sea, a su vez, deudor personal:

En este caso, nos encontramos con una «hipoteca por débito propio», aunque sólo uno de los varios prestatarios o acreditados sea el propietario, pues el débito solidario así lo exige, mientras que el mancomunado, raramente se produce, puede presentar varias modalidades, ya se hipoteque el inmueble respecto de todas las cuotas en que se divide la deuda, habiendo de estar a que la garantía se extienda a todas ellas o solo a alguna o algunas y que uno o varios deudores no sean propietarios del bien, en cuyo caso, nos remitimos a cuanto seguidamente diremos.

Aquí debemos aludir a lo dispuesto en el art. 140 LH que faculta a limitar «*la responsabilidad del deudor*» —añadimos nosotros «*e hipotecante*» «*y la acción del acreedor, por virtud del préstamo hipotecario, quedarán limitadas al importe de los bienes hipotecados, y no alcanzarán a los demás bienes del patrimonio del deudor*», lo cual representa una limitación al principio de responsabilidad patrimonial universal del art. 1.911 C.c. La norma, obviamente, está refiriéndose a la constitución de una hipoteca por débito propio, permitiéndose aportar la garantía, únicamente, respecto de un bien inmueble o varios concretos y determinados, excluyendo los restantes; mientras que al fiador personal y real, no parece que se le permita esta posibilidad de exclusión de bienes y limitación de su responsabilidad universal; sin embargo, hay que acudir a lo dispuesto en el art. 1.847 C.c. para entender que la obligación del fiador, real o personal, «*se extingue al mismo tiempo que la del deudor, y por las mismas causas que las demás obligaciones*», incluso al art. 1.849 C.c., en tanto que la aceptación voluntaria del acreedor del inmueble libera al fiador, por lo que, bajo nuestro criterio, debe entenderse que civilmente se extienden al fiador los efectos limitativos de la responsabilidad patrimonial del art. 140 LH sobre lo que resulte de la ejecución hipotecaria de sobre el bien concreto del deudor principal e hipotecante.

Siendo así que el hipotecante es, a su vez, deudor, en tanto que asume, además de la obligación real, la personal derivada del préstamo o de la fianza personal, el art. 399 TRLC (antiguo art. 135 LC), que regula límites subjetivos de la aprobación del convenio frente a los «*fiadores o avalistas*» del concursado en el sentido de que dispone que les afectará la quita o la espera en función de su voto favorable o negativo en la Junta, nada parece objetarse al respecto, en tanto que son obligados personales frente al acreedor hipotecario, dicha quita o remisión de deuda, así como la espera, les afectará acorde con la acción de su propio voto.

A este respecto, se ha pronunciado el Tribunal Supremo (**SSTS —1.ª— n.º 549/2012, de 20 de julio y 586/2021, de 27 de julio**) considerando que (i) la norma del antiguo art. 135 LC «*"… lo que pretende es preservar los derechos del acreedor concursal frente a los terceros afectados por el cumplimiento de un crédito concursal, en caso de que se apruebe un convenio si ese acreedor no ha votado a favor (ahora el texto refundido aclara que también se exige que no haya sido autor de la propuesta ni se haya adherido a ella). La razón estriba en que el sacrificio que comporta, para el acreedor que no acepta la propuesta de convenio, verse arrastrado por lo acordado por otros acreedores con el deudor está justificado dentro del concurso y por la finalidad de facilitar, con esta reestructuración de la deuda, la continuidad de la actividad económica del deudor concursado. Pero no está justificado que este sacrificio que entraña verse arrastrado por los efectos del convenio no aceptado, en concreto por las quitas y esperas no consentidas, se extienda también a las garantías que en previsión del incumplimiento del deudor hubiera recabado el acreedor de terceros. Los terceros que hubieran prestado garantías no tienen por qué beneficiarse de las razones concursales que justifican el reseñado arrastre de efectos, pues están fuera del concurso"…*» (ii) y así, en la **STS —1.ª— n.º 586/2021, de 27 de julio**, además, dilucida respecto de la igual consideración de efectos para los fiadores, avalistas u obligados solidarios de carácter personal con respecto a las garantías reales sobre bienes no pertenecientes al concursado, en el sentido de excluir los efectos del convenio «*atendida la posición de privilegio de la que parte la ley concursal respecto a los acreedores con garantía real (v.gr. arts. 56 y 57 LC). 4. En consecuencia, apreciamos la procedencia de la aplicación del art. 135.1 LC a los acreedores concursales que no hubieran votado a favor del convenio respecto de los derechos frente a los terceros constituyentes de una garantía prendaria no deudores (garantes reales por deuda ajena o fiadores reales)…*».

b) Que el hipotecante o propietario del bien inmueble, además de ser fiador real, lo sea personal solidario o mancomunado:

En ésta, la obligación pecuniaria es la propia de un afianzamiento personal y es éste, el fiador, además de responsable subsidiario de la obligación de pago, afianzador real, mediante la constitución de una hipoteca de un bien propio, del fiador, en garantía del débito de un tercero, el prestatario o acreditado, por lo que, en este segundo caso, nos hallaríamos ante una modalidad de la figura de una «hipoteca por débito ajeno».

Cuando el deudor no hipotecante es el concursado, el tratamiento concursal en la Lista de acreedores debe ser el de la calificación del crédito como ordinario o subordinado, según proceda, pues el bien inmueble que constituye la garantía no forma ni debe formar parte de la Masa Activa del concurso, dada la propiedad de un tercero distinto del concursado.

En el supuesto del apartado tercero del art. 178 bis.5.2.º, relativo a la concesión del BEPI, en tanto que no afecta a «*los derechos de los acreedores frente a los obligados solidariamente con el concursado y frente a sus fiadores o avalistas*», debemos indicar que, en principio, la técnica empleada por el Legislador presenta serias dudas de interpretación pues, comúnmente, en la inmensa mayoría de los préstamos bancarios, todos los intervinientes, tanto como coprestatarios, coacreditados o fiadores, son resultan ser «*obligados solidariamente*», no solo porque no podemos hacer estos planteamientos en sede de responsabilidad mancomunada, por razón a lo dispuesto en los arts. 1.138 y segundo párrafo del 1.139 C.c., sino, porque la obligación, el *ob ligare*, que no es otra que el pago dinerario, es igual, solidario (*in solidum*) o por la totalidad, sin distinción entre obligado principal y afianzador; el texto bien podría haber sido «*obligados principalmente*», por distinción con el afianzamiento y su nota de subsidiariedad o pago para el supuesto de que no lo hiciera el obligado principal; esta nota de subsidiariedad no es lo mismo que el principio de excusión de bienes del art. 1.830 C.c., pues así lo dispone el art. 1.831.2.º C.c. para la fianza solidaria, sino que, el fiador sólo tiene la obligación de pagar cuando no lo ha hecho su afianzado, subsidiariamente, del Latín «*sub*», significando «por debajo de» y «*sidiare*», significando «sentarse» esto es, estar ubicado, en la obligación de pago, por debajo de o después de alguien, el obligado principal.

Igual crítica debemos realizar respecto del término «*fiadores o avalistas*», pues, si bien, debemos considerar que el aval es una clase de fianza personal, reservada técnicamente para las letras de cambio, cheques o pagarés y para el aval bancario, no por ello debería haberse realizado esta distinción en un texto legislativo de tal complejidad como venía siendo la LC, así como su Texto Refundido.

Sin embargo, el Legislador sí que debería haber hecho distingo entre el afianzamiento personal y el real, pero, comoquiera que no lo ha realizado, hay que tratar de entender, a todo lo largo de la norma, cómo considera el Legislador concursal al acreedor con un derecho real de garantía, si como un fiador, como un avalista o como qué otra figurar jurídica. La respuesta viene centrada a todo lo largo de la Exposición de Motivos, y en el cuerpo de la norma, tanto de la LEC como de su Texto Refundido, como «*privilegio especial*» o como «*créditos singularmente privilegiados*», en tanto que «*afectan a determinados bienes o derechos*»; en ningún caso se alude a fianzas reales o avales reales, pero sí a «*garantías reales*». Por tanto ¿qué debemos entender por «*fiadores o avalistas*» a estos efectos, aquellos afianzamientos de carácter personal y no real, pues para los reales alude al término «*garantías reales*» o «*crédito singularmente privilegiado*». *Ubi lex non distinguet nec nos»*.[101]

c) Que el hipotecante o propietario del bien inmueble no sea deudor personal, ni como coprestatario ni como fiador personal solidario o mancomunado, siendo sólo fiador real, esto es, afectando su bien inmueble en garantía de la deuda de otro, pero sin asumir la obligación de pago, tan solo, la obligación subsidiaria, caso de que su afianzado real no pagase.

Éste sería, pues, el supuesto puro denominado «hipoteca por débito ajeno», y, decimos puro, pues no existe obligación personal de pago, pues sólo la asume el deudor principal o sus fiadores personales, lo que no requeriría del nuevo cuestionamiento de lo dispuesto en el art. 140 LH.

En sede concursal hay que plantearse los efectos que produciría una quita total o exoneración de la deuda del concursado no hipotecante ante la vigencia de la garantía real hipotecaria realizada por el propietario no deudor. En un Concurso, sigamos, «normal», esta situación no llegaría a plantearse hasta su conclusión, vía Fase de liquidación, bien por incumplimiento del convenio, ora por la insuficiencia de los arts. 470 y ss. TRLC (antiguo 176 bis LC), pues los arts. 396 y ss. TRLC (antiguo art. 134 LC) no permite un Convenio extintivo pleno de todas las obligaciones de pago,

---

[101] Donde la ley no distingue, tampoco nosotros.

sólo permite la quita, esto es, la reducción del *quantum* de la deuda, no su extinción.

Algo bien distinto es lo que sucede con el BEPI derivado del AEP. Veamos: el art. 678 TRLC (antiguo art. 238 bis LC) reitera la fórmula del art. 399 TRLC (antiguo art. 135 LC) ante el voto del convenio, según acabamos de exponer, pero de forma más compleja por los *quorum* exigidos. Los arts. 486 y ss. TRLC (antiguo art. 178 bis LC) regulan el BEPI. Si bien el art. 178 bis. 5 LC determinaba su alcance, «*a la parte insatisfecha de... 1.º Los créditos ordinarios y subordinados...*», el art. 491 TRLC, excepciona los créditos de Derecho público y los créditos por alimento. Éste es el supuesto que nos ocupa, en tanto en cuanto que, tratándose de una hipoteca por débito ajeno, por débito del concursado, el crédito de la entidad hipotecaria debe calificarse como ordinario, por su saldo y como subordinado por sus intereses; consecuentemente, debemos preguntarnos qué sucede cuando ha sido exonerado el crédito de la entidad financiera y resta la garantía real hipotecaria incólume, dado el carácter constitutivo de la inscripción registral de la hipoteca, que precisa, para su extinción, de la correspondiente cancelación registral, *ex* art. 76 LH, de forma y manera que puede subsistir la hipoteca, en tanto que permanezca inscrita, aún cancelada la obligación principal por pago o por cualquier otro medio válido en Derecho extintivo de las obligaciones, cancelación que sólo tendrá lugar en los supuestos que dispone el art. 79 LH, y por los medios previstos en el art. 82 LH.

Así pues, debemos sostener que, en virtud del principio de accesoriedad previsto en el art. 1.190 C.c., la extinción o condonación legal de la obligación principal de pago, del crédito concursal ordinario y subordinado, conllevará indefectiblemente, con la «extinción» del derecho real de garantía, extinción que no es automática, sino que requiere de un acto registral cancelatorio, como acabamos de exponer. Sin embargo, el art. 502 TRLC, acorde con cuanto disponía el párrafo tercero del 178 bis.5 LC dispone que «*La exoneración no afectará a los derechos de los acreedores frente a los obligados solidariamente con el deudor y frente a sus fiadores o avalistas, quienes no podrán invocar*» el BEPI. Ante esta disposición, hemos de reiterar que el Legislador no está pensando en el fiador real o no personal, pues, el primero de los requisitos de no afección del BEPI a los acreedores, o mantenimiento de garantías, lo es respecto de aquéllos que tengan obligación personal de pago solidariamente, *in solidum*, respecto de toda la deuda, mientras que, como reiteramos, el fiador estrictamente real, no tiene obligación personal de pago en ningún caso, sino, tan solo real, esto es, que pagará con el bien inmueble hipotecado y no le alcanzará, por tanto, el principio de responsabilidad patrimonial universal *ex* art. 1.911 C.c. Dudas y diversidad de razonamientos jurídicos a este respecto, son inevitables, pero, como decíamos precedentemente, el Legislador concursal, cuando alude a las garantías reales, los trata como «créditos con privilegio especial», o denominaciones similares y así, cuando alude a los fiadores, avalistas u obligados, está refiriéndose *a contrario sensu*, esto es, a los que no ostentan el privilegio calificativo. Consecuentemente, el Legislador concursal se olvidó del hipotecante por débito ajeno quien, cuyo crédito frente al concursado, en la Lista de Acreedores, será calificado en función de la pérdida o no del bien inmueble, bien como contingente con cuantía, cuya contingencia estriba en la concesión del BEPI o no al Concursado que procede de un AEP y cuya cuantía deviene de la reconocida a la entidad financiera en la Lista de acreedores, cuantía fija y a la que no le afectan los privilegios del crédito hipotecario, pues su crédito, aunque tenga la garantía hipotecaria, es puro u ordinario, dado que la garantía, el bien inmueble, no forma parte de la Masa Activa del concurso y su ejecución, en su caso, debe llevarse a cabo fuera del Juez del Concurso, ante un Tribunal ordinario, precisamente por esto.

No obstante lo expuesto, debemos extender los razonamientos a los problemas prácticos que ello conlleva. En primer lugar, el carácter «provisional» o suspensivo que ostenta el BEPI. En segundo, de conocer quién o ante quién o de qué modo puede cancelarse la inscripción registral de la hipoteca extinta *ex* art. 1.190 C.c.

Por lo que respecta al primero, el carácter suspensivo de los efectos del BEPI, debemos traer a colación lo dispuesto en el art. 495.2 TRLC (antiguo 178 bis.6 LC) que requiere el pago de las deudas que no hubieren sido pagadas, a pagarlas en los cinco (5) años siguientes al de la conclusión del concurso, so pena, caso de no hacerlo, de revocación del BEPI por cualquier acreedor (art. 492 TRLC —art. 178 bis.7 LC—); a este respecto, debemos exponer, entre otras resoluciones coincidentes, al Auto de la Audiencia Provincial de Córdoba siguiente, que considera incluidos en la expresión «*cualquier acreedor*», no solo a los reconocidos en los textos definitivos, sino a cualquiera que ostente o pueda ostentar tal condición, conforme a los siguientes fundamentos jurídicos:

AAP Córdoba —1.ª—, n.º 36/2020, de 28.01.2020

«El artículo 140 de la Ley Concursal establece que "cualquier acreedor que estime incumplido el convenio en lo que le afecte podrá solicitar del juez la declaración de incumplimiento". En el caso que nos ocupa nos encontramos ante el especial supuesto de un crédito concursal no concurrente que se encuentra afectado por el convenio en cuanto que hasta que no termine de cumplirse el mismo no podrá reclamar su importe. Por lo tanto, la expresión amplia y genérica que utiliza dicho precepto al referirse al "acreedor que estime incumplido el convenio en lo que le afecte" legitima al acreedor concursal no concurrente para ejercitar la acción de incumplimiento del convenio, ya que en caso contrario podría encontrarse en una situación como la que plantea la parte apelante, en la que los acreedores concursales concurrentes pendientes de cumplimiento (determinados créditos subordinados) no han formulado una demanda de incumplimiento por las razones que sea y el concursado no ha presentado la solicitud de cumplimiento del artículo 130 de la Ley Concursal, imposibilitando la reclamación del acreedor concursal no concurrente que tiene que esperar al cumplimiento del convenio. La otra posibilidad que plantea la parte apelante para admitir la ejecución del crédito concursal no concurrente encontrándose pendiente de cumplimiento el convenio vulneraría el derecho de preferencia que corresponde a los acreedores cuyos créditos sí fueron reconocidos en el concurso.»

Será en el momento del art. 498 TRLC (antiguo art. 178 bis.8 LC), esto es, (i) transcurrido el plazo del plan de pagos, (ii) sin haber sido revocado el BEPI, cuando se le dará el carácter definitivo a la exoneración del pasivo insatisfecho. De esta forma, entendemos, pues que no podrá solicitarse ni obtenerse la cancelación registral de la hipoteca hasta tanto no se obtenga la exoneración definitiva, mediante el dictado del Auto correspondiente. ¿Qué sucede pues, durante esos cinco (5) o más años del plan de pagos con la hipoteca? ¿Puede ejecutar la entidad financiera su crédito ante el ejercicio de la acción real frente al hipotecante no deudor en el período que va desde el dictado del Auto concediendo el BEPI, provisional, hasta el del dictado del definitivo que declare el cumplimiento? Todo parece indicar que los efectos suspensivos del Auto provisional no permitan ejecutar la garantía real, pues el art. 557.1.5.ª LEC dispone como causa de oposición a la ejecución fundada en títulos no judiciales ni arbitrales la «*Quita, espera o pacto o promesa de no pedir, que conste documentalmente*», todo lo cual se cumple en el caso que nos ocupa, así, la entidad financiera habrá de posponer la ejecución de la hipoteca por débito ajeno, su acción real pura, hasta tanto se dicte el Auto definitivo o se revoque el provisional.

¿Quién, pues, podrá solicitar la cancelación de la hipoteca cuando se haya dictado el Auto definitivo del BEPI? Evidentemente, el propietario hipotecante. ¿Ante quién? ¿Ante el Juez del Concurso? Si tenemos en cuenta que (i) el propietario hipotecante, lo más probable sea que no haya comparecido formalmente en el expediente concursal y que (ii) el bien no forma parte de la Masa Activa del concurso, lo que parece quitarle la jurisdicción al respecto, todo parece indicar que, sin perjuicio que el acreedor hipotecario, por acto voluntario plasmado en la escritura de carta de pago y cancelación de hipoteca, supuesto ciertamente improbable y meramente teórico, haya de encontrarse la vía del art. 1.2 LJV, en tanto que se trata de un acto que requiere «*la intervención de un órgano jurisdiccional para la tutela de derechos e intereses en materia de Derecho civil y mercantil, sin que exista controversia que deba sustanciarse en un proceso contencioso*», pues entendemos que los títulos V, VI y VIII LJV no lo prevén expresamente, siendo así que no es un *numerus clausus*, la puerta que nos brinda el art. 1.2 LJV, en tanto que la hipoteca por débito ajeno deriva de los Derechos civil y mercantil, en tanto que regulan su extinción y su constitución; sin embargo, el párrafo primero del art. 82 LH exige el dictado de sentencia, lo que no se produce en los expedientes de Jurisdicción voluntaria, *ex* art. 19.1 LJV, que hacen que la resolución concluyente del mismo sea a través de Auto o de Decreto. Por tanto, la vía siempre factible es la de recurrir a la vía jurisdiccional ordinaria, en la que obtendremos la Sentencia y, por su ejecución, el Mandamiento judicial cancelatorio que exige el art. 82 LH, así lo dispone el tercer párrafo del art. 82 LH «*Si… procediere su cancelación y no consintiere en ella aquel a quien ésta perjudique, podrá el otro interesado exigirla en juicio ordinario*».

Por lo demás, nos remitimos a lo razonado en el capítulo de la HIPOTECA MOBILIARIA, apartado relativo a la Intervención judicial, cuyos comentarios hacemos extensivos a la hipoteca Inmobiliaria.

Sin perjuicio de cuanto antecede, la Audiencia Provincial de Valencia ha tratado esta cuestión en el Recurso de Apelación número 935/2021, dictando la **S.A.P. Valencia —11.ª— n.º 33/2023, de 23 de enero** en un supuesto en el que los hipotecantes no deudores solicitaban la cancelación del derecho real de garantía hipotecaria habida cuenta de que el deudor principal había sido exonerado, parece ser que provisionalmente, frente a cuyo convenio concursal se había opuesto el acreedor hipotecario, todo ello, al amparo de lo dispuesto en el art. 399 TRLC (antes art. 135 LC). Siguiendo este precepto, la S.A.P. Valencia acabada de citar, incluye entre las personas no afectables por el convenio a los «*hipotecantes no deudores*». La razón fundamental por la que la Audiencia Provincial de Valencia desestima la pretensión del hipotecante no deudor de cancelar este derecho real de garantía frente a su beneficiario, la entidad financiera, reside en la consideración de que la concesión del B.E.P.I. no se trata «*propiamente de una causa de ex-*

tinción sino de mera inexigibilidad…». En efecto, ésta es una cuestión que tuvimos la ocasión de debatir en cierto foro concursal, en el que dos Magistrados de lo Mercantil mantenían una postura contraria a quien esto escribe, pues, así sostenía que, en sede práctica, tanto si se considera extinguida la deuda principal, como su inexigibilidad, el acreedor hipotecario no podría exigir el pago al hipotecante no deudor, pues, no siendo exigible la deuda garantizada, el requerimiento de pago previsto en el art. 686 LEC, en relación con el art. 685.2 LEC y, éste, en relación a su vez con el art. 573.1.2.º LEC, que requiere la aportación del saldo a requerir en el certificado fehaciente, la entidad financiera sólo puede expresar un saldo inexigible, un saldo que no cumple los requisitos del art. 1.113 C.c., pues, lo que es inexigible es el crédito dinerario en sí mismo considerado, como bien dice la Audiencia Provincial y, siendo así, nada podría reclamarse de quien no afianza personal y solidariamente, sino realmente, esto es, el hipotecante no deudor, pues la aportación de la garantía real como soporte de la deuda principal, no implica que dicho hipotecante no deudor, deba el dinerario inexigible y deba pagarlo y, si no debe personal y solidariamente, la exoneración del deudor principal no puede convertirle en deudor personal, por lo que no podría despacharse ejecución hipotecaria, ni personal en base a una deuda inexigible personal y realmente. Cosa bien distinta es la cancelación registral del derecho real de garantía, respecto de la cual ya hemos hablado y deberá seguir las normas de la Ley Hipotecaria y el Código civil. A seguido, reproducimos el fundamento jurídico de la Sentencia precitada.

> «… Lo que permite considerar más bien que dicho beneficio no se trate propiamente de una causa de extinción sino de mera inexigibilidad, como señala el AAP Huesca, sección 1.ª 27 septiembre 2021; y no obstante, como indica esta misma resolución, con citade la RDGRN 10 diciembre 2019, en la que también se apoya la demandada, no ser propiamente fiadores o avalistas los hipotecantes no deudores propiamente fiadores o avalistas, al existir importantes puntos en común dado que ambos son garantes de una deuda ajena, el fiador con toda su responsabilidad patrimonial universal, y el hipotecante no deudor con la afección del bien hipotecado, que es la única que alcanza también al tercer poseedor que adquiere el bien con la carga hipotecaria, de modo que, teniendo en cuenta finalmente la necesaria interpretación teleológica, una extensión del beneficio al hipotecante no deudor, sería ajena a la finalidad de la norma, por la misma razón que tampoco alcanza el beneficio al fiador o avalista de facilitar la segunda oportunidad al deudor a la par que respetar el interés equitativo de los acreedores…».

G) Extinción

En principio, debemos insistir en que, para cancelar registralmente el derecho real de garantía hipotecaria, procede seguir la vía propia de la extinción de la hipoteca o cancelación de la inscripción que la constituyó en su día, para lo cual, habrá que acudir a lo dispuesto en el art. 76, ss. y cc. LH, extinción de la hipoteca o cancelación de la inscripción que puede ser total o parcial, mostrándose esta segunda cuando, por acto expreso y fehaciente, ambas partes, acreedor hipotecario e hipotecante convienen en reducir la responsabilidad hipotecaria de cierto bien inmueble, *ex* art. 80.2.º) LH, y, con ello, el gravamen real, lo cual puede darse por situaciones de pago parcial anticipado y a cuenta del total gravado, de importante suma debemos añadir; además el art. 80.1.º) LH prevé la reducción del inmueble, sin especificar si se trata de reducción física —debemos añadir— por causa natural, pues, si fuere por segregación, la parte segregada arrastraría el gravamen.

La cancelación total de la inscripción hipotecaria (art. 79 LH) tiene lugar (i) por la extinción completa o ruina del bien inmueble gravado, (ii) por extinción del de la hipoteca, lo que puede tener lugar a través de la denominada «purga registral» o liberación de la finca en razón a la ejecución de carga precedente (condición resolutoria, hipoteca o anotación de embargo) en los términos previstos en el art. 674.2 LEC; Igualmente, se extingue el derecho real de garantía, por caducidad de la inscripción registral (Disposición Transitoria Segunda LH) o por prescripción de la acción «hipotecaria inmobiliaria» por el transcurso de los veinte (20) años del art. 1.964 C.c.) y de tres (3) años para los supuestos de la hipoteca naval (art. 142 LNM —el derogado art. 49 LHN disponía un plazo de prescripción de diez (10) años en el supuesto de la hipoteca naval—), el de la hipoteca mobiliaria y el de la prenda sin desplazamiento (art. 11. LHMPSD). Otras formas menos comunes hacen referencia a la extinción por (iii) nulidad del título que la formalizó, de la mano de lo dispuesto en el art. 1.300, ss. y cc. C.c., o (iv) por falta de alguno de sus requisitos esenciales como son la Escritura pública (art. 3 LH), importes de la responsabilidad hipotecaria y cláusulas de vencimiento anticipado y financieras (art. 12 LH), los del art. 21 LH y los de ejecución del art. 129 LH.

H) El vencimiento anticipado del préstamo hipotecario

Llegados a este punto, conviene destacar la Sentencia del Alto Tribunal que, hasta el momento, pone fin a la consideración y validez de la cláusula de vencimiento anticipado en los préstamos hipotecarios.

Estamos viviendo, jurídicamente, unos años a velocidades vertiginosas, derivadas, no tanto de la inactiva tarea de nuestro poder Legislativo, como de la acción y resoluciones del T.J.U.E. y, especialmente, las derivadas de la Directiva comunitaria 93/13 y su aplicación en el Derecho interno. En efecto, en estos, apenas, seis años, hemos pasado, en materia de ejecución hipotecaria, desde enterrar el artículo 131 de la Ley Hipotecaria, aprobada por Decreto de 8 de febrero de 1946, procedimiento frente el que no cabía oposición alguna, salvo falsedad del título o deficiente liquidación del saldo, a la **STS —1.ª— Pleno n.º 463/2019, de 11 de septiembre**, en la que, con la bendición europea, se desprovee del carácter sumario procedimiento de ejecución hipotecaria, atreviéndonos a decir, que no hacía falta la precitada Directiva comunitaria si, al final, se aplicase el decimonónico Código civil. Ese escudo jurídico protector y sumario que el Legislador de 1946 quiso primar al prestamista hipotecario, el poder Judicial europeo ha venido a des-sumarizarlo, alejándolo de la especialidad legislativa, devolviéndolo a la generalidad legislativa, el decimonónico Código civil, en suma. Veamos qué dice el Pleno del TS en la sentencia referida. La discusión se plantea en sede de Demanda formulada ante un Juzgado de lo Mercantil para la consideración de ciertas cláusulas de un préstamo hipotecario como nulas, no en sede de procedimiento de ejecución hipotecaria. El T.S. planteó una cuestión prejudicial al T.J.U.E. sobre la posible abusividad de una cláusula de vencimiento anticipado incorporada a un contrato de préstamo hipotecario celebrado entre un consumidor, que prevé el vencimiento por impago de una cuota, además de otros supuestos de impago por más cuotas. El T.J.U.E. dictó la Sentencia de 26.03.2019, que, en cierto modo, acoge la doctrina del Derecho anglosajón denominada «*Blue pencil rule*»[102], como también hizo por otra Sentencia posterior de 03.07.2019 (Asunto C-92/16). Así razona el Alto Tribunal español por remisión a las precitadas SSTJUE:

---

102 Norma o regla del lápiz azul, el cual tiene inserta en su parte superior una pequeña goma de borrar con la que corregir el texto escrito y escribir otro con el mismo lápiz.

STS —1.ª— Pleno n.º 463/2019, de 11 de septiembre

«Los artículos 6 y 7 de la Directiva 93/13/CEE del Consejo, de 5 de abril de 1993, sobre las cláusulas abusivas en los contratos celebrados con consumidores, deben interpretarse en el sentido de que, por una parte, se oponen a que una cláusula de vencimiento anticipado de un contrato de préstamo hipotecario declarada abusiva sea conservada parcialmente mediante la supresión de los elementos que la hacen abusiva, cuando tal supresión equivalga a modificar el contenido de dicha cláusula afectando a su esencia, y de que, por otra parte, esos mismos artículos no se oponen a que el juez nacional ponga remedio a la nulidad de tal cláusula abusiva sustituyéndola por la nueva redacción de la disposición legal que inspiró dicha cláusula, aplicable en caso de convenio entre las partes del contrato, siempre que el contrato de préstamo hipotecario en cuestión no pueda subsistir en caso de supresión de la citada cláusula abusiva y la anulación del contrato en su conjunto exponga al consumidor a consecuencias especialmente perjudiciales».

La cláusula cuestionada que nos ocupa, la del vencimiento anticipado, pues en el litigio se discutieron otras más que no vienen al caso, parte de que la Entidad financiera podía declarar el vencimiento anticipado, íntegro, del préstamo «*sin necesidad de requerimiento previo*», de entrada, una auténtica barbaridad jurídica del redactor de la cláusula el hecho de reclamar el préstamo, declarando su vencimiento anticipado sin conminación previa, sin dar la posibilidad de pagar ni ponerse al día en los pagos siquiera, pues, desde 1946 en los procedimientos hipotecarios y desde 1984 a los fiadores de préstamos no hipotecarios, las normas procesales, el Código civil y el sentido común exigen el requerimiento previo. Además de lo dicho, la cláusula permitía tal declaración (del Latín «*clarus*», inicialmente refería a realizar un sonido como el de una campana) silente (¡¿cómo se va a declarar lo que no se dice?!) (i) por falta de pago de cualquier cuota o los intereses de ésta o, entre otras causas, (ii) por «*incumplimiento de cualquiera de las cláusulas del contrato*», esto es, por un «cajón de sastre», como podría ser, imaginamos haberse pactado, el impago del I.B.I. o la existencia de un embargo de este mismo impuesto o de un acreedor cualquiera, posterior a la hipoteca o la cancelación o no suscripción de un seguro o una tarjeta de crédito, en tanto que productos derivados del préstamo.

El TS, acudiendo, como no puede ser de otro modo, al C.c. (arts. 1.129 y 1.124) alude a la posibilidad de declarar el vencimiento anticipado y recurre, a continuación, al caso del Sr. Aziz (**STJUE 14.03.2013**, asunto C-415/11), como no puede ser de otro modo también, en sede de consumidores esta posibilidad se permite cuando éste «*haya incumplido una obligación que* (i) *revista carácter esencial en el marco de la relación contractual de que se* *trate, si esa facultad está* (ii) *prevista para los casos en los que el incumplimiento tiene carácter suficientemente grave con respecto a la duración y a la cuantía del préstamo,* (iii) *si dicha facultad constituye una excepción con respecto a las normas aplicables en la materia y* (iv) *si el Derecho nacional prevé medios adecuados y eficaces que permitan al consumidor sujeto a la aplicación de esa cláusula poner remedio a los efectos del vencimiento anticipado del préstamo»*. Consecuentemente, considera el TS que «*para que una cláusula de vencimiento anticipado supere los mencionados estándares debe modular la gravedad del incumplimiento en función de* (i) *la duración y* (ii) *cuantía del préstamo, y* (iii) *permitir al consumidor evitar su aplicación mediante una conducta diligente de reparación»*. De igual modo, continúa el Alto Tribunal considerando que «*2.- En todo caso, ha de tenerse presente que la posible abusividad proviene de los términos en que la condición general predispuesta permite el vencimiento anticipado, no de la mera previsión de vencimiento anticipado, que no es* per se *ilícita»*.

Respecto de la interpretación de la pérdida del derecho a utilizar el plazo prevista en el art. 1.129.1.º C.c. («*cuando, después de contraída la obligación, resulte insolvente, salvo que garantice la deuda*») el Alto Tribunal, en un procedimiento seguido contra el fiador de una compañía en concurso, por **STS —1.ª— n.º 1.111/2024, de 16 de septiembre** dispone que el vencimiento se produce *ex lege* por lo que «*no es preciso que en el contrato se prevea esta posibilidad de resolución anticipada (o pérdida del plazo) por la insolvencia del deudor… (i) no se produce ipso iure, sino mediante el ejercicio de una facultad del acreedor de dar por vencida la deuda cuando concurre la insolvencia; y (ii) la subsistencia del plazo se erige como un impedimento para la pretensión del acreedor en beneficio del deudor…*», por tanto, la declaración de concurso permite al acreedor accionar contra el fiador del concursado, a pesar de lo que disponía el art. 61.3 LC —vigente en el litigio examinado por el T.D., tanto si se considera como un contrato unilateral— (por no ser aplicable el art. 61 LC, **STS. —1.ª— n.º 313/2014, de 18 de junio**), como si contenía obligaciones recíprocas, por hallarse en fase de liquidación y los créditos concursales aplazados quedan vencidos conforme al art. 146 LC , actual 414 TRLC.

Ya lo decíamos precedentemente respecto del escudo jurídico, pues así considera el T.S.:

STS —1.ª— Pleno n.º 463/2019, de 11 de septiembre

«… 6.- Sobre esta base, si bien en nuestro ordenamiento jurídico la nulidad de la cláusula de vencimiento anticipado no comporta la desaparición completa de las facultades del acreedor hipotecario, resulta evidente que conlleva la restricción de la facultad esencial del derecho de hipoteca, que es la que atribuye al acreedor el poder de forzar la venta de la cosa hipotecada para satisfacer con su precio el importe debido (art. 1.858 C.c.). En particular, en un contrato de préstamo hipotecario de larga duración, la garantía se desnaturaliza, pierde su sentido.

8.- Bajo la consideración del contrato de préstamo hipotecario como un negocio jurídico unitario o complejo, a la luz del apartado 32 de la STJUE Perenicová, del apartado 68 de las conclusiones de la Abogada General en ese asunto, y de las SSTJCE de 1 de abril de 2004, 14 de marzo de 2013 y 26 de enero de 2017, el fundamento de la celebración del contrato para ambas partes fue la obtención de un crédito más barato (consumidor) a cambio de una garantía eficaz en caso de impago (banco). De ser así, no puede subsistir un contrato de préstamo hipotecario de larga duración si la ejecución de la garantía resulta ilusoria o extremadamente dificultosa. Parece claro que, si el contrato solo fuera un préstamo, la eliminación de la cláusula de vencimiento anticipado no impediría la subsistencia del contrato. Pero si es un negocio jurídico complejo de préstamo con una garantía hipotecaria, la supresión de la cláusula afecta a la garantía y, por tanto, a la economía del contrato y a su subsistencia. El negocio jurídico tiene sentido si es posible resolver anticipadamente el préstamo y ejecutar la garantía para reintegrarse la totalidad del capital debido y los intereses devengados, en caso de que se haya producido un impago relevante del prestatario.

9.-… En tal caso, para evitar una nulidad del contrato que exponga al consumidor a consecuencias especialmente perjudiciales (la obligación de devolver la totalidad del saldo vivo del préstamo, la pérdida de las ventajas legalmente previstas para la ejecución hipotecaria —a las que hicimos referencia en las sentencias 705/2015, de 23 de diciembre, y 79/2016, de 18 de febrero— y el riesgo de la ejecución de una sentencia estimatoria de una acción de resolución del contrato ejercitada por el prestamista conforme al art. 1124 CC, sentencia de pleno 432/2018, de 11 de julio, con la consiguiente reclamación íntegra del préstamo), podría sustituirse la cláusula anulada por la aplicación del art. 693.2 LEC (como expresamente indican las resoluciones del TJUE de 26 de marzo de 2019 y 3 de julio de 2019, especialmente el auto de esta última fecha recaído en el asunto 486/2016). Pero no en su literalidad, sino conforme a la interpretación de dicho precepto que ya habíamos hecho en las sentencias 705/2015, de 21 de diciembre, y 79/2016, de 18 de febrero…

10.- Deben interpretarse conjuntamente la STJUE de 26 de marzo de 2019 y el ATJUE de 3 de julio de 2019 en el asunto C-486/16, con la STJUE de 14 de marzo de 2013, caso C-415/11 (Aziz), y con nuestra jurisprudencia, de tal manera que, siempre que se cumplan las condiciones mínimas establecidas en el art. 693.2 LEC (en la redacción dada por la Ley 1/2013), los tribunales deberán valorar, en el caso concreto, si el ejercicio de la facultad de vencimiento anticipado por parte del acreedor está justificado, en función de la esencialidad de la obligación incumplida, la gravedad del incumplimiento en relación con la cuantía y duración del contrato de préstamo y la posibilidad real del consumidor de evitar esta consecuencia. Se trata de una interpretación casuística en la que habrá que ver cuántas mensualidades se han dejado de pagar en relación con la vida del contrato y las posibilidades de reacción del consumidor. Y dentro de dicha interpretación, puede ser un elemento orientativo de primer orden comprobar si se cumplen o no los requisitos del art. 24 de la Ley 5/2019, de 15 de marzo, reguladora de los contratos de crédito inmobiliario (LCCI), puesto que la STJUE de 20 de septiembre de 2018, asunto C-51/2017 (OTP Bank Nyrt) permite que quepa la sustitución de una cláusula abusiva viciada de nulidad por una disposición imperativa de Derecho nacional aprobada con posterioridad (apartados 52 y 53 y conclusión segunda)...

11.- Conforme a todo lo expuesto, procede aplicar las siguientes pautas u orientaciones jurisprudenciales a los procedimientos de ejecución hipotecaria en curso, en los que no se haya producido todavía la entrega de la posesión al adquirente:

a. Los procesos en que, con anterioridad a la entrada en vigor de la Ley 1/2013, se dio por vencido el préstamo por aplicación de una cláusula contractual reputada nula, deberían ser sobreseídos sin más trámite.

b. Los procesos en que, con posterioridad a la entrada en vigor de la Ley 1/2013, se dio por vencido el préstamo por aplicación de una cláusula contractual reputada nula, y el incumplimiento del deudor no reúna los requisitos de gravedad y proporcionalidad antes expuestos, deberían ser igualmente sobreseídos.

c. Los procesos referidos en el apartado anterior, en que el incumplimiento del deudor revista la gravedad prevista en la LCCI, podrán continuar su tramitación.

d. Los autos de sobreseimiento dictados conforme a los apartados a) y b) anteriores no surtirán efecto de cosa juzgada respecto de una nueva demanda ejecutiva basada, no en el vencimiento anticipado por previsión contractual, sino en la aplicación de disposiciones legales (ATJUE de 3 de julio de 2019, asunto C-486/16). Solución que no pugna con el art. 552.3 LEC, puesto que no se trata de un segundo despacho de ejecución con fundamento en el mismo título, sino de ejecuciones basadas en diferentes títulos (el contrato, en el primer caso, y la ley en el segundo).

e. Debe entenderse que las disposiciones legales mencionadas en el apartado anterior son las contenidas en la Ley de Contratos de Crédito Inmobiliario, pese a que las resoluciones del TJUE se refieran expresamente al art. 693.2 LEC en la redacción dada por la Ley 1/2013 y pueda haber alguna discordancia con la disposición transitoria primera 4ª de la Ley 5/2019. Y ello, porque: El art. 693.2 LEC, en su redacción anterior a la Ley 5/2019, era una norma de Derecho dispositivo, mientras que el art. 24 LCCI, al que ahora se remite, es imperativa. La disposición transitoria primera 4ª LCCI, fruto de una enmienda transaccional en el Congreso y una enmienda en el Senado, optó por la retroactividad limitada para evitar que una sentencia del TJUE contraria al informe del Abogado General en la cuestión prejudicial que había presentado esta sala, pudiera hacer directamente aplicable el 693.2 LEC en su anterior redacción. Por lo que sería contradictorio que la voluntad del legislador se volviera en contra del consumidor, cuando lo que se pretendió es protegerlo más allá de lo previsto en el art. 693.2 LEC anterior a la reforma...»

En definitiva, pues, que, lejos de una aplicación automática de cualquier norma (i) habrá que estar al caso concreto, atendiendo a los principios de (ii) gravedad del incumplimiento, (iii) esencialidad y la (iii) posibilidad del consumidor de enervar la declaración de vencimiento anticipado, fundamentalmente, pudiendo aplicar, como punto de partida o referencia, las normas de la Ley 5/2019, de 15 de marzo, reguladora de los Contratos de crédito inmobiliario (LRCCI) y, por supuesto, la Jurisprudencia que emana de la Sentencia que comentamos, que fija las pautas de evaluación del caso concreto, de la cláusula redactada y los hechos que motivan la declaración anticipada del vencimiento. Seguimos, o volvemos, pues, a la lógica del, insistimos, decimonónico Código civil.

En consonancia con cuanto antecede, el Alto Tribunal ha reiterado su doctrina y, concretamente, por lo que respecta al concurso de acreedores, ha manifestado lo siguiente por **STS —1.ª— 382/2025, de 13 de marzo**:

> «Sobrevenida la pérdida de solvencia patrimonial del deudor después del nacimiento de la obligación garantizada por hipoteca, para evitar el vencimiento anticipado sería preciso que el deudor ofreciera una nueva garantía frente al incumplimiento ya producido, sin que en otro caso resulte exigible al acreedor que espere al término final de la operación para hacer efectivo su crédito. En efecto, el art. 1129 CC alude a las obligaciones sometidas a un término para el cumplimiento y debe entenderse que es aplicable cuando se han establecido plazos consecutivos para el pago y se produce un incumplimiento de entidad suficiente para revelar la falta de seguridad del pago del crédito. Todos los supuestos que se establecen expresamente en el art. 1129 CC (insolvencia sobrevenida, no otorgamiento de las garantías comprometidas, disminución o desaparición de las garantías) se fundamentan en el riesgo que suponen para que el acreedor pueda ver satisfecho su derecho de crédito, riesgo que ya se ha materializado cuando el deudor ha incumplido el pago consecutivo de varias cuotas del préstamo y no procede a reparar la situación». Los hechos acreditados en la instancia muestran que cuando el acreedor instó la pérdida del beneficio del plazo existía un riesgo manifiesto para el acreedor de ver impagado su derecho de crédito, en la medida en que los prestatarios adeudaban 55 cuotas mensuales vencidas, esto es, llevaban más de cuatro años y medio sin pagar, y además tenían su patrimonio hipotecado y embargado. En la sentencia de 1111/2024, de 16 de septiembre, hemos considerado que el presupuesto de la insolvencia sobrevenida del deudor para la pérdida del beneficio del plazo se cumple claramente en caso de concurso de acreedores, sin que, por otra parte, el art. 1129 CC subordine su apreciación a una previa declaración judicial. En nuestro caso es claro que ha existido un sobreseimiento general en los pagos, que muestra

una imposibilidad de hacer frente a los créditos exigibles. Así lo muestra no sólo el impago de las 55 cuotas mensuales, sino también los créditos que justificaron los embargos trabados sobre la finca de los demandados. En cualquier caso, es contrario a la jurisprudencia citada el criterio seguido por la sentencia recurrida que excluye la apreciación de la insolvencia sobrevenida por el mero hecho de que no se hubiera realizado previamente la hipoteca, siempre que los hechos acreditados, entre ellos el número de significativo de cuotas impagadas, prueben el riesgo de impago de las cuotas pendientes de vencimiento...».

l) Clases

a) La hipoteca voluntaria y la legal

Una primera división debe establecerse en cuanto al origen de su constitución; llamando (i) voluntaria (art. 138 LH) a aquélla que se realiza por disposición del propietario del bien y (ii) legal, a aquélla que se constituye por disposición de Ley; esta última no es en sí misma una hipoteca constituida, sino por constituir, pues genera en sus acreedores el derecho de exigir su constitución (art. 158 LH), lo cual, en sede concursal no debe calificarse la hipoteca legal como un crédito con privilegio especial, pues no está inscrita en el Registro inmobiliario, por tanto, no constituida y, por ello, sin el privilegio que le da su constitución; deberá calificarse, en cuanto a los tributos, conforme a lo dispuesto en el art. 280.4.º TRLC (antiguo 91.4º LC) y, por el resto, según su naturaleza, como ordinarios, subordinados o contingentes; se trata, pues, de un mero derecho que genera dos efectos (i) el primero el del derecho a exigir la constitución de la hipoteca y el (ii) segundo, una preferencia de crédito *erga omnes*[103] o derecho de cobro antecedente y así, tendrán derecho a exigir hipoteca legal conforme a lo dispuesto en el art. 168 LH:

1. Las mujeres casadas sobre los bienes de sus maridos: la razón de ser de esta hipoteca legal a constituir en garantía de la entrega de bienes, en administración, a sus esposos por causa de contraer matrimonio podemos encontrarlos en el hecho de que el esposo administraba los bienes de la esposa y que, cuando si se llegaban a divorciar o aquél la repudiaba o fallecía, le debían ser reintegrados a la esposa, como único medio de vida y supervivencia económica de ésta y, así, se requería de la constitución de una hipoteca que garantizase, con los

103 Frente a cualquiera.

bienes propios del esposo, la persistencia de los medios económicos de la esposa ante la disolución conyugal.

a. Por las dotes («*bona dotalia*» en Latín) que les hayan sido entregadas solemnemente bajo fe de Notario. La dote puede calificarse del siguiente modo: (i) la dote «confesada» sería aquélla que no consta indubitada pero que el esposo confiesa o reconoce como recibida, la cual, podría entenderse, desde un punto de vista estricto o literal de la norma como no incluible como beneficiaria de la hipoteca legal al no ser simultáneo el momento de la entrega de los bienes al del otorgamiento de la correspondiente escritura, atendiendo a que el reconocimiento confesorio a posteriori del pretérito acto de entrega de aquéllos no le haría merecedora de su inclusión atendiendo a la consideración de que quien da fe (*cum fides/confessio* —confiesa—) de la entrega es el marido, limitándose el Notario a dar fe de la manifestación de éste; sin embargo, desde un punto de vista amplio, sería irrelevante tal consideración, dado que, en este caso, como en los siguientes, el reconocimiento de la entrega siempre lo hace o confiesa el marido, limitándose el Notario a dar fe de su manifestación, tanto de la entrega de presente, como de la pretérita; (ii) la dote «estimada» es aquélla que, evaluada el en momento de su constitución (intervención notarial) se le transfiere el domino al marido, lo que va más allá de la mera administración; (iii) por último, nos encontramos con la dote «inestimada» aquélla que la esposa conserva la propiedad transfiriéndole al marido la administración de los bienes dotales.

A modo de mera anécdota histórico-jurídica, nos remontamos al libro de Samuel (2 Samuel 3:14) en el que se narra el hecho de que éste quería casar a una de sus hijas con el pretendiente al trono israelita, el famoso (rey) David que venció al filisteo Goliat, pero, comoquiera que David era un humilde pastor y no tenía bienes con que dotar a su futura esposa, Samuel le propuso que, dado que el pastor David no aceptaba a la hija que aquél le proponía, para casarse con su otra hija, a la que amaba David, éste debería entregarle ¡nada más y nada menos! que doscientos (200) prepucios de filisteos, los cuales le entregó David antes del tiempo prefijado, como dote de su hija y se casó con ésta, la hija que David amaba.

b. Por los parafernales (del Griego —παρά— al margen de —φερνα— la dote o «*parafernalia bona*») que con la solemnidad anteriormente dicha hayan entregado a sus maridos, esto es, aquéllos que aporta la mujer al matrimonio fuera de la dote o adquiridos con posterioridad por ella, la **STS —1.ª— de 25 de febrero de 1969** no obstaba a que el marido administrase (no dispusiese) estos bienes de su esposa, pero con la conformidad o anuencia de ésta.

c. Por las donaciones que los mismos maridos les hayan prometido dentro de los límites de la Ley. Estaríamos hablando de una hipoteca en garantía de una promesa de transmisión de bienes que deberá seguir las reglas del vencimiento del art. 1.125 y ss. C.c.

d. Por cualesquiera otros bienes que las mujeres hayan aportado al matrimonio y entregado a sus maridos con la misma solemnidad.

2. Los reservatarios (hereditarios y filiales) sobre los bienes de los reservistas en los casos señalados por los artículos 811, 968 y 980 del Código Civil y en cualesquiera otros comprendidos en leyes o fueros especiales.
3. Los hijos sometidos a la patria potestad por los bienes de su propiedad usufructuados o administrados por el padre o madre que hubieran contraído segundo matrimonio, y sobre los bienes de los mismos padres.
4. Los menores o incapacitados sobre los bienes de sus tutores, por los que éstos administren y por la responsabilidad en que incurrieren, a no ser que presten, en lugar de la fianza hipotecaria, otra garantía establecida y autorizada por el Código Civil.
5. El Estado, las Provincias y los pueblos, sobre los bienes de los que contraten con ellos o administren sus intereses, por las responsabilidades que contrajeron éstos, de conformidad con lo establecido en las leyes y reglamentos.
6. El Estado sobre los bienes de los contribuyentes en los casos establecidos en esta Ley, además de la preferencia que a su favor se reconoce en el artículo 194 LH, esto es, para el cobro de la anualidad corriente y de la última vencida y no satisfecha de las contribuciones o impuestos que graven los bienes inmuebles, sobre cualquier adquirente, aunque éstos hayan inscrito sus derechos, a tenor de lo dispuesto en el art. 78 LGT. Este punto adquiere su importancia res-

pecto de la propuesta de Plan de Liquidación que hacemos como Administradores Concursales, pues, si bien dado el carácter de hipoteca *ex lege* y, por tanto, de no necesaria expresión en dicho plan, no por ello debe de olvidarse expresamente su cita, tanto en el sistema denominado de venta directa, como a través de la realización por subasta pública a los efectos de evitar cualquier incidente concursal que pretenda anular la venta por vicio, frente a lo que hay que resistirse esgrimiendo lo dispuesto en el art. 6.1 C.c., dado que se trata de una, más que una, dos, leyes que no pueden ignorarse aunque se desconozcan, contrariamente a la advertencia de la situación registral previa a la transmisión, pues, aunque el Registro de la Propiedad sea público, se trata de una obligación legal.

7. Los aseguradores sobre los bienes de los asegurados por impago de las primas del seguro de dos o más años o de dos o más de los últimos dividendos pasivos, si fuere un seguro de mutuo (es aquel seguro asociativo en que coinciden la figura del asegurador y asegurado, por ejemplo, las mutualidades o cooperativas, regulado por el art. 9 de la Ley 30/1995, de 8 de noviembre, de ordenación y supervisión de los seguros privados), *ex* art. 195 LH, además de la preferencia que a su favor reconoce el art. 196 LH por las precitadas primas, sobre los demás créditos.

b) La hipoteca de tráfico y la de seguridad o en garantía de deuda futura

Una segunda tipología de hipotecas es la que diferencia entre (i) hipotecas de tráfico, esto es, aquéllas que garantizan una obligación determinada *ab initio*, en cuanto a su existencia y cuantía, como puede ser en garantía de un préstamo dinerario, también conocido como «préstamo de presente», del que ya hemos hablado en su apartado correspondiente; y (ii) las hipotecas de seguridad (art. 142 LH) en las que, por contra, la obligación no está determinada del mismo modo que la de tráfico y así, nos encontramos, *verbi gratia*, con las hipotecas en garantía de cuentas de crédito, en garantía de líneas de avales o de contratos de descuento, entre otras que garantizan hasta un «máximo» o límite máximo, de ahí que se las denomine como «hipotecas de máximo» o «flotantes», más allá de cuyo límite, quedará no cubierto por la garantía el exceso sobre límite del contrato garantizado, distinto del límite de la responsabilidad hipotecaria por capital y, por tanto, reclamable el exceso no cubierto por vía ordinaria y no ejecutiva y, en absoluto cubierto el exceso por el privilegio especial concursal.

Cuando hablábamos de la Póliza de Afianzamiento aludíamos a la posibilidad legal de prestar afianzamiento, en dicho caso, personal, en garantía de deuda futura, a tenor de la posibilidad que permite el art. 1.825 C.c., entendiendo por futuro aquel importe que todavía no se conoce, nunca puede entenderse como futuro el objeto que se pretende afianzar, pues éste debe quedar perfectamente determinado *ab initio* y pactado válidamente en el documento de afianzamiento. Ahora, pues, debemos aludir a la posibilidad de constituir un afianzamiento real o derecho real de garantía hipotecaria sobre una deuda futura, esto es, cuyo *quantum* líquido no se conoce al tiempo de su formalización. Véase, a estos efectos, la siguiente resolución:

SAP Castelló —3ª— n.º 18/2014, de 17 de enero

«Siendo tres las clases de hipotecas de máximo o en garantía de obligación futura (la de los art. 142 y 143 LH, la en garantía de apertura de saldo de cuenta corriente del artículo 153 y las hipotecas globales y flotantes del artículo 153 bis LH), la litigiosa es la de los artículos 142 y 143 de la Ley Hipotecaria, que prevén la constitución de hipoteca en garantía de obligación futura o sujeta a condiciones suspensivas, en concordancia con lo dispuesto en el artículo 1861 del Código Civil que dice que «*los contratos de prenda e hipoteca pueden asegurar toda clase de obligaciones, ya sean puras, ya estén sujetas a condición suspensiva o resolutoria*», de modo similar a lo que con carácter general establece el artículo 105 de la Ley Hipotecaria, al permitir que la hipoteca pueda constituirse en garantía de toda clase de obligaciones. A su vez, el párrafo primero del artículo 12 de la Ley Hipotecaria, según redacción dada por la Ley 41/2007, de 7 de diciembre, también prevé que se pueda constituir hipoteca en garantía de obligaciones cualquiera que sea la naturaleza de éstas, siempre que se identifiquen debidamente y se exprese su plazo de duración (Resolución de la Dirección General de los Registros y del Notariado de 20 de junio de 2012)…»

c) La hipoteca unilateral y la bilateral

Una tercera tipología es la que divide las hipotecas en bilaterales y unilaterales, en razón al hecho de que el otorgamiento de la Escritura se realice por Acreedor e Hipotecante y/o Deudor conjuntamente y en el mismo acto en el caso de las primeras, siendo ésta la más usual, mientras que la unilateral sería la que lleva a cabo el propietario del bien, bien por débito propio o por débito ajeno como único otorgante, sin la simultaneidad de otorgamiento por parte del Banco o acreedor correspondiente; en este último tipo (art. 141 LH), si bien el acto constitutivo (*ex* art. 1.875 C.c.) se produce en el momento en que se inscribe la Escritura unilateralmente otorgada por el hipotecante, ésta puede quedar sin efecto y cancelarse la inscripción registral correspondiente por el transcurso de dos (2) meses desde que el propietario del bien inmueble hipotecado haya requerido al acreedor para su aceptación y éste no la hubiere aceptado en plazo e inscrito en el Registro de la Propiedad correspondiente mediante nueva escritura pública.

La hipoteca unilateral viene a ser un reconocimiento expreso de deuda, que despliega todos sus efectos (*cfr.* art. 1.224 C.c.) mediante la cual, de algún modo, pretende evitar el posible embargo de bienes por su acreedor, si bien, fija los períodos de pago, tipos de interés y demás términos y condiciones que le resultan más convenientes a los que el Banco fijaría, lo que abre una vía de diálogo y negociación más relajada para las partes, que permitirán, de algún modo, convenir mejores condiciones para ambas partes, llevándolo a cabo a través del otorgamiento de una escritura de modificación de la unilateralmente otorgada, con simultánea o correlativa aceptación por la entidad financiera.

J) El préstamo hipotecario al promotor. La adiectus solutionis gratia

El préstamo hipotecario denominado comúnmente como Préstamo al Promotor, tiene por finalidad la concesión a éste de un préstamo con garantía real hipotecaria a un promotor de una edificación, que puede ser, a su vez, constructor o no serlo, que le permitirá atender los pagos derivados de la edificación del inmueble o complejo inmobiliario en construcción (impuestos, Registro, proveedores, profesionales arquitectónicos, etc.).

Este préstamo, en sí mismo considerado, en la realidad, viene a suponer la disposición de fondos de una naturaleza mixta, en tanto en cuanto que su dinámica operativa presenta dos períodos perfectamente diferenciados, en primer lugar, el denominado «período de disposición», que debe abarcar todo el período de tiempo que transcurre entre la concesión del préstamo y la de finalización de la obra, con la consiguiente expedición del Certificado arquitectónico del final de la misma, denominado «C.F.O.» y la obtención de las licencias municipales correspondientes a fin de proceder a la siguiente puesta a disposición de los compradores de las viviendas o diversos complejos inmobiliarios adquiridos en documento privado. Este primer período, de disposición, viene a ser en la realidad, pues así opera, como el propio de un auténtico contrato de cuenta de crédito con garantía hipotecaria, o hipoteca de máximo o comoquiera que desee denominarse, habida cuenta de que el Banco pone a disposición del prestatario promotor de una cantidad de dinerario concreta y determinada a fin de que éste disponga, dentro del primer período, del dinerario que precise, no de una sola vez, como sería la esencia del préstamo, sino en sucesivas disposiciones, condicionado a la emisión de certificados arquitectónicos parciales emitidos por la Dirección facultativa de la obra o por la Sociedad de Tasación inscrita en el Registro correspondiente del Banco de España que haya sido determinada por las partes en la Escritura pública, certificados que vienen expedidos acordes a los denominados hitos o fases de la construcción, previamente convenidos en la Escritura de préstamo al Promotor.

Muchas dificultades ha entrañado, en la práctica diaria, la inscripción registral de este tipo de préstamos o créditos, mayormente, en razón a la relación liquidez/responsabilidad hipotecaria acorde con la subrogación de los adquirentes y devolución de un préstamo líquido *ab initio* de la segunda fase, la de devolución de la cantidad prestada o dispuesta mediante el sistema ordinario de cuotas perfectamente concreto y determinado, lo cual no resulta así, *verbi gratia*, de la hipoteca de máximo. La diferencia entre el concepto de préstamo (líquido *ab initio*) y el de crédito (líquido *ad limine*) ha quedado pacíficamente determinada con la fijación de dichos hitos, en los que se especifica la disposición en fecha o suceso concreto (hito u obra parcial), de importe concreto y determinado que, por la suma de las sucesivas disposiciones, llegan a determinar el saldo líquido, que debe coincidir con el concedido, ajustándose así, la liquidez *ad limine*, con la liquidez *ab initio*, esto es, se trata de un préstamo de cuyo importe se dispone en sucesivos momentos.

Culminada esta operativa, viene el segundo período denominado de amortización, el cual debe ser coincidente, como decíamos, con el del otorgamiento de las Escrituras de compraventa a los adquirentes en el documento privado previo de los sucesivos componentes inmobiliarios objeto de la promoción; este período es, evidentemente, más largo en el tiempo, pues pasa de 1 a 3 años, a varias décadas. Se trata, pues de un préstamo puro cuyo importe es recibido parcialmente por el Promotor en el momento en que se produce el otorgamiento de cada Escritura de compraventa, produciendo, por razón a esta transmisión, una novación subjetiva al subrogarse el adquirente quien, acorde con lo dispuesto en el art. 118 LH, éste paga el precio de la compraventa, subrogándose en el préstamo hipotecario que su Vendedor, el Promotor, concertó con la entidad financiera.

A este respecto, tanto desde el punto de vista estrictamente concursal como meramente civil o bancario, hay que tener bien presente la figura denominada «*adiectus soutionis gratia*»[104], figura encuadrada en lo dispuesto en el art. 1.257 C.c., cuando se trata de la compraventa de un bien inmueble hipotecado al promotor, hay que cuestionarse a quién debe pagarse, si al promotor-vendedor o a la entidad financiera-hipotecante. En el caso que trata la siguiente sentencia, queda determinado que el pago realizado al promotor, no cancela la hipoteca si la entidad financiera no hubiere percibido su importe, pues, a ésta, no le resulta de utilidad aquel pago. Esto parece obvio, pero el Tribunal Supremo casó la sentencia dictada por la Audiencia Provincial que acogía esta figura del pago a tercero hecho de buena fe, pues el tercero en la relación hipotecaria (promotor-vendedor), no puede ser considerado como tal, pues el cobro por éste no le reporta a la entidad financiera utilidad alguna. La importancia en el concurso debe ser la misma que en la realidad no concursal, pues debe extinguirse el crédito privilegiado, produciendo la consiguiente reducción de la masa pasiva, en lugar de generar un crédito privilegiado a favor de la entidad financiera, inejecutable, pues el inmueble ya fue transmitido válidamente, entendemos, que antes de la declaración de concurso. Leamos la resolución:

STS —1.ª— n.º 642/2021, de 28 de septiembre:

«**TERCERO.-** *Decisión de la sala. Inexistencia de pago a favor de la demandada. Inaplicabilidad de la figura de la adiectus solutionis gratia y del pago liberatorio del art. 1164 CC.*

1.- *Controversia objeto del procedimiento.* La cuestión jurídica que se plantea en el recurso consiste en determinar si el pago hecho a un tercero (Gemasa) en una cuenta corriente de la que éste es titular en la entidad de crédito acreedora (Banco Castilla La Mancha), estando esta cuenta vinculada al préstamo hipotecario a promotor obtenido por el destinatario del pago en la misma entidad de crédito, mediante transferencia realizada por otro tercero ajeno a dicho préstamo (Unicaja), por cuenta y orden del comprador de una de las viviendas gravadas por aquella hipoteca, en las circunstancias del caso, produce o no un efecto extintivo dela deuda que el promotor tenía frente a la entidad bancaria en que tenía abierta la cuenta en que se recibió elpago, por razón del citado préstamo hipotecario.

La Audiencia ha afirmado ese efecto con alcance liberatorio a favor del comprador de la vivienda (demandante recurrido), en esencia, con base en un doble argumen-

[104] Gracia de pago a tercero.

to: (i) la aplicación al caso de la figura adiectus solutionis gratia; y (ii) por haberse realizado el pago de buena fe al titular aparente del crédito y haberse convertido en utilidad del verdadero acreedor...

... **3.**- El Sr. Pelayo optó por no subrogarse en el citado préstamo. En la escritura pública de compraventa, otorgada el 17 de julio de 2008, en relación con el estado de cargas de la finca, las partes manifestaron que "en cuanto a la hipoteca que grava las fincas [en referencia a la hipoteca en garantía del préstamo concedido a la vendedora Gemasa por Caja Castilla La Mancha], se hace constar que ha sido cancelada económicamente, estando pendiente de cancelación dicha carga [...]". Y respecto del pago del precio pactado de la compraventa, en la estipulación segunda, las partes convinieron que, además de las cantidades abonadas previamente al otorgamiento por la compradora, y de las retenidas por la vendedora, en cuanto al resto se abonaba en el mismo acto del otorgamiento de la siguiente forma: a) la cantidad de 35.381 euros mediante cheque de la entidad Unicaja, procedente del préstamo que se instrumentaba en el número siguiente de protocolo; y b) la cantidad de 102.254 euros "mediante transferencia bancarias a la cuenta de la sociedad vendedora en la entidad Caja Castilla La Mancha". En el justificante de esta transferencia, fechada el mismo día de la autorización de la escritura, consta como ordenante el Sr. Pelayo y como beneficiario Gemasa, titular de la cuenta bancaria abierta en el Banco Castilla La Mancha en la que se ingresa la citada cantidad. El concepto de la transferencia fue "cancelación de préstamo". En la misma estipulación segunda de la escritura de compraventa se hizo constar: "a través de la entidad bancaria concedente del préstamo que se instrumenta con el número de protocolo posterior al presente [Unicaja], se ha retenido por el comprador a la parte vendedora la cantidad de dos mil euros (€ 2.000), para cancelar registralmente el préstamo hipotecario que grava las fincas transmitidas en esta escritura, efectuándose la liquidación oportuna en su día entre las partes"...

... **4.**- *Inexistencia de pago a la demandada.*

4.1. De los hechos acreditados en la instancia, no resulta que ni la vendedora (Gemasa) ni el comprador (Sr. Pelayo) hubieran realizado gestiones encaminadas a formalizar dicha cancelación registral: ni la petición a la acreedora (Banco Castilla La Mancha) de la correspondiente certificación del importe de la deuda pendiente a la fecha de la transmisión, ni la posterior entrega de la cantidad ingresada en la cuenta de la primera a favor de la acreedora, ni la solicitud del otorgamiento de la correspondiente escritura de cancelación y su liquidación tributaria...

... 5.3. La figura del contrato o de la estipulación a favor de un tercero (párrafo segundo del art. 1257 CC) ha sido tratada por la doctrina jurisprudencial de esta sala en la sentencia 58/2013, de 25 de febrero, particularmente respecto de su necesaria concreción y diferenciación de otras figuras próximas en su particular eficacia y estructura negocial, como son los casos de la cesión del propio contrato, de la cesión de crédito, del mandato no representativo o de la comisión de compra, entre otros.

Siguiendo la línea de delimitación trazada por aquella sentencia, después la núm. 607/2014, de 14 de noviembre, también diferenció de la estipulación a favor de tercero la figura de la *adiectus solutionis gratia* (figura que ya había reconocido la sentencia 1204/1994, de 28 de diciembre). Como declaramos en aquella resolución: "En estos casos, conviene puntualizar que pese a la existencia o juego recíproco de la especial facultad del obligado para realizar el pago, por un lado, y de la legitimación del tercero para recibirlo, por el otro, no obstante, no se atribuye derecho subjetivo alguno que legitime el tercero para exigir, de forma directa, el cumplimiento de la estipulación o promesa realizada; del mismo modo, y en mayor medida, como tampoco viene legitimado para hacer remisión o condonación de la deuda, pues el *adiectus* (autorizado) no es partícipe de la relación obligatoria, en donde actúa en nombre propio y por cuenta ajena.

"[...] si atendemos al sentido literal de la cláusula objeto de la cuestión [estipulación primera, apartado E) 1.de la escritura del préstamo hipotecario] se observa, con nitidez, que la promotora y prestataria no constituye una cesión del crédito a favor de la constructora sino solo 'el derecho a disponer de las correspondientes entregas de capital de los préstamos realizados'; de forma que, consecuentemente, la prestataria otorga 'un mandato' para que la entidad bancaria (la CAM) venga facultada para abonar a la constructora el importe de los préstamos concedidos a la promotora. No hay, por tanto, duda o cuestión interpretable acerca de la posición de mero autorizado para recibir el pago que define el marco de actuación posible de la empresa constructora en relación con el meritado préstamo con garantía hipotecaria".

En la sentencia 417/2020, de 10 de julio, referimos esta figura al préstamo para los casos en que el prestatario autoriza al prestamista a entregar el dinero objeto del préstamo a una tercera persona.

5.4. Por tanto, a través de la institución de la *adiectus solutionis gratia*, si bien las partes contratantes convienen que una de ellas realice una prestación a favor de un tercero, este tercero beneficiario no recibe un derecho subjetivo que le legitime para formular reclamación alguna frente al promitente, ni para condonar la deuda. Es el estipulante no el tercero el legitimado para exigir del promitente la prestación a favor del tercero. Como ha afirmado la doctrina, el tercero no participa *in obligatione, sino in solutione*, por lo que no tiene legitimación para reclamar el cumplimiento, pero el pago que recibe (para lo que está legitimado) sí tiene eficacia liberatoria para el deudor. Es decir, la prestación se debe al estipulante, pero se puede cumplir alternativamente a través de su realización a favor del acreedor o de un tercero designado por las partes como destinatario del pago.

5.5. En el caso, faltan por completo los rasgos propios de esta figura. No consta el pacto de designación de tercero, ni de los hechos acreditados cabe deducir una designación tácita. Tampoco se hizo un pago a tercero (supuestamente Banco Castilla La Mancha), sino a una parte del contrato de compraventa, del que surgía la deuda pagada: el vendedor.

En este caso, el ordenante del pago (Sr. Pelayo) no debía nada a Banco CLM, pues ni ésta le concedió el préstamo hipotecario inicial, ni aquél se subrogó en el concedido al promotor (tampoco le concedió otro préstamo posterior). El deudor de Banco CLM, por razón del préstamo hipotecario que ejecutó, era Gemasa, no el Sr.

Pelayo (optó por no subrogarse en dicho préstamo). Éste adeudaba a Gemasa el importe del precio aplazado de la compraventa. Ésta era la deuda que se extinguió mediante el pago realizado a través de la transferencia litigiosa, cuyo ordenante —repetimos— fue el Sr. Pelayo y cuyo beneficiario fue Gemasa.

Cosa distinta es que el vendedor hubiera recibido este pago para destinarlo a la inmediata amortización de préstamo que tenía concertado con Banco CLM. Pero esa amortización, como ya hemos dicho, no llegó a efectuarse. En definitiva, no se produjo ningún pago a favor de tercero (Banco CLM), que pudiera extinguir el préstamo hipotecario del que era acreedor, sino un pago a favor del acreedor (Gemasa) de la deuda satisfecha y extinguida (pago aplazado de la compraventa). Por ello en la escritura de compraventa, Gemasa declaró que "en virtud de la retención y de pagos efectuados, la parte vendedora otorga a la compradora firme y total carta de pago". Por el contrario, ninguna carta de pago fue otorgada, respecto de su crédito, por Banco CLM (ni siquiera consta que se le hubiera solicitado)...

... 5.3. La figura del contrato o de la estipulación a favor de un tercero (párrafo segundo del art. 1257 CC) ha sido tratada por la doctrina jurisprudencial de esta sala en la sentencia 58/2013, de 25 de febrero, particularmente respecto de su necesaria concreción y diferenciación de otras figuras próximas en su particular eficacia y estructura negocial, como son los casos de la cesión del propio contrato, de la cesión de crédito, del mandato no representativo o de la comisión de compra, entre otros.

Siguiendo la línea de delimitación trazada por aquella sentencia, después la núm. 607/2014, de 14 de noviembre, también diferenció de la estipulación a favor de tercero la figura de la *adiectus solutionis gratia* (figura que ya había reconocido la sentencia 1204/1994, de 28 de diciembre). Como declaramos en aquella resolución: "En estos casos, conviene puntualizar que pese a la existencia o juego recíproco de la especial facultad del obligado para realizar el pago, por un lado, y de la legitimación del tercero para recibirlo, por el otro, no obstante, no se atribuye derecho subjetivo alguno que legitime el tercero para exigir, de forma directa, el cumplimiento de la estipulación o promesa realizada; del mismo modo, y en mayor medida, como tampoco viene legitimado para hacer remisión o condonación de la deuda, pues el *adiectus* (autorizado) no es partícipe de la relación obligatoria, en donde actúa en nombre propio y por cuenta ajena. "[...] si atendemos al sentido literal de la cláusula objeto de la cuestión [estipulación primera, apartado E) 1.de la escritura del préstamo hipotecario] se observa, con nitidez, que la promotora y prestataria no constituye una cesión del crédito a favor de la constructora sino solo "el derecho a disponer de las correspondientes entregas de capital de los préstamos realizados"; de forma que, consecuentemente, la prestataria otorga "un mandato" para que la entidad bancaria (la CAM) venga facultada para abonar a la constructora el importe de los préstamos concedidos a la promotora. No hay, por tanto, duda o cuestión interpretable acerca de la posición de mero autorizado para recibir el pago que define el marco de actuación posible de la empresa constructora en relación con el meritado préstamo con garantía hipotecaria". En la sentencia 417/2020, de 10 de julio, referimos esta figura al préstamo para los casos en que el prestatario autoriza al prestamista a entregar el dinero objeto del préstamo a una tercera persona.

5.4. Por tanto, a través de la institución de la *adiectus solutionis gratia*, si bien las partes contratantes convienen que una de ellas realice una prestación a favor de un tercero, este tercero beneficiario no recibe un derecho subjetivo que le legitime para formular reclamación alguna frente al promitente, ni para condonar la deuda. Es el estipulante no el tercero el legitimado para exigir del promitente la prestación a favor del tercero. Como ha afirmado la doctrina, el tercero no participa *in obligatione, sino in solutione*, por lo que no tiene legitimación para reclamar el cumplimiento, pero el pago que recibe (para lo que está legitimado) sí tiene eficacia liberatoria para el deudor. Es decir, la prestación se debe al estipulante, pero se puede cumplir alternativamente a través de su realización a favor del acreedor o de un tercero designado por las partes como destinatario del pago.

5.5. En el caso, faltan por completo los rasgos propios de esta figura. No consta el pacto de designación del tercero, ni de los hechos acreditados cabe deducir una designación tácita. Tampoco se hizo un pago a tercero (supuestamente Banco Castilla La Mancha), sino a una parte del contrato de compraventa, del que surgía la deuda pagada: el vendedor.

En este caso, el ordenante del pago (Sr. Pelayo) no debía nada a Banco CLM, pues ni ésta le concedió el préstamo hipotecario inicial, ni aquél se subrogó en el concedido al promotor (tampoco le concedió otro préstamo posterior). El deudor de Banco CLM, por razón del préstamo hipotecario que ejecutó, era Gemasa,no el Sr. Pelayo (optó por no subrogarse en dicho préstamo). Éste adeudaba a Gemasa el importe del precio aplazado de la compraventa. Ésta era la deuda que se extinguió mediante el pago realizado a través de la transferencia litigiosa, cuyo ordenante —repetimos— fue el Sr. Pelayo y cuyo beneficiario fue Gemasa.

Cosa distinta es que el vendedor hubiera recibido este pago para destinarlo a la inmediata amortización del préstamo que tenía concertado con Banco CLM. Pero esa amortización, como ya hemos dicho, no llegó a efectuarse. En definitiva, no se produjo ningún pago a favor de tercero (Banco CLM), que pudiera extinguir el préstamo hipotecario del que era acreedor, sino un pago a favor del acreedor (Gemasa) de la deuda satisfecha y extinguida (pago aplazado de la compraventa). Por ello en la escritura de compraventa, Gemasa declaró que "en virtud de la retención y de pagos efectuados, la parte vendedora otorga a la compradora firme y total carta de pago". Por el contrario, ninguna carta de pago fue otorgada, respecto de su crédito, por Banco CLM(ni siquiera consta que se le hubiera solicitado)...».

K) Del pactum de contrahendo o precontrato ante el préstamo al Promotor

En la contratación bancaria, como no puede ser de otro modo, se produce una serie de tratos preliminares respecto de cualquier tipo de operativa crediticia, acorde con que el cliente del Banco solicite de éste la concesión de aquélla para sus fines. Así, en sede del préstamo hipotecario al Promotor, se produce la entrega por parte de éste a su entidad financiera de una serie de documentos técnicos (Proyecto de obra y promoción inmobiliaria, Licencias), económicos (Cuentas Anuales y Balances de situación) y contractuales (contratos privados de compraventa suscritos) a fin de que ésta estudie la viabilidad del proyecto propuesto y consiguiente concesión o denegación del préstamo.

En este sentido, surge lo que puede ser considerado como un *pactum de contrahendo* que, en la práctica usual, viene a ser meramente verbal o, incluso, llevado a término documentalmente, a través de los usuales correos electrónicos, el cual queda sujeto a la condición de la autorización por el departamento de Riesgos del Banco concedente, que es quien estudia la operación propuesta por el Promotor, como cualquier otra propuesta, a modo de acuerdo de voluntades ante una oferta y una demanda. Acorde con lo dicho, es importante traer a colación la siguiente resolución:

SAP Madrid —18ª— n.º 570/2007, de 25 de octubre

«TERCERO.- El segundo motivo de oposición hace referencia a la infracción de los buenos usos y prácticas bancarias. El motivo no puede prosperar. En efecto, la parte en su inicial demanda hizo referencia, aparte de los buenos usos y prácticas bancarios a la figura del precontrato aduciendo que se había producido como consecuencia de las conversaciones entre la partes un precontrato que tenía por objeto la concesión de un posterior préstamo hipotecario, determinándose la obligación de la demandada de formalizarlo al haber quedado fijados los términos esenciales del mismo en virtud del correo electrónico apartado como doc. 7 de los de la demanda. Conforme establece la STS 13 octubre 2005 el llamado precontrato, contrato preliminar o preparatorio, o "pactum de contrahendo" bilateral de compraventa tiene por objeto constituir un contrato y exige como nota característica que en él se halle prefigurada una relación jurídica con sus elementos básicos y todos los requisitos que las partes deben desarrollar y desenvolver en un momento posterior (SSTS 23 diciembre de 1995; 16 de julio 2003, entre otras), cuya efectividad o puesta en vigor se deja a voluntad de ambas partes contratantes. Supone, por tanto, el final de los tratos preliminares y no una fase de ellos, como dice la Sentencia de 3 de junio de 1988, en los que las partes, a partir de acuerdos vinculantes, tratan de configurar esos elementos esenciales del contrato, que no existen jurídicamente hasta ese momento y que sin ellos no sólo no sería posible cumplimentar de forma obligatoria lo que todavía no existe, sino que permitiría a los interesados desistir de estos tratos, sin más secuelas que las que pudieran resultar de la aplicación del artículo 1.902 CC, caso de abrupta e injustificada separación de la fase prenegocial, según establecen entre otras las Sentencias de 26 de febrero y 19 de julio de 1994 y 16 de diciembre de 1999". Normalmente la jurisprudencia ha desarrollado la figura en torno a la compraventa y la promesa bilateral de comprar y vender llegando a la conclusión en general que en caso de no accederse a la formalizaron del contrato la obligación se traducía en una indemnización de daños y perjuicios aunque no faltan resoluciones que permiten el cumplimiento efectivo del contrato por la vinculación de las partes al precontrato concertado y posibilidad de cumplimiento forzoso de la promesa de compraventa con la sustitución de la voluntad del obligado por la del Juez, relegando la indemnización de daños y perjuicios al caso de que el contrato no pueda cumplirse, ya se establece en la sentencia del TS número 547/1998. En el caso lo que se pide es una indemnización de daños y perjuicios ocasionados por la no suscripción del contrato de préstamo al que se había comprometido la demandada. Desde luego de la lectura del correo electrónico remitido desde el Banco, aportado como doc. 7 se desprende que había un concierto en orden a la concesión de un préstamo por parte de la entidad financiera, en cuanto había un acuerdo en orden a la cantidad, plazo y tipo de interés contenido en dicha misiva, ahora bien ello tampoco supone que los términos de la oferta deban ser interpretados en la misma forma que si de una compraventa se tratase, pues dedicándose la demandada precisamente a la concesión de préstamos para la promoción en general de viviendas, de ordinario puede decirse que suele conceder dichos préstamos a las personas naturales o jurídicos que aceptan la condiciones previamente establecidas de plazo, tipo de interés etc. Con todo del propio correo electrónico al que se ha hecho referencia y de las distintas comunicaciones habidas entre las partes, se desprende que entre las condiciones de la entidad financiera para acceder a la operación que se le había presentado por la demandante, aparte de las condiciones habituales relativas a importe del capital, plazo y tipo de interés, se condicionaba la operación al hecho de que la hipoteca con la que se aseguraba la operación fuera la primera garantía que constase en el Registro, lo que suponía la posposición de rango de la condición resolutoria derivada de la compraventa de los terrenos en donde se iba a edificar la promoción que estaba inscrita a favor del vendedor de los mismos. Ello queda meridianamente claro de la correspondencia cruzada entre las partes, en donde por quien ostentaba la representación de la entidad bancaria en la operación, se le remite no sólo el borrador de la escritura de préstamo sino el borrador de la cláusula a insertar a fin de que la hipoteca a favor del Banco fuera primera en rango hipotecario con preferencia a la condición resolutoria inscrita en el Registro, folio 282 de los autos, lo que implicaba el consentimiento del titular de la referida condición a fin de posponer el rango de la misma, y lo cierto es que el día previsto para la formalización del préstamo hipotecario, 4 de julio, no se tenía el consentimiento de dicho titular ni el mismo estaba dispuesto a prestarlo para el establecimiento de dicha posposición, lo que motivó en unión de otras circunstancias que no se formalizase, y ello por no haberse dado cumplimiento a una de las condiciones impuestas por la entidad bancaria para financiar la operación, por lo que la no firma del mismo se debió al incumplimiento de las obligaciones a las que se había comprometido la demandante.

CUARTO.- Por lo que hace a la infracción que se denuncia de los buenos usos y prácticas bancarias, la demandante los deduce de la comunicación del Banco de España. Sin embargo lo cierto es que los denominados usos y prácticas bancarias tienen el valor de costumbre en el ámbito del derecho mercantil y más concretamente en el ámbito específico del sector bancario. Pero con ello es doctrina conocida que debe probarse la existencia del uso concreto y lo cierto es que de la comunicación del Banco de España no se deduce la obligatoriedad de la entidad bancaria de concertar el contrato de préstamo, sino tan solo que infringió dichos usos al no dar una información completa de los motivos por los que no se realizó la operación. Y es que aún contando con la existencia de dichos usos los mismos pueden cumplir varios contenidos, de una parte ser norma objetiva del contrato aplicables a falta de norma legal imperativa mercantil o incluso civil o como uso interpretativo de las convenciones contenidas en un contrato bancario, y desde luego no se prueba la existencia de un uso normativo que deba regir en este punto, ni se prueba la existencia de un uso interpretativo de la voluntad de las partes. Ahora bien de lo dicho no se desprende ni se deduce del informe del Banco de España ni tan siquiera se ha alegado que exista un derecho derivado de usos bancarios por medio del cual deban las entidades financieras concertar los contratos de préstamo en la condiciones que determinen los prestatarios y derivar de la falta de concierto de dichos contratos la existencia de una indemnización por daños y perjuicios. Lo único que dice el Banco de España es que la entidad financiera debió de haber sido más explícita en las causas por las que denegó el préstamo, pero de ello no se sigue la correlativa obligación de concertarlo, ni la indemnización que se peticiona por la no concesión del mismo, máxime si como es el caso, en principio, la no realización de la operación se debió al incumplimiento por parte de la demandante de determinadas obligaciones en relación con la posposición de la condición resolutoria, y desde luego en ningún caso se alega ni se prueba la obligatoriedad de la entidad financiera de conceder un préstamo cuando determinadas obligaciones asumidas no se han cumplido, lo que determina el inacogimiento del presente motivo de oposición.

En fin en último caso no puede menos que destacarse que aún contando con que hubiese responsabilidad de la entidad financiera, no podría derivarse una indemnización como la pedida, pues el hecho de que se hayan concertado determinados contratos privados de compraventa de los chalets no supone sino una posibilidad, entre otras, de vender la promoción, pues ninguna norma obliga a que las promociones se financien a través de préstamos hipotecarios en la forma pedida, y mucho menos a que se concierten contratos privados de compraventa o de reserva de edificaciones cuando todavía no se tiene concedido el préstamo. En todo caso lo único que podrá pedirse es la diferencia entre el interés que se le había ofrecido por la demandada y el posible superior interés que hubiera tenido que pagar en caso de haber financiado la operación con otra entidad financiera, pero no el importe de la cancelación de los contratos ni mucho menos el importe de diversas escrituras realizadas con la intención de obtener el préstamo».

L) Préstamo hipotecario sindicado

Mención aparte merece el denominado préstamo hipotecario sindicado, el cual podemos definir por su tipología pura, aquél por el que diversas entidades financieras conceden un préstamo o un crédito a tercero con garantía hipotecaria, de igual rango hipotecario para las entidades y obligándose el prestatario a devolver la cantidad prestada y sus intereses a una de ellas, la que queda erigida como Agente o Síndico[105] y que, como tal, se encarga de recibir en cuenta propia dichos importes, actuando por cuenta propia y de la de sus sindicados para, a continuación, distribuirlos entre las restantes entidades sindicadas, en razón a la proporción que hayan establecido entre ellas, acorde con los porcentajes del capital que hayan prestado y quedándose su parte correspondiente. Se diferencia este tipo de préstamo del mancomunado en que, así como en el sindicado, una sola entidad, la agente, la síndica, percibe y luego distribuye los fondos percibidos del prestatario, en el mancomunado, cada entidad presta su porción de un total préstamo y cada una recibe la cantidad que le corresponde sin obligación de redistribuirla entre las restantes. De especial interés sobre la materia, fundamentalmente por los pactos extra escritura de hipoteca, se presenta la siguiente resolución del Alto Tribunal:

> **STS —1ª— n.º 10/2004, de 20 de enero**
>
> «PRIMERO.- Menester resulta, para la mejor comprensión del recurso, que sinteticemos la cuestión litigiosa, referida a las consecuencias jurídicas de un crédito sindicado, esto es, coparticipado por varias entidades financieras, formalizado mediante la concesión de un préstamo, con garantía hipotecaria, a la Sociedad Cooperativa Agrícola de Córdoba, de cultivadores de algodón que se distribuyó en porciones distintas entre las entidades concedentes, Caja Rural de Córdoba, Banco de Andalucía y Banco Central, nombrándose "agente" a la primera, que era la que aportaba mayor cantidad, y que, previamente al otorgamiento de la expresada hipoteca, había cancelado otra que, desde el 29 de julio de 1993, ostentaba, a su favor, sobre una de las fincas que ahora se gravaban que era la que figuraba en el Registro con el número 10.483. Inscrita dicha escritura de hipoteca, en el mismo día del otorgamiento de la escritura correspondiente, se otorgó entre los tres acreedores sindicados otra escritura por la que se pactaba que, en caso de procederse a la ejecución hipotecaria, los primeros quinientos millones que se obtuvieren de la enajenación judicial corresponderían a Caja Rural, configurándose así una pre-

105 Del Latín *syndicus* y, éste, del Griego συν (léase «sin»), significando «con» y δίκη (léase «dike»), significando norma o justícia y, en definitiva, asociarse para defender a alguien o a un grupo).

ferencia para el cobro de la mencionada cantidad. Dicha escritura no tuvo acceso al Registro de la Propiedad. Así las cosas E.S. Moratalla planteó ante el Juzgado de Primera Instancia número dos de Córdoba un procedimiento de ejecución hipotecaria del artículo 131 de la Ley Hipotecaria en el que se personó la hoy actora esgrimiendo su derecho de preferencia sobre los aludidos quinientos millones de pesetas, pretensión que, en definitiva, no prosperó por entender tanto el juzgador de instancia como la Sección Primera de la Audiencia Provincial que, al no figurar inscrita la escritura en la que se confería tal preferencia, no podía operar en el ámbito del procedimiento de ejecución hipotecaria cuyo automatismo y rigidez impiden que en el seno del mismo puedan ventilarse cuestiones que pueden ser conflictivas y obstaculicen el feliz éxito del proceso de ejecución. Ante esta decisión no quedó a la actora otro remedio que acudir a la vía declarativa para que se declarase tal preferencia al amparo del artículo 132 de la propia Ley Hipotecaria, aunque se agregan otros pedimentos…

… QUINTO.- Tampoco puede prosperar el motivo cuarto (artículo 1.692-4º de la Ley de Enjuiciamiento Civil citada), que denuncia infracciones de los artículos 1.927 y 1.923 del Código civil, pues los privilegios crediticios tienen su razón de ser en el ámbito del concurso de acreedores o de las tercerías de mejor derecho, pero, en el caso, no fue un tercero quien esgrimió la preferencia de cobro. La preferencia convenida entre los coacreedores sindicados no opera "erga omnes", como sucede con los privilegios legales que para los créditos establecen los artículos que se citan por la recurrente como infringidos. Se trata exclusivamente de un pacto entre ellos, que sólo a ellos afecta…».

En sede concursal, la ejecución vendría a realizarse, bien por el Administrador concursal, ora por la entidad elegida como síndica, salvo que en la escritura se hubiere convenido la posibilidad de realizar ejecuciones por cada entidad sindicada, en cuyo caso, habría que atender a que el adjudicatario de la ejecución singular se subroga en las restantes porciones de la hipoteca, tal y como explicamos en apartados anteriores. Los pagos resultantes de la liquidación deberían seguir haciéndose a la cuenta sindicada y la entidad encargada de ello, los redistribuirla entre las sindicadas.

M) La hipoteca inversa

El apartado VIII del Preámbulo de la Ley 41/2007, de 7 de diciembre, por la que se modifica la Ley 2/1981, de 25 marzo, de Regulación del Mercado Hipotecario y otras normas del sistema hipotecario y financiero, de regulación de las hipotecas inversas y el seguro de dependencia y por la que se establece determinada norma tributaria define como la «hipoteca inversa» como «*un préstamo o crédito hipotecario del que el propietario de la vivien-*

da realiza disposiciones, normalmente, periódicas, aunque la disposición pueda ser de una sola vez, hasta un importe máximo determinado por un porcentaje del valor de tasación en el momento de la constitución». Esta definición no dista nada en absoluto de lo que pueda ser la de una «hipoteca no inversa» o hipoteca normal y corriente, de préstamo, crédito, de máximo o de reconocimiento de deuda. Entonces ¿por qué la llama así el Legislador de 2007? Al parecer, el concepto viene de una figura del Derecho anglosajón, denominada «*lifetime mortgage*», expresión que, como bien habrá adivinado el avezado lector o lectora significa «préstamo hipotecario vitalicio» y que viene a representar algo así como que no se ejecutará la hipoteca mientras viva el propietario del bien inmueble hipotecado, motivo por el cual, el Legislador, al entender que la hipoteca no es la «normal» constituida en garantía de un préstamo para la adquisición de una vivienda, sino que la propiedad ya fue adquirida tiempo antes, y que su finalidad va conexa a un pago periódico al propietario, que debe ser una persona jubilada, a modo de pensión o complemento de ésta, motivo por el cual, la llama «inversa», en lugar de «recta» o «directa». «*Traduttore tradittore*». Veamos, no obstante, cuáles son sus características legales.

La Disposición adicional primera de la Ley 41/2007 —en lo sucesivo, la denominaremos «D.A.1.ª», antes referida concreta la definición del preámbulo del siguiente modo:

a) Se constituye en garantía de préstamo o de crédito:

   No procedería, pues, constituirla en garantía de un reconocimiento de deuda o una refinanciación, ni siquiera respecto de una hipoteca seguridad o de máximo, a pesar de su similitud técnica con la que se constituye en garantía de un crédito, pues las entidades acreedoras, disponen de la apertura de una cuenta concreta que recoge las sucesivas disposiciones de las rentas periódicas, a los efectos de determinar el saldo líquido debido, de igual modo que en las de crédito o de máximo, si bien, en éstas son libremente disponibles por el acreditado, mientras que en la «inversa» son las que figuran expresamente calendadas.

b) Sobre un bien inmueble que constituya vivienda habitual:

   Por ello, habrá que descartar naves industriales, locales comerciales, apartamentos arrendados a terceros, incluso segundas residencias, en razón al carácter de no habitualidad de su ocupación, salvo, lógicamente, que se altere la habitualidad en el uso (cambio en el Censo municipal, altas de suministros de energía, agua, etc.). A este respecto, hay que recordar el contenido del artículo 91.1 del Reglamento Hipotecario que permitía al disponente su sola manifestación para la manifestación negativa del carácter habitual de la vivienda. Llegados a este punto, parece que queda claro que ambos cónyuges deberán prestar su consentimiento expresamente en la escritura de formalización de una hipoteca inversa.

Sin embargo, el apartado 10 de la D.A.1.ª permite la constitución de la «hipoteca inversa» sobre «*otros inmuebles distintos de la vivienda habitual del solicitante*», si bien, sólo en este caso, no se le aplicarán los beneficios económicos a que aluden los párrafos precedentes.

c) El solicitante y beneficiarios que aquél designare han de ser personas de sesenta y cinco (65) años de edad o más, o afectados de dependencia severa o con una discapacidad reconocida igual o superior al treinta y tres (33) por ciento.

La norma introduce aquí una nueva figura, la del «beneficiario», persona que no define, si bien, habremos de entender por interpretación del apartado 5 de la D.A.1.ª que el beneficiario es un tercero distinto del propietario-deudor, en tanto en cuanto se beneficia de la percepción de las disposiciones temporales del saldo disponible o «rentas», esto es, ocupa una posición receptora o pasiva, de la cual, al parecer, la Ley no exige que sea necesariamente deudor no hipotecante ni hipotecante no deudor, sino, sencillamente alguien que, como decimos, percibe dichas rentas, lo que tampoco es una hipoteca por débito ajeno, sino que el débito es del propietario y el beneficiario es un tercero ajeno a las obligaciones principal y accesoria, ocupando una situación contractual similar a la del beneficiario del art. 83 LCS.

Sobre las situaciones y definiciones de dependencia, nos remitimos a la Ley 39/2006, de 14 de diciembre, de Promoción de la Autonomía Personal y Atención a las personas en situación de dependencia (Artículo 26: *"b) Grado II. Dependencia severa: cuando la persona necesita ayuda para realizar varias actividades básicas de la vida diaria dos o tres veces al día, pero no quiere el apoyo permanente de un cuidador o tiene necesidades de apoyo extenso para su autonomía personal. c) Grado III. Gran dependencia: cuando la persona necesita ayuda para realizar varias actividades básicas de la vida diaria varias veces al día y, por su pérdida total de autonomía física, mental, intelectual o sensorial, necesita el apoyo indispensable y continuo de otra persona o tiene necesidades de apoyo generalizado para su autonomía personal*").

d) La disposición del préstamo/crédito puede realizarse de forma periódica o única:

Se establece, pues, la libertad de pactos al respecto para el percibo de las «rentas», En efecto, si obtenemos un préstamo, éste puede entregarse en un momento o en varios, de forma y manera que el día de la firma podríamos obtener todo el dinerario y disponer de él libremente, incluso invirtiendo en un producto financiero de mayor rentabilidad, o bien periódicamente (mensual, trimestral, anual, etc.), incluso, de forma cautelar, esto es, para el supuesto de que se produjese un evento, a modo de contrato de seguro. Con el crédito sucedería otro tanto, si bien, su flexibilidad dispositiva, nos permitiría subvenir nuestras necesidades cotidianas o gasto corriente como supondría el hecho de adeudar los recibos de energía eléctrica, suministro de agua, teléfono, etc. en la cuenta de crédito garantizada con hipoteca inversa, pues, ésta es la forma como funciona una cuenta de crédito; nada dice la norma a este respecto, pero tampoco nada prohíbe; si bien, con la clara advertencia del tamiz registral que nos exigiría la determinación exacta de aquellos conceptos por los que se podrían realizar las disposiciones. El préstamo exige un vencimiento final y puede tener vencimientos intermedios, lo bien cierto es que la norma que comentamos no regula esta cuestión, por lo que a nuestro entender, habría que acudir a la figura del denominado «préstamo al promotor», para poder permitir diversas disposiciones en diversos momentos en el tiempo, esto es, el pacto de un período de disposición y, en su caso, de carencia en cuanto a la devolución del capital y un segundo de amortización de capital. El crédito presenta una situación similar. La cuenta de crédito amparado hipotecariamente debe tener un *dies ad quem* o de vencimiento final, más allá del cual no se podrá disponer y a partir del cual, deberá fijarse un segundo período, de amortización, bien única al vencimiento, bien periódica en diversos momentos temporales o plazos.

En cualquier caso, en el supuesto de la «hipoteca inversa» nos encontramos con que el *dies ad quem* o vencimiento, vendrá determinado por el día del fallecimiento del beneficiario, motivo por el cual, las entidades financieras concedentes, se reservan el derecho a exigir periódicamente la presencia física de aquél.

No obstante lo dicho, el problema se suscita en el supuesto conforme al cual el importe hubiera sido consumido o dispuesto en su totalidad y el beneficiario todavía viviese, lo que implicaría un cese en la percepción de las «rentas» por el beneficiario, para cuya evitación habría que acudir al inicio de la operación realizando un cálculo actuarial muy ajustado donde las variables son el valor del bien y la edad del beneficiario, incluso la del propietario del bien inmueble, por ser éste el auténtico deudor.

e) La deuda sólo será exigible y la garantía ejecutable, cuando fallezca el prestatario o, en caso de pactarse así, cuando fallezca el último de los beneficiarios:

Este punto siempre constituye un escollo a la hora de recurrirse a este tipo de producto de entidad financiera, por cuanto que, caso de impago, generaría en la entidad acreedora hipotecaria la obligación de efectuar provisión de coberturas según las normas emanadas por el Banco de España, sin posibilidad alguna de recuperarlas por imposibilidad de ejecución hasta tanto no se produjese el fallecimiento del último beneficiario o del propietario hipotecante. A este respecto, hay que puntualizar que nos hallamos ante unos préstamos o créditos, inejecutables durante un período aproximado de unos quince (15) años, los que van entre los sesenta y cinco (65) y los ochenta (80) años, o más, de esperanza de vida media en España, lo cual supera el denominado «calendario largo» de seis (6) años fijado por el Banco de España para amortizar íntegramente el préstamo hipotecario de vivienda que haya resultado impagado. Parece ser que nada impediría el hecho de exigir y ejecutar en el supuesto de que falleciese el único cónyuge, único prestatario y el otro, no prestatario, no propietario quedase como único ocupante del inmueble (pensemos en la cuota vidual, resolución judicial) o con hijos, de uno u otro. En el supuesto de dualidad, esto es, de existencia de prestatario y de beneficiario, habría que esperar al fallecimiento de ambos para poder exigir. No obstante cuanto antecede, el Legislador ha previsto una pequeña «ventaja», de lo que hablaremos más adelante al final del siguiente apartado.

La norma prevé la posibilidad de que, una vez vencido, puedan los herederos atender de pago según el apartado 5 de la D.A.1.ª. A este respecto, cabe decir y recordar los múltiples problemas y vicisitudes que surgen dentro de los seis primeros meses de liquidación del Impuesto sucesorio o los conflictos que surgen para la realización de las particiones hereditarias, máxime, con deudas, de lo que se infiere que podría ejecutarse la garantía real frente a la herencia yacente, lo que, conlleva, normalmente, en estos casos, bien a una aceptación de la herencia a beneficio de inventario, ora a una renuncia, pues, si bien el valor del bien, teóricamente, se incrementa con el paso del tiempo, la deuda se incrementa inexorablemente cada vez que se realiza una disposición o pago de la renta periódica. Quizás hubiese sido más conveniente prorrogar la espera hasta el momento de la aceptación hereditaria, pero no más allá del sexto mes liquidatorio. El apartado 6 de la D.A.1.ª concreta nuestra precisión, en el sentido de que lo que se pretende es la extinción del préstamo o crédito y no una mera subrogación en el préstamo. Digámoslo simplistamente del siguiente modo el préstamo debe nacer a los sesenta y cinco años de vida del interesado y fallecer con éste. Pero, ¡cuidado! El párrafo segundo del apartado 5 de la D.A.1.ª previene un supuesto que supone una excepción a lo dicho. Es el hecho de que el bien hipotecado hubiere sido transmitido voluntariamente a tercero; evidentemente, no cabe este «beneficio» para el tercer adquirente que se haya adjudicado el bien en enajenación forzosa —subasta judicial o notarial, expropiación, etc.; en este supuesto, el acreedor hipotecario puede, esto es, le resulta facultativo, declarar el vencimiento anticipado de la obligación, salvo «*que se proceda a la sustitución de la garantía de manera suficiente*». No entendemos, tras una primera lectura, esta excepción si pensamos en lo dispuesto en el artículo 118 de la Ley Hipotecaria, que prevé la subrogación del adquirente en el pago de la deuda y preservación de la garantía real; mucho menos, en orden a la suficiencia o no de ésta, pues si se supone que la misma (la hipoteca inversa) ha sido constituida con la tasación y seguros a que nos referiremos en el siguiente epígrafe, ¿por qué debe pender la declaración de vencimiento anticipado de la sustitución de un bien por otro, cuando, precisamente el primero es bastante, *ab initio*, para la finalidad «rentista» para la que fue concedido? Dentro de la misma cuestión, hay que incardinar al futuro heredero, que podría, perfectamente, ocupar la posición de «tercero» a que refiere este apartado 5, en el sentido de que, *verbi gratia*, el progenitor hipotecante, en vida, transmitiría a su hijo/a el bien hipotecado inversamente y éste o ésta, en su condición de tercer adquirente, podría conseguir la subrogación en el pago de la deuda, con el beneficio del plazo e inexigibilidad de la misma, liberando el bien hipotecado inversamente e hipotecando suficientemente uno propio; ciertamente complicado se presenta este supuesto. En definitiva, «*extinguido*», dice el apartado 6 de la D.A.1.ª, el préstamo o crédito, si los herederos deciden «*no reembolsar los débitos vencidos, con sus intereses*», el Acreedor hipotecario «*sólo podrá obtener recobro hasta donde alcancen los bienes de la herencia*» (no lo dice la norma, pero parece que está pensándose en el beneficio de inventario que regulan los arts. 1.010, ss. y cc. C.c.), en cuyo caso, habrá de tenerse bien presente que en este supuesto, y no en el del apartado 5 de la D.A.1.ª, esto es, en caso de que fallezca el «titular de la hipoteca inversa» (propietario o beneficiario último) y sus herederos no opten por satisfacer los «débitos vencidos» —que no la totalidad del préstamo o crédito—, esto es, caso de que no decidan «ponerse al corriente» en el pago de las cuotas, la entidad financiera gozará en su exigibilidad y recobro de una responsabilidad hipotecaria *ultra* los cinco años que, como máximo, fija el último párrafo del art. 114 de la Ley hipotecaria, para el recobro de los intereses, en cuyo caso, podrá reclamar, por acción real y no solo por la personal, todos aquellos intereses devengados, incluso los que superen dicho quinquenio, lo cual, será "con perjuicio de tercero", si por tal debemos incluir a quien anote un embargo con posterioridad a la constitución de la hipoteca inversa o a quien se lo adjudique (transmisión forzosa no prevista o no incluida en la D.A.1.ª) en subasta dimanante de dicho embargo, otro u otra hipoteca posterior.

f) La vivienda hipotecada debe ser tasada y asegurada contra daños: Remitiéndose la norma a lo dispuesto en los artículos 7 y 8 de la Ley 2/1981, de 25 de marzo de Regulación del Mercado Hipotecario, los cuales, si bien no son modificados por la Ley 41/2007, ésta sí modifica dicha ley hipotecaria; esto es, la tasación debe realizarse por (i) los servicios de tasación de las entidades de crédito, expresadas en el art. 2 de dicha Ley, o por (ii) los servicios de tasación que cumplan los requisitos reglamentarios, que son las previstas en el Real Decreto 716/2009, de 24 de abril, por el que se desarrollan determinados aspectos de la Ley 2/1981, de 25 de marzo, de regulación del mercado hipotecario y otras normas del sistema hipotecario y financiero.

Respecto del seguro de daños, hay que manifestar que su valor debe coincidir con el valor del bien asegurado, excluyendo el suelo (*cfr.* art. 10 Ley 2/1981).

Respecto de la homologación de los servicios y sociedades de tasación, nos hemos de remitir al Real Decreto 775/1997, de 30 de mayo, que regula su régimen jurídico.

g) Pueden ser concedidos los préstamos o créditos garantizados con «hipoteca inversa» por:

Las entidades crediticias, se entienden las que figuran en el artículo 2 de la Ley 2/1981, de 25 de marzo, de Regulación del Mercado Hipotecario, conforme a la redacción que le da la Ley 41/2007, esto son, los Bancos, las Entidades oficiales de crédito que lo permitan sus Estatutos, las Cajas de Ahorro, la Confederación Española de Cajas de Ahorros, las Cooperativas de Crédito y los Establecimientos financieros de crédito (*cfr.* arts. 1 y 2).

Las entidades aseguradoras, siempre y cuando estén autorizadas para operar en España y a tenor de los límites, requisitos y condiciones que imponga su normativa sectorial.

Por exclusión y evidencia, no pueden concederse en modo alguno ni por particulares (personas físicas o jurídicas), ni por los denominados «chiringuitos financieros» o similares.

h) Se somete al régimen de transparencia y comercialización que específicamente fije el Ministerio de Economía y Hacienda, dentro del cual se establecerán los mecanismos para que las entidades financieras cumplan con su deber de «*suministrar servicios de asesoramiento independiente a los solicitantes de este producto, teniendo en cuenta la situación financiera del solicitante y los riesgos económicos derivados de la suscripción de este producto*». A este respecto, hay que acudir a LRCCI, especialmente, a su art. 14 que regula las normas de transparencia en la comercialización de préstamos inmobiliarios y la entrega de los documentos en dicho artículo expresados.

i) Llevan en sí mismas una serie de ventajas económicas, como son la exención de la cuota gradual de documentos notariales bajo la modalidad de Actos Jurídicos Documentados del ITPAJD, los Honorarios notariales se aplicarán como «documentos sin cuantía» y los registrales, los correspondientes a las inscripciones, tomando como base la cifra del capital pendiente de amortizar «*con una reducción del 90 por ciento*». Esta expresión de «capital pendiente de amortizar» resulta lo más confusa posible que puede entenderse, pues, siendo la misma el importe sobre el que aplicar la reducción del 90%, para las escrituras de constitución, subrogación, novación modificativa y cancelación, para las de (i) constitución, el capital pendiente de amortizar siempre será cero (0) puesto que la hipoteca inversa viene a ser como un préstamo con entregas diferidas o un crédito con disposiciones periódicas, en ambos casos, en tanto en cuanto no se haya realizado la entrega o efectuado la disposición periódica, no habrá nacido la obligación de pago, obligación o exigibilidad que nace, conforme hemos dicho precedentemente, en el momento del fallecimiento del beneficiario; en el supuesto de (ii) las de subrogación y en las de (iii) novación modificativa, variará el capital, según el momento de la firma correspondiente, a tenor de las disposiciones realizadas por el subrogante; y, por último, en las de (iv) cancelación, salvo que ésta sea anticipada, siempre será, igualmente, cero (0).

j) Dentro de las ventajas económicas aparece la que dispone la D.A.4.ª de la norma para el supuesto de que «*las disposiciones periódicas que pueda obtener el beneficiario*» puedan destinarse a la contratación de planes de previsión asegurados en los términos del art. 51.3 de la Ley 35/2006, de 28 de noviembre del IRPF, asimilándose a la contingencia de jubilación de la letra b) del precitado artículo la «*situación de supervivencia del tomador una vez transcurridos diez años desde el abono de la primera prima de dicho plan de previsión asegurado*», cuya provisión matemática no puede ser objeto de movilización a otro instrumento de previsión social, ni viceversa, otros a aquél.

La Directiva 2014/17/UE del Parlamento Europeo y del Consejo, de 4 de febrero de 2014, sobre los contratos de créditos celebrados con los consumidores para bienes inmuebles de uso residencial y por la que se modifican las Directivas 2008/48/CE y 2013/36/UE y el Reglamento (UE) n.º 1093/2010, alude a la hipoteca inversa en su considerando (16), si bien, lo hace para excluirlas de su ámbito de tutela, pues «*no comportan la concesión de crédito*», sino que se trata de «*contratos de crédito en que el prestamista desembolsa un importe a tanto alzado, efectúa pagos periódicos u otras formas de desembolso crediticio a cambio de un importe derivado de la venta de un bien inmueble y cuyo objetivo principal consiste en facilitar el consumo, tales como los productos de pensión hipotecaria u otros productos especializados equivalentes. Se tratan de contratos de crédito con características específicas que rebasan el ámbito de la presente Directiva*».

La realidad ha llevado a que este «complemento de pensiones» no resulte nada rentable para los herederos del deudor hipotecante, porque se trata de un préstamo o crédito hipotecario de iguales o similares costos económicos para aquél que cualquier otro y así, los herederos, a quienes, inicialmente, se les ofrece como una posibilidad de, por ejemplo, no pagar una pensión a sus progenitores en vida de éstos, sino la entidad financiera, la realidad es otra, dado que los causahabientes, una vez fallezca su progenitor, deben atender el pago del importe prestado o dispuesto, pagado por la entidad financiera a éste, so pena de perder el activo inmobiliario, siendo, al final la propia entidad la que adquiera la propiedad del mismo.

Llegados a este punto, hay que aludir a cuanto dispone el apartado 6 de la D.A.1.ª en el sentido de que, como decíamos precedentemente, «extinguido» (el derecho al percibo del capital) del préstamo o crédito y los herederos del deudor «*hipotecario*», hipotecante, decidan no reembolsar los débitos vencidos, con sus intereses, al acreedor hipotecario se le permite obtener su recobro «*hasta donde alcancen los bienes de la herencia*», sin tener presentes los límites de la responsabilidad hipotecaria de hasta cinco (5) años del art. 114 LH, lo cual, en sede concursal tiene su relevancia y consiguiente conflicto de normas, entre la del apartado 5 de la D.A.1.ª LC y los arts. 209 y ss. TRLC (antiguo art. 155.4 LC) que, en tanto que ésta es la norma especial, debe dejar sin efecto concursal a la dicha norma general reguladora de la hipoteca inversa y, por tanto, debe ser respetado el límite máximo de la responsabilidad hipotecaria, pues se trata de una ejecución concursal y no ordinaria.

¿Debería considerarse el pago periódico del capital de una hipoteca inversa como un derecho de alimentos? A nuestro entender, ni en sede ordinaria, ni mucho menos, en sede concursal, pues el mismo no deriva de ninguna obligación que nazca del C.c. (arts. 90 y 142, ss. y cc.) que genere tal derecho alimenticio, sino de un pacto expresado y, como considera la Directiva 2014/17/UE, con finalidad de consumo, de que el beneficiario disponga de dinerario para poder consumir, o como complemento de su pensión, con independencia o no.

8. LA ANTICRESIS

Etimológicamente, el vocablo «anticresis» procede de los términos griegos «ἀντί» (léase «anti»), significando «contrario a», «en lugar de» y «χρήσις» (léase «hresis»), significando acto de emplear o usar; así pues, tendríamos usar una cosas en lugar de otra o contrario al uso o en lugar del uso o disfrute de una cosa y, bajo una acepción bastante literal, sería aquel contrato mediante el cual el uso de un bien inmueble es contrario al propietario. Justiniano, citando a Marciano[106], definía la anticresis como el uso mutuo de una prenda por un crédito (*mutuus pignoris usus pro credito*) y, así, si el acreedor tomaba posesión del fundo afecto, retenía la posesión en calidad de prenda y percibía los frutos en lugar de los intereses.

El denominado pacto anticrético es aquel contrato, siguiendo la definición del C.c. (art. 1.881), mediante el cual el Acreedor adquiere el derecho de percibir los frutos de un inmueble de su deudor, con la obligación de aplicarlos al pago de los intereses, si se debieren, y después al del capital de su crédito, de forma y manera que el acreedor, por sí o por tercera persona, puede percibirlos o a realizar su valor por razón al incumplimiento de la obligación. Así pues, nos encontramos con que el uso o empleo de los frutos no van directamente al propietario, sino al acreedor, de ahí la contrariedad.

A) Naturaleza jurídica

Es un derecho real de garantía indivisible, en los mismos términos que lo son la prenda y la hipoteca. Se constituye en Escritura pública y se inscribe en el Registro de la Propiedad, como esta última.

B) Elementos personales

A diferencia de otras figuras similares como la enfiteusis, la Anticresis es un derecho real de garantía, en el que la esencial figura que lo diferencia de aquélla, es la del Acreedor, esto es, la existencia de una obligación principal (préstamo o crédito) en cuya garantía se constituye. Aparece, pues, el denominado «Acreedor anticrético», quien adquiere el goce el bien y «hace suyos los frutos que genera el bien inmueble, tales como las rentas que el

---

106 DIGESTO XX.I.11.

mismo produce, para pago de los intereses en primer lugar y lo que exceda, para pago del capital. El acreedor anticrético tiene la obligación de pagar las contribuciones y demás cargas que pesan sobre la finca, así como los gastos necesarios para su conservación y reparación, importes que deberán deducirse de los frutos percibidos (art. 1.882 C.c.), por lo que el pago de los intereses se realizará del líquido resultante entre los frutos y los gastos precitados; viene a ser pues, como una Administración o Intervención, cuyos resultados van a satisfacer el sólo crédito del Acreedor con exclusión del de terceros lo cual, en sede concursal, implica el hecho de que un acreedor con privilegio especial, el acreedor anticrético, además de percibir los frutos (alquileres, por ejemplo), que no formarían parte de la masa activa, paga ciertos créditos contra la masa (gastos, por ejemplo), incluso créditos asegurados con hipoteca legal tácita (impuestos).

Es nulo igualmente el «pacto comisorio o marciano» *ex* art. 1.884 C.c., del que hablamos en el capítulo correspondiente, pues caso de incumplimiento debe acudirse a las vías ordinarias de ejecución y realización del bien en lugar de cobrarse con el bien inmueble.

El otro elemento personal, es el «Deudor anticrético», denominación que debemos conservar en cualquier caso, sin distinguir —como lo hemos hecho en los restantes derechos reales de garantía— entre el obligado principal o deudor *stricto sensu* y el propietario del bien (pignorante o hipotecante), habida cuenta de que quien debe los frutos es el propietario del bien inmueble que los produce y, por tanto, el propietario debe denominarse «deudor anticrético» en todo caso, debiendo diferenciarlo del deudor principal, quien tendrá la obligación personal de pago y, sin fuere, además, propietario, también ostentaría tendría la obligación real de pago, esto es, sería tanto deudor principal como deudor anticrético, condición esta última que perdería si no fuese propietario. Así pues, el pacto anticrético es el que vincula al Acreedor y al Propietario del bien inmueble ya sea obligado personal o real. El deudor anticrético pierde, consecuentemente, el goce del bien y no lo recuperará hasta tanto no haya satisfecho íntegramente la deuda, bien por cumplimiento voluntario de la obligación principal, ora por las rentas que produzca el pacto anticrético o, por ambos casos.

Evidentemente, el otro elemento subjetivo será el «Deudor» propiamente dicho, esto es, quien debe cumplir con la obligación principal (devolución del capital prestado, obligación de hacer, etc.) quien se ve afianzado o beneficiado por el pacto anticrético que él mismo u otro por él —Deudor anticrético— tiene convenido con el Acreedor anticrético.

A los efectos meramente ilustrativos, reproducimos un texto de este tipo de derecho real de garantía anticrética, según el **Modelo n.º 9** del Formulario.

V. LA ACCIÓN DE RESCISIÓN

1. CONCEPTO, SUPUESTOS, PRESUNCIONES, PRESCRIPCIÓN

Según el Digesto, «*Quod nullum est rescindi non potest*», esto es, lo que es nulo no puede rescindirse, por lo que deberemos considerar que, para que pueda rescindirse un acto o contrato jurídicos, éstos deben haberse perfeccionado previa y válidamente, conforme las normas propias del Derecho Civil del consentimiento, objeto cierto y causa obligacionales, así lo entiende el Tribunal Supremo, entre otras, por la siguiente resolución:

STS —1.ª— n.º 173/2014 de 9 de abril

«... La realidad de las cosas permite constatar que la ineficacia de los actos realizados por el quebrado en el periodo de retroacción no responde a la naturaleza propia de la nulidad, pues desde el punto de vista dogmático, la nulidad aparece referida a los negocios jurídicos que padecen una ineficacia estructural derivada de una irregularidad en la formación del contrato, que se produce '*ipso iure*' y '*erga omnes*' de forma definitiva e insubsanable, sin posibilidad de confirmación. Así lo entendió la doctrina al afirmar, hace ya algunos años, que el análisis de la realidad constata que la ineficacia del art. 878.II C.Com. no responde a ninguno de los caracteres propios de la nulidad: no es automática, ni originaria ni estructural. Esta tesis ha acabado siendo admitida por la jurisprudencia de la Sala, sobre todo a partir de la sentencia de 951/2005, de 13 de diciembre... Una ineficacia de estas características responde a la categoría jurídica de la rescisión, cuyo fundamento último se encuentra en el agravio jurídico patrimonial, esto es, el perjuicio.»

Todo ello, indicado por el concepto de «rescindir» que, procedente del Latín «*re-*», indicando repetición, intensidad en la acción y «*scindo, -es, -ere, -idi, -issum*», significa «desgarrar», «partir», «romper», por ejemplo, «desgarrar las vestiduras» (*scindere vestes*), «romper el contrato» (*scindere stipulæ*), lo que viene a representar el ejercicio de una acción jurídica que, de forma intensiva, desgarra o rompe un acto, inicialmente válido, pero que contraviene el orden jurídico por el perjuicio que causa, en el supuesto que nos ocupa, a los acreedores del deudor transmitente.

Consecuentemente, el art. los arts. 226 y ss. TRLC 2020 (antiguo art. 71 LC) regulan las denominadas acciones de reintegración[107], traducibles, como de restitución o de retorno de bienes a la masa activa del concursado

107 Del Latín «*redintegrare*» o volver a empezar, renovar, restablecer.

de bienes o derechos que pertenecieron al deudor y que deben formar parte de la Masa Activa del concurso, reingreso[108] que se produce a través de la rescisión de aquellos actos, no necesariamente de contratos, sino de cualquier tipo de acto humano del que derive cualquier tipo de desplazamiento patrimonial del deudor y que, además, causa un perjuicio a la Masa Activa del concurso o serie de aquellos bienes y derechos con los que se cobrarán sus respectivos créditos los acreedores del concursado o Masa Pasiva, la perjudicada, que no debe soportar dicho sacrificio patrimonial.

Por lo que respecta al concepto de perjuicio a la masa activa en la acción rescisoria concursal es clásica la siguiente resolución del Alto Tribunal:

> **STS n.º 629/2012, de 26 de octubre:**
>
> «5. El art. 71.1 LC declara rescindibles los actos de disposición realizados por el deudor concursado dentro de los dos años anteriores a la declaración de concurso, que sean perjudiciales para la masa activa, al margen de si existió o no intención fraudulenta. El fundamento de la ineficacia se sitúa en el perjuicio que los actos o negocios realizados hasta dos años antes de la declaración del concurso originan a la masa activa, sin que sea necesaria la concurrencia del fraude. El art. 71.1 LC acude a un concepto jurídico indeterminado, el perjuicio para la masa activa del concurso, que no puede equipararse con los tradicionales criterios justificativos de la rescisión existentes hasta entonces en nuestro ordenamiento jurídico: ni el fraude, de la acción pauliana, porque el art. 71.1 LC expresamente excluye cualquier elemento intencional, más o menos objetivado; ni tampoco la lesión, entendida como mero detrimento patrimonial, pues el art. 71.2 LC presume el perjuicio, sin admitir prueba en contrario, en el caso del pago debido pero anticipado, en que propiamente no hay lesión, o devaluación del patrimonio, sino alteración de la *par condicio creditorum*, al pagar un crédito que por no ser exigible sino después de la declaración de concurso, debía haber formado parte de la masa pasiva del concurso. El perjuicio de la rescisión concursal tiene en común con el perjuicio pauliano que comporta una lesión patrimonial del derecho de crédito, en este caso, no de un determinado acreedor, sino de la totalidad englobada en la masa pasiva, y esta lesión se ocasiona por un acto de disposición que comporta un sacrificio patrimonial para el deudor, injustificado desde las legítimas expectativas de cobro de sus acreedores, una vez declarado en concurso. Aunque el perjuicio guarda relación con el principio de la paridad de trato, tampoco cabe equiparar el perjuicio para la masa activa con la alteración de la *par condicio creditorum*, pues nos llevaría a extender excesivamente la ineficacia a todo acto de disposición patrimonial realizado dos años antes de la declaración de concurso que conlleven una variación en la

108 Del Latín «*re-*», indicando repetición; «*in-*», indicando entrar o acceder a algún lugar; y «*gressus*», significando paso, marcha, dirección hacia y «*gradior*», marchar, caminar, andar; en definitiva, «volver al camino del que e había salido».

> composición de la masa pasiva, como sería cualquier garantía real que subsistiera al tiempo del concurso e, incluso, los pagos debidos y exigibles. El perjuicio para la masa activa del concurso, como ya apuntábamos en la Sentencia 622/2010, de 27 de octubre , puede entenderse como un sacrificio patrimonial injustificado, en cuanto que tiene que suponer una aminoración del valor del activo sobre el que más tarde, una vez declarado el concurso, se constituirá la masa activa (art. 76 LC), y, además, debe carecer de justificación. La falta de justificación subyace en los casos en que el art. 71.2 LC presume, sin admitir prueba en contrario, el perjuicio. Fuera de estos supuestos, en la medida en que el acto de disposición conlleve un detrimento patrimonial, deberán examinarse las circunstancias que concurren para apreciar su justificación, que va más allá de los motivos subjetivos, y conforman el interés económico patrimonial que explica su realización. En principio, la acreditación del perjuicio le corresponde a quien insta la rescisión concursal (art. 71.4 LC), salvo que el acto impugnado esté afectado por alguna de las presunciones de perjuicio previstas en el art. 71.3 LC, que por admitir prueba en contrario, traslada a los demandados la carga de probar que aquel acto impugnado no perjudica a la masa activa…».

En resumen, el perjuicio que provoca la rescisión concursal no tiene que ver, en parte, con la acción pauliana del art. 1.111 C.c., ni con el fraude, porque no se precisa la intencionalidad del deudor ni la lesión, sino con la simple vulneración del clásico principio de la *par conditio creditorum*, el pago desordenado o favorecedor, lo cual, en cierto modo, viene a ser lo que pretende la regulación del plan de reestructuración, esto es, desordenar el pago, pero siguiendo unas reglas concretas para que sea santificado u homologado el plan por el tribunal que vería el concurso, en su caso y, así, evitar la rescisión del acto inicialmente válido.

A) Presunciones que no admiten prueba en contra

El precepto recoge una serie de presunciones denominadas «absolutas», que revisten la cualidad de *iuris et de iure* esto es, aquellas presunciones que fija la Ley, en este caso el art. 227 TRLC (antiguo 71 LC) y que no admiten la práctica de prueba en contrario que la pueda desvirtuar. Estas presunciones determinan lo que se considera o define como perjuicio patrimonial objetivo, esto es, el perjuicio contra la Masa Activa y así, «*el perjuicio patrimonial se presume, sin admitir prueba en contrario, cuando se trate de actos de disposición a título gratuito, salvo las liberalidades de uso, y de pagos u otros actos de extinción de obligaciones cuyo vencimiento fuere posterior a la declaración del concurso*». El propio C.c., en su art. 1.297 ya presume celebrado en fraude de acreedores «*todos aquellos contratos por virtud de los cuales el deudor enajenare bienes a título gratuito*». Nos encontraríamos, pues, ante disposiciones de bienes realizadas a título de herencia, legado o donación, mediante las cuales transfiere el dominio a terceros sin recibir contraprestación equivalente alguna. Respecto de los dos primeros, debemos recordar el Concurso de la herencia yacente *ex a*rt. 567 TRLC (antiguo art. 1.2 LC) y el de la herencia aceptada a beneficio de inventario o de la repudiada del art. 568.1 TRLC (antiguo art. 3.4 LC). El segundo párrafo del art. 1.297 C.c. también presume fraudulentas las enajenaciones a título oneroso, «*hechas por aquellas personas contra las cuales se hubiese pronunciado antes sentencia condenatoria en cualquier instancia o expedido mandamiento de embargo de bienes*».

La Ley 38/2011, de 10 de octubre, de reforma de la Ley Concursal añadió a la anterior redacción del art. 71.2 LC la siguiente excepción «*... excepto si contasen con garantía real, en cuyo caso, se aplicará lo previsto en el apartado siguiente*», excepción que continúa en el art. 227 TRLC, precepto que no ha sido modificado por la LRTRLC.

La entrada en vigor de la LRTRLC ha supuesto una ampliación del supuesto que recogía el art. 226 TRLC 2020, extendiendo la rescindibilidad, además de lo dicho precedentemente, a los mismos actos perjudiciales, pero, a contar a partir de la comunicación de los arts. 585 y 690 TRLC, lo cual supone que el *dies a quo* comienza a contar, en estos casos, desde antes de la solicitud de declaración de concurso, lo cual rompe una línea legal de más de un siglo, extendiendo la consideración de sospechoso al primer contacto formal con los acreedores, entendiéndose por formal, mediante la dación de cuenta al tribunal competente para la declaración de concurso, recalcando el art. 226.2 TRLC que, entran en dicho período, «*aunque no hubiere existido intención fraudulenta*», por la simple sospecha, pero, siempre un cuando concurran las siguientes situaciones, ambas:

a) La no homologación por el Juez competente del plan de reestructuración aprobado o la no aprobación, simplemente. Adelantamos que el plan de reestructuración es una fase preconcursal que pretende evitar la declaración de concurso y consecuente pérdida o reducción de las facultades de disposición y administración y todo lo demás que conlleva la misma, mejorando la posición económica del deudor ante sus acreedores, lo que hace imprescindible que, cualquier acto dispositivo tenga lugar a través de la aprobación del plan de reestructuración y su consiguiente homologación a fin de evitar la posible rescindibilidad de tal acto.

b) Que el concurso se declare dentro del año siguiente a la finalización de los efectos de la comunicación (art. 600 y ss. TRLC), o de su prórroga (arts. 607 y 608 TRLC), esto es, tres meses más otros tres desde la comunicación, es decir, hasta un máximo de año y medio desde que se presentó la referida comunicación en el Juzgado.

La LRTRLC concreta o articula nuevos supuestos de rescindibilidad a través de la redacción dada al art. 226 TRLC a tenor del momento en que se hayan realizado, pero que cumplan con el requisito del perjuicio a la masa activa, del siguiente modo:

a) Los realizados dentro de los dos (2) años anteriores a la fecha de solicitud de declaración de concurso (por el deudor, por el Mediador Concursal, por el Experto en reestructuración, por los acreedores). No requiere intención fraudulenta, sólo exige el perjuicio a la masa activa en los términos que acabamos de exponer precedentemente.
b) Los realizados dentro de los dos (2) años anteriores a la fecha de la comunicación prevista en el art. 583 TRLC, el denominado «preconcurso», consistente en la comunicación de la apertura de negociaciones entre el deudor y sus acreedores o, la solicitud de homologación de un plan de reestructuración. No requiere la intención fraudulenta.
c) Los realizados desde la fecha de la comunicación del art. 583 TRLC a la de declaración de concurso. No requiere la intención fraudulenta.
d) En estos supuestos "b)" y "c)" se establece un plus a cumplir para conseguir la rescindibilidad consistente en la concurrencia de dos (2) condiciones: (i) que no se hubiera aprobado un plan de reestructuración o que, aprobado, no hubiere sido homologado por el Juez del concurso y (ii) que el concurso se declare dentro del año siguiente a la finalización de los efectos de la comunicación del art. 583 TRLC o de la prórroga que se le pudiere haber concedido, como ya dijimos, hasta el máximo de año y medio.

B) Presunciones que sí admiten prueba en contra

El art. 228 TRLC regula una siguiente serie de presunciones, denominadas «relativas», esta vez, del tipo denominado *iuris tantum* las cuales, aunque las fija la norma, sí admiten prueba en contra, pero, a modo de *numerus clausus*; éstas son:

1º Los actos dispositivos a título oneroso —en los que haya mediado pago o contraprestación, tales como la compraventa, dación en pago de deuda, etc.— realizados a favor de alguna de las personas especialmente relacionadas con el concursado, esto es, con una de las personas a las que aludía el art. 93 LC, que, tras la reforma de la Ley 9/2015, de 25 de mayo, de medidas urgentes en materia concursal, desglosadas por el TRLC en los artículos 282 y 283, son las siguientes:

> Art. 282
>
> Se consideran personas especialmente relacionadas con el concursado persona natural:
>
> 1.º El cónyuge del concursado o quien lo hubiera sido dentro de los dos años anteriores a la declaración de concurso, su pareja de hecho inscrita o las personas que convivan con análoga relación de afectividad o hubieran convivido habitualmente con él dentro de los dos años anteriores a la declaración de concurso.
>
> 2.º Los ascendientes, descendientes y hermanos del concursado o de cualquiera de las personas a que se refiere el número anterior.
>
> 3.º Los cónyuges de los ascendientes, de los descendientes y de los hermanos del concursado.
>
> 4.º Las personas jurídicas controladas por el concursado o por las personas citadas en los números anteriores o sus administradores de hecho o de derecho. Se presumirá que existe control cuando concurra alguna de las situaciones previstas en el artículo 42.1 del Código de Comercio.
>
> 5.º Las personas jurídicas que formen parte del mismo grupo de empresas que las previstas en el número anterior.
>
> 6.º Las personas jurídicas de las que las personas descritas en los números anteriores sean administradores de hecho o de derecho.
>
> Art. 283
>
> Se consideran personas especialmente relacionadas con el concursado persona jurídica:
>
> 1.º Los socios que conforme a la ley sean personal e ilimitadamente responsables de las deudas sociales y aquellos otros que, en el momento del nacimiento del derecho de crédito, sean titulares directa o indirectamente de, al menos, un 5 por ciento del capital social, si la sociedad declarada en concurso tuviera valores admitidos a negociación en mercado secundario oficial, o un 10 por ciento si no los tuviera. Cuando los socios sean personas naturales, se considerarán también personas especialmente relacionadas con la persona jurídica concursada las personas que lo sean con los socios conforme a lo dispuesto en el apartado anterior.
>
> 2.º Los administradores, de derecho o de hecho, los liquidadores del concursado persona jurídica y los apoderados con poderes generales de la empresa, así como

quienes lo hubieren sido dentro de los dos años anteriores a la declaración de concurso.
3.º Las sociedades que formen parte del mismo grupo que la sociedad declarada en concurso.
4.º Los socios comunes de la sociedad declarada en concurso y de otra sociedad del mismo grupo, siempre que, en el momento de nacimiento del derecho de crédito, sean titulares en esa otra sociedad, directa o indirectamente, de, al menos, un cinco por ciento del capital social, si la sociedad tuviera valores admitidos a negociación en el mercado secundario oficial, o un diez por ciento si no los tuviera.

Conforme al art. 283.2 TRLC no tendrán la consideración de personas especialmente relacionadas con el concursado:

a) Los acreedores que hayan capitalizado directa o indirectamente todo o parte de sus créditos en cumplimiento de un acuerdo de refinanciación adoptado de conformidad con lo dispuesto en esta ley, de un acuerdo extrajudicial de pagos o de un convenio concursal, a los efectos de la calificación de los créditos que ostenten contra el concursado como consecuencia de la refinanciación otorgada en virtud de dicho acuerdo o convenio y aunque hubieran asumido cargos en la administración del deudor por razón de la capitalización.
b) Los acreedores que hayan suscrito un acuerdo de refinanciación, convenio concursal o acuerdo extrajudicial de pagos por las obligaciones que asuma el deudor en relación con el plan de viabilidad salvo que se probase la existencia de alguna circunstancia que pudiera justificar esta condición.

2º La constitución de garantías reales a favor de obligaciones preexistentes o de las nuevas contraídas en sustitución de aquéllas. La *ratio legis* de este supuesto no debe extenderse, a nuestro entender, a los supuestos del denominado *pactum de contrahendo* esto es, el supuesto conforme al cual, dentro de lo que representa un solo contrato, por ejemplo, el de préstamo, como una cláusula más del mismo figura un pacto de reforzamiento de garantías, a modo de los denominados *covenants* o compromisos obligacionales, en atención al cual, la parte deudora o prestataria, en el supuesto de producirse una serie de eventualidades —disminución de solvencias, impago de cuotas, embargo de activos por terceros, etc.— se obliga a constituir derecho real de garantía, acorde con lo dispuesto en el art. 1.129 C.c.[109] y así, hay que considerar que la hipoteca constituida en vir-

---

[109] **Art. 1.129 C.c.** Perderá el deudor todo derecho a utilizar el plazo:
1º. Cuando, después de contraída la obligación, resulte insolvente, salvo que garantice la deuda.

tud del *pactum de contrahendo* denominado «promesa de hipoteca», pactado en la propia póliza de préstamo o similar, no debe entrar dentro de los actos rescindibles pues ha nacido como una obligación más del préstamo o contrato principal y no como un acto posterior al mismo que es, en definitiva, lo que la norma pune; la constitución de la garantía adicional no es posterior a la del préstamo u obligación principal, ni ésta preexiste a aquélla, nacen simultáneamente y el *pactum de contrahendo* nace como una condición —*covenant*— más de las contenidas en el propio contrato de préstamo, ni dándose dualidad contractual, sino una cláusula más del único contrato, pues, sin dicha cláusula obligacional de «contrahendo», en tanto en cuanto sea esencial, esto es, que guarde una proporción equilibrada de garantía acorde con la cantidad prestada, la entidad financiera no habría concedido la financiación. En este sentido, nos remitimos al apartado «El crédito garantizado con promesa de prenda futura», debiendo hacer extensivo lo dicho respecto de la prenda, a la hipoteca, fundamentado en la **SAP Valencia —9.ª— n.º 146/2013, de 08.05.2013**, que más adelante expondremos.

Nosotros nos centraremos, dada la materia objeto de tratamiento, en este último supuesto. Este apartado que, por novedad con el anterior texto de la LC, es el del acto perjudicial 3º del art. 228 TRLC (antiguo art. 71.3.3.º LC) definido como «*Los pagos u otros actos de extinción de obligaciones que contasen con garantía real y cuyo vencimiento fuere posterior a la declaración del concurso*»; a modo de ejemplo hay que indicar como actos extintivos de las obligaciones (i) la cancelación anticipada de obligaciones que cuentan con derechos reales de garantía por uno cualquiera de los medios extintivos que regula el art. 1.156 C.c., esto son, a más del pago, la pérdida de la cosa debida, lo que se ve más claramente mediante la pérdida del *pignus*, del objeto dado en prenda; (ii) la condonación de la deuda garantizada hipotecariamente, respecto de la que no vemos en qué puede perjudicar a la Masa la condonación del crédito hipotecario que aún no ha vencido, pues precisamente, libera la Masa Activa y reduce la Pasiva; (iii) la confusión de los derechos de acreedor y de deudor, lo cual se puede dar en supuestos

---

2º. Cuando no otorgue al acreedor las garantías a que estuviese comprometido.

3º. Cuando por actos propios hubiese disminuido aquellas garantías después de establecidas, y cuando por caso fortuito desaparecieran, a menos que sean inmediatamente sustituidas por otras nuevas e igualmente seguras.

de fusiones societarias (*cfr.* art. 35 LMESM) o en la adquisición de un bien inmueble del deudor que lo ha hipotecado a favor del acreedor-adquirente, lo cual vendría a ser como una dación en pago, pero no como un pacto comisorio; (iv) la compensación y (v) la novación, debiendo entender por esta última la extintiva y no la modificativa.

El apartado 4 de dicho precepto recoge el supuesto que podríamos denominar de residuo, en el sentido de que los actos que no formen parte de la presunción *iuris tantum*, esto son, los actos del art. 228 TRLC (antiguo art. 71.3 LC), debe demostrarse, debe probarse, por el instante de la acción de rescisión el perjuicio patrimonial que se dice irrogado a la Masa Activa.

El art. 230 TRLC (antiguo art. 71.5 LC) previene la intangibilidad de una serie de actos y así, dispone de forma categórica que «*en ningún caso podrán ser objeto de rescisión*»:

1.º Los actos ordinarios de la actividad profesional o empresarial del deudor realizados en condiciones normales. No sería lo mismo la venta de un inmueble por parte del deudor que no se dedique a la compra y venta de bienes inmuebles, que a los propios de un promotor inmobiliario, en tanto en cuanto que, respecto de éste, los bienes forman parte de sus existencias y, por tanto, se trataría de un «acto ordinario» de su actividad, mientras que no sería así en el caso del primero, tenga uno o más bienes.

2.º Los actos de constitución de garantías de cualquier clase a favor de créditos públicos (redacción modificada respecto de la del art. 71.5.3.º LC, en cuanto que, en este precepto se aludía a «*Las garantías constituidas a favor de los créditos de derecho público... en los acuerdos o convenios de recuperación previstos en su normativa específica*»). Este caso ha sido ampliado por la LRTRLC, extendiéndose a «*los actos de reconocimiento y pago de estos créditos [de Derecho público] tendentes a lograr la regularización o atenuación de la responsabilidad del concursado prevista en la legislación penal*», por lo que hablaríamos de las conformidades de los arts. 779 y 784 LECrim en relación con el art. 82 LGT.

3.º Los actos de constitución de garantías a favor del Fondo de Garantía Salarial, sin condicionarlos a momento concursal o preconcursal alguno, pues la actual redacción del art. 230.3.º TRLC modificó la del art. 71.5.3.º LC, en cuanto que, en este precepto se aludía a «*Las garantías constituidas... a favor del Fondo de Garantía salarial en los acuerdos o convenios de recuperación previstos en su normativa específica*», denominados actualmente como «acuerdos de devolución de cantidades» regulados por el art. 32 del Real Decreto 505/1985, de 6 de marzo, sobre organización y funcionamiento del Fondo de Garantía Salarial.

4.º Los actos comprendidos en el ámbito de leyes especiales reguladoras de los sistemas de pagos y compensación y liquidación de valores e instrumentos derivados.

5.º Las operaciones mediante las que se instrumenten las medidas de resolución de entidades de crédito y empresas de servicios de inversión. Este apartado ha sido añadido respecto del texto del art. 71.5 LC.

En cualquier caso, siempre debe tenerse bien presente el contenido de la regla 4.ª del art. 37 L.H. en tanto que dispone que las acciones rescisorias de enajenaciones hechas en fraude de acreedores, de las masas del concurso perjudicarán a tercero cuando:

a) Se hubieren adquirido por título gratuito (herencia, legado o donación).
b) Se hubieren adquirido a título oneroso y el adquirente hubiere sido cómplice en el fraude, complicidad que no tiene por qué derivar necesariamente de la declaración de culpabilidad del concurso, sino que puede ser anterior y declarada por la Sentencia que así lo disponga tras el ejercicio de la acción rescisoria.

Tanto en un caso como en el otro, la acción rescisoria no perjudicará a tercero que «no se hubiere entablado dentro del plazo de cuatro años, contados desde el día de la enajenación fraudulenta.». A estos efectos, vemos que nos hallamos ante un plazo de caducidad cuyo ejercicio fenece con el transcurso de dicho período que, ni siquiera el art. 155 TRLC suspende su ejercicio, pues éste solo interrumpe la prescripción de las acciones contra el deudor, ni siquiera contra sus codeudores solidarios, ni fiadores (fianza legal, convencional, personal o real) ni avalistas.

C) La rescindibilidad de los acuerdos de reestructuración

Se verá que, a pesar de la entrada en vigor de la LRTRLC y que la misma se ha centrado en los novedosos «acuerdos de reestructuración», éstos no se han tenido presentes en el precepto que ahora nos ocupa, por lo que, entendemos que, sin perjuicio de que, homologables como tales planes, el hecho de hallarse ínsita alguna de las operaciones a que aluden los precedentes apartados a) y b), permitirían excluir de la consideración de personas especialmente relacionadas con el concursado a los acreedores a que se refieren el art. 283.2 TRLC.

Sin embargo, en el supuesto de que se declare un concurso posterior, los créditos afectados por un plan de reestructuración anterior, homologado, que representen, al menos el cincuenta y uno (51 %) por ciento del pasivo total, no son rescindibles, salvo prueba del carácter fraudulento, según dispone el art. 667.1 TRLC.

En cualquier caso y, previamente, hay que destacar las siguientes cuestiones: (i) cuando la norma del art. 667.1 TRLC habla de que «*En caso de concurso posterior*», debe excluirse el acuerdo de reestructuración alcanzado en fase preconcursal, en el que debería entenderse que la protección dispensada por la precitada norma, no tiene cabida. ¿Es acaso porque el Legislador, de entrada, ya entiende que los acuerdos de reestructuración, homologados y no impugnados son rescindibles? No parece que sea esta la *ratio legis* lógica, por lo que este precepto debe entenderse como protector, incluso, de los acuerdos de reestructuración preconcursales.

En segundo lugar, hay que advertir en que el porcentaje del art. 667.1 TRLC, cuando alude al «*pasivo total*» no se refiere al pasivo de los acreedores afectables por el acuerdo, *ex* art. 616 TRLC, pues se incluyen los de los acreedores de Derecho público, salvo la excepción del art. 616 bis TRL, así como los créditos contra la masa del art. 242.1.17.º TRLC, esto es, el cincuenta por ciento (50 %) de los créditos concedidos en el marco de un plan de reestructuración homologado, cuando «*los créditos afectados por ese plan representen al menos el cincuenta y uno por ciento del pasivo total*». Desde luego, resulta difícil calcular exactamente en un plan de reestructuración cuál será el importe de estos créditos contra la masa, devengables, probablemente, a futuro, para que éstos, o la resultante de ese cincuenta (50 %) por ciento se incluya en el cincuenta y uno (51 %) por ciento del quorum requerido.

Llegados a este punto hay que indicar que la protección, salvo prueba en contra, se extiende a los siguientes actos:

a) Los actos u operaciones razonables y necesarios inmediatamente para el éxito de la negociación con los acreedores, siempre que se hubieran identificado expresamente como tales en el propio plan. Es tal la ambigüedad que expresa este texto del art. 667.1.1.º TRLC que se trataría de un «cajón de sastre» en el que cabría, desde la realización de bienes hasta la constitución de garantías reales o aportación de otras garantías personales, pues la «razonabilidad» viene dada por un examen de la adecuación y no a la desproporción a la operativa a realizar, pues, mientras las operaciones se realicen para pagar a los acreedores, reestructurar la deuda, dada daría la irracionalidad de las mismas. En igual sentido, parece indicarse, con la «identificación» de las operaciones, que se trataría de una hipoteca sanación o purificación de aquella operación u acto no razonable ni necesario, a lo que se añadiría, su justificación.

El apartado 2 del precepto, determina las mínimas operaciones que deben expresarse en el plan, como son las siguientes bajo la razón de que, quienes realicen el esfuerzo para reestructurar no se vean perjudicados por su trabajo en beneficio de la continuidad de la actividad del deudor que redundaría en las posibilidades de recobro de los acreedores, sin incurrir en la declaración de concurso, esto es, de lo que podríamos considerar como unos «créditos contra la masa preconcursales», a modo de lo que el art. 633 TRLC 2020 disponía respecto de los «*gastos propios de la tramitación del expediente*» del acuerdo extrajudicial de pagos o Mediación Concursal que los consideraba como «créditos contra la masa» según el art. 715 TRLC 2020 junto a «*los demás créditos generados durante la tramitación*» de dicho expediente y, así, nos encontramos con:

(i) El pago de tasas y costes de la negociación, adopción o confirmación del plan. Por «tasa» debemos entender «*los tributos cuyo hecho imponible consiste en la utilización privativa o el aprovechamiento especial del dominio público, la prestación de servicios o la realización de actividades en régimen de derecho público que se refieran, afecten o beneficien de modo particular al obligado tributario, cuando los servicios o actividades no sean de solicitud o recepción voluntaria para los obligados tributarios o no se presten o realicen por el sector privado*» acorde con lo dispuesto en el art. 6 de la Ley 8/1989, de 13 de abril de Tasas y precios públicos. Al no definirlo la norma, tendríamos que entender que dentro del concepto de «costes» podría hallarse cualquier concepto o devengo que pueda servir o haber servido para llevar a término la negociación, adopción o confirmación del plan, costes tales que bien podrían ir desde el alquiler de una sala de reuniones que acogiese al deudor y sus acreedores y que permitiese llevar a término las diversas sesiones o los gastos de tasación de bienes afectos al plan, hasta los derechos arancelarios del Notario o del Registrador de la Propiedad o Mercantil.

(ii) El pago de los honorarios y costes de asesoramiento profesional «*en estrecha relación con la reestructuración*», dentro de lo cual, se incluirían los de Abogados y Economistas, fundamentalmente, aunque tal relación también podría incluirse al Experto en reestructuración, pero, entendemos, que no sería incluible los honorarios de tasación de bienes, precisamente, porque los mismos no intervienen directamente en las negociaciones, perdiendo, así, el carácter de relación estrecha.

(iii) El pago de los salarios de los trabajadores «*por trabajos ya realizados*», lo cual se entiende y es necesario, pero la delimitación del día en que deba entenderse el trabajo como realizado no queda expresado, si bien, deberá interpretarse, como el de los trabajos concluidos o realizados al día de la firma del acuerdo.

(iv) Por último, cualquier otro pago y desembolso efectuado en el curso ordinario de la actividad empresarial o profesional del deudor, lo cual, viene a completar el principio de empresa en funcionamiento y consideración como «créditos contra la masa» antes del concurso.

b) La financiación «*interina*» y la nueva financiación, incluida la concedida por personas especialmente relacionadas a las que alude el art. 668 TRLC.

En este sentido, el art. 665 TRLC define la financiación interina como «*la concedida por quien no fuera acreedor o por acreedor preexistente si en el momento de la concesión fuera razonable y necesaria inmediatamente, bien para asegurar la continuidad total o parcial de la actividad empresarial o profesional del deudor durante las negociaciones con los acreedores hasta la homologación de ese plan, bien para preservar o mejorar el valor que tuvieran a la fecha de inicio de esas negociaciones el conjunto de la empresa o una o varias unidades productivas*». Así pues, por «*financiación interina*» debe entenderse los denominados «créditos puente», que se conceden por períodos de tiempo breves, en tanto que se concede el crédito principal o solicitado.

El concepto de «nueva financiación» viene definido en el art. 666 TRLC en el sentido de que es la concedida por los mismos acreedores de la interina, pero, si bien, ésta requiere la preservación o mejora de las diversas unidades productivas, ésta, ni es provisional, sino definitiva, ni tiene solo esta finalidad, sino que se trata de la necesaria para cumplir con el plan de reestructuración homologado, la cual debería servir, bien para atender de pago determinados créditos, ora para conseguir mayor capital circulante o disponible; a nuestro entender, la nueva financiación no tendría sentido que se extendiese para el pago de todos los acreedores mediante la concesión de crédito por uno solo que asumiese el aplazamiento de todas las deudas, concedente que, si fuere de los preexistentes, nunca incrementaría su crédito dada la falta de liquidez del deudor, salvo la mayor aportación de garantías personales o reales.

c) Los actos, operaciones o negocios que sean razonables e inmediatamente necesarios para la ejecución del plan. Aquí hay que reiterar lo dicho en el apartado a) precedente, si bien, las diferencias con éste, son (i) que incluye negocios, esto es, la inversión en actividades de terceros o nuevas actividades antes no realizadas y (ii) la inmediatez en la necesidad de la realización de los actos, operaciones o negocios, esto es, que dependa de condiciones que dependan de un corto espacio de tiempo tal que, si no se cumple en el mismo, no puedan llevarse a cabo, perdiéndose tales recursos económicos.

Por último, el art. 667.3 TRLC dispone que en el supuesto de concurso posterior (nos remitimos a lo dicho antecedentemente respecto del art. 667.1 TRLC), si los créditos afectados por el plan homologado, fuesen inferiores al cincuenta y uno (51 %) por ciento del pasivo total, los precitados actos, sí que pueden ser objeto de rescisión, pero, sin que se les apliquen las presunciones relativas de perjuicio para la masa activa de los arts. 227 y 228 TRLC, lo cual, deja cierta laxitud en la gravedad para este inferior límite de créditos.

D) La rescisión de la hipoteca en garantía de deuda futura

¿Sería objeto de rescisión concursal la hipoteca en garantía de deuda futura? Veamos nuevamente la exégesis que realiza la Audiencia Provincial de Castellón respecto de este tipo de garantía, la exigencia o no del requisito del perjuicio y el concepto de actividad ordinaria que alude el precitado apartado 1.º del art. 230 TRLC (antiguo art. 71.5 LC), a través de la siguiente resolución:

SAP Castellón —3.ª— n.º 18/2014, de 17 de enero

«... Como destaca la STS de 8 de noviembre de 2012 (ROJ: STS 7746/2012), nuestro vigente sistema concursal ha superado el perturbador mixto de retroacción de los actos de administración y disposición realizados por el quebrado desde fecha que —sin perjuicio de la evolución que este extremo ha experimentado en la moderna jurisprudencia— en su interpretación clásica y mayoritaria era determinante de la nulidad *ipso iure* sin necesidad de ánimo fraudulento ni lesión para la masa activa del concurso, y se combina con acciones rescisorias cuyo éxito con la reintegración concursa, exigía que los actos del concursado fueran lesivos para la masa activa. Así lo dispone hoy, de forma contundente, el art. 71.1 LC, a cuyo tenor serán rescindibles "*los actos perjudiciales para la masa activa*".

En efecto, tras disponer el citado art. 71.1 LC que una vez declarado el concurso, son rescindibles los actos perjudiciales para la masa activa realizados dentro de los dos años anteriores a la fecha de la declaración, aunque no hubiere existido intención fraudulenta, presume el perjuicio patrimonial, sin admisión de prueba en contra, en los actos de disposición a título gratuito y en los pagos u otros actos de extinción de obligaciones cuyo vencimiento fuere posterior a la declaración del concurso (ap. 2). Presume el perjuicio, admitiendo ahora prueba en contra, en los actos de disposición onerosos a favor de los especialmente relacionados con el concursado, constitución de garantías reales a favor de obligaciones preexistentes o de las nuevas contraídas en sustitución de aquéllas, pagos u otros actos de extinción de obligaciones que contasen con garantía real y cuyo vencimiento fuere posterior a la declaración del concurso (ap. 3), debiendo probarse el perjuicio en los demás casos (ap. 4). No obstante, no pueden ser objeto de rescisión, en cuanto ahora interesa, los actos ordinarios de la actividad profesional o empresarial del deudor realizados en condiciones normales (ap. 5.1º).

No se discute que los actos litigiosos fueron otorgados dentro del período de los dos años previos a la declaración de concurso, que tuvo lugar el día 8 de marzo de 2011.

Tal como consta en los folios 8 y siguientes, el día 20 de marzo de 2010 la concursada constituyó hipoteca sobre una finca de su propiedad "*en seguridad y garantía del buen fin y completo pago*" a la recurrente del precio de las ventas de barnices y similares que desde el mismo día y durante siete años efectuara Barnices, Pinturas y Derivados EQ SL a Dipolack S.L., hasta un máximo de 500.000 euros (pacto Quinto, folio 16 vto).

Siendo tres las clases de hipotecas de máximo o en garantía de obligación futura (la de los art. 142 y 143 LH, la en garantía de apertura de saldo de cuenta corriente del artículo 153 y las hipotecas globales y flotantes del artículo 153 bis LH), la litigiosa es la de los artículos 142 y 143 de la Ley Hipotecaria, que prevén la constitución de hipoteca en garantía de obligación futura o sujeta a condiciones suspensivas, en concordancia con lo dispuesto en el artículo 1861 del Código Civil que dice que «*los contratos de prenda e hipoteca pueden asegurar toda clase de obligaciones, ya sean puras, ya estén sujetas a condición suspensiva o resolutoria»*, de modo similar a lo que con carácter general establece el artículo 105 de la Ley Hipotecaria, al permitir que la hipoteca pueda constituirse en garantía de toda clase de obligaciones. A su vez, el párrafo primero del artículo 12 de la Ley Hipotecaria, según redacción dada por la Ley 41/2007, de 7 de diciembre, también prevé que se pueda constituir hipoteca en garantía de obligaciones cualquiera que sea la naturaleza de éstas, siempre que se identifiquen debidamente y se exprese su plazo de duración (Resolución de la Dirección General de los Registros y del Notariado de 20 de junio de 2012).

Esta es la hipoteca que se constituye en el presente caso, para garantizar el pago por la concursada del precio de las pinturas y barnices que la recurrente le sirviera en los siete años siguientes y hasta 500.000 euros.

No es un acto de disposición a título gratuito, sino la constitución de una garantía del pago de obligaciones derivadas del suministro de productos, por lo que no es aplicable la presunción legal sobre el carácter perjudicial del acto impugnado. Tampoco la que, admitiendo prueba en contra, se contempla en el art. 71.3 LC.

Por lo tanto debe probarse el perjuicio (art. 71.4 LC) y ha de tenerse en cuenta que no pueden ser rescindibles los actos ordinarios de la actividad del concursado (art. 71.5 LC).

En términos generales, puede decirse que la hipoteca, mediante la que se constituye una garantía inmobiliaria para el pago de obligaciones, es perjudicial para la masa activa del concurso. Da lugar a la directa sujeción del bien hipotecado al pago del crédito (art. 155 de la LC) y otorga al acreedor hipotecario un derecho de ejecución separada (arts. 55 y 56 LC) de suerte que, además de privilegiar a un acreedor sobre la masa, tiene la consecuencia de minorar ésta en el valor del bien hipotecado.

En el presente caso se constituyó la garantía inmobiliaria a fin de garantizar el pago de los suministros a efectuar por la ahora recurrente a la concursada y, por lo dicho, puede afirmarse su carácter perjudicial.

Dice la recurrente que se trató de un acto ordinario que, realizado en condiciones normales, no puede ser objeto de rescisión, con arreglo al art. 71.5.1 LC.

Como señala la STS de STS 10 de julio de 2013 (ROJ: STS 4178/2013), recordando la STS núm. 740/2012, de 12 de diciembre, el origen de este precepto está en la jurisprudencia recaída sobre el art. 878.II del Código de Comercio que a partir de un determinado momento excluyó del riguroso régimen de retroacción de la quiebra los actos o negocios que constituían una operación propia del tráfico de la quebrada, por tratarse de operaciones ordinarias, que en sí mismas no encierran ningún perjuicio. Tales actos ordinarios serían los «*negocios que por sus características económicas sean de aquellos que explicitan la actividad cotidiana y plenamente normal de la empresa*» (sentencia de la Sala 1ª del Tribunal Supremo 896/1996, de 28 de octubre, recurso núm. 197/1993).

Sigue diciendo la citada STS de 10 de julio de 2013 que "*para ser considerados como tales actos ordinarios no basta que no se trate de actos o negocios extravagantes o insólitos. Es preciso que sean actos que, en una consideración de conjunto, tengan las características normales de su clase, se enmarquen en el tráfico ordinario de la actividad económica habitual del deudor y no tengan carácter excepcional, pues respondan a la forma usual de realizar tales actos tanto por el deudor como en el sector del tráfico económico en el que opere.*

La determinación de lo que pueda considerarse como tales actos ordinarios de la actividad profesional o empresarial del deudor es ciertamente casuística, sin que sea fácil establecer categorías generales cerradas. Como criterios útiles para la determinación se ha apuntado que presentan tal carácter los actos relacionados con el objeto social, cuando se trata de una sociedad, o los propios del giro típico de la actividad empresarial o profesional de que se trate, especialmente si han sido celebrados con consumidores, así como los que hayan sido generados por el mantenimiento del centro de actividad profesional o empresarial.

Es preciso además que presenten las características de regularidad, formal y sustantiva, que les permita ser considerados como realizados en condiciones normales.

La finalidad de esta excepción es proteger a quienes contrataron con el deudor declarado posteriormente en concurso y confiaron en la plena eficacia de tales negocios jurídicos en tanto que manifestaciones de la actividad económica normal del deudor y realizadas en las condiciones habituales del mercado, pues no presentaban ninguna característica externa que revelara la posibilidad de ser declarados ineficaces por causas que en ese momento no podían preverse".

Pues bien, tomando como referencia los criterios aproximativos apuntados en la citada STS para ponderar el carácter ordinario del acto, no cabe duda de que la compra de pinturas y barnices efectuada a Barnices, Pinturas y Derivados EQ, S.L. por la concursada Dipolack, S.L tiene relación con el objeto social de ésta y es propio de su tráfico, por lo que desde esta perspectiva es ordinario.

Pero no se olvide que la rescisión que se cuestiona no recae sobre la compraventa de mercancías, sino sobre la constitución de una garantía real inmobiliaria en garantía del pago de las obligaciones asumidas por la concursada frente a su proveedora. Desde esta perspectiva, no creemos que la constitución de la garantía fuera un acto ordinario de la actividad de la concursada.

Dice la recurrente, tanto en el escrito de oposición a la demanda, como en el de recurso que la constitución de la garantía fue un acto previo y necesario para el inicio de relaciones comerciales entre las partes, que en otro caso no las habrían entablado, pues la proveedora no se hubiera prestado a ello. Se viene así a negar que con anterioridad las mismas empresas hubieran concertado suministros sin garantizar el pago del precio por parte de Dipolack SL mediante la constitución de una garantía real.

No es esto lo que resulta del contenido de la escritura. Por el contrario, dijeron las otorgantes en el exponendo I de la misma que "*la mercantil Dipolack SL viene manteniendo relaciones comerciales con la mercantil Barnices, Pinturas y Derivados EQ, S.L consistentes en la compra, por la primera a la segunda, de distintos tipos de barnices para la madera y productos similares*" (folio 11 vto). Resulta, por lo tanto, que antes de la constitución de la garantía las mismas empresas mantenían relaciones de la misma naturaleza, sin que se hubiera constituido ninguna hipoteca en garantía del pago por la ahora concursada de sus obligaciones, lo que da lugar a que no pueda configurarse el negocio discutido como ordinario o realizado en condiciones normales. Ni consta que la concursada hubiera antes constituido similar garantía a favor de la empresa apelante, ni tampoco que hubiera hecho otro tanto con cualquier otro proveedor.

Por lo tanto, acreditado el perjuicio y desvirtuado el alegado carácter ordinario de la operación, debe confirmarse la decisión judicial recurrida...»

De otro lado, el Alto Tribunal ha tratado de una hipoteca para garantizar deudas futuras, en el caso analizado, por la recepción de suministros imprescindibles para el mantenimiento de la actividad empresarial y la «*generación de nuevos activos con los que cumplir con el resto de sus acreedores...*» cuyo sacrificio patrimonial estaba justificado (véase cuanto decíamos en parágrafo anterior relativo a la rescindibilidad de los planes de reestructuración), sin embargo, no lo estuvo la cesión de créditos para pagar a algunos acreedores, pues no es un acto ordinario de la actividad. Así dispuso el tribunal:

S.T.S. —1.ª— n.º 642/2016, de 26 de octubre

«1. El art. 71.5 LC exige una doble condición para que los actos realizados por el concursado queden exentos de la rescisión: que sean actos ordinarios ligados a su actividad empresarial o profesional y que se hayan realizado en condiciones normales. Las sentencias de esta Sala núm. 740/212 de 12 de diciembre, 487/2013, de 10 de julio , y 488/2016, de 14 de julio, señalaron que el origen de este precepto está en la jurisprudencia recaída sobre el art. 878.2 C.Com., que en su formulación más reciente excluyó del riguroso régimen de retroacción de la quiebra los actos o negocios que constituían una operación propia del tráfico de la quebrada, por tratarse de operaciones ordinarias, que en sí mismas no encierran perjuicio. Como advierte la sentencia núm. 41/2015, de 17 de febrero , con cita de la indicada 487/2013 : «[p]ara ser considerados como tales actos ordinarios no basta que no se trate de actos o negocios extravagantes o insólitos. Es preciso que sean actos que, en una consideración de conjunto, tengan las características normales de su clase, se enmarquen en el tráfico ordinario de la actividad económica habitual del deudor y no tengan carácter excepcional. »La determinación de lo que pueda considerarse como tales actos ordinarios de la actividad profesional o empresarial del deudor es ciertamente casuística, Como criterios útiles para la determinación se ha apuntado que presentan tal carácter los actos relacionados con el objeto social, cuando se trata de una sociedad, o los propios del giro típico de la actividad empresarial o profesional de que se trate. »Es preciso además que presenten las características de regularidad, formal y sustantiva, que les permita ser considerados como realizados en condiciones normales».

2. Desde esta perspectiva, la cesión de créditos para pagar a unos de los acreedores, no puede considerarse un acto ordinario en los términos que hemos expresado,

dadas las condiciones en que se realizó y que ya hemos explicado: sin que fuera un modus operandi habitual en la empresa, cuando ya estaba en insolvencia y para beneficiar a un acreedor que ya tenía garantizado su crédito con una hipoteca. Y no solo no fue un acto ordinario, sino que se realizó en un momento y de una forma que no puede calificarse de normal. La dación en pago es legítima, pero no es un acto ordinario, y llevada a cabo tres días antes de la solicitud de concurso, muestra que la satisfacción del crédito no se hizo en condiciones normales...».

E) La rescisión de la hipoteca novada

¿Qué sucedería con la hipoteca que sustituye o nova a otra precedente, realizada dentro del período de retroacción de la Quiebra? Si bien es cierto que la resolución del Alto Tribunal deriva de la derogada legislación de insolvencia anterior a la actual Ley Concursal, sus razonamientos son perfectamente válidos para los actuales procesos concursales y, por supuesto, su exégesis en torno a la exigencia de fraude, sacrificio o perjuicio patrimonial, incluso en la legislación precedente a la LC. Veamos sus razonamientos:

STS —1.ª— n.º 173/2014 de 9 de abril

«Jurisprudencia sobre el art. 878.II C.com.

7. Como hemos hecho en otras ocasiones (entre otras, Sentencias 740/2012, de 12 de diciembre; 690/2013, de 19 de noviembre, y 754/2013, de 12 de diciembre), conviene enmarcar la interpretación del art. 878.II C.Com. dentro de la evolución sufrida por la jurisprudencia, pues así se entiende mejor la terminología empleada por los demandantes, al pedir la nulidad de la escritura de préstamo hipotecario.

La jurisprudencia de esta Sala, desde la Sentencia de 7 de marzo de 1931, y por mucho tiempo, interpretó literalmente el art. 878.II C.com. (*"todos sus actos de dominio y administración posteriores a la época a que se retrotraigan los efectos de la quiebra serán nulos "*), entendiendo que las palabras empleadas por el legislador eran suficientemente claras y bastaba una interpretación literal o gramatical. De acuerdo con ello proclamaba la nulidad de todos los actos comprendidos en el periodo de retroacción, *ipse legis potestate et auctoritate*, sin admitir limitaciones ni por razón de las personas afectadas ni por los negocios realizados.

Esta interpretación jurisprudencial, que se reiteró en resoluciones posteriores [Sentencias de 17 de marzo de 1958; 22 de febrero de 1963; 26 de marzo de 1974; 17 de marzo de 1977; 13 de julio de 1984; 24 de octubre de 1989; 15 de noviembre de 1991; 19 de diciembre de 1991; 1075/1993, de 11 de noviembre; 869/1996, de 28 de octubre; 244/1997, de 26 de marzo; 1043/1999, de 2 de diciembre; 498/1998, de 22 de mayo de 2000; 608/2000, de 12 de junio; 91/2001, de 8 de febrero; 286/2002, de 3 de abril; 874/2002, de 30 de septiembre; 194/2003, de 28 de febrero; 21/2004, de 29 de enero; 214/2004, de 26 de marzo], llegó incluso en alguna ocasión a dejar sin efecto la eficacia protectora para el tercero hipotecario de la fe pública registral [Sentencias de 17 de marzo de 1958 y 15 de noviembre 1991].

No obstante, incluso en aquella época en que se interpretaba la ineficacia del art. 878.II como una nulidad absoluta, en alguna ocasión esta Sala había desestimado la pretensión de ineficacia del acto impugnado por advertir una clara ausencia de perjuicio para la masa de la quiebra. Así fue como excluyó de la retroacción las operaciones de descuento de efectos, ya fuera quebrado el comerciante descontatario [Sentencia de 28 de mayo de 1960] ya lo fuera el banco descontante [Sentencias de 15 de octubre de 1976 y 12 de noviembre de 1977], por entender que no ocasionaban ningún perjuicio y en el segundo caso también atendiendo las perniciosas consecuencias sociales que traería consigo una aplicación estricta del art. 878.II CCom sobre operaciones propias del tráfico y giro comercial de la quebrada. Esta doctrina jurisprudencial está en el origen del actual art. 71.5.1º LC, que excluye de la rescisión concursal, "*los actos ordinarios de la actividad profesional o empresarial del deudor realizados en condiciones normales*".

En el ámbito de las operaciones inmobiliarias, entremezcladas con la mayoría de sentencias de esta Sala que seguían manteniendo la tesis de la nulidad absoluta, aparecieron otras que relativizaron los efectos de esta ineficacia, refiriéndose a la necesidad del fraude [Sentencia 205/1993, de 12 de marzo] o del perjuicio [Sentencia 870/1993, de 20 de septiembre]. Incluso la Sentencia 665/1998, de 7 de julio, llegó a reconocer expresamente que no podía interpretarse literalmente este precepto (art. 878.II C.com.), y supeditó la ineficacia a la concurrencia del perjuicio, que vendría representado por un detrimento patrimonial o disminución del haber de la masa.

La realidad de las cosas permite constatar que la ineficacia de los actos realizados por el quebrado en el periodo de retroacción no responde a la naturaleza propia de la nulidad, pues desde el punto de vista dogmático, la nulidad aparece referida a los negocios jurídicos que padecen una ineficacia estructural derivada de una irregularidad en la formación del contrato, que se produce ' *ipso iure* ' y ' *erga omnes* ' de forma definitiva e insubsanable, sin posibilidad de confirmación. Así lo entendió la doctrina al afirmar, hace ya algunos años, que el análisis de la realidad constata que la ineficacia del art. 878.II CCom no responde a ninguno de los caracteres propios de la nulidad: no es automática, ni originaria ni estructural.

Esta tesis ha acabado siendo admitida por la jurisprudencia de la Sala, sobre todo a partir de la sentencia de 951/2005, de 13 de diciembre que, haciendo una reflexión sobre la naturaleza jurídica de esta ineficacia, argumentaba en el mismo sentido: "La nulidad que se produce en base a la aplicación de la regla del art. 878.II CCom no es automática, ni absoluta, ni originaria ni estructural, toda vez que, en cuanto al carácter automático, se requiere decisión judicial al menos cuando se oponga o resista el actual poseedor a la entrega de los bienes, que por otra parte no pueden ser ocupados por los síndicos, que tampoco pueden, con la sola base del auto que fija la retroacción, cancelar o anular los asientos registrales causados por las transmisiones realizadas durante el periodo de retroacción; o que puede inscribirse una compraventa presentada antes que un auto de declaración de quiebra que retrotraiga sus efectos a fecha anterior; o que en los folios de las fincas enajenadas por el quebrado durante el período de retroacción no puede ser anotada la declaración de quiebra acordada en un procedimiento en que no son citados ni oídos los titulares registrales actuales de aquéllas. La tal nulidad tampoco afecta por igual a todos los actos, pues vienen excluyéndose aquéllos que, por corresponder al giro y tráfico ordinario del quebrado, el buen sentido tiene por válidos. No puede, finalmente, concebirse esta nulidad ni como originaria, pues el acto del quebrado nació correctamente, y no ha podido solicitarse la nulidad hasta la declaración de quiebra y la determinación del periodo de retroacción, ni cabe tampoco calificarla como estructural, pues no proviene de un defecto en origen, sino que se trata de las consecuencias posteriores de un negocio estructuralmente regular".

Esta doctrina ya es, en la actualidad, unánime e incontrovertida, pues aparece reiterada con los mismos o parecidos términos en las sentencias posteriores [Sentencias 299/2006, de 30 de marzo; 433/2006, de 12 de mayo; 630/2006, de 19 de junio; 359/2007, de 19 de marzo; 330/2007, de 28 de marzo; 587/2007, de 23 de mayo; 597/2007, de 1 de junio; 993/2007, de 13 de septiembre; 999/2007, de 27 de septiembre; 1185/2007, de 6 de noviembre; 362/2008, de 7 de mayo; 802/2009, de 10 de diciembre; 82/2010, de 8 de marzo; 496/2010, de 29 de julio; 586/2010, de 29 de septiembre; 676/2010, de 10 de noviembre; 801/2010, de 14 de diciembre; 224/2011, de 23 de marzo; 557/2012, de 1 de octubre; 740/2012, de 12 de diciembre].

Una ineficacia de estas características responde a la categoría jurídica de la rescisión, cuyo fundamento último se encuentra en el agravio jurídico patrimonial, esto es, en el perjuicio. Lo que se acomoda mejor al art. 1366 LEC 1881 que, al legitimar a los síndicos "*para pedir la retroacción de los actos que en perjuicio de la quiebra haya hecho el quebrado en tiempo inhábil*", presupone que la ineficacia de los actos realizados en periodo de retroacción afecta sólo a aquéllos que sean perjudiciales para la masa. De este modo procede interpretar conjuntamente ambos preceptos (art. 878.II CCom y art. 1366 LEC 1881) y considerar ineficaces sólo los actos comprendidos en el periodo de retroacción que ocasionen un perjuicio para la masa de la quiebra.

8. Esta interpretación es acorde con lo previsto en la disposición adicional primera de la Ley 22/2003, de 9 de julio, cuando prescribe que los "*tribunales interpretarán y aplicarán las normas legales que hagan referencia a los procedimientos concursales derogados por esta ley poniéndolas en relación con las del concurso regulado en ésta, atendiendo fundamentalmente a su espíritu y finalidad*". La Ley Concursal deroga el sistema de reintegración previsto en el Código de Comercio para la quiebra, y en concreto la retroacción del art. 878.II C. com., e idea una acción de reintegración propiamente concursal, que nace y se extingue con el concurso de acreedores, de naturaleza rescisoria, que funda la ineficacia de los actos de disposición realizados por el deudor concursado dentro de los dos años anteriores a la declaración de concurso, en el perjuicio para la masa activa (art. 71.1 LC).

La concepción de la ineficacia del art. 878.II C. com. como una rescisión basada en el perjuicio para la masa de la quiebra, se acomoda mejor al espíritu y finalidad de la actual rescisión concursal».

F) La rescisión de los acuerdos de refinanciación

Ya avanzamos que la entrada en vigor de la LRTRLC en su Disposición adicional novena estableció que «*las referencias normativas a los acuerdos de refinanciación y, en su caso, a los acuerdos extrajudiciales de pagos, han de entenderse realizadas a los planes de reestructuración... y, tratándose de microempresas, a los planes de continuación...*», lo que supone, de facto, la desaparición de las figuras de los acuerdos de refinanciación y de la Mediación concursal, centrándose en la «figura estrella» de la reforma concursal en los planes de reestructuración o, los de continuación; no obstante lo cual, por su importancia doctrinal, vamos a mantener la redacción como antecedente necesario para comprender la ratio legis en estas dos últimas figuras, en tanto en cuanto los antiguos acuerdos de refinanciación pueden orientarnos, en parte, para los de reestructuración o de continuación y sus efectos y consecuencias.

La Ley 38/2011, de 10 de octubre, de reforma de la Ley Concursal, como si cambiara las piezas de este «rompecabezas» jurídico que llegó a ser la LC, desplazó a la modificada «pieza» de la D.A. 4.ª, para reubicarla en su articulado, más concretamente, en el art. 71, desplazando, a su vez, a la «pieza» del art. 71.6, que la convierte en la «pieza» del 71 bis LC, volviendo a ser el apartado 6, hasta llegar a ubicarse en los arts. 597 y ss. TRLC, que queda redactado de la siguiente manera:

> «Sección 1.ª De las clases de los acuerdos de refinanciación
> Artículo 596. Clases de acuerdos de refinanciación.
> Se consideran acuerdos de refinanciación:
> 1.º Los acuerdos colectivos de refinanciación, estipulados por el deudor, así con sus acreedores, con o sin homologación judicial.
> 2.º Los acuerdos singulares de refinanciación, estipulados por el deudor bien con uno, bien con varios acreedores, siempre que reúnan los requisitos establecidos en la sección 3.ª de este capítulo, que en ningún caso podrán ser homologados por el juez. Sección 2.ª De los acuerdos colectivos de refinanciación
> Artículo 597. Acuerdos de refinanciación.
> El deudor, persona natural o jurídica, en situación de insolvencia actual o inminente, que no hubiera sido declarado en concurso, podrá alcanzar en cualquier momento un acuerdo de refinanciación con sus acreedores. Si hubiera efectuado comunicación al juzgado competente del inicio de negociaciones con los acreedores,

el acuerdo de refinanciación deberá alcanzarse dentro de los tres meses siguientes a la fecha de esa comunicación.

Artículo 598. Requisitos de los acuerdos colectivos de refinanciación.

1. A los efectos de lo establecido en esta ley, los acuerdos colectivos de refinanciación deberán reunir los siguientes requisitos:

1.º Que el acuerdo responda a un plan de viabilidad que permita la continuidad de la actividad profesional o empresarial del deudor a corto y a medio plazo.

2.º Que el acuerdo tenga como objeto, al menos, la ampliación significativa del crédito disponible o la modificación o la extinción de las obligaciones del deudor, bien mediante la prórroga de la fecha de vencimiento, bien mediante el establecimiento de nuevas obligaciones en sustitución de aquellas que se extingan.

3.º Que el acuerdo haya sido suscrito por el deudor y por acreedores que representen, en la fecha en que se hubiera adoptado, al menos, las tres quintas partes del pasivo del deudor, computado conforme a lo establecido en esta ley, según certificación emitida por el auditor de cuentas del deudor. Si el deudor o las sociedades del grupo no tuvieran la obligación de someter las cuentas anuales a auditoría, el auditor que emita la certificación será el nombrado a este efecto por el registrador mercantil del domicilio del deudor y, en los casos de acuerdos de grupo o de subgrupo de sociedades, el de la sociedad dominante.

4.º Que el acuerdo se haya formalizado en instrumento público por todos los que lo hubieran suscrito.

2. Al instrumento público se incorporarán como anejo el plan de viabilidad, la certificación del auditor y cuantos documentos justifiquen la concurrencia a la fecha del acuerdo de los requisitos exigidos por la ley según la clase de acuerdo de que se trate. Si el plan de viabilidad hubiera sido sometido a informe de experto independiente, el informe se incorporará también como anejo a la escritura.

3. El instrumento público en que se formalice el acuerdo colectivo de refinanciación tendrá la consideración de documento sin cuantía a los efectos de determinación de los honorarios del notario que lo autorice. Los folios de la matriz y de las primeras copias que se expidan no devengarán cantidad alguna a partir del décimo folio inclusive.

Artículo 599. Reglas de cómputo de la mayoría.

1. En el cómputo del porcentaje del pasivo se deducirán del total los pasivos titularidad de acreedores que fueran personas especialmente relacionadas con el deudor.

2. En caso de pasivo sujeto a un régimen o pacto de sindicación, se entenderá que acepta el acuerdo colectivo de refinanciación la totalidad de los acreedores sindicados cuando quienes suscriban el acuerdo representen, al menos, el setenta y cinco por ciento del pasivo sindicado. Si en el régimen o en el pacto de sindicación se hubiera establecido una mayoría inferior, será de aplicación esta última.

3. En el caso de acuerdo colectivo de refinanciación de grupo o subgrupo, el porcentaje del pasivo se calculará tanto en base individual, en relación con todas y cada una de las sociedades afectadas, como en base consolidada, en relación con los créditos de cada grupo o subgrupo afectados, con exclusión en ambos casos de los préstamos y créditos concedidos por sociedades del grupo.

Artículo 600. Nombramiento de experto independiente para emitir informe sobre el plan de viabilidad.
1. Tanto el deudor como los acreedores podrán solicitar del registrador mercantil del domicilio del deudor el nombramiento de un experto independiente para que informe sobre el plan de viabilidad.
2. Si el acuerdo colectivo de refinanciación afectara a distintas sociedades de un mismo grupo, el informe podrá ser elaborado por un solo experto, designado por el registrador del domicilio de la sociedad dominante, si estuviera afectada por el acuerdo en su defecto, por el del domicilio de cualquiera de las sociedades de ese grupo.
3. Para la emisión del informe el registrador mercantil designará como experto a profesional que considere idóneo. Será de aplicación al experto el régimen de incompatibilidades y prohibiciones establecidas en esta ley para ser nombrado administrador concursal así como el régimen de incompatibilidades establecidas para ser nombrado auditor de cuentas».

Cuanto antecede, quedó sin efecto alguno con la entrada en vigor del T.R.L.C. 2022, que prefirió la reestructuración antes que la refinanciación que, si bien, sus respectivos conceptos pueden resultar de similar significado, el Legislador de 2022 optó por mantener la terminología del anejo A del Reglamento (UE) 2015/848 del Parlamento y del Consejo, de 20 de mayo de 2015, sobre procedimientos de insolvencia, unido al motivo I del T.R.L.C. 2022 que, así razona: «*... ha habido casos de reformas de lo reformado, en un proceso continuado de diseño y rediseño, como sucedió con el régimen de los acuerdos de refinanciación, a medida que se manifestaban las insuficiencias de las primeras soluciones, acentuando así la inestabilidad de la normativa. De aquel derecho que aspiraba a ser estable se pasó así a un derecho en perpetua refacción*». A más de lo dicho, la praxis legal por la que ha de transcurrir el acuerdo de reestructuración es más compleja que la de los acuerdos de refinanciación, como veremos más adelante.

G) La rescisión de una ampliación de hipoteca otorgada para garantizar obligaciones preexistentes contraídas por una sociedad del grupo de la hipotecante

En la siguiente resolución del Alto Tribunal se plantea el supuesto relativo a la ampliación de una garantía hipotecaria, del objeto del crédito garantizado, haciéndolo extensivo a obligaciones contraídas por otra sociedad distinta de la hipotecante, pero que pertenece al mismo Grupo societario, cuyo Administrador concursal demandante, hubo de levantar el velo jurídico esgrimiendo la identidad de socios y Administradores. Dos actos de carácter real se analizan en sede de rescisión concursal, *ex* art. 71 LC: de un lado, la constitución de la primera hipoteca y, de otro, su ampliación objetiva. Veamos cómo resuelve y cómo podría no haber incurrido en acto rescindible.

STS —1.ª— n.º 401/2014, de 21 de julio

«1. Como señalábamos en la STS 100/2014, de 30 de abril *"De acuerdo con el régimen de las acciones de reintegración de la Ley Concursal, las garantías reales sobre bienes inmuebles, como es el caso de la hipoteca, prestadas por el deudor concursado en los dos años anteriores a la declaración de concurso pueden ser objeto de rescisión cuando constituyan un acto de disposición a título gratuito pues en tal caso el perjuicio para la masa se presume sin que sea admisible prueba en contrario* (art.71.2 de la Ley Concursal)*; cuando constituyan un acto de disposición a título oneroso realizado a favor de alguna de las personas especialmente relacionadas con el concursado o se hayan constituido a favor de obligaciones preexistentes o de las nuevas contraídas en sustitución de aquéllas, y no se pruebe la falta de perjuicio patrimonial (art. 71.3.1º y 2º); y, en general, cuando se pruebe que han causado un perjuicio para la masa activa. Para el ejercicio de estas acciones no es preciso probar la existencia de fraude"*.

En el asunto al que hacía referencia la sentencia 100/2014, de 30 de abril, se trataba de una garantía hipotecaria *"contextual"* prestada simultáneamente a la concesión del crédito por una filial a favor de otra filial del mismo grupo. Se señaló entonces que, *"salvo prueba en contrario la garantía coetánea o contextual con la concesión del crédito se entenderá una prestación correspectiva al otorgamiento de éste, y por tanto onerosa"*.

Sin embargo, concluíamos que la garantía constituida a favor de tercero, *aunque sea onerosa, no excluye la existencia de perjuicio para la masa*. De acuerdo con el art. 71.3.1 LC el perjuicio patrimonial se presume, si bien cabe prueba en contrario que corre a cargo del acreedor demandado, titular de la garantía. A diferencia del art. 71.2 LC en que el perjuicio patrimonial se presume *iuris* et de iure, el art. 71.3 tal perjuicio se presume *iuris tantum*, corriendo a cargo del acreedor demandado la prueba de su inexistencia.

2. En el caso que se enjuicia en el presente recurso se dan dos circunstancias de extraordinaria relevancia que determinan la desestimación del motivo:

a) En el momento en que se otorga la garantía hipotecaria por parte de una sociedad del grupo por una deuda de otra sociedad del grupo, no existe una correspectiva prestación a favor de la hipotecante. No existe la contextualidad o simultaneidad de actos o contratos (prestaciones), por los que pudiera calificarse la garantía concedida como un acto oneroso. En el presente caso, al no recibir nada a cambio la hipotecante no deudora, la operación hipotecaria es un acto dispositivo a título gratuito, conforme previene el art. 71.2 LC.

b) La ampliación de la garantía por deuda ajena que se pretende rescindir fue prestada por TALLERES a favor de BOSCH, al objeto de que ésta siguiera suministrando a favor de la filial, EMILIANO ARENAZ SL. Pero la garantía se prestó por *"obligaciones preexistentes"* (art. 71.3.2º LC), sin que la hipotecante no deudora recibiera nada a cambio en el acto de su otorgamiento. Aún admitiendo, como reconoce la sentencia, que existe grupo por la unidad de dirección (grupo vertical y participativo), la hipoteca no garantizaba un suministro futuro (de tratarse de una hipoteca de máximo, si se prefiere, ex art. 158 bis LH), lo que podría haber destruido la noción de perjuicio. Se trata en el caso enjuiciado de una hipoteca de reconocimiento de deuda y ampliación de la garantía hipotecaria. Se otorga en garantía exclusivamente de obligaciones preexistentes sin que nada recibiera a cambio la hipotecante no deudora. Luego la garantía debe rescindirse, bien porque se da el supuesto del art. 71.2 LC, por tratarse de una garantía gratuita, bien porque, se trata de garantizar con hipoteca "*obligaciones* preexistentes" (art. 71.3.2° LC) sin que se haya destruido la presunción de perjuicio, que incumbía, en su caso, a la parte demandada».

H) La prescripción de la acción rescisoria concursal

El art. 1.299 C.c. dispone el término de cuatro (4) años para «*pedir la rescisión*» o ejercitar la acción rescisoria. El término es absoluto, sin embargo, hay que ubicarlo dentro de lo que es un procedimiento de ejecución universal, como lo es el Concurso de acreedores. El Alto Tribunal, si bien lo analiza dentro del antiguo procedimiento de Quiebra, cuya acción derivaba de lo dispuesto en el segundo párrafo del, hoy derogado, art. 878 C.com., lo adecúa a la LC, razonándolo del siguiente modo.

STS —1.ª— n.º 173/2014 de 9 de abril

«13. *Desestimación del motivo primero.* Es cierto que conforme a lo expuesto antes en los fundamentos jurídicos 7 y 8, la naturaleza de la acción de ineficacia del art. 878.II C.com. es rescisoria y no de nulidad, pues se trata de una ineficacia funcional y no estructural. Pero aunque tenga naturaleza rescisoria no resulta de aplicación el plazo de caducidad previsto en el art. 1299 CC, por las razones que tuvimos ocasión de explicar en la anterior sentencia 754/2013, de 12 de diciembre: "la naturaleza rescisoria de esta acción (la ineficacia basada en el art. 878.II C.com.) no significa que deba aplicarse el régimen de caducidad prevista para la acción pauliana en el art. 1299 CC. Al igual que ocurre con la acción rescisoria concursal que es una acción concursal que nace y se extingue con el concurso, en nuestro caso la acción basada en la retroacción es también una acción concursal que nace con la quiebra, en concreto con la determinación del periodo de retroacción, y se extingue con la terminación de la quiebra, en la medida en que no cabe concluir la quiebra mientras esté pendiente el ejercicio de aquellas acciones.

La seguridad jurídica que se persigue con la prescripción y la caducidad, en el caso de la acción basada en la retroacción de la quiebra se satisface porque sólo puede ejercitarse abierta la quiebra y mientras no se termine el procedimiento".

El criterio seguido por la sentencia recurrida, al desestimar la excepción de caducidad de la acción, se acomoda a esta doctrina».

Ya tenemos la *ratio legis* o fundamento histórico de la prescripción, que no caducidad, de la acción rescisoria concursal, que no es otro que el de interrupción de la prescripción de la acción en tanto en cuanto se halle en curso el concurso, esto es, aunque parezca obvio, hasta que no se dicte el Auto de conclusión, a partir de cuya firmeza comenzará a contar el plazo prescriptivo. Este mismo criterio lo siguieron, tanto el art. 60 LC como el vigente art. 155 TRLC.

2. LEGITIMACIÓN ACTIVA Y PASIVA DE LA ACCIÓN RESCISORIA CONCURSAL Y DE LA ACCIÓN PAULIANA

A) Legitimación activa

En cuanto a la legitimación activa, dos (2) son los supuestos de acciones de rescisión que tienen distinto tratamiento por el Legislador a los fines de poder ostentar la legitimación activa respecto del ejercicio de estas acciones:

a) Administración Concursal:

1. El art. 231 TRLC dispone que, el ejercicio de las «*acciones rescisorias*», le corresponde a la Administración Concursal. Este texto modifica el del art. 72.1 LC, en tanto que elimina la expresión «*y demás* [acciones] *de impugnación*», lo que da a entender que esta preminencia se extiende únicamente a los actos a los que alude el art. 226.1 TRLC, esto es, «*los actos perjudiciales para la masa activa realizados por el deudor dentro de los dos años anteriores a la fecha de solicitud de declaración de concurso... son igualmente rescindibles los actos... a la fecha de la comunicación de la existencia de negociaciones con los acreedores o la intención de iniciarlas, para alcanzar un plan de reestructuración... incluso los realizados desde esa fecha a la de la declaración de concurso, aunque no hubiere existido intención fraudulenta*», pero, ésta con dos (2) condiciones, (i) la no aprobación de un plan de reestructuración o que, aprobado, no hubiere sido homologado o (ii) que el concurso de declare dentro del año siguiente a la finalización de los efectos de la comunicación o de su prórroga, todo ello, según la redacción dada por la LRTRLC, pues el texto del art. 226 TRLC establecía el *dies a quo* el de la declaración de concurso, así es como se extiende, pues, tácitamente el período sospechoso de

retroacción de los actos fraudulentos al momento en el que, bien el concursado, ora los demás facultados para instar el concurso (Mediador Concursal, Experto en reestructuración, Acreedores) lo hicieren: recordemos que los trámites de aprobación y homologación del plan de reestructuración no son concursales, sino, preconcursales, anteriores a la declaración de concurso, por lo que no podría quedar fijado el dies a quo en el día del Auto de dicha declaración, con lo que se da mayor relevancia e importancia a la fase preconcursal, la que debe discurrir límpida y desprovista de cualquier atisbo de sospecha fraudulenta.

2. Debemos entender por «acciones rescisorias» aquéllas a las que alude el art. 226 TRLC; consecuentemente, podría interpretarse perfectamente que la acción pauliana del art. 1.111 C.c. no queda incluida en su legitimación prioritaria, en el tiempo que exceda de los dos (2) años sospechosos, dado que su tiempo prescriptivo es de cuatro (4), pues el art. 238 TRLC no dispone la legitimación exclusiva de la Administración Concursal, sino que quedan libres de hacerlo cualquier perjudicado.

   La acción pauliana

   Recordemos que la acción pauliana (llamada «rescisión ordinaria») es de carácter subsidiario y solo puede ejercitarse por el acreedor una vez «perseguido los bienes» del deudor y, además, es subrogatoria en tanto en cuanto que su ejercicio faculta al acreedor a «ejercitar todos los derechos y acciones de éste [el deudor] con el mismo fin…», la cual no está sujeta al plazo concursal, sino a los propios de caducidad o prescripción para su ejercicio (**STS —1.ª— n.º 198/2017, de 23 de marzo**).

   Esta cuestión ya fue resuelta por el Alto Tribunal por **STS —1.ª— n.º 245/2013, de 18 de abril** en el interregno que va desde la legislación decimonónica de quiebra hasta la entrada en vigor de la LC en el sentido de que, en sede de insolvencia (quiebra o concurso) cabe atribuir la legitimación activa a la Sindicatura de la quiebra o a la Administración Concursal, bajo los siguientes fundamentos jurídicos:

   STS —1.ª— n.º 245/2013, de 18 de abril

   «Bajo la normativa concursal anterior, en principio, no debería existir ningún obstáculo para que pudiera ejercitarse la acción pauliana después de la declaración de concurso de acreedores del deudor, pues no existe prohibición al respecto. Cuestión distinta es que, sin alteración de la naturaleza de la acción y de sus presupuestos, podamos entender que varían la legitimación activa para su ejercicio y el destino de la restitución. Esto es, el ejercicio de la acción pauliana deberá basarse en la defraudación de determinados derechos de crédito existentes al tiempo de la realización del acto impugnado, por lo que los efectos de la rescisión afectarán hasta el montante del perjuicio ocasionado a dichos derechos, pero lo obtenido se destinará a reintegrar la masa del concurso, para evitar una alteración de la *par condicio creditorum*. De ahí que la legitimación activa para su ejercicio no corresponda a los acreedores directamente afectados por el acto de disposición, sino a la sindicatura del concurso, como órgano que representa los intereses de la masa y los intereses colectivos de todos los acreedores que conforman la masa pasiva. A esta interpretación nos conduce la disposición adicional primera de la Ley 22/2003, de 9 de julio (RCL 2003, 1748), Concursal, según la cual "los jueces y tribunales interpretarán y aplicarán las normas legales que hagan referencia a los procedimientos concursales derogados por esta ley poniéndolas en relación con las del concurso regulado por ésta, atendiendo fundamentalmente a su espíritu y finalidad". La Ley Concursal de 2003, aplicable a deudores civiles y comerciantes, al margen de cual sea la solución concursal perseguida (convenio o liquidación), sigue este mismo criterio de atribuir a la administración concursal la legitimación para el ejercicio de cualquier acción de reintegración, una vez declarado el concurso, entre las que se encuentra la acción pauliana. El art. 71 LC (RCL 2003, 1748) , además de configurar una acción rescisoria propia, denominada concursal, basada en el perjuicio para la masa activa, prevé expresamente que su ejercicio "no impedirá el de otras acciones de impugnación de actos del deudor que procedan conforme a Derecho, las cuales podrán ejercitarse ante el juez del concurso, conforme a las normas de legitimación y procedimiento que para aquellas contiene el artículo siguiente". Lógicamente, entre estas acciones de impugnación se encuentra la acción pauliana, sin que exista ninguna razón para excluirla. La remisión a las normas de legitimación previstas en el art. 72 LC determina que la legitimación para el ejercicio de cualquiera de estas posibles acciones de impugnación, una vez declarado el concurso, corresponderá a la administración concursal. Sólo excepcionalmente, "los acreedores que hayan instado por escrito a la administración concursal el ejercicio de alguna acción, señalando el acto concreto que se trate de rescindir o impugnar y el fundamento para ello, estarán legitimados para ejercitarla si la administración concursal no lo hiciere dentro de los dos meses siguientes al requerimiento"».

3. El art. 232.2 TRLC faculta a la Administración Concursal que, habiendo sido requerida por algún acreedor, conforme seguida-

mente se dirá, y no hubiese accionado, a ejercitar la acción rescisoria concursal en cualquier momento y, si concurriere con el acreedor accionante, acumular ambos procedimientos. Véase la **STS —1.ª— 56/2024, de 17 de enero** en la que en el informe de la Administración Concursal se razona la no existencia de hechos que puedan motivar el ejercicio de la acción de rescisión concursal, concluye el concurso y un acreedor insta su reapertura justificando a la Administración Concursal hechos que pueden fundar el ejercicio de dicha acción, lo que así lleva a cabo aquélla y, pese a la oposición de los Demandados alegando contradicción entre el informe y la Demanda incidental, el Alto Tribunal no la ve y estima la rescisión.

b) Acreedores:

El art. 232 TRLC es heredero del art. 72.1 LC y permite a aquel acreedor que, habiendo instado a la Administración Concursal a interponer la Demanda en ejercicio de la acción rescisoria indicándole el acto a rescindir y la fundamentación del mismo, la Administración concursal no lo hubiese llevado a término. en el plazo de los dos (2) meses siguientes al del requerimiento. Cabe recordar que el ejercicio de estas acciones por el acreedor requirente conlleva que, lo obtenido o conseguido por el vencimiento de su Demanda, pasará a incorporar la masa activa del concurso, pues se actúa en interés del concurso, si bien, las costas y gastos seguirán el régimen de los créditos contra la masa acorde con lo dispuesto en el art. 242.1.7.º TRLC.

c) Acreedores de pasivos financieros:

Mucho se discutirá respecto de qué puede entenderse por «pasivos financieros», pero, más adelante, cuando hablemos de los planes de reestructuración, daremos su significado, quedándonos, por el momento en considerar que financiar viene a representar «sufragar una deuda» o poner fin a la misma, pero el significado usual o común excede del «fin» y se entiende más como «generar» una deuda, un pasivo, creando un deudor, deuda que será aplazada en el tiempo.

El art. 72.2 LC, introducido por la Ley 38/2011, introdujo la legitimación única de la Administración concursal para la impugnación de los acuerdos de refinanciación del art. 71 LC, careciendo los acreedores de cualquier posibilidad de instarla, pues este nuevo apartado no les-

> facultaba a ello, con lo que, tal y como veíamos precedentemente, a la entidad financiera disidente se le permite únicamente la impugnación de los acuerdos de refinanciación, vía D.A. 4ª, pero únicamente en cuanto a la homologación del acuerdo, según lo expresado precedentemente, esto es, por los motivos tasados en dicha D.A. Todo esto ha cambiado por lo dispuesto en el art. 618 y ss. TRLC que regulan la impugnación de la homologación de los acuerdos de refinanciación en base a los motivos dispuestos en el art. 619 TRLC, esto es, de un lado, (i) la no adopción del acuerdo con las mayorías exigidas y, de otro, (ii) el carácter desproporcionado exigido al acreedor o acreedores impugnantes, considerando la existencia de dicha desproporción (a) por la valoración ponderada que realice el Juez del Concurso en torno a las circunstancias concurrentes y, en cualquier caso, (b) «*si fuera diferente [el sacrificio] para acreedores iguales o semejantes*», texto que vuelve a dejarnos una indefinición, pues la «igualdad requerida», bien puede hacer referencia a su calificación como privilegiado especial, como a su igualdad de derecho real de garantía (los hipotecarios por un lado y los pignoraticios por otro), como a los iguales por el bien que constituye la garantía; (c) «*o semejantes*», ¿cuál ha de ser la semejanza? ¿un derecho real de garantía, en tanto que tal, hipotecario es semejante o es igual al pignoraticio? —recordemos que, en la práctica, la inmensa mayoría de refinanciaciones lo son entre pares, entre entidades financieras y, precisamente, por razón a que todas o casi todas, ostentan una *par conditio*; por último, (d) «*si el acreedor que no goce de garantía real pudiera obtener en la liquidación de la masa activa una mayor cuota de satisfacción que la prevista en el acuerdo de refinanciación*», lo cual, no solo es lógico, sino, también inusual.

Por **STS —1.ª— n.º 197/2020, de 26 de mayo** el Alto Tribunal, en contra de las resoluciones del Juzgado de lo Mercantil y de la Audiencia Provincial, aprecia la falta de legitimación activa de la Administración Concursal de una sociedad que, por vía del incidente concursal de impugnación de la lista de acreedores del concurso de otra compañía mercantil que solicitaba, no solo la recalificación del crédito pignoraticio como ordinario, sino, de forma acumulada o implícita, la declaración de nulidad de un contrato pignoraticio que aquella concursada había suscrito con la otra concursada, una tercera mercantil y cierta entidad bancaria, contrato que, a su vez, entraba dentro del período retroactivo del concurso, al considerar que «*No cabe hablar tanto* *de una acción propia de impugnación de la lista de acreedores que conlleva la nulidad de la constitución de un derecho real de prenda; como de una acción de nulidad de la constitución de la prenda, en cuanto acto de disposición del deudor concursado anterior a la declaración de concurso, que tendrá un reflejo en la clasificación del crédito que se pretendía garantizar con la prenda*», de forma y manera que el único legitimado activamente es el Administrador concursal de su propia concursada que ha emitido su lista de acreedores y calificado los créditos respecto de los actos (prenda) rescindibles que su concursada haya podido realizar, pero no la del Administrador concursal de otro concurso, aún cuando hubiere firmado el contrato rescindible; en definitiva, no cabe aprovechar la vía de la impugnación de la calificación de créditos para conseguir la nulidad del acto rescindible, sino, justo al revés, esto es, primero rescindir y luego recalificar, según la sentencia que recaiga. Así es como ha razonado el Alto Tribunal a este respecto:

> «Ahora bien, cuando la impugnación de la clasificación de ese crédito con privilegio especial tiene como presupuesto la previa impugnación de la constitución de la garantía real, realizada antes de la declaración de concurso, en cuanto constituye una acción de reintegración cuyo ejercicio expresamente prevé el art. 71.6 LC, en relación con el art. 72.1 LC, no puede eludirse la aplicación de estas previsiones legales, que constituyen a estos efectos una ley especial. De otro modo, estaríamos amparando un fraude de ley procesal: para evitar la aplicación de unas normas que, en atención a una determinada razón de ser, restringen la legitimación para el ejercicio de la acción de impugnación (nulidad de una prenda constituida por el concursado antes del concurso), se acude al subterfugio de la impugnación de la lista de acreedores (en concreto, de la clasificación del crédito del acreedor pignoraticio como crédito con privilegio especial) para justificar la legitimación para ejercitar la acción de nulidad de la constitución de la prenda, de la que en realidad se carece.»

B) Legitimación pasiva

Por lo que respecta a la legitimación pasiva, la reforma introducida por la Ley 38/2011, desplazó los antiguos apartados 2 y 3 del art. 72 LC, a redenominarlos como apartados 3 y 4, si bien, manteniendo la misma redacción, aunque variada, por el art. 233 TRLC, de forma y manera que están legitimados pasivamente:

a) Las demandas de rescisión deberán dirigirse tanto contra el deudor como contra las personas que hayan intervenido en el negocio jurídico objeto de rescisión, incluso contra el tercer adquirente, siempre que se pretenda con ello desvirtuar la presunción de su buena fe o atacar la irreivindicabilidad acorde con lo dispuesto en el art. 34 LH[110] esto es, se trataría de que el Demandante de rescisión pretenda demostrar que el tercer adquirente conocía, sin lugar a dudas, el acto impugnable o rescindible. Esta presunción, a tenor de lo dispuesto en la precitada norma, no alcanzaría a los adquirentes a título gratuito, pues éstos ocupan la misma protección que la de su causante o transferente.

b) En el supuesto previsto en el art. 232.1 *in fine*, TRLC (antiguo art. 72.1 LC), si el Actor instante no es la Administración concursal, sino que son los acreedores subsidiarios, ésta, no es que esté legitimada pasivamente, que no lo está, pero se le debe notificar la interposición de la Demanda.

3. EFECTOS

Los efectos de la rescisión vienen recogidos en el art. 235 TRLC (antiguo art. 73 LC), en base al cual su principal efecto es el de la declaración de la «*ineficacia del acto impugnado*», restituyéndose las partes las prestaciones recíprocas o su valor *id quod interest* caso de imposibilidad, tratándose de una obligación con cargo a la Masa; en el supuesto que nos ocupa hay que señalar que el efecto de la rescisión del acto perjudicial a la Masa Activa de la constitución del derecho real de garantía (prendaria, hipotecaria o anticrética) es la garantía en sí misma, y no el préstamo u obligación principal en cuya garantía se constituyó, el cual subsiste incólume, si bien perderá la calificación que tenía de crédito concursal privilegiado especial para pasar a ser la de concursal ordinario o, en caso de mala fe, de subordinado.

Respecto del concepto de mala fe hay que traer a colación la siguiente resolución del Alto tribunal:

STS —1ª— n.º 548/2010, de 16 de septiembre

«... Aparte de ello, incluso deteniendo la atención en el examen de la concurrencia o no de la mala fe, debe decirse: a) que la apreciación de la situación fáctica de la

---

110 **Artículo 34 L.H.** El tercero que de buena fe adquiera a título oneroso algún derecho de persona que en el Registro aparezca con facultades para transmitirlo, será mantenido en su adquisición, una vez que haya inscrito su derecho, aunque después se anule o resuelva el del otorgante por virtud de causas que no consten en el mismo Registro.
La buena fe del tercero se presume siempre mientras no se pruebe que conocía la inexactitud del Registro.
Los adquirentes a título gratuito no gozarán de más protección registral que la que tuviere su causante o transferente.

que se deriva la significación jurídica al respecto no es cuestionable en casación, en cuyo recurso no cabe traer a colación la hipotética infracción de preceptos procesales como los invocados en el motivo; y, b) que carece de sustento la alegación del motivo relativa a una supuesta falta de base fáctica en la sentencia recurrida para apreciar la mala fe, pues, entre otras alusiones, en el fto. de dº. quinto, B, ap. 4) se hace referencia a que La Caixa actuó a sabiendas de la delicadísima situación financiera de los concursados individuales y de la entidad concursada, y en el mismo fto., ap. 10, se afirma que La Caixa conocía sobradamente al contratar la insolvencia de los concursados; y si bien es cierto que para declarar la existencia de mala fe ex art. 73.3 LC no se estima suficiente el mero conocimiento de una situación de insolvencia, sin embargo, en el caso, dadas las demás circunstancias concurrentes en la operación, ya aludidas, cabe considerar justificada la apreciación de la resolución recurrida. La mala fe expresada, no requiere la intención de dañar, pues basta la conciencia de que se afecta negativamente —perjuicio— a los demás acreedores, de modo que al agravar o endurecer la situación económica del deudor, se debilita notoriamente la efectividad frente al mismo de los derechos ajenos. Este aspecto subjetivo se complementa con el aspecto objetivo, valorativo de la conducta del acreedor, consistente en que ésta sea merecedora de la repulsa ética en el tráfico jurídico…»

La misma resolución del Alto Tribunal trata sobre el carácter de la aplicación retroactiva de la LC en torno al ejercicio de las acciones de rescisión de los actos perjudiciales a la Masa Activa, bajo los siguientes razonamientos:

STS —1ª— n.º 548/2010, de 16 de septiembre

«SEXTO.- En el quinto motivo se aduce infracción del art. 2.3 CC y del principio "tempus regit actum" por hacer aplicación retroactiva de los artículos 71 y 73 de la Ley Concursal. Se alega que las operaciones que son objeto del incidente concursal se realizaron en fecha 30 de abril de 2003, esto es, un año y cuatro meses antes de la entrada en vigor de la Ley Concursal (1 de septiembre de 2004), e incluso antes de su promulgación (6 de julio de 2003); que la LC en su Disposición final trigésima establece que "La presente Ley entrará en vigor el día 1 de septiembre de 2004…" (con algunas excepciones que no afectan al incidente); y que ninguno de los artículos, ni en sus disposiciones finales, adicionales o transitorias, ni en ninguna otra ley, se ha establecido la retroactividad de los arts. 71 y 73 LC a los negocios y actos nacidos con anterioridad a su promulgación. Y, en consecuencia, —resume—, la regulación establecida en la ley sobre las acciones de reintegración no puede ser aplicada para rescindir, en perjuicio de terceros, negocios concertados con anterioridad a la entrada en vigor de la repetida ley, puesto que tales negocios no eran rescindibles según el ordenamiento jurídico vigente en el momento de su concertación.

El motivo se desestima.

La Disposición Transitoria Primera de la Ley Concursal, bajo la rúbrica de "Procedimientos concursales en tramitación", dispone que "los procedimientos de concurso de acreedores, quiebra, quita y espera y suspensión de pagos que se encuentren en tramitación a la entrada en vigor de esta Ley continuarán rigiéndose hasta su conclusión por el Derecho anterior, sin más excepciones" que las que expresa, que aquí carecen de interés. La LC entró en vigor el 1 de septiembre de 2004 (Disposición Final 35ª) salvo la modificación de los artículos de la LEC relativa a los emplazamientos en los recursos de apelación y extraordinarios que entró en vigor al día siguiente de la publicación en el BOE.

De lo anteriormente expuesto se deduce que la Ley Concursal es aplicable a todos los concursos instados a partir del 1 de septiembre de 2004, si bien debe resaltarse la importancia de la Disposición Adicional Primera, que, bajo el título de "Referencias legales a los procedimientos concursales anteriormente vigentes", dispone que "los jueces y tribunales interpretarán y aplicarán las normas legales que hagan referencia a los procedimientos concursales derogados por esta Ley, poniéndolas en relación con las del concurso regulado en ésta, atendiendo fundamentalmente a su espíritu y finalidad". Sin embargo, como la LC tiene normas procesales y sustantivas, la aplicabilidad de éstas —especialmente— puede suscitar dificultades de derecho intertemporal, tal y como sucede en el caso, dado que, siendo aplicable la LC, la operación se produjo con anterioridad a la misma, pero se halla dentro del periodo de dos años anteriores a la declaración del concurso establecido para las acciones de reintegración en el art. 71.1.

Examinadas las alegaciones de las partes en relación con los arts. 2.3 CC, 9.3 CE y Disposiciones transitorias del CC, singularmente las de los números segundo y tercero, el criterio de la Sala es el de aplicación íntegra de la normativa de la nueva Ley Concursal, tal y como se hizo por la resolución recurrida.

Se acuerda así por las razones siguientes:

El supuesto de que se trata exige la aplicación en bloque de la normativa de la LC. Las circunstancias concurrentes impiden individualizar las distintas actuaciones, y darles un tratamiento separado. Nos encontramos, como ya se ha dicho, ante una operación compleja, de modo que las diversas operaciones que la integran se hallan íntimamente interrelacionadas y responden a una finalidad única; y es por ello que se impone un trato jurídico unitario.

Por otro lado, la aplicación de la nueva normativa es más favorable, o cuando menos no más rigurosa —dura o estricta—, que la anterior, sin que sea preciso discurrir acerca de los efectos o consecuencias de la retroacción judicial del sistema jurídico actualmente derogado (arts. 1024 del Código de Comercio de 1.829 y 878, párrafo segundo, del Código de Comercio de 1.885).

Además, de aceptarse la tesis de la irretroactividad se daría lugar a lo que se denomina "resultado paradójico", que incluso podría incurrir en un fraude de ley. Habida cuenta que la retroacción judicial que establecía la normativa anterior fue sustituida por la retroacción legal de la acción de reintegración del art. 71 LC, de estimarse que no es aplicable este precepto por razones de derecho transitorio sucedería que quedarían indemnes conductas ilícitas, en cuanto reprobables con arreglo al mismo, como las del caso enjuiciado, dado que conforme al régimen procesal aplicable de la nueva Ley no habría posibilidad de acordar aquella retroacción

judicial. De ahí que la norma nueva esté impregnada de una naturaleza intertemporal y opere con efecto retroactivo.
Finalmente, con carácter de refuerzo argumentativo, debe tenerse en cuenta también el contenido de la Disposición Adicional 1ª LC antes expresado, sin olvidar que nos hallamos ante una operación compleja que no agotó sus efectos y que la nueva normativa concursal en la materia ha tenido en cuenta para separarse de la derogada sólidas razones de seguridad jurídica...»

4. PRESUPUESTOS

Los presupuestos de la acción de reintegración, vienen a quedar fijados doctrinalmente bajo los siguientes supuestos, todos ellos, se dan, como queda dicho, en el supuesto que nos ocupa:

a) El perjuicio del acto para la Masa Activa. Por lo que respecta al concepto de «perjuicio» debemos referirnos indudablemente a los fundamentos jurídicos de la siguiente resolución judicial, entendiéndose como sujeto pasivo del perjuicio, la masa activa del concurso, los bienes y derechos del concursado en tanto en cuanto han sufrido una disminución o menoscabo, el cual se pretende reparar por vía de la reintegración a la masa activa:

SAP Vizcaya —4ª— n.º 776/2010, de 14 de octubre

«El nuevo ordenamiento concursal ha optado por un sistema de ineficacia funcional a la hora de configurar reintegración de la masa activa, que ahora se logra mediante la categoría de la rescisión, sustituyendo el criterio técnico del acto fraudulento por el de acto perjudicial para la masa activa, referido en todo caso a un negocio válido y eficaz. De este modo, el art. 71.1 LC establece que "declarado el concurso" serán rescindibles los actos perjudiciales para la masa activa realizados por el deudor dentro de los dos años anteriores a la fecha de la declaración, aunque no hubiere existido intención fraudulenta", estableciendo a continuación una serie de supuestos en que el perjuicio patrimonial se presume sin admitir prueba en contrario, y seguidamente otros en los que la presunción de perjuicio admite prueba en contrario. El presupuesto objetivo es, por tanto, la existencia de un acto perjudicial para la masa activa, realizado dentro de los dos años anteriores a la declaración de concurso, momento éste en el que, *ex post*, se determinará si el acto en cuestión ha supuesto una disminución o quebranto del patrimonio del deudor que, una vez declarado el concurso, integra dicha masa activa, y que sirve de garantía para el cobro de los créditos concursales en el seno del procedimiento. La norma, sin embargo, admite una noción de perjuicio para la masa activa que no se reduce estrictamente a los actos que de modo directo produzcan una disminución del patrimonio del deudor (generalmente por falta de equivalencia de las prestaciones o por tratarse de actos a título gratuito), sino que también alcanza a aquellos que supongan un perjuicio indirecto por quebrar el principio de paridad de trato de los acreedores cuando se provoca una alteración de la preferencia y prelación concursal de cobro. En este sentido el perjuicio es presumido por la Ley en el apartado 2 (con carácter *iuris et de iure*) y en el apartado 3 (aquí *iuris tantum*) del art. 71 LC, que describen ciertos supuestos de favorecimiento a acreedores mediante la anticipación del pago de deudas no vencidas a la fecha de declaración del concurso o la constitución de garantías reales para garantizar deudas preexistentes (además de presumir el perjuicio por actos dispositivos a título oneroso realizados a favor de alguna de las personas especialmente relacionadas con el deudor concursado)...»

b) No se requiere la intención fraudulenta, más propia de la acción pauliana, por tratarse de una acción autónoma, que nace de la propia LC, con sus requisitos y peculiaridades propias, así como del carácter subsidiario que preside en aquélla, siendo absolutamente indiferente que existan o no más bienes en el patrimonio de la concursada, así como que éstos puedan ser o no suficientes para atender las diversas deudas; nos hallamos ante un proceso de ejecución universal y ordenada y, por tanto, deben incluirse todos los bienes con sus justas cargas o con la inexistencia de las perjudiciales, pues sólo de esta manera puede realizarse el orden ejecutorio y no anticipándose y consiguiendo privilegios impropios.

c) Debe suponer una vulneración del principio de la *par conditio creditorum*, lo que, en el supuesto de la constitución de una garantía real en cobertura de débitos preexistentes, supone un adelantamiento en el orden registral de ejecución y con ello, la denominada «ley del dividendo» o cobro a prorrata por los acreedores de igual *conditio*.

d) Es indiferente el conocimiento de la insolvencia por parte del acreedor.

e) El acto debe haber producido un beneficio en el acreedor concreto y un simultáneo perjuicio en el resto, esto es, un incremento en las posibilidades de recobro de aquél y un consiguiente decremento en el resto.

f) Debe haberse realizado dentro del denominado período sospechoso, esto es, el de los dos (2) años (i) anteriores a la solicitud de la declaración de concurso por cualquiera de los agentes del concurso que están facultados para ello, según enumeramos precedentemente, así como (ii) los realizados desde la fecha de la solicitud a los de la declaración de concurso, lo cual puede suponer días o meses, según los casos, sin precisar la intención fraudulenta o no del acto rescindible, pues así lo dispone el art. 226.1 TRLC.

g) Pero el período sospechoso va más allá de la solicitud o declaración de concurso, pues el art. 226.2 TRLC comienza el cómputo bienal a la (i) fecha de comunicación de la existencia de negociaciones con los acreedores o a la mera intención de iniciarlas para alcanzar un plan de reestructuración en los términos previstos en el art. 585 TRLC, (ii) así como los que van de esta fecha de la comunicación hasta la de declaración de concurso, como sucedía en el supuesto de la solicitud de declaración de concurso del art. 226.1 TRLC, si bien, para la situación preconcursal del art. 226.2 TRLC se requiere (a) la no aprobación o no homologación del aprobado y, además, (b) que el concurso se declare dentro del año siguiente a la finalización de los efectos de la comunicación o su prórroga, esto es, año y medio.

Sobre el perjuicio y su existencia, debemos citar la fundamentación jurídica de la siguiente resolución judicial:

SJM-1 Valencia 13.07.2011

«Al interrogante del eventual perjuicio para la masa activa la respuesta debe resultar positiva en la consideración del tipo de interés aplicable en las operaciones contratadas, el gravamen de bienes de la masa activa de la ahora concursada que se encontraban libres de cargas —de al menos de este rango o carácter— así como el destino de numerario obtenido para la atención de obligaciones preexistentes con la misma entidad. Correlativamente, es claro que no resulta que de modo sobrevenido resultara que tales garantías recabadas inicialmente ya no cubrieren el riesgo. En esta última hipótesis, *a contrario sensu*, es claro que no hablaríamos de la misma situación en la medida en que en buena praxis bancaria, de no cubrirse el desvalor de las garantías se operaría el cierre de la cuenta. Pero tal no es el caso y ninguna prueba sobre el particular, es claro, se ha venido a aportar. Así las cosas, resulta claro que el planteamiento que se enuncia viene a conformar posición de agravio para el resto de acreedores en la medida en que la entidad financiera, en cuanto que titular de garantías hipotecarias, titula privilegio especial…»

Dentro de la acción de reintegración se encuentra el supuesto fáctico de los pagos realizados por la sociedad al socio-Administrador único en devolución de las cantidades que éste prestó a aquélla, como así lo determina la siguiente resolución del Tribunal Supremo, incardinando sus razonamientos jurídicos, en torno a la gratuidad o a la onerosidad de los actos de disposición realizados por aquél, el perjuicio a la sociedad y los acreedores y su carácter de acto ordinario de la actividad societaria o meramente extraordinario:

STS —1.ª— n.º 487/2013, de 10 de julio

«TERCERO.- Valoración de la Sala. Actos dispositivos a título gratuito y a título oneroso a efectos de la aplicación de las presunciones del art. 71 de la Ley Concursal.

Los recurrentes alegan en su recurso que los pagos realizados por la sociedad al administrador para devolver parcialmente las cantidades aportadas por éste no son actos de disposición a título oneroso, y que por tanto no puede aplicarse la presunción del art. 71.3.1º de la Ley Concursal.

La alegación no puede ser estimada. El régimen del art. 71 de la Ley Concursal a efectos de la apreciación del perjuicio contra la masa es mucho más severo en los actos de disposición realizados a título gratuito que en los realizados a título oneroso. Mientras que en los primeros siempre se presume el perjuicio, sin admitir prueba en contrario, salvo las liberalidades de uso, en los segundos se presume el perjuicio sin admitir prueba en contrario en el caso de que consistan en pagos u otros actos de extinción de obligaciones cuyo vencimiento fuere posterior a la declaración del concurso, y admitiendo prueba en contrario, los realizados a favor de alguna de las personas especialmente relacionadas con el concursado.

La alegación de los recurrentes de que los pagos cuestionados no son actos a título oneroso solo podría perjudicar su posición. En la distinción entre "actos de disposición a título gratuito" (art. 71.2 de la Ley Concursal) y "[actos] dispositivos a título oneroso" (art. 71.3.1º de la Ley Concursal) que se hace en la regulación de las acciones de reintegración de la ley concursal ha de entenderse que se incluyen en la segunda categoría de actos los desplazamientos patrimoniales que no puedan incluirse en la primera. No existe a estos efectos un "tertium genus", un tercer género a mitad de camino entre una y otra categoría.

En todo caso, la falta de onerosidad en el desplazamiento patrimonial por ausencia de contraprestación, porque tales pagos no respondieran a la devolución de un préstamo realizado por el administrador a la sociedad, solo puede suponer una peor situación del favorecido por el acto dispositivo en la aplicación del régimen de presunciones de perjuicio de las acciones concursales de reintegración, porque supondría que a efectos del art. 71 de la Ley Concursal los pagos fueron actos de liberalidad, en los que se presume el perjuicio sin posibilidad de prueba en contrario.

Las entregas dinerarias realizadas por la sociedad concursada al socio administrador en los dos años anteriores a la declaración de concurso son pagos en el sentido jurídico de actos debidos, "solvendi causa", realizados en el cumplimiento de las obligaciones que resultan de un negocio jurídico (se trataba de la devolución de un préstamo) y que han de ser encuadradas en el art. 71.3.1º de la Ley Concursal.

CUARTO.- La presunción de perjuicio patrimonial de los pagos realizados a favor de alguna de las personas especialmente relacionadas con el concursado

En la sentencia de la Sala Primera del Tribunal Supremo núm. 629/2012, de 26 de octubre, recurso núm. 672/2010, se declaró que como regla general los pagos, aunque conllevan una disminución del haber del deudor y reducen la garantía patrimonial de los acreedores, no por ello se pueden considerar todos ellos perjudiciales para la masa. Su justificación viene determinada, en primer lugar, por el carácter debido de la deuda satisfecha, así como por su exigibilidad, pues carece de justificación abonar un crédito no debido o que no sea exigible. En principio, un pago debido realizado en el periodo sospechoso de los dos años previos a la declaración de concurso, siempre que esté vencido y sea exigible, por regla general goza de justificación y no constituye un perjuicio para la masa activa. Sin embargo, ello no excluye que puedan concurrir circunstancias excepcionales (como es la situación de insolvencia al momento de hacerse efectivo el pago, la proximidad con la solicitud y declaración de concurso, la naturaleza del crédito, la condición de su acreedor), que pueden privar de justificación a algunos pagos en la medida que suponen una vulneración de la "par conditio creditorum" [igual condición de los acreedores].

Cuando la persona a la que se ha hecho el pago es alguna de las especialmente relacionadas con el concursado a las que se refiere el art. 93 de la Ley Concursal, el art. 71.3.1º presume el perjuicio patrimonial pero permite prueba en contrario. En consecuencia, en el caso de estos pagos no ha de probarse la existencia de perjuicio para que pueda estimarse la acción de reintegración, sino que ha de probarse la ausencia de circunstancias excepcionales que determinan la existencia de tal perjuicio para que la acción sea desestimada.

El socio-administrador demandado pudo, por tanto, haber probado la ausencia de perjuicio. La sentencia de la Audiencia Provincial apuntaba una de las circunstancias que, de haber sido probada, hubiera excluido la existencia de perjuicio, como es que al tiempo de hacerse los pagos al socio administrador la sociedad no se hallara todavía en situación de insolvencia o no hubiera sobreseído en el pago de sus obligaciones exigibles.

Tal prueba no se ha practicado, por lo que la presunción de perjuicio no ha sido destruida.

QUINTO.- El perjuicio patrimonial puede consistir en el pago de deudas realmente existentes que suponga una alteración del orden de preferencia propio del concurso. Los préstamos sustitutivos del capital social

Otro argumento de los recurrentes para fundar la alegación de infracción del art. 71 de la Ley Concursal es que la sentencia recurrida acepta que el perjuicio patrimonial pueda consistir en el pago de deudas realmente existentes que supongan una alteración del orden de preferencia propio del concurso, lo que los recurrentes denominan como perjuicio "indirecto" o constitutivo de peligro "abstracto". Afirman que el perjuicio que el art. 71 de la Ley Concursal exige para que los actos del concursado sean rescindibles solo puede ser "directo", por suponer tales actos una disminución injustificada de la masa activa sin compensación con una disminución correlativa de la masa pasiva, que denominan como constitutiva de un "peligro concreto".

El razonamiento tampoco se admite. El art. 71.3.1º de la Ley Concursal presume el perjuicio patrimonial en los actos dispositivos a título oneroso realizados a favor de alguna de las personas especialmente relacionadas con el concursado dentro de los dos años anteriores a la fecha de la declaración. No se exige que tales actos supongan necesariamente una disminución injustificada de la masa activa. El carácter oneroso de los actos dispositivos supone, en principio, que la salida de un bien del patrimonio se ve compensada por la entrada de otros bienes o derechos.

La jurisprudencia ha admitido que el perjuicio exigido para que proceda la rescisión de los actos del concursado en el régimen de las acciones concursales de reintegración puede provenir de haberse realizado pagos en un momento en que el concursado se hallara en situación de insolvencia o hubiera sobreseído el pago de sus obligaciones exigibles de modo que se altere el régimen de preferencias propios del proceso concursal y se beneficie de modo injustificado a unos acreedores, los que reciben el pago, respecto de otros, que han de someterse a las quitas o esperas propias del concurso, o directamente a la pérdida total de su crédito por insuficiencia de la masa activa. Esta admisión se ha hecho con carácter general, esto es, también cuando se trata de disposiciones realizadas a favor de personas que no tengan el carácter de especialmente relacionadas con el concursado.

Tal criterio ha sido seguido por la jurisprudencia al aplicar el régimen de retroacción de la quiebra, en que se ha afirmado el carácter perjudicial de una dación en pago de una deuda de entre las diversas que mantenía la quebrada con sus acreedores, en un momento en que ya se encontraba en estado de insolvencia y debía haber instado un proceso concursal para el pago ordenado de sus deudas conforme al principio de la "par conditio creditorum" [igual condición de los acreedores], con lo que privó a la generalidad de sus acreedores de un activo con el que debían satisfacerse sus créditos con arreglo a criterios concursales, favoreciendo a uno solo de sus acreedores, que se vio libre de tener que concurrir al concurso y de sujetarse al orden de preferencias legalmente establecido para cobrar los créditos extinguidos con la dación en pago, en perjuicio del resto (sentencias de la Sala 1ª del Tribunal Supremo 70/2013, de 25 de febrero, recurso núm. 486/2008; 75/2013, de 28 de febrero, recurso núm. 547/2008; 90/2013, de 1 de marzo, recurso núm. 549/2008;102/2013, de 4 de marzo, recurso núm. 586/2008; 122/2013, de 5 de marzo, recurso núm. 572/2008; 131/2013, de 6 de marzo, recurso núm. 608/2008; 150/2013, de 7 de marzo, recurso núm. 610/2008; 154/2013, de 8 de marzo, recurso núm. 665/2008; 181/2013, de 11 de marzo, recurso núm. 673/2008 y 190/2013, de 12 de marzo, recurso núm. 730/2008).

También se ha aplicado tal criterio en el régimen actual de la Ley Concursal. Se ha afirmado que existe perjuicio para la masa cuando se paga algo debido y exigible pero al tiempo de satisfacer el crédito el deudor estuviera ya en un claro estado de insolvencia, y por ello se hubiera solicitado ya el concurso o debiera haberlo sido (sentencia de la Sala 1ª del Tribunal Supremo núm. 629/2012, de 26 de octubre, recurso núm. 672/2010). La razón ha de encontrarse en que cuando el deudor se halla en estado de insolvencia actual o inminente, porque no puede cumplir regularmente sus obligaciones exigibles o prevé que no podrá hacerlo, no está justificado que el pago de las deudas se realice sin respetar los criterios concursales, fundamentalmente el de la "par conditio creditorum", y que por ello no respetar tales criterios ha de considerarse como un perjuicio para la masa.

Debe tenerse también en cuenta que por las características concretas de la operación enjuiciada, nos encontramos ante un supuesto típico de préstamo "societario", sustitutivo del capital social. Se trata de un préstamo de carácter societario en tanto que realizado por el socio mayoritario y administrador único, lo que le permite controlar el destino de los fondos suministrados. Ha sido concedido en condiciones diferentes a lo que sería una financiación por terceros típica, en tanto que no está documentado en alguna de las formas habituales en el tráfico económico, no consta si es remunerado, ha sido concedido por un tiempo indefinido ("cobrar cuando se pudiera"). En casos como este, la función económica de los fondos prestados es la de sustituir la dotación de capital social y encubre un supuesto de infracapitalización, en que el capital social es tan exiguo que no sirve para acometer con normalidad la actividad social, ni siquiera para dotar a la sociedad de un patrimonio suficiente que le permita obtener financiación externa por parte de terceros. Si la aportación de capital a la sociedad por parte de los socios, en una cantidad suficiente para desenvolver su actividad, se hubiera realizado en la forma típica prevista en la normativa societaria, como es la aportación inicial o la ampliación de capital social, el patrimonio así obtenido no hubiera podido ser reembolsado a los socios en detrimento de los acreedores sociales, frente a los cuales tal patrimonio desempeña una función de garantía. La sustitución del capital social por préstamos societarios realizados por los socios de referencia supone en tales circunstancias un desplazamiento del riesgo empresarial sobre los acreedores

No es admisible que llegada una situación de crisis económica el socio con una participación relevante o el administrador, que tiene un conocimiento privilegiado de la situación, pretendan quedar al margen del proceso concursal cancelando el préstamo, siquiera sea parcialmente, con preferencia al resto de los acreedores, obteniendo la devolución de unos fondos que debían haber integrado los recursos propios de la sociedad y haber servido de capital de garantía frente a los terceros acreedores.

Tales circunstancias constituyen algunas de las justificaciones de que los créditos frente a la sociedad concursada de los que sean titulares los socios «con una participación significativa en el capital social» (Exposición de Motivos, apartado V), de al menos el 5% o el 10% según los casos, y los administradores de derecho o de hecho, los liquidadores del concursado persona jurídica y los apoderados con poderes generales de la empresa, sean créditos subordinados (art. 92.5 en relación al 93.2.1° y 2°, ambos de la Ley Concursal), si bien la Ley Concursal ha optado por calificar como crédito subordinado el resultante de cualquier operación entre la sociedad y las personas especialmente relacionadas, con independencia de que reúna las características de un préstamo societario o encubra supuestos de infracapitalización.

Es por ello que el reembolso de estas aportaciones a los socios con una participación significativa o a los administradores (aquí se reúnen las dos cualidades) en el periodo anterior a la declaración del concurso haya de ser considerado, salvo prueba en contrario, que aquí no ha existido, como un perjuicio para la masa activa aun cuando el acto dispositivo suponga una correlativa disminución del pasivo. Tal pago debía haberse sujetado al orden de preferencias propio del proceso concursal, en el que ostenta la calificación de crédito subordinado.

SEXTO.- Los actos ordinarios de la actividad profesional o empresarial del deudor realizados en condiciones normales

El último argumento impugnatorio es que la sentencia recurrida infringe el art. 71.5 de la Ley Concursal pues se trata de actos de giro ordinario de la concursada. El citado precepto establece en su primer inciso que «en ningún caso podrán ser objeto de rescisión los actos ordinarios de la actividad profesional o empresarial del deudor realizados en condiciones normales [...]». Como ha recordado la sentencia de la Sala 1ª del Tribunal Supremo núm. 740/2012, de 12 de diciembre, recurso núm. 1336/2010, el origen de este precepto está en la jurisprudencia recaída sobre el art. 878.II del Código de Comercio que a partir de un determinado momento excluyó del riguroso régimen de retroacción de la quiebra los actos o negocios que constituían una operación propia del tráfico de la quebrada, por tratarse de operaciones ordinarias, que en sí mismas no encierran ningún perjuicio. Tales actos ordinarios serían los «los negocios que por sus características económicas sean de aquellos que explicitan la actividad cotidiana y plenamente normal de la empresa» (sentencia de la Sala 1ª del Tribunal Supremo 896/1996, de 28 de octubre, recurso núm. 197/1993).

Para ser considerados como tales actos ordinarios no basta que no se trate de actos o negocios extravagantes o insólitos. Es preciso que sean actos que, en una consideración de conjunto, tengan las características normales de su clase, se enmarquen en el tráfico ordinario de la actividad económica habitual del deudor y no tengan carácter excepcional, pues respondan a la forma usual de realizar tales actos tanto por el deudor como en el sector del tráfico económico en el que opere.

La determinación de lo que pueda considerarse como tales actos ordinarios de la actividad profesional o empresarial del deudor es ciertamente casuística, sin que sea fácil establecer categorías generales cerradas. Como criterios útiles para la determinación se ha apuntado que presentan tal carácter los actos relacionados con el objeto social, cuando se trata de una sociedad, o los propios del giro típico de la actividad empresarial o profesional de que se trate, especialmente si han sido celebrados con consumidores, así como los que hayan sido generados por el mantenimiento del centro de actividad profesional o empresarial.

Es preciso además que presenten las características de regularidad, formal y sustantiva, que les permita ser considerados como realizados en condiciones normales.

La finalidad de esta excepción es proteger a quienes contrataron con el deudor declarado posteriormente en concurso y confiaron en la plena eficacia de tales negocios jurídicos en tanto que manifestaciones de la actividad económica normal del deudor y realizadas en las condiciones habituales del mercado, pues no presentaban ninguna característica externa que revelara la posibilidad de ser declarados ineficaces por causas que en ese momento no podían preverse.

Teniendo en cuenta lo expuesto, la decisión de la Audiencia Provincial de no considerar aplicable la excepción del primer inciso del art. 71.5 de la Ley Concursal es acertada. La justificación de esta previsión legal, proteger la confianza del tercero en la eficacia de los actos en que se manifiesta la actividad normal del deudor, carece de sentido en actos como los que son objeto de enjuiciamiento. Tanto más cuando una de las causas de que se prevea el carácter subordinado de los créditos de los socios relevantes es, como se ha expuesto, que esta financiación suele encubrir supuestos de infracapitalización, en los que lo correcto hubiera sido una aportación suficiente de capital social para que la sociedad pudiera acometer su actividad gozando de un patrimonio suficiente que sirviera de garantía frente a sus acreedores. Por lo expuesto, el reembolso de estas cantidades al socio mayoritario y administrador único en los dos años anteriores a la declaración del concurso, en perjuicio de otros acreedores, no puede considerarse como un acto ordinario de la actividad profesional o empresarial del deudor realizado en condiciones normales a efectos de hacerlo inatacable en el sistema de las acciones de reintegración del concurso. Por lo expuesto el recurso de casación ha de ser desestimado».

El Alto Tribunal, por **STS —1.ª— n.º 629/2012, de 26 de octubre** analiza en sede de la acción de reintegración que nos ocupa, el supuesto del pago del crédito del acreedor que instó el concurso necesario de su deudor, desistiendo del mismo a continuación, considerándolo, como no puede ser de otro modo, como una vulneración del principio de la «*par conditio creditotum*», afectando la rescisión al pago, no al crédito que ostentaba el acreedor que cobró, quien deberá reintegrar el importe percibido. Recordemos, además, el contenido del art. 1.292 C.c.: «*son también rescindibles los pagos hechos en estado de insolvencia por cuenta de obligaciones a cuyo cumplimiento no podía ser compelido el deudor al tiempo de hacerlos*», esto es, a lo créditos no exigibles a la fecha en que se revela el estado de insolvencia.

STS —1.ª— n.º 629/2012, de 26 de octubre

«… Por ello, en principio, un pago debido realizado en el periodo sospechoso de los dos años previos a la declaración de concurso, siempre que esté vencido y sea exigible, por regla general goza de justificación y no constituye un perjuicio para la masa activa. Sin embargo, ello no excluye que en alguna ocasión puedan concurrir circunstancias excepcionales (como es la situación de insolvencia al momento de hacerse efectivo el pago y la proximidad con la solicitud y declaración de concurso, así como la naturaleza del crédito y la condición de su acreedor), que pueden privar de justificación a algunos pagos en la medida que suponen una vulneración de la *par conditio creditorum*…. En este caso, podemos entender que para una sociedad como la deudora concursada, que explota un negocio de fabricación de aparatos de telefonía móvil, el pago de los servicios de reparación y asistencia técnica, como son los prestados por Postventa, es un acto normal ligado a su actividad empresarial. Pero no cabe concluir que fuera realizado en condiciones normales, pues está reconocido que el pago del crédito se hizo después de que la acreedora hubiera solicitado su concurso de acreedores, para conseguir el desistimiento, y sin que ello evitara que al cabo de pocas semanas se volviera a pedir el concurso, esta vez a instancia de la propia deudora…»

Respecto de las garantías por débito ajeno, distinguiéndolas entre las personales y las reales, la Audiencia Provincial de Valencia considera que la

personal no está afecta al período de rescisión del art. 226 TRLC (antiguo art. 71 LC), pues se trata de reforzar una obligación preexistente, sin alteración, como, seguidamente, expresamos:

SAP Valencia —9.ª—, n.º 190/2014, de 24.06.2014

«... 2) El Juzgador incurre en error, porque la fianza personal y solidaria se constituyó en 17-11-06, ante el notario Fernando Pascual de Miguel, en escritura pública nº 4870 de su protocolo, y por tanto, seis años antes de la declaración de concurso. No puede quedar afectada por éste, ni por los efectos del artículo 71.1 LC. El Juzgado considera que la fianza se constituye por novación en las escrituras de 2010 y 2012, y está afectada por el plazo de dos años del precepto, lo que entiende el recurrente no es correcto, puesto que la novación se refiere a un préstamo (condiciones y plazo) que el fiador consiente y ratifica, pero ni se constituye ni sustituye la garantía, que ya era "preexistente". La Administración concursal considera que las novaciones son "extintivas" y el recurrente entiende que son meramente modificativas, puesto que en las de 2010 y 2012 no hay incompatibilidad esencial de obligaciones, ni desaparecen las primeras (incluso así lo indican las partes en exponendo V de la primera y exponendo VII de la segunda). El TS dice que ha de valorarse la novación extintiva de forma muy restrictiva, debe constar expresamente tal voluntad de las partes, y, en este caso, las propias partes indican que tienen un carácter meramente modificativo. En los casos dudosos, además, ha de suponerse querido siempre el efecto más débil. Por lo que ha de ser desestimada la pretensión de la administración concursal, porque los afianzamientos solidarios de CLEOP traen causa de escrituras públicas de 17.11.06 y 7.11.08 de concesión de préstamo con garantía hipotecaria y afianzamiento...»

En un supuesto de constitución de un derecho real de garantía sobre un préstamo destinado a ampliar el saldo disponible de un crédito preexistente, aportando «dinero nuevo» y sin garantía real previa, el cual, además, se prorroga en su vencimiento, no es considerado como rescindible por el Alto Tribunal, en tanto que no se aprecia el perjuicio.

STS —1.ª— n.º 58/2015, de 23 de febrero

«... Debemos concluir que sí, porque se cumplen dos circunstancias que ordinariamente deben valorarse en estos casos para juzgar sobre el perjuicio en los supuestos del art. 71.3.2º LC: se ha producido una aportación significativa de dinero nuevo, 500.000 euros (menos 2.000 retenidos por comisión), al ampliarse el crédito disponible en ese momento en esa suma (498.000 euros); y se ha prorrogado un año más la póliza de crédito anterior. Si, además, advertimos que la garantía real tan sólo cubre la obligación de devolución del dinero nuevo otorgado, debemos concluir que, pese al espejismo de perjuicio para la masa activa, en realidad no lo hay, de tal forma que, aunque opere la presunción del art. 71.3.2º LC, se ha acreditado que, en este caso, por la aportación significativa de crédito y la prórroga de la póliza de crédito, no concurría perjuicio para la masa activa...»

Tampoco entra en un supuesto de disposición a título gratuito y rescindible la constitución de una hipoteca en garantía de obligaciones futuras o sujetas a condiciones suspensivas, pues está asegurando el suministro de productos y, por tanto, propio de la actividad ordinaria de la empresa, como así lo estima la siguiente resolución de la Audiencia Provincial de Castellón, si bien, habrá que estar al caso concreto, para determinar si existe el perjuicio o no.

SAP Castellón —3.ª— n.º 18/2014, de 17.01.2014

En efecto, tras disponer el citado art. 71.1 LC que una vez declarado el concurso, son rescindibles los actos perjudiciales para la masa activa realizados dentro de los dos años anteriores a la fecha de la declaración, aunque no hubiere existido intención fraudulenta, presume el perjuicio patrimonial, sin admisión de prueba en contra, en los actos de disposición a título gratuito y en los pagos u otros actos de extinción de obligaciones cuyo vencimiento fuere posterior a la declaración del concurso (ap. 2). Presume el perjuicio, admitiendo ahora prueba en contra, en los actos de disposición onerosos a favor de los especialmente relacionados con el concursado, constitución de garantías reales a favor de obligaciones preexistentes o de las nuevas contraídas en sustitución de aquéllas, pagos u otros actos de extinción de obligaciones que contasen con garantía real y cuyo vencimiento fuere posterior a la declaración del concurso (ap. 3), debiendo probarse el perjuicio en los demás casos (ap. 4). No obstante, no pueden ser objeto de rescisión, en cuanto ahora interesa, los actos ordinarios de la actividad profesional o empresarial del deudor realizados en condiciones normales (ap. 5.1º).

No se discute que los actos litigiosos fueron otorgados dentro del período de los dos años previos a la declaración de concurso, que tuvo lugar el día 8 de marzo de 2011.

Tal como consta en los folios 8 y siguientes, el día 20 de marzo de 2010 la concursada constituyó hipoteca sobre una finca de su propiedad "*en seguridad y garantía del buen fin y completo pago*" a la recurrente del precio de las ventas de barnices y similares que desde el mismo día y durante siete años efectuara Barnices, Pinturas y Derivados EQ SL a Dipolack S.L., hasta un máximo de 500.000 euros (pacto Quinto, folio 16 vto).

Siendo tres las clases de hipotecas de máximo o en garantía de obligación futura (la de los art. 142 y 143 LH, la en garantía de apertura de saldo de cuenta corriente del artículo 153 y las hipotecas globales y flotantes del artículo 153 bis LH), la litigiosa es la de los artículos 142 y 143 de la Ley Hipotecaria, que prevén la constitución de hipoteca en garantía de obligación futura o sujeta a condiciones suspensivas, en concordancia con lo dispuesto en el artículo 1861 del Código Civil que dice que «*los contratos de prenda e hipoteca pueden asegurar toda clase de obligaciones, ya sean puras, ya estén sujetas a condición suspensiva o resolutoria*», de modo similar a lo que con carácter general establece el artículo 105 de la Ley Hipotecaria, al permitir que la hipoteca pueda constituirse en garantía de toda clase de obligaciones. A su vez, el párrafo primero del artículo 12 de la Ley Hipotecaria, según redacción dada por la Ley 41/2007, de 7 de diciembre, también prevé que se pueda constituir hipoteca en garantía de obligaciones cualquiera que sea la naturaleza de éstas, siempre que se identifiquen debidamente y se exprese su plazo de duración (Resolución de la Dirección General de los Registros y del Notariado de 20 de junio de 2012).

Esta es la hipoteca que se constituye en el presente caso, para garantizar el pago por la concursada del precio de las pinturas y barnices que la recurrente le sirviera en los siete años siguientes y hasta 500.000 euros.

No es un acto de disposición a título gratuito, sino la constitución de una garantía del pago de obligaciones derivadas del suministro de productos, por lo que no es aplicable la presunción legal sobre el carácter perjudicial del acto impugnado. Tampoco la que, admitiendo prueba en contra, se contempla en el art. 71.3 LC.

Por lo tanto debe probarse el perjuicio (art. 71.4 LC) y ha de tenerse en cuenta que no pueden ser rescindibles los actos ordinarios de la actividad del concursado (art. 71.5 LC).

En términos generales, puede decirse que la hipoteca, mediante la que se constituye una garantía inmobiliaria para el pago de obligaciones, es perjudicial para la masa activa del concurso. Da lugar a la directa sujeción del bien hipotecado al pago del crédito (art. 155 de la LC) y otorga al acreedor hipotecario un derecho de ejecución separada (arts. 55 y 56 LC) de suerte que, además de privilegiar a un acreedor sobre la masa, tiene la consecuencia de minorar ésta en el valor del bien hipotecado.

En el presente caso se constituyó la garantía inmobiliaria a fin de garantizar el pago de los suministros a efectuar por la ahora recurrente a la concursada y, por lo dicho, puede afirmarse su carácter perjudicial.

Dice la recurrente que se trató de un acto ordinario que, realizado en condiciones normales, no puede ser objeto de rescisión, con arreglo al art. 71.5.1 LC.

Como señala la STS de STS 10 de julio de 2013 (ROJ: STS 4178/2013), recordando la STS núm. 740/2012, de 12 de diciembre, el origen de este precepto está en la jurisprudencia recaída sobre el art. 878.II del Código de Comercio que a partir de un determinado momento excluyó del riguroso régimen de retroacción de la quiebra los actos o negocios que constituían una operación propia del tráfico de la quebrada, por tratarse de operaciones ordinarias, que en sí mismas no encierran ningún perjuicio. Tales actos ordinarios serían los «*negocios que por sus características económicas sean de aquellos que explicitan la actividad cotidiana y plenamente normal de la empresa*» (sentencia de la Sala 1ª del Tribunal Supremo 896/1996, de 28 de octubre, recurso núm. 197/1993).

Sigue diciendo la citada STS de 10 de julio de 2013 que

"*para ser considerados como tales actos ordinarios no basta que no se trate de actos o negocios extravagantes o insólitos. Es preciso que sean actos que, en una consideración de conjunto, tengan las características normales de su clase, se enmarquen en el tráfico ordinario de la actividad económica habitual del deudor y no tengan carácter excepcional, pues respondan a la forma usual de realizar tales actos tanto por el deudor como en el sector del tráfico económico en el que opere.*

La determinación de lo que pueda considerarse como tales actos ordinarios de la actividad profesional o empresarial del deudor es ciertamente casuística, sin que sea fácil establecer categorías generales cerradas. Como criterios útiles para la determinación se ha apuntado que presentan tal carácter los actos relacionados con el objeto social, cuando se trata de una sociedad, o los propios del giro típico de la actividad empresarial o profesional de que se trate, especialmente si han sido celebrados con consumidores, así como los que hayan sido generados por el mantenimiento del centro de actividad profesional o empresarial.

Es preciso además que presenten las características de regularidad, formal y sustantiva, que les permita ser considerados como realizados en condiciones normales.

La finalidad de esta excepción es proteger a quienes contrataron con el deudor declarado posteriormente en concurso y confiaron en la plena eficacia de tales negocios jurídicos en tanto que manifestaciones de la actividad económica normal del deudor y realizadas en las condiciones habituales del mercado, pues no presentaban ninguna característica externa que revelara la posibilidad de ser declarados ineficaces por causas que en ese momento no podían preverse".

Pues bien, tomando como referencia los criterios aproximativos apuntados en la citada STS para ponderar el carácter ordinario del acto, no cabe duda de que la compra de pinturas y barnices efectuada a Barnices, Pinturas y Derivados EQ, S.L. por la concursada Dipolack, S.L tiene relación con el objeto social de ésta y es propio de su tráfico, por lo que desde esta perspectiva es ordinario.

Pero no se olvide que la rescisión que se cuestiona no recae sobre la compraventa de mercancías, sino sobre la constitución de una garantía real inmobiliaria en garantía del pago de las obligaciones asumidas por la concursada frente a su proveedora. Desde esta perspectiva, no creemos que la constitución de la garantía fuera un acto ordinario de la actividad de la concursada.

Dice la recurrente, tanto en el escrito de oposición a la demanda, como en el de recurso que la constitución de la garantía fue un acto previo y necesario para el inicio de relaciones comerciales entre las partes, que en otro caso no las habrían entablado, pues la proveedora no se hubiera prestado a ello. Se viene así a negar que con anterioridad las mismas empresas hubieran concertado suministros sin garantizar el pago del precio por parte de Dipolack SL mediante la constitución de una garantía real.

No es esto lo que resulta del contenido de la escritura. Por el contrario, dijeron las otorgantes en el exponendo I de la misma que "*la mercantil Dipolack SL viene manteniendo relaciones comerciales con la mercantil Barnices, Pinturas y Derivados EQ, S.L consistentes en la compra, por la primera a la segunda, de distintos tipos de barnices para la madera y productos similares*" (folio 11 vto). Resulta, por lo tanto, que antes de la constitución de la garantía las mismas empresas mantenían relaciones de la misma naturaleza, sin que se hubiera constituido ninguna hipoteca en garantía del pago por la ahora concursada de sus obligaciones, lo que da lugar a que no pueda configurarse el negocio discutido como ordinario o realizado en condiciones normales. Ni consta que la concursada hubiera antes constituido similar garantía a favor de la empresa apelante, ni tampoco que hubiera hecho otro tanto con cualquier otro proveedor.

Por lo tanto, acreditado el perjuicio y desvirtuado el alegado carácter ordinario de la operación, debe confirmarse la decisión judicial recurrida...»

Por último, debemos destacar la siguiente resolución relativa al «*lease back*», o arrendamiento financiero de retorno, contrato que hemos tratado precedentemente, resolución que, dictada en seno de la acción de reintegración concursal instada por la Administración concursal respecto de un contrato de arrendamiento financiero de retorno sobre un bien inmueble que era activo esencial de la sociedad participada de su matriz. Éstos son sus fundamentos jurídicos para declarar haber lugar a la reintegración del bien a la masa activa del concurso:

SAP Valencia —9.ª— n.º 129/2024, de 8 de mayo:

«17.Este criterio de la causa común del negocio complejo de financiación supone que, aun cuando pueda deslindarse e identificarse los distintos negocios y actos jurídicos con sus respectivas tipificaciones legales, al responder la totalidad de las obligaciones y derechos que generan a una causa común, sin la cual no se hubiera concertado el negocio complejo, el análisis del perjuicio para la masa deberá realizarse globalmente sobre la totalidad del negocio, lo que tiene implicaciones jurídicas de orden sustantivo y procesal: (i) desde el punto de vista sustantivo, el acto de disposición objeto de reintegración debe ser la totalidad del negocio complejo de f inanciación, lo que motiva que, aun cuando alguno de sus elementos aisladamente considerados pueda tener una causa gratuita, lo cierto es que su contribución a la causa común conlleva que el negocio complejo tenga una causa onerosa, pues ese acto de disposición se habrá realizado en función de las contraprestaciones o ventajas que se obtienen con aquellos otros elementos del negocio; y (ii) desde el punto de vista procesal, como se impugna la totalidad del negocio complejo de financiación, deberán ser demandados todos los que formaron parte de él...

18. En concreto, en operaciones complejas de financiación, el Tribunal Supremo ha concretado que la no apreciación del perjuicio o la justificación del sacrificio patrimonial "va ligada a la ampliación significativa de crédito y/o a la modificación de la obligación, ordinariamente, mediante la concesión de un nuevo término, que prorrogue la exigibilidad de la obligación", como por ejemplo dispuso su Sentencia nº 143/2015, de 26 de marzo (R1546/2013; Pte. Ignacio Sancho Gargallo)...».

5. EFICACIA

La eficacia de la acción de rescisión produce sus efectos *ex tunc*[111] y por tanto se remiten al momento en que se otorgó la Escritura de constitución

---

111 ***Ex tunc***: desde entonces, o momento remoto desde el que se producen ciertos efectos.

de la garantía real, cancelándose, pero subsistiendo el préstamo o crédito que fue garantizado, sin alteración y las obligaciones derivadas del mismo.

Edorta J. ETXARANDIO HERRERA[112] sostiene que «*Si el fraude implica dolo directo y* consilium, *a la mala fe bastaría dolo eventual o grave imprudencia y la* scientia, *esto es, el conocimiento o posibilidad de conocer, con la diligencia propia del empresario, la insolvencia justificativa del concurso cuando se contrata con el concursado, que en definitiva es el daño de los demás acreedores, que ha de presentarse como resultado de una impotencia para cumplir regularmente las obligaciones exigibles. En nuestra opinión, no se precisaría, pues, una malicia cualificada, ni tener por probada una connivencia del concursado con el tercero en cuanto a sustraerse de la situación que avecinaba a todos los acreedores concurrentes, que próximamente deberían ser concursales. La indemnización consistirá en la diferencia de valor entre el momento en que el bien, que no es dable restituir, salió del patrimonio del deudor concursado y el del momento de la condena por estimación de la acción de reintegración. Si el demandado de rescisión resulta con derecho a prestación, ésta tendrá la consideración de (art. 73.3 LECO)... B) Cuando la sentencia aprecia mala fe en el acreedor, crédito concursal subordinado (art. 92.6º LECO). En esa línea finalista glosada de la 'contaminación' del crédito por mala fe del acreedor que logró la garantía real rescindible, pudiera también defenderse la rescindibilidad de las garantías personales...*».

El art. 235 TRLC, ampliando el art. 73 LC, ha venido a fijar los siguientes efectos de la sentencia estimatoria de la Demanda de rescisión concursal:

a) La declaración de ineficacia del acto impugnado: con lo que el acto dispositivo quedaría sin efecto por ejemplo, la constitución del derecho real de garantía (**STS n.º 509/2024, de 16 de abril**), si bien, inicialmente, no sería ineficaz el préstamo en cuya garantía se constituyó el derecho real o saldó la deuda mediante el acto dispositivo (dación en pago), salvo que el propio préstamo, en sí mismo considerado, fuese fraudulento, en cuyo caso requería de la demostración de todos los requisitos propios para la rescisión del acto dispositivo pero relativos al préstamo, dentro de lo cual entraría, por ejemplo, la entrega ficticia del capital prestado para que, con dicho acreedor,

112 Edorta J. ETXARANDIO HERRERA: "*MANUAL DE DERECHO CONCURSAL*" 2ª edición 2009.

pudieran conseguirse las mayorías requeridas para la aprobación y homologación del plan de reestructuración.

El Alto Tribunal, por **STS —1.ª— n.º 93/2024, de 25 de enero** examina (art. 71.1 LC) la compensación de crédito y débito anterior dentro del período sospechoso, sin dudar de que se trata de un acto de disposición patrimonial del concursado, es susceptible de rescisión concursal «*siempre que concurra el requisito del perjuicio para la masa activa*» si bien, bajo los siguientes parámetros:

> «Para que pueda existir una compensación legal es necesario que: i) las prestaciones debidas en virtud de cada una de las obligaciones sean de la misma naturaleza, homogéneas y fungibles, así se desprende del apartado 2º del art. 1196 CC, cuando exige que "ambas deudas consistan en una cantidad de dinero, o, siendo fungibles las cosas debidas, sean de la misma especie y también de la misma calidad, si ésta se hubiese designado"; ii) las deudas sean líquidas (art. 1196.4º CC), en cuanto que exista una certeza sobre su cuantía o pueda conocerse mediante sencillas operaciones aritméticas; iii) estén vencidas (art. 1196.3º CC) por haberse cumplido el término pactado en las deudas a plazo (art. 1125 CC) o por haberse purificado la obligación en las obligaciones sujetas a condición (arts. 1113 y 1114 CC); y iv) resulten exigibles (art. 1196.4º CC), esto es, pueda ser reclamado su cumplimiento con eficacia jurídica, por sus respectivos acreedores. En este caso, ni la deuda y el crédito supuestamente compensados los tenía la concursada frente a una misma persona, ya que la deuda era con Brigida y el crédito lo sería frente a Iberia (obligada a disponer billetes de avión hasta una determinada cuantía); ni tampoco esas obligaciones eran de la misma naturaleza, homogéneas y fungibles.»

b) La restitución de las prestaciones objeto de los contratos con obligaciones recíprocas ya realizadas, con sus frutos e intereses. Estos contratos sinalagmáticos, por razón a lo dispuesto en art. 597 TRLC no se ven afectados por la comunicación del inicio de conversaciones con los acreedores, siguiendo su curso normal y la homologación del plan de reestructuración lo mantendría vigente acorde con lo dispuesto en el art. 618 TRLC, salvo que se resolviesen en cumplimiento e interés de la reestructuración (art. 620 TRLC). Un contrato como el que nos ocupa, de tracto sucesivo, es el renting de vehículos, por ejemplo, conforme al cual el arrendatario paga la cuota mensual y el arrendador o financiador se obliga a pagar, según los casos, el consumo de gasolina y reparaciones del vehículo hasta determinado límite o las multas o seguros, insistimos, según los casos. En tal caso, si se rescindiese tal contrato, el financiador habría de restituir el importe de las cuotas y el arrendatario, el importe de los consumos y demás indicados, *quid pro quo*[113]. No hay que olvidar, no obstante, que el último párrafo del art. 1.100 C.c. dispone que «*En las obligaciones recíprocas ninguno de los obligados incurre en mora si el otro no cumple o no se allana a cumplir debidamente lo que le incumbe. Desde que uno de los obligados cumple su obligación, empieza la mora para el otro*». Este precepto resultaría de aplicación en el caso de la rescisión del contrato con obligaciones recíprocas en el supuesto de que el mismo se hubiese rescindido estando cumpliéndose por las partes, pues si estuviere incumplido, no tendría sentido la devolución de lo no pagado.

Las **SSTS —1.ª— n.º 1.037/2024, de 19 de julio y n.º 1.033/2024, de 18 de julio** analizan la restitución de prestaciones derivadas de la nulidad de cierto contrato de aprovechamiento por turnos de una vivienda, más conocido como «multipropiedad», en el que aceptó el quantum a devolver por la empresa gestora a los particulares, tanto por las cantidades pagadas por éstos como por los derechos de aprovechamiento entregados en pago por los contratos suscritos, mientras que la empresa suplicó que se le devolviese «*el valor de los derechos de alojamiento que han ostentado, tomando como referencia para el cálculo el valor por semana que se indica en el informe pericial*».

c) ¿Qué sucede con un acto unilateral? Recordemos la hipoteca unilateral constituida al amparo de lo dispuesto en el art. 141 LH mediante el solo concurso del deudor o la donación en pago de deuda, el apartado 3 del art. 235 TRLC condena a la restitución a la masa activa de la prestación y su inclusión en la lista de acreedores del crédito que corresponda. En el caso de la hipoteca unilateral casi no tendría sentido instar la rescisión, precisamente porque nos hallamos ante un plazo de dos (2) meses desde que se requiera al acreedor para que la acepte, sino, procedería su cancelación; repetimos que, en cualquier caso, nos hallaríamos ante un reconocimiento expreso de deuda y, así como dispone el precitado apartado, procedería incluir al acreedor en el listado correspondiente y calificación de su crédito correspondiente. Por lo que respecta a la donación, que se perfec-

113 Lo uno por lo otro.

ciona por la aceptación del donatario, en tanto no acepte éste, nos hallaremos con un acto unilateral que, incluso puede desplegar sus efectos mortis causa (art. 620 C.c.), también reviste su complejidad de adecuación con la norma concursal, como sería hallarnos ante una donación modal, por ejemplo, a cambio de alimentos y, siendo así que éstos pueden prestarse (art. 149 C.c.) pagando la pensión alimentista o recibiendo y manteniendo en su propia casa al alimentista-donante-deudor-concursado la devolución del alimento dado en caso de mantenimiento representaría per se la elaboración de un informe pericial económico a los fines de realizar su equivalencia *id quod interest*, en su equivalencia económica, tal y como explicábamos en el precedente apartado.

d) El párrafo 4 del art. 235 TRLC parte del hecho de bienes que no pueden reintegrarse a la masa activa (i) «*por pertenecer a tercero no demandado*», estaríamos en el supuesto del tercero de buena fe del art. 34 LH, precedentemente analizado; a ello añade un segundo supuesto, que sería (ii) el de aquéllos que sí hayan sido demandados, hubieran procedido de buena fe o gozasen de irreivindicabilidad (por no estar en posesión de la finca reivindicada, por ejemplo) o protección registral (por ejemplo la protección de la prescripción adquisitiva del art. 35 LH). En tales supuestos el condenado, entiéndase, el tercero, deberá entregar el valor (*id quod interest*) que tuviera cuando salió del patrimonio el bien el concursado (hablaríamos de un bienio) más el interés legal. La norma no distingue entre quien fue demandado y que no lo fue, sin embargo, en ambos supuestos, se establece el mismo efecto, que para el segundo no puede darse, habida cuenta de que no fue ni demandado ni mucho menos condenado, por lo que tiene un difícil encaje este supuesto.

e) Por último, el párrafo 5 del precepto trata del supuesto en el que haya mala fe en el contratante concursado o deudor, a quien, no solo se condenará a todo cuanto antecede (valor, interés legal, sino, además, a la indemnización por la «totalidad de los daños y perjuicios causados a la masa activa.», lo que recuerda, indudablemente, lo dispuesto en el art. 360 C.c., lo cual es un auténtico «cajón de sastre» el que, prácticamente, va a suponer que el cómplice asuma gran parte de la deuda del concursado.

6. JURISPRUDENCIA CONCURSAL

SAP Madrid —28ª— 19.12.2008

«Reconocemos que estas consecuencias no coinciden exactamente con las que fueron peticionadas en la demanda planteada por la Administración Concursal. Sin embargo, entendemos que los efectos que produce el éxito de la acción rescisoria concursal, ejercitada ésta sí a instancia de quienes están legitimados para ello según el artículo 72 de la LC, nacen de la ley (pues están perfectamente acotados en el artículo 73 de la LC) y no necesitan de petición expresa de las partes, en razón del principio "iura novit curia" (tal como ha dicho el TS a propósito de las consecuencias derivadas de la nulidad en la retroacción absoluta de los antiguos procesos de quiebra —sentencias de 24 de febrero de 1992, de 11 de febrero de 2003, de 20 de junio de 2001 y 13 de diciembre de 2005). Además, lo que otorga este tribunal, con respecto a las consecuencias interesadas por el recurrente, supone un "minus" y no un "aliud", por lo que se respeta el principio de congruencia, según exige el artículo 218.1 de la LEC...»

SJM Córdoba 23.07.2005

«6.- Como consecuencia de todo ello, a tenor de lo dispuesto en el artículo 73.1 de la Ley Concursal, debe declararse la ineficacia del acto impugnado, condenando a la restitución de las prestaciones, con sus frutos e intereses. En lo que atañe a la calificación del crédito resultante del derecho a la prestación que procede a favor de "Nanta, S.A.", la administración concursal pretende que se haga como subordinado, por la mala fe de dicha sociedad, al amparo del artículo 73.3 de la Ley Concursal. Téngase en cuenta que el precepto establece que lo que debe probarse es la mala fe de la contraparte del concursado, pero no es preciso analizar la conducta del deudor, lo que hace ociosa cualquier consideración sobre el comportamiento de "Pavosol, S.L.". En cuanto al concepto en sí, la norma no define qué se entiende a estos efectos por mala fe; pero si relacionamos la acción de reintegración con lo establecido por la doctrina y jurisprudencia mayoritarias respecto de las acciones rescisorias y revocatorias civiles, ha de considerarse que existe mala fe si se prueba que quien contrató con el concursado sabía o debía saber (dicho negativamente, no podía ignorar) cuando realizó tal contratación que el negocio era perjudicial y que se realizó cuando el deudor estaba en una situación económica comprometida, por lo que lo que estaba haciendo la contraparte era avenirse a realizar un acto perjudicial para los acreedores. Y aunque la Ley no lo diga expresamente, es en relación al conocimiento de la situación económicamente comprometida del deudor donde debe traerse a colación a las personas especialmente relacionadas con el deudor y las presunciones que respecto de ellas establece la norma...

Por tanto, en este caso concurren de pleno todos los requisitos para que deba calificarse a "Nanta, S.A." como contratante de mala fe, lo que acarrea la calificación de su crédito resultante del derecho a la prestación como consecuencia de la rescisión como subordinado, según determina el artículo 73.3 de la Ley Concursal. Y no se nos diga que esta conclusión supone volver a la misma situación que implicaba la retroacción de la quiebra, pues ello podría predicarse del subadquirente de buena fe que se veía afectado por los devastadores efectos de la nulidad radical establecida por el artículo 878.2 del Código de Comercio, pero no de quien ha contratado directamente con el insolvente, manejando a su antojo su actividad empresarial y decidiendo unilateralmente y en su favor qué negocios realizar y cuándo celebrarlos…»

SJM-1 Alicante 09.03.2010

«Séptimo. Las consecuencias de la reintegración. El legislador toma como hipótesis los actos de disposición que comportan la enajenación de activos del deudor, indicando que la sentencia declarará la ineficacia del acto impugnado, condenando a la "restitución" de las prestaciones con sus frutos e intereses (art. 73.1) y la "reintegración" en la masa de los bienes (artículo 73.3). Ello provoca, como ya se ha dicho en otras ocasiones, problemas a la hora de aplicar tales preceptos al caso de las garantías, ya en la garantía no se enajenan los bienes sino que se sujetan a un determinado crédito. Por ello la garantía revocada y cuya ineficacia se declara podemos decir que se "extingue" en todos sus efectos, pero no se "reintegra". Ello no quiere decir que no tenga trascendencia, sino que lo que produce es liberar los activos gravados y modificar la categoría de los créditos garantizados, que dejan de ser privilegiados especiales. En consecuencia, el banco que presta 30.000 € sigue siendo acreedor, y en cuanto titular de ese crédito contraído antes de la declaración del concurso, acreedor concursal…»

SJM-5 Madrid 29.07.2009

«TERCERO: Consecuencias de la reintegración. Ya hemos dicho que debe acordarse la rescisión e ineficacia de las hipotecas. Con arreglo al art. 73.1 de la ley debe acordarse la restitución recíproca de las prestaciones objeto del mismo, con sus frutos e intereses. La restitución recíproca de prestaciones plantea problema cuando lo que se rescinde es una hipoteca, es decir, un derecho de garantía real. En este sentido, debe señalarse que no se ha producido la rescisión del préstamo, sino de la garantía, y por ello no existe prestación recíproca que devolverse, sino solo la restitución. La consecuencia que conlleva la rescisión e ineficacia de la garantía (derecho real), es que ésta desaparece permaneciendo el derecho de crédito, sin que se pueda invocar la consideración de crédito contra la masa del art. 73.3 de la ley, y ello porque como hemos visto en la constitución del derecho real no hay reciprocidad de obligaciones (la constitución de la hipoteca no las conlleva), por lo que al producirse la rescisión de la garantía no hay prestaciones recíprocas que devolverse. La ineficacia conlleva dejar a los contratantes en la situación anterior al acto rescindido, y la situación anterior era la de acreedor ordinario, porque no había privilegio alguno. En este sentido, podemos traer a colación lo establecido por la SAP de Alicante, sección 8ª, de 28 de enero de 2008 que señala que "… simplemente, lo que se pone de manifiesto es que el artículo 73 de la Ley Concursal parte de la hipótesis de que el acto rescindible es un contrato bilateral o sinalagmático por lo que deberá producirse la recíproca restitución de prestaciones entre las partes una vez declarada la ineficacia del contrato rescindible. Por el contrario, cuando se trata de un derecho real de garantía, al no existir un contrato con prestaciones recíprocas, la ineficacia del acto rescindible se concretará en la extinción del derecho real de garantía manteniendo el acreedor la titularidad de su derecho de crédito, ahora ya sin ninguna garantía. Por otro lado, las dos Sentencias (por cierto, dictadas por Juzgados de lo Mercantil, no por las Audiencias Provinciales como se dice en el recurso) que invoca el apelante no hacen referencia al mismo supuesto de hecho que estamos enjuiciando pues en ambos consta el pago de cantidades por parte de la concursada…»

SAP Lugo 19.12.2006

"Finalmente señalar que la actuación del Banco apelado puede ser considerada de mala fe al no desconocer la incorrección de los traspasos efectuados y el estado de insolvencia de la entidad Conservas de Burela SA., dado su condición de acreedor principal, lo que lleva a que la calificación del crédito como subordinado y la denegación de los intereses moratorios a que se refieren los puntos 3° y 4° del fallo de la sentencia recurrida deban mantenerse como lo restante de lo establecido en la misma".

SAP Alicante —8ª— 22.10.2008

«Existe por tanto perjuicio desde la perspectiva que interesa al Concurso, esto es, en cuanto el acto de dación en pago supone a la postre una restricción de los derechos de créditos de los terceros acreedores de la concursada, pues es evidente que el mecanismo ya extraordinario de la dación en pago (no constando su previsión en el caso del crédito particular) y el privilegio que se hace con su uso a un concreto acreedor, reduce los derechos de aquellos otros acreedores, primero por la alteración de la *pars* y, en segundo lugar, por la reducción de la masa pasiva desde el momento en que no existe además equivalencia económica entre el bien y el fin que constituye causa del negocio de la dación en pago. En suma, en el caso hay perjuicio porque hay objetiva disminución, con el negocio de dación en pago, del patrimonio del deudor y además, se produce con el pago del crédito, una alteración injustificada de la preferencia de cobro entre los acreedores concursales…»

7. HIPOTECA DE MÁXIMO

Respecto de la acción de rescisión del art. 226 y ss. TRLC (antiguo art. 71 LC) en relación con la denominada Hipoteca de máximo, hay que destacar las siguientes resoluciones: en la primera de las cuales se accede a la rescisión, mientras que en la segunda no, habida cuenta de que la que seguidamente se dirá estima que cuando la hipoteca de máximo se emplea para adeudar en la cuenta de máximo los importes correspondientes a deudas preexistentes es uno de los supuestos legales que permiten rescindir este acto escriturario por perjuicio contra la Masa Activa; sin embargo, la segunda de las resoluciones deniega la rescisión pues con la hipoteca de máximo, la entidad bancaria estaba financiando nuevas operaciones mercantiles a quien iba a declararse tiempo después en concurso, permitiéndole a esta empresa continuar con su actividad mercantil, lo cual no va ni perjudica a la Masa Activa y, por tanto, no es uno de los supuestos legales que permitan dar lugar a la rescisión; así pues, debemos distinguir entre una hipoteca de máximo creada ad hoc para asegurar realmente deuda ya vencida o en curso, a considerar como rescindible, y una hipoteca de máximo generada para asegurar el tráfico ordinario de la empresa. Véase que la hipoteca de máximo permite sucesivas prórrogas tal y como las cuentas de crédito sin garantía real, pues, en definitiva, la cuenta que garantiza la hipoteca es una cuenta de crédito.

SJM-4 Barcelona de 18.12.2006

«6. La administración concursal pretende rescindir otras cuatro hipotecas que gravan los bienes de los concursados al entender que su otorgamiento se hizo en perjuicio de la masa del concurso. Las acciones rescisorias, que se pueden ejercitar al amparo de los establecido en el art. 71 LC, tiene varios límites, el primero, es, como hemos visto, un límite temporal de tal manera que solo son impugnables los actos realizados dentro de los dos años anteriores a la declaración de concurso. El segundo limite que podemos señalar es de tipo objetivo, solo se pueden impugnar actos relativos a bienes que formen parte o deban de formar parte de la masa activa del concurso. Por último, solo son rescindibles que aquellos actos que hayan supuesto un perjuicio para la masa activa y que no deriven de la actividad normal del deudor…

9. En esa fecha se concluyen cuatro operaciones: a) un préstamo por importe de 1.200.000 euros a favor de José Friguls Clariana SA; b) se abre una línea de crédito para operaciones de comercio exterior por un importe máximo de 950.000 euros; c) se abre otras dos líneas de créditos, también con garantía hipotecaria, de 300.000 euros cada una de ellas. El total del crédito concedido en ese momento fue de 2.750.000 euros con garantía hipotecara.

10. De la declaración del testigo D. Domingo, se desprende que el importe de 1.200.000 euros del préstamo y el importe de 300.000 euros de una de las línea de crédito se destinó a pagar proveedores, cuyas deudas estaban vencidas en el momento en que se suscriben los contrato (minutos 34-36). El dinero obtenido mediante esas dos operaciones, una de préstamo y otra de crédito, por importe total de 1.500.000 euros fue pagar las deudas vencidas con los proveedores. La Caixa de Cataluña puso precisamente como condición para conceder estos prestamos que el Sr. Domingo comprobara los pagos, por lo tanto tenía pleno conocimiento del destinos del dinero prestado.

11. En este caso, por una parte, y hasta el importe de 970.380 euros, importe del crédito concedido por Caixa de Cataluña al grupo concursado en el momento

en que se otorgan las garantía, lo que hace la Caixa de Cataluña, es sustituir una pólizas que carecía de garantía hipotecaria por otras que sí se preveía esa garantía.

12. Por otra parte, 1.500.000 euros se destinan a pagar obligaciones preexistentes, deudas que son sustituidas por el préstamo de 1.200.000 euros y la línea de creadito hasta 300.000 euros ambas con garantía hipotecaria, de esta forma lo que se hace es sustituir unas deudas vencidas a favor de proveedores, que no tenía garantía hipotecaria, por otras deudas que si lo tienen, lo que supone un perjuicio objetivo para la masa activa del concurso. El art. 71 LC ya citado permite presumir el perjuicio patrimonial para la masa activa cuando las garantías reales se constituyen para garantizar obligaciones que vengan a sustituir deudas preexistentes. En este caso, tal y como reconoció el testigo de Caixa de Cataluña es indudable que ese fue el destino del 1.500.000 euros prestados, pagar obligaciones vencidas de proveedores, pero esas deudas resulta sustituidas por la operaciones de créditos con garantía hipotecaria, por lo que hay que presumir que esa constitución es perjuicio para el concurso. El citado art. 71 LC no requiere para que la operación sea rescindible que las obligaciones correspondan al mismo acreedor, por lo que es posible aplicar este precepto a aquellos casos en los que se esta financiando deuda vencida, lo que hace que debe de ser la entidad de crédito la que pruebe que esa operación era beneficiosa para la sociedad en ese momento, es decir, que la sociedad era viable refinanciando de esa forma la deuda. Hay que señalar que el perjuicio al que se refiere la ley concursal es un perjuicio objetivo para la masa activa, que no requiere que el nuevo acreedor sea consciente del mismo, tal y como dice el precepto, sin necesidad de que conste intención fraudulenta.

13. En este caso, si sumamos la cantidad correspondiente al crédito de la propia Caixa de Cataluña, 970.380 euros, al 1.500.000 euros correspondiente a las deudas vencidas de proveedores, veremos que la diferencia con los 2.750.00 euros del total de las operaciones garantizadas es de 279.620 euros. Esta última cantidad es la que teóricamente no correspondía a deudas preexistentes, pero esa suma resulta insignificante en relación con el total de la garantía concedida para justificar la operación…»

SAP Vizcaya —4°— 30.07.2010

«Así, al efecto de la decisión respecto a la acción resolutoria ejercitada debe determinarse si en el caso el perjuicio que comporta para la masa activa la constitución de una garantía real en cuanto que atribuye al crédito del acreedor beneficiario de la garantía el carácter privilegiado con la inexorable disminución del valor la masa patrimonial de la ulteriormente declarada en concurso, tiene contrapartida en una contraprestación a cargo del acreedor cuyo crédito se garantiza con el acto impugnado.

Pues bien, es indiscutido que la cooperativa Umaran, representada por D. Gian Franco Ghiro Alonso, constituyó una hipoteca a favor del Banco Vasconia en escritura n° 2384 del Protocolo, de fecha 25 noviembre de 2005, ante el Notario de Galdacano, D. Cesar García Morales, sobre la finca n° 20.587 del Registro de la Propiedad n° 4 de Bilbao, en garantía de un crédito en cuenta corriente con un límite de 625.000 euros, a devolver el veinticinco de noviembre del año siguiente, con un interés nominal del 3,50% sobre los saldos deudores de la cuenta y que del importe del crédito, del que dispuso la Concursada en su totalidad, la suma de 168.422,43 euros se aplicó al pago de débitos anteriores de la cooperativa con Banco Vasconía (cuenta de crédito y descubierto en cuenta corriente) y 106.426,05 euros al importe de un efecto con cargo a Infroman cuya devolución solicitó la concursada antes de la fecha y el resto, 350.136,31 euros, se aplicó por la concursada a la realización de diversos pagos de obligaciones ajenas al Banco Vasconía, entre otros el IVA de la finca que se gravó con la hipoteca. Y desde que se concertó el nuevo crédito y se constituyó la hipoteca hasta la declaración de concurso transcurrió año y medio (15 mayo 2007)

Así, la obligación preexistente a la constitución de la hipoteca era de importe notablemente inferior a la que se garantizó con la hipoteca pues la suma de la parte del nuevo crédito que se destinó al pago de los débitos por diversos conceptos con el Banco Vasconía no llegaba a la mitad del importe total del nuevo crédito y por otra parte el débito preexistente con Banco Vasconía resultó beneficiado con la concertación del nuevo contrato de crédito en cuenta corriente pues su exigibilidad se aplazó un año y quedo sujeto al interés mas ventajoso establecido en el nuevo contrato de crédito.

En tales circunstancias, la constitución de la hipoteca en garantía de una operación que posibilitó a la deudora mejorar las condiciones del débito preexistente y continuar su actividad durante más de un año en el que tal vez podría haberse modificado la trayectoria del negocio, dieciocho meses antes de la declaración de concurso, se considera justificada. Y en este sentido se considera oportuno indicar que la SAP de Barcelona, Sección Decimoquinta, de fecha 6 Febr. 2009, en un supuesto semejante al de autos, en el que la diferencia entre el crédito destinado a cancelar la obligación anterior y la de nueva constitución garantizada con hipoteca era inferior a la de autos —las dos terceras partes del crédito garantizado con hipoteca se destinaron a cancelar la deuda anterior y el lapso entre la concertación del negocio y la declaración del concurso fue menor ¿seis meses— considero justificado el acto de disposición que supone la constitución del concurso y excluido el perjuicio.

En consecuencia, procede desestimar la acción rescisoria ejercitada en la demanda...»

SAP Valladolid —3ª— 28.10.2010

«PRIMERO: La administración concursal de PECADOS ORIGINALES S.L. promovió incidente concursal de reintegración, al amparo de lo dispuesto en el artículo 71 de la Ley Concursal (LC), con la finalidad de rescindir una hipoteca constituida a favor de la Hacienda Pública. La hipoteca en cuestión se constituyó dentro del periodo "sospechoso" de dos años a que se refiere el citado artículo 71 LC, ya que fue otorgada el 26 de julio de 2007, siendo la declaración de concurso de fecha 10 de septiembre de 2008. El crédito garantizado trae causa de tres deudas tributarias por IVA de los ejercicios 2005 (1° trimestre) y 2006 (1° y 2° trimestre). Ante la falta de pago de dichos créditos en periodo voluntario, la AEAT incoó procedimiento administrativo de apremio en providencias de fecha 16 de enero de 2007. En esta situación, la deudora solicitó en fecha 29 de marzo de 2007 un aplazamiento de pago de esos débitos tributarios, ofreciendo como garantía una hipoteca inmobiliaria sobre la finca sita en el Polígono Industrial La Mora del municipio de Cistérniga, sobre la que pesaban dos hipotecas anteriores. El valor residual de la finca no alcanzaba a cubrir el total de lo adeudado, por lo que PECADOS ORIGINALES S.L. pidió una dispensa parcial de garantías de conformidad a lo previsto en el artículo 82.2 LGT. El delegado de la AEAT acordó en resolución de 20 de abril de 2007 conceder aplazamiento de pago de la primera de esas deudas tributarias, (IVA de 2005 por importe de 79.309,09 euros), a cambio de la constitución de hipoteca de tercer rango ofrecida por la deudora…

SEGUNDO: Ante todo ha de indicarse que no resulta aplicable al caso, por razones temporales, la modificación del artículo 71.5 LC operada por el RD 3/2009 de marzo…Esta Sala ha sostenido en anteriores ocasiones que la vulneración del principio paritario sí puede implicar perjuicio, en el sentido a que se refiere el artículo 71.1 LC, entendiendo el mismo no solo como perjuicio cuantitativo sino como perjuicio cualitativo. El patrimonio constituye la garantía personal ilimitada del deudor, ex art. 1.911 del Código Civil, por lo que cualquier acto que incida negativamente en esa garantía personal ilimitada incide negativamente en su patrimonio, por más que este no haya variado en términos puramente cuantitativos. Así lo hemos dicho en la Sentencia de esta Sala de 7 de mayo de 2009, citada por el apelado, en la que hacíamos referencia a otra de 23 de marzo de 2009. En esas sentencias decíamos que el concepto de "perjuicio" no es puramente cuantitativo, sino que puede consistir en una disminución de la garantía de cobro, lo cual acontece cuando se hace un pago ignorando el principio de la "par conditio creditorum". Así se desprende del tenor de algunas de las presunciones que contiene el artículo 71 LC, en supuestos que no entrañan una disminución patrimonial, pero que no se consideran de carácter neutro, sino que resultan perjudiciales. Esto ocurre, *v.gr.*, en la anticipación del pago de deudas no vencidas a la fecha de declaración del concurso o la constitución de garantías reales para garantizar deudas preexistentes. Este es el criterio que también sostiene la SAP Barcelona de 8 de enero de 2009, al admitir que junto al perjuicio directo que ocasiona una disminución de patrimonio, (generalmente por falta de equivalencia de las prestaciones o por tratarse de actos a título gratuito), existe un perjuicio indirecto derivado de un trato de favor injustificado. En el mismo sentido podemos citar la SAP Madrid, de 19 de diciembre de 2008.

TERCERO: Sentado lo anterior, sí hemos de convenir con el Abogado del Estado, que cualquier afectación patrimonial negativa no basta para integrar el concepto de perjuicio, sino que ha de tratarse de una afectación no justificada. Es decir, la disminución patrimonial, ya sea en sentido cuantitativo o cualitativo, es un requisito necesario pero no suficiente para considerar producido el perjuicio. Es necesario además que se trate de un acto no justificado en términos jurídicos y económicos. Por eso, cualquier pago que se realice o cualquier garantía que se otorgue en periodo sospechoso no tiene por qué ser automáticamente rescindible. Ese automatismo únicamente podría predicarse de los actos de disposición a título gratuito, salvo las liberalidades de uso, y los pagos u otros actos de extinción de obligaciones cuyo vencimiento sea posterior a la declaración del concurso. Ello es así porque el artículo 71.2 LC presume "iuris et de iure" el perjuicio en estos casos sin admitir prueba en contrario. Sin embargo, en el resto de los casos no ocurre así, pues en éstos, es necesario apreciar la concurrencia de un detrimento patrimonial no justificado. El propio artículo 71 LC, en su apartado 5 (en la redacción anterior al RD 3/2009) contempla un supuesto de justificación al establecer que en ningún caso podrán ser objeto de rescisión los actos ordinarios de la actividad profesional del deudor realizados en condiciones normales. Por "actos ordinarios" podemos entender los propios del giro o tráfico del deudor concursado así como los generados por el mantenimiento de su centro de actividad, excluyéndose los que no pertenezcan al ámbito de la actividad propia de la empresa y los de gestión extraordinaria, tal y como indica la SAP Barcelona de 8 de enero de 2009. Para determinar la existencia de "condiciones normales", tal y como dijimos en la Sentencia de 7 de mayo de 2009, ya citada, debemos examinar la singularidad del acto en términos económicos y/o jurídicos; su excepcionalidad respecto a otras operaciones del mismo tipo que se hayan hecho con anterioridad o posterioridad por la empresa; la discriminación o agravio comparativo respecto de otros acreedores en idéntica situación; la forma de llevar a cabo el acto rescindible en relación a las habituales de la empresa; la proximidad temporal con la declaración del concurso; y en fin, el propio conocimiento que el concursado pudiera tener de su situación de insolvencia y dificultades financieras en el momento en que se lleva a cabo el cuestionado acto o negocio.

CUATRO: Si analizamos el caso de la constitución de hipotecas a favor de obligaciones preexistentes, que aquí nos ocupa, debemos comenzar afirmando que la constitución de una carga real como es la hipoteca afecta necesariamente, por su propia naturaleza, a la "par conditio creditorum" debido a su eficacia real (*ius persequendi*) y personal (*ius prelationis*). Es más, incluso en términos puramente cuantitativos y económicos, es obvio que no tiene el mismo valor un bien grabado con hipoteca que un bien libre de esa carga. Ahora bien, incluso también en este caso hemos de plantearnos si ese acto de constitución de hipoteca tiene una justificación jurídica y económica, pues si el legislador hubiera querido aplicar automáticamente las consecuencias de la reintegración a dicha constitución de garantía real, habría previsto una presunción "iuris et de iure" y no una presunción "iuris tantum", como ocurre en este caso (artículo 71.3.2° LC). Por ello, compartimos el parecer de ALCOVER GARAU (en los Comentarios a la Legislación Concursal dirigidos por Juana Pulgar y otros), al que se refiere el apelante, cuando afirma que "el negocio de renegociación es en principio oneroso, y será más o menos perfecto según cuál sea el valor de cada prestación. Así, habrá que analizar en relación a la prestación del acreedor el rango de la garantía y los bienes sobre que recae; y en relación a la prestación del acreedor, la calidad de la deuda refinanciada y su posibilidad de cobrarla: si era o no muy anterior en el tiempo, si constaba en título ejecutivo, si estaba total o parcialmente garantizada con hipoteca u otras garantías, si en el momento de su vencimiento se podían agredir bienes libres.... De ahí que el negocio pueda llegar a ser más lucrativo que oneroso, y ello tanto a favor del acreedor como a favor del deudor (...). No obstante el legislador estima, seguramente con buen criterio, que lo normal será que el negocio haya favorecido al acreedor y, en consecuencia, presume iuris tantum el perjuicio". Evidentemente, esa presunción iuris tantum, implica que ha de ser la parte que alega la validez del acto, la que ha de acreditar esa justificación, y no la que postula su rescisión. La SAP Barcelona de 6 de febrero de 2009 adopta este mismo criterio cuando afirma que el juicio sobre el perjuicio exige que haya existido un auténtico sacrificio patrimonial, que no se da en todos los actos de disposición patrimonial, por ejemplo cuando el negocio es oneroso y la prestación realizada por el deudor tiene su justificación en una contraprestación de valor patrimonial equivalente. Y, además, es preciso que dicho sacrificio carezca de justificación. En esa resolución se analizan posibles causas de justificación en el otorgamiento de una hipoteca constituida para garantizar, siquiera en parte, una obligación preexistente. Concretamente se valora el hecho de que se transforma una deuda inmediatamente exigible, que por estar en cuenta corriente genera elevados intereses de descubierto, en una deuda a largo plazo, un año, a un interés menor que el propio del descubierto.

QUINTO: De conformidad a este criterio, debemos analizar las circunstancias de la operación realizada. Por un lado, la hipoteca que se constituye es de tercer rango, sobre un bien inmueble respecto al que pesan dos hipotecas precedentes. A cambio, la deudora obtuvo un aplazamiento en el pago, lo que le permitió continuar su actividad empresarial. Por otro lado, el crédito a favor de la Hacienda Pública, ha de considerarse, desde un punto de vista económico, como de calidad alta, pues está legalmente privilegiado. Además en este caso se había dictado providencia de apremio con anterioridad a la declaración del concurso, por lo que en principio, el procedimiento de apremio podría continuar a pesar de la declaración del concurso, tal y como dispone el artículo 55.1.2° párrafo LC. Con estos datos, consideramos que la operación obedeció a un justo equilibrio de contraprestaciones y resultaba jurídica y económicamente justificado. No existió perjuicio en el sentido a que el artículo 71.1 LC se refiere y, en consecuencia, la operación no debe ser rescindida. El hecho de que la operación no esté amparada, por razones temporales, en la excepción relativa a créditos de derecho público que contempla el actual artículo 71.5.3° LC, según la redacción dada por el RD 3/2009, no es óbice para que el resultado sea el mismo si se constata, como en este caso, que no ha existido perjuicio patrimonial...»

8. HIPOTECA DE REFINANCIACIÓN O REESTRUCTURACIÓN

Respecto de la hipoteca denominada de refinanciación o reestructuración de deudas preexistentes (no se confunda este último término con el de la posible hipoteca que derive de la aprobación y homologación del plan de reestructuración), respecto de los presupuestos de la acción de rescisión concursal, así como de los efectos de la misma y consideración del concepto de mala fe, es de destacar el detallado estudio que realiza la siguiente resolución judicial:

SJM-1 Alicante 09.03.2010

«Primero.- Planteamiento: Se formula demanda incidental por la administración concursal de la mercantil FIELTROS DE LANA SL acción reintegradora de la masa por actos del deudor perjudiciales para el activo del concurso concretado en la hipoteca constituida sobre la finca... mediante escritura otorgada el 6/3/2009 a favor de BANCO DE SABADELL (en adelante BS) alegando, en esencia, que la mercantil FIELTROS DE LANA SL, declarada en concurso por auto de 19/6/2009, venía arrastrando una situación de descubierto tolerado de la cuenta núm. 0081-0267-82-0001172421 aperturada en BANCO DE SABADELL y que el importe del préstamo (30.000 €) se aplicó ese mismo día a cancelar el descubierto de 23.363,09 €, habiéndose producido un perjuicio al pagarse deudas no vencidas y a constituir garantías reales sobre el inmueble a favor de nuevas obligaciones en sustitución de las preexistentes, con invocaron del art. 71.2 y 3 LC

La concursada se allana en tanto que BS se opone a la estimación de la demanda de forma extractada por considera que no existe perjuicio por cuanto: i) el descubierto en cuenta corriente es una deuda exigible de forma inmediata; ii) dicho descubierto genera unos intereses mayores que los intereses generados por una obligación a largo plazo y iii) la hipoteca no se constituye únicamente para garantizar una obligación preexistente, con invocación de la doctrina sentada por la AP de Barcelona de 6/2/2009.

Segundo: Los presupuestos de la acción rescisoria concursal

La ley concursal actual no anuda la ineficacia a la nulidad, como acontecía en el derecho derogado (art. 878.II C.Com.), cuyos efectos han sido objeto de profunda crítica doctrinal, de la que se hace eco la última jurisprudencia recaía al efecto (STS de 5 y 13 de diciembre de 2005) sino que opta por acciones especiales cuyos elementos esenciales son la existencia de perjuicio para la masa y su realización en el periodo sospechoso de dos años anteriores a la declaración del concurso, prescindiendo del elemento subjetivo, ya que procede "aunque no hubiere existido intención fraudulenta" (art. 71.1 LC), completando la delimitación del elemento objetivo (el perjuicio para la masa) con una serie de presunciones, en un caso *iuris et iure* (disposiciones a título gratuito y pagos o extinciones de obligaciones intempestivas, art. 71.2) y en otro *iuris tantum* (disposiciones a título oneroso realizados a favor de personas allegadas y garantías reales sobrevenidas, art. 71.3), tratándose de acciones rescisorias especiales o concursales por cuanto tienden a privar de eficacia a negocios válidamente celebrados por el deudor en una época en que ostentaba plena capacidad y facultad dispositiva y el objeto material de tales pretensiones lo constituye el perjuicio a la masa de acreedores, cualquiera que sea la intencionalidad del acto o contrato

Tercero: El presupuesto temporal

En el caso presente el elemento temporal no ofrece problema alguno, ya que consta declarado el concurso de FIELTROS LANA SL el 19/6/2009 y la hipoteca atacada como perjudicial se llevó a cabo el 6/3/2009

Cuarto: El presupuesto temporal. Hechos relevantes

En cuanto al requisito objetivo son dos los fundamentos invocados: a) que se trata de un acto que provoca el pago de deudas no vencidas (art. 71.2) y b) la constitución de garantías reales a favor de nuevas obligaciones contraídas en sustitución de preexistentes (art. 71.3.2)

Para su análisis, de las alegaciones no controvertidas y de la documental aportada, podemos fijar los siguientes hechos relevantes:

i) FIELTROS DE LANA SL mantenía una cuenta corriente con BANCO SABADELL, SA con el nº... en virtud de contrato de 1997 que a fecha 6/3/2009 arroja un saldo deudor de 23.363,09 €... ii) Fieltros concierta un préstamo hipotecario con el BANCO DE SABADELL SA el día 6 de marzo de 2009 por un importe de 30.000 €, gravando la finca siguiente:... y que ya estaba gravada con una hipoteca a favor del Banco Popular Español, S.A. en garantía de un préstamo de 58.000€...iii) El importe íntegro de préstamo hipotecario de 30.000€ es ingresado en la cuenta nº... iv) El mismo día 6/3/2009 se compensa de inmediato con el descubierto de 23.363,09€, quedando un restante de 6.636,91 €... v) El día 7/5/2009 FIELTROS DE LANA SL solicita el concurso en el que indica que su pasivo asciende a 201.983,73€ y que tras trámite de subsanación, se declara el19/9/2009...

Quinto. Anticipación de pagos: Respecto de lo primero, no se considera que concurra el supuesto del art. 71.2 LC (El perjuicio patrimonial se presume, sin admitir prueba en contrario, cuando se trate de ... de pagos u otros actos de extinción de obligaciones cuyo vencimiento fuere posterior a la declaración del concurso) ya que aquí no se pagan deudas postconcursales, pues los saldos deudores de la cuenta de crédito deben ser reembolsados de forma inmediata por el titular de la cuenta, sin necesidad de que el banco lo reclame (cláusula tercera del contrato...), por lo que se comparte el parecer de la demandada de que el descubierto existente en fecha 6/3/2009 era exigible en ese momento

Sexto. Renegociación de deuda previa: Mayor enjundia tiene la otra fundamentación. El art. 73.3. 2 LC dice que "Salvo prueba en contrario, el perjuicio patrimonial se presume cuando se trate de los siguientes actos: 2º La constitución de garantías reales a favor de obligaciones preexistentes o de las nuevas contraídas en sustitución de aquéllas". Como se ha dicho en otras ocasiones por este Juzgado se establece por el legislador una presunción iuris tantum (modificando iniciales proyectos legislativos) de perjuicio, que libera al impugnante de su prueba, en los supuestos conocidos como "superposición de garantías" (garantías creadas después de la deuda) y "renegociación de deuda previa" (creación de garantías para nuevas obligaciones contraídas en sustitución de anteriores, que no gozaban de dicha protección). Estas operaciones realizadas en el período sospechoso vulneran el principio de la *par conditio creditorum*, buscando la ley evitar el favorecimiento por el concursado de uno o varios acreedores en detrimento de los restantes mediante la constitución de derechos reales de garantía que garanticen el cumplimiento de una obligación contraída con anterioridad, ya que tal constitución lleva aparejada que los bienes o derechos sobre los que recae la misma quedan afectos a un derecho de ejecución separada por parte del beneficiario (en su caso con las limitaciones del art. 56 y 57) y tendrá la consideración de crédito con privilegio especial (art. 90 y 155). Por ello se mantienen por la mayoría de la doctrina que el concepto de perjuicio para la masa activa no ha de ser interpretado en sentido estricto como disminución del activo patrimonial por la realización del acto (o no incremento como consecuencia de la omisión) sino en sentido amplio, atendiendo al carácter colectivo del procedimiento y a la finalidad del mismo de que se respete el principio de paridad del trato, de manera que el perjuicio sea referencia al conjunto de los acreedores y no al interés individual de un acreedor particular. Así se dice que existe perjuicio cuando el acto impugnado impida, disminuya o dificulte la satisfacción colectiva de los acreedores concursales. Los supuestos del artículo 71.2 y 3 patrocinan esta interpretación dado que los mismos contemplan actos que no necesariamente implican disminución del patrimonio del deudor sino que llevan aparejada simultánea disminución de activo y pasivo, y por tanto, mantenimiento de neto patrimonial.

Los hechos probados descritos anteriormente son subsumibles en el supuesto de hecho del artículo 71.3.2° ya que la hipoteca no solo se realiza dentro de periodo sospechoso sino que se destina (por el juego de la compensación de saldos inherente al contrato de cuenta) a extinguir la deuda preexistente por importe de 23.363,09 €, sustituyendo así la deuda ya existente sin ninguna garantía real por deuda con garantía real, con las consecuencias y la disparidad de trato que ello acarrea, o de fraude (al que se hace referencia en otros texto legales no invocados) considerado en sentido objetivado como consciente alteración de la *par conditio*, pues en esas circunstancias la entidad bancaria conocía o debía conocer empleando la diligencia media, la situación patrimonial delicada de la FIELTROS, sin que ello sea equivalente a predicar mala fe a los efectos del art. 73 LC. Ahora bien, la presunción no es *iuris et iure* sino *iuris tantum*, por lo que se admite prueba (cuya carga corresponde al demandado) que desvirtúe la presunción de perjuicio, apuntándose, entre otras, a nivel dogmático la mejora de las condiciones de pago, rebajas de interés, ampliación considerable de disponible, etc. Y es aquí donde trae a colación la demandada conocida sentencia de la AP de Barcelona de 6 de febrero de 2009 para cuyo análisis no debemos perder de vista el supuesto fáctico analizado cual era la constitución de la hipoteca acordada el día 25 de octubre de 2006 a favor del una entidad bancaria en garantía de una póliza de crédito por un límite máximo de 1.000.000 euros habiéndose destinado de este crédito de 1.000.000 euros, 631.653 euros a cancelar el saldo deudor de otra póliza de crédito que la concursada tenía que ya se hallaba vencida, por lo la hipoteca no solo sirvió para garantizar una obligación preexistente sino también para una ampliación del crédito en 368.347 euros

La sentencia tras indicar que "El perjuicio es un concepto jurídico indeterminado que hay que dotar de contenido. Se advierte con claridad cuando existe un sacrificio patrimonial injustificado, que requiere una aminoración del valor del activo sobre el que más tarde, una vez declarado el concurso, se constituirá la masa activa (art. 76 LC), y que ello no se encuentre justificado. El juicio sobre el perjuicio exige, pues, que haya existido un auténtico sacrificio patrimonial, que no se da en todos los actos de disposición patrimonial, por ejemplo cuando el negocio es oneroso y la prestación realizada por el deudor tiene su justificación en una contraprestación de valor patrimonial equivalente. Y, además, es preciso que dicho sacrificio carezca de justificación —añade—. En este caso, debemos valorar si estaba o no justificado el sacrificio patrimonial que comporta la concesión de una garantía real, pues contrariamente a lo argumentado por el Banco, constituye una merma del valor del bien en la medida en que se afecta al cumplimiento de una obligación, lo que se manifiesta sobre todo a la hora de enajenar o gravar nuevamente el bien. El mero hecho de conceder una garantía real, en este caso una hipoteca, para garantizar una obligación preexistente o una nueva que sustituya a otra anterior, debe considerarse injustificado pues además de la merma de valor que supone para el patrimonio del concursado, en relación con el posterior concurso de acreedores, supone una alteración injustificada de la *par conditio creditorum*, al conceder a un acreedor el derecho a satisfacerse su crédito con lo obtenido de la realización del bien gravado y, ordinariamente, al margen del concurso o, cuando menos, con preferencia al resto de los acreedores. Ahora bien, en el presente caso concurren una serie de circunstancias que deben ser valoradas: primero, que la hipoteca no se constituye enteramente para garantizar una obligación preexistente —en este caso una nueva que sustituye a otra anterior—, sino que algo menos de dos terceras partes, aproximadamente, del crédito garantizado con la hipoteca se destina a cancelar otra deuda anterior, vencida y exigible, y algo más de una tercera parte es una ampliación de crédito; y, segundo, que respecto del crédito preexistente, se transforma una deuda inmediatamente exigible, que por estar en cuenta corriente genera elevados intereses de descubierto, en una deuda a largo plazo, un año, a un interés menor que el propio del descubierto. Ambas circunstancias, en el contexto en que se renegoció la deuda, en octubre de 2005, seis meses antes de que se instara el concurso de acreedores, justifican el acto de disposición que supone la constitución de la hipoteca, lo que excluye el perjuicio".

En el caso que nos ocupa se destina más del 77% del préstamo a cancelar la deuda preexistente con BS, quedando solo un resto de 6.636,91 €, sin que conste (porque no se aporta completa ni se aclaran) cuáles eran las condiciones de devolución del préstamo y los intereses remuneratorios y moratorios pactados a fin de cotejarlos con los derivados de la póliza de crédito para ver si implican mejora de condiciones. Si a ello unimos la inminencia temporal de la operación con la solicitud de concurso (a los dos meses), y la escasa cuantía del incremento de activo (6.000 €), por sí mismo y en relación con el pasivo reconocido (201.983€) por lo que difícilmente puede considerarse una inyección destinada a solventar la crisis económica, habrá que concluir que la operación no estaba justificada, o dicho de otra manera, que no se ha probado causa que excluya el perjuicio que presupone el cambio de cobertura de la deuda preexistente, sin que podamos considerar esta operación hipotecaria como acto ordinario de la actividad profesional o empresarial del deudor realizadas en condiciones normales, pues no responde a esos parámetros de gestión ordinaria en condiciones normales.

Séptimo. Las consecuencias de la reintegración: El legislador toma como hipótesis los actos de disposición que comportan la enajenación de activos del deudor, indicando que la sentencia declarará la ineficacia del acto impugnado, condenando a la "restitución" de las prestaciones con sus frutos e intereses (art. 73.1) y la "reintegración "en la masa de los bienes (artículo 73.3). Ello provoca, como ya se ha dicho en otras ocasiones, problemas a la hora de aplicar tales preceptos al caso de las garantías, ya en la garantía no se enajenan los bienes sino que se sujetan a un determinado crédito. Por ello la garantía revocada y cuya ineficacia se declara podemos decir que se "extingue" en todos sus efectos, pero no se "reintegra". Ello no quiere decir que no tenga trascendencia, sino que lo que produce es liberar los activos gravados y modificar la categoría de los créditos garantizados, que dejan de ser privilegiados especiales.

En consecuencia, el banco que presta 30.000 € sigue siendo acreedor, y en cuanto titular de ese crédito contraído antes de la declaración del concurso, acreedor concursal. Ahora bien, la calificación será la de ordinario, ya que ese crédito, privado de la garantía declarada ineficaz, no es crédito privilegiado ni tampoco crédito contra la masa (del art. 73) ya que su origen no será la rescisión sino el título de crédito preconcursal originario (el préstamo), por la no confusión entre préstamo e hipoteca. Por ello la declaración de ineficacia de la hipoteca debe conllevar: a) esa calificación del crédito de BS que debe tenerse en cuenta a la hora de efectuar las operaciones de liquidación, pero no lo interesado en la demanda en la que se peticiona un ingreso a la masa activa de 23.363,09 €, pues ello sería tanto como imponer ahora al BS una nueva aportación de numerario en esa cifra y b) la cancelación registral de la hipoteca En cambio, no procede la declaración de subordinación por mala fe por dos motivos: i) ello sólo tiene sentido si hay derecho a la prestación a favor del demandado a consecuencia de la rescisión (art. 73.2 y 3 LC) y en el caso de rescisión de garantías ello no ocurre. Aquí no se genera a favor de BS crédito alguno derivado de la rescisión, por lo que no se puede degradar de crédito contra la masa a subordinado, pues el crédito que tiene es anterior a la declaración de concurso y ii) en todo caso no se aporta prueba de esa mala fe, que no se puede derivar sin más de la realización del supuesto fáctico del art. 71.3.2. LC ni se puede extraer del dato de que tolerase de manera continuada los descubiertos cuando siquiera hay prueba contundente de que el comportamiento respecto de esa cuenta corriente escape de lo que es habitual en el tráfico mercantil en relaciones comerciales que se remontan a más de una década 1997, sin que sea equivalente este concepto de mala fe del art. 73LC a otros previstos en la legislación especial a la que se refiere la DA 2ª de la LC…»

El Tribunal Supremo se pronunció respecto de estas hipotecas de reestructuración y refinanciación, en tanto en cuanto no suponen en sí mismas un sacrificio patrimonial injustificado, respecto del cual, seguidamente aludiremos, por lo que, en principio, quedarían fuera del ámbito de la acción de los arts. 226 y ss. TRLC (antiguo art. 71 LC), en los siguientes términos:

STS —1.ª— n.º 363/2014, de 9 de julio

«...Concluye con unas consideraciones en torno a la modificación de la LC por el RDL 3/2009, de 27 de marzo, en cuanto a su Disposición Adicional 4ª, sobre acuerdos de refinanciación, actualmente incorporados al art. 71.6 por la Ley 38/2011. A la vista del contenido de tales disposiciones, el recurrente entiende que sólo son irrescindibles los acuerdos de refinanciación que descansen en un plan de viabilidad, y reúnan los demás requisitos que impone la norma, lo que, en el presente caso, no se dan.

TERCERO.- Razones de la Sala para su desestimación.

1. El recurrente cita cuatro sentencias del Tribunal Supremo con un criterio que se dice coincidente y contrario al utilizado por la resolución recurrida, pero basta examinar el sustrato fáctico de cada una de ellas para comprobar que descansan en un supuesto de hecho distinto al declarado probado en el caso enjuiciado, y con unas conclusiones o valoraciones jurídicas de difícil encaje con las que realiza la sentencia recurrida.

Como señala la STS núm. 652/2012, de 8 de noviembre, para decidir qué debe entenderse por *"un acto perjudicial para la masa activa"*, deben valorarse si los datos existentes *"en el momento de su ejecución, el acto se había considerado lesivo para la masa activa en la hipótesis de que esta hubiera existido en aquella fecha"*, pues *"la casuística en esta materia es muy amplia"* y, en definitiva, la *"ley no dispone la rescindibilidad de los actos que suponen una disminución del patrimonio del deudor sino de los que son perjudiciales para la masa activa. Los que, a la postre, suponen un sacrificio patrimonial injustificado (*SSTS 548/2010, de 16 de setiembre, 662/2010, de 27 de octubre, 801/2010, de 14 de diciembre *y* 210/2012, de 12 de abril)*"*.

La sentencia recurrida, en su Fundamento de Derecho cuarto (aunque se refiera al tercero, por error) en un análisis de los hechos acreditados, y sobre la base de los argumentos de las partes, articula conclusiones [desde el apartado a) al apartado i)], en las que analiza todas la circunstancias del caso, destacando las ventajas que tales operaciones de refinanciación y reestructuración le supusieron a la hoy concursada, que las alejan del perjuicio patrimonial injustificado, de acuerdo con el art. 71.3 LC.

2. El recurrente señala que la constitución de garantías hipotecarias supone un perjuicio patrimonial de carácter objetivo, así como una alteración de la *par conditio*, gozando los acreedores hipotecarios de una preferencia, que antes no tenían, respecto de los créditos refinanciados.

Pues bien, estas formulaciones tienen por sí mismas un carácter objetivo, pero olvida la recurrente que el precepto que se dice infringido, el art. 71.3 LC, se encabeza literalmente: *"Salvo prueba en contrario, el perjuicio patrimonial se presume..."* y, por tanto, las consideraciones que preceden deben hacerse proyectadas al caso concreto, en función de la resultancia fáctica acreditada y probada en la litis, para destruir la presunción del perjuicio. Y esto es justamente lo que hace la sentencia y lo que no acepta el recurrente, aunque proclame la inalterabilidad de los hechos declarados probados reiteradamente. El recurrente no comparte la sentencia que llega a la conclusión de que no hay perjuicio, y su recurso más parece un escrito de alegaciones, —reiterativo respecto del presentado como recurso de apelación—, o un instrumento que permita ante este Tribunal abrir una tercera instancia que proscribe reiteradamente esta Sala (STS 797/2011, de 18 de noviembre, y las allí citadas)...

"CUARTO.- Formulación y razonamientos del segundo motivo de casación.

Se articula en los siguientes términos: *"La sentencia impugnada debió resolver sobre la rescisión pretendida aplicando un precepto, la* DA 4ª de la Ley Concursal, *introducida por el Real Decreto Ley 3/2009 —hoy, tras la Ley 38/2011,* art. 71.6 LC—, *en cuanto define legalmente los acuerdos de refinanciación no rescindibles, cuya vigencia no supera los 5 años y sobre el que no existe jurisprudencia del Tribunal Supremo".*

Señala que la sentencia recurrida rechaza la rescisión de los préstamos y garantías objeto de esta litis sobre la base, dice, de que respondían a un *"plan de refinanciación"* de la concursada. Si esto hubiera sido cierto, cuando menos en las operaciones realizadas a partir del 1 de abril de 2009, debía tenerse en cuenta la Disposición Adicional 4ª LC, introducida por el RDL 3/2009, que establece unas condiciones objetivas muy claras.

Solicita, además, que la Sala fije la significación jurídica de esa norma y su incidencia respecto de la correcta interpretación del art. 71.3.2° LC, *"para verificar que la presunción legal de perjuicio para la masa por mor de la constitución ex novo de garantías hipotecarias no puede ser desvirtuada, invocando la existencia de un plan de refinanciación, si no es cuando se dé un plan viable, esto es, un acuerdo que reúna las condiciones establecidas en el referido* art. 71.6 LC".

Solicita, finalmente, que la Sala, como ha hecho en otras ocasiones —incidencia del art. 71 LC en la interpretación del art. 878.2 C. Com.—, "afirme la vis expansiva del vigente art. 71.6 LC *—y de su precedente, la Adicional 4ª— sobre la interpretación del* art. 71.3.2° LC, *incluso respecto de, supuestos plantes de refinanciación de fecha anterior al 1 de abril de 2009, como, por ejemplo, el que supuestamente dio lugar al préstamo sindicado de 29 de abril de 2008, objeto de estas actuaciones".*

En definitiva, el recurrente señala que si realmente hubo un plan de viabilidad, no se ajustó a las exigencias establecidas por el RDL 3/2009, siendo posible diseccionar los distintos elementos integrantes de un negocio (las operaciones, por un lado, y las garantías, por otro), con cita de jurisprudencia para, finalmente, reiterar los argumentos del primer motivo, en la medida en que las garantías hipotecarias perjudican a la masa, benefician a los titulares de las garantías en detrimento de los restantes, lo que supone infringir la *par conditio*.

QUINTO.- Razones de la Sala para desestimar el segundo motivo del recurso de casación.

En primer lugar, hay que señalar que el Real Decreto Ley 3/2009 es de fecha 26 de marzo, y el escrito de apelación de diciembre de 2011, por lo que plantear distintas cuestiones en el presente motivo supone introducir en el debate cuestiones nuevas, lo que está proscrito en el recurso de casación (SSTS 388/2012, de 26 de junio, 703/2012, de 14 de noviembre, entre otras).

Ello no obstante, como al final del motivo anterior apunta a una particular cuestión, especialmente, en relación a que la sentencia recurrida no tuvo en cuenta la normativa sobre los acuerdos de refinanciación en las operaciones realizadas en abril de 2009 (vigente ya el RDL 3/2009), pues el plan de viabilidad sobre el que se concedieron los nuevos préstamos resultó no ser realizable para subvenir a la continuidad de la actividad profesional en el corto y medio plazo, entraremos a razonar determinados aspectos del motivo.

Ante todo, hemos de señalar que el RDL 3/2009 fue una norma que pretendía proporcionar una seguridad jurídica a las partes a determinadas operaciones de reestructuración y de financiación, o ambas, con el fin de que, si se daban ciertos requisitos, fueran irrescindibles frente a las acciones de reintegración. En modo alguno puede pensarse que la norma supuso que todos los acuerdos de refinanciación o de reestructuración debían ajustarse a los requisitos que en la misma se establecen, so pena de poder ser rescindidos inevitablemente. Las mismas razones que llevaron y llevan a la jurisprudencia, en cada caso particular, tras su análisis y ponderación, a apreciar o no un sacrificio patrimonial injustificado por las operaciones descritas, también ahora, nada impide que pueda probarse que no ha existido perjuicio, destruyendo la presunción *iuris tantum*, que es lo que ha ocurrido en el presente caso y que la sentencia recurrida ha ponderado detenidamente. Por tanto, ni la norma que introduce los acuerdos de refinanciación (la DA 4ª del RDL 3/2009), ni las posteriores reformas concursales que los ha modificado (Ley 38/2011 y el RDL 4/2014) impiden que para los acuerdos de refinanciación que no se acojan a la protección específica prescita recientemente en la disposición adicional 4 ª y en el art. 71.bis, deba seguir examinándose, caso por caso, si existe o no sacrificio patrimonial injustificado como venía haciéndose hasta ahora, pues aunque los acuerdos no se ajusten a los requisitos exigidos por las nuevas normas pueden ser igualmente inmunes si no comportan perjuicio concursal en el sentido del art. 71 LC...»

Respecto del concepto de «sacrificio injustificado», sin perjuicio de la definición dada por el art. 619.2 y 3 TRLC de «*sacrificio desproporcionado*», sobre el que ya hemos tratado precedentemente, queda perfectamente definido por la siguiente resolución del Alto Tribunal:

STS —1.ª— n.º 115/2018, de 6 de marzo

«3. En la actualidad, existe una jurisprudencia consolidada que concibe el perjuicio para la masa activa como un sacrificio patrimonial injustificado. Esta jurisprudencia, invocada por el recurrente, se contiene en la sentencia 629/2012, de 26 de octubre, cuya doctrina ha sido reiterada en sentencias posteriores (entre otras, sentencias 652/2012, de 8 de noviembre; 100/2014, de 30 de abril; 363/2014, de 9 de julio; 428/2014, de 24 de julio; 631/2014, de 1 de noviembre; 41/2015, de 17 de febrero; 58/2015, de 23 de febrero; 112/2015, de 10 de marzo; 124/2015, de 17 de marzo; 199/2015, de 17 de abril; 340/2015, de 24 de junio; 642/2016, de 26 de octubre):

«El perjuicio de la rescisión concursal tiene en común con el perjuicio pauliano que comporta una lesión patrimonial del derecho de crédito, en este caso, no de un determinado acreedor, sino de la totalidad englobada en la masa pasiva, y esta lesión se ocasiona por un acto de disposición que comporta un sacrificio patrimonial para el deudor, injustificado desde las legítimas expectativas de cobro de sus acreedores, una vez declarado en concurso.

»Aunque el perjuicio guarda relación con el principio de la paridad de trato, tampoco cabe equiparar el perjuicio para la masa activa con la alteración de la *par conditio creditorum,* pues nos llevaría a extender excesivamente la ineficacia a todo acto de disposición patrimonial realizado dos años antes de la declaración de concurso que conlleven una variación en la composición de la masa pasiva, como sería cualquier garantía real que subsistiera al tiempo del concurso e, incluso, los pagos debidos y exigibles.

»El perjuicio para la masa activa del concurso, como ya apuntábamos en la Sentencia 622/2010, de 27 de octubre, puede entenderse como un sacrificio patrimonial injustificado, en cuanto que tiene que suponer una aminoración del valor del activo sobre el que más tarde, una vez declarado el concurso, se constituirá la masa activa (art. 76 LC), y, además, debe carecer de justificación»...»

9. DACIÓN EN PAGO DE DEUDA

Relativo a la rescisión del inmueble dado en pago del crédito preexistente, la ausencia de justificación del sacrificio patrimonial, la impugnación de hipoteca posterior y las consecuencias de la reintegración, se pronuncia la siguiente resolución judicial:

SMJ-1 Alicante 14.07.2010

«Tercero. La rescisión de la dación en pago:

Jurídicamente la cobertura normativa de la reintegración se encuentra en el art. 71.1 LC. No solo hay perjuicio cuando el activo patrimonial del deudor se ve disminuido por la realización del acto o no se incrementa como consecuencia de su omisión, sino también cuando el acto impugnado impida, disminuya o dificulte la satisfacción colectiva de los acreedores concursales, ya que aquel perjuicio se aprecia no solamente atendiendo al activo patrimonial (visión estricta) sino también atendiendo al conjunto de los acreedores, como se deduce del art. 71.2.2° y 71.3. 2°), dando entrada al principio de paridad de trato (visión amplia).

Tesis ésta última que se asume y es la seguida por las Audiencia Provinciales, entre ellas la **SAP de Madrid de 19/12/2008** que dice *"El perjuicio para la masa activa también puede devenir de una reducción del activo, aunque le acompañe una minoración de pasivo, si de resultas de la misma se produce una disminución de la posibilidad de dar satisfacción a los acreedores, según la regla de paridad de trato, como consecuencia de la reducción del soporte patrimonial del deudor que habría de responder ante ellos. Si el acto objeto de la acción de reintegración por vía de* *la rescisoria concursal ha incidido, de modo desfavorable, en la posibilidad de dar una mejor satisfacción al colectivo de los acreedores concursales, lo que ocurre cuando se reduce la masa activa con la que atender el pago de las obligaciones contraídas, debe considerarse que existe el perjuicio patrimonial a que se refiere el nº 4 del artículo 71de la LC en relación con el nº 1 del mismo precepto legal. Que la regla de la "par conditio creditorum" subyace en la redacción del artículo 71 de la LC, y debe orientar su interpretación, lo demuestra el tenor de varias de las presunciones que se contienen en los números 2 y 3 del dicho precepto legal, en los que se contemplan algunas operaciones que no solo entrañan disminución del activo patrimonial, sino también del pasivo, pero que no se consideran de carácter neutro, sino perjudiciales, porque entrañan infracción del principio de paridad de trato a los acreedores. Este criterio resulta de aplicación, a los efectos de rescindir negocios jurídicos, en principio eficaces y aunque se hubiesen realizado sin intención fraudulenta, con cierta proximidad a la manifestación externa de la insolvencia (dentro de los dos años anteriores a la declaración de concurso), cuando como consecuencia de aquéllos se satisfizo tan solo el derecho de un acreedor singular en perjuicio del interés del conjunto de los acreedores, que comprueban como se disminuyó el activo que a todos interesaba a costa de atender el interés particular de uno de ellos. Se trata de una interferencia que el derecho concursal introduce en el principio de seguridad del tráfico, de mucho menos entidad, desde luego, que el antiguo principio de retroacción absoluta de la quiebra, en aras a garantizar la recuperación de aquellos bienes que hubiesen salido del patrimonio del deudor en un tiempo inmediatamente anterior a su declaración en concurso con la finalidad de posibilitar un trato más justo e igualitario al colectivo de afectados por la situación concursal mediante la reintegración de todo aquello que debiera formar parte del patrimonio a liquidar en el procedimiento universal".* De igual modo la **SAP de Barcelona de 1 de febrero de 2007** y la más reciente de **8 de enero de 2009**. Con iguales argumentos **SAP de Vizcaya de 12 de junio de 2008** apuntando precisamente la doctrina que la dación en pago como uno de los máximos exponentes del perjuicio, pues como dice la **SAP de Alicante**, Sección 8ª de **22/10/2008** "*Existe por tanto perjuicio desde la perspectiva que interesa al Concurso, esto es, en cuanto el acto de dación en pago supone a la postre una restricción de los derechos de créditos de los terceros acreedores de la concursada, pues es evidente que el mecanismo ya extraordinario de la dación en pago (no constando su previsión en el caso del crédito particular) y el privilegio que se hace con su uso a un concreto acreedor, reduce los derechos de aquellos otros acreedores, primero por la alteración de la par y, en segundo lugar, por la reducción de la masa pasiva desde el momento en que no existe además equivalencia económica entre el bien y el fin que constituye causa del negocio de la dación en pago. En suma, en el caso hay perjuicio porque hay objetiva disminución, con el negocio de dación en pago, del patrimonio del deudor y además, se produce con el pago del crédito, una alteración injustificada de la preferencia de cobro entre los acreedores concursales*", a lo que la jurisprudencia viene añadir o aclarar (sentencia de la AP de Barcelona de 6 de febrero de 2009) para evitar que el automatismo genere resultados injustos, que se trate de un "sacrificio patrimonial no justificado" atendidas las circunstancias concurrentes como pueden ser que el acto implique una ampliación de crédito o transformación de deuda enmarcado en un contexto de renegociación para continuación de la actividad y salvamento de la empresa. Concurren, pues, los requisitos temporales y objetivos descritos, pues mediante esa operación impugnada se saldan tres días antes de declararse el concurso una deuda elevada de un acreedor preexistente, privilegiándolo frente a los demás, sin que conste que ello estuviese justificado desde una óptica general.

Cuarto.- La ausencia de justificación del sacrificio patrimonial

Frente a ello los motivos defensivos de la demandada OBRAS HERMANOS ESQUIVA SA no pueden prosperar, En primer lugar, no basta con decir que se libera con esta operación las fincas de Calasparra referidas ya que: i) sólo consta la escritura, no la inscripción registral de esa hipoteca, que es constitutiva; ii) en todo caso, de estar inscritas, esas garantías hipotecarias creadas en marzo de 2008 respecto de deuda preexistente presentan una apariencia de perjuicio tan fuerte (art. 71.3.2LC) y por ende rescindibles, que justifican que no se tengan en consideración como equivalente de la que nos ocupa y iii) sobre todo cuando se trata de hipotecas de distinto rango, pues la ahora rescindida es primera y la cancelada es segunda. En segundo lugar, lo único que consta es una renuncia de 74.905,86 € que es de escasa relevancia atendido el importe de la deuda garantizada, que asciende a 4.458.152,76 €, y no se puede invocar ese ínfima quita para justificar el cambio de calificación y que un crédito de cerca de 4,5 millones de euros pase a privilegiarse y garantizarse su pago con activos inmobiliarios inmediatamente antes de la declaración de concurso. Evidentemente a nadie se le escapa que esa minúscula rebaja atendidas las magnitudes de deuda de la concursada (con un pasivo inicial de decenas de millones de euros) no puede equipararse a medida que permita o facilite la continuación de la actividad y salvamento de la empresa. En tercer lugar, no cabe confundir la transformación de la deuda de la concursada HERRADA DEL TOLLO con la de deuda existente de OBRAS HERMANOS ESQUIVA SA con la entidad crediticia. Se deduce de las comunicaciones aportada por la codemandada... y así se desprende del interrogatorio de su legal representante y de la testifical del director de la oficina de la entidad de crédito que OBRAS HERMANOS ESQUIVA SA tenía una deuda con las entidades derivada del descuento de efectos HERRADA que ésta deja de atender. Para aplazar esa deuda a largo mediante un préstamo (a devolver a los 36 meses) se le exige un activo patrimonial que OBRAS HERMANOS ESQUIVA SA obtiene mediante la dación atacada. La operación impugnada lo que persigue es dotar de inmuebles a OBRAS HERMANOS ESQUIVA SA para transformar la deuda que ésta mantenía con las entidades bancarias de corto a largo plazo. El que a su vez OBRAS HERMANOS ESQUIVA SA sea acreedor de HERRADA y el impago de éste genera la deuda de aquél, no altera lo anterior. De ser así se estaría dejando otorgando un mecanismo privilegiado a ese acreedor para atender su crédito con quiebra del principio de la *par conditio.* En todo caso no hay prueba fehaciente de que esa operación se enmarcase en un proceso de renegociación global de la deuda de HERRADA o de SAN JOSE, holding del grupo y también concursada, en los términos indicados en la contestación referentes a un crédito sindicato que permitiese la viabilidad de las mismas y que ha resultado inexistente, pues se desconoce siquiera la contestación a esas misivas remitidas por OBRAS HERMANOS ESQUIVA, sin que sea éste el orden competente para valorar si hubo en ello engaño y las consecuencias derivadas del mismo en las relaciones particulares entre HERRADA/ SAN JOSE y OBRAS HERMANOS ESQUIVA SA. En cuarto lugar, no es cierto que las valoraciones de las fincas a efectos de la dación (250.000 € y 255.000 €) sean muy superiores al valor real, ya que toman en consideración las valoraciones obrantes en el inventario realizado en el proceso concursal cuando lo determinante es el valor en mayo de 2008, sobre todo si atendemos a la notoria (y por ende no precisada de prueba) depreciación de los activos inmobiliarios, sobre todo si se pensaban destinar a desarrollo urbanístico. Y al respecto la más próxima en el tiempo es la que figura en la hipoteca del 16 de julio de 2008 en la que esas fincas... se valoraron a efectos de subasta en 272.940 € en el primer caso y en 283.608 € en el segundo, es decir, más que el valor de la dación. Por todo lo dicho, decir que la dación en pago fue beneficiosa para el concurso se entiende como alegación defensiva pero carece de rigor.

Quinto.- La impugnación de la hipoteca posterior

Respecto de la rescisión de la hipoteca que el 16 de julio de 2008 OBRAS HERMANOS ESQUIVA constituye sobre la finca 17.438 por un principal de 137.000 € y sobre la finca 263 por un principal de 142.000 €, a devolver en 36 meses mediante única amortización, con intereses trimestrales, la escueta demanda de la AC no explica el fundamento de tal pretensión, lo cual ciertamente complica la respuesta judicial. En esa tesitura, son varios los motivos que justifican la denegación de la rescisión: i) no se trata de un acto del deudor en periodo sospechoso, que es el presupuesto del que parte el art. 71.1 LC sino de un acto del adquirente, una vez salid del patrimonio de HERRADA. ii) no cabe aplicación del art. 73.2 LC que contempla un supuesto distinto, y en todo caso no se plantea ni es objeto de prueba que en esa constitución de hipoteca en julio de 2008 interviniese mala fe por la entidad prestamista. iii) tampoco se invoca, ni es objeto de prueba, que esa constitución de hipoteca en julio de 2008 se tratase de una actuación fraudulenta realizada de consuno entre OBRAS HERMANOS ESQUIVA y CAM para perjudicar a los acreedores de HERRADA, por lo que es inmune a la rescisión (art. 37 LH), sin que al tiempo de realizarse la hipoteca (16/7/2008) constase registralmente anotada la declaración de concurso. Ello no quiere decir que no se tenga en cuenta la existencia de esta carga hipotecaria a la hora de fijar las consecuencias de la reintegración.

Sexto.- Las consecuencias de la reintegración

Al tratarse de un acto perjudicial debe acordarse la rescisión e ineficacia del acto impugnado, con la restitución recíproca de las prestaciones objeto del mismo, con sus frutos e intereses (art. 73.1 LC) lo que supone: a) desde la óptica del demandado, el deber de reintegrar a la masa aquello que hubiera recibido del deudor (concursado) y b) desde la óptica del deudor (concursado), en contrapartida, el deber de devolver lo obtenido a consecuencia del acto declarado ineficaz. Respecto de a) las fincas objeto del negocio rescindido deben volver al patrimonio de la concursada. El problema es que la obligada a restituir —OBRAS HERMANOS ESQUIVA SA— ha constituido el 16/7/2008 una hipoteca a favor de CAM sobre ellas; carga hipotecaria que no tenía cuando salió indebidamente del patrimonio de la concursada, con el deterioro que implica y el riesgo para el caso de que se inste ejecución hipotecaria y se vea frustrada la finalidad de la reintegración por causa imputables a la obligada a reintegrar. La **SAP de Alicante, Sección 8ª, de 9 de abril de 2008** se ha enfrentado al problema en un caso similar en los términos siguientes: "*Pues bien, advierte el Tribunal que en el caso se produce la situación particular consistente en que, procediendo la restitución de la prestación, es decir, la devolución de la propiedad, se ha producido un cambio sustancial en el bien sobre el que se materializa dicho derecho al gravársele con una hipoteca en garantía de un préstamo hipotecario por importe de 113.000 euros. Y es que la hipoteca es un derecho de naturaleza real que pasa a integrar el patrimonio del acreedor garantizado y que, en consecuencia, no podrá ser ya menoscabado por la actuación posterior del constituyente, sea esta dispositiva o de endeudamiento; el dominio del bien hipotecado permanece en el patrimonio del constituyente, pero con la restricción en su contenido jurídico que implica el derecho real constituido, en cuya virtud la afección genérica de ese bien al pago de las deudas de su titular —inherente al principio de responsabilidad patrimonial universal— se operará ya sin perjuicio de su específica vinculación en favor del crédito garantizado hipotecariamente. Siendo así, la cuestión plantea dudas, esto es, la articulación por medio de una indemnización «ex» art. 73-2 porque, como dicen los apelantes, dicha obligación está vinculada a la falta o imposibilidad de reintegración que, en el caso que nos ocupa, solo puede plantearse como hipótesis en beneficio de la ejecución futura. Pero, sin embargo, sí parece que haya de tener cabida en el deber de restitución, la satisfacción de la hipoteca, lo que entendemos, puede fundamentarse por dos vías. En primer lugar, en el concepto de prestación del párrafo primero del artículo 73 (la sentencia que estime la acción...condenará a la restitución de las prestaciones). El argumento que sustenta el deber de abono por los adquirentes la hipoteca constituida sobre inmueble dimana de la consideración de que el efecto natural y regular de la rescisión es la restitución de la prestación, restitución que ha de ser propia, es decir, de lo percibido en su día y por tanto, con devolución en identidad de estado, condiciones, naturaleza y valor, tanto jurídico y económico. Así lo exige la contraprestación a percibir ya que solo así se explica la obligación recíproca que la rescisión impone a las partes del contrato en el marco de la bilateralidad de la relación afectada que ha de responder, en este estadio, al principio de equilibrio entre las prestaciones y a la función reconstitutiva de la situación patrimonial del deudor antes del acto rescindido, lo que implica la identidad material o equivalente económico de lo dado y recibido que, desde luego, no se puede alterar por mor de actos propios —art. 1255, 1256 y 1258 CC. El segundo de los cauces que podrían justificar la entrega por los adquirentes, junto con la vivienda, del valor de la hipoteca es el de la previsión contenida en el párrafo segundo del mismo artículo 73. En efecto, y aunque dicho párrafo está dirigido para los casos en que la reintegración in natura no es posible, quedando sustituida por el valor equivalente, también* *puede entenderse respecto de los casos en que la imposibilidad de reintegración afecta, no a los bienes sino a derechos por pertenecer a tercero no demandado o gozar de protección registral. Así, podría entenderse que el derecho de propiedad que ha sido gravado con una hipoteca no puede restituirse y, por tanto, ha de ser compensado en el valor que tenía cuando era libre. En todo caso el Tribunal se inclina por la primero de los cauces y ello supone que, dado que el gravamen que sujeta a la propiedad, constituido por los adquirentes, es de su exclusiva responsabilidad, el cumplimiento del deber de restitución adiciona una responsabilidad económica que dimana de aquella carga real, de modo que para que la restitución tenga lugar en modo equivalente a lo percibido en su día, deber no condicionado ni subordinado por la conducta sobre la prestación percibida, no cabe sino la satisfacción del valor del gravamen junto a la devolución del bien gravado. Por tanto, esa responsabilidad ha de liberarse con anterioridad al momento de la restitución de la vivienda y ello supone la cancelación de la hipoteca. De no ser así, la restitución de la vivienda deberá ir adicionada de la entrega del importe de la hipoteca y cuantos gastos conlleve su total liberación hasta la cancelación"* En consecuencia y siguiendo el criterio indicado, corresponde a OBRAS HERMANOS ESQUIVA SA liberar la responsabilidad hipotecaria concertada con CAM con anterioridad al momento de la restitución, cancelando la hipoteca con la que gravó la finca a fin de que la masa recobre la finca libre de carga o hipoteca. Si no se verifica la cancelación, a la restitución se adiciona la entrega del importe de la hipoteca y cuantos gastos conlleve su liberación. Y ello al margen de que si el cumplimiento de la sentencia in natura no pueda llevarse a efecto por enajenación de la finca por terceros en ejercicio de sus derechos, en ejecución de sentencia, conforme al art. 18LOPJ, se fije la indemnización consistente en el valor del bien inmueble en extensión analógica del art. 73.2 LC. En cuanto a b) (deber de devolución), éste deriva del art. 73.1 LC, como efecto de la ineficacia, por lo que en caso de estimarse está y acordarse la reintegración, entiendo que es pronunciamiento que debe contener la sentencia, aunque el demandado no interesase nada al respecto, abarcada por el principio *iura novit curia. Es decir, se trata de un deber de restitución que nace de la Ley y no* necesita petición expresa, tal y como ha venido entendiendo la jurisprudencia en interpretación del art. 1303 (Sentencias de 24 de febrero de 1992, de 11 de febrero de 2003, de 20 de junio de 2001, entre otras) cuya ratio se considera aplicable, máxime cuando la satisfacción de esa contraprestación se eleva a condición para la efectiva reintegración (art. 73.3 LC). El problema aquí es que el obligado a restituir —OBRAS HERMANOS ESQUIVA SL— sí interesa una serie de efectos respecto de los que la demanda guarda silencio y que no ha precisado (como en otro incidente con la misma codemandada) en aplicación analógica del art. 406 y 408 LEC, el traslado a la actora para que pudieran hacer alegaciones al respecto al celebrase vista en la que se pudieron realizar tales alegaciones. Efectos que consisten en el reconocimiento a su favor de los siguientes créditos: a) 505.000 € correspondientes al valor de las fincas con la clasificación de créditos contra la masa; b) 182.204,18 € por trabajos en las fincas, con la calificación de créditos contra la masa; c) 49.328,89 € como gastos de gestión de cobro y devolución de cambiales por HE-

RRADA, como créditos ordinario Posteriormente, pero antes de la vista, amplia estas peticiones en las siguientes cantidades: a) 74.905,86 € condonados por la dación en pago. b) 70.453,34€ por gastos registrales, impuestos y gestoría derivados de la dación en pago. c) 200.501,06 € por condonación de gastos derivados de impago de pagares por HERRADA DEL TOLLO. Supuestos d), e) y f) que califica como crédito ordinario

Tal y como se dijo en la sentencia de 23/3/2010 recaída en el incidente 706/2009 lo primero que llama la atención y complica la determinación de los efectos es que el la dación en pago formalizada el 16/5/2008, como se ha dicho, haya sido impugnada de forma fraccionada en tres incidentes (este el citado 706/2009 y el 44/2010) cuando mediante ella se salda una deuda reconocida de 3.853.566,98€ más 604.585,78 € (4.458.152,76 € en total) con la dación de 6 fincas.

Y si el planteamiento de la AC es peculiar, menos se explica la actuación de la demandada OBRAS HERMANOS ESQUIVA de no solicitar la acumulación cuando realizar pretensiones restitutorias entrelazadas, que solo se entienden con una visión global del asunto. Al no haberse puesto de manifiesto por las partes, este Juzgador solo la ha apercibido esta problemática en el momento de dictar sentencia por el volumen de asuntos registrados en este Juzgado, que han ascendido a 1300 en 2009 y más de 530 en el presente ejercicio. No obstante ello se tendrán en cuenta, dentro de lo posible, tales circunstancias para dar una respuesta lo más justa a la problemática suscitada, poniendo de manifiesto que las partes sí han podido hacer observaciones sobre la totalidad de efectos pretendido en la vista. Aclarado, en la manera de lo posible, la situación procesal procede pronunciarse sobre los distintos efectos:

En primer lugar (a) deban devolverse 505.000 € correspondientes al valor de las fincas reintegradas, o dicho de otra manera, que hasta esa suma sigue siendo la concursada deudora de OBRAS HERMANOS ESQUIVA SA que tiene la condición de acreedor concursal ordinario. Calificación que se estima procedente y no la de crédito contra la masa propuesta conforme al art. 73.3 por cuanto su origen no es la rescisión sino el título de crédito preconcursal originario (los pagarés correspondientes a servicios realizados). Tal solución se considera más ajustada al art. 73.1 y al principio de la *par conditio creditorum*. La ineficacia supone dejar a las partes en la situación anterior al acto perjudicial, por lo que OBRAS HERMANOS ESQUIVA SA debe ser reconocido acreedor, pero en igual categoría que todos aquellos a los que HERRADA debía antes de la declaración de concurso, esto es, como acreedor concursal. De lo contrario, si se cataloga como crédito contra la masa implicaría la satisfacción integra de su crédito, con quiebra de la paridad de trato que el concurso implica como comunidad de pérdidas, sin que quepa degradarlo a subordinado al no haberse interesado, pues si así se consideraba por concurrir mala fe en el demandado (art. 73LC) debió hacerse valer en el escrito inicial para que este pudiera defenderse (art. 24CE)

Respecto de los 182.204,18 € por trabajos en las fincas (b) el art. 73.1 que habla de "frutos e intereses" como integrante del deber de restitución entiendo que debe completarse aplicando el régimen de gastos y mejoras previsto en el CC (art.

453 a 456) ante el silencio de la LC al respecto. En el caso concreto y no invocada en tiempo la mala fe, el régimen viene determinado por el art. 453 CC, pues como afirma la sentencia de 20 junio 1992 esta disposición «*se refiere a aquellas situaciones en que un propietario no poseedor (y, en general, quien tenga mejor derecho a poseer) recupera la posesión detentada por un tercero, en cuyo caso es indudable que éste (el poseedor que cesa en la posesión), si lo ha sido de buena fe, tiene derecho a ser reintegrado de los gastos necesarios y útiles hechos en la cosa poseída (en la forma y con las garantías que el precepto establece)*». Ello nos conduce a determinar si las sumas reclamadas tienen encaje en el concepto de gastos necesarios o útiles tal y como los define la jurisprudencia, entre otras la STS 20 de mayo de 2002, que dice: "*El artículo 453 distingue los gastos necesarios de los útiles. Los primeros responden a devengos indispensables y por ello impuestos e imprescindibles y son exigidos para la conservación de la finca, de forma tal que de no haberlos hecho el bien habría dejado de existir o desmerecido notablemente (Sentencia de 26-11-1998), pues en todo caso los referidos desembolsos los hubiera tenido que hacer quien resulte vencedor en la posesión discutida, por lo que a efectos de evitar situaciones de enriquecimiento injusto, el referido artículo 453, en relación al 455, viene a otorgar el derecho de su reembolso a todos los poseedores, sin distinguir lo sean de buena o mala fe. No sucede así respecto a los gastos útiles, los que responden a las mejores introducidas en la finca poseída, que incrementan su producción o su rendimiento, con repercusión consecuente de su mayor valor en venta. El Código Civil no define tales gastos y es sólo el artículo 57 de la Ley de Arrendamientos Rústicos el que hace referencia a los mismos, al tener en cuenta las mejoras útiles, que refiere a las obras que se incorporan a la finca y ocasionan aumento duradero de su productividad, rentabilidad o valor agrario. A estos gastos sólo tienen derecho los poseedores de buena fe*" En el caso presente, la partida de 50.220 por gastos financieros no entran dentro de esta categoría, pues ni son exigidos para la conservación de la finca ni implican una mejora que aumente su producción o su rendimiento, y en consecuencia su mayor valor venal. Los restantes, que conceptualmente sí podrían encajar en esa categorías, hay una ausencia de prueba, pues lo único que se aporta es una estimación unilateral en la relación enumerada como doc. núm. 20, sin soporte documental alguno, sin que baste para suplir su inactividad probatoria remitirse a otro incidente que, como se ha dicho, no ha sido acumulado, y que no se explica que si las mejoras son de las fincas objeto de este incidente se aportasen —según se dice —en otro, habiéndose inadmitido por extemporáneos los documentos que pretendió la parte aportar tras la contestación, al no estar amparados en el art. 265 ni 270 LEC.

Finalmente, de las distintas cantidades reclamadas como créditos ordinarios (c, d, e y f) sólo proceden los 74.905,86 € condonados por la dación en pago, pues es justo que si se deja sin efecto la dación, el crédito a favor del acreedor sea íntegramente reconocido en el concurso, sin la quita pactada en consideración al negocio cuya ineficacia se acuerda ahora. En cambio no proceden otras cantidades por gastos de gestión de cobro y devolución de cambiales por HERRADA al no quedar adverados, pues la suma adeudada fijada por las partes fue la que fue objeto de la dación más

> 74.905,86 € referidos ni tampoco cabe fijar suma alguna por gastos registrales, impuestos y gestoría, pues al margen de que no hay constancia que se correspondan con la deuda satisfecha con las fincas objeto de reintegración, en todo caso ni siquiera cabe una imputación proporcional de esas sumas al no responder al concepto de "frutos ni intereses" ni "gastos o mejoras" en los términos dichos…»

10. EL ENRIQUECIMIENTO INJUSTO

El denominado enriquecimiento injusto o sin causa, viene conceptuado doctrinal y jurisprudencialmente mediante el cumplimiento de los siguientes requisitos:

a) La adquisición de una ventaja patrimonial por parte de la persona a la que se le imputa el enriquecimiento.

b) El correlativo empobrecimiento de la otra parte, que sea consecuencia de aquella ventaja.

c) La falta de causa justificativa de tal enriquecimiento.

El enriquecimiento injusto o acción de recuperación por cobro de lo indebido, figura odiosa en relación a los principios de igualdad y seguridad jurídica, no precisa partir de un acto ilícito o de mala fe, sino simplemente del dato de obtener una ganancia indebida, conforme a la **STS —1.ª— n.º 1.018/2000, de 8 de noviembre**, lo cual debe darse si se da una inexistencia de causa en el desplazamiento patrimonial (**STS —1.ª— n.º 542/1998, de 30 de mayo**), según la nutridísima Jurisprudencia del Alto Tribunal (Sentencias de 24 de junio de 1920, 8 de octubre de 1927, 11 de julio de 1940, 2 de julio de 1946, 29 de abril de 1947, 28 de octubre de 1950, 24 y 31 de octubre de 1951, 16 de junio de 1952, 24 de septiembre y 9 de noviembre de 1953, 25 de junio de 1982, 3 de mayo de 1983 y 21 de diciembre de 1984, entre otras).

El art. 1-4º C.c., que regula la aplicación de los Principios generales del Derecho, en defecto de Ley y costumbre, en sintonía con la regla o principio general de que «*nadie puede enriquecerse sin causa a costa de otro*». En el enriquecimiento sin causa se aplicará la Ley en virtud de la cual se produjo la transferencia del valor patrimonial en favor del enriquecido, según dispone el artículo 10-9º *in fine* de dicho Cuerpo Legal.

Respecto de la teoría del enriquecimiento injusto en sede de acción de reintegración hay que destacar la siguiente resolución judicial:

SAP Alicante —8ª— 30.04.2008

«En la tercera alegación del recurso de apelación se denuncia la vulneración de la doctrina del enriquecimiento injusto pues considera la recurrente que, de conformidad con los artículos 1.303 y 1.308 del Código civil y según la STS de 13 de diciembre de 2005, la ejecución de la restitución de las prestaciones entre las partes debe ser recíproca y simultánea y el derecho a la prestación a su favor ha de considerarse crédito contra la masa. De lo contrario, se le estaría condenando a la recurrente al pago dos veces del valor del bien sin recibir nada a cambio.

No puede atenderse esta alegación porque la obligación recíproca a cargo de "Promoblanca, S.A." de la entrega del valor de la finca cuando se perdió (en términos del artículo 1.307 del Código civil) no puede hacerse efectiva de manera simultánea a la de la entrega del precio recibido con sus intereses a cargo de "Imova, S.A.", habida cuenta de la especial situación, en quiebra, en la que se encuentra esta mercantil, pues lo contrario provocaría la ruptura del principio de la igualdad de trato de los acreedores y así, la STS de 28 de febrero de 2003 señala que: "Si la entidad quebrada percibió en su día la cantidad de "Banco E., S.A." que posteriormente el Banco demandado ha transferido al mismo, cuya disposición es nula y ha de reintegrarse, no es un problema de enriquecimiento injusto, sino que la puede reclamar pero respetando el principio *par conditio creditorum*, es decir, quedando esta cantidad integrada dentro de la masa de la quiebra…».

11. LA ACCIÓN DE REINTEGRACIÓN EN LA REAPERTURA DEL CONCURSO

Seguidamente exponemos la doctrina emanada del Alto Tribunal a través de la **STS —1.ª— n.º 56/2024, de 17 de enero** que analiza la posibilidad de ejercitar la acción de reintegración que, en el caso que fue enjuiciado, se planteó durante la vigencia del art. 71 y ss. LC (actualmente, arts. 226 y ss. TRLC). La situación concreta viene determinada por el hecho de que el Administrador Concursal apreció la existencia de la transmisión simulada de un vehículo pero no ejercitó la acción de reintegración antes de la conclusión del concurso; solicitada por un acreedor la reapertura del concurso conforme al art. 179.3 LC, cuestión ésta no debatida por ser pacífica entre las partes, dicho acreedor instó al Administrador Concursal a llevar a cabo la acción de reintegración en los términos previstos en el art. 72.1 LC (actualmente, el art. 232.1 TRLC), quien formuló la pertinente Demanda, lo cual, para el Tribunal Supremo es una «*extrañeza*» dado que la Administración Concursal conocía el hecho pero, «*Pero esa inicial extrañeza no supone una imposibilidad*» para su ejercicio por las siguientes razones:

STS —1.ª— n.º 56/2024, de 17 de enero

«2. …En primer lugar, debe quedar claro que las acciones de reintegración, en principio y bajo la normativa aplicable (la originaria Ley Concursal de 2003), afectan a los actos de disposición realizados por el deudor concursado antes de la declaración de su concurso. De tal forma que las acciones de reintegración, cuya pretensión de ser ejercitadas podría justificar que un acreedor pidiera la reapertura del concurso, debían serlo respecto de actos de disposición realizados antes de la declaración de concurso. En segundo lugar, el hecho de que la acción de reintegración que ahora se ejercita frente a la venta del (automóvil) Mazda no se hubiera indicado en el inventario que se adjuntaba junto con el informe (art. 82.4 LC), ni se hubiera tenido en consideración cuando se informó más tarde, para justificar la conclusión del concurso por insuficiencia de masa activa, que no existían acciones viables de reintegración de la masa activa (art. 176 bis.3 LC), no tiene un efecto preclusivo respecto de su eventual ejercicio en caso de reapertura del concurso. La omisión en el inventario de la posibilidad de ejercitar esta acción de reintegración no impide que más tarde, estando pendiente el concurso, pueda ejercitarse, ya que esa mención en el inventario es meramente informativa. Y la manifestación contenida en la solicitud de conclusión del concurso de la inexistencia de acciones viables de reintegración, si bien constituye un presupuesto para que pueda acordarse la conclusión del concurso, no impide que pueda más tarde reabrirse el concurso (dentro del año siguiente) para ejercitar acciones de reintegración que la administración concursal no entendió inicialmente procedente ejercitar. En tercer lugar, debe advertirse que quien insta la reapertura del concurso para que se ejerciten unas determinadas acciones de reintegración es un acreedor, no la administración concursal, sin perjuicio de que quien, una vez producida la reapertura, ejercita la acción de reintegración sea la administración concursal, que es quien goza de legitimación originaria para hacerlo. Del mismo modo que, conforme al art. 72.2 LC, antes de la conclusión del concurso, la administración concursal, después de no haber tenido la iniciativa de ejercitar una determinada acción de reintegración, hubiera podido instarla una vez que un acreedor se lo hubiera indicado expresamente, y ante la eventualidad de que de no hacerlo estaría legitimado para interponer la demanda ese acreedor; también ahora, reabierto el concurso por el trámite del art. 179.3 LC, a instancia de un acreedor para que se ejerciten unas determinadas acciones de reintegración, el administrador concursal está legitimado para formular las demandas, y no deja de estarlo por el hecho de que en otro tiempo, pudiendo ejercitar esas determinadas acciones, no lo hubiera hecho…».

No es menos cierto que el Administrador Concursal, en el caso de la STS transcrita, a pesar de que él podía y, quizás, debería haber dejado que el acreedor hiciese uso de la facultad que le permitía el segundo párrafo del art. 176 bis.5 LC que le legitima para ejercitar la acción de reintegración, como, actualmente lo permite el art. 476.3 TRLC, en relación con el art. 505.2 TRLC, conforme al cual, el acreedor, como el de la STS, en el escrito de solicitud de reapertura del concurso «debe» expresar «*las concretas acciones de reintegración que deban ejercitarse...*» y, así, si bien el art. 231 TRLC dispone que el legitimado para instarlas es el propio Administrador Concursal, el art. 232 TRLC les confiere dicha legitimación a los acreedores si bien, de forma subsidiaria, es decir, previa instancia al Administrador Concursal para ejercitarla y, si éste, no lo hiciese en el plazo de dos (2) meses, quedan libres los acreedores denunciantes para ejercitar la acción correspondiente.

Así pues, la reapertura del concurso no es óbice y permite ejercitar las acciones de reintegración aun cuando el Administrador Concursal no lo hubiere realizado durante la tramitación del concurso.

12. ACCIONES SIMILARES

A) *La acción Pauliana*

Ya tuvimos ocasión de tratar sobre esta acción en capítulos precedentes y en parte, junto con la acción rescisoria concursal, por lo que, ahora, vamos a tratar sobre la propia naturaleza de esta acción y su ejercicio. El ejercicio de esta tipología de acciones de reintegración no empece el ejercicio de otras similares que pretendan la impugnación de actos del deudor, tales como la denominada «acción pauliana»[114] o revocatoria prevista en el art. 1.111 *in fine* C.c[115], si bien ésta, en sede concursal presenta el valor añadido de que, dado su carácter subsidiario, únicamente puede ejercitarse una vez agotados, realizados o liquidados todos los bienes del concursado, lo cual, a nuestro entender, podría tener lugar tanto en el supuesto de concurso de persona física como en el supuesto de persona jurídica, incluso, en éste, incardinado dentro de lo que supone el ejercicio de la acción individual de responsabilidad contra el Administrador societario (*ex* art. 241 LSC), acción que dispone del plazo de prescripción de cuatro (4) años previsto en el art. 1.299 C.c., cuyo ejercicio queda interrumpido, *ex* art. 155.1 TRLC (antiguo art. 60.1 LC) «*desde la declaración hasta la conclusión del concurso*», pla-

---

114 **Acción pauliana:** debe su nombre al jurisconsulto Paulus mediante la cual se pretendía revocar todos los actos a título gratuito efectuados por el deudor o a título oneroso de mala fe.

115 **Art. 1.111 C.c.** Los acreedores, después de haber perseguido los bienes de que esté en posesión el deudor para realizar cuanto se les debe... pueden también impugnar los actos que el deudor haya realizado en fraude de su derecho.

zo que se reiniciará o reanudará (computándose o deduciéndose el tiempo que hubiese transcurrido desde la realización del acto rescindible hasta el dictado del Auto de declaración de concurso) con la conclusión del mismo, salvo, frente a los fiadores —entiéndanse como reales y personales- y los avalistas —interprétese por aval cambiario—.

Podemos considerarla como una vía indirecta de las que dispone el acreedor para perseguir los actos realizados en fraude de su derecho de recobro, mediante el agotamiento de unos medios jurídicos previos, como último remedio, esto es, digámoslo así, instando dos procedimientos judiciales consecutivos; el primero, de ejecución agotando la solvencia de su deudor y el segundo, el declarativo de rescisión. Es constante y reiteradísima Doctrina jurisprudencial la que, para considerar la aplicación de los artículos 1.111 y 1.291 ss. C.c. exige la concurrencia de las siguientes circunstancias en torno a los actos que se tratan de impugnar.

a) **La existencia de un crédito** por parte del accionante contra el dueño de la cosa enajenada. La evidencia de la existencia del crédito, como hecho inherente a cualquier tipo de acción económica, viene matizada por la Jurisprudencia (**STS 14.06.1958, 13.05.1974 y 02.03.1981**) en el sentido de que, como señala esta última «... *es posible plantear la acción revocatoria aún antes del nacimiento del crédito, cuando éste era conocido y habla de tener próxima y segura existencia posterior*». En la esfera de las relaciones civiles y mercantiles diarias ello puede tener lugar, *e.g.*, en el *iter* hacia la prestación del consentimiento, el encuentro entre la oferta y la demanda (artículo 1.262 C.c.), incluso en momentos anteriores incluso, pues el consentimiento implica conversaciones anteriores mediante las cuales se ponen de manifiesto entre las partes aquellas razones en pro y en contra de la postura que adoptarán en su momento para prestarlo o no; así, en la esfera de las entidades crediticias podría considerarse que la 'transmisión' realizada en el período comprendido entre la solicitud del préstamo/crédito —anterior, por supuesto, al momento de formalización del correspondiente contrato mercantil— sería susceptible de ser combatida o incluida entre los supuestos impugnables.

A modo de paréntesis merece ser citado simplemente el hecho que, en ocasiones acaece, según el cual la transmisión es muy anterior —años quizás— a la del comienzo de las relaciones obligacionales, pero que su emergencia a través de los registros públicos no es evidente, manteniéndose una realidad registral distinta de la titulada, supuesto éste que entraría más en la órbita del Derecho Penal, que no forma parte del objeto de esta obra

No sólo es el momento anterior a la existencia del crédito aquél que puede hacer entrar en funcionamiento el ejercicio de la Acción Pauliana, también lo es el de la propia prórroga del crédito, como así tiene declarado la **STS de 26 de noviembre de 1992** en el sentido de que la prórroga mediante la cual se da una nueva facilidad de pago a los deudores —refinanciación— «*no constituye la extinción de la obligación ni es óbice para la acción rescisoria*».

La presunción de fraudulencia, en torno a los momentos de comisión del acto que se pretende rescindir, se encuentra plasmada legalmente en el artículo 1.297 *in fine* C.c., en tanto en cuanto que, habiéndose instado un juicio no-ejecutivo, «*se hubiere pronunciado antes Sentencia condenatoria en cualquier instancia*» o, que se hubiere «*expedido mandamiento de embargo de bienes*», momento que tiene lugar cuando se despacha la ejecución, momento no exclusivo del juicio ejecutivo y que, se da también en distintas fases del procedimiento de reclamación de cantidad, lo que supone un claro avance en cuanto a la llegada del real conocimiento del deudor de que se le han embargado los bienes, donde es patentísimo el fraude que, en el supuesto de embargo de bienes muebles, entronca directamente con el Derecho Penal).

No se olvide tampoco que, si bien el mandamiento de embargo de bienes que se despacha, se adopta *inaudita pars*, no es menos cierto que, a los efectos que nos ocupan (notificaciones de saldo líquido o requerimientos de pago previos a la reclamación judicial) el momento de presunción de fraudulencia y consiguiente rescindibilidad, puede nacer en momento muy anterior al del artículo 1.297 C.c., de aquí, la necesidad real de notificar el débito o requerir de pago, previamente al ejercicio de la acción ejecutiva, a pesar de no actuar en base a documento de despacho ejecutorio.

b) **La realización de un acto por virtud del cual salga un bien del patrimonio** del que la enajena; esto es, que el deudor haya celebrado un acto o contrato que beneficie a un tercero proporcionándole una ventaja patrimonial, en detrimento del acreedor, quien resulta perjudicado por tal actuación, por lo que ha de existir con ello una auténtica relación causa-efecto, actos o contratos sobre los que ya nos hemos referido en el capítulo relativo al ejercicio de la acción rescisoria concursal.

c) El propósito defraudatorio o ***consilium fraudis***, tanto del que la enajena como del que adquiere la cosa objeto de la enajenación, lo que supone la intención o conciencia de que se está causando con la actuación un perjuicio a los acreedores, bastando la previsión del daño, la conciencia del perjuicio que el empobrecimiento real o fingido cause o pueda causar al acreedor.

   Según casos, también viene mitigando la Jurisprudencia la demostración de la existencia del *animus* que debe presidir la actividad impugnable, precisamente por la vía ya apuntada anteriormente de la prueba de presunciones, a través de la cual, *e.g.*, la **STS 17.07.1990**, no exige que se pruebe el ánimo de perjudicar en una compraventa otorgada por el deudor a un hermano de vínculo sencillo, inexistiendo otros bienes y mediante un precio inferior al real, *pretium vilis*.

d) La ausencia de todo otro medio que no sea la rescisión de la enajenación para obtener la reparación del perjuicio inferido al acreedor, que constituye el requisito de la **subsidiariedad**, previsto y dispuesto en los artículos 1.291-3º y 1.294 C.c. que exige para su ejercicio que los acreedores «*no puedan de otro modo cobrar lo que se les deba*», «*... que se carezca de todo otro recurso legal para obtener la reparación del perjuicio*». Es ésta, pues, la nota más característica de las que adornan la Acción que Paulus mentó, esto es, el agotamiento total y previo de las posibilidades que el acreedor ostenta a fin de conseguir el recobro de las cantidades que le son en deber, dejando completamente exhaustos los bienes realizables del deudor, de sus garantes o de terceros coobligados principal o subsidiariamente, caso de haberlos, es decir, que se halle frente al muro que cierra ese callejón sin salida para, en definitiva y por medio de la Acción Pauliana o rescisoria, conseguir derribarlo.

   A este respecto, resulta oportuno resaltar la **SAP —6ª— Valencia 13.01.1995** que, en su Fundamento Jurídico Tercero, *in fine* razona que «*... sin embargo, no es rigurosamente necesario que haya de promoverse pleito previo para acreditar la insolvencia o que ésta tenga que ser total, pues es suficiente que concurra minoración provocada para cubrir la integridad de la deuda [Sentencias 28-6-1912, 7-1-1958 y 13-1-1986], causándose de esta manera un real y* *persistente daño al acreedor, por la actuación fraudulenta del obligado, siendo determinativo y esencial que del conjunto de las pruebas se llegue a la conclusión de que no pudiendo aquél cobrar lo que se le debe, carece de otro recurso legal para obtener la reparación de los perjuicios económicos que le afectan»*. Criterio compartido también por la **STS —1ª— 28.10.1993** que, citando la **STS —1ª— 14.01.1935**, constituyeron la piedra miliar en la que basé las fundamentaciones jurídicas de la pretensión deducida en la Demanda y así poder conseguir la revocación de la primera resolución. «*La insolvencia del deudor se determina no sólo por la imposibilidad de pago completo, sino también por la disminución de posibilidades económicas efectivas para dar satisfacción a la exigibilidad integral del crédito*», según la STS de 1993 precitada. Se enjuiciaba en los Autos declarativos que dieron lugar a esta Sentencia —revocatoria de la dictada por el Juez de instancia que desestimó la Demanda— la transmisión de padres a hijos de dos inmuebles —vivienda y casa de recreo—, respondiendo aquéllos por deudas propias y por garantías a sociedades de las que formaban parte, constituyendo la única causa que llevó al Juez *a quo* a desestimar la Demanda, precisamente la nota de la subsidiariedad, habida cuenta de que la Parte demandada consiguió demostrar —le incumbe el *onus probandi* de la solvencia, **STS —1ª— 26.11.1992**— la existencia de otro bien —la nave industrial— valorada pericialmente en un importe superior a la suma aritmética de las cargas —solo tuvo en consideración los principales— que representaban dos hipotecas —una de ellas en ejecución— y una anotación de embargo previa a la del crédito del Actor, basándose, como mayor apoyo *pro debitore* en la no constancia de la ejecución de la primera hipoteca. Contrariamente al Juez de Instancia, el Tribunal ha considerado la insuficiencia de dicho bien atendiendo a las razones, también matemáticas que se dedujeron en la alzada, considerando con ello que «*... el único bien que los padres demandados se reservaron se halla vacío de contenido económico...*», lo que da a entender, una vez más, que la nota de la subsidiariedad es predicable en torno a la de infructuosidad o vacío de su contenido económico, lo que va siendo mitigado paulatinamente por la Jurisprudencia —quizás por el propio mandato del artículo 3 C.c.—, no es exigible una insolvencia total y absoluta, aquel dejar exhaustos los bienes del deudor, sino, precisamente, el hecho de que aquéllos hayan quedado en tal situación deprecitativa —múltiples cargas— que el acreedor que accedió más tarde que otros al Registro pueda perseguir 'otros bienes' que constituyeron el patrimonio de su deudor, dejando que los acreedores prioritarios realicen sus ejecuciones con independencia a la suya propia.

La **STS —1ª— 17.07.1990** justifica la procedencia de la Acción que nos ocupa, acreditando '*una ejecución, al menos, que puso de relieve la insolvencia del ejecutado*'. Esta ejecución, a mi entender, *ad cautelam*, debería llegar como mínimo hasta la fase de avalúo, para el supuesto de existir algún bien trabado, lógicamente, y según los casos, se precisará la realización de las tres subastas y, en otras, bastará con la mera denegación de la anotación preventiva de embargo.

B) La fiducia cum amico suo[116]

Corresponde entrar a analizar, pues, las transmisiones de bienes a través de personas físicas o jurídicas vinculadas por mera relación de familiaridad o amistad, el llamado «testaferro», mediante la cual se aprovecha la relación de confianza para poner a seguro los bienes de las actuaciones de los acreedores. Debemos partir, inicialmente por el hecho de que la *fiducia cum amico suo* es permitida por la Doctrina Jurisprudencial del Alto Tribunal, siempre y cuando no fuere fraudulenta. **STS —1ª— 08.10.2012**, que razona del siguiente modo: «… *"cuyo precedente histórico se halla en las Instituciones de Gayo (II, 60,* "sed fiducia contrahitur aut cum creditore pignoris iure, aut cum amico quo tutius nostrae res apud eum sint*") y cuya posibilidad y validez, salvo finalidad fraudulenta, ha sido reconocida por la jurisprudencia de esta Sala En esta modalidad de fiducia el fiduciario no ostenta la titularidad real pues no es un auténtico dueño, teniendo solo una titularidad formal, sin perjuicio del juego del principio de la apariencia jurídica. El dominio sigue perteneciendo al fiduciante en cuyo interés se configura el mecanismo jurídico, lo que acentúa la nota de la confianza…*».

Debemos añadir la **RDGSJFP de 19 de octubre de 2022** (B.O.E. 15.11.2022, Sec. III, pág. 155726) que trata sobre el recurso frente a la resolución del Registrador de la Propiedad denegando la inscripción de la escritura por la que cierta persona «*compró y pagó*» con dinero ganancial

116 Confianza con su amigo.

cierto bien inmueble «*indicando a su hijo… que lo pusiera a su nombre, dado que en ese momento no le interesaba figurar como titular de un bien distinto*» de ciertas otras viviendas. Esto es lo que razona la Dirección General:

«II. Fundamentos de Derecho.

1. Supuesto de hecho. Se consideran hechos relevantes a efectos de la presente nota los siguientes: En escritura autorizada el 1978, don E. V. y L., casado en régimen de gananciales con doña B. A. M., compra una vivienda. La inscripción se practica en 1980 a favor de ambos cónyuges, sin atribución de cuotas para su sociedad conyugal, por título de compra. En la escritura ahora presentada, el comprador —por las razones que se detallan en la escritura— hace un de reconocimiento de dominio de la vivienda en favor de su padre don M. V. P. —fallecido en el año 1983— y de su madre doña G. M. L. M., prestando su consentimiento ésta y los hijos del fallecido (y el viudo e hijos de otra hija fallecida en 2005). No presta su consentimiento doña B. A. M., titular registral y —a la sazón esposa del comprador— y del que hoy se encuentra divorciada. Nada se dice en la escritura de la liquidación de la sociedad de gananciales entre don E. V. L. y doña B. A. M., ni del estado posesorio de la vivienda.

2. Doctrina de la Dirección General. La Dirección General —recogiendo las aportaciones de nuestra doctrina científica sobre el negocio fiduciario y la Jurisprudencia del TS— ha perfilado su doctrina sobre el reconocimiento de dominio en diversas resoluciones (Cfr. Resoluciones de 6 de julio de 2006 —BOE de 24 de agosto—, 6 de julio de 2006 —BOE de 25 de agosto—, 13 de junio de 2018, 20 de julio de 2018, 19 de febrero de 2020, 30 de noviembre de 2021). De ellas destacamos aquí lo que es relevante para el caso que nos ocupa. Entre los requisitos que exige la citada jurisprudencia para la validez del reconocimiento de dominio está el consentimiento de los titulares fiduciarios —o sus herederos— y el consentimiento de los fiduciantes —o sus herederos—. Como concluye la Resolución de 20 de julio de 2018 y reiteran otras posteriores, "a la hora de restablecer la correspondencia entre la realidad y el Registro, no sería razonable que los mismos interesados hubieran de litigar para obtener por sentencia lo mismo que voluntariamente ya han otorgado es escritura de reconocimiento". De las Resoluciones citadas, hay dos en las que la titularidad del fiduciario era "presuntivamente ganancial" (en las otras, se trataba de casos en los que titularidad del fiduciario era privativa o se trataba de una sociedad): en el caso de la R. de 6 julio 2006 —BOE 25 agosto—, otorgan el reconocimiento de dominio el cónyuge comprador y las "herederas del cónyuge favorecido por la presunción de ganancialidad"; y en el caso de la R. de 19 de febrero de 2020, hace también el reconocimiento de dominio el comprador "con el consentimiento de su esposa"…».

C) La Acción de nulidad por simulación

Son los arts. 1.275 y 1.276 C.c. los que nos hablan de los efectos de la inexistencia o ilicitud de la causa y, por tanto, la consiguiente declaración de nulidad de todo contrato que adoleciere de estos defectos. El ejercicio de esta Acción, viene incardinado por la presunción *iuris tantum* establecida en el siguiente artículo 1.277 C.c., lo que constituirá el verdadero obstáculo que habrá que salvar para que una persona completamente ajena al contrato cuya declaración de nulidad se pretende, desconocedora, en principio, de la realidad intrínseca de la actuación que le perjudicó, pueda, en definitiva, demostrar que lo manifestado por aquellas partes no era tal cosa, incluso habiendo sido autorizado por Fedatario, pues es pacífica la Doctrina (*e.g.*, la **STS —1ª— 13.10.1987**, entre otras) al considerar que el valor probatorio de las escrituras públicas tan solo alcanza al hecho que motiva su otorgamiento y a la fecha de éste, no extendiéndose, por tanto, a su contenido ni a las declaraciones que en ella hagan los otorgantes.

Así pues, habrá que estar a los *facta concludentia*[117], a aquellos hechos indubitables que podamos haber averiguado previamente a la interposición de la Demanda declarativa para empezar a vislumbrar aquella vía de acceso para combatir, sin perjuicio del estrecho margen probatorio que el procedimiento civil permite para conseguir adverar este tipo de hechos. No se olvide, por tanto, dos (2) medios probatorios importantísimos y escasamente utilizados en la práctica diaria, cuales son los previstos en el derogado art. 1.240 C.c., que regulaba prueba de inspección personal del Juez, hoy recogido por el art. 299.5.º LEC como el reconocimiento judicial, así como el, igualmente, derogado art. 1.249 y siguientes C.c. que regulaban las presunciones, que vienen reguladas por los arts. 385 y 386 LEC, dejando de ser un medio probatorio más para pasar a ostentar una categoría autónoma y valorativa por parte del Juzgador, respecto de las cuales, según tiene declarado la Jurisprudencia [**STS —1ª— 24.02.1986**] las presunciones es el normal medio para valorar la simulación, que se revela por pruebas indiciarias que llevan al Juzgador a la apreciación de su realidad; la deducción de simulación que el Órgano Jurisdiccional de instancia extraiga de un conjunto de hechos acreditados, en cuanto es función privativa del Juzgador de ese grado, únicamente puede ser desvirtuada en casación con justificaciones claras e indubitadas de la inexactitud de esa apreciación, acusación de error fáctico que tiene su soporte en el exclusivo apoyo de los documentos [**STS —1ª— 26.02.1987**]. Con dos tipos de simulación nos encontramos.

---

117 Hechos concluyentes

a) Simulación absoluta

En primer lugar, nos encontramos con la denominada simulación absoluta, fiel al principio según el cual colorem habet, *substantiam vero nullam*[118], es aquélla, según la cual la falsa declaración es el fiel exponente de la carencia de causa. Es, pues, la discrepancia entre la voluntad real y la declarada la que pone de manifiesto la falta de los elementos necesarios para que el negocio jurídico nazca.

b) Simulación relativa

El segundo tipo es el de la simulación relativa, o aquélla en que la declaración falsa representa la cobertura de otro negocio verdadero y cuya causa participa de tal naturaleza, colorem habet, *substantiam vero alteram*[119]. Por contra, en este segundo tipo de simulación, el contrato disimulado puede ser válido, si es lícito y reúne, además, los requisitos correspondientes a su naturaleza, cuestión extremadamente delicada por las repercusiones que podría provocar en la seguridad jurídica; así, conforme a los artículos 1.275 y ss. C.c., prevalecerá la voluntad real sobre la aparente o externamente reflejada.

El Alto Tribunal, por **STS —1.ª— n.º 774/2023, de 19 de mayo** establece la distinción entre un tipo y otro de simulación del siguiente modo, atendiendo a la existencia o no del negocio jurídico aparente y, si éste existiese, cuál es el real y no el aparente:

> «Por tal razón, la acción de nulidad por simulación "es aquélla directamente encaminada a obtener un pronunciamiento judicial, que descubra o desenmascare la verdadera realidad que se oculta bajo la apariencia del negocio jurídico formal celebrado entre las partes, bien para declarar que el negocio aparente no existe, caso de la simulación absoluta, o bien que oculta otro disimulado, realmente querido por los contratantes, en el supuesto de la simulación relativa, en cuyo caso procede constatar, primero la falsedad de la apariencia, y posteriormente la existencia y validez del negocio disimulado u oculto (art. 1276 CC). [...] En definitiva, la acción de simulación pretende constatar, en vía judicial, la verdadera realidad jurídica que se enmascara bajo la falsa apariencia de forma que crea un contrato ficticio" (sentencia de esta sala 268/2020, de 9 de junio).»

---

118 Tiene color, (pero la) verdad de la sustancia (es) nula.

119 Tiene color, (pero la) verdad de la sustancia (es) otra.

D) Del usufructo con facultad de disposición

Está conceptuado por la Jurisprudencia como un negocio completamente simulado, susceptible de ser declarado nulo por la simulación de la causa [**STS —1ª— 04.05.1987**]. Es la propia naturaleza jurídica del usufructo la que desvela la causa ilícita en el negocio jurídico invocado, pues se le confiere al usufructuario facultades propias del nudo propietario, como son el propio poder dispositivo. Se plantea la situación fáctica según la cual por disposición testamentaria se concede, *e.g.*, al cónyuge supérstite la facultad de disposición de ciertos bienes «*en caso de necesidad que apreciara en conciencia la esposa legataria*», traducción extensa de la disposición de un bien, cual si de un nudo propietario se tratase, lo que implica, de un lado, la consolidación del pleno dominio en una persona a quien, *ex lege*, le compete únicamente el ejercicio de las facultades de uso y disfrute del bien recibido, de tal manera que constituye un abuso de derecho, una extralimitación de las facultades que la legislación civil le confieren, centrado en la burla de los legítimos intereses de los nudopropietarios.

E) De la prohibición de embargar

De peculiar y atípico puede considerarse el título que se da, pues ya, *prima facie*, resulta extravagante, pues se está prohibiendo un derecho básico del acreedor, cual es el de ejecutar su título de crédito, estableciendo una especie de autoprotección; no por ello, es menos cierto o inexistente en la práctica, pues es tal el supuesto que analizó la **RDGRN de fecha 5 de febrero de 1988**, dando cuenta de que constaba inscrito en el Registro inmobiliario correspondiente un usufructo con la condición de no poder ser embargado y, así, dijo que «*cualesquiera que sean los problemas que la validez civil que tal cláusula pudiera plantear, al encontrarse inscrita y estar bajo la salvaguardia de los Tribunales, debe el Registrador tenerla en cuenta, y procede, en consecuencia, la denegación del embargo trabado sobre tal derecho...*». No debemos olvidar que la ejecución de un título de crédito sólo la puede acordar o denegar el Juez, formando parte de su *potestas*, *ex* art. 2.1 LOPJ.

De lo que no cabe duda es de que, el acceso registral de tal prohibición, no ya derivada de un propio usufructo que por su carácter de finito o efímero en el tiempo puede llevar a considerar su desprecio para la realización del crédito del actor —según casos, por supuesto—, sino derivada de cualquier acto dispositivo del inmueble o bien en cuestión, a tenor de lo previsto en tal Resolución, impediría la anotación del embargo, lo que conllevaría al ejercicio de una Acción de las que constituyen el objeto de este artículo.

F) De la donación

Lo mismo sucede cuando unos progenitores transmiten por la vía de donación a un hijo menor de edad la nuda propiedad de un bien inmueble y se reservan la facultad de disposición, obvia, en tanto en cuanto el menor de edad no puede disponer de sus bienes, ni siquiera habiendo sido emancipado (art. 247 C.c.); el hecho de que éste o aquel acto puedan alcanzar la inscripción registral, ésta no convalida el negocio jurídico anulable.

Se trata, pues, de unos actos que pretenden evitar la anotación preventiva de embargo sobre la propiedad, en tanto en cuanto se halla inscrita a favor del no deudor y, en el supuesto del concurso de acreedores, evitar ser incluidos en la masa activa de quien ostenta la facultad de disposición.

De importancia capital resulta para conocer el alcance de la simulación negocial efectuada a través de la donación, subsumible, desde luego, dentro del supuesto que nos ocupa, la aplicación y estudio detenido del contenido del artículo 633 C.c., el que, para considerarla válida, debe expresarse el «*valor de las cargas que deba satisfacer el donatario*», pequeño detalle que, pues de lo contrario, si las deudas superasen el valor de lo donado, ni es válida la aceptación, ni puede hablarse, tampoco de contrato de donación onerosa. Piénsese, *e.g.*, en la donación efectuada reseñando las cargas —ficticias o no— que se impondrían al donatario para levantar y hacer pago a los acreedores, pretendiendo justificar con ello un levantamiento patrimonial incompleto o liquidación, un tanto ordenada del Activo patrimonial del donante y así, evitar posibles Querellas por insolvencia, ejercicio de acciones revocatorias, Concursos de acreedores, etc., dado que se está cumpliendo una reserva de bienes y un orden de cargas a satisfacer, entre la que, por supuesto, no se habría incluido la del acreedor defraudado que recaba la actuación letrada. Ha de haber un perfecto e indubitado *animus donandi*, pese a la mera liberalidad que el verbo latino *dono* denota.

G) De la cesión por alimentos y de los apoderamientos

Siguiendo con el tema de las donaciones encubiertas, hay que entrar, de la mano de la **STS —1ª— n.º 0824, de 23 de septiembre de 1994**, con un estudio muy pormenorizado y elocuente de la extensión del negocio jurídico mediante el cual una persona cede a un tercero sus bienes, de quien, como contraprestación, obtiene una pensión alimenticia. Se enjuician las actuaciones producidas en tal sentido, negocio que queda invalidado por cuanto que, cedidos los bienes por un cónyuge al otro con la contraprestación de las obligaciones del artículo 142 C.c., en base a que, caso de que el patrimonio hubiere sido administrado rectamente por el cónyuge cesionario, hubiere bastado para subvenir a las necesidades del cedente, quien, a su vez, ostentaba unos poderes generales.

Es precisamente la extralimitación en las facultades del apoderado, lo que le hacen devenir en la figura de la autocontratación, no prevista en el apoderamiento, desvinculando los bienes del patrimonio del cedente, de forma gratuita en favor de los hijos de, en este supuesto insistimos, un primer matrimonio, desviando el destino legal que impone la legítima. De igual modo puede valerse la **STS —1ª— 26.11.1946.**

Dentro, pues del tema de los apoderamientos, hay uno que, de forma muy elegante y libre de toda sospecha, a posteriori, puede derivar en una serie de consecuencias jurídicas que, si bien es de difícil encuadre en el objeto de este texto, pueden producir los mismos efectos, esto es, la imposibilidad del acreedor de hacer valer el principio de responsabilidad patrimonial universal del artículo 1.911 C.c. Nos estamos refiriendo al apoderamiento de un cónyuge en favor del otro limitándolo a bienes concretos.

No es nuevo este negocio jurídico según el cual un cónyuge otorga la correspondiente Escritura de apoderamiento en favor de su consorte y que, bien en su parte expositiva, como en la dispositiva, limita las facultades de su apoderado «a los bienes gananciales», «a las fincas números 'n' de tal o cual Registro de la Propiedad», esto es, a unos bienes concretos y determinados. Seguidamente, con dichos poderes, *e.g.*, solicita, bien el cónyuge poderdante, bien ambos cónyuges —en este caso, firmaría por ambos uno solo de ellos—, un préstamo o similar de cierta Entidad de crédito, sin garantía real alguna. Como queda dicho, el poderdante no firma la Póliza. Seguidamente, por el incumplimiento contractual o impago de las cuotas del préstamo, la Entidad crediticia procede a su reclamación judicial, se traban —lógicamente— todos los bienes conocidos de ambos cónyuges —no entramos en la dialéctica de la suficiencia de los bienes en cuanto al embargo, por no ser de la materia tratada—, sin excepcionar los bienes reservados. Lógicamente, también, el poderdante —deudor en definitiva— se opone en el correspondiente procedimiento judicial alegando y esgrimiendo aquella Escritura de poder, especificando la limitación del embargo a aquellos bienes para los que expresamente se otorgó el apoderamiento. Pues bien, llamamos al respecto la atención, en torno al contenido de los artículos 6, 7, 1.275 y 1.911 C.c.

Dos puntos son, a nuestro entender, los que nos han de hacer dilucidar la cuestión. De un lado está el hecho que supone el otorgamiento de un poder —tan amplio como se quiera en cuanto a las facultades— de contratación en nombre de un tercero; el otro surge cuando se limitan las —amplísimas— facultades respecto de bienes concretos y específicos. Esto supone una *contradictio in terminis*, por cuanto que facultades como la más común y típica en cualquier tipo de apoderamiento, cual es la de tomar dinero a préstamo no supone, *per se* una disposición de bienes habida cuenta de que lo que se está realizando es facultar al apoderado para que se endeude en nombre de su poderdante, endeudamiento cuya obligación de restitución que nace de si mismo y por su carácter de «personal» conlleva la responsabilidad patrimonial universal del artículo 1.911 C.c., responsabilidad que, como su propio nombre indica es «universal», con sus bienes presentes y también con los futuros, esto es, con la totalidad de sus bienes habidos y por haber, *ergo* la garantía, el *credere* que debe imperar en la obligación de restitución del dinerario prestado, hace que esta limitación deba ser considerada *contra legem*, precisamente, por la vulneración de dicho precepto y principio jurídico sustantivo.

Otra cosa bien distinta, y aquí sí que cobraría relevancia y vigencia plena la limitación del apoderamiento, sería aquélla por la cual el apoderado estuviere constituyendo una obligación de carácter real, *e.g.* la consabida hipoteca, en cuyo caso, tan solo podría realizar su facultad dispositiva en base a los concretos bienes especificados en la Escritura de apoderamiento, pues de lo contrario y no teniendo la libre disposición en cuanto a otros bienes no expresados en el poder, no podría llegar a constituirse en momento alguno la garantía real, ni el mismo Fedatario público habría llegado a autorizar o intervenir el documento según el cual se pretendió disponer del bien con extralimitación de las facultades dispositivas.

En definitiva, pues, el hecho de apoderar a un tercero para tomar dinero a préstamo sobre los bienes concretos y determinados, podría llegar a ser considerado como un contrato con causa ilícita, en tanto en cuanto que se oponga al precepto universalizador del artículo 1.911 C.c., tantas veces referido, siempre que se contraigan obligaciones de carácter personal, con lo que no debería producir efecto alguno dicho contrato a los fines de alzar el embargo practicado en los correspondientes Autos, pues el principio de responsabilidad patrimonial, sólo restringido en sede concursal, es materia excluida de la autonomía de la voluntad. Es pues, de ineludible presencia el contenido de los artículos 1.282 y siguientes C.c., básico para poder instar cualquier reclamación judicial a este respecto.

H) De las hipotecas

Sobre las denominadas obligaciones hipotecarias al portador existe una interesantísima resolución, la **SAP Bilbao 24.01.1990** que declara negocio simulado a aquél en el que, mediante la emisión de una serie de obligaciones al portador, se constituye una hipoteca en garantía de las mismas, precisamente revocada por la vía de la prueba de las presunciones, y atendiendo a las actitudes que considera el Tribunal como resulta ser la (i) emisión en fecha anterior y próxima a la de solicitar los beneficios del estado de Suspensión de pagos, hoy aludiríamos al Concurso de acreedores, (ii) las condiciones de la propia emisión «*fuera de las normas ordinarias de mercado que todo ciudadano conoce*», dado que se emitieron sin interés durante un tiempo y con un interés inferior al legal del dinero, al 5%, plazo de amortización prorrogable, condiciones que no constaron haber sido aceptadas por nadie (al portador), ni verse qué tipo de ventaja se obtendría con su tenencia, así como que tampoco se ve que haya sido disminuido el Pasivo del hipotecante, pues, pretendiendo justificar su emisión con el pago de otros débitos, no quedó nada de ello adverado.

No menos interesantísima es la coetánea **RDGRN de 05.11.1990** que confirma la denegación de la inscripción de una hipoteca en garantía de títulos al portador por las siguientes razones que motivaron la calificación del titular del Registro inmobiliario: «*II.…1º.. a) Por no ser posible, tras la Ley 211/1964, de 24 de diciembre, que un particular… pueda emitir en serie impresa y numerada títulos al portador que reconozcan o creen una deuda incorporada a ellos. b)… por no justificarse que la pretendida emisión de* *las obligaciones garantizadas haya cumplido los requisitos exigidos por los artículos 26 y 29 proposición segunda de la Ley 24/1988, de 28 de julio, reguladora del mercado de valores, por lo menos aquellos no necesitados de desarrollo reglamentario, cual los enunciados en los apartados b) y d) del primero de dichos preceptos y en la susodicha proposición del segundo de ellos...*»; así, se tratará de dar entrada para su emisión, a los principios de libertad, definición previa y publicidad recogidos en este último precepto, en contraposición a la actuación que consideramos fraudulenta, mediante la cual el emisor de los títulos los mantiene en su poder o, a lo sumo, los entrega al cooperador necesario que le facilitó dicha vía, presuntamente, negocial.

La emisión de obligaciones hipotecarias, articulada en nuestro ordenamiento en función de la finalidad específica a que responde, esto es, la obtención de un cuantioso préstamo mediante el recurso directo al ahorro público, es una oferta negocial única, dirigida a una pluralidad de personas, de ahí que el fraccionamiento en valores homogéneos integrantes de una misma serie, ratificando el obligacionista con la suscripción de cada obligación, el contrato de emisión quedando, por tanto, perfeccionada la operación con la entrega del dinero a cambio de los títulos representativos de las obligaciones, concreta la RDGRN citada; en contraposición a esta doctrina, surge la operativa al uso que puede quedar conceptuada como una *fiducia cum se ipso*[120], empleando la terminología ideal utilizada precedentemente.

El Reglamento del Registro Mercantil —RRM—, en su artículo 351-8º expresa los datos esenciales que han de comunicarse al Registro Mercantil para después ser publicados en el Boletín Oficial de dicho Registro —BORM—, cuales son la fecha e importe de la emisión, así como la identidad del Comisario. Se trata, pues, de proteger los intereses legítimos de los futuros inversores.

Dentro de la acción de reintegración concursal, el Alto Tribunal, por **STS —1.ª— n.º 100/2014, de 30.04.2014** considera la existencia de perjuicio contra la Masa la hipoteca otorgada «*para garantizar una deuda ajena de una sociedad que se encontraba en una pésima situación financiera, sin haber recibido contraprestación alguna*», a pesar de que la operación realizada en dicho sentido, intra Grupo, con sociedades filiales o hermanas «*debe pre-*

---

120 Confianza con uno mismo.

sumirse el carácter gratuito salvo que la sociedad que constituye la garantía reciba algún tipo de contraprestación».

VI. LA COMPENSACIÓN

El antecedente latino a nuestro verbo pesar es *compensare* —pesar unidas dos cosas «*cum pensare*»—, es el que nos da las primeras pautas para conocer aquellas cosas que son pesables conjuntamente a fin de que en cada plato de la balanza sitúen recíprocamente acreedor y deudor sus respectivos Haberes y Deberes —según del lado en que se mire— y que el fiel se decante hacia uno de las dos partes.

Queramos o no, cuando pesamos con nuestro deudor/acreedor, se está produciendo una transferencia de bienes ajenos que pasan del patrimonio de uno hacia el del otro, algo que podemos denominar, sin ningún género de dudas, apropiación, pues hacemos como propio algo que, momentos antes, no lo era, adquirimos algo por un medio distinto de los ordinarios (onerosos y lucrativos).

1. EL DERECHO DE COMPENSACIÓN

A) Antecedentes romanos

Tan solo unos breves apuntes respecto de la institución de la *compensatio*. Justiniano[121] citando a Modestino, decía que: «*La compensación es un balance de una deuda y de un crédito entre sí*», pero, citando a Juliano: «*Quien está dispuesto a compensar puede rechazar al acreedor que lo demanda y que al mismo tiempo es deudor suyo*» y, por último, citando a Pomponio: «*La compensación es necesaria porque nos interesa más no pagar que repetir lo ya pagado*». Se trata de una figura que, como perfectamente recogió nuestro Derecho civil vigente, queda incardinada entre los medios de extinción de las obligaciones. Según Álvaro d'ORS[122] «*#384... Cuando reclama el banquero contra su cliente, la* intentio *debe reducirse al saldo favorable; si reclama el crédito entero sin hacer la compensación* (compensatio) *de sus deudas a favor de aquel cliente, el banquero incurre en* pluris petitio. *Fuera de este caso, los créditos no se extinguen por compen-*

---

121 Digesto XVI, II.1.

122 **Álvaro d'ORS**: Elementos de derecho privado romano. Ed. Eunsa. 2ª edición, Pamplona 1975.

sación (a diferencia de lo que ocurre con las deudas recíprocas nacidas de un mismo contrato), pero se llegó a admitir la interposición de una exceptio doli *para impedir una ejecución del crédito entero sin atender a la deuda recíproca*».

Nos encontramos, pues, ante el supuesto de la Excepción 3ª del artículo 1.464 de la Ley de Enjuiciamiento civil de 1881 o «*Compensación de crédito líquido que resulte de documento que tenga fuerza ejecutiva*», hoy recogida en los artículos 408 y 557 de la vigente LEC, lo que nos da a entender que la Ley quiere que, previamente a la reclamación judicial se pesen conjuntamente crédito y débito a fin de que la onerosidad de una reclamación judicial sea lo menos enorme que se pueda, digámoslo de otro modo, que el deudor, el de buena fe, por supuesto, que por las circunstancias económicas adversas se ha visto en la situación de cesar en sus pagos, no tenga por qué soportar una enorme y gravosa losa de un lado, y del otro, no se vea tampoco en la situación de tener que actuar judicialmente para recuperar el crédito que ostenta frente a su acreedor. Las acciones de buena fe que —siguiendo a d'ORS concedían al Juez un mayor *arbitrium* para la determinación de la condena, teniendo en cuenta las «*obligaciones recíprocas entre las dos partes litigantes, y fije la condena del demandado compensando previamente lo que éste pudiera exigir al demandante en virtud de aquella misma relación obligacional (*compensatio ex fide bona*). Esta compensación por deudas recíprocas nacidas del mismo contrato (*ex pari causa*) será generalizada por Justiniano a todas las deudas del mismo género, aunque sean de distinto origen (*ex dispari causa*)*».

Es pues, la compensación, un derecho recíproco, y por su propio significado, justo, aunque, qué duda cabe, de que, incluso es un deber para el acreedor más poderoso (aquél hacia el que se decanta la balanza); de tal modo es un deber para éste que le viene impuesto —desde Justiniano—, previamente a la interposición de su reclamación judicial.

Es la nota de la *reciprocidad* la que, de otro lado, refuerza la *obligación* del acreedor de compensar, la de ajustar las cuentas recíprocas y mutuas que mantiene con su deudor para, en definitiva, llevar al *quantum* a una posición lo más equidistante, lo más equilibrada posible, el equivalente término del Inglés «*balanced*» se ajusta más al ejemplo gráfico antes expuesto, aminorando los «demoledores» efectos que un mayor peso o desbalance en favor del acreedor pudiere ocasionar al liviano, solventemente, deudor, aliviarle en definitiva de esta carga económica.

B) Según el Código civil

«La compensación es una especie de pago abreviado *que proporciona a cada uno de los deudores una doble ventaja: facilidad para el pago de la deuda (evitando el empleo de numerario) y* garantía *para la efectividad del crédito (pues si una de las partes pagara efectivamente, sin esperar a ser pagada por la otra, podría ser víctima de fraude o de la insolvencia de ésta, que disipara la suma recibida sin entregar la equivalente. El Tribunal Supremo confirma esta configuración, considerando a la compensación como un pago abreviado (Sentencias de 8 de noviembre de 1991, 11 de mayo de 1926 y 26 de marzo de 1968)»*.

Con la claridad expositiva que le caracteriza, así fundamenta José CASTÁN TOBEÑAS (*op. cit.*), el *quid* del derecho y deber compensatorio, continuando diciendo que es del propio principio compensatorio del que nació la cuenta corriente, pues ésta es, pues, la compensación pura y simple. A modo de mera cita exponemos los requisitos que, al entender del ilustre Jurista y en sede de lo dispuesto en los artículos 1.195 y 1.196 C.c. caracterizan a la institución de la compensación, a saber:

- Reciprocidad y propio derecho,
- Carácter principal de los deudores: «*el fiador puede convertirse en principal si el deudor no paga. En cambio, el deudor principal no podrá oponer al acreedor lo que éste deba al fiador*». Ello nos hace pensar, en el índole práctico que, para poder «pesar con» el fiador —quien, recordemos, no ostenta crédito alguno derivado de su contrato de afianzamiento frente al acreedor de su afianzado, y por ello quiebra el principio compensatorio— debe haber sido requerido previamente el deudor principal, su afianzado, para que entre en juego la nota de la subsidiariedad supliendo a la de la reciprocidad, ínsita aquélla a la fianza, propia ésta de la compensación. No obstante lo cual, el art. 1.197 C.c. sí permite al fiador oponer compensación de lo que debiere el acreedor a su deudor principal, esto es, ocupar la posición opositora propia de su afianzado por créditos de éste.
- Fungibilidad y homogeneidad de las cosas o prestaciones debidas. Nada más fungible y homogéneo que el dinero efectivo.
- Exigibilidad y vencimiento de las deudas.
- Carácter líquido de las deudas. El préstamo de presente es líquido por naturaleza, *ex* art. 312 C.com., mientras que el crédito requerirá de la

realización de las operaciones de liquidación en la forma pactada por las partes.

- Situación expedita de los créditos y deudas; esto es, que no sufra gravamen, traba o retención algunos.
- Ausencia de prohibición legal. Sin entrar en la cuestión de la prohibición de la compensación de alimentos a título gratuito del artículo 1.200 C.c. o la del artículo 151 C.c. de los alimentos con lo que alimentista deba al que ha de prestarlos, debe entenderse que merece entrar en la otra prohibición impuesta por el apartado 1.º del artículo 1.200 C.c. «*las que provienen de los contratos de depósito o comodato*», para lo cual, dedicaremos el siguiente apartado específico por su importancia.

Muy importante resulta destacar que la compensación debe seguir el mismo orden que el dispuesto para la imputación de pagos (art. 1.172 c.c.), esto es, la elección por el deudor de qué deuda debe compensarse en primer lugar y, caso de no poder determinarse su orden, a la más onerosa de las vencidas y, si no, a prorrata (art. 1.174 C.c.), debiendo imputarse en primer lugar los intereses (art. 1.173 C.c.), pues así lo dispone el art. 1.201 C.c.

C) La prohibición de compensación de depósitos

Aunque la Doctrina no es pacífica respecto de la extensión que a la interpretación de la norma contenida en el artículo 1.200.1º C.c. debe darse, pues cierto sector indica que la prohibición sólo afecta al caso en que la compensación se opusiese a la demanda reclamando la devolución de la cosa dada en depósito o en comodato, otro sector estima que el precepto se refiere a las obligaciones todas del depositario o comodatario, y no solo a la de restituir la cosa, en la consideración de que, de otro modo, éste resultaría innecesario, pues aquéllos son deudores de cuerpo cierto y, por consiguiente, les sería ya inaplicable la compensación legal por falta de la condición de fungibilidad de las cosas [*cfr.* pág. 378 Castán].

Habrá que discernir, pues, lógicamente, qué tipos de contratos deben ser considerados como de depósito y cuáles, dentro de dicha clasificación, deben ser calificados como de regulares o como de irregulares, para, de otro lado, poder conocer si el precepto citado extiende su alcance a estos últimos y, por ello, ser la excepción que confirme la regla general.

D) La imposición a Plazo Fijo

En este punto, hay que traer a colación el contenido de la **STS —1ª— 19.09.1987:** Ponente Sr. Pérez Gimeno) que así dice:

> «... al desaparecer temporalmente la disponibilidad del depositante desaparecen igualmente los elementos típicos del depósito restitución de la cosa cuando le sea pedida (artículo 1.766 C.c.) y se acentúan los del préstamo, restitución de una cosa fungible en propiedad para devolver después otro tanto. De lo expuesto se desprende, sin género de dudas, que el importe de las Imposiciones a Plazo Fijo... pasó a ser propiedad de la depositaria, sustituyendo la propiedad anterior del depositante por un derecho de crédito a la devolución de una suma igual a la entregada, derecho de crédito sobre el que se constituyó un derecho real de prenda a favor de la entidad... cuya existencia y eficacia es supeditada a la existencia del derecho de crédito sobre el que se constituyó la garantía... en el depósito irregular de dinero o cosa fungible no hay depósito, propiamente dicho, dado que la propiedad pasa al dominio del depositario y la obligación de custodia se convierte en una obligación de disponibilidad de cantidad, obligación y correlativo derecho que en las imposiciones a plazo fijo sólo nacen cuando llega el día señalado; b) el art. 1.196-5º del mismo Cuerpo legal establece que para que proceda la compensación es preciso que sobre ninguno de los créditos o deudas exista retención o contienda promovida por tercera persona y notificada oportunamente al deudor... y c) la circunstancia de que se otorguen en pólizas intervenidas por Corredor de Comercio para actuar el mecanismo de la compensación no puede tener otra finalidad que la de suplir por vía convencional la falta de algún requisito legal para que la compensación forzosa opere ya que cuando concurren todos, tal compensación se produce de pleno derecho con el efecto extintivo de las deudas en la cantidad concurrente, aunque no tengan conocimiento de ella los acreedores y deudores (art. 1.202)...»

Es, a nuestro entender, perfectamente ilustrativa esta Sentencia en cuanto a las notas que presiden la compensación ante este tipo específico de depósitos, sobre las que luego entraremos, tras la cita expositiva de una más «vanguardista» —permítasenos la expresión— si cabe de la **SAP Baleares** de **18.01.1989** (ponente el Sr. Rigó Rosselló), que considera que la «*Imposición a plazo fijo no es susceptible de constituir un derecho de prenda y, por ende, la compensación entre el crédito dimanante de la póliza y el que representa la imposición opera automáticamente, aun en contra de la voluntad de la Entidad bancaria y por exigencias de la buena fe*», doctrina ampliamente superada por el Alto Tribunal, remitiéndonos a lo dicho a este respecto en los apartados precedentes. Tesis que, calificada como de vanguardista, vemos que no lo es tal, pues nos recuerda los principios dispositivos del Derecho Romano citados precedentemente que compelían al banquero (*campsor*) a compensar antes de iniciar su reclamación para no incurrir en aquella *pluris petitio.* Así pues, deberemos entender que es «obligatoriamente» compensable el saldo que presente una cuenta de Imposición a plazo, pero, desde el momento en que haya llegado su vencimiento, momento desde el que es exigible su saldo (acreedor) por el depositante, como norma general, pues las restantes características legales y doctrinales arriba expresadas resultan de más fácil y general aplicación, así como de indiscutible cuestión.

Cosa bien distinta será la existencia del vencimiento anticipado de la obligación plasmada en la Imposición a término; el principio de fuerza obligatoria del contrato, conforme al principio «*pacta sunt servanda*»[123] impone a la Entidad de crédito deudora, en tanto que depositaria de los fondos ajenos impuestos, así como al acreedor depositante, impositor y propietario de los mismos, la espera a la llegada del vencimiento expresamente pactado —normalmente en la libreta (hoy, telemáticamente) que refleja numeradas las operaciones contables de imposición y disposición, cada una con su vencimiento e importe concreto singularizando cada una de ellas individualizándola o singularizándola como si representasen cada una un contrato de depósito concreto y determinado, inserto dentro de una «cesta» o cuenta que las agrupa— por las reglas de la seguridad jurídica, a la primera para, dentro del orden tratado, compensar el saldo resultante, mientras que al segundo, para poder disponer del líquido resultante.

Es práctica usual que, poniéndose comúnmente de acuerdo la Entidad deudora y el Impositor acreedor, convengan en dar por vencida anticipadamente la obligación, a la primera con las propias reservas y percibo de las comisiones correspondientes por el cese lucrativo ante las acuciosas necesidades de efectivo para el segundo, lo cual tiene la ventaja del deudor de no generar mayores réditos a favor de la entidad depositaria al no esperar al vencimiento natural de la devolución del dinerario impuesto en su cuenta a plazo. Menos usual es el hecho según el cual, y con la finalidad exclusivamente compensatoria, la Entidad de crédito resulte acuciada para disponer del efectivo ajeno en su poder y, como queda dicho, aminorar su crédito frente a su cliente impositor que incumple la obligación crediticia que, además, le vinculaba. ¿Cómo resolver esta situación cuando el concurso del impositor-deudor resulta de imposible materialización?

---

[123] Los pactos serán conservados (deben ser cumplidos).

2. CUESTIONES CONCURSALES

A) Prohibición de compensación

Sin embargo, lo que resulta ser la norma en el Derecho de obligaciones, digamos, en estado de solvencia, o normalidad económica, cambia radicalmente de consideración cuando la normalidad económica se torna en normalidad concursal y así, el art. 153 TRLC cambia las formas que el art 58 LC establecía a través de la denominada prohibición de compensación, mientras que el art. 153 TRLC transforma la prohibición en excepción a partir del momento en que se dicta el Auto a que se refieren los arts. 11 y 14 TGRLC (antiguos arts.14 y 15 LC), esto es, al momento de la declaración de Concurso; no obstante lo cual, a esta prohibición radical a la norma general del Derecho de obligaciones, el propio Legislador concursal le fija una excepción, o, más bien dicho, una matización en el propio precepto, pues regresa a la norma general del Código civil admitiendo la procedencia de la compensación cuando «*sus requisitos hubieran existido con anterioridad a la declaración*» de Concurso, para lo cual, debemos retrotraernos a los requisitos antes comentados por referencia a Castán Tobeñas y a lo dispuesto en los arts. 1.195 y 1.196 C.c., ss. y cc.

La siguiente resolución, citada precedentemente en el capítulo dedicado a la Cuenta de crédito, analiza la procedencia de la compensación en sede de acción de reintegración instada por la Administración Concursal, la cual considera válida y no perjudicial a la Masa Activa, en tanto que pactada en los documentos contractuales correspondientes, así como que el deudor no se hallaba en estado de insolvencia y los actos contables realizados se hallaban dentro de los actos habituales y ordinarios de la actividad:

SAP —1ª— León 12.11.2010

«TERCERO.- Presupuestos de carácter Objetivo.

La administración concursal insiste en que la entidad bancaria conocía las dificultades económicas y la insolvencia de la concursada alegando además que ya el contrato de crédito se encontraba resuelto por lo que era inaplicable la compensación pactada.

El artículo 71 de la Ley Concursal establece que serán rescindibles los actos perjudiciales para la masa activa realizados por el deudor dentro de los dos años anteriores a la fecha de declaración del concurso, aunque no hubiere existido intención fraudulenta, estableciendo, a continuación, una presunción iuris et de iure en el caso de los actos de disposición a título gratuito y una presunción iuris tantum de perjuicio patrimonial respecto de los actos dispositivos a título oneroso realizados a favor de alguna de las personas especialmente relacionadas con el concursado y de los supuestos de refinanciación. Añade que fuera de los dos supuestos anteriores de presunción susceptible de prueba en contrario, el perjuicio patrimonial deberá ser probado por quien ejercite la acción rescisoria. Concluye estableciendo que en ningún caso podrán ser objeto de rescisión los actos ordinarios de la actividad profesional o empresarial del concursado realizados en condiciones normales ni los actos comprendidos en el ámbito de las leyes especiales reguladoras de los sistemas de pagos y compensación y liquidación de valores e instrumentos derivados.

El concepto de "perjuicio" no es puramente cuantitativo, sino que puede consistir en una disminución de la garantía de cobro, lo cual acontece cuando se hace un pago ignorando el principio de la "par conditio creditorum". Así se desprende del tenor de algunas de las presunciones que contiene el artículo 71 LC, en supuestos que no entrañan una disminución patrimonial, pero que no se consideran de carácter neutro, sino que resultan perjudiciales. Esto ocurre, por ejemplo, en la anticipación del pago de deudas no vencidas a la fecha de declaración del concurso o la constitución de garantías reales para garantizar deudas preexistentes. Este es el criterio que también sostiene la SAP Barcelona de 8 de enero de 2009, al admitir que junto al perjuicio directo que ocasiona una disminución de patrimonio, (generalmente por falta de equivalencia de las prestaciones o por tratarse de actos a título gratuito), existe un perjuicio indirecto derivado de un trato de favor injustificado. En el mismo sentido podemos citar la SAP Madrid, de 19 de diciembre de 2008.

La primera de ellas declara que la acción regulada en el artículo 71 LC, persigue el respeto de la regla del trato paritario de los acreedores en el contexto preconcursal. La segunda de las resoluciones indicadas señala que "esta acción supone una interferencia del derecho concursal en el principio de seguridad del tráfico. Sin embargo, esta afectación es de mucho menos entidad, desde luego, que el antiguo principio de retroacción absoluta de la quiebra, en aras a garantizar la recuperación de aquellos bienes que hubiesen salido del patrimonio del deudor en un tiempo inmediatamente anterior a su declaración en concurso, con la finalidad de posibilitar un trato más justo e igualitario al colectivo de afectados por la situación concursal mediante la reintegración de todo aquello que debiera formar parte del patrimonio a liquidar en el procedimiento universal".

En este supuesto, podría resultar el perjuicio para el resto de acreedores y para la masa porque si uno de los acreedores cobra siempre es en perjuicio de todos los demás. Sin embargo, se trata del pago de una deuda vencida y exigible que ya había sido reclamada judicialmente y por tanto, no es un pago indebido. Así resulta controvertido apreciar el perjuicio cuando los pagos han sido de obligaciones debidas, vencidas y exigibles, antes de la declaración de concurso, pues aunque, en principio, todos estos pagos constituyen lógicamente una disminución del haber del deudor y reducen la garantía patrimonial de los acreedores, no por ello se puede considerar "injustificado" este sacrificio patrimonial, presupuesto necesario para que exista perjuicio para la masa. La injustificación de estos pagos podría derivar de que supusieran al mismo tiempo una alteración de la *par conditio creditorum*, y en estos casos el perjuicio se derivaría propiamente de un trato de favor injustificado, teniendo en cuenta las concretas circunstancias concurrentes, que en definitiva han de determinar un resultado de favorecimiento a quien debía concurrir al concurso en igualdad de condiciones que los restantes acreedores, los cuales, de no haber existido ese pago, hallarían una masa activa que les permitiría la percepción, en hipótesis, de una cuota de satisfacción más elevada.

Para que tales pagos constituyan una vulneración de la *par conditio creditorum* será necesario que, al tiempo de ser realizados, el deudor ya esté en estado de insolvencia, y por lo tanto obligado a presentar el concurso (arts. 5 y 2.2 LC), y que los pagos no puedan considerarse "acto ordinario de la actividad profesional o empresarial del deudor realizado en condiciones ordinarias", en la medida en que están excluidos expresamente por el art. 71.5 LC.

Y antes de analizar dichas circunstancias, en el presente caso, concurre otra ya mencionada en la Sentencia de Primera Instancia que condicionaría la acción ejercitada y la posibilidad de rescindir el acto de disposición y que consiste en que el mismo se hizo por compensación entre el saldo deudor de la cuenta de crédito y el saldo a favor de la concursada existente en otra cuenta corriente. Coincidiendo con los argumentos expuestos en la SAP Barcelona de 30 de marzo de 2009 resulta que el juicio sobre el perjuicio que pueda entrañar la satisfacción de un crédito por medio de la compensación no coincide con el realizado para el caso del pago, pues aunque no deja de ser una forma de extinción de una obligación de pago —a costa de un crédito a favor de la concursada (arts. 1195, 1196 y 1202 CC)—, tiene un tratamiento concursal especifico. Dentro del concurso, el tratamiento de estos dos modos de satisfacción de un crédito concursal no es idéntico: mientras que no cabe el pago del crédito concursal, sino es de acuerdo con las soluciones concursales (en el convenio o en la liquidación y pago) y de acuerdo con la *par conditio creditorum*, la prohibición de compensación no es absoluta. El art. 58 LC admite la compensación practicada con posterioridad a la declaración de concurso siempre que sus requisitos hubieren existido con anterioridad a la declaración. Por lo que, para no hacer de peor condición la compensación realizada antes del concurso, que la posterior, el juicio sobre el perjuicio debe quedar reducido en principio a la concurrencia de los requisitos de la compensación. Esto es el pago por compensación realizado durante el periodo sospechoso estará justificado, y por lo tanto no cabe apreciar perjuicio, siempre que para entonces se cumplieran los requisitos exigidos para su validez.

Resulta entonces que se considera válida la compensación practicada por el Banco, operación para la que se encontraba expresamente facultado por pacto contractual que consta en la escritura de crédito y frente a lo cual no se puede mantener la imposibilidad de compensación por estar ya la póliza de crédito resuelta y liquidado el saldo ya que no existe ningún inconveniente jurídico para dicha compensación entre deudas líquidas y vencidas. Así, por aplicación del art. 58 LC, consideramos que la compensación realizada antes de la declaración de concurso, cumpliendo con todos los requisitos de validez, no puede ser objeto de una rescisión concursal aduciendo la posible vulneración de la *par conditio creditorum*.

Tampoco existe constancia de que la entidad bancaria conociera las dificultades económicas de la concursada pues las actuaciones realizadas por dicha mercantil tienen por finalidad cobrar los importantes créditos existentes entre las partes, no pudiendo deducirse de las actuaciones llevadas a cabo para ello un conocimiento de la situación financiera de la deudora.

Pero, además, este acto que jurídicamente estamos valorando podría considerarse que está excluido de la rescisión concursal por virtud del art. 71.5 LC, por tratarse de "acto ordinario de la actividad profesional o empresarial del deudor realizado en condiciones ordinarias". El contrato de apertura de crédito en cuenta corriente concertado servía para la actividad mercantil propia de la entidad deudora pues se trata de crédito dirigido a la financiación de dicha actividad estando la compensación expresamente pactada en dicho contrato. En definitiva, coincidimos con los argumentos expuestos en la Resolución recurrida pues las condiciones en que se efectúa la compensación entre los saldos acreedor y deudor vienen determinadas por el sentido de los pactos que vinculaban a los contratantes y puede considerarse un acto ordinario de la actividad profesional. Así la empresa deudora firmó el contrato de crédito para el ejercicio ordinario de su actividad empresarial y en el marco de dicho contrato estipuló la posibilidad de compensación de saldos, operación a la que no afecta la acción de reintegración ejercitada. La operación afectada consiste en un crédito en cuenta corriente de naturaleza mercantil instrumentado en fecha 30 de abril de 2008, cuya liquidación se practicó en fecha 14 de agosto de 2008, conforme a lo pactado por las partes, existiendo entonces un crédito vencido antes de la declaración de concurso, habiendo ejercitado la entidad bancaria una de las facultades previstas en la póliza de disponer de los saldos de otras cuentas corrientes haciendo imputación de pagos con las obligaciones resultantes de la póliza de crédito por lo que la Sentencia de Instancia debe ser íntegramente confirmada...»

B) Permisión de compensación

Además de cuanto se venido expresado a lo largo en esta obra y de lo que seguidamente se dirá, la siguiente resolución judicial analiza la permisión de la compensación hecha con posterioridad a la declaración del Concurso, incluso en el supuesto de que la cuenta de crédito hubiera sido cerrada y liquidada, pero todo ello, siempre y cuando se hubieren dado los requisitos necesarios para la práctica de la compensación, así como la existencia de pacto expreso, analizándolo ante una acción de reintegración ejercitada y así reza la misma:

SAP León —1ª— 12.11.2010

«... Y antes de analizar dichas circunstancias, en el presente caso, concurre otra ya mencionada en la Sentencia de Primera Instancia que condicionaría la acción ejercitada y la posibilidad de rescindir el acto de disposición y que consiste en que el mismo se hizo por compensación entre el saldo deudor de la cuenta de crédito y el saldo a favor de la concursada existente en otra cuenta corriente. Coincidiendo con los argumentos expuestos en la SAP Barcelona de 30 de marzo de 2009 resulta que el juicio sobre el perjuicio que pueda entrañar la satisfacción de un crédito por medio de la compensación no coincide con el realizado para el caso del pago, pues aunque no deja de ser una forma de extinción de una obligación de pago —a costa de un crédito a favor de la concursada (arts. 1195, 1196 y 1202 CC)—, tiene un tratamiento concursal especifico. Dentro del concurso, el tratamiento de estos dos modos de satisfacción de un crédito concursal no es idéntico: mientras que no cabe el pago del crédito concursal, sino es de acuerdo con las soluciones concursales (en el convenio o en la liquidación y pago) y de acuerdo con la *par conditio creditorum*, la prohibición de compensación no es absoluta. El art. 58 LC admite la compensación practicada con posterioridad a la declaración de concurso siempre que sus requisitos hubieren existido con anterioridad a la declaración. Por lo que, para no hacer de peor condición la compensación realizada antes del concurso, que la posterior, el juicio sobre el perjuicio debe quedar reducido en principio a la concurrencia de los requisitos de la compensación. Esto es el pago por compensación realizado durante el periodo sospechoso estará justificado, y por lo tanto no cabe apreciar perjuicio, siempre que para entonces se cumplieran los requisitos exigidos para su validez.

Resulta entonces que se considera válida la compensación practicada por el Banco, operación para la que se encontraba expresamente facultado por pacto contractual que consta en la escritura de crédito y frente a lo cual no se puede mantener la imposibilidad de compensación por estar ya la póliza de crédito resuelta y liquidado el saldo ya que no existe ningún inconveniente jurídico para dicha compensación entre deudas líquidas y vencidas. Así, por aplicación del art. 58 LC, consideramos que la compensación realizada antes de la declaración de concurso, cumpliendo con todos los requisitos de validez, no puede ser objeto de una rescisión concursal aduciendo la posible vulneración de la *par conditio creditorum*…».

Con motivo de la entrada en vigor de la Ley 38/2011, de 10 de octubre, de reforma de la Ley Concursal, al párrafo primero del art. 58 LC se le añadió la frase adversativa «*aunque la resolución judicial o acto administrativo que la declare se haya dictado con posterioridad a ella*», texto que perdura en el art. 153.1 TRLC, de forma y manera que la prohibición de compensación de créditos y deudas del concursado cuyos requisitos hubieran preexistido al Auto de declaración del concurso, aún en el supuesto de que su declaración judicial o administrativa haya sido dictada después de la compensación.

En el Recurso de casación e infracción procesal número 678/2019 se planteó al Alto Tribunal si, concurriendo los requisitos para compensar antes del Auto de declaración de concurso, era preciso que, para poder compensar, se incluyese el crédito en la lista de acreedores de la masa pasiva del Concurso, lo que resolvió mediante **STS —1.ª— n.º 9/2022, de 10 de enero** conforme a cuyo Fundamento de Derecho QUINTO, así fue razonado:

> «**9.**- Por tanto, la compensación oportunamente alegada y cuyos requisitos concurren antes de la declaración de concurso determina que el crédito que se tiene contra el deudor concursado no esté sujeto a las reglas dela par *conditio creditorum* ni, por tanto, a la solución concursal del convenio o de la liquidación, puesto que, alegada la compensación, su eficacia extintiva del crédito se retrotrae al momento en que concurrieron los requisitos de la compensación, antes la declaración de concurso y consiguiente formación de la masa pasiva.
>
> **10.**- La consecuencia de lo anterior es que el crédito compensado no precisa haber sido incluido en la lista de acreedores pues no se integra en la masa pasiva del concurso para someterse a la solución concursal que se adopte en el concurso, sea la del convenio, sea la de la liquidación.
>
> **11.**- Ello sin perjuicio de que, como prevé actualmente el último inciso del art. 153 del texto refundido de la Ley Concursal, el hecho de que el acreedor haya comunicado al administrador concursal la existencia del crédito no impedirá la declaración de compensación cuando se cumpla lo previsto en la norma, esto es, que los requisitos de la compensación hubieran existido antes de la declaración de concurso.»

C) Real Decreto Ley 5/2005, de 11 de marzo, de reformas urgentes para el impulso a la productividad y para la mejora de la contratación pública

Con objeto de la incorporación al ordenamiento jurídico español de las disposiciones de la Directiva 2002/47/CE del Parlamento Europeo y del Consejo, de 6 de junio de 2002, sobre acuerdos de garantía financiera, así como de ordenar y sistematizar la normativa vigente aplicable a los acuerdos de compensación contractual y a las garantías de carácter financiero estableciendo, además, los efectos derivados de la apertura de un procedimiento concursal o de un procedimiento de liquidación administrativa sobre dichos acuerdos y garantías fue promulgado Capítulo II del Real Decreto Ley 5/2005, modificado por la Ley 11/2005, de 18 de junio, de recuperación y resolución de entidades de crédito y empresas de servicios de inversión, Real Decreto Ley que regula los acuerdos de compensación contractual y garantías financieras y así, se aplicará a las operaciones financieras que se realicen en el marco de un acuerdo de compensación contractual o en relación con él, siempre que el acuerdo prevea la creación de una única obligación jurídica que abarque todas las operaciones incluidas en dicho acuerdo y en virtud de la cual, en caso de vencimiento anticipado, las partes sólo tendrán derecho a exigirse el saldo neto del producto de la liquidación de dichas operaciones. El saldo neto deberá ser calculado conforme a lo establecido en el acuerdo de compensación contractual o en los acuerdos que guarden relación con este (art. quinto del RDL 5/2005). Los acuerdos de garantía financiera regulados en este capítulo deberán constar por escrito, sin que pueda exigirse ninguna otra formalidad para su constitución, validez, eficacia frente a terceros, ejecutabilidad o admisibilidad como prueba (art. octavo DRL 5/2005), lo que da a entender la innecesariedad de intervención por fedatario público o inscripción en Registro público alguno; únicamente se requiere como única formalidad, la existencia de pacto escrito (*ex* art. octavo).

Conforme al art. 3 del RDL 5/2005, siempre que se cumplan los requisitos exigidos, se aplicará únicamente a:

a) Los acuerdos de compensación contractual financieros, los cuales se encuentran en la práctica totalidad de pólizas o escrituras de operaciones bancarias, conforme a la cual, el acreditado o prestatario, consiente, como cláusula adhesiva al contrato, la compensación de saldos recíprocos existentes en cualquiera de las cuentas que éste tuviere con la entidad financiera, de índole que fuere, lo cual, como indicamos precedentemente, es la norma del Código civil. Sin embargo, habrá que cuestionar si, en sede concursal puede aplicarse este derecho de compensación a los saldos que los fiadores del concursado tuvieren con la entidad financiera. En principio, parece generar una especie de rechazo ideológico el hecho de que la entidad financiera pueda compensar saldos con quien, inicialmente, no es su deudor. Veremos, seguidamente, cómo lo resuelve el Legislador.

b) Los acuerdos de garantías financieras, tanto de carácter singular como si forman parte de un acuerdo marco, o resultan de las normas de ordenación y disciplina de los mercados secundarios o de los sistemas de registro, compensación y liquidación o entidades de contrapartida central. Las primeras, acorde con lo dispuesto en el art. 271.4 LMV, hoy, art. 268.4 LMVSI: «*Se consideran normas de ordenación y disciplina del Mercado de Valores las leyes y disposiciones de carácter general que contengan preceptos específicamente referidos a las entidades comprendidas en el artículo 232.1.a) a i) o a la actividad relacionada con el mercado de valores de las personas o entidades a que se refiere el artículo 232.1.b) y c) y que sean de obligada observancia para las mismas. Entre las citadas disposiciones se entenderán comprendidas las aprobadas por órganos del Estado, de las Comunidades Autónomas que tengan atribuidas competencias en la materia, los reglamentos de la Unión Europea y demás normas aprobadas por las instituciones de la Unión Europea que resulten de aplicación directa, así como las Circulares aprobadas por la CNMV previstas en el artículo 22. En particular, se considerarán normas de ordenación y disciplina del mercado de valores: a) El Reglamento (UE) n.º 1031/2010 de la Comisión de 12 de noviembre de 2010. b) El Reglamento (UE) n.º 236/2012 del Parlamento Europeo y del Consejo, de 14 de marzo de 2012. c) El Reglamento (UE) n.º 648/2012 del Parlamento Europeo y del Consejo, de 4 de julio de 2012. d) El Reglamento (UE) n.º 575/2013 del Parlamento Europeo y del Consejo, de 26 de junio de 2013, y la Ley 10/2014, de 26 de junio, cuando resulten aplicables de acuerdo con lo establecido en el artículo 4 de la presente ley. e) El Reglamento (UE) n.º 596/2014 del Parlamento Europeo y del Consejo, de 16 de abril de 2014. f) El Reglamento (UE) n.º 600/2014 del Parlamento Europeo y del Consejo, de 15 de mayo de 2014. g) El Reglamento (UE) n.º 909/2014 del Parlamento Europeo y del Consejo, de 23 de julio de 2014. h) El Reglamento (UE) n.º 1286/2014 del Parlamento Europeo y del Consejo, de 26 de noviembre de 2014. i) El Reglamento (UE) n.º 2015/2365 del Parlamento Europeo y del Consejo, de 25 de noviembre de 2015. j) El Reglamento (UE) n.º 2016/1011 del Parlamento Europeo y del Consejo, de 8 de junio de 2016. k) El Reglamento (UE) n.º 2017/1129 del Parlamento Europeo y del Consejo, de 14 de junio de 2017. l) El Reglamento (UE) n.º 2019/2033 del Parlamento Europeo y del Consejo, de 27 de noviembre de 2019. m) El Reglamento (UE) del Parlamento Europeo y del Consejo, relativo a los mercados de criptoactivos y por el que se modifica la Directiva (UE) 2019/1937. n) El Reglamento (UE) 2021/23, del Parlamento Europeo y del Consejo, de 16 de diciembre de 2020, relativo a un marco para la recuperación y la resolución de entidades de contrapartida central y por el que se modifican los Reglamentos (UE) n.º 1095/2010, (UE) n.º 648/2012, (UE) n.º 600/2014, (UE) n.º 806/2014 y (UE) 2015/2365 y las Directivas 2002/47/CE, 2004/25/CE, 2007/36/CE, 2014/59/UE y (UE) 2017/1132. ñ) Reglamento (UE) 2022/2554 del Parlamento Europeo y del Consejo, de 14 de diciembre de 2022, sobre la resiliencia operativa digital del sector financiero y por el que se modifican los Reglamentos (CE) n.º 1060/2009, (UE) n.º 648/2012, (UE) n.º 600/2014, (UE) n.º 909/2014 y (UE) 2016/1011. o) Los Actos delegados o de ejecución que adopte la Comisión Europea en desarrollo o ejecución de las normas europeas de ordenación y disciplina del mercado de valores».*

c) Y, por último, a las propias garantías financieras. Se está aludiendo a cualquier tipo de garantía, personal o real, que se aporta como mayor solvencia que permita el cumplimiento de la obligación financiera.

¿Quiénes son los sujetos a los que alude la norma y, en consecuencia, pueden beneficiarse de las medidas compensatorias en situación concursal? En principio, se requiere una tipología concreta de pactos y, así, el art. 4 RDL 5/2005 alude a (i) acuerdos de compensación contractual financieros, lo que, de un lado, exige que exista el pacto expreso en el documento contractual, el cual debe ser, ineludiblemente, financiero, lo que excluye el meramente comercial; (ii) a los acuerdos de garantías financieras, reales o personales, sin distinción por la norma. Salvados estos requisitos, que ya delimitan la tipología de los sujetos beneficiarios de la compensación; no obstante lo cual, se incluyen los siguientes:

a) Las Entidades públicas.
b) El Banco Central Europeo, el Banco de España, los bancos centrales de los Estados miembros de la Unión Europea, los bancos centrales de terceros Estados, el Banco de Pagos Internacionales, los bancos multilaterales de desarrollo, el Fondo Monetario Internacional y el Banco Europeo de Inversiones.
c) Las entidades de crédito; las empresas de servicios de inversión; las entidades aseguradoras; las instituciones de inversión colectiva en valores mobiliarios y sus sociedades gestoras; los fondos de titulización hipotecaria, los fondos de titulización de activos y las sociedades gestoras de fondos de titulización; los fondos de pensiones, y otras entidades financieras, según se definen en el apartado 5 del artículo 4 de la Directiva 2006/48 del Parlamento Europeo y del Consejo, de 14 de junio de 2006, relativa al acceso a la actividad de las entidades de crédito y a su ejercicio.
d) Los organismos rectores de los mercados secundarios oficiales o de los sistemas multilaterales de negociación y las sociedades que gestionan sistemas de compensación, liquidación y registro de valores e instrumentos financieros, así como a las entidades de contrapartida central, agentes de liquidación o cámaras de compensación a que se refiere la Ley 41/1999, de 12 de noviembre, sobre sistemas de pagos

y de liquidación de valores, y las entidades similares que actúen en los mercados de opciones, futuros y derivados, así como los miembros y entidades participantes de todas las anteriores infraestructuras cuando actúen en su condición de tales.

e) A las personas jurídicas que, no incluidas en los apartados precedentes, en un acuerdo de compensación contractual financieros y de garantías financieras, siempre que la otra parte pertenezca a alguna de dichas categorías.

f) Incluso, en estos acuerdos de compensación cabe que una de las partes pueda ser persona física, según los apartados 3 y 4 del artículo cuarto. A nuestro entender, tanto el supuesto del apartado e), como en el que nos encontramos, resultan de difícil encaje autónomo, dada la exigencia ineludible de que se suscriban, en cualquier caso, con las entidades referidas en los primeros cuatro apartados, a) a d).

Se reconoce el derecho del garante de disposición y sustitución del objeto de las garantías aportadas, «*consistente en poder hacer uso del objeto de dicha garantía financiera, contra la simultánea aportación de un objeto que sustancialmente tenga el mismo valor para que sustituya el inicial*». Debemos entender por «*garante*», no al meramente fiador, sino a aquella persona que haya aportado la garantía; en el caso de tratarse de garantía real, bien podría ser, tanto el mero fiador real, como el propio deudor; en el caso de la fianza personal, sería únicamente el fiador personal quien podría ejercitarlo, si bien, debería aportar una fianza alternativa, sustituyendo su responsabilidad patrimonial universal, por el equivalente líquido o fácilmente liquidable, al valor económico de aquello a lo que se obligó o afianzó.

Igualmente, se reconoce el derecho de la entidad financiera, o beneficiario de la garantía a disponer de la garantía financiera pignoraticia así como su ejecución en caso de incumplimiento contractual por parte del depositante-deudor, lo cual supone una excepción a la prohibición del denominado «pacto comisorio» que establecen los arts. 1.859 y 1.884 C.c.,; consecuentemente, se considerará como cláusula de liquidación por compensación exigible anticipadamente aquélla con arreglo a la cual, al producirse un supuesto de ejecución del contrato, tienen lugar los siguientes efectos:

a) Que el vencimiento de las obligaciones de las partes se anticipa, de modo que sean ejecutables inmediatamente y se expresa como una obligación de pago de un importe que representa el cálculo de su valor actual de acuerdo con lo pactado por las partes, o bien se anulan dichas obligaciones y se sustituyen por la obligación de pago de un importe idéntico.

b) Que se tiene en cuenta, simultánea o alternativamente al anterior efecto, lo que cada parte deba a la otra con respecto a dichas obligaciones y la parte cuya deuda sea mayor pagará a la otra parte una suma neta global idéntica al saldo resultante.

Al producirse un supuesto de ejecución, el beneficiario podrá ejecutar las garantías financieras aportadas en virtud de un acuerdo de garantía financiera pignoraticia, en las condiciones previstas en el acuerdo, de las maneras siguientes:

a) Si se trata de *valores negociables* u otros instrumentos financieros, mediante venta o apropiación, de acuerdo, cuando corresponda, con el procedimiento previsto en el artículo decimoquinto y mediante compensación de su valor o aplicación de su valor al cumplimiento de las obligaciones financieras principales.

b) Si se trata de *efectivo*, mediante compensación de su importe o utilizándolo para ejecutar las obligaciones financieras principales.

La apropiación sólo será posible cuando:

a) Se haya previsto entre las partes en el acuerdo de garantía financiera, y

b) Las partes hayan previsto en el acuerdo de garantía las modalidades de valoración de los valores negociables.

Un análisis respecto de este RDL lo efectúa la **SAP Barcelona —15ª— de 23.09.2008** del siguiente modo:

«El citado Real Decreto-Ley es una norma especial que disciplina la normativa aplicable a los acuerdos de compensación contractual y establece los efectos de los procedimientos concursales sobre los mismos. Así, los acuerdos de compensación contractual definidos en el artículo 5 del citado texto legal (acuerdos de *netting*) se exceptúan de la prohibición de compensación del artículo 58 LC. El referido Real Decreto-Ley, conforme a su dicción literal, es de aplicación a acuerdos de compensación contractual, también, cuando la contraparte no sea una entidad de crédito, sino otra persona jurídica e incluso una persona física (arts. 4.2 y 4.3) y, además, aplicándose la especialidad concursal prevista en el mismo, también, cuando se declare el concurso de los clientes y no sólo el de las entidades de crédito. El artículo 5 define los acuerdos de compensación contractual a los que resulta de aplicación la norma especial: "1.- Este capítulo se aplicará a las operaciones financieras que se realicen en el marco de un acuerdo de compensación contractual o en relación con él, siempre que el acuerdo prevea la creación de una única obligación jurídica que abarque todas las operaciones incluidas en dicho acuerdo y en virtud de la cual, en caso de vencimiento anticipado, las partes sólo tendrán derecho a exigirse el saldo neto del producto de la liquidación de dichas operaciones. El saldo neto deberá ser calculado conforme a lo establecido en el acuerdo de compensación contractual o en los acuerdos que guarden relación con éste". Los acuerdos de compensación contractual a los que resulta de aplicación del Real Decreto-Ley se caracterizan por prever la sustitución, en caso de vencimiento anticipado, de los créditos y deudas que derivan de las operaciones financieras objeto del acuerdo de compensación en una sola obligación. El vencimiento anticipado del acuerdo de compensación o de las obligaciones aplazadas es un elemento definitorio para la aplicación de la norma especial. El vencimiento anticipado puede dimanar de la resolución anticipada de las operaciones objeto de la compensación pactada debido a la declaración de concurso, constituyendo una excepción a la norma general del artículo 61.3 LC...»

La compensación puede realizarse contablemente después del Auto de declaración de Concurso, pero, siempre y cuando, las condiciones para ello hubieren existido previamente a dicha declaración. Así se fundamenta en la siguiente resolución:

SJM Valencia-1 n.º 144 de 21.05.2007

«SEGUNDO.- Debe desestimarse la demanda rectora de las presentes actuaciones. El supuesto que en todo caso se planea, en la medida en que resulta coincidente el proceder de la entidad financiera aquí demandada respecto de los saldos positivos que presentaban diversos depósitos y productos de los que es titular cada una de las entidades concursadas, desborda los parámetros ordinarios de la prohibición de compensación *ex* artículo 58 de la Ley concursal, con la excepción que previene el mismo precepto para los casos en que, no obstante no haberse verificado la compensación en momento cronológico anterior a la declaración de concurso, los parámetros de la misma ya concurrieren entonces *ex* artículos 1.195 y 1.196 del Código civil.

El Real Decreto Ley 5/2005, de 11 de marzo, vino a solventar la problemática que, en el ámbito del concurso declarado, planteaba el crédito bancario y la cuestión relativa a cuál fuere la solución más satisfactoria a dicha problemática atendido el esencial dinamismo y características intrínsecas propias del sector bancario y el mercado de capitales. Piénsese en este caso que, atendido el objeto social de las entidades declaradas en concurso, resulta una obviedad el recurso a la financiación bancaria y el volumen de ésta.

Dispone el artículo 2 de la citada norma con rango de Ley que "el objeto de este capítulo es incorporar al ordenamiento jurídico español las disposiciones de la Directiva 2002/47/CE del Parlamento Europeo y del Consejo, de 6 de junio de 2002, sobre acuerdos de garantía financiera, así como ordenar y sistematizar la normativa vigente aplicable a los acuerdos de compensación contractual y a las garantías de carácter financiero. Se establecen, además, los efectos derivados de la apertura de un procedimiento concursal o de un procedimiento de liquidación administrativa sobre dichos acuerdos y garantías". La norma no se limita a la transposición de la normativa comunitaria a nuestro Derecho interno, sino que se aprovecha para acometer la disciplina de aspectos transcendentes que, tal vez, quedaron huérfanos de la necesaria seguridad jurídica con ocasión de la irrupción normativa de la Ley 22/2003.

Y el de los pactos contractuales de compensación es precisamente uno de ellos. Pues bien, en ese marco se ha desenvuelto el proceder de la aquí demandada, con invocación de los artículos 3 letra a) y 15 del Real Decreto, sin que pueda, desde luego, venirse a sostener un supuesto de inaplicabilidad de tales cláusulas contractuales en cuanto que generales y predispuestas por la entidad financiera, bien entendido que no podría sostenerse sin más su carácter abusivo atendido precisamente el carácter mercantil de las tres entidades declaradas en concurso…»

El Tribunal Supremo ha evolucionado su doctrina en permitir la compensación, en supuestos concretos y extraordinarios, como son los que reflejan las siguientes resoluciones y es el caso, de la ejecución de garantías o de las liquidaciones de contratos:

STS —1.ª— n.º 388/2012, de 26 de junio

«PRIMERO. Breve resumen de antecedentes.

La sentencia recurrida estimó el recurso de apelación que había interpuesto Caixa D'Estalvis del Penedés, y desestimó la demanda que lo había sido, contra la apelante, por la **administración concursal** de Herraz-Tri, SL, con la pretensión de que, seguidos los trámites del procedimiento incidental que regula el capítulo III del título VIII de la Ley 22/2003, de 9 de julio, el órgano judicial del concurso declarase que la aplicación por la demandada, a la satisfacción de parte de su crédito, del efectivo en que se habían convertido los activos que integraban un fondo de inversión monetario titularidad de la concursada, resultaba contraria al artículo 58 de la citada Ley y, también, con la de que se condenase a dicha acreedora a devolver a la masa activa la cantidad de que se había apropiado para hacerse pago.

El Tribunal de apelación, en sentido opuesto al de la primera instancia, entendió que la demandada había sido autorizada para rescatar los valores, depositados con fines de garantía, y para destinarlos a la satisfacción de sus créditos, por medio de un contrato celebrado con anterioridad a la **declaración del concurso**. Así como que la ejecución separada de los valores depositados había quedado amparada por el artículo 15 del Real Decreto Ley 5/2005, de 11 de marzo, de reformas urgentes para el impulso a la productividad y para la mejora de la contratación pública.

Contra la sentencia de segunda instancia interpuso recurso de casación la **administración concursal** demandante. Lo hizo por seis motivos, en cuyo examen entramos seguidamente.

SEGUNDO. Enunciado del primero de los motivos del recurso de casación y razones que determinan su desestimación.

Denuncia la **administración concursal** recurrente la inconstitucionalidad del Real Decreto Ley 5/2005, de 11 de marzo, negando que hubiera existido la extraordinaria y urgente necesidad que, como requisito habilitante, justifica, según el artículo 86, apartado 1, de la Constitución Española, que una norma con rango de ley emane del Gobierno.

Es evidente que lo que la administración concursal recurrente puede pretender en este motivo es que planteemos al Tribunal Constitucional una cuestión de inconstitucionalidad, de conformidad con lo dispuesto en el artículo 163 de la Constitución Española

Lo que no procede hagamos por la causa en que se basa la implícita petición, dado que el Real Decreto Ley 5/2005 —convalidado por el Congreso de los Diputados— incorporó al ordenamiento español las disposiciones de la Directiva 2002/47/CE dentro de un plazo ya superado —artículo 11 de la misma—.

De modo que entendemos —en el sentido señalado por el Tribunal Constitucional, así en las sentencias 31/2011, de 17 de marzo, y 137/2011, de 14 de septiembre— que concurría la circunstancia justificante en cuya negativa se basa la recurrente para formular la referida petición.

TERCERO. Enunciados de los motivos segundo, tercero y cuarto del recurso de casación y razones que determinan la desestimación de todos ellos.

La administración concursal de Herraz-Tri, SL denuncia la infracción de los artículos 3, 4, 6, 7 y 15 —motivo segundo—, 11, 15 y 16 —motivo tercero— y 8 —motivo cuarto—, todos del Real Decreto Ley 5/2005, de 11 de marzo, de reformas urgentes para el impulso a la productividad y para la mejora de la contratación pública.

Niega la recurrente, a la vista de los mencionados preceptos y del contenido de la cláusula sexta del contrato causa o fuente de la deuda de Herraz-Tri, SL a favor de Caixa D'Estalvis del Penedés, que realmente nos hallemos, en contra de lo afirmado en la sentencia recurrida, ante la ejecución de una de las garantías financieras a que se refiere el artículo 15, apartado 4, del referido Real Decreto Ley.

Reitera la jurisprudencia —sentencias 329/2009, de 28 de mayo, 1149/2008, de 16 de diciembre, y las que en ella se citan— que la calificación del contrato corresponde a los Tribunales de las instancias y que el resultado de dicha labor técnica no se controla en casación, salvo que resulte manifiestamente erróneo.

Por no darse esa condición que justifique el control mencionado hay que entender que no cabe en este supuesto. Conclusión tanto más adecuada si mediante los tres motivos examinados la recurrente trata que se examinen, por primera vez en este recurso extraordinario, diversas cuestiones sobre las que guardaron congruente silencio los Tribunales de las instancias.

CUARTO. Enunciado del motivo quinto del recurso de casación y exposición de las razones que determinan su desestimación.

En el motivo quinto señala la recurrente que la sentencia de la Audiencia Provincial había prescindido de la exigencia de forma que impone el artículo 1865 del Código Civil para que la prenda produzca efectos frente a terceros.

Recuerda la sentencia 281/2012, de 30 de abril —entre otras muchas— que no resulta admisible plantear en casación cuestiones nuevas, entendiéndose por tales las que no fueron suscitadas por la parte recurrente en primera instancia o las que sí lo fueron pero no integraron el objeto del debate en la segunda, y por tanto, quedaron fuera de la razón decisoria expuesta en la sentencia de apelación.

No hay que olvidar que el examen "ex novo" o por vez primera en casación de las cuestiones planteadas produciría indefensión a la parte contraria, dado que no habría dispuesto en la instancia de los argumentos y medios de prueba adecuados para combatirlas, con daño de su derecho de defensa y con desconocimiento de los principios de preclusión, audiencia bilateral, igualdad de partes y congruencia.

Por tal razón, sin necesidad de entrar en el fondo del motivo hay que entender que la mencionada doctrina es plenamente aplicable al caso enjuiciado, ya que se cumplen en él las referidas condiciones para calificar la cuestión planteada como nueva, lo que convierte la causa de inadmisión del motivo, en causa de desestimación del mismo.

SEXTO. Enunciado del motivo sexto del recurso de casación y exposición de las razones que determinan su desestimación.

El motivo sexto del recurso de casación ha sido formulado con un particular enunciado —"*¿En qué consiste una garantía financiera prendaria? ¿qué es una garantía financiera? Excesiva amplitud de la consideración de garantía financiera. Fundamento jurídico IX.5*"—, que no identifica la norma que la recurrente considera infringida en la sentencia de apelación.

Ese mismo defecto se advierte tras la detenida lectura de la parte del escrito de interposición del recurso destinada a la argumentación soporte del motivo. Al extremo de que intentar una identificación constituiría más que la consecuencia de una interpretación difícil la de una adivinación.

Se incumple, por lo tanto, una de las condiciones que han de concurrir para la admisión del motivo, pues sin ella no hay posibilidad razonable de dar respuesta a la impugnación.

El motivo debería haber sido inadmitido y debe ahora ser desestimado…».

STS —1.ª— n.º 963/2024, de 9 de julio:

«… La jurisprudencia de esta sala, como recuerda la sentencia 181/2017, de 13 de marzo, ha entendido que en casos como el presente no resulta de aplicación la prohibición de compensación del art. 58 LC, pues no se trata de una compensación propiamente dicha, sino de una liquidación de créditos y deudas surgidas de una misma relación contractual: "En realidad, no nos encontramos ante una compensación propiamente dicha, esto es, un subrogado del pago en el que una deuda se extingue hasta donde concurre con otra distinta, cuando cada uno de los obligados lo esté principalmente, y sea a la vez acreedor principal del otro, y se cumplan los demás requisitos previstos en el art. 1196 del Código Civil. "Nos encontramos ante un supuesto de liquidación de una única relación contractual de la que han surgido obligaciones para una y otra parte. En las sentencias 188/2014, de 15 de abril , y 428/2014 de 24 julio, hemos considerado que en estos supuestos, incluso en el caso de que se tratara de que la relación contractual de la que surjan créditos de carácter concursal, nos encontramos ante un mecanismo de liquidación del contrato y no ante compensaciones a las que sea aplicable el art. 58 de la Ley Concursal".

Y en supuestos como el presente, en que se ha producido una resolución de una relación contractual, al reiterar esta doctrina, hemos apostillado que "en realidad más que una compensación es un mecanismo de liquidación de un contrato ya resuelto" (sentencia 188/2014, de 15 de abril)…».

El art. 153 TRLC regula más concretamente la compensación de créditos, centrándola en el momento en que podía haberse realizado la misma, esto es, si los requisitos previstos para compensar el acreedor y el deudor, antes vistos, «*hubieran existido antes de la declaración de concurso, producirá plenos efectos*», lo que comporta el criterio que aludíamos al principio procedente del Derecho Romano, de que es un deber del acreedor y un derecho del deudor la producción de la compensación, lo que, lógicamente, no tiene discusión, dado que, siendo así, más que perjudicar a la masa activa —si es que consideramos el crédito contable o el dinero circulante como tal masa—, se reduce la pasiva que, en definitiva, es la que controla los porcentajes de convenio, de planes de reestructuración, de reparto del líquido disponible (art. 433.3 TRLC), masa del concurso (art. 37 *ter* TRLC), número de acreedores solicitantes de nombramiento de Administrador Concursal (art. 37 *quater* TRLC), etc.

Pero, cuanto antecede, solo puede hacerse antes de la declaración de concurso, «*salvo los que procedan de la misma relación jurídica*» esto es, los no compensables por razón a la contabilidad (libro Mayor), sino por el documento contractual, en el que deberá hacerse constar expresamente tal compensación, por ejemplo, las pólizas de crédito que, como dijimos en su capítulo correspondiente, permiten hacer adeudos (compensar) en las cuentas acreedoras del acreditado, así como también, cuando se afecten o pignoren derechos de crédito del deudor.

Por último, hay que decir que el TRLC según la redacción dada por la LR-TRLC, en su art. 599 dispone que la comunicación de apertura de negociaciones prevista en el art. 585 TRLC no afectará a la facultad de vencimiento anticipado, resolución o terminación de los acuerdos de compensación contractual sujetos al RDL 5/2005, de 11 de marzo, de reformas urgentes para el impulso a la productividad y para la mejora de la contratación pública, lo que supone una convalidación del propio RDL. El art. 619 T.R.L.C. relativo a la homologación de los planes de reestructuración, sobre los acuerdos de compensación contractual, los mantiene en el sentido del RDL 5/2005, por lo que no quedará afecta la garantía financiera que lo haya pactado y se establece que el «saldo resultante» de la compensación quedará sujeto a las normas que regulan dichos planes (arts. 614 y ss. T.R.L.C.), así como tampoco vencerán anticipadamente las obligaciones garantizadas por «*la parte cubierta por la garantía*».

Igualmente, dentro del plan de reestructuración, nos encontramos con el art. 632 TRLC que en el supuesto de conversión de créditos en acciones o participaciones sociales, con o sin prima, se admite la compensación.

Segunda parte

DE LA EXONERACIÓN DE DEUDAS

«Quien todo lo desea no quiere nada en realidad, y nada consigue.
La contradicción es la raíz de todo movimiento.
Las verdaderas tragedias no resultan del enfrentamiento entre un derecho y una injusticia. Surgen del enfrentamiento entre dos derechos».

G.W. Friedrich HEGEL (1770-1831).

Esta parte viene denominada como de exoneración de deudas, no tanto como pueda pensarse de perdón total de las mismas, sino, como su propia etimología expresa, de quitar parte o todo el «*onus, -eris*» o «carga» del deudor, para lo cual, el Legislador ha ido elaborando una serie de sistemas que han venido evolucionando en el tiempo dando más relevancia a la parte preconcursal en la que acreedores y deudores deben, de alguna manera, confluir en un acuerdo, en aras a evitar la declaración de concurso, con lo que todo ello conlleva de intervención o suspensión de las facultades de administración y disposición del propio deudor, la sobrecarga de trabajo en los Juzgados concursales y consiguientes actividades en los órganos superiores por los sistemas de recursos, para lo cual, en todos los casos que seguidamente veremos, se articulan una serie de requisitos a cumplir por unos y otros a fin de darles una homologación que les permita cierta protección. Algunos de los sistemas no han cumplido con su finalidad, bien por inoperatividad, ora por automatismo y se han eliminado, ni siquiera modificado, han sido suprimidos sin más, pero, en cualquier caso, en todos ellos, se ha tratado de alejar a las partes del sistema concursal

La Ley 38/2011, de 10 de octubre, de reforma de la LC introdujo, con efectos a partir del día 12 de diciembre de 2011, lo que podemos considerar como una suspensión provisional del deber de solicitud de declaración de concurso, tal y como disponía el art. 5 LC (hoy art 5 TRLC), creando el propio art. 5 bis LC (hoy art. 583 TRLC), que fue varias veces modificado, hasta la última redacción dada por la Ley 9/2015, de 25 de mayo, de medidas urgentes en materia concursal, conforme a la cual, el último texto vigente dispuso de tres (3) sistemas que permitían, teóricamente, evitar la situación de concurso, aplazando los dos (2) meses a que obligaba el art. 5.1 LC (hoy art. 5 TRLC), so pena de la aplicación de la presunción de culpabilidad del art. 165.1.1.º LC (hoy art. 444.1.º TRLC) para el insolvente que haya demorado su solicitud de declaración de concurso. Se trata de una especie de «vía de escape» aunque, en la práctica bien puede considerarse como una «crónica de una muerte anunciada».

Se trataba, de un lado, del (i) sistema de alcanzar un «acuerdo de refinanciación» homologable y no rescindible, de otro, (ii) de obtener adhesiones a una «propuesta anticipada de convenio» y, por último, de alcanzar un (iii) «acuerdo extrajudicial de pagos», todos los cuales deben iniciarse mediante comunicación al Juzgado competente según dispone el art. 583 TRLC (antiguo art. 5 bis.1 LC); si no tuviere lugar dicha comunicación, entendemos que, no necesariamente conllevaría la nulidad de lo actuado o convenido, sino que privaría al deudor de los efectos suspensivos de las ejecuciones o paralizadores de las nuevas que se instasen, según el art. 588 TRLC (antiguo párrafo 4 del art. 5 bis LC), privación de efectos que abocaría al fracaso cualquier negociación preconcursal.

Debemos adelantar que la entrada en vigor el día 30 de abril de 2020 del Real Decreto-ley 16/2020, de 28 de abril, de medidas procesales y organizativas para hacer frente al COVID-19 en el ámbito de la Administración de Justicia, introdujo la novedad de la posibilidad de modificar el Convenio concursal y así, desde el 14.03.2020 hasta el 14.03.2021 el concursado puede presentar una «*propuesta de modificación del convenio que se encuentre en período de cumplimiento*». Esta propuesta permitía presentarla, siempre, dentro del período de cumplimiento del convenio, lo cual puede hacerse de forma (i) voluntaria por el concursado o, (ii) defensivamente ante las solicitudes de declaración de incumplimiento que sus acreedores puedan realizar. Esta modificación pueden presentarla: (i) los concursados en cumplimiento de convenio aprobado y (ii) los «preconcursados» que hubieren acudido a un procedimiento del segundo párrafo del art. 5 bis.1 LC o Acuerdo extrajudicial de Pagos.

Por contra, no pueden presentarla: (i) los concursados en fase de liquidación, ni (ii) los que hubieren acudido al procedimiento del primer párrafo del art. 5 bis.1 LC (acuerdo de refinanciación —queda para el art. 10 R.D.-I.— o propuesta anticipada de convenio), pues el art. 8.3 R.D-I alude sólo a los «*acuerdos extrajudiciales de pago*» que son aquéllos que figuran en el segundo párrafo del art. 5 bis.1 LC; si se pretendiese lo contrario, ¿no habría sido más oportuno redactar el art. 8.3 R.D.-I del siguiente modo? «*las mismas reglas serán de aplicación a los de*udores que actúen según lo previsto en el art. 5 bis de la Ley Concursal», pero, no ha sido así, entonces, *ubi lex non distinguet nec nos distinguere habemus*[124].

En primer lugar, debemos destacar que la norma no permite solicitarlo al concursado (persona física o jurídica) que estuviese en Fase de liquidación, sino, únicamente, al concursado que, habiendo conseguido la aprobación del convenio, pretenda modificarlo, lo que, de entrada, supone que no pueda presentar otro distinto, pues la modificación implica cambiar el que se aprobó, en alguna o algunas partes del mismo, pero, a nuestro entender, no puede suponer una alteración (del Latín *alter*, otro) sustancial de su contenido o una sustitución (alteración propiamente dicha) de un convenio por otro, sin embargo, por su redacción, dado que no especifica los límites de la modificación, nada impediría «modificar» su totalidad, incluso, por la vía del art. 110.1 LC.

---

124 Donde la ley no distingue, ni nosotros debemos (hacerlo).

En cualquier caso, podría darse la situación de que se incumpliese el convenio modificado, pero se cumpliesen las condiciones del aprobado inicialmente; parece ser que el efecto novatorio modificativo dé a entender que sea aquél el impugnable y no éste el que dé lugar a su rescisión por incumplimiento, aunque todo dependería de la redacción del texto del modificado a través de la introducción de condiciones al respecto.

Las declaraciones de incumplimiento del convenio (el inicial no modificado) presentadas entre el 14.03.2020 y el 14.09.2020 no serán admitidas a trámite hasta el 14.12.2020 y, así, entre el 14.09.2020 y el 14.12.2020, el concursado podrá presentar una propuesta de modificación del convenio, tramitable con prioridad a las solicitudes de declaración de incumplimiento.

Acorde, pues, al régimen transitorio de la situación generada por la pandemia de la COVID-19, expresado en el último párrafo del Preámbulo del TRLC, el art. 346 TRLC prohibió expresamente modificar o revocar la propuesta de convenido, durante su tramitación, pero sí puede dejarlas sin efecto en cualquier momento mediante la solicitud de la liquidación de la pasa activa.

VII. LOS ACUERDOS DE REFINANCIACIÓN

Los acuerdos de refinanciación han tenido una vida jurídica tan efímera como la Mediación Concursal; tal es así que la LRTRLC (B.O.E. 06.09.2022) en su Preámbulo I declara taxativamente que «*la percepción más extendida es que si bien los acuerdos de refinanciación han constituido un instrumento útil, los acuerdos extrajudiciales de pagos, dirigidos a las pequeñas y medianas empresas, no han cumplido de forma satisfactoria con su propósito…[por lo que] En la regulación de los planes de reestructuración se ha preservado el carácter flexible (poco procedimental) de los acuerdos de refinanciación y se han incorporado elementos que les otorgan mayor eficacia que a estos últimos, como la posibilidad de arrastre de clases disidentes, sujeta al cumplimiento de ciertas salvaguardas para los acreedores…*». Tal es así que el motivo II de la Exposición del TRLC manifiesta lo siguiente: «*…los acuerdos de refinanciación, cuyo episódico régimen, tan trabajosamente diseñado por el legislador, adquiere ese mínimo de unidad y autonomía que todos reclamaban…*», ya lo dijimos en ediciones anteriores de este libro. No obstante lo cual, el apartado 1 de la Disposición Transitoria única aplaza la entrada en vigor de determinados artículos del TRLC para un ulterior Reglamento.

En primer lugar, nos vemos obligados a exponer la raíz etimológica de «refinanciar» y, así, deriva del Latín «*re-*» en el sentido de «volver a hacer algo» y «*finis*, *-is*», en el sentido de poner fin a un pago, «*finem facere*», poner fin o término a una obligación de pago, aplazándolo en el tiempo, pero, en definitiva, haciéndolo por segunda o ulterior vez.

A pesar de que la Ley 16/2022, de reforma del Texto Refundido de la Ley Concursal ha modificado el sistema previo, por no decir que lo ha sustituido por los denominados «planes de reestructuración», resulta muy adecuado tener presente la regulación de los acuerdos de refinanciación, pues los efectos que deriven, tanto de su cumplimiento, como de su incumplimiento o posibles resoluciones o rescisiones, deberán tener bien presente la norma en base a la cual se adoptaron, pues el TRLC 2022 no encuentra parangón o continuación de aquel sistema, por lo que, en su caso, no cabría considerar una reformatio in peius ante unos convenios de refinanciación adoptados con la confianza de que el sistema legal conforme al cual se acordaron y los efectos que, en su caso, derivarían de su ejecución, no se habrían celebrado, si se hubiesen conocido los novedosos. En cualquier caso, así lo establece la Disposición adicional novena de la LRTRLC cuando alude a que «*las referencias normativas a los acuerdos de refinanciación y, en su caso, a los acuerdos extrajudiciales de pagos, han de entenderse realizadas a los planes de reestructuración…*»; por tanto, pasamos, en primer lugar, a exponer el sistema de la LC.

1. SISTEMA DE LA LEY CONCURSAL

Dentro de este sistema que configuraba el art. 5 bis LC, nos vamos a centrar ahora sobre el primero de los tres (3), los denominados «acuerdos de refinanciación». Acorde con lo dispuesto en la LC tras la reforma de 2011, no serán objeto de rescisión una serie de acuerdos o pactos denominados de «refinanciación», esto es, que (i) aluden a deudas preexistentes y (ii) suponen una novación modificativa de los títulos obligacionales previos, respecto de lo cual, parece intuirse, inicialmente, que se tratarían de pactos rescindibles o perjudiciales contra la Masa, motivo por el cual, el Legislador de 2011 estableció una especie de «contrapeso» tendente, de un lado, a (i) levantar, siquiera fuere provisionalmente, la situación de insolvencia, dado el alargamiento de plazos, la minoración de los costos de la deuda impagada (intereses moratorios, comisiones por impago, medidas de la Ley 3/2004, de 29 de diciembre, por la que se establecen medidas de lucha contra la morosidad en las operaciones comerciales, las del art. 576 LEC, y cualesquiera otras más) y, de otro lado, (ii) la prestación de una «bombona de oxígeno» financiero que permita al Concursado la continuación de la actividad, exigiendo para ello unos requisitos realmente estrictos que marquen y protejan la estructura refinanciadora para alcanzar su homologación legal, lo que lleva a cabo a través de lo dispuesto en el art. 71 bis LC, del siguiente modo:

1. «*Los acuerdos de refinanciación alcanzados con el deudor, así como los negocios, actos y pagos, cualquiera que sea la naturaleza y forma en que se hubieren realizado y las garantías constituidas en ejecución de los mismos*».

   A este respecto, hay que comenzar por definir qué puede entenderse por «acuerdo de refinanciación»; en este sentido, nos encontramos ante las figuras de la transacción y de la novación, reguladas por los arts. 1.809 y 1.203 C.c., en tanto que, dentro de las múltiples variedades que pueden darse en la práctica real, lo que se pretende, en primer lugar, (i) es evitar una reclamación judicial del crédito impagado —fundamentalmente— para lo cual, se concede un nuevo plazo que facilite el pago al deudor, si bien se exige la aportación de nuevas garantías donde anteriormente no las había, tales como las personales, las reales o ambas; en segundo lugar, (ii) al modificarse las condiciones del crédito preexistente objeto de la refinanciación, se produce la figura de la novación modificativa y no extintiva, en tanto que supone un aplazamiento del pago o mayor facilidad de pago para el deudor y no la cancelación del crédito.

La tipología de acuerdos de refinanciación es tan variada como los supuestos fácticos, si bien, suelen centrarse en una quita, en una espera, o ambas, lo que se lleva a cabo mediante la constitución de derechos reales de hipoteca u otras garantías personales o reales donde anteriormente no las había, pero no tienen por qué serlo de esta única manera, pues los acuerdos también se contraen mediante cesiones de créditos, división de débitos entre los administradores, socios o fiadores de las sociedades deudoras, en cuyo caso, estaríamos hablando de novaciones extintivas, en tanto que rompen con el objeto y los sujetos del vínculo obligacional con la deuda preexistente, sin ser un reconocimiento de deuda, sino una nueva obligación, con la que un tercero, paga, en todo o en parte, la deuda de otro.

Esta tipología de acuerdos, ordinariamente está circunscrita al entorno de las entidades financieras, si bien no necesariamente, pues algunos proveedores —bien asesorados, evidentemente— también alcanzan este tipo de acuerdos, con las garantías precitadas. No obstante lo cual, parece que el Legislador de octubre de 2011 al redactar este texto, estaba pensando directamente en las «hipotecas de refinanciación» que las entidades financieras llevan a término en garantía del cumplimiento de los impagos de créditos por descuento, préstamos o similares.

«*Los negocios, actos y pagos y sus garantías*»:

La consideración de irrescindibilidad de tales negocios jurídicos, parece que debe ser interpretada como un «cajón de sastre» sanador para que, no solo, las entidades financieras puedan refinanciar sus créditos, sino que, además, pueda refinanciarse bajo cualquier tipo de acto o contrato, aunque, por el resto del texto, debe inferirse, más bien, la irrelevancia de, por ejemplo, las imputaciones de pagos contrarias al art. 1.172 C.c. o el cuestionamiento de las comisiones pagadas o tipos de interés, entre otras, o si se aportaron garantías reales a unos acreedores sí y a otros, no.

El texto del art. 71 bis.1 LC, a más de lo dicho, no dejaba de levantar dudas respecto de la conjunción copulativa «*y*» que figura entre los subapartados «a)» y «b)», la cual, es sumatoria gramaticalmente, pero cuando el segundo de estos subapartados expresa «*Con anterioridad a la declaración del concurso*» nos hace pensar que el apartado «a)» hace referencia a que éste acuerdo de refinanciación se realiza *ad intra* concurso de acreedores y no que se trate de una suma de requisitos; por tanto, partiremos de esta distinción entre requisitos del acuerdo de refinanciación adoptado antes o durante el Concurso, si bien, con nuestras serias dudas, habida cuenta de la nula participación o intervención dada al Administrador Concursal en estos acuerdos de refinanciación, hipotéticamente adoptados en el expediente concursal.

A) Acuerdos de refinanciación adoptados ad intra Concurso. Requisitos

Insistimos, a nuestro entender, no queda clara la redacción legal, por lo dicho precedentemente, si bien, a modo meramente ilustrativo, mantendremos esta ficticia división por respeto a la sistemática del Legislador en los apartados «*a)*» y «*b)*» del párrafo 1 del art. 71 bis LC.

a) Que se amplíe significativamente el crédito disponible.

¿Qué debemos entender por «significativamente»? ¿Que las entidades financieras deben aportar el denominado «dinero fresco» o «nuevo» puesto a disposición de su deudor y que entre a formar parte de su Capital Circulante? Parece ser que sí, que ésta es la idea del Legislador. Pero, entonces, nos preguntamos ¿deben hacerlo también los «otros acreedores», los no bancarios, los proveedores? En principio, la norma no distingue y así *nec nos distinguere debemus*[125] ¿Cómo puede un proveedor comercial dar dinero nuevo a su cliente que no solo no le paga, sino que el Banco le llama la atención por el elevado

[125] *Nec nos distinguere debemus*: "Ni nosotros debemos distinguir"; adecuación al texto de la segunda parte del brocardo "*ubi lex non distinguet nec nos distinguere debemus*": donde la Ley no distingue, ni nosotros debemos distinguir.

volumen de impagados que dicho deudor le ha provocado elevar el índice de impagados que puede provocarle el cierre de su línea de descuento?

Entonces, cómo debemos entender la exigencia de ampliar «significativamente»: ¿guardando proporción a la deuda a refinanciar? ¿qué porcentaje es significativo? ¿un 10%? ¿lo suficiente para pagar los impuestos y demás gastos notariales, registrales y de asesores y gestores por la constitución de la hipoteca? (Estos conceptos han sido protegidos por el art. 667 TRLC ante una posible rescisión del plan de reestructuración). Y ¿por qué? Podría haberse legislado diciendo «suficientemente», lo cual se entendería como «bastante» para que el negocio en crisis, la empresa deudora pueda «levantar cabeza» económicamente y atender sus compromisos de pago vencidos; en este caso, no parece que la aportación dineraria tenga por finalidad la de atender pagos de débitos anteriores de las entidades refinanciadoras, sino más bien, de pagos de otros débitos, comerciales, laborales, profesionales, etc. Pero la Reforma no aludió realmente a la suficiencia, sino al hecho de la significación, entendida como sinónimo de «importancia», esto es, lo que le «conviene» o «interesa» a la empresa[126], pero, la refinanciación sin quita previa, por ejemplo de parte del capital adeudado o sus intereses, moratorios o remuneratorios, incluso de la modificación del tipo de interés, aún aportando dinero nuevo, difícilmente puede aligerar al deudor.

Así pues, ¿qué conviene al deudor? ¿podría ser pagar a todos los acreedores comerciales, digamos, los que serían calificados como concursales ordinarios, incluso los subordinados en el caso de declaración de concurso? ¿podría ser pagar a las entidades financieras dado que éstas gozan de títulos ejecutivos o afianzamientos adicionales? ¿podría interesar a al deudor cancelar los préstamos dinerarios hechos por los socios —crédito a considerar como concursal subordinado—? Se mire como se quiera, parece que todo ello, con una definición académica del término «significativamente», puede ser respondido de forma afirmativa.

Pero, volvamos al porcentaje. ¿Qué porcentaje puede ser considerado como «significativo»? ¿El 1% de 1.000.000 €? ¿El 50% de 100.000

126 Alusiones a las definiciones de la RAEL.

€? ¿Por qué no fijó el Legislador de octubre de 2011 un simple porcentaje dejando puertas abiertas a que al final, todo se dirima en un pleito tras otro, generando inseguridad jurídica a los operadores del Derecho?

En cualquier caso, el Legislador, en el art. 84.2.11.ª LC concedía al acreedor que hubiere realizado «*nuevos ingresos de tesorería y hayan sido concedidos en el marco de un acuerdo de refinanciación en las condiciones previstas en el artículo 71 bis o en la Disposición adicional cuarta*» el premio de considerar contra la masa el cincuenta (50%) por ciento del mismo, sin cuantificar éste ni el porcentaje, solamente por el hecho de su aportación, ante lo cual, podemos y debemos entender que entraría dentro de este supuesto de nuevos ingresos el hecho del pago de las escrituras, derechos arancelarios, honorarios de gestoría o impuestos derivados del acuerdo de refinanciación, que fuesen imputables legalmente al deudor, pues, no estando obligado legalmente el acreedor a satisfacerlos, paga los mismos dentro de la facultad que le permite el art. 1.158 C.c., lo cual puede considerarse como una entrada de tesorería indirecta en el patrimonio del deudor, lo cual liberaría al deudor de la carga tributaria y arancelaria correspondiente a la operación, permitiéndole continuar su negocio con el posible efectivo que tuviere; sin embargo, parece que ésta no es la *ratio legis*, pues lo que el Legislador quiso al redactar esta norma, no fue otra cosa que insuflar dinero, incrementar el capital circulante, no para atender pagos inmediatos y únicos, sino para poder desarrollar su actividad mediante la realización de los pagos recurrentes y, a un futuro medioplacista, cuanto menos, evitando que la refinanciación pase, de ser una solución a su estado de insolvencia, a una ejecución ordenada y anticipada.

Al restante 50% se le premia con la calificación de crédito con privilegio general del art. 91.6.º LC.

b) O que se modifiquen las obligaciones mediante prórroga de su vencimiento:

Esto es fácil de entender, sin embargo, no se entiende cómo se establece la disyuntiva entre un sistema tan ambiguo como el del apartado «a)» y el del presente apartado «b)», en el que sólo se exige la modificación de prórroga de su vencimiento. ¿Por cuánto tiempo? ¿Por un día? ¿Un año? ¿Diez años? Nada nos dice el Legislador de octubre de 2011. Evidentemente, esta cuestión o requisito tan simple de ejecutar, chocará de plano con la homologación de la nueva redacción de la D.A. 4ª LC, pues si para homologar el acuerdo de prórroga de un día, un mes o un año debemos recurrir a toda la sistemática de dicha D.A. —obsoleta en la práctica— no solo encarecemos la operación de refinanciación, sino que el experto que designe el Registrador Mercantil, a quien le espera la Contabilidad de la empresa deudora, su análisis y el del Mercado para dar su juicio de valor al respecto, lo cual no se hace ni en un mes, es muy probable que fenezca el deudor o expire el plazo de prórroga, antes de que cause efectos la homologación.

c) O el establecimiento de otras contraídas en sustitución de las preexistentes:

Por el término «otras» ¿debe entenderse «obligaciones»? ¿garantías, quizás? Esto es un supuesto de novación extintiva, al que hemos aludido precedentemente; el ejemplo más típico, es, como decíamos, la división de la deuda entre afianzadores, socios y demás intervinientes. La pregunta que deberíamos hacernos es la de ¿por qué ha de sustituir y no solo modificar a las obligaciones preexistentes? Veamos: si la obligación preexistente está amparada en una garantía real, el acuerdo de refinanciación homologable, debería pasar por la cancelación de la garantía y ¿la constitución de otra garantía real sobre el mismo bien liberado de la carga? ¿sobre otro bien? ¿qué razón hay para encarecer los costos que supone la sustitución de la obligación anterior por otra nueva? ¿por qué no puede modificarse sencillamente mediante, en el caso de hipoteca, el otorgamiento de una Escritura de modificación, de «cuatro folios», en lugar de otorgar una escritura de cancelación y otra de constitución *ex novo*?

d) En cualquier caso, «*que respondan a un plan de viabilidad que permita la continuidad de la actividad profesional o empresarial "en el corto y medio plazo"*».

Así como los requisitos precedentes son mínimos y alternativos, el que ahora nos ocupa es *sine qua non*, ineludible, necesario, imprescindible, de forma y manera que si no se dispone de un plan de viabilidad que diga que un simple aplazamiento de pago o una división de la deuda entre terceros, permite la continuidad de la actividad, en el corto y medio plazo, en un año o menos, pues es rescindible la refinanciación.

Realmente, seguimos sin entender el porqué del impreso requisito del apartado «a)» y la generalización de los siguientes; sinceramente, desde el punto de vista del acreedor (financiero) se prolonga el vencimiento del pago, se constituye garantía hipotecaria y ya veremos qué plan de viabilidad dice que una prórroga del plazo no permite la continuidad del negocio, sólo diría que no lo permite, caso de que la empresa, negocio o profesión estuviesen «muertos» económicamente, en cuyo caso, nada de lo que se haga sirve para nada.

B) Acuerdos de refinanciación adoptados antes del Concurso. Requisitos del sistema ordinario

Antes de la entrada en vigor del RDL 4/2014, de 7 de marzo, por el que se adoptan medidas urgentes en materia de refinanciación y reestructuración de deuda empresarial, a los efectos de lo dispuesto en el art. 5 bis.1 LC, el art. 71 bis LC tenía establecido un único sistema de realización de los acuerdos de refinanciación, al que denominaremos «ordinario» que debía cumplir los siguientes requisitos, que analizamos a la vista de la redacción del precepto antes de la entrada en vigor de la LRTRLC. Previamente debemos indicar que bajo la denominación de «*adoptados antes del Concurso*», refiere a aquellos acuerdos de que se adopten sin que se haya dictado el Auto de declaración de Concurso y no en la Fase Común. En principio parece ser una obviedad esta conclusión, pero no podemos estimarlo como tal, dado que la finalidad que tenía el art. 5 bis LC era la de evitar la declaración de Concurso, por lo que, ningún sentido tendría entender que se adopta un acuerdo de refinanciación que no fuera tendente a levantar la situación de insolvencia y que, a pesar de su adopción, abocase en Concurso.

La declaración de estado de alarma adoptada por el Real Decreto 463/2020, de 14 de marzo, trajo como consecuencia el dictado posterior del Real Decreto-ley 8/2020, de 17 de marzo, de medidas urgentes extraordinarias para hacer frente al impacto económico y social del COVID-19, afectante a lo dispuesto en el art. 583 TRLC (antiguo art. 5 bis LC), en razón a lo dispuesto por su art. 43.2, que eximía, hasta la fecha de su derogación, el 30 de abril de 2020, del deber de solicitar la declaración de concurso «*mientras esté vigente el estado de alarma*» al deudor que hubiere utilizado los mecanismos previstos en el art. 5 bis LC, aunque hubiere vencido el plazo, plazo que no había quedado suspendido por el RD 463/2020, pues, a nuestro entender, el plazo previsto en el art. 583 TRLC (antiguo art. 5 bis LC), no es, (i) ni procesal, pues no hay incoado procedimiento alguno y el expediente de comunicación no lo es tampoco, (ii) ni es plazo de prescripción, pues, por más que queramos, no puede interrumpirse el plazo para la solicitud de concurso, pues éste es imprescriptible, si bien, los efectos de su presentación más allá del plazo legal son los propios que el art. 5 bis LC suspende y, por último, (iii) tampoco es un plazo de caducidad, pues la solicitud de declaración de concurso puede presentarse en cualquier momento; en definitiva, se trata de un plazo de suspensión parcial de efectos ejecutorios frente al deudor insolvente.

Decíamos «*hasta la fecha de su derogación*», por cuanto que el día 29 de abril de 2020 se publicó en el B.O.E. el Real Decreto-ley 16/2020, de 28 de abril, de medidas procesales y organizativas para hacer frente al COVID-19 en el ámbito de la Administración de Justicia, que lo derogaba con efectos de la fecha de la entrada en vigencia de éste, lo que tuvo lugar al siguiente día 30 de abril de 2020, norma esta última que, entre otros efectos procesales, disponía en su art. 11 un régimen especial de la solicitud de declaración de concurso de acreedores, el cual, en síntesis, queda del siguiente modo:

- *Concurso voluntario*: el deber del art. 5 LC de solicitar el deudor su declaración de concurso (voluntario) queda suspendido hasta el día 31.12.2020, con independencia de si ha procedido conforme al art. 5 bis LC.
- *Concurso necesario*: pueden presentarse por los acreedores durante el período del estado de alarma, pero no se admitirán a trámite hasta el 31.12.2020, dándosele preferencia a la solicitud de concurso voluntario.
- *Concurso consecutivo*: si se hubiere procedido por el deudor antes del 31.09.2020 en los términos del art. 5 bis LC, seguirá el régimen general de la LC, por lo que, a los efectos del segundo párrafo del art. 5 bis.1 LC (Acuerdo extrajudicial de pagos) el Mediador Concursal deberá, conforme a lo dispuesto en el art. 238.3 LC, solicitar la declaración de concurso consecutivo, pudiendo hacerlo, no obstante, tanto el deudor como los acreedores (art. 242.1 LC) presentarlo, igualmente, sin perjuicio de la tramitación preferente de la solicitud del Mediador, lo cual choca de plano con las normas de los apartados 1 y 2 de este artículo.

El art. 10 del R.D.-l. 16/2020, antes citado, estableció un nuevo sistema relativo a los acuerdos de refinanciación y, así,

- Entre el 14.03.2020 y el 14.03.2021, el deudor que «*tuviere*» —no dice «hubiere», lo que implica que se hubiere sucedido antes del 14.03.2020— homologado un Acuerdo de refinanciación, puede accionar en base a lo dispuesto en el art. 5 bis.1 LC, al que se añade el supuesto de que «pretenda» iniciar, pero, para (i) modificar el A.R. vigente o para (ii) modificarlo, aunque no hubiere transcurrido el año del art. 5 bis.6 LC.

– Entre el 14.03.2020 y el 14.09.2020, no se admitirán a trámite las solicitudes de declaración de incumplimiento del Acuerdo de Refinanciación, hasta el día 14.10.2020, dentro de cuyo período, el deudor puede realizar la comunicación del art. 5 bis.1 LC (iniciar o pretender iniciar) a los efectos de (i) modificar el Acuerdo de Refinanciación homologado, incluso, para (ii) alcanzar otro nuevo, sin la previsión del año del art. 5 bis.6 LC; vencido el plazo precitado, el Juez tramitará las solicitudes de incumplimiento.

Esta nueva situación modificará, sin duda, el tiempo para llevar a término una refinanciación que evite el concurso.

Así pues, los requisitos que, conforme a la LC, debía cumplir este acuerdo de refinanciación preconcursal ordinario para evitar su rescindibilidad y, al menos, a corto o medio plazo, la declaración de Concurso, eran los siguientes:

1.º El acuerdo haya sido suscrito por acreedores cuyos créditos representen al menos tres quintos del pasivo del deudor en la fecha de adopción del acuerdo de refinanciación. A los efectos del cómputo de esa mayoría de pasivo se entenderá que, en los acuerdos sujetos a un régimen o pacto de sindicación, la totalidad de los acreedores sujetos a dicho acuerdo suscriben el acuerdo de refinanciación cuando voten a su favor los que representen al menos el 75 por ciento del pasivo afectado por el acuerdo de sindicación, salvo que las normas que regulan la sindicación establezcan una mayoría inferior, en cuyo caso será de aplicación esta última.:

i. *Que el acuerdo haya sido suscrito por acreedores*:
   Vemos que no exige la norma que, en principio, la tipología del acreedor sea la de financiero, pudiendo ser un simple proveedor, cuyo «maridaje» no suele ser, cuanto menos, técnicamente, gozoso.

ii. *Que representen al menos 3/5 del Pasivo del deudor*.
   ¿Por qué se exige que sea 3/5 y no 4/5? ¿Porque 3/5 es la mitad redondeada al alza? ¿Es más justo que la mitad redondeada al alza alcance un acuerdo con el que la otra mitad redondeada a la baja o no conoce de su existencia o no está de acuerdo? ¿Cuál es

el Pasivo del deudor, si no se ha confeccionado la Lista de acreedores del Concurso, si no se está en concurso? ¿El que figura en su Contabilidad? ¿Y si no lleva Contabilidad por no estar obligado ello? ¿Debe reconocerse el crédito litigioso que el deudor no reconoce, pues se está oponiendo a él judicialmente? ¿Debe entenderse el término «*pasivo*» como la Masa Pasiva a la que alude lo dispuesto en el art. 49 LC ("*todos los acreedores del deudor, ordinarios o no*»), incluyendo los créditos de Derecho público? o ¿debe interpretarse como define el párrafo segundo del art. 35.1 C.com[127], incluyendo, *e.g.* las provisiones por insolvencias? Alguien podrá responder a esta pregunta, aludiendo a que, dado que se trata de un artículo (71.6) de la LC, debe interpretarse acorde con la LC (art. 49), en este caso, se le debería responder que la Masa Pasiva no se concreta hasta que no se los textos definitivos del art. 96.4 LC no devienen en firmes, lo cual sólo ocurre dentro de la Fase común del Concurso, pero, recordemos que nos hallamos en fase «preconcursal».

El Legislador de 2015 (Ley 9/2015, de 25 de mayo, de medidas urgentes en materia concursal), parece ser que pretendió aclarar esta mayoría reforzada de votos, y añadió que «*A los efectos del cómputo de esa mayoría de pasivo se entenderá que, en los acuerdos sujetos a un régimen o pacto de sindicación, la totalidad de los acreedores sujetos a dicho acuerdo suscriben el acuerdo de refinanciación cuando voten a su favor los que representen al menos el 75 por ciento del pasivo afectado por el acuerdo de sindicación, salvo que las normas que regulan la sindicación establezcan una mayoría inferior, en cuyo caso será de aplicación esta última*». Retrocedamos al apartado en el que tratamos sobre el «Préstamo hipotecario sindicado», dentro del capítulo de la «Hipoteca inmobiliaria», para comprobar que, no solo no lo

---

127 **Art. 35.1 C.com. (segundo párrafo):** En el pasivo se diferenciarán con la debida separación el pasivo no corriente y el pasivo circulante o corriente. El pasivo circulante o corriente comprenderá, con carácter general, las obligaciones cuyo vencimiento o extinción se espera que se produzca durante el ciclo normal de explotación, o no exceda el plazo máximo de un año contado a partir de la fecha de cierre del ejercicio. Los demás elementos del pasivo deben clasificarse como no corrientes. Figurarán de forma separada las provisiones u obligaciones en las que exista incertidumbre acerca de su cuantía o vencimiento.

aclara, sino que, según nuestro criterio, lo complica más aún si cabe. En efecto, el Legislador, al parecer, entiende que un «*acuerdo de sindicación*» lleva, indefectiblemente, unido una garantía real hipotecaria, lo que no solo no es cierto, pues, bien puede haber un acuerdo de sindicación mediante la firma de una simple Póliza de Crédito que permita descontar efectos de comercio que diversas entidades financieras concedan a su deudor común, repartiéndose el buen fin de los descuentos y, con ello, los posibles nuevos impagos que se repartirían «sindicadamente» entre todos, evitando financiadores de mejor resultado que otros. Ello deviene de que el Legislador cuando alude a «acuerdo de refinanciación» entiende siempre aquél en el que (i) resultan afectados diversos Bancos o entidades financieras, olvidando a los acreedores no financieros por naturaleza, que también suelen financiar según sus limitaciones mercantiles, (ii) que se llevan a término mediante la constitución de una garantía real hipotecaria y que (iii) se sindican, esto es, que uno de los Bancos se erige en representante de los demás. Aunque la realidad, la costumbre o la mayoría de supuestos de refinanciación pueden ser de este modo, no es menos cierto que el Legislador debe aclarar lo que pretende y no dar por hechas situaciones confusas, como la que nos ocupa, fundamentalmente, por el principio de seguridad jurídica y la consiguiente litigiosidad que ello genera.

iii. Pero, si lo unimos al siguiente requisito, «*en la fecha de adopción del acuerdo de refinanciación*» ya la inconcreción llega a su máximo apogeo.

¿Cuándo se adopta el acuerdo de refinanciación? ¿En la fecha en la que se reúnen varios acreedores y acuerdan unas bases de discusión para luego hacerla extensiva a otros acreedores? ¿Qué reglamento debe seguir tal reunión para que se considere válidamente adoptado el acuerdo? ¿Hay régimen de mayoría de voto por importe del crédito o por cabezas? ¿Deben levantar acta para luego acreditarlo ante el Juzgado? ¿O, sencillamente, cuando se firme la escritura pública que lo lleve a efecto?

Resulta realmente complicado de interpretar por cualquier operador jurídico. En el mejor de los casos: entendamos, dicho sea como mera hipótesis de trabajo, el *certus quando* siempre será el día de la firma en Notaría (común de los supuestos) del acuerdo de refinanciación, mejor dicho, de la ejecución de los acuerdos de refinanciación, en este supuesto, cabe preguntarse igualmente ¿habría que llevar al Notario el Balance de situación —no aprobado por Junta, con todos los caracteres de provisionalidad y optimismo que se infieren de estos Balances temporales— para que éste validase el *quorum* que homologase los acuerdos de refinanciación?

iv. «Si fueren «acuerdos de grupo»

Parece ser que debemos entender que hablamos de grupo de sociedades deudoras definido conforme al art. 42 C.com. Pero ¿a entenderse como «grupo horizontal» o «grupo vertical»? Aunque el texto sólo refiere «*acuerdos de grupo*» si así se debiese entender como "*grupos de sociedades*", este concepto viene definido, acorde con lo dispuesto en la D.A. primera TRLC, como lo hacía la D.A. 6.ª LC y también recogido en la Ley 38/2011, por lo que, efectivamente, debe entenderse según dispone el art. 42.1 C.com., esto es, como grupo vertical, excluyéndose tácitamente el grupo horizontal, esto es, aquél en el que no se produce el efecto de control y, solamente hay un vínculo, digamos, «colaborativo» o «complementario» de la actividad de la deudora, en tanto hay empresas no vinculadas, no controladas, cuya actividad coadyuva fácticamente al desarrollo del objeto social de ésta.

v. El cálculo se realizará tanto en «base individual», en relación con todas y cada una de las sociedades afectadas, como en «base consolidada».

¿Qué sucedería si se alcanzase el *quorum* por base individual, pero no por base consolidada? ¿Sería entonces homologable el acuerdo, o rescindible? Difícilmente van a tener, exactamente, los mismos acreedores una sociedad del Grupo que el propio Grupo consolidadas sus cuentas.

vi. «... en relación con los créditos de cada grupo o subgrupo afectados»:

¿Qué es un Grupo de sociedades? más o menos puede quedar claramente definido, por la alusión al art. 42 C.com., pero ¿qué es un «subgrupo» nos deja bastante lejanos de su entendimiento y comprensión conceptual? ¿Está refiriéndose el Legislador de octubre de 2011 a la sociedad que se halla en un segundo nivel inferior en el concepto de grupo vertical? ¿Acaso nos habla de «ramificaciones» que nacen en el Grupo y derivan hacia «mini-grupos»? ¿Cómo deberíamos dividir el grupo para generar subgrupos? ¿Entre aquellas sociedades en las que hay posición de dominio de aquéllas en las que no hay (pensemos en una sociedad al 50 % cada socio)? ¿Entrarían unas o las otras en el *quorum* del acuerdo? Realmente, redactar leyes procesales-concursales en términos de Contabilidad es ciertamente complicado y requiere de mucha imaginación para adecuar a la norma el caso concreto, cuando el acuerdo concreto es más simple por cuanto que conlleva el acuerdo con los acreedores, afectando o no a las diversas sociedades que componen el Grupo, con independencia de su ramificación.

«*... y excluyendo en ambos casos del cómputo del Pasivo los préstamos y créditos concedidos por sociedades del grupo*»

vii. Esto se alcanza a entender una vez definido lo anterior y si tomamos en consideración que se trata de no primar o igualar políticamente a aquellos créditos que van a ser considerados, caso de declaración de Concurso, como subordinados, lo cual, sin embargo, no se ha considerado a los efectos del voto en la reunión del art. 237 LC, en los que éstos sí pueden votar.

2.º Debe emitirse una certificación por el Auditor de cuentas del deudor «*sobre la suficiencia del pasivo que se exige para adoptar el acuerdo*», si no lo tuviere, deberá ser designado por el Registrador Mercantil del domicilio del deudor, o del del grupo, subgrupo o del de la sociedad dominante.

Parece ser que esto quiere decir que el Auditor deberá conferir la certeza de la existencia del crédito, legitimidad del acreedor votante y el *quorum* resultante, debiendo excluir, tal y como recoge el ordinal antecedente del precepto, los préstamos entre las sociedades del Grupo y, entendemos, aunque la norma no lo expresa, los más comunes en las sociedades, los de los socios, dado su carácter subordinable concursal.

3.º Elevación a Escritura pública del acuerdo que incorpore toda la documentación que acredite el cumplimiento de los requisitos precedentes.

No ofrece ninguna duda y, además, entendemos que resulta conveniente la elevación a público de lo convenido, sin cuestionar su inscribibilidad o no en el Registro de la Propiedad, sino la certeza de lo pactado, la fecha en que se pactó, los efectos que, frente a terceros, deriva, la legitimidad de los intervinientes y su concordancia con las normas concursales.

C) Acuerdos de refinanciación adoptados antes del Concurso. Requisitos del sistema alternativo

Tras la entrada en vigor del RDL 4/2014, de 7 de marzo, por el que se adoptan medidas urgentes en materia de refinanciación y reestructuración de deuda empresarial, el art. 71 bis LC adicionó un segundo sistema de realización de los acuerdos de refinanciación, al que denominaremos «alternativo» que debe cumplir los siguientes requisitos, que analizamos a la vista de la vigente redacción del precepto:

1º) Que no se cumplan todos los requisitos del sistema ordinario:

No dice el Legislador cuáles de los requisitos del sistema ordinario son necesarios, imprescindibles, *sine qua non*, como podría ser el de la elevación a público del acuerdo, y cuáles no; parece ser que se trataría más de inalcanzabilidad de los acuerdos sobre el fondo o los *quorum,* más que por cuestiones de forma, pero nada se explica en el texto legal.

2º) Que se cumplan, no obstante, los siguientes requisitos «*ya sea de forma individual o conjuntamente con otros que se hayan realizado en ejecución del mismo acuerdo de refinanciación*». Sinceramente, no se alcanza a entender cómo puede alcanzarse un acuerdo de refinanciación en el que uno de sus requisitos derive de su propia ejecución, pues nada que no esté acordado, pactado, convenido, puede ejecutarse y, mucho menos, que un pacto o requisito concreto del mismo se haya realizado en su propia ejecución.

i. «*Que incrementen la proporción de activo sobre pasivo previa*»

Véase, en primer lugar, que el Legislador no exige que el incremento sea «significativo» o cuál debe ser el porcentaje de ese incremento. No dice tampoco, lo que sería más sencillo, que se incremente el Patrimonio Neto o Fondos Propios de manera que pueda desaparecer la situación de insolvencia, siquiera fuere contablemente. Sencillamente nos dice que el Activo se incremente proporcionalmente sobre el Pasivo antes de qué momento ¿del del día en que se firmó el Acuerdo de refinanciación? ¿del del día en que se realizó la comunicación del art. 5 bis LC? Ahora bien, el Activo puede incrementarse sencillamente, incrementando la partida de Existencias ¿Esto implicaría que los refinanciadores deberían coadyuvar a conseguir tal número de existencias que incrementase la proporción del Activo sobre el Pasivo? O ¿quizás esté pensando el Legislador en que los refinanciadores permitan a los preconcursado adquirir bienes inmuebles? En ambos casos, nos encontraríamos con una contrapartida en el Pasivo derivada de la propia refinanciación, lo que implicaría dar dinero nuevo, fresco, evidentemente, pero, al propio tiempo, realizar una quita de la deuda a refinanciar, tan importante que permitiese adquirir aquellas existencias o bienes materiales por su contravalor.

En el presente supuesto, el «incremento» exigido, habida cuenta de que tiene un carácter proporcional entre el Activo y el Pasivo, bien podría realizarse, incrementarse la proporción, mediante una reducción del Pasivo y, en tal supuesto, ¿qué mejor reducción del Pasivo que una reducción de la cifra de la partida de Acreedores mediante la realización de una quita? En definitiva, el Activo puede crecer respecto del Pasivo, bien por el incremento de cualquiera de sus partidas, como por la disminución de las partidas del Pasivo; en un caso o en el otro, nos hallaríamos con una proporción diferente a favor del Activo.

ii. «*Que el activo corriente resultante sea superior o igual al pasivo corriente*»

a) Debemos entender por «Activo corriente», acorde con el PGD, (i) «*los activos vinculados al ciclo normal de explotación que la empresa espera vender, consumir o realizar en el transcurso del mismo. Con carácter general, el ciclo normal de explotación no excederá de un año*», entendiendo por «*ciclo normal de explotación*» «*el período de tiempo que transcurre entre la adquisición de los activos que se incorporen al proceso productivo y la realización de los productos en forma de efectivo o equivalente al efectivo»;* (ii) los activos diferentes de los anteriores, de período de producción sea el del corto plazo, esto es, como máximo de un año, pero «*contado desde la fecha de cierre del ejercicio*»; (iii) los activos financieros destinados para negociar, excepto los derivados financieros «*cuyo plazo de liquidación sea superior a un año*»; por último (iv) el efectivo y otros activos líquidos equivalentes con la condición de que su «*utilización no esté restringida, para ser intercambiados o usados para cancelar un pasivo al menos dentro del año siguiente a la fecha de cierre del ejercicio*».

b) Por exclusión, debemos entender por «Activo no corriente», acorde con el PGD, el resto de partidas del Activo distintas de las anteriores, es decir, tanto por la clase del activo designado, como por la no inclusión en el término de liquidación, excediéndolo.

c) Debemos entender por «Pasivo corriente», también acorde con el PGD (i) «*las obligaciones vinculadas al ciclo normal de explotación... que la empresa espera liquidar en el transcurso del mismo*»; (ii) «*las obligaciones cuyo vencimiento o extinción se espera que se produzca en el corto plazo... contado a partir de la fecha de cierre del ejercicio, en particular, aquellas obligaciones para las cuales la empresa no disponga de un derecho incondicional a diferir su pago en dicho plazo*»; y, por último (iii) «*los pasivos financieros clasificados como mantenidos para negociar, excepto los derivados financieros cuyo plazo de liquidación sea superior a un año*».

d) Así pues, por «Pasivo no corriente» debemos entender aquellos pasivos que no estén comprendidos entre el Pasivo corriente, tanto por el parámetro del tipo de pasivo, como por el del temporal.

Definido legalmente el concepto inclusivo de Activo y Pasivo corrientes y, por exclusión el de Activo y Pasivo no corrientes, vemos que el Legislador sólo exige que, para cumplir con este requisito a los efectos de la homologación del acuerdo de refinanciación, tan solo debe ser superior el Activo que el Pasivo, superioridad que no se concreta en términos aritméticos, por lo que debemos entender que es cumple este requisito cuando el superante es de un (1) solo euro.

Así como en el anterior requisito (incremento proporcional) consideramos que puede realizarse mediante una quita, conducente a una reducción del Pasivo y consiguiente incremento de la relación proporcional del Activo, en este segundo requisito, vista su redacción, consideramos que también puede llevarse a cabo a través de reducción del Pasivo corriente vía quita, caso de que el Activo corriente hubiere sido inferior a aquél, previamente a la refinanciación.

iii. «*Que el valor de las garantías resultantes a favor de los acreedores intervinientes no exceda de los nueve décimos del valor de la deuda pendiente a favor de los mismos, ni de la proporción de garantías sobre deuda pendiente que tuviesen con anterioridad al acuerdo*».

El Legislador, como vemos, a pesar de su pacatería redactora, en todo momento está pensando en una operación típica de refinanciación en la que los sujetos, llamémosles «pasivos», son una sociedad mercantil, mediana o grande, y los «activos» entidades financieras, sindicadas además, siendo su objetivo primordial el de la constitución de una garantía hipotecaria inmobiliaria. No obstante lo cual, dada la generalidad o ambigüedad del texto, podemos entender por «garantía», tanto la personal (entrada de fiadores personales) como la real (muebles, inmuebles y derechos), a lo cual, cuando a la garantía personal tratamos de aplicar dialécticamente el porcentaje al que seguidamente aludiremos, encuentra su guarismo en la solvencia del garante personal, del fiador que asume el devenir de la refinanciación aportando sus bienes y derechos *ex* art. 1.911 C.c., cuando antes, durante la financiación previa incumplida, no lo había realizado.

Nunca dejaremos de preguntarnos la razón objetiva de la exigencia matemática de no exceder de «*los nueve décimos del valor de la deuda*» incumplida. ¿Por qué es el 0,9 y no el 0,4 ó el 0,75? ¿Es que, acaso, el Legislador pretendía dejar el 0,1 restante para el resto de acreedores? No parece lógico, sin embargo, si atendemos a la exigencia de no exceder de dicho resultante, se infiere tal consecuencia de dejar el resto de la garantía para los demás acreedores. Además de lo dicho, la norma, cuando aplica el decimal, lo hace sobre «*la deuda pendiente*», la totalidad de la deuda, esto es, el principal, los intereses moratorios y, en caso de ejecución previa, las costas, lo que, en consecuencia, viene a inflar el *quantum* sobre el que aplicar el decimal, por lo que el Legislador, pudiendo haber expresado términos como el de «*la deuda reconocida*» o similares, en tanto que comprenden una quita, podría haber aliviado más a la preconcursada refinanciante y a sus acreedores no financieros, pero, no lo hizo y, por tanto, éste debe ser el *statu quo* refinanciante.

iv. El segundo condicionante del requisito («*ni de la proporción de garantías sobre deuda pendiente que tuviesen con anterioridad al acuerdo*») debe considerarse como un auténtico «acto de malabarismo cabalístico», digno del mejor Contador, Economista, Auditor o Perito Mercantil, no solo por cuadrarlo con el anterior requisito, sino, además, porque debe atenderse a supuestos en los que (i) no exista garantía real o personal previa, en cuyo caso, el resultado daría cero (0), pues, 0,9 multiplicado por 0 (garantías) es igual a cero (0), (ii) exista garantías a favor de unas entidades y otras carezcan de aquéllas o (iii), algo más sencillo, llegar a un consenso en cuanto al tipo de garantía y su respectivo entre las diversas entidades refinanciantes y, alcanzado éste tras sesudos debates, con el deudor preconcursal.

v. Pero, el Legislador, no nos deja huérfanos conceptuales, pues al final del presente requisito nos remite al apartado 2 de la Disposición adicional cuarta de la LC para conocer qué debemos entender por «*valor de las garantías*», definiéndolo del siguiente modo: «*el resultante de deducir, de los nueve décimos del valor razonable del bien o derecho sobre el que esté constituida dicha garantía, las deudas pendientes que gocen de garantía preferente sobre el mismo bien, sin que en ningún caso el valor de la garantía pueda ser inferior a cero ni superior al valor del crédito del acreedor correspondiente ni al valor de la responsabilidad máxima hipotecaria o pignoraticia que se hubiese pactado*». Dado que lo definido (valor de las garantías) no debe entrar en la definición (valor razonable), este apartado contiene un segundo párrafo que define qué debe entenderse por «*valor razonable*», haciéndolo, «*A estos exclusivos efectos*», a ningún otro efecto, ni siquiera al referido en el segundo párrafo del art. 94 LC previsto para la confección de la Lista de Acreedores por el Administrador Concursal, aunque el texto sea el mismo, (como es el caso), similar o parecido; así pues a los efectos del art. 71 bis LC, debe entenderse por «valor razonable» las resultantes de aplicar los siguientes criterios:

«a) En caso de valores mobiliarios que coticen en un mercado secundario oficial o en otro mercado regulado o de instrumentos del mercado monetario, el precio medio ponderado al que hubieran sido negociados en uno o varios mercados regulados en el último trimestre anterior a la fecha de declaración de concurso, de conformidad con la certificación emitida por la sociedad rectora del mercado secundario oficial o del mercado regulado de que se trate.

b) En caso de bienes inmuebles, el resultante de informe emitido por una sociedad de tasación homologada e inscrita en el Registro Especial del Banco de España.

c) En caso de bienes o derechos distintos de los señalados en las letras anteriores, el resultante de informe emitido por experto independiente de conformidad con los principios y las normas de valoración generalmente reconocidos para esos bienes.

Los informes previstos en las letras b) y c) no serán necesarios cuando dicho valor hubiera sido determinado, para bienes inmuebles por una sociedad de tasación homologada e inscrita en el Registro Especial del Banco de España dentro de los doce meses anteriores a la fecha de declaración de concurso o, para bienes distintos de los inmuebles, por experto independiente, dentro de los seis meses anteriores a la fecha de declaración del concurso. Tampoco serán necesarios cuando se trate de efectivo, cuentas corrientes, dinero electrónico o imposiciones a plazo fijo.

Los bienes o derechos sobre los que estuviesen constituidas las garantías, que estuvieran denominados en moneda distinta al euro, se convertirán al euro aplicando el tipo de cambio de la fecha de la valoración, entendido como el tipo de cambio medio de contado.

Si concurrieran nuevas circunstancias que pudieran modificar significativamente el valor razonable de los bienes, deberá aportarse un nuevo informe de sociedad de tasación homologada e inscrita en el Registro Especial del Banco de España o de experto independiente, según proceda.

El informe previsto en la letra b), cuando se refiera a viviendas terminadas, podrá sustituirse por una valoración actualizada siempre que, entre la fecha de la última valoración disponible y la fecha de la valoración actualizada, no hayan transcurrido más de seis años. La valoración actualizada se obtendrá como resultado de aplicar al último valor de tasación disponible realizado por una sociedad de tasación homologada e inscrita en el Registro Especial del Banco de España, la variación acumulada observada en el valor razonable de los inmuebles situados en la misma zona y con similares características desde la emisión de la última tasación a la fecha de valoración.

En el supuesto de no disponerse de información sobre la variación en el valor razonable proporcionado por una sociedad de tasación o si no se considerase representativa, podrá actualizarse el último valor disponible con la variación acumulada del precio de la vivienda establecido por el Instituto Nacional de Estadística para la Comunidad Autónoma en la que se sitúe el inmueble, diferenciando entre si es vivienda nueva o de segunda mano, y siempre que entre la fecha de la última valoración disponible y la fecha de la valoración actualizada no hayan transcurrido más de tres años.

El coste de los informes o valoraciones será liquidado con cargo a la masa y deducido de la retribución de la administración concursal salvo que el acreedor afectado solicitase un informe de valoración contradictorio, que deberá emitirse a su costa. También se emitirá a su costa el informe cuando se invoque por el acreedor afectado la concurrencia de circunstancias que hagan necesaria una nueva valoración.

En el caso de que la garantía a favor de un mismo acreedor recaiga sobre varios bienes, se sumará la resultante de aplicar sobre cada uno de los bienes la regla prevista en el primer párrafo de este apartado, sin que el valor conjunto de las garantías pueda tampoco exceder del valor del crédito del acreedor correspondiente.

En caso de garantía constituida en proindiviso a favor de dos o más acreedores, el valor de la garantía correspondiente a cada acreedor será el resultante de aplicar al valor total del privilegio especial la proporción que en el mismo corresponda a cada uno de ellos, según las normas y acuerdos que rijan el proindiviso».

Sinceramente, con haber dicho que el «valor razonable» será el que considere una Sociedad de Tasación inscrita en el Banco de España, como así se hizo en el TRLC 2022 (art. 273), o por un Experto independiente (no definido en la LC), acorde con las normas del PGD, bien se podría haber evitado legislar a través de numerosas y complejas disposiciones adicionales que más parece que deroguen unas, excluyan otras y, lo que están haciendo en la realidad, no es otra cosa, que especificar la valoración de bienes inmuebles, según el tipo de financiación habida o refinanciación por haber. No obstante cuanto acabamos de expresar, esta disposición adicional viene a confirmar que el Legislador está pensando únicamente en la validación de las operaciones comunes de refinanciación con los sujetos, activos y pasivos y objeto, antes referidos. Ahora bien, cuando el Legislador alude en el antepenúltimo párrafo de la disposición adicional que nos ocupa a quién debe atender los costos de los informes periciales (derivados de los acuerdos de refinanciación de los arts. 5 bis y 71 bis LC, no lo olvidemos, esto es, de los preconcursales no rescindibles), y los carga a la Masa, pero deducido de la retribución, muchas veces no percibida, del Administrador Concursal, parece ser que existe una contracción conceptual, pues en la Disposición Adicional Cuarta, por remisión del art. 71 bis LC y, éste, del art. 5 bis LC, está hablándonos de un proceso extraconcursal (conversaciones entre acreedores y deudor) posterior al de la declaración de concurso.

En cualquier caso y, siendo así que el único no beneficiario de la refinanciación es el Administrador Concursal, ¿no sería más justo que los gastos de tasación no fuesen con cargo a su retribución? Parece ser que sí, sin embargo, el Legislador sólo parece estar pensando en aquellos macro-concursos en los que la retribución de la Administración Concursal supera los cuatro (4) o cinco (5) ceros adicionales a guarimos iguales o superiores a la unidad, pues no en otro lugar encontramos la lógica, por lo que, puestos a exceptuar, el Legislador bien podría haber realizado una nueva excepción, excluyendo de esta sobrecarga dineraria de aquellos concursos en los que la retribución de la Administración Concursal no llegue a los cuatro (4) o cinco (5) ceros adicionales a guarismos iguales o superiores a la unidad y que, además, se cobren, pues en algunos casos, incluso superándolos, sencillamente, no se cobran; o, más sencillo aún, como se ha venido haciendo en la práctica, adeudando los costes como sumatorio de la deuda refinanciada, pues sólo beneficia a refinanciadores y refinanciados, en tanto que la Masa sólo se beneficia dialécticamente, en tanto en cuanto que se evita la situación concursal, o se levanta, con las reservas propias de lo dicho precedentemente.

Esto, de alguna forma, ha sido leído o considerado por el Legislador, en tanto en cuanto que, por lo que respecta a la rescisión de los acuerdos de reestructuración se han incluido los gastos de tasación como un gasto, importe o concepto a reconocer y pagar por el deudor reestructurante, acorde con lo dispuesto en el art. 667 TRLC, mientras que el pago con cargo a la retribución del Administrador Concursal ha quedado reducido al «asesoramiento» al mismo por Experto independiente, según mantiene el art. 203 TRLC, lo cual es lógico y deseable que así sea.

vi. Continuamos con el siguiente requisito, consistente en que el tipo de interés «*aplicable a la deuda subsistente o resultante del acuerdo de refinanciación*» no debe exceder «*en más de un tercio al aplicable a la deuda previa*». Sigue sin explicarnos el Legislador el porqué de este incremento, lo cual, entendemos que es fruto de criterio meramente ideológico, dicho sea en su sentido más amplio, que real, pues la cuestión no se plantea en este aspecto, sino, (i) de un lado, en el hecho de que alude a los acreedores y sus respectivos tipos de interés aplicados, por lo que no se especifica si todos los acreedores deban alcanzar el tope del interés que aquel acreedor concreto que más aplicaba, por lo que se infringiría la norma en los acreedores de menores tipos de interés, o si hubiese que sacar la media, o si, tuviese que aplicarse como razón, el del acreedor de menor tasa; (ii) de otro, tampoco concreta si se alude al interés remuneratorio o al moratorio; piénsese que en situación de insolvencia, salvo en el teórico caso de insolvencia futura, poco frecuente, se aplica el interés moratorio y no el remuneratorio, lo que supondría que el tipo de interés de la refinanciación sería superior «*en más de un tercio*» del interés de demora, lo que nos lleva a mantener que, si en situación de insolvencia no se puede pagar el principal, menos los intereses, mucho menos los intereses moratorios, ¿cómo va a pagarse un interés, moratorio, incrementado en un tercio del moratorio? Sinceramente, es un requisito difícilmente salvable en situación de insolvencia.

vii. Su elevación a público de la misma manera que el anterior supuesto, pero, además, para la verificación de los dos (2) primeros requisitos (situación del Activo y del Pasivo) «*se tendrán en cuenta todas las consecuencias de índole patrimonial o financiera, incluidas las fiscales, las cláusulas de vencimiento anticipado, u otras similares, derivadas de los actos que se lleven a cabo, aun cuando se produzcan con respecto a acreedores no intervinientes*». ¿Quién, nos preguntamos, debe «verificar», esto es, según el Diccionario de la RAEL, «*comprobar o examinar la verdad de algo*»? ¿El Notario autorizante? ¿El Experto independiente? ¿El Auditor? ¿El Juez?

En cuanto al primero, parece ser que éste no podrá ir más allá de lo que el Reglamento Notarial a través de su art. 145 dispone, esto es, «*dar fe de la identidad de los otorgantes, de que a su juicio tienen capacidad y legitimación, de que el consentimiento ha sido libremente prestado y de que el otorgamiento se adecua a la legalidad y a la voluntad debidamente informada de los otorgantes e intervinientes*», en cuyo caso habría que conocer cuáles son aquéllas «*consecuencias de índole patrimonial*» que derivan de un acuerdo de refinanciación, que no podría ser otra que la de observar la posibilidad de ser rescindido, para cuya evitación se pretende conseguir, por lo que bastaría con revisar el cumplimiento de los requisitos correspondientes, para lo cual se requiere, indudablemente, conocer cuál es el patrimonio del deudor refinanciado o, ¿sólo el Patrimonio Neto y el Activo corriente o uno de ambos? ¿Cuáles son las «*consecuencias de índole… financiera*»? ¿La suficiente o insuficiente refinanciación? ¿La viabilidad de la Empresa tras la refinanciación? Difícil criterio puede adoptarse.

Por lo que respecta al Experto independiente, tanto como al Auditor, dado que son optativos ambos, salvo el caso del Auditor cuya empresa deudora resulte obligada a nombrarlo, no parece que puedan llevar a término, especialmente el segundo, aquello para lo que su profesión, en definitiva, la viabilidad de la empresa, vista como el levantamiento de la situación de insolvencia y evitación del Concurso, frente a cuya confirmación siempre existe un riesgo de incertidumbre ante el comportamiento de los Mercados económicos y la situación de las diversas Economías a través de las que se sitúe la actuación mercantil de la deudora, propia de su objeto social.

Por último, nos queda el Juez. ¿Qué Juez si estamos ante un escenario del art. 5 bis LC o preconcursal? Con todo y, comoquiera que hay que dar razón al Juez que tramite el expediente de dicho precepto del resultado del acuerdo para declarar o no el Concurso, parece que ello obliga a pactar en el Acuerdo extrajudicial de refinanciación una cláusula que condicione la validez del mismo a la homologación judicial, lo que obligaría al Juez correspondiente a valorar el advenimiento o no de aquellas consecuencias patrimoniales y financieras y demás requisitos. Difícil cometido si no existe el contradictorio, esto es, una llamada a los acreedores que les afectase el acuerdo, sin haber sido llamados, a esos «*acreedores no intervinientes*», a los que, directamente excluye el propio párrafo cuando dice que la verificación del cumplimiento de las condiciones se hará a pesar de aquéllos, «*aun cuando se produzcan con respecto a acreedores no intervinientes*», lo que viene a dar a entender que, éstos, ni siquiera tienen la posibilidad de impugnar el Acuerdo de refinanciación; seguidamente veremos qué sucede.

También parece ser que esto lo ha leído el Legislador y ha considerado para el momento de la homologación de los planes de reestructuración (art. 635 TRLC), en tanto en cuanto que el Juez que, pudiere resultar competente para una hipotética situación concursal, es el que homologa un acto preconcursal.

viii. El cumplimiento de todos estos requisitos debe producirse en el momento de la firma de la Escritura pública que los recoja.

D) La impugnación de los acuerdos de refinanciación

3º) Para conocer cómo y quién puede impugnar estos acuerdos, el art. 72.2 LC, por remisión del art. 71 bis.3 LC, únicamente se legitima a la Administración Concursal para el ejercicio de la *«acción rescisoria y demás de impugnación»* y, en ningún caso, a los acreedores, ni siquiera subsidiariamente, como resulta del art. 72.1 LC. El único fundamento jurídico o fáctico es el del *«incumplimiento de las condiciones previstas en dicho artículo»*, llevando, además, la carga probatoria. Si ya hemos visto que, al parecer, el acuerdo gozó del tamiz notarial, de, optativamente, del Auditor o del Experto independiente y de la verificación del Juez ¿qué más va a poder hacer la Administración Concursal? Si hablamos de que el acuerdo de refinanciación se adoptó preconcursalmente y con él se levantó la situación de insolvencia, conllevando la no declaración de concurso ¿cuándo, en qué momento de un procedimiento inexistente va a aparecer el Administrador Concursal? Si, por contra, hablamos de que el Acuerdo de refinanciación se adopta en la Fase Común, a nuestro entender, parece que resultaría más oportuno que éste fuese quien realizase la verificación previa, en lugar del Juez, emitiendo el informe pertinente, en lugar de impugnar algo verificado, algo hecho verdad.

E) El Experto independiente

4º) Como queda anticipado, acreedores y deudor pueden, facultativamente, solicitar el nombramiento de un «Experto independiente» a fin de informar sobre *«el carácter razonable y realizable del plan de viabilidad, sobre la proporcionalidad de las garantías conforme a condiciones normales de mercado en el momento de la firma del acuerdo, así como las demás menciones que, en su caso, prevea la normativa aplicable»*.

El Acuerdo debe ser «informado favorablemente» por un experto independiente designado por el Registrador Mercantil del domicilio del deudor. En principio, parece ser que el Legislador quiere que el acuerdo de refinanciación sea informado favorablemente, de lo que, *prima facie* parece entenderse es de que revise el acuerdo de refinanciación —que consiste en aplazamientos, constitución de garantías, etc.— y que dé su visto bueno; sin embargo, la alusión «informar favorablemente», debe remitirnos a lo dispuesto el art. 3 del Real Decreto Legislativo 1/2011, de 1 de julio, por el que se aprueba el texto refundido de la Ley de Auditoría de Cuentas, artículo que regula el denominado Informe de Auditoría de Cuentas, pero, cuando se nos habla de «*experto independiente*», el Legislador no está aludiendo a un Auditor de Cuentas, como sería tan fácil de hacer, sino a un «*experto*», un experto ¿en qué? ¿en acuerdos de refinanciación? ¿en planes de viabilidad? ¿en Contabilidad? ¿en negociación con entidades financieras? ¿en valor de mercado de bienes? ¿tasador inscrito en el Banco de España? ¿en Derecho quizás? Con lo fácil que hubiese sido decir «Auditor de Cuentas» en lugar de «*experto independiente*» Independiente ¿de quién? ¿del Registrador Mercantil? ¿de alguna de las empresas deudoras, de las del grupo o de las del subgrupo? ¿de las entidades financieras? ¿de los proveedores? ¿de la Administración? Esto, en ciudades grandes puede ser fácil de lograr, pero pensemos en ciudades menores de 300.000 habitantes. Imaginemos, por un momento, que el Legislador traduce «*experto independiente*» como «*Auditor de cuentas*», cuya independencia se le presume (*ex* art. 12 RDLeg. 1/2011), en este caso, se supone que el Auditor de cuentas deberá examinar las mismas acorde con su trabajo habitual, esto es, deberá realizar un informe de Auditoría que, como se ve, no se pide. Entonces, ¿cómo se puede informar favorablemente un acuerdo de refinanciación si no se conocen los entresijos de la sociedad? —porque el Legislador está hablando de sociedades mercantiles ¿verdad?, pues nada dice de los Empresarios individuales o Profesionales. Y si se hace un informe favorable ¿qué virtualidad tiene éste o qué confianza nos puede dar si no se ha auditado a la empresa deudora?

Para saber, pues, qué debemos entender por «Experto independiente», debemos acudir a lo dispuesto en el art. 340 RRM, para ver que el Registrador Mercantil designará «*a su prudente arbitrio*», no de forma secuencial como se dispone se designe a los Mediadores Concursales, a una persona física o jurídica que «*pertenezcan a profesión directamente relacionada con los bienes objeto de valoración o que se hallen específicamente dedicadas a valoraciones o peritaciones*».

Parece ser que el RRM entiende por Experto independiente lo que, a nivel común se entiende por un Agente de la Propiedad Inmobiliaria o denominación similar y, a nivel financiero, una Sociedad de Tasación inscrita en el Banco de España y su finalidad sea la de valorar bienes muebles o inmuebles, «*específicamente dedicadas*» a ello.

El art. 71 LC fue modificado por la Ley 38/2011, de 10 de octubre, de reforma de la LC, introduciendo el apartado 6.2º, posteriormente modificado por la Ley 14/2013, de 27 de septiembre y suprimido por el RDL 4/2014. Aquel precepto, exigía que el Experto independiente emitiese un informe que contuviese «*un "juicio técnico" sobre la suficiencia de información y sobre el carácter razonable y realizable del plan y sobre la proporcionalidad de las garantías conforme a "condiciones normales de mercado"*. Por suficiencia de información ¿qué debía entender el Experto independiente? ¿Que le han dado un Balance de situación no auditado en el que comprueba el cumplimiento del *quorum* de los 3/5 del Pasivo —¿cómo quedó definido éste?— y emplea una técnica —¿contable?— para entender que podrá cumplir sus compromisos de pago —simple aplazamiento— en el corto o medio aplazamiento? ¿En qué criterio reside la "proporcionalidad de las garantías"? ¿En la cobertura de los principales? ¿De los intereses moratorios? ¿De las costas en caso de ejecución? ¿De las costas de procedimientos en curso? ¿Del valor de los bienes sobre los que se extenderán las garantías? ¿Deberá tasarlos el "experto independiente"? ¿En razón a un hipotético perjuicio a causar a los proveedores? ¿a los acreedores no llamados a la refinanciación? ¿a los que no aceptaron la misma?

Cuando escribimos estas líneas, el Legislador de 2014 eliminó el requisito del «*juicio técnico sobre la suficiencia de información*», sin darnos la razón o el porqué ¿qué era lo que sobraba? ¿el «juicio»? ¿su carácter técnico? ¿la suficiencia de información? Si bien el primero debe entenderse como la facultad de discernir respecto de la adecuación a la legalidad del Acuerdo de refinanciación, no cabe duda de que se trata de un trabajo técnico y, por tanto, necesario de realizar a estos efectos; pero, yendo más allá, no cabe duda de que fuere quien fuere debe dar razón, juicio o exposición de que se le ha dado la suficiente información a los efectos que nos ocupan, pues, sin ella, la duda razonable de que el Acuerdo ha sido realizado según la norma concursal, existe, por lo que es necesaria la dación de fe de que la información era suficiente, bastante y, por tanto, resulta garante de la bondad del acuerdo.

El Legislador, por tanto, dejó al Experto la misión de informar, únicamente, «*sobre el carácter razonable y realizable del plan de viabilidad, sobre la proporcionalidad de las garantías conforme a las condiciones normales de mercado en el momento de la firma del acuerdo, así como de las demás menciones que, en su caso, prevea la normativa aplicable*». Por lo que respecta al carácter del informe y la proporcionalidad de las garantías, lo entendemos correcto y adecuado a la finalidad pretendida, sin embargo, el texto vuelve a generar más dudas en cuanto a lo que se refiere a las «*condiciones normales de mercado en el momento de la firma del acuerdo*», pues, en un momento de insolvencia como el que nos ocupa, en el que se realiza una (re)financiación «forzada», ni existe el «mercado», ni las condiciones son «normales», sino, precisamente todo lo contrario, pues en las refinanciaciones siempre se trata de realizar una reducción de costos (intereses menores, inexistencia o reducción de comisiones) o un mayor aplazamiento de lo que sería una operación normal de una promoción inmobiliaria (superando los hitos de la construcción) o de concesión de crédito hipotecario (a más de un año). En efecto, ni existe el Mercado de refinanciaciones, ni mucho menos que éste haga normal una situación de insolvencia, anormal por naturaleza, a más de que la tipología refinanciadora es tan versátil o adaptable a cada situación y, por tanto, no existe normalidad alguna.

Si hubiere «*reservas o limitaciones de cualquier clase, su importancia deberá ser expresamente evaluada por los firmantes del acuerdo*». ¿Por los «firmantes del acuerdo» debemos entender los acreedores y los deudores? Si así fuere, que es lo más lógico, evidentemente, resultaría que, comoquiera que siempre que se firma un acuerdo, todos —dándose las manos— están conformes con el mismo, pues, sencillamente, cualquier reserva o limitación que el Experto independiente ponga en su informe, será evaluada por acreedores y deudores diciendo que es intrascendente, irrelevante o ilusoria, pues de lo contrario, sencillamente, no se firmaría el acuerdo. Caso contrario, ¿qué deberíamos pensar si unos acreedores las viesen de forma positiva y otros negativa? ¿Sería válido el acuerdo? ¿Lo invalidaría? ¿Está pensando el Legislador en la fórmula de los votos particulares emitidos en las Sentencias? Puestas así las cosas, el art. 71.6 post 12.10.2011 puede llegar a generar un acuerdo de refinanciación inimpugnable, en el que acreedores y deudores firmantes del mismo desvirtúan la opinión con reservas o limitaciones contenida en el informe técnico del Experto independiente y, si no, al tiempo.

La conclusión de cuanto antecede, a nuestro entender es parecida a la reducción al absurdo del Iuspositivismo, que tiene su vivo ejemplo en el Luis XIV, rey de Francia, más conocido como el Rey Sol, apelativo que, entre otras acepciones, se dice o decía que le venía de que el mismo, dado su absolutismo, llegó a regular por Ley o Decreto la salida y la puesta del astro rey. Pues algo así viene a ser el texto del precedente apartado, nacido de la frustrada en la práctica Disposición adicional Cuarta, la cual sufre también modificación por la Ley 38/2011 y otras tres (3) modificaciones más, hasta llegar a la actual, modificada por la Ley 9/2015, de 25 de mayo, de medidas urgentes en materia concursal., que dispone la posibilidad de homologación del acuerdo de refinanciación, Disposición Adicional que, dada su extensión más precisaría de un Reglamento o de un Capítulo aparte dentro de la LC.

Otro de los principales efectos surgidos a raíz de la entrada en vigor de la redacción dada por la Ley 38/2011, de 10 de octubre del art. 84 LC es su apartado 2.11º que considera como crédito contra la masa el cincuenta por ciento (50%) de los créditos que supongan «*nuevos ingresos de tesorería*» y que hayan sido concedidos en el marco del Acuerdo de refinanciación en las condiciones precitadas en el art. 71 bis y la Disposición Adicional Cuarta de la LC, es decir, la «*ampliación significativa del crédito disponible*», el dinero nuevo o como quiera denominarse, esto es, aquél que no tenga por efecto directo la novación o constitución de garantías de créditos preexistentes, sino de dinerario acorde para entrar en el capital circulante de la sociedad en los términos y condiciones previstos en el art. 71 bis LC.

En el mismo precepto precitado, el Legislador de 2011 le dio la misma calificación de crédito contra la masa a aquellos créditos concedidos por entidades financieras, que no por personas vinculadas a la sociedad, mediante ampliaciones de capital, préstamos o similares, como consecuencia de la aprobación del Convenio en el supuesto de lo dispuesto en el art. 100.5 LC (créditos para financiar el plan de viabilidad) y en sede de liquidación.

F) *Homologación de los acuerdos de refinanciación*

Como queda dicho, la Ley 38/2011, de 10 de octubre de reforma de la Ley Concursal, procedió a cambiar de ubicación a la antigua D.A. 4ª enviándola al texto articulado de la LC, más concretamente, como dijimos, precedentemente, a su art. 71.6 LC, texto que ha sido modificado por sucesivas reformas, hasta la de la Ley 9/2015, de 25 de mayo, de medidas urgentes en materia concursal, cuyo texto ha quedado bajo la siguiente redacción, que comentamos a seguido del mismo:

> «1. Podrá homologarse judicialmente el acuerdo de refinanciación que habiendo sido suscrito por acreedores que representen al menos el 51 por ciento de los pasivos financieros, reúna en el momento de su adopción, las condiciones previstas en la letra a) y en los números 2.° y 3.° de la letra b) del apartado 1 del artículo 71 bis. Los acuerdos adoptados por la mayoría descrita no podrán ser objeto de rescisión conforme a lo dispuesto en el apartado 13. Para extender sus efectos serán necesarias las mayorías exigidas en los apartados siguientes. No se tendrán en cuenta, a efectos del cómputo de las mayorías indicadas en esta disposición, los pasivos financieros titularidad de acreedores que tengan la consideración de persona especialmente relacionada conforme al apartado 2 del artículo 93 quienes, no obstante, podrán quedar afectados por la homologación prevista en esta disposición adicional…»

Queda claro que la homologación del Acuerdo de refinanciación pasa por el Juez correspondiente según dispone el apartado 5 de la D.A. Cuarta LC, a través del cauce que establecía el art. 5 bis.4.b) LC, aun cuando no se hallare el deudor en estado de insolvencia, pues el art. 5 bis.5 LC sólo eximía de la solicitud de Concurso, pero no de la homologación, lo que se debería haber llevado, en tal caso, a través del expediente de jurisdicción voluntaria que se incoaba según el art. 5 bis LC.

Se establecía un porcentaje de acreedores, que no de créditos, que representen el 51% de los «*pasivos financieros*», lo cual puede pasar, desde un solo acreedor financiero hasta múltiples, lo que conllevaba a determinar con exactitud la cifra de esa masa pasiva financiera bajo criterios objetivos e iguales para todos los acreedores, evitando la creación de mayorías ficticias y dotando de relatividad a la Contabilidad del deudor, ante posibles incongruencias con la realidad jurídica. A los efectos de esta mayoría deben excluirse los pasivos financieros titulados por las personas especialmente vinculadas con el deudor del art. 93.2 LC, esto es, sólo para el supuesto de que el deudor fuere una persona jurídica, apartado 2 del precepto, lo que hace que sí se comprenda en aquella mayoría a las personas especialmente vinculadas con la persona natural del art. 93.1 LC.

> «... A los efectos de esta disposición, tendrán la consideración de acreedores de pasivos financieros los titulares de cualquier endeudamiento financiero con independencia de que estén o no sometidos a supervisión financiera. Quedan excluidos de tal concepto los acreedores por créditos laborales, los acreedores por operaciones comerciales y los acreedores de pasivos de derecho público...»

Por definición inclusiva, se consideran como acreedores de pasivos financieros, no solo (i) las entidades bancarias, sujetas a las normas de la CNMV y del Banco de España, sino, además, a (ii) las que faculta la Directiva (UE) 2015/2366 del Parlamento Europeo y del Consejo de 25 de noviembre de 2015 sobre servicios de pago en el mercado interior y por la que se modifican las Directivas 2002/65/CE, 2009/110/CE y 2013/36/UE y el Reglamento (UE) n o 1093/2010 y se deroga la Directiva 2007/64/CE, conocida como «PSD2» o «*Payement service directive 2*», por ser una revisión de la Directiva de 2013; además de lo dicho, esta Directiva europea tiene por objeto disponer de servicios de pago fiables y seguros para el buen funcionamiento del mercado de servicios de pago y así, proteger a sus usuarios de los riesgos inherentes a la utilización de tales medios de pago.

Por definición excluyente, no se consideran como acreedores de pasivos financieros, (i) los créditos laborales, (ii) los acreedores por operaciones comerciales y (iii) los acreedores de pasivos de Derecho público. Ya decíamos precedentemente, que no eran pasajeros cómodos de sindicarse con las Entidades financieras; no obstante lo cual, hay que remarcar que el Legislado excluye, entendemos, innecesariamente, a estos acreedores del cómputo del pasivo financiero, habida cuenta de que los créditos laborales, en sí mismos, no forman parte de la financiación de la empresa deudora (muy raro resultaría entender que un trabajador de la empresa realizase un empréstito a su empresario); por lo que respecta a los acreedores por operaciones comerciales, resulta obvio que si las operaciones son comerciales, entendidas como operaciones de compra y venta, no son financieras, por lo que, siguiendo el principio general de Derecho conforme al cual *exclusio unius inclusio alterius*[128], si los acreedores comerciales hubieren financiado a la empresa deudora, vía ordinaria del tipo del préstamo de presente, esta operación no sería una operación comercial, sino meramente financiera, por

---

128 Excluido uno, está incluido el otro.

lo que tendrían la posibilidad de entrar en el cómputo, por contra, el anticipo del pago de una futura compra, a nuestro entender, no entraría en la consideración de pasivo financiero, dado que, aun cuando el anticipo puede llegar a asimilarse al crédito, se trata de una operación comercial, dado que su objeto es la compra de mercaderías y no la mera entrega de dinero que debe devolverse en los términos convenidos. Por lo que respecta a los acreedores de Derecho Público resulta más patente, pues, aun cuando conceden subvenciones, en tanto que fueren objeto de devolución, podrían considerarse como más claro, sin embargo, su sujeción a las normas de la LGT (*ex* arts. 65 y 82, entre otras normas) son o pueden llegar a ser contradictorias con las de las Entidades financieras.

> «... En caso de acuerdos sujetos a un régimen o pacto de sindicación, se entenderá que la totalidad de los acreedores sujetos a dicho acuerdo suscriben el acuerdo de refinanciación cuando voten a su favor los que representen al menos el 75 por ciento del pasivo afectado por el acuerdo de sindicación, salvo que las normas que regulan la sindicación establezcan una mayoría inferior, en cuyo caso será de aplicación esta última...»

Difícil resulta entender un Acuerdo de refinanciación realizado por una colectividad de entidades financieras, sin llevarlo a cabo a través de un pacto de sindicación; no obstante lo cual y, siguiendo el distingo que la disposición legal que nos ocupa realiza, deberemos entender que, cuando el Acuerdo de refinanciación (i) no se sindica, esto es, aquél en el que no se erige una entidad financiera en la perceptora y redistribuidora de los cobros que resulten de los pagos a futuro, en cuyo caso, habría que acudir a la norma general del 51% del apartado 1 de la D.A. Cuarta, mientras que, en el supuesto del (ii) sindicado, hablaríamos del 75%, o menos, incluso, caso de pacto expreso al efecto. Sólo si diferenciamos dentro de unas coordinadas propias de la confianza o desconfianza entre acreedores, en el sentido de que si está sindicado el Acuerdo hay confianza en la Entidad financiera que actúa como Síndico o representante activo y pasivo de los demás acreedores, podremos llegar a entender esta distinción, sin embargo, no parece ser la confianza la que resulta primada por el voto, sino, todo lo contrario, se incrementa el porcentaje.

> «... Voluntariamente podrán adherirse al acuerdo de refinanciación homologado los demás acreedores que no lo sean de pasivos financieros ni de pasivos de derecho público. Estas adhesiones no se tendrán en cuenta a efectos del cómputo de las mayorías previstas en esta disposición...»

Podemos alcanzar a entender que a quien se ha excluido del Acuerdo de refinanciación (Trabajadores, Acreedores comerciales, organismos de Derecho Público) se le permita adherirse, si bien fuera como meros «convidados de piedra», pero, en la realidad, difícilmente obtendrán satisfacción a sus teóricos créditos, salvo que se hubiere pensado por ellos por las Entidades financieras, haciéndoles partícipes de las mismas garantías que a éstas se les ha prestado.

«… 2. A los efectos de la presente disposición se entenderá por valor de la garantía real de que goce cada acreedor el resultante de deducir, de los nueve décimos del valor razonable del bien o derecho sobre el que esté constituida dicha garantía, las deudas pendientes que gocen de garantía preferente sobre el mismo bien, sin que en ningún caso el valor de la garantía pueda ser inferior a cero ni superior al valor del crédito del acreedor correspondiente ni al valor de la responsabilidad máxima hipotecaria o pignoraticia que se hubiese pactado.

A estos exclusivos efectos, se entiende por valor razonable:

a) En caso de valores mobiliarios que coticen en un mercado secundario oficial o en otro mercado regulado o de instrumentos del mercado monetario, el precio medio ponderado al que hubieran sido negociados en uno o varios mercados regulados en el último trimestre anterior a la fecha de inicio de las negociaciones para alcanzar el acuerdo de refinanciación, de conformidad con la certificación emitida por la sociedad rectora del mercado secundario oficial o del mercado regulado de que se trate.

b) En caso de bienes inmuebles, el resultante de informe emitido por una sociedad de tasación homologada e inscrita en el Registro Especial del Banco de España.

c) En caso de bienes distintos de los señalados en las letras anteriores, el resultante de informe emitido por experto independiente de conformidad con los principios y las normas de valoración generalmente reconocidos para esos bienes.

Los informes previstos en las letras b) y c) no serán necesarios cuando dicho valor hubiera sido determinado por experto independiente, dentro de los seis meses anteriores a la fecha de inicio de las negociaciones para alcanzar el acuerdo de refinanciación ni cuando se trate de efectivo, cuentas corrientes, dinero electrónico o imposiciones a plazo fijo.

Si concurrieran nuevas circunstancias que pudieran modificar significativamente el valor razonable de los bienes, deberá aportarse nuevo informe de experto independiente.

La designación del experto independiente en los supuestos previstos en este apartado se realizará de conformidad con el artículo 71 bis.4.

En el caso de que la garantía a favor de un mismo acreedor recaiga sobre varios bienes, se sumará la resultante de aplicar sobre cada uno de los bienes la regla del párrafo primero, sin que el valor conjunto de las garantías pueda tampoco exceder del valor del crédito del acreedor correspondiente.

En caso de garantía constituida en proindiviso a favor de dos o más acreedores, el valor de la garantía correspondiente a cada acreedor será el resultante de aplicar al valor total de la garantía la proporción que en la misma corresponda a cada uno de ellos, según las normas y acuerdos que rijan el proindiviso, sin perjuicio de las normas que, en su caso, resulten de aplicación a los acuerdos sindicados…»

Respecto del texto precedente, nos remitimos a lo ya tratado al respecto en los párrafos y apartados anteriores al mismo, omitiendo su reiteración.

«… 3. A los acreedores de pasivos financieros que no hayan suscrito el acuerdo de refinanciación o que hayan mostrado su disconformidad al mismo y cuyos créditos no gocen de garantía real o por la parte de los créditos que exceda del valor de la garantía real, se les extenderán, por la homologación judicial, los siguientes efectos acordados en el acuerdo de refinanciación:

a) Si el acuerdo ha sido suscrito por acreedores que representen al menos el 60 por ciento del pasivo financiero, las esperas, ya sean de principal, de intereses o de cualquier otra cantidad adeudada, con un plazo no superior a cinco años, o la conversión de deuda en préstamos participativos durante el mismo plazo.

b) Si el acuerdo ha sido suscrito por acreedores que representen al menos el 75 por ciento del pasivo financiero, las siguientes medidas:

1.º Las esperas con un plazo de cinco años o más, pero en ningún caso superior a diez.

2.º Las quitas.

3.º La conversión de deuda en acciones o participaciones de la sociedad deudora. En este caso:

i) Los acreedores que no hayan suscrito el acuerdo de refinanciación o que hayan mostrado su disconformidad al mismo podrán optar entre la conversión de deuda en capital o una quita equivalente al importe del nominal de las acciones o participaciones que les correspondería suscribir o asumir y, en su caso, de la correspondiente prima de emisión o de asunción. A falta de indicación expresa, se entenderá que los citados acreedores optan por la referida quita.

ii) El acuerdo de aumento de capital del deudor necesario para la capitalización de créditos deberá adoptarse por la mayoría prevista, respectivamente, para las sociedades de responsabilidad limitada y anónimas en los artículos 198 y 201.1 del Texto Refundido de la Ley de Sociedades de Capital, aprobado por Real Decreto Legislativo 1/2010, de 2 de julio. A efectos del artículo 301.1 del citado Texto Refundido de la Ley de Sociedades de Capital, se entenderá que los pasivos financieros son líquidos, están vencidos y son exigibles.

4.º La conversión de deuda en préstamos participativos por un plazo de cinco años o más, pero en ningún caso superior a diez, en obligaciones convertibles o préstamos subordinados, en préstamos con intereses capitalizables o en cualquier otro instrumento financiero de rango, vencimiento o características distintas de la deuda original.

5.º La cesión de bienes o derechos a los acreedores en pago de la totalidad o parte de la deuda.

4. Por la homologación judicial, se extenderán a los acreedores de pasivos financieros que no hayan suscrito el acuerdo de refinanciación o que hayan mostrado su disconformidad al mismo, por la parte de su crédito que no exceda del valor de la garantía real, los efectos señalados en el apartado anterior, siempre que uno o más

de dichos efectos hayan sido acordados, con el alcance que se convenga, por las siguientes mayorías, calculadas en función de la proporción del valor de las garantías aceptantes sobre el valor total de las garantías otorgadas:

a) Del 65%, cuando se trate de las medidas previstas en la letra a) del apartado anterior.

b) Del 80%, cuando se trate de las medidas previstas en la letra b) del apartado anterior...»

Se trata de efectos que no precisan de mayor comentario, dada la casuística concreta de cada situación prevista.

«... 5. La competencia para conocer de esta homologación corresponderá al juez de lo mercantil que, en su caso, fuera competente para la declaración del concurso de acreedores.

La solicitud podrá ser formulada por el deudor o por cualquier acreedor que haya suscrito el acuerdo de refinanciación y se acompañará del acuerdo de refinanciación adoptado, de la certificación del auditor sobre la suficiencia de las mayorías que se exigen para adoptar los acuerdos con los efectos previstos para cada caso, de los informes que en su caso hayan sido emitidos por expertos independientes designados conforme al artículo 71 bis.4 y de la certificación del acuerdo de aumento de capital en caso de que ya hubiera sido adoptado. Si se hubiera emitido certificación, tasación o informe de los previstos en el apartado 2 de esta Disposición, también se acompañarán a la solicitud. El juez, examinada la solicitud de homologación, dictará providencia admitiéndola a trámite y declarará la paralización de las ejecuciones singulares hasta que se acuerde la homologación.

El secretario judicial ordenará la publicación de la providencia en el Registro Público Concursal por medio de un anuncio que contendrá los datos que identifiquen el deudor, el juez competente, el número del procedimiento judicial de homologación, la fecha del acuerdo de refinanciación y los efectos de aquellas medidas que en el mismo se contienen, con la indicación de que el acuerdo está a disposición de los acreedores en el Juzgado Mercantil competente donde se hubiere depositado para la publicidad, incluso telemática, de su contenido.

6. El juez otorgará la homologación siempre que el acuerdo reúna los requisitos previstos en el apartado primero de esta Disposición y declarará la extensión de efectos que corresponda cuando el auditor certifique la concurrencia de las mayorías requeridas en los apartados tercero o cuarto.

La resolución por la que se apruebe la homologación del acuerdo de refinanciación se adoptará mediante un trámite de urgencia en el plazo de quince días y se publicará mediante anuncio insertado en el Registro Público Concursal y en el «Boletín Oficial del Estado», por medio de un extracto que contendrá los datos previstos en el último párrafo del apartado anterior...»

Se hallan legitimados para solicitar la homologación del Acuerdo de refinanciación (i) el deudor o (ii) cualquier acreedor que lo haya suscrito, pero no por el Administrador Concursal, ni, obviamente, por quienes no lo hayan firmado o podido firmar.

Debe instarse la homologación ante el Juez competente para conocer del Concurso, según las reglas ordinarias (art. 641 TRLC), siguiéndose un trámite de urgencia y publicación en el Registro Público Concursal y, si bien, no lo expresa la norma, entendemos que la homologación se realizará bajo la forma de Auto y no de Sentencia, dada la ausencia de contradictorio y acorde con lo dispuesto en el primer párrafo del art. 206.1.2.º LEC, en tanto que deben adoptar dicha forma las resoluciones que aprueben judicialmente transacciones (*ex* art. 1.809 C.c.), tales como el Acuerdo de refinanciación que nos ocupa.

El debate surge cuando el apartado 6 dispone que para que el Juez homologue el acuerdo debe éste revisar el cumplimiento de los requisitos del apartado primero de la D.A. Cuarta, pero, cuando dice que «*declarará la extensión de efectos que corresponda cuando el auditor certifique la concurrencia de las mayorías requeridas en los apartados tercero o cuarto*». parece que debamos entender que sólo lo declarará tal extensión cuando el Auditor certifique, pero, recordemos que, salvo el caso de que la deudora esté obligada por Ley a nombrar Auditor (*cfr.* art. 263 LSC), la presencia de éste es meramente optativa de las partes, tal y como hemos visto precedentemente, lo que da a entender que la resolución judicial homologatoria no precisará de la declaración de la extensión de efectos, salvo en el caso de intervención de Auditor en el acuerdo, ni siquiera del Experto independiente, sólo caso de que aquél haya intervenido, lo cual puede generar una inseguridad jurídica a los acordantes, fuente de futuros conflictos jurisdiccionales.

> «… 7. Dentro de los quince días siguientes a la publicación, los acreedores de pasivos financieros afectados por la homologación judicial que no hubieran suscrito el acuerdo de homologación o que hubiesen mostrado su disconformidad al mismo podrán impugnarla. Los motivos de la impugnación se limitarán exclusivamente a la concurrencia de los porcentajes exigidos en esta disposición y a la valoración del carácter desproporcionado del sacrificio exigido.
>
> Todas las impugnaciones se tramitarán conjuntamente por el procedimiento del incidente concursal, y se dará traslado de todas ellas al deudor y al resto de los acreedores que son parte en el acuerdo de refinanciación para que puedan oponerse a la impugnación. La sentencia que resuelva sobre la impugnación de la homologación, que deberá dictarse en un plazo de 30 días, no será susceptible de recurso de apelación y se le dará la misma publicidad prevista para la resolución de homologación.

8. Los efectos de la homologación del acuerdo de refinanciación se producen en todo caso y sin posibilidad de suspensión desde el día siguiente al de la publicación de la sentencia en el «Boletín Oficial del Estado...»

Resultan, pues, legitimados activamente para impugnar el Acuerdo homologado (i) los acreedores de pasivos financieros que no hubieran suscrito el mismo y (ii) los que hubiesen mostrado su disconformidad. Siendo así que el momento procesal para efectuar la impugnación nace tras la publicación de la resolución judicial que lo homologa, debe plantearse si aquélla debe materializarse a través del Recurso contra ésta o mediante Demanda al efecto. Entendemos que no debe realizarse por vía de Recurso ordinario contra el Auto, dado que su impugnación sería más por una cuestión meramente rituaria por acto del Juez que lo dictó que por una cuestión de fondo, que es de lo que realmente se trata, dado que el Juez tan solo se remite a verificar en su resolución lo que le muestran los solicitantes de homologación. Consecuentemente, entendemos que debe realizarse la impugnación por la vía de la Demanda correspondiente, «*dentro de los quince días*» siguientes a los de la publicación, establecido como plazo de caducidad, no de prescripción. La duda deberá plantearse respecto del procedimiento a seguir y así, para el supuesto de que el Acuerdo hubiere sido adoptado declarado el Concurso, no cabe duda de que debe seguir los trámites del Incidente concursal del art. 192 LC; sin embargo, para el supuesto de que el Acuerdo se hubiere adoptado antes de la declaración de Concurso, siendo así que su homologación se debería solicitar a través del cauce del expediente del art. 5 bis LC, caso de levantarse la situación de insolvencia, consideramos que hay que formular Demanda de Juicio ordinario, pero ante el mismo Juez que tramita el expediente del art. 5 bis LC.

«... 9. Los acreedores de pasivos financieros que no hubieran suscrito el acuerdo de homologación o que hubiesen mostrado su disconformidad al mismo pero resultasen afectados por la homologación mantendrán sus derechos frente a los obligados solidariamente con el deudor y frente a sus fiadores o avalistas, quienes no podrán invocar ni la aprobación del acuerdo de refinanciación ni los efectos de la homologación en perjuicio de aquéllos. Respecto de los acreedores financieros que hayan suscrito el acuerdo de refinanciación, el mantenimiento de sus derechos frente a los demás obligados, fiadores o avalistas, dependerá de lo que se hubiera acordado en la respectiva relación jurídica...»

En el precedente párrafo se produce una derogación tácita de lo dispuesto en los arts. 1.143[129] y 1.851 C.c.[130], en tanto en cuanto que los Acuerdos de refinanciación suelen conllevar una prórroga o aplazamiento de pago distinta de la pactada inicialmente con el fiador, motivo por el cual, éste debería quedar liberado de su obligación de garantía, personal o real, sin embargo, este apartado 9 de la D.A. Cuarta excepciona a los acreedores financieros que no hubieran suscrito el Acuerdo, así como a los que hubieren mostrado su disconformidad, pero que resultaren afectados por la homologación, quienes, contrariamente los precitados artículos del C.c., conservarán sus derechos frente a sus obligados solidarios y sus garantes, lo que nos parece lógico desde el punto de vista del acreedor que no ha sido incluido en el Acuerdo o discrepa de él y que sí que resulta afectado por éste; desde el punto de vista del obligado solidario puede llegar a pensarse su inconveniencia jurídica, sin embargo, pero la solidaridad conlleva esta no exoneración, pues sólo el art. 1.146 C.c. regula la quita o remisión hecha por el acreedor al deudor insolvente, como puede ser la derivada del Acuerdo de refinanciación, no le libera de su responsabilidad total frente a sus codeudores en el supuesto de que uno de éstos hubiere pagado *in solidum*, íntegramente, la deuda.

Sin embargo, la norma faculta a los otros acreedores, los firmantes y conformantes del Acuerdo de refinanciación, a determinar la persistencia de sus restantes garantías, tanto por los coobligados solidarios, como por sus afianzadores, lo cual, parece mantener una *dispar conditio creditorum*, pues si alguno de los acreedores ostenta mejor posición que los restantes, sin perjuicio de la gestión comercial que cada entidad financiera hubiere realizado en su día para conseguir mayor solvencia que otras entidades, consideramos que resultaría más justo, dada la situación de insolvencia, un equilibrio igual para todos los firmantes del Acuerdo, pero, sobre todo, para quienes, ostentando solvencias susceptibles de liberación, no entran dentro del Acuerdo.

---

129 **Art. 1.143 C.c.**: La novación, compensación, confusión o remisión de la deuda, hechas por cualquiera de los acreedores solidarios o con cualquiera de los deudores de la misma clase, extinguen la obligación, sin perjuicio de lo dispuesto en el artículo 1.146. El acreedor que haya ejecutado cualquiera de estos actos, así como el que cobre la deuda, responderá a los demás de la parte que les corresponde en la obligación.

130 **Art. 1.851 C.c.**: La prórroga concedida al deudor por el acreedor sin el consentimiento del fiador extingue la fianza.

En definitiva, la regulación legal viene a recordarnos paradigmáticamente a las normas acostumbradas (escritas pero no firmadas) seguidas por la denominada «solidaridad interbancaria» en las reuniones que semanalmente realizaban los Letrados de las diversas entidades bancarias en la oficina principal del Banco de Valencia en esta Ciudad para tratar con los Letrados de los deudores respecto de las refinanciaciones, donde se perseguía la *par conditio creditorum* como igualación de títulos jurídicos, pero, el mantenimiento de las garantías individuales que cada Banco tenía sobre los demás que no la tenían, lo cual resultaba ser una *impar conditio creditorum*.

«... 10. En ejecución del acuerdo de refinanciación homologado, el juez podrá decretar la cancelación de los embargos que se hubiesen practicado en los procedimientos de ejecución de deudas afectadas por el acuerdo de refinanciación...»

Parece evidente que, alcanzado el Acuerdo se cancelen, no automáticamente, sino, mediante petición expresa al Juez que decretó la anotación de embargo; si bien, debemos manifestar que se extiende a las «*deudas afectadas*», esto es, no solo a las reconocidas, sino, también, (i) a las personas especialmente vinculadas con la sociedad del art. 93.2 LC, según el apartado 1 de la D.A. Cuarta, así como a (ii) las que no lo hubieren suscrito o (iii) se hubieren mostrado disconformes, lo que implicaría la cancelación de las anotaciones de embargo de quienes no se beneficien del Acuerdo.

No obstante lo dicho, tendremos que acudir a cuanto dispone el siguiente párrafo 11 respecto de la conveniencia o no de la cancelación para los acreedores firmantes sin reservas del Acuerdo.

«... 11. En caso de no cumplir el deudor los términos del acuerdo de refinanciación, cualquier acreedor, adherido o no al mismo, podrá solicitar, ante el mismo juez que lo hubiera homologado, la declaración de su incumplimiento, a través de un procedimiento equivalente al incidente concursal, del que se dará traslado al deudor y a todos los acreedores comparecidos para que puedan oponerse a la misma.

Declarado el incumplimiento, los acreedores podrán instar la declaración de concurso de acreedores o iniciar las ejecuciones singulares. La sentencia que resuelva el incidente no será susceptible de recurso de apelación...»

Si nos cuestionamos si resulta conveniente que el acreedor que aceptó el Acuerdo sin reservas, cancele automáticamente los embargos, debemos observar que este apartado 11 dispone que, en el supuesto de incumplimiento de aquél, tras su declaración judicial vía Incidente concursal, este acreedor tiene dos (2) opciones, (i) de un lado, la de instar la declaración de Concurso, (ii) ora la de «*iniciar*» las ejecuciones singulares, remarcando que el texto habla de iniciar y no de reanudar las ya iniciadas, por lo que resultando imposible la reanudación de las ejecuciones previas por el efecto novatorio que el Acuerdo le produce, hay que iniciar las ejecuciones derivadas del Acuerdo, por lo que más que solicitar o no su cancelación, cualquier intento de hacerlo derivaría en la oposición lógica del deudor y restantes acreedores afectos por el Acuerdo.

> «... Si se ejecutasen las garantías reales, y salvo que en el acuerdo se hubiese pactado que en caso de incumplimiento tendrá lugar su resolución, resultarán de aplicación las siguientes reglas:
>
> a) Si el importe obtenido en la ejecución excediese del de la deuda originaria, o del saldo pendiente de la misma de no haberse producido el acuerdo, se considerará la diferencia entre el primer y el segundo importe como sobrante a los efectos de los artículos 674 y 692 de la Ley de Enjuiciamiento Civil, 133 de la Ley Hipotecaria y concordantes.
>
> b) Si la cantidad obtenida en la ejecución fuese menor que la deuda originaria, o del saldo pendiente de la misma de no haberse producido el acuerdo, pero mayor que la resultante de la aplicación del apartado 4 anterior, se considerará que no hay sobrante ni remanente, haciendo el acreedor suya toda la cantidad resultante de la ejecución.
>
> c) Si la cantidad resultante de la ejecución fuese inferior a la resultante de la aplicación del apartado 4 anterior, se considerará como parte remanente del crédito la diferencia entre ambas...»

¿Qué diferencia jurídica hay entre la «*deuda originaria*» y de su «*saldo pendiente... de no haberse producido el acuerdo*»? ¿A qué fecha debe considerarse tales deudas o saldos? ¿A la del momento en el que (i) se produjo el incumplimiento, (ii) a aquél en el que se fijaron los saldos y no se llegó al acuerdo, (iii) en el momento de la subasta? Realmente nos cuesta mucho entender al Legislador, máxime, por cuanto que las normas que cita de la LEC y la LH son suficientes para determinar cuándo hay sobrante y cuándo no. Pero, si, acudimos a las reglas b) y c), que remiten al apartado 4, ya no entendemos nada, pues este apartado regula el régimen de mayorías precisas para alcanzar la homologación. Sin embargo, el Legislador, que sólo piensa en los Acuerdos de refinanciación mediante el otorgamiento de hipoteca a favor de diversas entidades financieras, olvida que, quien primero ejecuta esta garantía real se subroga en el pago de las que no han ejecutado, por su precedencia registral, tal y como expusimos en el capítulo correspondiente.

> «... 12. Solicitada una homologación no podrá solicitarse otra por el mismo deudor en el plazo de un año...»

Se trata de una disposición de política legislativa respecto de la que no vamos a entrar, pues entra dentro de la lógica del art. 5 bis.6 LC de no reiterar posibles soluciones a la insolvencia, como los es la del B.E.P.I.; puestas así las cosas, tal parece que aboque al deudor que ya consiguió homologar un acuerdo de refinanciación al concurso y, con éste o con las «*ejecuciones singulares*», hacia su final. En cualquier caso, la pregunta que nos formulamos es la de que si bien es cierto que no se puede solicitar una segunda homologación, «*en el plazo de un año*» ¿podría mejorarse la ya homologada? Parece ser que nada impediría mejorar las condiciones de la ya homologada, interpretando el término «mejorar» como más beneficioso para (i) los acreedores que lo firmaron, (ii) los que no lo firmaron, (iii) a los que les afecta y (iv) al propio deudor, lo cual sólo podría tener efecto a través de la liberación del gravamen hipotecario sobre uno o varios de los inmuebles hipotecados, previo pago o quita parciales o la reducción de los tipos de interés convenidos. Por lo que respecta al cómputo del año, parece ser que éste debe contarse desde la «solicitud» primera, pues en ningún momento se alude a la «obtención» de la homologación o a ésta misma.

> «... 13. No podrán ser objeto de acciones de rescisión los acuerdos de refinanciación homologados judicialmente. El ejercicio de las demás acciones de impugnación se someterá a lo dispuesto por el artículo 72.2».

Cuando se alude a «*las demás acciones de impugnación*» se está refiriendo la norma a cualesquiera otras que no sean las «*acciones de rescisión*», es decir, a cualesquiera otras, como las que se dirá más adelante, pero, por la remisión a lo dispuesto en el art. 72.2 LC nos encontramos conque el único legitimado para impugnarlas es la Administración Concursal, no cabiendo siquiera la legitimación subsidiaria de los acreedores que hayan instado por escrito de la Administración Concursal el ejercicio de alguna acción.

2. SISTEMA DEL TEXTO REFUNDIDO DE LA LEY CONCURSAL ANTERIOR A LA LEY 16/2022, DE SU REFORMA

El TRLC 2020, a partir de su art. 596 estableció un sistema más estructurado que el del art. 5 bis LC, bajo las siguientes características:

A) Acuerdos colectivos de refinanciación

Vienen definidos por el art. 596.1.º y el 597 TRLC 2020 como aquéllos concertados por (i) el deudor, persona natural o jurídica, con sus acreedores, (ii) con o sin homologación judicial, (iii) en situación de insolvencia actual o inminente (art. 597 TRLC 2020) (iv) antes de la declaración de concurso, (v) en cualquier momento, sin plazo determinado, salvo que (vi) se hubiese realizado la comunicación del art. 583.1 TRLC 2020, en cuyo caso dispondrá del plazo de tres (3) meses desde la fecha de aquélla, para alcanzar el acuerdo (art. 597 TRLC 2020).

Nos hallamos pues, ante un sistema que podríamos denominar como «preventivo» ante los funestos devenires que una situación concursal implica y, por tanto, tanto por su anterior regulación, como en el supuesto del acuerdo extrajudicial de pagos, se trata, en ambos casos, de una situación de insolvencia preconcursal que requerirá de la homologación judicial para adecuar el acto jurídico derivado de los acuerdos de refinanciación con la norma concursal, pues no otra cosa significa «homologar», sino comprobar la igualdad del acto con la ley en este caso.

a) Los requisitos de la propuesta de acuerdo son los siguientes (art. 598 TRLC 2020):

   i. 1.1.º Que permitan la continuidad de la actividad profesional o empresarial del deudor a corto y a medio plazo, al igual que lo hacía el art. 71 bis.1.a) *in fine* LC, acorde con un Plan de viabilidad que así considere su viabilidad. Este plan puede ser «*sometido a un informe de experto independiente*», conforme dispone el art. 598.2 TRLC 2020, pudiendo ser solicitado al Registrador Mercantil, indistintamente por el deudor, como por los acreedores (art. 600.1 TRLC 2020); siguiendo el mismo sistema que el de la LC, nos remitimos a nuestros precedentes comentarios realizados en el Sistema de la Ley Concursal.

   ii. 1.2.º Que su objeto consista en una ampliación significativa del crédito disponible o la modificación o la extinción de las obligaciones, en los mismos términos que lo hacía el art. 71 bis.1.a) LC, remitiéndonos a nuestros precedentes comentarios realizados en el Sistema de la Ley Concursal.

   iii. 1.3.º Que cumpla con el mismo *quorum* aprobatorio de tres quintas partes del pasivo que ya disponía del art. 71 bis.1.b).1.º LC, si bien, (i) ya no es a la «*fecha de adopción del acuerdo*» sobre cuya complejidad ya tuvimos ocasión de criticar en el Sistema de la Ley Concursal, si bien, ahora el *momentum* viene determinado por la «*certificación emitida por el auditor de cuentas del deudor*» o, si no estuviere obligado a auditar sus Cuentas, se designará el Auditor por el Registrador Mercantil del domicilio del deudor, entendiéndose, en el supuesto de tratarse de Grupo, el del domicilio de la sociedad dominante. Así pues, se está en la consideración de que un pasivo auditado no deja a ningún acreedor fuera del acuerdo de refinanciación, evitándose situaciones individuales o colectivas de impugnación del acuerdo.

Para realizar el cómputo que exige este *quorum*, como novedad del art. 599.1 TRLC 2020, respecto del art. 71 bis LC, se deduce la totalidad de los pasivos (créditos) de los acreedores que fueran personas especialmente relacionadas con el deudor definidas por los arts. 282 TRLC 2020 respecto del deudor persona natural (cónyuge, pareja de hecho, ascendientes, descendientes, hermanos, personas jurídicas controladas o que formen parte del mismo grupo de empresas o administren de hecho o de derecho, respecto del deudor y respecto de las personas físicas relacionadas con él) y 283 TRLC 2020 respecto de los deudores personas jurídicas (socios, administradores de hecho o de derecho, liquidadores, directores generales, sociedades del grupo y socios comunes).

El Legislador de 2020, en un intento de hacer entrar «dinero externo» a las sociedades de capital, excluía de tal relación a los «*acreedores que hayan capitalizado directa o indirectamente todo o parte de sus créditos en cumplimiento de un acuerdo de refinanciación…*»; piénsese que al acreedor que, insuflando dinerario a la sociedad, bien mediante la adquisición de acciones o participaciones sociales del deudor, ora reduciendo su crédito, en definitiva, deba considerársele como especialmente relacionado y no se le permita ejercer su derecho de voto.

Para el supuesto de que se tratase acreedores con pacto sindicado, el art. 599.2 TRLC 2020 sigue el mismo *quorum* o regla que el que disponía el art. 71 bis.1.b).1.º LC, por lo que nos remitimos a nuestros precedentes comentarios en el Sistema de la Ley Concursal.

Por último, cuando se tratase de refinanciar deudas de Grupo o Subgrupo (concepto nuevo respecto del texto de la LC), el art. 599.3 TRLC 2020 seguía, también, el mismo sistema que el del art. 71 bis.1.b).1.º, segundo párrafo, LC, por lo que nos remitimos a nuestros precedentes comentarios en el Sistema de la Ley Concursal.

iv. 1.4.º Que se eleve a público el acuerdo por el deudor y todos los acreedores que lo hubieren suscrito, excluyendo, por tanto, a los que hubieren votado en contra, se hubieren abstenido o, sencillamente, no hubieren sido llamados a participar en el acuerdo.

v. 2. Que se acompañe como anexo a la Escritura, (i) un plan de viabilidad, (ii) la certificación del auditor y (iii) cuantos documentos justifiquen la concurrencia de los requisitos.

b) Afectan a los acuerdos alcanzados por el deudor con sus acreedores, sin distinción, aunque hemos de desestimar los de Derecho público (arts. 613.2 y 616 TRLC 2020), los que seguirán el régimen propio de aplazamiento de éstos (art. 655 TRLC 2020).

c) Producen sus efectos, a distinción de lo regulado en el art. 5 bis.4.b) LC, tanto si se homologan como si no; sin embargo, el TRLC 2020 dedica los artículos 618 y ss. a la impugnación, únicamente, de los acuerdos homologados o, mejor dicho, de la homologación del acuerdo, acorde con el texto, pero, nada se dice de los acuerdos no homologados; podría pensarse que existiría razón analógica para impugnar los acuerdos no homologados, sin embargo, el *dies a quo* para impugnar la homologación de los acuerdos es el de la fecha de publicación de la resolución judicial homologatoria en el B.O.E. (art. 618 en relación con el 615 TRLC 2020), pero, en el supuesto de los no homologados, la exigencia del art. 615 TRLC 2020 no existe, *ergo*, difícilmente podrá comenzar el plazo de impugnación de una resolución judicial (i) inexistente y (ii), además de ello, no publicada; no por ello, debemos pensar que los acuerdos de refinanciación no homologados van a tener mejor rango o defensa que los homologados, sino, todo lo contrario, pues, a nuestro entender, éstos deben ser impugnados a través del correspondiente procedimiento, bien Ordinario ante la Jurisdicción Civil, para el caso de que el acuerdo haya levantado la situación de insolvencia y, por tanto, no haya derivado en la declaración de concurso del deudor, ya ante el Juez del Concurso, para el supuesto contrario, vía Incidente concursal, esta vez, por la analogía del art. 620 TRLC 2020.

En cualquier caso, recordemos que la homologación viene a ser una protección de irrescindibilidad de lo acordado entre acreedores y deudor, refinanciando las deudas de este último, por lo que el acuerdo no homologado tendría fuerza de ley entre las partes que lo suscribieron (art. 1.091 C.c.), pero no entre los que no lo suscribieron, esto es, carecería de la fuerza erga omnes que confiere la homologación.

Su eficacia se despliega (art. 602.2 TRLC 2020) desde la firma del instrumento público en que se hubiere formalizado.

Vincula (i) al deudor, (ii) a los acreedores que lo hubieren suscrito, (iii) así como a los que hubieren suscrito un pacto de sindicación, a través del cual, hubieren suscrito el acuerdo dentro del régimen de mayorías previsto en el pacto, según dispone el art. 602.1 TRLC y (iv) a las empresas del Grupo o Subgrupo que se establezca en el acuerdo (art. 603 TRLC), no necesariamente a todo el Grupo o Subgrupo.

B) Acuerdos singulares de refinanciación

Vienen definidos por el art. 596.2.º y el 604 TRLC 2020 como aquéllos concertados por (i) el deudor, persona natural o jurídica, con uno o más acreedores, a diferencia del acuerdo colectivo, en el que, el uso del plural «acreedores» alude no solo a más de uno, sino a todos sus acreedores, cuando emplea el término «*con sus acreedores*» y, por ello, la diferencia entre la denominación de «colectivo» o de «singular», convenir con uno o unos pocos (varios), será el singular o con todos, será el colectivo; (ii) por diferencia con los Acuerdos colectivos, los singulares no pueden ser homologados judicialmente (art. 596.2.º TRLC 2020); (iii) en situación de insolvencia actual o inminente (art. 604 TRLC 2020); (iv) antes de la declaración de concurso; (v) nada se alude en cuanto al plazo para alcanzarlo, así como tampoco a si se hubiese realizado la comunicación del art. 583.1 TRLC 2020, contrariamente a cuanto se exige de los Acuerdos colectivos, por lo que, para su interpretación, debemos acudir a este último precepto para comprobar que, en la última línea del mismo se excluye el Acuerdo de refinanciación «que no sea singular» de la facultad de comunicar al Juzgado competente de la apertura de negociaciones.

Los Acuerdos singulares de refinanciación deben cumplir los siguientes requisitos (art. 604.1 TRLC 2020):

a) Que responda a un plan de viabilidad que permita la continuidad de la actividad profesional o empresarial del deudor a corto o medio plazo (art. 604.1.1.º TRLC 2020), al igual que para los Acuerdos colectivos, pero, a diferencia de éstos, en los que resultaba facultativo el informe del Experto independiente, para verificar los Acuerdos singulares se suple aquél (art. 604.2 TRLC 2020) con el hecho de tener en cuenta «*todas las consecuencias de naturaleza económica, patrimonial o financiera, incluidas las fiscales, así como las cláusulas de vencimiento anticipado preexistentes o que se estipulen y cualesquiera otras similares, derivadas de los actos que se lleven a cabo cuando se produzcan con respecto a acreedores intervinientes*», ante lo cual, debemos cuestionarnos quién y cuándo ha de verificar el Plan de viabilidad de los Acuerdos singulares pues, comoquiera que el Acuerdo se firma en situación no concursal o preconcursal, tan solo podría verificarlo un Perito designado en un procedimiento judicial (Civil o Concursal) instado por algún acreedor que se considerase perjudicado y que, por ello, instase una acción anulatoria del Acuerdo.

b) Que incremente «*la previa proporción de activo sobre pasivo existente en la fecha de adopción del acuerdo*» (art. 604.1.2.º TRLC 2020), expresión que ya contenía el art. 71 bis.2.a) LC, cuya crítica tuvimos ocasión de realizar previamente en el Sistema de la Ley Concursal, por lo que nos remitimos a su análisis. El presente supuesto, al igual que el precedente, también puede verificarse en los mismos términos que el Plan de viabilidad (art. 604.2 TRLC 2020), por lo que damos por reproducidos sus comentarios.

c) «*Que el activo corriente resultante sea igual o superior al pasivo corriente*» Se trata de la misma expresión que contenía el art. 71 bis.2.b) LC, cuya crítica tuvimos ocasión de realizar previamente en el Sistema de la Ley Concursal, por lo que nos remitimos a su análisis.

d) Los créditos con garantías reales o personales deben guardar (i) proporción al *statu quo* precedente a la adopción del acuerdo, (ii) ni superior al noventa por ciento (90%) del pasivo total afectado por el acuerdo. El valor del bien que constituye la garantía real, se determina por el criterio denominado del «valor razonable» contenido en el art. 273 TRLC 2020.

e) El tipo de interés aplicable al Acuerdo, no debe exceder en más de un tercio de la media de los intereses de los créditos vigente en los créditos antes de adoptar el acuerdo. El art. 604.1.5.º TRLC 2020, que es el que determina este límite, no concreta si se trata de los intereses remuneratorios o los moratorios; deberemos entender, pues, que el Acuerdo «impone» el interés moratorio, en tanto que superior al remuneratorio, mientras que, si se «impusiese» un incremento sobre el interés moratorio, no solo supondría una «pena» civil por la refinanciación, sino, una imposibilidad fáctica de cumplirlo, pues, salvo que el Acuerdo llevase en sí, además, una quita, difícilmente podría pagarse en situación de insolvencia lo que no se pudo pagar en situación de solvencia. Tampoco se aduce respecto de si el interés remuneratorio sería fijo, variable o mixto, por lo que, en principio, parece que cualquiera de ellos puede caber, si bien, el variable al día de la firma podría, obviamente no superar el tercio, mientras que una evolución alcista del mismo, lo podría rebasar en cualquier período de vigencia del acuerdo.

f) Por último, el acuerdo debe formalizarse en Escritura pública otorgada por el deudor y todos los acreedores intervinientes en el Acuerdo, esto es, los que lo aceptaron, no los que intervinieron en las negociaciones y no aceptaron. En esta escritura deben hacerse constar las razones económicas que justifican el Acuerdo y los actos y negocios realizados entre sus intervinientes, acompañando la documentación adecuada. Realmente, no entendemos la necesidad de la redacción esta última apreciación o requisito del art. 604.1.6.º TRLC 2020, en tanto en cuanto que, jurídicamente, forma parte de la técnica de redacción de cualquier acuerdo transaccional (intervinientes, manifestaciones, antecedentes, pactos y firmas), máxime, además, por cuanto que no puede ser objeto de homologación (art. 596.2.º TRLC 2020).

C) Homologación de los acuerdos de refinanciación

Debe quedar claro que, conforme acabamos de exponer, los arts. 596.2.º y 605.2 TRLC 2020 no permiten la homologación de los Acuerdos singulares de refinanciación, por lo que los arts. 605 y ss. TRLC 2020 que regulan los requisitos de la homologación, sólo se refieren a los (i) Acuerdos colectivos de refinanciación, (ii) pudiendo solicitarlo, tanto el deudor (art. 605.1

TRLC 2020), como (iii) por cualquier acreedor que lo hubiere suscrito (art. 610.1 TRLC 2020) , (iv) con independencia de su personalidad, siempre que esté (v) en situación de insolvencia y que (vi) no hubiere sido declarado en concurso; (vii) si hubiere realizado la comunicación del art. 583 TRLC 2020, la solicitud de homologación deberá realizarse dentro de los tres (3) meses siguientes al del día en que se realizó aquélla.

Los requisitos que deberán cumplir los Acuerdos colectivos de refinanciación para ser homologados vienen expresados en el art. 606.1 TRLC 2020, que son los mismos que los del art. 598.1 TRLC 2020, en cuanto al 1.º, al 2.º y al 4.º de ambos preceptos, sin embargo, siendo el requisito 3.º del art. 606, aun siendo el mismo requisito que el del art. 598.1, requiere un quorum del «*cincuenta y uno por ciento*», del «*pasivo financiero*» mientras que el de este último precepto, exige «*las tres quintas partes*» o sesenta por ciento (60%), lo cual requerirá de una modificación que lo aclare. Si, como regla gramatical, siempre debe respetarse que «lo definido no debe entrar en la definición», el apartado 2 del art. 606 TRLC 2020 es un ejemplo claro de incumplimiento de esta regla, pues define «*crédito financiero*» (en el párrafo 1.3.º se denomina como «*pasivo financiero*») como «*cualquier endeudamiento financiero*», con independencia de si la financiación se da por acreedores «*no sometidos a supervisión financiera*», respecto de lo que ya tratamos en el capítulo correspondiente, sin perjuicio de lo cual, hasta un amigo o pariente que haya concedido un préstamo al deudor, debería considerase incluido como «*pasivo financiero*» o «*crédito financiero*», cuando lo que se está queriendo decir en realidad es que el pasivo o crédito financiero va más allá de la clásica financiación bancaria, entrando otro tipo de entidades, las que faculta la Directiva (UE) 2015/2366 del Parlamento Europeo y del Consejo de 25 de noviembre de 2015 sobre servicios de pago en el mercado interior y por la que se modifican las Directivas 2002/65/CE, 2009/110/CE y 2013/36/UE y el Reglamento (UE) n.º 1093/2010 y se deroga la Directiva 2007/64/CE, conocida como «PSD2» o «*Payement service directive 2*». Por exclusión, no se consideran créditos o pasivos financieros los (i) créditos de Derecho público, (ii) los laborales y los (iii) acreedores por operaciones comerciales, «*aunque cualquiera de ellos tuviera aplazada la exigibilidad del crédito*». El quorum para alcanzar el Acuerdo colectivo del pasivo financiero viene regulado de forma extensa y compleja en el art. 607 TRLC 2020 y el correspondiente a los acuerdos de Grupo o de Subgrupo, en el siguiente art. 608 TRLC 2020, de forma breve, pero no menos compleja, a saber: «*En el caso de acuerdo de refinanciación de grupo o subgrupo, el porcentaje del pasivo financiero se calculará tanto en base individual, en relación con todas y cada una de las sociedades afectadas, como en base consolidada, en relación con los créditos de cada grupo o subgrupo afectados, con exclusión en ambos casos de los préstamos y créditos concedidos por sociedades del grupo*».

En el documento público que recoja el Acuerdo colectivo deberá incluirse, conforme dispone el art. 606.3 TRLC 2020 el Plan de viabilidad, la certificación del Auditor y demás que el mismo art. 598.2 TRLC 2020 dispone.

La homologación de los Acuerdos colectivos de refinanciación se regula por los arts. 609 y ss. TRLC 2020, debiendo realizarse ante el Juez competente para la declaración del concurso del deudor suscribiente de aquél o, en el supuesto de Grupo o Subgrupo, el de la sociedad «*con mayor pasivo financiero que participe en el acuerdo*» no exigiéndose, por tanto, que sea el domicilio de la sociedad dominante, homologándose mediante Auto (art. 613 TRLC 2020), si cumple los requisitos del art. 606 TRLC 2020, uno de cuyos efectos, de producción inmediata (art. 614 TRLC 2020) es el de la finalización de las ejecuciones singulares que hubieran quedado paralizadas y el consiguiente archivo de lo actuado, alzando los embargos correspondientes (art. 613.3 TRLC 2020), pero, lo más importante es el carácter ejecutivo aun cuando el Auto de homologación no fuere firme en Derecho (art. 614 TRLC 2020), lo que obliga a extremar el cumplimiento de los requisitos para su homologación, pues, caso de que se impugnase el Auto, y venciese el impugnante, las consecuencias podrían ser desastrosas, tanto para acreedores como para deudores. También se permite que cualquier acreedor no financiero, que no sea de Derecho público, pues siguen su régimen normal (art. 495 TRLC 2020) que no son considerados como créditos financieros (art. 606.2 TRLC 2020), puede adherirse a un Acuerdo homologado de refinanciación del pasivo financiero (art. 616 TRLC 2020) sin que se modifiquen los quorum por los que se aprobó aquél, extendiéndoseles a los adherentes los efectos del acuerdo homologado, como si lo hubiesen aceptado en su día.

Por último, cabe decir que, hasta que no transcurra un (1) año desde la solicitud de homologación de un Acuerdo de refinanciación, ni el deudor ni sus acreedores podrán solicitar otra homologación, según dispone el art. 617 TRLC 2020, lo cual implica que, en el supuesto de que algún acreedor no hubiere sido llamado a la refinanciación o no hubiere aceptado el Acuerdo adoptado, no puede promover la homologación de otro acuerdo de refinanciación, lo que le llevaría a la adhesión al ya homologado, lo cual, a nuestro entender, no empece para que alcance con el deudor un Acuerdo singular cumpliendo los requisitos antes expresados, pues éste, como queda dicho, no puede ser homologado, por lo que no se le extendería la prohibición del art. 617 TRLC 2020.

D) Impugnación del Auto de homologación del acuerdo

Quedó regulada por lo dispuesto en los arts. 618 y ss. TRLC 2020, comenzando el plazo de impugnación en los quince (15) días siguientes al de la publicación del Auto de homologación en el B.O.E., y se llevará a término por la vía del Incidente concursal (art. 620.1 TRLC 2020 en relación con el art. 532 TRLC), lo que supone que, contra dicho Auto no cabe recurso alguno, ni de Reposición, ni de Apelación. Véase que el Legislador no regula impugnar el Acuerdo alcanzado, sino el Auto, lo que convierte el trámite jurisdiccional en una cuestión, prácticamente rituaria, sometiendo al Juzgador a una crítica a su resolución, en tanto que ésta no ponderó correctamente los requisitos previstos para su homologación, lo que conlleva a que el Juzgador haya de revisar todo el Acuerdo a fondo, a conciencia, pues el art. 619 TRLC 2020 dispone cuál es el *numerus clausus* de motivos que permiten la impugnación de la homologación, a saber: 1.º No haber adoptado el Acuerdo con el *quorum* dispuesto o 2.º, la desproporción en el sacrificio exigido al acreedor impugnante, que, para determinarlo, «*el juez deberá tener en cuenta todas las circunstancias concurrentes*» (art. 619.2 TRLC), lo cual implica, como reiteramos, que el Juez debe analizar todos y cada uno de los documentos aportados en la Escritura que eleve el Acuerdo a público y contrastarlo con la documentación (pericial) que aporte el impugnante junto a su Demanda; sin embargo, el art. 619.3 TRLC 2020, facilita esta ardua tarea al Juzgador, cuando considera (*ex lege*) aquella desproporción si «*el sacrificio* (i) *fuera diferente para acreedores iguales o semejantes, así como* (ii) *si el acreedor que no goce de garantía real pudiera obtener en la liquidación de la masa activa una mayor cuota de satisfacción que la prevista en el acuerdo de refinanciación*».

Sólo pueden impugnar el Auto de homologación los acreedores que (i) no hubieren suscrito el Acuerdo, entendiéndose por «suscrito», «aceptado», pues se puede suscribir un acuerdo expresando disconformidad y reserva de acciones, o abstención en el voto, y no aceptarlo; también pueden impugnar el Auto (ii) quienes hubieren mostrado su disconformidad al mismo, entendiéndose por éstos, aquéllos que hubieren votado en contra del

Acuerdo y así se hubiese hecho constar en el documento suscrito y elevado a público. Debe sustanciarse frente al deudor y los acreedores «*afectados*» por la homologación. ¿Por qué no se limitó el Legislador a referirse a éstos como «firmantes», pues la afectación, en tanto que sinónimo de perjuicio o menoscabo, afecta a cualquier acreedor que no haya firmado, incluso a los no llamados a firmar, pues un acuerdo de refinanciación, basado fundamentalmente en la existencia de créditos afianzados con derechos reales de garantía, en el momento en el que se prorrogue el plazo de vencimiento de los créditos inscritos en los Registros correspondientes, supone una merma de solvencia para aquel acreedor que careciere de tales derechos reales, salvo que ya tuviere anotado su embargo.

Llegados a este punto, debemos plantear el hecho de que, siendo así que los impugnantes del Auto de homologación son los disconformes o los no suscribientes, las alusiones a los acreedores hecha por el art. 619.3 TRLC 2020 deben entenderse hechas al impugnante y no, como genéricamente consta en el texto, pues puede suceder que un acreedor aceptante del Acuerdo consienta en que se le exija un sacrificio mayor que el de otro acreedor aceptante, por las razones subjetivas que entienda convenientes, lo que conlleva a ponderar las razones por las que se hizo, cohonestadas con el hipotético perjuicio que esta posición le pueda causar al impugnante; sí que entendemos, no obstante, la segunda de las consideraciones de desproporción, relativa a que el acreedor sin derecho de real de garantía pueda obtener una mayor cuota de satisfacción que la prevista en el Acuerdo de refinanciación en la liquidación de la masa activa, lo que, insistimos, habría que cohonestar con el teórico perjuicio que le pueda causar al acreedor impugnante, pues de la liquidación de los activos no tiene por qué haber «faltante» necesariamente.

El incidente concursal de impugnación del Auto de homologación culmina con Sentencia (art. 621 TRLC 2020) desestimando o estimando la impugnación y, en este caso, mantendrá el Acuerdo en aquello que no hubiere sido objeto de impugnación, por lo que solo afectará a aquel acreedor o acreedores respecto de los cuales se impute la causa de la desproporción del sacrificio. Esta sentencia, deberá publicarse en el B.O.E. y no es susceptible de recurso de apelación, causando sus efectos, desde el siguiente día siguiente al de su publicación, situación procesal que dejaba como única instancia, homologadora y revisora al propio Juez del concurso, sin posibilidad de una segunda «visión», revisión o instancia; recordemos, no obstante, que estamos en una fase preconcursal, por lo que el tribunal actúa a modo de

Funcionario público, pero sin posibilidad de impugnación «administrativa». Esto cambió radicalmente con la entrada en vigor de la LRTRLC respecto de la homologación de los planes de reestructuración, pues el Auto de homologación por el Juez del concurso del plan de reestructuración ya no se impugna ante el mismo tribunal que lo homologó —pues supondría fallar a contrario imperio, contra su propia resolución, tarea harto difícil, sino, directamente y en única instancia también, pero ante la Audiencia Provincial, según dispone el art. 653 TRLC.

E) Extensión del Acuerdo homologado de refinanciación a los créditos sin garantía real

El Acuerdo de refinanciación homologado extiende sus efectos, esto es, lo que fue objeto de acuerdo, a (i) los acreedores de pasivos financieros sin garantía real, (ii) o los que gozasen de derecho real de garantía, pero por la parte del crédito que exceda «*del valor de esa garantía*», debiendo entenderse por tal el determinable conforme a la regla del art. 273 TRLC 2020 por razón a lo dispuesto en el art. 604.1.4.º TRLC 2020, siempre y cuando (a) no hubieren suscrito el Acuerdo o (b) hubieran mostrado su disconformidad.

Los efectos se producen si el Acuerdo homologado cumple con los siguientes quorum del pasivo financiero total (art. 623 TRLC 2020):

1) Requerirán la suscripción del Acuerdo acreedores que representen, el sesenta por ciento (60%):
   a) Si se pactan esperas igual o inferior a cinco (5) años.
   b) Si se pacta la conversión de los créditos en créditos participativos durante plazo igual o inferior a cinco (5) años.
2) Requerirán la suscripción del Acuerdo acreedores que representen, el setenta y cinco por ciento (75%) o más:
   c) Si se pactan esperas por más de cinco (5) años y hasta diez (10).
   d) Si se pacta una quita.
   e) Si se pacta una conversión de los créditos en acciones o participaciones de la sociedad deudora o de otra sociedad, los cuales son susceptibles de compensación en cualquier caso (art. 624.1 TRLC 2020); del mismo modo, el acuerdo en Junta del aumento del Capital social para la conversión, no requiere de la mayoría reforzada de los arts. 199 y 200 LSC para las sociedades de res-

ponsabilidad limitada o el art. 194 LSC para las anónimas (art. 624.2 TRLC 2020), dejándose sin efecto el carácter de vencido, líquido y exigible del crédito compensable previsto en el art. 301.1 LSC (art. 624.1 TRLC 2020). Además, los acreedores por pasivos financieros en el plazo de un (1) mes desde que el Auto de homologación sea efectivo, podrán optar entre (i) la conversión de su crédito en capital de la sociedad deudora o (ii) una quita equivalente al importe del nominal de las acciones o participaciones «*que les correspondería suscribir o asumir y, en su caso, de la correspondiente prima de emisión o de asunción*», caso de que no lo hicieren dentro la elección entre la conversión o la quita, se entenderá que optan por esta última (art. 625.2 TRLC 2020).

f) Si se pacta la conversión de los créditos en (i) créditos participativos por más de cinco (5) años, hasta diez (10), (ii) en obligaciones convertibles, (iii) en créditos subordinados, (iv) en créditos con intereses capitalizables (v) en cualquier otro instrumento financiero con características, rango o vencimiento distintos de aquéllos que tuvieran los créditos originarios.

g) Si se pacta la cesión de bienes o derechos a los acreedores en pago o para pago de la totalidad o parte de la deuda.

F) *Extensión del Acuerdo homologado de refinanciación a los créditos con garantía real*

El Acuerdo de refinanciación homologado, además de a los acreedores (i) con créditos sin derecho real de garantía, (ii) a aquéllos que, con derecho real de garantía por el exceso de su valor razonable, a ambos, en igual medida, según hemos visto en el apartado anterior y, a los (iii) acreedores con derecho real de garantía, por el importe que no exceda de dicho valor razonable que, «*antes o después de la homologación, hubieran mostrado su disconformidad*» al Acuerdo (art. 626.1 TRLC 2020), si se hubieren adherido, les afectará en la medida que antes expusimos (art. 616.2 TRLC 2020). A los acreedores con derecho real de garantía, pero sin exceso sobre el valor razonable del bien sobre el que se constituyó el derecho real los efectos del Acuerdo se les extienden de manera distinta de los precedentes (sin garantía), en los siguientes términos:

1) Requerirán la suscripción del Acuerdo por acreedores garantizados con derecho real o «*pasivo financiero con privilegio especial*» que representen el sesenta por ciento (65%) de entre éstos (art. 626.1.1.º TRLC 2020). Recordemos que el *quorum* de afectación respecto de los acreedores sin privilegio especial era del sesenta por ciento (60%), pero del «*pasivo financiero total*», lo que permite un acuerdo entre todos los financiadores del concursado y no de los privilegiados especiales, lo que supone una exigencia menor del porcentaje a conseguir:
   a) Si se pactan esperas igual o inferior a cinco (5) años.
   b) Si se pacta la conversión de los créditos en créditos participativos durante plazo igual o inferior a cinco (5) años.
2) Requerirán la suscripción del Acuerdo por acreedores garantizados con derecho real o «*pasivo financiero con privilegio especial*» que representen el ochenta por ciento (80%) o más:
   a) Si se pactan esperas por más de cinco (5) años y hasta diez (10).
   b) Si se pacta una quita.
   c) Si se pacta una conversión de los créditos en acciones o participaciones de la sociedad deudora o de otra sociedad, los cuales son susceptibles de compensación en cualquier caso (art. 624.1 TRLC 2020); del mismo modo, el acuerdo en Junta del aumento del Capital social para la conversión, no requiere de la mayoría reforzada de los arts. 199 y 200 LSC para las sociedades de responsabilidad limitada o el art. 194 LSC para las anónimas (art. 624.2 TRLC 2020), dejándose sin efecto el carácter de vencido, líquido y exigible del crédito compensable previsto en el art. 301.1 LSC (art. 624.1 TRLC 2020). Además, los acreedores por pasivos financieros en el plazo de un (1) mes desde que el Auto de homologación sea efectivo, podrán optar entre (i) la conversión de su crédito en capital de la sociedad deudora o (ii) una quita equivalente al importe del nominal de las acciones o participaciones «*que les correspondería suscribir o asumir y, en su caso, de la correspondiente prima de emisión o de asunción*», caso de que no lo hicieren dentro la elección entre la conversión o la quita, se entenderá que optan por esta última (art. 625.2 TRLC 2020).

d) Si se pacta la conversión de los créditos en (i) créditos participativos por más de cinco (5) años, hasta diez (10), (ii) en obligaciones convertibles, (iii) en créditos subordinados, (iv) en créditos con intereses capitalizables (v) en cualquier otro instrumento financiero con características, rango o vencimiento distintos de aquéllos que tuvieran los créditos originarios.

e) Si se pacta la cesión de bienes o derechos a los acreedores en pago o para pago de la totalidad o parte de la deuda.

G) Efectos frente a los afianzadores personales

El art. 627 TRLC 2020 es copia casi exacta del apartado 9 de la D.A. 4.ª LC, diferenciándolos el cambio de la frase «*pero resultasen afectados por la homologación mantendrán sus derechos frente a los obligados solidariamente*» en la D.A., por «*a los que, por efecto de la homologación, se extiendan los efectos del acuerdo de refinanciación del pasivo financiero mantendrán sus derechos frente a los obligados solidariamente*» en el TRLC 2020, modificación que, de alguna manera no supone más que la adecuación a la nomenclatura del TRLC 2020, sin mayor trascendencia jurídica. En igual sentido debemos manifestarnos respecto de su homólogo art. 240.3 y 4 LC, por lo que nos remitimos a los comentarios precedentemente realizados respecto de este último precepto, para concluir sumamente que, el acreedor que no acepte el Acuerdo de refinanciación o muestre su disconformidad a éste, por razón a la homologación, mantendrá sus garantías incólumes, sin novación subjetiva extintiva, mientras que quienes lo hubieren aceptado, estarán sus garantías a lo que se haya convenido en el Acuerdo.

En el primer supuesto, el fiador solidario no podrá invocar el contenido del Acuerdo para conseguir una quita o una espera en su defensa (art. 627.1 TRLC 2020) aun cuando el Acuerdo pudiere afectar al acreedor en el supuesto de cumplirse los requisitos de los arts. 623 y 626 TRLC, antes tratados, según el caso del que se trate.

A este respecto, resulta muy ilustrativa la **S.A.P. Barcelona —14.ª—, n.º 188/2024, de 30 de abril**, que viene a fundamentar lo siguiente.

> «... el acreedor es libre de reclamar la deuda a los fiadores cuando el deudor principal ha sido declarado en concurso de acreedores. En el mismo sentido en el Auto dictado en el Rollo 406/2013 de esta Sección 14 de la Audiencia Provincial de Barcelona, en su fundamento jurídico tercero, se declaró. "Con relación a esta cues-

tión el Auto de 31 de marzo de 2000 de la Sección 1ª de la Audiencia Provincial de Valencia, con cita de la Sentencia del Tribunal Supremo de fecha de 14 de junio de 2004, "el aval o fianza solidaria es una institución establecida para el derecho del acreedor al cobro de la deuda que no se refiere a la obligación subjetiva radicante en la persona del deudor, sino a la deuda misma que deberá pagarse por los avalistas en defecto del deudor principal, pues por el hecho de la suspensión de pagos de ésta, entran en función como sujetos pasivos de la obligación contraída y ni la inclusión del crédito avalado entre los que sean objeto del Convenio desvirtúan la relación resultante del aval"; y "si la acreedora demandante tenía o no posibilidad de cobrar su crédito a través de la suspensión de pagos... es indiferente a su derecho a reclamar su pago a los avalistas solidarios". La segunda de las Sentencias indicadas, recoge además la doctrina sentada por esta misma Sala anteriormente en las de 10 de junio de 1999, 24 de enero de 1989, 19 de diciembre de 1989, 16 de noviembre de 1991, 10 de abril de 1995, 8 de enero de 1997 y 4 de julio de 1988, termina diciendo que el mantener lo contrario a lo anteriormente dicho, "adolece de un error en base, consistente en prescindir de la propia finalidad de la fianza como garantía del acreedor frente a la insolvencia total o parcial del deudor (art. 1.830 C.c.) o frente a su mera liquidez cuando el fiador haya renunciado a la excusión o se haya obligado solidariamente con el deudor (art. 1.831 C.c.), supuesto este último que, como declara la Sentencia de 3 de octubre de 1985, el acreedor puede dirigir su acción contra el deudor que estime más conveniente, incluido el fiador", añadiendo la misma que "no debe olvidarse que si bien algún sector doctrinal mantiene la tesis de la liberación o reducción de la obligación del fiador cuando en los supuestos de concurso, quiebra y suspensión de pagos (hoy en día supuestos de concurso de acreedores) el deudor llegue a determinados acuerdos con sus acreedores, sobre todo si el acuerdo consiste en una reducción de la cuantía de los créditos con extinción por el exceso, las sentencias anteriormente citadas y transcritas demuestran que la jurisprudencia de esta Sala se inclina por el criterio, asimismo mantenido por prestigiosos autores de la doctrina científica, de que en tales casos subsiste la responsabilidad del fiador por la cuantía total de la obligación garantizada, tanto por persistir el interés del acreedor en la finalidad de garantía propia de la fianza como por no ser verdaderamente incardinable en el Convenio de la Suspensión de Pagos (hoy Convenio del Concurso de Acreedores) en concepto de transacción según el sentido del artículo 1.835 del Código Civil, ya que el Convenio se impone por una determinada mayoría de los acreedores y no tiene por qué eliminar la garantía adicional que, sobre el patrimonio del deudor, representa la fianza para aquel acreedor que, pese a quedar vinculado por el convenio frente al deudor común, no renuncie expresamente a dicha garantía frente a su fiador singular". En el mismo sentido se pronuncian el Auto de la Sección 1ª Audiencia Provincial de la Rioja de 28 de septiembre de 2007, el Auto de la Sección 9ª de la Audiencia Provincial de Madrid de 30 de abril de 2010 y el Auto de la Sección 1ª de la Audiencia Provincial de Barcelona de 14 de diciembre de 2010...».

H) Incumplimiento del acuerdo de refinanciación

Los arts. 62 y ss. TRLC 2020, herederos del apartado 11 de la D.A. 4.ª LC, regulan el tratamiento del incumplimiento de los Acuerdos de refinanciación, sin distinción de su clase correspondiente. Deberá instarse ante el Juez que hubiere homologado el Acuerdo o, en su defecto, el competente para declarar el concurso, tramitándose vía Incidente concursal con traslado al (i) deudor y a todos los (ii) «*acreedores que comparezcan*», comparecencia que sólo podrá realizarse una vez se halle en curso el Incidente concursal (art. 13.1 LEC), así como (iii) a los acreedores que hubieren comparecido en el incidente de impugnación de la homologación, para oponerse o adherirse a la solicitud de declaración de incumplimiento, siendo éstos conocidos por el denunciante de incumplimiento, lo que implica un traslado de la Demanda inicial, pero no como Demandados *stricto sensu*, pues su actitud puede ser de oposición o de coadyuvación a través del mecanismo de la intervención adhesiva del art. 14.1 LEC.

Al igual que sucede respecto de la Sentencia que resuelve la impugnación del Auto de homologación del Acuerdo de refinanciación, frente a la Sentencia dictada en el incidente concursal de declaración de incumplimiento del Acuerdo, no cabe Recurso de Apelación, lo que impide el acceso a la Casación *a contrario sensu* de lo dispuesto en el art. 477.2 LEC, habida cuenta de que son resoluciones que no son dictadas por las Audiencias Provinciales.

La declaración de incumplimiento del Acuerdo de refinanciación supone su resolución y la «*desaparición de los efectos sobre los créditos*», lo que facultará a los acreedores para instar la declaración de Concurso o iniciar las ejecuciones singulares (art. 629.2 TRLC 2020) que, en su día fueron sobreseídas o archivadas conforme a lo dispuesto en el art. 613.3 TRLC 2020; a estos efectos, cabe sugerir que, ínterin se llevan a cabo los trámites precedentes, esto es, desde la comunicación de inicio de las negociaciones hasta la resolución relativa a la declaración de incumplimiento, de prorrogar registralmente las anotaciones preventivas de embargo, pues, ante este supuesto de desaparición de la suspensión de ejecución, si no se prorrogasen, caducarían y habría que solicitar nueva anotación, con posible pérdida de rango registral. Especial atención merece el efecto que produce la declaración de incumplimiento sobre los créditos garantizados con derecho real de garantía, si se hubiere pactado en el Acuerdo, para el supuesto de incumplimiento, la extinción de las garantías preexistentes o de las constituidas en ejecución del Acuerdo (art. 629.3 TRLC 2020). Sinceramente no entiendo que alguna entidad financiera pacte esta situación, pues la lógica y la práctica, conllevan no alzar las garantías, precisamente, como preservación de las mismas para el supuesto de incumplimiento, ya para ejecutar las garantías reales, ora para hacer valer el crédito garantizado como privilegiado especial ante el concurso que derive de la declaración de incumplimiento; no obstante lo cual, el art. 630 TRLC 2020 establece una serie de reglas específicas para las ejecuciones posteriores a la declaración de incumplimiento del Acuerdo del pasivo financiero, circundantes en torno a la existencia de sobrante o faltante en la subasta que derive de dicha ejecución, remitiéndonos a su texto.

VIII. LOS PLANES DE REESTRUCTURACIÓN

1. SISTEMA DEL TEXTO REFUNDIDO DE LA LEY CONCURSAL POSTERIOR A LA LEY 16/2022, DE SU REFORMA

La LRTRLC ha supuesto un cambio radical en el sistema de refinanciación, reestructuración, reconducción o denominaciones similares de uso bancario, que, de un lado, permiten levantar la situación de morosidad del crédito, de otro, evitar que una hipotética segunda «caída» del deudor pueda mejorar la protección del crédito y, de otro, aligerar la propia deuda (reducción de capital o capital más intereses vencidos), sus nuevos plazos (alargamiento de los vencimientos ordinarios con plazo o plazos de espera iniciales), con menores costes del aplazamiento (modificación de los tipos de interés, reducción de comisiones y demás costos financieros), pues, salvo la mención testimonial de la Exposición de motivos, sólo el art. 283.2 TRLC, cuando relaciona las personas especialmente relacionadas con la persona jurídica en concurso, alude a los acuerdos de refinanciación, excluyéndolos de tal consideración; no obstante lo cual, la D.A. 9.ª LRTRLC, cuando establece que «*las referencias normativas a los acuerdos de refinanciación y, en su caso, a los acuerdos extrajudiciales de pagos, han de entenderse realizadas a los planes de reestructuración… y tratándose de microempresas, a los planes de continuación…*», por lo que, todo cuanto acabamos de exponer en relación con el sistema del TRLC 2020 relativo a la refinanciación deberá ser redirigido como si de planes de reestructuración se tratase y, como interpretación lata, éstos, se beneficiarán en la medida que corresponda, con los sistemas de refinanciación o acuerdos extrajudiciales de pagos.

Por tanto, tras la reforma del TRLC lo que primero hay que plantearse es si una refinanciación de deuda puede ser considerada como un plan de reestructuración de los que regula el art. 614 y ss. TRLC, para lo cual, debemos realizar una interpretación lata o extensa de la consideración del término «pasivo», dentro del texto de la norma: «*Se considerarán planes de reestructuración los que tengan por objeto una modificación de la composición, de las condiciones o de la estructura… del pasivo del deudor… así como cualquier cambio operativo necesario…*». Ya dijimos precedentemente que el Pasivo es lo que se debe, tomando su denominación remota del verbo latino «*patior, -eris, pati, passus sum*», lo que se padece, la carga económica y, así, contablemente, se define como las deudas y las obligaciones con las que una empresa financia su actividad; desde el punto de vista jurídico, el Código de comercio lo define en su art. 35 como el conjunto de obligaciones (pasivo circulante o corriente) y, del mismo modo lo define el art. 35 de la Ley 16/2007, de 4 de julio, de reforma y adaptación de la legislación mercantil en materia contable para su armonización internacional con base en la normativa de la Unión Europea.

En este sentido, no cabe ninguna duda de que un acuerdo que trata de refinanciar, reconducir o reestructurar una deuda entera, en principio, debe quedar dentro de lo que se denomina plan de reestructuración que introduce, como nuevo sistema que la LRTRLC crea por disposición de la Directiva (UE) 2019/1023 sobre marcos de reestructuración preventiva, exoneración de deudas e inhabilitaciones, y sobre medidas para aumentar la eficiencia de los procedimientos de reestructuración, insolvencia y exoneración de deudas; si bien esta directiva, ni la TRLC que la traspone aluden, como el texto precedente a la refinanciación, no es menos cierto que el art. 2.1.1) de la Directiva define reestructuración como «*aquellas medidas destinadas a la reestructuración de la empresa del deudor que incluyen la modificación de la composición, las condiciones o la estructura de los activos y del pasivo o cualquier otra parte de la estructura del capital del deudor, como las ventas de activos o de partes de la empresa… así como cualquier cambio operativo necesario…*». Por tanto, cabe concluir que «refinanciar» y «reestructurar», sustantivamente, es lo mismo, ni más ni menos, cosa bien distinta es que se redefina estructuralmente el sistema de «refinanciación» del TRLC 2020, para exigir otras composiciones de las mayorías reestructurando, esta vez sí, los grupos de acreedores, denominados «clases» no necesariamente acorde con la calificación que concursalmente les correspondería, sino, *grosso modo,* por criterios finalistas, en tanto en cuanto resulten de mayor utilidad o menor. Así lo fundamenta la siguiente resolución:

S.A.P. Barcelona —15.ª— n.º 1022/2024, de 16 de octubre

«5.29. La finalidad de agrupar por clases los créditos reestructurados es que los acreedores voten el plan, tal y como establece el art. 622 TRLC, por ello esas clases debe de obedecer a intereses comunes de todos los que la forman, avalados por criterios objetivos, tal y como establece el art. 623.1. TRLC. Es decir, esos intereses comunes han de ser perceptibles por un observador externo al conflicto y sin interés alguno en él. 5.30. La regla general para hacer estos grupos es la clasificación concursal. Por ello el art. 623.2 TRLC establece que "se considera que existe interés común entre los créditos de igual rango determinado por el orden de pago en el concurso de acreedores". Por lo tanto, la clasificación de los créditos según su común prelación concursal es un criterio legal para definir los intereses comunes. Tendrán intereses comunes los acreedores que tengan el mismo rango concursal (privilegiado, ordinario o subordinado). Ello supone que el interés común a todos los acreedores es cobrar sus créditos, ahora bien, sus posibilidades de cobrar su crédito varían en función de su prelación. No es lo mismo la expectativa de cobro de los créditos con privilegio especial que la de los acreedores subordinados. Por ello, los acreedores se agrupan en función de su rango concursal que a su vez define sus expectativas de cobro. 5.31. Esta es la regla general que admite sus excepciones, como prevé el art. 623.3 TRLC, que dispone que "a su vez, los créditos de un mismo rango concursal podrán separarse en distintas clases cuando haya razones suficientes que lo justifiquen". 5.32. En nuestra opinión, de dichas normas no se puede extraer que haya que aplicar un criterio de flexibilidad en la formación de clases, criterio que vendría justificado por la finalidad de aprobación el plan y garantizar la viabilidad de la empresa. La viabilidad de la empresa también depende, entre otras cosas, de la reestructuración de la deuda cuyos titulares son sus acreedores. Es cierto que el objetivo de la norma es facilitar la viabilidad de las empresas y superar vetos injustificables por parte de acreedores abusivos, pero para ello hay que contar con el consentimiento de los acreedores o al menos con una parte relevante de los mismos. 5.33. Pero es que el art. 623.2 TRLC contiene una regla general aplicable para el caso de no darse las excepciones que el párrafo siguiente prevé. La separación en diferentes clases de los acreedores del mismo rango exige que se pueda identificar un interés común entre ellos y diferente del de aquellos con los que comparte rango, que, a su vez, responda a criterios objetivos.»

Véase que la modificación que la Ley 17/2014, de 30 de septiembre, por la que se adoptan medidas urgentes en materia de refinanciación y reestructuración de deuda empresarial introdujo el art. 71 bis en la LC, al que nos hemos referido anteriormente, conforme al cual se pretendía la ampliación de un crédito o la modificación o extinción de obligaciones, prorrogando su vencimiento o estableciendo otras obligaciones; la Disposición adicional primera de la precitada Ley 17/2014, asimilaba las operaciones refinanciadas a las reestructuradas realizadas conforme a un acuerdo de refinanciación; de otro lado, la Ley 9/2012, de 14 de noviembre, de reestructuración y resolución de entidades de crédito, define el término reestructuración como «*El procedimiento aplicable... cuando... requiera apoyo financiero público para garantizar su viabilidad...*», por lo que, sin perjuicio de que se trata del sistema público de rescate del sistema financiero, no desconsidera el hecho de que una refinanciación bien puede ser considerado como un sistema de reestructuración, máxime, por cuanto que el plan de reestructuración del art. 14 de dicha Ley 9/2012, no prevé la entrada en el capital social de la entidad financiera, así como tampoco los instrumentos del mismo (art. 15) ni su contenido (art. 16), pues el incumplimiento del plan conlleva la venta de la entidad reestructurada a terceros o parte de sus activos, pero no la entrada en el capital social. En cualquier caso, el Legislador, al promulgar la LRTRLC ha pretendido diferenciar nominalmente los sistemas de «reconducción» de deudas, singularizándolos desde 2020 a 2022 para los acuerdos de refinanciación y desde 2022 en adelante, para los planes de reestructuración, estableciendo diferencias sistemáticas para cada uno de ellos.

Véase, no obstante, que el art. 583.1 TRLC dispone que «*Cualquier persona natural... podrá... solicitar directamente la homologación de un plan de reestructuración...*». Si el Legislador únicamente hubiere pensado en que la reestructuración solo alude a un cambio accionarial o estructural de la persona jurídica, así lo habría realizado, pero, obviamente, esto no cabe en la persona física, lo cual, a nuestro entender, hace aún más válida, si cabe, la extensión de la reestructuración a la refinanciación de deudas.

Por tanto, consideramos que la refinanciación de las deudas forma parte de un proceso de reestructuración de la persona jurídica declarada en concurso; el hecho de que la LRTRLC haya eliminado este sistema, prefiriendo otro novedoso y acorde con la Directiva comunitaria europea, no es óbice para respetar las reglas de los arts. 596 y ss. y cc. TRLC 2020, anterior a la LRTRLC, antes analizadas.

A) De la comunicación de la apertura de negociaciones

El art. 585 TRLC, antes art. 583 TRLC 2020 y más antes art. 5 bis LC, ha hecho desparecer la efímera figura del Mediador Concursal, la que no llegó a cumplir su mayoría de edad, entre otras razones, porque nunca se tuvo la confianza en que un Mediador Concursal fuere fiable, por lo que tampoco se le dieron facultades para reestructurar de deudas, ni para nada más que conciliar; hoy ha quedado como un mero residuo testimonial en el art. 702 TRLC y en la Disposición adicional segunda TRLC o, más bien dicho, ornamental, pues si la redacción anterior del procedimiento de Mediación concursal se había convertido en la práctica en la realización de tareas burocráticas y automáticas por el Mediador Concursal realizaba, mal remunerado, o no remunerado, que no conducían a más acuerdo que el de declarar el concurso consecutivo del deudor, la redacción actual tecnifica tanto y reduce tanto el *tempo* que, bajando de la nube a la tierra, lo hacen totalmente inservible.

Los deudores que se hallen en cualquiera de los tres (3) tipos de insolvencia pueden (facultativo, no obligatorio) comunicar al Juzgado competente para la declaración de su concurso (arts. 44 a 46 TRLC) la «*existencia*», que no la «*apertura*» como expresaba en anterior art. 583.1 TRLC, de negociaciones con sus acreedores o la intención de iniciarlas de inmediato, lo que implica que puede realizarse la comunicación de forma previa al inicio, inicial o posterior al inicio de las negociaciones, incluso una vez declarado el concurso de acreedores, salvo el deudor en estado de insolvencia actual, el que no podrá realizarlo hasta el momento en que se dicte la resolución teniéndole en estado de concurso necesario, lo cual implica que los insolventes actuales pueden comunicar la existencia de las negociaciones en el propio concurso voluntario, incluso en el residuo del consecutivo. La comunicación interina al concurso toma sentido por la finalidad de la comunicación, la de «*alcanzar un plan de reestructuración*», un plan de «salvación» de la empresa, puestos de trabajo y sistema de la Seguridad Social.

La comunicación puede realizarse de forma conjunta según dispone el art. 587 TRLC, lo cual implica que, no solo pueden presentarla sociedades que constituyan grupo en los términos del art. 42 C.com., sino, incluso, personas con responsabilidades solidarias, incluso mancomunadas, en las que los acreedores sean, aproximada o mayoritariamente los mismos, pues un principio de coherencia práctica conlleva a considerarlo de este modo que es como desde siempre se ha venido realizando. En este supuesto, la competencia judicial vendría determinada (art. 587.3 TRLC) por (i) el del juzgado donde tenga el centro de intereses principales el deudor «*con mayor pasivo*» para el supuesto de personas físicas o mixto, esto es, la comunicación realizada conjuntamente por personas físicas y jurídicas, caso habitual de deuda de la sociedad afianzada por su Administrador o sus socios y, (ii) para el supuesto de grupos de sociedades, el de la sociedad dominante o, en caso de no estar en la comunicación, la de la sociedad de mayor pasivo.

Es importante destacar que, de conformidad con lo dispuesto en el art. 590.3 TRLC, los acreedores pueden oponerse a la comunicación interponiendo recurso de revisión, en la forma prevista por el art. 454 bis LEC, pero, únicamente, según las siguientes causas:

a) Que el deudor hubiese presentado una comunicación del art. 585 TRLC dentro del año anterior, debemos entender, del año anterior al de la comunicación cuya resolución se recurre por el acreedor, por mera interpretación gramatical, como así dispone el art. 609 TRLC, que lo establece, no ya como causa de oposición, sino como prohibición absoluta, lo que implica que el Letrado o Letrada de la Administración de Justicia debe realizar las comprobaciones telemáticas previas para que, antes de admitir a trámite la (segunda) comunicación, compruebe si hubo otra presentada anteriormente en el año precedente.

b) Que los bienes o derechos contra los que se siguen ejecuciones o frente a los que se pretende iniciarlas no son necesarios para la continuidad de la actividad empresarial o profesional del deudor, con lo que se persigue evitar la paralización de dichas ejecuciones derivada de lo dispuesto en los arts. 601 a 606 TRLC, sacando los bienes y derechos innecesarios de la masa activa (art. 145 y 146 TRLC), paralización que, en el supuesto de contratos con obligaciones recíprocas pendientes de vencimiento, necesarios para la continuidad de la actividad empresarial o profesional del deudor, (art. 598.2 TRLC), la facultad de suspenderlos por resolver anticipadamente el contrato por cumplimientos anteriores a la comunicación, no podrán ejercitarse mientras se mantengan los efectos de la comunicación sobre las acciones y los procedimientos ejecutivos.

c) Que los efectos de la comunicación no deben extenderse a determinadas garantías otorgadas por terceros, a modo de mejor ejemplo, la hipoteca por débito ajeno o los afianzamientos o coafianzamientos solidarios, con la finalidad de mantener incólume la parte de deuda quitada o esperada ante los fiadores o codeudores del deudor.

d) Igualmente, puede interponerse la declinatoria por falta de competencia territorial o internacional (art. 592 TRLC), bien desde la inscripción de la comunicación en el Registro Público Concursal, o «*desde que hubiere tenido conocimiento de esa comunicación*» el acreedor, lo cual puede dilatar *sine die*[131] la posibilidad de impugnar la resolución, lo que demuestra que la reserva de publicación no es un instrumento útil desde el punto de vista de la justicia material y formal.

Sin embargo, no está previsto que el acreedor pueda impugnar la resolución que tenga por notificadas las conversaciones con los acreedores por el motivo de hallarse el deudor en estado de insolvencia actual, en cuanto a cuestionar el momento en el que se comunicó, en tanto que exceda del

131 Sin día (de finalización).

momento en que se dicte la resolución que declara el concurso necesario *ex* art. 585.2 TRLC. Se trata, pues, de un *numerus clausus*[132] de causas, que no admite la inclusión de otras distintas, salvo las propias de la declaración de una posible nulidad de actuaciones (art. 228 LEC), pero esta causa es meramente procesal o adjetiva y no sustantiva como lo son aquéllas.

B) Efectos de la comunicación del art. 585 TRLC

a) Sobre el deudor no tiene ningún efecto sobre sus facultades de administración y disposición sobre sus bienes y derechos (art. 594.1 TRLC), ni siquiera los produce el nombramiento del experto en reestructuración al que alude el art. 672, ss. y cc. TRLC, razón obvia, pues la comunicación de estar en negociación con los acreedores, como tal fase preconcursal, no implica estar en concurso y, por tanto, no es precisa la intervención o suspensión de sus facultades, no solo porque se trata de una medida para evitar su declaración de concurso, para lo cual se requieren las facultades plenas, sino, porque, además, no interviene profesional independiente alguno que pueda asumirlas o limitarlas, ni siquiera cuando actuaba el Mediador Concursal tenía facultades para ello.

b) Sobre los créditos a plazo, según dispone el art. 595 TRLC dispone que tampoco les afecta la comunicación; cosa bien distinta es que el vencimiento anticipado se hubiera producido antes de la comunicación, en cuyo caso, tampoco podrían rehabilitarse conforme faculta al Administrador Concursal el art. 166 TRLC, ni siquiera por pacto expreso entre el deudor y el acreedor concreto, por razón a lo dispuesto en el art. 595.2 TRLC, por razón a los compromisos obligacionales o *covenants* a los que aludimos al escribir sobre la acción de rescisión. El Legislador lo que pretende, a nuestro entender, es la consideración del principio de la *par conditio creditorum* llevada a todos sus extremos, eliminando privilegios contractuales que no son comunes entre todos los acreedores, financieros o comerciales, por ejemplo. Sí que podrían permitirse *ex novo*[133] por vía de la novación modificativa, pero siendo pactado con el resto de acreedores, en evitación,

---

132 Número cerrado.

133 Como nuevo.

precisamente, de que aquel acreedor que consiguió su vencimiento anticipado pueda obtener algún privilegio ejecutorio.

c) Respecto de los afianzamientos reales o personales prestados por terceros al deudor la comunicación tampoco empece el derecho del acreedor a iniciar su reclamación judicial por su crédito vencido, natural o anticipadamente, así como tampoco supone la comunicación un hipotético derecho de excusión de bienes del art. 1.830 C.c., pues, el propio art. 1.831.3.º C.c. ya dispone que aquél no existe en el caso de quiebra o concurso del deudor. Comoquiera que el fiador del fiador también goza del beneficio de excusión (art. 1.836 C.c.) habría que considerar si la comunicación le afecta a aquél o no. En este sentido y, habida cuenta de que el texto del art. 596 TRLC alude a las garantías de forma genérica, la garantía que presta un fiador del fiador del deudor sigue siendo una garantía, pues, la financiación no se habría concedido sin ambos fiadores. No se trata de un supuesto extraordinario, pues, en algunas operaciones financieras, afianza una persona física y a ésta, una jurídica, por ejemplo, la patrimonial.

d) Por contra, la comunicación produce el efecto de suspender la ejecución, tanto de las garantías personales como las reales, pero solo las «*prestadas por cualquier otra sociedad del grupo no incluida en la comunicación cuando así lo haya solicitado la sociedad deudora acreditando que la ejecución de la garantía pueda causar la insolvencia del garante y de la propia deudora.*». En cuanto a la consideración de la insolvencia de la propia (sociedad) deudora, entendemos que es una pretensión fáctica fallida, pues, para realizar la comunicación del art. 585 TRLC, uno de sus requisitos, por no decir, el único, es encontrarse en estado de insolvencia (art. 584 TRLC) probable, inminente o actual, pero sigue siendo insolvencia cualquiera de estas tres. Sí que puede entenderse que tal ejecución pueda causar la insolvencia del fiador y que, por tanto, pueda solicitarse del Juez del concurso su suspensión, pero, lo que no puede entenderse es que esta suspensión de las ejecuciones solo sea dable respecto de personas jurídicas que constituyen grupo de empresas, concepto que, a pesar del texto, debemos entender que es el grupo vertical o de dominio del art. 42 C.com., pues no parece que el precepto haya querido incluir en el concepto de «grupo» a los de coordinación u horizontales, ni a los que no están obligados a consolidar cuentas (art. 43 C.com.), lo cual es un privilegio innecesario para esta tipología de deudores (Grupo vertical) pues, además de lo dicho, en la práctica bien puede darse el supuesto, como se da, de que la insolvencia o iliquidez de una sociedad filial bien puede ser enjugada por los beneficios de la matriz o de la patrimonial y, si no consolidan balances, contablemente, no puede generar un perjuicio a la sociedad deudora, salvo que aquélla fuese acreedora de ésta, pero se trata de un hecho común u obvio, propio de cualquier concurso, que, a nuestro entender, no requiere ser dado ningún beneficio de ejecución paralela.

e) No afecta a los contratos con obligaciones recíprocas pendientes de cumplimiento (sinalagmáticos), según dispone el art. 597 TRLC, ni por puestas las cláusulas contractuales que prevean efectos contractuales anticipatorios de las obligaciones recíprocas, ni por la comunicación, su admisión a trámite, la solicitud de suspensión general o singular de acciones y procedimientos ejecutivos, o similares. Se trata, pues, de una medida de protección al deudor, mientras negocia con sus acreedores un plan de pagos o de reestructuración, en base a los principios de buena fe que deben planear sobre estas actuaciones extrajudiciales y preconcursales, evitando actuaciones coactivas como son, por ejemplo, los vencimientos anticipados de las obligaciones como consecuencia de sentarse a hablar en una mesa de negociaciones.

f) El art. 600 TRLC regula la prohibición de iniciar ejecuciones, tanto judiciales como extrajudiciales (notariales), pero sobre bienes o derechos «*necesarios para la continuidad de la actividad empresarial o profesional del deudor*». Esta especificación ha supuesto una innovación respecto de lo dispuesto por el antiguo art. 588 TRLC (anterior a la LRTRLC), que preveía dicha paralización, pero sobre la totalidad de los bienes y derechos que integran el patrimonio del deudor. Con la nueva regulación se deja vía libre para realizar ejecuciones sobre bienes «innecesarios» para la actividad, como podría ser la vivienda habitual de la persona física deudora. Esta prohibición lo es, como su antecedente, por los tres (3) meses que van desde la presentación de la comunicación del art. 583 TRLC.

g) Respecto de las ejecuciones ya iniciadas quedarán en suspenso (art. 601 a 604 TRLC) cualesquiera de ellas, sobre bienes necesarios o no, pero siempre y cuando «*resulte necesario para asegurar el buen fin de las negociaciones*», lo cual es obvio, pues alguno de los bienes o derechos innecesarios para la actividad pueden servir de garantía para los aplazamientos que pudieren convenirse y, si continuase la ejecución sobre ese bien, innecesario, fracasaría o perecería la negociación. Esta paralización también durará tres (3) meses, salvo que el deudor haya solicitado la prórroga, la cual viene regulada por el art. 607 TRLC y no afecta en ningún caso a las ejecuciones de los acreedores de Derecho público (art. 605 TRLC) ni a los acreedores a los que no afecta el plan de reestructuración (arts. 616 y 617 TRLC).

C) De la prórroga de los efectos de la comunicación

Ya hemos indicado que el deudor puede solicitar una prórroga del plazo de tres (3) meses de negociación y paralización de algunas ejecuciones según disponía el art. 604.2 TRLC como salvedad al precitado espacio temporal. Esta prórroga, conforme a lo dispuesto en el art. 607 TRLC, solo puede solicitarse del Juez que vaya a conocer del concurso, dentro de dichos tres (3) meses, antes de que finalicen, lo cual pueden realizar, tanto (i) el propio deudor como (ii) los acreedores que representen más del cincuenta por ciento (50 %) del pasivo que pueda resultar afectado por el plan de reestructuración al tiempo de solicitar la propia prórroga, no al tiempo de la comunicación del inicio de las negociaciones, sino, al momento en que se pide prorrogar el plazo; en dicho cómputo de la mitad del pasivo hay que descontar los créditos calificables como subordinados según el art. 281 TRLC, es decir, que el Legislador que ve que dentro de los tres (3) meses no se puede alcanzar el acuerdo, reduce la legitimación para solicitar la prórroga limitándola a los créditos ordinarios, a su mitad, como tratando de favorecer a los acreedores que son más perjudicados por el concurso, a los, llamémosles, «acreedores puros», en tanto que no tienen más garantías y no son tardíos o sancionadores, llamémosles, «acreedores impuros».

La prórroga lo será por otros tres (3) meses más y sucesivos al período prorrogado y deberá ir acompañada por un informe favorable del experto en reestructuración, si se hubiera nombrado en los términos previstos en el art. 672 TRLC.

Si la prórroga la fuese a solicitar el deudor deberá acompañar un acta levantada en una reunión al efecto, firmada por el mismo porcentaje de acreedores antedicho, incluso, de una declaración responsable por el mismo por la que manifieste «*que ha obtenido la conformidad de los anteriores*», más el informe del experto, si hubiere sido nombrado; en la declaración debe hacerse constar expresamente (i) el estado de las negociaciones, (ii) las cuestiones pendientes de acuerdo y (iii) la identidad de los acreedores que hayan manifestado expresamente oposición a la solicitud de la prórroga o no se hubieren pronunciado, pero nada dice de la identidad de los acreedores que hayan manifestado su conformidad, siquiera fuere verbal o pendiente de ratificación por el poderdante, órgano o Administrador social correspondiente, lo cual debería ser, a nuestro entender, más importante su mención que la de los opositores o silenciosos, pues éstos pueden cambiar su idea y adherirse al acuerdo en la prórroga, mientras que si se relacionan menos acreedores afirmativos que los que puedan constituir el *quorum* difícilmente se puede conceder la prórroga.

Concedida la prórroga por el tribunal del concurso, los efectos de la comunicación también se prorrogan, puede ser impugnada la resolución que la conceda mediante la interposición de un recurso de reposición, sin motivos *clausus* pero que, en principio, sólo parece que tengan que basarse en razones procedimentales del art. 607 TRLC, sin entrar en valoraciones sobre el fondo, pues lo que se impugna es la prórroga en sí misma, pero no la propuesta de reestructuración. La denegación de la prórroga no es susceptible de recurso alguno, disposición que redunda en lo dicho, en la necesidad del cumplimiento de los requisitos formales para su concesión.

El art. 608 TRLC regula la posibilidad de dejar sin efecto la prórroga, que deberá ser acordada, igualmente como su concesión, por el Juez del concurso (i) a solicitud del deudor, (ii) del experto en reestructuración designado, (iii) los acreedores que representen el cuarenta (40 %) por ciento del pasivo, en el que no se incluyen ni los no afectables ni los subordinados; no dice el Legislador si entre los acreedores de este porcentaje deben hallarse aquéllos que solicitaron la prórroga (50 % del pasivo) o, si, por el contrario, deben componerlo los que no la solicitaron; tal es la redacción que, al no distinguir, debe ser irrelevante la petición de prórroga o no; por último (iii) cualquier acreedor podrá solicitar ser excluido de los efectos de la prórroga si le pudiere causar un perjuicio injustificado, como su insolvencia «actual» o una disminución significativa del valor de la garantía (prenda, hipoteca, personal) que tuviera su crédito, finalidad que debe entenderse para poder ejecutar su título frente a sus fiadores reales o personales; también puede hacerlo si las ejecuciones suspendidas o paralizadas sólo afectara a los bienes o derechos necesarios para la actividad y, en el momento de solicitar su exclusión, estos bienes y derechos dejaren de ser necesarios, lo cual puede suceder por traslado de la actividad a otro local, por ejemplo.

D) Concurrencia de la comunicación del art. 583 TRLC con la solicitud de concurso

El art. 610 TRLC dispone que si se presenta una solicitud de concurso no voluntario hallándose en curso la comunicación del art. 583 TRLC, será repartida al Juzgado receptor de la comunicación, pero quedará en suspenso su tramitación durante el plazo de tres (3) meses de la comunicación previstos en los arts. 600 y ss. TRLC o de su prórroga conforme al art. 607 TRLC; lo mismo sucederá respecto de las solicitudes de declaración de concurso presentadas antes de efectuada la comunicación, aún no admitidas a trámite, es decir que las solicitudes de declaración de concurso presentadas antes o después de la comunicación, tanto por el deudor como por cualquier otro legitimado (art. 3 TRLC) y no admitidas a trámite aún, quedará en suspenso su admisión, lo que no sucederá si el concurso ya hubiere sido declarado.

Avanzando más en el tiempo de la suspensión, el art. 610.3 TRLC dispone que las solicitudes de declaración de concurso no voluntario que hayan sido suspendidas, por hallarse pendientes de admisión, pendientes de dictarse la resolución (Auto a que refiere el art. 14 TRLC) serán repartidas al Juzgado correspondiente, lo cual implica, a tenor de lo dispuesto en el apartado 1 de este precepto, la conversión de esta operativa de suspensión y, con ello, la realización de un «malabarismo jurídico» pues, presentada la solicitud y repartida a la oficina judicial el mismo día de la presentación o al siguiente hábil, y, en el mismo día de recepción, el Juez del concurso debe examinar la solicitud y, salvo que mande subsanar o denegar, deberá declarar el concurso. Esta operativa, ya sabemos que en la realidad práctica es de imposible cumplimiento.

Con todo, puestas así las cosas, el art. 610.3 TRLC dispone que solo será proveída la declaración de concurso de las solicitudes suspendidas y de las que se presenten con posterioridad a la expiración del plazo de tres (3) meses o de su prórroga, transcurrido un (1) mes desde la solicitud de declaración de concurso, para lo cual, se permite al propio deudor presentar su propia solicitud de concurso, entendiéndose que ha fracasado su propuesta de plan de reestructuración, evitando con ello la declaración de concurso necesario, pues se le da preferencia frente a las presentadas por los restantes facultados para interponer el concurso necesario, cuyas solicitudes, en tal caso, quedarán como una mera comparecencia en los autos instados por el deudor.

Así pues, el Legislador, a modo de cuanto realizó durante el período de la COVID-19, concede un «oxígeno jurídico» al deudor, en este caso, de hasta siete (7) meses, para poder salvarse de las consecuencias de un concurso necesario, a lo cual, le obliga el art. 611 TRLC. A este respecto, al de la obligación de declararse en concurso el deudor cuyo plan de reestructuración hubiere fracasado, hay que decir que sólo constituye tal deber u obligación si «*no se encontrara en estado de insolvencia actual*», comoquiera que lo contrario a la insolvencia actual, como hemos visto, es la insolvencia inminente y la probable, hay que entender que en estos últimos casos no existe deber de solicitar la declaración de concurso, lo que parece dar a entender, por su carácter voluntario, la posibilidad de explorar otras vías de consuno con sus acreedores, incluso la obtención de avales o garantías adicionales que levanten la situación de insolvencia.

También quedaría, no obstante, en suspenso la solicitud de declaración de concurso por parte del deudor, pero solo a instancias (i) del experto en reestructuración (art. 612 TRLC), para el supuesto de que éste hubiera sido nombrado o (ii) los acreedores que representen el cincuenta (50 %) por ciento del pasivo afectable por el plan, entre los que se encuentran, esta vez sí, los acreedores subordinables. Para conseguir el experto o los acreedores esta suspensión de la declaración de concurso se requiere que éstos, y no aquél, presente con su solicitud un plan de reestructuración, entendemos que distinto del que fracasó a propuesta del deudor, plan que, como *plus*, debe tener la probabilidad de ser aprobado, lo cual implica un juicio apriorístico subjetivo, desde el lado de los acreedores, que bien puede ser rechazado por el deudor, como, sin duda, ya lo ha debido de haber rechazado en la fase previa. Resulta sorprendente que al experto en reestructuraciones —si hubiere sido nombrado— no se le exija la presentación de este nuevo plan, pues, precisa y apriorísticamente, dada su experiencia en la materia y su teórica independencia, sería la persona más adecuada para tratar de actuar a modo de mediador o árbitro, o simple experticia que pueda dar al Tribunal la fiabilidad adecuada para su aprobación.

Si no se hubiere presentado la solicitud de homologación del plan de reestructuración, se declarará el concurso transcurrido un mes desde que se solicitó conforme al art. 612.2 TRLC.

Todo esto no se aplica ni al deudor persona natural, ni a las sociedades cuyos socios o algunos de ellos sean legalmente responsables de las deudas sociales (art. 612.3 TRLC), entre los que encontramos los siguientes:

a) Los socios de las Agrupaciones de Interés Económico responden personal, solidaria y subsidiariamente entre sí por las de la Agrupación conforme al art. 5 de la Ley 12/1991, de 29 de abril, de Agrupaciones de Interés Económico.

b) Los encargados de la gestión social que antes de dar inicio a las operaciones sociales contravinieren las formalidades del art. 119 C.com. (hacer constar en escritura pública los pactos y condiciones para su inscripción en el Registro Mercantil) responden solidariamente con quienes hubieren contratado.

c) En cuanto a la sociedad colectiva responden personal y solidariamente conforme a lo dispuesto en el art. 127 C.com. (i) el no socio que hubiere incluido su nombre en la razón social (ii) los socios gestores y (iii) los no gestores, siempre y cuando haya firmado persona autorizada; los (iv) socios no autorizados a firmar (art. 128 C.com.), (v) los socios capitalistas, pero proporcionalmente (art. 141 C.com.), (vi) los socios colectivos previa excusión de bienes de la sociedad (art. 237 C.com.); por último, (vii) los socios industriales sólo responden por pacto expreso (art. 141 C.com.), por lo que este supuesto no entraría en el art. 612.3 TRLC, dado que su responsabilidad no es por ley (*ex lege*), sino por contrato (*ex contractu).*

d) En la sociedad en comandita o comanditaria responden los socios colectivos personal y solidariamente (art. 148 C.com.), previa excusión del haber social.

e) Los socios comanditaros del a sociedad en comandita sólo responden si figura su nombre en la razón social (art. 147 C.com.), pero, si su nombre no figura, responden limitadamente a los fondos que pusieren o se obligaren a poner (art. 148.3 C.com.).

f) En la sociedad en comandita por acciones responden los socios colectivos y, en su caso, el Administrador, en los mismos términos que en las sociedades anónimas (art. 252 LSC).

g) En cuanto a los cuentapartícipes, responde el comerciante principal (art. 241 C.com.), pero no el partícipe (art. 242 C.com.). Recuérdese que el contrato asociativo de cuentas en participación (arts. 239 a 243 C.com.) admite el pacto verbal, no necesariamente escrito y suele utilizarse en supuestos de promoción de construcciones inmobiliarias, entre un Arquitecto y el Constructor o Maestro de obra, que realizan diversas promociones y van participando de ingresos y gastos en proporción.

h) Los socios que, por razón a un acuerdo de fusión o extinción societaria pasen a responder ilimitadamente de las deudas sociales (art. 41 Ley 3/2009, de 3 de abril, sobre modificaciones estructurales de las sociedades mercantiles); en el supuesto de escisión total, cuando un elemento del pasivo no sea atribuido a alguna sociedad beneficiaria en el proyecto de escisión y su interpretación no permita decidir sobre su reparto, responden solidariamente todas las sociedades beneficiarias (art. 75.2 Ley 3/2009).

i) Del mismo modo responden las sociedades beneficiarias de la escisión o de la cesión por las obligaciones asumidas e incumplidas (arts. 80 y 91 Ley 3/2009). A este respecto, cabe citar la **S.T.S. —1.ª— n.º 621/2022, de 26 de septiembre**

> «... 6. El art. 80 LME establece: "De las obligaciones asumidas por una sociedad beneficiaria que resulten incumplidas responderán solidariamente las demás sociedades beneficiarias hasta el importe del activo neto atribuido en la escisión a cada una de ellas y, si subsistiera, la propia sociedad escindida por la totalidad de la obligación". 7. En la sentencia 8/2015, de 3 de febrero, en la que en el caso objeto del litigio se había producido una escisión parcial con pervivencia de la sociedad escindida, declaramos: "[...] la responsabilidad de la sociedad escindida, respecto de las deudas anteriores a la escisión y traspasadas a una sociedad beneficiaria, será subsidiaria, solidaria e ilimitada. Pero la subsidiariedad no exige que, previamente a la reclamación frente a la sociedad escindida, se haga excusión de todos los bienes de la beneficiaria, ni siquiera que conste que se le hubiera requerido de pago, sino que tan sólo precisa que se haya producido el incumplimiento de la obligación. En nuestro caso, queda acreditado que antes de la presentación de la demanda se había producido el incumplimiento de la obligación de pago de la deuda, razón por la cual, sin necesidad de que previamente se hubiera dirigido la acción frente a la beneficiaria, la sociedad escindida devino responsable solidaria e ilimitadamente"...»

j) Los miembros de las Agrupaciones y Uniones Temporales de Empresas y Sociedades de Desarrollo Industrial Regional responden frente a terceros por los actos y operaciones en beneficio de la agrupación, unión o sociedad, solidaria e ilimitadamente (art. octavo Ley 18/1982, de 26 de mayo).

k) En las Sociedades Agrarias de Transformación los socios responden subsidiaria, mancomunada e ilimitadamente de las deudas sociales, salvo disposición estatutaria que la hubiera limitado (art. primero apartado Dos del Real Decreto 1.776/1981, de 3 de agosto por el que se aprueba el Estatuto que regula las sociedades agrarias de transformación.

Por último, mientras estén produciéndose los efectos de la comunicación, prórroga en su caso, no será de aplicación la causa de disolución del art. 363.1.d) LSC, esto es, por pérdidas que dejen reducido el patrimonio neto a una cantidad inferior a la mitad del capital social.

E) Sobre los planes de reestructuración

Los planes de reestructuración han sido introducidos por la LRTRLC y comprende su regulación el título III del Libro segundo del derecho preconcursal, artículos 614 a 684 TRLC, viniendo definidos por el propio art. 614 TRLC como «*los que tengan por objeto la modificación de la composición, de las condiciones o la estructura del activo y del pasivo del deudor, o de sus fondos propios, incluidas las transmisiones de activos, unidades productiva o de la totalidad de la empresa en funcionamiento, así como cualquier cambio operativo necesario, o una combinación de estos elementos.*».

El plan de reestructuración se halla dentro de lo que podemos denominar Derecho preconcursal que guarda las siguientes finalidades: (i) aligerar al deudor de la carga que le suponen sus deudas, al acreedor, (ii) aumentar sus posibilidades o porcentajes de recuperación de sus créditos, fallidos o no, (iii) distribuyendo de forma más o menos equitativa dicha reducción entre las distintas clases o tipología de acreedores, (iv) «expulsar» del sistema económico a aquellas empresas inviables; (v) evitar largos y tediosos procedimientos concursales de los que nada se va a obtener a pesar del arduo y nunca bien recompensado trabajo de la Administración Concursal y, (vi) por supuesto, quitar esa carga a los Juzgados concursales.

Para ello se articula en las precitadas normas un procedimiento, insistimos, preconcursal que requiere, en primer lugar, de la aprobación del plan a través de un consenso con los acreedores y según ciertas reglas de composición de mayorías, según la mayor o menor repercusión económica para la viabilidad del deudor y menor sacrificio para los acreedores y, una vez aprobado, para que despliegue sus plenos efectos, todo lo cual viene tutelado por un Experto en reestructuraciones y, así, posteriormente, solicitar la aprobación por el tribunal que sería competente para declarar, en su caso, el concurso. Éstas son las líneas fundamentales de lo que vamos a tratar.

Ya aludíamos precedentemente a que, a pesar del cambio de denominación, los acuerdos de refinanciación y los planes de reestructuración, vienen a tener un origen (situación preconcursal) y una finalidad iguales (mejorar la posición del deudor para atender de pago sus débitos y evitar el concurso. Desde un punto de vista literario, el DRAEL define «estructurar» como «*Articular, distribuir, ordenar las partes de un conjunto*», lo que viene a representar, igualmente, clasificar, si bien, la partícula «*re-*» viene a representar la repetición de la estructura previa, del Latín «*structura, -æ*», significando «construcción» o «distribución». Desde el punto de vista legal, vienen definidos por el art. 614 TRLC, acorde con la definición dada por el art. 2 de la Directiva (UE) 2019/1023, del Parlamento Europeo y del Consejo, de 20 de junio de 2019 como aquellos planes «*que tengan por objeto la modificación de la composición, de las condiciones o de la estructura del activo y del pasivo del deudor, o de sus fondos propios, incluidas las transmisiones de activos, unidades productivas o de la totalidad de la empresa en funcionamiento, así como cualquier cambio operativo necesario o una comunicación de estos elementos.*», lo que supone una «rearticulación» o «redistribución» de activos y pasivos del deudor y, todo ello, bajo la perspectiva del apartado II de la Exposición de motivos del TRLC de trasposición de la precitada Directiva, que tiene como finalidad establecer mecanismos de alerta ante el riesgo de insolvencia, dar una regulación más completa y coherente a los procesos de reestructuración preventiva de las deudas, simplificar el derecho concursal, aumentar la eficiencia, aligerar costes, y ampliar las posibilidades de obtención del beneficio de liberación de deudas.», Directiva que, a su vez en su Considerando (2) dispone que «*La reestructuración debe permitir a los deudores en dificultades financieras continuar su actividad empresarial, en su totalidad o en parte, modificando la composición, las condiciones o la estructura del activo y del pasivo o de cualquier otra parte de su estructura de capital... así como realizando cambios operativos...*», cuyos «*marcos de reestructuración preventiva deben evitar, asimismo, la acumulación de préstamos dudosos*» y que debe proteger «*los derechos de todos los implicados, incluidos los trabajadores, de manera equilibrada*».

Visto cuanto antecede, debemos considerar que los planes de reestructuración forman parte del denominado «Derecho preconcursal», regulado en el Libro segundo TRLC y, por tanto, debe iniciarse por la vía del art. 584.1 TRLC comunicando al Juez competente para declarar, en su caso, su concurso lo siguiente:

F) Del buen fin de la reestructuración

El T.R.L.C. no define el concepto de «buen fin de la reestructuración» contenido en los arts. 620, 621 y 657 T.R.L.C., como tampoco define el de «interés del concurso», quedándonos con la definición de la **SAP —1ª— Álava 22.09.10** «*la mayor satisfacción de los acreedores del concursado*», ni, por su última redacción, tampoco define el concepto de «deudor de buena fe», para lo cual, resulta de clara explicación lo dispuesto por la **S.T.S. —1.ª— n.º 1.049/2023, de 28 de junio** que ha visto necesaria la matización en evitación de posibles fraudes para conseguir el fin no previsto por el Legislador «*Aunque conforme a la jurisprudencia señalada la exigencia de ser un deudor de buena fe responde a una noción normativa, al cumplimiento de los requisitos del art. 178 bis.3 LC, puede haber supuestos tan excepcionales como éste, en que el uso fraudulento de esta previsión legal de exoneración impida que pueda apreciarse cumplido alguno de sus requisitos legales, en este caso, el más objetivo de haberse intentado el acuerdo extrajudicial de pagos.*».

En cualquier caso, comenzando por definir el sustantivo «*fin*», por la definición que da el DRAEL, preferimos entender la «*consumación de algo... objetivo o motivo con que se ejecuta algo.*», esto es, una concepción «finalista» —valga la redundancia— que atiende más al alcance de un límite o confín que al de una mera quita y espera «desarticulada» que, en muchos casos, no conduce a nada, no siendo otra cosa que —el título de la obra de Gabriel GARCÍA MÁRQUEZ— una «crónica de una muerte anunciada», esto es, salvar al deudor y, por extensión, a sus acreedores, de su desaparición económica o jurídica, esto es, mantener el sistema económico «no contaminado» o contaminado mínimamente.

Todo nos lleva a considerar, en primer lugar, la aplicación lo dispuesto en el art. 7 C.c. en los términos aquellos que Cayo Julio César reprobaba a su esposa Pompeya tras la fiesta de la Buena Diosa, esto es, en la apariencia de que el plan se está tramitando de buena fe, sin artilugios jurídicos, además de serlo realmente, tanto en la forma como en el fondo. Pero, la denominación es finalista, en tanto en cuanto que exige que haya una satisfacción, representada por la reestructuración en sí misma considerada, pero satisfacción para quién, tanto para el deudor que ve rebajada sus deudas o que realiza cambios estructurales que mejoran su actividad, como para los acreedores que saben o pueden confiar en que no van a cobrarlo todo, pero algo sí van a cobrar, al menos, más que en una liquidación concursal; ésta es la expectativa, que va en un doble aspecto, de un lado, la nivelación de la carga, de la balanza y sus platillos acreedor/deudor y, de otro, la continuación de la actividad empresarial o profesional del deudor y, por ende la expectativa de recuperar crédito que, como decimos, no se podría obtener por una liquidación ordenada del activo del deudor.

El Legislador siempre tiene un paradigma o antecedente, a partir del cual, como «espejo jurídico»continúa legislando para situaciones similares; esto es lo que se infiere del art. 14 de la Ley 9/2012, de 14 de noviembre, de reestructuración y resolución de entidades de crédito que regula la S.A.R.E.B., en el que fija su paradigma de «plan de reestructuración», conforme a su apartado 4 dispone que el plan de reestructuración de entidades de crédito se someterá a la aprobación del Banco de España «*en el marco de sus competencias como autoridad responsable de la supervisión de la solvencia, actuación y cumplimiento de la normativa específica de las entidades de crédito y de sus competencias en relación con la promoción del buen funcionamiento y estabilidad del sistema financiero y los sistemas de pagos…*». Si tratamos de objetivar esta norma y transponerla a la reestructuración concursal, nos encontraremos con los siguientes cambios: (i) en lugar del Banco de España quien se erige en Autoridad de aprobación del plan es el Juez que sería competente para declarar el concurso quien homologará (autorizará) o no el mismo; (ii) la norma de cumplimiento no es, obviamente, la de las entidades de crédito, sino la propia establecida para la homologación de los planes y, el fin, (iii) sería, no tanto el buen funcionamiento y estabilidad del sistema financiero, cuanto el buen funcionamiento y estabilidad del deudor y su permanencia en el sistema económico que permita, reducir deuda y, además, poder cobrar sus acreedores. Por tanto, el «buen fin» del plan de reestructuración debemos entenderlo como la consecución de ese «equilibrio de permanencia o subsistencia» del deudor dentro del sistema económico, ponderado con el menor quebranto posible para sus acreedores. Así pues, el «trípode del buen fin» de la reestructuración descansa, en primer lugar, en una autoridad, judicial, a continuación, en una norma paradigmática preconcursal y, por último, en la finalidad en sí misma de la continuidad de la empresa, cumpliéndose, pues dichos tres ejes, puede considerarse o definido el buen fin perseguido, a más y sin perjuicio del buen fin del art. 7 C.c.

G) Del contenido del plan de reestructuración

El contenido del plan de reestructuración requiere el cumplimiento, como mínimo, de las siguientes «*menciones*» conforme dispone el art. 633 TRLC:

1.ª La identidad del deudor:

No cabe obviar que deben expresarse nombre y dos apellidos o razón social y, en su caso, nombre comercial (registrado o no), N.I.F. o C.I.F., domicilio personal y empresarial o profesional en el caso de personas físicas, el social para las jurídicas y, aunque no identifica al deudor persona jurídica, no estaría de más expresar la ubicación de los sucursales, lugares o locales donde desarrolla la actividad; del mismo modo, en el caso de sociedades, empresarios o profesionales inscribibles en el Registro Mercantil, los datos de inscripción correspondientes.

2.ª La identidad del experto encargado de la reestructuración:

Si hubiera sido nombrado. Para su nombramiento debemos acudir a lo dispuesto en el art. 672 TRLC, lo que tendrá lugar, únicamente, (i) si lo solicita el deudor, (ii) si lo solicitan acreedores que representen más del 50 % del pasivo que, «*en el momento de la solicitud, pudiera quedar afectado por el plan de reestructuración.*» o (iii) (art. 673.1 TRLC) en su defecto, por los acreedores que representen el 35 % del pasivo que pudiere quedar afectado por el plan, también al momento de la solicitud; así pues, vemos cómo el montante del pasivo afectable por el plan es sobre el que gira el porcentaje de los acreedores que pudieren solicitarlo.

El Experto, para su nombramiento, debe reunir las condiciones establecidas en el art. 674 TRLC que se centran en los conocimientos especializados sobre la materia, tanto jurídicos como financieros y empresariales más los requisitos propios para ser Administrador Concursal (arts. 60 y 61 TRLC).

3.ª Una descripción de:

La situación económica del deudor y de la situación de los trabajadores, y una descripción de las causas y del alcance de las dificultades del deudor. Todavía estamos asistiendo a comprobar que algún Administrador Concursal no refiere sobre la situación de los trabajadores, e incluso, se queja de que se le exija y de que se ha enterado de aquélla por las comunicaciones del FOGASA; esto es cierto, aunque parezca increíble; para facilitar su conocimiento, cabe indicar que existe el denominado «Informe de Vida Laboral de un código cuenta de cotización» que toda empresa o profesional debe tener, en el que salen expresados todos los trabajadores y sus situaciones correspondientes, amén del deber de la empresa o profesional deudores de entregar tales documentos y datos, a través de la propia página *web* de la TGSS pueden averiguarse.

4.ª El activo y el pasivo del deudor:

En el momento de formalizar el plan de reestructuración: recordemos que el pasivo es todo con independencia de si es el afectable o el no afectable, distingo que solo se requiere para los porcentajes que legitiman para poder solicitar el nombramiento del Experto.

5.ª Los acreedores cuyos créditos van a quedar afectados por el plan:

En los términos dispuestos por el art. 616 TRLC, deberán ser identificados individualmente o descritos por clases según los criterios establecidos por el art. 623 TRLC, con expresión del importe de su crédito que vaya a quedar afectado e intereses y la clase a la que pertenezcan. El hecho de que la relación de acreedores pueda hacerse de dos clases (individualmente o por clases), ello no implica que el voto para la aprobación del plan pueda hacerse de un modo u otro, pues, siempre se hará por clases, pues así lo exige el art. 629 TRLC. Parece que resulta más prudente presentar la propuesta a los acreedores mediante la nominación individualizada con la intención de que éstos clasifiquen, sin embargo, la más adecuada nos parece la de clasificarlos con la propuesta, pues así, los acreedores pueden conocer la naturaleza de los créditos de cada acreedor, su tamaño, garantías y demás características, para conocer cómo pueden conformarse las mayorías de voto.

6.ª Los contratos con obligaciones recíprocas:

Pendientes de cumplimiento que, en su caso, vayan a quedar resueltos en virtud del plan.

7.ª Si el plan afectase a los derechos de los socios:

El valor nominal de sus acciones o participaciones sociales. Recordemos que el valor nominal es el que figura escriturado, tal y como previene el art. 23 LSC y no el valor real o precio de venta.

8.ª Los acreedores o socios que no vayan a quedar afectados por el plan:

Mencionados individualmente o descritos por clases, así como las razones de la no afectación.

9.ª Las medidas de reestructuración operativa propuestas:

Más la duración, en su caso, de esas medidas y los flujos de caja estimados del plan, así como las medidas de reestructuración financiera de la deuda, incorporando la financiación interina y la nueva financiación prevista en el plan de reestructuración, con justificación de su necesidad y, en su caso, las consecuencias globales para el empleo, como despidos, acuerdos sobre reducción de jornada o medidas similares. En este punto es donde hay que «hilar muy fino», pues se está hablando de generar más deuda o financiación, bien interina, ora nueva y, en cualquier caso, la entrada de un nuevo acreedor financiero o la financiación por alguno o algunos de los que hay, todos los cuales, exigirán sus garantías adecuadas, pues de lo contrario, no se aprobaría el plan. Piénsese que, históricamente, se ha venido a considerar que, por ejemplo, los descuentos de efectos de comercio o cualquier financiación validados por la Intervención judicial (Suspensión de pagos) o por la Administración Concursal daban garantía suficiente para llevarla a efecto, para aceptarla por la entidad financiera correspondiente, pero, a día de hoy, son conocidos, desgraciadamente, muchos, pocos o varios, casos en los que, a pesar de la firma del Administración Concursal, estas financiaciones u operaciones han resultado fallidas, por lo que debemos esperar que los Expertos en refinanciaciones o reestructuraciones que se nombren, tengan la visión de presente y de futuro para validar o aceptar tales nuevas refinanciaciones, tanto en interés del concursado, quien, caso contrario, se vería abocado a la liquidación y consiguiente desaparición del sistema económico, como en interés de los acreedores, pues verían frustrada su nueva (re-) posibilidad de cobro de sus respectivos créditos.

10.ª La exposición de las condiciones necesarias para el éxito:

Del plan de reestructuración y de las razones por las que ofrece una perspectiva razonable de garantizar la viabilidad de la empresa, en el corto y medio plazo, y evitar el concurso del deudor.

11.ª Las medidas de información y consulta con los trabajadores:

Que, de conformidad con la legislación laboral aplicable, se hayan adoptado o se vayan a adoptar, incluida la información de contenido económico relativa al plan de reestructuración, así como las previstas en los casos de adopción de las medidas de reestructuración operativas, acorde con lo dispuesto en el art. 47 E.T. (suspensión de jornada o de contrato por causas económicas, técnicas, organizativas o de producción o derivadas de fuerza mayor —Expedientes de regulación, de extinción o de regulación temporal de empleo—). Téngase presente que, dado que nos hallamos en situación preconcursal, no se produce la personación del FOGASA que recoge el art. 33.3 E.T. en su calidad de *«responsable legal subsidiario del pago»* de los créditos laborales; del mismo modo, para los supuestos de sucesión de empresa será de aplicación lo dispuesto en el art. 44 E.T., pero no lo dispuesto en el art. 224 TRLC pues, reiteramos, no nos hallamos en situación concursal.

12.ª El crédito público:

En el caso de que se pretenda que el plan de reestructuración afecte al crédito público, se incluirá la acreditación de encontrarse al corriente en el cumplimiento de las obligaciones tributarias y frente a la Seguridad Social mediante la presentación de las correspondientes certificaciones emitidas por la Agencia Estatal de Administración Tributaria y la Tesorería General de la Seguridad Social. Realmente hay que interpretar este requisito, pues, si se aporta el certificado de estar al corriente, no existe crédito de Derecho público afectable, pues, precisamente, está pagado; algo bien distinto sería que se hubiere llegado a un acuerdo con la Administración pública correspondiente de aplazamiento o de fraccionamiento de la deuda vencida acorde con la posibilidad del art. 65 L.G.T., en cuyo caso, entendemos que sería la única posibilidad de afectar al crédito de Derecho público al plan de reestructuración, pero que, además y en principio, estaría garantizado el aplazamiento mediante aval o garantía real en los términos del art. 82 L.G.T.

A continuación, debemos exponer que, como requisito imprescindible para su tramitación, el mismo debe constar en documento público, pues así lo dispone el art. 634 TRLC, el cual, no solo deberá ser firmado o suscrito por el deudor, sino por los acreedores que hubieren estimado el mismo, debiendo acompañarse un certificado emitido por el Experto en la reestructuración, si hubiera sido nombrado o, caso contrario, por un Auditor, respecto de la suficiencia de las mayorías exigidas para su aprobación..

Una vez obtenido el documento público con los requisitos precitados, se ha de presentar telemáticamente a través del modelo del art. 684 TRLC, que se puede encontrar en la página *web* del Ministerio de Justicia https://sedejudicial.justicia.es/documents/20142/20990430/Modelo+Oficial+art684.pdf/.

El contenido del plan queda definido cumpliendo los requisitos ordenados en el art. 633 TRLC, los cuales son un «mínimo insalvable» que, cumplidos los cuales, permitirá evitar la oposición a la confirmación judicial por parte de los acreedores en los términos previstos en el art. 626.3 TRLC que, caso de confirmarse la formación de las clases realizada por el deudor o los acreedores, la formación de clases no podrá invocarse como motivo de oposición a la homologación judicial del plan, según el art. 626.4 TRLC. Así pues, se abren dos momentos procesales distintos, en primer lugar, (i) el de oposición a la confirmación judicial de las clases y el segundo (ii) el de impugnación a su homologación, pero, en cualquier caso, (iii) no podrán impugnarse las clases dos (2) veces, ni en uno ni en el otro momento, pues si se realiza en el primero, no podrá repetirse en el segundo; en cualquier caso, la oposición a la confirmación se tramita y decide ante el Juzgado que conocería del concurso, mientras que la impugnación de la homologación se lleva a cabo en primera y única instancia ante la Audiencia Provincial, acorde con lo dispuesto en el art. 653 TRLC y por los requisitos dispuestos en el art. 654 TRLC.

a) Reglas para la homologación

Para que sea homologado el plan de reestructuración, deben seguirse las reglas previstas en los arts. 635 y ss. TRLC y, además, para las sociedades de capital, la norma del art. 631.2.2.ª TRLC que deja bien claro que, para poder solicitar la homologación —remarcamos: «la solicitud de la homologación»— del plan de reestructuración, como mínimo, debe haberse convocado la Junta de socios el mismo día del de la presentación de la solicitud de la homologación del plan, que no del acuerdo societario el art. 631.1 TRLC para aprobar societariamente las medidas que afecten a la sociedad; caso de no haberse podido convocar hasta tal momento, el órgano societario correspondiente debe solicitar del Juez competente para conocer del concurso, la convocatoria de la junta extraordinaria aludida, en la misma resolución que incoa los trámites de homologación, para su celebración en el mismo plazo que éstos (art. 631.2.2.ª segundo párrafo TRLC.

Las siguientes reglas se centran en la finalidad fundamental de «descargarse» parcial, pero sustancialmente, del peso que le supone su actual situación económica y, además, servir de «escudo» o protección de los actos que el deudor pretende conseguir jurídicamente para su descarga, frente a acreedores discrepantes o «rebeldes», frente a contratos que, en definitiva, perjudican la reestructuración, incluso con finalidad «sanadora» frente a actos que podrían hallarse en los lindes de la rescisión concursal (*ex* art. 226 TRLC), pues así se infiere de lo dispuesto en el art. 635 TRLC.

Para el supuesto de (i) no haber sido convocada la Junta, ni por los órganos societarios ni por el Juez del concurso, (ii) no se hubiese constituido la misma o (iii) no se hubiere aprobado «*en todos sus términos*» el plan de reestructuración en el plazo de diez (10) días para las sociedades de capital o de veintiuno (21) para las cotizadas desde la admisión a trámite de la solicitud de homologación, sencillamente, la norma del párrafo tercero del art. 631.2.2.ª TRLC dispone que «*el plan se tendrá por rechazado por los socios*». Transcurridos estos plazos, el Juez resolverá respecto de la homologación del plan de reestructuración. Observemos que el Legislador no ha querido que la no aprobación por los socios del plan de reestructuración impida su homologación, por lo que nos hallamos ante un deber de observancia judicial de las normas legales requeridas para la homologación, con independencia del acuerdo de los socios, en definitiva, de la sociedad deudora, lo cual puede producir múltiples y dispares situaciones, como que, sin la voluntad (formal) de la deudora se aprueben unas quitas, unas esperas o unas reestructuraciones internas de la sociedad con el entendimiento de que continuará la actividad, a pesar de la deudora y su incredulidad o, por el contrario, se trata de evitar situaciones de bloqueo por los socios que impidan una salida airosa a la sociedad que conlleve, indefectiblemente, al concurso. En definitiva, la revisión judicial conducirá a una situación, al menos aparentemente, justa y, mayor y teóricamente, si va acompañada de un auténtico experto en reestructuración.

La junta de socios debe seguir los trámites del art. 631.2 TRLC, pero, especialmente, debe llamar la atención el hecho de que, conforme a su regla 5.ª, el acuerdo que apruebe el plan de reestructuración se impugna «*exclusivamente por el cauce y en el plazo previstos para la impugnación u oposición a la homologación.*», esto son, los trámites del incidente concursal, pero con las especialidades previstas en el art. 663 TRLC y con los motivos previstos en los arts. 653 y ss. TRLC que regulan la impugnación del Auto de homologación.

También es remarcable la privación de tutelas individuales que les son reconocidas a los socios en el Libro primero del RD-l 5/2023, de 28 de junio cuando se trate de una modificación estructural; además, si nos hallamos ante una insolvencia actual o inminente, los socios no tendrán derecho de preferencia de suscripción de nuevas acciones, ni de asunción de las nuevas, cuando el plan prevea una reducción del capital social a cero o por debajo de la cifra mínima legal y simultanea de aumento, lo que se suele denominar como «*operación acordeón*»; por contra, dicho derecho de adquisición preferente sí que se mantiene en situaciones de insolvencia probable; todo ello, según el art. 631.4 TRLC.

b) Actos no rescindibles por la homologación del plan de reestructuración

A estos efectos, debemos comenzar por recordar que no son rescindibles los actos que enumera el art. 230 TRLC:

(i) Los actos ordinarios de la actividad realizados en condiciones normales y, por tales, debemos entender, por ejemplo, los realizados a precios normales, ordinarios o comunes de Mercado,

(ii) Los actos de constitución de garantías a favor de créditos públicos (art. 65 L.G.T.), o por responsabilidades penales (multa del art. 33 C.P. y costas procesales del art. 109 y ss. C.P.),

(iii) Los actos de constitución de garantías a favor del FOGASA al amparo de lo dispuesto en el art. 32 del Real Decreto 505/1985, de 6 de marzo, sobre organización y funcionamiento del Fondo de Garantía Salarial.

(iv) Los actos comprendidos en el ámbito de leyes especiales reguladoras de los sistemas de pagos y compensación y liquidación de valores e instrumentos derivados, garantías que se prestan por los participantes en los sistemas de compensación y liquidación, las que prestan los Bancos Centrales de los Estados miembros de la Unión Europea, según previene el art. 1 de la Ley 41/1999, de 12 de noviembre, sobre sistemas de pagos y de liquidación de valores que transpone la Directiva 98/26/CE del Parlamento Europeo y del

Consejo, de 19 de mayo y que el último párrafo del art. 2 de la precitada Ley, define garantía como «*todo activo realizable, incluido el dinero, que haya sido objeto de depósito, prenda, fianza o derecho de retención, las garantías financieras a que se refiere el artículo 7 del Real Decreto-ley 5/2005, de 11 de marzo, las compraventas con pacto de recompra, o cualquier otro negocio jurídico que tenga por finalidad garantizar los derechos y obligaciones que puedan surgir en relación con un sistema o aportados a los bancos centrales de los Estados miembros o al Banco Central Europeo.*».

(i) Por último, las operaciones mediante las que se instrumenten las medidas de resolución de entidades de crédito y empresas de servicios de inversión, acorde con lo dispuesto en la Ley 11/2015, de 18 de junio, que las regula, las cuales estarán acompañadas por las correspondientes garantías y salvaguardas que la norma prevé [art. 4.1.i)] siendo el F.R.O.B. (Fondo de Reestructuración Ordenada Bancaria) la autoridad de resolución ejecutiva. Esta norma se aplica a las siguientes entidades:

(a) De crédito y empresas de servicios de inversión establecidas en España.

(b) Financieras establecidas en España, distintas de las aseguradoras y reaseguradoras, que sean filiales de une entidad de crédito o una empresa de servicios de inversión o de las que, seguidamente, se dirán.

(c) Sociedades financieras de cartera [art. 4.1.20 del Reglamento (UE) n.º 575/2013, de 26 de junio de 2013], financieras mixtas de cartera (art. 2.7 de la Ley 5/2005, de 22 de abril) y las sociedades mixtas de cartera [art. 4.1.22 del Reglamento (UE) n.º 575/2013 de 26 de junio de 2013] establecidas en España y sus filiales, así como sus matrices establecidas en España, salvo las sociedades mixtas de cartera

(d) Sucursales en España de entidades que estén establecidas fuera de la Unión Europea.

Vistos, pues, los actos que no son rescindibles y, por tanto, que no afectan a la homologación de los planes de reestructuración, debemos atender a la finalidad de la misma y, consecuentemente, su finalidad:

a) Por su finalidad o pretensión subjetiva:

La extensión de sus efectos a (i) acreedores o (ii) clases de éstos que no hubieren votado a favor del plan, tanto por haberse abstenido, como votado en contra, incluso no haber sido llamado a aprobar el plan; también se pretende que se extiendan sus efectos a (iii) los socios del deudor persona jurídica, en tanto en cuanto pueden formular oposición a las operaciones de reestructuración, tal y como sucedió en el concurso que fue seguido ante el Juzgado de lo Mercantil número Dos de los de Barcelona, que resolvió por **SJM Barcelona-2 n.º 26/2023, de 4 de septiembre de 2023** en contra de la oposición de los socios de la concursada manifestada en contra de la capitalización de la parte de la deuda.

b) Por su finalidad o pretensión jurídica:

La resolución de contratos en interés de la reestructuración. No queda definido en el TRLC qué quiere decir «en interés de la reestructuración», por lo que, en principio, debemos realizar una interpretación lata de otros conceptos anteriores como «en interés del concurso» o «interés de la masa», esto es, lo que más interese a intereses contrapuestos —*id quod interest*[134]—, los de los acreedores y los deudores para evitar la desaparición económica del deudor y continuación de su actividad, así como soportar el mínimo quebranto posible de su crédito los acreedores, lo que, en cierta medida, viene a representar una excepción a una regla, esto es, la realización de una situación jurídica de distinta manera a como, con carácter general, establece el TRLC, lo cual es de ver, claramente en lo dispuesto en el art. 620 TRLC que prevé la resolución de contratos con obligaciones recíprocas pendientes de cumplimiento «*en interés de la reestructuración*», en tanto en cuanto, el art. 158 TRLC dispone la no afectación de la declaración de concurso a estos contratos, por lo que, si fuere medio útil para conseguir la aprobación y posterior homologación del plan de reestructuración, podrá excepcionarse esta no afectación, pero, volvamos a recordar que no hacía falta esta excepción, pues nos hallamos en sede preconcursal donde no se precisa la misma, dada la plena libertad de contratación o de resolución de los ya firmados que tiene el deudor. El paradigma que solemos expresar, en sede de Derecho bancario, es el del *renting*, conforme al cual, la resolución del

134 En aquello que interese o sea útil.

contrato puede suponer no pagar las cuotas mensuales impagadas y, además, no pagar la cuota final de forma anticipada, pero haciéndose quita total o parcial de la deuda resultante, lo que, si bien, implicaría restar un hipotético activo (adquisición del vehículo) mediante el no ejercicio de la opción de compra, también supondría, no solo aminorar la deuda vencida e impagada, sino, además, no tener que solicitar financiación nueva para pagar la cuota final; es pues, la utilidad de reducir deuda y obligaciones de adquisición de un activo que, según casos, resultaría obsoleto y que, en sede de liquidación concursal, llegaría a malvenderse por la venta forzada.

c) Por su finalidad o pretensión financiera:

Proteger la financiación interina y la nueva financiación que prevea el plan, si como los actos, operaciones o negocios realizados en el contexto de éste, frente a acciones rescisorias y reconocer a esa financiación las preferencias de cobro. Resulta obvia esta afectación y consiguiente protección, en tanto en cuanto que, tanto la financiación interina, que viene a ser una especie de «puente» financiero que permite la continuidad interina de la actividad del deudor, hasta tanto no llega a la «otra orilla» y se aprueba la «nueva financiación», la protección de estos financiadores preconcursales es absolutamente necesaria, en interés de la reestructuración pues, sin este dinero nuevo o *fresh* money los acreedores a los que afecta *per se* la reestructuración no podrían tener expectativa alguna de recuperar sus créditos en la forma a convenir.

2. MODIFICACIONES EN QUE PUEDE CONSISTIR EL PLAN DE REESTRUCTURACIÓN

El art. 614 T.R.L.C. determinan el alcance del plan de reestructuración, que no es otro que el de la «*modificación de la composición, de las condiciones o de la estructura del activo y del pasivo del deudor, o de sus fondos propios, incluidas las transmisiones de activos, unidades productivas o de la totalidad de la empresa en funcionamiento, así como cualquier cambio operativo necesario, o una combinación de estos elementos.*», lo que hace que la variedad de situaciones deba entenderse como lo más amplia posible, pero que, el siguiente art. 616 T.R.L.C. entra al detalle, sin que este detalle pueda considerarse restrictivo, sino meramente enunciativo o básico, por modificar, por ejemplo el «*vencimiento*» de la transmisión de la unidad productiva, no parece muy coherente o adecuado, pues este último precepto parece más estar incardinado en los créditos financieros. Veamos estas modificaciones:

a) La modificación de la fecha del vencimiento:

   Puesto así, solo pueden entenderse la relativa al alargamiento o posposición de esta fecha, sin establecer hasta dónde puede llegar ese nuevo vencimiento de la obligación de pago, no solo en cuanto a su vencimiento final, que es lo que parece dar a entender la norma, sino en cuanto a la modificación de los vencimientos parciales, incluso la inexistencia de éstos, es decir, fiarlo todo a un vencimiento final y único. Nada impone la norma a este respecto. No obstante lo dicho, como decíamos en apartados precedentes, esta modificación entra dentro del clásico concepto de la «espera», si bien, implícitamente, el Legislador ha estado pensando en los créditos con garantías reales mayormente, pues, en principio, solo éstos tienen vencimientos de forma intrínseca a sus características de préstamo y su devolución por cuotas periódicas,

b) La modificación del principal:

   Tal redacción debe entenderse solo como modificación reductora (no tiene sentido incrementar) del capital pendiente de pago, sin incluir intereses remuneratorios, pues, este concepto no forma parte del «principal» del crédito puro, pero sí que podría entenderse como tal si fuese el cerrado y liquidado en los términos previstos en el art. 572 L.E.C., pues se trataría del principal por el que se despacharía la ejecución. Entramos, ahora, dentro del concepto clásico de la «quita», sin llamarlo así, sino, de forma eufemística, quizás, porque se esté pensando que el acreedor (financiero) que puede modificar su principal, puede hacerlo tanto a la baja (quita parcial) como al alza (nueva financiación para atender los pagos de los créditos afectos por el plan).

c) La modificación de los intereses:

   En principio, cabe decir que no parece que el Legislador haya querido referirse al «tipo de interés» que, sería, siempre, lo más conveniente y necesario en una reestructuración contractual, pues supone un menor encarecimiento del aplazamiento del pago, sino que, tal y como expresa su redacción, estaría haciendo mención eufemísticamente, también, a una «quita de intereses» o, en cualquier caso, a una reducción de parte del principal del art. 572 L.E.C. por intereses capitalizados, por lo que, una mejor redacción podría haber tenido la norma, si se hubiesen empleado los términos para «capital», referido a deudas financieras, «deuda», referido a deudas comerciales o de Derecho público, en lugar de «principal» en tanto que éste ampara dichos conceptos más los intereses remuneratorios, incluso los moratorios. Lo que, desde luego, no tiene sentido alguno es expresar la acción propia de la reestructuración como «modificación», pues toda modificación es al alza o a la baja, salvo que el Legislador hubiere empleado la acepción 5 de las del diccionario de la R.A.E.L. «*Reducir algo a los términos justos, templando el exceso o exorbitancia*».

d) La conversión en crédito participativo o subordinado, acciones o participaciones sociales o en cualquier otro instrumento de características o rango distintos de aquellos que tuviese el crédito originario:

La conversión del crédito en uno participativo (regulado por el art. 20 del Real Decreto-Ley 7/1996, de 7 de junio, sobre medidas urgentes de carácter fiscal y de fomento y liberalización de la actividad económica), supone la entrada de un acreedor, directa o indirectamente (percibo de interés variable en función de la evolución de la empresa) en el capital social, crédito que, el art. 281.1.2.º TRLC ya lo califica como crédito subordinado y el art. 318.2 TRLC prohíbe la conversión de los créditos de Derecho público o los créditos laborales en la propuesta de convenio, reforma introducida en ambos casos por el R.D.-legislativo 1/2020, de 5 de mayo lo que, precisamente, por el orden procesal concursal vendría a suponer respecto de estos créditos protegidos que, si no se ha incluido uno u otro en el plan de reestructuración o éste no ha sido homologado, ya no se puede llevar a cabo la conversión por vía del convenio.

Ya tratamos esta cuestión en apartados precedentes, cuando tratamos sobre la **SJM Barcelona-2 n.º 26/2023, de 4 de septiembre de 2023** en la que los socios de la concursada se habían opuesto a la capitalización de los créditos de ciertos acreedores.

e) La modificación o extinción de las garantías, personales o reales que garanticen el crédito:

Hablamos, tanto de la novación modificativa como de la extintiva, pero por vía convencional, no por vía legal (no sería de aplicación, por ejemplo, el art. 1.851 C.c.), sino por razón a su inclusión en el plan de reestructuración y seguimiento de las normas propias para su homologación.

Por lo que respecta a las garantías reales, habría que llevar a cabo la inscripción registral del plan homologado, siempre que modificasen el vencimiento final, acortándolo o alargándolo, pero que esta modificación no conllevaría la posposición de rango registral, dado el estado de la ejecución concursal universal y la afección de los otros posibles créditos anotados o inscritos a la reestructuración.

En cualquier caso, esta modificación es, desde el punto de vista de los garantes, tanto reales (hipoteca por débito ajeno) como personales, la más interesante para ellos mismos (véanse los efectos, por ejemplo, de los arts. 151, 492.1 y 694.4 TRLC), pero, no únicamente, sino, también, para los acreedores que cuenten con tales garantías, pues, precisamente hacen valer las mismas a fin de reducir sus respectivos créditos en la medida de hasta donde los fiadores puedan alcanzar por su responsabilidad pecuniaria y liberarse total o parcialmente de su deuda personal o real, lo que, indirectamente, también puede beneficiar al resto de acreedores que no cuenten con tales garantías, habida cuenta de que se puede reducir el pasivo notablemente.

f) El cambio en la persona del deudor:

Volvemos a insistir en que esta novación, ahora, subjetiva (art. 1.203.2.º C.c.) no se vería afectada por lo dispuesto en el art. 1.143 C.c., pues deberá ser convencional, no legal, debiendo aplicarse lo dispuesto en el art. 1.205 C.c., esto es, el conocimiento del preconcursado deudor y su aprobación por el deudor (art. 640 TRLC), el consentimiento del acreedor y, por supuesto, el consentimiento del nuevo deudor, quien debería firmar el plan. En el caso que nos ocupa, la insolvencia del nuevo deudor resultante de la homologación del plan de reestructuración sí que hace revivir la acción de éste contra el deudor primitivo, pues su insolvencia, el preconcurso, era anterior, pública y conocida del deudor al delegar su deuda, tal y como dispone el art. 1.206 C.c., esto es, que la novación subjetiva no liberaría al deudor primitivo, lo que nos llevaría a la resolución del plan por incumplimiento conforme al art. 671 TRLC y, por este precepto, a la solicitud de declaración de concurso.

g) La modificación de la ley aplicable al crédito:

Quizás, una mejor redacción del texto precedente, acorde con su espíritu, podría haber sido el de «*modificación de las condiciones propias de la norma aplicable al crédito*», pues, no de otro modo puede interpretarse, dado que las leyes no las modifican los particulares, sino el poder Legislativo. En cualquier caso, entendiendo que lo que pretende el Legislador es modificar los pactos contractuales que tienen amparo en determinadas normas, generales o singulares.

Por «*ley aplicable*» podríamos entender la Ley Hipotecaria, la Ley 57/1968 o cualquier otra norma legal en base a la cual el acreedor pudiere ver «modificado» su derecho real de garantía hipotecaria o la consideración de que, la entrega de cantidades a cuenta del precio de adquisición de una vivienda, no gozan de la garantía de la entidad financiera —hecho meramente teórico, pues el T.S. tiene declarado de forma reiterada justo lo contrario— a modo de mero ejemplo.

Así pues, debemos entender que lo que pretende la norma es la recalificación de un crédito, pasando de privilegiado especial a ordinario, incluso, de subordinado a ordinario. En fin, la multiplicidad de casos que podrían darse en la práctica sería tan variada que cabría cualquier cambio.

A) De los créditos que pueden resultar afectados por la homologación de un plan de reestructuración. El perímetro de afectación

El artículo 616 TRLC determina cuáles son los créditos afectados por el plan de reestructuración, los que solo serán, en principio, aquellos que «*sufran una modificación en sus términos o condiciones*», obviamente, aquellos que no se incluyan para ser modificados, no se verán afectados, por lo que, en principio, queda en manos del proponente determinar dónde mejorar sus responsabilidades y dónde no, lo que supone una quiebra del principio de la *par conditio creditorum* pues el sacrificio derivado de la reestructuración no se pide por igual a todos los acreedores; sin embargo, esto tendría sentido si, con tal sacrificio, llamémosle especial, individual o concreto, fuese la causa de la insolvencia o produjese el efecto permisivo del pago del resto de débitos incólumes.

Se suele decir que aprendemos del error. Esto es lo que sucedió en el supuesto examinado por la Sección 9.ª de la Audiencia Provincial de València que analizó el «error» o «errores» cometidos en el plan de reestructuración que se sometió a su consideración, de cuyo exhaustivo y fino análisis podemos obtener y reconocer la elaboración de un verdadero Digesto sobre la materia. Así pues, debemos empezar por la primera Sentencia dictada en torno a la impugnación de un plan de reestructuración, la loable **S.A.P. València —9.ª— 86/2024, de 27 de marzo** (ponente doña Montserrat MOLINA PLA) que, en su apartado «*6.1. Marco normativo y doctrinal relativo perímetro de afectación. Posible control judicial y límites.*», define el denominado «perímetro de afectación» del siguiente modo: «*231. El perímetro de afectación es, en principio, universal, con las excepciones y limitaciones que se prevén en el art. 616 TRLC, es decir, cualquier crédito, incluso los contingentes y sometidos a condición, 86/210pueden verse afectados por el PR salvo los créditos de alimentos, los créditos derivados de responsabilidad civil extracontractual y créditos derivados de relaciones laborales distintas de las del personal de alta dirección.*» Sigue considerando la precitada S.A.P. que la delimitación incorrecta del perímetro de afectación no es motivo de oposición ni de impugnación del plan de reestructuración, así como tampoco está claro si el perímetro afecta a la formación de clases o al principio de no discriminación, realizando una correcta exégesis de la diversidad de opiniones doctrinales.

El apartado 2 del precepto que nos ocupa dispone cuáles son los créditos que pueden resultar afectados por el plan de reestructuración, entendiéndose por «afectar» el hecho de «*producir alteración o mudanza en algo*», según el DRAEL, afectación que se puede producir tanto por su inclusión en el plan de los concretos créditos, como por la extensión de sus efectos que, más adelante veremos y, así, resultan los siguientes:

a) Cualquier crédito:

En principio, cualquier crédito puede resultar afectado por la homologación de un plan, pero siempre y cuando vayan a sufrir una modificación en sus términos o condiciones, modificación que debe tener un contenido económico, pues el art. 616.1 TRLC lo particulariza en la (i) «*modificación de la fecha de vencimiento*», la que debe entenderse no solo por el vencimiento final, sino, incluso los vencimientos parciales o periódicos; (ii) la «*modificación del principal*», intuyéndose por la redacción que se habla del capital sin incluir intereses de ningún tipo, ni moratorios ni remuneratorios, pues se trata de una quita parcial de la deuda principal; (iii) o «*modificación de los intereses*», intuyéndose que el Legislador está refiriéndose al tipo de interés remuneratorio aplicable, incluso el moratorio. Consecuentemente y, *a sensu contrario*, si no se modifica ninguna de estas condiciones económicas y esenciales del contrato, el acreedor no se podrá ver afectado por el plan de reestructuración.

b) Igualmente quedan afectados aquel crédito participativo o subordinado que se convierta en acciones o participaciones sociales o en cualquier otro instrumento de características o rango distinto de aquéllos que tuviese el crédito originario; esto es, cualquier mutación del crédito societario o parasocietario que permita la incorporación del acreedor a la sociedad.

c) Obviamente, queda afecto aquel crédito en el que se pretenda extinguir las garantías, reales o personales preexistentes, pues la pérdida de éstas, salvo casos de hallarse en supuestos de hipotética rescindibilidad, debe permitirse al acreedor garantizado ejercer su derecho de voto ante la hipotética pérdida de su garantía.

d) Aquellos créditos respecto de los que se pretenda modificar la ley aplicable al propio crédito, remitiéndonos a lo dicho en el capítulo precedente, relativo a las modificaciones del plan según el art. 614 TRLC.

e) Los créditos contingentes y sometidos a condición:
Estos son aquéllos de los que puede nacer o no un crédito o suceder o no un hecho con independencia de cuál pueda ser su origen (arts. 185, 261, 263 y 265 TRLC).

B) Créditos que no pueden ser afectados por la homologación de un plan de reestructuración

a) Los créditos por alimentos

Exclusivamente los que deriven de una «*relación familiar, de parentesco o de matrimonio*», donde, en un principio, no parece que se asimilen las relaciones de las parejas de hecho inscritas o no. Se trata, pues, de créditos por obligaciones de alimentos a cargo del deudor alimentador determinables conforme el Protocolo de La Haya de 23 de noviembre de 2007 (art. 9.7 C.c.) y, así, este Protocolo en su art. 1.b) habla de las «*obligaciones alimenticias derivadas de una relación familiar, de filiación, el matrimonio o la afinidad.*» y concibe los alimentos —art. 3.a)— en el sentido de que «*el acreedor utilizará la obligación alimenticia para vivir.*», «*teniendo en cuenta las condiciones jurídicas y el ámbito social del país donde el acreedor vive y ejerce esencialmente sus actividades.*» y, en tal sentido, el art. 142 C.c. los define como «*todo lo que es indispensable para el sustento, habitación, vestido y asistencia médica… educación e instrucción del alimentista… gastos de embarazo y parto…*»

El art. 143 C.c. establece la obligación alimenticia y recíproca entre (i) cónyuges, (ii) entre ascendientes y descendientes y (iii) entre hermanos. Dentro de una situación preconcursal, siempre cabe, en orden a una reestructuración de deudas del alimentador el cambio fáctico, que no jurídico, en la satisfacción de los alimentos por la vía del art. 149 C.c., esto es, recibiendo al acreedor alimentista en su propia casa, mientras pueda mantener la vivienda el deudor en los términos que el T.R.L.C. permite.

En cualquier caso y, regresando al Derecho supraestatal procede alegar lo dispuesto la Directiva (UE) 2019/1.158, del Parlamento Europeo y del Consejo de 20 de junio de 2019 relativa a la conciliación de la vida familiar y la vida profesional de los progenitores y los cuidadores, en su art. 3.1.e) entiende por «familiar» al hijo, hija, padre, madre o cónyuge del trabajador, o pareja de hecho de éste cuando las uniones estén reconocidas en el Derecho nacional, como así sucede en Derecho español por las diversas normas autonómicas en aquellos territorios que las tengan transferidas en sus respectivos ordenamientos comunitarios, como sucede en el territorio de la Comunitat Valenciana por la Ley 5/2012, de 15 de octubre de la Generalitat, de uniones de hecho entendiendo por tales en su art. 1 «*las formadas por dos personas que, con independencia de su sexo, convivan en una relación de afectividad análoga a la conyugal, y que cumplan los requisitos de inscripción del artículo 3 de esta Ley*», esto es, la inscripción en el Registro de uniones de hecho formalizadas, a la que se da el carácter constitutivo, no pudiendo serlo las personas menores de edad no emancipadas, quien esté casado con tercera persona, manteniendo el vínculo matrimonial aun estando separados de hecho o judicialmente o quienes mantengan una unión formalizada con terceros, así como los parientes en línea recta, por consanguinidad o adopción, o colateral, hasta el segundo grado, así como tampoco puede pactarse la temporalidad o condicionalidad de la duración de la unión de hecho.

Por tanto, deberíamos entender el concepto de «relación familiar» del art. 616.2 TRLC, crédito no afectable, en el sentido amplio o lato de familia que acabamos de exponer.

b) Los derivados de la responsabilidad civil extracontractual

Llegados a este punto hay que definir qué se entiende por «responsabilidad civil aquiliana o extracontractual» y, así, exponemos el criterio de José CASTÁN TOBEÑAS (*«Derecho Civil Español»* Tomo IV, página 891 Ed. 1977) donde nos habla de las obligaciones que nacen de aquélla y así, las definía o consideraba como el «*delito civil*» o ilícito civil y constituye una figura o categoría general superadora de la especialidad del Derecho Romano. Así pues, para la imposición de la figura de la responsabilidad aquiliana, siempre, según Castán, deben cumplirse los siguientes requisitos:

(i) Derivar dicha responsabilidad de la culpa en que se haya incurrido el autor del daño o sistema de la *responsabilidad subjetiva, culpa haftung*[135], y

(ii) Derivar la obligación de resarcimiento simplemente de la relación de causalidad entre el acto del agente y el daño producido, independientemente de todo elemento de intencionalidad o falta de diligencia o *responsabilidad objetiva,* teoría del *riesgo jurídico, causal haftung*[136].

Sus elementos objetivos serán los siguientes:

(i) Una acción u omisión.

(ii) La ilicitud o antijuricidad, quedando ésta excluida, principalmente, en los siguientes casos:

a. Los de legítima defensa o estado de necesidad.

b. Cuando el daño se causa con el consentimiento de la víctima, según la vieja máxima *volenti non fit iniuria*[137].

c. Cuando se obre en virtud de un derecho, derivado del principio *neminem laedit, qui suo iure utitur*[138].

(iii) La producción de un daño, siempre que sea real y demostrado.

---

135 Responsabilidad por culpa.

136 Responsabilidad causal.

137 No se comete injusticia cuando se actúa voluntariamente (conforme a lo pactado).

138 Quien hace uso de su derecho a nadie injuria.

En definitiva, nos hallamos ante las normas previstas en el art. 1.902 y ss. C.c. que regulan las obligaciones que nacen de la culpa o negligencia.

El precepto del art. 616.2. TRLC no distingue, como sí lo hace el art. 242.1.1.º T.R.L.C. sobre la causa de la responsabilidad, como sucede con la responsabilidad por muerte por daños personales o, que se consideran créditos contra la masa, por lo que, cualquier situación de responsabilidad civil extracontractual por daño a la persona o a sus bienes (daños por fuga de agua, daños a vehículo por accidente de tránsito, etc.), incluso delictual (*ex delictu*), quedaría como crédito no afectable.

c) Los créditos de relaciones laborales distintas de las del personal de alta dirección

Se trata, pues de la protección de los créditos laborales en los términos del art. 1.1 E.T., esto es, los créditos que nazcan de los «*servicios retribuidos por cuenta ajena y dentro del ámbito de organización y dirección de otra persona, física o jurídica, denominada empleador o empresario.*», de los que se excluyen los mencionados en el art. 1.3 E.T. (funcionarios públicos, prestaciones personales obligatorias, consejero o miembro de los órganos de administración de sociedades, trabajos de amistad, benevolencia o buena vecindad, familiares, operaciones mercantiles por cuenta de uno o más empresarios y una relación distinta de la del art. 1.1 E.T.).

La denominada «alta dirección» es una relación especial regulada por el Real Decreto 1.382/1985, de 1 de agosto, por lo que no se considera crédito laboral (art. 286.2.º T.R.L.C.); conforme dispone el artículo 1.º.Dos de la precitada norma «*Se considera personal de alta dirección a aquellos trabajadores que ejerzan poderes inherentes a la titularidad jurídica de la Empresa, y relativos a los objetivos generales de la misma, con autonomía y plena responsabilidad solo limitadas por los criterios e instrucciones directas emanadas de la persona o de los órganos superiores de gobierno y administración de la Entidad que respectivamente ocupe aquella titularidad.*», excluyéndose «*la actividad que se limite pura y simplemente al mero desempeño del cargo de consejero o miembro de los órganos de administración en las empresas que revistan la forma jurídica de sociedad y siempre que su actividad en la empresa solo comporte la realización de cometidos inherentes a tal cargo*», pues así lo dispone el art. 1.º.Tres del Real Decreto, consejeros o miembros del órgano de administración que, igualmente quedan excluidos del ámbito del Estatuto de los Trabajadores, según dispone su art. 1.3.c), dado su carácter mercantil.

No obstante, el personal de alta dirección «*cuando resulte necesario para el buen fin de la reestructuración*» podrán suspenderse o extinguirse sus contratos conforme al art. 621 T.R.L.C., lo cual implica que, en el plan de reestructuración debe razonarse muy claramente, cómo va a repercutir la suspensión o la extinción del mismo en el fin de la reestructuración, esto es, por qué tiene que quitarse la persona que, teóricamente, ha venido dirigiendo con éxito la empresa, si bien, no parece que el «éxito» haya sido el vehículo que haya llevado a la empresa a la insolvencia.

d) Los créditos futuros que nazcan de contratos de derivados que se mantengan en vigor

En primer lugar, debemos atender a que los contratos de derivados son aquéllos que se establecen a un plazo determinado que se basan en un activo financiero subyacente, cuyo objetivo es la protección de dichos activos ante las fluctuaciones del Mercado o, sencillamente, para especular y el intercambio de efectivo se produce en un momento futuro. El Banco de España dice que «*permiten a un inversor cubrirse frente a las variaciones de precio de los activos a los que están referenciados (activos subyacentes). También se pueden usar para aumentar la exposición al subyacente por encima de lo que se podría hacer comprando directamente el activo (apalancamiento intrínseco), sin necesidad de recurrir a la financiación directa de estas compras. De este modo, se logra incrementar las posibles ganancias, pero también las pérdidas potenciales.*» (*cfr.* «El papel de los derivados en las tensiones de los mercados durante la crisis del COVID-19» editado en 2021). Por último, cabe decir que los activos subyacentes pueden ser acciones, una cesta de éstas, un valor de renta fija, una divisa, materias primas o tipos de interés y pueden organizarse en Mercados organizados o no; en España, el mercado oficial de opciones y futuros financieros de denomina «MEFF». Así pues, nos hallamos ante un tipo de contrato puramente contingente, del que no puede saberse *ab initio* si, al vencimiento del mismo, habrá una ganancia o una pérdida de la que surgirá un acreedor o un deudor, motivo por el cual, no puede afectarle un plan de reestructuración, tanto si surge el crédito contra el concursado, como si surge el crédito a favor de éste.

3. ESPECIALIDAD DE LOS CRÉDITOS DE DERECHO PÚBLICO

Por créditos de Derecho público debe entenderse, acorde con lo dispuesto en el art. 265 TRLC los créditos de las «*Administraciones públicas y sus organismos públicos*», sin distinguir respecto de quién lleva a cabo la gestión recaudatoria, como sí lo hace el art. 489 TRLC a los efectos de a qué créditos de Derecho público debe extenderse la exoneración de deudas. Así pues, tienen la consideración de tales créditos, a los efectos que nos ocupan de los planes de reestructuración, aquellos sujetos públicos que relaciona el art. 2 de la Ley 40/2015, de 1 de octubre, de Régimen Jurídico del Sector Público que son los siguientes:

Con la consideración de Administraciones Públicas (art. 2.3 Ley 40/2015):

i) La Administración General del Estado.

ii) Las Administraciones de las Comunidades Autónomas.

iii) Las Entidades que integran la Administración Local.

iv) Cualesquiera organismos públicos y entidades de derecho público vinculados o dependientes de las Administraciones Públicas, que forman parte del Sector público institucional.

Sin embargo y, a pesar de que forman parte del Sector público institucional, no tienen la consideración de Administraciones Públicas (art. 2.3 Ley 40/2015):

a) Las entidades de derecho privado vinculadas o dependientes de las Administraciones Públicas que quedarán sujetas a lo dispuesto en las normas de la ley que específicamente se refieran a las mismas, en particular a los principios previstos en el artículo 3, y en todo caso, cuando ejerzan potestades administrativas.

b) Las Universidades públicas que se regirán por su normativa específica y supletoriamente por las previsiones de la presente Ley.

Delimitados los sujetos acreedores públicos, debemos llamar la atención respecto de la primera prevención a tomar en cuenta para la formación de las clases de acreedores partícipes de la reestructuración en el sentido dispuesto por el art. 624 bis TRLC que establece que estos créditos «*constituirán una clase separada entre las clases de su mismo rango concursal*», sobre cuya formación, seguidamente, trataremos, por lo que deberán tener un tratamiento diferenciado de los créditos con privilegio general del art. 280 TRLC y de cualquier otro, razón obvia si tomamos en consideración la exoneración o no de los créditos de Derecho público, auténtico caballo de batalla desde la publicación de la LC en consonancia con la LGT.

Las Sentencias del T.J.U.E. de 11 de abril y 8 de mayo de 2024 han confirmado que nada impide al Derecho interno de los Estados que componen la Unión Europea que se excluyan de la exoneración de deudas los créditos de Derecho público, lo cual es acorde con el artículo 23, apartado 4 de la Directiva (UE) 2019/1023 del Parlamento Europeo y del Consejo, de 20 de junio de 2019 sobre marcos de reestructuración preventiva, exoneración de deudas e inhabilitaciones, y sobre medidas para aumentar la eficiencia de los procedimientos de reestructuración, insolvencia y exoneración de deudas. Puestas así las premisas sobre las que giran los créditos de Derecho público el art. 616 bis T.R.L.C. dispone, de forma absoluta que «*En ningún caso*» podrá el plan de reestructuración reducir los importes reconocidos a los créditos de Derecho público, o cambiar la norma aplicable a los mismos, dentro de lo que debemos incluir a modo de ejemplo no exhaustivo, la recalificación del crédito, quitándole el privilegio y transformándolo en ordinario o, la parte de éste, subordinarla, lo cual contiene una salvedad denominada «*el cambio de deudor*», por el que un tercero asume las deudas ajenas, sin liberación del deudor, esto es, incrementando las garantías, en este caso, personales, por lo que nos hallamos, obviamente ante una asunción de deudas propiamente dicha, en lugar de la figura legal del «*cambio de deudor*», pues, éste no cambia por otro, sino que, el deudor sigue debiendo y el tercero comienza a deber asumiendo la deuda de aquél, por lo que no se produce una novación subjetiva del art. 1.203.2.º C.c. como parece inferirse de la mera lectura del precepto.

En el último capítulo de la presente obra veremos qué ha sucedido a partir del dictado por el T.J.U.E. de la **STJUE de 7 de noviembre de 2024** a este respecto.

Tampoco pueden modificarse ni extinguirse las garantías existentes, por lo que, dado su carácter general, deben entenderse tanto las garantías reales como las personales, de forma y manera que, si ya hubiere un fiador personal, tanto por débito propio, como por afianzamiento del deudor, tampoco le afectará el plan de reestructuración. A este respecto, deben recordarse las situaciones previstas en los artículos siguientes de la Ley General Tributaria: el 39 en cuanto la transmisión de las obligaciones tributarias a los herederos, el 40, en cuanto a la transmisión a los socios de las sociedades y entidades con personalidad jurídica disueltas y liquidadas de las obligaciones tributarias pendientes, que quedan obligados solidariamente hasta el límite del valor de la cuota de liquidación; el 41 en cuanto a los supuestos de los responsables solidarios o subsidiarios de las deudas tributarias y el 42 que regula la responsabilidad solidaria, entre otros, a los causantes o colaboradores activos en la realización de la infracción tributaria.

No obstante cuanto antecede, el deudor puede solicitar del Juez competente para la homologación del plan de reestructuración (art. 641 TRLC), la afectación del crédito de Derecho público, para lo cual, acorde con lo dispuesto en los arts. 586.1.10.º T.R.L.C., deberá acreditarse mediante la certificación oportuna, «*encontrarse al corriente en el cumplimiento de las obligaciones tributarias y frente a la Seguridad Social*» que, el ordinal 1.º del párrafo tercero del art. 616.2 TRLC exige, además, su presentación «*en el momento de solicitud de homologación judicial del plan*». Además de este requisito, también, *sine qua non*, el ordinal 2.º del precitado párrafo, exige que, para poder ser afectados los créditos de Derecho público deben tener una antigüedad inferior a dos años, desde la fecha de su devengo, no desde la fecha de su impago, hasta la fecha de presentación en el juzgado de la comunicación de apertura de negociaciones del art. 585 TRLC, lo cual ya no se precisa aportar nuevamente con la petición de solicitud de la homologación, como sí resultaba para el certificado de deudas. Realmente, no se acaba de entender tal requisito, pues, si se acompaña el certificado de estar al corriente en las obligaciones con la AEAT y la TGSS, de éstas, resultaría que no existe crédito alguno de estos organismos públicos y, por tanto, no podría entrar en la reestructuración lo que no existe y, si existiera, no estaría al corriente, por lo que ´no se cumpliría el primero de los requisitos y, por supuesto, si existe crédito público y a éste se le exige una antigüedad no mayor de dos años desde que se devengan, se hallaría en la certificación. Véase que la norma exige de forma copulativa «*que concurran los siguientes requisitos*», por lo que no cabe elegir el primero o el segundo, sino cumplirse ambos.

Ahora bien, el art. 616 bis T.R.L.C. dispone que «*los créditos de Derecho público afectados por el plan de reestructuración...*», además, de formar una clase separada del resto de acreedores, deberán observar las siguientes REGLAS:

(i) No cabe aplicar quita alguna, en tanto en cuanto deben ser íntegramente satisfechos por lo que, como *lex specialis*[139] que es la TRLC, no cabe siquiera la reserva de ley tributaria del art. 8-k) LGT que dispone la regulación por ley de la quita que, en el supuesto que nos ocupa, sería el propio TRLC.

(ii) Tampoco cabe el cambio de ley aplicable como sí se permite para el resto de créditos afectables (art. 161.1 TRLC), la única ley aplicable es, pues, la LGT y sus consecuencias; no parece lógico, de otro lado, que a un crédito de Derecho público se le califique o considere como uno de Derecho privado, por más que muchos fiscalistas se obstinen en conseguir tal deseo.

(iii) Tampoco se permite el cambio de deudor (novación subjetiva extintiva), salvo que un tercero asuma la obligación de pago —*actio recepticia*[140]—, sin liberación del deudor principal, lo que implica la aportación de una especie de «garantía» personal solidaria prestada de forma voluntaria por el tercero, el que asume, si bien, se diferencia de la garantía en tanto en cuanto que no cabe la nota de subsidiariedad, dado que, al asumir la deuda del deudor preconcursal, la hace propia y debe pagarla en los mismos términos y condiciones que el deudor preconcursal, solidariamente y así, cuando la pague dispondrá de la acción de repetición contra dicho deudor preconcursal que prevé el último párrafo del art. 1.158 C.c. dentro de los cinco (5) años prescriptivos del art. 1.964.2 C.c., por lo que podría llegar a situarse como un acreedor posterior al plan de reestructuración homologado. La *actio recepticia* consistía en aquélla por la que el acreedor podía reclamar al *argentarius* (banquero) el *receptum* (compromiso o promesa) que había asumido de pagar una deuda ajena «*sin estipulación, y, por tanto, sin novación)*» lo que le llevaba a no tener «*que probar más que el hecho del* receptum *y no la existencia de la deuda asumida. Justiniano asimiló el* receptum *del banquero al* constitutum debiti alieni, *con lo que aquél perdió su carácter abstracto*»[141]. Se trata de lo que hablábamos en la primera parte de esta obra cuando

139 Ley especial.
140 Acción de compromiso.
141 Álvaro D'ORS, *op. cit.*

explicábamos el aval a primer requerimiento, a cuyo contenido nos remitimos.

(iv) Tampoco se permite la modificación o extinción de las posibles garantías del crédito público preexistentes; como vemos, se trata de mantener el crédito de Derecho público incólume.

(v) Tampoco se puede convertir el crédito de Derecho público en acciones o participaciones sociales del deudor preconcursal, ni en créditos o préstamos participativos o en un instrumento de características o de rango distintos de aquellos que tuviere el organismo; en definitiva, hay que mantener incólume el crédito de Derecho público y, no solo esto, sino que, de hacerse, el Organismo público pasaría a ser un socio privado más con todo lo que ello conlleva en índole societaria, incluso con posible vulneración de las normas de competencia.

Deberán, en cualquier caso, conforme al art. 616 bis.1 TRLC los créditos públicos deberán satisfacerse en los siguientes PLAZOS:

1.º Si no se hubiese concedido un aplazamiento o fraccionamiento de pago previamente siguiendo las normas del art. 65 L.G.T., deberá ser satisfecho íntegramente en el plazo de doce (12) meses desde la fecha del Auto de homologación del plan, no desde su publicación o firmeza, sino desde el dictado del Auto, pues el mismo, es de eficacia inmediata, conforme dispone el art. 649 TRLC en relación con el art. 660 TRLC, frente al que no cabe recurso alguno, salvo su impugnación de conformidad con lo dispuesto en el art. 653 y siguientes TRLC, conociendo la Audiencia Provincial correspondiente en primera y única instancia (art. 658 TRLC) contra cuya Sentencia no cabe recurso alguno (art. 659.3 TRLC) —recordemos una vez más que nos hallamos en una fase preconcursal—, por lo que, podría darse el supuesto de que el pago del crédito de Derecho público fuese exigible y todavía no se hubiese dictado la Sentencia de la impugnación de la homologación del plan, por lo que, una hipotética y teórica reversión de los efectos del plan no sería factible.

2.º Si se hubiese concedido un aplazamiento o fraccionamiento de pago previamente, deberá pagarse en el plazo de seis (6) meses a contar de la misma fecha de homologación. Recordemos que el período total del aplazamiento de las deudas con la TGSS es de cinco (5) años, mientras que el de las de la AEAT va, desde los veinticuatro (24) meses para las personas físicas y doce (12) meses para las jurídicas, sin aporte de garantías hasta la cantidad de 50.000,00 €, mientras que el aplazamiento con la garantía de un aval bancario es de hasta sesenta (60) meses y con garantía hipotecarios libres de cargas, hasta treinta y seis (36) meses. Por tanto, la norma del art. 616.1.2.º TRLC implicaría un adelantamiento del aplazamiento para cualquier deuda, por lo que, o del plan de reestructuración se dispone de mayor y más rápida obtención de liquidez para atenderlos y no parece muy conveniente para el deudor incluir los créditos de Derecho público, que, no pudiéndose reducirse en su importe, deben pagarse antes de lo que es el aplazamiento ordinario, salvo que se considere, como principio, que el acortamiento del plazo implica el pago de menos intereses moratorios.

3.º En cualquier caso, deberán estar íntegramente satisfechos en un plazo máximo de dieciocho (18) meses, pero desde la fecha de comunicación de la apertura de negociaciones, (arts. 583 y ss. y 690 T.R.L.C.), de forma y manera que estos dieciocho (18) meses pueden llegar a acortar los doce (12) del primero de los supuestos, difícilmente, el del segundo, pero, sea como fuere, supone un límite o punto final a cualquier aplazamiento o fraccionamiento de pago para los que se hayan podido acordar antes de la apertura de las negociaciones para aprobar el plan de reestructuración. Cabe decir, igualmente, que, según casos, se tratará, pues, de un vencimiento anticipado de la deuda tributaria aplazada.

4. DE LOS CONTRATOS CON OBLIGACIONES RECÍPROCAS PENDIENTES DE CUMPLIMIENTO ANTE LOS PLANES DE REESTRUCTURACIÓN

Si ya es muy importante mantener el *statu quo* contractual a pesar de la declaración de concurso y la teórica vigencia y continuidad de la actividad del deudor (art. 113 T.R.L.C.) y los contratos sinalagmáticos por éste suscritos (art. 158 T.R.L.C.), más necesario se debe tomar ante la proposición de un plan de reestructuración, pues, hallándose en una fase preconcursal, no tendría sentido alguno considerarlos como si estuviesen en situación concursal y resolverlos a pesar de hallarse en el estadio previo cuya principal pretensión es la de la continuidad de la actividad, buscando fórmulas menos onerosas de atender de pago las diversas deudas, por lo que el art. 618.1 T.R.L.C. dispone la vigencia de los contratos con obligaciones recíprocas pendientes de cumplimiento a pesar de la homologación del plan, lo que excluye o expulsa del contrato previo los efectos de aquellas cláusulas que consten expresadas dentro de sus pactos y hayan previsto la facultad para el contratante (no tiene por qué ser acreedor) distinto del deudor de «*suspender o de modificar las obligaciones o los efectos del contrato, así como la facultad de resolución o la de extinción del contrato por el mero motivo de la presentación de la solicitud de homologación o su admisión a trámite, la homologación judicial del plan o cualquier otra circunstancia análoga o directamente relacionada con las anteriores.*»

Sin embargo, siempre surge una excepción a la norma, la que emana del art. 620 TRLC que prevé la posibilidad de resolver los contratos con obligaciones recíprocas pendientes de cumplimiento, pero, siempre y cuando, la causa de la resolución venga dada por el denominado «*interés de la reestructuración*», es decir, por la prosperidad de la actividad en coordenadas menos onerosas para el deudor y no más gravosas para los acreedores, manteniendo un cierto «equilibrio» que permita frenar la deriva o la zozobra de la nave de la actividad. Todo esto puede y debe hacerse a instancias del deudor que ya ha iniciado los trámites para la homologación del plan de reestructuración, pero antes de que se apruebe el mismo, pues el art. 620.1 TRLC exige que tenga lugar «*durante la negociación*» y, así, puede instarse, bien la modificación del contrato sinalagmático, rebajando las obligaciones del deudor, tanto económicas como personales, ora su resolución concluyendo con la vigencia del contrato, pero, siempre y cuando conlleve o se oriente hacia la consecución de la aprobación de la reestructuración y la evitación del concurso. Como decimos, el espacio temporal para resolver o modificar estos contratos es el de la negociación, realizándose de consuno entre el deudor y la contraparte contractual, pero, si ésta no estuviese de acuerdo, el deudor puede plantearlo en el plan para su aprobación por el resto de acreedores, lo que se infiere de lo dispuesto en el art. 657 TRLC en tanto en cuanto que permite a la contraparte, «*a la parte afectada*», solo a ésta, impugnar el Auto de homologación del plan, si bien, por dos únicas causas: que la resolución «*no resulte necesaria para asegurar el buen fin de la reestructuración y prevenir el concurso*» o «*que no sea adecuada la indemnización prevista en el plan por la resolución anticipada del contrato*», lo que implica que el convenio de resolución contractual admite el pago indemnizatorio por el deudor a su contraparte contractual o, sencillamente, la generación de un derecho de cobro indemnizatorio a su favor que, como tal, deberá clasificarse en el plan y quedar afecto al mismo, caso de impago. En cualquier caso, la valoración jurídica de una u otra causa son proclives a mucha literatura y el desarrollo de una prueba pericial compleja y, por supuesto, subjetiva. Por ejemplo, en la resolución de diversos contratos de *renting* de vehículos, habría que determinar si un número determinado de éstos carecen de actividad e ingresos o son obsoletos y, por tanto, constituyen una merma para la rentabilidad de la actividad de la deudora, poniéndolo en consonancia con los montantes de las posibles indemnizaciones por resolución. Pero, volvemos a insistir, solo puede impugnarse el Auto que homologa el plan de reestructuración por la resolución del contrato con obligaciones recíprocas pendientes de cumplimiento, pero no puede impugnarse por la modificación, pues no lo prevé la norma.

Algo parecido sucede respecto de los contratos «*necesarios para la continuidad de la actividad empresarial o profesional del deudor*» que no podrán «*suspenderse, modificarse, resolverse o terminarse anticipadamente por el mero hecho de que el plan de reestructuración conlleve un cambio de control del deudor*» y, decimos «algo» pues la premisa de la inatacabilidad del contrato por razón a la propuesta o la homologación del plan de reestructuración es el «*cambio de control del deudor*», lo que supone, de entrada, la alusión a una sociedad en la que ha habido un cambio en las mayorías sociales o en su administración, en definitiva, en el dominio de la misma, nada sucedería, pues, con las personas físicas o naturales. Véase, de otro lado, que el art. 618.2 T.R.L.C. habla de «contratos» y no de «bienes y derechos» necesarios a los que aluden los arts. 52.1.3.º y 147 T.R.L.C., sino de los contratos necesarios para el desarrollo de la actividad, pudiendo serlo, tanto el de arrendamiento del local de negocio como el del mantenimiento de los contratos de *renting* de camiones.

También se mantiene el *statu quo* de los contratos en que se establezca una garantía financiera sujeta al R.D.-l. 5/2005, sobre el que ya hemos tratado en anteriores apartados, confirmándose y no pudiendo declararse su vencimiento anticipado, así como tampoco los contratos de suministros de bienes, servicios o energía necesarios para la continuidad de la actividad, salvo los «*negociados en mercados organizados*» siempre que puedan sustituirse por su valor de mercado.

A) Liquidación de los créditos afectables

a) Con carácter general:

El art. 617 T.R.L.C. establece las reglas para fijar el importe del crédito por el que debe figurar en el plan de reestructuración a los efectos de determinar el voto de cada acreedor y, así, en principio, debe incluir *«el principal más los recargos e intereses vencidos hasta la fecha de formalización del plan en instrumento público.»*. Este texto plantea muchas dudas, pues, parece ser que el redactor de la norma está pensando en un crédito de Derecho público, dado que los créditos comerciales carecen, en la mayoría de los casos, de intereses remuneratorios, así como que, tanto aquéllos como los financieros carecen de recargos, salvo que pueda interpretarse el término *«recargo»* por «penalización» o «comisión», similitud existente únicamente en lo que se trata de concepto que no es ni principal ni intereses, pero, debemos rechazarla como tal y, por tanto, procede no incluir las penalizaciones ni las comisiones, salvo excepciones (cláusulas penales o penitenciarias). Por lo que respecta al concepto de «intereses vencidos» habría que recurrir al concepto o situación de liquidez a la que alude el art. 572 L.E.C., es decir, que haya un pacto liquidatorio en el contrato del que surgió la deuda a reestructurar.

b) Créditos sometidos a condición resolutoria:

Esto sucede, igualmente, para los créditos sometidos a condición resolutoria, al parecer, sin distinguir si no ha sido ejercitada la condición o si, si lo hubiere sido, si se halla incursa en su declaración judicial o se quedó en el mero requerimiento del acreedor, por tanto, debemos entender que es en cualquier caso, siempre que exista tal condición resolutoria, liquidando la deuda pendiente de pago, como si se diese por vencida anticipadamente.

Tengamos bien presente que el art. 265 TRLC califica de créditos sometidos a condición resolutoria a aquellos créditos de Derecho público que, a la fecha del concurso hubieran sido recurridos en vía administrativa o jurisdiccional, por lo que, para el supuesto de que el plan de reestructuración pretendiere incluir los créditos públicos, en tanto en cuanto que, a la fecha de la comunicación, en tanto que fecha preconcursal y, por tanto, anterior a la declaración del concurso estuviesen recurridos habría que liquidarlos en la forma general indicada en el precedente apartado a), esto es, con intereses, recargos y sanciones, pero si no se hubiese recurrido, nos encontraríamos con una resolución fiscal firme en Derecho que, igualmente, incluiría tales conceptos.

c) Contratos de crédito:

En éstos, entendiéndose por tanto los de créditos bancarios, en los términos que conceptuamos en el apartado correspondiente de la primera parte de este libro, solo se computa respecto de la cantidad dispuesta al tiempo de la formalización del plan en instrumento público acorde con el momento previsto en el art. 634 TRLC. No obstante la norma, acorde con la regla general (art. 617.1 TRLC), no solo debe computarse la parte dispuesta, que normalmente suele incluir liquidaciones periódicas de intereses, puede que no las incluya en el caso de que sea una liquidación final al vencimiento del crédito, resultaría oportuno liquidar los intereses devengados y no adeudados previamente en la cuenta de crédito al tiempo de la firma de la escritura de elevación a público del plan acompañando el documento al que alude el art. 573.1.2.º LEC.

d) Para el supuesto de que haya créditos en moneda distinta del euro, hay que computarlos en euros estableciendo su contravalor, también a la fecha de la formalización del plan.

e) Créditos contingentes, litigiosos o sometidos a condición suspensiva:

La condición resolutoria ya había sido determinada conforme a las reglas precedentes —*cif.* apartado b)—, mientras que estos créditos todavía no cumplidos se computarán por su importe máximo, lo cual permite dar a esta tipología de créditos mayor valor del que pudieren tener y con ello, mayor porcentaje de voto, aun cuando la contingencia no tenga lugar, el litigioso falle en favor del deudor o el sometido a condición suspensiva, que ésta no se cumpla, en beneficio, igualmente, del deudor. En cualquier caso, el concepto de «*importe máximo*» debe incluir el de las costas procesales, tanto las propias del deudor no pagadas, como las de la contraparte pendientes, pues, caso contrario, estas contingencias quedarían fuera del plan de reestructuración. Ésta es la norma general, pero, ahora viene la excepción, «*salvo que se hubieran incluido por una cantidad inferior*», lo que, de alguna manera, deja en manos del deudor determinar si pone la máxima o menor que ésta, si pone la primera, el acreedor no se intuye que pueda objetar, mientras que, si se pone la menor, quedaría sujeta a una impugnación del plan por el acreedor, por lo que siempre es más plausible alcanzar de consuno entre deudor y acreedor el importe más «equilibrado» o lógico.

Continúa disponiendo la norma que cuando la contingencia tenga lugar, el crédito litigioso se hubiere hecho efectivo, mediante el dictado de la Sentencia, entendemos que con su carácter de firme, o la condición suspensiva se haya cumplido, solo se verían afectados por el importe reconocido en el plan, bien el máximo, aunque hubiere sido menor o mayor su materialización, ora por la «*cantidad inferior*» del «*máximo*».

f) Los créditos con derecho real de garantía:

Quedan definidos en la primera parte del libro, por lo que evitaremos reiteraciones respecto de su naturaleza jurídica, clases y calificación concursal. Recordemos, no obstante, que, por créditos garantizados con garantía real, debemos entender a aquéllos que cuentan con garantía hipotecaria, pignoraticia o anticrética.

El art. 617.5 TRLC, para su liquidación, emplea el sistema del «*valor de la garantía*» en términos que nos remiten al límite del privilegio especial del art. 272 TRLC y la determinación de su valor razonable del siguiente art. 273 TRLC, de forma y manera que, si el valor del bien o garantía es inferior al de la obligación que garantiza, «*el crédito por exceso será tratado como no garantizado conforme a la clase que le corresponda según esta ley…*», el resto, el garantizado, se considerará como tal; a estos efectos, procede determinar el «*valor razonable*» del bien conforme a las reglas de su determinación del art. 273 T.R.L.C.

El planteamiento sobre este punto surge ante la consideración de si el crédito garantizado es un préstamo o un crédito y, así, aplicar la norma general del préstamo del art. 617.1 T.R.L.C. computando principal, recargos e intereses vencidos o la del crédito del art. 617.2 TRLC solo la parte del crédito dispuesta. En ambos casos, habría que tener presente que, respecto de los intereses y, dado que se está en fase preconcursal, no resultaría de aplicación su suspensión conforme al art. 152 TRLC; por lo que respecta al crédito, bien podría darse la situación de un bien de inferior valor al del importe del límite del crédito, pero la parte dispuesta del mismo tanto inferior al del valor del bien como al límite, el dispuesto estaría siempre reconocido como tal, aunque, si se dispusiese hasta el límite, el exceso sobre el valor del bien y el límite, quedaría a determinar conforme el art. 617.5 T.R.L.C. esto es, como «*no garantizado*». El valor de la garantía o bien o derecho sobre el que se constituye el derecho real se debe determinar, como decimos, siguiendo las reglas del art. 273 TRLC relativas al denominado «*valor razonable*», que no es, en sí mismo considerado, el teórico «valor de mercado», ni tampoco, necesariamente, el «valor de referencia» (fiscal), sino, en el supuesto de la valoración de los bienes inmuebles debe emitirse por una sociedad de tasación homologada e inscrita en el Registro especial del Banco de España, la cual, deberá reunir los siguientes requisitos, acorde con lo dispuesto en el art. 3 del Real Decreto 775/1997, de 30 de mayo, de régimen jurídico de homologación de los servicios y sociedades de tasación (B.O.E. 13.06.1997):

a) Revestir la forma de sociedad anónima de fundación simultánea domiciliada en el territorio nacional.
b) Contar con un capital mínimo de 50.000.000 de pesetas íntegramente desembolsado. Dicho capital ha de estar representado en acciones nominativas.
c) Limitar estatutariamente su objeto social a la valoración de todo tipo de bienes, empresas o patrimonios.
d) Contar con un número mínimo de diez profesionales de los cuales, al menos, tres han de ser profesionales vinculados.
e) Disponer de una organización con los medios técnicos y personales, y los mecanismos de control interno necesarios para asegurar tanto un adecuado conocimiento de la situación y condiciones del mercado inmobiliario sobre el que han de operar, como el cumplimiento uniforme de las normas de valoración aplicables y de las obligaciones e incompatibilidades establecidas en este Real Decreto.
f) Tener asegurada frente a terceros la responsabilidad civil, que por culpa o negligencia pudiera derivarse de su actividad de tasación mediante póliza de seguro suscrita con una entidad aseguradora habilitada legalmente para operar en España en el seguro de responsabilidad civil, por un importe no inferior a 600.000 euros más el 0,5 por mil del valor de los bienes tasados en el ejercicio inmediatamente anterior, hasta alcanzar la cifra máxima de 2.400.000 euros. La póliza deberá suscribirse de forma exclusiva para la actividad de tasación y alcanzará a toda la actividad de tasación de la sociedad, incluso cuando los daños o perjuicios económicos procedan de errores o negligencias cometidos por los profesionales que realicen las tasaciones. La póliza podrá contemplar las exclusiones excepcionales propias de las prácticas habituales aseguradoras en ese ramo.
g) Contar con un consejo de administración en el que todos sus miembros, así como los del consejo de administración de su entidad dominante cuando exista, sean personas de reconocida honorabilidad comercial y profesional, que posean conocimientos y experiencia adecuados para ejercer sus funciones y que estén en disposición de ejercer un buen gobierno de la entidad. Los requi-

sitos de honorabilidad y conocimiento y experiencia deberán concurrir también en los directores generales o asimilados, así como en las personas que asuman funciones de control interno u ocupen puestos claves para el desarrollo diario de la actividad de la entidad y de su dominante, conforme establezca el Banco de España.

Estas sociedades de tasación, a los efectos de realizar la valoración correspondiente, deberán seguir las normas previstas en la Orden ECO/805/2003, de 27 de marzo sobre normas de valoración de bienes inmuebles y de determinados derechos para ciertas entidades financieras (B.O.E. de 09.04.2003), debiendo seguir los siguientes principios, conforme dispone su art. 3:

a) Principio de anticipación, según el cual el valor de un inmueble que se encuentre en explotación económica es función de las expectativas de renta que previsiblemente proporcionará en el futuro.
b) Principio de finalidad según el cual la finalidad de la valoración condiciona el método y las técnicas de valoración a seguir. Los criterios y métodos de valoración utilizados serán coherentes con la finalidad de la valoración.
c) Principio de mayor y mejor uso, según el cual el valor de un inmueble susceptible de ser dedicado a diferentes usos será el que resulte de destinarlo, dentro de las posibilidades legales y físicas, al económicamente más aconsejable, o si es susceptible de ser construido con distintas intensidades edificatorias, será el que resulte de construirlo, dentro de las posibilidades legales y físicas, con la intensidad que permita obtener su mayor valor.
d) Principio de probabilidad, según el cual ante varios escenarios o posibilidades de elección razonables se elegirán aquellos que se estimen más probables.
e) Principio de proporcionalidad, según el cual los informes de tasación se elaborarán con la amplitud adecuada teniendo en cuenta la importancia y uso del objeto de valoración, así como su singularidad en el mercado.
f) Principio de prudencia, según el cual, ante varios escenarios o posibilidades de elección igualmente probables se elegirá el que dé como resultado un menor valor de tasación. Este principio será de aplicación obligatoria cuando el valor de tasación se utilice para alguna de las finalidades señaladas en el artículo 2.a), b) y d) de esta Orden.
g) Principio de sustitución, según el cual el valor de un inmueble es equivalente al de otros activos de similares características sustitutivos de aquél.
h) Principio de temporalidad, según el cual el valor de un inmueble es variable a lo largo del tiempo.
i) Principio de transparencia, según el cual el informe de valoración de un inmueble deberá contener la información necesaria y suficiente para su fácil comprensión y detallar las hipótesis y documentación utilizadas.

j) Principio del valor residual, según el cual el valor atribuible a cada uno de los factores de producción de un inmueble será la diferencia entre el valor total de dicho activo y los valores atribuibles al resto de los factores.

Por lo que respecta a la garantía establecida sobre valores mobiliarios que coticen en un mercado regulado, quedan fijados por el «*precio medio ponderado al que hubieran sido negociados en uno o varios mercados regulados en el último trimestre anterior a la fecha de declaración de concurso*» según la certificación que emita la sociedad rectora del mercado secundario oficial o del mercado regulado de que se trate. A estos efectos, el art. 43.1 de la L.M.V. define los mercados regulados, también denominados mercados secundarios oficiales como «*aquellos sistemas multilaterales que permiten reunir los diversos intereses de compra y venta sobre instrumentos financieros para dar lugar a contratos con respecto a los instrumentos financieros admitidos a negociación, y que están autorizados y funcionan de forma regular...*»; así, los españoles son los siguientes:

a) Las Bolsas de Valores.
b) El Mercado de Deuda Pública en Anotaciones.
c) Los Mercados de Futuros y Opciones, cualquiera que sea el tipo de activo subyacente, financiero o no financiero.
d) El Mercado de Renta Fija, AIAF.
e) Cualesquiera otros, de ámbito estatal, que, cumpliendo los requisitos previstos en el apartado 1, se autoricen en el marco de las previsiones de esta *ley* y de su normativa de desarrollo, así como aquellos, de ámbito autonómico, que autoricen las Comunidades Autónomas con competencia en la materia.

Nada nos dice la norma concursal respecto de la valoración de los valores emitidos dentro del mercado primario, respecto de los cuales el art. 33 L.M.V. dispone que no requieren de autorización administrativa previa y pueden colocarse por cualquier tipo de técnica adecuada, debiendo estar el emisor constituido según su legislación nacional y, en esencia, la base de su colocación en el Mercado se centra en la emisión del folleto informativo; solo si dichos valores son admitidos a negociación en un mercado regulado podrán considerarse por aquel sistema de valoración que acabamos de exponer, para lo cual, deberá requerir de la oportuna autorización administrativa previa y demás requisitos que exige el art. 36 L.M.V.

a) La aportación y registro en la CNMV de los documentos que acrediten la sujeción del emisor y de los valores al régimen jurídico que les sea aplicable.

b) La aportación y registro en la CNMV de los estados financieros del emisor preparados y auditados de acuerdo con la legislación aplicable a dicho emisor. Reglamentariamente se determinará el número de ejercicios que deben comprender los estados financieros.

c) En caso de resultar exigible, la aportación, aprobación y registro en la CNMV de un folleto, así como su publicación.

Por tanto, siempre quedará como persona idónea para valorar los valores emitidos dentro del mercado primario que no son admitidos a negociación en un mercado regulado, el «experto independiente» que designe el Registro Mercantil.

Tampoco se habla de la valoración de derechos sobre los que pueden establecerse garantías, tales como los derechos de crédito (de créditos hipotecarios, de devoluciones fiscales del I.V.A., de cobro de certificaciones de organismos públicos), de derechos hereditarios, de derechos de recompra, de indemnizaciones de seguros (art. 99 L.C.S.), y cualesquiera otros, para lo cual, siempre se han realizado las tasaciones en las ejecuciones civiles a los Abogados, en tanto que requiere de una valoración jurídica en cualquier caso, si bien, nos decantamos hacia aquellos profesionales que reúnan los requisitos propios para ser Contador-partidor hereditario, en tanto que, no solo saben partir jurídicamente la herencia, sino que, además, deben saber establecer los valores mobiliarios e inmobiliarios y derechos, estados contables del causante o valor del negocio, debiendo estarse, obviamente, incorporados como ejercientes en los Colegios profesionales correspondientes e inscritos en el Registro de Contadores-partidores.

g) Conversión de créditos en acciones o participaciones sociales:

El art. 632 TRLC dispone que, respecto de la conversión del crédito en acciones o participaciones sociales, con o sin prima, se debe entender que los créditos a compensar son líquidos, vencidos y exigibles, aunque no lo sean, por lo que deberá estarse al régimen de su liquidación correspondiente.

En segundo lugar, en esta situación preconcursal en la que no se ha nombrado Administrador Concursal habría que plantearse, además, ¿quién puede deducir de la masa activa «*los bienes y derechos necesarios para satisfacer los créditos contra ésta*»? Por lo dicho, todo apunta a que debe ser el propio deudor quien, en el plan de reestructuración que propone homologar realice esta deducción.

Pero ¿qué bienes y derechos son los deducibles? Nada especifica esta norma al respecto, por lo que habremos de acudir al art. 244 TRLC para, de forma negativa, ver que el pago de los créditos contra la masa solo puede hacerse «*con cargo a los bienes y derechos no afectos al pago de créditos con privilegio especial*», por lo que, en principio, no son deducibles bienes y derechos, hipotecados, pignorados o anticréticos. Excluidos éstos, nos quedarían los hipotéticos bienes libres de cargas que, difícilmente, pudiere tener un deudor preconcursal. ¿Qué bienes serían éstos, pues? Obviamente, no podrían ser los bienes liquidables, como bienes inmuebles, muebles o derechos realizables a medio o largo plazo, sino que esta masa activa deducible, en tanto que debe atender los pagos contra la masa, debería estar formada por bienes y derechos líquidos o de liquidación inmediata o próxima, tales como dinero en cuentas bancarias (capital circulante), rentas arrendaticias provenientes de alquiler de inmuebles, hipotecados o no, salvo que se haya constituido una hipoteca en garantía de éstas conforme al art. 157 L.H. La preferencia del cobro sobre estos créditos que regula el art. 10 LHMPSDP, esto es, sobre las semillas, gastos de cultivo y recolección de las cosechas o frutos y de los alquileres o rentas de los últimos doce meses, no rige estándose en concurso por razón a lo dispuesto en el art. 66 *in fine* LHMPSDP, otro tanto cabría decir respecto de las indemnizaciones de seguros sobre la vivienda hipotecada en los términos del art. 40 LCS; sin embargo, no hace falta recordar que la situación de la propuesta de plan de reestructuración no es una situación concursal, por lo que el acreedor hipotecario mobiliario o inmobiliario sí podría cobrar su crédito privilegiado especial a través de las precitadas preferencias ínterin se tramita el plan de reestructuración; no así si llegase a estarse en concurso.

Dentro de lo que se denomina clases, el TRLC en su art. 624 dispone que «*los bienes del deudor constituirán una clase única, salvo que la heterogeneidad de los bienes o derechos gravados justifique su separación en dos o más clases.*». En primer lugar, hay que aclarar que, como bien dice la norma, la garantía real se haya establecido sobre bien o derecho propiedad del deudor, lo que excluye, obviamente, los bienes ajenos, esto es, queda fuera de esta clasificación la hipoteca o prenda por débito ajeno, incluso el derecho anticrético; lo mismo sucede en la clasificación concursal, pues la garantía sobre cosa ajena no es un crédito con privilegio alguno, sino que en el concurso debe calificarse como crédito ordinario, subordinado o según proceda por la garantía personal que presta el deudor y no por la real que presta un tercero sobre su bien.

¿Cómo puede entenderse el concepto de «heterogéneo»? La razón nos lleva a considerar que el crédito garantizado con derecho real sobre bien o derecho del deudor puede dividirse, perfectamente, en varias clases, acorde con la cualidad de cada derecho, a saber: hipoteca inmobiliaria, hipoteca mobiliaria, prenda con desplazamiento de posesión, prenda sin desplazamiento de posesión o con pacto anticrético, incluso fórmulas mixtas como hipotecas con pacto anticrético o créditos garantizados con hipoteca y prenda, esto es, con aseguramientos mixtos o plurales. Todo esto puede pensarse que es un mero planteamiento teórico-jurídico, pero, en la realidad no es así, pues, por ejemplo, el acreedor hipotecario y pignoraticio puede ejecutar la prenda y cobrarse con ello parte del crédito, subsistiendo la hipoteca, poniéndose al corriente en los pagos, sin necesidad de ejecutar esta última, lo cual tiene que tener un tratamiento específico y distinto del que solo tiene una hipoteca sin recursos líquidos o de rápida liquidación como el caso que acabamos de exponer y, no digamos ya, del que tenga garantía hipotecaria y anticrética, que estaría cobrando su crédito mensualmente de las rentas correspondientes.

B) De las clases de créditos y su formación

Debemos comenzar recordando que nos hallamos en un período preconcursal y, por tanto, las «clases de créditos» propias de los planes de reestructuración no se sujetan, en principio, a la división realizada por el art. 269 TRLC, así como tampoco la subclasificación de los créditos privilegiados del art. 287 TRLC. El verdadero *quid* de la cuestión, de la consecución de la homologación de un plan de reestructuración se centra en la denominada «formación de clases» y su agrupación, siguiendo las reglas que dimanan de los arts. 622 y ss. TRLC 2022, que, como decimos y reiteramos, en principio, no siguen el criterio de la clasificación de los créditos concursales, o «clases de créditos» acorde con el art. 269 TRLC, a saber: concursales (privilegiados, ordinarios y subordinados) y créditos contra la masa del art. 242 TRLC, sino que las clases de la reestructuración reconfiguran los créditos por «*criterios objetivos*», según dispone el art. 623 TRLC, en base al llamado «*interés común*» que existe «*entre los créditos de igual rango determinado por el orden de pago en el concurso de acreedores.*»

La LRTRLC en su motivo III nos habla, más que del concepto de «perímetro de afectación», de qué supone el mismo y cómo debe articularse y, así, «*El control judicial sobre cómo se han agrupado los créditos para formar las distingas clases presupone un control sobre cómo se ha delimitado ese "perímetro de afectación" y garantiza que responda a criterios objetivos y suficientemente justificados. La única excepción al principio de universalidad del pasivo susceptible de afectación son los créditos públicos, los créditos laborales, los alimenticios y los extracontractuales.*» por lo que, si bien, el acreedor es libre de estructurar la propuesta de plan de reestructuración así como sus acreedores de aceptarla, será, en cualquier caso y última instancia, el tribunal concursal quien dé la única validez a la delimitación del perímetro realizada por deudor y acreedores siempre y cuando se ajuste a las normas legales requeridas para poder ser homologado el mismo, plan que, en cualquier caso debe responder a los principios de objetividad, interés común y buen fin de la reestructuración.

Es muy importante destacar que la formación de clases solo puede responder a criterios objetivos u objetivables, desterrando los meramente subjetivos o personales de los acreedores, no solo porque éstos podrían ser tantos como personas o subjetividades, que no llevarían a ningún acuerdo, sino porque, al objetivar, se trata de homogeneizar las soluciones de reestructuración, quita y espera, bajo el amparo del principio de la *par conditio creditorum* que, desde siempre, ha regido en el Derecho de insolvencia, pues la ruptura de esta regla siempre ha generado, no solo injustos o agravios sino, además, disrupciones en las soluciones armónicas o pacíficas de la situación de insolvencia, como sería generar indefinidos incidentes concursales tendentes a la impugnación de tal o cual acuerdo preferente hacia tal o cual acreedor de igual razón, lo que acaba concluyendo con la destrucción de la actividad del deudor y de la de algún que otro acreedor.

El epígrafe (44) de la Directiva (UE) 2019/1023 nos habla de las siguientes «categorías» de acreedores:

1. Con y sin garantía y, éstos, a su vez, subdividirse en partes garantizadas y partes no garantizadas «*sobre la base de la valoración de las garantías*», debiendo acudir al concepto de valor razonable del bien o derecho gravado en los términos de los arts. 272 y 273 TRLC, con lo que, un mismo acreedor podría estar incluido en dos clases diferentes por un mismo crédito o préstamo, a saber, en uno, por la parte cubierta por el valor razonable y en otro, por el exceso no cubierto por el valor y, en consecuencia, afectarle la reestructuración de diferente manera en cuanto a plazo y porcentaje.
2. Acreedores que «*carezcan de comunidad de intereses suficientes, como las administraciones tributarias y de seguridad social*», los cuales deben estar en categorías separadas del resto de acreedores que no son de Derecho público.
3. Acreedores «*no diversificados o especialmente vulnerables*» como son los trabajadores o los pequeños proveedores, los cuales deben tener trato específico, en diferentes categorías para que «*puedan disfrutar de esa clasificación por categorías.*» Resulta un tanto «chirriante» la consideración de «*disfrutar*» que se emplea en el texto en Castellano, pues en un concurso, nadie «disfruta» y menos los trabajadores o proveedores; si acudimos a la definición del DRAEL, la primera acepción del verbo disfrutar es: «*Percibir o gozar los productos y utilidades de algo*», por lo que el uso en el TRLC parece que se centra más en el «goce» de cobrar algo, que en el «percibo» de dinerario, pues, salvo una quita total del crédito, todos los acreedores, siempre, percibirán algo, por lo que no tiene ningún sentido el uso de dicha palabra. No obstante, para descifrar la *ratio legis,* debemos acudir a la traducción oficial en Francés de la Directiva 2019/1.023, que emplea el término «*retraiten un avantage*» que, traducido al Castellano, sería «obtengan una ventaja» o mejora en el recobro de su crédito, esto es, que se premie a este grupo de acreedores débiles; si, ahora, acudimos a la otra versión oficial, en Inglés, tenemos «*would benefit*» que se traduciría literalmente como que «se beneficiasen», aunque también puede traducirse como obtuviesen algún provecho. Ventaja o provecho, lo que pretende la Directiva comunitaria es primar a este grupo de acreedores, que se les mejore respecto del resto de clases de acreedores.

Sin perjuicio de cuanto antecede, hay que manifestar que el párrafo (45) de la Directiva (UE) 2019/1023 dispone la obligación de los Estados miembros de eximir a los deudores PYME de la formación de clases, «*habida cuenta de la estructura relativamente sencilla de su capital*», lo cual, implicaría la formación de una sola clase, si ésta votase contra el plan de reestructuración, los deudores PYME tendrán la posibilidad de presentar otro plan; así lo dispone el art. 9.4 de la precitada Directiva.

Vayamos nuevamente, a la **S.A.P. València —9.ª— 86/2024** que, en su epígrafe 6.2 establece la postura de la Sala sobre el control de la delimitación del denominado «perímetro de afectación». cabe decir que se descarta «*la posibilidad de atribuir al deudor plena libertad a la hora de definir el perímetro sin que quepa ningún tipo de control judicial ni tan siquiera a través de la oposición previa o impugnación del auto de homologación del PR a instancia de parte*», pues puede favorecer el fraude de ley. En segundo lugar, considera la Sala que «*cuando se pretende la homologación de un PR con el apoyo de una minoría del pasivo... estamos ante un escenario de excepcionalidad y los Tribunales no pueden quedar al margen, sino que deben examinar si el instrumento que el legislador ha facilitado se está utilizando correctamente y no de forma fraudulenta o con abuso de derecho...*». Por lo que respecta a la «regla de no discriminación» «*solo es aplicable a los créditos afectados (dentro de la misma clase o entre clases separadas pero que incluyen créditos del mismo rango), por lo que no sirve para controlar o comparar los créditos que están dentro del perímetro con los créditos que están fuera del perímetro, porque se caería en el absurdo de que siempre habrá un trato menos favorable...*».

Continúa la S.A.P. considerando, con acertado criterio, que «*253... el control judicial del perímetro debe hacerse con base en los mismos criterios que se utilizan para separar los créditos en distintas clases; de esta manera podrían dejarse fuera por ejemplo los créditos garantizados e incluir los ordinarios, y dentro de éstos, dejar fuera los financieros e incluir los comerciales, entre otros. Por ello, siempre y cuando se haya justificado suficientemente con base en unos criterios objetivos el perímetro de afectación deberá desestimarse la impugnación por defectuosa formación de clases...*».

Por último, la S.A.P. fija las «*reglas o criterios imperativos en la formación de las clases*» en su epígrafe 284, bajo los siguientes parámetros:

> «(i) El primer criterio es el rango concursal, determinado por el orden de pago, lo que significa que los créditos de distinto rango concursal deben separarse en clases

distintas —art. 623.2 TRLC—. Se trata de una regla de separación vertical de los créditos. Por lo tanto, en lo sustancial, la formación de clases deberá ajustarse a los criterios de clasificación de los créditos concursales, recogidos en el Capítulo III del Título V del Libro I del TRLC que regula el concurso de acreedores, en sus artículos 269 y siguientes. Y, en consecuencia, la división de clases se corresponderá con la naturaleza de los créditos: créditos privilegiados, créditos ordinarios y créditos subordinados. Y dentro de los créditos privilegiados, el propio TRLC distingue entre los créditos con privilegio especial y créditos con privilegio general. Esta regla implica que los créditos garantizados no pueden estar incluidos en la misma clase que los no garantizados, o los ordinarios en la misma clase que los subordinados.

(ii) El segundo de los criterios imperativos es que los créditos con garantía real deben constituir una clase separada del resto (sin perjuicio de que puedan separarse en una o más clases, lo que analizaremos más adelante), y así lo dice expresamente el art. 624 TRLC. Criterio éste que viene impuesto también por el art. 9.4 y considerando 44 de la Directiva 1023/2019.

(iii) El tercer criterio legal imperativo es aquél que impone que los acreedores, PYMES, a los que el PR les va a suponer un sacrificio superior al 50% del importe de su crédito, también deben constituir una clase de acreedores separada (art. 623.3 in fine).

(iv) Por último, los créditos públicos también deberán constituir una clase separada (art. 624bis TRLC).»

a) Criterio de clasificación general de las clases: El orden de pago

¿Qué entiende, pues, el Legislador por «interés común»? Difícil es encontrar un interés distinto del de cobro de la mayor cantidad posible en el mínimo tiempo factible, lo propio de una suspensión de pagos, bien con la pervivencia del deudor, de la actividad, para generar dinerario con el cual cumplir con esa quita y esa espera o, por el contrario, no siendo ésta factible, directamente, liquidar los activos, bienes y derechos del deudor, si es que los hay y ver cuánto se puede recuperar. Sin embargo, el Legislador de 2022, más que definir qué se entiende por «interés común», considera que el mismo existe (*ex* ar. 623.2 TRLC) «*entre los créditos de igual rango*», lo que debemos entender que se trata de considerar que existen por la clasificación del art. 269 TRLC, como decíamos precedentemente, pero este «rango» preconcursal se determina «*por el orden de pago en el concurso de acreedores*», esto es, siguiendo las normas del título IX del Libro primero TRLC (arts. 429 a 440) lo cual implicaría aplicar la norma del art. 429 en primer lugar, pero, comoquiera que nos hallamos en Derecho preconcursal, en primer lugar, habría que cuestionarse si esta norma de deducción de activos, aplicable para el concurso, también lo es para el preconcurso; la respuesta debe ser afirmativa, pues si no se deducen los bienes necesarios para pagar los créditos contra la masa (léase el arrendamiento del local de negocio o el suministro eléctrico), ningún sentido tendría no pagarlos, lo que conllevaría, de forma inexorable, a la conclusión de la actividad, lo que haría inviable cualquier plan de reestructuración.

La **S.A.P. València —9.ª— n.º 86/2024, de 27 de marzo** refiere la existencia de interés común del siguiente modo:

> «283. El criterio o cláusula general para la formación de clases está recogida en el art. 623.1 TRLC, en el que se establece que la formación de clases debe responder a la existencia de un interés común para los integrantes de cada clase determinado conforme a criterios objetivos, en consonancia con el art. 9.4 de la Directiva 1023/2019, que habla de "comunidad de intereses" o "criterios comprobables". Por tanto, la primera conclusión que debemos extraer es que la formación de clases no debe depender de criterios subjetivos o personales de los acreedores, aunque éstos puedan tener un interés común.»

b) Criterio de subdivisión de clases: que haya razones suficientes para establecerla.

Una vez hemos ordenado los créditos por el interés común que tienen los de igual rango concursal aparece una subdivisión para cada uno de ellos, que acoge una excepción implícita, cual es la del art. 623.3 TRLC que permite que, dentro del mismo rango concursal se separen tantas clases como se quiera, pero, siempre que se justifique suficientemente esta subdivisión mediante criterios objetivos. No tiene ningún sentido, por ejemplo, que, dentro del mismo rango a uno o varios acreedores se les «imponga» una quita del 95 % y a otros, también del mismo rango, una del 5 %, pues no hay una *par conditio* entre unos y otros de igual rango. Esto, sería tan difícil de justificar con la suficiencia requerida por su incongruencia o falta de relación lógica.

A estos efectos, el propio precepto recoge los siguientes parámetros para poder subdividir según la naturaleza financiera o no del crédito, a saber:

(i) Según la naturaleza financiera del crédito:

En este punto, hay que decir que la generalización del término «*naturaleza financiera*» puede alcanzar, tanto a una entidad financiera por concesión de préstamo o crédito al deudor, como a un simple acreedor comercial por factura aplazado el pago, por ejemplo, mediante la emisión de un pagaré o una letra de cambio, incluso el arrendador que va postergando el cobro de la renta del local de negocio; así lo consideramos, si tenemos en consideración que la raíz etimológica de «finanza», como fácilmente puede observarse, deriva del Latín «*finis, -is*», en el sentido de que financiar viene a significar poner fin a un pago, «*finem facere*», poner fin o término, aplazándolo en el tiempo. Véase que el Legislador no exige que la financiación o reestructuración se haga con «dinero nuevo» o «*fresh money*» como sí que se exigía para los acuerdos de refinanciación *ex* art. 598.1.2.º TRLC 2020, lo cual, siempre resultaba un óbice para alcanzar dicho acuerdo, pues «tapaba» dinero «viejo o malo» con «nuevo o bueno», lo cual no entra en la casuística de insolvencia por entidades financieras; así pues, lo que pretende el Legislador de 2022 es reducir la carga financiera más que incrementarla. No obstante, el art. 10.1.b) de la Directiva (UE) 2019/1.023 del Parlamento Europeo y del Consejo prevé la realización de planes de reestructuración que prevean una nueva financiación, por lo que el «*fresh money*» sí cabría y, así se incluye en el art. 633.9.ª en relación con el art. 635.3.º TRLC.

A modo meramente ilustrativo, hay que recordar el art. 563 bis b) del Código Penal anterior al de 1995 penaba el delito denominado «cheque en descubierto»; como sabemos, el cheque es pagadero «a la vista» (art. 134 LCCh), esto es, pagadero con su sola presentación en el servicio de Caja del Banco, sin embargo, si el cheque, durante el tiempo de vigencia del art. 563 bis b) C.P. de 1973, se entregaba en garantía, se antedataba o posdataba o se emitía bajo condición suspensiva, quedaba desnaturalizado el mismo, el propio instrumento de pago a la vista o en el acto y se convertía en un instrumento de financiación, en un préstamo, crédito o similar, absolviéndose penalmente al firmante del cheque. En igual sentido cabe entender que cualquier aplazamiento de pago tiene una finalidad financiera y que, solo el pago contra presentación de la factura al deudor, no lo sería.

Pero, la norma concursal del art. 623.4 TRLC va más allá cuando realiza un *numerus clausus* concretando qué se entiende por «*créditos financieros*»:

1. Contratos de crédito o préstamo, independientemente de quien sea su titular. Nos remitimos a las definiciones y naturaleza jurídicas que realizamos precedentemente, pero, si bien el concepto de préstamo siempre queda claro acorde con lo dispuesto en el art. 312 C.com., el de crédito debe englobar, como decíamos, cualquier aplazamiento de pago en la devolución de la cantidad acreditada o confiada al deudor o de la venta realizada que no sea pagadera en el acto, por lo que, en este supuesto, entrarían también, los créditos comerciales o realizados por particulares.

2. Los de crédito o préstamo realizados por entidades financieras, sujetas o no a supervisión prudencial, incluidas las entidades aseguradoras, éstas por los seguros de crédito por los que la compañía aseguradora paga a su asegurado la insolvencia del deudor (art. 69 LCS), entrando en el plan de reestructuración por vía de subrogación contractual y el de caución (art. 68 LCS) por el que la aseguradora paga a su asegurado por resarcimiento o penalidad los daños patrimoniales por éste sufrido, pago que habrá de reembolsarse por el tomador del seguro, en nuestro caso, el deudor, entrando, también por la vía de la subrogación.

   Por lo que respecta a las entidades financieras, hay que recordar el Sistema Europeo de Supervisión Financiera creado por los arts. 114 y 127, apartado 6, del Tratado de Funcionamiento de la Unión Europea y sus Reglamentos (UE) 1.092, 1094 y 1095/2010, a cargo del Mecanismo Único de Supervisión, dirigido por el Banco Central Europeo, entre las que participa el Banco de España; pero, insistimos, la norma no exige que estén supervisadas las entidades financieras, exigiéndose únicamente, que ostenten el carácter de tales, lo que representa una mera habitualidad profesional en la realización de operaciones de financiación.

   De otro lado, hay que indicar que las instituciones o entidades financieras vienen así consideradas en la Disposición adicional undécima de la LSC conforme al siguiente listado:

   a) Entidades de crédito definidas como empresas cuya actividad consista en recibir del público depósitos u otros fondos reembolsables y en conceder créditos por cuenta propia [art. 4.1.1) Reglamento (UE) n.º 575/2013].
   b) Establecimientos financieros de crédito.
   c) Empresas de servicios de inversión definidas como el art. 4.1.1) de la Directiva 2004/39/CE (DOUE n.º 145, de 30 de abril) como toda persona jurídica cuya profesión o actividad habituales consisten en prestar uno o más servicios de inversión o en realizar una o más actividades de inversión con carácter profesional a terceros.
   d) Entidades de pago.
   e) Entidades de dinero electrónico.

f) Sociedades financieras de cartera y sociedades financieras mixtas de cartera definidas conforme a los artículos 4.1.20) y 4.1.21) del Reglamento (UE) n.º 575/2013, de 26 de junio, sobre requisitos prudenciales de las entidades de crédito y las empresas de inversión, y por el que se modifica el Reglamento (UE) n.º 648/2012 publicado en el D.O.U.E. n.º 176, de 27 de junio de 2013.

3. Por último, entran los «*contratos de naturaleza análoga como los arrendamientos financieros o las operaciones de financiación de bienes vendidos con reserva de dominio, aval o contra aval, factoring y confirming.*», remitiéndonos a los capítulos precedentes, en los que hablábamos de su definición y naturalezas jurídicas. Se verá, igualmente, que no exige el precepto la inscripción de estos contratos, los inscribibles, en el Registro de Bienes Muebles, ni en ningún otro, por lo que, igualmente podría considerarse incluidos en éstos los contratos denominados de «arrendamiento de vehículos» que vienen a ser igual en su redacción y condiciones similares a los del *renting*, pero que no se inscriben por el costo derivado de la inscripción, lo que tienta al arrendatario para cambiar de vehículo, por ejemplo, quinquenalmente mediante una sucesión de contratos en el tiempo.

(i) Según la naturaleza no financiera del crédito:

El último párrafo del art. 623 TRLC excluye de forma absoluta dentro de los créditos financieros a los créditos «*de operaciones comerciales*», debiendo entenderse por éstos, aquellos por los que un proveedor ordinario aplaza el pago de una venta mediante el típico aplazamiento a treinta (30), sesenta (60) y noventa (90) días, salvo, dice la norma «*que hayan sido cedidos a una entidad financiera*», esto es, que el Legislador está pensando en el *factoring*, en cuyo caso, el crédito factorizado sí que sería un crédito de financiación a favor de la entidad financiera, pero, nunca sería así considerado si lo mantuviese el proveedor.

En definitiva, por «crédito financiero» debemos definirlo negativamente y entender aquéllos cuya financiación no venga derivada de operaciones meramente comerciales, las efectuadas con el proveedor, salvo que éste lo haya cedido a una entidad financiera.

(iii) Acreedores con conflicto de intereses:

Además del carácter de financiero o no del crédito, puede (carácter facultativo) realizarse otra subdivisión o subclase, atendiendo a si hay o puede haber conflicto de intereses, aun cuando no pertenezcan a la misma clase.

Aquí hemos de acudir a la Directiva (UE) 2019/1.023 del Parlamento Europeo y del Consejo, de 20 de junio de 2019, sobre marcos de reestructuración preventiva, exoneración de deudas e inhabilitaciones, y sobre medidas para aumentar la eficiencia de los procedimientos de reestructuración, insolvencia y exoneración de deudas y por la que se modifica la Directiva (UE) 2017/1.132 (Directiva sobre reestructuración e insolvencia), en cuyo epígrafe (67) expone la situación de conflicto de intereses «*como las transacciones entre partes relacionadas o entre los accionistas y la empresa y las transacciones en las que una parte recibe fondos o garantías sin tener derecho a ello en el momento de la transacción o en la manera en que se ejecutó.*», por lo que los créditos que mantengan algún tipo de relación o vinculación, llamémosle, «de proximidad» con el deudor, en principio, más allá de la estrictamente comercial o financiera, merecen una clase o clasificación aparte (art. 9.3.c) de la Directiva (UE) 2017/1.132), relación que deberá atenderse conforme a la legislación de cada Estado miembro, en nuestro caso, el art. 282 TRLC.

Además, también entrarían en este orden aquellos créditos que hayan sido «primados» en los fondos o en las garantías sin tener derecho a ello, rompiendo la regla de la *par conditio creditorum,* por lo que estaríamos trabajando en el entorno del art. 667 TRLC, en los que el conflicto no surge ya por su vínculo de proximidad, sino por el hecho de haber garantizado el crédito de forma que pudiere resultar rescindible o atacable tal aportación de garantía o porque el reconocimiento de la garantía le haría ocupar un puesto, llamémosle, privilegiado junto a otros acreedores con garantía que, sin habérsele primado, ocuparían puesto en otra clase, de peor condición o resultado.

(iv) Clases según su afectación por plan de reestructuración

Otra de las subclases que establece el art. 623.3 TRLC se centra, no en el tipo o género de acreedor, sino en el efecto que se va a causar a los acreedores por la afectación del plan homologado, por su homogeneidad y, así, por los que tengan iguales porcentajes de quita o de espera o de capitalización de créditos, incluso cabría entender, incluso de reducciones de tipos de interés aplicables de forma, como decimos, homogénea, pues, como reiteramos, la reestructuración también puede entrare en las condiciones contractuales financieras.

(v) Las PYME en el plan de reestructuración

La Directiva (UE) 2019/1.023 entiende por «PYME» tanto las microempresas como las pequeñas y medianas empresas, las cuales vienen diferenciadas del siguiente modo por el art. 2 del Reglamento (UE) n.º 651/2014 de la Comisión, de 17 de junio de 2014, por el que se declaran determinadas de ayudas compatibles con el mercado interior en aplicación de los artículos 107 y 108 del Tratado (D.O.U.E. n.º 187, de 26 de junio de 2014, páginas 1 a 78):

a) La categoría PYME, que incluye a las microempresas, pequeñas y medianas empresas, viene enmarcada por las empresas «*que ocupan menos de 250 personas y cuyo volumen de negocios anual no excede de 50 millones EUR o cuyo balance general anual no excede de 43 millones EUR.*»; así pues, éste es el marco laboral-contable que marca el hito frente a la gran empresa.

b) Dentro de la categoría PYME se define como «pequeña empresa» a aquélla que ocupa a menos de 50 personas y cuyo volumen de negocios anual o cuyo balance general anual no supera los 10 millones EUR.

c) Por último, se define la «microempresa» como aquélla que ocupa a menos de 10 personas y cuyo volumen de negocios anual, o cuyo balance anual no supera los 2 millones EUR tal y como resulta del art. 2.3 de la Recomendación de la Comisión, de 6 de mayo de 2003, sobre la definición de microempresas, pequeñas y medianas empresas. Véase, a estos efectos, las características concretas que definen el concepto de microempresa a los efectos de su procedimiento especial, previsto en el art. 685 T.R.L.C., en el que, además de los parámetros de la Directiva 651/2014, incluye el de horas de trabajo realizadas por el conjunto de la plantilla.

d) No queda definido en este artículo el concepto de «mediana» empresa, pero, por exclusión, será aquélla cuyos hitos se encuentren entre los más de 50 personas ocupadas y menos de 250, así como su volumen anual de negocios o balance anual sea inferior a 43 millones EUR o superior a 10 millones EUR.

Así pues, el art. 623.3 TRLC dispone que, cuando los acreedores sean PYME, entendidas como las del precedente apartado «a)» «*y el plan de reestructuración suponga para ellas un sacrificio superior al cincuenta por ciento del importe de su crédito, deberán constituir una clase de acreedores separada.*» El Legislador es consciente de la debilidad (vulnerabilidad) económica y jurídica de las PYME ante los concursos de grandes empresas, incluso de PYME, por lo que permite un voto de mejor calidad dentro de un panorama o masa pasiva en que son como un grano de arena en el desierto, valga la comparación.

No obstante, el párrafo (45) de la Directiva (UE) 2019/1023 dispone la obligación de los Estados miembros de eximir a los deudores PYME de la formación de clases, «*habida cuenta de la estructura relativamente sencilla de su capital*», lo cual, implicaría la formación de una sola clase, si ésta votase contra el plan de reestructuración, los deudores PYME tendrán la posibilidad de presentar otro plan; así lo dispone el art. 9.4 de la precitada Directiva.

(vi) Los créditos con garantía real

Se trata de una categoría, subclase o subgrupo que merece tener una ubicación especial para no perjudicar la garantía real y, consiguientemente, la comunidad de intereses de los diversos acreedores que cuenten con ella y, así, el art. 624 TRLC dispone que, necesariamente, éstos «*constituirán una clase única*», sin distinción del tipo de garantía real, como ya hemos explicado en los capítulos correspondientes y, por tanto, sin observar la especie de garantía de que se trata, a saber, si se trata de un bien inmueble, uno mueble, un derecho o de unos derechos arrendaticios, por lo que, *a priori* y sustantivamente, no parece que haya un mismo interés por el hecho de disponer de una garantía real crediticia.

Consecuentemente con cuanto acabamos de expresar, el precitado artículo establece una excepción al hecho de constituir una sola clase, cuando la «*heterogeneidad de los bienes o derechos gravados justifique en dos o más clases.*», lo cual es plenamente lógico y necesario por las razones antedichas.

En índole rituaria, consideramos que en el plan no es necesario constituir subclases de la clase de acreedores con garantía real, pues, bastaría con identificar cada una de aquéllas como, por ejemplo, «créditos con garantía real hipotecaria», «créditos con garantía real pignoraticia» y «créditos con garantía real anticrética», por ejemplo, dándole a cada uno unos porcentajes o tratos iguales o diferenciados, según la idiosincrasia de cada uno de ellos.

(vii) Créditos de Derecho público

Ya hablamos, precedentemente, de que el epígrafe (44) de la Directiva (UE) 2019/1023 exige la constitución de una clase «separada» entre las clases de su mismo rango concursal, como así cumple el art. 624 bis TRLC, separando al acreedor público del resto de acreedores, dada la especificidad que representan los arts. 616 y 616 bis TRLC para su reestructuración singular, antes tratados.

C) De la confirmación judicial de las clases de acreedores

La confirmación de que las clases de acreedores se han realizado correctamente con la norma, puede realizarse en uno de dos momentos, según disponen los arts. 625 y 626 TRLC, a saber: lo primero que hay que determinar es quién o quiénes pueden solicitar la confirmación y, conforme a estos preceptos, están (i) el propio deudor y (ii) los acreedores, pero no todos, sino solo los que representen más del cincuenta (50 %) por ciento del pasivo que vaya a quedar afectado por el plan de reestructuración, esto es, aquéllos a los que se refiere el art. 616 TRLC, remitiéndonos para su enumeración a los apartados precedentes, si bien, hay que concretar que (*a*) no forman parte de tal masa pasiva y, por ello, no pueden pedir la confirmación judicial, (i) ni los créditos de alimentos, (ii) ni los derivados de responsabilidad civil extracontractual, (iii) ni los derivados de relaciones laborales distintas de las de alta dirección, (iv) ni los créditos futuros que nazcan de contratos de derivados; pero, (*b*) tampoco podrán pedirlo aquellos acreedores que, aun pudiendo quedar afectados según dispone el art. 616 TRLC, no hubieren sido incluidos en el plan de reestructuración como crédito afectable; tal es el caso de los créditos de Derecho público —o cualquier otro— que, pudiendo ser afectado, por razones debidamente justificadas, no se incluya como crédito afectable. Así pues, solo los créditos que, siendo afectables por el TRLC, al mismo tiempo, fueren afectables por deudor y acreedores, podrán solicitar la confirmación judicial de las clases de acreedores.

La solicitud al tribunal de la correcta formación de clases, no precisa que lo sea de todas las que componen el plan de reestructuración, puede hacerse de una solo o de algunas, precisamente, aquellas que pueda reportar mayor riesgo jurídico o económico, para lo cual, es preceptivo acreditar documental y correctamente, la comunicación de la propuesta de la formación de la clase o clases a los afectados. Véase que el precepto del art. 626.1 TRLC no exige que se acredite la comunicación de apertura de negociaciones del art. 585 TRLC, sino de una comunicación específica por la que se le haya comunicado la formación de su clase concreta. Sin embargo, no compartimos este criterio, pues puede darse la situación conforme a la cual, a este concreto acreedor no le afecte esta clase formada, en los términos en que se le comunica y, sin embargo, la formación de las restantes, que no resulta preceptivo comunicarle, sí que le puedan perjudicar, baste considerar, dado que estamos tratando el Derecho bancario, que puede darse una mejora en la quita o en la espera a los créditos hipotecarios sindicados, que al acreedor hipotecario individual, o viceversa, por lo que, si uno de éstos ignora la subclase formada y solo conoce la suya propia, difícilmente, puede el tribunal confirmar la corrección de la formación de la clase o subclase correspondiente y, por supuesto, tampoco el acreedor puede oponerse a la misma en los términos del art. 626.3 TRLC, máxime, por cuanto que esta oposición se resuelve mediante sentencia, contra la que no cabe recurso alguno.

Hay que tener bien presente que el efecto principal de la confirmación de las clases radica en que no puede invocarse nuevamente (*non bis in idem*) como motivo de impugnación u oposición a la homologación judicial del plan, conforme al art. 626.4 TRLC, por lo que, para un mayor conocimiento del acreedor de todas las clases formadas, resulta más oportuno esperarse al trámite de oposición a la homologación del plan, pues, si bien, el plan ya ha sido elevado a escritura pública, se conocen todas las clases.

D) De la aprobación del plan de reestructuración

El sistema de aprobación del plan de reestructuración, como paso previo y requisito *sine qua non* para su homologación y despliegue pleno de sus efectos, viene regulado por los arts. 627 y ss. TRLC, debiendo discurrir por el siguiente *iter*.

h) Acuerdo de Junta extraordinaria de la sociedad deudora.

El art. 631 TRLC la especialidad de la celebración de la Junta extraordinaria de socios o partícipes la compañía deudora a que alude el deber de convocatoria del art. 365.3 *in fine* LSC para acordar la comunicación de la existencia de negociaciones y la del 367.3 TRLC para el plan de reestructuración no homologado.

Este precepto ha sido modificado por la Ley Orgánica 1/2025, de 2 de enero que exonera a los Administradores sociales del deber de convocar junta general para la adopción del acuerdo de disolución, cuando hubieran solicitado en debida forma (i) la declaración de concurso de la sociedad o (ii) comunicado al juzgado competente la existencia de negociaciones con los acreedores para alcanzar un plan de reestructuración, del activo, del pasivo o de ambos, convocatoria que deberá realizarse en el plazo de dos (2) meses desde que dejen de estar vigentes los efectos e dicha comunicación prevista en el art. 585 TRLC.

Ahora bien, estamos hablando de la propuesta —remarcamos: «de la propuesta»— del plan de reestructuración, pero solo para el supuesto de que la propuesta de plan de reestructuración «*contenga medidas que requieran el acuerdo*» de dichos socios:

(i) En sociedades de capital: los plazos que debe haber entre la convocatoria de la junta y la fecha prevista para su celebración que queda fijado en diez (10) días, entendámoslos como naturales con el cómputo del art. 5 C.c.

(ii) En las sociedades de capital admitidas a negociación en un mercado regulado se aplica la misma norma del precedente apartado (i), si bien, el plazo es superior, de veintiún (21) días.

i) Comunicación de la propuesta del plan:

No debemos confundir la comunicación del art. 627 TRLC con la comunicación de apertura de negociaciones con acreedores del art. 585 TRLC, ni con la del art. 690 TRLC del procedimiento especial para microempresas, si bien, la primera de ellas es un paso previo para esta segunda comunicación, pues, la primera va dirigida al tribunal competente para conocer, en su caso, del concurso de acreedores y la que ahora nos ocupa, va dirigida a los acreedores, necesaria la primera para que despliegue sus efectos de paralización de ejecuciones y la segunda, para comenzar una negociación lo más equilibrada entre deudor y acreedores; por tanto, si una u otra comunicaciones no se realizan, obviamente, el plan, no solo no será homologado, sino que, además, nunca producirá más efecto que los propios de la declaración de concurso. Esta comunicación debe guardar los siguientes hitos:

(vi) Debe ser individualizada a cada acreedor:

En la práctica habitual este hecho así se suele realizar, pero, el problema viene cuando, por las razones que se consideren, el deudor notifica al «servicio de atención al cliente» del acreedor correspondiente, el cual, según los casos, no siendo competente para conocer de insolvencias, dado que el sistema de I.A[142]. no está programado para derivar a un departamento jurídico interno o externo de la empresa correspondiente, jamás cumple el acreedor concreto con los trámites conducentes, lo cual no es conveniente no solo para éstos, sino tampoco para el deudor, pues no alcanzará los *quorum* de

142 Inteligencia artificial.

las mayorías requeridas para la aprobación del plan. Lo más conveniente, rituaria y sustantivamente, es realizar todos los esfuerzos necesarios por el deudor para conseguir la dirección postal o electrónica de sus acreedores.

(vii) Debe remitirse la comunicación «*por vía postal o electrónica*»:

No es muy exigente el TRLC en cuanto a la efectividad de la comunicación, pues no requiere su fehaciencia en cuanto al envío, contenido y recepción, como puede ser la remisión mediante el sistema de burofax o de e-mail certificado por un «*Qualified trust services provider*» homologado por la Comisión Europea (la lista se encuentra en el enlace https://eidas.ec.europa.eu); no obstante, dejar abierta la comunicación «*electrónica*» sin más calificativos implicaría la posibilidad del uso de SMS, videollamadas o cualquier otro tipo de mensajería como los *whatsapps*. Sea como fuere, lo más conveniente o eficiente, siempre será el sistema de burofax, donde consta la identificación del acreedor y su domicilio, mientras que las direcciones electrónicas, según casos, no identifican nada de esto.

(viii) Si se desconoce la «*identidad o dirección*» del acreedor:

Ya es duro no conocer la identidad del acreedor. No nos imaginamos cómo puede un deudor no conocer a su proveedor que le emite una factura por la compra, o al suministrador de servicios eléctricos, o a la entidad financiera con la que contrató el préstamo, incluso al acreedor por responsabilidad civil que obtuvo sentencia favorable o a los socios de la sociedad deudora. Que no se conozca la dirección, puede ser más entendible, pero, en cualquier caso, reiteramos lo dicho.

Ahora bien, cuando no se conozcan dichos datos, podrá realizarse la comunicación a los acreedores a través de «*la página web de la sociedad*» —nada se prevé para los empresarios o profesionales— lo cual, en principio, es tanto como presuponer que todas las sociedades tienen página *web* —solo obligatoria para las cotizadas, *ex* art. 11 bis LSC— y que ésta, además, permite convocatorias a personas cuya identidad y dirección desconocemos, *sic*. Sinceramente, no se alcanza a entender la dicción y la intención del Legislador, pretendiendo hacer una convocatoria a los acreedores —ignotos— como si de socios —conocidos— se tratase, siguiendo el símil de las reglas de la LSC.

(ix) Imposibilidad de la comunicación:

Cuando todo esto resulte insuficiente para realizar la comunicación a los acreedores, debidamente identificados previamente, por haber fracasado la misma por los medios empleados, el Experto en la reestructuración, si ha sido nombrado según las normas del art. 672 TRLC, esto es, con carácter voluntario o con carácter de obligado según los casos previstos en el art. 673 TRLC, deberá solicitar al Letrado o Letrada de la Administración de Justicia del Juzgado competente para conocer de la homologación del plan, la publicación de un edicto en el Registro Público Concursal, con las indicaciones propias de consulta del plan.

Caso de que no haya sido nombrado Experto en la reestructuración, podrán solicitar el sistema edictal de comunicación «*quienes vayan a pedir la homologación del plan*»; esto es, las personas a las que alude el art. 643 TRLC, a saber: (i) el propio deudor o (ii) por cualquier acreedor afectado que haya suscrito el plan de reestructuración.

(x) La comunicación a los acreedores de Derecho público:

Debe realizarse, indefectiblemente, a través del servicio establecido en la sede electrónica de cada entidad, aportando la información correspondiente con el correspondiente formulario normalizado.

(xi) La comunicación a los acreedores sindicados:

Los acreedores vinculados por pactos de sindicación, que pueden ser, tanto los socios como las entidades financieras, según explicamos en el capítulo correspondiente a los préstamos hipotecarios, se regirá según se haya convenido en cada contrato, público o privado, a través de la persona física o jurídica designada para recibir notificaciones de cualquier tipo en representación de los restantes síndicos, si hubiera pactos o reglas así convenidos; caso contrario, aunque guarda silencio el art. 627.3 TRLC, habría que acudir a la comunicación individualizada o, en su caso, a las que siguen conforme el orden expuesto.

(xii) La comunicación a las personas trabajadoras:

En principio, debemos entender que, para considerar a los trabajadores como acreedores, debe haberse producido el impago de salarios o de cantidades asimiladas a los mismos, en cuyo caso, se estaría a la notificación general, pues los datos personales se conocen y deben conocer por el empleador; no obstante lo cual, haya o no impago, sean o no acreedores, hay que realizar una comunicación a las personas trabajadores en los supuestos que pueda haber una «*modificación o extinción de la relación laboral que tenga lugar en el contexto del plan de reestructuración*», tal y como se infiere del art. 628 bis TRLC por lo que hay que llevarla a cabo en los términos dispuesto en el art. 64 E.T. a través del Comité de Empresa (art. 63 E.T.

para empresas de más de 50 trabajadores) o Delegados de personal (art. 62 TRLC para empresas de 10 a 50 trabajadores) según el caso del que se trate.

Recuérdese, en cualquier caso, las garantías o preferencias del salario del art. 32.5 E.T. que son de aplicación en el estado preconcursal y, con ello, en la propuesta de aprobación y homologación del plan de reestructuración.

j) Del derecho de voto:

En primer lugar, hay que tener bien presente que el art. 628 TRLC solo permite ejercer su derecho de voto para que se apruebe el plan de reestructuración a los créditos que «*pudieran quedar afectados*» por el mismo, por lo que solo pueden votar aquellos acreedores que expresa el art. 616 TRLC, es decir: (i) los acreedores que sufran una modificación en sus términos o condiciones contractuales o garantías en su más amplio sentido, (ii) los créditos contingentes, (iii) los sujetos a condición, (iv) los créditos de Derecho público y, por último, (v) los créditos por repetición, subrogación o regreso, remitiéndonos al apartado en que analizamos esta tipología de créditos.

No podrán ejercer el derecho de voto, precisamente, por no ser afectados por el plan: (i) los acreedores que no sufran una modificación en sus términos o condiciones contractuales o garantías, (ii) los créditos por alimentos derivados de una relación familiar, (iii) los derivados de responsabilidad civil extracontractual y (iv) los derivados de relaciones laborales distintas de las del personal de alta dirección (v) los créditos futuros que nazcan de contratos de derivados en vigor, remitiéndonos al apartado en que analizamos esta tipología de créditos.

k) De los *quorum* necesarios para su aprobación:

Clases sin garantías reales. *Quorum* general:

Los *quorum* se deben obtener por los correspondientes a cada clase y así dentro de cada una se considera aprobado el voto de más de los dos tercios (2/3) —más del 0,67 %— del importe del pasivo correspondiente a esa exclusiva clase, conforme dispone el art. 629 TRLC, cuyo cómputo se deber realizar conforme a las reglas del art. 617 TRLC en los términos que en capítulos anteriores hemos analizado.

Clases con garantías reales *Quorum* especial:

El *quorum* general se refuerza cuando se trata de créditos con garantías reales (hipoteca, prenda y anticresis), requiriéndose, dentro de su clase específica, el voto favorable de tres cuartos (3/4) —75 %—, no más de dicha fracción, sino, con que alcance la misma, basta para conseguirlo.

Pactos de sindicación, *Quorum* relativo:

El art. 630 TRLC establece que, para este tipo de pactos, deben aplicárseles el *quorum* general, esto es, por el pasivo que, el conjunto de acreedores sindicados, sumen en junto; pero, lo que no queda claro es la excepción a esta regla cuando dice «*salvo que el propio pacto de sindicación prevea una mayoría inferior para aprobar esos efectos.*», esto es, a lo que podríamos denominar un «*quorum* reducido». ¿De qué efectos está hablando la norma? ¿Se está hablando, quizás, de que los pactos de sindicación pueden reducir el *quorum* general de dos tercios (2/3) a un tercio (1/3), por ejemplo? Pensemos que, el Legislador, cuando establece normas generales, se olvida de las situaciones particulares, pues, en este caso, está olvidando, como decíamos en el capítulo correspondiente a los pactos de sindicación, que éstos existen o pueden existir antes, mucho antes, de la comunicación del art. 585 TRLC, como resulta de los préstamos hipotecarios concedidos a favor de diversas entidades financieras, para regularizar deudas preexistentes o, sencillamente, para capital circulante distribuido entre varias entidades, de forma y manera que una sola no asuma todo el riesgo, sino que se distribuya. Todo parece indicar que el Legislador está pensando en los pactos parasocietarios, pero que, ni en un caso, ni en el otro, parece que sea lógico pensar que, en los respectivos documentos contractuales de sindicación se convenga un *quorum* reducido ante una norma en vigor desde el 26 de septiembre de 2022 (LRTRLC), por lo que nos quedamos con el entendimiento de que, por mero pragmatismo, diversos acreedores de igual clase y condición han convenido que sea uno o varios de ellos los que les representen, en cuyo caso, tampoco observamos razón en esa reducción del *quorum* general.

Pero, lo que generará una serie de conflictos innecesarios, será lo establecido en el art. 630.2 TRLC cuando establece dos situaciones: (i) si vota a favor del plan la mayoría «*necesaria*», que bien podría ser la del *quorum* reducido, lo que vote el síndico afecta, obviamente, a todos los acreedores sindicados, pero (ii) si no se obtiene la mayoría «*necesaria*», el voto del síndico ya no es representativo, sino que se trata de computar el voto de cada acreedor.

Además, tal sistema de voto tiene otra excepción de esta última excepción, la de la no aprobación, centrada en el escenario de que los créditos sindicados «*formen una única clase*», por lo que, en este caso, «*se considerará que el plan de reestructuración no ha sido aprobado por esa clase*». Resulta, igualmente, difícil de imaginar que créditos sindicados no lleguen a formar una única clase, por estar los acreedores en distintas clases, pues, estaríamos ante una hipotética vulneración del art. 623 TRLC, en tanto en cuanto que se podría afectar al «*interés común*» del art. 623.1 TRLC, pues nadie sindica su voto o su gestión llegando a haber un posible conflicto de intereses que, por ejemplo, surgiría entre un acreedor con garantía real y otro sin garantía, por lo que no parece realista este escenario consisten en sindicar sin *par conditio*.

E) Del procedimiento para la homologación del plan de reestructuración

No nos cansaremos de reiterar que los planes de reestructuración se desarrollan en una fase preconcursal y, por tanto, su finalidad no es otra que la de evitar la declaración de concurso de empresas y profesionales y, con ello, la intervención o suspensión de sus facultades más la continuidad de la empresa o profesión, pero, si no se cumplen los requisitos procedimentales que ahora vamos a ver, unas y otros pueden desaparecer jurídica o económicamente del sistema económico, del que se requiere, digámoslo así, «limpieza» o solvencia económica, entendida como capacidad de generación de liquidez para cumplir con los pagos y no generar una cadena de insolvencias a modo de «efecto dominó» que lleven a un colapso económico general o sectorial.

En primer lugar, debemos insistir y partir de la consideración de que la homologación de un plan de reestructuración se ubica procesalmente en el denominado «Derecho preconcursal», regulado por el art. 583 y ss. T.R.L.C., lo que implica la no limitación de las facultades de administración y disposición de la persona natural o la jurídica que lleve a cabo una actividad empresarial o profesional, precisamente, para evitar la situación concursal, ante las situaciones de insolvencia precedentemente expresadas y la no intervención de un Administración Concursal que suple o interviene dichas facultades, pero sí conlleva el nombramiento de un Experto o un Auditor que valoran y validan la propuesta y elaboración del plan.

Por «homologación» debemos considerar la comparación de algo con otro algo; esto es, la comparación, en definitiva, de la adecuación del plan de reestructuración a las normas que lo regulan, al TRLC. La homologación de los planes de reestructuración va más allá de un simple convenio novatorio con determinados acreedores, dado que debe seguir, tanto el principio de la *par conditio creditorum* (igual condición de los créditos) propia de cualquier situación de insolvencia, como el de su eficacia *erga omnes* (respecto de todos) para que afecte a todos los acreedores, salvo las excepciones que el TRLC dispone.

Así pues, conforme dispone el art. 635 TRLC, la finalidad de la homologación se centra las siguientes premisas:

(a) Que el plan pueda extenderse a aquellos acreedores o clases de los mismos o de los socios de la compañía proponente que no hayan votado a favor del plan, bien por abstención, bien por voto en contra; también entrarán dentro de la sistemática, los planes que «*pretendan proteger la financiación interina y la nueva financiación que prevea el plan y los actos, operaciones o negocios realizados en el contexto de éste, frente al régimen general de las acciones rescisorias y reconocer a esa financiación las preferencias de cobro previstas en el libro primero.*», según dispone el art. 615 TRLC. Debe entenderse por «financiación interina» aquélla que tenga por finalidad haber coadyuvado transitoriamente para tratar de evitar el concurso o la situación de insolvencia, esto es, aquellas operaciones, no tanto de refinanciación, cuanto de apoyo al capital circulante de la empresa atendiendo necesidades inmediatas e interinas, nunca, incrementando impropiamente las deudas, hablaríamos, por tanto, de «deudas a corto plazo», pues no puede entenderse el concepto de interinidad sin el de provisionalidad y suplencia o sustitución total o parcial de una deuda preexistente, esto es, hasta tanto se apruebe y homologue el plan, pues, concluido este hito jurídico, bien entra la «nueva financiación» que es la que nace, como decimos, de la aprobación y homologación del mismo.

Para ello, nos encontramos con que la Directiva (UE) 2019/1.023 en su párrafo (46) establece que los «*Estados miembros deben poder establecer que dichas autoridades judiciales o administrativas también puedan examinar la clasificación por categorías en una fase anterior si el proponente del plan busca de antemano la validación y orientación.*», lo cual, en Derecho español, se produce a través del sistema del art. 626 TRLC, siendo, pues, el tribunal que conocería del concurso el que «bendiga» (del Latín «*bene*» y «*dicere*», significando «decir bien» o dar el visto bueno) u homologue lo que los acreedores han convenido con el deudor y el Experto o el Auditor han validado o revisado, de forma y manera que la última instancia siempre será el Tribunal, bien el de instancia, ora la Audiencia Provincial.

(b) La anterior premisa partía de la pretensión de extender la *vis attractiva* de los efectos del plan de forma subjetiva, a los acreedores «disidentes»; ahora, nos encontramos con una segunda premisa que, parte de la misma extensión de efectos, pero por razón, no ya de los disidentes, sino, incluso de los aceptantes, de forma objetiva, pues se pretende la resolución de contratos «*en interés de la reestructuración*», remitiéndonos a los anteriores apartados en que tratamos este concepto. En cualquier caso, debe observarse que el art. 620 TRLC prevé la resolución de los contratos, solo aquellos, que contengan obligaciones recíprocas pendientes de cumplimiento, sin embargo, el art. 635.2.º TRLC no concreta tal tipología contractual, sino que, parece dar a entender que se trata de cualquier tipo de contrato, con o sin reciprocidades. Véase que el art. 620.1 TRLC habla de la resolución de estos contratos «*durante la negociación de un plan de reestructuración*», momento, el de la negociación, que va desde la comunicación de apertura de negociaciones del art. 585 TRLC hasta el de su aprobación. No obstante lo cual, entendemos que la generalidad de la redacción del art. 635.2.º TRLC hace referencia implícita a los contratos con obligaciones recíprocas del art. 620 TRLC, pues no otra resolución puede hacerse y, por tanto, no podría homologarse el plan aprobado.

(c) Por último, también es precisa la homologación judicial del plan cuando se pretenda proteger (i) la financiación interina, (ii) la nueva financiación que prevea el plan, así como (iii) los actos, operaciones o negocios realizados en el contexto del plan frente a acciones rescisorias a fin de reconocer a esa financiación las preferencias de cobro correspondientes, según el Libro Primero, que regula el concurso de acreedores.

Por último, hay que considerar, por su finalidad, que la homologación del plan de reestructuración en los términos dispuestos por el Auto del art. 647 TRLC se producen los siguientes efectos «*de inmediato*» (art. 649 TRLC) a todos los créditos afectados, al propio deudor y, en su caso, a los socios de la compañía deudora, sin esperar a la declaración de firmeza del mismo:

A) Se alza la suspensión de los procedimientos de ejecución de créditos no afectados por el plan de reestructuración conforme al art. 647.3 TRLC.

B) Por contra se sobreseen los restantes procedimientos de ejecución, esto es, los de los créditos que resultaron afectados.

C) Se llevarán a cabo las operaciones societarias homologadas, con celebración de la junta o asamblea correspondiente y, si ésta no se convocase, estaría facultado el administrador social o quien designe el Juez en su defecto a instancias o solicitud de cualquier acreedor legitimado (art. 650.2 TRLC).

D) Las medidas de reestructuración operativa o medidas de optimización del rendimiento de la compañía (adaptaciones tecnológicas, cambios en los procesos productivos, redefinición de los costes productivos, etc.) se llevarán a cabo conforme a la norma correspondiente.

E) Los acreedores que cuenten con derechos reales de garantía, siempre que hayan votado en contra del plan y «*pertenezcan a una clase en la que el voto favorable hubiera sido inferior al voto disidente*» tendrán derecho a instar la realización de las garantías, pero en el plazo de un (1) mes desde la fecha de publicación del Auto de homologación en el Registro Público Concursal, lo que supone el vencimiento (anticipado) del crédito originario garantizado, tal es como lo dispone el art. 650 TRLC.

F) Por lo que respecta a los acreedores afectados que no hubieran votado a favor del plan de reestructuración mantendrán sus derechos frente a terceros fiadores personales (solidarios o mancomunados) o reales (garantía por débito ajeno).

G) Los acreedores afectados que sí hubieran votado a favor, el mantenimiento de los derechos frente a terceros dependerá de cuanto constase en el contrato primitivo o, en su defecto, la norma aplicable, remitiéndonos a los capítulos anteriores en los que hemos tratado los afianzamientos. Una cláusula, aunque sencilla y breve, típica que puede ilustrar este apartado puede ser la siguiente:

> «El garante consiente expresamente cuanto se expresa en las precedentes cláusulas, especialmente la prórroga, haciendo extensiva su garantía personal solidaria prestada a la acreditada tanto al nuevo período prorrogado como a cualquier aplazamiento de pago, quita o reestructuración que pudiera convenirse en los acuerdos que, de cualquier tipo, se pudieren adoptar en situación preconcursal o concursal.»

Esto es cuanto dispone el art. 652.1 TRLC.

H) Sin embargo, el apartado 652.2 TRLC prevé la excepción a las precedentes reglas en el supuesto de que la ejecución de estas garantías adicionales pueda causar la insolvencia del fiador y la propia deudora, para el supuesto de una sociedad que pertenezca a un Grupo del art. 42 C.com., pero que, la fiadora, no se haya sometido al plan de reestructuración.

5. ¿QUIÉNES PUEDEN SOLICITAR LA HOMOLOGACIÓN DE UN PLAN DE REESTRUCTURACIÓN?

La homologación de lo acordado en un plan de reestructuración solo puede solicitarse por el deudor, acorde con el presupuesto objetivo del art. 583.1 TRLC, pero, cuando éste se encuentre (art. 636 TRLC) en uno de los tres estados de insolvencia característicos, a saber: (i) estado de «probabilidad» de insolvencia, de (ii) insolvencia «inminente» y, también cuando se halle en situación de (iii) insolvencia «actual» si bien en este supuesto, no se le permite acogerse a la homologación del plan si se ha admitido a trámite la solicitud de concurso necesario conforme al art. 14 TRLC o tras el momento de subsanación del art. 17 TRLC, solo se exige la admisión a trámite para impedir al deudor la solicitud de homologación del plan, sin necesidad de esperar a los trámites de oposición del art. 20 TRLC a saber: (i) falta de legitimación del solicitante, (ii) inexistencia del hecho externo revelador del estado de insolvencia en que se fundamenta la solicitud y (iii) aun habiéndose producido este hecho, no se encontraba en estado de insolvencia (iv) o que ya no se encuentra en este estado, en cuyo caso, deberá ser el deudor el que cargue con la prueba de su solvencia. Podríamos preguntarnos si uno o varios acreedores podrían solicitar la homologación del plan de reestructuración, entendiendo que, como no está prohibido, está permitido, la respuesta se centraría en saber que, de un lado, no hay lógica en que un acreedor, salvo que tenga un interés «inusitado» en su homologación, no parece muy coherente, precisamente, por los efectos, presuntamente, negativos para su crédito; de otro lado, la solicitud de homologación podría considerarse como un acto personalísimo, habida cuenta de que solo tiene interés en no declararse en concurso el propio deudor y, éste, debe saber, conocer y tolerar la bondad que producen los efectos de la homologación sobre sus deudas.

Conforme dispone el art. 583.1 TRLC pueden solicitar «*directamente*» —indica el precepto— del Juez del concurso:

a) Las personas naturales empresarios.
b) Las personas naturales profesionales.
c) Y las personas jurídicas con actividad empresarial o profesional.
d) No solo puede instarse la homologación del plan de reestructuración individualmente por el deudor concreto, sino que, además, puede presentarse por varios deudores siempre «*que hubieran efectuado una comunicación conjunta*» del art. 585 TRLC, único requisito que establece la norma del art. 642 TRLC, si bien, ha de considerarse que debe haber una identidad «mínima» de deudas, sin perjuicio de que, además, cada deudor tenga otras singulares o distintas de las «comunes», pues éstas requieren, como mínimo, unas quitas, esperas o reestructuraciones comunes; además, entendemos, no obstante, que no es precisa la «comunidad» o identidad de patrimonios de cada deudor solicitante, sin perjuicio de que cada uno aporte lo que corresponda del propio, en su caso. Esta solicitud derivada de la «comunicación conjunta», puede realizarse para la homologación individual de los diversos planes de reestructuración o de forma conjunta para todos ellos, por lo que, el hecho de comunicar conjuntamente el inicio de las negociaciones no es óbice para solicitar la homologación individual de deudores vinculados por las deudas; de forma y manera que (i) se puede solicitar la homologación de plan a plan, (ii) la homologación de los diversos planes o, (iii) la homologación de un plan conjunto que aúne a todos los deudores y, así, para la homologación de estos dos últimos, se requiere que los requisitos deben cumplirse por cada deudor.

Se ha discutido y escrito mucho respecto de qué se entiende por actividad empresarial o profesional y, más, desde la promulgación del TRLC. A estos efectos, cabe resaltar que la AEAT entiende por tal «*las* [actividades] *que impliquen la ordenación por cuenta propia de factores de producción materiales y humanos o de uno de ellos, con la finalidad de intervenir en la producción o distribución de bienes o servicios.*», entre las que se encuentran los servicios desarrollados por los Registradores de la Propiedad en su condición de liquidadores titulares de una oficina liquidadora de su Distrito hipotecario.

Conforme al art. 584 TRLC, estas personas deben encontrarse en uno de los siguientes grados de insolvencia, entendiéndose por tal aquella incapacidad de solucionar o resolver —que viene a ser lo mismo— una deuda, en definitiva, una imposibilidad de pagar (del Latín «*pacare*» y, éste, de «*pax, -cis*») entendiéndose, por tanto, «hacer las paces». Así pues, los grados de insolvencia para poder acogerse al sistema de homologación de un plan de reestructuración son los siguientes:

a) Probable:

En principio, debemos entender por probable, aquello que «se funda en razón prudente», acorde con el DRAEL, en el sentido de que se actúa con cautela o precaución, sin embargo, el art. 584.2 TRLC define o considera tal situación acorde con un criterio de previsión en condiciones económicas normales y, así, se dará esta situación «*cuando sea objetivamente previsible que, de no alcanzarse un plan de reestructuración, el deudor no podrá cumplir regularmente sus obligaciones que venzan en los dos próximos años.*», lo cual presupone la necesidad de estar y pasar por un plan de reestructuración, no alcanzando a entenderse esta clasificación, pues, si para solicitar la homologación de un plan de reestructuración se presupone un estado de insolvencia previsible y que, sin la homologación, el deudor no puede seguir adelante, debiendo entrar en liquidación, qué más da que sea probable, inminente o actual, si el estado de insolvencia deviene de un estado de imposibilidad de cancelar las deudas a sus vencimientos y, si éstos, quedan fiados a un vencimiento a dos años, hay que considerar que, un vencimiento a largo plazo solo puede sostenerse con una previsión muy aquilatada de resolver la deuda, a más de que encarece la propia operación crediticia, *ergo*, algo falló en el momento de contraer las deudas; en cualquier caso, lo bien cierto es que el Diccionario de la RAEL define como «probable» aquello que se funda en razón prudente o que hay buenas razones para creer que se verificará o sucederá, prudencia que el Legislador fija a largo plazo, a dos años vista, por lo que, muy mal debe ir un deudor como para conocer que no va a poder pagar en dos años, alguna razón objetiva debe tener para realizar tal juicio apriorístico, so pena de soportar el riesgo de errar en su decisión preconcursal podría llevarle al concurso, disolución y liquidación de la sociedad, en su caso. A todo ello hemos de añadir que el art. 2 TRLC no define este tipo de insolvencia.

b) Inminente:

Volviendo al Diccionario de la RAEL, por inminente entiende aquello que amenaza o está para suceder prontamente. Si comparamos esta definición con la de probable, nos encontramos con visiones a corto o a largo plazo, por lo que el Legislador está pensando más en una insolvencia, entendida ésta como incapacidad de pago, iliquidez, definida por una relación temporal y no por su definición clásica, basada en parámetros económicos, como el sobreseimiento general, iliquidez o incapacidad de pago absoluta, frente a parcial o transitoria. El art. 2.3 TRLC define este tipo de insolvencia como aquélla en la que el deudor «*que prevea que dentro de los tres meses siguientes no podrá cumplir regular y puntualmente sus obligaciones.*»

c) Actual:

Este tipo de insolvencia ya viene a expresarse por sí sola, pues ha rebasado la línea de la probabilidad y la de la inminencia, estando ya presente. El art. 2.3 TRLC define este tipo de insolvencia como aquél en el que el deudor «*no puede cumplir regularmente sus obligaciones exigibles.*» Solo a este tipo de insolvencia se le exige el deber de solicitar la declaración de concurso *ex* art. 5 TRLC, dentro de los dos (2) meses siguientes a la fecha en que hubiere conocido su situación de insolvencia o «*debido conocer*» la misma, surgiendo la presunción *iuris tantum* de que el conocimiento se da, salvo prueba en contra, cuando concurra una de las circunstancias o situaciones del art. 13 TRLC en relación con el art. 14.2 TRLC, esto es (i) existencia de una previa declaración judicial o administrativa firmes en Derecho por la que se declare la situación de insolvencia, tales como la judicial del art. 33.6 del Estatuto de los Trabajadores o la administrativa del art. 76 LGT que regula la baja provisional por insolvencia probada, total o parcial de los obligados tributarios (ii) título por el que se haya despachado ejecución o apremio «*sin que del embargo hubieran resultado bienes libres conocidos bastantes para el pago*», carácter de «bastante» o suficiencia (art. 584 LEC) que viene determinado por valores apriorísticos que guardan relación entre el importe de la deuda y el valor (apriorístico) de los bienes embargados o, en el caso del apremio, si el perito designado judicialmente establece un valor tasado de dichos bienes que resulta ser igual o inferior al de las cargas precedentes se produce el efecto del art. 666.2 LEC, dejándose en suspenso la ejecución sobre dicho bien, lo que, en definitiva, abre la puerta a este segundo requisito, así como al (iii) tercero, la existencia de embargos por ejecuciones pendientes que afecten de una manera general al patrimonio del deudor.

En consecuencia, todo parece dar a entender que los plazos que fija el Legislador son de uno (1) a tres (3) meses para la insolvencia actual —corto plazo—, de tres (3) meses a dos (2) años —corto, medio y largo plazo—, para la inminente y de, al menos, dos (2) años vista —largo plazo—, la probable. Puestas así las cosas, nos preguntamos qué necesidad tiene un deudor de medir, de calibrar temporalmente su insolvencia si, sea cual fuere su *tempo*, puede acceder al denominado «preconcurso». Si la Economía, ya de por sí, es una ciencia absolutamente relativa, más aún si cabe que el Derecho, ¿cómo puede realizarse un juicio apriorístico del *tempo* en que se produce o va a producir la insolvencia? La razón viene dada por la necesidad del sistema económico de apremiar a las empresas o profesionales conforme su peor situación solutoria, para, si no cubren tal estándar de refinanciación o reestructuración rápidamente, desaparecer del sistema económico, cuya confirmación viene representada por la sumariedad del concurso sin masa del art. 37 bis TRLC. En efecto, el apartado I del Preámbulo de la LRTRLC justifica los «*instrumentos preconcursales*» van dirigidos a la «*consecución de acuerdos entre empresas viables y sus acreedores, preferentemente en un estadio temprano de dificultades financieras... facilitar la reestructuración de empresas viables y la liquidación rápida y ordenada de las que no lo son...*», lógicamente, pues si la «dificultad financiera» viene ya de lejos y es «actual», por tanto, poco más se puede esperar del deudor que se halla, más que en la «U.C.I. económica» en la «unidad de cuidados paliativos»; así lo dispone el Considerando (3) de la (UE) 2019/1023, del Parlamento Europeo y del Consejo, de 20 de junio de 2019 en el sentido de que si las empresas no son viables «*sin perspectivas de supervivencia*» deben liquidarse «*lo antes posible*», en cuyo caso, cuando no pueda «*recuperar fácilmente la viabilidad económica, los esfuerzos de reestructuración pueden provocar la aceleración y la acumulación de las pérdidas en detrimento de los acreedores, los trabajadores, y otros interesados, así como de la economía en su conjunto.*».

Véase, no obstante, la innecesariedad de la estratificación de la insolvencia cuando el art. 588.3 TRLC no exige la acreditación del estado de insolvencia alegado en la comunicación de la negociación con los acreedores a que alude el art. 585 TRLC, lo que puede generar la perversión jurídica de hallarse en estado de insolvencia actual, lo que le impediría al deudor solicitarlo después de su declaración de concurso necesario, manifestando hallarse en otro de los tipos de insolvencia y, con ello, romper tal *limes*[143] procesal del art. 585.2 TRLC. Sin embargo, el art. 638 TRLC dispone los requisitos para la homologación judicial del plan de reestructuración, entre otros «*1.º Que el deudor se encuentre en probabilidad de insolvencia, insolvencia inminente o actual…*», lo que implica que, si bien en la comunicación no se precisa la acreditación de en cuál de dichas situaciones se halla el deudor, sí que deberá acreditarla al tiempo de la homologación, precisamente, para ser examinado por el juez el *tempo* en el que, acorde con la autocalificación de insolvencia que haga el deudor, comprobar si lo pidió a tiempo o, sencillamente, «desvelar» la inviabilidad de la empresa y consiguiente plan, «expulsándola» del sistema económico; en cualquier caso, siempre deberá estarse al caso concreto, pues hallarse en insolvencia actual no implica necesariamente «mala gestión», sino que puede deberse a causas de fuerza mayor o «*black swan*»[144] —como lo denomina Nassim Nicholas TALEB[145]—, en cuyo caso, habrá que estar a su capacidad de resiliencia.

6. ¿QUIÉNES NO PUEDEN SOLICITAR LA HOMOLOGACIÓN DE UN PLAN DE REESTRUCTURACIÓN?

El art. 583 TRLC regula el presupuesto subjetivo de los diversos procedimientos preconcursales que comienzan con la comunicación de la apertura de negociaciones con los acreedores o, alternativamente, solicitar la homologación de un plan de reestructuración en los términos que estamos viendo y, así, dentro de tal presupuesto, excluye a las siguientes personas:

a) Personas naturales trabajadoras por cuenta ajena, en tanto en cuanto son quienes no «*llevan a cabo una actividad empresarial o profesional*», a lo que añadimos lo siguiente: salvo que tuvieren, además, una actividad empresarial o profesional, la «pluriactividad» del art. 313 TRLGSS, esto es, una doble cotización al régimen de la Seguridad Social; no obstante, en el supuesto de la Abogacía, no sucede, pues el art. 9.1.i) del Estatuto General de la Abogacía Española (R.D. 135/2021, de 2 de marzo) establece como requisitos para la colegia-

143 Límite.
144 Cisne negro.
145 The black swan.

ción estar dado de alta en «*El Régimen Social que corresponda*» sin determinar si es el General o el de Autónomos, por lo que es el alta colegial la que determina el ejercicio de una profesión, con independencia de si lo es por cuenta ajena o propia. Aquí resultaría ciertamente difícil de aplicar el criterio del DRAEL respecto de su segunda acepción que define profesión «*empleo, facultad u oficio…*», pues los trabajadores son empleados, así, deberíamos acudir al Latín para indicar que viene del verbo «*fateor*», significando, en su segunda acepción «*manifestar, declarar, proclamar, mostrar, descubrir*», por lo que el profesional sería aquél que ejecutase cualquiera de estas acciones.

b) Personas jurídicas sin actividad empresarial o profesional como las entidades sin ánimo de lucro, como son las Fundaciones, así definidas por el art. 2 de la Ley 50/2002, de 26 de diciembre, de Fundaciones.

c) Empresas de seguros y reaseguros como quedan definidas en el art. 2 de la Ley 20/2015, de 14 de julio, de ordenación, supervisión y solvencia de las entidades aseguradoras y reaseguradoras, a saber:

   i. Las entidades aseguradoras y reaseguradoras con domicilio social en España, así como las sucursales establecidas en España de entidades aseguradoras y reaseguradoras domiciliadas en terceros países.

   ii. Los grupos de entidades aseguradoras y reaseguradoras.

   iii. Las personas físicas o jurídicas que, bajo cualquier título, desempeñen cargos de administración o dirección de las entidades aseguradoras y reaseguradoras.

   iv. Los profesionales y entidades que desempeñen alguna de las funciones previstas en esta Ley o en sus disposiciones complementarias de desarrollo.

   v. Los liquidadores de entidades aseguradoras y reaseguradoras.

   vi. Las organizaciones constituidas con ánimo de permanencia para la distribución de la cobertura de riesgos o la prestación a las entidades aseguradoras y reaseguradoras de servicios comunes relacionados con la actividad aseguradora o reaseguradora, cualquiera que sea su naturaleza y forma jurídica.

vii. Las demás personas para quienes se establezca alguna prohibición o mandato en esta Ley.

A este respecto, debemos puntualizar lo siguiente: (i) según dispone el art. 33.3 del Real Decreto Legislativo 6/2004, de 20 de octubre, por el que se prueba el texto refundido de la Ley de ordenación y supervisión de los seguros privados, el Consorcio de Compensación de Seguros no está obligado a solicitar la declaración judicial de concurso; (ii) la liquidación de una entidad aseguradora se llevará a término por los liquidadores o por el Consorcio según el art. 28.2.e) del RDL 6/2004, salvo en el supuesto de declaración de concurso, en cuyo caso, opera el art. 29 de la precitada norma en relación con el sistema de liquidación del art. 34.

Sin embargo, las Aseguradoras tienen un procedimiento preconcursal propio, el del precitado art. 34, conforme al cual el Consorcio lleva a cabo la liquidación y propone un plan de liquidación a sus acreedores, los que quedan sujetos al mismo y no podrán solicitar éstos, ni la propia entidad aseguradora la declaración de concurso de ésta; mientras tanto, continúan las ejecuciones anteriores a la disolución, si bien, de forma paralela o simultánea a la formulación del plan, el Consorcio debe convocar a los acreedores a una junta general, por plazo no menor a un mes ni superior a dos (nos encontramos con un *tempo* propio de la insolvencia actual).

Si el plan de liquidación se aprueba, continúa con sus trámites, caso contrario, el propio Consorcio tiene la obligación de instar el concurso de la entidad aseguradora. El plan puede ser impugnado por los acreedores no concurrentes o hubiere votado de forma distinta a la mayoría o eliminados de la lista definitiva por el Consorcio, todo ello, según el procedimiento establecido en el art. 36 del RDL, impugnación que, acorde con lo dispuesto en el art. 36.4 RDL discurre a través de los ritos propios de la oposición a la aprobación del convenio (art. 382 y ss. TRLC).

d) Entidades de crédito, somo son definidas en el art. 4.1.1) del Reglamento (UE) n.° 575/2013 del Parlamento Europeo y del Consejo, de 26 de junio de 2013: «*Una empresa cuya actividad consista en recibir del público depósitos u otros fondos reembolsables y en conceder créditos por cuenta propia*».

e) Empresas u organismos de inversión colectiva, según son definidas en el art. 4.1.2) del Reglamento (UE) n.º 575/2013 del Parlamento Europeo y del Consejo, de 26 de junio de 2013:

(i) Las entidades de crédito. En este punto debemos referirnos al Fondo de Garantía de Depósitos, regulado por el Real Decreto-ley 16/2011, de 14 de octubre, en cuyo art. 8 dispone que sólo se satisfarán los depósitos de los clientes de dichas entidades, hasta los límites reglamentarios, desde el momento en que [art. 8.2.a)] la entidad de crédito o cualquiera de sus acreedores haya solicitado la declaración de concurso, por definición *a contrario* excluye del pago o cobertura si la entidad crediticia se halla en situación preconcursal, como lo es el trámite de homologación del plan de reestructuración.

(ii) Las empresas locales y

(iii) Las empresas no autorizadas a prestar el servicio auxiliar de administración y custodia de instrumentos financieros por cuenta de clientes, incluidos la custodia y servicios conexos como la gestión de tesorería y de garantías.

(iv) Las empresas que únicamente presten uno o varios de los siguientes servicios y actividades de inversión: (a) Recepción y transmisión de órdenes de clientes en relación con uno o más instrumentos financieros, (b) ejecución de órdenes por cuenta de clientes, (c) gestión de carteras o (d) asesoramiento en materia de inversión.

(v) A las que no se les permite tener en depósito dinero o valores de sus clientes y que, por esta razón, nunca puedan hallarse en situación deudora respecto de dichos clientes.

f) Entidades de contrapartida central o «*persona jurídica que intermedia entre las contrapartes de los contratos negociados en uno o varios mercados financieros, actuando como compradora frente a todo vendedor y como vendedora frente a todo comprador:*» entre los que se encuentran:

I. Los Fondos de pensiones de empleo.

II. Las actividades relacionadas con el pago de prestaciones de jubilación profesional vinculadas a la Seguridad Social.

III. Las actividades relacionadas con el pago de prestaciones de jubilación profesional vinculadas a empresas de seguros de vida, seguros mixtos (vida y contraseguro), de nupcialidad, de natalidad, de renta, seguros complementarios (lesiones corporales, incapacidad laboral, muerte o invalidez por accidente, enfermedad).

Véase lo dispuesto en el Real Decreto Legislativo, de 29 de noviembre, por el que se aprueba el texto refundido de la Le de Regulación de los Planes y Fondos de Pensiones y, más concretamente, lo dispuesto en el último párrafo de su art. 8.8 conforme al cual, el concurso de acreedores «*no podrá dar lugar a la resolución judicial del plan de pensiones del concursado.*», quien conservará el mismo, hasta su jubilación, en cuyo momento percibirá el líquido correspondiente pues, de definitiva, se trata de un depósito que percibe el Fondo de pensiones correspondiente quien, como concursado, debe restituir a su depositante, también concursado.

g) Depositarios, centrales de valores o personas jurídicas que gestionan un sistema de liquidación de valores definidos según el art. 2 del Reglamento (UE) n.º 909/2014 del Parlamento Europeo y del Consejo, de 23 de julio de 2014 como «*una persona jurídica que gestione un sistema de liquidación de valores…*»

h) Otras entidades y entes financieros, como las entidades establecidas en la Unión Europea, las que, establecidas en la U.E. sean filiales de una entidad de crédito o una empresa de servicios de inversión reguladas por la supervisión consolidada de la empresa matriz, sociedades financieras de cartera o mixtas establecidas en la U.E., o matrices de un Estado miembro o mixtas y las sucursales establecidas fuera de la Unión.

i) Entidades que integran la organización territorial del Estado, organismos públicos y demás entes de Derecho público.

7. REQUISITOS PARA PODER OBTENER LA HOMOLOGACIÓN DEL PLAN DE REESTRUCTURACIÓN

A) Aprobación por el deudor persona natural

Aunque parezca obvio, no lo es menos que el deudor persona física manifieste su conformidad a la aprobación del plan de reestructuración, tal y como dispone el art. 640 TRLC, pues nos hallamos, en definitiva, a un contrato sinalagmático que debe cumplir, como no puede ser de otro modo, con los requisitos de concurrencia del art. 1.261 C.c., esto es, el consentimiento, el objeto cierto y la causa de la obligación; los dos últimos vienen inferidos dentro de lo que es, objetivamente, el plan de reestructuración, pero el primero, el consentimiento es más que necesario, pues las consecuencias de no emitirlo válidamente conforme con lo dispuesto en los arts. 1.262 y ss. y cc. C.c., con llevan la invalidez del plan y su imposibilidad de homologación, pero, además, aun cuando hubiere sido prestado el consentimiento, es mucho más necesario el mismo, por las consecuencias económicas que determinados aplazamientos o reducciones de deuda conllevan con su cumplimiento a futuro.

B) Aprobación por los socios legalmente responsables de las deudas de la persona jurídica deudora

Más complejidad presenta la aprobación por parte de la persona jurídica, pues la formación de su voluntad se expresa a través de las juntas correspondientes, unas reguladas por la LSC y otras, por los títulos constitutivos propios. Así pues, el art. 640.2 TRLC exige que para las personas jurídicas, la homologación requiere de la aprobación por los «*socios legalmente responsables de las deudas sociales*»; la norma no exige que éstos ostenten la mayoría de voto societario o *quorum* para su aprobación sino, sencillamente, que los responsables personales de las deudas sociales, limitada o ilimitadamente, lo aprueben, en tanto en cuanto que éstas, sus aplazamientos, reducciones y reestructuraciones les afectan patrimonialmente, por lo que, si uno de éstos no lo aprueba, a los efectos que nos ocupa de aprobación del plan de reestructuración de la sociedad deudora no se entenderá válidamente aprobado el plan.

C) Aprobación por los socios no responsables legalmente de las deudas de la persona jurídica deudora

La segunda frase del art. 640.2 TRLC lleva a considerar que, (i) si no existieran socios responsables legalmente de las deudas sociales, (ii) y el plan de reestructuración contuviera medidas que requieran acuerdo de la junta, el plan se podrá homologar, a pesar de que los socios no lo hubieren aprobado, solo si la sociedad se encuentra en situación de insolvencia actual o inminente; *a sensu contrario*, si la sociedad se encuentra en situación de insolvencia probable, dado su estado de «buena salud» económica, sí que requiere de la aprobación de la mayoría.

En definitiva, nos encontramos con que la responsabilidad personal, patrimonial, de un solo socio ya determina su manifestación de voluntad como si fuese una deuda propia, que lo es y, por ello, la necesidad de su voluntad en los términos del art. 640.1 TRLC.

D) Aprobado por todas las clases de acreedores

El art. 638 TRLC establece una serie de requisitos, necesarios, para poder ser homologado judicialmente un plan de reestructuración; ya partimos de que el título del precepto es altamente significativo, cuando concluye especificando la mención «*aprobado por todas las clases de acreedores*», lo que, de alguna manera ya está delimitando la necesidad de mantener un equilibrio de asentimiento, dentro de los diversos desequilibrios que cada clase pueda contener respecto de otra u otras.

1.º Que el deudor se encuentre en probabilidad de insolvencia, insolvencia inminente o actual y el plan ofrezca una perspectiva razonable de evitar el concurso y asegurar la viabilidad de la empresa en el corto y medio plazo. Sobre las tres situaciones de insolvencia ya nos hemos referido precedentemente, por lo que nos remitimos a los correspondientes comentarios. Ahora bien, ¿qué puede entenderse como «perspectiva razonable» para (i) evitar el concurso y (ii) asegurar la viabilidad de la empresa en el corto y medio plazo? En principio, el significado que nos da el DRAEL debe ser el de «*panorama que desde un punto determinado se presenta a la vista del espectador, especialmente cuando está lejano*», si bien, también podría haberse utilizado el concepto de «prospectiva », en tanto en cuanto por tal se conoce el «*conjunto de análisis y estudios realizados con el fin de explorar o de predecir el futuro en una determinada manera.*»; sea como se quiera emplear hay que atender a la finalidad, futura, que no es otra que la de evitar el concurso, pero, comoquiera que el carácter impredecible de las situaciones económicas, tales como las pandemias o guerras que afectan imprevisiblemente a la marcha del deudor, debe asumirse bajo un criterio inverso en el sentido de que lo que no es razonable, es rechazable y, en rasgos generales, no sería razonable, por ejemplo, acortar los plazos de reestructuración, incrementar las deudas o evitar capitalizaciones de deuda; pensemos que, desde siempre, la solución a la insolvencia ha girado en torno a dos ejes: la quita y la espera, por lo que todo lo que no implique una quita parcial de la deuda, entendida en sentido amplio, como mejoramiento de las condiciones de pago del deudor y una espera, entendida, también en sentido amplio como un alargamiento de los plazos de pago, no sería satisfactorio y no evitaría la desaparición jurídica del deudor y con ello, insistimos, desaparecería la posibilidad de repago o recuperación de los créditos por los acreedores, los que, de otro lado, precisan que esos mejoramientos de la quita y la espera, estén asegurados de algún modo, ordenado debidamente y, para ello, las clases vienen a determinar qué acreedores podrían estar mejorados por necesidad para que el conjunto de acreedores puedan percibir sus créditos, acudiendo a una *par conditio creditorum sui generis,* evitando, no obstante y siempre, un «sacrificio desproporcionado».

En igual sentido, hemos de reiterar lo dicho al respecto al hablar del art. 626 TRLC, sin embargo, la consideración de que el plan «*ofrezca una perspectiva razonable de evitar el concurso y asegurar la viabilidad de la empresa en el corto y medio plazo.*» debe entenderse a la vista del párrafo (50) de la Directiva (UE) 2019/1.023 en el sentido de que no debe ser el Juez del concurso quien la examine, sino que sea un experto en reestructuración independiente del deudor, incluso de los acreedores, además de que, conforme al párrafo (54) de la citada Directiva comunitaria que considera que la perspectiva de cobro o de reestructuración es «razonable» si se va a estar ante un escenario de empresa en funcionamiento y que los acreedores vayan a poder «*recibir un pago o mantener un interés, si se aplica el orden normal de prelación de las prioridades de liquidación…*», pues la finalidad de la reestructuración no es otra que la del párrafo (68), la protección de «*la financiación razonable y necesaria inmediatamente para la continuidad de la actividad comercial o la supervivencia de la empresa del deudor o la conservación o el crecimiento del valor de dicho negocio en espera de la confirmación de ese plan…*»; todo ello, a resolver dentro de un año, pues lo que exceda de éste, se considera a largo plazo, lo cual, en cierta manera y, pretendiendo una visión o situación realista de la empresa, nos llevaría a reducir deuda, hacer pagos a corto o medio plazo, pero sucesivos, sin largas esperas, tales como hacer el primer pago dentro de un número determinado de años, pues esta situación no revelaría la subsistencia de la empresa, sino la creación de una quimera económica, pues, al término de dicho plazo, vendría a caer una especie de «diluvio universal» que no demostraría la viabilidad de la empresa, dado que no generaría recursos suficientes para conseguir el repago de las deudas, sino solo atender los créditos posteriores a la reestructuración; muy alto tendría que ser el porcentaje de la quita para poder creer en su viabilidad o subsistencia, salvo que el endeudamiento hubiere sido causa de fuerza mayor.

2.º Que cumpla con los requisitos de contenido y de forma exigidos en este título. Si bien es necesario para que, como definíamos precedentemente, el término «homologar», esto es, hacer que «algo se parezca a otro algo», si no hay un referente o espejo jurídico en el que referirse o mirarse, difícilmente podemos alcanzar una «bondad común», un paradigma del plan de reestructuración; en cualquier caso y, comoquiera que el «armazón» rituario para alcanzarlo es, ciertamente complejo, no obstante lo cual, el TRLC permite cierta libertad en la «titulación» de cada clase, acorde, siempre, con las necesidades de evitación del concurso y sus consecuencias.

3.º Que haya sido aprobado por todas las clases de créditos de conformidad con las previsiones de este título, por el deudor o, en su caso, por los socios. Veremos, con la formación de clases que cada una tiene su «color» o idiosincrasia, acorde con las necesidades de mantenimiento de la empresa y la perspectiva de cobro para los acreedores, sin embargo, lo que este apartado de la norma requiere, no es otra cosa que «todas» las clases den su aprobación, por lo que, *a sensu contrario*, si una clase, que no un acreedor, sino una clase no aprueba el plan, éste no puede homologarse. Es la adveración de que la ruptura de la *par conditio creditorum sui generis* se considera impar o desigual para determinada clase de acreedores. En este sentido, hay que volver a traer a colación la **SJM Barcelona-2 n.º 26/2023, de 4 de septiembre de 2023** en la que, como decíamos precedentemente, los socios se oponían a la capitalización de determinadas deudas, para lo cual eligieron la vía del art. 661.2 TRLC «*cuando la estimación de la impugnación se haya basado en la falta de concurrencia de las mayorías necesarias o en la formación defectuosa de las clases, la sentencia declarará la ineficacia del plan.*», pero, he aquí la causa de desestimación, consideraron que su escrito de impugnación debería haberse resuelto mediante Auto y no mediante Sentencia, justo lo contrario a lo que dice la norma.

4.º Que los créditos dentro de la misma clase sean tratados de forma paritaria. Volvemos nuevamente y, esta vez sí, a la *par conditio creditorum* pero, entre iguales, entre acreedores que tengan características iguales o similares, por ejemplo, acreedores con garantía real deben ser tratados de forma igualitaria, aunque distinta de los acreedores sin ella, lo que serán tratados entre sí de la misma manera, pero distinta de los anteriores y los de otras clases o modalidades.

5.º Que haya sido comunicado a todos los acreedores afectados conforme a lo establecido en esta ley, siendo éstos los del art. 616 TRLC, ya vistos, incluso el «crédito indemnizatorio» derivado de la resolución de un contrato con obligaciones recíprocas pendientes de cumplimiento del art. 620 TRLC.

E) No aprobado por todas las clases de acreedores

Es ahora el art. 639 TRLC el que regula lo que podríamos considerar, como «disidencias» o excepciones a la regla general, más concretamente, al requisito 3.º del art. 638 TRLC, que requiere la unanimidad de las clases en la aprobación del plan, así, el Legislador nos establece una serie de mayorías de voto, a saber:

i) Se homologarán por mayoría simple (la mitad más uno de los votos) de las clases, no dice la norma «de cada clase», sino que refiere implícitamente a todas ellas, por lo que habrá que estar a la formación en base al total pasivo afectable, lo cual, a priori, implica que el pasivo lo dominarán las entidades que cuenten con garantías reales, pero, esta norma solo es de aplicación si hubiere una clase reservada para los «*créditos con privilegio especial o general*», es decir, que esta regla de la mayoría simple solo rige si existen clases con los acreedores privilegiados del art. 270 TRLC.

ii) Una segunda situación se plantea el art. 639.2.º TRLC, ciertamente compleja de entender, pues, cuando *in fine* del art. 639 TRLC indica «*en su defecto*» no se concreta si lo dispuesto en el apartado 2.º es en defecto o por no haberse alcanzado la mayoría simple de las clases (el párrafo primero del precepto utiliza la acción del verbo «aprobar») o en defecto o por inexistencia de créditos con privilegio especial.

iii) También por mayoría simple, pero por excepción o inexistencia de la precedente situación, si hubiere «*al menos una clase que*», conforme a las normas de clasificación del TRLC, «*pueda razonablemente presumirse que hubiese recibido algún pago tras una valoración de la deudora como empresa en funcionamiento.*». Parece ser que el Legislador quiera privilegiar a un hipotético comprador de la empresa deudora, que, previamente, haya realizado una «valoración» de la deudora, para lo que se le requiere la aportación de un informe de un Experto en la reestructuración sobre el valor de la deudora como tal empresa en funcionamiento, privilegio que, no viene incardinado necesariamente para que se lleve a término la venta de la empresa, pero sí para que le resulte apetecible y, con ello, asumir el plan de reestructuración y, por consecuencia, los débitos, sus quitas y sus esperas o reestructuraciones.

F) Aprobación de los planes conjuntos de reestructuración

Siendo así que la norma del art. 642 TRLC, como hemos dicho anteriormente, prevé la posibilidad de presentar varios planes a homologar y, así, (i) se puede solicitar la homologación de plan a plan, (ii) la homologación de los diversos planes o, (iii) la homologación de un plan conjunto que aúne a todos los deudores la aprobación de estos dos últimos exige (art. 642.2 TRLC) que en cada uno de los planes de cada deudor se cumplan los anteriores requisitos, esto es, uno a uno. No dice la norma qué sucede si uno de ellos no cumple con los requisitos, pero la lógica jurídica lleva a considerar que solo éste no puede ser homologado en el supuesto del apartado (ii), sin embargo, respecto del apartado (iii) parece inferirse que, aunque sea la presentación conjunta, lo que está pretendiendo el Legislador es hacer visible, exteriorizar, la manifestación de voluntad de cada deudor de forma individualizada y de cada grupo de acreedores respecto de la viabilidad del mismo, no permitiéndose que el plan de un deudor concreto se agazape en el plan conjunto, cuando, de forma individual, no podría haber prosperado.

Por último, hay que destacar que la homologación de un plan de reestructuración no permite efectuar una nueva solicitud de homologación respecto del mismo deudor, hasta que transcurra un (1) año desde la fecha de la solicitud del plan de homologación, conforme dispone el art. 664

TRLC. A nuestro entender, esta situación prohibitiva temporal puede llevar a la situación en la que previéndose, digamos, la mejora de las condiciones convenidas en el plan de reestructuración homologado, transcurrido el año desde que fue solicitada la homologación, puedan reiniciarse los trámites para una segunda, que mejore la capacidad de pago del deudor y su corolario o mejora del cobro por los acreedores; podría dar lugar, igualmente, a una previsión de empeoramiento de la situación económica del deudor y proponer un nuevo plan, pero, salvo honrosas excepciones, normalmente conduciría al fin de la actividad y desaparición jurídica y económica de la empresa.

IX. DEL PROCEDIMIENTO ESPECIAL PARA MICROEMPRESAS Y LA MEDIACIÓN CONCURSAL

1. EL PROCEDIMIENTO ESPECIAL PARA MICROEMPRESAS

Como premisa mayor debemos exponer que, tal y como dispone el art. 682.3 TRLC, el procedimiento preconcursal para microempresas es especial y, por tanto, no puede seguir las normas del plan de reestructuración, sino las muy concretas que el Libro Tercero del TRLC (arts. 685 a 720 TRLC) dispone y que, seguidamente, vamos a analizar, salvo de forma supletoria los Libros Primero y Segundo TRLC, conforme tal y como previene el art. 689 TRLC.

La Directiva (UE) 2019/1.023 entiende por «PYME» tanto las microempresas como las pequeñas y medianas empresas, las cuales vienen diferenciadas conforme dispone el art. 2 del Reglamento (UE) n.º 651/2014 de la Comisión, de 17 de junio de 2014, por el que se declaran determinadas de ayudas compatibles con el mercado interior en aplicación de los artículos 107 y 108 del Tratado (D.O.U.E. n.º 187, de 26 de junio de 2014, páginas 1 a 78), definiendo la «microempresa» como aquélla que ocupa a menos de diez (10) personas y cuyo volumen de negocios anual, o cuyo balance anual no supera los dos (2) millones EUR. Véase, a estos efectos, las características concretas que definen el concepto de microempresa a los efectos de su procedimiento especial, previsto en el art. 685 T.R.L.C., en el que, además de los parámetros de la Directiva 651/2014, incluye el de horas de trabajo realizadas por el conjunto de la plantilla.

La transposición de dicha Directiva comunitaria europea define el concepto de «microempresa» a través del art. 685 TRLC, refiriendo, tanto a las personas naturales como a las jurídicas, inscritas o no en el Registro Mercantil que reúnan las siguientes características:

> 1.ª Haber empleado durante el año anterior a la solicitud una media de menos de diez trabajadores. Este requisito se entenderá cumplido cuando el número de horas de trabajo realizadas por el conjunto de la plantilla sea igual o inferior al que habría correspondido a menos de diez trabajadores a tiempo completo.

2.ª Tener un volumen de negocio anual inferior a setecientos mil euros o un pasivo inferior a trescientos cincuenta mil euros según las últimas cuentas cerradas en el ejercicio anterior a la presentación de la solicitud.

A ello hay que añadir que «*si la entidad formase parte de un grupo, los criterios... se computarán en base consolidada.*». Como se ve, el redactor de la LRTRLC sólo está pensando en personas jurídicas, normalmente, sociedades capitalistas, olvidándose de la persona física, empresario, profesional o trabajador por cuenta ajena, así como de otro tipo de sociedades más comunes en el tejido económico español. En cualquier caso, en la realidad, si una «entidad» de las que alude el art. 685.2 TRLC forma parte de un grupo y, para considerar si tiene hasta diez (10) trabajadores, pongamos, nueve (9) o su volumen de negocio sea inferior a setecientos mil (700.000,00 €) euros debe consolidar sus datos con el «grupo» al que pertenezca, de por sí, deja de ser una «micro» y pase a ser una «nano» empresa, quizás sea el grupo la propia microempresa y, en consecuencia, haya de ser expulsada del sistema económico. La visión que ofrece la LRTRLC es que ha sido redactada por Asesores en impuestos, dicho sea con el debido respeto y cariño hacia estos profesionales, pero, construir una Ley, reguladora de la insolvencia, con parámetros propios de Grupos del art. 42 C.com. resulta como una «carrera de obstáculos» insalvables, difíciles o imposibles de cumplir en su integridad y, desde el punto de vista procesal, la demostración de una ingente cantidad de hechos y aportación de «papeles» administrativos y contables, todos ellos relativos, como relativa es la Economía y, también, el Derecho, que generarán o pueden generar numerosos incidentes concursales colapsando más aún si cabe las Oficinas judiciales.

Cuando llegamos a este tipo de situaciones, siempre nos hace recordar la LSP de 1922 con cuyos veinticuatro (24) artículos y una (1) sola reforma legal, en sus ochenta y un (81) años de vigencia ha servido para salvar lo salvable y para liquidar lo liquidable.

Además de lo dicho, todos estos datos, características o requisitos no pueden obtenerlos los acreedores en ningún caso, por lo que la redacción está pensando, únicamente en que quien, real y materialmente puede solicitar la Mediación Concursal, es el propio deudor.

Veamos, no obstante, y supongamos que se han superado todos los requisitos precisados y el deudor o el acreedor solicitan el nombramiento de un Mediador Concursal. La primera pregunta que surge es la de que ¿a quién debe solicitarse dicho nombramiento? El art. 691 TRLC nos remite a la situación propia de la Mediación concursal, a través del Registro Mercantil, las Cámaras de Comercio o el Notario. Tampoco dice este precepto que deba hacerse ante el Juez competente para declarar el concurso del deudor, sin embargo, debemos entender que deba ser éste a quien se solicite y quien lo nombre, para lo cual, deberá facilitárseles los datos de los Mediadores Concursales inscritos, así como determinar el sistema de elección, secuencial, como en la situación de la anterior redacción del TRLC, discrecional o de cualquier otro modo, en cualquier caso, justo, proporcional y equitativo. El art. 702.2 TRLC remite al art. 704 en lo que respecta a su «*elección, designación y retribución*» que, en su apartado 6 dispone que el nombramiento (del experto en reestructuración) recaerá en «*la persona que elijan de mutuo acuerdo y los acreedores cuyos créditos representen más del cincuenta por ciento del pasivo total*», lo cual, se comunicará al Juzgado en formulario normalizado «*o dentro de los cinco días siguientes*» ¿siguientes a qué? ¿por qué cinco (5) días y no más o no menos? No encontramos respuesta alguna a este impreciso texto.

Si no hay acuerdo o «*si no se recibe comunicación de la persona...*» (¿qué persona? ¿el deudor? ¿el acreedor? ¿el mediador?) dentro de plazo (¿qué plazo? ¿el de los cinco días que no se sabe de dónde empiezan a contarse?) el nombramiento, lo realizará el juez según el sistema del art. 676 TRLC que regula el nombramiento del experto, a propuesta del deudor o de sus acreedores solicitantes.

Ya designado el Mediador o Mediadora concursal, éste debe intervenir, únicamente, para negociar un plan de continuación del art. 697 y ss. TRLC.

Es interesante que la mediación se realice por medios electrónicos, vídeoconferencia u otro medio análogo de transmisión de la voz o la imagen, siempre que quede garantizada la identidad de los intervinientes, cuyo paradigma se encuentra en los O.D.R. (*on-line dispute resolution*[146] y con todas las precauciones y cautelas que este tipo de Mediación deben dar, cuya regulación viene dada por la Ley 5/2012, de 6 de julio de Mediación en asuntos civiles y mercantiles que, para las reclamaciones de cantidad y a través de su Disposición final séptima, remite a la Ley 34/2002, de 11 de julio, de servicios de la sociedad de la información y de comercio electrónico. No obstante lo cual, la realidad es bien diferente, pues, en la mayoría de los casos, los deudores no tienen ni siquiera la dirección electrónica de sus

---

146 Solución de disputas telemáticamente.

acreedores, teléfonos o vías de contacto, en algunos casos, ni siquiera las de sus excónyuges y, de otro lado, algunas entidades financieras, tan pronto conocen el inicio de la Mediación concursal, sistemática y directamente se oponen sin más y, ahí se acaba toda negociación, por lo que difícil ventura ofrece este sistema en vía preconcursal.

A todo ello, hay que añadir que la duración «*máxima*» de la Mediación, según el art. 702.4 TRLC es de escasos «*diez días hábiles*», habiéndose pasado a este acortamiento de cuando, por la regulación inicial era de uno (1) o dos (2) meses, excesivos o no, pero, no insuficientes como ahora se regula.

No alcanzado el acuerdo, el Mediador cierra el procedimiento extrajudicial y lo notifica al Juzgado, en cuyo caso, el deudor o los acreedores «*con un veinte por ciento del total pasivo*» podrán, facultativo, no obligatorio, solicitar la apertura del procedimiento especial de liquidación del art. 705 TRLC, sin la posibilidad de volver a presentar propuesta alternativa de convenio o similar, pero, sólo en el supuesto de que la insolvencia sea actual, si la insolvencia es probable o inminente, desaparece la posibilidad de solicitarlo, con lo que sí cabría acudir a las vías no liquidatorias.

A) Acreedores a los que afecta el procedimiento especial para microempresas

Contrariamente a cuanto sucedía con la homologación de los planes de reestructuración, el art. 685.4 TRLC dispone que el procedimiento especial para microempresas «*afectará a todos los acreedores del deudor, con independencia del origen y naturaleza de la deuda*», lo que implica la no aplicación de la excepción del art. 616.2 TRLC, por lo que afectaría a los créditos por alimentos, los derivados de responsabilidad civil extracontractual y los laborales. Respecto de los créditos de Derecho público no cabe cuestionarse la afectación, pues el tercer párrafo del art. 616.2 TRLC así lo considera, si bien establece unos requisitos que, a nuestro entender deben hacerse extensivos o comunes al procedimiento especial de microempresas pues, caso contrario, podría dar lugar a perversiones de la situación fáctica del deudor con los acreedores de Derecho público, reduciendo o incrementando los la media de trabajadores o las horas de trabajo, para ajustarse a este procedimiento y, así, evitar cumplir con las obligaciones públicas.

B) Situaciones de insolvencia

La situación de la microempresa en relación con su situación de insolvencia es la misma que la de los deudores que pretendan acogerse a un plan de reestructuración, pues así lo determina el art. 686 TRLC, en el sentido de que pueden encontrarse en una de las tres (3) situaciones: probable, actual o inminente, por lo que nos remitimos a nuestros comentarios antecedentes.

El procedimiento especial para microempresas es, inicialmente, voluntario, salvo que se encuentre el deudor en la situación que el art. 686.2 TRLC expresa, en cuyo caso, se trata de un deber, desapareciendo la voluntariedad cuando aquél se halle «*dentro de los dos meses siguientes a la fecha en que hubiere conocido o debido conocer el estado de insolvencia actual*», lo que no sucede en los otros dos estadios, el de la insolvencia probable y el de la inminente, pues, éstos ofrecen un teórico margen de recuperación al deudor, mientras que la insolvencia actual requiere de una mayor celeridad en la actuación. El Legislador establece una presunción *iuris tantum* para fijar el hito del cómputo bimensual cuando hubiera acaecido alguna de las situaciones que prevé el art. 691 ter TRLC, que faculta a los acreedores o a los socios personalmente responsables de las deudas, sin embargo, este último precepto no fija cuáles son los posibles presupuestos por los que los acreedores o los socios responsables de las deudas puedan solicitar la apertura del procedimiento especial, pues, tanto este precepto como el art. 691 quinquies TRLC solo regulan el procedimiento a seguir, lo que, ideológicamente, nos conduce a lo dispuesto en el art. 14.2 TRLC el que exige ejecuciones previas. Realmente, no se alcanza a entender este *iter* en el que se tiene que presentar una Demanda ejecutiva para poder solicitar el procedimiento especial parar microempresas y paralizar la ejecución para salvar a la microempresa que ya se han embargado sus bienes y derechos.

Conforme al art. 685.5 TRLC se establecen tres (3) tipos de procedimientos especiales de microempresas quedan establecidos, a saber:

a) Procedimiento de continuación.

b) Procedimiento de liquidación con transmisión de la empresa en funcionamiento.

c) Procedimiento de liquidación sin transmisión de la empresa en funcionamiento:

   i. A solicitud del deudor, cuando se encuentre en insolvencia actual o inminente.

ii. A solicitud de los acreedores propiamente dichos o por los socios personalmente responsables de las deudas del deudor preconcursal (art. 691 ter TRLC), solo cuando se encuentre el deudor en situación de insolvencia actual, vetándose la posibilidad ante la insolvencia inminente, pues la instancia por éstos situación de en inminencia podría provocar consecuencias irreparables en el deudor que le abocarían a su desaparición jurídica y económica, estrategia que, a modo de mero ejemplo, bien podría instar otra empresa competidora y, a su vez, acreedora, para captar los clientes de la deudora, sin asunción de la empresa.

iii. Todo parece indicar que este procedimiento de liquidación sin transmisión no puede solicitarse en estado de insolvencia probable por nadie, ni siquiera por el deudor, pues, recordemos, la situación de probabilidad no implica necesariamente el «hundimiento» de la empresa, sino la previsión de una hipotética tensión de liquidez, pero que no conlleva necesariamente la liquidación, sino la aplicación de medidas para «reflotar» la misma.

d) Por último, hay que destacar que el art. 686.4 TRLC, no es que establezca un cuarto procedimiento, sino que no concreta cómo ha de ser la liquidación, con o sin transmisión de la empresa en funcionamiento, lo que ocurre en el supuesto de que, al menos, el 85 % de los créditos corresponden a los acreedores públicos. Consideramos que debe tratarse del procedimiento de liquidación sin transmisión de la empresa en funcionamiento, pues, difícilmente varias Administraciones públicas o una sola de ellas, van a adquirir la empresa en funcionamiento, salvo que se trate de una deudora estratégica; no obstante lo cual, la norma no distingue y, nosotros, tampoco debemos hacerlo.

2. INICIO DEL PROCEDIMIENTO ESPECIAL

El procedimiento especial para microempresas comienza, al igual que los restantes procedimientos preconcursales, con una comunicación de apertura de negociaciones en los términos previstos en el art. 690 TRLC, la cual deber realizarse, como las demás, al Juzgado competente para la declaración de concurso, aplicándose las mismas normas que las que regulan los arts. 585 a 610 TRLC —lo que ya no representa el carácter supletorio que establece el art. 689 TRLC—, pero con las siguientes «*especialidades*»:

A) Período de negociaciones:

a) Durará un período de tres (3) meses (art. 690.7 TRLC).

b) Donde, en los artículos 585 a 610 TRLC, dice «*concurso de acreedores*» debe entenderse el procedimiento especial para microempresas.

c) No es preceptivo el nombramiento de experto durante el período de negociaciones.

d) Los efectos de la comunicación de la apertura de negociaciones no pueden prorrogarse.

e) Resultando de aplicación, como decimos precedentemente, el art. 601 TRLC que regula la suspensión de las ejecuciones en tramitación desde la comunicación de apertura de negociaciones, únicamente, por la especialidad del art. 690.4 TRLC, no quedarán suspensas, en ningún caso, las realizadas por los acreedores públicos, lo que no se alcanza a entender respecto de la excepción para la microempresa, cuando a las restantes no se excepciona, siendo así que, respecto de aquélla, se dispone de menor liquidez o recursos para atender los pagos de créditos, tanto públicos como privados.

No obstante lo dicho, el segundo párrafo del art. 690.4 TRLC regula la excepción de la excepción de no suspensión de la ejecución del crédito público, cual es la traba de «*bienes o derechos necesarios para la continuidad de la actividad empresarial o profesional del deudor*», dentro de cuyo concepto se ha discutido jurídicamente desde la promulgación de la LC, llegándose a la conclusión de que tan necesario para la continuidad de la actividad es el dinerario en cuenta corriente, necesario para hacer ingresos y pagos, como el propio bien inmueble, de propiedad o en arriendo (derechos de traspaso) en que se lleva a cabo la actividad, como mobiliario también, incluso créditos contra terceros son necesarios para la continuidad.

Sin embargo, el Legislador únicamente permite esta suspensión de la ejecución sobre bien o derecho necesario, en la fase de realización o enajenación, ante cuyo espacio temporal puede darse una situación de no suspensión de la ejecución y subastar un bien o derecho necesario (maquinaria, por ejemplo), llegar la fase de realización o enajenación y no haber nada que liquidar y ninguna actividad a desarrollar o transmitir.

Esta suspensión se debe acordar ante y por el Juez competente del concurso, ya sea judicial o extrajudicial la ejecución, pero, decaerá, dice el precepto, «*perdiendo toda su eficacia*», esto es, que podrá continuar la ejecución, «*transcurridos tres meses desde el día de la comunicación*», sin que sea precisa resolución alguna, pues se considera automática como plazo de caducidad; en definitiva, que esta suspensión viene a ser meramente teórica, pues, en la realidad viene a ser prácticamente imposible de llevarse a término.

f) La presentación de la comunicación de la apertura de negociaciones realizada por el deudor impide que otros legitimados puedan hacerlo y las que se hallen en curso, quedarán en suspenso, todo ello, según previene el art. 690.5 TRLC, dándosele, pues, prioridad a la comunicación realizada por el deudor.

g) Quedan en suspenso el deber legal de acordar la disolución por pérdidas conforme a lo dispuesto en el art. 363.1.e) LSC (*ex* art. 690.8 TRLC).

B) Procedimiento especial iniciado por el deudor

a) Con carácter facultativo:

El procedimiento especial instado por el deudor comienza una vez ha transcurridos los tres (3) meses del período de negociaciones respecto del deudor que se encuentre en estado de insolvencia actual, conforme dispone el art. 690.7 TRLC, debiendo seguirse los trámites que, detalladamente, fija el art. 691 TRLC.

b) Con carácter obligado:

El deudor que haya sobreseído de forma generalizada el pago de las obligaciones tributarias exigibles durante los tres (3) meses anteriores (a la solicitud de concurso); el de las cuotas de la seguridad social y demás conceptos de recaudación conjunta durante el mismo período, o el de los salarios e indemnizaciones a los trabajadores y demás retribuciones derivadas de las relaciones de trabajo correspondientes a las tres (3) últimas mensualidades, según la norma del art. 2.4.5.º TRLC, concluidos dichos tres (3) meses, al mes siguiente, el deudor tiene la obligación, conforme al art. 691.5 TRLC, de solicitar el inicio de este procedimiento especial; si no lo solicitase en el plazo del mes posterior a los tres meses, las posibles quitas y esperas que pudieren aprobarse por el plan de continuación, no afectarán a los créditos tributarios y de seguridad social.

C) Procedimiento especial iniciado por terceros legitimados (art. 691 ter TRLC):

a) Dos grupos de personas están legitimadas para iniciar el procedimiento especial para microempresas; de un lado, los propios acreedores y, de otro, los socios responsables de las deudas societarias, aquéllos, para proteger su crédito y, éstos, para evitar la derivación de responsabilidad afectante a su patrimonio, pues los socios pueden ver embargados sus bienes en el concurso (art. 133 TRLC), por lo que este sistema especial les debe ser útil y, por tanto, les legitima, cuanto menos, ideológicamente a coadyuvar con los acreedores para adoptar el mejor acuerdo posible; en igual sentido, este tipo de socios están facultados para coadyuvar con el inicio de acciones rescisorias (art. 695 TRLC) o con la apertura de la sección de calificación (art. 716 TRLC). Deberá seguir los trámites de los arts. 690 ter y 690 quater TRLC.

b) También puede presentar la solicitud de tramitación del procedimiento especial un (1) solo acreedor o por el socio responsable de las deudas, entendiendo la norma del art. 691 quinquies TRLC que es el único socio responsable de las deudas que hay en la sociedad, pues habla de «*el socio*», empleando el artículo determinado «el» y no el indeterminado «un», por lo que no podemos entender esta sustantividad como si se tratase de un socio disidente o similar. Tampoco aclara la norma si la responsabilidad personal del socio lo es por el mero hecho de ser socio de una compañía personalista y que su responsabilidad es personal, esto es, por su cualidad de socio responsable, sea limitada o ilimitada o si, siendo socio *per se* no responsable de las deudas sociales, su responsabilidad deriva de la suscripción de una garantía personal solidaria o mancomunada, esto es, por su cualidad de fiador, en la que coincide, además, la cualidad de socio; todo parece indicar que la norma regula la facultad de los primeros, de los socios que responden por esta cualidad *ex lege* más que por la derivada de la fianza, por la tutela que los primeros merecen por la cualidad adquirida y asumida al tiempo de fundar la sociedad, esto es, la derivada de una responsabilidad *ex lege*[147], más que la derivada *ex contractu*[148]. Ello es así, por cuanto que el art. 698.1 TRLC alude a los socios «*legalmente responsables de las deudas sociales*», por lo que será la clase de sociedad y la condición societaria del socio, partícipe o comunero la que determine, por disposición de la Ley, la responsabilidad personal de éste y su intervención en el procedimiento especial.

En este supuesto que podemos denominar como de «solicitantes individuales», la tramitación no va como en el supuesto de pluralidad de acreedores o socios solicitantes, sino que dicha solicitud se notifica por el Letrado o Letrada de la Administración de Justicia al deudor para que éste «acepte» la solicitud por aquéllos efectuada y, en consecuencia, presente el formulario normalizado, esto es, para que la inicie el propio deudor en sustitución de los solicitantes individuales. La aceptación por el deudor puede ser expresa o tácita, guardando silencio (art. 691 quinquies.1.1.º TRLC).

(i) Procedimiento de continuación:

Estos solicitantes individuales pueden solicitar la apertura del procedimiento especial de continuación, pero, si el deudor rechaza éste y solicita la del procedimiento especial de liquidación, primará ésta sobre la de los solicitantes, pero con el condicionado de que el deudor haya cumplido con su deber de presentar la solicitud de presentación del formulario normalizado. *A sensu contrario* hay que entender que, si el deudor no presenta el formulario y concurren los requisitos normados para ello, sí se tramitará el procedimiento especial de continuación, a pesar de que el propio deudor haya rechazado el mismo, esto es, vaya contra su voluntad.

(ii) Procedimiento de liquidación:

Sin embargo, cuando estos solicitantes individuales soliciten la apertura del procedimiento especial de liquidación y el deu-

---

147 Derivada de la ley.

148 Derivada del contrato.

dor lo rechace, solicitando la apertura del procedimiento de continuación, sin mayor requisito, se abrirá automáticamente el procedimiento especial de continuación, cumpliendo los requisitos propios del formulario y demás requisitos legales.

(iii) Si el deudor se halla en situación de insolvencia probable o inminente y se opone a la apertura del procedimiento especial y presenta el formulario, alega y prueba que su insolvencia es actual, el deudor puede solicitar ampliación del plazo por otros cinco (5) días más a los del apartado 1 del art. 691 quinquies TRLC, en total, diez (10) días hábiles según faculta el párrafo 4.º del apartado 1 del art. 691 quinquies.

La oposición del deudor puede fundamentarse en las siguientes causas:

- Falta de legitimación del solicitante: falta de legitimación *ad causam*[149], lo que implica que el instante no reúne las cualidades exigidas por el art. 691 quinquies TRLC, esto es, porque, o bien no es acreedor o no es socio o, si lo fuese, no sería responsable personal de las deudas de la sociedad.
- Inexistencia del hecho externo revelador del estado de insolvencia en que se fundamenta la solicitud: la norma no especifica cuáles pueden ser estos hechos «externos», por lo que, todo parece indicar que se trata de los requisitos del art. 2.4 TRLC, sin embargo, la solicitud del deudor solo le permite alegar el art. 2.4.5.º TRLC, según hemos visto precedentemente al hablar de la solicitud obligatoria por el deudor y, en el supuesto que nos ocupa, de petición por un acreedor o por un socio responsable personal, no podría ser una excusa para ampliar a las demás situaciones que prevé el art. 2.4 TRLC, por lo que entendemos que solo puede instar el procedimiento el deudor por el art. 2.4.5.º TRLC y, en tal caso, oponerse demostrando la inexistencia de estos hechos, externos, entendiéndose por tales, aquellos hechos que no derivan de la contabilidad del deudor ni de la del acreedor o socio responsable promotores, pues

[149] A la causa.

se centraría en el sobreseimiento de los créditos de Derecho público. Aquí, pues, debería aportarse un certificado de hallarse al corriente en el pago de estas obligaciones públicas.

- No haberse hallado o no hallarse en estado de insolvencia actual, definida por el art. 2.3 TRLC, cuando el deudor no puede cumplir regularmente sus obligaciones exigibles; para la oposición habría que acreditar pagos regulares en fechas corrientes.

  Sin embargo, no puede formularse esta causa cuando se den las siguientes situaciones, prácticamente, las que regula el art. 2.4 TRLC (apartados 2.º, 3.º y 5.º):

  - Si la solicitud del acreedor o el socio responsable se fundara en la existencia de un título por el cual se hubiera despachado ejecución o apremio «*sin que del embargo hubieran resultado bienes libres conocidos bastantes para el pago*».
  - Si existen embargos por ejecuciones pendientes que afecten de una manera general al patrimonio del deudor.
  - Si hay falta de pago de obligaciones tributarias exigibles durante los tres (3) meses anteriores a la solicitud de apertura del procedimiento especial de liquidación de pago de cuotas de la Seguridad Social y demás conceptos de reclamación conjunta durante el mismo período.
  - Si hay falta de pago de salarios e indemnizaciones derivadas de las relaciones de trabajo correspondientes a las tres (3) últimas mensualidades.

3. DEL PROCEDIMIENTO ESPECIAL DE CONTINUACIÓN

Nos encontramos con uno de los dos (2) tipos o sistemas para tramitar el procedimiento especial de microempresas, dentro de la óptica de salvación de la empresa, bajo los antiguos cánones de quita o espera que viene regulado por el art. 697 y ss. TRLC.

A) Del contenido del plan de continuación

El art. 697 ter TRLC regula el contenido del plan de continuación debiendo aportarse los siguientes datos y documentos:

1.º La relación nominal y cuantía de los créditos afectados por el plan:

Aunque la norma no lo exige, tácitamente debemos acudir al orden alfabético que, para el concurso, establece el art. 285 TRLC. Por lo que respecta a los créditos afectados por el plan, éstos son todos los acreedores del deudor «*con independencia del origen y naturaleza de la deuda*», tal y como establece el art. 685.3 TRLC y, siendo así que no existe norma que impida a los créditos de Derecho público no quedar afectados, deben incluirse como un acreedor más pues, además, también se infiere de lo dispuesto en el art. 698 bis.3 TRLC en el trámite de homologación judicial del plan que requiere que sea expresa cuando se incluyan estos acreedores públicos.

Los únicos créditos que no pueden quedar afectados son los que recoge el art. 698.3 TRLC, esto es, (i) los créditos por alimentos derivados de una relación familiar, remitiéndonos para su definición a cuanto manifestamos en los planes de reestructuración, (ii) los créditos derivados de relaciones laborales distintas de las del personal de alta dirección, sobre los que también hablamos en los planes de reestructuración, (iii) los créditos públicos, en la parte que deba calificarse como privilegiada, (iv) las cuotas de la Seguridad Social cuyo abono corresponda a la empresa por contingencias comunes y profesionales, ni los de la cuota del trabajador por contingencias comunes, accidentes de trabajo y enfermedad profesional.

2.º Los efectos sobre los créditos:

Que podrán ser tanto quitas como esperas, una combinación de ambas, su conversión en préstamos participativos o su capitalización; si el plan va a afectar a los derechos de los socios, el valor nominal de sus acciones o participaciones sociales.

3.º La agrupación de cada uno de los créditos en clases:

Que se conformarán de acuerdo con su valor económico, reflejado por la graduación de los créditos en el concurso de acreedores, según el libro primero de esta ley (art. 269 y ss. TRLC).

4.º Un plan de pagos:

Que incluya con detalle las cuantías y los plazos durante toda la duración del plan de continuación.

5.º Los efectos sobre los contratos con obligaciones recíprocas pendientes de cumplimiento que, en su caso, vayan a quedar afectados por el plan. Recordemos que el art. 694 bis.2 TRLC dispone que la apertura del procedimiento especial de microempresas, por sí sola, no afectará a este tipo de contratos.

6.º Una descripción justificada de los medios con los que propone cumplir con la propuesta, incluyendo las fuentes de financiación proyectadas. En este punto es muy importante recabar certificados de la entidad financiera, en los que se acredite la existencia de contratos de depósito con saldos acreedores o de la realización a futuro de la financiación prometida, aunque condicionada a la aprobación del plan especial, sin perjuicio de cualquier otro certificado, mejor certificado que documento simple, pues éste podría tener condicionados, trabas o carácter provisional.

7.º Las garantías con que cuente la ejecución del plan, cuando resulte aplicable. Las garantías, obviamente, podrán ser personales o reales (hipoteca, prenda o anticresis), pero no una simple afección de saldos, pues la afección no es más que una simple manifestación de voluntad u orden de atender pagos concretos, pero sin ostentar el carácter de garantía en tanto en cuanto que ésta implica, aseguramiento, «protección», palabra emparentada etimológicamente con «agarrar» y «garrar», es decir, considerar indisponible la garantía real concreta.

8.º Una descripción justificada de las medidas de reestructuración operativa que prevé el plan, la duración, en su caso, de las medidas, y los flujos de caja estimados, que deberá estar relacionada con el plan de pagos, todo lo cual deber representar y documentarse convenientemente mediante realidades dentro de lo que es un posibilismo a futuro, basándose en datos concretos y, si se hablase de nuevas contrataciones, habría que acompañar precontratos, cuanto menos, que permitiesen entender lógicamente que la aprobación del plan especial está sustentada en una realidad, aun condicionada a la aprobación del plan especial, pero no ficticia.

9.º Una memoria que explique las condiciones necesarias para el éxito del plan de reestructuración y las razones por las que ofrece una perspectiva razonable de garantizar la viabilidad de la empresa en el medio plazo. Se trata, en cualquier caso, de fundamentar la realidad o la previsión real más que hacer meras elucubraciones que representen espejismos.

10.º Las medidas de información y consulta con los trabajadores que, de conformidad con la ley aplicable, se hayan adoptado o se vayan a adoptar, acorde a la legislación laboral, como son las previstas en situación de modificaciones sustanciales de las condiciones de trabajo del art. 41 E.T. o las de sucesión de empresa del art. 44 E.T., pues así lo requiere el art. 697 quater TRLC.

B) Medidas que pueden solicitarse en el procedimiento especial de continuación

a) De la suspensión de la ejecución

La más importante de las medidas que la microempresa deudora puede solicitar en cualquier momento, desde el inicio de la solicitud de apertura del procedimiento especial de continuación es la de suspensión de las ejecuciones instadas contra ella, acorde con lo dispuesto en el art. 701 TRLC en los siguientes supuestos, si no se dan los cuales, cabe oponerse el acreedor a la petición de suspensión conforme el apartado 4 de dicho precepto, pudiendo celebrarse una vista para resolver esta oposición, cuyo Auto resolutorio es inmediatamente ejecutorio y no cabe recurso alguno frente al mismo conforme al apartado 5 del precepto.

Estos son los presupuestos que se deben cumplir para pedir la suspensión:

a) Se puede solicitar la suspensión o paralización de las ejecuciones judiciales como las extrajudiciales (administrativas).

b) En el supuesto de que la ejecución se siga sobre los bienes y derechos necesarios para la continuación de la actividad empresarial o profesional, por lo que volvemos al concepto de «necesario».

c) Solo puede solicitarse la suspensión o la paralización, siempre que deriven las ejecuciones del incumplimiento de un crédito con garantía real, como podría ser el (i) préstamo hipotecario que grava el bien inmueble donde se ejerce la actividad (fábrica, despacho, local), pues con la suspensión se pretende no entrar en la liquidación y consiguiente subasta del bien; así como también (ii) una prenda sobre dinerario, aunque este supuesto presenta sus dudas, pues, si el dinerario o valores que se hallan pignorados, no constituyen circulante, sino que están «aparcados» y, por tanto, la necesidad para el funcionamiento de la microempresa es más que relativo, por no decir «nulo», dado que es derivado de un «excedente» o ahorro que hubo en momentos previos a la pignoración, dada su situación estática o de bloqueo; cosa bien distinta sería ante la situación de (iii) un pacto de anticresis, pues las rentas que paga periódicamente la microempresa a la entidad financiera devienen de la propia actividad empresarial o profesional y su destino, caso de suspensión de la ejecución, ya no sería el pago de este acreedor anticrético, sino el retorno de las rentas al circulante de la microempresa.

d) O que, los créditos acabados de referir sean de Derecho público, con o sin garantía real, solamente por el hecho de ser un público el crédito.

La suspensión de la ejecución tiene dos límites o hitos temporales-procesales, el inicial, que tiene lugar en el momento en el que la microempresa solicita la apertura del procedimiento especial de continuidad y, el otro u otros, el final, que llega en el momento en el que «*se compruebe objetivamente que no se aprobará un plan de continuación y, en todo caso, por un máximo de tres meses desde el decreto en que se tenga por efectuada la solicitud…*». Seguidamente vamos a tratar respecto del procedimiento que siguen los trámites para la aprobación del plan y su complejo régimen de mayorías, para considerar que la «objetividad» requerida vendrá, precisamente de dicho régimen, de si se van a alcanzar o no los *quorum* y demás requisitos correspondientes. En cualquier caso, la celeridad que se impone para la consecución de la aprobación del plan la marcan los tres (3) meses que van desde el Decreto que tiene por efectuada la solicitud.

b) De la Mediación concursal

Una segunda medida radica en la posibilidad de nombrar un Mediador Concursal (art. 702 TRLC), que nada tiene que ver con la figura vigente hasta la entrada en vigor de la LRTRLC y cuyo nombramiento y funciones presenta las siguientes características:

a) Pueden solicitar el nombramiento de un Mediador Concursal tanto el deudor microempresa como los acreedores, sin distinción alguna por su calificación, pero deben representar, al menos, un veinte (20 %) por ciento del total pasivo, sin distinción de la clase a la que pertenezca.

b) Puede solicitarse, según prevé la Disposición adicional segunda TRLC por la que se faculta a las Cámaras Oficiales de Comercio, Industria, Servicios y Navegación a ofrecer servicios de Mediación concursal en este procedimiento especial para microempresas, servicios que ya venía prestando para los acuerdos extrajudiciales de pagos.

c) La función que desempeña el Mediador Concursal se centra en la negociación, pura y dura, lo cual vulnera las normas básicas o esenciales de la Mediación (arts. 1, 6 a 9 de la Ley 5/2012, de 6 de julio, de mediación en asuntos civiles y mercantiles), pues el Mediador no puede negociar, sino mediar para que las partes por sí mismas, alcancen un acuerdo negociando éstas y no aquél y, consideramos, que vulnera dichas normas, pues la redacción del apartado 2 del precepto indica «*como única finalidad la negociación de un plan de continuación*» lo cual, gramaticalmente hablando, implica que el Mediador negocie, es decir, que su actuación vaya más allá de la proactividad en la negociación, cuando bien podría haberse expresado «*como única finalidad la de mediar en la negociación…*». No obstante, siempre nos hemos manifestado en materia de Mediación mercantil o en la societaria en que resulta muy conveniente la proactividad del Mediador y, mayormente en la Mediación concursal, donde resulta completamente inevitable que el Mediador vaya más allá del mero «buenismo» que la Mediación representa en sí misma considerada, pues, véase que en el supuesto de la negociación concursal no hay un equilibrio de conocimiento igual entre la parte deudora (microempresa) y los acreedores (Administraciones públicas, entidades financieras, etc.) y se requiere de una figura técnica suficientemente versada para tratar de conseguir que ambas partes «hablen el mismo idioma jurídico-preconcursal» y, desvelando las consecuencias de aquello que se proponga en el plan de continuidad, llegar a un convencimiento de que lo que el Mediador indica es lo más equilibrado y conveniente para ambas partes.

El estatuto del Mediador concursal es el mismo que el del Experto en la reestructuración en lo relativo a su elección, designación y retribución, pero no en el de sus funciones.

La Mediación debe realizarse por medios electrónicos, videoconferencia o análogo de transmisión de voz e imagen, debiendo quedar garantizada la identidad de los intervinientes, respecto de lo cual, no se dice quién debe garantizar esta identidad, si una empresa homologada al efecto o, si se levantase acta de las sesiones, por el propio Mediador Concursal.

En el plazo de diez (10) días normados para llevar a término la Mediación concursal, cabe decir que, sin perjuicio de que, en algunas, pocas, ocasiones hemos conseguido acuerdos extrajudiciales de pagos (sistema anterior), resulta un plazo efectivamente breve que, según la relevancia o complejidad de los asuntos deviene hasta ilusorio, por lo que, prefiriendo el Legislador «no perder tiempo» para que la empresa no caiga como fruta madura, acortando el plazo de la antigua Mediación concursal, bien podría haber fijado una prórroga para supuestos especiales que requieran complejidad, bien por el número de acreedores, como por sus cualidades o garantías, como por el montante del pasivo; piénsese, además y como ejemplo simple, que conseguir localizar en diez (10) días a muchos acreedores resulta una tarea harto imposible, pues, en algunos casos, el representante de cualquier entidad financiera o de la Administración pública oportuna, pueden hallarse negociando otros procedimientos y la duplicidad de ubicación, en el mejor de estos casos, resulta imposible.

Así pues, el art. 702 TRLC regula la posibilidad de acudir a un procedimiento de Mediación que tendrá una duración máxima de dichos insuficientes diez (10) días, transcurridos los cuales sin acuerdo, el Mediador cerrará el procedimiento y lo comunicará al Juzgado, sin más, sin exigírsele la realización del informe del art. 290 TRLC y demás informes e inventarios que se exigían para dar lugar al concurso consecutivo, hecho lo cual, los acreedores que representen un 20 por ciento del total del pasivo (debe entenderse por tal la totalidad de créditos, incluidos los de Derecho público que, no eran llamados al procedimiento extrajudicial de Mediación antes de la reforma), solicitando, sin más, la apertura del procedimiento especial de liquidación, siempre y cuando el deudor se halle en estado de insolvencia actual, lo que nos hace regresar al pasado cuando entró el sistema inicial de

Mediación Concursal, que exigía unos porcentajes de aprobación del acuerdo de Mediación superiores (inalcanzables) a los del convenio concursal en fase común, que luego hubo de ser modificado, permitiéndose la presentación de convenio y el desarrollo de la fase común. Insistimos, la Mediación Concursal ha quedado como un reducto inalcanzable, contradictorio con los M.A.S.C. (Medidas alternativas de solución de conflictos) que introduce de forma obligatoria la Ley Orgánica 1/2025, de 2 de enero. A nuestro parecer y por nuestra experiencia el sistema preconcursal de la Mediación Concursal no fracasaba por el procedimiento en sí mismo, sino por la carencia de facultades dada al Mediador, como hemos reiterado siempre que hemos tratado esta materia, por desconfianza hacia la labor de muchos o pocos Mediadores o por la propia denominación, pero que, si se le hubiese denominado Conciliador, Experto o Administrador preconcursal, no habría habido tal reserva o temor a su sistemática de actuación.

La entrada en vigor de la LRTRLC el 26 de septiembre de 2022 ha supuesto la práctica desaparición de la figura preconcursal de la Mediación Concursal, quedando, como único resquicio, el art. 702 TRLC el cual, a pesar de su brevedad en comparación con los arts. 635 a 658 TRLC 2020, parece dar a entender que se trata de una figura más ágil que la precedente, agilidad que, por su brevedad y nuevos requisitos, la hacen más estéril aún si cabe que la que fue, con ello, el Legislador de 2022 ha pretendido emular las prácticas de la antigua Roma aplicando lo que podemos considerar una «*damnatio memoriæ*»[150], borrando de la faz del TRLC esta novedosa institución que fue en el Derecho de insolvencia la cual, de alguna manera se vio abocada a su desaparición por su ineficacia debida a las inexistentes facultades del Mediador Concursal en cuanto a las posibilidades de promover la reestructuración de las deudas, descartando su proactividad, así como la posibilidad de no acudir a las reuniones conciliatorias con la «pena concursal» de subordinar el crédito del que no asista ni diga nada, por lo que, todos los acreedores venían optando por el segundo de los requisitos, decir u oponerse a la propuesta del deudor sin más interés, ni razonamiento, ni voluntad de solucionar el problema de la insolvencia, prefiriendo, en definitiva, perder todo su crédito por la exoneración, que aceptar una fórmula de repago o recobro de su crédito. Obviamente, cualquier Mediador se opondrá a esta consideración, pues, precisamente a esta institución preconcursal se

150 Condena de la memoria.

la denominó así y sus características son las de voluntad en la concurrencia a la mediación —justo lo que todos los acreedores han venido haciendo— y dejar que las partes propongan —solo propone el deudor—; todo podría haber cambiado si se le hubiese denominado «Experto en reestructuración», tal y como introdujo la LRTRLC en 2022, o «Experto en negociación» o «en resolución de conflictos» o similares, pero calificarlo de «Mediador» ya, de por sí, en esta materia de insolvencia es un auténtico dislate; pero, lo que hizo esta norma del 2022 fue dañar a la memoria de la institución del Mediador Concursal. ¿Se trataba de una cuestión de nombres? Probablemente, pero, el Legislador de 2022, lo mismo que está manteniendo los planes de reestructuración en fase preconcursal y para evitar el concurso, al deudor que acudía a la Mediación Concursal se le hacía pasar por las dos fases, la preconcursal y, luego, la concursal hasta el final, durante años. A modo meramente anecdótico, debemos decir que, al tiempo de escribir estas líneas, todavía llevamos como Administrador Concursal dos concursos acumulados que nacieron de sendas Mediaciones Concursales en enero de 2016, en cuya fase preconcursal acudió un solo acreedor, pero no se logró el *quorum* requerido.

La Mediación Concursal ha quedado reducida por la LRTRLC a cuanto expresa su Disposición adicional segunda por la que se faculta a las Cámaras Oficiales de Comercio, Industria, Servicios y Navegación a «*ofrecer servicios de mediación concursal en el ámbito del procedimiento especial para microempresas.*». Así pues, la LRTRLC ha constreñido la Mediación Concursal a un solo artículo, el 702 TRLC que, a diferencia del texto anterior, la solicitud de nombramiento de Mediador Concursal puede realizarse, no solo por el deudor, sino, también por los acreedores, pero, cuyos créditos representen, al menos, un veinte (20 %) por ciento del total pasivo, lo cual, desde el punto de vista práctico, es una introducción más voluntariosa que real, pues, sólo mediante la obtención de las cuentas anuales de una sociedad inscrita en el Registro Mercantil, si las tuviese presentadas, puede llegar un acreedor a conocer cuál es la composición del pasivo, hace un año, pero, en el supuesto de persona física, empresario o profesional no inscritos en el Registro Mercantil, trabajador por cuenta ajena o sociedad no inscrita en dicho Registro, resulta imposible conocer cuál es el pasivo, ni siquiera consultando los datos del CIRBE (Central de información de riesgos del Banco de España), ni los registros de los Juzgados que, por protección de datos, no se van a dar a personas ajenas al deudor, por lo que tal «puerta» de acceso a la Mediación concursal es más una ilusión voluntarista que una realidad. En cualquier caso, visto en la práctica el procedimiento de mediación concursal o A.E.P., la práctica totalidad de acreedores, mayoritariamente financieros, rehúyen de cualquier acuerdo mediado; algunos hemos conseguido, no obstante, en nuestra práctica como tal Mediador Concursal, pero suele mediar para ello efectivo o daciones en pago como premisa previa al acuerdo.

A todo ello debemos añadir que este nombramiento solo puede realizarse ínsito en el procedimiento especial para microempresas regulado por los arts. 685 a 720 TRLC y dentro de éste, en el procedimiento de continuación.

Por tanto, nos remitimos a las anteriores ediciones de esta obra para un conocimiento más pormenorizado de lo que fue, de lo que pudo haber sido, de su evolución histórica y de las diversas A.D.R. o soluciones alternativas de conflictos, pues, poco o nada dice la denominada Mediación Concursal a la solución preconcursal con la regulación que la LRTRLC estableció.

c) De la limitación de las facultades de administración y disposición del deudor

Nos encontramos ahora con una tercera medida que puede solicitarse del Juez competente para la declaración del concurso, consistente en la limitación de las facultades de administración y disposición del deudor, ya sea de la persona física, empresario o profesional, como jurídica, limitando la actuación de su órgano de administración de la microempresa deudora, tal como recoge el art. 703 TRLC. Partamos del hecho de que, como siempre recordamos, nos hallamos en sede preconcursal y que, ni en la antigua Mediación concursal se preveía esta restricción de facultades, ni respecto de otros deudores se prevé tal drástica, aunque, a veces, necesaria medida que «limita» pero no suspende ni interviene ni sustituye aquéllas, sino que pone hitos que no pueden rebasarse por el órgano de administración societario ni por la persona física empresario o profesional.

¿Qué debemos entender por «limitar»? Conforme al DRAEL se trata de una acción por la que se fija la extensión que pueda tener la autoridad o los derechos y facultades de alguien, en definitiva, restringir, impedir, prohibir, acotar, condicionar o circunscribir, pues todas estas acciones son sinónimas de limitar. En resumen, esta medida puede impedir, de modo meramente ilustrativo, la venta de un activo cuyo valor supere el límite, pero no de un activo de un valor inferior al fijado como límite.

Como en el supuesto de la petición de nombramiento de Mediador Concursal, la norma prevé que solo pueda solicitar esta limitación de facultades una mayoría de créditos del veinte (20 %) por ciento del pasivo en su conjunto, no por clases, acreedor o acreedores que deben justificar las razones por las que se considera esta limitación preconcursal, mayormente que si se hallase en situación concursal, pues lo que trata el preconcurso es, precisamente, la evitación de estas situaciones limitativas de derechos. Piénsese, no obstante, que una suspensión de facultades podría llegar a suponer, a modo de mero ejemplo, que el deudor que, a su vez, fuese curador o tutor de un discapaz o un menor, no podría administrar el patrimonio de éstos, sino que tendría que hacerlo un tercero no autorizado por el Juez de discapacidades.

Solo puede realizarse esta petición si el deudor se halla en insolvencia «actual», ni probable, ni inminente, pues aquélla, digamos es «real», mientras que las otras dos son hipotéticas o supuestas, con mayor o menor previsión, pero no existentes o presentes.

Como decíamos, deben expresarse (i) qué facultades se pretende limitar, (ii) cuál es el hecho o razón objetiva que lleva a tal petición, (iii) quién puede vigilar el cumplimiento de la limitación, (iv) si la limitación lo es por hasta una cuantía determinada o (v) por hecho concreto y, si, por razones objetivas, se precisa rebasar el límite máximo o el hecho concreto, si puede completarla alguna otra persona (vi) y, en tal caso, si puede hacerlo el propio acreedor solicitante y de qué manera. Véase, en cualquier caso, que el art. 264 C.c. prevé que los actos jurídicos de escasa relevancia económica no requieren de nombramiento de tutor o curador respecto del discapaz, por lo que habrá de ser muy claro y objetivo en la petición para justificar la limitación de facultades para la persona deudora no discapacitada, así como respecto del órgano de administración de la sociedad, pues, tanto si está compuesto por un Administrador único o varios, como por un Consejo de Administración, en todos los casos, están compuestos por personas físicas, aún que un consejero fuere persona jurídica, pues, siempre, la representación la ostenta una persona física.

Por supuesto que cabe oposición o alegar lo que a su derecho convenga por parte del deudor actual cuyas facultades de administración y disposición se pretende limitar, lo cual debe hacer en el plazo de los siguientes tres (3) días hábiles al de la «*presentación de la solicitud*» por parte del acreedor o acreedores. Véase que la solicitud del acreedor se hace mediante formulario telemático y la norma no especifica desde su admisión a trámite y, consiguiente notificación al deudor, por lo que, siguiendo en rigor lo dispuesto en el apartado 3 del art. 703 TRLC podría darse el caso de que el deudor no se enterase. Esta oposición se resuelve mediante Auto, recurrible en reposición ante el propio Juez y, previa celebración de una vista resolverá nuevamente el Juez, entendiéndose, aunque nada dice la norma, que se resuelve el recurso mediante Sentencia, si bien el art. 454 LEC, por la remisión del art. 545 TRLC dispone que se resolvería mediante Auto irrecurrible, si bien, los arts. 546 y 547 TRLC prevén su recurribilidad sea Auto o Sentencia lo que se dicte.

d) De la solicitud de nombramiento de un experto en la reestructuración

Otra de las medidas que pueden solicitarse durante la tramitación del procedimiento especial de continuidad para microempresas es el del nombramiento de un experto en la reestructuración, petición que pueden realizar en cualquier momento de su tramitación, sin límite temporal o procesal alguno, pero, en tanto en cuanto el mismo se halle en curso y no haya concluido.

Conforme a lo dispuesto en el art. 704.6 TRLC, el nombramiento del experto puede realizarse de consuno entre el deudor y los acreedores que representen más del cincuenta (50,01 %) por ciento del total pasivo, sin distinguir a la clase a la que pertenezca o pueda pertenecer, si bien la norma no remite a las Cámaras de Comercio, Industria y Navegación, como sí se realiza respecto del nombramiento de Mediador Concursal, no es menos cierto que nada impide recurrir a dicha institución para facilitar la designación del que, entre su listado de Profesionales expertos en reestructuración, puedan consensuar uno de ellos, incluso, en defecto de acuerdo, dejar en la Cámara la posibilidad de designación, a la manera en la que algunas de éstas realizan respecto de la designación de Árbitros y Mediadores, evitando, con ello, que sea el Juez quien designe al experto por los trámites de los arts. 672 a 678 TRLC, siempre más complejos, descargando, además, a la Oficina Judicial correspondiente.

La retribución del experto corre a cargo del solicitante, si bien, se debe consensuar entre el deudor y los acreedores que representen dicha mayoría simple, salvo que sean los acreedores quienes soliciten su designación y asuman voluntariamente el coste de la retribución. En defecto de acuerdo, se aplicará el arancel de los Administradores Concursales (Real Decreto 1.860/2004, de 6 de septiembre), pues así lo dispone el art. 704.7 TRLC.

En la medida que ahora tratamos, resultan facultados por el art. 704 TRLC para solicitar el nombramiento de un experto en la reestructuración, tanto por el propio deudor microempresa, como por los acreedores, en los siguientes términos:

A) Con facultades de intervención:

Se puede recabar el nombramiento del experto en la reestructuración para que éste asuma facultades de intervención de los bienes y derechos de la microempresa deudora a petición (i) del propio deudor o (ii) de los acreedores cuyos créditos representen al menos un veinte (20 %) por ciento del total pasivo, sin distinción de clases, sino de la suma total.

Contrariamente a la limitación de facultades, ahora nos hallamos ante una «intervención» de aquéllas, actuación que requiere de un examen, control y censura del ejercicio de las facultades del deudor microempresa.

Una primera cuestión debe plantearse, como referíamos en el supuesto de la limitación de facultades, respecto de la administración de bienes ajenos, como son los que resultan de la curatela o de la tutela; debemos recordar que el art. 107 TRLC concreta la intervención o la suspensión de facultades a los bienes y derechos que componen la masa activa, pero no a los ajenos, por lo que, en principio, debería aplicarse esta razón para la fase preconcursal en la que nos hallamos y, por tanto, concretarse la intervención de facultades únicamente de los bienes que compongan la masa activa, no de la intervención de las facultades del deudor sobre los bienes y derechos de terceros administrados por disposición legal o del Juez de discapacidades, por lo que los administradores de las sociedades podrían administrar y disponer de sus bienes propios o de terceros, distintos de los de la sociedad microempresa deudora.

La solicitud de nombramiento de experto en la reestructuración que intervenga las facultades de la microempresa deudora, puede realizarse, nos dice el art. 704.1 TRLC, en cualquier momento del procedimiento de continuidad, sin límite temporal alguno, en tanto en cuanto que el mismo no haya concluido, obviamente.

B) Con facultades de sustitución:

Debemos partir de que, para esta solicitud de nombramiento con sustitución de facultades, solo es dable en la situación en la que el deudor se halla en insolvencia «actual», pues así lo dispone el art. 704.2 TRLC, no pudiendo hacerse en los restantes supuestos de insolvencia, probable o inmediata.

Para obtener estas facultades de «sustitución», pueden solicitarse, igualmente, durante toda la duración del procedimiento según el art. 704.2 TRLC, pero no puede solicitar el nombramiento del experto el propio deudor para que le sustituya éste en sus facultades, lo cual vendría a ser como una «dejación de funciones» o responsabilidades, pretendiendo hacer caer en el Experto su propia responsabilidad, actitud que no parece contenga el requisito de la buena fe, pues el deudor debe permanecer responsable dirigiendo su «nave» hasta llegar a las últimas consecuencias.

Sin embargo y, como no puede ser de otra manera, los acreedores pueden solicitar este nombramiento para estas facultades, pero con un porcentaje superior, pasándose del veinte (20 %) por ciento requerido para la intervención, al cuarenta (40 %) por ciento, para solicitar y poder obtener la concesión de las facultades de sustitución.

El Legislador ha sido cauto cuando ha preferido llamar «sustitución» en lugar de «suspensión». Si, por «suspensión» entendemos, junto al DRAEL, detener o diferir por algún tiempo una acción u obra, como sinónimo de detener, aplazar, interrumpir o diferir —piénsese que en situación concursal, como mínimo, conlleva la suspensión de facultades desde la apertura de la fase de liquidación hasta la conclusión del concurso— y por «sustitución» implica, según el DRAEL, la puesta a alguien en lugar de otra persona ocupando su lugar, supliendo o haciendo sus veces, qué diferencia habrá materialmente entre sustituir y suspender ¿el espacio temporal? Se da en ambos casos, en tanto en cuanto dure el período del plan especial de continuidad preconcursal o la liquidación concursal. Entendemos, pues, que se trata de una especie de eufemismo sin más relevancia en la práctica, elegido así para evitar, precisamente, la comparación del preconcursado con un concursado.

Expuestos los dos escenarios posibles para el nombramiento del experto en la reestructuración hay que mostrar la posibilidad de oponerse a tales solicitudes de nombramientos del experto, según prevé el art. 704.3 TRLC:

a) Puede oponerse, obviamente, el deudor microempresa, según dispone el art. 704.4 TRLC, pero dentro de los cinco (5) días hábiles a cuando se le notifique la solicitud de nombramiento realizada por los acreedores que seguidamente se dirán, en cuyo escrito deberá acompañar los documentos que acrediten su solvencia, solvencia que no solo viene determinada por el aporte de la escritura de propiedad, sino, en el supuesto de bienes inmuebles o muebles inscritos, el estado registral actual al tiempo de formular la oposición, en los que deben constar las cargas y gravámenes que tuvieren los unos y los otros, pero, además y, como mínimo, el «valor de referencia catastral» o una tasación realizada por entidad homologada oficialmente a los fines de poder acreditar la viabilidad de la continuidad de la empresa (recordemos que la situación de Suspensión de Pagos se daba cuando el Activo era superior al Pasivo y, con esta filosofía o razón, inicialmente e indiciariamente, puede tenerse una visión a medio o largo plazo de que el plan puede llegar a buen término por el propio deudor, sin precisar de «agentes ajenos».

b) Si se opone la mayoría simple del total pasivo —recordemos, el 50,01 € %— debe ser rechazado de plano el nombramiento del experto. Pensemos que, si el 20 % del pasivo solicitó el nombramiento para intervenir las facultades, enfrente ya se encontraría al 80 % restante del que, fácilmente, podría salir la mayoría simple; sin embargo, respecto de la solicitud de nombramiento son facultades de sustitución, el 40 % legitimado para ello, difícilmente encontraría opositor en el 60 % restante, del que siempre podría obtenerse como aliado el 10,01 % faltante para no poder encontrar oposición.

c) Cuanto antecede, no tiene un carácter automático, esto es, que la oposición de la mayoría de acreedores a que se niegue al nombramiento con facultades de sustitución, contiene la excepción de que «*sea necesario a efectos de realizar las valoraciones previstas o entablar acciones rescisorias o de responsabilidad…*»; ello implica que se expongan y acredite documentalmente, siquiera fuere indiciariamente, en la solicitud de nombramiento cualquiera de dichos tres supuestos.

No distingue la norma en qué consisten las facultades de intervención ni de las de sustitución, sin embargo, el art. 704.5 TRLC establece las que sí que tendrá, pero no distingue si las que le fueron conferidas eran las de intervención o las de sustitución; todo parece indicar que son facultades adicionales, siendo éstas las siguientes:

a) Proponer el plan de continuación de la actividad de la microempresa deudora. *A sensu contrario* no parece que esté facultado para presentar, directamente, el plan de liquidación para el supuesto de que no vea en modo alguno la continuidad de la empresa o profesión del deudor.

b) Emitir opiniones técnicas sobre cualquiera de los extremos susceptibles de afectar a la formación de la voluntad de los acreedores en relación con el plan. Esto debe entenderse en el supuesto de que quien proponga el plan de continuación sea el deudor o los acreedores, porque emitir opiniones sobre el plan elaborado por el experto designado, no parece que tenga mucho sentido.

c) Puede mediar entre el deudor y sus acreedores. ¿Debe ser para ello Mediador? ¿Esa mediación debe ser proactiva? Entendemos que no precisa ser Mediador, que no se trata de una Mediación acorde con la Ley de Mediación en asuntos civiles y mercantiles, pero que sí debe ser proactiva, tratando de poner de acuerdo a deudor y acreedores, con sus máximas de experiencia en la reestructuración, haciendo y proponiendo diversas ideas o soluciones que favorezcan a ambas partes.

d) Tendrá, también, otras funciones expresadas a lo largo del libro Tercero (arts. 685 a 720 TRLCI, pues así lo dispone el art. 704.5 TRLC.

C) De la aprobación del plan de continuación:

Cumplidos los requisitos para poder solicitar la aprobación del plan especial, el art. 697 quinquies TRLC regula el procedimiento que llevan a la aprobación o rechazo del plan especial, común a la solicitud que realizase cualquier solicitante que esté facultado o legitimado para ello, según hemos visto. En primer lugar, habrá un plazo de quince (15) días hábiles (aunque estamos en fase preconcursal, se trata de plazos procesales, pues se realizan ante un tribunal) para realizar alegaciones, debidamente documentadas, las que no quedan limitadas a puntos concretos del plan, sino que pueden referirse a cualquiera parte del plan especial de continuación, sin embargo, la no alegación por un acreedor, que no un socio responsable, sino de un acreedor puro, respecto de (i) la cuantía, (ii) características y naturaleza de su crédito o (iii) con la clase a que haya sido asignado, se entiende que realiza una aceptación tácita, lo que le impediría realizar la impugnación posterior del plan de continuación. El Legislador acierta, a nuestro entender, con la consideración de aceptación tácita, pues lo que no que va contra las reglas de la buena fe procesal es la posición de quien puede y debe hablar, quedarse «*medio oculto tras un sombrero de esparto*», como aquella canción de Serrat[151] esperando el momento de la impugnación y lanzar el «ariete» jurídico-factico contra el plan especial de continuación, tratando de derribar su frágil estado de construcción.

Nada nos dice la norma respecto del silencio del socio responsable de las deudas, por lo que, debiendo considerarse como deudor personal debe permitírsele alegar cuanto y cuando estime conveniente, precisamente, porque su patrimonio le va en juego. ¿Puede, pues, impugnar el socio responsable personalmente que no hubiere alegado previamente? Entendemos que sí que puede hacerlo.

Cualquier otro acreedor que no se hallare incluido en la lista de acreedores correspondiente, puede, acorde con lo dispuesto en el apartado 5 del art. 697 quinquies TRLC, solicitar su inclusión entre aquélla dentro de los veinte (20) días hábiles siguientes al de la apertura del procedimiento especial de liquidación, lo cual es lógico, si pensamos que, si el expediente se iniciase a instancias de algún acreedor, éstos no tienen porqué conocer la totalidad de éstos.

Una vez concluido el precitado plazo de veinte (20) días, se abre el período de votación, comenzando en primer lugar con los créditos sobre los que no se han realizado alegaciones, por quince (15) días hábiles desde la comunicación electrónica del deudor a los acreedores de que comienza este período, período que, no obstante, puede quedar en suspenso a instancia de parte para el caso de que se hubiese alegado respecto del valor de los medios con los que se propone cumplir la propuesta, esto es, el requisito 6.º del art. 697 ter TRLC, siempre y cuando las alegaciones «*tuvieran objetivamente entidad suficiente para influir en el sentido del voto*», lo que deviene en un ejercicio de examen crítico realizado por el Juzgador de que las reglas

151 Pueblo blanco.

de la sana crítica le llevan al convencimiento de que no son alegaciones meramente dilatorias o escasamente fundadas o relevantes.

Lo que debe quedar muy claro es que la expresión firme de la voluntad, tanto del deudor, como de los socios de la deudora legalmente responsables de las deudas sociales deben expresar su consentimiento al plan propuesto por los acreedores, como así lo dispone el art. 698.1 TRLC, pues, en cualquier caso, nos encontramos ante un contrato con indudable trascendencia económica en unos y otros y, por tanto, debe cumplir todos los requisitos propios de cualquier contrato, consentimiento, objeto cierto y causa del contrato. Además del deudor y los socios legalmente responsable de las deudas de su sociedad, deben firmar también el acuerdo los otros socios, los no legalmente responsables, pero, solo en el supuesto de que las medidas de reestructuración del art. 697 ter.8.º TRLC afecten, bien a sus derechos políticos, como a los económicos que de sus títulos societarios deriven.

Dos reglas necesarias y convenientes para la aprobación del plan de continuación resultan de lo dispuesto en el art.698.5 TRLC, de un lado, la reiteración ideológica y justa de la aplicación, una vez más, del principio de la *par conditio creditorum* o igualdad de trato para cada grupo homogéneo de acreedores, igualdad entre iguales y, de otro, el establecimiento de un límite máximo que establece la paridad entre el importe del crédito o créditos y el de los recursos económicos o jurídicos para atenderlos, esto es, que ningún crédito percibirá más del importe que le fue reconocido en el plan, de aquí la necesidad de valorar los «*derechos, acciones o participaciones*» con los que se pretende cumplir con el plan de continuidad en el momento previo a la aprobación, pues bien es cierto que, tanto los derechos como los títulos-valor están sometidos a variaciones en sus respectivos valores, sin embargo, el hecho de que esta norma limite el percibo de mayor importe del reconocido, esta variación de derechos o títulos fuere a la baja supondría incumplimiento parcial del plan, pero, si fuere al alza, nacería la obligación de devolución del exceso percibido por el acreedor o acreedores concretos, con lo que habría que reliquidar el estado de pagos por si cupiese el acrecimiento a favor de otros acreedores o la simple devolución al deudor.

Respecto del crédito de Derecho público, el art. 698.6 TRLC vuelve a aplicar la norma del art. 616 bis TRLC relativa al plan de reestructuración, si bien, la norma obliga a realizar una comparación entre ambas situaciones:

a) Así como el art. 616 bis TRLC veta la reducción del importe del crédito de Derecho público, no sucede lo mismo con el plan especial de continuación para microempresas, pues el art. 698.6 TRLC no recoge este veto o prohibición, a excepción de «*las cuotas de la seguridad social cuyo abono corresponda a la empresa por contingencias comunes y por contingencias profesionales ni a los porcentajes de la cuota del trabajador que se refieran a contingencias comunes o accidentes de trabajo y enfermedad profesional.*»

En el plan de reestructuración se establece unos plazos concretos para ser atendidos los créditos de Derecho público, respecto del plan especial de continuación para microempresas no se fijan, ni siquiera el plazo máximo de dieciocho (18) meses, por lo que deben seguirse los plazos negociados en el plan antes de su aprobación.

El voto se determina por razón al nominal, esto es, por la cantidad que resulte reconocida y que incluye, tanto el principal o deuda «pura», como los recargos y los intereses vencidos, sin distinción de si son remuneratorios o moratorios; nada se dice, sin embargo, de las costas procesales, en su caso, porque éstas deberían tener el tratamiento del apartado 3 como crédito contingente si no se hubieran liquidado judicialmente, si no, es nuestra opinión, que deberían sumarse al «nominal», pues, de lo contrario, nos hallaríamos ante un acreedor con dos porcentajes de voto, uno por el de la deuda pura y otro por el de las costas, liquidadas o sin liquidar, lo cual no tiene sentido práctico-jurídico alguno, por razón a la homogeneidad del crédito en su conjunto y unidad de acreedor. Al propio tiempo, el voto debe realizarse por el sistema de clases propio del plan de continuación.

Merece la pena destacar la abstención o «voto silente», podríamos llamarle así, al acreedor que se limita a no votar, hecho éste que el Legislador, dada su inactividad, sanciona con una conformidad tácita, en tanto que no se opone, aprueba; este criterio es acorde al principio general de Derecho «*qui siluit cuum loqui et debuit et potuit consentire videtur*»[152], pues el que no vota, ciertamente no lo hace, pero tampoco vota en contra, luego debe ser tenido como voto a favor, fundamentalmente, por el bien superior que es la continuidad de la microempresa en orden, no solo a reducir y aplazar deuda, sino a permitir que los acreedores en su conjunto pueden recuperar su crédito que, de otro modo, no habrían podido realizar. Esto es lo que resulta de lo dispuesto en el art. 698, apartados 4, 7 y 8 TRLC; sin embargo, más

---

[152] Quien calla cuando sabe hablar, debe hablar y puede hacerlo, parece consentir (debe ser tenido como que consiente).

adelante veremos qué sucede con este voto silente al tiempo de pretender la homologación del plan de continuidad.

Por último, el voto silente de la AEAT debe entenderse favorable al plan de continuación «*que contenga una quita no superior al quince por ciento del importe de sus créditos ordinarios, salvo que indique lo contrario*» conforme al art. 10.3 de la Ley General Presupuestaria que regula el derecho de abstención por su privilegio; obviamente, si la quita es superior a dicho 15 % de su crédito ordinario el voto silente se convierte en voto en contra. Esto es cuanto dispone el art. 698.11 TRLC.

Así pues, el plan quedará aprobado del siguiente modo, según establecen los apartados 9 y 10 del art. 698 TRLC:

a) El régimen de mayorías lo es por cada clase y dentro de cada una de ellas:
b) Respecto de las clases de los créditos sin garantías reales, dentro de cada una, con el voto favorable de los créditos en ella afectados, por la mayoría simple, mitad más uno, incluso, habría que hablar, más que del 51 %, del 50,01 % dado el cómputo del voto por razón al «nominal» de cada acreedor, lo que conlleva porcentajes con decimales y, así, superado el 50,00 % hay mayoría simple, mayoría que se computa respecto del total pasivo de esa clase concreta.
c) Respecto de la clase o clases de los créditos con garantía real (hipoteca, prenda y anticresis) con el voto favorable de dos tercios (2/3) de su pasivo concreto.
d) La suma de las clases que hayan aprobado singularmente el plan de continuación determinará su aprobación general o definitiva del siguiente modo:
    i. Si lo han aprobado todas y cada una de las clases de créditos según las mayorías precitadas y correspondientes.
    ii. En su defecto, si lo ha aprobado una clase con privilegio general o especial, por mayoría simple «*de las clases*» dice la norma, pero habrá que entender que la mayoría simple es de la suma de las mayorías de todas ellas, lo que se infiere de la «mayoría reforzada» que dan los créditos privilegiados, pues su aprobación son los 2/3 que, de alguna manera, pretende nivelar la mayoría de las clases que no cubrieron su *quorum* mayoritario.

iii. En defecto de este segundo «escalón» resultaría aprobado si «*2.º Una clase que, de acuerdo con la clasificación de créditos del concurso de acreedores, pueda razonablemente presumirse que hubiese recibido algún pago tras una valoración del deudor como empresa en funcionamiento.*» lo hubiese aprobado, tratándose, pues, de la misma situación que, para el plan de reestructuración, prevé el art. 639.2.º TRLC, por lo que nos remitimos a los comentarios en éste realizados, lógica o valor superior que encontramos en la conservación de los actos destinados a la continuidad y, en este caso, transmisión de la empresa o unidad productiva en funcionamiento.

Ahora bien, si no se cumplen los precedentes supuestos o requisitos y, consecuentemente, no se aprueba el plan de continuación, inexorablemente, se apertura el procedimiento especial de liquidación, pero, solo si el deudor se encuentra en situación de insolvencia actual, tal y como prevé el art. 699 bis.1 TRLC; sin embargo, si se encuentra en insolvencia probable o inminente y solo en estos supuestos, el deudor puede impugnar —que no, recurrir— el Auto de transformación del plan de continuidad en el procedimiento de liquidación, lo que deberá hacer, en su caso, en el plazo de cinco (5) días hábiles desde la publicidad del Auto en el Registro Público concursal, como así dispone el art. 699 bis.6 TRLC, llevándose a término la impugnación ante el propio Juez que lo dictó, pudiéndose celebrar vista si éste así lo decide, cuya resolución podrá realizar oralmente en este momento, o por escrito dentro de los siguientes cinco (5) días, resolución cuyo fallo determinará si confirma la conversión del procedimiento de continuación en el de liquidación o, la conclusión del de continuación. Este Auto, resuelva lo que resuelva, tampoco tiene efectos suspensivos, por lo que se llevará a cabo, bien la ejecución del plan de continuación homologado, ora la liquidación de los bienes y derechos de la microempresa deudora.

D) De la homologación judicial del plan de continuación aprobado

Como no puede ser de otra manera, hemos de partir de la premisa principal de que, para poder ser homologado el plan especial de continuación, previamente ha de ser aprobado por los regímenes de mayorías de clases que acabamos de expresar. El órgano de homologación será, pues, el Tribunal competente para la declaración, ante el que se han venido siguiendo los trámites previos a la aprobación y desde la comunicación de inicio de las negociaciones.

Queda, pues, por determinar cuál ha de ser el sujeto promotor de la solicitud de homologación, lo que queda fijado por el art. 698 bis.1 TRLC en (i) en el propio deudor, el que, caso de ser sociedad, dicha norma no requiere de otro acuerdo social previo, sino que va implícita la solicitud de homologación en los acuerdos previos que antes se han expuesto en cada momento procedimental; el segundo legitimado es (ii) «*los acreedores*» afectados, si bien, debemos entender que se trata de «cualquiera» de éstos, no necesariamente de todos ellos de forma conjunta y bajo una sola representación y defensa procesales y, así, podrán hacerlo, tanto el acreedor comercial, como el que ostente algún privilegio, incluidos los acreedores de Derecho público, en los términos expuestos al tratar del contenido del plan de continuación.

Existe un plazo, inexorable, como todos ellos, de diez (10) días hábiles siguientes a la notificación al deudor y a los acreedores de la certificación del resultado favorable a su aprobación, certificación prevista en el apartado 9 del art. 697 quinquies TRLC, dentro del cual, tanto el deudor como cualquier acreedor tiene una oportunidad de solicitar del Juez un pronunciamiento sobre la homologación, resultando las siguientes situaciones:

a) Homologación expresa:

Si se solicita del Juez que se pronuncie sobre la homologación, digamos, a favor o en contra, tanto por parte del deudor como de cualquier acreedor, el Juez dictará la resolución (Auto) que lo homologue o lo rechace según lo que se le solicite y resulte del cumplimiento de los requisitos para su aprobación y previos, en su caso, en los términos que dispone el art. 698 bis.4 TRLC, así como los requisitos propios para homologar el plan (art. 698 bis.5 TRLC), en cuyo ínterin, el Juez puede (facultativo) convocar a las partes a una vista, incluso valerse de un Experto en reestructuraciones sobre el valor de la empresa en funcionamiento, si lo precisase (facultativo), pero, siempre y en todo caso, cuando una clase de acreedores afectados haya votado en contra, esto es, cuando dicha clase no haya obtenido la mayoría o *quorum* preciso para su aprobación.

No cabe otra alternativa en los planes en los que resulten incluidos acreedores de Derecho público en el plan, pues, como hemos manifestado, éstos resultan con tutelas específicas que el Juez debe comprobar que se han cumplido (art. 698 bis.3 TRLC).

b) Homologación tácita:

Si nadie alegare, sin necesidad de dictarse resolución judicial, se entenderá tácitamente homologado, por lo que, únicamente, cuando alguien alegare dentro de dicho plazo se dictará una resolución expresa que lo apruebe o rechace. Lo que no se alcanza a entender es cómo puede solicitarse y obtenerse una «*declaración de homologación tácita*», pues la «declaración», en tanto que es una manifestación que, comoquiera que tiene efectos jurídicos, requiere de una forma propia de una resolución judicial, Auto o Sentencia, incluso si correspondiere, por Providencia, pero no existen las «declaraciones judiciales tácitas», se trata de un oxímoron, como «*es herida que duele y no se siente*» (Quevedo). Ya resulta retorcido, por encontrarle un «hueco jurídico» a la redacción del art. 698 bis.2 *in fine* TRLC, encontrar un escenario adecuable al caso, tal, en el que algún acreedor, reconocido o no en el plan, afectable, en cualquier caso, hubiese seguido una ejecución contra los bienes del deudor con el plan de continuidad tácitamente homologado y solicitase del Juzgado esa declaración judicial tácita, lo máximo que podría encontrar es una Diligencia de Ordenación por la que se manifestase que transcurrió el plazo precitado y nadie alegó y nadie solicitó un pronunciamiento judicial expreso y, redundando en el carácter de tácito, podría añadirse «*con los efectos del artículo 698 bis.2 ab initio TRLC*».

Sin embargo, esta homologación tácita solo será posible si la mayoría del pasivo requerida se ha conseguido con votos afirmativos, no por votos silentes, por lo que, si se pretende la homologación hay que buscar votos expresados favorablemente, pues así establece el art. 698 bis.3 TRLC.

c) Requisitos para la homologación del plan de continuación:

El art. 698 bis.6 TRLC establece los siguientes requisitos que el Juez debe observar para poder homologar el plan especial de continuación de microempresas:

1.º Que el deudor se encuentre en probabilidad de insolvencia, insolvencia inminente o insolvencia actual y el plan ofrezca una perspectiva razonable de asegurar la viabilidad de la empresa en el corto y medio plazo.

2.º Se hayan observado los requisitos procesales y se hayan alcanzado las mayorías necesarias previstas para el procedimiento especial de continuación.

3.º Que los créditos dentro de la misma clase sean tratados de forma paritaria.

4.º Que el plan supere la prueba del interés superior de los acreedores, de acuerdo con las reglas del libro segundo.

5.º Que, en el caso de que el plan no haya sido aprobado por una clase de acreedores, el plan sea justo y equitativo. Como regla general se entenderá que el plan es justo y equitativo cuando la clase de acreedores que haya votado en contra reciba un trato más favorable que cualquier clase de rango inferior, el plan sea imprescindible para asegurar la viabilidad de la empresa y los créditos de los acreedores afectados no se vean perjudicados injustificadamente.

6.º Cuando se haya concedido o se vaya a conceder financiación al deudor en virtud del plan de continuación, que dicha financiación sea necesaria para asegurar la viabilidad de la empresa y no perjudique injustificadamente los intereses de los acreedores.

7.º Se hayan observado los requisitos y efectos previstos en este libro respecto de los acreedores públicos y el deudor se encuentre al corriente en el pago de las deudas tributarias y de seguridad social devengadas que hayan surgido con posterioridad a la solicitud de apertura del procedimiento especial de continuación.

El Auto que aprueba —no del que lo rechaza, sino del que lo aprueba— el plan de continuidad puede ser impugnado —que, no recurrido— en única instancia —por lo que puede practicarse prueba— ante la Audiencia Provincial, dentro del plazo de los quince (15) días siguientes al de la publicación de aquél en el Registro Público Concursal, no de la notificación procesal a las partes, sino desde la publicación en dicho Registro. El Recurso puede interponerse únicamente por el «perjudicado» por la homologación del plan, esto es, por aquellos acreedores que hayan votado en contra, así como también por los acreedores de Derecho público. No quedan legitimados, lógicamente, a los acreedores que votaron a favor, pero, tampoco a los silentes, pues éstos no votaron en contra, por lo que solo quedan legitimados aquéllos que manifestaron su total desaprobación y los acreedores de Derecho público, en cualquier caso, a pesar de lo cual —la impugnación—

tiene efectos ejecutorios inmediatos y, por tanto, comenzará a desplegar sus efectos. Todo ello, según resulta del art. 698 quater TRLC.

Por contra, si el Auto rechaza la homologación, bien por no cumplirse los requisitos normados, otra por haber estimado la impugnación de la homologación, nos encontramos con las mismas consecuencias que las dispuestas para el Auto que no apruebe el plan de continuación, que no son otras que las de apertura del procedimiento especial de liquidación, remitiéndonos al capítulo anterior respecto de la no aprobación del plan de continuación; resolución o Auto, únicamente impugnable si el deudor se halla en insolvencia previsible o inminente, según hemos expresado en el capítulo de la homologación, pero no podrá impugnarse el Auto si se halla en insolvencia actual.

E) Otras cuestiones, consecuencias y obligaciones derivadas de la homologación del plan especial de continuidad de microempresas

Al igual que sucede con la homologación de los planes de reestructuración la financiación interina, definida por el art. 665 TRLC, debe ser protegida, en tanto en cuanto que los efectos que produce el plan giran en torno a ésta, pues sin ella, habría sido imposible la continuidad de la actividad de la microempresa por lo que el art. 698 quinquies TRLC los califica en los términos previstos en el art. 280.6.º TRLC, como créditos con privilegio general por su 50 % y, así, respecto de los planes de continuidad que nos ocupa, la tipología de este tipo de financiación se centra en la siguiente casuística:

a) Si tuvo lugar antes de la apertura del procedimiento especial de continuación de microempresas, para que se considere «interina», se precisa bien, que (i) el plan haya sido aprobado, no dice la norma del art. 698 quinquies.2 TRLC que requiera ser homologado, sino, tan solo aprobado —recordemos que la homologación puede ser expresa o tácita— o que (ii) se haya enajenado la unidad productiva.

b) Si tuvo lugar el período de negociaciones: la que fue concedida desde su comienzo, esto es, desde la comunicación del art. 690 TRLC, incluso, más allá de los tres (3) meses que dura el mismo, pues la norma del art. 698 quinquies.1 TRLC no pone límite final a la concesión de la financiación interina.

c) Si no tuvo lugar el período de negociaciones: la financiación concedida durante los tres (3) meses anteriores a la declaración del procedimiento especial de continuación del art. 692 TRLC, esto es, desde dictado el Auto de su apertura.

d) La financiación que fue concedida para implementar o llevar a término el plan propuesto que, en definitiva, viene a ser el pilar esencial de la continuación de la microempresa y sus efectos respecto del cobro de los acreedores de sus respectivos créditos.

F) De la exoneración del pasivo insatisfecho del microempresario

El art. 700 TRLC faculta al microempresario, solo a la persona física, definida en los términos del art. 685 TRLC, ya analizados para que frustrado «*el plan de continuación*» pueda acudir a las normas que regulan el B.E.P.I., E.P.I., D.E.P.I. que son las iniciales de las tres denominaciones que el TRLC da a la exoneración, «beneficio», ninguna o «derecho».

La generalidad del posicionamiento de la norma del art. 700 TRLC en cuanto a la casuística —«*en los* casos» dice la norma— y el no empleo del adjetivo correspondiente junto a la denominación frustrable de «*plan de continuación*» nos permite entender y considerar, al indicar la generalidad de supuestos, que, tanto queda frustrado un plan de continuidad propuesto y (i) no aprobado, como el (ii) no homologado, como el (iii) homologado y revocada la homologación, pero, lo que debe quedar claro es que el plan debe existir para frustrarse, por lo que, la simple comunicación del inicio de negociaciones, salvo que (iv) ésta ya dé constancia de la existencia de los términos del plan elaborado que se propone negociar, no quedándose en la mera comunicación, no permitiría acceder de inmediato al B.E.P.I.

¿Podrían acceder los socios legalmente responsables de las deudas de la sociedad deudora en esta situación? Parece que nada lo impide, si bien, los mismos deberían acceder por las normas generales que regulan el B.E.P.I.

En cualquier caso, el art. 715 TRLC establece como condición previa a la solicitud de concesión del B.E.P.I. el cumplimiento de los siguientes requisitos:

a) Que haya concluido la liquidación, lo que implica que, previamente se haya frustrado el procedimiento especial de continuidad según el art. 700 TRLC.

b) Que se haya distribuido el remanente, para entender qué es el «remanente», esto es, la parte que queda o sobra de algo, siendo ese «algo» la liquidación de todos los bienes y derechos, lo que queda o sobra viene definido en el art. 213 TRLC, conforme al cual «*el acreedor privilegiado tendrá derecho a recibir el importe resultante de la realización del bien o derecho en cantidad que no exceda de la deuda originaria*», lo que, en definitiva, exceda de ese límite «*que no exceda de la deuda originaria*» debe ser considerado como tal «remanente», pero, veamos que la norma del art. 213 TRCL no distingue entre acreedor con privilegio especial o general, por lo que deben considerarse los créditos, tanto los que ostentan la garantía real, como la parte de los créditos de Derecho público reconocida con el privilegio en los términos del art. 269.2.º TRLC, remanente que se incorporará como un activo más en la «*masa activa*» dice el art. 213.1 *in fine* TRLC no vaya a ser distribuido entre los acreedores a prorrata.

Habiendo acreedores con derechos reales de garantía, tras la ejecución de ésta, puede darse la obtención de importe menor al del valor del bien sobre el que se estableció el derecho real de garantía, en tal caso, conforme dispone el art. 651.3 TRLC, la parte «remanente» del crédito quedará insatisfecha, si bien, en este caso, debemos traducir «remanente» por «faltante» y no por «sobrante» que es lo que, en definitiva, a lo que alude implícitamente el art. 213 TRLC, respecto de lo que ya hablamos en el capítulo relativo a las hipotecas y demás derechos reales.

Obviamente, si no hay crédito privilegiado alguno, no existe remanente alguno, por lo que el precio obtenido de la liquidación por venta directa o por subasta pública irá directamente a los acreedores, en consecuencia, esta condición no puede obstar al deudor persona física que no tiene acreedores privilegiados a solicitar la E.P.I.

En cualquier caso, entendemos que, resultando de imposible cumplimiento este segundo requisito para obtener la «segunda oportunidad» de la persona física microempresa, no debe operar como tal, sino entender que el Legislador omitió la expresión «*en su caso*» o similar, debiendo haberlo redactado como «*distribuido el remanente si hubiere créditos con privilegio* —general o especial— *después de la ejecución*» o similar.

c) Que se haya cumplido con los requisitos previstos para poder solicitar la E.P.I. en los términos previstos en los arts. 487 y 488 TRLC, según sola solicite y, si fuera, mediante plan de pagos, cumpliendo, además, los del art. 495 y ss. TRLC o, si fuera con liquidación de la masa activa, cumpliendo los requisitos que dispone el art. 501 TRLC.

4. DEL PROCEDIMIENTO ESPECIAL DE LIQUIDACIÓN DE MICROEMPRESAS

El procedimiento especial de liquidación de microempresas puede abrirse a instancias, bien del propio deudor, ora por un acreedor cualquiera, pues así es como legitima el art. 705.1 TRLC a las personas facultadas para aperturarlo, si bien, además, existe la posibilidad de abrirse de oficio, cuando se dé cualquiera de las siguientes situaciones:

A) De la apertura del procedimiento de liquidación

El procedimiento de liquidación se aperturará en cualquiera de las siguientes situaciones:

(i) Por la no aprobación del plan de continuación,

(ii) Caso de haber sido aprobado el plan, que no se haya homologado el mismo,

(iii) Incluso, habiendo sido homologado el plan, se haya incumplido por el deudor, pero, siempre que se halle en insolvencia «actual» y,

(iv) Cuando no se esté al corriente en el cumplimiento de las obligaciones tributarias y de Seguridad Social.

Cabe decir respecto de esta última causa que da lugar a la apertura del procedimiento de liquidación, la que resulta del incumplimiento de la obligación del deudor conforme al art. 699 quater TRLC de estar al corriente en el cumplimiento de las obligaciones tributarias y de la Seguridad Social, siempre que su devengo sea posterior al Auto de apertura del procedimiento especial, que no dice la norma si es el de continuidad o el de liquidación; léase la misma, para comprobar que en ella se habla de «*procedimiento especial de liquidación*» en la misma línea y, en la última, solo no se sustantiviza el mismo, indicándose que se trata del «*procedimiento especial*», lo que consideramos que es un *lapsus calami*[153] y, por tanto, debemos entender,

---

153 Desliz de la pluma.

por propia coherencia temporal, que habla del Auto de apertura del procedimiento especial de «continuidad» y no del propio de liquidación, pues el quebramiento de la tutela dada a los créditos de Derecho público generados durante la ejecución del plan de continuidad es la causa de la apertura de la liquidación.

Además, respecto de la causa por incumplimiento del plan especial de continuidad conlleva los mismos efectos que para la no aprobación del plan de continuidad o la no homologación del mismo, en los términos antes indicados que, como reiteramos, son la apertura del procedimiento liquidación de la microempresa. Este incumplimiento debe ser instado por el acreedor «*en relación con su crédito*» dice el art. 699 ter.1 TRLC, razón lógica que cada acreedor solo pueda postular el incumplimiento de impago total o parcial de su crédito o de los límites del aplazamiento, pues solo él conoce si le han pagado o no, pues, difícilmente, puede conocer qué ha sucedido con los otros créditos, salvo que el deudor haya favorecido a otro u otros acreedores en vulneración del plan homologado, en perjuicio del acreedor denunciante, en cuyo caso, parece que no está legitimado activamente para efectuar la denuncia, pues la norma no lo prevé, dado que lo concreta a su propio crédito, lo que, caso de que varios acreedores denunciasen el incumplimiento del propio crédito, no prevé la norma, tampoco, la acumulación de los diversos incidentes concursales, por lo que habría que acudir a las normas propias de la L.E.C. para la acumulación de autos.

En cualquier caso, habría que acudir a la doctrina de la mora reflejada, entre otras, en la **STS —1.ª— n.º 186/2008, de 7 de marzo:**

> «… esta Sala ha exigido que el incumplimiento resolutorio tenga los caracteres de inequívoco, objetivo, pertinaz y sin causa que lo justifique (SSTS 7 de noviembre de 1995, 26 de octubre de 1999, etc.) y ha considerado que el retraso, incluso cuando se ha constituido en mora de una de las partes, faculta a la otra para resolver si tal situación viene a frustrar el fin práctico perseguido por el negocio o si evidencia una voluntad deliberadamente rebelde al cumplimiento (SSTS 5 de julio de 1971, 9 de julio de 1986, 18 de mayo de 1988, 22 de marzo de 1991, 28 de septiembre de 2000, etc.), pero no cuando implica un mero retraso en la ejecución de una prestación que sigue siendo útil al acreedor; y ha dicho también que la gravedad del incumplimiento ha de medirse, en cada caso, con los parámetros de la buena fe, que integra siempre la normación de la relación contractual, conforme a lo establecido por el artículo 1258 CC (SSTS 2 etc.)…»

De este modo, habría que esperar al vencimiento íntegro del plan, para comprobar si ha habido un simple retraso o un incumplimiento como tal y, además, cuestionar si éste ha sido absoluto, frustrando el plan de pagos y en qué medida y posibilidad podría haberse realizado con certeza absoluta.

B) De los trámites procedimentales:

El procedimiento de liquidación conlleva una serie de fases que comienzan por el art. 706 TRLC y concluyen por el 711 TRLC, siendo las siguientes:

(i) Fase cognitiva o de determinación de créditos e inventario:

Comienza en el momento de la apertura de la fase de liquidación a partir de cuyo momento los acreedores pueden alegar (i) a fin de determinar el importe, la cualidad y naturaleza jurídica del crédito propio —nada indica que pueda hacerlo respecto de los créditos de los restantes acreedores afectados—, (ii) respecto del inventario de la masa activa del deudor, momento en el cual deberán quedar fijados los valores de los bienes y derechos que la componen, o (iii) de solicitar la inclusión de un crédito previamente no reconocido sin los efectos de subordinación que, para el concurso, prevé el art. 268 TRLC.

Todo ello, en principio, podría parecer una redundancia si se ha tramitado la fase previa de continuidad en la que todas estas cuestiones ya se han debido de fijar, pero, si acudimos al art. 705.1 TRLC y comprobamos que una de las causas de la apertura del procedimiento de liquidación puede ser la de no aprobación del plan de continuidad por no haberse cumplido los *quorum* de aprobación correspondientes (art. 698 TRLC) o que, habiéndose realizado alegaciones impugnatorias de la cuantía, características y naturaleza de los créditos afectados, en los términos del art. 697 quinquies TRLC, resulta necesario ultimar estas cuestiones a fin de fijar la masa pasiva de la microempresa para, en definitiva, repartir el montante dinerario que pudiere resultar al concluir la liquidación de la masa activa de bienes y derechos de la microempresa.

Alegaciones que pueden realizarse antes de que transcurran los veinte (20) días hábiles siguientes a la apertura del procedimiento de liquidación, en cuyo momento concluirá la fase cognitiva, cuyo efecto inmediato será la fijación del texto definitivo de ambas masas, tanto la activa, como la pasiva, que no requiere de dictado de resolución alguna, de la misma manera que hacían los (hoy derogados) art. 303.4 y 306 TRLC 2020, por lo que se trata de una fijación tácita.

Durante los cinco (5) días hábiles siguientes a tener por presentados correctamente los escritos de alegaciones correspondientes a las impugnaciones de créditos o inventario o de las inclusiones de créditos, tanto (i) el deudor como (ii) la Administración concursal designada en el momento del art. 707.1 TRLC (en el procedimiento de liquidación sin transmisión de la empresa en funcionamiento queda previsto según el art. 694 ter.3 TRLC o, por la regulación supletoria del art. 689 TRLC) podrán alegar respecto de las impugnaciones realizadas por los acreedores, pudiéndose convocar a una vista para decidir al respecto.

No obstante, si la microempresa fuese una persona jurídica y, si el Juez estima que, bien el crédito que se insinúa o la modificación que se pretende de cualquiera de las masas, no pueden satisfacerse con el activo para satisfacer el mismo, siquiera parcialmente, no se celebrará dicha vista ni más trámites habrá, lo que implica una objetivación absoluta en cuanto a los datos obrantes en el expediente judicial, como con los aportados *ex novo* con las impugnaciones o inclusiones que pretendan modificar las masas; en este caso el Juez resolverá mediante Auto, sin más trámite. Esto, bien podríamos considerar como si se tratase de la aplicación de la «regla de relevancia y resistencia» que, en materia de impugnación de acuerdos societarios el Tribunal Supremo establece en sede societaria (**STS —1.ª—, n.º 406/2023, de 24 de marzo**).

Nada nos dice la norma respecto de la persona física microempresa que haya entrado en este procedimiento de liquidación, lo que, *a contrario sensu* debemos entender que no cabe la excepción de no celebrar vista, pero sí que, el Juez, podrán considerar sin necesidad de ésta, que pueda no celebrarse, pues el término del art. 706.4 TRLC utiliza el verbo «poder», descansando en una facultad del Tribunal la decisión sobre su celebración o no.

(ii) El plan de liquidación:

Con la solicitud de apertura del procedimiento especial de liquidación, sea quien la solicite, como la causa por la que se incoa el mismo, a tenor de lo que dispone el art. 707.1 TRLC el deudor deberá «*señalar su disposición para liquidar el activo*», pero si no estuviese dispuesto a ello, «*solicitará el nombramiento de un administrador concursal*»; sin embargo, nada nos dice el precepto si, no estando dispuesto a liquidar su activo y, su consecuencia lógica, que es la de no solicitar el nombramiento de Administrador concursal, no lo solicitase. Entendemos, pues que la aplicación supletoria de los libros Primero y Segundo TRLC dispuesta en el art. 689.1 TRLC permiten al Juzgador la designación de Administrador Concursal, para el supuesto de que el deudor microempresa no cumpliese con la norma. Sea de la manera que fuere, designado el Administrador Concursal, éste dispone de veinte (20 días) hábiles para presentar un plan de liquidación siguiendo la regla y orden básico del art. 707.3 TRLC, el cual debe notificarse a los acreedores para que, en el plazo de diez (10) días hábiles realicen las alegaciones oportunas, incluidas las propuestas de modificación, disponiéndose de otro plazo igual para el deudor y el Administrador Concursal, a fin de que realicen las alegaciones a aquéllas; si no se modificara el plan o si el deudor o los acreedores no estuvieren de acuerdo con las modificaciones propuestas, pueden impugnar éstas en término de tres (3) días hábiles, pudiendo —facultativo— convocar el Juez a una vista, resolviéndose *in voce* al final de la misma o mediante resolución expresa *a posteriori*.

Es muy importante expresar en el plan de liquidación:

a) El orden de prelación en el cobro o reparto de las cantidades obtenidas en la liquidación, fundamentalmente por lo previsto en el art. 708.5 TRLC, respecto del que trataremos más adelante.

b) También resulta conveniente, según casos, la inclusión de las normas de los arts. 224 bis TRLC y siguientes que regulan el denominado «*pre pack*» ([154]) o del nombramiento de experto en la transmisión de unidades productivas, conforme más adelante veremos.

c) Y, por último, la relación de créditos que, frente a terceros ostente o pueda ostentar la microempresa, en tanto que sean exigibles, vencidos o no y, por tanto, realizables, como veremos más adelante.

---

154 Preenvasado o preempaquetado.

También hay que destacar que el procedimiento de impugnación no conlleva la suspensión de la ejecución del plan, salvo la adopción de la medida cautelar de paralización por razones objetivas con actuaciones concretas.

Contra el Auto que apruebe el plan de liquidación no cabe recurso alguno.

(iii) De la solicitud de nombramiento de Administrador concursal:

Como decíamos precedentemente, la solicitud de nombramiento de Administrador concursal viene «impuesto» o resulta obligada ante la situación del deudor de no mostrar su disposición al nombramiento, sin embargo, el art. 713 TRLC «alarga» la casuística cuando «*en cualquier momento del procedimiento especial de liquidación*», tanto el propio deudor, incluso aquellos acreedores «*cuyos créditos representen al menos el veinte por ciento del pasivo total*», sin distinción de clases, del sumatorio aritmético de los montantes líquidos de todos los créditos; porcentaje que puede reducirse al diez (10 %) por ciento para el supuesto de «*paralización de la actividad*» de la microempresa, lo que, de alguna manera, viene a «reforzarse» el criterio de continuidad de la actividad en orden a su futura transmisión a terceros si que aquélla cese.

Nada nos dice la norma, vistos los porcentajes «tan bajos» si, por ejemplo, un diez (10 %) ciento de suma de créditos sus titulares solicitasen el nombramiento y otro diez (10 %) por ciento se opusiese en la confianza de que la continuidad es factible, incluso, alguno de ellos, por ejemplo, los trabajadores, constituidos en cooperativa, pudiesen adquirir la unidad productiva o la propia actividad. Un régimen de mayorías parece que resultaría más práctico que el de estos bajos porcentajes, pues la voluntad de la mayoría sería siempre considerable como la más «justa» u objetiva, ante fracciones más o menos beligerantes.

La finalidad del nombramiento reside en la «punición» al deudor para ser «sustituido» en sus facultades de administración y disposición de sus bienes y derechos, en los términos que hemos analizado precedentemente.

Las facultades que el art. 713.2 TRLC confiere al Administrador concursal, se centran en los siguientes aspectos:

a) Proponer el plan de liquidación.
b) Emitir opiniones técnicas relativas a la valoración de los activos.
c) Emitir opiniones técnicas relativas a las ofertas de adquisición de la empresa o de sus unidades productivas.
d) Facultades de administración de la empresa.
e) Facultades de disposición necesarias para proceder a la liquidación del activo, dentro del marco de la liquidación, en definitiva, venta directa, subasta pública y firmar los contratos públicos o privados de transmisión de los bienes.
f) Cualquiera otra de las expresadas entre los arts. 685 a 720 TRLC como la de modificación del plan de liquidación (art. 707 bis TRLC), solicitar la prórroga el plazo de liquidación (art. 708 TRLC), pagar y cobrar los créditos y otras.
g) Solicitar el nombramiento de un Experto para la valoración de la empresa o de establecimientos mercantiles, conforme dispone el art. 714 TRLC, legitimación que le viene solo en el supuesto de que nos hallemos ante «*casos de complejidad especial*», como puede ser la valoración de empresas fuera de España —esto fue un caso real de valoración de bienes inmuebles y participaciones sociales en Rumanía—, por lo que, en definitiva, la complejidad vendrá dada por la dificultad objetiva en la valoración de dichos bienes, pues, piénsese que hay diversos sistemas de valoración de empresas, si bien, en principio, no parece muy compleja la valoración de una microempresa, precisamente, por sus características reducidas, cuando se sigue una contabilidad acorde con el Plan General de Contabilidad; algo bien distinto surgiría con la valoración de la empresa de un profesional, como pueda ser Abogado o un Procurador (pleitos en curso, a corto, a largo, posible responsabilidad civil ante mala praxis), incluso de un Notario (recuerdo que en 1985 intervine en un procedimiento de quita y espera del —hoy derogado— art. 1.912 y ss. C.c. de un Notario que había fracasado en la explotación de fincas rústicas de cultivo).

El nombramiento de este Experto en valoraciones de empresas pueden hacerlo principalmente y sin el requisito de complejidad, tanto el deudor, como los acreedores, sin especificarse mayoría alguna, directamente, si bien, entendemos que, cuanto menos en el escrito de solicitud, debe hacerse una mención explícita de su necesidad, pues el automatismo en Derecho no cabe pues procede actuar siempre con el principio de «justicia rogada» acorde con el brocardo «*da mihi factum dabo tibi ius*»[155].

El nombramiento del Administrador Concursal se puede realizar bajo uno de estos escenarios subjetivos:

a) Por mayoría de acreedores:

Al igual que el del Experto en la reestructuración (art. 704.6 TRLC) se realizará de consuno entre el deudor microempresa y los acreedores que representen la mayoría (50,01 %) del pasivo como nos dice el art. 713.3 TRLC, pero, si no se alcanzase el acuerdo, habrá que acudir a las normas generales del concurso contenidas en los arts. 57 a 104 TRLC, en definitiva, por el Juez competente para conocer del concurso. Volvemos a reiterar la conveniencia de que pudieren solicitar la designación a través de las Cámaras de Comercio, como se hace respecto del nombramiento de Mediador Concursal, en los términos que dispone el art. 702 TRLC en relación con la Disposición adicional segunda, cual «estela monolítica» en la que, conforme a la costumbre en la antigua Roma, figuraría el siguiente epitafio «*hic iacet mediator concursalis*»[156], aunque somos de la opinión, mostrada ya respecto de la solicitud de nombramiento de Experto, en que, manifestábamos que nada impide que, de consuno igualmente, se solicite de la Cámara de Comercio correspondiente el nombramiento de un Administrador concursal de entre los que figuran en sus listados, pues la norma que ahora nos ocupa solo exige que haya acuerdo entre el deudor y sus acreedores, acuerdo que puede, obviamente, realizarse en la manera más rápida y conveniente para ambos, una de las cuales, puede ser la solicitud a la Cámara de Comercio y, así, solo si este acuerdo no se alcanza, recurrir a las normas generales de designación de Administrador concursal, a través del Juez.

---

155 Dame hechos y te daré Derecho.

156 Aquí yace el mediador concursal.

El Administrador concursal designado de esta manera percibirá su retribución en la forma, también, consensuada por ambas partes, el deudor y la mayoría, pero, si no hubiere acuerdo, se aplicará la del arancel de los Administradores Concursales (Real Decreto 1.860/2004, de 6 de septiembre).

Si el solicitante fuere la mayoría, será ésta la que pague el importe; si, por el contrario la hubiere solicitado el deudor, el Administrador concursal percibiría su retribución tras el pago al acreedor de Derecho público por su crédito privilegiado y, por supuesto, si éste no cobrase, tampoco lo haría el Administrador concursal.

b) Por un solo acreedor:

Este supuesto no requiere de porcentaje alguno del pasivo para legitimar al acreedor, quien puede ser mayoritario o minoritario, incluso, mínimo, solamente le legitima a este solitario acreedor cuando estime:

i. Que el deudor haya provisto de información insuficiente o inadecuada. La insuficiencia puede venir dada, por ejemplo, cuando no se indiquen las cargas, gravámenes o posibles ocupantes de los bienes inmuebles, ya precaristas, ora arrendatarios o subarrendatarios, el uso de los vehículos y la actualización de los derechos transmisibles, incluidos los créditos frente a terceros, si están cobrados en todo o en parte, si están cumplidos o no para poder reclamarlos y, en definitiva, si son vencidos, líquidos y exigibles. La inadecuación deviene del hecho de no ser equitativo, inapropiado, improcedente, incompatible y demás sinónimos que van acorde con la información a facilitar para realizar una liquidación ordenada del activo, sin sobresaltos jurídicos o frustraciones impropias del plan.

ii. El deudor haya observado un comportamiento que genere dudas razonables sobre la conveniencia de que el deudor realice directamente las operaciones de liquidación. Esta cuestión puede parecer ser, quizás, más sencilla de observar a través de un movimiento o desaparición físicos o contables de activos de forma inadecuada o injustificada o ventas por precio notoriamente inferior al normal de mercado que permitan malbaratar, no solo los ya transmitidos, sino los que restan a liquidar con el plan.

En este caso, la retribución del Administrador concursal será satisfecha por el deudor y, del mismo modo que en escenario precedente, aquél percibirá su retribución tras el cobro por el Acreedor de Derecho público por su crédito privilegiado.

(iv) De la modificación del plan de liquidación

El art. 707 bis TRLC dispone la posibilidad de modificar el plan de liquidación a instancias del (i) deudor o (ii) del Administrador concursal, no por parte de los acreedores, ni por mayorías de éstos, lo cual pueden realizar aquéllos (a) en cualquier momento desde su aprobación hasta, obviamente, la conclusión de la liquidación, pero (b) condicionado a, en primer lugar, al criterio objetivo del Juzgador y (c) siempre y cuando convenga para «*la mayor y más rápida satisfacción de los acreedores*», no fijándose cómo puede llevarse a efecto la liquidación con mayor celeridad, pues, en la práctica, según qué casos, es más rápida la realización por el sistema de «venta directa», sobre todo cuando ya se tiene un posible comprador, que el de «venta en pública subasta telemática» y, en otras ocasiones, sucede lo contrario, lo que hace descansar el criterio de rapidez en la presentación de un posible adquirente, con contrato sujeto a condición o un precontrato, pero, en cualquier caso, con una venta segura y sin más plazo que el del trámite procedimental de autorización de la modificación, transcurrido el plazo de diez (10) días a las partes para alegaciones, concluido el cual, el Juez dictará el Auto correspondiente, frente al que no cabe recurso alguno.

(v) Ejecución de las operaciones de liquidación:

Vienen reguladas en el siguiente art. 708 TRLC y comienzan una vez ha sido aprobado el plan o realizadas las modificaciones al mismo, según acabamos de exponer.

La norma atribuye al deudor microempresa o al Administrador concursal, indistintamente, la realización de la ejecución de las operaciones de liquidación aprobadas bajo las siguientes reglas concretas:

a) Los bienes individuales o las categorías genéricas de bienes se llevará a término a través de (i) la plataforma electrónica «*prevista al efecto*», debiendo entenderse por tal, la plataforma judicial electrónica y (ii) «*complementariamente*» mediante entidad especializada (Notario, plataformas de realización de bienes, etc.) «*a menos que se justifique debidamente conforme a criterios objetivos.*». No se entiende el empleo del adverbio «*complementariamente*», pues el mismo designa «*completar o perfeccionar algo*» conforme al DRAEL, pero otro sistema de subastas distinto al de la «*plataforma electrónica prevista al efecto*» no puede completar o perfeccionar ésta complementándola, pues supondría que dicho sistema es imperfecto o insuficiente lo cual, a estas alturas donde la «I.A.»[157] se está imponiendo hace presuponer la inutilidad del mismo; por contra, debemos sustituir dicho adverbio por «alternativamente» o «subsidiariamente» u otros similares que no lo complementen, pues, para esto, normalmente, vienen siendo más eficaces y rápidos que aquélla.

b) La duración de la liquidación no puede durar más de tres (3) meses, con una prórroga de otro (1) mes más, a instancias del deudor o de la Administración concursal, no necesariamente por quien vaya realizando la ejecución, sino a cualquiera de ambos.

c) Ante la previsión de imposible realización del activo concreto, por circunstancias «*ajenas al procedimiento especial*», en el plazo de dichos cuatro (4) meses, «*el deudor persona física*», no el deudor persona jurídica, o, en su caso, el Administrador concursal podrán presentar al Juez competente de la liquidación «*un plan para la realización del activo*», «otro plan» distinto, al parecer, del propuesto y del modificado en ejecución. La peculiaridad de este «tercer» plan viene dada en el unos de fondos de la masa activa «*para sufragar los costes de realización del bien o derecho, siempre que dichos gastos sean inferiores al previsible valor de realización de dicho bien o derecho.*». En principio, no habiendo nada más dispuesto en tal sentido, por «costes» debería entenderse, bien la tasa judicial o la retribución de la persona especializada (Notario o plataforma).

d) Una vez liquidados los bienes ha de prorratearse en el orden de prelación previsto en el «*informe final de liquidación.*». Si entendemos que el «tercer» plan solo prevé la posibilidad (art. 708.5

---

157 Inteligencia Artificial.

TRLC) de cargar los costes de realización de bien no realizado en el plazo de los cuatro (4) meses antedicho, debe indicarse que el «*informe final de liquidación*» debe ser el «segundo» plan, el modificado o el «primero» caso de no haber sido modificado éste, pues si se aprovechase el «tercer» plan para considerar que éste es el «*informe final de liquidación*» podría darse el caso de alterar las reglas iniciales y las aprobadas, no solo en la fase de continuación fallida, sino en el plan aprobado o modificado, generándose recalificaciones impropias.

(vi) Informes mensuales de liquidación:

Contrariamente a lo dispuesto para la fase de liquidación concursal, esta fase de liquidación preconcursal no requiere la presentación de informes trimestralmente, sino, mensualmente, habida cuenta y, precisamente, por cuanto que la duración de la liquidación, como queda dicho precedentemente, debe realizarse en el plazo de tan solo tres (3) meses, prorrogable por uno (1) más.

La presentación del informe debe hacerla el deudor o el Administrador concursal a tenor de cuál de ambos esté llevando a cabo la liquidación, según resultan facultados para ello por el art. 708 TRLC y deberán incluirse los créditos contra la masa devengados y pendientes de pago, indicando sus vencimientos respectivos, pero la norma no exige rendir cuenta de los que sí se hayan pagado, en su caso, lo obstante lo cual, por pura coherencia jurídica con los informes de liquidación concursales, sí deben relacionarse los pagados, aunque la norma no lo exija. Así es como lo dispone el art. 709 TRLC.

(vii) Venta de la microempresa o de una de sus unidades productivas:

Viene regulada con mucho detalle la forma en la que debe realizarse la transmisión de la microempresa o de una de sus unidades productivas, en los términos señalados por el art. 710 TRLC, que, seguidamente, resumimos:

a) Se transmitirá por el sistema conocido en la práctica concursal como «venta directa» o, en la liquidación concursal, denominado como «enajenación directa» o «realización directa» que, en cualquier caso, viene a representar lo contrario a una subasta pública, pues el deudor o el Administrador concursal realizan gestiones ante posibles interesados, en estos casos, de su propio sector económico para transmitirles «directamente» la unidad productiva o todo el negocio.

b) El adquirente debe ofrecer un mínimo del quince (15 %) por ciento del valor «acordado». No parece que, en ninguna de las fases previas, se requiera de un «acuerdo», pacto o similar entre deudor, acreedores o Administrador concursal, ni tampoco haya de haberse dictado una resolución expresa por la que así se «acuerde», por lo que debemos de entender que por «acuerdo» debemos referirnos a los valores que figuran en el plan de liquidación en ejecución. Nótese que el quince (15 %) por ciento parece un porcentaje muy bajo y, consecuentemente, asequible, incluso tentador, para adquirir la empresa o una de sus unidades productivas, pero, no debemos olvidar, tampoco, que se trata de una «venta forzada», a realizar en un plazo máximo de tres (3) meses, prorrogable por otro (1) más, cuya actividad ha venido desarrollándose durante todo el tiempo de las fases preconcursales precedentes a la de liquidación, atendiendo pagos, quizás, con pocos ingresos, pues la «suspensión de pagos», por los clientes, a veces, se toma como «suspensión de cobros». En razón ideológica concursal o finalista, se trata de «depurar» rápidamente el sistema económico, mediante la desaparición de la persona jurídica y la exoneración de deudas de la física o natural, ésta, siguiendo la regla del art. 715 TRLC. Obviamente, el adquirente debe asumir todas las condiciones que se expresan en el plan de liquidación.

c) Obviamente, también, se trata de que el sistema de venta directa sea conducido bajo los principios de concurrencia que supone el ofrecimiento a una multiplicidad de personas, lo que deberá acreditar el liquidador (deudor o Administrador concursal), así como el de transparencia, en evitación de que se lo vuelva a quedar el propio deudor bajo otra apariencia jurídica, por lo que deberá acreditar, igualmente, que la persona jurídica o física cuya adquisición se pretende, no mantienes vínculos personales o familiares con él, cuanto menos, en los términos dispuestos en el art. 282 TRLC o personas especialmente relacionadas con el concursado persona natural; en igual sentido y, por lo que respecta a la persona jurídica, debe añadirse la conveniencia de, cuanto menos, aportarse el Acta notarial de titularidad real. La norma del art. 710.1.2.º TRLC exige la notificación de la propuesta de compraventa a los acreedores y su publicación en el Registro Público Concursal.

d) Dice la norma del art. 710.1.3.º TRLC que «*no siendo posible la venta directa, la transmisión se realizará por subasta*», sin embargo, consideramos que sería más realista haber expresado un texto como «*transcurrido el período de venta directa y su prórroga...*», pues la imposibilidad requerida, puede darse en la práctica desde el primer momento por muchas razones y, al tenor literal de la norma, podría, debidamente justificada la imposibilidad de venta, vender en subasta sin pasar por la venta directa. Sin embargo, la venta en pública subasta requiere de una licitación «mínima» del «*valor de los bienes y derechos del deudor incluidos en el inventario*», debemos entender que no es la suma de dichos bienes y derechos, sino debe entenderse como «*del valor de cada...*», salvo que se venda en bloque o de forma unitaria, como anteriormente exigía el (hoy derogado) art. 417.2 TRLC 2020, si bien, comoquiera que nos encontramos ante la especialidad de la transmisión de la microempresa o de una de sus unidades productivas, mejor podría haberse escrito «*del valor de los bienes y derechos que componen la unidad productiva o especialmente afectos a la actividad...*». Pensemos que la microempresa puede tener diversos o múltiples bienes y derechos que no forman parte en sí mismo de la actividad, como puede ser en el caso de un empresario o profesional persona física que bien pueden tener bienes no afectos a la actividad y que sí componen el inventario de su masa activa.

e) El art. 710.1.5.º TRLC regula la situación que se produce ante una concurrencia de posibles adquirentes que realizan ofertas que difieren «objetivamente» o, mejor dicho, no aceptan o aseguran (i) la continuidad de la empresa o establecimiento mercantil o establecimiento civil (piénsese en la microempresa sin ánimo de lucro, como puede ser una Fundación, una Sociedad Civil o una Comunidad de Bienes) o un despacho profesional; hubiese sido más sencillo escribir «*la continuidad de la actividad de la microempresa*», sin más; (ii) el mantenimiento de los puestos de trabajo, esencialísimo, o (iii) la satisfacción de los créditos, lo cual no se entiende, pues, si de resultas del precio de la compraventa o transmisión realizada se paga por el deudor o por el Administrador concursal liquidador a los acreedores de aquél, ¿qué sentido tiene que el adquirente pague, no solo hasta donde alcance con el precio, sino, además, con el pago de los créditos que no alcanzó el precio? No puede subrogarse el comprador en el pago de «todos» los créditos de la microempresa deudora, pues estaríamos hablando de un «convenio con asunción» en los términos del art. 324 TRLC, pero, no parece que la norma del art. 710.1.5.º TRLC disponga lo mismo que el art. 324 TRLC, así como tampoco se dispone que la redacción del plan de liquidación deba hacer referencia a esta circunstancia. Sea como fuere, ante esta circunstancia de pluralidad de ofertantes con discrepancias en las condiciones de la venta, deudor o Administrador concursal, oídos los representantes de los trabajadores [recordemos que las microempresas —*cfr.* art. 685.1.1.ª TRLC— emplean una media de menos de diez (10) trabajadores, por lo que puede no haber representantes], deberán presentar un informe al Juez, con propuesta de resolución para resolver acorde con la «regla de preferencia» que establece el art. 219 TRLC, esto es, adjudicar al ofertante cuya oferta «*no difiera en más del quince por ciento de la oferta superior cuando considere que garantiza en mayor medida la continuidad de la empresa en su conjunto o, en su caso, de la unidad productiva y de los puestos de trabajo, así como la mejor y más rápida satisfacción de los créditos de los acreedores.*». El propio art. 219.2 TRLC prevé la aplicación de esta regla a las ofertas de los trabajadores de la empresa, a cuyo efecto, deben constituir una sociedad cooperativa o laboral, algo que, antes de la promulgación de la LC venía a resolver estas situaciones, pero que la LC vino a vetar o proscribir, por lo que han tenido que transcurrir diecinueve (19) años para darse cuenta el Legislador que, cuando la empresa se halla en funcionamiento y los «motores» que la impulsan, los trabajadores, saben y pueden continuar moviéndola, son, precisamente, éstos, los que pueden darle la viabilidad «física o intelectual» requerida; otra cosa es la gestión o dirección de la misma, de lo que no existe una «piedra filosofal».

f) Por último, la norma del art. 710.2 TRLC nos remite a la posibilidad de aplicar las propias de los arts. 224 bis a 224 quater

TRLC, que son las del denominado «*pre pack*» y de la solicitud de nombramiento de un experto para recabar ofertas de adquisición de la unidad productiva, esto es, la solicitud de concurso con presentación de oferta de adquisición de una o varias unidades productivas, lo que, en el momento procedimental en que nos hallamos, se trataría de incluir esta propuesta en el plan de liquidación.

(viii) Los créditos frente a terceros:

Los créditos que la microempresa ostenta frente a terceros deben formar parte del activo del plan de liquidación, en tanto en cuanto que son derechos realizables y, por tanto, de los que puede o cabe la posibilidad de cobrarlos y obtener con ello, dinerario con el que pagar, en la parte que alcance, a los acreedores. Deben ser exigibles, *ex lege*[158] (art. 1.090 C.c.) o *ex contractu*[159] (art. 1.113 C.c.), pues caso contrario, serían irrealizables; no necesariamente deben haber vencido, pero sí habrá que esperar que llegue el vencimiento; igualmente puede ser líquida o liquidable, por ejemplo, a tanto por unidad (art. 1.151 C.c.); en este caso, el art. 711.2 TRLC parece que obliga al deudor o al Administrador concursal, según quien lleve a cabo la liquidación, precisamente, a «*liquidar*» los créditos frente a terceros, esto es, a realizar las operaciones necesarias para determinar la cantidad líquida exigible; esto es lo que debería entenderse por «liquidar», hacer líquido, hacer el ajuste formal de una cuenta, según la segunda acepción del DRAEL, pero el uso que hace la precitada norma, es el de la tercera acepción, «*saldar, pagar enteramente una cuenta*», errando en la elección de la acepción por errar en el sentido por el que fluye el dinero, pues «*pagar*», por «*liquidar*» es una acción que va desde el deudor microempresa hacia su acreedor y, viceversa, cuando el deudor del deudor microempresa le paga a éste y éste cobra. Así pues, debemos de realizar una «pirueta léxico-jurídica» cuando el art. 711.2 TRLC concreta cómo ha de «liquidarse» el crédito de la microempresa deudora, del siguiente modo:

---

158 Desde la ley, conforme dispone la ley.

159 Desde el contrato, conforme se pactó en el contrato.

i. Transmitir «*los créditos*» —parece que se alude a una venta «en bloque» de todos los créditos— a un tercero distinto del comprador de la empresa o unidad productiva, pudiéndosele hacer un «descuento» o quita parcial, en definitiva que, si es mayor del treinta (30 %) por ciento del valor nominal «*actualizado*» (por este término debemos entender que se trataría de incluir el importe líquido de la factura emitida, más los intereses remuneratorios o moratorios, si los hubiere en el primer caso y, en el segundo, si hubiere mediado requerimiento de pago o reclamado judicialmente, pero no se habla de transmisión de procedimiento judicial), deberán (i) presentarse «*al menos tres ofertas*» para la compra del crédito y, al menos, (ii) una de ellas, deberá ser entidad financiera o (iii) «*entidad de reconocida trayectoria en el mercado secundario del crédito*» —al parecer, se está aludiendo a entidades de compra de créditos como INTRUM, INVESTCAPITAL o CABOT, entre otras—.

ii. También se puede «*ceder*» «*el crédito o el conjunto de créditos*», esto es, tanto si es uno solo como todos ellos en bloque, pero cuando «*representen al menos el veinte por ciento del total del valor de la masa activa*» lo cual, *a sensu contrario*, si no alcanzase dicho porcentaje, habría que acudir al sistema del apartado (i) precedente. Aquí no se habla de una transmisión o venta, sino que se habla de «cesión», la cual no se aclara si es «en pago» —*pro soluto* o solutoria— o «para pago» —*pro solvendo*—, lo que, en principio, pues, para que se dé cualquiera de esta tipología de cesiones, el cesionario tiene que ser acreedor de la microempresa cedente, lo cual, si se trata de un tercero, debería quedar excluido éste como cesionario, pues no solo no es un tercero distinto de deudor y Administrador concursal, sino que, además, vulneraría la *par conditio creditorum* prevista en el plan de liquidación o en el procedimiento de continuidad, en su caso. En cualquier caso, deben tenerse bien presentes las normas de la transmisión de créditos que regulan los arts. 1.526 y ss. C.c.

Sin embargo, cuando la norma del art. 711.2.2.ª TRLC habla de «*para que éste gestione su cobro*», estamos hablando de una «gestión de negocios ajenos» del art. 1.888 C.c. lo cual no es una transmisión, sino una actividad de comisión mercantil regulada en el art. 244 C.com, pues, se ve claramente, que al cesionario se le fija una remuneración a resultado, *ergo*, no es una transmisión o compraventa.

Consideramos, pues, que es más sencillo una transmisión pura antes que estas situaciones confusas jurídicamente. En definitiva, la *ratio legis* la entendemos centrada en consolidar la actividad de entidades de compra de créditos como las precitadas, pero, en este caso, siempre debería quedar muy claro que la transmisión, cesión o comoquiera que se redacte la norma, debería contener una cláusula que impida el retorno o devolución del crédito cedido, la que no consta requerida en el precepto del art. 711.2.2.ª TRLC, pues, en el caso de la persona jurídica en liquidación, ésta desaparecerá y en el de la persona física, recuperaría el crédito sin solución alguna de recobro, dada la situación de fallida del mismo por haber agotado la empresa cesionaria, siendo esta situación causa de resolución contractual, retorno o devolución del crédito.

Con la transmisión de la microempresa en funcionamiento pueden transmitirse los créditos al ofertante, o no, pero, si se transmiten quedan obligados el deudor o el Administrador concursal, según quien sea el liquidador, a «*obtener el pago*» de dichos créditos, para lo cual disponen el plazo de los tres (3) meses siguientes a la apertura del procedimiento especial de liquidación, lo cual, así expresado, implica que el cobro de los créditos se solape o anteponga al de los tres (3) meses más uno (1) de la ejecución de la liquidación, esto es, deben cobrarse, en términos generales, antes de la transmisión, por lo que, teóricamente, al tiempo de la transmisión no quedarían créditos que transmitir, por lo que, para cumplir la norma, debería preverse esta situación de cesión de créditos a través del *pre pack*.

Si tenemos presente que, ni siquiera en situación concursal, los créditos del deudor contra terceros anticipan su vencimiento, en tan corto plazo de tiempo se impone la necesidad de cobrar del tercero mediante quitas, en evitación, todo ello, de que se inicien reclamaciones judiciales ordinarias o, concursales.

Sin embargo, el legislador, conforme al art. 711.1 *in fine* TRLC alarga este plazo trimestral hasta «*la finalización de la calificación*» lo que representa un período de sesenta —60— días naturales más veinte —20— días hábiles, más otros veinte —20— hábiles, más el término de resolución de archivo, en caso de ser (i) fortuita la calificación, lo que hacen, en la práctica unos ciento treinta —130— días naturales que, en el supuesto de que hubiere propuesta de (ii) culpabilidad, se alargarían hasta unos ciento setenta —170 días— aproximadamente, lo que viene a representar, aproximadamente, reiteramos, medio año, durante cuyo período, salvo la presentación de un procedimiento monitorio en el que pague de inmediato el deudor del deudor, difícilmente se vería un cobro que no llevase una quita parcial.

C) De la solicitud de suspensión de las ejecuciones judiciales o extrajudiciales

Aunque pueda parecer obvia la declaración de la suspensión de las ejecuciones en el procedimiento especial de liquidación, no se produce de forma automática cuando se entra en la fase de liquidación, sino que se trata de una facultad del deudor de solicitarla, pero únicamente en el supuesto de que «*exista una posibilidad objetiva razonable de que la empresa o las unidades productivas puedan transmitirse en funcionamiento*», lo cual, de entrada, ya implica los siguientes condicionantes, de un lado, (i) que la empresa o unidad productiva continúe funcionando y (ii) la existencia de una oferta más o menos factible de adquisición de una u otras, sin embargo, el art. 712.1 *in fine* TRLC dispone cuándo no existe la posibilidad de transmisión (i) cuando así lo señalase el deudor en la solicitud de apertura de la liquidación (art. 705 TRLC) o (ii) «*cuando se desprenda del plan de liquidación*», es decir, cuando, se vea que la actividad empresarial carece de viabilidad de forma absoluta o, por ejemplo, si hubiese tenido que despedir a todos o a una parte esencial de los trabajadores o, cuando por razones propias de la actividad, ésta hubiere quedado obsoleta en el sistema económico (venta de CD o cintas de vídeo VHS) o, incluso por catástrofes naturales que hubieren arrasado el negocio, como durante la DANA de 2024 sobre València.

La suspensión se podrá solicitar desde el momento procesal de la apertura del procedimiento especial de liquidación (*cfr.* art. 705 TRLC) con independencia de si se hubiere iniciado previamente o se iniciasen posteriormente, tanto de las judiciales, como de las extrajudiciales, pero no de todas, únicamente las relativas a los bienes y derechos «*necesarios para la actividad empresarial o profesional que deriven del incumplimiento de un crédito con garantía real*», esto es, que se preservarán las garantizadas realmente. Respecto de las no garantizadas realmente nada se dice, pero el hecho de no poder suspenderlas puede resultar hasta irrelevante habiendo créditos con garantía real en ejecución, pues, si ésta continuase adelante, por purga, cancelaría las anotaciones preventivas de embargo.

No obstante, hay que recalcar que solo procede la suspensión, cuando el derecho real en ejecución se extienda sobre «*bienes necesarios para la actividad empresarial o profesional*», sobre lo que ya nos hemos pronunciado en repetidas ocasiones.

Si bien, la suspensión de las ejecuciones de derechos real que gravan bienes o derechos necesarios para la perpetuación de la activad puede solicitarse al inicio del procedimiento especial de liquidación, su término tendrá lugar (i) en el momento en el que se compruebe objetivamente que la empresa no se transmitirá en funcionamiento y, siempre, (ii) a los tres (3) meses desde el Decreto que tenga por efectuada la solicitud de suspensión de la ejecución, levantándose automáticamente la suspensión sin necesidad de resolución judicial alguna, salvo que la liquidación se hubiese aperturado tras la frustración del plan de continuación y, durante éste se hubiese solicitado la suspensión, el plazo de tres (3) meses empezará a contar desde que «*comenzó a surtir efecto*», esto es, desde el momento que recoge el art. 701.3 TRLC, salvo que se solicite por el deudor —nada dice por el Administrador Concursal— una prórroga de un (1) mes más, facultativo del Juez, «*si lo considera necesario*», lo que implica un examen y una objetivación de la situación desarrollada hasta entonces, así como de las razones o hechos expuestos por el deudor, pero cumpliéndose los requisitos del art. 712.1 TRLC.

Se tramitará la solicitud de suspensión, así como la oposición a la misma, por los trámites establecidos en el procedimiento especial de continuación, según queda previsto en el art. 701 TRLC.

D) Del procedimiento de calificación abreviada

También se le da a la microempresa un procedimiento especial para calificar su responsabilidad, acorde con las normas que fijan los arts. 716, 717 y 718 TRLC, conforme seguidamente expondremos, si bien, hay que destacar la existencia de dos (2) momentos iniciales y distintos, como son (i) el de solicitud de incoación del procedimiento de calificación abreviada el que, si acudimos a situaciones procesales similares, equivaldría a la «denuncia» iniciadora del proceso penal y, un segundo momento procedimental, (ii) el de presentación del informe de calificación que, volviendo a la similitud del proceso penal, equivaldría al del escrito de acusación, símil que encuentra su lógica el hecho de que, tanto el procedimiento penal, como el de calificación concursal, ambos son procedimientos sancionadores, punitivos que, aunque el Tribunal Supremo ha repetido en numerosas resoluciones que cada orden jurisdiccional tiene su propia prejudicialidad y que a la concursal no le afecta la penal, como así se encarga de discernir el art. 487.2 *in fine* TRLC, no por ello, tienen que mantener cauces procedimentales distintos porque no estamos hablando de la cuestión de fondo, la «pena» concursal *ad versus* ([160]) la criminal, sino del *iter* ([161]) procesal que, en nuestra opinión, no tiene por qué diferir estructuralmente, esto es, una primera parte que, siquiera fuere de forma indiciaria ([162]) exprese cuáles son los hechos que motivan la apertura de la calificación, conforme veremos a continuación y otra, en la que se concrete, justifique, documento y se indiquen los responsables, sus cómplices y sanciones pecuniarias correspondientes. Estos dos (2) momentos que, si bien, a priori tienen que cumplir unos parámetros concretos, por no decir, requisitos, necesarios y, casi, iguales, presentan sus diferencias, más por razón a la identidad del instante o criterio personalista que por el contenido de los hechos que lo motivan, o criterio causalista:

a) Régimen general aplicable a la calificación y especialidad:

   El art. 718.1 TRLC remite a los arts. 441 a 445 bis TRLC que regulan las Disposiciones generales de la calificación en el concurso y los arts. 455 a 462 TRLC que regulan la Sentencia si bien, establece una norma especial que añade al procedimiento de microempresas como causa de presunción de culpabilidad *iuris et de iure* (que no admite prueba en contrario) la «*provisión de información o documentación gravemente inexacta o falsa de acuerdo con el artículo 688.*» TRLC que, seguidamente analizaremos por referencia al art. 716 TRLC.

b) Incoación o solicitud:

   Puede solicitarse la incoación del presente procedimiento de calificación abreviado en el plazo de veinte (20) días hábiles «*desde la apertura de la liquidación*» o momento previsto en el art. 706 TRLC,

---

160 Contra.

161 Camino.

162 «Indiciario» viene de «indicar» y, este verbo, de «índice» y, este sustantivo, a su vez, del verbo latino «*dicare*» con el significado de mostrar, por ejemplo, el camino a seguir.

lo cual implica que no se abre de oficio ni automáticamente, sino a petición de parte.

La solicitud puede ser realizada por cualquiera de los legitimados que más adelante se dirá y debe realizarse en los términos del art. 716.2 TRLC, esto es, cuando se alegue y justifique documentalmente a través de una «memoria» la causa por la que, según su criterio, el deudor hubiera cometido.

i. Una inexactitud grave en cualquiera de los formularios normalizados presentados por el deudor, debiendo entenderse «grave» por relevante, grande o de mucha entidad o importancia para los efectos causantes o antecesores de los planes especiales de la microempresa y sus consecuencias jurídicas, sin precisar, por tanto, de una graduación más propia de las sanciones administrativas.

ii. O la misma inexactitud grave en los documentos que acompañen a la solicitud.

iii. El segundo párrafo del art. 688.2 TRLC considera la existencia de inexactitud grave «*cuando el importe total de un ejercicio, del pasivo o del activo o el de los ingresos o el de los gastos fuese realmente superior o inferior al veinte por ciento del consignado en el formulario, siempre que suponga un importe de al menos 10.000 euros.*». Realmente puede llegar a entenderse la razón por la que puede realizarse esta inexactitud grave, para acceder al procedimiento especial de microempresas, pero, véase que la propia redacción del texto, del *plus* de casos culpabilísticos para el mismo respecto de los propios del concurso ordinario no deja mucha conveniencia para intentarlo; no obstante lo cual, como siempre hemos referido, cuanto más especifica la norma, más fácil es sortearla; piénsese que, la inconcreción del término «*un ejercicio*» sin especificar, por ejemplo, si se trata del ejercicio anterior al de la presentación de la solicitud o de otro cualquiera, induce a entender que la situación de probabilidad, inminencia o actualidad carece de causa, pues pueden haberse dado circunstancias sobrevenidas e imprevisibles como sucedió en los episodios de la D.A.N.A. acaecidos en València el día 29 de octubre y siguientes de 2024, derivados de los cuales, puede haberse producido tal una reducción tal que pueda dejar el activo a cero (0) y el pasivo, por el contrario, incrementado por la obtención de las ayudas financieras, públicas o préstamos I.C.O., tendentes a la reconstrucción de la actividad, por ejemplo, que, sin duda, superarían los diez mil (10.000,00 €) euros de la norma, lo que, en este caso concreto, nos encontraríamos con la causa de fuerza mayor.

Reiteramos que este aspecto concreto de la norma, como otros del TRLC parece redactado por asesores de impuestos, a pesar de lo cual, la microempresa, en la realidad diaria es aquella cafetería en la que tomamos un café todas las mañanas, la oficina de Farmacia o la panadería, incluso un Despacho de Abogados, ninguno de los cuales lleva una contabilidad conforme al Plan General de Contabilidad, pues todos ellos, o siguen el sistema de estimación objetiva o módulos o no están obligados a emitir factura con I.V.A. —sanidad—, por lo que no existe como tal un Activo ni un Pasivo, con las iniciales mayúsculas que expresan las partidas del Balance, sino, como mucho, libro de facturas y libro de gastos lo cual, además de lo dicho, no le puede pasar desapercibido a ese asesor de impuestos que siempre está pensando en grandes empresas, lo que hace devenir una norma carente de sentido jurídico, máxime, en sede de calificación concursal.

iv. Otra causa es la presentación de documentos falsos (al modo del art. 443.4.º TRLC), presentación que los arts. 393 y 396 C.P. tipifican del siguiente modo: «*El que, a sabiendas de su falsedad, presentare en juicio o, para perjudicar a otro, hiciere uso de un documento falso…*», sin embargo, el Legislador concursal, que no se remite a esta norma penal, por la generalidad de su redacción implica que se concurre en esta causa de culpabilidad a quien «presentare» el documento falso en el procedimiento especial de microempresas, con independencia de si conociere que fuere falso o no lo conociere. Es tan peligrosa esta dicción, que, quien presenta el documento formalmente en el procedimiento es el Procurador o la Procuradora con la autorización de su Letrado o Letrada, si bien, aquéllos en nombre y representación de la microempresa, por lo que quien «presenta jurídicamente» el documento falso es la microempresa.

v. Sin perjuicio de cuanto antecede la norma tampoco aclara en qué consiste esta falsedad documental, si la misma es una (i) falsedad instrumental o (ii) irregularidad contable del último párrafo del art. 305.4 C.P. o (iii) documentales del arts. 392, 393, 395 y 396 (presentación en juicio de documento a sabiendas de su falsedad) C.P. o, una simple (iv) falsedad ideológica no penada, incluso (v) la del art. 260.2 C.P. dentro de la insolvencia punible generando obligaciones para pagar a uno o varios acreedores posponiendo a los restantes. La inconcreción de la mención «documentos falsos» parece atender a documentos que, por ejemplo, no han sido firmados o emitidos por quien expresan los mismos por lo que, por analogía con la causa de culpabilidad precitada para el concurso, hay que remitirse al art. 487.1.1.º TRLC, cuando expresa una de las excepciones a la concesión del B.E.P.I. por condena en sentencia penal a un delito de falsedad documental, en definitiva, los que acabamos de enumerar del C.P. Sin perjuicio de cuanto antecede, la norma no exige que sea una falsedad o irregularidad contable, con mayor o menor relevancia o envergadura para el concurso en los términos a los que alude la **STS —1ª— n.º 583/2017, de 27 de octubre**, sino que la falsedad sea documental, que el documento en sí mismo considerado, sea falso y, por «documento» debemos entender el concepto que da el art. 26 C.P. como el «*soporte material que exprese o incorpore datos, hechos o narraciones con eficacia probatoria o cualquier otra relevancia jurídica.*» y, por tanto, la alteración o simulación de verdad, con efectos relevantes constituye el hecho falsario como falta de verdad o de autenticidad del mismo.

c) Legitimación para solicitar y, en su caso, informar:

Está legitimados para solicitar la incoación de este procedimiento de calificación a través de la correspondiente «memoria» y, en su caso, para presentar el informe de calificación son las siguientes personas u «operadores concursales»:

(i) La Administración concursal:

En primer lugar, nos encontramos con la Administración concursal, caso de que haya sido nombrada cumpliéndose con las condiciones del art. 713 TRLC antes expuestas, la que, además de poder solicitar la apertura de la calificación abreviada a través de la correspondiente «memoria», podrá actuar en la segunda fase de calificación, para lo que deberá cumplir las normas del art. 717.1 TRLC presentando un «informe» el cual debe tener la forma de Demanda, con la súplica correspondiente por la que se proponga (i) la calificación del carácter fortuito o culpable, al que, lógicamente, debe (ii) acompañar los documentos en que funde tal calificación así como, en su caso, (iii) expresar los responsables de la calificación, digamos, la microempresa o sus administradores, así como (iv) los posibles cómplices que hubieren participado en los hechos que constituyen la causa en la que se funda su calificación, (v) la justificación de su participación, (vi) más los daños y perjuicios causados (art. 717.2 TRLC).

(ii) Acreedores que representen, al menos, el diez (10 %) por ciento del pasivo;

Esta primera tipología de acreedores, sin distinción de clases, puede actuar tanto (i) para poder solicitar la apertura de la calificación abreviada presentando la «memoria», como (ii) para presentar el «informe» de calificación correspondientes, según resultan facultados conforme dispone el segundo párrafo del art. 717.1 TRLC, el que, no obstante, no dice cómo han de hacerlo, analógicamente, hay que acudir al párrafo primero de dicha norma, esto es, de la misma forma que lo debe hacer el Administrador concursal.

(iii) Los socios legal y personalmente responsables de las deudas de la sociedad:

Sin embargo, esta tipología de socios solo puede pedir la apertura de la calificación a través, como todos, de la «memoria», no resultando facultados para presentar el «informe» de calificación. Recordemos que estos socios deben ser legalmente responsables, y no contractualmente, esto es, que su responsabilidad personal deriva de la ley o del contrato societario, pero no de un contrato de afianzamiento —*cfr.* arts. 612.3, 637.3 y 640 TRLC.

A estos socios les viene la legitimación del art. 716 TRLC, la de solicitud de apertura de la calificación, ocupando el lugar del simple delator, esto es, de la persona que revela al Tribunal la comisión de una serie de hechos que cualquiera otro de los socios o administradores de la sociedad de la que él responde personalmente, han podido realizar y merecen la calificación de culpabilidad y que, el resto de partes facultadas para solicitar la apertura desconocían.

Sin embargo, no tienen la legitimación para presentar, como decimos, el informe de calificación, pues el art. 717 TRLC no los menciona en modo alguno. Podemos encontrar la lógica de su carencia de legitimación para la presentación del informe en su falta de objetividad, conflicto de intereses con la microempresas, pues, si bien, a lo largo del procedimiento preconcursal ocupan una posición un tanto privilegiada para actuar, en definitiva, en defensa de su propio patrimonio personal distinto del de la empresa, ello no debe darse en la calificación de la sanción o pena concursal, pues, hipotéticamente, sería acusación y defensa al mismo tiempo, dualidad que, por diferencia en el proceso penal, en el que en ocasiones concretas sí se admite, éste no debe ser el paradigma en sede concursal, aunque delate, pues de la práctica probatoria de la oposición, puede llegar a resultar sancionado como cómplice.

(iv) Los acreedores públicos:

Estos acreedores pueden solicitar, tanto (i) la apertura de la calificación abreviada (art. 716 TRLC) a través de la «memoria» oportuna, como (ii) presentar el «informe» de calificación (segundo párrafo del art. 717.1 TRLC) «*en todo caso*», esto es, sin cumplir *quorum* o mayoría algunos sino, tan solo por las causas que también se exigen al Administrador concursal.

(v) Otros acreedores:

La solicitud de apertura de la calificación también puede realizarse por cualquier acreedor —nada dice el art. 717 TRLC respecto de si éste «acreedor solitario» o minoritario puede presentar el informe de calificación, por lo que su misión consiste en realizar una simple «denuncia» en el momento de la solicitud de apertura de la calificación abreviada, por lo que, no queda facultado para presentar el informe de calificación, lo cual, volviendo al símil del proceso penal, habría que preguntarse qué sucedería si ninguna de las otras partes legitimadas a la presentación del informe de culpabilidad, no hubieren solicitado la apertura de la calificación abreviada, si, iniciada por este «acreedor solitario» no facultado para presentar el informe de calificación, «debería hacerlo» el Administrador concursal —caso de haber sido nombrado— ocupando la «silla penal» del Ministerio Fiscal. La respuesta es negativa, pues la Administración concursal no «debe», pero ello no obsta a que, tanto (i) ésta como (ii) los acreedores que representen el diez (10 %) por ciento, como (iii) los acreedores públicos, en tanto que son los únicos que pueden presentar el informe, lo hagan o puedan hacer aunque no hubieren solicitado la apertura de la calificación, si de las alegaciones y documentos aportados por el «acreedor solitario», incluso del socio responsable personalmente de las deudas de la microempresa, pudiere conocerse la concurrencia de requisitos y hechos trascendentes para poder presentar el informe de calificación, pues las normas que lo regulan no lo impide, incluso la posibilidad de que cualquiera de los tres (3) sujetos facultados, acumulen sus pretensiones a modo de litisconsorcio activo, haciendo suyas lo denunciado por el «acreedor solitario».

d) Los informes de calificación:

El art. 717.3 TRLC permite la presentación de varios informes de calificación, dentro del mismo plazo previsto, pudiendo producirse las siguientes situaciones:

i. Que la Administración concursal haya calificado de fortuito el concurso, en cuyo caso, el Juez dictará Auto declarándolo así, sin ulterior recurso.

ii. Que la Administración concursal haya calificado de fortuito el concurso, pero algún o algunos de los acreedores legitimados lo hubiere calificado de culpable, el Juez podrá convocar una vista en los términos del art. 717.5 TRLC, en no más de cinco (5) días de plazo, sin más trámite que el documental o bien una vista ordinaria «*cuando se considere necesario para la práctica de las pruebas*», como puede ser la práctica de pruebas testificales o que requieran prueba de libros de comerciantes de terceros, incluso pruebas periciales que no hayan podido aportarse con el informe de calificación. Concluyéndose mediante Sentencia.

iii. Que la Administración concursal o cualesquiera de los otros acreedores legitimados para la presentación del informe de calificación, lo consideraran culpable; en este caso, se dará traslado a la microempresa deudora y al resto de personas físicas o jurídicas que pudieren resultar afectadas por la calificación o declaradas cómplices en el informe para aceptar u oponerse a la calificación.

Nada dice la norma, pero entendemos que debe seguirse el trámite de vista del art. 717.5 TRLC.

iv. Si no se hubieren opuesto la microempresa, otros culpables o los cómplices, transcurridos los quince (15) días hábiles siguientes a la presentación del informe, a cualquiera de los informes presentados por los legitimados correspondientes, a los tres (3) días hábiles siguientes, se dictará Sentencia.

E) De la conclusión del procedimiento especial de liquidación

Viene regulado por el art. 719 TRLC bajo la rúbrica de «Informe final de liquidación» el cual deberán presentarlo, bien el deudor microempresa, ora la Administración concursal, según si ésta ha sido designada o no, en los términos anteriormente expresados.

Debe presentarse el informe en los diez (10) días hábiles siguientes a la (i) conclusión de la liquidación de la masa activa, esto es, transmitidos todos los bienes, si bien, el art. 719.3 TRLC incluye el supuesto que se produce cuando no se han podido transmitir o liquidar todos los activos (bienes y derechos, recordemos) a través de la plataforma de liquidación, lo que revela que la «conclusión» no viene ideada bajo la situación de haber liquidado todos los activos, sino todos los activos «posibles» de liquidar, quedando pendientes los «irrealizables», a cuyo efecto, habría que acudir a los conceptos del art. 468.3 TRLC (bienes o derechos legalmente inembargables, o desprovistos de valor de mercado o cuyo coste de realización fuera manifiestamente desproporcionados de su previsible valor venal), así como (ii) del pago a los acreedores, no a todos, sino hasta donde alcance y siguiendo las normas concursales de pago, pero dicho plazo no podrá exceder de tres (3) meses desde el comienzo de la liquidación o de cuatro (4) meses desde que se concedió, en su caso, la prórroga, plazo de liquidación que prevé el art. 708.4 TRLC, todo ello, salvo que se halle en curso de tramitación (a) la fase de calificación o (b) una acción rescisoria o (c) una acción de responsabilidad, en cuyo caso, el informe final de liquidación se presentará a los quince (15) días hábiles siguientes al de la notificación de cada una se las sentencias que se dicten en los referidos procedimientos.

El contenido del informe, como mínimo, debe detallar (i) las operaciones de liquidación realizadas, cómo se han realizado (venta pública, subasta, su tipo y otros), sus condiciones (precio y términos convenidos), destino que se ha dado al precio (desde el ingreso en la cuenta bancaria correspondiente, así como el pago a acreedores) y cualquier otra peculiaridad que pueda ser conveniente para conocer la liquidación bajo los términos de transparencia absoluta; en segundo lugar, debe contener (ii) el momento y los importes satisfechos a los respectivos acreedores, siguiendo los términos de pago del concurso y, por último (iii) la lista de créditos pendientes de pago.

Cabe plantear oposición al informe final en el plazo de diez (10) días hábiles desde el del momento de comunicación del mismo pudiendo celebrarse vista «*virtual*», expresión que, entendemos, pueda referir una vista telemática, dado que el término virtual refiere oposición a efectivo o real, en tanto en cuanto, que no produce efecto de presente, dicha vista puede resolverse en el momento de su celebración, *in voce*, oralmente (*cfr.* art. 210 LEC que regula las resoluciones orales) o con posterioridad a su celebración, que concluirá mediante Sentencia, sin posibilidad de recurso alguno.

Efectos de la conclusión de la liquidación:

a) Sobre la persona jurídica:

   Conforme al art. 720.2 TRLC la conclusión del procedimiento especial de liquidación de la persona jurídica conlleva el efecto de su desaparición jurídica o extinción de su personalidad mediante la cancelación y cierre de la hoja registral en la que consta inscrita, Registro Mercantil, registro de Sociedades Agrarias de Transformación, registro de fundaciones, por ejemplo.

b) Sobre la persona natural o física:

   Se producen los siguientes efectos:

   1) Cesan las limitaciones sobre sus facultades de administración y disposición, si se hubieren limitado, intervenido o suspendido.

   2) Recuperando, por tanto, la plena disposición de sus bienes, salvo las resultas de la hipotética sentencia de calificación abreviada que le hubiera declarado culpable, según la norma del art. 720.3 TRLC, esto es, caso de que se hubiese dispuesto su inhabilitación (*cfr.* art. 455.2.2.º TRLC).

   3) Con todo, el deudor persona natural sigue siendo responsable de sus deudas, salvo que solicite y obtenga la exoneración de pago del pasivo insatisfecho.

5. DE LA CONCLUSIÓN DEL PROCEDIMIENTO ESPECIAL PARA MICROEMPRESAS

El art. 720 TRLC regula los trámites que hay que seguir para la conclusión del procedimiento especial de microempresas que inicia el art. 685 TRLC, dentro del denominado Derecho preconcursal, como una especialidad más de del mismo que, junto con los planes de reestructuración, lo componen. Éstos son los momentos procesales para su conclusión.

(i) El cumplimiento del plan de continuación:

Respecto del plan de continuación, previsto en los arts. 697 a 704 TRLC, nos encontramos con la primera causa de conclusión del procedimiento especial, acorde con la norma del art. 699 TRLC esto es, «*cuando, pasados treinta días naturales del plazo del último pago previsto, ningún acreedor hubiera solicitado la declaración de incumplimiento.*», a cuyo efecto procede dictarse un Auto, bien de oficio, ora a solicitud del propio deudor, siendo esto último lo más conveniente para el deudor, recabar una resolución expresa, sin esperar a que «automáticamente» la Oficina Judicial en su conjunto dicte el Auto sin impulso procesal externo, sin el impulso del deudor, máxime, cuando, frente a este Auto cabe, no oposición, sino Recurso de Reposición por parte de los acreedores que consideren incumplido el plan, trámite que no porta la celebración de vista en ningún caso, por lo que el recurso debe fundamentar documentalmente los impagos por ejemplo, acompañando el extracto de la cuenta bancaria donde se expresó en el plan de continuación el lugar en el que hacer el pago, siguiendo la norma del art. 1.171 C.c. lo más extenso posible en el tiempo, ante el hipotético supuesto de que el deudor hubiere anticipado el pago.

En cualquier caso, recordemos que, conforme al art. 1.129 C.c., el deudor microempresa, que no está en concurso, puede perder su derecho a utilizar el plazo del plan de continuación homologado si se da cualquiera de las circunstancias previstas en dicho artículo.

(ii) La completa liquidación de los bienes y derechos de la masa activa:

Tras la presentación del informe final de liquidación, con el resultado favorable o desfavorable y demás trámites que regula el art. 719 TRLC, antes comentado, el que determina el momento en que concluye la liquidación de la masa activa de la microempresa deudora y, especialmente, debe haberse pagado los créditos por el orden concursal y hasta donde pudo alcanzar el líquido obtenido.

(iii) Por insuficiencia de masa activa para satisfacer los créditos contra la masa:

Consideramos que, si quiere establecerse un procedimiento «especial» para determinados deudores, manteniéndolos en situación preconcursal, no podemos copiar artículos del concurso, donde, como es el caso, no existen «créditos contra la masa», máxime, por cuanto que el Legislador ha utilizado otros eufemismos para evitar esta calificación, como «créditos devengados desde la solicitud…», «financiación interina», «créditos públicos», «gatos necesarios» y otros más. En cualquier caso, vamos a entender por «créditos contra la masa» del plan de continuación, todos aquellos que se devengan desde la solicitud de iniciación del procedimiento especial, hasta el del vencimiento final del plan de continuación, precisamente, para evitar que el deudor microempresa pierda el derecho a utilizar el plazo conforme al supuesto 1.º del art. 1.129 C.c., esto es, «*Cuando, después de contraída la obligación, resulte insolvente, salvo que garantice la deuda*», pues la insolvencia le acaece por su incapacidad de resolver, de pagar sus deudas corrientes.

En cualquier caso, este supuesto, copia ideológica del art. 465.7.º TRLC, se ve prospectivamente, desde el mismo momento procedimental, salvo casos excepcionales, en que se propone el plan de continuación, pues la «insuficiencia» implica apriorísticamente la cortedad o escasez del valor de los bienes y derechos del deudor microempresa, pero, el Legislador, no cae en el hecho de que se halla en el cumplimiento de un plan de continuación, en el que, en principio, no deben liquidarse los bienes (los derechos sí pueden y deben ejecutarse, pues forman parte del Circulante de la actividad), sino mantenerlos, en tanto que preservadores de la actividad, por lo que la masa activa, en tanto que no liquidable, con ella nada se puede pagar y, por tanto, no existe la insuficiencia requerida, pues los «créditos contra la masa» se pagan con el desarrollo de la propia actividad, no con la liquidación de su patrimonio.

(iv) Por pago:

Que deberá realizarse por las normas previstas en los arts. 1.157 y ss. C.c., empezando con que el pago debe realizarse «completamente» para que produzca la extinción de la obligación, pudiendo hacerlo, en cualquier caso, un tercero, tenga o no interés en el cumplimiento del plan de continuación, en cuyo caso, a este tercero le nace el derecho de repetición frente al deudor, salvo que éste se hubiese opuesto expresamente a que realice el pago, lo cual es obvio, dado que el deudor, si el tercero pagase, mantendría la deuda incólume y cambiaría de acreedor, salvo que la deuda o las condiciones de pago fueren sustancialmente mejoradas con el pago.

(v) La consignación de la totalidad de los créditos reconocidos:

Los arts. 1.176 a 1.181 C.c. regulan el pago por consignación. Recordemos que la consignación produzca el efecto del pago, debe ofrecerse previamente a los acreedores conforme dispone el art. 1.177 C.c., pero si el acreedor o acreedores se negaren, sin razón, a admitirlo el deudor microempresa quedaría libre de responsabilidad mediante la consignación del importe total de la deuda.

La consignación debe realizarse ante el Tribunal que conoció del expediente de continuación, por los trámites previstos en la Ley 15/2015, de 2 de julio, de la Jurisdicción Voluntaria (arts. 98 y ss.).

(vi) La íntegra satisfacción a los acreedores de sus respectivos créditos por cualquier otro medio:

Medio que no viene especificado en la norma del art. 720.1.4.º TRLC, por lo que cabría, hipotéticamente, la dación en pago, si bien, en la práctica la concurrencia de múltiples acreedores de diferentes clases hacen imposible dar en pago, no ya por no mantener proindivisos, sino por la razón más simple de que una microempresa difícilmente puede tener tantos bienes como acreedores y que, además, coincidan son sus respectivos créditos, lo que sí que se hizo en la Suspensión de Pagos de «CLEOP» que, en 1997 presentó un convenio de suspensión de pagos ante el Juzgado de Primera Instancia número Dieciséis de los de València por en el que, prácticamente, asignó una vivienda o plaza de aparcamiento a cada acreedor, ajustando precios a créditos, y se aprobó el convenio, lo cual vetó la LC; obviamente, CLEOP no es una microempresa, sino una gran empresa.

Véase, en este sentido, el art. 1.175 C.c. que faculta al deudor a ceder sus bienes a los acreedores «*en pago de sus deudas*» que solo libera por el importe líquido de los bienes cedidos, salvo pacto contrario, lo que convierte la *ratio* del precepto en una cesión en pago parcial de créditos como norma y una cesión en pago total como excepción, distinto todo ello, de la cesión para pago.

(vii) El desistimiento o renuncia de la totalidad de los acreedores.

Se desiste de un procedimiento iniciado o de la acción ejercitada, pudiéndose ejercitar nuevamente en otro procedimiento, pero la ubicación del art. 720 TRLC no es, precisamente, la que permita desistir del momento o trámite de «conclusión» del procedimiento especial para microempresas, pues si se desiste por parte de quien no lo ha iniciado (los acreedores) sería imposible procesalmente y, si se pudiese desistir por quien lo ha iniciado, nos encontraríamos con que el efecto del desistimiento impediría que concluyese el procedimiento especial, lo que, salvo el pago a todos los acreedores, carecería de sentido haberlo iniciado.

No nos cansaremos de repetir que el procedimiento especial para microempresas es un procedimiento preconcursal y, por tanto, no se le aplican las normas del concurso, salvo que expresamente así lo declare el TRLC. La diferencia básica o fundamental, la encontramos en el hecho de que el concurso es una «ejecución universal» en la que el concursado «*ha perdido el control sobre su patrimonio*», como así lo expresa la **S.A.P. Barcelona —15.ª— n.º 97/2024, de 19 de julio**, en la que concreta que la norma del art. 465 TRLC no permite al concursado desistir del concurso, mientras que el procedimiento especial para microempresas puede iniciarse por éstas conforme dispone el art. 690 TRLC, mediante la correspondiente comunicación al Juzgado de la apertura de negociaciones del art. 691 TRLC o por los acreedores y otros legitimados, conforme el art. 691 ter TRLC, por lo que, contrariamente a como sucede en el concurso, cualquiera de los legitimados (el deudor o todos los acreedores) para iniciar el procedimiento especial para microempresas tiene legitimación para desistir o renunciar.

Hay que leer varias veces el texto e intuir la intención teleológica del Legislador, pues está utilizando el término «desistimiento» como si de una «renuncia» se tratase, esto es, utiliza un término meramente procesal (adjetivo) como si de uno civil (sustantivo) se tratase pues, utilizando el primero se puede volver ejercitar la acción sustantiva planteándola en un nuevo procedimiento especial para microempresas, pero de la renuncia al ejercicio de la acción no se puede volver a ejercitar de ningún modo, al menos por lo que se refiere al especial para microempresas, lo que no obstaría para instar el concurso.

Por tanto, en el supuesto de conclusión del plan de continuación, lo que consideramos que está pretendiendo decir el Legislador es que, si los acreedores renuncian a cobrar sus créditos, en la parte que tengan pendiente de pago, concluye el plan de continuación o, si prefieren desistir del iniciado y volver a plantear otro con mejores condiciones para ambas partes, podrían hacerlo, pero, para esto pueden acudir a la modificación del plan de continuación, según hemos visto precedentemente.

Ahora bien, ¿quién o quiénes deben renunciar para que concluya el procedimiento? La norma del art. 720.1.4.º *in fine* TRLC habla de «*la totalidad de los acreedores*», lo que implica que, si uno o varios acreedores renunciasen, el procedimiento continuaría hasta el final o hasta una de las otras situaciones de conclusión, por lo que solo concluiría por este supuesto cuando todos y cada uno de los acreedores renunciase, lo cual, habiendo acreedores de Derecho público parece, incluso hipotecarios, se presenta harto imposible de que suceda. En cualquier caso, cualquier acreedor, con el paso del tiempo, siempre prefiere acudir al sistema de quita de parte de la deuda aplazada, con menor espera, pues prefiere «pagar el precio del tiempo», lo que implica que el deudor microempresa deba tener una disponibilidad de dinerario apetecible en cuantía para ofrecer a sus acreedores.

X. EL BENEFICIO DE EXONERACIÓN DEL PASIVO INSATISFECHO (B.E.P.I.)

Antes de entrar en el fondo de la materia, debemos comenzar por la forma, pues, a día de hoy y, desde que se creó este sistema de «descarga» (exonerar: «*ex*» de, desde, sacar y «*onus, -eris*» carga) de deudas, se ha denominado de sucesivas formas, pensándose que, con cada una se identificaba algo distinto, a modo de marca, pero, en realidad, se trata de una misma finalidad, la exoneración, si bien conseguible por distintos sistemas marcados por el tiempo o momento en el que se pueda iniciar el procedimiento correspondiente y, así, se comenzó denominando (marca) «B.E.P.I.», como beneficio, seguidamente, como «E.P.I.», otra marca que se contrapone a la anterior, como mejor a aquélla al excluir el «beneficio» y, otros más postulantes, lo han considerado como «derecho», si bien no han conseguido establecer la marca «D.E.P.I.», quizás por similitud a la que resultaría de excluir la «I.». Sea como fuere, no se trata de una «cuestión de nombres», de marcas o de formas, pues vienen a ser lo mismo si lo definimos por su finalidad. Revísese la Exposición de Motivos del vigente T.R.L.C. para comprobar en sus motivos I y II y en el art. 484 se expresa «*el beneficio de la exoneración del pasivo insatisfecho…*» y en los arts. 37 ter, 414.1.3.º y en el capítulo II del Título XI «cae» la palabra «beneficio» y la LRTRLC en el apartado I de su Preámbulo lo considera como un «*derecho de la persona natural deudora…*». En definitiva, sea derecho, beneficio o simple exoneración, tenga la marca o distintivo que se quiera poner, lo bien cierto es que hay que mirarlo por su finalidad, que no es otra cosa que uno de los tres ejes de la Directiva comunitaria sobre reestructuración e insolvencia: «*que los empresarios de buena fe insolventes o sobreendeudados puedan disfrutar de la plena exoneración de sus deudas después de un período de tiempo razonable, lo que les proporcionaría una segunda oportunidad…*».

Vayamos, pues, ahora, a tratar sobre el fondo o, más que el fondo, por el vehículo o cauce por el que ha venido discurriendo este B.E.P.I.

En primer lugar, debemos realizar un somero apunte semántico de las palabras que componen el «B.E.P.I.», para entender, en primer lugar, el alcance de su significado y, de otro, evitar confusionismos legales que algunos asesores de deudores mantienen sobre los créditos a los que afecta o puede afectar este «beneficio». «Beneficio», procede de dos (2) palabras latinas, como son «*bene*», significando «bien» y «*facio, -is, -ere, -eci, -actum*», significando «hacer», es decir, aquello que hace bien; ahora debemos conocer qué es aquello que puede hacer bien al deudor; no es otra cosa que la «exoneración», palabra procedente de otras dos (2) palabras latinas, como son «*ex*», significando movimiento hacia afuera o acto de quitar, y «*onus, -eris*», significando carga pesada que se porta, luego, exoneración significará el acto de quitar una pesada carga; la carga, según el Legislador, es el «pasivo», palabra que, si bien toma su origen inmediato de la división clásica del Balance contable, entre el Activo (lo que se tiene) y el Pasivo (lo que se debe), éste, por supuesto, toma su denominación remota del verbo latino «*patior, -eris, pati, passus sum*», significando sufrir, en el sentido marcado por el Diccionario de la RAEL «*que... permanece al margen de una acción.*», la acción de pagar, el incumplimiento del pago de sus deudas y, por tanto, «padece» o «sufre» las consecuencias de incumplimientos contractuales, de los embargos y demás ejecuciones singulares. Por último «insatisfecho», nos remite, también, al Latín, a través de la partícula de negación «*in*», por «no», «*satis*», adverbio que indica plenitud o suficiencia que, junto a verbo «*facio, -is, -ere, feci, factum*», significando «hacer», nos lleva al significado conjunto de «no hecho o no cumplido plenamente», en el sentido de incumplimiento obligacional. Así pues, el B.E.P.I. nos lleva a la consideración de facilitar al deudor incumplidor de sus obligaciones a liberarse de la carga que representan sus deudas, deudas que no son otras que las que denominamos «concursales», esto es, aquéllas por las que se solicita el A.E.P. y nombramiento de un Mediador Concursal, en los términos ya expuestos, lo que plantea la posibilidad de cuestionarse si en la solicitud del B.E.P.I. pueden incluirse o no los créditos contra la Masa, dado su carácter posterior a la solicitud del A.E.P. Más adelante lo trataremos.

1. EXONERACIÓN MEDIANTE PLAN DE PAGOS SIN LIQUIDACIÓN

La LRTRLC ha introducido una nueva redacción del B.E.P.I, creando una vía que podríamos considerar como paradigmática u ordinaria y otra calificable como subsidiaria o alternativa, incluso una tercera que podríamos considerar como modificativa. En efecto, la vía paradigmática viene determinada por el art. 486 TRLC que no requiere indefectiblemente la liquidación del activo de la persona natural, «*sea empresario o no*», pues le permite, conforme a su apartado 1.º, la exoneración «*con sujeción a un plan de pagos sin previa liquidación*» sujetándose a las normas de los artículos 495 a 500 bis TRLC, mientras que la vía alternativa viene regulada por los arts. 501 y 502 TRLC establecen la exoneración por liquidación de la masa activa. Comenzaremos, pues, por las reglas para la obtención de la exoneración mediante plan de pagos, como vía que el Legislador debe ser la más propia para la concesión de la exoneración:

A) Consentir que la aceptación de la concesión del BEPI conste en el Registro Público Concursal durante cinco (5) años o menos, si el plazo del plan es inferior. Viene al caso recordar el contenido del modificado art. 585.3 TRLC que disponía la posibilidad de mantener el carácter reservado de la comunicación de la apertura de las negociaciones del art. 583 TRLC, cuyo absurdo jurídico se ha mantenido desde la entrada en vigor del art. 5 bis LC, pues, si lo que pretendía el deudor era que ningún acreedor se enterase de que estaba en insolvencia y que pretendía la exoneración de su crédito, resultaba un tanto difícil de entender, pues, precisamente, la publicación en el Registro Público Concursal era un documento necesario para solicitar la paralización de las ejecuciones frente al deudor, pues, con la reserva de publicación nada de ello conseguía. El Legislador que redactó y aprobó la LRTRLC se ha dado cuenta del hecho y ha eliminado esta facultad del deudor, redactando un nuevo art. 585 TRLC que, no solo la elimina como requisito de obtención, sino que dispone la publicación del plan de pagos a que alude el art. 495.1 TRLC en dicho registro público de fácil y gratuito acceso y, decimos, como requisito de obtención de la concesión del BEPI, pues, como tal facultad del deudor encuentra su vía en el art. 591 TRLC, pero para el momento de publicar en el Registro Público Concursal la comunicación de la apertura de negociaciones (art. 585 TRLC), lo cual se hará siempre, salvo que el deudor hubiere solicitado la reserva de publicación.

B) Acompañar con el plan las declaraciones del I.R.P.F. correspondientes a los tres (3) últimos ejercicios «*finalizados*» a la fecha de la solicitud. Deberá entenderse que, si el concursado solicitante de la exoneración no ha presentado alguna o algunas de dichas declaraciones fiscales, podrá acompañar el certificado fiscal correspondiente a su no obligación de presentación emitido por la Agencia Estatal de la Administración Tributaria (A.E.A.T.) u organismo que pueda hacer sus veces.

C) Acompañar, además, las declaraciones fiscales de «*las restantes personas de su unidad familiar*», sin definir este concepto, por lo que habrá que estar a lo que disponga la norma fiscal (I.R.P.F.) para la identificación de las personas que la compongan; a este respecto, a día de hoy, el art. 82 LIRPF dispone que hay dos (2) modalidades de unidad familiar, a saber:

1.ª La integrada por los cónyuges no separados legalmente y, si los hubiera:

a) Los hijos menores, con excepción de los que, con el consentimiento de los padres, vivan independientes de éstos.

b) Los hijos mayores de edad incapacitados judicialmente sujetos a patria potestad prorrogada o rehabilitada.

2.ª En los casos de separación legal, o cuando no existiera vínculo matrimonial, la formada por el padre o la madre y todos los hijos que convivan con uno u otro y que reúnan los requisitos a que se refiere la regla 1.ª de este artículo.

D) También es novedoso el hecho de que la solicitud de exoneración por este sistema, puede presentarse en cualquier momento del procedimiento, pero, siempre y cuando «*antes de que el juez acuerde la liquidación de la masa activa.*». Recuérdese que, con el texto inicial de la LC, el art. 242 LC disponía la necesidad de la entrada en liquidación con la solicitud de declaración de concurso consecutivo, modificándose posteriormente, su apartado 2.1.ª que ya permitía la presentación de una propuesta anticipada de convenio, lo que mantuvo el art. 706.1 TRLC. Visto así, parece darse a entender una norma bondadosa o, cuanto menos, menos agobiante para el deudor persona natural; sin embargo, la mutación que el procedimiento preconcursal de Mediación Concursal se ha producido por la LRTRLC, el papel del Mediador Concursal regulado por un solo artículo, el 702 TRLC, queda limitado a un procedimiento extrajudicial de un máximo de diez (10) días, en el que, si éste «*hubiera cerrado anticipadamente la mediación*» porque entiende que no es posible alcanzar un acuerdo, lo que sucede en la práctica totalidad de los casos, en los que no hay dinerario o bienes con los que pagar, fundamentalmente, procede, conforme al ar. 702.5 TRLC la inmediata apertura de la fase de liquidación si sigue encontrándose en estado de insolvencia actual, lo que no ocurre si se halla en estado de insolvencia inminente o insolvencia probable, lo que hace necesario, si se quiere acudir a la Mediación Concursal para presentar el plan de pagos para obtener el B.E.P.I. sin liquidación, hacerlo cuando la insolvencia sea probable o inminente, pero, nunca, si es actual, remitiéndonos a estos efectos al art. 2.3 TRLC, redactado según la LRTRLC que definen los conceptos de insolvencia actual e insolvencia inminente definida esta última como la que «*dentro de los tres meses siguientes no podrá cumplir regular y puntualmente sus obligaciones*»), restando, pues, definir la insolvencia probable por exclusión o extensión a este período temporal, esto es, la previsión de incumplimiento a más de tres meses vista.

A) Requisitos del plan de pagos sin liquidación

El plan de pagos sin liquidación deberá acreditar o cumplir con los siguientes requisitos:

a) Relación en detalle de los recursos previstos para su cumplimiento:

En el supuesto de los trabajadores por cuenta ajena, incluso de empresarios, entendidos éstos como Administradores de sociedades que se fijan un sueldo, parece más claro de determinar, dada la regularidad que las nóminas dan a corto, medio o largo plazo, mientras que en el caso de profesionales, empresarios o trabajadores por cuenta propia, los cuales sólo podrán hacer una prospección teórica sobre los posibles emolumentos que pudieren obtener durante el período de propuesta de cumplimiento del plan, prospección que puede calcularse en torno a la media de emolumentos de los cinco (5) años anteriores a la propuesta del plan (piénsese que aquí se produce una teórica ficción, pues, estando en concurso, al no pagarse los créditos concursales, siempre habrá mayor liquidez por la diferencia entre ingresos y pagos mayor que durante la etapa preconcursal, en la que se pagaban unos y otros no), pero, en estos dos últimos casos, siempre cabrá un elemento estimativo subjetivo de que en el futuro se tendrán mayores ingresos por proyectos a realizar de difícil justificación hasta que no ocurra el suceso (*incertus an incertus quando*)[163], por lo que no exigiendo la norma del art. 496.1 TRLC más que la mera «*relación*

---

163 Incierto si (va a suceder), incierto cuándo (va a suceder).

en detalle» el Tribunal del concurso no podrá entrar a considerar la certeza del «si» (*an)* condicional.

b) El calendario de pagos de los créditos exonerables:

   Esto es, la parte del pasivo exonerable, determinado conforme a las reglas del art. 489 TRLC, vaya a quedar insatisfecha:

   (i) Son exonerables: «*la totalidad de las deudas insatisfechas*» incluidas las de la A.E.A.T. y de la Seguridad Social (TGSS) sólo hasta el límite de diez mil (10.000 €) euros, de los cuales cinco mil (5.000,00 €) de íntegra exoneración y por los siguientes cinco mil (5.000,00 €) sólo en cuanto a su cincuenta (50 %) por ciento.

   (ii) No son exonerables:

   a. Las deudas por responsabilidad civil extracontractual.
   b. Las deudas por muerte o daños personales.
   c. Las deudas por indemnizaciones de accidente de trabajo y enfermedad profesional.
   d. Las deudas por responsabilidad civil delictual
   e. Las deudas por alimentos de los que sea acreedor del deudor, con cargo a la masa, o de los que sea deudor, en ambos casos, se consideran créditos contra la masa según el art. 281.2.1.º TRLC los cuales, según dispone el art. 616 TRLC, son créditos afectables por los planes de reestructuración y a extinguir desde la apertura de la fase de liquidación conforme al art. 413.1.2.º TRLC;
   f. Las deudas por salarios de los últimos sesenta (60) días de trabajo efectivo, con el límite del triple salario mínimo interprofesional, así como los devengados durante el procedimiento, salvo el pago asumido por el Fondo de Garantía Salarial —FOGASA—, lo que, por vía de subrogación legal, tampoco sería exonerable la parte del crédito pagado por el FOGASA.
   g. Los créditos de Derecho público, entre los cuales se encuentra los tributos y tasas como pueden ser el Impuesto sobre Bienes Inmuebles, cedido a los Ayuntamientos y otros similares, salvo que la gestión recaudatoria de éstos hubiere sido cedida a la A.E.A.T., en cuyo caso, entrarían dichos créditos, dentro de la exoneración que corresponde, como queda dicho en el

precedente aparato (i) las de la A.E.A.T. y de la Seguridad Social (TGSS) son exonerables sólo hasta el límite de diez mil (10.000 €) euros, cinco mil (5.000,00 €) de los cuales de íntegra exoneración y por los siguientes cinco mil (5.000,00 €) sólo en cuanto a su cincuenta (50 %) por ciento, pero sólo podrá tener lugar esta exoneración limitada en la primera petición del BEPI, no en las sucesivas, pues así lo dispone el art. 489 TRLC. En este sentido se ha pronunciado la Audiencia Provincial de Valencia por la **S.A.P. Valencia —9.ª— n.º 3/2024, de 9 de enero** rechazando la exoneración que nos ocupa por «*SEGUNDO. ... En este contexto, en el que la titularidad de los créditos es ajena a la AEAT y se trata de impuestos y tasas de gestión no estatal (como razona el magistrado "a quo") no cabe más que la confirmación de la resolución de la instancia.*».

La **STJUE de 7 de noviembre de 2024,** ha venido a resolver, matizar y concretar, en la medida de lo posible, esta cuestión, en los términos que analizamos en el último capítulo de la presente obra.

h. Deudas por multas en procesos penales, pena de imposición accesoria a la condena principal regulada en el artículo 50 del C.P., en cuanto a su extensión cuyo impago puede derivar en la responsabilidad personal a que alude el artículo 35 C.P.

i. Las sanciones administrativas muy graves, las cuales vienen reguladas por la LGT que considera el carácter de muy grave la sanción va asociada por la utilización de medios fraudulentos.

j. Las costas y gastos judiciales derivados de la tramitación de la solicitud de exoneración, entendiéndose por tales la relación que el art. 241 LEC que conceptúa «gastos» «*los desembolsos que tengan su origen directo e inmediato en la existencia de dicho proceso*» y como «*costas*» los gastos (a) Honorarios de Letrado, (b) Derechos de Procurador, entendiéndose en ambos casos del concursado y, dentro de los del Procurador, hay que advertir que la exención que del representante del concursado establecía para la persona natural en el concurso consecutivo la Disposición adicional tercera de la Ley 15/2015, de 28 de julio de mecanismo de segunda oportunidad, quedó derogada por la Disposición derogatoria única apartado 2.p) del Real

Decreto Legislativo 1/2020, de 5 de mayo, por el que se aprueba el TRLC, por lo que dicha representación procesal sigue siendo necesaria en el concurso conforme dispone el art. 510 TRLC y, por tanto, incluible en el concepto de costas (c) inserciones edictales, hoy innecesarias, dado que la publicación en el Tablón Edictal Judicial Único (TEJU) y en el Registro Público Concursal (RPC) son gratuitas, por lo que se estaría hablando de inserciones en la Prensa diaria (d) depósitos necesarios para recurrir, (e) derechos de Peritos y testigos, (f) copias y demás a obtener de registros o protocolos públicos no solicitados judicialmente, pues éstos son gratuitos (g) derechos arancelarios como son los de Notarios y Registradores y la (h) tasa por el ejercicio de la potestad jurisdiccional cuando sea preceptiva, regulada por la Ley 10/2012, de 20 de noviembre, pero no se incluye el de la tasa abonada en los procedimientos de ejecución hipotecaria de préstamos concedidos para la adquisición de la vivienda habitual, así como tampoco en los que se dirigen contra el ejecutado o sus avalistas; a este respecto, cabe preguntarse si, dentro de esta prohibición de exoneración sería de aplicación la fijación del límite de la «*tercera parte de la cuantía del proceso*» a que alude el art. 394.3 LEC, es decir, si la no exoneración comprendería dicha parte, o la totalidad de las costas y gastos; en principio, hay que considerar que, dado que el texto del art. 489.1.7.º TRLC no remite al art. 394 LEC ni fija tal límite, como sí lo hace en los créditos de Derecho público, debemos entender que la no exoneración se extiende a la totalidad de estas costas en base al principio *ubi lex non distinguet nec nos distiguere habemus;* de otro lado y, precisamente, por la misma razón, el Legislador se ha olvidado nuevamente del Administrador Concursal, salvo que pueda entenderse que éste entra dentro de le considere como una de las personas del art. 241.1.4.º LEC (peritos y otros intervinientes en la solicitud de exoneración).

k. Por último, las deudas con garantía real por todos conceptos (principal, intereses, costas y prestaciones accesorias), que sean debidos, esto es, que se haya devengado, impagado y justificados documentalmente ambos conceptos, tanto el devengo, como el impago, pero, dentro del límite del privilegio especial reconocido en los textos definitivos de lista de acreedores que, en ningún caso, podrá rebasar la responsabilidad hipotecaria a que alude el art. 12 LH; así pues y, comoquiera que nos hallamos ante una exoneración sin liquidación, debe entenderse que no ha salido a subasta el bien hipotecado o pignorado y, por tanto, no se ha producido el efecto del previsto en el art. 430.3 TRLC que hubiese conllevado la reclasificación de la parte del crédito no satisfecho.

iii) No son exonerables por excepción, total o parcialmente:

Otro tipo de deudas distintas de las del precedente apartado ii) «*cuando sea necesario para evitar la insolvencia del acreedor afectado por la extinción del derecho de crédito.*» Esto supone un juicio de valor económico-jurídico que pretende evitar insolvencias derivadas o concursos «en cascada», lo cual, a nuestro entender deberá tramitarse por vía del incidente concursal (art.498 bis.2 TRLC), pero, de otro lado, puede producir el efecto contrario, esto es que, no exonerando estas deudas, al final, el concursado, ya insolvente de por sí e incapaz de pagar estas deudas y todas, no consiga su exoneración y deba ir a liquidación.

c) También deberá incluir el plan de pagos las cesiones en pago de bienes o derechos; nótese que la norma que lo regula, el art. 496.2 segundo párrafo TRLC alude a «*cesiones en pago*», en pago total o en pago parcial, siguiendo las normas del art. 1.175 C.c., sobre las que ya hemos hablado precedentemente.

i. Lo cual excluye tácitamente las cesiones «para» pago, esto es, ceder para que el acreedor venda y, hasta donde alcance el precio obtenido don la venta, se cobre su crédito o parte del mismo, así como las cesiones «en pago parcial», esto es, transmisión del bien no condicionado al resultado de su liquidación, pero dándose por pagado el crédito, hasta donde alcance o parcialmente, por el precio de la transmisión;

ii. Se excluyen expresamente los bienes o derechos necesarios para la actividad empresarial o profesional; respecto de la vivienda nada se dice, pues, en principio, ésta no es necesaria para el ejercicio económico, salvo, por supuesto, que la actividad se desarrolle en la propia vivienda, lo que conduciría a dar en o para pago la vivienda y conservar el inmueble en el que se desarrolla la actividad empresarial o profesional y nada se establece, tampoco, para el supuesto de que se trate de vivienda de trabajador cuya actividad por cuenta ajena la realiza por el sistema de teletrabajo según define el art. 2 de la Ley 10/2021, de 9 de julio, de trabajo a distancia, por lo que, con una interpretación literal del texto el teletrabajador podría dar en o para pago su vivienda y el lugar en el que teletrabaja, que es el mismo.

iii. El valor de la transmisión se realizará bajo el concepto de «razonable» en los términos definidos por el art. 273 TRLC, a saber, informe de una sociedad de tasación homologada en el caso de bienes inmuebles, del precio medio ponderado de los valores mobiliarios en mercado regulado o informe emitido por experto independiente para el resto de bienes; pero, en cualquier caso, el valor ha de ser igual o inferior al del crédito a extinguir, esto es, «dación en pago total» del crédito, como decíamos precedentemente, lo que excluiría la recalificación del crédito no satisfecho por la dación, sin embargo, también permite que sea el valor razonable superior al del total crédito reconocido con el privilegio especial, lo que genera un «sobrante» que debe ser «*integrado en el patrimonio del deudor*», rompiendo la regla del tercer apartado de los arts. 611. 653 y 654 LEC y 132.4.º LH, pues, al reintegrarse al patrimonio del deudor no va a los acreedores directamente, sino que vuelve a la consideración de capital circulante y, con ello, se atenderían los pagos por su orden, normalmente, con los propios de la actividad económica.

iv. Flexibilidad en el establecimiento de los pagos, que podrán realizarse, bien de cuantía determinada, ora determinable, en función de la renta y recursos disponibles del deudor o, mixtos, de uno y otro.

d) Sin embargo, no puede liquidarse totalmente el patrimonio del concursado, lo cual es lógico y coherente, dado que nos encontramos ante un BEPI mediante plan de pagos del art. 486.1.º TRLC en relación con el 495 TRLC y no de liquidación del 486.2.º TRLC en relación con el 501 TRLC.

B) Efectos concretos del plan de pagos sin liquidación

a) Vencimiento anticipado de los créditos:

Se consideran vencidos anticipadamente con la resolución judicial que acuerde la exoneración los créditos afectados por la exoneración. Si GARRIGUES decía que «*el crédito que ha muerto no puede revivir*» lo mismo cabría decir ante el texto del art. 496 bis.1 TRLC conforme a la redacción de la LRTRLC, pues la declaración de vencimiento de los créditos afectados por la exoneración, al hacerlos vencidos, volvemos a añadir, anticipadamente, éstos, no podrían volver a revivir las cuotas pendientes de vencimiento cuando se declaró la exoneración; sin embargo, el carácter provisional de la exoneración parece dar a entender que nos hallamos ante una condición suspensiva; pero, el Legislador no está pensando realmente en el vencimiento de unos créditos que, más que vencibles, no son exigibles hasta tanto no se incumpla el plan de pagos; en cualquier caso, la inexigibilidad ya le viene dada por la propia declaración de concurso y la lista de acreedores definitiva, por lo que, aquello en lo que realmente está pensando el Legislador es en el crédito a largo plazo, cuyo paradigma es el préstamo hipotecario.

Dicho crédito vencido (anticipadamente) debe descontarse su valor al tipo de interés legal, nos dice el art. 496 bis.1 *in fine* TRLC, lo que viene a representar que debe procederse a liquidar la parte del crédito pendiente de vencimiento al tipo de interés legal del dinero y no al que tenía el documento contractual del que nació la deuda, piénsese que, comoquiera que no se entra en liquidación, no resultaría de aplicación lo dispuesto en el art. 414 TRLC conforme al cual, la apertura de la liquidación produce el vencimiento anticipado de los créditos concursales aplazados, esto es, aquéllos que se corresponden con la adquisición de bienes por el concursado, que serían merecedores de una reducción de los plazos pendientes de vencimiento, pero la redacción del precepto no es nada clara a este respecto.

b) Los créditos exonerables no devengarán intereses durante el plazo de duración del plan de pagos:

Se trata, pues, de una espera sin intereses, con un crédito ya liquidado pero sujeto a la condición suspensiva de que se cumpla el plan, lo que no representa una novación extintiva, ni siquiera modificativa, pues solo modifica el plazo y excluye los intereses, condicionado, como decimos, al cumplimiento, pues, caso contrario, si mutase el plan a liquidación de los bienes y derechos que componen la masa activa del deudor, produciría un nuevo devengo, cuanto menos, en los créditos con garantía real, incluso en los de Derecho público en la parte exonerable, pues esta exoneración es, digámoslo así, provisional, no definitiva ni extintiva.

c) Los no exonerables tampoco devengarán intereses, salvo los garantizados con derechos reales (hipoteca, prenda y anticresis)

Tal y como decíamos precedentemente, pero, remarcando que, durante el cumplimiento del plan la excepción al devengo de intereses, la tienen los créditos garantizados realmente, como se ve, en todo caso devengan, pero lo que no matiza el Legislador es, en este caso, si se trata de los intereses remuneratorios o de los moratorios, pues, recuérdese, según analizamos en el capítulo correspondiente, que la hipoteca garantiza en perjuicio de tercero, tanto los unos como los otros, por hasta un máximo de cinco (5) años (*cfr.* art. 114 L.H.); no obstante lo cual, el Tribunal Supremo —*cfr.* la resolución en el capítulo de la hipoteca— en el concurso de acreedores tan solo permite el devengo de los intereses remuneratorios, hasta el límite o responsabilidad hipotecaria debidamente inscrita en el Registro de la Propiedad.

Asimismo, las acciones declarativas y ejecutivas de los acreedores de deuda no exonerable o de las obligaciones asumidas por el deudor durante el plazo previsto en el plan de pagos, se ejercitarán ante el juez del concurso por los trámites del incidente concursal, según dispone el art. 499.2 TRLC, competencia coherente con el art. 86 ter.2 LOPJ, según la redacción dada por la Ley Orgánica 7/2022, de 27 de julio respecto de

1.ª Las acciones civiles con trascendencia patrimonial que se dirijan contra el concursado, con excepción de las que se ejerciten en los procesos civiles sobre capacidad, filiación, matrimonio y menores.

2.ª Las ejecuciones relativas a créditos concursales o contra la masa sobre los bienes y derechos del concursado integrados o que se integren en la masa activa, cualquiera que sea el tribunal o la autoridad administrativa que la hubiera ordenado, sin más excepciones que las previstas en la legislación concursal.

3.ª La determinación del carácter necesario de un bien o derecho para la continuidad de la actividad profesional o empresarial del deudor.

4.ª La declaración de la existencia de sucesión de empresa a efectos laborales y de seguridad social en los casos de transmisión de unidad o de unidades productivas y la determinación de los límites de esa declaración conforme a lo dispuesto en la legislación laboral y de seguridad social.

5.ª Las medidas cautelares que afecten o pudieran afectar a los bienes y derechos del concursado integrados o que se integren en la masa activa, cualquiera que sea el tribunal o la autoridad administrativa que la hubiera acordado, excepto las que se adopten en los procesos civiles sobre capacidad, filiación, matrimonio y menores.

6.ª Las demás materias establecidas en la legislación concursal.

C) Duración del plan de pagos

a) Tres años:

Un primer período de duración de tres (3) años «*con carácter general*». Nada obsta para que puedan ser dos (2) años o uno (1), según el caso, si bien, parecen insuficientes en la práctica cualquiera de dichas anualidades. En este supuesto por razón a lo que seguidamente se dirá, sí que se permite la liquidación de la vivienda habitual del deudor y de su familia, debiendo entenderse que, de este modo, se liquida más rápidamente y más rápidamente se puede cumplir con este corto espacio temporal, mientras que se seguirá con los bienes necesarios para desarrollar la actividad, también por el mismo criterio, la generación de liquidez por el mantenimiento de la misma.

b) Cinco años:

Un período de duración alternativo de cinco (5) años que deberá cumplir con las siguientes especialidades. En este supuesto, sólo se podrá autorizar

(i) Si no se realiza la vivienda habitual del deudor o de su familia, cuando proceda, debiendo entenderse, a estos efectos el concepto de «unidad familiar» en tanto que al mismo alude el art. 495 TRLC; de otro, hemos de recordar cuanto dijimos respecto del segundo párrafo del art. 496.2 TRLC, en el sentido de que la vivienda familiar no se podía dar en pago de deudas mediante el sistema de exoneración sin liquidación, lo cual permite conservar la vivienda habitual y

(ii) Cuando el importe de los pagos «*dependa exclusiva o fundamentalmente de la evolución de la renta y recursos disponibles del deudor*», lo cual es el supuesto normal de obtención de dinerario sin liquidación. No existe conjunción copulativa ni disyuntiva en el art. 497 TRLC, según la redacción de la LRTRLC, por lo que debemos entender disyuntiva, esto es, en cualquiera de ambos supuestos, dada la generalidad de la redacción, en la que queda omitido el adverbio «cualquiera», lo cual viene reforzado por la expresión del art. 497.2.2.º TRLC «*dependa exclusiva o fundamentalmente*» de la obtención de líquido y así, si sólo y únicamente por la evolución de la renta y los recursos del deudor es el medio exclusivo, que no excluyente, para cumplir el plan de pagos, demuestra que es alternativo cualquiera de los casos del art. 497.2 TRLC.

El *dies a quo* para empezar a cumplir con el plan comienza «*desde la fecha de la aprobación judicial*», esto es, desde la fecha en que se dicte la resolución según las reglas del art. 498 TRLC, pero, no desde su firmeza, sino desde el momento de su dictado, pues este precepto no lo exige expresamente, dado que el art. 498 bis TRLC permite su impugnación y la interposición de Recurso de Apelación contra la Sentencia que lo apruebe. Si comenzase a pagarse desde la resolución del precitado recurso, entre la impugnación (varias al mismo tiempo) y los trámites del recurso, con los tiempos procesales que corren hoy en día, se produciría una dilación de unos dos (2) años, aproximadamente, en el comienzo del plazo de pago fijado en el plan. Si esperásemos a que sea resuelto el recurso de Apelación, podríamos hallarnos con que, por ejemplo actual, hasta, lo menos, dentro de un (1) año desde la fecha en que fue dictada la resolución aprobatoria, no podría comenzar a cumplirse. Se trata, pues, de la ejecutoriedad de una resolución que, *a priori*, reúne todos los requisitos propios para que pueda aprobarse el plan.

D) Modificación del plan de pagos sin liquidación

El art. 499 bis TRLC prevé la posibilidad de modificación del plan de pagos aprobado y en curso de cumplimiento, pues así debemos interpretar el término «*tras la eficacia de la exoneración provisional*» para el supuesto de que se produjera una «*alteración significativa de la situación económica del deudor*». El precepto no indica si la alteración puede ser mediante una disminución de los recursos disponibles o un incremento de los mismos, por lo que, *ubi lex non distinguet nec nos distinguere habemus* y, por tanto, caben ambas situaciones; eso sí, debe ser «significativa», que tiene importancia, importancia que debe venir determinada, no por un simple vaivén temporal en la generación de recursos, cual «diente de sierra», sino por situaciones que puedan tener perdurabilidad en el tiempo, de un lado y, de otro, sustancialidad en la variación, de forma y manera que permita, objetivamente hablando, bien el acortamiento del plazo de pagos, ora el incremento de los mismos si la variación se significa al alza pues, en el supuesto contrario, podría abocar en el incumplimiento del plan aprobado; no obstante lo cual, si (i) cumple los requisitos para su aprobación y los (ii) acreedores lo aceptasen, nada objetaría a ello, a su modificación, pues así lo disponen los apartados 2 y 3 del precepto que nos ocupa.

La legitimación activa para solicitar la aprobación judicial de la modificación del plan de pagos se concede, según el apartado 1 de la norma, tanto al deudor como a cualquiera de los acreedores afectados por la exoneración, pero, en ningún caso, a los que no les afecta ni al Administrador Concursal, respecto del que no se solicita siquiera su informe u opinión al respecto.

El apartado 4 de la norma dispone la imposibilidad de la solicitud de una segunda o ulterior modificación del plan de pagos, esto es que, una vez modificado, ya no cabe solicitar modificación alguna, haya o no haya una nueva alteración significativa.

E) Impugnación del plan de pagos

Resulta novedosa esta cuestión procesal regulada por el art. 498 bis TRLC, introducido por la LRTRLC, habida cuenta de que por el TRLC 2020 solo preveía la posibilidad de impugnar el plan de pagos en caso de aprobación en la fase de Mediación Concursal, conforme al modificado art. 687 TRLC, precepto, éste que nada tiene que ver con su precedente, encuadrado el actual en el procedimiento especial para microempresas; así pues, el nuevo art. 498 bis TRLC se tramita antes de la apertura de la liquidación según dispone el art. 495.2 TRLC, para lo cual se concederá el plazo de diez (10) días de la notificación de la resolución judicial a los acreedores personados que apruebe el plan para realizar la impugnación, cumpliendo los siguientes requisitos tasados:

a) Están legitimados activamente para impugnar «*cualquier acreedor afectado por la exoneración*», en los términos sobre los que ya hemos escrito precedentemente, por alusión al art. 489 TRLC, pero no está legitimado el Administrador Concursal, ni se le pide informe respecto del cumplimiento de los requisitos para la concesión del B.E.P.I., descansando esta observación en el propio Tribunal, en el examen que el Juez del concurso realice respecto de lo que dice el concursado, incluso sin haberse emitido el informe del art. 292 TRLC, pues puede proponerse el plan antes de la liquidación, en cualquier momento «*antes de que el juez acuerde la liquidación*». A este respecto, hemos de indicar que, si bien, el art. 498.1 TRLC dispone que el Letrado o Letrada de la Administración de Justicia realizará el único traslado a los acreedores, sólo a los personados en Autos, pues no está prevista la notificación telemática que, para otros informes, realiza la Administración Concursal, sólo se enterarán del plan aprobado los acreedores personados, pero, nada impide que, cualquier acreedor no personado en Autos pueda hacerlo, pues el art. 498 bis.1 TRLC sólo exige tener la condición de acreedor afectado y, tan afectado se es si se está personado como si no. Véase, igualmente, que no está prevista la notificación en el T.E.J.U. cualquier otro medio de comunicación público o privado.

b) Si el plan de pagos no garantiza, al menos, «*el pago de la parte de sus créditos que habría de satisfacerse en la liquidación concursal*», lo cual supone una indeterminación sujeta a múltiples interpretaciones, pues, obliga al Juez del concurso a considerar esa suficiencia de garantía, de un lado y, de otro, el juicio apriorístico de qué puede obtenerse alternativamente por la liquidación concursal. En un caso y en el otro hay que determinar si el verbo «garantizar» implica la aportación de garantías personales o reales adicionales a las que pudiere haber en el texto definitivo de la relación de acreedore y, en este caso, si las hubiere, procedería una ampliación de las hipotecas, prendas o garantías personales extensibles a este aplazamiento, o, si por el contrario, procedería aportar garantías reales o personales distintas de las conocidas; las primeras, serían impropias, pues forman parte de la masa activa del concurso y, por tanto, sujetas a una hipotética liquidación, pero, comoquiera que nos encontramos ante un plan de pagos sin liquidación, parecería entenderse que el Legislador ha querido egresar o extraer de la masa activa tales hipotéticos bienes o derechos para garantizar, con ello, el pago de la parte que nos ocupa. No obstante lo cual, cabe una segunda interpretación, en el sentido de que, en lugar del ambivalente «garantizar», podría haberse empleado el verbo «asegurar» y, así, resultaría de lo explicado y calculado del plan, que diese una posibilidad de verosimilitud y posibilidad cierta, lo cual no resulta coherente con un plan de pagos en el que se dice (asegura) que se va a pagar la totalidad de lo propuesto y no el mínimo proponible. En cualquier caso, habría que despejar la segunda incógnita haciendo un juicio apriorístico y meramente hipotético para conocer cuánto percibiría los acreedores afectados por la liquidación, añadimos, forzada y así, sin no hubiere bienes ni derechos realizables (concurso sin masa), sino sólo recursos líquidos, este requisito nos llevaría a considerar que, comoquiera que no se obtendría nada, cualquier garantía sería buena; no obstante lo cual, en los concursos sin masa rige el art. 501.1 TRLC.

c) Si el plan de pagos no incluye la realización y aplicación al pago de la deuda exonerable, de la no exonerable o de las nuevas obligaciones del deudor de la totalidad de los activos que no resulten necesarios para la actividad del deudor, solo la profesional o la empresarial, no la laboral (teletrabajo) o de su vivienda habitual, para cualquier actividad del deudor persona física, sin distinción; en este caso, sólo podrá impugnarlo el cuarenta (40 %) por ciento del pasivo total exonerable, lo que implicará rehacer el texto definitivo de la masa pasiva, previsión inexistente en la norma, que pende del proponente del plan, el deudor, ajustándolo a lo dispuesto en el art. 489 TRLC, según hemos referido precedentemente. No obstante, comoquiera que nos hallamos en la Subsección 1.ª (arts. 495 a 500 TRLC) que regula la exoneración con plan de pagos y no en la Subsección 2.ª (arts. 501 y 502 TRLC) que regula la exoneración con liquidación, no se alcanza a entender cómo uno de los motivos de impugnación del plan de pagos sin liquidación debe contener propuestas de realización (liquidación) de bienes. En cualquier caso, habrá que estar al cómputo porcentual antes expresado de los acreedores que deseen impugnarlo por esta causa previamente a la inclusión de esta cláusula antes de la presentación del plan.

d) Impugnación por parte de acreedores que representen más del ochenta (80 %) por ciento de la deuda exonerable afectada por el plan. En este supuesto, debe entenderse que es indiferente la causa de impugnación que se esgrima, en tanto en cuanto que solo se exige el porcentaje indicado de deuda, lo cual, según caso, puede ser un solo acreedor, en tanto que supere dicho porcentaje de su crédito. Lo que tampoco alcanza a entenderse es la facultad del Juez del concurso en «imponer» el plan de pagos «*atendiendo a las particulares circunstancias del caso*», pues representa una facultad omnímoda del juzgador, sin atender a las razones de la impugnación, incluso una de ellas fueren las de los apartados b) y c) precedentes. ¿Cuáles pueden ser las circunstancias del caso? ¿Un jubilado como el del Sísifo del Auto de fecha 23 de octubre de 2010 (Concurso 671/2007) del Juzgado de lo Mercantil número Tres de los de Barcelona que fue el origen de la denominada «segunda oportunidad» y que, para evitar perder su vivienda habitual sin posibilidad de incrementar sus recursos más allá de su pensión de jubilación, fue exonerado *de lege ferenda*[164]? Se entiende que puede ser ésta una de esas particulares circunstancias. ¿Podría ser la de la propia causa del apartado c) precedente por la incongruencia legislativa? Podría serlo, como lo fue el caso que resolvió la **STS —Pleno— n.º 381/2019, de 02.07.2019** en relación con la exoneración del crédito de Derecho público.

A este respecto, nos remitimos al último capítulo de la presente obra, en el que analizamos el contenido de la **STJUE de 7 de noviembre de 2024**.

e) Cuando el plan no destinara a la satisfacción de la deuda exonerable (i) la totalidad de las rentas y recursos previsibles del deudor que excedan del mínimo legalmente inembargable, (ii) de lo preciso para el cumplimiento de nuevas obligaciones del deudor durante el plazo del plan de pagos, siempre que se entiendan «*razonables a la vista de las circunstancias*» (iii) y de lo requerido para el cumplimiento de los vencimientos de la deuda no exonerable durante el plazo del plan de pagos. Son tantos los requisitos que deben darse para que se aplique esta causa de impugnación, que la hacen, de entrada, de casi imposible cumplimiento. Difícilmente hay deudores personas físicas que superen los límites inembargables del art. 607 LEC y, si los superasen, lo tendrían que hacer con creces, de forma y manera que pudiere, en tan corto plazo de tiempo (cinco o tres años, según lo dicho),

[164] De ley que ha de promulgarse, como tendría que ser la ley.

satisfacer cuantiosas deudas que, en el supuesto de empresarios o profesionales, devienen de afianzamientos a compañías de las que eran fiadores; si a ello le añadimos el segundo de los requisitos, esto es, el del cumplimiento de nuevas obligaciones, más difícil resulta todavía y, si, a ello, le añadimos la deuda no exonerable, mejor hubiere sido no regular esta tipología de plan de pagos. Piénsese, además, que para actuar a través de este medio de impugnación no se requiere *quorum* alguno de acreedores, pues, así como en los anteriores se establecían unos porcentajes, en éste basta un (1) solo acreedor impugnante.

f) Cuando no concurran los presupuestos y requisitos legales para la exoneración, cuales son los de los artículos 486 a 488 TRLC. Entendemos que, con este solo requisito, para impugnar el plan de pagos, no hacen falta los precedentes, pues, al final de todo, los requisitos del plan de pagos son, tanto los de los artículos 486 a 488, como los del 498 bis TRLC y, si no se cumple alguno de ellos hay que desestimar la propuesta realizada por el deudor.

Sobre lo real o ilusorio del Plan de pagos propuesto y su revisión o viabilidad, no solo por el Administrador Concursal, sino, incluso por el Juez del Concurso, exponemos los razonamientos de la siguiente resolución:

SAP Valencia —9.ª— de 21.11.2018

«TERCERO. Plan de pagos.

… Como expusimos en nuestra Sentencia de 05 de julio de 2017 (ROJ: SAP V 3027/2017 - ECLI:ES:APV:2017:3027) "Cualquier propuesta de plan de pagos, ante tan palmaria insuficiencia de activos y de ingresos, estaría condenada al fracaso inmediato. Se cierra así cualquier posibilidad de redención financiera para el deudor".

No es cierto que no se pueda llevar a cabo un análisis de viabilidad del plan de pagos, argumento sólo válido respecto la propuesta de convenio porque los arts. 124 y 125 LC prevén la votación de los acreedores y el art. 131 LC enumera tasadamente las causas para el rechazo de oficio de la propuesta de convenio. Sin embargo, en este supuesto no existen normas similares, ni los acreedores votan el plan de pagos ni el juez tiene limitada su actuación de oficio, pudiendo incluir las modificaciones que estime oportunas (art. 178 bis.6 LC)…»

Así como el art. 496.3 TRLC 2020 concedía con carácter provisional el B.E.P.I., ahora es el art. 498.3 TRLC el que dispone que la aprobación del plan de pagos es, en cualquier caso, una concesión provisional del B.E.P.I., siempre y cuando se cumplan los requisitos normados, cuyos efectos se despliegan (art. 498 ter TRLC) desde la conclusión del término para impugnar «*si no se hubiera deducido*» o «*desde la fecha de la sentencia judicial que la rechace*». Así pues, tenemos dos momentos o *dies a quo* a partir de los cuales comienza el cómputo de pago por cumplimiento del plan, a saber: (i) desde la conclusión del término para impugnar implica que hay que esperar al transcurso del período de gracia y, en cualquier caso, a que el Letrado o Letrada de la Administración de Justicia dicten la resolución correspondiente por la que den cuenta de haber transcurrido el plazo de impugnación y que pasen los Autos al Juez para dictar la resolución correspondiente, pero no requiere del dictado de la resolución aprobatoria, sino, sencillamente, del transcurso del plazo indicado, es decir, desde que se dicta la resolución que indica el fin del término; (ii) desde la fecha de la sentencia que rechace la aprobación del plan, desde el mismo día en que es rechazada y no desde que alcanza su firmeza, bien por no haberse interpuesto el Recurso correspondiente, ora por haber sido éste resuelto en alzada.

Si se aprueba el plan de pagos (art. 498 ter.2 TRLC) el deudor deja de estar en concurso, cesa el Administrador Concursal y todo cuanto fue acordado por lo dispuesto en el art. 28 TRLC, que quedan «sustituidos» por los efectos que se establezcan en el propio plan de pagos aprobados, esto es, destinar los fondos y demás recursos para destinarlos para el pago conforme al calendario y acreedores exonerables o no.

Sin embargo, el art. 498 ter.3 TRLC dispone que los deberes de colaboración e información subsistirán hasta la exoneración definitiva, pero, comoquiera que el Administrador Concursal y esta norma aluden a la obligación de información semestral por el deudor al Juez del concurso respecto del cumplimiento del plan de pagos, así como de cualquier alteración patrimonial significativa, lo cual, para que el Juez pueda valorarlo, debe ir acompañado de ingente documentación que lo acredite, no bastando una simple manifestación del orden de «he pagado», «no he adquirido ningún bien», o «sigo cobrando lo mismo», sino que bien merece la aportación documental que acredite el pago, una nota simple de los Registros de la Propiedad o de Bienes Muebles, incluyendo el histórico o inscripciones no vigentes, informes de vida laboral y nóminas o (libro de) facturas emitidas y (libro de) facturas recibidas, labor que es la diaria de cualquier Administrador Concursal.

F) De la revocación de la exoneración

No hay que confundir la impugnación (combatir con el *pugnus* o puño) del plan con la revocación (dejar sin efecto una resolución *-re* (volver hacia atrás) y *vocare* (llamar con la voz) o hacer retroceder lo dicho), pues la primera acción se refiere al acto previo a la aprobación de aquél actuando frontalmente para evitar que sea aprobado el plan, mientras que la segunda acción refiere que, una vez ha sido aprobado, ha sucedido un hecho o acción, tal como el incumplimiento, que obliga a retroceder en la ejecución del plan hasta el punto de partida anterior al de su aprobación. Tampoco hay que confundir la revocación con la Sentencia a que alude el art. 498 bis.3 TRLC o la de su Recurso de Apelación, por lo que, únicamente se podrá instar la revocación, cuando el plan haya sido aprobado, mediante Auto, o por la Sentencia de impugnación, en ambos casos, desde la fecha de su firmeza, pues su efecto principal, *ex* art. 499 ter.3 TRLC, es el de la «*resolución del plan de pagos y de sus efectos sobre los créditos*», regresando a la posición crediticia de los textos definitivos de la mas pasiva, aminorada con los posibles pagos de los créditos no exonerables o la parte de los exonerables. Es importante destacar que dicho efecto no es el de la declaración de nulidad del plan, sino su resolución, pues si fuese aquélla, nos encontraríamos conque, no solo habría que haber alegado las causas de nulidad de los arts. 1.300 y ss. C.c., lo que hubiese dado lugar a una hipotética devolución de lo percibido según dispone el art. 1.303 C.c., esto es, que no cabe la devolución de lo cobrado por parte del acreedor en el supuesto de revocación de la exoneración. Del mismo modo, los actos realizados en ejecución del plan (pagos, afianzamientos, garantías y demás) producen plenos efectos *ex* art. 499 ter.3 *in fine* TRLC, salvo que exista

(i) Fraude:

En tanto que se trata de un acto o acción —no un «hecho», en el que no interviene la voluntad humana— que frustra y produce un daño o perjuicio, en este caso, a los acreedores de créditos exonerables mediante mecanismos, lo cual, además, podría dar lugar a instar acciones revocatorias o rescisorias. «*El fraude de acreedores no comporta un supuesto de nulidad, sino que las normas que lo regulan parten de la base de que se aplican a un negocio válido.*» (**S.T.S. —1.ª— n.º 278/2008, de 6 de mayo**).

(ii) Contravención del propio plan:

Si contravenir supone actuar *contra legem* (art. 6 C.c.), no supone, necesariamente, una actuación contra los acreedores, sino contra la «ley» que representada por el propio plan de pagos, en tanto que debe considerarse como ley entre las partes, *ex* art. 1.091 C.c., en tanto que se trata de obligaciones que nacen del pacto contractual, del *pactum de non petendo* ([165]), que es el derivado de la aprobación del plan y, también, de un pacto transaccional de los que, conforme al art. 1.816 C.c., producen autoridad de cosa juzgada entre las partes afectas por el plan, deudor y acreedores no exonerables.

(iii) La vulneración de la *par conditio creditorum:*

Algo muy importante, quizás, lo que más, en el Derecho de insolvencia que, se olvida en ocasiones, como supone la alteración de la regla de la *par conditio creditorum* o igualdad de trato de los acreedores, lo que obliga a pagarles a todos ellos, al mismo o simultáneo tiempo y por iguales porcentajes, por lo que contravenir la misma, pagando a unos acreedores sí y a otros del mismo rango o clase, no, o pagando de forma desordenada.

Vistas las causas por las que se puede postular la revocación del plan, ahora veremos que el principal efecto que produce aquélla, *ex* art. 499 ter.3 *primum* TRLC es el de la apertura de la liquidación. Recordemos, a estos efectos, que el plan de pagos solo se puede presentar en cualquier momento anterior al de la apertura de la liquidación de la masa activa, *ex* art. 495.2 TRLC, por lo que, «salvada» la masa activa de la liquidación, la revocación del plan por las razones antes expuestas supone perder esta situación «privilegiada» abocando de forma inexorable en aquélla.

Así pues, el art. 499 ter TRLC legitima a cualquier acreedor afectado por la exoneración, obviamente, no podrán hacerlo los no afectados o la Administración Concursal, lo cual se realizará en base a los siguientes motivos tasados:

a) Incumplimiento del plan de pagos:

Tal y como está redactado el apartado 1 del precepto, por incumplimiento debe entenderse, acorde con, la doctrina de la mora reflejada, entre otras, en la **S.T.S. —1.ª— n.º 186/2008, de 7 de marzo:**

---

165 Pacto de no pedir.

«... esta Sala ha exigido que el incumplimiento resolutorio tenga los caracteres de inequívoco, objetivo, pertinaz y sin causa que lo justifique (SSTS 7 de noviembre de 1995, 26 de octubre de 1999, etc.) y ha considerado que el retraso, incluso cuando se ha constituido en mora de una de las partes, faculta a la otra para resolver si tal situación viene a frustrar el fin práctico perseguido por el negocio o si evidencia una voluntad deliberadamente rebelde al cumplimiento (SSTS 5 de julio de 1971, 9 de julio de 1986, 18 de mayo de 1988, 22 de marzo de 1991, 28 de septiembre de 2000, etc.), pero no cuando implica un mero retraso en la ejecución de una prestación que sigue siendo útil al acreedor; y ha dicho también que la gravedad del incumplimiento ha de medirse, en cada caso, con los parámetros de la buena fe, que integra siempre la normación de la relación contractual, conforme a lo establecido por el artículo 1258 CC (SSTS 2 etc.)...»

De este modo, habría que esperar al vencimiento íntegro del plan, para comprobar si ha habido un simple retraso o un incumplimiento y, además, cuestionar si éste ha sido absoluto, frustrando el plan de pagos y en qué medida y posibilidad podría haberse realizado con certeza absoluta.

b) Conclusión del vencimiento del cumplimiento del plan:

Si los pagos dependen «*exclusiva y fundamentalmente de la evolución de la renta y recursos disponibles del deudor*» a que alude apartado 2 de la precitada norma, en relación con el período de duración del plan de pagos referido en el supuesto del art. 497.2.2.º TRLC, esto es, para el plan de pagos a cinco (5) años, no cabiendo para el de tres (3) años, pues el art. 497.1 TRLC no lo prevé. En tal caso, el acreedor afectado deberá esperar al final del plazo previsto en el plan de pagos (cinco años), se hubiera evidenciado que el deudor no ha destinado a satisfacer la deuda exonerable «*la totalidad de las rentas y recursos efectivos del deudor que excedan del mínimo legalmente inembargable, de lo preciso para el cumplimiento de las nuevas obligaciones del deudor durante el plazo del plan de pagos*», pero, «*siempre que se entiendan razonables*» las «desviaciones» de tales rentas y recursos, lo que implicaría encontrarnos ante situaciones de causa de fuerza mayor, de atención de pagos imprevistos, sobrevenidos o necesarios, debida y razonablemente justificables.

2. DEL CAMBIO DE LA MODALIDAD DE LA EXONERACIÓN Y LA EXONERACIÓN CON LIQUIDACIÓN

El art. 500 bis TRLC permite al deudor, solo a éste, cambiar la modalidad de la exoneración iniciada conforme al art. 495 TRLC, a través del plan de pagos sin liquidación por la otra modalidad, la del art. 501 TRLC, esto es, con liquidación de la masa activa, para cuya solicitud de cambio podrá realizarlo el deudor en el supuesto de que se encuentre en uno de los siguientes hitos:

a) Que hubiera solicitado y obtenido la exoneración provisional mediante un plan de pagos conforme a los arts. 498 y 500 TRLC, dejándola sin efecto, acto que debe ser considerado de renuncia al derecho de aplazamiento de pago sin liquidación, a expresar tal declaración con su solicitud de cambio,

   i. Si se hubiera revocado la exoneración provisional en los términos previstos en el art. 499 ter TRLC, según hemos expuesto precedentemente, si bien, hay que matizar que la revocación de la exoneración no conlleva automáticamente tal cambio de modalidad, sino que la norma del art. 500 bis TRLC solo faculta al deudor a solicitarla.

   ii. Si no procediera la exoneración definitiva con un plan de pagos, esto es, si (a) no se cumplieran los requisitos de los arts. 496 y 496 TRLC para la aprobación del plan de pagos sin liquidación o (b) si, impugnado el plan en los términos del art. 498 bis TRLC, no hubiere sido aprobado.

Este cambio en la modalidad es útil para el deudor a fin de evitar la revocación de la exoneración del plan de pagos (art. 499 *ter* TRLC) por incumplimiento del mismo por causa ordinaria pues, recordemos, el incumplimiento con las causas y requisitos previstos en el art. 500 TRLC no precisaría de la necesidad de cambiar la modalidad. Para lo cual y, en orden a obtener la exoneración tras la liquidación de la masa activa, conforme al art. 501 TRLC, deberá cumplir con los siguientes requisitos:

a) Que se trate de un concurso sin masa activa del art. 37 bis TRLC, esto es, (i) con carencia de bienes y derechos embargables legalmente, (ii) o con coste de realización manifiestamente desproporcionado respecto del previsible valor venal o (iii) al coste del procedimiento o (iv) cuyas cargas y gravámenes superen su valor de mercado.

b) En los que no se haya acordado la liquidación, lo cual, tratándose de concurso sin masa, difícilmente puede acordarse su liquidación.

c) Presentar al Juez del concurso la propuesta de cambio del B.E.P.I. dentro de los diez (10) días siguientes a los quince (15) días previstos en el art. 37 *ter* TRLC, conforme al cual, al menos, el cinco (5 %) por ciento de los acreedores que formen el pasivo pueden solicitar el nombramiento de Administrador Concursal para que emita el informe del art. 37 *ter* relativo a la declaración del concurso sin masa a fin de conocer (i) si existen indicios suficientes de que el deudor hubiera realizado actos perjudiciales para la masa activa, rescindibles por las reglas del art. 226 TRLC, (ii) o para el ejercicio de la acción social de responsabilidad contra los Administradores o Liquidadores, tanto de hecho como de derecho de la persona jurídica concursada, o la designada para su representación permanente u ostente las facultades de la «*más alta dirección*» de aquélla, cuando no haya delegación permanente de las facultades del Consejo (iii) y, por último, respecto de si existen indicios suficientes para la calificación de culpable del concurso.

d) O que se tratase de un supuesto de insuficiencia sobrevenida de la masa activa, regulado el informe del Administrador Concursal en el art. 473 TRLC:

   i. Por insuficiencia para pagar todos, absolutamente todos los créditos contra la masa y sin reducción de sus importes o aplazamientos.

   ii. Insuficiencia para que, liquidada la masa, el líquido obtenido resulte insuficiente, también, para el pago de la totalidad de los créditos concursales conocidos, absolutamente todos, sin excepción ni reducción de sus importes o aplazamientos.

e) En este segundo supuesto, el plazo de presentación ya no comienza según lo dicho en el precedente apartado c), sino, dentro del plazo de audiencia de diez (10) días previsto en el art. 473.4 TRLC, a contar desde la puesta a disposición del Letrado o Letrada de la Administración de Justicia a las partes personadas; véase, en este caso que, según el traslado que la Administración Concursal realiza a los acreedores conforme al art. 473.3 TRLC, éstos, *de facto*, disponen de más de dichos días, pues, normalmente, la notificación *intra* judicial es varios días posterior a la *extra* judicial. Se trata de una medida, en tanto que paralela a la oposición al informe de la Administración Concursal, tendente a evitar la calificación de culpabilidad del concursado y que pueda tener una «segunda oportunidad» modificando un plan de pagos sin liquidación por otro iliquidable, irrealizable, bien por inexistencia, ora por insuficiencia de masa activa.

f) A este último efecto, el concursado debe (i) manifestar que no está incurso en ninguna de las causas que impiden obtener la exoneración, cuáles son los requisitos de los arts. 495, 496 y 497 TRLC, así como (ii) aportar las declaraciones del I.R.P.F. de los tres (3) últimos años anteriores a la fecha de la solicitud presentada en su día, conforme al art. 501.3 TRLC, el cual no alude a la revocación del plan aprobado, sino a la carencia de los requisitos que, en su día cumplió, pero que, de forma sobrevenida se ha quedado sin patrimonio, pero que, a pesar de ello, todavía sigue (a) aceptando la inscripción de su plan en el Registro Público Concursal, (b) incluya el calendario de pagos, (c) relacionar los recursos para el cumplimiento del plan, (d) la satisfacción de las deudas no exonerables, (e) las nuevas obligaciones por alimentos, (f) las de la propia subsistencia y (g) las que genere la actividad, así como (h) los recursos futuros y su variación, (i) también el plan de continuidad empresarial o profesional, (j) los bienes y derechos precisos y (k) no alterar el orden de pago. Sin embargo, la condición del último apartado del art. 496.2 TRLC que veta la liquidación total del patrimonio del concursado no puede tener lugar, dada su inexistencia propia o sobrevenida,

En el presente supuesto de modificación de la exoneración, sí debe informar la Administración Concursal, así como los acreedores, pero, únicamente, los que están personados en el concurso; los que no lo estuvieren y lo conocieren a través de las comunicaciones telemáticas que la Administración realice de su informe del art. 473.3 TRLC, para poder alegar, deben personarse de inmediato, pues, recordemos, el traslado *extra* judicial es anterior en días al *intra* judicial.

Las alegaciones, únicamente, son relativas a la comprobación de la concurrencia de los presupuestos y requisitos legales antes referidos, tal y como dispone el art. 502.1 y 2 TRLC, no cabiendo alegaciones distintas, quizás, realizables en otros trámites, como el de calificación concursal.

Resuelto que fuere el incidente concursal de oposición a la concesión de la modificación de la exoneración o, sin alegación alguna en contra, por la firmeza de su resolución, procederá la exoneración solicitada y, con ella, podrá declararse la conclusión del concurso, conforme al art. 502.3 TRLC.

3. EXONERACIÓN DEFINITIVA

Para que la exoneración pase de ser provisional a definitiva, acorde con lo dispuesto en el art. 500 TRLC, redactado conforme a la LRTRLC, deben cumplirse los siguientes requisitos:

a) Transcurrir el plazo de cumplimiento del plan de pagos, bien el de tres (3) o el de cinco (5) años, pues la lógica conlleva a pensar que la aprobación y homologación del plan es la mejor situación posible para llevar a cabo el pago según lo convenido y que quede la menor parte de crédito pendiente de exonerar, lo cual, libera al deudor por su esfuerzo y cumplimiento y permite al acreedor recuperar sin quita o con la menor quita posible sin solución alguna.

b) Que no se haya revocado la exoneración según dispone el art. 499 ter TRLC. Se trata de una sanción procesal derivada de la comisión por el deudor de fraude, de contravención o de vulneración de la *par conditio creditorum*, la cual conlleva la no concesión de la exoneración definitiva con todas sus consecuencias liquidatorias o ejecutorias.

c) Cumplir el plan de pagos, aunque no fuera íntegramente, lo que excluye el incumplimiento absoluto. Caso de incumplimiento parcial sólo cabrá la concesión del carácter definitivo de la exoneración «*atendiendo a las circunstancias del caso*», o causa de fuerza mayor, interpretable conforme dispone el art. 1.105 C.c., esto es, sucesos que no hubieran podido preverse o que, previstos, fueran inevitables, pero, únicamente en los supuestos que detalla el art. 500.2 TRLC:

   i) Por causa de accidente, definible según el art. 100 de la LCS como «*la lesión corporal que deriva de una causa violenta, súbita, externa y ajena a la intencionalidad*», en el presente supuesto, del deudor, «*que produzca invalidez temporal o permanente o muerte.*»

   ii) Por causa de enfermedad. Si la definición legal de accidente refiere una invalidez o un fallecimiento, para la causa de enfermedad, no requiere el carácter de violento, súbito y externo en su causación, pero sí debe concurrir el requisito de la intencionalidad, pues hay que evitar que el propio deudor se cause intencionadamente la enfermedad por diversos medios y casuística, pues puede evitarlo, pero lo realizaría dolosamente, en clara contravención.

iii) Por «*otros acontecimientos graves e imprevisibles que afecten al deudor o a quienes con él convivan*», dentro de lo cual, cabe perfectamente la situación ocasionada por la D.A.N.A. el 29 de octubre de 2024 en la provincia de València y otros lugares de España, en tanto se produzca la declaración de «zona afectada gravemente por una emergencia de protección civil» —antes «zona catastrófica», en los términos que regula el art. 1 de la Ley 17/2015, de 9 de julio, del Sistema Nacional de Protección Civil, esto es «*emergencias y catástrofes originadas por causas naturales o derivadas de la acción humana, sea ésta accidental o intencionada*».

La indefinición del término «*quienes con él convivan*», conllevaría a pensar con lógica de que se alude a parientes, parejas o consortes, pero tal generalización, parece aludir, sin embargo, a simples compañeros de vivienda, sin mayor vínculo que el de compartir el pago del alquiler de aquélla lo que, de hecho, se da y, para ajustarlo al caso, sería tal la situación en la que el conviviente con el deudor se quedase sin emolumentos o no pudiese pagar su parte del alquiler, quedando el deudor como único pagador de la renta, para evitar un hipotético y relativo desahucio, pago imposible en sede concursal, por asumir una deuda de tercero, pero que reduciría los recursos para cumplir el plan de pagos.

iv) Siempre que el deudor hubiera cumplido, en todo caso, con las limitaciones a las facultades de patrimoniales del deudor según resulta de los arts. 106 y 321 TRLC para el concursado o art. 703 TRLC para la microempresa.

v) Que también hubiere cumplido, en todo caso, con las medidas de cesión en pago a que alude el segundo párrafo del art. 496.2 TRLC, como parte del contenido del plan de pagos.

Cumplido cuanto antecede, el Juez del concurso concederá la exoneración definitiva dictando el Auto al efecto, contra la que no cabe recurso (art. 500.3 TRLC).

A) Exoneración tras la liquidación de la masa activa

El art. 501 TRLC nos plantea las siguientes situaciones concursales para poder acceder a la exoneración de la masa pasiva, a saber:

(i) En un concurso sin masa, tramitado conforme a las reglas del art. 37 bis TRLC, una vez concluya el plazo para solicitar el nombramiento de Administrador concursal (art. 37 ter TRLC)

(ii) Cuando se haya solicitado por el Administrador Concursal la insuficiencia sobrevenida de la masa activa para satisfacer todos los créditos contra la masa como causa de conclusión del concurso prevista en el art. 465.7.º TRLC. Tanto en el presente supuesto como en el siguiente, el deudor puede solicitar la exoneración «*dentro del plazo de audiencia concedido a las partes para formular oposición a la solicitud de conclusión del concurso.*», lo cual, aunque parezca que sea un plazo más, en la práctica ha sucedido que, al no venir expresado en la Diligencia de Ordenación o en la Providencia que conceda el plazo de oposición, la posibilidad de solicitar la exoneración, es muy habitual que les pase desapercibido a los Letrados de los concursados y no la soliciten, en cuyo caso precluiría la posibilidad de hacerlo, pues la norma del art. 501.2 TRLC ya avisa de cuándo comienza a correr el plazo, de forma implícita a la concesión del plazo de oposición fijado en el art. 469 TRLC.

(iii) Cuando se haya liquidado toda la masa y su líquido hubiere resultado insuficiente para el pago de la totalidad de los créditos concursales reconocidos, lo que supone que los créditos contra la masa sí han sido satisfechos, pues caso contrario, nos encontraríamos en la situación del precedente apartado (ii).

Los requisitos que debe cumplir y, en su caso, acreditar el deudor para solicitar la tramitación y obtención del E.P.I. los veremos más adelante, por ser comunes a ambas modalidades de solicitud.

Muy importante es tener presente el razonamiento jurídico dado por la **SAP València —9.ª— n.º 133/2024, de 8 de mayo** que analiza la *ratio legis* de las dos situaciones procesales para poder acceder a la concesión del E.P.I. Así se fundamenta:

> «3. La Ley 16/2022 rompe con el automatismo del sistema anterior y opta por ofrecer al deudor la facultad de elegir entre dos vías (con plan de pagos o sin él) para alcanzar el mismo fin, que es la exoneración definitiva de las deudas.

4. Aunque una lectura superficial del artículo 486 TRLC podría conducirnos a la conclusión de que el primer camino, con plan de pagos (art. 495 y siguientes TRLC), procede siempre que no haya habido fase de liquidación en el concurso, y que el segundo camino, sin plan de pagos y exoneración definitiva directa, exige la realización de bienes en la fase de liquidación (arts. 501 y 502 TRLC), si examinamos la casuística en la que procede la exoneración definitiva directa (art. 501 TRLC), no sólo cabe cuando se han realizado los bienes de la masa en la fase de liquidación, sino, también, en el caso de concurso sin masa y en el caso de concurso con masa, pero apreciada insuficiente para satisfacer los créditos contra la masa de manera sobrevenida a la declaración y previa a la apertura de liquidación.»

4. EL B.E.P.I. Y LA PERSONA JURÍDICA

El B.E.P.I., E.P.I. o D.E.P.I., o como lo queramos denominar, acorde con la regulación dada por el art. 486 TRLC (antes art. 487 TRLC y más antes el art. 178 bis LC) solo puede obtenerlo el deudor persona natural pero, dado que la norma nada alude a las personas jurídicas, debe interpretarse como que éstas, en principio, no pueden solicitarlo, ni mucho menos, obtenerlo, ante lo cual, la única razón útil que puede encontrarse a que una persona jurídica pueda solicitar un A.E.P., no es otra que la de eludir su declaración de Concurso consecutivo o los del necesario, así como los demás efectos que produce tal solicitud, como son los de la paralización de las ejecuciones, de algunas ejecuciones, pues el Legislador Concursal, a pesar de que en la Exposición de Motivos de la LC esgrimía el principio de conservación de la empresa y el TRLC reivindica la herramienta concursal para «*la conservación del tejido empresarial y empleo*», lo bien cierto es que las personas jurídicas, al menos, las que son pequeñas y medianas (PYMES), van abocadas indefectiblemente a su liquidación, por purga y saneamiento del sistema económico, pues el Legislador quiere unas empresas saneadas, transparentes y que representen una imagen fiel, «expulsando» del sistema económico a esas empresas de uno o pocos socios que, siendo Trabajadores Autónomos puros, adoptan una personalidad jurídica, a modo de escudo protector de su responsabilidad personal, lo cual, en la práctica y, dado que, a pesar de esta personalidad jurídica paralela, normalmente, en los documentos contractuales financieros, vienen a firmar con su propia personalidad natural, causa ésta, de muchas de las solicitudes del B.E.P.I., por afianzamientos personales, incluso reales, a la sociedad de la que eran socios únicos, casi únicos o, cuanto menos, Administradores.

Llegados a este punto debemos plantearnos qué sucede con la persona jurídica que ha solicitado un A.E.P. y solicita el B.E.P.I. en relación con lo dispuesto en el art. 413.2 TRLC (antes, art. 413.3 TRLC y antiguo art. 145.3 LC) que dispone que el Auto que aperture de la Fase de liquidación de aquélla, contendrá la declaración de su disolución, el cese de sus Administradores y, en su caso, de sus liquidadores, quienes serán sustituidos por la Administración Concursal, sin perjuicio de la continuación de aquéllos en los incidentes en los que sea parte. Para evitar, si es que se considera nocivo para la persona jurídica solicitante del A.E.P., su disolución y sus efectos extintivos de su personalidad, lo más inmediato o prudente, hasta la entrada en vigor de la LRTRLC era que, con la solicitud de declaración de concurso consecutivo, ya el Mediador Concursal, ora la propia deudora persona jurídica, acompañasen a la misma una Propuesta anticipada de convenio conforme dispone el art. 706.1 TRLC 2020 y, según la redacción dada por el Real Decreto-ley 1/2015, de 27 de febrero, de mecanismo de segunda oportunidad, reducción de carga financiera y otras medidas de orden social, lo hacía el, hoy modificado art. 695 TRLC (antiguo art. 242.2 LC), pues la redacción originaria de este precepto, abocaba al deudor que hubiere solicitado un A.E.P. a la liquidación inmediata de su patrimonio, sin posibilidad de presentar un convenio alternativo al que fracasó en la fase extrajudicial preconcursal de Mediación Concursal, a pesar de que el régimen de mayorías y de propuestas era más cualificado que para el Convenio exigen los arts. 315 y ss. TRLC (antiguos arts. 100 y 103 LC). Consecuentemente, el Legislador de 2015 reparó lo legislado dos (2) años antes, permitiendo tal proposición de convenio que, al menos, inicialmente, evitaría la disolución, liquidación y extinción de la persona jurídica y la liquidación del patrimonio de la persona natural.

No obstante lo precedentemente indicado, más adelante veremos si el Legislador permite a las personas jurídicas y demás deudores que no se encuentran en el supuesto del art. 631 y ss. TRLC (antiguo art. 231 LC) según la redacción dada antes de la LRTRLC, para la solicitud del A.E.P., la posibilidad de que solicitasen el B.E.P.I.

Salvado cuanto antecede, volvemos al cuestionamiento inicial a fin de determinar qué puede suceder con la «vida» de la persona jurídica, el principio que ilumina la Exposición de motivos del TRLC, que no es otro que el de la continuidad de la actividad empresarial o profesional, más la conservación del empleo, cuando solicita un A.E.P. Como acabamos de expresar, el art. 413.2 TRLC (antes 413.3 TRLC y antiguo art. 145.3 LC) entra en causa de disolución legal, cesando sus órganos de representación y siendo sustituidos por el Administrador concursal. La primera pregunta que debemos formularnos es que, en el momento de los arts. 486 y ss. TRLC (antiguo art. 178 bis.1 LC), esto es, cuando haya concluido el concurso por liquidación o por insuficiencia de masa, si aquélla puede solicitar el B.E.P.I., parece que el Legislador no ha dispuesto que pueda acudir a él, digamos que no se permite a la persona jurídica una «segunda oportunidad», irremisiblemente, debe morir, cesar en su vida jurídica, salvo que acuda a (i) un procedimiento de homologación de un plan de reestructuración del art. 583 TRLC, a (ii) un plan de pagos sin liquidación, *ex* art. 495 TRLC o (iii) a la simple aprobación judicial de un convenio del art. 388 TRLC; por supuesto, salvo incumplimiento o revocación de los mismos.

Así pues, para disipar cualquier género de dudas, a pesar de la compleja y confusa redacción dada al derogado art. 178 bis LC, procede traer a colación la siguiente resolución del Alto Tribunal que analiza, de un lado, una (i) correcta exégesis de la precitada norma, (ii) quiénes pueden ser considerados «deudores de buena fe», (iii) cuáles son las vías de acceso al B.E.P.I. y, por último (iv) si quedan afectos los créditos Derecho público al citado beneficio (véase en el último capítulo de esta obra cuanto dispone la **STJUE de 7 de noviembre de 2024** a este respecto) y, en tal caso, (v) quién debe exonerarlo, si el Juez del Concurso o la Administración. Recomendamos su atenta lectura, dado el magisterio que se desprende de la misma, omitiendo mayores comentarios por nuestra parte, en evitación de erróneas interpretaciones por nuestra parte, no queremos hacer de *traduttore traditore*[166].

STS —1.ª Pleno— n.º 381/2019, de 2 de julio

«SEGUNDO. *Motivo primero de casación*

1. Formulación *del motivo primero*. El motivo denuncia que la sentencia recurrida infringe el apartado 3 del art. 178 bis LC, que exige la buena fe del concursado para que pueda merecer el beneficio de la exoneración del pasivo insatisfecho, y en este caso la buena fe es inexistente. En el desarrollo del motivo se alega que el deudor carece de buena fe porque: "en un primer momento, basa exclusivamente su petición de concesión de este beneficio de exoneración del pasivo insatisfecho (...) en la concurrencia del número 4.º del art. 178 bis 3 LC; además, para justificar la bondad de su pretensión afirma haber satisfecho íntegramente tanto los créditos contra la masa como los créditos con privilegio de los arts. 90 y 91 (...) de la Ley Concursal "; y, ante la oposición de la AEAT, reconoce los créditos que tenía pendientes de pago.

---

166 Traductor, traidor.

Procede desestimar el motivo por las razones que exponemos a continuación.

2. *Desestimación del motivo primero*. La exoneración del pasivo insatisfecho es un beneficio que puede reconocerse al deudor concursado persona natural, una vez concluido el concurso por liquidación o por insuficiencia de la masa activa, y en los términos establecidos en el art. 178 bis LC, que lo regula. Este precepto fue introducido por el RDL 1/2015, de 27 de febrero. El art. 178 bis LC es una norma de difícil comprensión, que requiere de una interpretación jurisprudencial para facilitar su correcta aplicación. Y la primera cuestión que exige aclaración es la que suscita este primer motivo de casación. Para la concesión de este beneficio debe darse un presupuesto y han de cumplirse una serie de requisitos. El presupuesto se contiene en el apartado 1 del art. 178 bis: el concursado debe ser una persona natural y es necesario que se haya concluido el concurso por liquidación o por insuficiencia de la masa activa. Lo que supone que todos los bienes y derechos que conforme al art. 76 LC formaban parte de la masa activa, han sido realizados y aplicados al pago de los créditos. Sobre la base de este presupuesto, la ley exige una serie de requisitos en el apartado 3 del art. 178 LC, bajo una dicción un tanto equívoca. El precepto afirma que "sólo se admitirá la solicitud de exoneración del pasivo insatisfecho a los deudores de buena fe". Y a continuación explica qué se entiende por buena fe, al ligar esta condición al cumplimiento de unos requisitos que enumera a continuación. Por lo tanto, la referencia legal a que el deudor sea de buena fe no se vincula al concepto general del art. 7.1 CC, sino al cumplimiento de los requisitos enumerados en el apartado 3 del art. 178 LC. La naturaleza de estos requisitos es heterogénea. De una parte, los dos primeros guardan una relación más directa con las exigencias de la buena fe: es preciso que el concurso no haya sido declarado culpable (con la salvedad legal prevista para el caso de que lo hubiera sido por retraso en la solicitud de concurso) y también que en los diez años anteriores el deudor no hubiera sido condenado por sentencia firme por una serie de delitos (contra el patrimonio, contra el orden socioeconómico, de falsedad documental, contra la Hacienda Pública y la Seguridad Social o contra los derechos de los trabajadores). El tercero exige que se hubiera optado por el procedimiento del acuerdo extrajudicial de pagos y que, frustrada su consecución o cumplimiento, se hubiera acabado en el concurso consecutivo. El cuarto y el quinto, al regular dos vías o formas alternativas de exoneración del pasivo insatisfecho, contienen cada uno de ellos unos requisitos propios. Esto es: el ordinal 4.° prevé una exoneración inmediata, y para ello exige el cumplimiento de unos requisitos; y, alternativamente, el ordinal 5.° prevé una exoneración diferida en el tiempo, transcurridos cinco años, y exige otros requisitos propios. De este modo, para que se pueda reconocer la exoneración del pasivo es necesario en primer lugar que, con carácter general y al margen de la alternativa que se tome, el deudor cumpla con las exigencias contenidas en los ordinales 1.°, 2.° y 3.° del apartado 3 del art. 178 bis LC: el concurso no haya sido calificado culpable; el deudor concursado no haya sido condenado por sentencia firme por determinados delitos patrimoniales; y se haya acudido al procedimiento del acuerdo extrajudicial de pagos con carácter previo a la apertura del concurso. Además, en función de la alternativa que se tome, la exoneración inmediata del

ordinal 4.° o la exoneración en cinco años del ordinal 5.°, se han de cumplir otras exigencias propias de esa alternativa. Por lo tanto, la denuncia de la inexistencia de buena fe exigida por el art. 178 bis 3 LC se debe ceñir al cumplimiento de estos requisitos y no, como subyace a la argumentación del motivo primero, a que en la solicitud inicial se hubiera omitido la existencia de un crédito contra la masa que luego, al oponerse la AEAT, fue admitida.

TERCERO. *Motivo segundo de casación*

1. *Formulación del motivo segundo.* El motivo denuncia la infracción del art. 178 bis 3. 4.° y 5.° LC, según el cual la elección de la vía de exoneración por la que se opta debe ser expresa e inmodificable. La sentencia de apelación habría infringido esta regla legal al permitir que el deudor, que había solicitado la exoneración del pasivo por la vía del ordinal 4°, ante la demanda de oposición de la AEAT, al contestar a la demanda haya cambiado la alternativa y optado por la del ordinal 5°. Procede desestimar el motivo por las razones que exponemos a continuación.

2. *Desestimación del motivo segundo.* El art. 178 bis LC no establece un procedimiento rígido para solicitar y obtener la exoneración del pasivo, que presuponga la imposibilidad de variar la opción inicial por una de las dos alternativas legales, la del ordinal 4.° o la del 5.°: Establece un doble presupuesto, como hemos visto antes: que el deudor concursado sea una persona natural y que el concurso haya concluido en liquidación o por insuficiencia de la masa activa (apartado 1). Debe existir una solicitud del deudor concursado, ante el juez del concurso y en el plazo de audiencia que se le hubiera conferido conforme al art. 152.3 LC (apartado 2). El apartado 4 regula el trámite que debe darse a la solicitud: se dará traslado a la administración concursal y a los acreedores personados para que puedan alegar lo que estimen oportuno sobre la exoneración solicitada, en el plazo de cinco días; si no hay oposición, el juez concederá, con carácter provisional, el beneficio de la exoneración; la posible oposición, que debe fundarse en el incumplimiento de los requisitos del apartado 3, se tramita por el incidente concursal. En un caso como el presente, en que la solicitud inicial del deudor optaba por la exoneración del ordinal 4.° del apartado 3 del art. 178 bis LC, frente a la demanda de oposición de la AEAT que niega se cumplan los requisitos propios de esta alternativa, no existe inconveniente en que el deudor opte formalmente por la alternativa del ordinal 5.°, siempre y cuando se cumplan las garantías legales que permitan la contradicción sobre el cumplimiento de los requisitos propios de la alternativa del ordinal 5.°. Garantías que no consta se hayan vulnerado, porque la AEAT ha podido contradecir el cumplimiento de los requisitos que justificarían la exoneración por el cauce del ordinal 5.°. Y de hecho lo hace al oponer que se extiende el plan de pagos al crédito público, cuando a su juicio no es posible si no se solicita conforme a la normativa específica administrativa.

CUARTO. *Motivo tercero de casación*

1. *Formulación del motivo tercero.* El motivo denuncia la infracción del apartado 6 del art. 178 bis LC, que imposibilita que el plan de pagos pueda acordar aplazamientos o fraccionamientos del crédito público. El párrafo tercero del apartado 6 dispone la siguiente:

"Respecto a los créditos de derecho público, la tramitación de las solicitudes de aplazamiento o fraccionamiento se regirá por lo dispuesto en su normativa específica". Esta norma legal veda al juez del concurso la imposición de unos plazos al acreedor público para el cobro de los créditos que no pueden ser exonerados. Procede desestimar el motivo por las razones que exponemos a continuación.

2. *Desestimación del motivo tercero.* Este motivo exige del tribunal una interpretación de las normas que regulan la alternativa del ordinal 5.° del apartado 3 del art. 178 bis LC, esto es, aquella que permite la exoneración total de los créditos una vez transcurridos cinco años. Si bien los requisitos propios de la otra alternativa, que persigue la exoneración inmediata, se hallan contenidos en el propio ordinal 4.° que la regula, no ocurre lo mismo en el caso de la alternativa del ordinal 5.°, pues lo regulado en el mismo debe ser integrado con otras reglas dispersas fuera del apartado 3. La regulación de los requisitos propios y el alcance de la exoneración en cinco años se contiene en el ordinal 5.° del apartado 3 del art. 178 bis LC, y en los apartados 5 y 6 del art. 178 bis LC. Su interpretación debe ser sistemática, pues ha de atemperarse con la otra alternativa, y ha de responder a la *ratio* del precepto.

Conforme a lo previsto en el ordinal 5.° del art. 178 bis LC, para la exoneración en cinco años, son necesarios una serie de requisitos propios. Al hacer mención a ellos empezaremos por los que no son cuestionados en este momento: es preciso que el deudor no haya incumplido las obligaciones de colaboración del art. 42 LC, lo que ordinariamente habrá podido quedar reflejado en la calificación culpable del concurso, pues constituye una presunción de concurso culpable (art. 165.1.2.° LC); que no haya obtenido este beneficio dentro de los diez años anteriores; que en los cuatro años anteriores a la declaración de concurso no haya rechazado una oferta de empleo adecuada a su capacidad; y que acepte de forma expresa que la obtención de este beneficio se haga constar en el Registro Público Concursal. Además de estos requisitos, se exige que el deudor acepte someterse al plan de pagos previsto en el apartado 6 del art. 178 bis LC. En realidad, la remisión a este apartado lo es también al apartado 5, porque el plan de pagos afecta a los créditos que no se verán afectados por la exoneración. Luego, con carácter previo, hay que precisar cuáles serán estos créditos, en contraposición a los que sí serán objeto de exoneración.

3. El apartado 5 del art. 178 bis LC se refiere en primer lugar a los créditos afectados por la exoneración del pasivo insatisfecho, y, después, a cómo afectará esta exoneración a los derechos de los acreedores frente a obligados solidarios y fiadores, y cómo opera en el caso en que el concursado tuviere un régimen económico matrimonial de gananciales u otro de comunidad. En este momento, tan sólo resulta controvertido la determinación de los créditos afectados por la exoneración, por lo que en la interpretación del precepto nos centraremos en esta cuestión. El tenor literal del precepto es el siguiente: "El beneficio de la exoneración del pasivo insatisfecho concedido a los deudores previstos en el número 5.° del apartado 3 se extenderá a la parte insatisfecha de los siguientes créditos: "1.° Los créditos ordinarios y subordinados pendientes a la fecha de conclusión del concurso, aunque no hubieran sido comunicados, y exceptuando los créditos de derecho público y por

alimentos. "2.° Respecto a los créditos enumerados en el artículo 90.1, la parte de los mismos que no haya podido satisfacerse con la ejecución de la garantía quedará exonerada salvo que quedara incluida, según su naturaleza, en alguna categoría distinta a la de crédito ordinario o subordinado". Esta norma debe interpretarse sistemáticamente con el alcance de la exoneración previsto en el ordinal 4.° del apartado 3. Para la exoneración inmediata, si se hubiera intentado un acuerdo extrajudicial de pagos, habrá que haber pagado los créditos contra la masa y los créditos con privilegio general, y respecto del resto, sin distinción alguna, el deudor quedará exonerado. La ley, al articular la vía alternativa del ordinal 5.°, bajo la *ratio* de facilitar al máximo la concesión del beneficio, pretende facilitar el cumplimiento de este requisito del pago de los créditos contra la masa y privilegiados, y para ello le concede un plazo de cinco años, pero le exige un plan de pagos, que planifique su cumplimiento. Bajo la lógica de esta institución y de la finalidad que guía la norma que es facilitar al máximo la "plena exoneración de deudas", debemos entender que también en la alternativa del ordinal 5.°, la exoneración alcanza a todos los créditos ajenos al plan de pagos. Este plan de pagos afecta únicamente a los créditos contra la masa y los privilegiados.

4. El preámbulo del RDL 1/2015, de 27 de febrero, que introdujo el art. 178 bis en la Ley Concursal, es muy significativo respecto de la finalidad de este mecanismo de la segunda oportunidad: "Su objetivo no es otro que permitir lo que tan expresivamente describe su denominación: que una persona física, a pesar de un fracaso económico empresarial o personal, tenga la posibilidad de encarrilar nuevamente su vida e incluso de arriesgarse a nuevas iniciativas, sin tener que arrastrar indefinidamente una losa de deuda que nunca podrá satisfacer". Obviamente, como en cualquier sistema de nuestro entorno, este mecanismo no debe amparar abusos ni fraudes, lo que justifica los límites a la exoneración: "Por ello, el mecanismo de segunda oportunidad diseñado por esta Ley establece los controles y garantías necesarios para evitar insolvencias estratégicas o facilitar daciones en pago selectivas. Se trata de permitir que aquél que lo ha perdido todo por haber liquidado la totalidad de su patrimonio en beneficio de sus acreedores, pueda verse liberado de la mayor parte de las deudas pendientes tras la referida liquidación (...)".

Aunque el preámbulo no haga referencia al contexto internacional, sino a nuestro derecho histórico, no puede obviarse que la norma se dicta meses después de la Recomendación de la Comisión Europea de 12 de abril de 2014, sobre un nuevo enfoque frente a la insolvencia y el fracaso empresarial. Como se afirma en su primer considerando, la "(r)ecomendación también se propone ofrecer una segunda oportunidad a los empresarios honrados incursos en procesos de insolvencia en toda la Unión". Y apostilla en el último considerando que "se deben adoptar medidas para reducir los efectos negativos de la insolvencia para los empresarios, mediante disposiciones que prevean la plena condonación de deudas después de cierto plazo máximo". Y en el cuerpo de la recomendación, en sus apartados 30 y 31, se articula la recomendación referida a la plena condonación de deudas, en el siguiente sentido: "30. Los efectos negativos de la insolvencia para los empresarios deberían limitarse a fin de darles una segunda oportunidad. A los empresarios se les deberían condonar totalmente las deudas incursas en la insolvencia en un plazo máximo de tres años a partir de: "a) en el caso de un procedimiento que concluya con la liquidación de los activos del deudor, la fecha en que el órgano jurisdiccional decidió, previa petición, iniciar el procedimiento de insolvencia; "b) en el caso de un procedimiento que incluya un plan de reembolso, la fecha en que se inició la aplicación del plan de reembolso; "31. Al expirar el periodo de condonación, a los empresarios se les deberían condonar de sus deudas sin necesidad, en principio, de volver a recurrir a un órgano jurisdiccional". Aunque es cierto que la recomendación admitía que la regulación nacional permitiera negar este beneficio al deudor de mala fe, así como excluir algunas categorías de deuda: "33. Los Estados miembros pueden excluir algunas categorías específicas de deuda, como las derivadas de la responsabilidad delictual, de la regla de la condonación total". Esta recomendación constituyó el germen de la armonización de esta materia, que ha desembocado en la Directiva (UE) 2019/1023 del Parlamento Europeo y del Consejo sobre acuerdos marcos de reestructuración preventiva y exoneración de deudas. Esta Directiva prevé en su art. 20 el acceso a la exoneración. En el primer apartado dispone que "los Estados miembros velarán por que los empresarios insolventes tengan acceso al menos a un procedimiento que pueda desembocar en la plena exoneración de deudas de conformidad con la presente Directiva", con lo que remarca el objetivo de la plena exoneración del deudor. Y en el apartado 2, prevé la posibilidad de que en algún Estado la plena exoneración de deudas se supedite a un reembolso parcial de la deuda, y que en esos casos deba garantizarse "que la correspondiente obligación de reembolso se base en la situación individual del empresario, y, en particular, sea proporcionada a los activos y la renta embargables o disponibles del empresario durante el plazo de exoneración, y que tenga en cuenta el interés equitativo de los acreedores". No hacemos esta referencia al preámbulo del RDL 1/2015, de 27 de febrero, a la Recomendación de la Comisión Europea de 12 de abril de 2014 y a la Directiva sobre marcos de reestructuración preventiva y exoneración de deudas, para extraer de ellas una norma jurídica, sino para constatar cuál es la finalidad perseguida por la institución y los principios que deberían tomarse en consideración para realizar una interpretación teleológica del art. 178 bis LC. La finalidad de la norma es facilitar la segunda oportunidad, mediante la condonación plena de las deudas. Esta condonación puede ser inmediata o en cinco años. En ambos casos, se supedita a unas exigencias que justifiquen la condición de buena fe del deudor y a un reembolso parcial de la deuda. Este reembolso parcial debe tener en cuenta el interés equitativo de los acreedores y, en la medida de lo posible, debería ser proporcionado a los activos y la renta embargables o disponibles del deudor concursado, pues de otro modo en la mayoría de los casos la exoneración del pasivo se tornaría imposible, y la previsión normativa devendría prácticamente inaplicable. En atención a estas consideraciones, entendemos que, en principio, la exoneración plena en cinco años (alternativa del ordinal 5.º) está supeditada, como en el caso de la exoneración inmediata (alternativa del ordinal 4.º), al pago de los créditos contra la masa y con privilegio general, aunque en este caso mediante un plan de pagos que permite un fraccionamiento y aplazamiento a lo largo de cinco años. Sin perjuicio de que en aquellos casos en que se advirtiera imposible el cumplimiento de este reembolso parcial, el juez podría reducirlo para acomodarlo de forma parcial a lo que objetivamente podría satisfacer el deudor durante ese plazo legal de cinco años, en atención a los activos y la renta embargable o disponible del deudor, y siempre respetando el interés equitativo de estos acreedores (contra la masa y con privilegio general), en atención a las normas concursales de preferencia entre ellos. Con esta interpretación no se posterga tanto el crédito público, pues con arreglo a lo previsto en el art. 91.4.º LC, el 50%, descontado el que tenga otra preferencia o esté subordinado, tiene la consideración de privilegiado general, y por lo tanto quedaría al margen de la exoneración.

5. Una vez determinado el alcance de la exoneración y, por lo tanto, qué créditos han de pagarse para poder acceder a la exoneración en cinco años, procede interpretar las reglas sobre el plan de pagos (de aquellos créditos contra la masa y con privilegio general) al que necesariamente ha de someterse el deudor para que se le reconozca este beneficio. Este requisito viene regulado en el apartado 6 del art. 178 bis LC satisfechas por el concursado dentro de los cinco años siguientes a la conclusión del concurso, salvo que tuvieran un vencimiento posterior. Durante los cinco años siguientes a la conclusión del concurso las deudas pendientes no podrán devengar interés. "A tal efecto, el deudor deberá presentar una propuesta de plan de pagos que, oídas las partes por plazo de 10 días, será aprobado por el juez en los términos en que hubiera sido presentado o con las modificaciones que estime oportunas. "Respecto a los créditos de derecho público, la tramitación de las solicitudes de aplazamiento o fraccionamiento se regirá por lo dispuesto en su normativa específica". La norma contiene una contradicción que es la que propicia la formulación del motivo tercero de casación. Por una parte, se prevé un plan para asegurar el pago de aquellos créditos (contra la masa y privilegiados) en cinco años, que ha de ser aprobado por la autoridad judicial, y de otra se remite a los mecanismos administrativos para la concesión por el acreedor público del fraccionamiento y aplazamiento de pago de sus créditos. Aprobado judicialmente el plan de pagos, no es posible dejar su eficacia a una posterior ratificación de uno de los acreedores, en este caso el acreedor público. Aquellos mecanismos administrativos para la condonación y aplazamiento de pago carecen de sentido en una situación concursal. Esta contradicción hace prácticamente ineficaz la consecución de la finalidad perseguida por el art. 178 bis LC (que pueda alcanzarse en algún caso la exoneración plena de la deuda), por lo que, bajo una interpretación teleológica, ha de subsumirse la protección perseguida del crédito público en la aprobación judicial. El juez, previamente, debe oír a las partes personadas (también al acreedor público) sobre las objeciones que presenta el plan de pagos, y atender sólo a aquellas razones objetivas que justifiquen la desaprobación del plan…»

Dentro del ámbito del antiguo Acuerdo extrajudicial de pagos, la deudora solicitó el concurso consecutivo con exoneración del pasivo insatisfecho mediante un plan de pagos, frente a cuya exoneración del crédito de Derecho público recurrió la T.G.S.S., llegando hasta el Tribunal Supremo, el que falló mediante **S.T.S. —Pleno— n.º 450/2025, de 20 de marzo**, que desestima su recurso de Casación, al considerar que la redacción del art. 491.1 TRLC introdujo una excepción al sistema del derogado art. 178 bis.3.4.º LC al que se acogió la deudora, lo que, supuso una extralimitación del legislador a la habilitación legal del art. 82.5 C.E. y de la Disposición final octava de la Ley 9/2015, de 25 de mayo, alterando el equilibrio entre los créditos existentes y la legítima expectativa de aquélla, por lo que se ha modificado su derecho y el tratamiento de los créditos anteriores al Texto refundido. Además, y por lo que respecta a la redacción del art. 497.1 TRLC, al mantener la misma dicción literal que la del art. 178 bis.5 LC, no se incurre en extralimitación, por lo que a esta dicción le sigue operando la interpretación de la **S.T.S. —Pleno— n.º 381/2019, de 2 de julio** precedentemente transcrita sobre el alcance de la exoneración en el supuesto del plan de pagos. Extractamos el siguiente fundamento jurídico:

S.T.S. —Pleno— n.º 450/2025, de 20 de marzo

«5. Por esta razón, el tribunal de instancia, si aprecia correctamente la extralimitación de la habilitación legal, puede dejar de aplicarlo, de acuerdo con la doctrina del Tribunal Constitucional. Como declara la Sentencia del Tribunal Constitucional núm. 47/1984, de 4 de abril (y en términos parecidos en las SSTC núm. 61/1997, de 20 de marzo; 159/2001, de 5 de julio; 205/1993, de 17 de junio; 51/2004, de 5 de julio; 166/2007, de 4 de julio), «el control de los excesos de delegación corresponde no solo al Tribunal Constitucional, sino también a la jurisdicción ordinaria. La competencia de los Tribunales ordinarios para enjuiciar la adecuación de los decretos legislativos a las leyes de delegación se deduce del artículo 82.6 de la Constitución». Así lo entendimos en nuestra sentencia 697/2017, de 21 de diciembre, cuando declaramos que esta doctrina del Tribunal Constitucional «permite que los excesos de la delegación legislativa achacables a los decretos legislativos puedan ser conocidos por la jurisdicción ordinaria, por lo que correspondería al juez ordinario no aplicar los decretos legislativos en aquellos puntos en que la delegación hubiera sido excedida, o, para ser más precisos, el juez ordinario no debería conceder al exceso valor de ley, sino únicamente de reglamento, con lo cual podría entrar a valorarlo y proceder a su inaplicación, conforme a lo previsto legalmente». Es importante remarcar que el exceso o extralimitación afecta al último inciso del art. 491.1 TRLC 2020, que en caso de optarse por el sistema de exoneración inmediata, después de decir que «el beneficio de la exoneración del pasivo insatisfecho se extenderá a la totalidad de los créditos insatisfechos», añade: «exceptuando los créditos de derecho público y por alimentos». Por lo tanto, la consecuencia de entender que este añadido fue una extralimitación, será que se tenga por no incorporada al texto legal.»

En cualquier caso, se vea como quiera ver, como dijimos al tratar del procedimiento especial de microempresas, el art. 700 TRLC «*en los casos de frustración del plan de continuación*» faculta al deudor persona física para solicitar la exoneración del pasivo insatisfecho, pero, si la concreción del momento en el que la persona física, empresario o profesional microempresa, puede solicitar la exoneración, el art. 715 TRLC, como vimos, «*una vez terminada la liquidación y distribuido el remanente*» cumpliendo los requisitos legales correspondientes. No parece, pues, que la persona jurídica pueda solicitar la exoneración, pues la extinción de su personalidad jurídica tras su disolución —el preconcurso no conlleva indefectiblemente la disolución de la sociedad— y posterior liquidación, quedando las deudas pendientes de pago, a cargo de otros responsables de las mismas.

5. PLAZO PARA SOLICITAR LA EXONERACIÓN

Sinceramente, la previsión del art. 495.2 TRLC, redactado conforme la LRTRLC ha avanzado en el momento a partir del cual puede solicitarse el B.E.P.I. pues, si antes de la LRTRLC el momento procesal en el que podía solicitarse la declaración del B.E.P.I. era «*dentro del plazo de audiencia concedido a las partes para formular oposición a la solicitud de conclusión del concurso*» según dispone el anterior art. 489.1 TRLC, esto es, desde el plazo de audiencia concedido a las partes personadas en el expediente concursal para puesta de manifiesto del informe final de liquidación del art. 468 TRLC, según dispone el art. 469 TRLC, plazo que queda a disposición del Juez del Concurso y que deberá entenderse modulable en razón a la complejidad de la liquidación, pues la norma no prevé expresamente el traslado al concursado del art. 469 TRLC, salvo que se le considere como parte, que lo es, pues supone que está comparecido a través de su representante procesal, en los concursos de persona física, no suele estarlo, por lo que debe plantearse el traslado a ésta por la vía ordinaria, como si de un emplazamiento se tratase. Debemos distinguir los siguientes momentos y supuestos:

a) Si se presenta el plan de pagos sin liquidación de la masa activa el actual art. 495.2 TRLC puede presentarse en cualquier momento «*antes de que el juez acuerde la liquidación de la masa activa*».

b) Pero, liquidada la masa activa, la solicitud del B.E.P.I. se habrá de solicitar, conforme dispone el art. 501 TRLC, dentro de los diez (10) días siguientes a contar

a. bien desde el vencimiento del plazo para que los acreedores legitimados puedan solicitar el nombramiento de administrador concursal, sin que lo hubieran hecho, momento al que se refiere el art. 713 TRLC, esto es, el denominado «procedimiento especial de liquidación» previsto para la transmisión de las empresas o de las unidades productivas que se hallen en funcionamiento, con la finalidad de salvarlas, coherente con la exposición de motivos de la ley concursal desde su inicial publicación,

b. ora desde la emisión del informe por el administrador concursal nombrado, informe al que se refiere el art. 468 TRLC, o informe final de liquidación y no el del art. 415 TRLC en el que se establecen las reglas de la liquidación,

c. pero, si el Administrador concursal no apreciare indicios suficientes para la continuación del procedimiento, lo que viene a equivaler a la solicitud de declaración de conclusión del concurso del precitado art. 468 TRLC.

c) En el supuesto de obtenerse la revocación del plan de pagos, resultaría aplicable lo dispuesto en el art. 499 ter.3 TRLC, cuyos efectos son, como hemos visto precedentemente, la resolución del plan de pagos y la consiguiente apertura de la liquidación de la masa activa, lo que vendría a suponer que, para poder solicitar el B.E.P.I. habría que hacerlo desde el momento en el que cualquier acreedor iniciase el procedimiento de revocación del plan hasta el dictado de la resolución revocatoria, conforme al art. 495.2 TRLC, esto es, hasta antes de que el juez acordase la liquidación de la masa activa, pues, como reiteramos, hasta que no se dicte la resolución revocatoria no se abre la liquidación.

6. EL SOLICITANTE. CONDICIÓN DE DEUDOR DE BUENA FE

Ya dijimos, precedentemente, que la LRTRLC no define, como sí lo hacía el TRLC 2020, el concepto de deudor de «buena fe», sino que lo hace de forma negativa, esto es expresando quiénes no pueden solicitar el B.E.P.I., implícitamente nos dice, pues, quiénes no pueden ser declarados como tales.

Sigamos, pues, con el art. 486.1 TRLC (antes, art. 487 TRLC y antiguo art. 178 bis LC) que dispone quién podrá solicitar la declaración del B.E.P.I., que no es otro que el propio «deudor» o, mejor dicho, el concursado. El derogado art. 178 bis.2 LC utilizaba el verbo activo «*deberá*» cuando debía haber utilizado «*podrá*», como así hizo el art. 487.1 TRLC 2020 y, hoy, el 486 TRLC 2022 pues el Legislador, en realidad, no estaba obligando (*deberá*) al concursado a solicitarlo, sino que, cuando utilizaba el verbo «deber», estaba aludiendo a la persona que podía solicitarlo y, por exclusión del concursado, podía haber llegado a entenderse que el resto de actores que intervienen desde la solicitud de A.E.P., hasta el momento concursal del derogado art. 178 bis LC, como son el Mediador Concursal no reconvertido en Administrador Concursal, el Administrador Concursal, el Ministerio Fiscal, algún o algunos Acreedores, incluso el propio Juez de oficio, dada la «evidencia» del *iter* seguido por el deudor desde su solicitud de lo que fue el efímero A.E.P.; nada más lejos de la realidad. Así pues, el único «actor concursal» que, insistimos, puede solicitar la declaración del B.E.P.I. es el propio Concursado, y nadie más, para lo cual, a pesar de muchos concursados, debe estar (i) bien asesorado y (ii) le conviene enormemente estar representado o, cuanto menos, defendido, formalmente en el expediente concursal, pues este momento, si bien, la mayoría de Juzgados notifican personalmente la resolución que seguidamente se dirá, no es menos cierto que, en alguna ocasión no se ha realizado (recordemos la no especialización de los Juzgados de Primera Instancia) y el concursado ha perdido esta posibilidad, precisamente, después de haber discurrido por sendos «túneles jurídicos», el pre y el post concursal, cuyo sacrificio no le habrá servido para nada. Recordemos, a estos efectos, que la D.A. Tercera de la Ley 25/2015, de 28 de julio, del mecanismo de segunda oportunidad, reducción de la carga financiera y otras medidas de orden social, dispuso, durante los casi cinco (5) años en que estuvo en vigor, el carácter no preceptivo de la representación del deudor persona natural en el concurso consecutivo (*a contrario sensu,* en los concursos no consecutivos, esto es, los que no deriven de una solicitud de A.E.P., sí fue preceptiva la representación procesal del concursado), precepto éste que fue derogado por la Disposición derogatoria única apartado 2.p) del Real Decreto Legislativo 1/2020, de 5 de mayo, por el que se aprueba el TRLC, por lo que, en cualquier caso, es preceptiva dicha intervención.

El primer requisito que el art. 486 TRLC dispone para la concesión del B.E.P.I., además de tratarse de persona natural, con independencia de su actividad económica, el concursado debe ostentar la condición concursal de «deudor de buena fe» la cual ha quedado perfectamente definida por la S.T.S. —1.ª— n.º 381/2019, de 2 de julio, precedentemente transcrita, de forma y manera que no es de aplicación el requisito de la buena fe del art. 7.1 C.c.

No obstante cuanto se acaba de expresar el Alto Tribunal, por **S.T.S. —1.ª— n.º 1.049/2023, de 28 de junio** ha visto necesaria la matización de que, en evitación de posibles fraudes para conseguir el fin no previsto por el Legislador «*Aunque conforme a la jurisprudencia señalada la exigencia de ser un deudor de buena fe responde a una noción normativa, al cumplimiento de los requisitos del art. 178 bis.3 LC, puede haber supuestos tan excepcionales como éste, en que el uso fraudulento de esta previsión legal de exoneración impida que pueda apreciarse cumplido alguno de sus requisitos legales, en este caso, el más objetivo de haberse intentado el acuerdo extrajudicial de pagos.*» Trataba la resolución precitada de un supuesto de dos (2) únicos acreedores; de un lado, la Hacienda Foral guipuzcoana por multa de 355.102,97 € y una Asesoría fiscal por un crédito de poco más de 500,00 euros; se convocó únicamente a esta acreedora, por no aceptar al crédito público, a la reunión del acuerdo extrajudicial de pagos ofreciéndole pagar el 10 % del crédito de aquélla, que no aceptó, acudiéndose al sistema del B.E.P.I. por vía del ordinal 4.º (exoneración inmediata), que afectaría a ambos acreedores, mayormente a la Hacienda Foral, entendiendo, con el Tribunal de instancia que podría haberse incurrido en fraude de ley «*en cuanto que para dejar de pagar una multa a la Hacienda Foral, se ha simulado una situación concursal, al incurrir un crédito a una entidad, que el Tribunal de instancia sospecha debe estar en connivencia con el deudor…*». Así pues, como ya veníamos sosteniendo desde la primera edición de esta obra, la buena fe para conseguir la exoneración debe existir en todos los actos previos a su concesión, en todos.

A) Requisitos

El TRLC distingue entre (i) las excepciones del art. 487 TRLC, que antes de la LRTRLC se denominaban presupuestos subjetivos y (ii) las prohibiciones del art. 488 TRLC, antes denominados presupuestos objetivos:

a) Excepciones a la concesión (art. 487 TRLC)

1. Condena penal:

   El art. 487.1.1.º TRLC exceptúa de la concesión del B.E.P.I. al deudor de buena fe por la comisión de ilícitos penales en los diez (10) años anteriores a la solicitud de la exoneración, esto es, desde el momento que fija el art. 495.2 TRLC, antes de que el juez del concurso acuerde la liquidación de la masa activa, redacción que acorta el plazo decenal en relación con la redacción del art. 487.2.2.º TRLC anterior a la LRTRLC, que fijaba el *dies a quo*, el del Auto de declaración de concurso. También cambian los requisitos tras la redacción dada al art. 487 TRLC por la LRTRLC, pues, se exige, *ex novo*, que la condena sea por pena privativa de libertad, no por pena pecuniaria, como resultaba deducible de la anterior redacción del art. 487.2.2.º TRLC, que no distinguía entre una condena y otra y que condenaba por la tipología delictiva a la que fue sancionada penalmente la conducta del deudor. En ambos casos, la Sentencia debe haber alcanzado su firmeza, esto es, que contra la misma no quepa recurso ordinario alguno, firmeza a la que sólo podría afectar una Sentencia del Tribunal Constitucional que revocase la resolución firme.

Los delitos que expulsan al concursado de la concesión del B.E.P.I, siguen siendo los mismos que en la redacción anterior del 487 TRLC, a saber: (i) delitos contra el patrimonio y el orden socioeconómico de los arts. 234 a 304 C.P. —hurto, robo, extorsión, usurpación, estafa, administración desleal, apropiación indebida, defraudación de fluido eléctrico y análogas, frustración de la ejecución, insolvencia punible, alteración de precios en concursos y subastas públicas, daños, relativos a la propiedad intelectual, industrial, mercado y consumidores, corrupción en los negocios, sustracción de cosa propia a su utilidad social o cultural, societarios, receptación y blanqueo de capitales— (ii) no todas las falsedades, sino sólo las documentales de los arts. 390 a 399 bis C.P. —de documentos públicos, oficiales, mercantiles y de los servicios de telecomunicaciones, falsificación documentos privados, de certificados, de tarjetas de crédito, débito y cheques de viaje—; (iii) contra la Hacienda Pública y la Seguridad Social de los arts. 305 a 310 C.P.; (iv) contra los derechos de los Trabajadores de los arts. 311 a 318 C.P.

Ahora bien, la LRTRLC introduce una matización a la condena privativa de libertad para que no se conceda el B.E.P.I., cual es que, en cualquiera de dichos delitos, la «*pena máxima señalada al delito sea igual o superior a tres años*», mientras que, en la redacción anterior, cabía la no concesión por una pena inferior a dichos tres años. Así pues, según el art. 131.1 C.P. esta pena, igual o superior a tres (3) años, prescribiría a los cinco (5) años, extinguiéndose, con ello, la responsabilidad penal, en cuyo caso, si al tiempo de la presentación de la solicitud del B.E.P.I. ya había prescrito o extinguido la pena, no operaría este requisito de no concesión del B.E.P.I., de aquí la importancia del momento de la solicitud de concesión de la exoneración; esto supone una modificación del criterio seguido desde finales del siglo XIX en cuanto al momento de la fijación de un hito o momento a partir del cual debe comenzar a computarse el período retroactivo de los efectos que produce la situación de insolvencia, pues, tanto el C.com. de 1829 como la LC que siempre han fijado la fecha de la resolución que declaraba el estado de quiebra o el de concurso como *dies a quo*, fijo, inamovible e invariable, pero, en el presente supuesto, esta fecha o hito, a los efectos de solicitarla concesión del BEPI se determina un momento variable en el tiempo que depende de diversos factores, entre ellos, la voluntad del deudor, quien puede alargar el momento de la solicitud con la finalidad de que prescriba el delito para el que fue condenado y, por tanto, quedar franca la vía para su obtención.

Por último, además de cuanto antecede, para la concesión de la exoneración, deben haberse satisfecho las responsabilidades pecuniarias del delito, entendiéndose por tales, únicamente, la responsabilidad civil *ex delictu*[167] de los arts. 109 y ss. C.P., en relación con el art. 1.092 C.c.; sin embargo, debe plantearse la duda respecto de la pena de multa, en un sentido estricto, en tanto que ostenta tanto el grado de «pena», principal o accesoria, como la privativa de libertad, según dispone el art. 32 C.P. no es una «responsabilidad pecuniaria», sino penal, de pena, de sanción, que, etimológicamente[168] deriva, originariamente del Griego «ποινή» —léase «*poiné*»— con el significado de multa, precisamente y, por tanto, no la consideramos como responsabilidad «civil», sino, penal; en cambio, desde una interpretación lata, en tanto en cuanto que es una responsabilidad dineraria, no privativa de libertad, sí que puede considerarse como pecuniaria —del Latín «*pecunia, -æ*», dinero— y, como tal, debe satisfacerse la pena de multa, en tanto que responsabilidad pecuniaria que es, tengamos

167 Derivada de delito o delictual.

168 Corominas, *op. cit.*

en cuenta, también, que la pena de multa no va asociada al pago a la víctima del delito, sino a la Administración de Justicia.

2. Infracción tributaria muy grave:

La segunda de las circunstancias o excepciones para la no concesión del BEPI es la que expresa el art. 487.1.1.º TRLC que vuelve a fijar el mismo hito temporal de los diez (10) años desde la solicitud, para el supuesto de sanción administrativa firme, inatacable (i) por infracciones tributarias muy graves (art. 184 LGT), cuya calificación va asociada al concepto de comisión de un acto ilícito fiscalmente por medios fraudulentos (ii) de seguridad social o (iii) del orden social (art. 1 RDLeg 5/2000, de 4 de agosto, por el que se aprueba el texto refundido de la Ley sobre infracciones y sanciones en el Orden Social).

Esta excepción afecta, tanto al deudor persona física, por infracciones propias con el sistema público, como por infracciones derivadas de la compañía que administraba o había participado en el fraude tributario o social (arts. 41 a 43 LGT).

Ahora bien, la simple condena o sanción firme no es una mácula que no se pueda limpiar jurídicamente, sino que la norma excluye de esta excepción para el supuesto de que hubiera sido pagada completamente, por lo que, no es tanto el hecho de haber sido sancionado por falta muy grave, sino, por el hecho de, además, no haberla pagado.

3. Infracción tributaria grave:

La circunstancia precedente cambia tomando en consideración las sanciones calificadas como graves, pues, éstas, contrariamente a las muy graves, son graduables por el TRLC en el sentido de que no puede concederse la exoneración si el importe objeto de sanción excede del cincuenta (50 %) por ciento de la cuantía susceptible de exoneración por la AEAT según el art. 489.1.5.º TRLC que refiere hasta el importe de cinco mil (5.000,00 €) euros más, por hasta dos mil quinientos (2.500,00 €) euros más, esto es, por hasta un máximo de siete mil quinientos (7.500,00 €) euros, por lo que nos encontraríamos con hasta un máximo de la mitad de este importe, esto es, hasta un máximo de tres mil setecientos cincuenta (3.750,00 €) euros.

Aquí también opera la misma consecuencia del pago de la sanción tributaria, que excluiría el hecho mismo de la sanción.

4. Concurso culpable:

   El art. 487.1.3.º TRLC exceptúa de la concesión del BEPI a aquel deudor cuyo concurso hubiera sido declarado culpable, para lo cual deben haberse seguido las reglas generales de los arts. 442 y ss. TRLC (antiguos arts. 164 y 165 LC) y dictado la sentencia que declare el carácter fortuito del Concurso, salvo en el supuesto por el que la causa de culpabilidad haya sido la del incumplimiento del deudor de su deber de solicitar la declaración de concurso *ex* art. 444.1.º TRLC, lo cual es una presunción *iuris tantum* perfectamente valorable y que requiere de la aportación de material probatorio de suficiencia para considerar la culpabilidad, pero, igualmente justificable por parte del concursado, máxime, por cuanto que podríamos hablar más bien como el retraso en el cumplimiento (i) del presupuesto objetivo de los tres (3) meses del art. 2.3 TRLC, para el caso de insolvencia inminente o (ii) los dos (2) meses del art. 5 TRLC, para el caso de insolvencia actual, lo cual queda, evidente y legalmente, a la valoración del Juez del concurso respecto de la importancia que pudiere tener tal retraso y el posible agravamiento que podría haber causado a la masa pasiva del concurso.

   En este supuesto, si la calificación del concurso no fuera firme, el Juez deberá suspender su decisión sobre la concesión del BEPI hasta que alcance dicha firmeza.

5. Afectado por concurso culpable de tercero:

   Se introduce un nuevo supuesto, cual es el del art. 487.1.4.º TRLC que retrotrae al momento de diez (10) años anteriores a la solicitud de exoneración, si el solicitante, deudor, concursado, hubiere sido declarado persona afectada por la declaración de culpabilidad del concurso de un tercero. Así como la definición de «cómplice» viene establecida en el art. 455 TRLC como las personas que, «*con dolo o culpa grave, hubieran cooperado con el deudor o, si los tuviere, con sus representantes legales y, en caso de persona jurídica, con sus administradores o liquidadores, tanto de derecho como de hecho, o con sus directores generales, a la realización de cualquier acto que haya fundado la calificación del concurso como culpable.*», cuyos requisitos son los de los arts. 442 a 444 TRLC, por contra, la definición de persona «afectada» por la calificación de culpabilidad debe ser distinta de la de «cómplice», no obstante lo cual no viene definida por la ley concursal, salvo por el art. 455.2.1.º TRLC que extiende tal calificación, en el caso de tratarse de concursada persona jurídica, a que «*podrán ser consideradas personas afectadas por la calificación los administradores o liquidadores, de derecho o de hecho, los directores generales y quienes, dentro de los dos años anteriores a la fecha de la declaración de concurso, hubieren tenido cualquiera de estas condiciones.*», no obstante lo cual, olvidándose del modificado art. 700 TRLC 2020 el cual determinaba la tipología de personas afectadas, entre las que se encontraban aquellos socios que «*sin causa razonable, se hubieran negado acordar la capitalización de los créditos o a una emisión de valores o instrumentos convertibles o hubieran votado en contra de la propuesta…*», lo cual se dispuso en su día, con la entrada en vigor del TRLC en 2020 para el concurso consecutivo, el cual, tras la LRTRLC ha desaparecido por la desaparición de hecho de la Mediación Concursal, que resta de forma simbólica según queda en el art. 702 TRLC, testimonio residual de lo que fue durante los nueve (9) años esta figura dual.

En el presente supuesto, también se da la circunstancia de que, habiendo satisfecho íntegramente su responsabilidad como afectado o como cómplice en el concurso del tercero, no operaría esta excepción.

En este supuesto, al igual que en el precedente, si la calificación del concurso no fuera firme, el Juez deberá suspender su decisión sobre la concesión del BEPI hasta que alcance dicha firmeza la resolución que acuerde la culpabilidad o su carácter de fortuito.

6. Incumplimiento de los deberes de colaboración e información:

El apartado 5.º del art. 487.1 TRLC alude a otra excepción, la del incumplimiento de los deberes del art. 175 TRLC, de colaboración e información con la Administración Concursal y con el Juez del concurso, la cual, a su vez, constituye la presunción de culpabilidad dispuesta en el art. 444.2.º TRLC. Estas obligaciones consisten en (i) comparecer personalmente ante el Juzgado que conoce del Concurso, así como ante la Administración o Mediador Concursal «*cuantas veces sea requerido*», requerimiento que debe ser destinado a los fines propios de la consecución del fin del concurso, en «interés del concurso» y no caprichoso o arbitrario, a cuyo efecto, siempre es aconsejable entregarle un memorándum de instrucciones y obligaciones que derivan de los efectos del concurso, en el que, entre otras advertencias, deberá expresarse la necesidad de esta obligación, además de para la obtención del B.E.P.I., a los efectos de la presunción de culpabilidad, a cuyo efecto, destacamos la siguiente resolución:

SAP Valencia —9.ª— de 21.11.2018

«SEGUNDO. Exoneración del pasivo insatisfecho: deber de colaboración.

...Vistas las causas de oposición, los fundamentos de la sentencia y los motivos del recurso de apelación, la controversia se centra en el cumplimiento del deber de colaboración del deudor y el contenido exigible al plan de pagos. Comenzamos por resolver el primero de los motivos planteados en el recurso de apelación, relativo al deber de colaboración, por ser la causa principal de denegación de este beneficio...

, Otros argumento a considerar, desde el punto de vista sistemático, es que el art. 178 bis LC hace remisión al art. 42 LC y no al art. 165 LC. Si el legislador hubiera querido equipara el deber de colaboración exigible en sede de calificación —aunque hubiera sido reiterativo como expresa la sentencia citada— se hubiera remitido al art. 165 LC y no al art. 42 LC. Ello tiene trascendencia porque se desliga este deber de colaboración de la generación o agravación de la insolvencia del deudor o de su incidencia en el estado del concurso, bastando que el incumplimiento se refiere a cuestiones "necesarias o convenientes para el interés del concurso".

Esta conclusión lleva a la desestimación del primero de los motivos del recurso de apelación, que equipara el incumplimiento del deber de colaboración con la causa de calificación culpable. Así, es indiferente que impida o no conocer el estado del concurso ni incrementar su insolvencia; o que no se haya indicado el incumplimiento de este deber en su escrito de conclusión del concurso o que se haya calificado el concurso como fortuito...

... El momento en que el AC ha de valorar si concurre este requisito de deber de colaboración ex art. 42 LC, en relación al beneficio de exoneración de pasivo insatisfecho, es en su oposición a dicha solicitud, como efectivamente ha llevado a cabo, exponiendo detalladamente todas las circunstancias, motivos y situaciones por las que considera incumplido tal requisito, acompañando prueba documental contundente...»

7. Información falsa o engañosa

Por último, el apartado 6.º del art. 487.1 TRLC recoge la entrega de información falsa o engañosa; por «falsa» debemos entender información fingida, simulada, incierta, falta de ley, de realidad, o contraria a la verdad, incluso imitativa de otra legítima o auténtica y, por «engañosa» entenderemos aquella documentación que es falaz, embustera, mentirosa, aparente, o el comportamiento temerario o negligente al tiempo de contraer el endeudamiento o de evacuar sus obligaciones. Sin embargo, no toda situación como la que se expresa constituye una excepción a la concesión del BEPI, pues, sólo lo será cuando concurran, además, las siguientes circunstancias:

a. Aunque no haya sido la causa de declaración de culpabilidad del concurso del art. 444.2.º TRLC.
b. Se basará la falsedad o el engaño en la información patrimonial facilitada por el deudor al acreedor antes de la concesión del préstamo —*sic*— a los efectos de la evaluación de la solvencia patrimonial; es lo que se denomina una «apariencia de solvencia». La redacción literal del art. 487.1.6.º.a) TRLC conllevaría a excluir otro tipo de operaciones bancarias como las de crédito, descuento, anticipos de facturas, y demás analizadas en el presente libro, incluso las operaciones no bancarias con acreedores comerciales, pero, no consideramos que deba ser esta posición privilegiada aquella que el Legislador de 2022 quiso proteger frente a la falsedad o el engaño, sino que debe ser merecedora de una interpretación lata, pero, de lo que no cabe duda, es de que debe acreditarse la entrega de una documentación acreditativa de solvencia como son las declaraciones fiscales, balances contables, relaciones de bienes y deudas, entre muchas, las cuales deben ser contrarias a la realidad.
c. El apartado b) de esta norma, considera el nivel social y profesional del deudor, que implica un *plus* que hace extender esta consideración a un área poblacional que va más allá de los límites del mero desconocimiento de la existencia de la norma del art. 6.1 C.c.
d. También se incluye, en el apartado c), relativo a las circunstancias personales del sobreendeudamiento, lo cual viene a ser como una especie de «cajón de sastre» donde cabría, quizás, haber falseado una documentación que impidiese ver una situación angustiosa a la que alude el art. 1 de la Ley de 23 de julio de 1908, de represión de la usura (Ley Azcárate) o, una situación clásica, anterior, incluso, a la contratación electrónica, mediante la que se aporta una nómina sin embargos, cuando los hay, y se contraen diversos préstamos, simultánea o sucesivamente.
e. Para los empresarios, se deja el apartado d) de la norma que nos ocupa, lo que hace presuponer, por su redacción, que éstos no entrarían en los precedentes supuestos, pero, no es ésta nuestra

interpretación, sino que se trata de otro *plus,* pero sólo exclusivo para los empresarios, en atención a si «*utilizó herramientas de alerta temprana puestas a su disposición por las Administraciones Públicas*», esto es, a las que refiere la Directiva (UE) 2019/1023 del Parlamento Europeo y del Consejo, de 20 de junio de 2019, sobre marcos de reestructuración preventiva, exoneración de deudas e inhabilitaciones y sobre medidas para aumentar la eficiencia de los procedimientos de reestructuración, insolvencia y exoneración de deudas (D.O.U.E. n.º 172, de 26 de junio de 2019, págs.. 18 a 55), como herramientas que tienen el fin de incentivar a los deudores que empiezan a sufrir dificultades financieras para que tomen medidas a tiempo, como son el impago de impuestos o de cotizaciones a la Seguridad Social.

f. A todo ello, hay que añadir que, respecto de las microempresas y su procedimiento especial, el art. 688 TRLC califica el concurso como culpable si se hubiere cometido por el deudor microempresa «inexactitud grave» entendida ésta «*cuando el importe total de un ejercicio, del pasivo o del activo o de los ingresos o el de los gastos fuese realmente superior o inferior al veinte por ciento del consignado en el formulario, siempre que suponga un importe de al menos 10.000 euros.*», sobre lo que ya tratamos en el capítulo correspondiente.

En este supuesto del apartado 6.º el Juez del concurso es el competente para apreciar la concurrencia de estas circunstancias, para realizar una evaluación adecuada y, en definitiva, su importancia como causa y su gravedad ante el concurso, todo ello, sin perjuicio de la prejudicialidad civil, de la que, conforme a la reforma del art. 86 *ter* LOPJ operada por la L.O. 7/2022, de 27 de julio es competente el propio Juez del concurso o de la prejudicialidad penal cuya competencia sigue siéndolo de la jurisdicción penal.

b) Prohibiciones a la concesión (art. 488 TRLC)

1. No puede concederse una nueva solicitud de concesión del BEPI mediante plan de pagos dentro de los dos (2) años siguientes al de la concesión de la exoneración definitiva, en los términos que recoge el art. 500 TRLC, antes analizados, lo que supone, en síntesis, (i) que haya transcurrido completamente del plazo pactado del plan de pagos aprobado, (ii) que no se hubiera revocado (art. 499 *ter* TRLC) y

que (iii) su cumplimiento, aunque fuere parcial en los términos antes expresados (art. 500.2 TRLC).

2. Sin embargo, para presentar una nueva solicitud de concesión del BEPI tras una exoneración con liquidación se requieren, esta vez, al menos, cinco (5) años desde la resolución que la concedió.

No nos hallamos ante un supuesto de modificación del plan de pagos en curso de cumplimiento en los términos previstos en el art. 499 *bis* TRLC, conforme al cual y cumpliendo ciertos requisitos, puede pasarse tras la concesión de un BEPI provisional en base a un plan de pagos sin liquidación, a otro igual o distinto, sino que, el Legislador de 2022, lo que da a entender es que, desde que se obtiene la concesión definitiva, es decir, desde que se ha cumplido con el plan de pagos, y transcurrido dos (2) o cinco (5) puede solicitarse la concesión de otro BEPI en los términos previstos en el art. 495 TRLC, lo cual implicará el cumplimiento de los requisitos para solicitar su declaración de concurso, no siendo necesario para ello, el recurso al derogado A.E.P. regulado por los modificados por la LRTRLC arts. 631 a 694 TRLC —antes, art. 231 y ss. LC—), así como tampoco, precisa tener un pasivo igual o inferior a cinco millones (5.000.000,00 €) de euros, como tampoco se exige que la persona jurídica no hubiera sido declarada en concurso, ni cuyo concurso no revista la especial complejidad a que aludía el derogado art. 190 LC, a saber: menos de cincuenta (5) acreedores, pasivo igual o inferior a cinco millones (5.000.000,00 €) de Euros, ni cuya valoración de su activo sea inferior al precitado importe, ni que disponga de activos suficientes para satisfacer los gastos propios del A.E.P. En suma, el Legislador ha quitado esos límites relativos y lo ha hecho extensivo a cualquier persona física.

c) Extensión de la exoneración

Cuando el art. 489.1 TRLC alude a que la exoneración se extiende a todas las deudas insatisfechas, está refiriéndose a los créditos aludidos en el art. 251 TRLC, que refiere el principio de universalidad, esto es, a todos aquéllos de los que sea deudor el concursado, «*ordinarios o no*», ordinarios, privilegiados y subordinados, a la fecha de la declaración de concurso, a los que denominamos «créditos concursales», pues los generados con posterioridad a dicha declaración son considerados con cargo a la masa del art. 242 TRLC. Sin embargo, el propio art. 489 TRLC contiene créditos concursales que no son exonerables, respecto de los cuales ya hemos tratado precedentemente en el epígrafe correspondiente a los requisitos del plan de pagos sin liquidación, a cuyos comentarios y datos nos remitimos.

7. EFECTOS DE LA EXONERACIÓN

a) Sobre los acreedores con créditos exonerables:

Cambia el criterio del art. 500 TRLC anterior a la LRTRLC que impedía a los acreedores afectos por la exoneración ejercer cualquier acción tendente al cobro de su crédito respectivo, lo cual entraba en contradicción con el art. 498 TRLC anterior a la LRTRLC que sí permitía ejercer la acción de revocación del B.E.P.I., lo cual levanta el primer párrafo del actual art. 490 TRLC que, manteniendo la prohibición del ejercicio de cualquier acción, sólo admite, por excepción, la de revocación.

b) Sobre los acreedores con créditos no exonerables:

Por lo que respecta a los acreedores con créditos no exonerables siguen manteniendo incólumes sus acciones contra el concursal pudiendo promover no solo procedimientos declarativos de cualquier tipo, sino de ejecución judicial o extrajudicial de los títulos que tuvieren, tal y como dispone el segundo párrafo del art. 490 TRLC.

c) Sobre los bienes conyugales:

Con la LC, su art. 77 establecía la posibilidad de que uno solo de los cónyuges pudiese solicitar su declaración de concurso y el otro no; con ello excluía las situaciones asimilables como son la pareja de hecho inscrita, así como tampoco las personas casadas cuyos ritos no estén reconocidos por el Estado Español con otras confesiones religiosas o asociativas, la masa activa del concursado (i) casado en régimen de separación de bienes (art. 1.435 C.c.) o de participación (art. 1.411 C.c.). El art. 193 TRLC recoge la misma posibilidad, en cuyo caso la masa activa sólo debe incluir los bienes y derechos privativos del consorte concursado (art. 1.346 y 1.418 C.c.), pero (ii) si el régimen conyugal fuere el de gananciales o «*cualquier otro de comunidad de bienes*» deben incluirse en la masa activa, también los bienes comunes o gananciales (art. 1.347 C.c.) pero, solo, cuando «*deban responder de las obligaciones del concursado*» que, conforme dispone el art. 1.362 C.c., son las siguientes causas:

1.º El sostenimiento de la familia, la alimentación y educación de los hijos comunes y las atenciones de previsión acomodadas a los usos y a las circunstancias de la familia. La alimentación y educación de los hijos de uno solo de los cónyuges correrá a cargo de la sociedad de gananciales cuando convivan en el hogar familiar. En caso contrario, los gastos derivados de estos conceptos serán sufragados por la sociedad de gananciales, pero darán lugar a reintegro en el momento de la liquidación.

2.º La adquisición, tenencia y disfrute de los bienes comunes.

3.º La administración ordinaria de los bienes privativos de cualquiera de los cónyuges.

4.º La explotación regular de los negocios o el desempeño de la profesión, arte u oficio de cada cónyuge.

Respecto de esta última causa (apartado 4.º) hay que manifestar que el art. 6 C.com. establecía que, para el supuesto de ejercicio del comercio por persona casada, sólo resultaban obligados a las resultas de tal ejercicio, los bienes propios del cónyuge ejerciente y los adquiridos con el propio ejercicio, pudiendo enajenarlos o hipotecarios, pero, para que los demás bienes comunes quedasen obligados, era necesario el consentimiento de ambos cónyuges, consentimiento que podía ser tácito, en tanto en cuanto que el art. 7 C.com. establecía que debía existir oposición expresa del cónyuge no comerciante, pero ambos preceptos del código mercantil han quedado derogados por la LRTRLC.

En esta situación, nos encontramos con que, en el supuesto de regirse los cónyuges por la sociedad de gananciales u otro sistema de comunidad, no encuentra ninguna ventaja el cónyuge que no se haya declarado en concurso, salvo la de salvar su propio patrimonio privativo que, conforme al art. 1.346 C.c. está compuesto de los siguientes bienes y derechos:

1.º Los bienes, animales y derechos que le pertenecieran al comenzar la sociedad.

2.º Los que adquiera después por título gratuito.

3.º Los adquiridos a costa o en sustitución de bienes privativos.

4.º Los adquiridos por derecho de retracto perteneciente a uno solo de los cónyuges.

5.º Los bienes y derechos patrimoniales inherentes a la persona y los no transmisibles inter vivos.

6.º El resarcimiento por daños inferidos a la persona de uno de los cónyuges o a sus bienes privativos.

7.º Las ropas y objetos de uso personal que no sean de extraordinario valor.

8.º Los instrumentos necesarios para el ejercicio de la profesión u oficio, salvo cuando éstos sean parte integrante o pertenencias de un establecimiento o explotación de carácter común.

Los bienes mencionados en los apartados 4º y 8º no perderán su carácter de privativos por el hecho de que su adquisición se haya realizado con fondos comunes; pero, en este caso, la sociedad será acreedora del cónyuge propietario por el valor satisfecho

La promulgación del TRLC introdujo el denominado derecho de adquisición del cónyuge del concursado, según su art. 194, conforme al cual, el cónyuge no concursado tenía un derecho de adquisición —no dice el texto legal que sea preferente frente a terceros adquirentes, acreedores, comuneros o colindantes— de los bienes gananciales o comunes, que hayan sido incluidos en la masa activa, satisfaciendo la mitad de su valor, debería entenderse por tal, aquél por el que conste en el inventario de bienes y derechos que componen la masa activa, sin embargo el apartado 2 de tal norma establece una norma de consuno entre el cónyuge adquirente y la Administración concursal que, salvo discrepancia, será el Juez del concurso quien lo fije, acorde con su valor de mercado, pudiendo recabar informe de experto inmobiliario. Queda excepcionada la vivienda habitual del matrimonio, cuyo precio será «*actualizado conforme al índice específico de precios al consumo, sin que en ningún caso pueda superar el del valor de mercado*», sin embargo, la LRTRLC ha modificado esto último, el apartado 3 del art. 194 TRLC y, así, el valor de transmisión de la vivienda habitual será «*el mayor entre el valor de tasación que tuviera establecido o el de mercado*». Ya decíamos, precedentemente, que el Legislador parte de una premisa falsa, pues, cuando alude al «valor de tasación», considera que éste existe y, éste sólo existe cuando hay una hipoteca que grava la vivienda, lo que, pudiendo ser común este hecho, no sucede en todos los supuestos de concursados, pues algunos tienen la vivienda libre o con anotaciones de embargo sin haberse expedido la certificación de cargas en su ejecución, y sin inscripciones de hipoteca alguna, por lo que, si esta nueva redacción pretendía corregir la inicial del TRLC, que aludía a los precios al consumo, viene a no solucionarlo, pues, no habiendo valor de tasación, sólo resta el valor de mercado, sin más comparativa y éste es tan relativo que, al final descansa en lo que diga una agencia inmobiliaria, incluso de las que ofrecen inmuebles vía Internet. Se ha perdió una buena oportunidad para regular esta cuestión, pues, si de lo que se pretende es de dar un valor objetivo a la vivienda habitual, bien se podría haber aludido, por ejemplo, al «valor de referencia» que fija el Catastro para cada inmueble y, si se precisa, establecer un índice corrector.

A nuestro entender, vemos que el Legislador no tiene claro cómo puede o debe afectar la exoneración a los cónyuges sobre los bienes comunes pues, el régimen del último párrafo del derogado art. 178 bis.5 LC partía del hecho de que quedaban excluidos del B.E.P.I., en tanto que esta situación beneficiaba al cónyuge que no había solicitado el A.E.P. ni había sido declarado en concurso; no alcanzaba, obviamente, (i) a las parejas de hecho, inscritas o no, pues éstos no pueden tener una ganancialidad en las propiedades, sino, meramente, una comunidad de bienes, así como tampoco a quienes (ii) estuvieren casados en régimen de separación de bienes, ni (iii) al régimen de participación del art. 1.411 y ss. C.c., así como a ningún otro que no implique ganancialidad. Este precepto de la LC seguía la línea lógica procesal de la ejecución particular del art. 541 LEC, que permite seguir adelante la ejecución frente al cónyuge deudor, con la simple notificación a su consorte de la traba que, en sede concursal, debe tener lugar a través de la notificación de la existencia de la ejecución universal, el concurso, en definitiva, al consorte que no haya solicitado su declaración de concurso, la consecuencia de lo cual descansa en la solicitud del consorte contra el que no se despachó la ejecución particular, ni fue declarado en concurso, pedir la disolución de la sociedad conyugal de gananciales. En tal supuesto, incluso en sede concursal debía seguirse la norma del derogado art. 77.2 LC, hoy art. 125 TRLC y, en su defecto, la norma procesal civil común y, en este sentido, distinguir las deudas no gananciales del concursado de aquéllas de las que debe responder la sociedad común, lo que implica que el consorte no concursado puede pedir la disolución de la sociedad de gananciales que derivará en la liquidación o división del patrimonio, de forma coordinada con la propuesta anticipada de convenio o de liquidación, o con los planes de pagos.

Hasta aquí, todo parece lógico, sin embargo, la norma de la LC había creado una «perversión» procesal, cual suponía la posibilidad de solicitar el A.E.P. uno solo de los cónyuges, el insolvente o «pobre» y el otro no, el solvente o «rico». Distinguimos entre pobre y rico, aludiendo a que el primero es quien percibe unos emolumentos inembargables, quien debe sufrir los avatares del concurso (suspensión de facultades) y el segundo quien los rebasa, nada debe sufrir, continúa libre en sus facultades de disposición y administración, lo que supondría que ambos cónyuges seguirían manteniendo su *statu quo* económico, dejarían de pagar a sus acreedores, incluidos los créditos contra la masa y demás que le permitían acceder al sistema ordinario de los apartados 1.º a 4.º del art. 178 bis.2 LC (art. 489 TRLC anterior a la LRTRLC) hoy, art. 486 TRLC, limitándose a acudir directamente al sistema subsidiario del apartado 5.º del art. 178 bis.2 LC, esto es, al plan de pagos, el cual era, digamos, fácilmente cumplible, dado que habrían realizado un ahorro considerable, al no pagar y no retenérsele la parte embargable de sus emolumentos, para, en definitiva, ambos quedarse exonerados de las deudas (pre)concursales. Todo esto ha venido a quedar resuelto por lo dispuesto en el art. 491 TRLC que regula los efectos de la exoneración respecto de los bienes conyugales comunes, pero sólo antes de la liquidación del régimen, quedando exonerado el cónyuge no concursado de las deudas gananciales, contraídas por uno u otro consorte en el momento de la concesión del B.E.P.I. y así, liquidada la sociedad, ya no procederá la exoneración del cónyuge no concursado.

Hay que destacar igualmente que, si bien el art. 193.2 TRLC (antiguo art. 77.2 LC) dispone que los bienes gananciales se deben incluir en la Masa Activa del Concurso, sea quien fuere el concursado, si sólo es uno de ellos, como el ejemplo que acabamos de exponer, el cónyuge que pidió el A.E.P. y fue declarado en concurso consecutivo se vería, como decimos, suspendido en sus facultades de administración y disposición de sus bienes privativos y gananciales, pero no le sucedería lo mismo al cónyuge que no hubiera solicitado el A.E.P. ni hubiese sido declarado en concurso consecutivo, por lo que éste, mantendría sus facultades de administración y disposición incólumes sin, ni siquiera, ser intervenidas por el Administrador concursal, lo cual, supone un contrasentido que un mismo bien ganancial o masa de bienes pueda tener dos regímenes de administración o disposición distintos, lo que impone la necesidad de introducir en el concurso al cónyuge que no solicitó el A.E.P. y, si no procede su declaración de concurso por la sola causa de que no concurre el presupuesto objetivo del art. 1 TRLC (antiguo art. 2 LC), entendiéndose por ello que este último es solvente, no parece, en principio, que precise de una segunda oportunidad, siendo solvente como es, la que, además, no ha solicitado.

En el Formulario dejamos el **modelo n.º 13** de memorándum a un deudor trabajador por cuenta ajena en fase de Mediación Concursal, el **modelo n.º 16** de solicitud de concesión del B.E.P.I., por la vía alternativa del art. 493 TRLC 2020 (antiguo art. 178 bis.3.5.º LC), el **modelo n.º 20** de memorándum a un concursado consecutivo, el **modelo n.º 21** de informe de la

Administración Concursal respecto de la solicitud del B.E.P.I. por la vía del art. 489 TRLC 2020 (antiguos requisitos del 1.º al 4.º del art. 178 bis.3 LC) y el **modelo n.º 22** de informe de la Administración Concursal respecto de la solicitud del B.E.P.I. por la vía del art. 493 TRLC 2020 (antiguo requisito 5.º del art. 178 bis.3 LC). El art. 498 TRLC 2022 no prevé la posibilidad de que la Administración concursal se pronuncie respecto de la propuesta de plan de pagos sin liquidación realizada para conseguir el B.E.P.I., por lo que no acompañamos modelo, dado que sólo se dispone el traslado a los acreedores personados, no a todos, sino, sólo a los personados. Tampoco se acompaña modelo alguno respecto de las alegaciones a realizar por la Administración Concursal en las solicitudes de exoneración «*tras la liquidación de la masa activa*» del art. 501.4 TRLC 2022, pues la confusión que genera la redacción del art. 501.1 TRLC 2022, donde (i) se solicita cuando ya se ha liquidado la masa activa, según el título del precepto (ii) pero en el texto se alude a los concursos sin masa, cuyos momentos son antitéticos, pues en el (i) hay masa, pero se ha liquidado, siguiéndose todo el trámite procesal concursal, mientras que en el (ii) el concurso carece de masa desde el momento de su solicitud, no debiendo seguirse todo el trámite procesal concursal; de otro lado, (iii) puede haber Administrador Concursal en los trámites previos, o (iv) puede no haberlo, pues (en los concursos sin masa) es facultativo de los acreedores «*legitimados*» y, según la redacción, este nombramiento puede realizarse (v) desde la emisión por la Administración Concursal del informe del art. 292 TRLC, es decir que, se puede solicitar nombrar Administrador Concursal cuando ya ha sido designado y emitido el informe precitado. A todo lo cual, hay que añadir que se dará el traslado a la Administración Concursal (art. 501.4 TRLC) ¿incluso si no ha sido nombrado por los acreedores? Entendemos que no.

XI. LA DIRECTIVA (UE) 2019/1023 DEL PARLAMENTO EUROPEO Y DEL CONSEJO

El día 26 de junio de 2019 se publicó en el Diario Oficial de la Unión Europea (D.O.U.E.) la Directiva (UE) 2019/1023 sobre marcos de reestructuración preventiva, exoneración de deudas e inhabilitaciones, y sobre medidas para aumentar la eficiencia de los procedimientos de reestructuración, insolvencia y exoneración de deudas, y por la que se modifica la Directiva (UE) 2017/1132 (Directiva sobre reestructuración e insolvencia), esta Directiva europea debe transponerse al ordenamiento interno de cada Estado miembro antes del día 17 de julio de 2021, sin embargo, pasado el plazo de transposición y su prórroga, fue cumplido el mandato europeo a través de la Ley 16/2022, de 5 de septiembre, de reforma del texto refundido de la Ley Concursal, publicada en el B.O.E. del día 6 de septiembre de 2022.

Decíamos en la 2.ª edición que, ínterin se cumplía el mandato europeo, para aplicar la Directiva comunitaria al Derecho concursal debe realizarse aplicando el denominado «efecto directo vertical» que tienen las Directivas, a través del planteamiento de Cuestiones prejudiciales en cada supuesto concreto. Debemos advertir, contrariamente, a como se sostiene en algunos Medios de comunicación, que las Directivas de la U.E. no son leyes, sino normas marco que disponen los principios reguladores de las normas de los diferentes países que la integran, cuya normativa interna debe adecuarse a los principios de las Directivas, transponiéndola a su orden interno, dictando las correspondientes leyes, sin perjuicio de poder aplicar su efecto directo. Sin perjuicio de que la transposición ya ha tenido lugar, obviamente, el texto introducido por la LRTRLC dejará muchas dudas en su interpretación y adecuación a la normativa comunitaria europea.

Nos vamos a centrar únicamente ante las novedades o cambios legislativos que podrían operarse en la mal denominada Mediación Concursal (M.C.), Acuerdo Extrajudicial de Pagos (A.E.P.) o, más comúnmente, «segunda oportunidad», a pesar de que la LRTRLC, a través del art. 702 TRLC ha dejado de lado este sistema, centrándose en las soluciones de reestructuración de personas jurídicas, olvidándose, de las personas físicas.

1. NORMAS QUE ESTABLECE LA DIRECTIVA

a) los marcos de reestructuración preventiva disponibles para los deudores en dificultades financieras cuando la insolvencia sea inminente, con objeto de impedir la insolvencia y garantizar la viabilidad del deudor, procesos que incluyen la modificación de la composición societaria, las condiciones o estructura de sus activos y pasivos, o cualquier otra parte de la estructura del capital del deudor, tales como las ventas de activos o de partes de la empresa, según la norma del Estado miembro, la venta de la empresa como empresa en funcionamiento, y cualquier otro cambio operativo necesario o una combinación de dichos elementos (*cfr.* arts. 1 y 2), lo que representa una flexibilidad en la realización, tendente a salvar la empresa, tratando de evitar extinciones irremisibles.

b) los procedimientos para la exoneración de las deudas contraídas por empresarios insolventes, entendiéndose por «empresario» (*cfr.* art. 2) a toda persona física que ejerza una actividad comercial, industrial, artesanal o profesional, esto es, lo que, a lo largo del texto hemos venido denominando como «Empresario concursal».

c) las medidas para aumentar la eficiencia de los procedimientos de reestructuración, insolvencia y exoneración de deudas.

2. DEUDORES A LOS QUE NO SE APLICA LA DIRECTIVA

a) empresas de seguros o de reaseguros, tal como se definen en el artículo 13, puntos 1 y 4, de la Directiva 2009/138/CE;

b) entidades de crédito, tal como se definen en el artículo 4, apartado 1, punto 1, del Reglamento (UE) n.º 575/2013,

c) empresas de inversión u organismos de inversión colectiva, tal como se definen en el artículo 4, apartado 1, puntos 2 y 7, del Reglamento (UE) n.º 575/2013;

d) entidades de contrapartida central, tal como se definen en el artículo 2, punto 1, del Reglamento (UE) n.º 648/2012;

e) depositarios centrales de valores, tal como se definen en el artículo 2, apartado 1, punto 1, del Reglamento (UE) n.º 909/2014;

f) otras entidades y entes financieros recogidos en el artículo 1, apartado 1, párrafo primero, de la Directiva 2014/59/UE;

g) organismos públicos con arreglo al Derecho nacional,

h) personas físicas que no tengan la condición de empresario.

3. OBJETIVOS O PRINCIPIOS QUE INSPIRAN LA DIRECTIVA

- Eliminación de los obstáculos al ejercicio de las libertades fundamentales (circulación de capitales y de establecimiento), sin afectar a los derechos fundamentales y libertades de los Trabajadores.
- Continuidad de la actividad empresarial a través de la modificación de la composición, condiciones o estructura del Activo y del Pasivo o el capital (venta de activos o parte o de la empresa o toda ella), cumpliendo las normas del Derecho Civil y el Laboral.
- Evitar la pérdida de puestos de trabajo y de conocimientos y competencias y maximizar el valor total para los acreedores, así como para los propietarios y la economía en su conjunto.
- Evitar la acumulación de préstamos dudosos.
- Las empresas «no viables» sin perspectivas de supervivencia deben liquidarse lo antes posible.
- Inconveniencia de procesos de más de tres (3) años para obtener la exoneración y empezar de nuevo y conveniencia de establecer procedimientos de reestructuración preventiva que cumplan determinados principios mínimos de eficiencia.
- Se trata de evitar la deslocalización de las empresas, así como el traslado fraudulento de los centros de intereses principales del deudor durante el procedimiento de insolvencia transfronterizo.
- Inconveniencia de una inhabilitación prolongada, como obstáculo para la libertad de emprender y ejercer una actividad empresarial por cuenta propia.
- Las PYMES se consideran con más probabilidades de ser objeto de liquidación que de reestructuración, dado los costes desproporcionadamente superiores que soportan, respecto de los de las empresas de mayor tamaño.

- Respecto del sobreendeudamiento de los consumidores se recomienda a los Estados miembros que apliquen también a éstos las disposiciones de la Directiva.
- Conveniencia de crear mecanismos de alertas de insolvencia, a los que se deberá permitir acceder a los representantes de los trabajadores.
- Conveniencia de decidir si las suspensiones de las ejecuciones singulares tienen incidencia en los intereses devengados sobre los créditos.
- Introducción de una «prueba de viabilidad» como condición para acceder al procedimiento de reestructuración preventiva, sin comprometer los activos del deudor. Los Estados pueden exigir a su costa, que los deudores demuestren su viabilidad.
- El incumplimiento de las obligaciones en materias de Contabilidad y llevanza de Libros, puede llevar a los Estados a impedir el acceso a la reestructuración preventiva.
- Ampliación del marco temporal de reestructuración, cuando el deudor haya «perdido un contrato de importancia clave».
- Establecer procedimientos flexibles, extrajudiciales, reservando los judiciales o administrativos para aquellos procesos sean obligatorios, en las situaciones en las que sea necesario y proporcionado, teniendo presente que debe protegerse los derechos e intereses de los deudores y de las partes afectadas, entendidas éstas como (i) los acreedores de cualquier categoría, (ii) los trabajadores, (iii) los tenedores de participaciones cuyos créditos puedan verse afectados por el proceso de reestructuración, debiendo reducirse los retrasos y los costes de los procedimientos.
- Suspensión temporal de las ejecuciones singulares, extensiva a los avalistas y a los titulares de garantías, por un plazo máximo de cuatro (4) meses o, más tiempo, incluso indefinida, caso de ser compleja, siempre que sean necesaria o cumpla con el objetivo de facilitar las negociaciones, incluso por la falta de mayorías necesarias de acreedores o incapacidad del deudor para el pago de sus deudas al vencimiento; igualmente, en el supuesto de impago importante respecto de los Trabajadores o Administraciones tributarias o de Seguridad Social o la comisión de delitos financieros por los Administradores sociales.

- Los procedimientos que abocan en la liquidación del deudor, deben incluir alternativas o procedimientos que permitan la reestructuración del deudor.
- El Ministerio Fiscal puede iniciar un procedimiento de insolvencia, aún cuando no actúe en defensa de un crédito público (Abogado del Estado), sino por el interés general.
- Posibilidad de pagar los créditos que se originen durante el período de suspensión de las ejecuciones singulares.
- Inaplicación de las cláusulas de vencimiento anticipado por razón a la declaración de concurso o al proceso de reestructuración o similar relacionado con la suspensión.
- Derecho de voto sobre el plan de reestructuración a todos los acreedores, incluidos los trabajadores, así como a los tenedores de participaciones.
- Tratamiento diferenciado de las diversas categorías de acreedores, en torno a los derechos y prelación de créditos e intereses: (i) acreedores con garantía, (ii) sin garantía, (iii) subordinados, (iv) administraciones tributarias o de seguridad social (v), especialmente vulnerables como los trabajadores o pequeños proveedores, (vi) contingentes e (vii) impugnados.
- Las PYMES quedan exentas de esta diferenciación, así como que, caso de no aprobarse el plan, puedan presentar otro.
- Fijación de mayorías necesarias para evitar minorías de bloqueo en la adopción del plan de reestructuración.
- Confirmación, que no aprobación, (o rechazo) del Plan por la autoridad judicial o administrativa, sobre todo, (i) para garantizar los derechos de los disidentes, (ii) cuando el plan contenga disposiciones sobre nueva financiación o (iii) cuando implique la pérdida del 25 % de la mano de obra u otros casos sin determinar, propios de cada Estado miembro.
- El interés superior de los acreedores, entendido como que ningún acreedor disidente se ha de ver más perjudicado por el Plan de lo que se vería en caso de liquidación de la empresa.
- Posibilidad de alteración de la regla de prelación absoluta respecto de tenedores de participaciones o proveedores de suministros básicos.

- Protección de los Trabajadores conforme al Derecho laboral a lo largo de todo el procedimiento de reestructuración preventiva, cuyas ejecuciones singulares deben ser eximidas de suspensión, así como conferírseles derecho de voto en el plan de reestructuración.
- La ayuda financiera para la reestructuración debe entenderse en sentido amplio, incluida la aportación de dinero o garantías de terceros y la entrega de existencias, materias primas y suministros (66).
- Los procedimientos que incluyan un plan de pagos, una ejecución de activos o una combinación de ambos, deben prever la opción de una exoneración de deudas, de un plazo que no sea superior a tres años, exoneración que debe tratarse por separado de la ejecución de activos.
- Se debe excepcionar la exoneración respecto del deudor deshonesto o que haya actuado de mala fe. Para determinar la deshonestidad habrá que tener en cuenta (i) la naturaleza y el importe de la deuda, (ii) el momento en que se ha contraído la deuda, (iii) los esfuerzos realizados por el empresario para abonar la deuda (iv) y cumplir las obligaciones legales, incluidos (v) los requisitos para la concesión de licencias públicas y (vi) la exigencia de llevar una contabilidad correcta, (vii) las actuaciones por parte del empresario, para frustrar las pretensiones de los acreedores, (viii) el cumplimiento de las obligaciones en caso de insolvencia inminente que incumben a los empresarios que sean administradores sociales, (ix) el cumplimiento de la normativa de la Unión y nacional en materia de competencia (x) y en materia laboral, (xi) cuando no haya cumplido determinadas obligaciones jurídicas, incluida la obligación de maximizar los rendimientos para los acreedores o (xii) se necesite garantizar el equilibrio entre los derechos del deudor y los derechos de uno o varios acreedores, esto es, cuando el acreedor persona física necesite más protección que el deudor, o (xiii) cuando no se cubran los costes del procedimiento conducente a la exoneración de deudas (tasas judiciales y administrativas y los honorarios de los Administradores concursales).
- Posibilidad de revocación del beneficio de exoneración, si la situación financiera del deudor mejora de forma significativa debido a circunstancias inesperadas, como ganar un premio de lotería o recibir una herencia o una donación.

- Las deudas garantizadas deben ser excluidas de la posibilidad de la exoneración hasta la cuantía del valor de la garantía, mientras que el resto no cubierto, sí pueda exonerarse; incluso cabe la posibilidad de incluir otras categorías de deudas, cuando esté debidamente justificado.
- Debe verificarse el cumplimiento de las condiciones para obtener la plena exoneración de deudas, no solo en vía judicial, sino, incluso administrativa, doble vía que contrastaría con la STS —Pleno— de 02.07.2019, tanto de oficio, como a instancia de parte, debiendo entenderse por ésta, a los acreedores, dado que exige el «interés legítimo», que no puede ser otro que el del cobro de su crédito.
- Al término de la inhabilitación, no debe impedirse la solicitud de nueva autorización o licencia para reanudar su actividad artesanal, industrial, comercial o profesional.
- Deben tratarse en un procedimiento único las deudas de la actividad conjuntamente con las de consumo o, en su defecto, según la norma del Estado miembro, seguirlas de forma coordinada.

4. PRINCIPIOS BÁSICOS

Los principios que inspiran la presente Directiva se centran en los siguientes presupuestos: (i) transparencia, (ii) previsibilidad de los procedimientos, (iii) conservación de las empresas, (iv) permitir una segunda oportunidad a los empresarios, (v) eficiente liquidación de las empresas inviables, (vi) reducir la excesiva duración de los procedimientos de insolvencia, (vii) altos niveles de profesionalidad de todos los actores intervinientes, dotándoles de la formación adecuada.

- Se vuelve, de alguna manera, al sistema anterior al de la vigente LC en cuanto a la designación del Administrador concursal, (i) por el deudor, (ii) por los acreedores o (iii) por una junta de acreedores, a partir de un listado aprobado judicial o administrativamente.
- Debe regularse la responsabilidad del Administrador Concursal, no solo con la contratación de un seguro, sino, además, determinando las medidas de declaración de responsabilidad, como (i) la reducción de los honorarios, (ii) la exclusión de la lista de Administradores, (iii) sanciones disciplinarias, (iv) administrativas o (v) penales, sin

perjuicio de (vi) la responsabilidad civil por daños y perjuicios por incumplimiento de sus obligaciones contractuales o extracontractuales, (vii) no siendo precisa la creación de una nueva profesión o cualificación al efecto.

- Facilitar la utilización de los medios electrónicos de comunicación en los procedimientos de reestructuración, insolvencia y exoneración de deudas para los acreedores, previo consentimiento de cada uno de éstos.
- La eficacia del proceso de adopción y ejecución de los planes de reestructuración no debe verse comprometida por el Derecho societario, debiendo establecerse excepciones a los requisitos de la Directiva (UE) 2017/1132 del Parlamento Europeo y del Consejo relativas a la convocatoria de junta general y ofrecimiento de acciones preferentemente a los socios existentes.

5. LA SENTENCIA DEL TJUE DE 7 DE NOVIEMBRE DE 2024

La Sala Segunda del TJUE dictó el día 7 de noviembre de 2024 una Sentencia como consecuencia de las cuestiones prejudiciales planteadas por el Juzgado de lo Mercantil número Uno de los de Alicante y el Diez de los de Barcelona, conforme a los Autos dictados, respectivamente, los días 25 de abril y 2 de mayo de 2023, en cuya cuestión fue parte la A.E.A.T. relativos a la interpretación de los artículos 1, apartado 4, y 23, apartados 1, 2 y 4 de la Directiva (UE) 2019/1023 del Parlamento Europeo y del Consejo, de 20 de junio, sobre marcos de reestructuración preventiva, exoneración de deudas e inhabilitaciones, y sobre medidas para aumentar la eficiencia de los procedimientos de reestructuración, insolvencia y exoneración de deudas y por la que se modifica la directiva (UE) 2017/1132 sobre reestructuración e insolvencia.

Ambos Juzgados mercantiles formularon una pregunta de «*si el artículo 23, apartado 2, de la Directiva sobre reestructuración e insolvencia debe interpretarse en el sentido de que la lista de circunstancias que figura en él tiene carácter exhaustivo o no y, en caso de respuesta negativa, si los Estados miembros están facultados, al transponer dicha Directiva a su Derecho nacional, para establecer disposiciones que restrinjan el acceso al derecho a la exoneración de deudas en mayor medida que conforme a la normativa nacional anterior, denegando o restringiendo el acceso a la exoneración de deudas, revocando la exoneración o estableciendo plazos más largos para la obtención de la plena exoneración de deudas o períodos de inhabilitación más largos en circunstancias distintas de las enumeradas en el referido artículo 23, apartado 2*», ante lo que el TJUE en su considerando (26) explica que las circunstancias enumeradas en el mismo no tienen carácter exhaustivo, sino «ejemplificativo» y, por tanto, pueden ser susceptibles de ampliación.

También formularon dichos Juzgados mercantiles otras preguntas del siguiente tenor: «*si el artículo 23, apartados 1 y 2, de la Directiva sobre reestructuración e insolvencia debe interpretarse en el sentido de que se opone a una normativa nacional que, al transponer esa Directiva, modifica el orden de prelación de los créditos concursales aplicable antes de la adopción de esa normativa, en la medida en que impone el pago de los créditos públicos no privilegiados a raíz de un procedimiento concursal para poder acogerse a la exoneración de deudas, excluye el acceso a la exoneración de deudas en circunstancias en las que el deudor haya tenido un comportamiento negligente o imprudente, sin haber actuado, no obstante, de forma deshonesta o de mala fe, y excluye ese acceso cuando, en los diez años anteriores a la solicitud de la exoneración, el deudor haya sido sancionado mediante resolución administrativa firme por infracciones tributarias muy graves, de seguridad social o del orden social, o se haya dictado en su contra un acuerdo firme de derivación de responsabilidad, salvo que, en la fecha de presentación de esa solicitud, dicho deudor hubiera satisfecho íntegramente sus deudas tributarias y sociales.». Consecuentemente, en sus considerandos (35) y ss. razona que el procedimiento de exoneración y el concursal son dos procedimientos distintos y que nada obsta para calificar según proceda el crédito de Derecho público y que, por tanto, «no parece que la obligación de pago de créditos públicos no privilegiados para poder acogerse a una exoneración de deudas implique una modificación del orden de prelación de los créditos a raíz de un procedimiento concursal... los Estados miembros pueden imponer el pago de los créditos públicos no privilegiados a raíz de un procedimiento concursal para poder acogerse a la exoneración de deudas... los motivos de esas excepciones deben deducirse del Derecho nacional o del procedimiento que llevó a su adopción y deben perseguir un interés público legítimo... al exigir el pago de esos créditos públicos no privilegiados, el legislador puede estar persiguiendo un interés público legítimo, extremo que, no obstante, habrá de comprobar el órgano jurisdiccional remitente*»

Continúan los considerandos (40) y ss. respecto la exclusión del acceso a la exoneración de deudas por actuación deshonesta o de mala fe del empresario insolvente en el sentido de que, si bien, el art. 23, apartado 2 de la Directiva permite establecer excepciones a la exoneración de deudas, éstas «no se caracterizan por la existencia de un comportamiento "deshonesto" o de "mala fe" por parte de los empresarios de que se trate.».

Por último, el considerando (45) y ss. analizan la exclusión del acceso a la exoneración de deudas «*cuando en los diez años anteriores a la solicitud de la exoneración, el deudor haya sido sancionado mediante resolución administrativa firme por infracciones tributarias muy graves, de seguridad social o del orden social, o se haya dictado en su contra un acuerdo firme de derivación de responsabilidad, salvo que, en la fecha de presentación de esa solicitud, dicho deudor hubiera satisfecho íntegramente sus deudas tributarias y sociales*», estimando que el Estado puede hacerlo, en tanto en cuando esa causa de exclusión esté «*justificada por un interés público legítimo, extremo que corresponde apreciar al órgano jurisdiccional remitente*».

Por todo ello, el TJUE interpreta los apartados cuestionados del artículo 23 de la Directiva 2019/1023 del siguiente modo:

> «1) **El artículo 23, apartado 2**, de la Directiva (UE) 2019/1023 del Parlamento Europeo y del Consejo, de 20 de junio de 2019, sobre marcos de reestructuración preventiva, exoneración de deudas e inhabilitaciones, y sobre medidas para aumentar la eficiencia de los procedimientos de reestructuración, insolvencia y exoneración de deudas, y por la que se modifica la Directiva (UE) 2017/1132 (Directiva sobre reestructuración e insolvencia), debe interpretarse en el sentido de que la lista de circunstancias que figura en él no tiene carácter exhaustivo y los Estados miembros están facultados, al transponer dicha Directiva a su Derecho nacional, para establecer disposiciones que restrinjan el acceso al derecho a la exoneración de deudas en mayor medida que conforme a la normativa nacional anterior, denegando o restringiendo el acceso a la exoneración de deudas, revocando la exoneración o estableciendo plazos más largos para la obtención de la plena exoneración de deudas o períodos de inhabilitación más largos en circunstancias distintas de las enumeradas en el referido artículo 23, apartado 2, siempre que esas circunstancias estén bien definidas y tales excepciones estén debidamente justificadas.
>
> 2) **El artículo 23, apartados 1 y 2**, de la Directiva 2019/1023 debe interpretarse en el sentido de que no se opone a una normativa nacional que, al transponer esa Directiva, impone el pago de los créditos públicos no privilegiados a raíz de un procedimiento concursal para poder acogerse a la exoneración de deudas, excluye el acceso a la exoneración de deudas en circunstancias en las que el deudor haya tenido un comportamiento negligente o imprudente, sin haber actuado, no obstante, de forma deshonesta o de mala fe, y excluye el acceso a la exoneración de deudas cuando, en los diez años anteriores a la solicitud de la exoneración, el deu-

dor haya sido sancionado mediante resolución administrativa firme por infracciones tributarias muy graves, de seguridad social o del orden social, o se haya dictado en su contra un acuerdo firme de derivación de responsabilidad, salvo que, en la fecha de presentación de esa solicitud, dicho deudor hubiera satisfecho íntegramente sus deudas tributarias y sociales, siempre que esas excepciones estén debidamente justificadas con arreglo al Derecho nacional.

3) **El artículo 23, apartado 2**, de la Directiva 2019/1023 debe interpretarse en el sentido de que se opone a una normativa nacional que excluye el acceso a la exoneración de deudas en un supuesto específico, sin que el legislador nacional haya justificado debidamente tal exclusión.

4) **El artículo 23, apartado 4**, de la Directiva 2019/1023 debe interpretarse en el sentido de que la relación de categorías específicas de créditos que figura en él no tiene carácter exhaustivo y de que los Estados miembros tienen la facultad de excluir de la exoneración de deudas categorías específicas de créditos distintas de las enumeradas en esa disposición, siempre que tal exclusión esté debidamente justificada con arreglo al Derecho nacional.

5) **El artículo 23, apartado 4**, de la Directiva 2019/1023 debe interpretarse en el sentido de que no se opone a una normativa nacional de transposición que establece una exclusión general de la exoneración de deudas por créditos de Derecho público, basándose en que la satisfacción de estos créditos tiene una especial relevancia para una sociedad justa y solidaria, asentada en el Estado de Derecho, salvo en circunstancias y límites cuantitativos muy restringidos, al margen de la naturaleza de esos créditos y de las circunstancias que los han originado, y que, por consiguiente, restringe el alcance de las disposiciones nacionales sobre exoneración de deudas que eran aplicables a esta categoría de créditos antes de adoptarse tal normativa, siempre que esta exclusión esté debidamente justificada con arreglo al Derecho nacional.

6) **El artículo 23, apartado 4**, de la Directiva 2019/1023 debe interpretarse en el sentido de que no se opone a una normativa nacional que establece una regla general de exclusión de la exoneración de deudas por créditos de Derecho público, en la medida en que concede un trato privilegiado a los acreedores públicos con respecto a los demás acreedores, siempre que tal exclusión esté debidamente justificada con arreglo al Derecho nacional.

7) **El artículo 23, apartado 4**, de la Directiva 2019/1023 debe interpretarse en el sentido de que no se opone a una normativa nacional que contempla una limitación de la exoneración de deudas para una categoría específica de créditos mediante el establecimiento de un tope por encima del cual queda excluida esa exoneración, sin que ese tope se fije en función del importe de la deuda en cuestión, siempre que tal limitación esté debidamente justificada con arreglo al Derecho nacional.

8) La Directiva 2019/1023 debe interpretarse en el sentido de que, cuando un legislador nacional decide ejercer la facultad regulada en el artículo 1, apartado 4, de dicha Directiva y extiende la aplicación de los procedimientos que permiten la exoneración de las deudas contraídas por empresarios insolventes a las personas

físicas insolventes que no sean empresarios, las normas que devienen aplicables a esas personas físicas en virtud de tal extensión deben ajustarse a las disposiciones del título III de la citada Directiva».

FORMULARIO

El Diccionario de la Real Academia Española de la Lengua define «formulario» como aquello perteneciente o relativo a las fórmulas, así como impreso con espacios en blanco; por «fórmula» entiende el medio práctico propuesto para resolver un asunto controvertido o ejecutar algo difícil, así como una manera de redactar algo y, así, el marco o regla para hacer algo a «forma», o a imagen de algo.

Partiendo de este concepto, a continuación vamos a exponer una serie de fórmulas que puedan coadyuvar al quehacer diario de cualquier Administrador o Mediador Concursal, sin que ello suponga una forma sacramentada, invariable, inamovible, sino, meramente orientativa de posibles soluciones ante el caso concreto que dicha fórmula plantea y, por supuesto, sin que suponga garantía de absoluto éxito, pues cada asunto tiene su idiosincrasia propia, por lo que, siempre y en todo caso, se aconseja modular o moldear al supuesto concreto, pues el Derecho es algo que fluye tanto como el agua del río de Heráclito, en incesante cambio.

Modelo nº 1

A LA ATENCIÓN DE BANCO ___________ Of. _______

Muy Sres. míos:

Sirva el presente correo para indicarles que su cliente do_______ (D.N.I. __________) ha sido declarado en CONCURSO CONSECUTIVO ABREVIADO mediante Auto dictado el día_________por el Juzgado de Primera Instancia número ___ de los de ___________, del que le adjunto copia para su conocimiento y efectos oportunos.

En dicho Auto, podrán comprobar que he sido designado ADMINISTRADOR CONCURSAL, acompañándoles junto al presente correo, copia de mis credenciales.

Las facultades que, como tal Administrador Concursal me han sido conferidas lo han sido de SUSPENSIÓN de las que ostenta el Sr. ___________; por tales motivos, deberán:

a) Considerar como única persona autorizada a disponer de cualquier cuenta abierta en esa entidad bancaria a mí mismo como Administrador Concursal.
b) Abstenerse de permitir disposición alguna con cargo a cualquier cuenta abierta en esa entidad bancaria, ordenada por cualquier medio, con la sola firma del Sr. ___________.
c) La titularidad de las cuentas deberá mantenerse sin variación; sólo, completar sus facultades de disposición de fondos y cualesquiera otras órdenes derivadas del Servicio de Caja sobre dichas cuentas con sola firma autorizante.
d) Abstenerse de realizar pago alguno o retención con cargo a dichas cuentas, salvo las domiciliaciones preexistentes y recurrentes, hasta recibir instrucción contraria, en su caso, por mi parte.
e) Abstenerse de proceder a la efectividad de embargo alguno.
f) A designar a alguna persona de esa entidad, como interlocutor con esta Administración Concursal, a los efectos de mantener fluidez en las instrucciones que pudieren dárseles.
g) A anular las claves de acceso a la Banca *On-line* del concursado, *facilitando antes* a este Administrador Concursal, nuevas claves.
h) Ruego me remitan por su valija interna a la oficina de ________, un talonario de cheques.

Ruego su *acuse de recibo*.

Modelo nº 2

Por la presente comunicamos que BANCO_______, está dispuesto, en principio, sin que ello suponga compromiso en firme de afianzamiento, a estudiar la posible prestación en su día de un aval que garantice las responsabilidades que _______________ pudiera contraer con ustedes como consecuencia de _______________.

Para el supuesto en que el aval llegara a prestarse, la cantidad límite avalada no podrá exceder, por todos los conceptos, de ____________, quedando automáticamente nulo y sin efecto alguno una vez transcurrido el plazo de su vigencia, que será de ______________, a contar desde la fecha del aval, supuesto en el cual se producirá la caducidad de la acción para hacerlo efectivo, salvo que el Banco hubiera sido requerido de pago dentro del plazo indicado.

Modelo nº 3

Sin perjuicio de cualesquiera otras garantías personales o reales constituidas o que se puedan constituir en aseguramiento de las obligaciones que se contraen en la presente Escritura, __________ constituye derecho real de anticresis sobre el inmueble descrito en el expositivo _______________ de la misma, a favor de BANCO _______, S.A., quien así la acepta. A tales efectos, en este acto, entrega en este acto, por mediación de su legal representante a BANCO _________, S.A. el original del contrato de arrendamiento referido en la parte dispositiva de la presente escritura, del que deduzco testimonio para su debida protocolización Esta garantía se regirá por sus normas naturales y las siguientes disposiciones:

1ª.- *Obligación garantizada*: La anticresis garantiza el saldo deudor de la cuenta de préstamo/crédito al día de su cierre, hasta el límite indicado de _____ Euros; los intereses, remuneratorios y moratorios de hasta un máximo del 15 por ciento del límite, ascendentes a otros _____ Euros. Suma una total responsabilidad de _____ Euros.

2ª.- *Objeto de la garantía*: El derecho real de anticresis se constituye sobre la finca descrita en el expositivo _________ de esta escritura. Por tanto, ________ autoriza a la entidad acreedora, BANCO _________, S.A. para percibir los frutos y rentas de la citada finca y aplicarlos a la finalidad del pago de la cuenta de préstamo/crédito prevista en esta Escritura. Dichos frutos y rentas se concretan especialmente, y sin perjuicio de cualesquiera otros generare en la actualidad o que pudiere generar en el futuro el inmueble, en la merced arrendaticia descrita en el expositivo _________, que se aplicarán y serán objeto de cobro en la forma que seguidamente se expresa.

Por voluntad expresa de los contratantes, el Banco acreedor no está obligado a pagar las contribuciones y cargas que pesan o pudieren pesar sobre la finca, así como tampoco está obligado a hacer los gastos que fueren necesarios para su conservación y reparación.

________ podrá readquirir el pleno goce del inmueble una vez haya pagado íntegramente las responsabilidades garantizadas al Banco acreedor.

Los frutos de la finca dada en anticresis podrán ser compensados con los intereses de la deuda garantizada, a cuyo efecto se abonará el importe de la merced arrendaticia en la cuenta número ____________ abierta en la oficina de Banco ________, S.A., sita en ____________. La falta de pago por el arrendatario de las rentas en la forma prevista en las precedentes líneas y en los períodos pactados en el correspondiente contrato de arrendamiento, facultará al Banco acreedor a declarar, sin necesidad de previo requerimiento, vencida anticipadamente la obligación principal y/o la ejecución de la garantía real que se constituye.

3ª.- *Naturaleza del derecho*: La anticresis aquí constituida tendrá carácter real y se inscribirá en el Registro de la Propiedad al amparo de lo dispuesto en los artículos 2.2 y 13 de la Ley Hipotecaria, lo que expresamente solicitan los otorgantes.

4ª.- *Ejecución de la garantía*: La entidad acreedora no adquirirá la propiedad del inmueble por falta de pago de la deuda en los plazos convenidos, pero esta anticresis le concederá un derecho de realización de valor que podrá ejecutarse, a elección de aquélla, por los procedimientos declarativos y ejecutivos, judiciales o extrajudiciales, sin que el ejercicio de uno de ellos impida la posterior utilización de los demás, hasta tanto no queden íntegramente satisfechas las responsabilidades que se contraen con el préstamo de la presente escritura, a cuyos efectos, convienen expresamente que:

1. La finca se tasa para venta en pública subasta en la suma de responsabilidades antes expresadas, esto son _____ Euros.
2. La parte constituyente del derecho real de anticresis:
   a) Señala como domicilio para oír notificaciones y requerimientos el citado como suyo en la intervención de esta escritura,
   b) Nombra a la Entidad acreedora mandataria, en su día, para que le represente en la venta de la finca en procedimiento ejecutivo correspondiente.
   c) Conviene que la liquidación para determinar la deuda ejecutivamente reclamable se practicará por el Banco, el cual expedirá la certificación que recoja el saldo que resulte a cargo del deudor. Dicho certificado se incorporará a Acta notarial en la que se haga constar por el fedatario autorizante que dicho saldo coincide con el que aparece en la

cuenta abierta al deudor y que la liquidación de la deuda se ha practicado en la forma pactada por las partes.

5ª.- *Notificación al arrendatario*: Las partes solicitan expresamente se proceda a la notificación al arrendatario ________ en el domicilio que consta en el contrato de arrendamiento, sito en _______, la constitución del presente derecho de garantía real de anticresis, así como de su obligación de ingreso de la merced arrendaticia en la cuenta expresada en la precedente disposición 2ª.

Modelo nº 4

En garantía del cumplimiento de las obligaciones y responsabilidades contraídas en esta Póliza por _____ y sus garantes _____, [*nombre y datos identificativos de los titulares de los fondos*] y sin perjuicio de las responsabilidades personales e ilimitadas contraídas o de cualesquiera otras garantías que el Banco ostente o en el futuro pudiere ostentar, dejan especialmente afectos los fondos de inversión mobiliaria, así como sus rendimientos e intereses, que actualmente se hallan depositados en la cuenta ___ abierta en el Banco____, así como los que en el futuro pudieren depositarse en la misma o en otra cualquiera de dicho Banco u otra entidad de crédito y ahorro, los cuales deberán ser necesariamente propiedad de ___ [*nombre y datos identificativos de los titulares de los fondos*], respectivamente sin carga ni gravamen alguno que limite su disposición, los cuales no podrán ser retirados ni liquidados, sin previamente haber sido canceladas las obligaciones que los mismos garantizan y quedan afectos. El Banco _____ queda expresa e irrevocablemente autorizado por los afectantes para reembolsarse, con cargo las participaciones de los fondos afectas en cada momento, del principal, intereses, comisiones y gastos pendientes de la obligación garantizada, pudiendo optar entre efectuar el reembolso antes del vencimiento de los mismos o de sus posibles y sucesivas prórrogas. La diferencia resultante, si la hubiere, quedará a disposición del respectivo titular de cada fondo. Las partes acuerdan expresamente que todas las cantidades que resulten de la realización de la afección constituida en virtud de este contrato, podrán ser imputadas libremente por el Banco prestamista, a la cancelación, o en su caso, reducción de las obligaciones garantizadas, en el siguiente orden: 1º) Gastos e impuestos debidos, 2º) Intereses de demora, 3º) Comisiones, 4º) Intereses remuneratorios; 5º) Capital.

Modelo nº 5

Constitución de prenda.- En garantía del cumplimiento de las obligaciones y responsabilidades contraídas en la Póliza de Préstamo, de la que las presentes cláusulas son anexo inseparable, y sin perjuicio de las responsabilidades personales e ilimitadas o garantías reales constituidas o que pudieren constituirse en el futuro, __________ constituye a favor de BANCO _____, S.A., que así la acepta expresamente, un derecho real de prenda sobre las participaciones del fondo de inversión que se reseñan a continuación:

"___ *participaciones instrumentadas en el certificado expedido a nombre de ___, bajo el número de orden ___, correspondientes al fondo ___, cuya Sociedad gestora es ___, con domicilio en ___, siendo la Entidad Depositaria ___, con domicilio en ___, con el IBAN ___. El valor liquidativo actual unitario es de ___ Euros por cada participación"*

___ manifiesta ser legítimo titular de las participaciones que pignora, que las mismas no se hallan afectas a otra garantía, ni han sido objeto de traba alguna, ni tiene limitada la facultad de disposición sobre las mismas y para acreditar su titularidad, ha hecho entrega al Banco de los certificados de legitimación expedidos por la Sociedad Gestora y la Depositaria del fondo.

A) Las partes convienen expresamente que la prenda se extenderá a las nuevas participaciones resultantes del canje, liquidación, conversión o amortización de las ya pignoradas o efectivo que de ellas proceda en cualquier concepto, ingresándose las cantidades resultantes en una cuenta especial, que devengará diariamente un interés nominal anual del ___ por ciento, y se liquidará y pagará en el momento de la aplicación total o parcial al pago de las obligaciones garantizadas o cuando proceda su restitución al pignorante, conforme a lo convenido en este documento. ___ autoriza a BANCO ___, S.A. a la gestión y cobro de los antedichos conceptos.

B) Las partes convienen expresamente que todas las cantidades que resulten de la realización de la prenda que se constituye en este acto, se imputarán a la cancelación o, en su caso, reducción de las obligaciones garantizadas, en el siguiente orden: 1º) Gastos e impuestos debidos; 2º) Intereses de demora; 3º) Comisiones; 4º) Intereses remuneratorios; 5º) Capital.

C) Del mismo modo, las partes acuerdan que si las participaciones pignoradas sufrieran una baja equivalente o superior al ___% de su cotización a la fecha de la firma de este contrato y viera disminuido, por consiguiente, su valor liquidativo actual unitario, ___ queda obligado a reponer la garantía, en la misma proporción que hoy lo está, con otras participaciones que acepte el Banco, las cuales quedarán expresamente pignoradas en los mismos términos y condiciones, efectuándose la oportuna diligencia de pignoración, debidamente intervenida por Notario, en la que se identificarán las nuevas participaciones entregadas.

___ queda obligado a hacer esta reposición en el plazo de quince días naturales, contados desde la recepción del requerimiento que al efecto le practicare el Banco, por cualquier medio válido en Derecho, incluyendo carta certificada, telefax, correo electrónico o telegrama, así como a abonar los gastos que se ocasionen. Si se dieran las circunstancias anteriores y dicha pignorante no realizara la reposición, el Banco prestamista podrá dar por vencida anticipadamente la obligación garantizada.

D) En el caso de participaciones, el valor liquidativo actual unitario que se ha reseñado, es el que resulta de la certificación expedida por la Sociedad Gestora y entregada al Banco prestamista. A los efectos oportunos, el pignorante autoriza expresa e irrevocablemente al Banco acreedor para solicitar de la Sociedad Gestora, la expedición de certificación del valor liquidativo de las participaciones pignoradas en cada momento, a fin de comprobar si dichas participaciones han sufrido o no la baja mencionada.

E) Si el Banco prestamista accediera a ello, la reposición podrá reemplazarse por el pignorante con la entrega de una cantidad de dinero suficiente para cubrir el importe a que ascienden las participaciones pignoradas o, en su caso, la expresada baja, cantidad que será ingresada en la cuenta especial antes citada, extendiéndose la oportuna diligencia de pignoración, con intervención de Notario y dentro del plazo indicado de dos días.

F) Tratándose de prenda de participaciones en fondos de inversión y sin perjuicio de la garantía que se constituye en este documento, ___ cede a BANCO___, S.A., con carácter irrevocable, el derecho que le corresponde a solicitar el reembolso de las participaciones a la Sociedad Gestora de acuerdo con el valor liquidativo del fondo de ese día, en la medida necesaria para el pago de las cantidades adeudadas, siempre que éstas resulten exigibles, quedando la Sociedad Gestora autorizada para proceder al reembolso solicitado.

G) La constitución de la prenda se notificará a la Sociedad Gestora del fondo de inversión, con referencia expresa a la facultad que se confiere al Banco para solicitar directamente el reembolso de las participaciones, y a la propia Sociedad Gestora para acceder a dicha solicitud.

El Banco prestamista tendrá también, con relación a las participaciones objeto de la prenda, los derechos establecidos en los artículos 320 y 918 del Código de comercio, el artículo 1.922.2º del Código civil y el artículo 270 y siguientes del Texto Refundido de la Ley Concursal y, especialmente, el derecho a cobrar su crédito con preferencia a los demás acreedores, quienes no podrán disponer de los mismos, a no ser satisfaciendo el crédito constituido sobre ellos, así como a no traer a la masa los fondos pignorados, a menos que la representación de la quiebra los quisiere recobrar satisfaciendo íntegramente el crédito a que estuvieren afectos.

H) En el supuesto de disolución y posterior liquidación del Fondo de Inversión, de conformidad con lo dispuesto en la normativa vigente reguladora de las Instituciones de Inversión Colectiva, la cuota líquida que resulte de las operaciones de liquidación a favor del pignorante, quedará, a su vez, pignorada en los mismos términos que lo estaban las participaciones a que dicha cuota líquida responda.

I) El Banco prestamista queda autorizado expresa e irrevocablemente por el pignorante para solicitar de los liquidadores del Fondo de Inversión y, en su caso, del Banco de España o Caja General de Depósitos, el ingreso de la mencionada cuota de liquidación en la cuenta especial anteriormente reseñada.

J) ___ da cumplimiento al requisito de poner al Banco prestamista en posesión del objeto pignorado mediante la entrega material en este acto a los legítimos representantes de BANCO___, S.A. de los correspondientes Certificados nominativos de participaciones en fondos de inversión.

K) En caso de procedimiento concursal universal de la pignorante, se obliga ésta a hacer formar protesta de la existencia de la prenda constituida a favor de Banco ___, S.A. sobre los fondos a que se contrae el presente documento y la Póliza de la que el mismo es anexo inseparable.

Modelo nº 6

Constitución de prenda.- Son objeto de la presente prenda, en su doble aspecto de saldo de dinero y derecho de crédito al reembolso del mismo de las cantidades depositadas en la siguiente cuenta de ahorro:

IBAN 0000/1111//___________

ENTIDAD EMISORA: BANCO ___, S.A.

TITULAR: ___

SALDO ACTUAL TOTAL ___________

La pignorante manifiesta que los bienes y derechos que se pignoran por la presente cláusula son de su exclusiva propiedad, teniendo la libre disposición de los mismos y que no están gravados, embargados ni están afectos a ninguna otra responsabilidad.

Tratándose de derechos de créditos documentados en cuenta de ahorros, a los efectos de tener lugar el desplazamiento posesorio, el pignorante hace entrega en este acto a los representantes del Banco la correspondiente libreta.

La prenda continuará en vigor y será indisponible hasta tanto no se hayan cancelado totalmente las obligaciones garantizadas, en cuyo momento se hará devolución por el Banco al pignorante de la correspondiente libreta antes citada.

3ª.- Afección de intereses. Los intereses devengados y no satisfechos en el momento de la constitución de la prenda, así como los que se devenguen durante la vigencia de este contrato, se ingresarán en la misma cuenta de ahorro, y su saldo será indisponible para el pignorante y quedará igualmente afecto en el mismo concepto que la prenda.

4ª.- Realización de la prenda. El Banco queda expresa e irrevocablemente autorizado por el pignorante para reembolsarse, con cargo al derecho de crédito de la cuenta de ahorro, del principal, intereses de demora y remuneratorios a favor del Banco, comisiones y gastos pendientes de las obligaciones garantizadas. El Banco podrá efectuar las oportunas compensaciones, disposiciones y anotaciones en la correspondiente libreta, y el saldo que pudiera resultar a favor del pignorante en la cuenta de ahorro permanecerá pignorado en los mismos términos hasta la total extinción de las obligaciones garantizadas.

5ª.- Sustitución. Si se promoviera contra el pignorante procedimiento judicial, administrativo o notarial en que pueda producirse el embargo o subasta de los bienes pignorados, sin perjuicio de que el Banco pudiera ostentar un mejor derecho, el pignorante está obligado a comunicar al Banco, inmediatamente de producirse su inicio y a sustituir los derechos de crédito pignorados por otros que acepte el Banco, los cuales quedan pignorados en los mismos términos, efectuándose la oportuna diligencia de pignoración, intervenida por fedatario público, en la que se identificarán los nuevos derechos de crédito pignorados. El pignorante está obligado a realizar esta sustitución en el plazo de dos días contados desde la recepción del requerimiento que al efecto le practique el Banco y a abonar los gastos e impuestos que se ocasionen incluidos aquellos en los que el sujeto pasivo sea el Banco. Caso de no efectuar el pignorante la comunicación y la sustitución en el plazo señalado, podrá el Banco declarar el vencimiento anticipado de las obligaciones garantizadas.

Modelo nº 7

Constitución de derecho real de garantía prendaria: ___, en adelante denominado 'el PIGNORANTE', con el expreso consentimiento de sus garantes reales y personales [*según el caso*], constituye a favor de BANCO ___, S.A. —en adelante denominada 'el BANCO'—, que así lo acepta, un derecho real de prenda extensivo sobre los siguientes bienes y derechos:

Los derechos de crédito o económicos de cualquier clase que ostenta la mercantil ___ (en adelante denominada "La ARRENDADORA" o "la PRESTATARIA") frente a ___ (en adelante denominada "la ARRENDATARIA") por razón del contrato de Arrendamiento para uso distinto a vivienda suscrito entre ambas partes el día ___, que tiene por objeto el inmueble sito en ___, o finca número ___ del Registro de la Propiedad ___, que es el que se concreta, sin perjuicio de cualquier otro derecho con carácter económico que subyaciere en dicho contrato de arrendamiento, aun cuando no se expresase en los siguientes apartados, en:

a) El importe de la renta pactada, ascendente al día de hoy a ___ Euros, pagaderos mensualmente.
b) Las indemnizaciones que corresponda pagar por la ARRENDATARIA a la ARRENDADORA, por razón al contrato de arrendamiento que las vincula

y antes se describe por cualquier concepto, incluido lo previsto en la cláusula ___ª del citado contrato locativo.

c) Cualquiera otra indemnización o derecho económico que la Ley 29/1994, de 24 de noviembre, de Arrendamientos Urbanos, o norma que pudiere suplirla o derogarla en un futuro, pudiere conceder al ARRENDADOR frente al ARRENDATARIO, aun cuando no hubiere sido pactada contractualmente.

d) No se incluye la cuota correspondiente al Impuesto sobre el Valor Añadido (I.V.A.) dado su carácter impositivo y perteneciente a la Hacienda Pública, debiendo pagar su importe directamente la arrendataria a la arrendadora en los términos convenidos en su contrato para que el ARRENDADOR cumpla con sus obligaciones fiscales inherentes a dicho Impuesto.

e) Tampoco se incluye la fianza depositada por la ARRENDATARIA ni sus posibles actualizaciones y/o impuestos que la graven, por generar el derecho a la devolución por la ARRENDADORA a la ARRENDATARIA cumplidos los términos contractuales.

I. ___ manifiesta que, como propietaria del local objeto del contrato de arrendamiento antes descrito, los bienes y derechos a que la misma se refiere, se hallan libres de cargas y gravámenes, así como que no han sido cedidos ni pignorados a terceros previamente al otorgamiento de la presente Escritura, consintiendo expresamente que sea Banco ___, S.A. el nuevo beneficiario de los derechos económicos objeto de pignoración.

II. ___ da cumplimiento al requisito de poner al Banco prestamista en posesión del objeto pignorado mediante la entrega material en este acto a los legítimos representantes de BANCO ___, S.A. del original del contrato arrendaticio, por el ejemplar que le corresponde como ARRENDADOR y sus condiciones generales y particulares, todo lo cual queda testimoniado en la Escritura, solicitando expresamente las partes contratantes, de mí el Notario autorizante que proceda a notificar a la ARRENDATARIA, en su domicilio sito en ___, la constitución de la presente pignoración a los fines de que tome debida nota en sus Libros-registro correspondientes de la misma y proceda a destinar, con carácter irrevocable, los importes a que se refiere el precedente epígrafe I en la cuenta especial IBAN ______________, que devengará diariamente un interés nominal anual del _____ por ciento, y se liquidará y pagará en el momento de la aplicación total o parcial al pago de las obligaciones garantizadas o cuando proceda su restitución al pignorante, conforme a lo convenido en este documento. La ARRENDADORA autoriza a BANCO ___, S.A. a la gestión y cobro de los antedichos conceptos pignorados.

III. Incumplidas total o parcialmente las obligaciones garantizadas, podrá el Banco acreedor proceder a la realización total o parcial de la prenda en cuantía suficiente para satisfacer la obligación incumplida (sin necesidad de acudir al procedimiento establecido en el artículo 1.872 del Código civil, mediante el abono de los importes líquidos resultantes de lo convenido en la precedente cláusula, en la cuenta de préstamo abierta al amparo de la presente Póliza, efectuando el oportuno adeudo en la cuenta especial referida en el precedente epígrafe **III**, a cuyo efecto se autoriza por la pignorante y la garante [*en su caso*] al Banco acreedor de forma expresa e irrevocable.

Modelo nº 8

Sin perjuicio de la responsabilidad personalidad ilimitada que el prestatario y sus garantes, así como de cualquier otra garantía personal o real existente o que en el futuro pudiere constituirse, por la presente cláusula __________ constituye, como garantía real de las obligaciones contraídas en la presente Póliza, a favor de BANCO ABCD, S.A., que aquí lo acepta, DERECHO REAL DE PRENDA sobre todas y cada una de las acciones que al final de la presente cláusula se detallan. Lo convenido en la cláusula garantiza concretamente las responsabilidades contraídas en la Póliza de ___, número ___ suscrita el día ___ por Banco ABCD S.A. y ___, con la garantía personal solidaria de ___, por importe de ___, intervenida por el fedatario don ___, formando parte adicional e inseparable de la misma. La que se regirá por las siguientes reglas:

1ª) El pignorante, ___, manifiesta ser legítimo propietario de dichas acciones, así como que únicamente se hallan pignoradas a favor de BANCO WXYZ, S.A. en garantía de un crédito ____ y no afectas a ninguna otra garantía adicional, ni han sido objeto de traba o restricción alguna, teniendo por ello plena y libre disponibilidad de las mismas. En consecuencia, la presente garantía prendaria que se constituye por este documento, no consideran como una segunda prenda, sino que ésta, juntamente con la precedentemente constituida a favor de BANCO WXYZ, S.A., lo son con el mismo rango, haciendo extensivo para la prenda el contenido que para la hipoteca establece el artículo 227 del Reglamento Hipotecario.

2ª) En perfección de la prenda constituida, el pignorante entrega en este acto al Banco ABCD copia de los títulos representativos de las acciones pignoradas, las cuales quedan depositadas en las cajas del Banco ABCD, Sucursal de ___, que asume las funciones de depositario, cobrando por ello en concepto de gastos de depósito, custodia y administración de los títulos, las comisiones aplicables de conformidad con las tarifas vigentes en cada momento.

3ª) Respecto de las acciones nominativas que se pignoran, el pignorante concede su autorización expresa para que por el fedatario interviniente se dé conocimiento a la entidad emisora de los títulos de la pignoración efectuada, a los fines de que se inscriba la garantía en el Libro de Acciones Nominativas de la sociedad correspondiente.

4ª) Respecto de las acciones pignoradas representadas mediante anotaciones en cuenta, se estará a lo establecido para ello en la Ley sobre el Mercado de Valores, artículos 5 a 12, ambos inclusive, y al Real Decreto 116/1992, de 14 de febrero y demás disposiciones de aplicación. De acuerdo con su contenido, el pignorante aporta Certificado de legitimación referido a los títulos pignorados. Del mismo modo, el pignorante concede su autorización para que por el fedatario interviniente se comunique los Registros de anotaciones en cuenta la constitución de la presente garantía prendaria, a efecto de que se practique la correspondiente inscripción de la misma e inmovilización de los títulos.

5ª) La presente garantía real se extiende y garantiza a las responsabilidades contraídas y derivadas de la Póliza que antecede, a los gastos y comisiones por custodia, administración y depósito de los títulos pignorados y a cuantos gastos e impuestos deba satisfacer el Banco, a su cargo y cuenta del deudor o pignorante. Y se constituye sobre las acciones reseñadas, los dividendos y cuantos de ellas se deriven y, en su caso, sobre el líquido resultante de la amortización de los títulos o liquidación de la sociedad emisora.

6ª) En su virtud, el pignorante apodera al Banco ABCD para que éste pueda percibir los dividendos activos, intereses, frutos o rendimiento de cualquier clase que deriven de los valores dados en garantía.

7ª) En caso de ampliación de capital, si el pignorante ejerciere su derecho de suscripción preferente, los nuevos títulos quedarán pignorados al igual que las acciones de que procedieren. Si no acudiese a la ampliación y vendiese sus derechos, el importe de la venta, como fruto de las acciones quedará asimismo pignorado e ingresado en la cuenta IBAN ___ que se indica en el párrafo siguiente.

8ª) Para el caso de que cualquiera de las cantidades en efectivo dimanantes de las acciones pignoradas no se aplicase o no pudiera aplicarse al pago de las obligaciones garantizadas, el pignorante autoriza expresa e irrevocablemente al Banco ABCD a abrir a nombre del pignorante, como titular, una cuenta IBAN___ en las condiciones generales establecidas por el Banco para este tipo de depósitos, cuyo saldo será indisponible y el derecho de crédito derivado de dicho depósito en cuenta de ____ quedará asimismo pignorado en los mismos términos y condiciones establecidos. Del mismo modo, el pignorante autoriza al Banco a retener la cartilla que, como consecuencia del depósito constituido, se expida al efecto por el Banco.

9ª) En el supuesto de que, derivados de las acciones pignoradas existan dividendos pasivos pendientes de desembolso, el pignorante se compromete a satisfacer su importe con cinco días de antelación, por lo menos, a la expiración del plazo que se haya concedido para el cumplimiento de esta obligación, acreditándolo así ante el Banco.

10ª) La prenda es indivisible y, en consecuencia, se mantendrá íntegra respecto de todas y cada una de las acciones pignoradas que la integran, aun cuando se pagare parcialmente el crédito con ella garantizado, por lo cual, en tanto subsista cualquier obligación de pago de las garantizadas en la presente prenda, el pignorante no podrá reclamar ni en todo ni en parte las acciones dadas en garantía prendaria.

11ª) En el caso de tratarse de acciones cotizadas en el Mercado de valores, la ejecución de la prenda se efectuará de acuerdo con lo establecido en los artículos 320 a 323, ambos inclusive del Código de comercio, o de conformidad con la legislación vigente que resulte aplicable en su momento.

12ª) Si las acciones pignoradas no cotizasen en ningún mercado de valores, se procederá a su enajenación de acuerdo con lo dispuesto en el artículo 1.872 del Código civil y los usos y prácticas bancarias

13ª) Sin perjuicio de lo convenido en las cláusulas precedentes, para que el Banco pueda resarcirse de los créditos que ostente contra el pignorante, por razón de las obligaciones que se garantizan, éste queda expresamente facultado por el pignorante para vender los valores dados en prenda, que a su elección se consideren suficientes, aplicando los importes obtenidos al pago de aquellas obligaciones.

A efectos de la realización de la prenda, el pignorante apodera en lo que fuera menester a BANCO ABCD, S.A. para llevar a cabo la venta de los valores en cualquier momento.

14ª) Las partes expresamente convienen en que el hecho de constituirse la prenda en garantía de una deuda ajena o no, no implica que el pignorante ostente derecho alguno de excusión, orden o división, por lo que el Banco podrá ejercitar indistintamente y a su conveniencia, sin observar orden de prelación alguno, las acciones que se deriven del presente contrato o las nacidas de las obligaciones garantizadas, sea cual fuere su naturaleza.

15ª) Se conviene expresamente, además, que todas las cantidades que resulten de la realización de la prenda podrán ser imputadas por el Banco a la cancelación o, en su caso, reducción de las obligaciones garantizadas en el orden siguiente: a) Gastos e impuestos debidos, b) Intereses de demora, c) Comisiones, d) Intereses remuneratorios y e) Principal.

16ª) Las partes expresamente convienen que el pignorante podrá liberar, total o parcialmente, la prenda constituida sobre los valores a que se contrae el presente documento en cualquier momento, contra cancelación de la obligación

garantizada o constitución de nueva garantía prendaria, personal o real, bastante para cubrir las responsabilidades pendientes, a satisfacción del Banco acreedor.
17ª) En caso de cualquier otro tipo de procedimiento concursal universal de la pignorante, se obliga ésta a hacer formar protesta de la existencia de la prenda constituida a favor de Banco ABCD, S.A. sobre los valores a que se contrae el presente documento y la Póliza de la que el mismo es anexo inseparable.

IDENTIFICACIÓN DE LAS ACCIONES OBJETO DE PRENDA

Núm./Ref. registro	Nominal	Entidad emisora	C.I.F.	Ent. Encargada Reg. Cont.

Incumplidas total o parcialmente las obligaciones garantizadas o las que se contraen en el presente documento, podrá el Banco acreedor proceder a la realización total o parcial de la prenda en cuantía suficiente para satisfacer la obligación incumplida (sin necesidad de acudir al procedimiento establecido en el artículo 1.872 del Código civil, mediante el abono de los importes líquidos resultantes en las cuentas de crédito a que se refiere la precedente cláusula 1-bis, a cuyo efecto se autoriza por la pignorante al Banco acreedor de forma expresa e irrevocable.
Dado que los títulos de las acciones no están todavía confeccionados, queda en poder de la entidad acreedora el resguardo provisional firmado por el Administrador único de la sociedad, comprensivo de las acciones dadas en prenda.
Dicho resguardo se canjeará a efectos del depósito de las acciones, por éstas, una vez estén confeccionadas y de ello tiene ya conocimiento dicho Administrador, quien expresamente autoriza el citado resguardo, ya que es el constituyente de la prenda.

Modelo nº 9

PACTO DE ANTICRESIS: Sin perjuicio de cualesquiera otras garantías personales o reales constituidas o que se puedan constituir en aseguramiento de las obligaciones que se contraen en la presente Escritura, _____ constituye derecho real de anticresis sobre el inmueble descrito en el expositivo ________ de la misma, a favor de BANCO ____, S.A., quien así la acepta. A tales efectos, en este acto, ____ entrega, por mediación de su legal representante a BANCO___, S.A. el original del contrato de arrendamiento referido en la parte dispositiva de la presente escritura, del que deduzco testimonio para su debida protocolización
Esta garantía se regirá por sus normas naturales y las siguientes disposiciones:
1ª.- *Obligación garantizada*: La anticresis garantiza el saldo deudor de la cuenta de préstamo al día de su cierre, hasta el límite indicado de ________ Euros; los intereses, remuneratorios y moratorios de hasta un máximo del 15 por ciento

del límite, ascendentes a otros ___ Euros. Suma una total responsabilidad de ___Euros.

2ª.- *Objeto de la garantía*: El derecho real de anticresis se constituye sobre la finca descrita en el expositivo ___________ de esta escritura. Por tanto, ___ autoriza a la entidad acreedora, BANCO ___, S.A. para percibir los frutos y rentas de la citada finca y aplicarlos a la finalidad del pago de la cuenta de préstamo prevista en esta Escritura. Dichos frutos y rentas se concretan especialmente, y sin perjuicio de cualesquiera otros generare en la actualidad o que pudiere generar en el futuro el inmueble, en la merced arrendaticia descrita en el expositivo _________, que se aplicarán y serán objeto de cobro en la forma que seguidamente se expresa.

Por voluntad expresa de los contratantes, el Banco acreedor no está obligado a pagar las contribuciones y cargas que pesan o pudieren pesar sobre la finca, así como tampoco está obligado a hacer los gastos que fueren necesarios para su conservación y reparación.

_____ podrá readquirir el pleno goce del inmueble una vez haya pagado íntegramente las responsabilidades garantizadas al Banco acreedor.

Los frutos de la finca dada en anticresis podrán ser compensados con los intereses de la deuda garantizada, a cuyo efecto se abonará el importe de la merced arrendaticia en la cuenta número ___ abierta en la oficina de Banco___, S.A., sita en ____. La falta de pago por el arrendatario de las rentas en la forma prevista en las precedentes líneas y en los períodos pactados en el correspondiente contrato de arrendamiento, facultará al Banco acreedor a declarar, sin necesidad de previo requerimiento, vencida anticipadamente la obligación principal y/o la ejecución de la garantía real que se constituye.

3ª.- *Naturaleza del derecho*: La anticresis aquí constituida tendrá carácter real y se inscribirá en el Registro de la Propiedad al amparo de lo dispuesto en los artículos 2.2 y 13 de la Ley Hipotecaria, lo que expresamente solicitan los otorgantes.

4ª.- *Ejecución de la garantía*: La entidad acreedora no adquirirá la propiedad del inmueble por falta de pago de la deuda en los plazos convenidos, pero esta anticresis le concederá un derecho de realización de valor que podrá ejecutarse, a elección de aquélla, por los procedimientos declarativos y ejecutivos, judiciales o extrajudiciales, sin que el ejercicio de uno de ellos impida la posterior utilización de los demás, hasta tanto no queden íntegramente satisfechas las responsabilidades que se contraen con el préstamo de la presente escritura, a cuyos efectos, convienen expresamente que:

La finca se tasa para venta en pública subasta en la suma de responsabilidades antes expresadas, esto son ___ Euros.

La parte constituyente del derecho real de anticresis: (i) Señala como domicilio para oír notificaciones y requerimientos el citado como suyo en la intervención de esta escritura, (ii) Nombra a la Entidad acreedora mandataria, en su día, para que le represente en la venta de la finca en procedimiento ejecutivo correspondiente. (iii) Conviene que la liquidación para determinar la deuda ejecutivamente reclamable se practicará por el Banco, el cual expedirá la certificación que recoja el saldo que resulte a cargo del deudor. Dicho certificado se incorporará a Acta notarial en la que se haga constar por el fedatario autorizante que dicho saldo coincide con el que aparece en la cuenta abierta al deudor y que la liquidación de la deuda se ha practicado en la forma pactada por las partes.

5ª.- *Notificación al arrendatario*: Las partes solicitan expresamente se proceda a la notificación al arrendatario ___ en el domicilio que consta en el contrato de arrendamiento, sito en ___, la constitución del presente derecho de garantía real de anticresis, así como de su obligación de ingreso de la merced arrendaticia en la cuenta expresada en la precedente disposición ____.

Modelo nº 10

(A la Corte de Arbitraje y Mediación de la Cámara de Comercio, Industria, Servicios y Navegación de Valencia)

Don/ña……………………………………., con DNI…………………actuando

☐ en nombre propio

☐ en nombre de la entidad………………….con CIF……………

en virtud de los poderes de representación que se acompañan, viene a presentar solicitud de iniciación del procedimiento para alcanzar un acuerdo extrajudicial de pagos.

Declaro que concurren en mi caso los requisitos exigidos por el artículo 231 de la Ley 22/2003, de 9 de julio, Concursal, para iniciar este procedimiento y que la estimación inicial del pasivo no supera la cantidad de cinco millones de euros.

A) IDENTIFICACIÓN

a) PERSONA NATURAL

1. Domicilio: ……………………………………………
2. Teléfono: ……………………………………………
3. Correo electrónico: ……………………………
4. Modificación del domicilio en los últimos seis meses:

☐ Sí

☐ No

5. Lugar de nacimiento:..
6. Nacionalidad si es extrajero:..
7. Estado civil: ... soltero... casado... separado... divorciado (... con convenio regulador ... sin convenio regulador)
8. Régimen económico matrimonial:

☐ Gananciales
☐ Separación de bienes
☐ Partición

9. Identidad del cónyuge (nombre, apellidos y NIF, NIE o Número de Pasaporte) si el peticionario está casado en régimen distinto al de separación de bienes:
10. Indicar si los cónyuges son propietarios de vivienda familiar que pueda verse afectada por el acuerdo extrajudicial de pagos:

☐ Sí
☐ No

En caso afirmativo,

☐ Se acompaña el consentimiento del otro cónyuge
☐ La solicitud de firma por ambos cónyuges

11. Personas a su cargo o a quienes deba satisfacer alimentos:

☐ Sí
☐ No

En caso afirmativo, indique sus nombres, apellidos y la relación de parentesco con Ud.:..
12. Indicar si el deudor tiene pareja de hecho con la que haya formado un patrimonio común y los pactos o reglas económicas que le sean de aplicación. En caso afirmativo, señalar la identidad de la pareja (nombre, apellidos y NIF o NIE)

b) PERSONA JURÍDICA

1. Forma jurídica:...
2. La razón social o denominación:...
3. Identificación del órgano de administración o liquidador que ha decidido la solicitud del acuerdo extrajudicial de pagos:.......................................
4. Los datos de identificación registral:..
5. La nacionalidad, si fuesen extranjeras:.................................
6. Domicilio:...
7. Número de identificación fiscal, cuando se trate de entidades que deban disponer del mismo con arreglo a la normativa tributaria:..............................
8. Teléfono:...
9. Correo electrónico:..

10. Manifestar que la entidad cumple los requisitos del artículo 522 del Texto Refundido de la Ley Concursal, sin que tenga más de 50 acreedores, el pasivo no supera los 5.000.000 de euros y el activo no alcanza los 5.000.000 de euros:

☐ Sí

☐ No

11. Manifestar que se disponen de activos suficientes para satisfacer los gastos propios del acuerdo.

☐ Sí

☐ No

12. Manifestar que la entidad no es aseguradora o reaseguradora:

☐ Sí

☐ No

B) CONCURRENCIA DE LAS CONDICIONES DE ACCESO AL PROCEDIMIENTO

1. Señale el tipo de insolvencia en que se encuentra:

☐ Actual, si ya no puede cumplir regularmente sus obligaciones exigibles.

☐ Inminente, si prevé que no podrá cumplir regular y puntualmente sus obligaciones.

2. Indique los hechos de los que deriva su situación de insolvencia:

☐ Desempleo.

☐ Sobreendeudamiento.

☐ Pérdidas empresariales o profesionales.

☐ Disminución de las ventas.

☐ Aumento de los gastos de explotación.

☐ Aumento de los costes financieros.

☐ Aumento de la morosidad de los clientes.

☐ Otros:...

3. Estimación del importe global de las deudas:..................................

4. Estimación del importe global del valor de los bienes y derechos:............

5. Indique si ha sido condenado en sentencia firme por delito contra el patrimonio, contra el orden socioeconómico, de falsedad documental, contra la Hacienda Pública, la Seguridad Social o contra los derechos de los trabajadores en los 10 años anteriores:

☐ Sí

☐ No

Se acompaña certificado de antecedentes penales.

6. En caso afirmativo, especifique el delito por el que fue condenado y la fecha de la sentencia firme en virtud de la cual hubiera sido condenado. ....

7. Indique si ha alcanzado un acuerdo extrajudicial de pagos con los acreedores, ha obtenido la homologación de un acuerdo extrajudicial de refinanciación o ha sido declarado en concurso de acreedores dentro de los últimos 5 años.

☐ Sí
☐ No

En caso afirmativo, indique la fecha del acuerdo o del auto.......................

8. Indique si actualmente se encuentra Ud. negociando con sus acreedores un acuerdo de refinanciación.

☐ Sí
☐ No

9. Indique si actualmente se encuentra admitida respecto de Ud. una solicitud de concurso de acreedores.

☐ Sí
☐ No

C) INVENTARIO DE BIENES Y DERECHOS

1. Indique la relación de ingresos regulares previstos, bienes, derechos y cualquier otro activo líquido de los que sea titular el deudor: ....
2. Si procede, indique los bienes y derechos necesarios para la continuación de su actividad profesional o empresarial: ....
3. Acompañe la siguiente documentación, si procede:

a) Certificado de rentas y, en su caso, certificado relativo a la presentación del Impuesto de Patrimonio, expedido por la Agencia Estatal de Administración Tributaria o el órgano competente de la Comunidad Autónoma, en su caso, con relación a los últimos cuatro ejercicios tributarios.

b) Últimas tres nóminas percibidas.

c) Certificado expedido por la entidad gestora de las prestaciones, en el que figure la cuantía mensual percibida en concepto de prestaciones o subsidios por desempleo.

d) Certificado acreditativo de los salarios sociales, rentas mínimas de inserción o ayudas análogas de asistencia social concedidas por las Comunidades Autónomas y las entidades locales.

e) En caso de trabajador por cuenta propia, si estuviera percibiendo la prestación por cese de actividad, el certificado expedido por el órgano gestor en el que figure la cuantía mensual percibida.

f) Declaración responsable del deudor o deudores relativa al cumplimiento de los requisitos exigidos para considerarse situados en el umbral de exclusión según el modelo aprobado por la comisión constituida para el seguimiento del cumplimiento del Código de Buenas Prácticas, cuando la vivienda habitual del deudor se encuentra gravada con un derecho real de hipoteca.

g) Certificado de pensión de jubilación

h) Si estuviera obligado a llevar contabilidad, las cuentas anuales correspondientes a los tres últimos ejercicios.

4. Indique si es titular de cuentas bancarias:

☐ Sí
☐ No

En caso afirmativo, indique el importe total del dinero depositado:……; y proporcione la siguiente información sobre sus cuentas corrientes o depósitos bancarios, fondos de inversión o similares:

Entidad	Oficina	Número de cuenta o depósito	Saldo (en euros)

Acompañe certificados expedidos por la entidad financiera.

5. Indique si es titular de capital mobiliario (acciones, obligaciones, préstamos, cuantas corrientes, depósitos financieros, seguros, arrendamiento de bienes muebles):

☐ Sí
☐ No

Entidad	Oficina	Cuenta de Valores	Valor (en euros) a fecha…/…/…

Acompañe certificados expedidos por la entidad financiera e indique su importe total: ………………………

6. Indique si es titular de bienes inmuebles:

☐ Sí
☐ No

Inmueble	Situación	Inscripción en el R.P nº… de……..libro….., folio…., tomo….y nº de finca…….	Valor catastral (en euros)

Acompañe:

a. Certificados de dominio y cargas o gravámenes expedidos por el Registro de la Propiedad.

b. Escrituras de compraventa de la vivienda habitual y de constitución de la garantía hipotecaria y otros documentos justificativos, en su caso, del resto de las garantías reales o personales constituidas, si las hubiere.

7. Indique si es titular de bienes muebles (vehículos, joyas, obras de arte…):

☐ Sí

☐ No

En caso afirmativo, adjunte un anexo con la descripción de cada bien e identifique respecto de cada bien, su tipo (por ej. en el caso de vehículos indique marca y modelo), nº de matrícula o registro y fecha de adquisición.

D) LISTA DE ACREEDORES

1. Número de acreedores: …………

2. Datos identificativos de los acreedores:

Identidad del acreedor	Domicilio	Dirección electrónica	Cuantía debida	Fecha de vto. del crédito	Amortizaciones previstas

3. Especialidades de identificación de créditos que dispongan de hipoteca o garantías reales (debe acompañarse original o copia autorizada de la escritura de constitución de las garantías o certificación registral de inscripción en el caso de la hipoteca):

Identidad del acreedor	Domicilio	Dirección electrónica	Cuantía	Tipo de garantía y fecha de constitución

4. Relación de los contratos en vigor (debe acompañarse contrato original o copia fehaciente del mismo):

Fecha de contrato	Contraparte	Tipo de contrato	Obligaciones del deudor pendientes	Obligaciones de la contraparte pendientes

5. Relación de gastos mensuales previstos:

Naturaleza del gasto	Cuantía	Fecha de vencimiento	Periodicidad

6. Indicar si tiene contratados trabajadores a su cargo:
El número de trabajadores es: ………………
Indicar la representación de los trabajadores, su domicilio y dirección electrónica: …………………………………………………………
Presentado en……………..a……….de……………………….de……
Fdo…………………………………..
En caso de que el régimen matrimonial no sea el de separación de bienes, debe firmar el cónyuge del deudor:
Fdo……………

Modelo nº 11

Estimad__ Sr__.:
Por la presente acuso recibo de su atta. de fecha___
Consecuentemente con la designación efectuada para actuar como MEDIADOR CONCURSAL en el expediente de referencia, iniciado a instancias de ______, por la presente vengo en efectuar las siguientes

DECLARACIONES

(i) Que en el abajo firmante concurre la condición de Mediador de acuerdo con la Ley 5/2012, de 6 de julio, de mediación en asuntos civiles y mercantiles, así como para actuar como Administrador Concursal, cumpliéndose los requisitos del artículo 642 del Texto Refundido de la Ley Concursal de 2020.

(ii) Que no concurre ninguna de las circunstancias aludidas en el artículo 13.5 de la Ley 5/2012, de 6 de julio, de mediación en asuntos civiles y mercantiles que puedan afectar a su imparcialidad o bien generar un conflicto de intereses.

(iii) Que concurren las condiciones subjetivas previstas en el artículo 62 del Texto Refundido de la Ley Concursal de 2020.

(iv) Que no concurre ninguno de los supuestos de incapacidad, incompatibilidad o prohibición previstos en los artículos 64 y 65 del Texto Refundido de la Ley Concursal de 2020.

(v) Que el abajo firmante tiene suscrito un seguro de responsabilidad civil, vigente al día de hoy, que alcanza el riesgo que pudiere derivar del desempeño del cargo de Mediador Concursal.

(vi) Que la dirección postal es la siguiente:___ y la dirección electrónica ___.

Por lo que manifiesto mi ACEPTACIÓN expresa como MEDIADOR CONCURSAL para el expediente de razón, en tiempo y forma hábiles, con el ruego de que den traslado de la misma a las Partes a los efectos reglamentarios correspondientes.

Atentamente,

Modelo nº 12

DILIGENCIA

Constituido el MEDIADOR CONCURSAL do_______, en su Despacho profesional sito en ___ calle de ___, hallándose presente do_____ (*datos personales*), quien, en lo sucesivo se denominará como el "DEUDOR", asistiendo con su Asesor do____, número ___ del Colegio de _____ de _____ y, siendo el día de la fecha arriba indicada, se les hace saber lo siguiente:

1) Que, con fecha ____, el DEUDOR solicitó de la "CORTE DE ARBITRAJE Y MEDIACIÓN DE VALENCIA —"CÁMARA VALENCIA"— en lo sucesivo se denominará como la "CÁMARA"— la iniciación de un procedimiento para alcanzar un acuerdo extrajudicial de pagos.
2) Que, por resolución de la CÁMARA DE COMERCIO_____ de fecha ____, fue designado en su nombre como MEDIADOR CONCURSAL el Economista del Ilustre Colegio de ______ do______, resolución que le fue notificada el mismo día.
3) Que, al siguiente día _____, fue aceptado el cargo por el MEDIADOR CONCURSAL ante la mencionada institución cameral, habiendo facilitado al mismo la dirección de correo electrónico _______ a los efectos de lo

dispuesto en el artículo 646 del Texto Refundido de la Ley Concursal de 2020 —en lo sucesivo, se citará como "LC"—, a través de la cual, los acreedores podrán realizar cualquier comunicación o notificación al MEDIADOR CONCURSAL.

4) Consecuentemente con lo dispuesto en el artículo 648 y siguientes del TRLC, la CÁMARA va a proceder a comunicar de oficio la apertura de las negociaciones al Juzgado de lo Mercantil competente para la declaración de concurso, antes del plazo de dos (2) meses siguientes a la fecha en que hubiera conocido o debido conocer su estado de insolvencia, que queda así establecido en el artículo 5 TRLC.
5) El DEUDOR tiene la facultad de solicitar expresamente el carácter reservado de la comunicación de negociaciones en cualquier momento y en los términos previstos en el artículo 585.3 TRLC.
6) La suspensión de las ejecuciones deberá ser solicitada por el DEUDOR ante el Juez competente en los términos previstos en el artículo 589 y siguientes del TRLC.
7) Transcurridos tres (3) meses desde la precitada comunicación al Juzgado, el DEUDOR haya o no alcanzado un acuerdo de refinanciación, o un acuerdo extrajudicial de pagos o las adhesiones necesarias para la admisión a trámite de una propuesta anticipada de convenio, deberá solicitar la declaración de concurso dentro del mes hábil siguiente, a menos que ya lo hubiera solicitado el mediador concursal o no se encontrara en estado de insolvencia, según dispone el artículo 595 TRLC.
8) El DEUDOR deberá dar cumplimiento a cuantas obligaciones dispone el TRLC al respecto.
9) El DEUDOR se abstendrá de realizar cualquier acto de administración y disposición que exceda los actos u operaciones propias del giro y tráfico de su actividad, según dispone el artículol 639 TRLC.

Al propio tiempo, el DEUDOR deberá hacer entrega al MEDIADOR CONCURSAL, si no lo hubiere hecho con anterioridad en su solicitud o, en este acto, de los siguientes documentos e información:

a) Escritura o documento que acredite fehacientemente el régimen económico matrimonial.
b) Libro de Familia.
c) Certificado de nacimiento.
d) Certificado de empadronamiento.
e) Informe de Vida Laboral a fecha corriente.
f) Resolución judicial o documento fehaciente que acuerde satisfacer alimentos, con indicación de los datos personales del alimentista, así como importe actualizado.

g) Declaraciones del Impuesto sobre la Renta de las Personas Físicas (I.R.P.F.) y del Impuesto sobre el Patrimonio (I.P.) correspondientes a los ejercicios de ____ a ____
h) Modelo fiscal 347 correspondiente a los ejercicios de ___ a ___.
i) Modelo 390 de declaraciones anuales del Impuesto sobre el Valor Añadido (I.V.A.) correspondientes a los ejercicios de ___ a ___, ambos inclusive.
j) Relación de trabajadores a su cargo, mediante aportación de los modelos TC1 y TC2, así como última nómina pagada de cada uno de ellos.
k) Libro de facturas emitidas y de facturas recibidas.
l) Modelo 036 de alta y, en su caso, baja fiscal.
m) Contratos firmados con proveedores, entidades bancarias (incluyendo préstamos hipotecarios), clientes, propietarios del local, seguros de responsabilidad civil y cualesquiera otros que generen obligaciones económicas.
n) Relación de cuentas bancarias, incluyendo extracto de cada una de ellas, desde el ____ a fecha corriente.
o) Relación detallada de gastos mensuales, con desglose de los propios del negocio y los del hogar.
p) Direcciones postales y electrónicas de todos los acreedores.
q) Documento que acredite la ocupación de su vivienda (escritura de propiedad, contrato de arrendamiento, etc.).
r) Documentación de los vehículos que utilice.
s) Indicación del lugar sito en ____, en el que puedan celebrarse las reuniones con los acreedores.
t) Plan de Pagos con el que pretende se llegue a un acuerdo con los acreedores, en el que incluya:
i. Moratoria o espera que solicita.
ii. Medios de pago con los que pretende atender los créditos de los acreedores.
iii. Plan de viabilidad.
iv. Propuesta de cumplimiento regular de las nuevas obligaciones.
v. Plan de continuación de la actividad empresarial o profesional.
vi. Propuesta de negociación de préstamos y créditos.
vii. Entregará de forma inmediata copia del acuerdo o solicitud de aplazamiento de los créditos de Derecho público o, al menos, de las fechas de pago de los mismos, si no fueren a ser satisfechos a sus respectivos vencimientos.
viii. Caso de proponerse el pago por cesión de bienes a los acreedores, deberá entregar relación de dichos bienes, con los documentos que

acrediten su propiedad de el DEUDOR, así como valor actual estimado de los mismos.

u) Listado de los Deudores pendientes de cobro a la fecha de solicitud de la Mediación Concursal, el día ____, hasta fecha corriente, detallando el saldo pendiente, vencimiento, antigüedad, dirección y nombre del cliente, así como su consideración respecto de la viabilidad de su cobro, judicial o extrajudicialmente o razones por las cuáles considera que no van a ser cobrados los créditos.

v) Listado de los Acreedores que han instado procedimientos judiciales y/o arbitrales frente a la Concursada, afecten o no a las Masas Activa y Pasiva, con detallada relación de los órganos jurisdiccionales y arbitrales correspondientes, con identificación de las cuantías reclamadas, número de Autos o Expediente, estado del procedimiento, así como su consideración letrada respecto de la viabilidad de condena o absolución de la Concursada, judicial o arbitral y las razones por las cuáles considera que fundamentan dicha condena o absolución.

w) Inventario de bienes y derechos.

x) Un inventario de los activos transmitidos en los dos (2) años anteriores a la solicitud de Mediación Concursal.

y) El DEUDOR deberá comunicar y acreditar al MEDIADOR CONCURSAL los ingresos mensuales recurrentes hasta la fecha de declaración del Concurso.

z) Certificado de antecedentes penales del DEUDOR.

aa) Certificado del Registro Público Concursal a nombre del DEUDOR.

Todos los documentos que presente Vd. al MEDIADOR CONCURSAL para su autorización o conformidad, deberán ir en soporte de papel y *firmados* por el DEUDOR, sin perjuicio de su entrega en formato "EXCEL" o "WORD".

Toda la correspondencia relativa a derechos y obligaciones del deudor, operaciones de trascendencia jurídico-económica y, en general, todo documento recibido relacionado con el DEUDOR deberá ser remitido inmediatamente al MEDIADOR CONCURSAL.

Se notificará y citará al MEDIADOR CONCURSAL para la concurrencia a cualquier Junta de la Sociedad, sin distinción alguna de su clase. Debe colaborar e informar a este MEDIADOR CONCURSAL en todo lo necesario y conveniente para el interés de la Mediación Concursal.

Las comunicaciones entre el DEUDOR y el MEDIADOR CONCURSAL podrán realizarse, bien personalmente, bien a través de los números de teléfono y direcciones de correo electrónico que figuran al final del presente documento.

Estas normas son de obligado cumplimiento y, ante cualquier duda que puedan presentar, deberá ponerla en conocimiento del MEDIADOR CONCURSAL.

Los plazos que se expresan en los precedentes apartados, de entrega de documentos y demás antecedentes, deberán cumplirse *antes del día* ____

Para que conste, se extiende la presente en ____, al día ______

Enterados y Conformes,

Firmas del deudor y el Asesor

Modelo nº 13

Sirve el precedente modelo n.º 12 para éste, si bien, expresando a continuación los cambios que se adecúan al deudor Trabajador por cuenta ajena:

1) Que, con fecha ___, el DEUDOR solicitó del NOTARIO de ___ do____ la iniciación de un procedimiento para alcanzar un acuerdo extrajudicial de pagos.
2) Que, dicho Notario levantó la correspondiente Acta de designación de Mediador Concursal en la precitada fecha, obrante al número ____ de su Protocolo, por virtud de la cual fue designado como MEDIADOR CONCURSAL el Letrado del Ilustre Colegio de ____ do____, según le fue notificado al siguiente día ____.
3) Que, el día _________, fue aceptado el cargo por el MEDIADOR CONCURSAL ante el mencionado Notario, habiendo facilitado al mismo la dirección de correo electrónico __________ a los efectos de lo dispuesto en el artículo 646 del Texto refundido de la Ley Concursal de 2020 —en lo sucesivo, se citará como «TRLC»—, a través de la cual, los acreedores podrán realizar cualquier comunicación o notificación al MEDIADOR CONCURSAL.
4) Consecuentemente con lo dispuesto en el segundo párrafo del artículo 583 TRLC, el NOTARIO va a proceder a comunicar de oficio la apertura de las negociaciones al Juzgado de Primera Instancia competente para la declaración de concurso, antes del plazo de dos (2) meses siguientes a la fecha en que hubiera conocido o debido conocer su estado de insolvencia, que queda así establecido en el artículo 5 TRLC.

   .../...
5) Transcurridos dos (2) meses desde la precitada comunicación al Juzgado, el DEUDOR, haya o no alcanzado un acuerdo de refinanciación, o un acuerdo extrajudicial de pagos o las adhesiones necesarias para la admisión a trámite de una propuesta anticipada de convenio, deberá solicitar la declaración de concurso dentro del plazo de diez (10) días previsto en el artículo 594.1 TRLC, a menos que ya lo hubiera solicitado el MEDIADOR CONCURSAL o no se encontrara en estado de insolvencia.

N.B.$_{1}$: los documentos de los apartados h) a m) del modelo n.º 12, se sustituirán por el siguiente.

f) Nóminas propias desde el mes de ______ hasta el de ______.
g) Contrato de trabajo.
N.B.$_2$: se eliminará el listado de deudores del apartado u) del modelo n.º 12.
N.B.$_3$: resulta conveniente añadir lo siguiente:
Los Honorarios del MEDIADOR CONCURSAL, resultan fijados por lo dispuesto en la Disposición adicional segunda de la Ley 25/2015, de 28 de julio, de mecanismo de segunda oportunidad, reducción de la carga financiera y otras medidas de orden social, en relación con el anexo del Real Decreto 1860/2004, de 6 de septiembre, por el que se establece el arancel de derechos de los Administradores Concursales, conforme al siguiente cálculo:

Masa	Importe	Resto	%	Importe
Activa	0,00 €			
		- €	0,60%	- €
Pasiva	0,00 €			
		- €	0,30%	- €
TOTAL				- €
Incremento art. 4.2 R.D. 1.860/2004 por tramitación abreviada			50%	- €
Incremento art. 4.5 R.D. 1.860/2004 por un único Administrador concursal			25%	- €
TOTAL BASE			Suman	- €
TOTAL				- €
I.V.A.			21%	- €
			TOTAL	- €

Modelo n.º 14

AL JUZGADO

DO____, Procurador de los Tribunales, en nombre de do____, domiciliado en ___, provisto del Número de Identificación Fiscal ___, según acredito con el certificado de apud acta, y dirigida por el Letrado del Ilustre Colegio de la Abogacía de ___, do___ número ___ de colegiado, ante el JUZGADO DE LO MERCANTIL que por el Turno de reparto corresponda de los de ___ comparezco y, como mejor en Derecho proceda, D I G O :

Que, al amparo de lo dispuesto en el artículo 3, en relación con el artículo 37 bis. letra a) del Texto Refundido de la Ley Concursal vigente, por medio del presente escrito y en la representación que acredito, vengo en formular petición de DECLARACIÓN DE CONCURSO VOLUNTARIO SIN MASA.

Esta pretensión se basa en los siguientes

HECHOS

PRIMERO.- DE LA LEGITIMACIÓN: Mi mandante, do___, nació en ___ el día ____, siendo una persona física provista del Número de Identificación Fiscal

___, contando en la actualidad con la edad de ___ (__) años de edad y está casado con do___ el día ___ en régimen de ___, según capitulaciones matrimoniales otorgadas en fecha ___ ante el Notario de ___ obrante al número ___ de su Protocolo, que acompañamos como documento número ___de los anexos al presente, de cuyo matrimonio nacieron ___ (__) hijos, ambos menores de edad, doña ___ y don ___, de ___ (__) años y ___ (__) años respectivamente, todo ello según se desprende del libro de familia anexo al presente escrito señalado como documento número ___.

Mi representado se halla con plena capacidad para regir su persona, bienes y derechos, el cual se reconoce deudor de diversos acreedores, según consta en la lista de acreedores anexa al presente escrito señalada como documento número ___, quien, además, carece de bienes y derechos, precisando rehacer su vida personal y económica, a través de los mecanismos denominados de «segunda oportunidad».

Mi representado es trabajador por cuenta ajena desde el día ____ hasta fecha corriente, habiendo trabajado en diversas empresas, según es de ver en el Informe de Vida Laboral expedido el día ____ y que adjuntamos señalándolo como documento número___ de los anexos al presente escrito.

SEGUNDO.- DEL CUMPLIMIENTO DEL DEBER DE SOLICITAR LA DECLARACIÓN DE CONCURSO: Por las razones que obran en los documentos anexos al presente escrito, y muy especialmente en la Memoria, mi mandante se halla en estado de insolvencia patrimonial actual, resultándole imposible seguir cumpliendo regular y puntualmente con sus obligaciones de pago.

El plazo previsto en el art. 5 TRLC ha venido determinado como consecuencia de los afianzamientos personales que hizo para una empresa denominada ___, S.L. (C.I.F. B____), hoy extinta, con la que estuvo operando hasta ____, aquellas obligaciones fueron atendidas de pago, de uno u otro modo por la empresa o por mi representado, pero su capacidad económica ya no le permite seguir atendiéndolas, ni siquiera acceder al crédito bancario, dadas sus posiciones en el registro de la C.I.R.B.E. (Central de Información de Riesgos del Banco de España), conforme se acredita con el documento número ___ de los adjuntos al presente escrito, todas las cuales proceden del dicho afianzamiento a aquella empresa.

TERCERO.- DE LOS DOCUMENTOS A QUE ALUDE EL ART. 7 TRLC: En cumplimiento de lo dispuesto en el art. 7 TRLC se acompañan los siguientes documentos:

Uno	La memoria expresiva de la historia económica y jurídica del deudor.
Dos	El inventario de bienes y derechos que integran su patrimonio.
Tres	La relación de acreedores.

Cuatro	No se acompaña el documento 4.º del precepto, habida cuenta de que el deudor no tiene la condición de empleador, tal y como es de ver en el Informe de Vida Laboral que sí anexamos.
Cinco	El libro de familia.
Seis	Las tres últimas nóminas del deudor.
Siete	El certificado de empadronamiento.
Ocho	La resolución de la AEAT de revocación del número de identificación fiscal de ___, S.L.
Nueve	Los informes del CIRBE.
Diez	La consulta de localización de Registros expedida al día ____.
Once	La Nota Simple de la vivienda familiar.
Doce	Las últimas tres declaraciones de la renta.
Trece	Certificado negativo de antecedentes penales.
Catorce	Certificado de nacimiento.
Quince	Copia del DNI.
Dieciséis	Contrato laboral con «___», en alta desde el ___ y «___», en alta desde el ___.
Diecisiete	Escritura de capitulaciones matrimoniales.

CUARTO.- DE LOS DOCUMENTOS A QUE ALUDE EL ART. 8 TRLC: No se acompaña ninguno de ellos, dado que mi representado no está obligado a la llevanza contable, dada su condición de trabajador por cuenta ajena como queda dicho y acreditado con el documento número ___ de los adjuntos al presente escrito.

QUINTO.- DEL CUMPLIMIENTO DE LOS REQUISITOS DEL ART. 37 bis letra a) TRLC: Como queda dicho precedentemente y, tal y como resulta del inventario de bienes y derechos, anexo como documento número ___ así como en el documento número ___, igualmente anexo, consistente en la consulta de localización de Registros expedida el día ___, a nombre de mi representado no figura bien inscrito alguno, tal y como expresa dicho documento en el siguiente sentido: «consultado el Índice Central, NO aparecen titularidades vigentes y NO vigentes a su favor en todo el territorio Nacional», por lo que mi representado carece de bienes y derechos absolutamente, cumpliendo el requisito del apartado «a)» del art. 37 bis TRLC.

Mi representado está pluriempleado, percibe unos ingresos netos mensuales de su empleador «___, S.L.» de ___ € y de su otro empleador ___ €, lo que en su conjunto asciende a ___ €, en cuyo caso, el importe embargable máximo ascendería a ___ €, importe insuficiente como seguidamente se verá para el pago de los créditos contra la masa, por lo que estaríamos, además, en un supuesto de conclusión del concurso acorde con la causa del art. 465.7.º TRLC

A los solos efectos de recordar que, sobre la base del art. 607 LEC, los límites de inembargabilidad regulados en el Real Decreto ___, por el que se fija el salario mínimo interprofesional para ___, cuyo S.M.I. se fija en 1.184 € mensuales en

___ pagas, cabe afirmar que el numerario teóricamente embargable y por tanto sobrante a favor del concurso, es decir, sujeto a la masa activa resulta insuficiente dada cuenta de la excepción al principio de universalidad del art.192.2 TRLC.

Los créditos contra la masa vendrían a ser los siguientes, caso de tramitarse como concurso ordinario:

1º. Honorarios de la Administración Concursal, calculados conforme al Real Decreto 1860/2004, de 6 de septiembre y la D.T.3ª de la Ley 25/2015, de 28 jul. Por la Fase común del concurso ___ €, más IVA. Por la Fase de liquidación (calculada hasta 3 meses): ___ €, más IVA. Total: ___ €, IVA incluido.

2º. Honorarios de Procurador (84.2. 2º LC), calculados sobre la base del pasivo conforme a los arts.18 y ss. del Real Decreto 1373/2003, de 7 de noviembre, por el que se aprueba el arancel de derechos de los procuradores de los tribunales. Se devengaría una minuta adicional de ___ €, IVA incluido, ello por el resto de las secciones del concurso y en caso de no concluirse éste simultáneamente.

3.º Honorarios por dirección letrada, se devengaría una minuta adicional de ___ € (IVA incluido) en concepto de fase común y de liquidación, calculados conforme al criterio de libertad de precios de mercado. Interesa destacar que tal importe es sensiblemente inferior al que obtenido (___ € IVA incluido) de aplicarse el nuevo del Criterio orientativo del Iltre. Colegio de la Abogacía de ___ y sin perjuicio de su carácter orientativo.

4.º A ello, hay que añadir los gastos mensuales de la unidad familiar, teniendo en consideración que la misma está integrada por ambos cónyuges, y dos hijos menores de edad nacidos del matrimonio, dependiente económicamente de sus progenitores, el resumen de gastos mensuales del deudor es el siguiente: (relacionar)

5.º - Y, por último, también habría que añadir el importe previsible de ingreso en la próxima presentación del impuesto sobre la renta de las personas físicas (IRPF-Modelo 100) del ejercicio ___, teniendo en cuenta que, en la última presentación del impuesto del anterior ejercicio del año ___, según se desprende del documento número ___ de los anexos al presente, el resultado fue de ___, con unos ingresos, gastos y circunstancias prácticamente idénticas al de este último ejercicio.

Por todo ello, cabe advertir que la masa activa resulta, no solo inexistente, sino, también insuficiente para pagar los créditos contra la masa.

En cuanto al tratamiento que debe seguirse respecto del sobrante numerario a favor de la masa activa, se pronunció la S.T.S. -1.ª- n.º 365/2021, de 26 de mayo y cuyas conclusiones cabe extrapolar al presente supuesto:

> «En el presente concurso de acreedores, propiamente, no quedan bienes o derechos que conformen la masa activa pendientes de realización en la fase de liquidación. El único activo es una retención mensual del salario de 230 euros que se va ingresando a la masa. [...] En nuestro caso, sin llegar a justificar que los créditos contra la masa superen el importe del activo, sí se advierte que este activo es irrelevante y no quedan operaciones de reintegración y de liquidación pendientes, cuya expectativa de éxito pudiera justificar el mantenimiento del concurso.»

En análogo sentido, en el «Acuerdo de tramitación especial del concurso consecutivo sin masa» de 9 de junio de 2021, adoptado por la Junta de Jueces Mercantiles de Barcelona, se concluyó que no constituye un bien o derecho «realizable» como tal el propio salario o retribución del sujeto concursado e incluso aunque aquel resulte superior al S.M.I.
A mayor abundamiento, y en previsión de los gastos mensuales de la unidad familiar, en la cual se integran dos hijos dependientes económicamente, el importe resultante es mínimo. Así lo confirma igualmente los «Acuerdos de Unificación de Criterios en Derecho Concursal de los Juzgados Mercantiles de Barcelona de diciembre de 2023», y concretamente en los Criterios sobre Concurso sin Masa de Persona Física, en el que inciden en que deberá atenderse en todo caso a la relación de ingresos y gastos del deudor y en su caso de la unidad familiar que se desprendan de los documentos aportados.
Debiendo insistir esta parte en la línea doctrinal y jurisprudencial que defiende que el salario no puede formar parte del activo del concurso en tanto que no es liquidable. Lo contrario supone de facto desnaturalizar el propio mecanismo de segunda oportunidad. Por tanto, y atención a la inexistencia de masa activa que permita obtener liquidez, a los ingresos y gastos de la unidad familiar, y los créditos contra la masa que se devengarán con la declaración de concurso, tal y como queda reflejado en las tablas anteriores, queda acreditada la concurrencia de los presupuestos establecidos en el artículo 37.bis. letra a) del TRLC, debiendo declararse el concurso de acreedores sin masa del deudor.
Todo ello, sin perjuicio de que como ya se recogía en la S.A.P. Barcelona -15.ª- n.º 213/2018, de 5 de abril, en un caso muy parecido al presente ante un salario elevado, y tras calcular los importes embargables, en base a los artículos 607 y siguientes de la LEC, la Sala llegó a la conclusión de que serían necesarios más de dos cientos años para pagar la deuda con el concurso sin concluir, algo que no tiene sentido y que se erigiría contrario al espíritu de la Ley de la Segunda Oportunidad, en consecuencia en el presente caso, recordemos que la cantidad mensual embargable es de 1.431,21 €, es por lo que de conformidad con lo previsto en el art. 497.1 TRLC, que fija el plazo de duración del plan de pagos en tres (3) años, con un pasivo de 174.768,00 € a día de hoy, puesto que aumenta día a día por los intereses de demora, resultaría que únicamente se podría llegar

a pagar en ese plazo de tres años la suma de 51.523,56 €, es decir que sería necesaria una quita del setenta y cinco por ciento (75 %), es por lo que insistimos en que queda acreditada la concurrencia del presupuesto establecido en el artículo 37.bis. letra a) del TRLC, debiendo declararse el concurso de acreedores sin masa del deudor.

SEXTO.- DE LA EXONERACIÓN DEL PASIVO INSATISFECHO: Transcurrido, pues, el plazo previsto en el art. 37 ter.2 TRLC el deudor que represento solicitará la exoneración del pasivo insatisfecho al que tiene derecho conforme a lo previsto en el art. 484.1 in fine TRLC por los trámites previstos en el art. 486.2.º in fine TRLC, ss. y cc. por insuficiencia de la masa activa.

A los anteriores hechos y razonamientos son de aplicación los siguientes

FUNDAMENTOS DE DERECHO

I

DE LA CAPACIDAD Y LEGITIMACIÓN DE LAS PARTES: Activamente la ostenta don Antonio Manuel GALERA GARCÍA, como deudor persona física, en razón a lo dispuesto en el art. 3 TRLC, en su condición de trabajador por cuenta ajena, como queda especificado en el HECHO PRIMERO del presente escrito y la Memoria.

II

DE LA POSTULACIÓN O REPRESENTACIÓN DE LA DEMANDANTE.- Comparece esta parte representada por Procuradora ya apoderada apud acta y dirigida por Abogado habilitado para ejercer su profesión ante el Juzgado competente, a tenor de lo dispuesto en el art. 6.2 TRLC.

III

DE LA JURISDICCIÓN Y LA COMPETENCIA.- Corresponde, objetiva y territorialmente, conocer al Juzgado de lo Mercantil de ___, en cuya capital reside el deudor, por razón a lo dispuesto en los arts. 44 y 45 TRLC.

IV

DEL PROCEDIMIENTO.- Por las razones expuestas en los hechos del presente escrito, deberán seguirse los trámites previstos en el art. 37 bis. a) en relación con el art. 37 ter, ambos del TRLC por razón a la insuficiencia de bienes y derechos del deudor.

Sección 4.ª De la declaración de concurso sin masa

Artículo 37 bis. Concurso sin masa.

Se considera que existe concurso sin masa cuando concurran los supuestos siguientes por este orden:

a) El concursado carezca de bienes y derechos que sean legalmente embargables.

…
c) Los bienes y derechos del concursado libres de cargas fueran de valor inferior al previsible coste del procedimiento.
…
Artículo 37 ter. Especialidades de la declaración de concurso sin masa.
1. Si de la solicitud de declaración de concurso y de los documentos que la acompañen resultare que el deudor se encuentra en cualquiera de las situaciones a que se refiere el artículo anterior, el juez dictará auto declarando el concurso de acreedores, con expresión del pasivo que resulte de la documentación, sin más pronunciamientos, ordenando la remisión telemática al «Boletín Oficial del Estado» para su publicación en el suplemento del tablón edictal judicial único y la publicación en el Registro público concursal con llamamiento al acreedor o a los acreedores que representen, al menos, el cinco por ciento del pasivo a fin de que, en el plazo de quince días a contar del siguiente a la publicación del edicto, puedan solicitar el nombramiento de un administrador concursal para que presente informe razonado y documentado sobre los siguientes extremos:
1.º Si existen indicios suficientes de que el deudor hubiera realizado actos perjudiciales para la masa activa que sean rescindibles conforme a lo establecido en esta ley.
2.º Si existen indicios suficientes para el ejercicio de la acción social de responsabilidad contra los administradores o liquidadores, de derecho o de hecho, de la persona jurídica concursada, o contra la persona natural designada por la persona jurídica administradora para el ejercicio permanente de las funciones propias del cargo de administrador persona jurídica y contra la persona, cualquiera que sea su denominación, que tenga atribuidas facultades de más alta dirección de la sociedad cuando no exista delegación permanente de facultades del consejo en uno o varios consejeros delegados.
3.º Si existen indicios suficientes de que el concurso pudiera ser calificado de culpable.
2. En el caso de que, dentro de plazo, ningún legitimado hubiera formulado esa solicitud, el deudor que fuera persona natural podrá presentar solicitud de exoneración del pasivo insatisfecho.
…

JURISPRUDENCIA

De la conclusión del concurso cuando el deudor percibe un salario.

S.T.S. —1.ª— n.º 365/2021, de 26 de mayo:

S.A.P. Barcelona -15.ª- n.º 213/2018, de 5 de abril:

En consecuencia, la línea doctrinal y jurisprudencial defiende que el salario no puede formar parte del activo del concurso, en tanto que este no es liquidable, lo contrario supone de facto desnaturalizar el propio mecanismo de segunda oportunidad. Por tanto, y atención a la inexistencia de masa activa que permita obtener liquidez, a los ingresos y gastos de la unidad familiar, y los créditos contra la masa que se devengarán con la declaración de concurso, tal y como queda reflejado en la tabla reproducida en el Hecho QUINTO, queda acreditada la concurrencia de los presupuestos establecidos en el artículo 37.bis. letra a) del TRLC, debiendo declararse el concurso de acreedores sin masa del deudor.

Por todo lo expuesto y en su virtud,

SUPLICO AL JUZGADO que, teniendo por presentado este escrito junto con sus copias y documentos anexos al mismo, se sirva admitirlo; tenerme por parte legítima en la representación que ostento y acredito de do___ acordando se entiendan conmigo las ulteriores actuaciones; por formulada SOLICITUD DE DECLARACIÓN DE CONCURSO VOLUNTARIO SIN MASA la que deberá seguirse por los trámites del artículo 37 bis letra a) TRLC, tenerme por cumplidos, en la representación que ostento y acredito, con los requisitos o presupuestos subjetivos y objetivos, así como por acreditado el estado de insolvencia actual del solicitante y demás requisitos legalmente previstos para ello, procediendo a darle el curso procesal previsto en el artículo 37 bis letra a) precitado dictándose el Auto previsto en el art. 37 ter.1 TRLC con las publicaciones correspondientes, siguiéndose el curso de este precepto y concordantes, para, así, en el momento procesal previsto en el art. 37 ter.2 TRLC, poder solicitar la exoneración del pasivo insatisfecho.

Modelo nº 15

Que, por PROVIDENCIA de fecha ___, se nos dio traslado del escrito presentado por la Administración Concursal, en el que se pide la CONCLUSIÓN DEL CONCURSO POR INSUFICIENCIA DE MASA ACTIVA, y al amparo de lo dispuesto en el ART. 486 DEL TEXTO REFUNDIDO DE LA LEY CONCURSAL —en lo sucesivo, se denominará «TRLC»—, mediante el presente escrito y dentro del plazo de audiencia concedido a tal efecto, vengo en formular SOLICITUD DEL BENEFICIO DE EXONERACIÓN DEL PASIVO INSATISFECHO, en base a las siguientes:

Alternativa para la presentación de la solicitud en momento distinto

Que, al amparo de la facultad conferida por el ART. 495.2 DEL TEXTO REFUNDIDO DE LA LEY CONCURSAL —en lo sucesivo, se denominará «TRLC»—, mediante el presente escrito, vengo en formular SOLICITUD DEL BENEFICIO DE EXONERACIÓN DEL PASIVO INSATISFECHO, en base a las siguientes:

Texto común a ambas solicitudes

ALEGACIONES

PRIMERA.- La solicitud del beneficio de la exoneración del pasivo insatisfecho se presenta por el deudor, el cual está legitimado, en atención al art. 486 TRLC.

SEGUNDA.- La presente solicitud se realiza por la vía dispuesta en el art. 486.1.º del Texto refundido de la Ley Concursal, esto es, mediante la sujeción a un PLAN

DE PAGOS sin previa liquidación de la masa activa, conforme al régimen de exoneración contemplado en los artículos 487 a 488 TRLC.

TERCERA.- El deudor NO cumple con ninguna de las circunstancias previstas en el art. 487 TRLC a la vista de que:

I. Según resulta del certificado de antecedentes penales expedido el día ____, el deudor carece de aquéllos.

II. Del mismo modo, no ha sido sancionado por infracción tributaria ___ según resulta del certificado de hallarse al corriente con sus obligaciones fiscales y del orden social expedidos los días _____ y _____.

III. Como consta en las presentes actuaciones, el concurso en el que es deudor no ha sido declarado culpable, dado que, con fecha ___ fue dictado Auto declarando fortuito el concurso.

IV. Tampoco ha sido declarado persona afectada en otros concursos, según se acredita por la publicación del Registro Público Concursal respecto del deudor.

V. Se ha cumplido rigurosamente en todo aquello que, tanto la Administración Concursal, como el Juez del Concurso ha solicitado del deudor, colaborando e informando puntualmente a todo aquello que se recabó del mismo.

VI. Tampoco se ha facilitado información falsa o engañosa, ni comportado de forma temeraria o negligente en ningún momento.

CUARTA.- Tampoco se está en ninguna de las circunstancias previstas en el artículo 488 TRLC, pues no se ha presentado ninguna solicitud de exoneración previa, conforme es de ver con cuanto resulta publicado en el Registro Público Concursal.

PLAN DE PAGOS SIN LIQUIDACIÓN

Se realiza la presente propuesta al amparo de lo dispuesto en el art. 495 TRLC, a cuyo efecto:

A) El deudor ACEPTA expresamente por el presente escrito que se haga constar en el Registro público concursal la resolución que conceda la exoneración, durante el plazo de ______ años.

B) Se ACOMPAÑAN anexas al presente escrito, las declaraciones del Impuesto sobre la Renta de las Personas Físicas (modelo 100) correspondiente a los tres (3) ejercicios finalizados a día de hoy, así como las de las restantes personas que componen su unidad familiar, acompañándose, a estos efectos, el Libro de Familia correspondiente.

C) Los créditos EXONERABLES, según resulta de los textos definitivos presentados por la Administración Concursal, entre los cuales no se encuentra ninguno de los relacionados en el artículo 489 TRLC, son los siguientes:

Nombre del acreedor............ Importe reconocido........... Calificación

D) El CALENDARIO de pagos de los créditos exonerables que se propone es el ordinario, previsto en el art. 497.1 TRLC

1. El primer pago se realizará mediante ingreso o transferencia a la cuenta bancaria que expresamente designe cada acreedor de los incluidos en el apartado C) precedente, en el día y mes que lleve la fecha de la resolución que apruebe el presente plan, pero al siguiente año.
2. El segundo pago se realizará del mismo modo que en el indicado en el precedente apartado D)-1., pero al segundo año.
3. El tercer y último pago se realizará del mismo modo que en el indicado en el precedente apartado D)-1., pero al tercer año.

E) Los RECURSOS que se prevén y disponen para el cumplimiento del presente plan de pagos son los siguientes: (*sueldos, créditos generados pendientes de vencimiento, derechos arrendaticios*, etc.), por cuyos importes, más por los propios que genera la actividad empresarial/profesional con los cuales se prevé atender los pagos previstos, a cuyo efecto, se acompaña el plan de continuidad empresarial/profesional elaborado por...

F) Los créditos exonerables se entienden vencidos con la fecha de la resolución que apruebe el plan, así como que no devengarán intereses durante el plazo del plan de pago, lo que permitirá reducir el gasto, incrementando el diferencial con los recursos.

En su virtud,

SUPLICO AL JUZGADO que tenga por presentado este escrito, junto con los documentos que a el se acompañan, se sirva admitirlo, y previos los oportunos trámites legales, dice resolución decretando la CONCESIÓN DEL BENEFICIO DE EXONERACIÓN DEL PASIVO INSATISFECHO.

Modelo nº 16

Los impresos normalizados para la solicitud de declaración de concurso consecutivo pueden hallarse en la página *web* del Consejo General del Poder Judicial mediante el siguiente enlace: https://www.poderjudicial.es/cgpj/es/Servicios/Atencion-Ciudadana/Modelos-normalizados/Procedimientos-concursales, por lo que hemos suprimido el impreso creado previamente por los Juzgados de lo Mercantil de Valencia.

Modelo nº 17

1) Que, mediante Auto dictado el día ___ por el Juzgado de lo Mercantil número ___ de los de ___, en el Concurso consecutivo abreviado seguido con el número ___, ha sido admitida a trámite la solicitud formulada por el MEDIADOR CONCURSAL, declarando a do____ —quien, en lo sucesivo, se citará como el «CONCURSADO»— en estado de concurso, en el que ha sido designado ___ como ADMINISTRADOR CONCURSAL.
2) Copia de dicho Auto se entrega en este acto al Concursado para su conocimiento y efectos oportunos.
3) Que el ADMINISTRADOR CONCURSAL ha aceptado el cargo el día ___, conforme a lo cual, se le hace entrega en este acto al CONCURSADO de copia de la credencial correspondiente.
4) Que, según consta en el Dispositivo número ___ de dicho Auto, ha sido decretada la INTERVENCIÓN/SUSPENSIÓN de las facultades patrimoniales y de disposición del CONCURSADO sobre los bienes, derechos y obligaciones que hayan de integrarse en el Concurso, en los términos previstos en el artículo 107, siguientes y concordantes del Texto Refundido de la Ley Concursal, quedando sometido su ejercicio a la intervención por este ADMINISTRADOR CONCURSAL, mediante su autorización o conformidad.
5) Consecuentemente, con dicho Auto se apertura la fase común y se forman las secciones Segunda, Tercera y Cuarta del Concurso, tal y como se establece en el Dispositivo ___ del Auto referido, en relación con el fundamento jurídico ___ del mismo.
6) Se MANTIENEN y REITERAN las obligaciones que el MEDIADOR CONCURSAL fijó en el Memorándum suscrito el día ___ con el CONCURSADO salvo aquello que se contradiga con el presente Memorándum y, además, deberán hacer entrega en el plazo de ____ de los siguientes documentos:

- i) Declaraciones del Impuesto sobre la Renta de las Personas Físicas (I.R.P.F.) y del Impuesto sobre el Patrimonio (I.P.) correspondientes a los ejercicios fiscales de ___ a ___.
- ii) Nóminas del CONCURSADO desde el mes de ____ al corriente.
- iii) Relación y extracto de todas las cuentas bancarias de cualquier tipo, depósitos, Planes de Pensiones, Fondos de Valores y activos bancarios de cualquier tipo desde el día ___ a fecha corriente.
- iv) Las claves de acceso a banca electrónica de cada cuenta bancaria.
- v) Contratos firmados con proveedores, entidades bancarias (incluyendo préstamos hipotecarios), clientes, propietarios del local o vivienda, seguros de responsabilidad civil o que aseguren bienes o personas y cualesquiera otros que generen obligaciones económicas.
- vi) Contrato de trabajo.

vii) Informe de Vida Laboral a fecha actual.
viii) Relación detallada de gastos mensuales, con desglose de los propios del negocio y los del hogar.
ix) Direcciones postales y electrónicas de todos los acreedores.
x) Certificado de nacimiento.
xi) Libro de Familia, en su caso.
xii) Certificado de antecedentes penales a fecha actual.
xiii) Original de las Escrituras que acrediten la titularidad sobre el inmueble o inmuebles de su propiedad.

7) Todos los documentos que presente el CONCURSADO al ADMINISTRADOR CONCURSAL para su autorización o conformidad, deberán ir en soporte de papel y firmados por el CONCURSADO, sin perjuicio de su entrega en formato «EXCEL» o «WORD».

8) Que el CONCURSADO deberá dar cumplimiento a cuantas obligaciones dispone el Texto Refundido de la Ley Concursal, y en particular, las siguientes:

a) El deber de comparecer ante la Administración Concursal cuantas veces sean requeridos individual o conjuntamente y colaborar e informar puntualmente a la misma en todo lo necesario y conveniente para el interés del Concurso, según dispone el artículo 135 del Texto Refundido de la Ley Concursal, cuyo incumplimiento podría considerarse como presunción de culpabilidad del Concurso, de conformidad con lo dispuesto en el artículo 444.2.1 del Texto Refundido de la Ley Concursal.

b) Se abstendrá el Concursado de realizar cualquier acto de enajenación o gravamen de los bienes y derechos que integran la Masa Activa del Concurso, sin la previa autorización judicial.

c) Abstenerse igualmente de dar cumplimiento a obligaciones contraídas con anterioridad al día ___ por ser la fecha ___ del Auto de declaración de Concurso, salvo lo dispuesto en el art. 715 del Texto Refundido de la Ley Concursal, esto son, aquellos créditos que ostenten el carácter de créditos contra la masa del expediente extrajudicial o generados durante su tramitación, desde la fecha de su solicitud, el día ___.

d) Todas las cantidades que, por cualquier medio (efectivo, cheque, pagaré, transferencia, etc.) se cobren por la Concursada deberán, inexcusablemente, ingresarse en la cuenta bancaria número IBAN ES___ que será considerada como cuenta intervenida del Concurso; consecuentemente, deberá el CONCURSADO notificar a sus pagadores que, cualquier pago que, por cualquier concepto, vayan a realizar, deberá efectuarse mediante ingreso o transferencia bancaria a dicha cuenta bancaria intervenida.

e) Toda la correspondencia relativa a derechos y obligaciones de los Concursados, a operaciones de trascendencia jurídico-económica y, en general, todo documento recibido relacionado con el Concursado, deberá ser remitido al Administrador Concursal.

f) Deberá cumplir puntualmente con sus obligaciones tributarias y de Seguridad Social, sin necesidad de requerimiento previo por el ADMINISTRADOR CONCURSAL, pero, sí con su consentimiento previo a la presentación, con antelación suficiente y justificación documental de cuanto se exprese en los impresos oficiales correspondientes, para su adveración y, en su caso, autorización.

g) Las comunicaciones entre la Concursada y la Administración Concursal podrán realizarse, bien personalmente, bien a través de los números de teléfono y direcciones de correo electrónico que figuran al final del presente documento.

h) Siendo el CONCURSADO persona natural, conforme dispone el artículo 413.2 del Texto Refundido de la Ley Concursal, la apertura de la fase de liquidación producirá la extinción del derecho a alimentos con cargo a la Masa Activa, salvo cuando fuere imprescindible para atender las necesidades mínimas del concursado y, en su caso, las de su cónyuge, o cuando aprecie la existencia de pactos expresos o tácitos de los que derive la inequívoca voluntad de los convivientes de formar un patrimonio común, las de la pareja de hecho inscrita y descendientes bajo su potestad.

i) Estas normas son de obligado cumplimiento y, ante cualquier duda que puedan presentar, deberá ponerla en conocimiento del ADMINISTRADOR CONCURSAL.

j) Los plazos que se expresan en los precedentes apartados, de entrega de documentos y demás antecedentes, deberán cumplirse *antes del próximo día ___*.

Firmas del Concursado, Letrado y Administrador concursal

Modelo nº 18

Que, evacuando el traslado que me ha sido conferido por medio de la Diligencia de Ordenación de fecha ___, la que me ha sido notificada al siguiente día ___, vía LEXNET por término de CINCO (5) DÍAS, por medio del presente escrito, en tiempo y forma hábiles, vengo en manifestar las siguientes

ALEGACIONES

I

De los requisitos para conceder la exoneración del pasivo insatisfecho:

a. El artículo 486 del Texto Refundido de la Ley Concursal dispone la posibilidad de que el deudor persona natural pueda solicitar y, en su caso, obtener el beneficio de la exoneración del pasivo insatisfecho una vez concluido el concurso

(i) por liquidación o (ii) por insuficiencia de la masa activa. En este sentido, el CONCURSADO, do___ ostenta la legitimación activa para solicitarlo del Tribunal, habida cuenta de su condición de deudor persona natural.

b. La solicitud del Concursado debe concederse a los denominados «deudores de buena fe», que vienen definidos en el artículo 487 del Texto Refundido de la Ley Concursal, cualidad que concurre en aquellos que cumplan los siguientes requisitos:

De la vía ordinaria

1.º Que el concurso no haya sido declarado culpable…

La ADMINISTRACIÓN CONCURSAL propuso en su informe la consideración de FORTUITO del Concurso, como así fue resuelto y declarado por el Juez del Concurso mediante Auto de fecha ___, por lo que sí se cumple este requisito.

2.º Que el deudor no haya sido condenado en sentencia firme por delitos contra el patrimonio, contra el orden socioeconómico, de falsedad documental, contra la Hacienda Pública y la Seguridad Social o contra los derechos de los trabajadores en los 10 años anteriores a la declaración de concurso. Si existiera un proceso penal pendiente, el juez del concurso deberá suspender su decisión respecto a la exoneración del pasivo hasta que exista sentencia penal firme.

También se cumple este requisito, habida cuenta de que en el certificado de antecedentes penales entregado en su día a la Administración Concursal, no consta condena alguna al respecto, amén de no constar la existencia de proceso penal pendiente en igual sentido.

3.º Que, reuniendo los requisitos establecidos en el artículo 231, haya celebrado o, al menos, intentado celebrar un acuerdo extrajudicial de pagos.

También se cumple este requisito, pues se ha intentado celebrar el acuerdo, como se expresó y documentó en la solicitud de Concurso consecutivo.

4.º Que haya satisfecho en su integridad los créditos contra la masa y los créditos concursales privilegiados y, si no hubiera intentado un acuerdo extrajudicial de pagos previo, al menos, el 25 por ciento del importe de los créditos concursales ordinarios.

Este requisito se sustancialmente cumple, habida cuenta de que

(i) Si bien no se han pagado íntegramente los créditos contra la masa, quedando pendiente de pago la cantidad de los Honorarios de la Administración Concursal correspondientes a los meses octavo (___) a décimo segundo de la Fase de Liquidación, esto son, ___ Euros (___ €).más el I.V.A. correspondiente, debe considerarse como pagados sustancialmente.

(ii) No se ha pagado crédito con privilegio especial, dado que no había ninguno reconocido.

(iii) No se han pagado los créditos con privilegio general del art. 280 TRLC, dado que no había ninguno reconocido.

c. Por tanto, cabe concluir que, a los efectos de la petición de exoneración del pasivo insatisfecho, en base a cuanto antecede, debemos expresar que SÍ SE CUMPLEN TODOS los requisitos para su concesión los concursados por la vía ordinaria de los requisitos de los artículos 487 y ss. TRLC.

II

Atendiendo, pues a la solicitud de exoneración del pasivo insatisfecho realizada por el Concursado debemos concluir en los siguientes extremos:

d. No se está en los supuestos negativos previstos en los apartados 1º y 2º del art. 487.2 TRLC:

No encontrándose en ninguno de los supuestos de los requisitos 1.º y 2.º del art. 487.2 TRLC, sí cumple el requisito.

e. objetivo del art. 488.1 TRLC , pues se ha celebrado un Acuerdo extrajudicial de pagos.

f. Sin embargo, el requisito objetivo del art. 488.1 TRLC lo cumple sustancialmente, pues se han atendido de pago la mayor parte de los créditos contra la masa, salvo ___(detallar)_____, por lo que, salvo mejor criterio del Tribunal, debe considerarse como cumplido el mismo, a pesar de que la norma del art. 488.1 TRLC exige el pago integro.

g. Por tanto, el Concursado SÍ puede considerarse deudor de buena fe por la vía del régimen general.

III

Consecuentemente, nada oponemos a la concesión del beneficio de exoneración del Pasivo insatisfecho, dado que el Concursado SÍ cumple con los requisitos ordinarios requeridos de conformidad con lo dispuesto en los artículos 487 y 488 TRLC.

Por todo lo expuesto, y en su virtud,

SUPLICO AL JUZGADO que, teniendo por presentado este escrito se sirva admitirlo; tener por causadas las anteriores manifestaciones y, en sus méritos acordar, conforme se deja interesado teniendo por evacuado en tiempo y forma el traslado que me ha sido conferido en virtud de la resolución de fecha ___ y, así, con la misma dictar la resolución más ajustada en Derecho, por la que se considere al Concursado como deudor de buena fe y, en consecuencia, se le conceda el beneficio de exoneración del pasivo insatisfecho. Por ser de Justicia que pido…

Modelo nº 19

Que, evacuando el traslado que me ha sido conferido por medio de la Providencia de fecha___, que me ha sido notificada al siguiente día ___, vía LEXNET por término de cinco (5) DÍAS, por medio del presente escrito, en tiempo y forma hábiles, vengo en manifestar las siguientes

ALEGACIONES

I

De los requisitos para conceder la exoneración del pasivo insatisfecho:

h. El artículo 486 del Texto Refundido de la Ley Concursal dispone la posibilidad de que el deudor persona natural pueda solicitar y, en su caso, obtener el beneficio de la exoneración del pasivo insatisfecho una vez concluido el concurso (i) por liquidación o (ii) por insuficiencia de la masa activa. En este sentido, el CONCURSADO, do___ ostenta la legitimación activa para solicitarlo del Tribunal, habida cuenta de su condición de deudor persona natural.

i. La solicitud del Concursado debe concederse a los denominados «deudores de buena fe», que vienen definidos en el artículo 487 del Texto Refundido de la Ley Concursal, cualidad que concurre en aquellos que cumplan los siguientes requisitos:

Del régimen general

1.º Que el concurso no haya sido declarado culpable…

La ADMINISTRACIÓN CONCURSAL propuso en su informe la consideración de FORTUITO del Concurso, como así fue resuelto y declarado por el Juez del Concurso mediante Auto de fecha___, por lo que sí se cumple este requisito.

2.º Que el deudor no haya sido condenado en sentencia firme por delitos contra el patrimonio, contra el orden socioeconómico, de falsedad documental, contra la Hacienda Pública y la Seguridad Social o contra los derechos de los trabajadores en los 10 años anteriores a la declaración de concurso. Si existiera un proceso penal pendiente, el juez del concurso deberá suspender su decisión respecto a la exoneración del pasivo hasta que exista sentencia penal firme.

También se cumple este requisito, habida cuenta de que en el certificado de antecedentes penales, no consta condena alguna al respecto, amén de no constar la existencia de proceso penal pendiente en igual sentido, no encontrándose en tales supuestos, aquellos antecedentes penales que sólo refieren a delitos contra la Seguridad Vial, ajeno al concurso y sus normas exoneratorias.

3.º Que, reuniendo los requisitos establecidos en el artículo 488, haya celebrado o, al menos, intentado celebrar un acuerdo extrajudicial de pagos.

También se cumple este requisito, pues se ha intentado celebrar el acuerdo, como se expresó y documentó en la solicitud de Concurso consecutivo.

4.º Que haya satisfecho en su integridad los créditos contra la masa y los créditos concursales privilegiados y, si no hubiera intentado un acuerdo extrajudicial de pagos previo, al menos, el 25 por ciento del importe de los créditos concursales ordinarios.

Este requisito no se cumple, habida cuenta de que

(iv) Se han pagado íntegramente los créditos contra la masa, quedando pendiente de pago la cantidad de los Honorarios de la Administración Concursal correspondientes a los meses quinto a décimo segundo de la Fase de Liquidación, sin perjuicio de futuros devengos de los restantes, a saber: *detalle*.

(v) No se ha pagado crédito con privilegio especial, dado que no había ninguno reconocido.

(vi) No se han pagado los créditos con privilegio general del art. 280 TRLC (*detalle*), los cuales figuran reconocidos, en junto, por ___ e ___ impagados en su totalidad.

j. Por tanto, cabe concluir que, a los efectos de la petición de exoneración del pasivo insatisfecho, en base a cuanto antecede, debemos expresar que NO SE CUMPLEN TODOS los requisitos para su concesión los concursados por la vía ordinaria de los requisitos del art. 486 y ss. TRLC.

Del régimen especial de exoneración por la aprobación de un plan de pagos

k. No obstante cuanto antecede a los artículos 493 TRLC ofrece una alternativa a los anteriores en los siguientes términos que, en definitiva, son aquéllos a los que se han acogido los concursados:

i. Acepte someterse al plan de pagos previsto en el art. 495 TRLC.

Este apartado dispone la satisfacción de las deudas que no queden exoneradas «*dentro de los cinco años siguientes a la conclusión del concurso*», como único requisito; en este sentido, por el Concursado se presenta un plan de pagos a cinco (5) años, cumpliendo dicho requisito, del que resulta un importe líquido mensual de unos ___ (___ €). Por tanto, debemos manifestar que sí se cumple este requisito, habida cuenta de que, manteniendo sus actuales emolumentos y gastos referidos en el informe, pueden atenderse los pagos, salvo eventualidades imprevistas.

ii. No haya incumplido las obligaciones de colaboración establecidas en el artículo 135.

Ya debemos adelantar que el CONCURSADO ha cumplido, tanto en la fase de MEDIACIÓN CONCURSAL, como durante todo el Concurso, con dicha obligación, colaborando con esta ADMINISTRACIÓN CONCURSAL de forma exquisita y modélica.

Por tanto, debemos manifestar que sí se cumple este requisito.

iii. No haya obtenido este beneficio dentro de los diez últimos años.

Sí se cumple, dado que no hay constancia de que lo hubieren solicitado desde el momento de la entrada en vigor del artículo 178 bis LC.

iv. No haya rechazado dentro de los cuatro años anteriores a la declaración de concurso una oferta de empleo adecuada a su capacidad.

Sí se cumple, dado que esta ADMINISTRACIÓN CONCURSAL, acorde con las averiguaciones que ha podido realizar dentro del ejercicio de sus facultades, no ha hallado evidencia alguna a este respecto, debiendo añadir, que ___.

v. Acepte de forma expresa, en la solicitud de exoneración del pasivo insatisfecho, que la obtención de este beneficio se hará constar en la sección especial del Registro Público Concursal por un plazo de cinco años.

Sí se cumple este requisito, pues así lo manifiesta expresamente en la página 2 de su escrito de solicitud del B.E.P.I.

II

Atendiendo, pues a la solicitud de exoneración del pasivo insatisfecho realizada por los Concursados debemos concluir en los siguientes extremos:

I. No se encuentran entre los requisitos previstos en el artículo 487.2 TRLC:

m. No encontrándose en ninguno de los supuestos de los requisitos del art. 487.2 TRLC, sí cumple el requisito del art. 488.1 TRLC, salvo lo que seguidamente se dirá.

n. Respecto del art. 488.1 TRLC lo cumplen parcialmente, puesto que no han pagado los créditos contra la masa, por lo que, salvo mejor criterio del Tribunal, no se cumple el mismo, dado que la norma del art. 488.1 TRLC exige su pago íntegro.

o. Por tanto, el Concursado NO puede considerarse deudor de buena fe por la vía ordinaria.

III

No obstante cuanto antecede y, habida cuenta de que el Concursado se ha acogido a la vía alternativa, debemos analizar el cumplimiento de los requisitos alternativos:

p. Por lo que respecta al requisito del art. 495 TRLC, el Concursado manifiesta en su escrito su voluntad expresa de someterse a un plan de pagos, según consta en el documento número CUATRO de los que anexan a su escrito, el cual damos por reproducido por razones de economía procesal y en evitación de innecesarias reiteraciones, por lo que debemos considerar que sí se cumple el requisito de dicho precepto.

q. Respecto del requisito del art. 494 TRLC, según consta, igualmente, expresado en su escrito, el Concursado ha manifestado su voluntad expresa de hacer

constar la obtención del B.E.P.I. en el Registro Público concursal, por lo que también se cumple dicho requisito.
r. Siendo así que los restantes requisitos del art. 493 TRLC, tal y como dijimos en nuestro informe del art. 706.3 TRLC que sí se cumplían, por lo que reiteramos nuestra postura.

IV

Por tanto, nada oponemos a la concesión del beneficio de exoneración del Pasivo insatisfecho, dado que los Concursados SÍ cumplen con los requisitos alternativos requeridos de conformidad con lo dispuesto en los arts. 493 a 495 TRLC.
Por todo lo expuesto, y en su virtud,
SUPLICO AL JUZGADO que, teniendo por presentado este escrito se sirva admitirlo; tener por causadas las anteriores manifestaciones y, en sus méritos acordar, conforme se deja interesado teniendo por evacuado en tiempo y forma el traslado que me ha sido conferido en virtud de la resolución de fecha ___ y, consecuentemente con la misma dictar la resolución más ajustada en Derecho, por la que se considere al Concursado como deudor de buena fe y, en consecuencia, se le conceda el beneficio de exoneración del pasivo insatisfecho. Por ser de Justicia que pido en

BIBLIOGRAFÍA Y BASES DE DATOS

Francisco de Paula BLASCO GASCÓ y otros: DERECHO DE OBLIGACIONES Y CONTRATOS. Ed. Tirant lo Blanch. Valencia, 1994

José CASTÁN TOBEÑAS: DERECHO CIVIL ESPAÑOL, COMÚN Y FORAL. Tomo 3º "Derecho de obligaciones". 11ª edición. Madrid 1974.

Sebastián de COVARRUBIAS: TESORO DE LA LENGUA CASTELLANA O ESPAÑOLA. Barcelona 1943.

Joan COROMINAS: BREVE DICCIONARIO ETIMOLÓGICO DE LA LENGUA CASTELLANA. 3ª edición 1973

Edorta-J. ETXARANDIO HERRERA: MANUAL DE DERECHO CONCURSAL. 2ª edición 2009

Joaquín GARRIGUES: CONTRATOS BANCARIOS. 2ª edición 1975

Josep GALLEL BOIX: DESDE EL GÉNESIS HASTA EL ALGORITMO. Ed. Círculo Rojo. 2019.

Álvaro d'ORS: ELEMENTOS DE DERECHO PRIVADO ROMANO. Ed. Eunsa. 2ª edición, Pamplona 1975.

Charles-Louis de SECONDAT —MONTESQUIEU—: DEL ESPÍRITU DE LAS LEYES, Ed. Alianza Editorial, Madrid 2012.

DICCIONARIO ILUSTRADO LATINO-ESPAÑOL, ESPAÑOL-LATINO, 7.ª edición, Ed. Bibliograf, S.A., Barcelona 1970.

DIGESTO DE JUSTINIANO, traducción de Julio-César NAVARRO VILLEGAS. 2020.

http://rae.es

www.tirantonline.com

www.poderjudicial.es

ABREVIATURAS

AAP	Auto de la Audiencia Provincial.
AEP	Acuerdo Extrajudicial de Pagos.
AJM	Auto del Juzgado de lo Mercantil.
BEPI	Beneficio de exoneración del pasivo insatisfecho.
B.O.C.G.	Boletín Oficial de las Cortes Generales.
C.c.	Código civil.
cc.	Concordantes (artículos).
C.com.	Real Decreto de 22 de agosto de 1885, por el que se publica el Código de Comercio.
CNMV	Comisión Nacional del Mercado de Valores.
C.P.	Ley Orgánica 10/1995, de 23 de noviembre, del Código Penal.
D.A.	Disposición Adicional.
DGRN	Dirección General de los Registros y del Notariado.
e.g.	*Exempli gratia* (por ejemplo).
E.T.	Real Decreto Legislativo 2/2015, de 23 de octubre por el que se aprueba el texto refundido de la Ley del Estatuto de los Trabajadores
M	Juzgado de lo Mercantil.
LA	Ley 60/2003, de 23 de diciembre, de Arbitraje.
LAU	Ley 29/1994, de 24 de noviembre, de Arrendamientos Urbanos
LC	Ley Concursal.
LCS	Ley de Contrato de Seguro.
LCSP	Ley 9/2017, de 8 de noviembre, de Contratos del Sector Público.
LCCh	Ley 19/1985, de 16 de julio, cambiaria y del cheque.
LEC	Ley de Enjuiciamiento civil.
LEMP	Ley 14/2013, de 27 de septiembre, de apoyo a los emprendedores y su internacionalización.
LGT	Ley 58/2003, de 17 de diciembre, General Tributaria.
LH	Decreto de 8 de febrero de 1946, por el que se aprueba el Texto Refundido de la Ley Hipotecaria.
LHMPSD	Ley de Hipoteca Mobiliaria y prenda sin desplazamiento de posesión.
LHN	Ley de 21 de agosto de 1893, de Hipoteca Naval.
LJV	Ley 15/2015, de 2 de julio, de la Jurisdicción Voluntaria.
LMV	Real Decreto Legislativo 4/2015, de 23 de octubre, por el que se aprueba el texto refundido de la Ley del Mercado de Valores.

LMVSI Ley 6/2023, de 17 de marzo, de los Mercados de Valores y de los Servicios de Inversión.
LMACM Ley 5/2012, de 6 de julio, de mediación en asuntos civiles y mercantiles.
LMESM Ley 3/2009, de 3 de abril, sobre modificaciones estructurales de las sociedades mercantiles.
LNM Ley 14/2014, de 24 de julio, de Navegación Marítima.
LOSSEC Ley 10/2014, de 26 de junio, de ordenación, supervisión y solvencia de entidades de crédito.
LRCCI Ley 5/2019, de 15 de marzo, reguladora de los contratos de crédito inmobiliario.
LRJSP Ley 40/2015, de 1 de octubre, de Régimen Jurídico del Sector Público.
LRMH Ley 2/1981, de 25 de marzo, de Regulación del Mercado Hipotecario
LSC Real Decreto Legislativo 1/2010, de 2 julio, por el que se aprueba el texto refundido de la Ley de Sociedades de Capital.
LSP Ley de Suspensión de Pagos de 26 de julio de 1922.
LVPBM Ley 28/1998, de 13 de julio, de Venta a Plazos de Bienes Muebles.
Op. cit. *Opus citatum*: obra citada.
PGD Real Decreto 1.514/2007, de 16 de noviembre, por el que se aprueba el Plan General de Contabilidad.
RAEL Real Academia Española de la Lengua.
RDGRN Resolución de la Dirección General de los Registros y del Notariado.
RDLeg Real Decreto Legislativo.
RH Decreto de 14 de febrero de 1947, por el que se aprueba el Reglamento Hipotecario.
RRM Real Decreto 1.784/1996, de 19 de julio, por el que se aprueba el Reglamento del Registro Mercantil.
SAP Sentencia de la Audiencia Provincial.
SJM Sentencia del Juzgado de lo Mercantil.
ss Siguientes (artículos).
STS Sentencia del Tribunal Supremo.
TRLC Real Decreto Legislativo 1/2020, de 5 de mayo, por el que se aprueba el texto refundido de la Ley Concursal.
TRLGDCU Real Decreto Legislativo 1/2007, de 16 de noviembre, por el que se aprueba el texto refundido de la Ley General para la Defensa de los Consumidores y Usuarios y otras leyes complementarias.
TRLGSS Real Decreto Legislativo 8/2015, de 30 de octubre, por el que se aprueba el texto refundido de la Ley General de la Seguridad Social.